Liberal und eigensinnig

Elisabeth Joris

Liberal und eigensinnig

Die Pädagogin Josephine Stadlin – die Homöopathin Emilie Paravicini-Blumer

Handlungsspielräume von Bildungsbürgerinnen im 19. Jahrhundert

CHRONOS

Forschung und Druck wurden unterstützt durch Beiträge der Zuger Stiftung Landis & Gyr, der Adolf Streuli Stiftung, der Stadt Zug, des Kantons Zug, des Kantons Aargau und des Kantons Glarus.

SWISSLOS
Kanton Aargau

SWISSLOS
Lotteriefonds
Kanton Glarus

Die vorliegende Arbeit wurde von der Philosophischen Fakultät der Universität Zürich im Frühjahrssemester 2010 auf Antrag von Prof. Dr. Jakob Tanner und Prof. Dr. Barbara Duden als Dissertation angenommen.

Umschlag: Thea Sautter, Zürich

Weitere Informationen zum Verlagsprogramm:
www.chronos-verlag.ch

ISBN 978-3-0340-1043-6

Inhaltsverzeichnis

Dank

Nach den Jahren der Beschäftigung mit Emilie Paravicini-Blumer und Josephine Stadlin danke ich allen, die mich mit Anregungen und kritischen Bemerkungen unterstützt haben, auch allen, die mir Zugang zu unschätzbarem Quellenmaterial ermöglicht oder mir ihre Dokumentation überlassen haben. Im Rahmen privater Zirkel konnte ich mit den Sozialwissenschaftlerinnen Shelley Berlowitz, Annette Hug und Gertrud Ochsner verschiedene Facetten des Erinnerns und des biografischen Schreibens erläutern, mit den Historikerinnen Caroline Arni, Ina Boesch, Erika Hebeisen und Brigitte Schnegg theoretische Zugänge zur historischen Biografie erarbeiten. Danken möchte ich auch David Sabean und Lynn Hunt für die Teilnahme am «Colloquium for European History» der University of California, Los Angeles (UCLA), wo ich einzelne Aspekte der vorliegenden Arbeit zur Diskussion stellen konnte. Zu besonderem Dank verpflichtet bin ich Daniel de Quervain, der mir mit grösstem Vertrauen eine grosse Zahl von Originalbriefen für die Dauer der Untersuchung zur Verfügung gestellt hat, sowie Robert Karrer für die Kopien aus dem Privatnachlass Usteri/Homberg; ohne ihr Entgegenkommen wäre die Aufarbeitung der Biografie von Emilie Paravicini-Blumer nicht möglich gewesen. Zu ebenso grossem Dank bin ich der inzwischen verstorbenen Psychologin und Sozialpädagogin Nora Kubli verpflichtet, die mir alle von ihr gesammelten Materialien und die von ihrem Vater transkribierten handschriftlichen Quellen zu Josephine Stadlin übergeben hat, da sie ihr Dissertationsprojekt wegen ihrer schweren Krankheit fallen lassen musste. Auch Sibylle Omlin hat ihr Dissertationsprojekt zu Josephine Stadlin nicht umgesetzt und mir ihre kopierten Materialien überlassen. Die Kopien von gedrucktem und ungedrucktem Quellenmaterial von Nora Kubli und Sybille Omlin haben mir die Arbeit ausserordentlich erleichtert, auch wenn es sich als notwendig erwies, die Transkriptionen nochmals sorgfältig mit den Originaltexten zu vergleichen. Die Handschriftenabteilung der Zentralbibliothek Zürich, wo der Nachlass von Josephine (Zehnder-)Stadlin archiviert ist, gewährte mir unkompliziert die notwendige Unterstützung. Ausserdem haben mir die Glarner Historiker Mathias Jenny und Christoph Brunner Einblick in einzelne Briefe ermöglicht, die Historiker Max Baumann und Markus Bürgi sowie Mitarbeitende des Staatsarchivs des Kantons Aargau bereitwillig ergänzende Informationen zu beiden Frauen vermittelt, Verena Müller und Iris Ritzmann auf Dokumente im medizinhistorischen Archiv der Universität Zürich und im Haus zur Wies in Glarus aufmerksam gemacht. Janina Kasprzak übersetzte für mich Texte aus dem Polnischen

und wusste diese mit detaillierten Auskünften anzureichern. Danken möchte ich aber auch Peter Seiler, der indirekt Anlass gab zu dieser Arbeit, da er mir das in einem Antiquariat entdeckte Buch der Berner Schriftstellerin Helene von Lerber schenkte, Ausgangspunkt meiner Beschäftigung mit Emilie Paravicini-Blumer. Aktive Unterstützung erhielt ich von den Freundinnen und Historikerinnen Shelley Berlowitz, Erika Hebeisen, Gertrud Ochsner, Katrin Rieder und Daniela Saxer, die einzelne Teile kritisch gelesen und kommentiert haben. Unschätzbare Hilfe leistete Heidi Witzig, die nicht nur laufend die einzelnen Kapitel, sondern auch das fertige Manuskript mit grosser Sorgfalt durchgegangen ist und mit mir besprochen hat, was als gemeinsamer schöpferischer Prozess immer wieder Erkenntnisse ausgelöst hat. Mein Dank geht auch an Jakob Tanner und Barbara Duden für die Anregungen und das anerkennende Interesse an dieser als Dissertation an der Universität Zürich eingereichten Forschungsarbeit, ebenso an Walter Bossard vom Chronos Verlag für das sorgfältige Lektorat.
Danken möchte ich ebenfalls der Stiftung Landis & Gyr, der Adolf-Streuli-Stiftung, der Stadt Zug sowie den Kantonen Zug, Aargau und Glarus; sie gewährten mir für die wissenschaftliche Forschung und die Publikation der Untersuchung finanzielle Unterstützung.

I Einleitung

«[...] u. da es mich mächtig zog ganz frei u. vorzüglich als *Erzieherin* zu wirken, so gab ich trotz allen Vorstellungen besorgter Freunde meine Stellung in Aarau auf, übernahm vom Staat das ehemalige Kloster Olsberg.»[1] Frei, risikobereit und ganz dem Fortschritt verpflichtet, so beschrieb sich Mitte der 1840er Jahre die rund dreissigjährige ledige Josephine Stadlin. Ihr Selbstbild verkörpert geradezu idealtypisch den Zeitgeist des liberalen Aufbruchs. Nur wenige Jahre zuvor verglich sich die verheiratete Emilie Paravicini-Blumer aus dem ländlichen Kanton Glarus mit der Berliner Salonnière Rahel Varnhagen: «Sie ist eine einzige Erscheinung aller Zeiten, und ich habe das höchste Verständnis für sie. Sie ist ‹meines Geschlechts› kann ich von ihr sagen.»[2] Fern jeglichen inspirierenden Umfelds band sich die Glarnerin imaginativ in die kosmopolitische Geselligkeit der grossen Städte ein und verknüpfte ihre individuellen Ansprüche mit den politischen Bewegungen ihrer Zeit.
Zwei Frauen, zwei Lebensgefühle, ähnlich und anders zugleich.

Biografische Skizze und Fragestellung

Die beiden Passagen aus den autobiografischen Texten dieser Zeitgenossinnen des liberalen Aufbruchs lassen Ambitionen und Handlungsmöglichkeiten aufleuchten. Sie evozieren Bilder eines fortschrittsorientierten und bildungsbürgerlich geprägten Milieus, verweisen auf den überindividuellen Erwartungshorizont, an dem sich die Aspirationen von Frauen aus dem Bürgertum orientierten, auf die Ambivalenzen auch, die diese Erwartungen erzeugten. Auf Grund ihrer Zugehörigkeit zur bildungsgläubigen politischen Elite mischten sich Emilie Paravicini-Blumer und Josephine Stadlin ganz selbstverständlich in die gesamtgesellschaftlichen Auseinandersetzungen ein und sahen sich dabei als freie Bürgerinnen, auch wenn ihrer Partizipation und ihren berufsspezifischen Ambitionen ihres Geschlechts wegen Grenzen gesetzt waren. Diese Grenzen waren jedoch – abgesehen von der institutionell abgesicherten Verweigerung des Stimm- und Wahlrechts sowie der unbeschränkten rechtlichen Eigenständigkeit – nicht klar definiert.
Josephine Stadlin wurde 1806 in Zug als Tochter der verwandtschaftlich mit den einflussreichen Familien der Innerschweiz liierten Pauline Uttinger und des weit gereisten Arztes, Historikers und dezidierten Liberalen Franz Stadlin geboren. Als Älteste war sie nach dem frühen Tod des Vaters in Absprache mit der Mutter für den Unterhalt der Familie und die Ausbildung der jüngeren Ge-

schwister verantwortlich. Sie unterrichtete Schülerinnen bei sich zu Hause und liess sich dann im Einverständnis mit der Mutter im Institut Niederer-Kasthofer in Yverdon zur Lehrerin ausbilden. Sie übernahm 1834 die Leitung des Töchterinstituts in Aarau und war kurz darauf dank der Vermittlung des Bildungspolitikers und Aargauer Seminardirektors Augustin Keller auch für die Ausbildung von Lehrerinnen zuständig. Mit Hilfe ihrer Jugendfreundin Elise Sidler, zweier Schwestern, eines Bruders und der Mutter machte sie sich Ende der 1830er Jahre im ländlichen Olsberg selbständig. Bald schon verlegte sie das Institut nach Hottingen in unmittelbare Nähe der Zürcher Stadtgrenze, wo sich in der Zeit der Regeneration viele namhafte politische Emigranten aus deutschen Staaten aufhielten. Mit ihrer Freundin Elise Sidler belegte sie als Hörerin Vorlesungen an der Universität, gründete einen Verein und eine Zeitschrift, «Die Erzieherin», mit dem erklärten Ziel, ein schweizerisches Lehrerinnenseminar zu gründen. Sie verlegte das Institut in das von ihr käuflich erworbene Haus «Sonnenbühl» am Fuss des Zürichbergs und gliederte dem Seminar eine Musterschule an. Die angestrebte Anerkennung der Privatschule als schweizerisches Lehrerinnenseminar blieb ihr versagt. Sie scheiterte als Unternehmerin und entging dem Bankrott 1853 nur dank dem Verkauf der Gebäulichkeiten. Sie lebte nun als Privatgelehrte, Referentin und Autorin. Nach ihrer Heirat 1858 mit dem über sechzigjährigen Arzt und Zürcher Bürgermeister Ulrich Zehnder arbeitete sie intensiv an einer Pestalozzi-Biografie. 1875, kurz nach ihrem Tod, erschien der erste Band des auf acht Bände angelegten Werks im deutschen Verlag Gotha.
Emilie Paravicini-Blumer wurde 1808 in Mollis geboren. Ihre Mutter stammte aus einer wohlhabenden Bauernfamilie, die auf der regionalen Ebene immer wieder Ämter besetzt hatte. Ihr Vater Johann Jakob Blumer war Arzt. Als Vertreter der politisch einflussreichen alten Geschlechter des Kantons Glarus war er nach den Umwälzungen im Gefolge der Französischen Revolution von materiellem Abstieg bedroht. Er hatte ausserdem ein Augenleiden, das langsam zur Erblindung führte. Aus standesspezifischen Gründen und zur Existenzsicherung der Familie arrangierte er die Heirat der siebzehnjährigen Emilie mit dem geistig beschränkten Sohn der reichen Handelsfamilie Paravicini. Emilie Paravicini-Blumer verbrachte die ersten Ehejahre bis zum Tod des Schwiegervaters in dessen Haus in Glarus, später dann in einem eigenen Haus in Mollis. Sie zeigte sich als Älteste verantwortlich für die standesgemässe Verheiratung der jüngeren Geschwister, betreute neben ihrem Ehemann nach dem Tod der Eltern auch die etwas zurückgebliebene Schwester Agatha und kümmerte sich um die Ausbildung des einzigen Bruders zum Theologen. Seit der Zeit in Glarus pflegte sie Freundschaften mit liberalen und freisinnigen Männern. Als Zuständige für die Geldsammlung im Kanton Glarus zu Gunsten der Polen nach deren Niederlage gegen die Russen trat sie in den 1830er Jahren in Beziehung zu der in Erlenbach ansässigen Maria Freiin von Sekkendorff Aberdar und deren Ehemann Graf Christian von Bentzel-Sternau, einem Anhänger Napoleons, Aufklärer und Gegner der Restauration. Bis zu ihrem Tod blieb sie in persönlichem und brieflichem Kontakt mit Exponenten der polnischen Unabhängigkeitsbewegung. In den späten 1840er Jahren lebte sie als Gesellschafterin des inzwischen verwitweten Grafen samt ihrem Ehemann

in Erlenbach und fühlte sich auch dessen Sohn Albert von Bentzel-Sternau verbunden. Zurück in Mollis engagierte sie sich öffentlich für die Ausweitung der Mädchenbildung. Als Witwe der Sorge um ihren Ehemann enthoben, setzte sie sich im Selbststudium mit der Homöopathie auseinander. Unter Anleitung des mehrfach wegen Kurpfuscherei verurteilten Laienhomöopathen Freiherr Heyer von Rosenfeld begann sie selbst zu praktizieren und wurde wegen unbefugter medizinischer Tätigkeit verurteilt. Nach der Freigabe der medizinischen Praxis durch die Glarner Landsgemeinde arbeitete sie fast bis an ihr Lebensende 1885 unbehelligt als selbständige Homöopathin.

In meiner auf Briefen basierenden Forschungsarbeit geht es mir nicht um die chronologische Rekonstruktion zweier Frauenleben, sondern vielmehr um einen Perspektivenwechsel in der Sicht auf das fortschrittsorientierte Bürgertum, das in der Schweiz des 19. Jahrhunderts entscheidende Impulse zur gesellschaftspolitischen Umwälzung geleistet hat. Politische Partizipation, individuelle Freiheiten, Rechtsgleichheit, ökonomische Selbständigkeit und Ausweitung der Bildung von der Primarschule bis zur Universität waren wie im übrigen Europa Grundpfeiler des liberalen Programms, das jedoch nur für das männliche Geschlecht Gültigkeit hatte. Denn ebenso grundlegend für die gesellschaftlichen Ordnungsvorstellungen des Bürgertums war die konzeptionelle Trennung von Öffentlichkeit und Privatheit entlang der Geschlechtergrenze – ein Konstrukt, das politische Partizipation sowie Erwerb und Beruf dem Bereich des Öffentlichen zuordnete. Ich gehe daher der zentralen Frage nach, wie sich die doppelte Zugehörigkeit liberaler Frauen zum tonangebenden Bürgertum und zur gesellschaftlichen Elite einerseits und zum rechtlich untergeordneten Geschlecht anderseits manifestierte. Ich frage, welche Rolle Frauen in der Phase des konfliktgeladenen Aufbruchs besetzen konnten, und nach den geschlechterspezifischen Folgen der institutionell abgesicherten Trennung von Öffentlichkeit und Privatheit. Dabei verknüpfe ich die Frage der Berufstätigkeit und Professionenbildung als Möglichkeit und/oder Notwendigkeit des individuellen Lebensentwurfs mit der Problematik der rechtlichen Unterordnung der Frauen. Es geht mir also um die grundlegende Frage, inwiefern die verfassungsrechtlich und gesetzgeberisch definierten Geschlechterdifferenzen den weiblichen Handlungsspielraum tatsächlich eingrenzten. Ich frage, inwiefern Frauen wie Josephine Stadlin und Emilie Paravicini-Blumer entgegen der Kodifizierung des Privatrechts die Stelle des mit Verantwortung ausgestatteten Oberhaupts der Familie besetzen konnten; wie und warum sie selbständig über finanzielle Mittel verfügten; wie sie als Angehörige der Bildungselite agierten; welche Optionen im politischen und beruflichen Bereich für sie handlungsanleitend waren und wie sie diese im Kontext der Zeit zu deuten wussten. So werden strukturelle Benachteiligung und individuelle Entfaltung parallel und aufeinander bezogen untersucht, werden Fragen aus der sozialen und politischen Formierungsgeschichte des schweizerischen Nationalstaates und die Innenwelten und Handlungstaktiken von Bildungsbürgerinnen in einen Zusammenhang gebracht.

Ausgehend von Briefen als dialogisch angelegtem Quellenmaterial lege ich das Schwergewicht der Analyse auf die Interaktionen: Es handelt sich um Kommunikationen zwischen Frauen, zwischen Frauen und Männern, zwischen Männern, um Wechselwirkungen auch zwischen der Ebene der Diskurse, der alltäglichen Praktiken und der öffentlichen Interventionen. Ich frage daher, wie Frauen in ihren Praktiken und in ihrer Selbstdefinition sich die verschiedenen bürgerlichen Normen im Kontext der rechtlich bedingten Ungleichheit angeeignet und geschlechterdifferierend interpretiert haben, inwiefern sich Frauen also diskursiv an der Ausgestaltung bürgerlicher Weiblichkeit und Männlichkeit als Norm beteiligten; auf welche Werte sie sich zur Ausweitung ihrer Handlungsräume und zur Durchsetzung ihrer konkreten Interessen beriefen; aber auch wie sie sich im Kontext des gesamteuropäischen kulturellen Aufbruchs wahrnahmen und damit Raum im Sinn sozialer Verortung konstruierten und definierten. Da es sich bei den Quellen mehrheitlich um Briefe handelt, frage ich, was mit dem Text inszeniert wird, worauf er rekurriert, auf welche Vorstellungen, welche Bilder, auf welche situativen, welche gesamtgesellschaftlichen Bedingungen er sich bezieht. Ich frage aber auch, wie das Briefeschreiben familiäre und verwandtschaftliche Beziehungen gestaltete, Freundschaften modulierte, berufsspezifische soziale Netzwerke verdichtete. Und da Josephine Stadlin und Emilie Paravicini-Blumer explizit oder über ihr Handeln implizit sowohl gesellschaftliche Partizipation ausserhalb des familiären Bereichs als auch berufsspezifische Ausbildung und Anerkennung weiblicher Tätigkeiten einforderten, damit in Widerspruch zur bürgerlichen Geschlechterordnung gerieten, stellt sich in allen Themenfeldern die Frage nach den Referenzsystemen der Trennung von Öffentlichkeit und Privatheit.

Forschungsstand und Forschungsdefizite

Im Zusammenhang mit den Jubiläumsfeierlichkeiten von 1998 zum 150. Geburtstag der modernen Schweiz, im Zusammenhang auch mit der von Lothar Gall und Jürgen Kocka seit den 1980er Jahren forcierten Erforschung der Geschichte des Bürgertums[3] wurde das 19. Jahrhundert in der Schweiz aus unterschiedlicher Perspektive aufgearbeitet. Dabei wurden auch biografische Ansätze in der historischen Forschung neu thematisiert. Diese erwiesen sich im Hinblick auf die Geschlechtergeschichte als fruchtbar. Als ergiebiges Quellenmaterial dienten so genannte Selbstzeugnisse oder Egodokumente unterschiedlichster Art, neben autobiografischen Schriften vor allem ausgedehnte Briefwechsel. Solche Dokumente erschliessen nicht nur die Identitätskonstruktionen im Sinn von identitärem Entwurf und Selbstverortung, sondern auch die informelle Logik der Vernetzung, die weit über die verwandtschaftlichen Beziehungen hinausweisen. Ebenso lässt sich daraus die Bedeutung von Frauen für die ökonomische und gesellschaftliche Positionierung der Familie ableiten.

Wie fruchtbar die Verwendung von Selbstzeugnissen für die Geschlechtergeschichte des Bürgertums ist, zeigen Untersuchungen wie die von Rebekka Habermas zur Geschichte der Nürnberger Familie Merkel, von Anne-Charlotte Trepp zu Ferdinand Beneke, von Tamara Zwick zum Hamburger Bürgertum sowie von Cécile Dauphin, Pierrette Lebrun-Pézerat und Danièle Poublan zu einer in Paris verankerten Elsässer Familie.[4] Auf die Schweiz bezogen sind die Unter-

suchungen von Philipp Sarasin zur Bürgerlichkeit in Basel, von Albert Tanner zu Frauen und Männern des Bürgertums in Bern und Zürich, von Arlette Schnyder zum Pfarrmilieu mit seinem räumlich weit verzweigten Geschwisternetzwerk aufschlussreich.[5] Auf geschlechtergeschichtlichen Ansätzen basieren die Dissertationen von Erika Hebeisen zu den pietistischen Zirkeln von Basel und von Brigitte Schnegg zu den Kreisen der Aufklärung in Bern und Zürich. Beide Historikerinnen haben dabei vielfältige Egodokumente verarbeitet.[6] Nur zum Teil auf das Bürgertum bezieht sich die Dissertation von Caroline Arni über Scheidungen in Bern um 1900, die ausgehend von Prozessprotokollen, Briefen und Erzählungen das Eheleben aus der Perspektive der involvierten Frauen und Männer interpretiert.[7] Autobiografische Texte und Briefe von Frauen und Männern aus dem Bürgertum verarbeitete auch Heidi Witzig in ihrer breit angelegten Untersuchung zum Alltagsleben in verschiedenen Regionen der Schweiz.[8] Ich selber beschäftige mich seit Mitte der 1980er Jahre – zuerst zusammen mit Heidi Witzig im Rahmen des Nationalen Forschungsprogramms NFP 21 zur kulturellen Vielfalt und nationalen Identität[9] und in den letzten Jahren im Kontext der von David Sabean vorangetriebenen Verwandtschaftsforschung – mit Selbstzeugnissen, insbesondere einer Vielzahl von Briefwechseln.[10]
Für die vertiefte Beschäftigung mit Josephine Stadlin und Emilie Paravicini-Blumer fiel aus geschlechtergeschichtlicher Perspektive ins Gewicht, dass die Materialien zu Frauenbiografien aus der Zeit der Konstituierung des schweizerischen Nationalstaats und der Etablierung des Bürgertums als treibende Kraft des Wandels bislang bei der historischen Forschung kaum beachtet wurden. Während «Frauenzimmer» des ausgehenden 18. Jahrhunderts sowie die gesellschaftspolitisch engagierten Frauen des letzten Drittels des 19. Jahrhunderts in biografisch geprägten historischen Untersuchungen behandelt wurden, fanden Frauenleben aus der Zeit um 1848 in der Schweiz im Gegensatz zu Forschungen zu Frankreich[11] und zu Deutschland[12] nur wenig Beachtung. Diese Fokussierung und diese Auslassung sind bedingt durch die einseitige Verbindung von Bundesstaatsgründung mit männlichen Akteuren aus Wirtschaft und Politik. Selbst über eine bekannte Figur wie die Pädagogin und Institutsleiterin Josephine Stadlin, deren Nachlass seit mehr als hundert Jahren öffentlich zugänglich ist, wurde bis heute keine Biografie in Buchform veröffentlicht. Die sozialpädagogische Lizentiatsarbeit zu Josephine Stadlin von Nora Kubli[13] sowie die historische Lizentiatsarbeit zu deren Öffentlichkeitsdiskurs von Sybille Omlin sind nicht frei zugänglich.[14] Sybille Omlin verdanken wir jedoch einige aufschlussreiche Beiträge zu einzelnen Aspekten von Stadlins Werdegang.[15] Aber weder Kubli noch Omlin haben den in der Handschriftenabteilung der Zentralbibliothek Zürich archivierten, über 3000 Dokumente umfassenden Nachlass Josephine Stadlins extensiv ausgewertet.
Diese Vernachlässigung und Nichtberücksichtigung von Frauen im Umfeld des Aufbruchs von 1848 ist in der Schweiz einzig durch frauengeschichtliche Publikationen zum 150-Jahr-Jubiläum gebrochen worden.[16] Weit stärker wurde die Involviertheit von Frauen berücksichtigt bei der Erforschung der frühen sozialen Bewegungen rund um die Französische Revolution einerseits und anläss-

lich des 150-Jahr-Jubiläums der Aufstände von 1848 durch die deutschsprachige Frauen- und Geschlechterforschung anderseits, insbesondere von Ute Gerhard und Carola Lipp.[17] Lipp hat ausserdem ein breit angelegtes Forschungsprojekt zu den Netzwerken in der Stadt Esslingen im Kontext der politischen Umbrüche des 19. Jahrhunderts initiiert, die mit der Berücksichtigung der verwandtschaftlichen Beziehungsnetze auch auf Geschlechterverhältnisse fokussiert.[18] Eine wichtige vergleichende Studie über die Auswirkungen der bürgerlichen Revolutionen auf die Stellung der Frauen, in welcher die Schweiz mit berücksichtigt wird, hat 2007 die Rechtshistorikerin Diemut Majer vorgelegt.[19]

Die Vernachlässigung der Frauen in der Bürgertumsforschung hängt auch mit den Blindstellen in der Theorie zum Verrechtlichungsprozess im 19. Jahrhundert zusammen. In Abgrenzung zur ständischen Ordnung des Ancien Régime war diese Verrechtlichung auf das Individuum als autonomes Subjekt und dessen Stellung im Staat ausgerichtet. In alltäglichem Handeln erfahrene Bezüglichkeiten und die damit verbundene Anerkennung gegenseitiger Abhängigkeiten waren nicht Teil dieses Verrechtlichungsprozesses und wurden daher bis in die 1990er Jahre wenig reflektiert. Vielmehr verschwand Sozialität als auf Reziprozität und Kooperation basierender Austausch fast gänzlich aus dem Verständnis von Politik und Staat, aber auch von Wirtschaft und Gesellschaft. Dementsprechend wurden Individuum und Soziales nicht als notwendige Zweiheit und dynamisch verknüpft gedacht. Doch Individuen konstituieren sich als Subjekte auch über Praxis und Erfahrung von Beziehungen, die auf verschiedenen gesellschaftlichen Ebenen Wirkungen zeitigen. Wie das David Sabean am Beispiel von Neckarhausen herausgearbeitet hat,[20] war gerade Verwandtschaft als Beziehungsstruktur und soziales Netzwerk im 19. Jahrhundert einflussreich. Ebenso blieben selbst abgespalten von der Verrechtlichung die familial bedingten, nicht formalisierten oder vertraglich festgeschriebenen Verpflichtungen bestehen. Da das bürgerliche Individualisierungskonzept sich lediglich auf das männliche Geschlecht bezog, wurden Bezüglichkeiten nicht nur rechtlich gekappt, sondern im Laufe von Institutionalisierungsprozessen unausgesprochen auf das weibliche Geschlecht übertragen, das von den individualisierten Rechten ausgeschlossen war. So mutierte die im ständisch organisierten Haushalt weitgehend unentgeltlich geleistete Arbeit von abhängigen Personen beiderlei Geschlechts schon in der Phase des liberalen Aufbruchs zur informellen, in private Bezüglichkeiten eingelagerte Arbeit von Frauen. Da diese bis in die Gegenwart unabdingbaren Verantwortlichkeiten nicht an das Konzept der individuellen Rechtsperson gebunden waren, fielen sie mit wenigen Ausnahmen aus dem Institutionalisierungsdiskurs.[21] Handeln als in private Bezüglichkeiten eingebundenes geschlechterspezifisches Tun von Frauen wurde im letzten Jahrzehnt jedoch aus der Perspektive von Sozialität als Gemeinschaft stiftender, auf wechselseitiger Anteilnahme und Anerkennung basierender persönlicher Austausch zu einem sozialwissenschaftlichen Thema.[22] Im Unterschied zu Beziehungen zwischen Menschen als Rollenträgern – also auch als Träger der Frauen beziehungsweise Männern zugeschriebenen Rolle – auf der abstrakten Ebene der Gesellschaft sind konkrete Beziehungen in Gemeinschaften wie Familie und Verwandtschaft Be-

ziehungen zwischen ganzen Menschen, daher komplexer und vielschichtiger.[23] Vor allem geschlechtergeschichtliche Arbeiten zur Geschichte des Bürgertums auf der Grundlage von Egodokumenten fokussieren auf konkrete Beziehungen und verknüpfen diese erst auf der analytischen Ebene mit Fragen nach der Relevanz der auf Zuschreibungen basierenden geschlechterspezifischen Rollen in der Gesellschaft. Damit werden auch Begrifflichkeiten wie «Geschlechterzuschreibungen» oder «Geschlechterzugehörigkeit» mit ihrer Tendenz zur Universalisierung und Selbstevidenz hinterfragt, da die Handlungsspielräume und Interventionsmöglichkeiten von Frauen weit vielfältiger waren, als der Rekurs auf die Geschlechterrollen suggeriert. Denn erst durch Institutionalisierung und formale Zugangsregelungen wurde die soziale Teilnahme der Frauen strukturiert, «Geschlecht» zur ausschliessenden Funktion. Ausschluss und Institutionalisierung müssen also analytisch zusammengedacht werden.
Die anfängliche Marginalisierung von Frauen in der Bürgertumsforschung entspricht daher auch dem Mangel an Reflexion über die mit Institutionalisierungsprozessen verknüpfte Geschlechterdimension des bürgerlichen Habitus, den die feministisch geprägte Geschlechterforschung immer wieder kritisiert hat. So hat Ute Frevert die Frage nach den Geschlechterverhältnissen schon früh in die deutschsprachige Bürgertumsdiskussion eingebracht.[24] Der bürgerliche Habitus, definiert über Profession, ökonomische und rechtliche Selbständigkeit sowie individuelle Leistung, Lebensführung und Lebensgestaltung, schliesst selbst jene Frauen aus, die unhinterfragt zum Bürgertum gezählt werden, da die funktionale Differenzierung von Beruf und Familie im 19. Jahrhundert einherging mit einer Vergeschlechtlichung beruflicher Tätigkeiten. Profession bedeutete Expertenstatus auf Grund eines fachspezifischen akademischen Studiums, Profession bezog sich insbesondere auf die Bereiche Recht, Theologie und Medizin. Der Begriff beinhaltet aber auch die Angehörigen dieser Berufe als soziale Gruppe, deren privilegierte Stellung mit dem Verweis auf die gesamtgesellschaftliche Nützlichkeit ihrer Tätigkeit institutionell abgesichert war. Professionalisierung im heutigen Sinn bedeutet zudem die Umwandlung einer privaten, nicht entlohnten Arbeit in eine Erwerbstätigkeit. So impliziert auch das Attribut «professionell» einerseits die einem Individuum zugesprochene fach- und berufsspezifische Qualifikation, anderseits den Erwerbscharakter einer Arbeit. Bezogen auf die Zuständigkeiten und Tätigkeiten von Frauen ist die Mehrdeutigkeit für das 19. Jahrhundert insofern zentral, als die Übergänge zwischen privat geleisteter unentgeltlicher und erwerbsmässiger Arbeit, zwischen informell, autodidaktisch und/oder über formalisierte Ausbildung erworbener Berufsqualifikation bei Frauen auf Grund ihrer rechtlich und normativ gestützten Stellung fliessend waren, diese Begrifflichkeiten daher aus geschlechtergeschichtlicher Perspektive Unschärfen mit einschliessen. Denn der Zugang zu den Professionen im Besonderen und zu den ebenfalls auf einer über Ausbildung vermittelten «Kombination spezifischer Fähigkeiten und Fertigkeiten»[25] basierenden Berufe im Allgemeinen war den Frauen bis ins letzte Drittel des 19. Jahrhunderts wenn nicht explizit, so doch implizit verwehrt. Selbst die nur als Semiprofession zu definierende Stellung als fachspezifisch ausgebildete Lehrkraft an der Volksschule

stand Frauen nur beschränkt offen.[26] Dennoch hat die seit den 1980er Jahren unter anderem in Deutschland und in der Schweiz vom Historiker Hannes Siegrist vorangetriebene Forschung zur Professionalisierung, abgesehen von Angelika Wetterers Ansätzen sowie von Claudia Huerkamps Untersuchung zu den Ausschlussmechanismen im Bereich der Medizin, die Kategorie Geschlecht lange wenig integriert.[27]

Im schweizerischen Forschungsumfeld ist – ähnlich wie im europäischen – aus frauen- und geschlechtergeschichtlicher Sicht für die Mitte des 19. Jahrhunderts der Bereich Bildung am meisten bearbeitet worden,[28] der Bereich Medizin im Gegensatz zu den US-amerikanischen Untersuchungen hingegen schon deutlich weniger.[29] So sind seit rund zwei Jahrzehnten neben der Publikation Hans-Ulrich Grunders von 1988 zu den Konzepten einiger anarchistischer und bürgerlicher Pädagoginnen eine Anzahl Dissertationen zur Entwicklung von Schule und Bildungsinstitutionen erschienen: von Ursula Renold zur Frauenberufsbildungsdiskussion vom 18. zum 20. Jahrhundert, von Yvonne Leimgruber zur Pädagogin Rosette Niederer-Kasthofer, von Claudia Crotti zur Lehrerinnenbildung im 19. Jahrhundert und von Alexandra Bloch zur Ausbildung der Lehrkräfte für die Volksschule. Blochs Forschungsarbeit, die sich an den theoretischen Ansätzen der Professionenbildung orientiert, fokussiert zwar nicht primär auf das weibliche Geschlecht, behandelt aber explizit die Vergeschlechtlichung des Lehrberufs.[30] Unter dem Professionalisierungsaspekt verdient neben der Untersuchung von Crotti und Bloch vor allem der Beitrag von Jeannette Voirol zu den ersten Schweizer Ärztinnen Beachtung.[31] Während in den US-amerikanischen Anfängen des medizinischen Studiums von Frauen der Homöopathie eine besondere Bedeutung zukam, war dies bei der Ausbildung der ersten Ärztinnen in Kontinentaleuropa nicht der Fall.[32] Die Aufarbeitung der Geschichte der Homöopathie ist im deutschsprachigen Gebiet schwergewichtig das Verdienst der Robert Bosch Stiftung in Stuttgart und der Historiker Robert Jütte und Martin Dinges.[33] Mit Alexander Erlachs medizinhistorischer Dissertation liegt zwar eine neuere Arbeit zur Geschichte der Homöopathie in der Schweiz vor, Frauen werden jedoch darin kaum thematisiert.[34] Dies gilt auch für die Forschungen zur Laienbewegung in der Homöopathie,[35] obwohl der Begriff «Laie»/«Laiin» in direktem Bezug zur Professionalisierung steht, und zwar Professionalisierung verstanden als individuelle ausbildungsbedingte fachspezifische Qualifikation, von der Frauen lange explizit und/oder implizit ausgeschlossen waren.[36]

Hinweise auf die Zusammenarbeit zwischen Frauen und Männern im Bereich der Naturheilmedizin ergeben sich aus Aufsätzen der Historikerin Sabina Roth.[37] Einen grundlegenden Beitrag zur Rezeption unterschiedlicher Körperkonzepte und deren Diffundierung leistet die Untersuchung «Reizbare Maschinen» von Philipp Sarasin.[38] Für die Patienten-/Patientinnenforschung ist die Auswertung handschriftlicher Quellen aufschlussreich. Noch beziehen sich viele Untersuchungen zur Sicht von Patientinnen und Patienten auf die Frühe Neuzeit, das gilt auch für die Pionierinnenarbeit von Barbara Dudens «Geschichte unter der Haut».[39] In ihren späteren Schriften thematisiert sie den «epistemologischen Bruch» vom Ende des 18. Jahrhunderts in der Erfahrung von Krankheit: statt subjektives Erleben eine objektbezogene Definition in abstrakter Sprache.[40] Von besonderem Interesse ist in diesem Zusammenhang die 2009 veröffentlichte Dissertation von Bettina Brockmeyer, die Wahrnehmungs- und Darstellungsweisen von Körper und Gemüt in den Korrespondenzen von Arzt – insbesondere von Samuel Hahnemann – und Patientinnen und Patienten im frühen 19. Jahrhundert untersucht und dabei die Homöopathie speziell mit einbezieht.[41] Dudens Werk ist insofern wegweisend, als Schmerz- und Körperempfindungen in der deutschsprachigen Forschung von der historischen Anthropologie wie von der Kultur- und Medizingeschichte erst seit den 1990er Jahren breiter rezipiert wurden, während diese in der angelsächsischen Forschung schon länger thematisiert wurden.[42] Als physische und psychische Empfindung sowie kulturell kodierte und emotional aufgeladene Erfahrung ist Schmerz auch Gegenstand der Geschichte der Emotionen.

Die ursprünglich angelsächsischen Ansätze zur Geschichte der Emotionen wurden in der deutschsprachigen Forschung seit Mitte der 1990er Jahre zunehmend rezipiert und eröffneten der Geschlechtergeschichte neue Perspektiven,[43] die sich insbesondere in den Untersuchungen zu Moral, Freundschaft und Liebe auf der Basis von Selbstzeugnissen als fruchtbar erwiesen. Zentrale Erkenntnisse beziehen sich auf die Individualisierung, Privatisierung und emotionale Aufladung von Beziehungen; auf die Entwicklung der Gefühle zu einem zentralen Moment des Schreibens von Tagebüchern und Briefen und deren nachhaltige Feminisierung; auf die damit einhergehende Emotionalisierung von Frauen als Geschlecht.[44] Untersucht ist auch die parallel dazu veränderte Wahrnehmung von Freundschaft: von der Aufklärung als eine auf Gefühl und Tugend beruhende Beziehung zwischen gleichgesinnten Männern konzipiertes Verhältnis hin zu einer vielfältig kodierten, von Liebe getragenen privaten Beziehung zwischen Männern und zwischen Frauen, kaum aber zwischen Frauen und Männern.[45] Gleich blieb sich im bürgerlichen Zeitalter, was van Dülmen für die Zeit um 1800 festhielt: Briefwechsel als gestaltete Freundschaft und Medium der Selbstinszenierung und Modellierung des «Ich».[46] Ähnliche Forschungsergebnisse wie zur Freundschaft als einer egalitären, horizontalen und emotional positiv besetzten Beziehung ergaben sich aus der Untersuchung von Geschwisterbeziehungen im 19. Jahrhundert, die ebenfalls vor allem auf der Auswertung von Briefwechseln basiert. Die Bruder/Schwester-Dyade wird von Sabean als Präfiguration für die Entwicklung des Gefühls und der individuellen Beziehungsfähigkeit interpretiert.[47] Auch die Wahrnehmung von «Glück» – in der amerikanischen Unabhängigkeitserklärung war sie noch angesiedelt an der Schnittstelle von Gesellschaft und Individuum – wandelte sich zum privaten und individuellen Gefühl.[48] Das Verhältnis von Politik und Emotionen machten zuerst vor allem US-amerikanische Historikerinnen und Historiker sowie Anthropologinnen und Anthropologen zum Gegenstand der Geschichte. William Reddy entwickelte sein Emotionenkonzept am gesellschaftlichen Aufbruch der Französischen Revolution und der Entwicklung in den darauf folgenden Jahrzehnten.[49] Er analysierte Gefühlsäusserungen als performativen Akt, der Wirkung erzeugt, bei den andern wie beim Sprechenden selbst.[50] Auch Lynn Hunt verknüpfte aus diskurs- und geschlechtertheoretischer

Perspektive die Geschichte der Französischen Revolution mit Empfindungen und Erfahrungen, deutete sie als Auflehnung der Söhne gegen die Väter.[51] Auf die geschlechterspezifische Widersprüchlichkeit der Versprechen der Revolution hat bereits Olympe de Gouges 1791 mit ihrer «Erklärung der Rechte der Frau und Bürgerin» verwiesen, Ausgangspunkt von Joan Wallach Scotts breit rezipiertem Buch «Only Paradoxes to Offer».[52] Dieses Werk gab zentrale Impulse für die Aufarbeitung der Geschichte der Feministinnen des 19. und 20. Jahrhunderts, deren gesellschaftliche Einbindung und Argumentation. So hat sich die Historikerin Caroline Arni mit der 1848er Revolutionärin Jenny d'Héricourt (1809–1875) auseinandergesetzt, einer französischen Zeitgenossin von Emilie Paravicini-Blumer und Josephine Stadlin.[53] Scotts Argumentation war auch für mich wegleitend bei der Deutung der Handlungsspielräume und Interventionsmöglichkeiten dieser Bildungsbürgerinnen.
Ursprünglicher Anstoss für die Form der Doppelbiografie war mir jedoch die Beschäftigung mit Nathalie Zemon Davis' 1995 veröffentlichter Biografie dreier Frauen aus dem 17. Jahrhundert.[54] Entgegen meinen ursprünglichen Plänen, mit Magdalena Schweizer-Hess und Barbara Hess-Wegmann[55] noch zwei Schweizer Akteurinnen der politischen Umwälzungen aus der Zeit der Französischen Revolution einzubeziehen, beschränkte ich mich auf Grund von Schwierigkeiten bei der Quellensuche auf Emilie Paravicini-Blumer und Josephine Stadlin und damit auf die Zeit der liberalen Umwälzungen seit 1830. So entwickelte sich das Projekt einer Sammelbiografie zu demjenigen einer Doppelbiografie. Damit reiht es sich ein in einen gegenwärtig wieder verstärkten Trend, denn in letzter Zeit wurden verschiedene historische Doppelbiografien von Frauen veröffentlicht. Mehrheitlich handeln sie von Frauen, die über Familienbande, über ihre gemeinsame öffentliche Tätigkeit oder ihre Berufstätigkeit miteinander in Verbindung standen.[56] Doppelbiografien, die nur über eine gemeinsame Koordinate verbunden sind, bilden eher die Ausnahme.[57] Josephine Stadlin und Emilie Paravicini-Blumer waren weder verwandt noch im gleichen Bereich tätig, sie waren auch nicht persönlich miteinander bekannt. Entscheidend für meine Auswahl war der gemeinsame Bezugsrahmen dieser Frauen, der es mir möglich machte, soziale Bewegungen und Institutionalisierungsprozesse mit den individuellen Entfaltungsmöglichkeiten von Frauen zu verknüpfen: Erstens verbindet die beiden Frauen eine ähnliche bildungsbürgerliche Herkunft, und beide lassen sie sich nicht über die paradigmatische Funktion Hausfrau, Mutter, Ehegattin definieren. Zweitens partizipierten sie beide an den gesellschaftspolitischen Umwälzungen, auf die sie als Repräsentantinnen des weiblichen Geschlechts durch zeitspezifische Erwartungen, Aktivitäten im öffentlichen Raum und mit Reflexion reagierten. Drittens verweisen beide Biografien auf die in der Bürgertumsforschung zentrale Frage der Professionalisierung im mehrdeutigen Sinn der Professionenbildung, der individuellen fachspezifischen Qualifikation sowie der als Beruf verstandenen Erwerbstätigkeit, und zwar in den im Modernisierungskontext auch politisch wichtigen Bereichen Schule/Ausbildung und Medizin/Naturwissenschaft. Diese stellte sich für Frauen anders als für Männer und erzeugte sowohl bei Josephine Stadlin wie bei Emilie Paravicini-Blumer

geschlechterspezifische Konflikte. Entscheidend für die Auswahl war auch die durch den Zivilstand bedingten unterschiedlichen Handlungsmöglichkeiten der beiden Frauen: früh verheiratet die eine, lange ledig und selbständig die andere. In der Doppelbiografie können die je nach Vermögenslage, Zivilstand und Lebensphase unterschiedlichen Konfliktfelder herausgearbeitet werden.
Mein Interesse richtet sich insbesondere auf die Frage der beruflichen Tätigkeit als individueller Lebensentwurf sowie der Spannung zwischen der rechtlichen Unterordnung und der effektiven Funktion der beiden Frauen für die ökonomische und soziale Positionierung ihrer Familie. Gegenstand meiner Untersuchung sind daher die vielschichtigen Beziehungsnetze der beiden Protagonistinnen, in denen sowohl ihr Eingebundensein als auch die Auseinandersetzung mit Strukturen, Erwartungen und Deutungsmustern sowie ihre Selbstentwürfe zum Ausdruck kommen. Diese reflektieren nur zum Teil den in Recht, Literatur und Ratgebern propagierten «bürgerlichen Wertehimmel»[58] oder die von Naturwissenschaftlern und Philosophen als «Sonderanthropologie der Frau»[59] propagierten Wesenszüge. Vielmehr manifestiert sich die aktive Rezeption der Normen erst, wie das Rebekka Habermas für die Familie Merkel gezeigt hat, in den Praktiken, die fragmentarisch in den erhaltenen Briefwechseln aufscheinen. Im Gegensatz zu meiner Fokussierung auf die berufliche Tätigkeit untersucht Rebekka Habermas in dieser Forschungsarbeit die bis anhin wenig berücksichtigte Dimension des Haushalts als ein Ort der Überschneidung des Öffentlichen und Privaten am Beispiel der familiären Praktiken und des dichten Beziehungsnetzes verheirateter Frauen und Männer des städtischen Bürgertums.
Die biografische Auswertung und geschlechterhistorische Analyse des umfangreichen Quellenmaterials aus öffentlichen Archiven und Privatnachlässen ermöglichte mir eine differenzierte Einschätzung des 19. Jahrhunderts als bürgerliches Zeitalter samt dessen politischen, ökonomischen und kulturellen Implikationen. Ist schon die Rekonstruktion und Aufschlüsselung alltäglicher Praktiken und der Beziehungsnetze anhand der Briefwechsel äusserst aufwändig, erwies sich die Kontextualisierung der Biografien als grosse Herausforderung, waren die vielseitigen Aktivitäten dieser Frauen doch in verschiedenen Feldern angesiedelt, die Literatur dazu fast uferlos. Eine Beschränkung bei der Sekundärliteratur war zwingend, zusätzlich bedingt durch die mehrere Jahre dauernde Arbeit, während der die Ergebnisse und theoretischen Ansätze im Bereich der Biografie- wie der Geschlechterforschung ständig zunahmen und wiederholt Ergänzungen und Überarbeitungen erforderlich machten.

Biografie und Geschlecht – methodisch-theoretische Zugänge und Begrifflichkeiten

Biografien erleben seit einigen Jahren auch in der Geschichtsschreibung Konjunktur. Beispielsweise figurierte die Konferenz vom März 2004 im German Historical Institute von Washington unter dem Titel «Toward a biographical turn?»[60] Vor allem im deutschen Sprachraum wurde die Biografie als Genre in der Geschichtswissenschaft lange kaum mehr ernstgenommen. Auch für mich war die radikale Absage an die Biografie als reines Konstrukt von Pierre

Bourdieu, die 1986 unter dem Titel «L'illusion biographique» veröffentlicht wurde,[61] Ausgangspunkt der methodisch-theoretischen Überlegungen. Seitdem ist die historische Biografieforschung in Frankreich selbst von dezidierten Vertretern der Annales-Schule wie Jacques Le Goff akzeptiert, der in zwei Biografien eine historische Periode ausleuchtete.[62] Alain Corbin reduzierte seinerseits in seinem breit rezipierten Buch «Le monde retrouvé de Louis-François Pinagot»[63] die Biografie auf die reine Rekonstruktion des Kontextes und bietet damit eine höchst anregende Ergänzung zu Bourdieus Kritik an der Biografik. Auch im deutschsprachigen Raum ist die Biografie inzwischen als Gegenstand der Geschichtsschreibung rehabilitiert.[64] Als Pendant zu der bereits 1950 gegründeten angelsächsischen Zeitschrift «Biography» erscheint seit 1988 «BIOS».[65] Hier wurde 1990 Bourdieus Aufsatz in deutscher Übersetzung zusammen mit einem Kommentar von Lutz Niethammer veröffentlicht, 1993 ergänzt durch Hans-Christoph Kollers Beitrag «Biographie als rhetorisches Konstrukt».[66] Die damit lancierte Debatte griff Mitte der 1990er Jahre die Zeitschrift «traverse» auf. Weitergeführt wurde sie in Reinhard Sieders herausgegebenem Sammelband «Brüchiges Leben» von 1999 und von Christian Kleins 2002 herausgegebener «Biographik. Theorie und Praxis des biographischen Schreibens».[67] Wie Bettina Dausien[68] in ihren vielen Veröffentlichungen legt auch die 2003 unter dem Titel «leben texten» erschienene Nummer der Zeitschrift «L'Homme» zum biografischen und autobiografischen Schreiben den Akzent auf das Geschlecht.[69] Das Heft zeigt, wie biografische und autobiografische Texte vom Bemühen von Frauen und Männern zeugen, ihr Tun in einen sinnhaften Zusammenhang mit ihrem Umfeld zu setzen. Dagegen geht es bei Bourdieus Verwerfung der Biografie um die Kritik an ebendieser Sinngebung als einer Konstruktion, die erst vom Ende her gedacht werde, einem Punkt, von dem aus ein zusammenhängender chronologischer Durchlauf erzählt werde, der meistens von der Wiege bis zur Bahre reicht. In eine ähnliche Richtung zielt Hayden Whites[70] Verweis auf die Logik der Narrativität. Nach White definiert die Form des Erzählens die *storyline*, den *plot*, und das impliziere damit das Resultat, was die Unterscheidung zwischen Fakten und Fiktion fragwürdig mache. Die grundsätzliche Problematisierung der Biografik durch Bourdieu und der Geschichtsschreibung generell durch White veranlassten mich zu fragen, inwieweit sich über die Biografie einer einzelnen Person überhaupt historische Entwicklungsprozesse und Herrschaftsverhältnisse erkennen lassen und inwiefern aus Egodokumenten, die selber der Logik der Narrativität, also des *plots*, unterliegen, allgemeine Erkenntnisse zum historischen Kontext zu gewinnen sind.

Unter «Lebenslauf» versteht man empirische Ereignissequenzen,[71] «Biografie» dagegen bezieht sich auf das Leben konkreter Individuen.[72] Biografisches Schreiben ist immer ein Erzählen und deshalb der narrativen Logik unterworfen. Durch eine fragmentierte Darstellung lässt sich jedoch der Illusion eines linearen Ablaufs entgegenwirken, ebenso durch die Offenlegung von quellenbedingten Zufälligkeiten und von Mehrdeutigkeiten und durch eine reflexiv-konstruktivistische Perspektive. Das heisst, in meiner biografischen Forschung geht es mir nicht um eine Rekonstruktion eines Lebens, sondern um Verknüpfungen, Verknotungen, Verdichtungen, konkret um die Frage: Wie lässt sich auf Grund der mir zugänglichen Quellen die Geschlechterordnung des 19. Jahrhunderts, die rechtlich zunehmend geprägt war durch die Inklusion und Exklusion, analysieren, um dabei wie Rebekka Habermas die «Diskrepanz zwischen Normen, Werten sowie Selbstdefinitionen und den tatsächlichen Praktiken»[73] zu erkennen und die Handlungsspielräume von Frauen auszuloten? Das bedeutet, Quellen nicht primär von der Vorstellung eines Lebenslaufs her als vielmehr vom Kontext her zu interpretieren; es bedeutet zugleich, lebensgeschichtliche Ereignisse in unterschiedliche Felder sozialer Bedeutsamkeit einzutragen, Felder, die sich erst auf Grund der Quellen erschliessen: familiale Eingebundenheit, freundschaftliche Bezüge, kulturell und politisch konnotierte Vernetzungen, berufs- und tätigkeitsbezogene Gemeinschaften.

Das Fragmentarische dieser Biografien ergibt sich auch aus dem disparaten Charakter der von mir berücksichtigten Materialien: Briefe sind als solche nur Ausschnitte eines getexteten Lebens, handeln von trivialen und bedeutsamen, von emotionalen und geschäftlichen, imaginierten und faktischen Geschehnissen. Dabei gilt aber auch für diese Sorte biografischer Quellen, was der französische Historiker Philippe Lejeune bezüglich der Autobiografie als Pakt definiert hat:[74] Beim Schreiben sind die potentiellen Leserinnen und Leser mitgedacht, auf diese hin sind sie konzipiert. Zugleich ist die Art des Schreibens bedingt durch einen Komplex von kulturellen Normen,[75] und als ein Agieren und Reagieren ist der Austausch von Briefen per se Interaktion. Interaktion verstehe ich in Anlehnung an Erving Goffman als Austausch zwischen Individuen, deren Wahrnehmen und Handeln bestimmt ist durch die soziale Ordnung und die darin wirkende Statuszugehörigkeit, neben Alter und Klasse durch das Geschlecht, konkret durch die damit einhergehenden Normen, auf die Frauen und Männer im Prozess der bewussten oder unbewussten Selbstkategorisierung rekurrieren und damit ihr soziales Geschlecht inszenieren.[76] Aus diesem Grund ist das Briefeschreiben als interpersonale Kommunikation immer ein performativer Akt, und daher können Briefe als eine Bühne gesehen werden, wo sich die Korrespondierenden als Frauen und als Männer – oft auch als Bürger und Bürgerinnen, als Fachpersonen oder politische Subjekte – selbst inszenieren. Zugleich stiftet dieser geschlechtsspezifisch geprägte Austausch zwischen Individuen durch gegenseitige Anteilnahme und Anerkennung Gemeinschaft. Sowohl der performative wie der gemeinschaftsstiftende Aspekt brieflicher Kommunikation verlangt eine Situierung der Korrespondierenden und ihre Einbindung in den historischen Kontext, der für Männer und Frauen rechtlich und kulturell bedingt ein je anderer ist. Ich gehe jedoch davon aus, dass Personen schreibend nicht nur auf Strukturen und Machtverhältnisse reagieren, sondern als historische Akteurinnen und Akteure Entscheidungen treffen und über den Prozess der Aneignung und Umsetzung von Werten, Normen und Sinnhorizonten kreativ Bedeutung herstellen. Wie Rebekka Habermas verstehe ich diese Bedeutungsherstellung im Sinne von Roger Chartier als Erfahrung, und unterschiedliche Erfahrungen zeigen sich in den Praktiken.[77] So sind Erfahrungen nicht auf ihre diskursive Konstruktion zu reduzieren, sondern als Grundlage für das Handeln konkreter Menschen zu sehen.[78] Die von mir ausgewerteten Briefe dokumentieren denn auch nicht nur verschiedene Diskurse, sondern auch Praktiken: Die Texte beschreiben Praktiken, zugleich zeugen die Briefe in ihrer Materialität – als Papier und Tinte – und als Resultat des Schreibakts von Praktiken, von Praktiken der Beziehungspflege und der Subjektkonstituierung. Briefe implizieren als Text und Materialität immer ein doppeltes «Ich» – ein im Text konstruiertes Ich und ein konkret kommunikativ handelndes, ein schreibendes Ich.[79] Briefe verweisen auf Erfahrungen und über die Sinnkonstruktion auf den Bezug der Korrespondierenden zur Welt. Denn individuelle Erfahrung ist, wie das Jakob Tanner hervorhebt, immer auch gesellschaftlich geprägt, «weil sie sich nur in der sozialen Interaktion mit anderen formen kann, die ihrerseits wiederum Regeln oder Institutionen unterliegt, die dem Subjekt schon vorausgesetzt waren».[80]

In diesem Sinn ist eine Biografie nicht ein Spiegel der Realität und dennoch impliziert sie relevante Prozesse der Aneignung durch das in eine soziale Ordnung eingebundene Individuum sowie die Gegenwärtigkeit von Macht- und Herrschaftsverhältnissen im Leben individueller Männer und Frauen.[81] So zeigt sich selbst Bourdieus Modell des Habitus, der als das verinnerlichte Soziale im Spannungsfeld zwischen Individuellem und Kollektivem angesiedelt ist, als auf die Biografie übertragbares Konzept.[82] Wenn in der Biografie als Vertextlichung von Lebensgeschichte daher Elemente aus dem Leben eines historischen Subjekts zu einer sinnhaften Narration verknüpft und zugleich in einen sinnhaften Zusammenhang mit dem historischen Kontext gebracht werden, ist Biografie zwar immer noch Konstruktion, aber das historische Subjekt wirkt dabei als Brennglas, mit dem ebenso zeitspezifische Diskurse, Ereignisse und Strukturen wie alltägliche Praktiken des Austausches und des Arbeitens in ihren Bezüglichkeiten sicht- und erfahrbar gemacht werden. Bezogen auf die Phänomene der bürgerlichen Gesellschaft des 19. Jahrhunderts bedingt dies eine Annäherung auf mikrohistorischer Ebene und mit Ansätzen der historischen Anthropologie.[83] Bezogen auf das sich etablierende normative Geschlechtermodell bedeutet dies eine Annäherung vom Rande her, weil Frauen von Gesetzes wegen marginalisiert waren und im dominanten Diskurs explizit kaum und/oder nur als das «Andere» in Erscheinung traten. Die diskriminierenden Auswirkungen der geschlechtersegregierenden Strukturen hat Beatrix Mesmer in ihrer Untersuchung zu den Frauenorganisationen des 19. Jahrhunderts in der Schweiz schon mit dem Titel «Ausgeklammert – Eingeklammert»[84] auf den Punkt gebracht. Als gesellschaftliche Akteurinnen waren Frauen jedoch selbst Teil geschlechterdifferenzierender Prozesse. Das heisst, Weiblichkeit und Männlichkeit waren, sehen wir von kodifizierten Exklusionen ab, nicht durch klare Grenzen definiert, vielmehr wurde in den Praktiken und in der Interaktion immer wieder neu bestimmt, was männlich, was weiblich ist. So kann in Anlehnung an Kathleen Canning die Kodifizierung und Institutionalisierung der Geschlechterverhältnisse im Nationalstaat auch als Antwort auf Unschärfen in den Zuschreibungen von Männlichkeit und Weiblichkeit in den 1830er bis 1840er Jahren gedeutet werden.[85] Das heisst auch, dass der Begriff *citizenship* nicht nur eine juristische Zuschreibung ist – diese wurde Frauen nicht zugebilligt –,[86] sondern Subjektivitätskategorien einschliesst. *Citizenship* impliziert daher nicht nur in Abgrenzung zu dem auf das Wirtschaftsbürgertum bezogenen *bourgeois* die Partizipation des mit politischen Rechten ausgestatteten Staatsbürgers. Er ist auch als Summe von juristischen, politischen, ökonomischen und kulturellen Praktiken zu verstehen, durch die Personen von aussen eingeordnet werden und sich zugleich selber als Angehörige einer Gesellschaft definieren können. Das Konzept des *citizenship* als Prozess der Verrechtlichung *und* als politischer Diskurs bedeutet, Frauen wie Josephine Stadlin und Emilie Paravicini-Blumer in ihrer Selbstwahrnehmung, in ihrer Selbstdarstellung und in ihren Interventionen als Staatsbürgerinnen zu sehen. Deshalb lokalisiere ich wie Canning das Erfahrungen machende Individuum als Subjekt an der formativen Schnittstelle von Selbst und Gesellschaft.[87] Die Biografie ist daher auch ein Versuch, Formen der politischen Willensäusserung und sozialen Partizipation von Frauen analytisch ebenso wie beschreibend zu erfassen, weil diese qua Geschlecht nur beschränkte Rechte besassen und aus ebendiesem Grunde von der politischen Geschichtsschreibung nicht wahrgenommen wurden.[88]

Bei Josephine Stadlin und Emilie Paravicini-Blumer ist das Selbstverständnis als Staatsbürgerin an das Geschlecht und an die Klassenzugehörigkeit gebunden. Geschlecht beziehungsweise *gender* verstehe ich dabei als eine Hauptachse der gesellschaftlichen Tiefenstrukturen und als kulturell konstruierte Zuschreibung.[89] Die Geschlechterinszenierung, die Legitimierung des eigenen Tuns und des Anspruchs auf Egalität wie auch die Schaffung geschlechterdifferenter Strukturen, beispielsweise von frauenspezifischen Vereinen und Erwerbsfeldern, setzen nach Angelika Wetterer und Irene Dölling Wissen über die Geschlechterzuschreibungen voraus.[90] Das Verstehen der vergeschlechtlichten sozialen Praxis wird durch das Geschlechterwissen von Frauen und Männern als Akteurinnen und Akteuren gleichzeitig ermöglicht und begrenzt.[91]

Das Ausloten weiblicher Handlungsspielräume ist für Emilie Paravicini-Blumer und Josephine Stadlin auch bestimmt durch ihre Selbstverortung im Bürgertum. Deshalb ist *Gender* als eine interdependente Analysekategorie immer mit anderen Kategorien sozialer Differenzierung zu verknüpfen. Im Fall von Josephine Stadlin und Emilie Paravicini-Blumer bedeutet dies Verknüpfung der Zugehörigkeit zum weiblichen Geschlecht mit der Zugehörigkeit zum Bildungsbürgertum.[92] Der nur im Deutschen verwendete Begriff «Bildungsbürgertum» rekurriert auf ein Verständnis von Bildung als ethischer Kategorie, die den Menschen nicht für etwas Bestimmtes, einen ökonomischen Zweck, sondern als Mensch an sich bilden soll entsprechend den humanistischen Idealen einer Allgemeinbildung.[93] Bildung ist denn auch kein Zustand, sondern ein aktives Verhalten auf der Grundlage der Selbstvervollkommnung. Während sich Frauen vor allem über den Lebensstil, über das Lesen, Briefeschreiben und die private Geselligkeit als dem Bildungsbürgertum zugehörig erfuhren,[94] war der «Bürger» über die ökonomische und rechtliche Selbständigkeit sowie den Anspruch auf politische Mitbestimmung definiert. Das Bürgertum im Allgemeinen, insbesondere das Bildungsbürgertum, war im 19. Jahrhundert entscheidend an der Gestaltung des schweizerischen Bundesstaats, aber auch der Ausweitung der Bildungsanstalten und Kulturinstitutionen beteiligt und erfuhr sich in diesem

Sinn als Elite. Ich definiere Josephine Stadlin und Emilie Paravicini-Blumer daher über ihre Geschlechts- *und* über ihre Klassenzugehörigkeit und nicht über eine Kollektividentität «Frau». Als «Bildungsbürgerinnen» nahmen sie sich als Subjekte im Sinne eines seiner selbst gewissen und verantwortlich handelnden Wesens wahr[95] und so auch als zugehörig zur Elite. Ein solches Selbstverständnis stellte zwar das bürgerliche Konzept der Zweigeschlechtlichkeit und damit auch die diesem System inhärente Hierarchie nicht grundsätzlich in Frage.[96] Doch der Zwang, diesen Anspruch zu legitimieren, verweist auf die in den institutionalisierten Verhältnissen unausgesprochene männliche Prädominanz beziehungsweise auf die grundsätzlich marginalisierte Position von Frauen. Während Männer ihre Zugehörigkeit zum Bildungsbürgertum über ihr Wissen und ihre Bildung in der Form von Zertifikaten und Titeln demonstrieren konnten, war das Frauen des Bildungsbürgertums nicht möglich.[97] In den frauenspezifischen Forderungen und Ansprüchen von Bildungsbürgerinnen überlagern sich Solidaritäten mit geschlechtlichen und sozialen Positionen und treten als Ambivalenzen in Erscheinung. Daher kann die gleichzeitig über das Geschlecht wie über die Klassenzugehörigkeit definierte Position und Identität als eine hybride definiert werden.[98] So sind Geschlechteridentitäten und -zuschreibungen zwar konstruiert, aber nicht beliebig. Ich bezeichne deshalb in Anlehnung an Michel de Certeau die argumentative und einer geplanten Handlung vorausgehende geschlechterbezogene Begründung der Ansprüche von Josephine Stadlin und Emilie Paravicini-Blumer nicht als «Strategie» – dieser Begriff setzt Macht voraus –, sondern als «Taktik» von Bildungsbürgerinnen.[99] Auch Taktiken setzen Handlungsoptionen voraus, implizieren daher für die untergeordnete Position den Status des aktiven Subjekts. Um die Handlungsoptionen und Identitätskonstruktionen von Frauen und Männern verschiedener Klassenzugehörigkeit genauer zu erkennen, sind Geschlecht und Klasse mit weiteren Kategorien wie Zivilstand und Alter, aber auch nationale und sprachregionale Zugehörigkeiten zu verknüpfen.[100] Die Wirkmächtigkeit der spezifischen Verknüpfungen zeigt sich im Vergleich der beiden Biografien.

Emilie Paravicini-Blumer wurde jung verheiratet und war erst im Alter als Homöopathin berufstätig, Josephine Stadlin dagegen heiratete erst in späten Jahren und definierte sich zuvor über ihren Beruf als Pädagogin und Schulleiterin. Während ich in dieser Doppelbiografie bei Emilie Paravicini-Blumer mehr Körperwahrnehmungen thematisiere, fokussiere ich bei Josephine Stadlin stärker auf Praktiken der Vernetzung. So bestätige ich mit dieser Doppelbiografie die These von Bettina Dausien, dass Biografieforschung keine fest umrissene Methode ist, sondern ein komplexer methodologischer und theoretischer Forschungsansatz, der in je konkretem Fall unterschiedliche Erhebungs- und Auswertungsverfahren zur Anwendung bringt.[101]

Quellenmaterial und Aufbau

Grundlage dieser Forschungsarbeit bilden umfangreiche Korpora handschriftlicher Briefe. Sie erlauben mir, die Bezüglichkeiten und vielfältigen Verwobenheiten von Emilie Paravicini-Blumers und Josephine Stadlins Handeln aufzuarbeiten und zu analysieren. Von dem in der Handschriftenabteilung der Zentralbibliothek archivierten Nachlass von Josephine (Zehnder-)Stadlin[102] berücksichtige ich insbesondere die rund 2300 gut geordneten Briefe *an* Josephine Stadlin, obwohl von den meisten der rund 700 Briefe *von* Josephine Stadlin auch ein Doppel aufbewahrt ist. Doch diese Doppel sind wegen des Kopierverfahrens nur sehr schwer und partiell zu entziffern, werden deshalb mehrheitlich, wenn auch nicht ausschliesslich durch die Auswertung der Briefadressen in die Untersuchung einbezogen. Während der Zugang zu diesem Quellenmaterial, abgesehen von Schwierigkeiten bei der Entzifferung, einfach war, zeigte sich bereits bei der Suche nach den Korrespondenzen von Emilie Paravicini-Blumer Probleme, die beispielhaft sind für den Zugang zu geschlechter- und frauenspezifischem Quellenmaterial. Briefe von Frauen werden, wenn überhaupt, fast ausschliesslich privat aufbewahrt und sind damit weder öffentlich nachgewiesen noch erschlossen. So hatte ich zwar auf Grund des Romans der in den 1960er Jahren verstorbenen Berner Autorin Helene von Lerber «Oben bleiben! Die Lebensgeschichte der tapferen Glarnerin Emilie Paravicini-Blumer, 1808–1885»[103] Kenntnis vom Quellenmaterial, doch die Suche erwies sich mehrheitlich als hürdenreich, abhängig von glücklichen Zufällen. Das Material im Familiennachlass der bekannten Zürcher Familie Usteri im Staatsarchiv Zürich war nur von sehr bescheidenem Umfang.[104] Erst über Google fand ich dank Eingabe «de Quervain», dem Namen von Nachkommen von Emilie Paravicini-Blumers Schwester Hanna Girard-Blumer, schon beim ersten Treffer die Fährte der Familie. Rudolf de Quervain hatte als Historiker einen autobiografischen Brief von Emilie Paravicini-Blumer transkribiert und 1963 veröffentlicht.[105] Doch auch die Familie de Quervain konnte mir vorerst nur beschränkt weiterhelfen. Denn die in den 1950er Jahren von der Berner Familie de Quervain der Schriftstellerin Helene von Lerber zur Verfügung gestellten Korrespondenzen schienen verschollen. Kurz darauf fand aber der für den Nachlass zuständige Kunstmaler Daniel de Quervain rund die Hälfte dieser Briefe bei einer bereits betagten Tante, der er bei einem Besuch von meiner Suche erzählte. Dank Informationen der Familie de Quervain konnte ich zudem Kontakt aufnehmen mit Nachkommen der Usteri-Familie, in die Emilie Paravicini-Blumers jüngste Schwester Katharina eingeheiratet hatte. Während die Briefe vieler Männer dieser illustren Zürcher Familie im Staatsarchiv archiviert sind, sind die von Frauen verfassten Briefe fast alle im familieneigenen Landgut Homberg aufbewahrt und nicht öffentlich zugänglich. Der für diesen Nachlass verantwortliche Nachkomme von Katharina Usteri-Blumer ermöglichte mir dann in seiner Anwaltskanzlei den Einblick in die Quellen. Ebenfalls dem Zufall verdanke ich ein Schlüsseldokument zur Auseinandersetzung um das Monopol der patentierten Ärzte im Kanton Glarus. Eine Transkription dieses Dokuments wollte der Historiker Christoph Brunner 2003 im Archiv des medizinhistorischen Instituts der Universität Zürich deponieren, das während eines Urlaubs der Medizinhistorikerin Iris Ritzmann von der Zürcher Historikerin Verena Müller betreut wurde, die von meinem Forschungsprojekt wusste. Christoph Brunner machte später den Glarner Germanisten Mathias Jenny auf meine Arbeit aufmerksam, der als privater Sammler Briefe von und an

Emilie Paravicini-Blumer auf dem Briefmarkenmarkt erstanden hatte. So kamen schliesslich dank der Verknüpfung von Zufälligkeiten gegen 600 Originaldokumente als Grundlage für die Aufarbeitung der Biografie dieser Glarner Bildungsbürgerin zusammen.

Dennoch blieb ein bedeutender Teil des Berner Nachlasses, den die Schriftstellerin von Lerber genutzt hatte, unauffindbar. Ich behandle jedoch die in deren Roman eingefügten langen Textpassagen aus Briefen, die mir nicht zur Verfügung standen, als Quellen, da der Vergleich solcher Briefstellen mit den entsprechenden Passagen in Originalbriefen, in die ich Einsicht hatte, ein solches Vorgehen legitimiert. Von Lerber hat lediglich Veränderungen in der Orthografie und Interpunktion vorgenommen. Zitate aus Briefen und Tagebüchern, die ich aus von Lerbers Roman entnehme, belasse ich in dieser «korrigierten» Form. Ergänzt werden diese umfangreichen Materialien durch Quellen aus den Staatsarchiven Zürich und Aargau, dem Landesarchiv Glarus sowie der Zentralbibliothek Zürich. Ein Teil dieses Materials liegt gedruckt vor, von amtlichen Dokumenten bis zu Zeitungsberichten und anderen Publikationen. Allein von Stadlin gibt es nebst der von ihr herausgegebenen Zeitschrift «Die Erzieherin» (1845–1850) noch eine ganze Reihe von veröffentlichten Schriften zur Mädchenbildung sowie den ersten Band ihrer auf acht Bände angelegten Pestalozzi-Biografie. Ergänzt wird das spezifisch auf Josephine Stadlin und Emilie Paravicini-Blumer bezogene Material durch Quellen, die vor allem Aufschluss geben über das Umfeld, in dem die beiden Frauen agierten, wie Artikel aus der lokalen Presse, Flugschriften zur Homöopathie oder (Auto-)Biografien von Frauen und Männern des 19. Jahrhunderts.

Die Materialien lassen keinen direkten Bezug zwischen den beiden Frauen erkennen, wohl aber gemeinsame Bekannte und Referenzpunkte. Das heisst, dass es zwischen den beiden Biografien etliche Schnittstellen gibt, auf die in der Biografie von Emilie Paravicini-Blumer verwiesen wird. Abgesehen von diesen Verknüpfungen handelt es sich um zwei getrennt bearbeitete Leben, so wie dies auch Nathalie Zemon Davis in ihrem Werk zu drei Frauen aus der Frühen Neuzeit ausgeführt hat.[106] Was Davis von dem Verbindenden dieser drei Biografien sagt, «varied lives, but produced within a common field»,[107] das gilt auch für Josephine Stadlins und Emilie Paravicini-Blumers Biografien: ihre Stellung in der Familie, ihre Verankerung im liberalen Bildungsbürgertum des 19. Jahrhunderts, ihr gesellschaftspolitisches Engagement und ihre beruflichen Handlungsmöglichkeiten als Frauen. Trotz den Überschneidungen kommen in diesen Biografien, ausgehend von den vergleichbaren, aber unterschiedlichen Quellen sowie den unterschiedlichen Betätigungsfeldern und konkreten familiären Rahmenbedingungen, je andere Fragestellungen zum Tragen. Schwerpunktmässig behandelt der Teil «Josephine Stadlin (1806–1875). Vom Aufbruch als bildungspolitische Mitkämpferin der Liberal-Radikalen zur Pestalozzi-Biografin» die Erwerbsmöglichkeiten von Frauen aus bildungsbürgerlichem Milieu, Josephine Stadlins aktive Interventionen als Lehrerin, Institutsleiterin und Publizistin in die politischen Auseinandersetzungen ihrer Zeit, die gezielte Erweiterung ihrer Freundschafts- und Bekanntschaftsbeziehungen und die gleichzeitig begrenzte

Wirkungsmacht ihrer Netzwerke. Dabei geht es immer auch um ihre Ambitionen und deren argumentative Legitimierung, aber auch um die Stellung der Erzieherinnen und Lehrerinnen als Frauen mit beschränkten Berufsaussichten. Schwergewichtig werden die Jahre 1830 bis 1850 behandelt. Der Teil «Emilie Paravicini-Blumer (1808–1885). Von familiärer Pflichterfüllung und gemeinnützigem Engagement zur eigenen Praxis als Homöopathin» fokussiert dagegen mehr auf die Innensichten, die Selbstreflexionen und Empfindungen von Emilie Paravicini-Blumer, damit aber auch auf Imaginationen, die emotionale Einbindung in die Familie und in die sozialen Bewegungen. Sichtbar wird die Verknüpfung von Introspektion, Körperwahrnehmung und Pflegeverantwortung für die Angehörigen mit der Aneignung therapeutischer Konzepte und der autodidaktischen Ausbildung zur Homöopathin. Die gesellschaftspolitische Dimension von Emilie Paravicini-Blumers Handeln konkretisiert sich in der Auseinandersetzung mit Fridolin Schuler rund um die Frage des medizinischen Monopols der akademisch ausgebildeten Ärzte. Das Schwergewicht der Untersuchung liegt auf den Jahren 1860 bis 1880. Der letzte Teil verdichtet unter dem Titel «Das Paradox der doppelten Zugehörigkeit» die Erkenntnisse aus den beiden Biografien zu Schlussfolgerungen über die Stellung der Frauen im liberalen Projekt der ökonomischen und staatsbürgerlichen Subjektwerdung.
Ausgangspunkt der zwei biografischen Hauptteile ist die ähnliche Herkunft beider Frauen und ihre Schlüsselrolle bei den unterschiedlichen Taktiken ihrer Familie zur Sicherung der zukünftigen Existenz. Es geht nicht um die Rekonstruktion zweier Leben, vielmehr behandeln die beiden Biografien verschiedene Themen aus multiplen Perspektiven. Die Biografie von Josephine Stadlin fokussiert auf geschlechterspezifische Facetten schulpolitischer Entwicklungen und Konflikte im Kontext der freisinnigen Bildungsoffensive, die Biografie von Emilie Paravicini-Blumer auf die ideelle Verortung einer Bildungsbürgerin im Kontext der europäischen Freiheitsbewegungen sowie auf ihre Optionen zu einer freiberuflichen Tätigkeit als Homöopathin. Die zwei Teile umfassen je fünf Hauptkapitel mit unterschiedlichen thematischen Schwerpunkten, die jeweils in den zeitspezifischen Kontext eingebettet werden. Zugleich wird die konkrete Fragestellung verknüpft mit Verweisen auf das methodisch-theoretische Vorgehen, das in den Fussnoten zusätzlich kommentiert wird. Die Unterkapitel behandeln ausführlich einzelne Fragestellungen. Eine kurze inhaltliche Einleitung dient der Leseführung. Diese Kapitel sind ihrerseits nochmals facettenspezifisch unterteilt. In einem Schlusskapitel werden die Ergebnisse eines Hauptkapitels jeweils pointiert zusammengefasst.
Fussnoten verweisen nicht nur auf Quellen, theoretische Ansätze und weitere Forschungen, sondern enthalten zum Teil auch inhaltliche Ergänzungen. Die Briefe aus dem Privatnachlass de Quervain habe ich durchnummeriert entsprechend der Einordnung in den verschiedenen Couverts; beim Quellennachweis in den Fussnoten verwende ich die Abkürzung DQ ergänzt durch die von mir gesetzte Nummerierung; für Emilie Paravicini-Blumer brauche ich das Kürzel E. P.-B., für Josephine Stadlin, die in der Archivierung als Josephine Zehnder-Stadlin figuriert, das Kürzel J. Z.-St.; die übrigen Namen werden ausgeschrieben, die

Archive mit den folgenden Abkürzungen: Handschriftenabteilung der Zentralbibliothek Zürich (HsZB), Staatsarchiv Zürich (StAZH) und Staatsarchiv Aargau (StAAG), das Landesarchiv Glarus (LaGl). Unterstreichungen im handschriftlichen Original wurden kursiv gesetzt, Hervorhebungen in gedruckten Quellen ebenso. Beim Zitieren halte ich mich an die Schreibweise im Original, abgesehen vom deutschen «ß», das ich mit «ss» wiedergebe; die Zitate im Zitat zeige ich mit einfachen Anführungszeichen an. Abgekürzte Wörter ergänze ich in eckigen Klammern mit Ausnahme von «u», «u.», «u:» oder «&» für «und», da diese Abkürzungen in fast jedem Satz vorkommen. Worterklärungen im Zitat werden ebenfalls in eckige Klammern gesetzt, jeweils mit dem Autorinnenverweis E. J.; im Lauftext sind eigene Hervorhebungen kursiv gesetzt, auch nichtdeutsche Wörter mit Ausnahme von Titeln in Anführungszeichen. Die beiden Hauptakteurinnen Josephine Stadlin und Emilie Paravicini-Blumer bezeichne ich immer mit vollem Vor- und Nachnamen, um aus der Perspektive der Wissenschaftlerin jeglicher Verwechslung mit ihren Geschwistern vorzubeugen, aber auch um den zwei Frauen damit aus feministischer Perspektive gleichzeitig Ehre als Subjekte der Geschichte zu erweisen. Denn meine eigene Biografie als Historikerin ist geprägt von der Frauen- und Geschlechtergeschichte, was mein Erkenntnisinteresse entscheidend beeinflusste. So werden im Sinne von Rosi Braidottis «nomadisierendem Subjekt»[108] in dieser Doppelbiografie nicht nur möglichst viele Ansätze reflektiert, sondern ich lokalisiere mich zugleich selber als schreibendes Ich in der Tradition der feministisch geprägten Geschlechterforschung. Die Auseinandersetzung mit diesen beiden Bildungsbürgerinnen aus dem 19. Jahrhundert ist eingebunden in mein persönliches herrschaftskritisches Engagement.

II Josephine Stadlin (1806–1875)

Vom Aufbruch als bildungspolitische Mitkämpferin der Liberal-Radikalen zur Pestalozzi-Biografin

Als selbstbewusste Frau von ansprechendem Äusserem erscheint Josephine Stadlin (1806–1875) auf dem Bild, das sie von sich anfertigen und über ihre Schülerinnen breit streuen liess. Sie verstand sich als Pionierin der Mädchenbildung und als solche ist sie seit mehr als einem Jahrhundert bekannt.[1] Ihre Aktivitäten aber waren weit facettenreicher und spiegeln den Zeitgeist in all seiner Widersprüchlichkeit. Doch bis vor kurzem wurde Josephine Stadlins Einbindung in den Kampf zwischen Liberalen und Konservativen während der Zeit der Restauration (1815–1830) und der Regeneration (1830–1848) kaum beachtet,[2] obwohl Bildung und Erziehung eines der wesentlichen Felder der politischen Ausmarchung im 19. Jahrhundert waren. Die meisten Exponenten der so genannt progressiven wie der so genannt konservativen Kräfte definierten ihre politische Positionierung anhand ihrer Haltung zu den von den liberalen Kräften unter dem Stichwort «Säkularisierung» initiierten Bildungs- und Schulreformen sowie zum Verhältnis von Kirche und Staat.[3]

Semantisch ist «Bildung» eng mit dem Aufstieg des Bürgertums zur dominanten gesellschaftlichen Kraft verknüpft. Es ist ein spezifisch deutscher Begriff, der sich zwar mit den französischen Begriffen *culture* und *éducation* überlappt, aber bei weitem nicht deckt. Ebenso ist «Bildungsbürger» ein spezifisch deutscher Begriff. Seit dem ausgehenden 18. Jahrhundert verband man im aufgeklärten Bürgertum mit «Bildung» ein breites, nicht zweckgebundenes Wissen, über das eine Person nicht qua Geburt, sondern qua eigenständiger Aneignung und Leistung verfügte, sah aber darin auch ein Gemeinschaft stiftendes Bindeglied zwischen Personen unterschiedlicher Herkunft und unterschiedlichen Geschlechts. Geschlechterspezifisch war jedoch die Unterscheidung zwischen Frauen nicht zustehender Gelehrsamkeit und der ihnen zugebilligten Geistesbildung, eine Unterscheidung, die sich in der Ablehnung des «gelehrten Frauenzimmers» ebenso wie in der Schulpolitik des 19. Jahrhunderts weiter zuspitzte. Die öffentlichen Bildungsinstitutionen, von der Volksschule bis zu den Universitäten und höheren Schulen, galten im Gefolge der Französischen Revolution als signifikanter Ausdruck der bürgerlichen Gesellschaft.[4] Sie entsprachen den durch die Industrialisierung eingeleiteten Anforderungen an ein spezialisiertes Wissen und trieben gleichzeitig den Umbau einer ständischen Gesellschaft zu einer auf Leistung basierenden Gesellschaft voran.

In der Schweiz wurde das Bildungssystem in den 1830er Jahren zu einem zentralen Programmpunkt der politisch einflussreichen Schweizerischen Gemeinnützigen Gesellschaft (SGG) und vor allem in den so genannt regenerierten Kantonen stark ausgebaut. Auf diese Zeit zurück geht die Ineinssetzung von öffentlicher und staatlicher Schule im Gegensatz zur privaten Schule und zu den privaten Instituten. So manifestierten sich im Kampf um die Schule auch spezifische Aspekte der Auseinandersetzung um Privatheit und Öffentlichkeit. Für Frauen und Männer implizierte diese Auseinandersetzung eine je andere Dimension, da entsprechend den bürgerlichen Geschlechterkonzepten Frauen dem Privaten zugeordnet wurden, dagegen Bildung, auch elementare Mädchenbildung, als ein politisches Kernthema dem Öffentlichen und damit den Männern. Zwar beinhaltete die staatliche Schule den Unterricht auf der Elementarstufe für Mädchen und Knaben, der weiterführende Schulunterricht – zum Teil bereits auf der unteren Sekundarstufe – dagegen wurde, da er auf eine zukünftige Berufsbildung und/oder Erwerbstätigkeit sowie die politische Partizipation ausgerichtet war, oft nur noch für das männliche Geschlecht eingerichtet und mit öffentlichen Mitteln finanziert.[5] Gleichzeitig expandierte der private Markt für höhere Mädchenbildung. Im Bürgertum galt ein Mindestmass an Allgemeinbildung zur Ausstattung einer Ehegattin. Da im Umfeld des liberalen Aufbruchs auf Verwandtschaft basierende Allianzen eine zunehmend wichtigere Rolle spielten, galten Töchter als eine Ressource zur Gestaltung und Festigung verwandtschaftlicher Beziehungen. So waren Ausgaben für den Besuch eines privaten Mädcheninstituts als Zeichen der sozialen Distinktion insbesondere für aufstiegsorientierte Familien eine Investition in die Zukunft.[6] Die in solchen Privatinstituten gebotene Bildung blieb auf die Bedürfnisse nach Ausgestaltung der familialen Geselligkeit ausgerichtet und daher im Gegensatz zur höheren Ausbildung der männlichen Jugend weitgehend ein Angebot, das einer milieuspezifischen privaten Nachfrage entsprach. Daher war auch die gesellschaftliche Position der Lehrerinnen eine andere als die der Lehrer.

Durch die Verknüpfung der Schulbildung mit dem republikanisch-radikalen Konzept des politisch mündigen Volkes geriet der Lehrer zur zentralen Erziehungsinstanz des männlich konzipierten Staatsbürgers. Diese staatsbürgerliche Funktion diente den Lehrern als Legitimation ihrer Professionalisierungsansprüche im Sinne einer fachspezifischen und institutionalisierten Expertenposition mit besonderem Zugang zu Regierungsinstanzen. Diese Ansprüche implizierten vielfach neben einer spezifischen Ausbildung und dem daraus abgeleiteten Berufsmonopol den Ausschluss der Frauen. Auch die konservativen Lehrkräfte argumentierten mit der Forderung nach Beibehaltung der Oberaufsicht der Kirche über die Schule politisch. So manifestierte sich in der emotional höchst aufgeladenen Zeit zwischen 1830 und 1848 und in der nachfolgenden Epoche bis zum Kulturkampf der 1870er Jahre die Auseinandersetzung um die Schulbildung immer als ein Kampf um die Wahrheit und um die Seele der Bürger.[7] Deren Bedeutung zeigte sich in den verschiedenen blutigen Wirren der ersten Hälfte des 19. Jahrhunderts, die zunehmend religionskriegsähnliche Züge annahmen.[8] Während im Zürcher Oberland erboste Bauern im Septemberputsch von 1839, ausgelöst durch die Opposition der reformierten Geistlichkeit gegen die Berufung des freisinnigen Theologen David Friedrich Strauss an die neue Univer-

sität, mit Heugabeln auf Lehrer losgingen, führte die Berufung der Jesuiten an die höheren Knabenschulen von Luzern zum Einmarsch der liberalen Freischarenzüge in den katholisch-konservativ regierten Kanton und schliesslich zum Bürgerkrieg, der als Sonderbundskrieg den Weg ebnete für die freisinnige Umgestaltung der alten Eidgenossenschaft.[9] Die politische Sprengkraft kam in der Folgezeit ebenso in den Debatten der nationalen und kantonalen Parlamente wie in den Auseinandersetzungen um direktdemokratische Instrumente zum Ausdruck, in denen sich konservative Protestanten und Katholiken im Kampf gegen die Liberalen mit den radikaldemokratischen und sozialistischen Kräften zusammenfanden.[10]
Im Bereich der Volksschulreform war die Mädchenbildung zumindest mitgedacht und Frauen wurden als Lehrschwestern oder Lehrerinnen zum Unterricht auf der Elementarstufe eingesetzt.[11] Parallel dazu waren die bildungspolitischen Auseinandersetzungen immer eng verknüpft mit Fragen der fachspezifischen Professionalisierung der Lehrkräfte. Die schulische Aus- und Weiterbildung als Grundlage der Professionalisierung ermöglichte gerade auch Männern aus den ehemals diskriminierten ländlichen Unterschichten den gesellschaftlichen Aufstieg in die politische Elite, die die Umgestaltung in starkem Masse vorantrieb.[12] Der Zürcher Lehrer, Politiker und Unternehmer Heinrich Grunholzer im Kanton Zürich und der langjährige Direktor des kantonalen Lehrerseminars Augustin Keller im Kanton Aargau stehen ebenso für die politische Wende wie die Gründung der neuen Universitäten von Bern und Zürich. Schon in der kurzen Phase der Helvetik (1798–1803) hatte Minister Philipp Albert Stapfer mit dem Plan einer nationalen Universität den hohen symbolischen Gehalt der nun als öffentlich definierten Bildungspolitik signalisiert. Nach der Einigung von 1848 figurierte die Gründung einer eidgenössischen Universität wieder auf der politischen Agenda. Sie wurde jedoch, auch auf Grund der Opposition der neuen, freisinnig dominierten Universitäten Bern und Zürich, zur Gründung einer technischen Hochschule umgewandelt, das inzwischen in Eidgenössische Technische Hochschule, kurz ETH, umbenannte Eidgenössische Polytechnikum in Zürich. Das Polytechnikum diente der Ausbildung der Fachkräfte zur Errichtung einer zukünftigen nationalen und europäischen Infrastruktur wie öffentliche Gebäude, Eisenbahnen, Brücken und Tunnels.[13]
Im Bereich der Bildung und Professionalisierung zeigten sich die bürgerlichen Geschlechterkonzepte in all ihrer Schärfe: Frauen blieb nicht nur der Zugang zur akademischen Bildung versperrt, sondern je nach Kanton und Konfession auch die Möglichkeit zum Unterrichten auf der Elementarstufe. Gleichgestellt waren Frauen den Männern in keinem der Kantone, das Mass ihrer Zulassung zur Lehrtätigkeit an öffentlichen Schulen war bestimmt durch die Finanzen sowie die Frage nach der Konkurrenzierung der männlichen Kollegen. So waren sie in den katholischen Kantonen weit stärker in den Schulen vertreten als in den so genannt fortschrittlichen Kantonen mit einer reformierten Bevölkerungsmehrheit, weil sie als Nonnen fast um Gotteslohn unterrichteten.[14] Als Katholikinnen standen die Lehrschwestern auch für das von den Radikalen als konservativ verschriene Weltbild, während einige weltliche Pädagoginnen – ob katholisch

oder reformiert – sich als Teil der progressiven Kräfte positionierten. Diese Pädagoginnen verstanden sich zugleich als Akteurinnen, die Professionalisierung im Sinne einer fachspezifischen Ausbildung und eines gesonderten sozialen Status der Lehrerinnen und Erzieherinnen einforderten, um den spezifischen Ansprüchen an eine bürgerliche Erziehung des weiblichen Geschlechts gerecht zu werden. Damit woben auch diese Pädagoginnen und Erzieherinnen am geschlechterspezifischen Diskurs des 19. Jahrhunderts. Sie rekurrierten dabei auf Philanthropen der Aufklärung, die zu Beginn der Moderne die Bedeutung, die den Frauen als Ehefrauen und Müttern bei der Umgestaltung der Gesellschaft zukam, beschworen hatten.[15]

Nach Heinrich Pestalozzi bildete die Erziehung zur Staatsbürgerlichkeit die Grundlage des nationalen Zusammenhalts und der sozialen Verantwortung. Diese Werte beruhten ihrerseits in der Fähigkeit zur emotionalen Bindung, die dem zukünftigen Staatsbürger über die Beziehung von Mutter und Kind als Basis aller zukünftigen Bindungen vermittelt würden. Deshalb sei Erziehung zuerst Sache des Herzens und erst später Sache der Vernunft, zuerst Sache des Weibes und erst später Sache des Mannes.[16] So diente Pestalozzis Lehre zur Legitimation weiblicher Ansprüche auf eine professionelle Ausbildung im Bereich der Erziehung. Doch blieb im 19. Jahrhundert in der Schweiz die öffentliche Erziehung von Männern dominiert, Unterrichts- und Gestaltungsmöglichkeiten im Bereich der höheren Mädchenbildung gab es für Frauen fast ausschliesslich in privaten Institutionen. Weil sich die staatlichen Professionalisierungskonzepte auf die männlichen Lehrkräfte konzentrierten, hiess das konkret, dass Frauen teilweise aus dem (Elementar-)Lehrberuf mit dem Argument mangelnder Qualität verdrängt wurden und dann mühsam über den Weg der Zulassung zu Ausbildungsinstitutionen um ihre Wiederzulassung kämpfen mussten – eine Auseinandersetzung die sich je nach Region bis ins 20. Jahrhundert hinzog.[17]

Josephine Stadlin steht zeitlich am Anfang dieser vielschichtigen Auseinandersetzung. Ihre Bedeutung liegt weniger in ihrer pädagogischen Argumentation als in der zeitbedingten Überlagerung verschiedener Argumentationsstränge, die sich über verschiedene Achsen der Differenz definierten: ländlich/städtisch, bürgerlich/ständisch, deutsch/französisch, konfessionell/überkonfessionell, liberal/konservativ, öffentlich/privat, weiblich/männlich. Da sie mit wichtigen Exponenten der bildungspolitischen Arena eng liiert war, zeigt sich in der unterschiedlichen Laufbahn von Josephine Stadlin und ihren Freunden die geschlechterspezifische Differenz besonders deutlich. Praktisch bezogen aber auch Frauen wie Josephine Stadlin über ihre Freundschafts- und Bekanntschaftsnetze Stellung und erörterten ihre Erwartungen und Kritiken im Austausch mit Männern. So ist die Entstehungsgeschichte des modernen Nationalstaats zwar geprägt von der Gestaltungsmacht der Männer und dem Ausschluss der Frauen als Staatsbürgerinnen, doch verband Männer und Frauen aus diesem treibenden Umfeld der unbedingte Glaube an die emanzipatorische Kraft der Bildung.[18]

1 Familie und Verwandtschaft, Ausbildung und Erwerb

«Theils durch den vielen Unterricht, den ich ganz frei nach eigenem Format ertheilte, theils dadurch, dass der grössere Theil der Zöglinge mir unbedingt vertraute, erwachte in mir ein furchtbarer Uebermuth […]»

Autobiographie, 1840er Jahre.

In der Schweiz des 19. Jahrhunderts standen Familien aus der traditionellen ländlichen Führungsschicht und dem städtischen Bürgertum zur Konsolidierung ihrer gesellschaftlichen Position verschiedene Strategien zur Verfügung: die traditionelle Absicherung über machtpolitische und vermögensfundierte Allianzen durch Heirat, die neue Ausrichtung auf die sich im Zuge der Industrialisierung und Modernisierung entwickelnden Ausbildungs- und Erwerbsmöglichkeiten oder die Kombination dieser beiden Ausrichtungen. Wie David W. Sabean in seinen Untersuchungen gezeigt hat, behielt die Verwandtschaft und damit die Heiratspolitik ihre eminente macht- und wirtschaftspolitische Bedeutung auch im 19. Jahrhundert, ein Befund, der durch die von Carola Lipp geleiteten Untersuchungen zu sozialen Netzwerken bestätigt wird.[1] Die Familie Stadlin-Uttinger gehörte über ihre mütterliche Linie zur Bildungselite der Stadt Zug, doch wegen der politischen Umgestaltung Europas im Gefolge der Französischen Revolution hatten sich ihre materiellen Existenzgrundlagen ins Prekäre gewandelt. Um ihre gesellschaftliche Stellung in Zeiten des Umbruchs abzusichern, setzte die Familie primär nicht auf die Verfestigung verwandtschaftlicher Verbindungen durch Heirat, sondern auf Bildung und Ausbildung, was auf den Fortschrittsglauben des 19. Jahrhunderts und die Verantwortung des Individuums verweist. Familien- und Verwandtschaftsbeziehungen kam aber weiterhin eine zentrale Funktion für die ökonomische Existenzsicherung dieser Familie zu. Dass zudem die altersbedingte Position innerhalb der Geschwisterreihe ebenso von Bedeutung war, dokumentiert die starke familieninterne Stellung von Josephine Stadlin nach dem Tod des Vaters.

Zwar hat Sibylle Omlin mehrere Beiträge zu Josephine Stadlin als Bürgerin der Stadt Zug veröffentlicht, dennoch verzichte ich nicht auf eine Ausleuchtung des Herkunftsmilieus.[2] Ich fokussiere auf die gesellschaftlichen und materiellen Bedingungen, die Josephine Stadlins Rolle in ihrer Familie und ihre Ausbildung zur Lehrerin mitbestimmten, sowie das für die Ausgestaltung der Mädchenbildung wirksame Beziehungsnetz. Ich beziehe dabei weitere Institutsgründungen mit ein und verweise auf deren gemeinsamen Kontext.

1.1 Familie und Gesellschaft: die Stellung der Familie Stadlin von Zug im Spannungsfeld von Ancien Régime, Französischer Revolution und Restauration

Ein Dossier des Nachlasses von Josephine Stadlin in der Handschriftenabteilung der Zentralbibliothek Zürich umfasst unter dem Stichwort «Biografisches» verschiedene Materialien zur familiären Herkunft.[3] Diese eröffnen vor allem den Zugang zu Josephine Stadlins Mutter, Paulina Stadlin-Uttinger, über die im Gegensatz zu ihrem Vater noch kaum etwas publiziert wurde. Karl Franz Stadlin gilt als der profilierteste, originellste und weltoffenste Stadtzuger aus der Zeit der Französischen Revolution bis zur Restauration, als Mann mit einem äusserst breiten Horizont und einem widerständigen Charakter, als Vertreter auch der überregionalen Sozietäten, die seit dem ausgehenden 18. Jahrhundert die Entwicklung der Schweiz entscheidend mitprägten. Nach Sybille Omlin und Evelyn Boesch war in den Anfängen des 19. Jahrhunderts die Familie Stadlin eine der wenigen liberal-aufgeklärten Familien von Zug.[4]

Die belesene Mutter – Frau mit vornehmer Herkunft und breitem Beziehungsnetz

Mit bald siebzig Jahren erzählte Paulina Stadlin-Uttinger (1782–1855) in einem Brief an ihre Tochter Josephine ihre Kindheit und Jugend in einer wohlhabenden Familie eines Obersten in sardischen Diensten.[5] In ihrem Elternhaus verkehrten nur wenige «Frauenzimmer», aber viele Männer mit politischem Einfluss und immer auch Offiziere, war doch im Ancien Régime der Solddienst eine der bedeutendsten Einkommensquellen der führenden Zuger Familien. Die Mutter von Paulina, Josepha Kunigunda Uttinger-Jauch (1756–1826), war die Tochter eines Waffengefährten ihres Ehemannes und stammte aus einer Urner Magistratenfamilie.[6] Sie sprach Französisch, korrespondierte mit Heinrich Pestalozzi und dem Zürcher Zunftmeister Hans Conrad Heidegger, der bei einem Besuch im Hause Uttinger auch vom Ausbruch der Französischen Revolution erzählt haben soll.[7] Wie die Frauen der einflussreichen Familie Zurlauben, mit der die Uttinger verwandtschaftlich liiert waren,[8] kleidete sich «Madame la colonelle Utinger» «französisch» und galt daher wie jene als vornehmer als die anderen «zugerisch» gekleideten Stadtbürgerinnen.[9] Sie unterrichtete, wie das im gebildeten Bürgertum verbreitet war,[10] ihre Töchter selbst und unterwies dabei Paulina nicht nur in Handarbeiten, sondern vor allem auch in französischer Literatur. Sie las mit ihr Texte von Madame de Sévigné und von Sophie von La Roche.[11] Sie las mit ihr aber auch «Die junge Haushälterin» des Luzerner Gelehrten und Geistlichen Joseph Ignaz Zimmermann, ein Mitglied der Helvetischen Gesellschaft, der in Anlehnung an den Zürcher Leonhard Usteri für eine Reform der Mädchenbildung eintrat. Dieses zweibändige Werk zeigt die Ausbildung der Töchter zur idealen Hausmutter.[12] Bis zum neunten Altersjahr wuchs Paulina weitgehend isoliert auf: «Ich kannte nicht einmal die Kinder in der Nachbarschaft.»[13] Ab 1795 unterrichtete ein politischer Emigrant, der aus dem revolutionären Frankreich in die Schweiz geflohen war, als Hauslehrer die dreizehnjährige Paulina.

Die Grossmutter: Kunigunda Uttinger-Jauch, gebildet und weltoffen, korrespondierte mit verschiedenen Exponenten der Aufklärung.

Als im Zuge von Bonapartes Feldzug nach Italien die Pensionen aus dem sardischen Solddienst wegfielen, verlor die Familie Uttinger-Jauch ihre primäre Einkommensquelle. So sandte Josepha Kunigunda Uttinger-Jauch 1812 die jüngere Tochter Elisabeth (1890–1873), kurz Lisette genannt, nicht nur aus klassenspezifischen Gründen nach Yverdon, deutsch Iferten, ins Institut von Heinrich Pestalozzi, wohin auch andere vornehme Innerschweizer Familien ihre Töchter schickten, sondern auch wegen der prekären Zukunftsperspektiven. Hier sollte sich Lisette Uttinger zur Lehrerin ausbilden lassen, was durchaus als standesgemäss erschien. Wegen Pestalozzis internationalen Renommees verlangten selbst Frauen adliger Herkunft, beispielsweise aus deutschsprachigen Fürstentümern oder dem Russischen Reich, in Yverdon in die Kunst des Lehrens und Erziehens eingeführt zu werden.[14] Die 1806 gegründete Töchteranstalt stand seit 1809 unter der pädagogischen Leitung von Rosette Kasthofer (1779–1857), 1813 übergab ihr Pestalozzi die Gesamtleitung. Seit dieser Zeit war die Anstalt auch ökonomisch selbständig, Rosette Kasthofer trug de facto für den Gesamtbetrieb inklusive Rekrutierung neuer Lehrkräfte die Verantwortung. Nach ihrer Heirat mit dem Theologen und Mitarbeiter Pestalozzis Johannes Niederer (1779–1843) teilte sie die Verantwortung mit ihm.[15] In Yverdon lernte Lisette Uttinger über den Musiker Traugott Michael Pfeiffer[16] den Bataillonsarzt Alois Ruepp aus Sarmenstorf kennen, einen Anhänger der Französischen Revolution und bedeutendsten Exponenten der Helvetik im katholischen Freiamt. Sie heiratete ihn 1816, obwohl die Mutter über die Wahl ihrer Tochter anfänglich nicht erbaut gewesen sein soll.[17] Die um acht Jahre ältere Schwester Paulina Uttinger hatte sich ihrerseits bereits 1803 mit dem Zuger Arzt Karl Franz Stadlin vermählt. Wegen ihres bescheidenen Vermögens galt Paulina jedoch für die Verwandtschaft von Karl Franz Stadlin trotz ihrer weit vornehmeren Herkunft nicht als die begehrte Braut. In der Folge prägten Schulden und Geldsorgen den Alltag des Ehepaars Stadlin-Uttinger. Ursache war jedoch weniger das geringe Vermögen der Braut als die Aktivitäten von Karl Franz Stadlin, der einerseits erhebliche Mittel für seine Interessen als Gelehrter brauchte, anderseits sich mit seiner antiklerikal geprägten Haltung politisch stark exponierte und daher in den Jahren der Restauration nur auf ein geringe und wenig wohlhabende Kundschaft zählen konnte.[18] Rückblickend stellte Josephine Stadlin in ihrer autobiografischen Skizze fest, beiden Eltern habe das ökonomische Denken gefehlt. Ihre Mutter bezeichnete sie jedoch als «eine an Kraft u. Innigkeit des Geistes u. Gemüthes ausgezeichnete Frau, dabei einfach, still, gross, edel, alles ohne Schein, – so ganz ohne Schein u. Ansprüche, dass es ihr in der Welt den Schein von Schüchternheit gab, die sie nicht hatte.»[19]

Der rebellische Vater – Arzt und Gelehrter mit vielschichtigem Erfahrungshorizont

Kurz nach dem Tod des Vaters Karl Franz Stadlin (1778–1829) verfasste ein Bekannter und Berufskollege eine handschriftliche Biografie zuhanden von Stadlins Töchtern und Söhnen.[20] Karl Franz Stadlin, aus altem Zuger Stadtgeschlecht, war Sohn des Schreiners Leodegar Stadlin, der wegen einer von ihm verursachten Brandkatastrophe von den Mitbürgern gemieden wurde.[21] Nach einer abgebrochenen Ausbildung zum Geistlichen hatte er auch die Lehre als Chirurg abgebrochen, um während der Koalitionskriege in der französischen Emigrantenarmee und bei den Truppen der österreichischen Habsburger als Chirurg zu dienen. An den Universitäten von Prag, Tübingen und Wien besuchte er Vorlesungen in Medizin, verliebte sich in Wien in die adelige Anna von Rudolphi, quittierte den Militärdienst und studierte in Innsbruck Medizin. Nach Abschluss des Studiums liess sich Karl Franz Stadlin – die Verbindung mit Anna von Rudolphi war inzwischen aufgelöst worden – in Zug als Doktor der Medizin nieder und zeigte sich ebenso als innovativer wie freier Geist. Er war in der Tradition des *uomo universale* Arzt, Naturwissenschaftler, Historiker und Schriftsteller zugleich.[22] In seinem «helvetischen Nationaldrama» von 1802, «Die Wiedereroberung von Zürich», das er den «Gesetzgebern Helvetiens, den Vätern des Vaterlandes» widmete, zeigte er sich als Anhänger des Zentralstaats und Gegner der Konservativen. Dem Biografen Bosshard gemäss war sein ungeschminktes Reden und seine allgemein als unfein taxierte Lebensart Ausdruck des «Soldatenlebens». Er griff die Geistlichen an, zeigte sich spottlustig und respektlos gegen einflussreiche Magistraten. Gegen vielfachen Protest führte er in Zug die Pockenimpfung ein, verbesserte das Sanitätswesen, fungierte als Tierarzt, gründete die Innerschweizerische Ärztegesellschaft und die Schweizerische Tierärztliche Gesellschaft, schrieb mehrere medizinische Abhandlungen, eröffnete ein chemisches Laboratorium und gründete wegen fehlender Patientenschaft in Zusammenarbeit mit zwei Brüdern seiner Frau im Hause Uttinger die «Apotheke zum Schwert».[23] Er las mehrere Zeitungen und bestückte seine Bibliothek mit naturwissenschaftlichen, historischen und literarischen Werken. Letztere wurden vor allem von seiner Frau Paulina Stadlin-Uttinger gelesen. Er stiftete ein Lesekabinett,[24] unterrichtete am Knabengymnasium Mathematik und Geometrie und kritisierte als Mitglied der Schulkommission auch die ungenügenden Leistungen an der unter geistlicher Führung stehenden Mädchenschule. Er veröffentlichte in Umgehung der Zensur von 1818 bis 1824 eine viel beachtete vierbändige Geschichte des Kantons Zug, über die sich die Geistlichkeit empörte.[25] Er beteiligte sich an dem von Schwab in Basel edierten Werk «Die Schweiz in ihren Ritterburgen und Bergschlössern» und war Mitarbeiter am «Organ der schweizerischen geschichtsforschenden Gesellschaft zu Bern». Als aktives Mitglied der Schweizerischen Gemeinnützigen Gesellschaft (SGG) engagierte er sich 1817 im Armenwesen und zeigte sich auch als Mitglied der Schulkommission, Kantonsrichter und Ratsherr antiaristokratisch und – so Bosshard – «freisinnig im Uebermass». 1820 übernahm er das Amt des Polizeidirektors, das er 1826 quittierte. Ohne je ein juristisches Studium absolviert zu haben, arbeitete er nun als Anwalt, in der Hoffnung, damit die Familie eher finanziell durchbringen zu können. Der Not gehorchend, hatte er bereits zuvor seine naturwissenschaftliche Sammlung und seine Bibliothek zum Verkauf ausgeschrieben. Auf seinen Wunsch hin durfte seine Leiche nach seinem Tod im Dienste der Wissenschaft geöffnet werden. Zusammenfassend hält Bosshard am Ende der biografischen Skizze über Karl Franz Stadlin fest: «Ihm fehlte, was dem Auge wohl thut und gefällt, das Ordentliche, in Rede, Schrift, Thun und Benehmen.»[26]

Kindheit und Jugend – Erinnerungen von Josephine und Franz Stadlin

Josephine Stadlin hat ihre Autobiografie zwar erst nach 1858 beendet, jedoch mit grosser Wahrscheinlichkeit mehrheitlich schon um 1840 verfasst.[27] Sie schrieb sie zuerst in der dritten Person, wandelte sie dann in die Ich-Form um, zog diese Umwandlung jedoch nicht konsequent durch. Das Selbstbild beginnt mit der Geburt und endet 1858 mit der Entlassung der letzten «Töchter», die sie noch in ihrem Privathaushalt unterrichtet hatte, da sie in diesem Jahr Ulrich Zehnder heiratete und mit ihm einen neuen Haushalt gründete. Inhalt und Form lassen annehmen, dass Josephine Stadlin ihren Lebensbericht als eine persönliche Berufsbiografie verstand, die wohl zuerst als Unterlage für eine Veröffentlichung durch eine Drittperson gedacht war, vielleicht auch als Unterlage für eine öffentliche Würdigung ihrer Verdienste um die Mädchenbildung.[28] Es werden in dieser Entwicklungsgeschichte vom Mädchen zur erfolgreichen Pädagogin kaum andere Personen erwähnt, die sie in der Ausübung ihrer Lehrtätigkeit unterstützt haben. Die schriftlichen Erinnerungen von Franz Stadlin an seine verstorbene Schwester Josephine holte Ulrich Zehnder kurz nach dem Tod seiner Frau ein.[29] Franz Stadlin betonte neben der beruflichen Entwicklung von Josephine Stadlin auch ihre Stellung in der Familie.

Maria Anna Josephina Kunigunde, Josephine oder auch Seppeli gerufen, war das zweite Kind von Paulina und Karl Franz Stadlin. Da das erste Kind 1808 mit vier Jahren starb, war sie von da an die Älteste. Von ihren zehn jüngeren Geschwistern starben noch zwei Brüder in kindlichem Alter, die weiteren Kinder, die zwischen 1807 und 1820 geboren wurden, erreichten das Erwachsenenalter.[30] Franz Stadlin (1815–1894) hiess wie sein Vater Karl Franz, ich nenne ihn hier zur Unterscheidung nur Franz, wie er in der Familie gerufen wurde. Auch bei den anderen

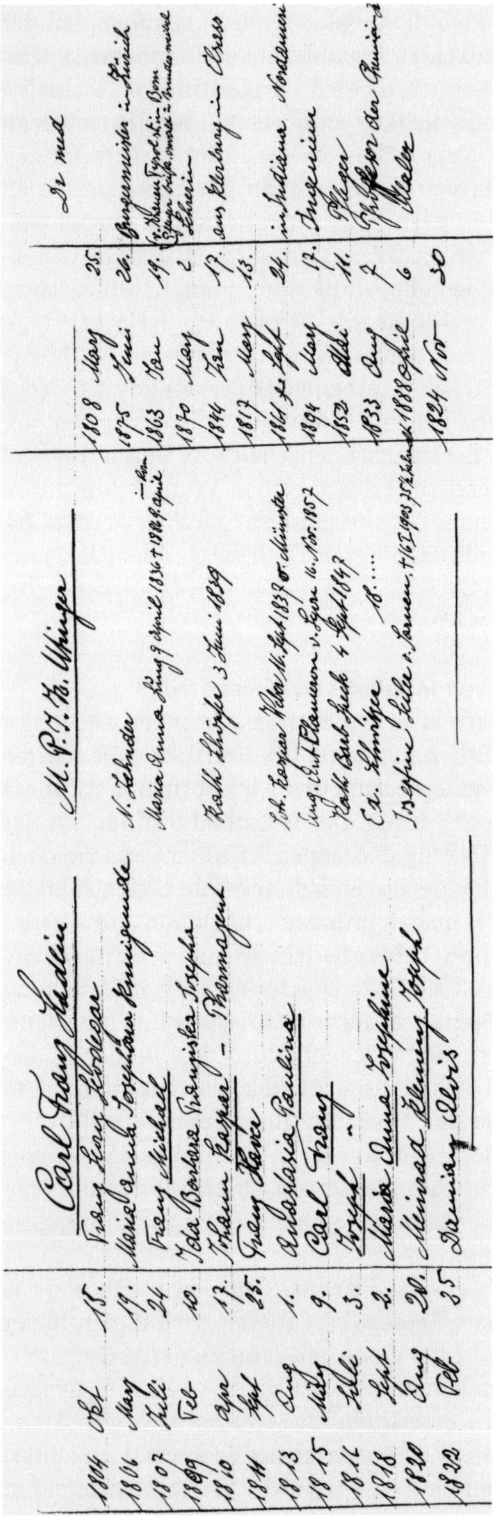

Auszug aus dem patrilinearen Stammbaum der Familie Stadlin-Uttinger: Josephine (Maria Anna Josepha Kunigunde) Stadlin war nach dem Tode des vierjährigen Bruders das älteste Kind unter den Geschwistern. Bei der unverheirateten Lehrerin Ida Stadlin ist der Beruf aufgeführt, ansonsten figuriert bei den Töchtern der Beruf des Ehemanns.

Das Wohnhaus der Familie Stadlin-Uttinger in Zug (in der Bildmitte, vor dem «Knopfliturm»).

Geschwistern beschränke ich mich auf den Rufnamen: Michael (1807–1863), Ida (1809–1870), Kaspar (1810–1844), Pauline (1813–1861), Joseph (1816–1852), Anna (1818–1852) und Klemenz (1820–1888).[31]

Josephine Stadlin beschrieb ihre Kindheit als eine glückliche: «Das Leben im Elternhaus war ein einfaches, namentlich durch den Vater für Kinder ein gemüthlich heiteres. Wohl tausendmal hat er uns die gleichen Geschichten erzählt u. immer mit derselben Spannung, mit derselben Lust od.[er] Angst hörten wir zu.»[32] Sie betont aber zugleich die finanziellen Schwierigkeiten der Familie. Die älteren Kinder hätten von diesen gewusst und die Eltern umso mehr verehrt und ihnen vertraut. Die Grossmutter Kunigunda Uttinger-Jauch habe mit ihnen gelesen, der Vater ihnen auf Spaziergängen Naturkunde vermittelt: «[...] machte überhaupt auf Vorkommendes aufmerksam u. sprach darüber. Dabei macht er durch seine Neigung u. Gewohnheit auch der Tochter das Leben in der Natur zum Bedürfnis u. zur unversiegbaren Quelle der Erquickung u. Bildung.»[33] Josephine Stadlin ging nur für kurze Zeit in die öffentliche Mädchenschule im Kapuzinerinnenkloster Maria Opferung, die sie als Zwölfjährige verliess. Ansonsten wurde sie von den Eltern und Verwandten unterrichtet.[34]

Auch Franz Stadlin betonte in seinem Text zum Leben seiner Schwester Josephine die Rolle des Vaters als Wissensvermittler: «[...] er sprach mit der Mutter u. den Eltern, Geschwistern über Wissenschaft, Politik, Religion, über Alles; u. forderte sie häufig auf, sich dieses oder jenes ins Gedächtnis zu prägen u. für später als Richtschnur im Leben zu nehmen.»[35] Neben den Eltern soll auch Lisette Ruepp-Uttinger, die ehemalige Schülerin in Pestalozzis Töchterinstitut in Yverdon, einen prägenden Einfluss auf Franz Stadlins Schwester ausgeübt haben, da sich diese wiederholt bei ihr in Sarmenstorf aufgehalten hatte. Hier wurde Josephine von der Tante sowie von deren früherem Musiklehrer, Traugott Michael Pfeiffer, der nun im Aargau als Kantonsschul- und Seminarlehrer fungierte, in Klavier und Gesang unterrichtet. Hier begann wohl auch die enge Freundschaft mit Augustin Keller, dem Neffen des Ehepaars Ruepp-Uttinger, von dem es hiess, er habe diese mehr als seine eigenen bäuerlichen und streng religiösen Eltern als Vater und Mutter betrachtet.[36] Als Erwachsener sollte er in der Nachfolge seines Onkels, des helvetischen Senators Alois Ruepp, und seines Schwiegervaters Traugott Michael Pfeiffer die eidgenössischen Auseinandersetzungen und die aargauische Bildungspolitik in den 1840er Jahren prägen wie kaum ein anderer.[37]

1.2 Geschlecht und Erwerb: Josephine Stadlins Verantwortung als ältestes Kind im familiären Gefüge und die Gestaltung der Erwerbsmöglichkeiten

Die finanziellen Schwierigkeiten der Familie Stadlin-Uttinger erforderten die Mobilisierung aller Ressourcen: das Zusammenspiel der Kräfte der Eltern und der Kinder sowie den Rückgriff auf verwandtschaftliche Unterstützung.[38] Die Stadlin'sche Zukunftsstrategie orientierte sich dabei an der Sicherung des Erwerbseinkommens auf der Grundlage einer berufsspezifischen Ausbildung. Bemerkenswert daran ist, dass diese Strategie sowohl für die Söhne wie für die Töchter galt, doch je nach Geschlecht waren die Ausbildungs- und Erwerbsmöglichkeiten anders. Zugleich verweisen die Praktiken der Familie Stadlin aber weniger auf die Verantwortung des Individuums für sich selbst als auf ein Verständnis von Familie als einer Solidargemeinschaft. In diesem Sinne und im Gegensatz zu den meisten Darstellungen zu Josephine Stadlins Anfängen als Lehrerin ist meines Erachtens deren berufliche Entfaltung weniger ein Resultat der individuellen Entwicklung und/oder des individuellen Gestaltungswillens als das Resultat der Optimierung der Erwerbsmöglichkeiten einer vermögenslosen Familiengemeinschaft in einem gesellschaftlichen Umfeld, in dem Bildung an Wert gewann. Diese Praktik der gemeinsamen Optimierung der familiären Ressourcen war bis ins 20. Jahrhundert gerade auch in aufstiegsorientierten Kreisen des Bürgertums weit verbreitet, wurde aber fast nur am Beispiel erfolgreicher Unternehmen aus Industrie und Handel untersucht.[39]

Kooperative Ausgestaltung der Erwerbsmöglichkeiten

Laut Josephine Stadlins Rückblick war es der Vater, der darauf bestand, dass auch die vier Töchter einen Beruf erlernten, «um für jeden Fall einen sicheren Erwerb zu finden, dass ein solcher Beruf auch einen Lehrerin sein könne, kam niemandem in Sinn, da eine Lehrerin damals in Zug etwas noch nie dagewesenes war».[40] Damit sind wohl weltliche Lehrerinnen im öffentlichen Schulwesen in Zug gemeint, stand doch die städtische Mädchenschule seit mehr als 150 Jahren unter der Leitung der Nonnen des Klosters Maria Opferung. Zwar waren die Eltern über die Zuständigkeit von Rosette Niederer-Kasthofer für die Mädchenbildung in Pestalozzis Institut in Yverdon im Bilde. Eine Ausbildung zur Erzieherin oder Lehrerin in einem Privatinstitut wäre also durchaus eine Option gewesen, kam aber wahrscheinlich aus Kostengründen nicht in Frage. Eine weitere Ausbildung in der von Nonnen geführten Mädchenschule kam ebenso wahrscheinlich aus weltanschaulichen und schulischen Gründen nicht in Frage, wollte doch Karl Franz Stadlin nur wenige Jahre später als Mitglied der Schulkommission gegen den Willen der Oberin ebendiese Schule Reformen unterziehen.[41] Ein handwerklicher Beruf für Frauen wie für Mädchen schien Franz Stadlin existenzsichernder. Einer der wenigen handwerklichen Berufe für Frauen, der zudem unabhängig von politischen und gesellschaftlichen Umwälzungen ein Einkommen versprach, war derjenige einer Näherin und Schneiderin. So entschieden die Eltern Stadlin-Uttinger, für die Ausbildung der beiden älteren Töchtern Josephine und Ida eine in diesem Handwerk «geschickte Person» als Hauslehrerin zu engagieren.[42] Nach der daran anschliessenden zweijährigen Arbeit als Schneiderin bei einer Meisterin in Aarau und Solothurn kehrte Josephine mit rund achtzehn Jahren zurück nach Zug, wo sie der aus holländischen Diensten zurückgekehrte Onkel Josef von Uttinger in Botanik, Geschichte, Literatur und französischer Sprache weiterbildete.

Zu Hause unterwies Josephine Stadlin zuerst Mädchen und junge Töchter im Nähen. Damit liess sich Geld verdienen, denn es lag im Trend der Zeit und entsprach den Intentionen der SGG, der Franz Karl Stadlin als aktives Mitglied angehörte. Die SGG begrüsste im Gefolge von Pestalozzi die Gründung von Arbeitsschulen für Mädchen seit ihren Anfängen und erhob diese schliesslich 1836 zum Kernprogramm der Mädchenbildung.[43] Josephine Stadlin erweiterte den Unterricht jedoch autodidaktisch bald in Richtung Lesen und Schreiben. «Den Eltern war das recht u. unversehens überwog das Lernen u. mit der Zeit dann das Interesse noch bei weitem die Handarbeiten. Ich war also Lehrerin geworden; niemand, ich selber nicht, wusste wie. Die Schule wuchs schnell auf 30 u. mehr Schülerinnen u. mit der Zeit wuchs die Lehr- u. Lernfreudigkeit. Ich gab nun auch Clavierstunden u. eröffnete unabhängig von meiner Schule eine Singschule für Mädchen. Neben den gewöhnlichen Schulfächern trieb ich mit den Schülerinnen auch Botanik, Naturlehre – kurz, was ich selber wusste.»[44] So wandelte sie den Beruf einer Schneiderin um zum Beruf einer Arbeitsschullehrerin und erweiterte diesen bald zum Beruf einer Lehrerin. Parallel dazu wandelte sich das Haus der Familie Stadlin um zu einem Wohnhaus mit angegliederter Privatschule, was kaum ohne das Einverständnis der Eltern geschehen konnte. Vielmehr ist davon auszugehen, dass Paulina Stadlin-Uttinger, die eine Tätigkeit als Lehrerin für eine Tochter aus dem Milieu des aufgeklärten Bürgertums wohl als angemessener erachtete als den Beruf der Schneiderin, diesen Prozess wenn nicht selber initiiert, dann zumindest aktiv unterstützt hat. Zusammen mit Josephine erteilte ihre ebenfalls als Weissnäherin und Schneiderin ausgebildete Schwester Unterricht. So sollen Ende der 1820er Jahre über dreissig Schülerinnen zwischen fünf und neunzehn Jahren die Stadlin'sche Privatschule besucht haben.[45] Neben dem Unterrichten soll sie mit Verena Moos, der späteren zweiten Frau des liberalen Landammanns Georg Joseph Sidler, Bälle organisiert und mit ihr an Theateraufführungen mitgewirkt haben, unter anderem 1829 in Theodor Körners «Hedwig, die Banditenbraut».[46]

Als Josephine Stadlins Vater 1829 starb, war sie 23-jährig, und von den neun Kindern waren «6 noch unerzogen»,[47] das heisst noch nicht mündig. Was dies für die junge Frau bedeutet haben mag, schilderte ihr Bruder Franz fast fünfzig Jahre später zuhanden seines Schwagers Ulrich Zehnder: «Sie war das älteste von 9 lebenden Geschwistern [...] und die einzige Stütze der armen, verschuldeten Familie, die Stütze der Mutter, die Stütze für uns sämmtliche Geschwister. [...] sie wurde unsere leibliche u. geistige Mutter u. ist es geblieben bis zum letzten Hauche; – ernst, besonnen, aufopfernd, Mutter. [...] es musste verdient werden u. Josephine musste mit der Mutter die Haushaltung durchschleiken [...] Um im Verein mit der Mutter die Familie zu erhalten, musste sie arbeiten, um in ihrem Berufe sich auszubilden, musste sie denken. Arbeiten u. denken aber macht charakterfest, selbständig & [...] sparsam dazu, unabhängig, Eigenschaften, die Josephine in hohem Grade besass & ihr in allen ihren Unternehmungen verbunden mit seltener Willenskraft & zäher Ausdauer so bedeutende Erfolge sicherten.»[48] Im Gegensatz zu Josephine Stadlins eigenem autobiografischem Rückblick drückt sich im Text des Bruders die enge und wohl schon eingespielte Kooperation von Mutter und ältester Tochter aus. Paulina Stadlin-Uttinger suchte den Vermögensnachlass zu Gunsten der Familie zu regeln, für den Erwerbsbereich trat die Tochter nach aussen als selbständig Handelnde auf. Um die Existenzgrundlage der Familie zu sichern, richtete Josephine Stadlin trotz fehlender finanzieller Mittel die Ausbildung einiger der jüngeren Geschwister auf die Lehrtätigkeit hin aus und suchte die eigenen Erwerbsmöglichkeiten auszudehnen. Dabei scheute sie – ähnlich wie ihr Vater – auch den öffentlich ausgetragenen Konflikt nicht.

Berufliche Ausrichtung der Geschwister

Die Erwerbstätigkeit der Geschwister von Josephine Stadlin war geschlechterspezifisch geprägt: Während sich alle Schwestern auf die Lehrtätigkeit ausrichteten, war das lediglich beim Bruder Franz Stadlin der Fall. Auf Geschlechterverhältnisse verweisen aber auch die Angaben in den beigezogenen Quellen: Der Stammbaum der Familie Stadlin-Uttinger vermerkt den letzten Beruf der Söhne und der ledig gebliebenen Ida, bei den verheirateten Töchtern den Beruf des Ehemannes, so auch bei Josephine Stadlin, obwohl sich diese erst mit 52 Jahren verehelichte. Mit Ausnahme der Laufbahn von Franz Stadlin habe ich die Berufskarriere der anderen Brüder von Josephine Stadlin nicht verfolgt, beschränke mich daher auf wenige Angaben. Der jüngste Bruder Klemenz hat die im Stammbaum aufgeführte Tätigkeit als Maler wahrscheinlich erlernt und sein Leben lang ausgeübt. Laut Stammbaum war Joseph Stadlin Pfleger, ebenso Michael Stadlin, später dann Bundesweibel. Möglicherweise haben diese beiden Brüder ursprünglich im familiären Umfeld eine Ausbildung im Heilmittelbereich erlernt. Kaspar Stadlin ist als Pharmazeut verzeichnet, ein Beruf, der klarer auf verwandtschaftliche Beziehungen verweist, führten doch zwei Onkel aus der Familie Uttinger die «Apotheke zum Schwert», an der zeitweise auch der Vater Franz Karl Stadlin beteiligt gewesen war. Kaspar Stadlin soll gemäss Bruno Häfliger zuerst Naturwissenschaften studiert und Arzt geworden sein.[49] Unzweifelhaft erscheint der Familienbezug bei der Tätigkeit der fünf Schwestern und des Bruders Franz Stadlin gegeben. Alle waren auf die Lehrtätigkeit hin ausgebildet worden, auch wenn dies im Stammbaum nicht vermerkt ist, und arbeiteten kurz- bis langfristig als Lehrerinnen beziehungsweise Lehrer.

Die ursprüngliche berufliche Ausrichtung der Schwestern und des Bruders Franz sowie Josephine Stadlins eigene aktive Suche nach einer festen Anstellung in Zug lassen vermuten, dass die Familie Stadlin im Ausbau der Unterrichtstätigkeit ein zentrales Standbein der Existenzsicherung sah. Zusammen mit Josephine Stadlin bildete sich in den 1820er Jahren die Schwester Ida autodidaktisch zur Lehrerin weiter. Ebenso war bereits kurz vor dem Tod des Vaters die jüngere Schwester Pauline zu vergünstigten Bedingungen in das vom Ehepaar Niederer-Kasthofer in eigener Regie geführte ehemalige Pestalozzi-Institut in Yverdon aufgenommen worden.[50] Pauline Stadlin sollte nach Abschluss der Ausbildung zur Lehrerin die eingehandelte Vergünstigung durch Arbeit im Institut oder Geldüberweisung abgelten. Deshalb ging sie nach dem Austritt aus dem Institut vorerst nicht nach Zug zurück, sondern trat eine Stelle als Lehrerin in Luzern an.[51] Dort sei ihr trotz der «vollen Zufriedenheit» der Regierungsräte bei den Prüfungen wegen des geringen Lohns nach Begleichung der Miete und nach Abzug der Ausgaben für Kleidung beinahe nichts übrig geblieben, wie sie 1833 Rosette Niederer-Kasthofer nach Yverdon schrieb; daher könne sie die schwer auf ihr lastenden Schulden noch nicht begleichen. Sie suchte sich eine neue Stelle und wurde noch im selben Jahr in Aarau als Erzieherin der Kinder des Lyoner Kaufmanns Clamaron engagiert.[52]

Besser als für die Schwester Pauline waren die Konditionen, die Josephine Stadlin für ihren Bruder Franz aushandelte. Es gelang ihr, 1831 für den Sechzehnjährigen einen Freiplatz in der Wehrlischule in dem von Emanuel Philipp von Fellenberg gegründeten Institut in Hofwil zu erhalten.[53] Schliesslich ging auch Josephine Stadlin, da ein vorerst erfolgreicher Antrag auf eine städtische Anstellung als Gesanglehrerin öffentlich umstritten war, trotz der damit verbundenen Erwerbseinbussen im Einverständnis mit der Mutter im Winter 1831/32 nach Yverdon, um dort zu unterrichten und sich im Gegenzug unentgeltlich beim Ehepaar Niederer-Kasthofer als Lehrerin weiterzubilden.[54] Sie hatte die Stellenofferte von Rosette Niederer-Kasthofer einem Angebot aus der Anstalt in Hofwil vorgezogen.

Die Ausbildung zur Lehrerin

Das Mädcheninstitut in Yverdon versuchte sich seit der Übernahme durch Rosette Niederer-Kasthofer und ihren Mann Johann Niederer neu zu positionieren.[55] Das Ehepaar wollte einerseits die vornehmere Klientel nicht gänzlich aufgeben, aber gleichzeitig auch Töchter aus mittelständisch-bürgerlichen Verhältnissen als Schülerinnen gewinnen, um diese auf ihre Rolle im Haushalt

vorzubereiten oder sie zu Lehrerinnen oder Erzieherinnen auszubilden und sie dabei bereits als kostengünstige Hilfslehrerinnen im Betrieb zu beschäftigen. Während die aus dem Stadtberner Bürgertum stammende Rosette Niederer-Kasthofer wie schon zu Pestalozzis Zeiten als eigentliche pädagogische Leiterin fungierte, erteilte ihr Ehemann zwar philosophisch und religiös fundierten Unterricht, agierte aber ansonsten vor allem auf der öffentlichen Bühne. Johannes Niederer, ein Appenzeller, hatte sich als Lehrer im Knabeninstitut in Yverdon mit Pestalozzi zerstritten, verstand sich aber als Publizist als der eigentliche Vertreter von Pestalozzis Gedankengut. Als Mitglied der SGG exponierte er sich wenig erfolgreich in den Auseinandersetzungen um die Ausgestaltung der öffentlichen Bildungsinstitutionen, insbesondere in der Diskussion um die Konzepte der Bildung des weiblichen Geschlechts, die er 1830 angeregt hatte.[56] Dagegen erhielt Rosette Niederer-Kasthofer 1828 mit ihrem in Berlin veröffentlichten Werk «Blicke in das Wesen der weiblichen Erziehung. Für gebildete Mütter und Töchter» breite Anerkennung.
Während einer Reise durch die Innerschweiz suchte Rosette Niederer-Kasthofer 1831 in Zug die persönliche Begegnung mit Josephine Stadlin, mit der sie zuvor schon wegen der Aufnahme der jüngeren Schwester Pauline als Schülerin korrespondiert hatte, und war von ihr derart angetan, dass sie diese unter der Bedingung, sie gleichzeitig weiterzubilden, als Lehrerin für ihr Institut gewinnen wollte.[57] «Komm zu uns geliebte Josephine», schrieb sie ihr am 10. November 1831, «u. wir wollen Recht schaffen. Schliesse deine Kräfte an die Unsrigen, benutze zu deiner Fortbildung die Hülfe von allen unseres Hauses, entwickle dich zu einer Stütze desselben u. sey auch den äusseren Verhältnissen nach unsere Tochter wie du es deiner Bestimmung nach schon bist – Dein gantzes Streben sey vorzüglich, in den ersten Zeiten deines Hierseyns, auf die Erlernung der französischen Sprache, auf Erweiterung deiner Kenntnisse u. auf das Studium der Musik gerichtet, den Unterricht in allem sollst du frey [unentgeltlich, E. J.] u. ungestört geniessen. Damit du aber oekonomisch nicht gedrückt seyest geben wir dir bis 1sten Julj 32,16 fr. monatlich; von da an würde dein Gehalt auf 25 L[oui]sdors, u. zwey Jahre später also um 34 auf L[oui]sdors. festgesetzt werden. Für Pauline suchen wir dann zur Zeit gemeinschaftlich eine Stelle damit sie auch wohl anfangen könne die Ihrigen unterstützen. Ich will ihr nichts von allem Schweren das dich trifft sagen, bis ich Antwort von dir haben werde; denn je nach Deiner Entschliessung kommt vielleicht zu der bitteren Nachricht eine Süsse. Entschliesse Dich aber frey von Rücksichten um unsretwillen – wir wollen nur das Beste für Dich, u. findest du es auf besseren Wegen u. unabhängig von uns so wird unsere Liebe u. Theilnahme dich dennoch begleiten wohin das Schicksal dich führt. Sollten es aber oekonomische Gründe seyn die dir die Annahme unseres Anerbietens nicht zulassen, so sprich dich frey darüber aus damit wir sehen was wir thun können. Theil uns auch Hr. Fellenbergs Anerbietens wegen mit, [...] In jedem Falle erwarte ich baldige Antwort. Von Herzen Deine Freundin R. Niederer.»[58] Der Brief dokumentiert die Schwierigkeiten von Josephine Stadlin. Da ihr mehr als ein Angebot vorlag, ist anzunehmen, dass sie aktiv eine Stelle als Lehrerin ausserhalb der Familie suchte, weil das Einkommen aus ihrer

Josephine Stadlin in den 1830er Jahren.

Rosette Niederer-Kasthofer: Die Gesamtleiterin des von Pestalozzi gegründeten Töchterinstituts in Yverdon bildete Josephine Stadlin als Lehrerin aus.

Privatschule als Beitrag zur Existenzsicherung zu gering war. Der Lohn spielte daher eine entscheidende Rolle. Auch war eine Stelle ausserhalb von Zug für sie wie für ihre Familie ein schwerwiegender Einschnitt und musste mit ihrer Mutter abgesprochen werden. Die im Brief angesprochene «Schwere» impliziert noch weitere Schwierigkeiten, wahrscheinlich auch gesundheitliche, aber auch emotionale, wie ein weiterer Brief vom 1. Dezember 1831 erahnen lässt, mit dem Rosette Niederer-Kasthofer Josephine Stadlins Entscheid für Yverdon begrüsste: «Du sollst beÿ uns nicht gefesselt seyn, wenn das Wohl der Familie dich abruft, allein jetzt sollst Du in Frieden ruhen und sinnen zu einem neuen Wirken, zu einem neuen Leben. Deine Gesundheit soll wieder aufblühen, und mit erfrischender Lebenskraft und mit erweiterter Lebenserfahrung und Einsicht magst Du dann später Deine künftige Laufbahn selbst bestimmen. Dass der Entschluss Dir schwer gekommen, begreife ich; sich von der geliebten Heimath und allen Threuen [...] trennen, ist keine Kleinigkeit. – fern von ihnen leben ist bitter, aber ists für sie wie für Tugend u. Wahrheit zu wirken, und sich auf einen Standpunkt zu schwingen von wo aus wir uns selbst der Wahrheit und ihnen mehr seyn können. [...] Zage nicht über Dein Zagen; es giebt auch im stärksten Menschen Zeiten des Muths und der Kraft, und andere Zeiten in denen er nach Muth und Kraft ringen muss. [...] Deine treue Freundin R. Niederer».[59]
Das Angebot, Stadlins Gehalt sukzessive nach sechs Monaten und dann wieder nach zwei Jahren zu erhöhen, zeigt, dass Rosette Niederer mit einem längeren

Arbeitsverhältnis rechnete. Effektiv blieb Josephine Stadlin nur 29 Monate in Yverdon. Während dieser Zeit unterrichtete sie eine breite Anzahl von Fächern, von der deutschen Grammatik und Stilübungen über Geschichte, Naturkunde, Geografie, Zeichnen und Rechnen bis zur Buchführung und Musik.[60] Zu ihren Schülerinnen gehörten unter vielen anderen ihre Schwester Pauline, die Arzttochter Johanna Blumer aus Mollis und Elise Sidler, die Tochter des Zuger Landammanns Sidler. In ihrem autografischen Rückblick betonte Josephine Stadlin den wichtigen Einfluss des Ehepaars Niederer-Kasthofer auf ihre Ausbildung als Lehrerin: «Und wie viel hatte ich meinem Aufenthalt in Iferten zu verdanken! Ungemein fördernd wirkte auf mich schon der Umgang mit so verschiedenen, meistens geistig belebten u. einigen ausgezeichneten Personen, unter denen Hr. u. Fr. Niederer obenan stehen.»[61] Anderseits erwähnte sie auch Schwierigkeiten: «Theils durch den vielen Unterricht, den ich ganz frei nach eigenem Format ertheilte, theils dadurch, dass der grössere Theil der Zöglinge mir unbedingt vertraute, erwachte in mir ein furchtbarer Uebermuth u. der führte zwischen den Vorstehern der Anstalt u. mir zu öfteren Reibungen u. oft auch zu heftigen Auftritten.»[62] Mit dem doppelt negativen «furchtbaren Übermut» verurteilte Josephine Stadlin ihr eigenes Tun, jedoch scheinbar ohne Reue. Es ist anzunehmen, dass es sich um Grenzüberschreitungen handelte, die die Autorität des Ehepaars Niederer in schulischen und erzieherischen Belangen in Frage stellten. Vielleicht verwies Josephine Stadlin mit dem «Übermut» auch auf das sich abzeichnende Konkurrenzverhältnis zwischen der renommierten Institutsleitung und ihr als junger Lehrerin: Sie pflegte zum Teil ein sehr enges freundschaftliches Verhältnis zu Schülerinnen sowie zu anderen Lehrerinnen im Hause, die sich wie sie später selbständig machen sollten. Wahrscheinlich liefen die Konflikte auch entlang den unterschiedlichen religiösen und politischen Auffassungen und wurden durch Josephine Stadlins Auftreten verstärkt, das sich nicht mit den bürgerlichen Vorstellungen weiblicher Zurückhaltung deckte. Im Gegensatz zur gesellschaftskritischen Prägung ihrer Schülerin stand Rosette Niederer-Kasthofer ihrer vornehmen Bernburger Herkunft nahe, und ihr Ehemann Johannes Niederer zeigte als Religionslehrer eine konservative, wenn auch nicht konfessionell gebundene Ausrichtung.[63] Diese Auslegung des Konflikts wird von der späteren expliziten Abgrenzung Rosette Niederer-Kasthofers von ihrer «undankbaren» Schülerin gestützt.

Nachdem Josephine Stadlin die Anstalt wegen der Differenzen Anfang Sommer 1834 verlassen hatte, um in Aarau eine Stelle als Lehrerin und Leiterin der öffentlichen Töchterschule zu übernehmen, stellte ihr Johannes Niederer auf ihr Verlangen hin zwar ein sehr gutes Zeugnis aus, um gleichzeitig aber auch kaum kaschiert auf ihren eigenständigen Charakter zu verweisen, was durchaus doppeldeutig als dem weiblichen Geschlecht widersprechend, aber für eine Schulleitung vorteilhaft erscheinen konnte: «Jungfrau Josephine Stadlin von Zug war seit zwei Jahren und fünf Monaten Gehülfin in der Anstalt des Unterzeichneten. Während dieser Zeit bewies sie sich willens- und tatkräftig, diensttreu, eifrig, sich selbst zu vervollkommnen und talentvoll. Sie hat sich im Unterricht [...] als eine durch Bestimmtheit und Festigkeit in den Begriffen treffliche Lehrerin bewiesen. [...] Ueberhaupt ist sie in Mittheilung dessen, was sie weiss und wie sie es je nach den von ihr benützten Hilfsmitteln gelernt hat, wahrhaft ausgezeichnet und gehört zu den kräftigeren Charakteren ihres Geschlechts. [...] In der Ueberzeugung, dass eine Lehranstalt für Töchter an ihr [...] auch als Leiterin einer solchen Anstalt eine tüchtige Acquisition mache, empfiehlt sie mit freundschaftlicher Achtung für ihre empfehlenswerte Person Dr. Joh. Niederer, Iferten den 22. Juni 1834».[64] Von einer schweren Zerrüttung kann wohl nicht die Rede sein, da im Nachlass Stadlin drei Briefe aus späteren Jahren von Johannes Niederer enthalten sind, in denen er mit grosser Achtung von ihrer Arbeit als Lehrerin schreibt.[65]

Lisette Ruepp-Uttinger oder die Hinterfragung einer Generationenabfolge als Konstrukt

Wie Pauline Stadlin waren auch deren Cousinen Liseli und Louise Ruepp gegen die Entrichtung eines vergünstigten Schul- und Pensionsgeldes aufgenommen worden unter der Bedingung, später zur Begleichung der Schulden als «Unterlehrerin» eingesetzt zu werden.[66] Dass Josephine Stadlins Tante Lisette Ruepp-Uttinger als junge Frau im Pestalozzi-Institut ausgebildet worden war, mag für diese sicher ein zentraler Grund gewesen sein, ihre Tochter nach Yverdon zu schicken. Ein ebenso gewichtiger Grund waren wohl auch ihre Lebensbedingungen zu Beginn der 1830er Jahre, suchte sie doch als Witwe eines Landarztes nach standesspezifischen Erwerbsmöglichkeiten. Vieles weist darauf hin, dass ihre Entscheidung Teil einer Taktik war, die sie von ihrer verwitweten Schwester Paulina Stadlin-Uttinger und ihrer Nichte Josephine übernommen hatte. Damit ist jedoch die verschiedentlich suggerierte einseitige Vorbildfunktion von Lisette Ruepp-Uttinger für ihre Nichte Josephine Stadlin zu hinterfragen.

Die Geschichte der Mädchenbildung der deutschen Schweiz ist wiederholt als Generationenabfolge von drei Pionierinnen geschrieben worden: Rosette Niederer-Kasthofer, Lisette Ruepp-Uttinger, Josephine Stadlin.[67] Mögen das Geburtsjahr der drei Frauen, der frühere Aufenthalt von Lisette Ruepp-Uttinger in Yverdon und die Besuche von Josephine Stadlin bei der Tante in Sarmenstorf diese Abfolge als plausibel erscheinen lassen, verweisen die Hintergründe eher auf eine konstruierte Generationenzuschreibung. Diese bedient vor allem das Bedürfnis nach einer klaren, leicht einsehbaren linearen Ordnung, die jedoch verbürgte Chronologien auf den Kopf stellt, Kommunikationsprozesse zwischen Verwandten und Bekannten verkürzt sowie ähnliche Erfahrungszusammenhänge der Familien Stadlin-Uttinger und Ruepp-Uttinger nicht nur ausblendet, sondern verdeckt.[68]

Rund drei Jahre nach dem Tod des Arztes Karl Franz Stadlin starb im Frühjahr 1832 der Arzt Alois Ruepp. Nach einer Erbaufteilung mit den Verwandten ihres verstorbenen Gatten stand Lisette Ruepp-Uttinger ähnlich ihrer verwitweten Schwester Paulina Stadlin-Uttinger mit einem zu geringen Vermögen da, um ihren sieben Kindern – das älteste war zwölf, das jüngste erst nach dem Tod des Vaters geboren – eine ihrem Stande gemässe Ausbildung zuzusichern. Die stark expandierende Strohflechterei im Kanton Aargau ermöglichte es ihr, über die

Lisette Ruepp-Uttinger: Die Tante von Josephine Stadlin wandelte nach dem Tod ihres Ehemanns das Arzthaus allmählich in ein Töchterinstitut um.

Vermittlung eines befreundeten Wohlener Unternehmers eine eigene Strohfabrikation zu begründen und bis 1834 rund fünfzig Flechterinnen und achtzig Strohweberinnen in ihrem zur Manufaktur umgenutzten Haus oder als Heimarbeiterinnen zu beschäftigen.[69] Inwieweit die Gertrud aus Pestalozzis «Lienhard und Gertrud» dabei als Vorbild diente, bleibt offen.[70] Es scheint sich für mich eher um eine glückliche Koinzidenz von wirtschaftlicher Entwicklung und literarischer Fiktion zu handeln. Denn gleich ihrer Schwester und ihrer Nichte richtete Lisette Ruepp-Uttinger ihre längerfristige Taktik auf eine allmähliche Umwandlung ihres Hauses in eine Privatschule aus. Es ist anzunehmen, dass ihr die Lehrtätigkeit wegen ihrer Ausbildung und ihrer verwandtschaftlichen Beziehungen zu noblen Zuger Stadtbürger Familien weit näher stand und als prestigereicher galt als die Strohflechterei. Und wie bei der Strohflechterei handelte es sich der gesellschaftlichen und wirtschaftlichen Umwälzungen wegen auch bei der Mädchenbildung um einen expandierenden Markt, da selbst ländliche Aufsteiger liberaler Provenienz ihren Töchtern eine Ausbildung, die über die Volksschule hinausging, zukommen lassen wollten.[71] Als Ressource konnte Lisette Ruepp-Uttinger nicht nur auf ihre früheren Erfahrungen als Lehrerin in Yverdon setzen, sondern auch ihr bildungspolitisches Beziehungsnetz nutzen. Zu diesen gehörten der Publizist Heinrich Zschokke und der Musiker und Lehrer Traugott Pfeiffer ebenso wie ihr Neffe Augustin Keller, der inzwischen mit Pfeiffers Tochter Josephine verheiratet war. Augustin Keller hatte auf ihre Empfehlung hin als Kantonsschüler bei der Familie Pfeiffer in Aarau gewohnt. Bereits an Weihnachten 1832 erwähnte Lisette Ruepp-Uttinger in einem Brief an Augustin und Josephine Keller-Pfeiffer nicht nur erstmals ihre Zukunftspläne, sondern umschrieb dabei auch noch das mögliche Rekrutierungsfeld. Sie wünsche sich drei bis vier Pensionärinnen, «nämlich entweder Bauerntöchter, die das erlernen sollten, was ihnen in ihrem Stande nützlich ist und sie nicht wie in Klöstern von demselben abgeleitet würden, oder auch Töchter, die mehr Bildung, wie Musik, Zeichnen, Handarbeiten etc. fordern, oder endlich kleinere Kinder, denen

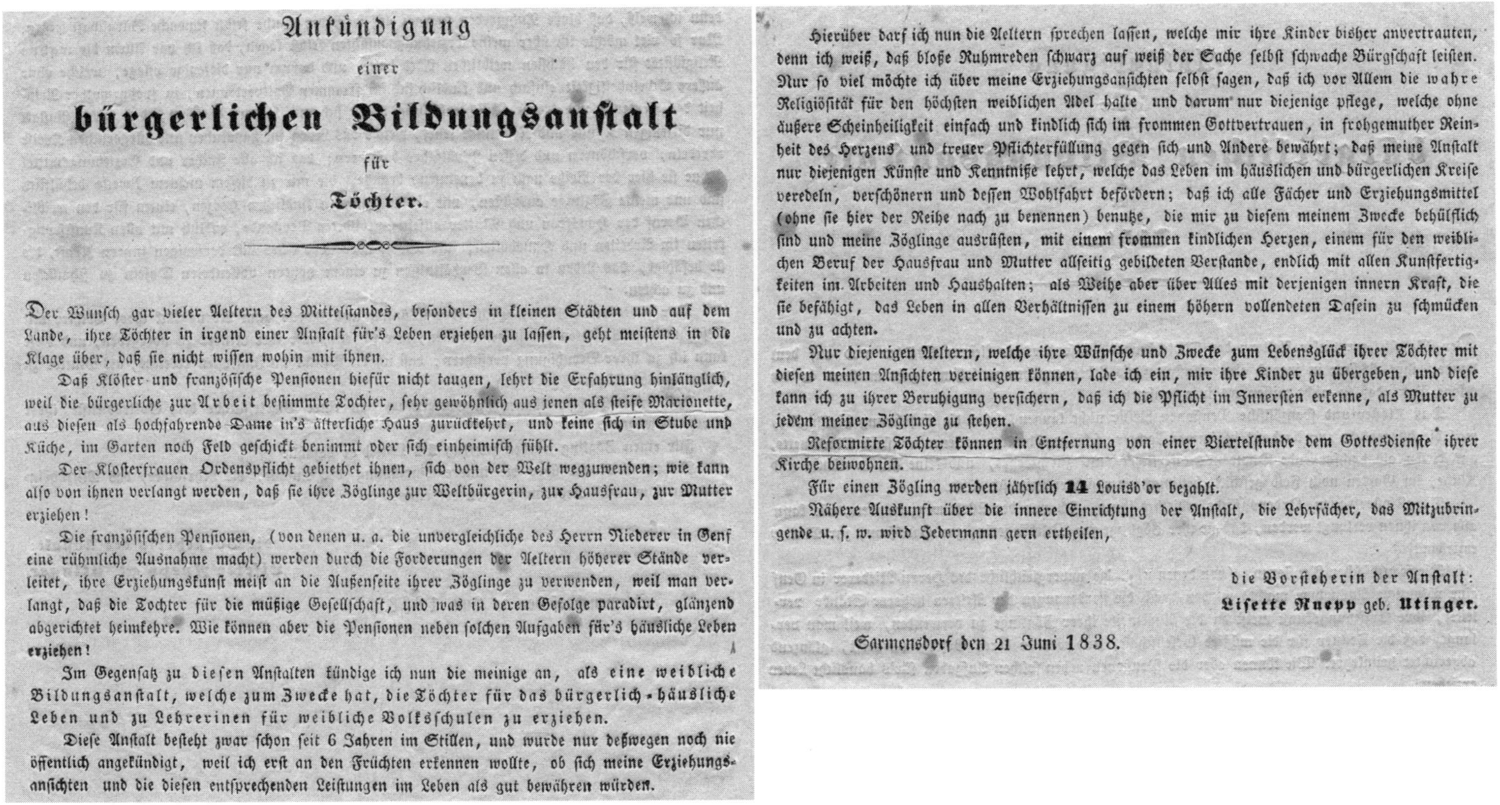

Ankündigung
einer
bürgerlichen Bildungsanstalt
für
Töchter.

Der Wunsch gar vieler Aeltern des Mittelstandes, besonders in kleinen Städten und auf dem Lande, ihre Töchter in irgend einer Anstalt für's Leben erziehen zu lassen, geht meistens in die Klage über, daß sie nicht wissen wohin mit ihnen.

Daß Klöster und französische Pensionen hiefür nicht taugen, lehrt die Erfahrung hinlänglich, weil die bürgerliche zur Arbeit bestimmte Tochter, sehr gewöhnlich aus jenen als steife Marionette, aus diesen als hochfahrende Dame in's älterliche Haus zurückkehrt, und keine sich in Stube und Küche, im Garten noch Feld geschickt benimmt oder sich einheimisch fühlt.

Der Klosterfrauen Ordenspflicht gebiethet ihnen, sich von der Welt wegzuwenden; wie kann also von ihnen verlangt werden, daß sie ihre Zöglinge zur Weltbürgerin, zur Hausfrau, zur Mutter erziehen!

Die französischen Pensionen, (von denen u. a. die unvergleichliche des Herrn Niederer in Genf eine rühmliche Ausnahme macht) werden durch die Forderungen der Aeltern höherer Stände verleitet, ihre Erziehungskunst meist an die Außenseite ihrer Zöglinge zu verwenden, weil man verlangt, daß die Tochter für die müßige Gesellschaft, und was in deren Gefolge paradirt, glänzend abgerichtet heimkehre. Wie können aber die Pensionen neben solchen Aufgaben für's häusliche Leben erziehen!

Im Gegensatz zu diesen Anstalten kündige ich nun die meinige an, als eine weibliche Bildungsanstalt, welche zum Zwecke hat, die Töchter für das bürgerlich-häusliche Leben und zu Lehrerinen für weibliche Volksschulen zu erziehen.

Diese Anstalt besteht zwar schon seit 6 Jahren im Stillen, und wurde nur deßwegen noch nie öffentlich angekündigt, weil ich erst an den Früchten erkennen wollte, ob sich meine Erziehungsansichten und die diesen entsprechenden Leistungen im Leben als gut bewähren würden.

Hierüber darf ich nun die Aeltern sprechen lassen, welche mir ihre Kinder bisher anvertrauten, denn ich weiß, daß bloße Ruhmreden schwarz auf weiß der Sache selbst schwache Bürgschaft leisten. Nur so viel möchte ich über meine Erziehungsansichten selbst sagen, daß ich vor Allem die wahre Religiösität für den höchsten weiblichen Adel halte und darum nur diejenige pflege, welche ohne äußere Scheinheiligkeit einfach und kindlich sich im frommen Gottvertrauen, in frohgemuther Reinheit des Herzens und treuer Pflichterfüllung gegen sich und Andere bewährt; daß meine Anstalt nur diejenigen Künste und Kenntniße lehrt, welche das Leben im häuslichen und bürgerlichen Kreise veredeln, verschönern und dessen Wohlfahrt befördern; daß ich alle Fächer und Erziehungsmittel (ohne sie hier der Reihe nach zu benennen) benutze, die mir zu diesem meinem Zwecke behülflich sind und meine Zöglinge ausrüsten, mit einem frommen kindlichen Herzen, einem für den weiblichen Beruf der Hausfrau und Mutter allseitig gebildeten Verstande, endlich mit allen Kunstfertigkeiten im Arbeiten und Haushalten; als Weihe aber über Alles mit derjenigen innern Kraft, die sie befähigt, das Leben in allen Verhältnissen zu einem höhern vollendeten Dasein zu schmücken und zu achten.

Nur diejenigen Aeltern, welche ihre Wünsche und Zwecke zum Lebensglück ihrer Töchter mit diesen meinen Ansichten vereinigen können, lade ich ein, mir ihre Kinder zu übergeben, und diese kann ich zu ihrer Beruhigung versichern, daß ich die Pflicht im Innersten erkenne, als Mutter zu jedem meiner Zöglinge zu stehen.

Reformirte Töchter können in Entfernung von einer Viertelstunde dem Gottesdienste ihrer Kirche beiwohnen.

Für einen Zögling werden jährlich **14** Louisd'or bezahlt.

Nähere Auskunft über die innere Einrichtung der Anstalt, die Lehrfächer, das Mitzubringende u. s. w. wird Jedermann gern ertheilen,

die Vorsteherin der Anstalt:
Lisette Ruepp geb. **Utinger.**

Sarmensdorf den 21 Juni 1838.

«Ankündigung einer bürgerliche Bildungsanstalt für Töchter» 1838: *Nachdem sie bereits seit rund fünf Jahren Pensionärinnen bei sich unterrichtet hatte, warb Lisette Ruepp-Uttinger mit der gedruckten Anzeige um Schülerinnen, um diese «für das bürgerlich-häusliche Leben und zu Lehrerinnen für weibliche Volksschulen zu erziehen».*

mütterliche Liebe und Sorgfalt ersetzt werden sollte, was oft einem Vater, der das Unglück hatte, seine Frau zu verlieren, das Erwünschte wäre.»[72] Mit der deklarierten Absicht, katholischen Mädchen ausserhalb einer Klosterschule eine Weiterbildung zu ermöglichen, wusste sie sich mit dem radikalen Antiklerikalen Augustin Keller eins, eine Haltung, die sie nach den ersten Erfahrungen in einem Brief betonte: «Am besten taugt unser Haus für Töchter vom Lande, die man sonst in Klöster spediert.»[73] Ende 1832 erhielt sie ihre erste Pensionärin, bald darauf drei zusätzliche. Den Unterricht übertrug sie noch mehrheitlich dem Dorflehrer, da ihr Unternehmen sie «über Hals und Kopf» in Anspruch nahm.[74] Die Strohflechterei und -weberei überliess sie im Herbst 1834 dann weitgehend der Verantwortung der vierzehnjährigen Tochter Liseli, um sich selber auf das Unterrichten zu konzentrieren, da Augustin Keller als neuer Direktor des Aargauer Lehrerseminars seine Hilfe bei der Vermittlung von Pensionärinnen intensivieren konnte. 1835 gab sie das «Fabrikationsgeschäft» vollständig auf, wandelte das Arzthaus offiziell zur «Erziehungsanstalt für bürgerliche Töchter» um und sandte die älteste Tochter Liseli zu Rosette Niederer-Kasthofer nach Yverdon, die sie zur Deutsch- und Französischlehrerin ausbilden sollte. Die Söhne besuchten die Kantonsschule; die zweitälteste Tochter Louise leitete sie selber zum Unterrichten in Handarbeiten und zur Führung des Haushalts und des Gartens an; wenige Jahre später schickte sie diese zur Ausbildung in hauswirtschaftlichem Unterrichten ebenfalls zu Rosette Niederer-Kasthofer, die mit ihrem Institut nach Genf übersiedelt war.[75] Seit der Eröffnung der «Erziehungsanstalt» hielten sich über Jahre zwanzig bis dreissig Schülerinnen in dieser auf. Bald bildete Lisette Ruepp-Uttinger auch, wie das gleichzeitig ihre Nichte Josephine Stadlin an ihrer neuen Stelle in Aarau tat, durch die Vermittlung von Augustin Keller Lehrerinnen für die öffentlichen Elementarschulen des Kantons Aargau aus.[76] Als ihre Töchter Liseli und Louise 1853 heirateten und aus Sarmenstorf wegzogen, schloss sie nach zwanzig Jahren das Institut, in dem sie insgesamt rund 205 Schülerinnen zu Hausfrauen, Lehrerinnen und Erzieherinnen ausgebildet hatte.[77] Im selben Jahr sollte auch ihre Nichte Josephine Stadlin ihr inzwischen in Zürich niedergelassenes Institut aufgeben.[78]

Von einem Nacheinander von Lisette Ruepp-Uttinger und Josephine Stadlin als Pionierinnen der Mädchenbildung zu reden ist falsch. Während hinsichtlich der Tätigkeit als Institutsleiterinnen von einem Nebeneinander gesprochen werden kann, ging Josephine Stadlin mit ihren Institutsplänen Lisette Ruepp-Uttinger voraus. Mit der Umwandlung des Privathaushalts Stadlin in eine Privatschule hatte sie in enger Kooperation mit ihrer Mutter Paulina Stadlin-Uttinger rund zehn Jahre vor ihrer Tante begonnen. Auch war Paulina Stadlin-Uttinger drei Jahre früher als verschuldete Witwe zum Ausbau des Familienerwerbs gezwungen worden als ihre jüngere Schwester in Sarmenstorf. Zudem scheint es, dass Lisette Ruepp-Uttinger von den Verhandlungen ihrer Nichte Josephine Stadlin mit dem Ehepaar Niederer-Kasthofer profitiert hatte, um für ihre Tochter Liseli Vergünstigungen für den Aufenthalt in Yverdon auszuhandeln.[79] Wenn wir schliesslich noch beachten, dass Rosette Niederer-Kasthofer die junge Zugerin Josephine Stadlin 1831 von sich aus äusserst aktiv als «Lehrerin» – so lautete die

Das Töchterinstitut in Sarmenstorf (nach einer Lithografie von H. Triner).

Aufschrift auf dem Briefcouvert – umwarb, zu einem Zeitpunkt also, zu dem Lisette Ruepp-Uttinger noch nicht verwitwet war, so bleibt von der suggerierten Generationenfolge wenig übrig. Statt eine Generationenabfolge zu konstruieren, scheint es mir angemessener, Bildungseinrichtungen als eine der wenigen Karrieremöglichkeiten und selbständigen Gewerbe für Frauen aus dem Bürgertum zu interpretieren in einer Zeit, in der Leistung und Bildung zwar hoch besetzt, aber geschlechterdifferierend umgesetzt wurden. Rosette Niederer-Kasthofer, Lisette Ruepp-Uttinger und Josephine Stadlin repräsentierten alle drei unabhängig voneinander Varianten dieser Entwicklung. Sie waren allerdings über verschiedene Beziehungsebenen persönlich miteinander verbunden. Vor allem spiegelt die Entstehung der ersten privaten Mädchenschulen eine Ökonomie, die weitgehend noch durch familiäre Strukturen bestimmt war.

1.3 Fazit: Bildung als Ressource von Frauen aus dem Bürgertum

Im 19. Jahrhundert war Bildung auch in der Schweiz eine substantielle Ressource von Frauen und Familien aus dem Bürgertum ohne gesichertes Einkommen. Der durch die Französische Revolution eingeleitete Umbruch in den politischen, gesellschaftlichen und wirtschaftlichen Verhältnissen brachte die führenden Familien der katholischen Orte um ihre einträglichen Pensionen aus dem Solddienst und führte auch in der Innerschweiz, insbesondere in den Städten Zug und Luzern, während der Restauration zur Polarisierung zwischen aufgeklärten Liberalen und Anhängern einer konservativen Ordnung sowie Anhängern der Kirche. Im Gefolge dieser Umgestaltungen und Auseinandersetzungen verlor nicht nur Paulina Stadlin-Uttinger ihre Ansprüche auf ein einträgliches Erbe; auch ihr Ehemann, der Arzt Karl Franz Stadlin, verlor als Exponent der liberalen und antiklerikalen Kräfte wegen seiner klaren Positionen und seiner wissenschaftlichen Interessen Einkommen und Vermögen. Wie bei anderen von Verarmung bedrohten Familien aus dem Bürgertum zeichnete sich bei der Familie Stadlin-Uttinger als Alternative für die traditionelle vermögensorientierte Existenzsicherung die Möglichkeit ab, die akkumulierten Ressourcen im Bereich der Bildung als Erwerbsquelle zu nutzen. Für die weiblichen Mitglieder solcher Familien, zu denen nicht nur Arzt- und Professorenfamilien, sondern vielfach auch protestantische Pfarrfamilien zählten, war dies fast nur im Bereich der Erziehung und Schulbildung möglich. Da aber in katholischen Regionen Nonnen die Lehrfunktion in öffentlichen Schulen annähernd unentgeltlich übernahmen und in den Gebieten mit protestantischer Dominanz die Lehrtätigkeit beinahe ausnahmslos Männern vorbehalten war, stellte die Aufnahme von Pensionärinnen in den eigenen Haushalt oder die Gründung eines Privatinstituts für diese Familien eine der aussichtsreichsten Erwerbsmöglichkeiten dar. Es sind denn auch vor allem Frauen aus vermögenslosen oder verschuldeten bürgerlichen Familien mit breiter Bildung, die gemeinsam mit ihren Töchtern oder weiblichen Verwandten den Prozess der Umwandlung ihres privaten Haushalts in eine Privatschule vollzogen. Diesen Weg wählte Paulina Stadlin-Uttinger zusammen mit ihrer Tochter Josephine, die dabei äusserst zielgerichtet agierte. Analog dazu funktionierte ihre Schwester beziehungsweise Tante Lisette Ruepp-Uttinger als Witwe mit noch unmündigen Kindern das Arzthaus in eine Privatschule um und zog die Töchter in diese Umgestaltung mit ein. Wie Pauline Stadlin-Uttinger und Lisette Ruepp-Uttinger erwiesen sich generell vor allem verwitwete Frauen aus dem Bürgertum bereits in den ersten Jahrzehnten des 19. Jahrhunderts zusammen mit ihren Töchtern und weiblichen Verwandten als Gründerinnen eines Gewerbes, das ihrer sozialen Klasse und ihrem Wissen angemessener erschien und gleichzeitig den bürgerlichen Wertekanon geschlechterkonform umzusetzen versprach. Selbst in den Instituten, die nach aussen als Gründungen von Männern figurierten, waren deren Ehefrauen, Schwestern und Töchter für den Bereich der Mädchenschulen oft Initiantinnen oder zumindest tragende Mitarbeiterinnen.[80] Den Söhnen aus dem Bürgertum blieben trotz drohender Verarmung mehrere Wege offen: Das Studium oder eine kaufmännische, militärische beziehungsweise technische Berufsbildung eröffneten ihnen Karrieremöglichkeiten. Dies ist sowohl bei Josephine Stadlins Bruder Franz der Fall, der sich später als Ingenieur im Tunnelbau einen Namen machen sollte, wie bei den Söhnen von Lisette Ruepp-Uttinger, die auf die Unterstützung einflussreicher freisinniger Politiker zählen konnten.

2 Schule als politisches Konfliktfeld und Praxis

«[…] u. da es mich mächtig zog ganz frei u. vorzüglich als *Erzieherin* zu wirken, so gab ich trotz allen Vorstellungen besorgter Freunde meine Stellung in Aarau auf, übernahm vom Staat das ehemalige Kloster Olsberg.»

Autobiographie, 1840er Jahre.

In den 1830er und 1840er Jahren verschärften sich die politisch-konfessionellen Gegensätze. Vertreter der Liberal-Radikalen verstärkten ihre Angriffe gegen die katholische Kirche nicht nur diskursiv, sondern auch mit politischen Entscheiden. Vertreter des so genannten Reformkatholizismus gerieten ihrerseits zunehmend unter den Druck der kirchlichen Obrigkeit, während zu Beginn des 19. Jahrhunderts noch einige Exponenten der Erneuerung im Bildungswesen, die sich dem Erbe der Aufklärung verpflichtet fühlten, zum katholischen Klerus gehört hatten. In den katholischen Kantonen konnten nun die Liberalen selbst in Städten, in denen sie politisch noch in der Mehrheit waren, ihre schulpolitischen Anliegen kaum noch realisieren. Als Reaktion auf die konservative Wende entschied sich in Zug der Kopf der Liberalen, der langjährige Landammann Georg Joseph Sidler,[1] zur Emigration nach Zürich; in Luzern markierten die Katholisch-Konservativen mit der Berufung der Jesuiten als Lehrer an die höhere Knabenschule und dem Vertrag mit den Ursulinerinnen von Landshut zur Führung der Töchterschule[2] unmissverständlich ihre wiedergewonnene Herrschaft; im katholischen Solothurn dagegen setzten sich die freisinnigen Kräfte durch. In Kantonen mit gemischtkonfessioneller Bevölkerung verschärfte sich der Ton in den Debatten auf der Ebene der kantonalen Parlamente wie der Gemeinden. Die Auseinandersetzungen wiesen zunehmend Züge eines Kulturkampfes auf, nach Hagmann verstanden als ein Konflikt im Verhältnis zwischen Politik und Religion und ihren Institutionen Staat und Kirche.[3] Auf die drohende Desintegration von gesellschaftlich-politischem und kirchlichem Leben reagierte die katholische Bevölkerung in ländlichen Gebieten zum Teil heftig.

Am radikalsten agierte in der deutschen Schweiz der Aargauer Politiker Augustin Keller, der mit der Aufhebung der katholischen Klöster 1841 die Konflikte vorantrieb, da er die Gebäude, wie er das bereits 1835 auf der politischen Bühne gefordert hatte, als Bildungsstätten nutzen wollte.[4] Der Umzug des von ihm geleiteten kantonalen Lehrerseminars von Lenzburg in das ehemalige Kloster Wettingen wurde mitten in der politisch angeheizten Atmosphäre für die Freisinnigen zum Symbol der neuen Verwendung der Klöster zum Wohl der Allgemeinheit.[5]

Auf katholischer Seite reagierte Pater Theodosius Florentini – als Opfer der Aargauer Klosteraufhebung und zur Verhaftung ausgeschriebener Aufwiegler galt er in den katholischen Kantonen als politischer Emigrant[6] – mit der Eröffnung neuer Bildungsinstitutionen. Als Antwort auf die kulturkämpferischen Angriffe der regenerierten Kantone gründete er unter anderem 1844 im Kanton Zug die Lehrschwesternkongregation in Menzingen und 1856 im Kanton Schwyz den «Orden vom heiligen Kreuz» in Ingenbohl.[7] Insbesondere der Menzinger Orden spezialisierte sich auf die Ausbildung seiner Angehörigen, um den Bedarf an Lehrerinnen für die Mädchenschulen in katholischen Kantonen zu decken. Später weiteten beide Orden ihre Institutionen aus zu Seminarien, die auch weltliche Lehrerinnen ausbildeten.[8] Mit der Schaffung spezifischer weiblicher Kongregationen zur Übernahme gesellschaftlicher Aufgaben erschloss sich das konservative katholische Lager wie auch in andern Teilen Europas ein wachsendes Rekrutierungsfeld an tatkräftigen jungen Frauen. Diesen boten die neuen Orden einen breiten Handlungsspielraum als Lehrerinnen wie als Gründerinnen von religiösen Unternehmen mit weit verzweigten Filialen.[9]
Im Kampf gegen den Ultramontanismus und die Jesuiten als deren Repräsentanten ging es für radikale Katholiken und Etatisten wie Augustin Keller um die Durchsetzung der freisinnigen Deutungshoheit auf dem Feld der Bildung: Sie bestimmten die Bildungsziele und die zu deren Verwirklichung notwendigen Bildungsinstitutionen.[10] Aber auch innerhalb der protestantischen Kantone wandte sich die freisinnige Bildungspolitik gegen die Konservativen, deren führende Repräsentanten mehrheitlich aus dem alten städtischen Bürgertum stammten. Auf dem Lande gehörte ein Teil der reformierten Konservativen – die «Positiven» – zur neuen pietistischen Erweckungsbewegung, die sich vehement gegen die Säkularisierung der Schule wehrte. Radikale Etatisten, deren Vorstellungen stark egalitär geprägt waren, forderten dagegen unter dem Schlagwort «Volksbildung» nicht nur eine staatliche Aufsicht über die Schulen, sondern auch staatliche Finanzierung und Führung wie allgemeine Zugänglichkeit zu allen Bildungseinrichtungen.[11] Damit standen Pestalozzis «Wohnstubenpädagogik» und die Rolle der Privatinstitute generell zur Debatte. In dieser Auseinandersetzung zeigte sich das geschlechterspezifische Paradox freisinniger Bildungspolitik in all seiner Schärfe. Da die finanziellen Mittel lediglich für die Knabenbildung eingesetzt werden sollten, war man in vielen Kantonen zwar nicht grundsätzlich für den Ausschluss der Frauen aus der Lehrtätigkeit auf Volksschulebene,[12] wollte aber dafür keine Ausbildungsverantwortung übernehmen. Daher blieb man analog zur Entwicklung in Deutschland auf die – nur im Grunde abgelehnten – Privatinstitute zur Weiterbildung der Mädchen nach der Volksschule und zur subsidiären Ausbildung von Lehrerinnen für die Volksschule angewiesen.[13]
Es ist daher zu fragen, wie Josephine Stadlin dieses Paradox für ihre Berufskarriere zu instrumentalisieren wusste, inwieweit sie sich in die politisch-konfessionellen Auseinandersetzungen auf dem Feld der Schulbildung einspannen liess beziehungsweise als Akteurin in diese eingreifen wollte, inwiefern sie auf das Bedürfnis des aufstiegsorientierten Bürgertums nach schulischer Weiterbildung der Mädchen und auf die Nachfrage nach qualifizierten Lehrerinnen reagierte. Es

ist dabei auch zu fragen, inwiefern Josephine Stadlin bürgerliche Geschlechterkonzepte und republikanische Konzepte staatsbürgerlicher Partizipation in den Institutspraktiken verknüpfte und wie stark diese Praktiken durch die Strukturen eines gewerblichen Familienbetriebs bestimmt waren.

2.1 Die Kampfgefährtin: Josephine Stadlins Lehrtätigkeit im Kontext des Kampfes um die freisinnige Deutungshoheit

In den regenerierten Kantonen der Schweiz und in den unter liberaler Führung stehenden Gemeinwesen unterschied sich die Diskussion um die weiterführenden Schulen für Mädchen und Knaben nicht nur bezüglich der Ausrichtung auf den «häuslichen Wirkungskreis des Weibes» beziehungsweise auf die Tätigkeit des Mannes in Beruf und Öffentlichkeit. Bei der nachobligatorischen Mädchenbildung waren immer die finanziellen Implikationen entscheidend, ob eine «öffentliche» Schule als «staatliche» verstanden wurde oder ob auch eine Privatschule als eine «öffentliche» gelten könne. Je nach Einsatz der politischen Akteure, historischen Hintergründen und Einschätzung der Notwendigkeiten erhielten die weiblichen Bildungsanstalten den Charakter von privaten, semiöffentlichen oder staatlichen beziehungsweise städtischen Institutionen. Dies bedeutete jedoch, dass es für Lehrerinnen im nachobligatorischen Bildungsbereich kaum Anstellungen zu gleichen Bedingungen gab wie für Männer, da die dazu notwendigen weiblichen Bildungsanstalten fehlten. Es bedeutete aber auch, dass ihnen die öffentliche Schule kaum Karrieremöglichkeiten bot. Die Frage nach den Gründen für eine Lehrtätigkeit in einem Privatinstitut muss diese Bedingungen im Kontext der generell eingeschränkten Erwerbsmöglichkeiten für Frauen berücksichtigen. Ein diesbezüglicher Entscheid kann daher nicht einfach auf die Frage nach der ideologischen Präferenz für ein pädagogisches Modell reduziert werden, sondern muss in einer diskriminierenden Situation auch als Wahl eines flexibleren Modells gedeutet werden, das Frauen eher karrierespezifische Gestaltungsmöglichkeiten und die Absicherung der familiären Existenzgrundlagen versprach als die Volksschule. Beispielhaft zeigt sich dies in Josephine Stadlins Berufslaufbahn.

Eine Singschule als Auslöser einer politischen Polemik

«[...] u. eröffnete unabhängig von meiner Schule eine Singschule für Mädchen»,[14] hinter dieser lapidaren Feststellung der als Lehrerinnenkarriere konzipierten Autobiografie von Josephine Stadlin versteckte sich eine längere Auseinandersetzung, in der sich Fragen der Finanzierung, der Gleichstellung der Geschlechter und der politischen Verbindungen überlagerten. Sybille Omlin hat diese Auseinandersetzung ausführlich dokumentiert.[15] Wegen der politischen Implikationen will ich jedoch nicht auf die Darstellung verzichten und beziehe mich dabei vorwiegend auf ihre Untersuchungen.

Bereits 1827/28, also rund vier Jahre vor ihrem Entscheid für eine Anstellung im Privatinstitut Niederer in Yverdon, hatte sich Josephine Stadlin bei der städti-

Die Mädchenschule Maria Opferung (rechts im Bild): Josephine Stadlin besuchte als Kind für kurze Zeit die von Kapuzinerinnen in behördlichem Auftrag geführte Schule. Eine Anstellung als Lehrerin wurde ihr im Erwachsenenalter verwehrt.

schen Schulkommission um eine öffentliche Stelle als Lehrerin beworben. Bis dahin waren im Kanton Zug einzig Nonnen mit dem Unterricht betraut, und zwar an der öffentlichen Mädchenschule der Stadt Zug im Kloster Maria Opferung. Obwohl ihr die Kommission unter der Leitung des Landammanns Georg Joseph Sidler, einem Freund ihres Vaters Franz Karl Stadlin, mehrheitlich sehr gewogen war und ihre Verdienste als Privatlehrerin herausstrich, schlug die Kommission die Bitte ab, da «die hiesigen Verhältnisse es nicht gestatten, derselben eine ihrer würdigen Anstellung in ihrer Vaterstadt zu verschaffen».[16] Auf Josephine Stadlins Ersuchen erhielt sie aber auf Grund der «Zufriedenheit der Eltern, der Liebe der Schulkinder» ein positives Zeugnis über ihre «Eigenschaften» als Lehrerin, das ihr allenfalls bei einer anderen Bewerbung dienlich sein konnte.[17]

In Umgehung der Mädchenschule versuchte sie nach dem Tod des Vaters nochmals, unter Berufung auf die Gleichbehandlung der Mädchen und Knaben, in Zug zu einer öffentlichen Anstellung zu kommen, da nach dem revidierten Schulgesetz von 1830 nur für Knaben Gesangsunterricht vorgesehen war. Sie wollte ihre privat erteilten Singstunden in eine Gesangsschule umwandeln, in der die Mädchen der öffentlichen Schulen den gleichen Unterricht erhalten sollten, der den Knaben zustand. Nach Absprache mit dem Präfekten der Schule im Kloster Maria Opferung, dass ihr Gesangsunterricht den übrigen öffentlichen Unterricht der Mädchen nicht beeinträchtigen sollte, veröffentlichte die Schulkommission in der «Zuger Zeitung» vom 22. Juli 1831 unter dem Titel «Anzeige» eine Bekanntmachung: «In Folge vom löblichen Stadtrathe erhaltenen Bevollmächtigung hat die unterzeichnete Commission durch Beschluss vom 15ten diess die Errichtung einer öffentlichen Gesangschule für Mädchen erklärt, und die Jungfer Josephine Stadlin als Lehrerin derselben angestellt. Der Besuch dieser Gesangschule steht jedem Mädchen, es mag die öffentliche Schulanstalt sonst besuchen oder nicht, gegen Erlegung eines monatlichen Schulgeldes von 8 Bazen offen; arme Kinder mit gutem Musiktalente werden unentgeldlich aufgenommen. Alle jene Mädchen, welche diese Gesangschule besuchen wollen, werden anmit eingeladen, sich Mittwoch den 27. Juli Mittags 12 Uhr auf dem Musikzimmer des Schulhauses zur Inscription einzufinden, wo ihnen dann zugleich die weitern Bestimmungen werden bekannt gemacht werden.»[18]

Die Schulkommission aber war offensichtlich gespalten gewesen. Ein konservatives Mitglied dieser Kommission kritisierte in der Zeitung die Bezeichnung «öffentliche Gesangschule», was ein liberales Mitglied zur Antwort bewog, Josephine Stadlin sei wie die Musiklehrer von einem Ausschuss der Musikkommission geprüft worden, daher müsse das Angebot für Mädchen unter den gleichen Bedingungen wie die Angebote der Musiklehrer angekündigt werden. Eine solche Prüfung war seit der Verfassung von 1803 für jede Person, die im öffentlichen Auftrag Unterricht erteilte, obligatorisch. Für Josephine Stadlin bedeutete dies, dass sie für den Unterricht, der im Kloster nicht erteilt wurde, von der Stadt gleich den Musiklehrern angestellt werden konnte. Das von den Mädchen für die Musikstunden entrichtete Schulgeld sollte sie als Lohn für die Anstellung erhalten zuzüglich einer Subvention der Stadt für die unentgeltlich in die Gesangschule aufgenommenen armen Mädchen mit gutem Musiktalent. Anstellung und Subventionierung wurden jedoch von den Konservativen in der Schulkommission in Frage gestellt. Neben den finanziellen Kosten fürchteten sie, es könnte sich aus der als öffentlich deklarierten Gesangschule eine weltliche Mädchenschule als Konkurrenz für die Schule Maria Opferung entwickeln. Auch die Liberalen nahmen gegen eine laizistische Mädchenschule Stellung, da die Schule im Kloster die Stadt ausser wenigen Naturalien nichts kostete. Sie wollten die Finanzen im Bildungsbereich lediglich für die Reform des Knabenunterrichts einsetzen. Diese war von Georg Joseph Sidler vorgeschlagen und 1829 mehrheitlich abgesegnet worden.[19] In den Zeitungen wurde die Auseinandersetzung weitergeführt; dabei stand auch die Frage der Zuständigkeit für eine solche Anstellung auf Grund eines Begehrens einer Privatperson zur Debatte. Es wurde insinuiert, dass es sich wegen der engen Beziehung zwischen den Familien Sidler und Stadlin auch um Begünstigung handeln könnte.[20]

Fazit: Auch die Liberalen wollten nur die nachobligatorische Schulbildung der Knaben gänzlich mit staatlichen Geldern finanzieren. Die Städte aber zeigten sich offener, wenn auch, wie das Beispiel aus Zug zeigt, zwiespältig, das heisst, die nachobligatorische Mädchenbildung sollte die städtischen Finanzen so wenig als möglich belasten. Daher war die Position der Liberalen in Zug eine ambivalente, wenn die Diskussion in den Strudel der sich verschärfenden politischen Auseinandersetzungen geriet, wie das nach der öffentlichen Ausschreibung von Josephine Stadlins «Singschule» geschah.

Ob sich am 27. Juli 1831 Gesangschülerinnen eingefunden haben und ob die Einschreibung überhaupt stattgefunden hat, konnte ich nicht eruieren. Sicher ist, dass Josephine Stadlin eine andere Anstellung suchte und dass sie noch im selben Jahr weitere Offerten erhielt.[21] Bekannt sind die schon erwähnten Angebote von Fellenbergs Institut in Hofwil und vom Institut Niederer in Yverdon. Kaum bekannt ist jedoch, dass sie gleichzeitig von Augustin Keller wegen einer öffentlichen Anstellung im katholischen Kanton Luzern kontaktiert wurde.[22] Wie bereits dargestellt, entschied sich Josephine Stadlin für Yverdon, eine Wahl, die von Keller aus schulischen wie politischen Gründen wenig goutiert wurde.

Verdeckte Pläne und enttäuschte Erwartungen oder Augustin Kellers blinde Flecken

Der 26-jährige Augustin Keller wollte 1831 der um ein Jahr jüngeren Josephine Stadlin eine Stelle als Lehrerin in der Luzerner Gemeinde Beromünster vermitteln, der Heimatgemeinde des auch in Deutschland bekannten radikalen politischen Philosophen und Vaters der Schweizer Verfassung von 1848, Ignaz Paul Vital Troxler (1780–1866).[23] Er hatte über seine Verlobte Josephine Pfeiffer von den politischen Diskussionen rund um die Anstellung von Josephine Stadlin als Gesanglehrerin in Zug gehört. Mit seinem Stellenangebot ging es ihm nicht nur darum, der Freundin zu helfen, sondern er konnte damit in dem noch liberal dominierten Luzern auch seine Strategien und Netzwerke im Kampf um die Schule erproben. Eine Besetzung dieser Stelle durch Josephine Stadlin wäre zugleich einem politischen Sieg der Liberalen auf Gemeindeebene gleichgekommen.
Augustin Keller war erst kurz zuvor nach Luzern gekommen. Nach einer akademischen Ausbildung in München, Breslau und Berlin war er 1831 in die Schweiz zurückgekehrt und hatte eine Stelle als Gymnasiallehrer im Kollegium von Luzern gefunden.[24] Am 3. November schrieb ihm Josephine Pfeiffer aus Aarau, dass «Seppeli Stadlin» von der Reise nach Yverdon – das Ehepaar Niederer hatte sie eingeladen und als Lehrerin für ihr Institut umworben – zurückgekehrt sei.[25] Neun Tage später bat sie ihn, Josephine Stadlin eine Anstellung in Beromünster zu ermöglichen: «Lies u wenn du rathen u helfen kannst so thue es bald, denn es ist keine Zeit zu verlieren. Das arme Seppeli dauert mich in der Seele. Ich glaube nicht, dass sie in Hofwil, wo man ihr eine Stelle in der Armen-Töchterschule angetragen hat, glücklich sein würde. Könntest du nicht mit Abbe Girard wegen ihr reden? Ich weiss, er interessirt sich für sie. – Ich habe ihr von der unlängst in Münster ausgeschriebenen Stelle gesprochen, u ihr gerathen dort anzufragen ob es sich zu melden nicht schon zu spät sei; auch habe ich ihr versprochen, du werdest dich in Luzern umsehen u nachfragen, u wenn du gute Berichte habest, ihr alsbald selbst schreiben.»[26] Schon zwei Tage später teilte Augustin Keller seine Vorkehrungen der ihm seit Jugendjahren vertrauten Josephine Stadlin im emphatischen Tone des politischen Kämpfers mit: «Gott zum Gruss. Ich habe, liebes Seppeli, dein Unglück, so es nämlich eines ist, von Pfaffen u. Bonzen schuldlos verfolgt zu werden, so eben vernommen, u. ich habe Hoffnung, dass sich dein Unglück, wie dus nennst, in Glück verwandeln könne. Höre, es ist in Münster eine Stelle ausgeschrieben mit 400 Fr. u. freie Wohnung. Dazu haben sich drei Subjekte, die ich kenne, u. vor denen du dich nicht zu fürchten hast, theils weil sie eben nicht viel verstehen, theils weil man sie in Münster selbst nicht wünscht,

Augustin Keller: Der Direktor des Aargauer Lehrerseminars und liberal-radikale Politiker während Josephine Stadlins Zeit als Leiterin des Mädcheninstituts Olsberg (Lithografie um 1840).

Josephine Pfeiffer: Die Bekannte und Freundin von Josephine Stadlin als Verlobte des Studenten Augustin Keller (Alabasterrelief von 1829).

gemeldet um die Prüfung zu machen. [...] Also komme gleich her, suche mich im Kollegium oder im Engel [...]. Prof. Aebi, der dich freundlich grüssen lässt, u. auch freundschaftlichen Antheil an deinem Geschicke nimmt, hat bereits Deines wegen nach Münster selbst geschrieben [...] Sei guten Muthes u. überlege dir den schon von Freunden gelegten Plan, aber schnell. Lebe wohl brüderlich gegrüsst von Deinem Augustin [...] Nota bene; wenn du herkommst, so lass ja nicht merken, dass *ich* dich aufgefordert habe, sonst würde man es verdammt übel nehmen!»[27] Mit der Verfolgung durch «Pfaffen und Bonzen» bezog sich Keller auf die Angriffe und Diffamierungen in den Zeitungen in Zug, mit der Anrede markierte er die Beziehung zu Josephine Stadlin als ein kumpelhaftes und mit dem «brüderlich», dem verschwörerischen Ton und der Einbindung Josephine Stadlins in sein politisch geprägtes Freundschaftsnetz definierte er das Verhältnis als ein egalitäres. In einem zweiten Brief verriet er ihr, dass eine Lehrerin eigentlich bereits gewählt sei, aber auch der Gemeindepräsident würde sie der gewählten «Fräul.[ein] Hartmann, die früher im Olsberg[28] so ominös gewirtschaftet hat», vorziehen. Daher sollte diese Wahl als ungültig erklärt werden: «Wir haben, liebes Herz, gearbeitet u. sind dann damit so weit gekommen, wie folgt [...]. Wenn du kommst, so wird die gehaltene Prüfung umgestossen, weil sie nicht nach dem Gesetze vorgenommen wurde. Es geschähe aber bloss, weil man in Münster nicht die verhasste, alte Hartmann, sondern dich, du Schatz, haben will. Überleg dirs, aber eilig u. berichte mir ja bald, damit ich meine Maassregeln ergreifen kann. Gebiete, befiehl, sage was du willst, wohin du trachtest, u. dein Freund, dein Augustin steht dir auf jeden Wink bereit! [...] Desshalb sei ohne Sorge: kein Profet ist im Vaterlande gern gesehen: drum frisch auf, schüttle den Staub von den Füssen, u. ziehe aus von der Stadt, in der schwarze Geister dich verfolgen! Schreibe mir nur sogleich, grüsse alle die lieben Deinigen u. halt ein wenig lieb Deinen Augustin.»[29] Augustin Keller verband in diesen beiden Briefen Angebot – eine Stelle als Lehrerin – und Erwartung – den gemeinsamen Kampf gegen die Konservativen. Josephine Stadlin schlug das Angebot aber aus und nahm die ihr vom Ehepaar Niederer offerierte Stelle in Yverdon (Iferten) an. Keller verbarg seine Enttäuschung nicht: «Du ziehst es also vor, in die Wände eines engen u. durch seine Interessen gewiss dich sehr bald beengenden Privathauses einzutreten, statt dich ins öffentliche Leben, in die Welt zu werfen [...]. Das Leben bildet den Jüngling, die Jungfrau, den Mann, das Weib, die Schule nur das Kind u. die Unmündigen. Ich habe seit den Wochen hier mehr als während eines Jahres auf der Hochschule gelernt. [...] Du gehst aber nach Iferten: Freundin, herzlich geliebte Schwester, Gott geleite dich! [...] Aber das giebt Dir ein treuer Freund zu bedenken: Du verlassest dadurch oder meidest [...] einen Wirkungskreis, in welchem du dir u. der Welt ungleich mehr nützen könntest, einen Wirkungskreis, an dessen Schranken, u. diess magst du auch bedenken, von allen Seiten liebende Freundesseelen dich umgeben, Herzen dir schlagen, [...] von Deinem Dich brüderlich liebenden Augustin.»[30]

In diesen Briefen postulierte Keller Frau und Mann nicht als Polarität, sondern als Gleiche, und er verstand Bildung als eine durch Selbsttätigkeit getriebene Vervollkommnung.[31] Nach diesen Zeilen war die Öffentlichkeit so nicht nur das Wirkungsfeld des Mannes, sondern ebenso sehr der Frau, der Freundeskreis nicht ein rein brüderlicher, sondern er schloss «Schwestern» mit ein. Die häusliche Welt implizierte nicht den Frauen zugeordnete Privatheit, sondern Enge, vor allem repräsentierte sie die «alte Welt» der Wohnstubenpädagogik, die noch in den traditionellen hausväterlichen Vorstellungen verankert war. Institutserziehung war daher gemäss den Liberal-Radikalen lediglich ein Ersatz für die häusliche Erziehung und stand daher im Gegensatz zur Volksbildung in der staatlich finanzierten öffentlichen Schule, die als Voraussetzung einer auf politischer Partizipation beruhenden Gesellschaft galt. Lehren in der Volksschule bedeutete in diesem Sinne auch Agieren auf öffentlicher Bühne, bedeutete Teilhabe an einer auf Breite ausgerichteten Wirksamkeit. Augustin Kellers Plädoyer war Programm, und so ging es bei den erwähnten «Freundesseelen» ebenso um Josephine Stadlin persönlich zugeneigte Männer wie um Personen, die sich dem gleichen politischen Credo verpflichtet fühlten. Mit seiner Aufmunterung, das Alte hinter sich zu lassen und neu aufzubrechen, appellierte er an sie als junge Gefährtin, mit der er über die gegenseitige Zuneigung wie die gemeinsame emotionale und intellektuelle Verankerung in einer fortschrittsorientierten Bewegung verbunden war.[32] So wirkte ihre Absage nicht nur als Verzicht auf die Stelle, sondern auch als eine Absage an den gemeinsamen Kampf. Während Augustin Keller sich implizit auf die Gemeinsamkeiten berief, scheint er dagegen die geschlechterbedingten Unterschiede zwischen ihm und Josephine Stadlin wenig reflektiert zu haben.[33]

Trotz der unterschiedlichen schichtspezifischen Herkunft verbanden den Bauernsohn Augustin Keller und die Stadtzugerin Josephine Stadlin ein gemeinsames Weltverständnis und der unbedingte Glaube an die emanzipatorische Kraft der Bildung. Sie teilten die «Wahrheit»[34] auf Grund der Traditionen ihrer Familien: erstens die Verankerung in der Helvetik (1798–1803), zweitens die Opposition gegen den Einfluss der katholischen Kirche auf die Schulbildung, drittens die Zuordnung zur entstehenden Bewegung des Reformkatholizismus, zu dem auch der von Josephine Pfeiffer erwähnte Pater Grégoire Girard zählte, und schliesslich ihre spezifische Verantwortung als Älteste für die zahlreichen Geschwister, da auch Augustin Kellers Vater früh gestorben war. Der geschlechterspezifische Zugang zu Bildung und Berufstätigkeit generierte die Unterschiede: Im öffentlichen Sektor gab es für Frauen keine Aufstiegschancen und es bleibt offen, wie viel Ersparnisse der versprochene Lohn zuliess.[35] Die Stellen für Lehrerinnen waren zudem äusserst rar; sie existierten nur, wenn in einer Gemeinde eine eigene Mädchenschule geführt wurde; deshalb war ein Stellenwechsel schwierig. Auch hätte Stadlin der Aufgabe, die Familie zu unterstützen, mit einer öffentlichen Anstellung ausserhalb von Zug nur beschränkt nachkommen können. Die «Momente öconomischen Druckes»[36] hatte aber laut ihrer autobiografischen Notizen die Familie schon vor dem Tod des Vaters zusammengeschweisst. Statt dass Josephine Stadlins Mutter wie ihre verwitwete Schwester Lisette Ruepp-Uttinger selber ein Institut gegründet hätte, leitete sie ihre älteste Tochter in diese Richtung. Die Ausrichtung auf eine spätere Führung eines Privatinstituts versprach für eine Frau mehr öffentliche Anerkennung als der Status einer Lehrerin auf Volksschulstufe, war also dem Status der Familie Stadlin angemessener und versprach als gewerblicher Betrieb zudem Paulina Stadlin-Uttinger und einigen ihrer Töchter eine mögliche Erwerbstätigkeit.

Obwohl Augustin Keller Josephine Stadlin als Gleiche ansprach, scheint er die Differenzen nicht reflektiert oder tabuisiert zu haben.[37] Aber auch Josephine Stadlin spricht ihn diesbezüglich in ihren Briefen nicht an. Trotz Gleichheitsdebatten und öffentlichem Nachdenken über Mädchenbildung waren in der Phase der Ausgestaltung und Institutionalisierung von Schulen Geschlechterdifferenzen vielmehr selbstverständlicher Teil der Diskurse und wurden deshalb immer wieder neu erzeugt. Dieser Befund erstaunt bei Augustin Keller und Josephine Stadlin umso mehr, als sich deren Ausbildungswege auf Grund der bürgerlichen Geschlechterordnung nach der geteilten Erfahrung im Hause der gemeinsamen Tante Lisette Ruepp-Uttinger auf geradezu paradigmatische Weise asymmetrisch entwickelten.[38] Während Josephine Stadlin keine weiterführende Schule besuchte, ermöglichten Lisette und Alois Ruepp-Uttinger Augustin Keller über Beziehungen und finanzielle Unterstützung den Zugang zur Universität: Der liberale katholische Aarauer Pfarrer Alois Vock vermittelte ihm einen Aufenthalt beim ebenso liberalen Pfarrer Christoph Fuchs im Toggenburg, der ihm die für den Besuch der Aargauer Kantonsschule nötigen Vorkenntnisse in Griechisch beibrachte; während der Kantonsschule wohnte er im Lehrerhaushalt von Michael Traugott und Elisabeth Pfeiffer-Amiet; hier unterrichtete ihn auch der prominente Adolf Ludwig Follen, der in die Schweiz geflüchtete Begründer der deutschen Burschenschaften; in Aarau hörte er Vorträge in dem von Heinrich Zschokke und Ignaz Paul Vital Troxler gegründeten Lehrerverein;[39] für das anschliessende Studium in Breslau erhielt er ein kantonales Stipendium.[40] Diese geschlechterspezifischen Asymmetrien reproduzierte Augustin Keller auch mit seinem Hilfsangebot, das ihn auf Grund seiner beruflichen Stellung als Mann mit Zugang zu Machtpositionen, dagegen Josephine Stadlin als von männlichem Wohlwollen abhängige Frau definierte, während seiner Verlobten Josephine Pfeiffer nur vermittelnde Funktion zukam.[41] Josephine Stadlin ihrerseits durchbrach diese Position der implizit Abhängigen, indem sie in Absprache mit ihrer Mutter eine eigene Entscheidung fällte, die ihrer Situation angemessen erschien. Die Praxis in einem Privatinstitut konnte als Grundlage für eine zukünftige Gründung eines eigenen Instituts oder für die Ausweitung der bereits bestehenden familienbetrieblichen Privatschule in Zug gesehen werden. Der Entscheid spiegelte damit gleichermassen Autonomie wie Rückgriff auf ein Geschlechterarrangement, das Frauen und Männern im Lehrbereich einen unterschiedlichen Wirkraum zuordnete. Er hob die geschlechtshierarchische Ungleichheit nicht auf, aber dadurch, dass sich Josephine Stadlin einer untergeordneten Stellung entzog, positionierte sie sich Augustin Keller gegenüber als Gleiche.[42]

An den unterschiedlichen Chancen von Lehrerinnen und Lehrern sollte Augustin Keller in den Jahren, in denen er als einflussreichster Bildungspolitiker seines Heimatkantons Aargau zentrale Machtpositionen besetzte, nichts Entscheidendes ändern, auch wenn er während der Beratungen zum Schulgesetz von 1835 mit Verweis auf den Einfluss der Erziehung der Mütter auf die zukünftigen Staatsmänner noch die Umbildung des Töchterinstituts Olsberg in ein Lehrerinnenseminar vorgeschlagen hatte. Gleichzeitig hob er aber die Unterschiede hervor und berief sich dabei ebenso auf die auch von Neuhumanisten propagierte weibliche Bildung ohne Gelehrsamkeit wie auf die bürgerlichen Geschlechterkonzepte, die den Frauen die Hausgeschäfte als ihr Kerngeschäft zuwiesen: «[...] keine weibliche Kantonsschule, keine allgemeine Gelehrtenschule [...]. Es sollten aus dieser Lehranstalt Töchter hervorgehen, welche nicht nur wissenschaftlich gebildete Lehrerinnen wären, sondern welche auch das Praktische des Lebens, und zwar das Hauswesen, im Auge hätten und für die andere Hauptseite ihres Berufes ansähen.»[43] Effektiv wurden dann aber Frauen weiterhin nur subsidiär und ausnahmsweise zum Schuldienst auf der Elementarstufe beigezogen. Auch nach der von ihm massgeblich geprägten Schulgesetzgebung, die das 2007 immer noch gültige System der dreistufigen Aargauer Schule – Gemeinde-, Bezirks- und Kantonsschule beziehungsweise Lehrerseminar – festlegte, waren Mädchen vom Besuch der Bezirksschule ausgeschlossen und mussten sich ihre nachobligatorische Schulbildung, auch die Ausbildung zur Lehrerin, vor allem an privaten Instituten holen. Gleichzeitig wurde für die männliche Jugend das kantonale Lehrerseminar ausgebaut, dem Keller während Jahrzehnten vorstand.[44] So wuchs in der Zeit von Kellers Karriere als Seminarvorsteher und Politiker der Anteil der Lehrerinnen von 24 gegenüber 413 Lehrern im Jahre 1834 lediglich auf 36 gegenüber 507 Lehrern im Jahre 1874, das heisst von 5,5 auf 6,6 Prozent.[45] Fazit: In der Ära Keller verfestigten sich auf der Ebene der Schule die Strukturen, die Geschlechterunterschiede nicht minderten, sondern immer wieder neu erzeugten. So bestätigte sich die Regel, dass gerade in Phasen der Demokratisierung und Institutionalisierung der männlichen schulischen Bildung, Ausbildung und Lehrtätigkeit der Zugang der Mädchen und Frauen zur höheren Bildung erschwert wird.[46]

Die Rezeption des Reformkatholizismus

Der Fortschrittsglaube und die Zukunftsorientiertheit eines Augustin Keller entsprachen dem Reformkatholizismus, zu dessen bekanntesten Exponenten der bereits erwähnte Pater Grégoire Girard (1765–1850) gehörte, der Augustin Keller und Josephine Pfeiffer 1832 traute.[47] Während der Helvetik hatte der Franziskaner Grégoire Girard aus Freiburg/Schweiz für den Erziehungsminister Philipp Albert Stapfer ein Projekt für die Volkserziehung erarbeitet und 1809 im Auftrag der Tagsatzung Pestalozzis Unternehmungen als für die Volksschule ungeeignet eingestuft.[48] Er propagierte für den Volksschulunterricht die Lancaster-Methode des wechselseitigen Unterrichtens von Schülerinnen und Schülern, «l'enseignement mutuel», die von konservativen Katholiken als republikanisch und autoritätsuntergrabend kritisiert und abgelehnt wurde.[49] In den 1820er Jahren gestaltete Girard, der als Reformkatholik ein erklärter Gegner der Jesuiten war, in Luzern die Lehrerbildung um und sass 1831 im Aufsichtsrat der dortigen Töchterschule, also in der Zeit von Josephine Stadlins Suche nach einer Anstellung. Zurück in Freiburg engagierte er sich in diesem Kanton für die Reform der Mädchenbildung und ermöglichte jungen Frauen die Ausbildung zur Lehrerin, jedoch nicht in einem Seminar, sondern nur über Kurse, worüber er 1837 an der Jahresversammlung der Schweizerischen Gemeinnützigen Gesellschaft (SGG) Bericht erstattete.[50]

Girards Position war keine Ausnahme; gegen Ende des 18. Jahrhunderts stand ein beträchtlicher Teil der katholischen Geistlichen unter dem Einfluss der Aufklärung.[51] Nach Jorio vertrat der aufgeklärte Reformkatholizismus des ausgehenden 18. Jahrhunderts eine Reihe von Postulaten, die vom liberalen Katholizismus auch noch im 19. Jahrhundert propagiert wurden: Ablehnung des päpstlichen Zentralismus und staatliches Kontrollrecht über die Kirche, statt barocke Volksfrömmigkeit und Heiligenverehrung bibel- und christuszentrierte Theologie, Antijesuitismus, Klosterfeindschaft und Bildungsfreudigkeit.[52] Diesen Postulaten fühlte sich Augustin Keller seit seiner Jugendzeit im aargauischen Freiamt verpflichtet. Wie Augustin Keller und dessen Onkel Alois Ruepp stammte auch der Aarauer Pfarrer Alois Vock (1785–1857) aus Sarmenstorf. Dieser hatte Augustin Keller zur Vorbereitung auf die Kantonsschule an den radikalen Priester Christoph Fuchs (1795–1846) im Toggenburg verwiesen, der seinerseits mit seinem Namensvetter Alois Fuchs (1751–1832) zu den Protagonisten des Rapperswiler «Fuchsenhandels» gehörte. Die «Fuchse» waren Anhänger der katholischen Aufklärung in der Tradition des deutschen Theologen und Exjesuiten Johann Michael Sailer (1751–1832)[53] und dessen Schüler Ignaz Heinrich von Wessen-

Père Grégoire Girard: Der Franziskaner war als Reformkatholik sowohl ein dezidierter Vertreter der Volksschule als auch der Mädchenbildung.

Heinrich von Wessenberg: Der Bistumsverweser von Konstanz trat für die Umwandlung der Klöster in Ausbildungsstätten für Jugendliche ein und galt daher für den päpstlichen Nuntius in Luzern als innerer Todfeind der katholischen Kirche.

berg (1774–1860).[54] Zusammen mit dem Geistlichen Felix Helbling (1802–1873) verlangten sie 1832 die Einführung der Bischofssynode und innerkirchliche Mitbestimmung. In seiner publizierten Predigt stellte Alois Fuchs auch das Pflichtzölibat in Frage. Unter massivem Druck unterwarfen sich Alois Fuchs und Christoph Fuchs schliesslich dem Druck aus Rom, Felix Helbling dagegen gab den Priesterberuf auf und liess sich 1833 in den St. Galler Regierungsrat wählen.[55] Vock verband eine enge Freundschaft mit dem Bistumsverweser Heinrich von Wessenberg in Konstanz, den Augustin Keller über die Vermittlung von Christoph Fuchs während seiner Zeit im Toggenburg kennengelernt hatte.[56] Wessenberg war im Jahre 1800 als 27-Jähriger vom bald eng mit Napoleon liierten Bischof Carl Theodor von Dalberg zum Generalvikar seines Bistums ernannt worden. Für den in Luzern residierenden päpstlichen Nuntius war Wessenberg ein Todfeind «der Religion, des Heiligen Stuhls und seiner Minister».[57] Denn wie Heinrich Zschokke und später dann Augustin Keller trat Wessenberg für die Aufhebung der Klöster und deren Umwandlung in Ausbildungsstätten für die Jugend ein und führte damit eine bereits vor seiner Amtseinsetzung vertretene Politik weiter. Das Luzerner Kloster St. Urban war schon in den 1780er Jahren zur Ausbildung von Lehrern genutzt worden und Wessenberg wollte dann das Luzerner Kloster Werthenstein zu einem Priesterseminar umfunktionieren. Er sah sich selber als erklärten Feind aller «Finsterlinge» und der Jesuiten im

Speziellen, deren Wiederzulassung durch den Papst 1814 er wie viele aufgeklärte Katholiken ablehnte: «Die Jesuiten sind wie ein fatale Laus im Pelz für die freie Schweiz», schrieb er an Zschokke.[58] Auf Betreiben des katholischen Nuntius in Luzern wurde zu Beginn der Restauration das Schweizer Quart vom Bistum Konstanz abgetrennt und der Kontrolle Wessenbergs entzogen. Damit wurde der Gegensatz zwischen Episkopalismus, der Stärkung der Stellung der Bischöfe und der Ortskirche, und Ultramontanismus, der Stärkung der Stellung des Papstes, akzentuiert.[59] Zum neuen Leiter des schweizerischen Bistumsteils ernannte der Nuntius Franz Bernhard Göldlin, den Propst in Beromünster, der wesentlich zum Durchbruch der katholischen Restauration in der Innerschweiz beitrug. So war in Beromünster, wo Josephine Stadlin zur Lehrerin gewählt werden sollte, die Auseinandersetzung zwischen Anhängern des Nuntius und den Gegnern des Ultramontanismus besonders virulent.[60]

Im 19. Jahrhundert avancierte Breslau, wo Augustin Keller sich zum Lehrer für höhere Schulen ausbilden liess, zum Zentrum des deutschen Reformkatholizismus.[61] Dessen radikalster Vertreter war der schlesische Priester Johannes Ronge (1802–1873), der nach Augustin Kellers Aufenthalt in Breslau dort Theologie studierte. Wegen seiner romkritischen Haltung wurde er 1844 exkommuniziert. Er hatte gegen das «Götzenfest» im Trierer Dom, die Verehrung des «Heiligen Rocks», in dem Fragmente der Tunika Jesu Christi eingenäht sein sollten und zu dem 1844 rund eine Million Leute gepilgert waren, öffentlich protestiert.[62] Auch in den liberalen Blättern der Schweiz war der «Trier Rock» in dieser Zeit ein Hauptthema. Von Ronge hiess es im «Solothurner Blatt», er beweise, «dass man katholisch und vernünftig zugleich sein könne».[63] Das reformkatholische Milieu prägte den Aargauer Keller während seiner Studien in Schlesien. Nach dem Ende des Sonderbundskriegs, den er auch als siegreichen Kampf gegen den Einfluss des Papstes interpretierte, würdigte er rückblickend in einem selbst verfassten «Lebensbild» den Einfluss der Breslauer Professoren: «Ich [...] kam am 19. Februar 1827 auf der Universität Breslau an, wo ich von dem damaligen Rektor magnifikus David Schulz, diesem unerschrockenen Kämpfer für Licht und Wahrheit auf dem Gebiete der Theologie, immatrikuliert wurde. [...] Passow [Erforschung der Antike, E. J.] hat mich für die Herrlichkeit des klassischen Alterthums, Wachler [Geschichte und Literatur, E. J.] für die Freiheit und unveräusserlichen Rechte der Völker gegen Pfaffen und Tyrannen, Steffens [Philosophie, E. J.] für die göttlichen Geheimnisse der Natur und Religion im Menschen, und eine geheime Verbrüderung mit herrlichen Freunden für deutsche Ehre, Tugend und Nationalität begeistert. Zu allem dem gab mir Wachler noch den Hass gegen den Jesuitismus in die Seele. Sein Andenken sei dafür ewig gesegnet!»[64]

Neben Augustin Keller verstand sich eine Reihe weiterer prominenter Liberal-Radikaler, zu denen Josephine Stadlin in der ersten Hälfte des 19. Jahrhunderts direkte oder indirekte Beziehungen pflegte, als Reformkatholiken. Zu diesen zählte der Arzt Karl August Feierabend aus Luzern, mit dessen Schwestern Marie und Rosalie Feierabend Josephine Stadlin seit den Jahren im Niederer-Institut befreundet war;[65] der Zuger Landammann Georg Joseph Sidler, der enge Freund der Familie Stadlin; der von den Konservativen nach dem zweiten Freischarenzug gefangen gesetzte Luzerner Arzt und Bürgermeister Robert Steiger, der nach seiner Flucht vom liberalen Zürcher Bürgermeister Ulrich Zehnder, dem Freund und späteren Ehemann von Josephine Stadlin, empfangen wurde und der wie Augustin Keller zu den Schülern von Ignaz Paul Vital Troxler zählte; Joseph Munzinger aus Solothurn, der 1848 dem ersten Bundesrat angehören sollte; der Chorherr Rudolf Unterfinger in Beromünster, der Gemeinde, die gewillt war, Josephine Stadlin als Lehrerin anzustellen.[66] Wie diese Exponenten verstand Josephine Stadlin Religion nicht im konfessionellen Sinn, sondern analog zum protestantischen Bürgertum vor allem als Tugend, als vernunftgeleitetes, selbstverantwortliches und gewissenhaftes Handeln.[67] Sie säkularisierte die Religion zu einer Praxis des Gemeinsinns. Der unbedingte Glaube an die Wirksamkeit der Bildung verband sie mit dem Reformkatholizismus, dem sich gerade in Deutschland auch viele Frühfeministinnen verpflichtet fühlten.[68] Gleich diesen lehnte Josephine Stadlin den Einfluss der Kirche auf die Bildungsinstitutionen ebenso ab wie den wachsenden Dogmatismus der römischen Kirche, den sie als Bedrohung für die Gewissensfreiheit und die Rechte des Individuums empfand. Diese Rechte standen nach Johannes Ronge[69] in der von ihm später mitbegründeten deutschnationalen Kirche auch Frauen zu, und so war die Emanzipation der Frauen Teil seines Kampfes um gesellschaftlichen Fortschritt, Gleichheit und Harmonie: «Zu erstreben suchte ich dies Ziel schon bei Gründung der jungen Kirche, indem ich den Frauen durch die Verfassung der Gemeinden gleiche Berechtigung verschaffte, und in ihren Vereinen dadurch, dass dieselben auf die Grundsätze der vollen Gleichberechtigung und Selbständigkeit begründet wurden. Ja, das Recht der freien Selbstbestimmung ist es, welches ich für das weibliche Geschlecht anstrebte und anstreben musste, da der Mensch erst dann zum vollen Bewusstsein seiner freien Würde kommt, und erst dann volle Persönlichkeit wird und werden kann, wenn er dieses Recht hat.»[70] So bewunderte Augustin Keller Ronge nur selektiv: Wie dieser strebte er eine nationale, von Rom weitgehend unabhängige Kirche für die Schweiz an, aber in Bezug auf die Geschlechtergleichheit zeigte er blinde Flecken. Auch wenn er Josephine Stadlin in den Briefen als Freundin und Gefährtin ansprach und er sich 1837 nicht gegen den Plan eines aargauischen Lehrerinnenseminars im Töchterinstitut seiner Tante Lisette Ruepp-Uttinger in Sarmenstorf stellte,[71] so wurde doch in keiner der von ihm mitbegründeten öffentlichen Institutionen die Geschlechtergleichheit umgesetzt. Im beschränkten Rahmen der den Mädchen zugebilligten Bildungsmöglichkeiten sicherte er jedoch Josephine Stadlin ebenso seine Unterstützung für ihre Lehrtätigkeit zu wie er auf ihre Mitarbeit bei der Beschneidung des kirchlichen Einflusses zählte.

Freundschaftliche Verpflichtungen oder die Verzahnung von Öffentlichkeit und Privatheit

Augustin Keller verdankte seine Wahl zum Lehrer am Gymnasium von Luzern im Herbst 1831 und in die Schuldirektion 1833 seiner klar ablehnenden Haltung gegenüber der «ultramontanen Partei»[72] und dem Wohlwollen des liberalen Staatsrats Eduard Pfyffer.[73] Als Mitglied der Schuldirektion verfasste er einen

Bericht über alle Schulen der Klöster und Stifte im Kanton, worauf diese aufgehoben wurden. Kurz darauf berief ihn die Aargauer Regierung zum Direktor des Lehrerseminars und zum Mitglied des Kantonsschulrats sowie 1835 in den katholischen Kirchenrat. Zur selben Zeit kam er durch indirekte Wahl ins kantonale Parlament, wo er die bereits erwähnte Debatte über das neue Schulgesetz massgeblich prägte: «Die damalige Berathung des neuen Schulgesetzes forderte mich zum ersten öffentlichen Kampfe gegen die Aristokratie und den Ultramontanismus heraus. Im treuen Bunde mit wackeren Freunden nahm ich den Kampf auf.»[74] In diesen Kampf band er auch Josephine Stadlin ein, die zur Zeit, als Keller seine Stelle als Direktor des kantonalen Lehrerseminars antrat, die Stelle als Lehrerin des unter der Kontrolle des Stadtrates stehenden privaten Töchterinstituts in Aarau[75] annahm, um gegen einen Jahreslohn von 800 Franken dreizehn- bis sechzehnjährige Schülerinnen nach dem vollendeten Besuch der öffentlichen Schule in Deutsch, Französisch, Geschichte, Geografie, Naturkunde und Rechnung fortzubilden.[76] Gemäss ihrer Selbstdarstellung hatte sie sich ohne «irgend ein Mitglied der Behörde von ferne zu kennen, ohne es nur zu wagen, bei diesen Mitgliedern Schritte zu tun oder für mich tun zu lassen, allein auf Gott und mich selbst vertrauen, d. h. auf das zu bestehende Examen»,[77] um die Stelle beworben und war trotz Misstrauen wegen ihrer katholischen Konfession geprüft und gewählt worden. Das traf in dieser Eindeutigkeit nicht zu, doch konstruiert sie sich rückblickend als furchtlose Heldin, als unerschrockene Gestalterin ihres Lebens.[78] Dies entspricht ebenso dem romantischen Tatendrang wie dem bürgerlichen Verständnis des autonomen männlichen Subjekts. Dieses nicht über das Geschlecht, sondern über Leistungsbereitschaft und vom Körper unabhängige intellektuelle Kompetenz definierte «Ich» ist, abgesehen von Gottes Beistand, gänzlich auf sich selber gestellt. Es ist sicher, dass es ihr bei ihrer Bewerbung nicht an Beziehungen fehlte. Über Lisette Ruepp-Uttinger, Augustin Keller und Traugott Pfeiffer war sie mit dem Kreis um Heinrich Zschokke und die fortschrittsorientierten Politiker indirekt liiert und damit auch für die liberale Stadtregierung nicht einfach eine Unbekannte. Kaum in Aarau niedergelassen, verkehrte sie in diesem Milieu und war regelmässig Gast in Heinrich Zschokkes «Blumenhalde», wo sich über die lokale Bildungselite hinaus bekannte Exponenten des deutschsprachigen Bildungsbürgertums trafen.[79] Bis zum Umzug des Lehrerseminars nach Lenzburg wohnte sie bei Augustin und Josephine Keller-Pfeiffer – im selben Haus wie Traugott Pfeiffer –, um sich dann 1836 im «Bächteligut» einzurichten. Hier lebte sie nun zusammen mit ihrer Mutter und der siebzehnjährigen Schwester Anna, die als Schülerin ins Töchterinstitut eintrat. Als sie auf Antrag des Kantonsschulrats, dem Augustin Keller angehörte, 1838 noch vier Lehramtskandidatinnen aufnahm, wurde die neue Wohnung zum ersten Ausgangspunkt ihrer späteren privaten Institutsgründungen, die sie immer mit dem doppelten Anspruch auf Weiterbildung von Töchtern und auf die Ausbildung von Lehrerinnen und Erzieherinnen verbinden sollte. Sie versuchte damit die öffentliche Nachfrage nach qualifizierten Lehrerinnen mit ihren privaten Interessen als Unternehmerin zu verknüpfen. In dieser Verknüpfung überlagerten sich aber auch öffentliche und private Beziehungsebenen.

Um dem notorischen Mangel an qualifizierten Lehrkräften für die als obligatorisch erklärte Volksschule entgegenzuwirken, gestattete der Paragraf 184 des neuen aargauischen Schulgesetzes von 1835, aus dem Schulgut jährlich 4000 Franken als Beiträge für die Ausbildung von Lehrerinnen an privaten Instituten auszuscheiden.[80] Bis dahin waren in dreijährigem Zyklus immer vier Lehrerinnen gleichzeitig in der «weiblichen Erziehungsanstalt zu Olsberg» ausgebildet worden.[81] Die Anstalt war ein ehemaliges habsburgisches Zisterzienserinnenkloster und lag im Fricktal.[82] Die Liegenschaften gingen 1803 als Besitz an den neuen Kanton Aargau über[83] und deren Nutzen wurde 1808 neu definiert. Die Räumlichkeiten sollten zu einer unter «Schutz und Aufsicht der Regierung» stehenden, jedoch privat geleiteten weiblichen Erziehungsanstalt werden.[84] Die Stelle als pädagogische Leiterin zum Zweck der Töchter- und Lehrerinnenbildung war 1810 der damals noch ledigen Rosette Kasthofer angeboten worden, die aber Pestalozzi nach Yverdon gefolgt war und abgelehnt hatte.[85] Als Leiterin fungierte von 1811 bis 1815 Frau Courvoisier-Sandoz, und in den 1820er Jahren wahrscheinlich Frau Hartmann, Josephine Stadlins Konkurrentin in Beromünster, die laut Augustin Keller in Olsberg «ominös gewirtschaftet» haben soll.[86] Die mehrheitlich aus bescheidenen Verhältnissen stammenden zukünftigen Lehrerinnen erwarben sich in Olsberg im Unterrichten der jungen Institutszöglinge[87] die notwendige Praxis für ihren zukünftigen Beruf.

Obwohl das «Frauenzimmer-Institut»[88] Olsberg nicht mehr der Aufsicht der katholischen Kirche unterstand, wurde es im Zuge der schulpolitischen Debatte nicht wie von Keller vorgeschlagen in ein Lehrerinnenseminar umgewandelt – dies hätte einer Fortsetzung seiner in Luzern begonnenen Politik der Säkularisierung von Klosterschulen entsprochen –, sondern aufgehoben. Man schimpfte Olsberg eine «Aristokratinnenschule» und glaubte, bei den Schülerinnen Einflüsse des von den Liberal-Radikalen bekämpften religiösen Pietismus zu bemerken. Im Grossen Rat wurde unter anderem von Heinrich Zschokke moniert, der Staat gebe jährlich 15 000 Franken aus für lediglich fünfzehn bis zwanzig Mädchen aus wohlhabenden Kreisen, statt diese für die hausmütterliche Ausbildung der 15 000 bis 20 000 Mädchen im Kanton einzusetzen.[89] Augustin Keller, der unter Weiterbildung der Mädchen vor allem die in Pestalozzis Armenschule postulierte Erziehung zu Arbeitsamkeit und Tugendhaftigkeit verstand, kritisierte, Olsberg habe «nicht hinuntergegriffen in die Hütten der Armen».[90] Aber auch die Eingabe von Lisette Ruepp-Uttinger, im Rahmen ihres Instituts ein Lehrerinnenseminar zu führen, wurde abgelehnt.[91] Das bedeutete, dass die kantonalen Behörden in Zukunft unter höherer weiblicher Bildung in erster Linie den Handarbeitsunterricht in Arbeitsschulen verstanden und Aufwendungen vor allem der Einrichtung solcher Schulen und der Bildungskurse für Arbeitslehrerinnen zukommen lassen wollten. Zwar verkündete Augustin Keller 1836 bei der Eröffnung des Lehrerseminars in Lenzburg, das verabschiedete Schulgesetz wolle «an dem weiblichen Geschlechte eine bisher begangene Sünde gut machen und besondere Schulen für weibliche Handarbeit, Hauswirtschaft und höhere Bildung festsetzen»,[92] doch während die Arbeitsschulen in raschen Tempo eröffnet wurden, liess die kantonale Institutionalisierung der höheren Mädchenbildung

auf sich warten. Ebenso wurde der Ausbildung von Primarschullehrerinnen weiterhin nur Lückenbüsserinnenfunktion zugebilligt und die geplante Gründung eines weiblichen Seminars rückte in weite Ferne.[93]
Die Zuweisung der auszubildenden Lehrerinnen an die privaten Töchterinstitute unterstand der Verantwortung Augustin Kellers als Seminardirektor und Mitglied des Kantonsschulrats. Berücksichtigt wurden die Mädchenerziehungsanstalt von Nanette Schmitter in Aarburg und das 1837 nach Genf umgesiedelte Institut Niederer,[94] bevorzugt wurde jedoch das Institut von Lisette Ruepp-Uttinger, deren Institutswerbung – sie enthielt den Hinweis auf die Ausbildung zu «Lehrerinnen für weibliche Volksschulen» – Augustin Keller mitformuliert hatte,[95] und ab 1838 auch das von Josephine Stadlin geleitete Institut in Aarau und später in Olsberg.[96] Bevor aber Lehramtskandidatinnen an eine Schule gewählt werden konnten, mussten sie nach der Ausbildung in einem Privatinstitut noch eine Prüfung vor einer kantonalen Kommission ablegen. Schon 1836 hatte der Kantonsschulrat Josephine Stadlin eingeladen, zusammen mit Augustin Keller und der Oberlehrerin Susanne Moosbrugger-Streiff, Ehefrau des Mathematikers Leopold Moosbrugger und ihre Vorgängerin am Institut, diese dreiköpfige Prüfungskommission zu bilden. Josephine Stadlin lehnte jedoch vorerst ab, da sie sich für diese Aufgabe noch zu wenig kompetent fühlte.[97] Dagegen nahm sie zwei Jahre später die vier jungen Frauen auf, deren Ausbildung wegen der Schliessung von Olsberg unterbrochen worden war, um sie im Auftrag des Kantons auf ebendiese Prüfung vorzubereiten.[98] Nun unterwies sie neben ihrer Funktion als alleiniger Lehrerin des Töchterinstituts diese vier Lehramtskandidatinnen in einzelnen Fächer in ihrem Haus, wo diese als Pensionärinnen unter ihrer Obhut wohnten. Von den häuslichen Aufgaben entlastete sie die Mutter, für die Lehrtätigkeit konnte sie auf die Unterstützung von Elise Sidler zählen. Die Tochter des Landammanns von Zug war eine Freundin Josephine Stadlins aus der Zeit in Yverdon, die schon in ihrer Jugend vor allem an Algebra und Botanik interessiert gewesen war.[99] Sie hatte sich zuerst in London[100] weitergebildet und liess sich nun zusätzlich in Aarau beim angesehenen Kantonsschullehrer Leopold Moosbrugger[101] in Mathematik unterrichten und wohnte daher ebenfalls zeitweise im «Bächteligut». Im Auftrag Stadlins unterrichtete sie Rechnen, Englisch und Literatur.[102]
Den vier ersten Lehramtskandidatinnen folgten bald weitere. Die wachsende Zahl von Kandidatinnen sprengte den bisherigen Rahmen von Schule und Wohnung. Nach dem bereits in der Einleitung zitierten Auszug aus der Autobiografie von Josephine Stadlin bestärkte sie dies in der Absicht, eigenständig ein Institut zu führen: «[...] u. da es mich mächtig zog ganz frei u. vorzüglich als *Erzieherin* zu wirken, so gab ich trotz allen Vorstellungen besorgter Freunde meine Stellung in Aarau auf, übernahm vom Staat das ehemalige Kloster Olsberg.»[103] Noch deutlicher interpretierte sie die Aufgabe ihrer gesicherten Stellung im öffentlichen Dienst als unternehmerische Risikobereitschaft in einem später veröffentlichten Beitrag: «Ich tat's ohne irgend eine Protektion, ohne nur ausserhalb meines nächstens Kreises bekannt zu sein. 600 Frkn. [Franken] Erspartes nahm ich mit. Nur so wenig? Was machte denn die unpraktische Person mit ihrem Einkom-

men? Sie hatte eben nicht nur für sich zu sorgen. Aus diesen 600 Frkn. [Franken] musste die erste Einrichtung bestritten werden. Aber Gott segnete Alles.»[104] Wieder verweist sie auf ihren Tatendrang und negiert jegliche Protektion. Der autobiografische Text, der 1847 in der von ihr gegründeten Zeitschrift «Die Erzieherin» erschien, sollte der Eröffnung eines schweizerischen Seminars unter ihrer Ägide dienen und hob daher ihre individuellen Verdienste besonders hervor. Gleichzeitig verweist er aber mit der Bemerkung, dass sie nicht nur für sich zu sorgen hatte, auch auf ein Verständnis von Bildungsvermittlung als Familienerwerbsquelle. Strukturell knüpfte Josephine Stadlin damit an die Erfahrungen in der Privatschule in Zug an, in die auch die Familie eingebunden gewesen war. Dass ihr die Eröffnung des privaten Instituts auch diesmal wieder ohne jegliche «Protektion» gelang, ist unwahrscheinlich. Ihre exzellenten Beziehungen zu Augustin Keller, der bei der Debatte zum Schulgesetz vorgeschlagen hatte, das geschlossene Olsberg als Seminar für weibliche Lehrkräfte wiederzueröffnen, waren ihr bei der Übernahme der leer stehenden Klostergebäulichkeiten von nicht zu unterschätzendem Nutzen. Möglicherweise gab Augustin Keller selbst den Anstoss zur Anfrage. Wahrscheinlich war Josephine Stadlin dank ihrer privaten Beziehungen auch über die in der Regierung diskutierte Finanzierung der anstehenden Reparationen in Olsberg orientiert.[105] Ausserdem ist anzunehmen, dass sie ebenso wie Augustin Keller und die Aargauer Regierung von der 1838 in Bern erfolgten Eröffnung des kantonalbernischen Lehrerinnenseminars im Pfarrhaus von Niederbipp und von der bereits ein Jahr zuvor eröffneten waadtländischen «Ecole normale pour régentes» in Lausanne wusste.[106] Statt ihre Kündigung als Leiterin des Aarauer Töchterinstituts im Frühjahr 1839 – weniger als ein Jahr nach der Aufnahme der vier Lehramtskandidatinnen – zu bedauern, begrüsste der von Kellers politischem Gefährten, Regierungsrat Joseph Wieland, geleitete Kantonsschulrat ihre Initiative und beantragte bei der Gesamtregierung die Genehmigung der Übergabe: «Jungfer Josephine Stadlin [...] hat uns von ihrer Absicht in Kenntnis gesetzt, eine höhere Mädchenerziehungsanstalt zu errichten, wodurch sie den doppelten Zweck zu erreichen gedenkt, ebensowohl Hausmütter, als Lehrerinnen heranzubilden und in dieser letztern Beziehung namentlich das Interesse des hierseitigen Kantons als massgebend beachten will: Zu diesem Zwecke wünsche sie, dass ihr die Gebäulichkeiten und Gärten des ehemaligen Stifts Olsberg, wo möglich zinsfrei, überlassen werden, wo gegen sie sich verpflichten will, selbe fortwährend in dem Stande zu erhalten, in welchem sie ihr übergeben wurden. In Berücksichtigung der ausgezeichneten Leistungen der Jungfer Stadlin als Lehrerin, dann im Hinblick auf die §§. 184 und 185 des Schulgesetzes, ferner dass die Jungfer Stadlin, zu Erreichung ihres obgedachten Zweckes, ihre Stelle daher aufgeben will, weswegen ihr zudem noch ein behördlicher Entscheid über ihr Gesuch nicht wenig erwünscht sein muss, auch weil die stiftolsbergischen Gebäude, wenn sie noch ferner unbewohnt bleiben, dem Ruin preis gegeben sind, und endlich in Anbetracht des Vorganges, dass dem Herrn Lippe unter gleicher Bedingung das Schloss Lenzburg überlassen wurde, erlauben wir uns Hochdenselben hiemit den Antrag zur Genehmigung vorzulegen.»[107] Im Mai wurden die Bedingungen ausgehandelt. Nicht nur

wurde Josephine Stadlin für fünf Jahre der Zins erlassen, sondern die Regierung verpflichtete sich auch zu den «Hauptreparationen an den Dachungen und den Unterhalt der inneren und äusseren Hauptmauern der gedachten Gebäude».[108] Josephine Stadlin ihrerseits hatte «alle weiter erforderlichen, auch in der Folge noch vorkommenden Reparationen wie sie namentlich das zu errichtende Institut erheischen mag, auf eigene Kosten, folglich ohne Entgeld des Staats zu übernehmen und machen zu lassen [...].»[109] Ausserdem verpflichtete sie sich, ab 25 Schülerinnen einen ganzen oder zwei halbe Freiplätze für Stipendiatinnen des Kantons zu reservieren und diese zu Lehrerinnen auszubilden. Für Kost- und Unterhaltskosten von 400 Franken sollte der Staat aufkommen.[110]
Josephine Stadlin trat gegenüber dem Kanton als selbstbewusste Verhandlungspartnerin auf und definierte nicht nur die Ziele des Instituts, die Ausbildung von Hausmüttern und Lehrerinnen, sondern weitgehend auch die Bedingungen der Übernahme der Gebäulichkeiten. Doch den Pachtvertrag konnte sie nicht selbständig unterzeichnen, sondern brauchte als Frau dazu einen Beistand in der Person des Obergerichtspräsidenten Tanner. Obwohl der Vertrag erst Anfang Juni vom Parlament ratifiziert wurde, war sich Josephine Stadlin des Ausgangs schon im März sicher. Bereits in diesem Monat druckte die Druckerei die Ankündigung der neuen «Bildungsanstalt für Töchter», um «zunächst Mädchen des gebildeten Bürgerstandes im allgemeinen zu guten Menschen und Christen und insbesondere zu wackern Gattinnen und Müttern oder auch zu Erzieherinnen hierfür heranzubilden».[111] Josephine Stadlin meldete zugleich auf den Juni hin die Aufgabe ihrer Stelle und den Bezug von Olsberg sowie die Eröffnung der Schule im Juli. Schon kurz vor und nach dieser Eröffnung wurde das Institut in liberalen Blättern lobend erwähnt, auch im «Schweizerischen Schulblatt», zu dem Augustin Keller enge Beziehungen pflegte.[112] Am Ende des ersten Schuljahrs stellte dieser nach dem Besuch der Abschlussprüfungen den Antrag an den Kantonsschulrat, Josephine Stadlin für die schon im Töchterinstitut Aarau begonnene Betreuung von «Aargauischen Stipendiantinnen, die ihrer freundlichen Obsorge auch ferner zu empfehlen sind, bestens zu verdanken».[113] Da mit 32 Zöglingen[114] die Zahl von 25 bereits nach einem Jahr überschritten war, wurde im Herbst 1840 der erste vertraglich vereinbarte Freiplatz vergeben. Die sechzehnjährige Marie Müller, Tochter eines verschuldeten Oberrichters aus Rheinfelden, wurde nach eingehender Begutachtung zwei anderen Bewerberinnen als Stipendiatin vorgezogen: «Konstitution ist gesund, stark und wohlgewachsen, ihr heiteres Auge verrät schöne Anlagen und vielseitige Empfänglichkeit.»[115]
Die Verzahnung von Öffentlichkeit und Privatheit in den freundschaftlichen Verpflichtungen schien Augustin Keller, wenn es Josephine Stadlin betraf, selbstverständlich. Doch während es im Bereich der schulischen Entwicklung des Instituts kaum Reibungsflächen zwischen den von Keller dominierten Schulbehörden und Josephine Stadlin gab, so war dies in Bezug auf die Interpretation der baulichen Vertragsvereinbarungen anders.[116] Augustin Keller scheint sich dabei für sie eingesetzt zu haben, beteuerte er ihr doch in ironischem Ton, es wolle der «Seminardirektor Keller [...] der Jgfr. [Jungfer] Stadlin [...] fortan beweisen, dass er die Pflichten des *Freundes* u. des *Staatsbeamteten* so treu zu respectieren u. zu er-

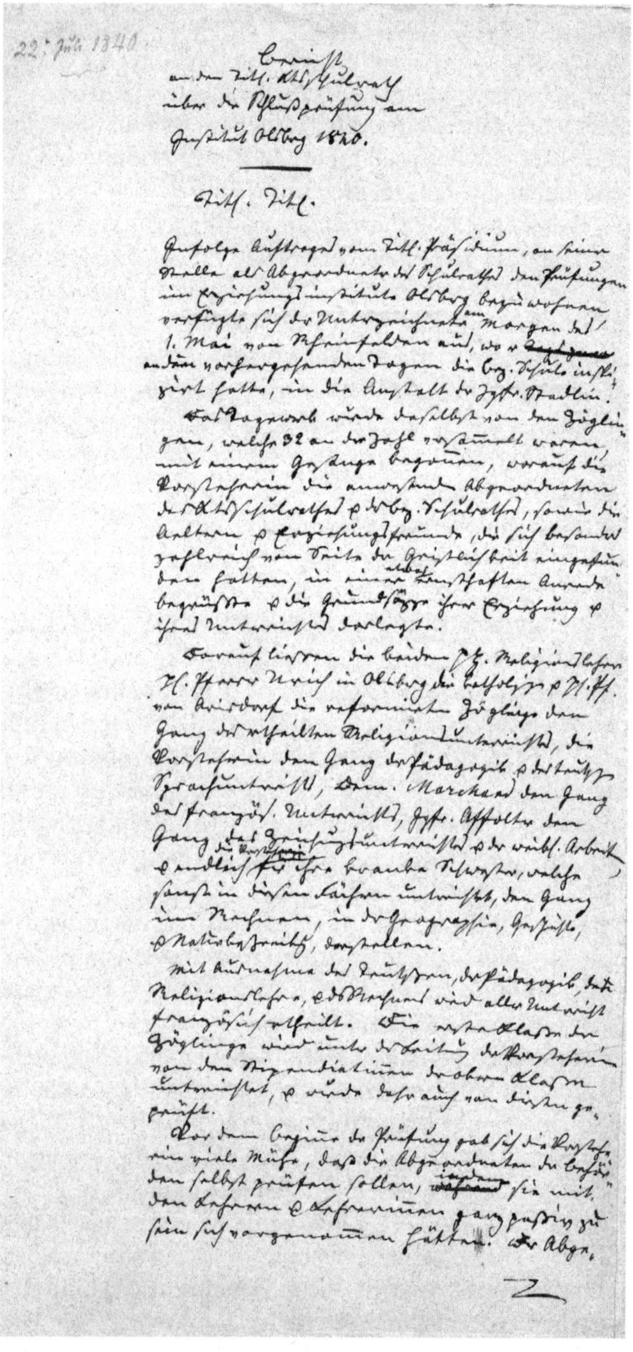

Abschlussprüfung am Institut Olsberg, 12. Mai 1840: Der vierseitige Bericht von Augustin Keller hält unter anderem wohlwollend fest: «Was aber die Pflege u. Obsorge für die Zöglinge betrifft, legt das muntere, heitere, blühende Wesen derselben das günstigste Zeugnis für die Anstalt u. ihre ökonomische Leitung ab.»

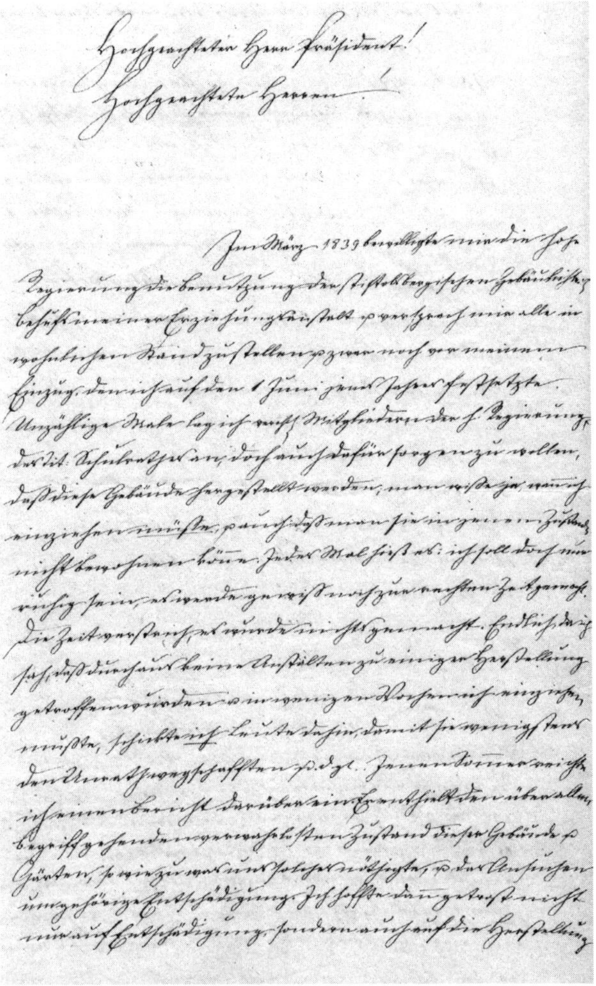

Hochgeachteter Herr Präsident!
Hochgeachtete Herren.

Beschwerdebrief von Josephine Stadlin an den Kantonsschulrat vom 12. Dezember 1840: Auf fünf Seiten beschwerte sich Josephine Stadlin detailreich über die Mängel und die ausgebliebenen Reparationen im ehemaligen Damenstift Olsberg.

füllen wisse».[117] Trotzdem kam es über die Zuständigkeiten für die laufenden Reparaturen weiterhin zu Konflikten, sodass selbst der Kantonsschulrat in einem vom liberal-radikalen Regierungsrat Joseph Wieland unterzeichneten Schreiben an die Gesamtregierung bedauerte, dass die «*wohnliche* Instandstellung» in den Vertrag mit Josephine Stadlin eingeflossen sei: «in dem wir bereits schon in anderweitiger Beziehung die Erfahrung gemacht haben, dass die Jungfer Stadlin sich in ihren Ansprüchen gegen den Staat nur zu sehr als Frauenzimmer zeigt, nehmen wir keinen Anstand unserer Ansicht über die an uns gestellte Frage daher auszusprechen, dass wir unter ‹wohnlich› nur dasjenige verstehen, was unumgänglich dazugehört, um ein Haus bewohnen zu können, dass jedoch dar-

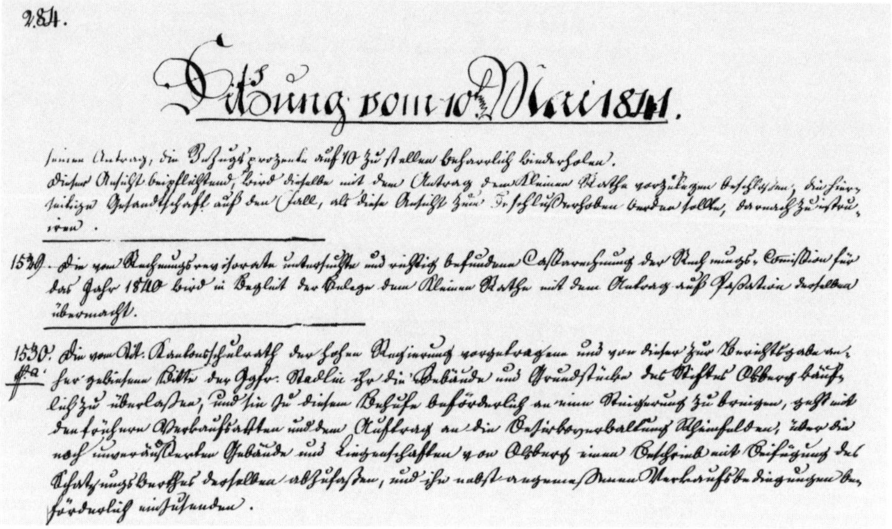

Protokoll der Finanzkommission vom 10. Mai 1841 des Kantons Aargau, Artikel 1530, betreffend den Verkauf von Gebäuden des Stiftes Olsberg an Josephine Stadlin: Die Kommission sah in der Versteigerung eine Möglichkeit zum Übergang der Institutsgebäude in den Besitz von Josephine Stadlin.

unter nicht mit inbegriffen sein könne, alles was nur dazu dient, eine Wohnung angenehm oder gar elegant zu machen.»[118] Konkret ging es um die Ausgestaltung im Innern, um die Heizung, den Anstrich, die Böden.[119] Die Auseinandersetzungen bewogen Josephine Stadlin 1841, ein Kaufangebot zu machen. Die Regierung hatte sich aber bereits für die öffentliche Versteigerung entschlossen.[120] Da sie als Frau nur limitiert handlungsfähig war, vertrat sie ihr Bruder Franz Stadlin an der Versteigerung und bot in ihrem Namen 143 500 Franken, eine Summe, die von der Gemeinde um hundert Franken überboten wurde.[121]

Josephine Stadlin scheint vom Kauf der Anlage nicht überzeugt gewesen zu sein. Bereits rund zwei Monate vor der Versteigerung hatte sie sich bei den Zürcher Behörden erkundigt, ob sie ihre Bildungsanstalt nach Zürich transferieren könnte.[122] Sie hatte einen Mann beauftragt, dort nach Lokalitäten Ausschau zu halten. Über den Zürcher J. Wild erhielt sie im September 1841 dann sechs bis sieben Lokalitäten angeboten.[123] Nach dem Verkauf von Olsberg stand der Umzug fest. Sie selber interpretierte die Neuorientierung sechs Jahre später in ihrer rückblickenden Selbstdarstellung als doppelt begründet: «Missverständnisse wegen Erfüllung des Pachtvertrages von Seite der Behörden und die allmählig gewonnene Einsicht, dass der abgelegene Ort für die Ausbildung der Zöglinge nicht ganz geeignet sei, bestimmte mich nach einigen Jahren wieder fortzuziehen. Aber wohin? – dahin, wo die Zöglinge am meisten gewinnen konnten. Nach meinem Dafürhalten war's Zürich. Aber den Ort zu verlassen, wo ich immer 30 bis 40 Zöglinge hatte, der nun einmal als Erziehungsanstalt bekannt war, wo man wohlfeil lebte – und in eine Stadt zu ziehen, wo Alles theuer ist, wo ich ganz unbekannt und wieder ohne alle Protektion war, das war wieder sehr ‹unpraktisch›. Alles miessrieht es mir. Meine Freunde fürchteten, ich werde mein Erworbenes wieder verlieren und so meine Wirksamkeit selber beschränken. Gott segnete aber wieder Alles.»[124] Die Wahl fiel also nicht zufällig auf Zürich und es ist anzunehmen, dass nicht nur der Konflikt um den Unterhalt von Olsberg Stadlin zum Umzug bewog. Vielmehr konnte sie ebenso für sich wie für die Schülerinnen im Rahmen des städtischen Bürgertums mehr Entfaltungsmöglichkeiten, mehr Zugänge auch zu kulturellen Angeboten und mehr Kontakte zu gelehrten Kreisen und Bildungsinstitutionen erhoffen als im abgelegenen Olsberg. In der Stadt liessen sich die eigenen Ambitionen auf Bildung und öffentliche Einflussnahme wie die Aussichten auf die Ausweitung der Schülerinnenzahl optimieren.[125] Und ohne «Protektion» war Josephine Stadlin auch in Zürich nicht. Georg Joseph Sidler war 1839 wegen des konservativen Gegendrucks von Zug nach Zürich umgezogen und hatte seine Tochter Elise Sidler, die Freundin und Mitarbeiterin Josephine Stadlins, dorthin beordert. Sidler selber war eng eingebunden in die Kreise um den liberal-radikalen Politiker und Arzt Ulrich Zehnder, der seit dem konservativen Züriputsch von 1839 die Opposition anführte und die von Augustin Keller im Januar 1841 vorangetriebene Klosteraufhebung im Aargau – entgegen der Meinung der Zürcher Regierung – als notwendige Massnahme verteidigte.[126] Ausserdem hatte ihr J. Wild rund zwei Monate vor ihrem Umzug empfohlen, auch mit Herrn Ryffel, Zürcher Erziehungsrat und Leiter eines Knabeninstituts in Mariafeld-Meilen, Kontakt aufzunehmen, obwohl dieser ein Aristokratenfreund sei. Dieser könnte ihr auf Grund des eigenen Bekanntheitsgrades in England eventuell englische Pensionärinnen vermitteln oder auch Schülerinnen aus konservativen städtischen Familien, da er diesen nahestehe. Ausserdem versprach ihr Wild, sie «bei den Liberalen in und ausser unserem Kanton» zu empfehlen.[127] So konnte sie gleich nach ihrer Ankunft in Zürich im November 1841 auf Unterstützung zählen, als sie das ihr vorgängig versprochene Bodmer'sche Landhaus im Seefeld nicht beziehen konnte, da sie dieses nur mieten, die Seidenfamilie Bodmer das Haus aber verkaufen wollte.[128] Als Ersatz wurden ihr durch Vermittlung eines Vertreters der Seidenfabrikantenfamilie Zeller aus Balgrist, heute Zürich Hirslanden, umgehend in unmittelbarer Nähe zur Stadtgrenze zwei Etagen in einem der neuen Escherhäuser am Zeltweg in der Gemeinde Hottingen angeboten.[129]

Kollegiale Beziehungen, das gemeinsame politische Weltverständnis und die Versicherung der gegenseitigen Unterstützung verbanden Augustin Keller und Josephine Stadlin auch nach deren Niederlassung in Zürich, doch lässt die geringe Anzahl ausgetauschter Briefe trotzdem eine Abkühlung der Beziehung vermuten.[130] Gleichzeitig evoziert der leicht ironische Ton der Briefe aus den 1840er Jahren weiterhin Kumpelhaftigkeit. So machte sich Augustin Keller im Sommer 1844 zur Zeit der höchsten Erregung auf Grund des von ihm ausgelösten «Jesuitensturms» – er wollte der Tagsatzung beantragen, den Jesuitenorden in der Schweiz zu verbieten – in einem an Josephine Stadlin adressierten holprigen Gedicht lustig über seine konservativen Gegner, die ihm sein antiklerikales Agieren und seine fehlende Pädagogik anlasteten: «[...] Ich sizze auf dem Sand / Agier'

mit Mund u. Hand, / Und ginge nicht zu Stand – / Die Pädagogik ist abhand. // Es ist bedauerlich anzusehn, / Wie die Mäuler um mich offen stehn, / Die Augen in den leeren Hafen spähen, / Und die Kirchen ohne Athem gehen. // [...] Ich bleibe, der ich war, / noch viel tausend Jahr / Mit Millionen Grüsselein / Dein alter Vetter Augustein / Ehgemahl der Josephein!» Während Lisette Ruepp-Uttinger ihren Neffen Augustin Keller in dieser Zeit zur Mässigung aufforderte,[131] antwortete ihm Josephine Stadlin auf seinen Brief kumpelhaft mit einem ebensolchen Gedicht: «[...] Nicht weil die Pädagogik ist abhand / Sitzest du auf heissem Sand; / Weil du agierst mit Mund u. Hand / Gegen der Loyoliten [Jesuiten, E. J.] sehr loyalen Stand. // [...] Und lebe wohl noch tausend Jahr; / Empfange Gruss u. Dank recht mehr / [...] Von deinem Collegen Seppelein.»[132]
Zu dieser Zeit war Josephine Stadlin in Zürich bereits gut etabliert, und ihr Institut florierte auch am Zeltweg. Um dem Institut ein Lehrerinnenseminar mit Musterschule anzugliedern, entschloss sie sich 1846, das Gebäude des ehemaligen Keller'schen Knabeninstituts «Zum Sonnenbühl» zu erwerben.[133] Wegen der Hanglage dominierte das Haus optisch die in unmittelbarer Nachbarschaft gelegene neue Kantonsschule für Knaben, die erst 1842 eröffnet worden war.[134] Grösse und Standort des Instituts markierten deutlich Josephine Stadlins Anspruch als Mitspielerin im Kreis freisinniger Bildungspolitik. Auf ihrem Werbeprospekt von 1849 figurierten als Väter ihrer Schülerinnen eine ganze Reihe bekannter liberaler Exponenten aus zwölf Kantonen, darunter auch Nikolaus Benziger.[135] Von Nikolaus Benziger, Mitbesitzer der Druckerei in Einsiedeln, stammte die Lithografie des Instituts auf dem Prospekt.[136] Als Haupt der Schwyzer Liberalen[137] integrierten die Gebrüder Benziger ihrerseits Josephine Stadlin in ihre Strategie zur Reform der Mädchenbildung, die in den grösseren Gemeinden der Innerschweiz in den Händen von Klosterfrauen lag.[138]

Im Dienst der Gebrüder Benziger in Einsiedeln oder der Aufstand der Aufklärer in Ausserschwyz

Im Kanton Schwyz war das politische Gewicht ungleich verteilt: auf der einen Seite die ehemaligen Untertanengebiete Einsiedeln, die March am oberen Zürichsee und Küssnacht an der Rigi sowie die erst 1817 angegliederte frühere freie Republik Gersau, auf der anderen Seite der Altschwyz genannte innere Teil des Kantons. Die Landsgemeinde garantierte den Machterhalt der traditionell dominierenden Geschlechter aus Altschwyz, die sich ihre Stellung seit Jahrhunderten über Militärpensionen und Ämterbesetzung gesichert hatten und vom katholischen Klerus einseitig unterstützt wurden. Das politische Ungleichgewicht wurde akzentuiert durch den unterschiedlichen Zugang zu den alpwirtschaftlichen Ressourcen. Nur die Grossbauern mit Rindvieh hatten teil am Gemeinland, die «Hörner», die mit dem Lager der Konservativen gleichgesetzt wurden, nicht aber die Besitzer von Schafen und Ziegen, die «Klauen», die Opposition, zu der sich auch aufstrebende Gewerbekreise zählten. So repräsentierten die Textilunternehmer in der March, das Seidengewerbe in Gersau und die Druckerfamilie Benziger in Einsiedeln die neuen Eliten, die eine ausgewogene Machtverteilung und die Ersetzung der Landsgemeinde durch ein repräsentatives System ver-

langten. Die Konflikte verschärften sich in den 1830er Jahren, da Altschwyz nicht bereit war, die während der Helvetik beschlossene und im Sog der Restauration wieder aufgehobene Rechtsgleichheit neu einzurichten. Bürgerkriegsähnliche Zustände, die zeitweilige Teilung des Kantons und die Besetzung durch Truppen der Tagsatzung waren die Folge. Die neue Verfassung von 1833 brachte zwar formal die Gleichstellung, ohne den dominierenden Einfluss der traditionellen Machtträger effektiv zu gefährden, was zu weiteren Spannungen führte. Bei den vehement geführten Auseinandersetzungen zwischen den «Hörnern» und den «Klauen» ging es jedoch weniger um soziale Gegensätze als um die Deutungshoheit der tonangebenden Exponenten, integrierten doch beide Lager verschiedene soziale Schichten.[139] Haupt der oppositionellen «Klauen», in der sich die Anliegen von Liberalen und Minderbegüterten überlagerten, war der Einsiedler Drucker und Verleger Josef Karl Benziger.[140] Nachdem die Öffnung der Allmend den Forderungen der kleineren Bauern des inneren Kantonsteils entgegengekommen war und die Klosteraufhebungen im Aargau und die Radikalisierung eines Teils der schweizerischen Liberalen die Exponenten der Opposition abgeschreckt hatten, kam es im Kanton Schwyz in den 1840er Jahren zur Annäherung der beiden Lager. Diese zeigte sich in der Stellung der Gebrüder Benziger.
Die Wirtschaft von Einsiedeln war seit jeher mit dem Kloster verflochten gewesen. Auch die Entwicklung der Firma Benziger zu einem führenden Druckereiunternehmen der Schweiz, das bereits 1837 nach Ohio und 1853 nach New York expandierte, hatte mit dem 1792 vom Kloster verliehenen Recht auf den Vertrieb von Devotionalien und Büchern begonnen. Eine offene Bekämpfung der katholischen Kirche oder gar eine Politik der Klosteraufhebung war daher im Kanton Schwyz auch aus finanziellen Gründen nicht denkbar. Vielmehr stieg Josef Karl Benziger trotz der unbefriedigenden rechtspolitischen Situation zum bedeutendsten Schwyzer Politiker auf, der ebenso wie sein Bruder Nikolaus wichtige Ämter besetzte. Bei Ausbruch des Sonderbundskriegs kam es zum eigentlichen Schulterschluss der beiden Lager. Doch erst die Niederlage gegen die Truppen der Tagsatzung ermöglichte die Verschmelzung des Modells der versammlungsdemokratisch geprägten Landsgemeinde mit dem liberal-repräsentativen Modell und damit auch den Durchbruch der liberaleren Kräfte: Josef Karl Benziger wurde als Statthalter an die Spitze der Regierung gewählt und avancierte zur politisch und wirtschaftlich unangefochten führenden Persönlichkeit des Kantons.[141] Auch wenn sich die Gebrüder Benziger in diesem Prozess der Annäherung zwischen den beiden Lagern moderat zeigten, suchten sie in Einsiedeln den Einfluss der Kirche auf die Mädchenbildung mit Hilfe von Josephine Stadlin einzuschränken. In den privaten Korrespondenzen von Töchtern oder Protegées der Gebrüder Benziger ist von der demonstrierten Einheit wenig zu spüren, viel jedoch von Abgrenzung und weitergärender Zerrissenheit.
Josef Karl und Nikolaus Benziger waren Väter vieler Töchter, von denen mehrere das Institut von Josephine Stadlin besuchten. Vom Vertrauensverhältnis zwischen der Druckerfamilie und der Institutsleiterin zeugt eine Anzahl Briefe der Väter wie der Töchter.[142] Von den Müttern sind keine Briefe erhalten und sie kommen in den Briefen kaum vor. Die beiden Väter hatten sich der Verbesserung der

Volksschule in Einsiedeln verschrieben, für die eigenen Kinder jedoch konnte diese nicht genügen. So waren sie sichtlich bemüht darum, dass Josephine Stadlin ihren Töchtern neben den Schulfächern auch die ihrem Stande angemessene «Verhaltensweise» beibringen würde, um den fehlenden gesellschaftlichen Umgang in Einsiedeln zu kompensieren, was neben Französisch vor allem Musik, Gesang, Zeichnen, aber auch Tanz und selbstsicheres Auftreten beinhaltete. 1841 hatte Josef Karl Benziger bereits Lina und Margaretha zu Josephine Stadlin ins Institut geschickt, da bat er sie um eine «Lehrerin u. *Erzieherin* von Kenntnissen» für seine in der Familie verbliebenen Kinder.[143] Drei Jahre später wandte er sich wieder an sie, damit sie für seine Kinder eine geeignete Privatlehrerin finde, da die gegenwärtige ins Kloster wechselte. Er bezeugte Josephine Stadlin sein volles Vertrauen: «Ich bitte Sie nun, verehrtestes Fräulein, mir mit Ihrem Rath und Beistand an die Hand zu gehen. Sie wissen ganz genau, was ich wünsche und was mir dient und kennen Ihre Leute.»[144] Im gleichen Brief begründete er, warum er nicht auf die Einsiedlerin Gertrud Steinauer warte, die kurz vor Abschluss ihrer Ausbildung bei Josephine Stadlin stand. Gertrud Steinauer sollte nach den Plänen der Gemeinde Einsiedeln, die mit grösster Wahrscheinlichkeit von den Gebrüdern Benziger massgeblich definiert worden waren, die Nonnen in der öffentlichen Mädchenschule ersetzen: «Schwestern dürfen hier kein Bleiben mehr haben; denn sie taugen nichts und es wird die Jungfer Steinauer ihre Schulen übernehmen wollen.»[145]

Diese Übernahme war wenige Jahre zuvor gezielt eingefädelt worden. Am 26. Juli 1843 hatte sich der Einsiedler Landschreiber Kälin bei Josephine Stadlin nach zwei ihrer Schülerinnen erkundigt: «Um tüchtige Lehrerinnen für die weibliche Jugend unseres Bezirkes zu gewinnen, hat der hiesige Schulrath in Uebereinstimmung mit der Bezirksbehörde von Einsiedeln die hiesigen Bürgerstöchter Jgfr. [Jungfer] Appollonia Steinauer und Jgfr. [Jungfer] Meinrada Gyr ausgewählt, um für ihren künftigen Beruf unter Ihrer Leitung sich bilden zu lassen. [...] wollen Sie daher gütigst mit möglicher Beförderung Nachricht ertheilen über die Fortschritte der zwei Ihnen anvertrauten Schülerinnen in wissenschaftlicher, technischer u. moralischer Beziehung, und damit gleichzeitig einen Wink geben, wie lange es noch währen dürfte, bis die Eine und andere oder beide fähig seÿn dürften, ihr Werk, wofür sie sich selbst bestimmt, durch Leitung von Mädchenschulen zu beginnen.»[146] Ob es sich beim Namen Apollonia um einen Zweitnamen handelt, weiss ich nicht, tatsächlich absolvierte nicht Appollonia, sondern Gertrud Steinauer zusammen mit der im Brief ebenfalls erwähnten Meinrada Gyr die Lehrerinnenausbildung bei Josephine Stadlin. Ausser diesen beiden wurde Lina Baumgartner, die bereits seit 1841 das Stadlin'sche Institut besuchte, Lehrerin in Einsiedeln.[147] Trotz der Opposition des Klerus traten die drei jungen Frauen ihre Stelle an. «Heute früh sprang ich zum Herrn Pfarrer. Er nahm mich nicht ganz freundlich auf, u. sagte mir kurz: er rathe mir, die Schwestern nicht zu verdrängen, indem das mir mehr Verdruss zuziehen möchte als ich glaube», schrieb Gertrud Steinauer im Mai 1844 an Stadlin.[148] Im Herbst des gleichen Jahres hatte sie mit Lina Baumgartner in Schwyz ein Examen abzulegen und am 9. September wieder vor dem Schulrat anzutreten: «Die Schwestern wenden ihr Möglichstes an, um nicht von Einsiedeln fort zu müssen. Während wir in Schwyz waren, wurden Stimmen für sie aufgenommen; es unterschrieben sie 40 Hausväter, der Rath aber hat sie zurückgewiesen. Die Bemühungen der Schwestern wieder angestellt zu werden, sind fruchtlos, denn die meisten Herren sind mehr als früher für uns, weil der Herr Kt. [Kantons] Schulinspektor nach dem Examen nach Einsiedeln kam, u. dasselbe sehr lobte.»[149] Im Herbst 1845 wurden sie mit ihren Klassen von einer männlichen Kommission geprüft: «Etwa vier Wochen vor der Prüfung sagte uns der Herr Schulinspektor, dass unsere Feinde in der Prüfung eine Seite zu entdecken hofften, bei welcher sie unsere Schule fassen u. hinunter schleudern können. [...] Das Examen wurde mit der Religionsstunde eröffnet. Ich kann Ihnen nicht sagen, wie ungern ich diese Stunde gab. Es war für mich so schwer, in Gegenwart so vieler Herren, u. besonders einiger so beschränkter, uns übelwollenden Kritikern meine religiösen Grundsätze, meine heiligsten Gefühle auszusprechen. [...] Die Kinder, besonders die kleinen, antworteten besser als wir selbst es erwarteten, alle waren sehr geweckt. Lob wurde uns von seiten der Feinde keines gespendet, aber auch kein Tadel ausgesprochen, u. das war uns genug.»[150] Die Behörden erscheinen laut diesem Brief zutiefst gespalten, auch wenn sich die liberaleren Kräfte durchsetzten. Und wie in den Kantonen Luzern, Zug oder Aargau war auch in Schwyz die Schule ein bevorzugtes Terrain der politischen Auseinandersetzung, und wie in diesen Kantonen war Josephine Stadlin in diese Auseinandersetzung eingebunden.

Dieses Eingebundensein zeigt sich für die Zeit des Sonderbundskriegs vor allem in den Briefen der Lehrerinnen von Einsiedeln an Josephine Stadlin. Sie prangerten mit Vehemenz die Haltung der Konservativen und der Kirche an. Wegen der spezifischen und wenig bekannten Perspektive der in diesem Konflikt involvierten Frauen zitiere ich längere Textpassagen aus diesen Quellen.

Im Dezember 1847 beschrieb Meinrada Gyr die kriegerischen Auseinandersetzung, dabei persönliche Erlebnisse, Kolportiertes und wertende Kommentare mischend: «ich glaube wirklich, dass in der ganzen Schweiz kein Plätzchen zu finden wäre, wo Frauen u. Jungfrauen so leidenschaftlich politisieren wie in Einsiedeln, als hinge Sieg od:[er] Untergang von ihnen ab [...]. Wenn man aber erst den übeln Eindruck beachtet, welche [die streitbare Parteinahme der Eltern, E.J.] es auf die Kinder machte. Ich will nicht einmal von dem reden, was die Kinder Unanständiges hörten, noch, dass die Schule wegen dem Krieg öfters unterbrochen wurde, aber von dem schrecklichen Aberglauben, welcher ihnen von Eltern u. Christlichen, so zu sagen, eingeimpft wurde. Da befahlen einige Priester den Kindern alle vierzehn Tage zu beichten u. da die Kinder gar offen u. zutraulich sind, erzählten sie mir, was man ihnen zugesprochen habe; z.[um] B.[eispiel] die kleinsten Kinder seien am Krieg Schuld; doch sie sollen unaufhörlich beten: am Ende werden wir doch siegen, die Heiligen u. unsichtbare Geister stehen den Vätern u. Brüdern bei; dass sie keine Kugeln treffen können. Dass der Sieg auf unserer Seite [des Sondersbunds, E.J.] sei, sei ein sicheres Zeichen an den Wundern, die kürzlich geschehen; so sei der selige [?, nicht zu entziffern, E.J.] ein paar Männern auf dem Rigi erschienen u. habe sie zum Kriege aufgemuntert; es sei im Kanton Uri der «Heiland» am Himmel erschienen u. eine ganze Gemeinde sah ihn, als sie aus d.[er] Kirche kam etc. Solche u. ähnliche Geschichten glaubten auch die Eltern so steif, hatten sogar Reliquien u. Wundermedaillen, die schuss- u. -stichfest machen sollten; erzählten es als reine Wahrheit den Kindern; dass man ordentlich zu arbeiten hat, um einigermassen ihre Gedanken auf etwas anderes zu leiten. Kurz diese 3 Monaten könnte man wenig auf Geist u. Gemüth der Kinder wirken, zwar sind die Schulen nach der Capitulation wieder angegangen; aber Einsiedeln wimmelt von Soldaten u. so mit hat man bei den Kindern stets gegen die Zerstreuung zu kämpfen.»[151] Gertrud Steinauers Brief, den sie zwei Wochen später Josephine Stadlin schrieb, liest sich zum Teil wie ein Echo auf Meinrada Gyrs Worte, erzählt aber auch eigene Erfahrungen und Ängste: «Bei uns herrschte die fürchterlichste Leidenschaft zwischen beiden Parteien; die Schwarzen [in der Innerschweiz waren das die Liberalen, E.J.] fürchteten Alles von den Rothen [die Katholisch-Konservativen, E.J.], wenn diese siegen würden, was ihnen zwar unmöglich schien. Ich war recht ängstlich besorgt um unsere Krieger, besonders aber um drei Brüder von mir, welche auch im Feld waren. Der fürchterlichste Tag, den ich noch durchlebte, war der, an welchem vor Luzern und in Meierskappel geschlagen wurde. Den ganzen Tag hörten wir den Donner der Kanonen u. in Einsiedeln wurde gestürmt. Nach dem Schiessen zu urtheilen musste man glauben, von den Unsern werde kein Mann davon kommen. Es ist unglaublich, wie in den kleinen Kantonen die Unwissenheit des Volkes benutzt wurde, es unglücklich zu machen, ich möchte sagen, es zur Schlachtbank zu führen. Es ist wirklich zu wahr, dass man den Bergbewohnern u. den einfältigen Leuten im Beichtstuhl, u. wo sich sonst Gelegenheit darbot, sagt, Gott u. die Muttergottes werden ganz bestimmt mit Legionen Geistern für sie streiten, die Kugeln von ihnen abwenden u. ihnen den Sieg erringen. Auch wurden Medaillen u. Amuletten, mit allerhand Ablässen belegt, ausgetheilt, welche die Kraft haben sollten, alle Kugeln abzuwenden. Am Tage, als die letzte Mannschaft fortziehen musste, kam unsere Magd, welche aus dem Iberg ist, ganz freudig und erzählte mir, sie habe nun keine Kummer mehr, denn sie habe selbst gesehen, dass die Rothen alle etwas bekommen haben, das sie vor allen Kugeln schütze, der Papst habe es eigens für die Rothen geschickt. Und als ich fragte, warum denn nur für die Rothen, ob es den um die Schwarzen gleich sei, sagte sie, sie wisse es nicht, aber es scheine.»[152] Ihre Beschreibung mündet dann in den Empfang der siegreichen eidgenössischen Truppen und die Machtübernahme durch die liberalen Kräfte um Josef Karl Benziger: «Die Eidgenossen wurden hier mit feierlichem Glockgeläute und unter dem Donner der Kanonen empfangen; die Musik zog ihnen mit etwa zwölf Knaben entgegen, von denen jeder ein Eidgenössisches Fähnchen trug, einer der Knaben begrüsste sie mit den Worten: Willkommen liebe Bundesbrüder, die eine Schweiz hoch lebe wieder. Bei der Brücke unten im Dorf waren grosse, bekränzte Triumpfbogen errichtet, u. im Dorfe flatterten pralle die eidgenössischen Fahnen. Eine Stunde vor Ankunft der Eidgenossen wurde die Regierung gesprengt, u. Alles dem Altlandammann Benziger u. Altlandammann Gyr übergeben bis eine andere Regierung gewählt sei, welches am letzten Dienstag geschah.»[153]

Die Briefe der im Auftrag der Gemeinde Einsiedeln ausgebildeten Lehrerinnen schilderten für die Zeit des Sonderbunds weniger die politischen Spaltungen der führenden Schichten als die Spaltung der Bevölkerung. Diese lief entlang der von der Aufklärung geprägten Schulbildung einerseits und traditionellem Glauben an die Wirkungsmacht der Heiligen sowie Unterordnung unter die Autorität des katholischen Pfarrers anderseits. Im Gegensatz zu der von den Schwyzer Liberalen geteilten Zustimmung zum Sonderbund[154] markieren Josephine Stadlins ehemalige Schülerinnen klare Distanzierung. Selbst wenn diese Briefe vom Wunsch der Schülerinnen durchdrungen sein könnten, ihrer Mentorin und früheren Lehrerin zu gefallen, lässt sich der engagierte Ton als persönlich empfundene Ablehnung deuten. Da sich zudem die Beschreibungen des Kriegsverlaufs in den Briefen stark gleichen, scheint es wahrscheinlich, dass sich die jungen Frauen austauschten und die gängigen Feindbilder der Radikalen in die Erzählung der Ereignisse einflossen. Auch ist anzunehmen, dass sich die Haltung der jungen Frauen mit der Abgrenzung der liberalen Kreise um die Gebrüder Benziger von den als rückständig empfundenen konservativen Kreisen deckte, selbst wenn diese Abgrenzung während des Kriegs nach aussen nicht offen kommuniziert werden durfte. Ebenso zeugen die Briefe von der Involviertheit der Frauen in die politischen Auseinandersetzungen. Wie die Männer bezogen die Frauen ihre Stellung wohl in Übereinstimmung mit der Haltung ihrer Familie, möglicherweise aber spitzten die jüngeren Frauen ihre Parteinahme beziehungsweise Ablehnung zu. Schliesslich verweisen die Briefe der jungen Frauen mehrfach auf die in jüngeren Untersuchungen hervorgehobenen Phänomene von Volksfrömmigkeit und Massenreligiosität als Fundamentalisierung von Konfession im 19. Jahrhundert, Phänomene, die in der Schweiz bereits in Sonderbundszeiten, also früher als in Deutschland, auftraten.[155] So wird in diesen Briefen bereits die Frage nach der Instrumentalisierung der Volksfrömmigkeit durch die sonderbündische Elite und den katholischen Klerus sowie nach den Formen weiblicher Partizipation an den öffentlich geführten Disputen aufgeworfen.[156] Selbst wenn die Briefe mehr über die Haltung der jungen Frauen und den politischen Kontext verraten, zeigen sich darin doch auch verbreitete Praktiken der ärmeren Teile der katholischen Bevölkerung und deren lebensweltliche Deutungen von Ereignissen. Im Gegensatz zu Stadlins Schülerinnen waren für die ländlich verwurzelten und schulisch wenig ausgebildeten Katholikinnen und Katholiken die Versprechen der Liberalen auf Freiheit und Gleichheit ungleich realitätsferner als das Hoffen auf Wunder.[157] Und so wussten auch die antiaufklärerischen Vertreter des römisch-katholischen Ultramontanismus die Abwehrhaltung dieser Bevölkerungsgruppen gegenüber allen Neuerungen und deren Angst vor der ewigen Verdammnis in ihr politisches Kalkül einzubinden. Da diese Frömmigkeitsformen schlecht dokumentiert sind, kommt den Briefen von Stadlins Schülerinnen ein hoher Quellenwert zu.[158]

Nicht nur die jungen Lehrerinnen nahmen eindeutig Partei, sondern auch ehemalige Schülerinnen von Stadlin aus der Druckerfamilie Benziger. Wie die Lehrerinnen Meinrada Gyr und Gertrud Steinauer schrieb Luise Benziger, Tochter des Statthalters Nikolaus Benziger, von den Praktiken des Volkes, sich mit Medaillen schützen zu wollen: «Dazu kommen noch die Geistlichen, vor denen man alle Ehre haben sollte, u. predigten Dinge, durch die man ganz empört wurde; wenn man z. B. weiss: mein Vater ist lieberal, ich sah ihn noch nie schlecht handeln u. reden, er weiss gewiss nur, was das beste für seine Kinder ist –, u. dann hört man predigten: ‹Die Lieberalen gehören dem Teufel, denn Gott u. die Engel sind niemals lieberal› [...] Da fühlte ich am besten, wie die *wahre* Religion das köstlichste Gut des Menschen sei; aber nicht die, welche sagt: ‹Tragt dies und jene Medalien an Euch u. keine Kugel wird Euch treffen.› [...] Bleiben Sie auch dieses Jahr wieder meine l.[iebe] Mutter u. Führerin, die ich so unendlich nothwenig habe.»[159] Ihre Kritik an der Geistlichkeit scheint sie schon im Vorfeld des Kriegs öffentlich kundgetan zu haben, wahrscheinlich nicht nur zur Freude der Eltern. Selbst eine der von Stadlin ausgebildeten Lehrerinnen zeigte sich bereits im März 1846 über das freimütige Reden von Luise Benziger, die von ihrer Mutter äusserst kontrolliert werde, sehr besorgt, jedoch nicht primär aus politischen Erwägungen. Vielmehr erachtete sie die Meinungsäusserungen von Luise Benziger als zu unbedacht, da sie fürchtete, Josephine Stadlin und ihr Institut könnten wegen Kirchenfeindlichkeit in Verruf kommen: «Indessen ist ihre Mutter eigentlich das Haupthinderniss, welche sie so selten ausgehen lässt, u. besonders ungern zu Gertrud [Steinauer, E. J.] u. mir. [...] Indessen finde ich etwas Anderes an ihr nicht für richtig, ich meine nämlich, sie sollte sich im Reden ein wenig mehr in Acht nehmen. So z. Bsp. spricht sie vor ihrer Mutter, den Kindern u. andern Leuten, über die einfältigen Zeremonien in der Kirche; über Predigten, was ihr in denselben gefallen u. nicht gefallen habe, u. wie sie über diese Sache denke; über ihr Denken und Thun; von Scenen im Institut, kurz über Sachen, die ihre Zuhörer gewiss nicht begreifen können u. unmöglich im rechten Sinn auffassen. Und selbst auch bei ihrem Vater sollte sie, wie ich finde, weniger über religiöse Sachen reden. Er nennt sich wohl liberal, u. sie denkt sich in ihm auch einen recht freisinnigen Mann, aber ob er es in religiösen Dingen auch ist. – – – So geschieht es denn, dass die Leute sich über sie lustig machen, u. übel vom Institut denken. Sagt man ihr's so antwortet sie: ‹Ich rede wie ich denke, u. was ich thue, darf ich wohl sagen, ich thue nichts böses, u. so ist mir also gleich, was die Leute sagen.›»[160] Auch wenn ihre Mutter sie zurückzubinden suchte, radikalisierte sich Luise Benziger und scheute sich nicht davor, die Dorfbevölkerung zu schockieren. Als «höhere Tochter» war sie nicht von deren Meinung abhängig. Die Lehrerin ihrerseits scheint der freisinnigen Haltung eines Nikolaus Benziger in religiösen Dingen im Gegensatz zu dessen Tochter nicht zu trauen. Möglicherweise unterschieden sich private und öffentliche Stellungnahmen der politischen Exponenten in der angespannten Situation, was auch die Ängstlichkeit der Mutter von Luise Benziger erklären könnte, die den engeren Kontakt ihrer Tochter mit den fortschrittlich denkenden Lehrerinnen unterbinden wollte. Trotz der Vorbehalte der Lehrerin gegen Nikolaus Benziger mag es zwischen den katholischen Gebrüdern Benziger und der Katholikin Josephine Stadlin ein politisches Einverständnis gegeben haben, das sie in den Tagen des Sonderbundskriegs verband. So sandte Nikolaus Benziger nach der Niederlage zum Auftakt des Jahres 1848 patriotische Neujahrsgrüsse nach Zürich, was Josephine Stadlin veranlasste, in ihrem Brief ebenso auf Missstände und Verbesserungen wie auf

Pater Theodosius Florentini: Der Kapuziner eröffnete im Zeichen der kulturkämpferisch geprägten Einflussnahme auf die Jugend das «Institut der Lehrschwestern zum heiligen Kreuz» in Menzingen.

den nun noch vermehrten Einfluss der Gebrüder Benziger zu verweisen: «Ach, kein Krieg oder Waffen, keine Verfassung gibt oder sichert das Glück des Vaterlandes! Der fromme, erleuchtete Priester fehlt dazu und die fromme treue Mutter! [...] Könnte man denn nicht ein schweizerisches Seminar für katholische Priester gründen wo sie ächt katholisch, aber vor allem ächt christlich gebildet würden. Sie und Ihr Herr Bruder haben nun so viel und wohlverdienten Einfluss. Könnten und wollten Sie nicht solches in Anregung bringen; doch was meinem Briefe noch viel näher liegt, ist die weibliche Bildung. Könnten, wollten Sie nicht Ihren Einfluss dahin verwenden, dass die Lehrerinnen im C. Schwyz etwas besser bezahlt und etwas weniger unter dem Druck unverständiger und übel wollender Geistlichkeit litten! Dass mehr Lehrerinnen gebildet würden, wenigstens auch für jeden Bezirk eine oder zwei.»[161] Hier zeigt sich ein zentrales Merkmal einer Vielzahl von Josephine Stadlins Briefen. Politische, gesellschaftliche und auch pädagogische Grundsätze sowie die anwaltschaftliche Vertretung von Anliegen Dritter verknüpfte sie mit ihren eigenen Interessen als Institutsleiterin: Eine Besserbezahlung der jungen Lehrerinnen im Kanton Schwyz hätte es ihren ehemaligen Schülerinnen ermöglicht, ihre Ausbildungsschulden zu begleichen, die Anstellung einer grösseren Zahl von Lehrerinnen hätte ihr Aufträge für die Ausbildung ebendieser neuen Lehrerinnen gebracht. Auf Geld und eine wachsende Zahl von Schülerinnen und Lehramtskandidatinnen war sie für das wirtschaftliche Gedeihen ihres privaten Instituts und Seminars äusserst angewiesen. Ihr Einsatz für die Mädchen- und Lehrerbildung im Rahmen der liberalen Aufbruchbewegung endete wenige Jahre nach der Gründung des eidgenössischen Bundesstaats mit der Schliessung des «Sonnenbühls».
Für die konservative Gegenseite führte der Streit um die Mädchenbildung dagegen längerfristig zu Erfolgen.[162] 1844, im Jahr der heftigen Auseinandersetzungen um die Ersetzung der Nonnen in Einsiedeln, suchte der Kapuziner Theodosius Florentini mit der Eröffnung des «Instituts der Lehrschwestern zum heiligen Kreuz» in Menzingen bei Zug dem Vorwurf entgegenzuwirken, den Lehrschwestern mangle es an Qualität.[163] Den in Menzingen zu Lehrschwestern

Gegen den Bildungsanspruch der Jesuiten: Die Karikatur von Johann Jacob Ulrich in der «Wochen-Zeitung» prognostizierte im Januar 1845 einen zweiten Freischarenzug der aufgeklärten Geister unter der Führung Augustin Kellers in den Kanton Luzern.

ausgebildeten Frauen sollte im Kampf gegen die «Entchristlichung» vorrangig die Mädchenbildung in der Primarschule übertragen werden.[164] So übernahmen im Gegenzug zur Entwicklung in Einsiedeln Nonnen von 1844 bis 1854 die Gemeindeschulen von Arth, Gersau, Rothenthurm, Freienbach und Tuggen im Kanton Schwyz.[165] Im Kanton Zug erhöhte sich der Anteil der weiblichen Lehrkräfte auf der Primarschulstufe von fünfzehn Prozent im Jahr 1799, auf 38 Prozent im Jahr 1849 und stieg bis 1859 auf 46 Prozent. Von diesen 46 Prozent gehörte eine einzige Lehrerin nicht dem geistlichen Stand an.[166] Damit gelang der katholisch-konservativen Seite, dass die von Meinrada Gyr und Gertrud Steinauer festgestellte Politisierung der Frauen auch nach 1848 weiterging durch Stützung der konservativen Macht über das Mittel der Erziehung. Die Anstellung von Lehrschwestern garantierte, dass die Positionen der katholischen Politiker auch über die vielen neu gegründeten Mädchenprimarschulen in die Gesellschaft diffundierten.[167]

2.2 Das Stadlin'sche Institut: pädagogische Ansprüche, republikanische Orientierung und familienbetriebliche Zwänge

Josephine Stadlin verstand sich als Schülerin Pestalozzis und agierte im Kontext der politischen Auseinandersetzungen ihrer Zeit. So suchte sie in ihrem Privatinstitut sowohl Pestalozzis pädagogische Ausbildungskonzepte umzusetzen als auch in den Institutsalltag Formen republikanischer Partizipation im Sinne staatsbürgerlicher Erziehung einzubringen. Wurden von der feministischen Forschung bisher vor allem Josephine Stadlins an Pestalozzi orientierte geschlechterduale Bildungsansätze behandelt, nach denen Frauen und Männern in der Gesellschaft ergänzende Funktionen zukamen,[168] frage ich vor allem, inwiefern sich Josephine Stadlin als Vorsteherin eines Privatinstituts als eigentliche Nachfolgerin des illustren Pädagogen verstand und inwiefern sie ihre Konzepte den zeit- und geschlechterbedingten Umständen und Anforderungen im Olsberg und in Zürich anzupassen suchte.[169] Es geht mir um Fragen nach dem Einfluss der strukturellen Rahmenbedingungen auf die Positionierung und Selbstdeutung einer Frau als Lehrerin, Schulleiterin und Pädagogin. Zu diesen Rahmenbedingungen gehören entscheidend die geschlechterdivergierenden schulischen Ausbildungswege und die dadurch bedingten wirtschaftlichen Probleme eines Privatinstituts, das als gewerbliches Familienunternehmen organisiert war.[170] Da die buchhalterischen Unterlagen mit genaueren Angaben über Einkünfte, Ausgaben und Kredite fehlen, ist eine effektive Evaluation der Situation des Instituts als wirtschaftlicher Betrieb nicht möglich. Doch auch auf Grund der in den Briefen immer wiederkehrenden Hinweise auf die schwierige finanzielle Lage lassen sich diesbezügliche Schlüsse ziehen.

Wirkungsmächtige Vorbilder: Bildungsansätze aus dem 18. Jahrhundert

Private Institute für die männliche Jugend im Sinne der Einheit von Unterricht und Erziehung in einer geschlossenen Lebensgemeinschaft von Erziehenden und Zöglingen hatten noch Ende des 18. Jahrhunderts, selbst wenn parallel dazu eine Armen- oder Waisenschule geführt wurde, vor allem religiös-konfessionellen Charakter und/oder waren für die Söhne aus dem gehobenen Bürgertum und des Adels gedacht.[171] In dem von Ulysses von Salis-Marschlins nach dem Dessauer Vorbild Basedows als «Philanthropinum» eröffneten Internat galt das Prinzip der konfessionellen Toleranz und Parität. Zehn Jahre nach seiner temporären Schliessung 1787 wurde es von Johann Baptista von Tscharner in Jenins als «Bündnerische Nationalschule» neu eröffnet und bald darauf nach Reichenau transferiert, wo auch Heinrich Zschokke als Lehrer tätig war. Dieses Privatinstitut verstand sich als gemeinschaftsbildende und staatsbürgerlich ausgerichtete, der «Selbstregulierung der Zöglinge» verpflichtete «Schulrepublik». Nach antikem Vorbild hatten die Internatsschüler ihre Angelegenheiten zu diskutieren und die ihnen übertragenen Ämter zu erfüllen.[172] Pestalozzi seinerseits wollte zu Beginn des 19. Jahrhunderts in Yverdon sein Konzept des Lernens durch Erfahrung sowie des lückenlosen Fortschreitens[173] in Klassen von der Elementarstufe bis zur Hochschule umsetzen und die Wirkung seiner Erziehungsgrundsätze auf die Jugend der Nation erproben. Seine rein psychologische Lehrmethode zielte jedoch nicht auf die Erziehung zum Citoyen, sondern verstand sich als «wahre Menschenbildung», die keine Trennung von Öffentlichkeit und Privatheit implizierte und nicht auf einen bestimmten Zweck ausgerichtet war, sondern der Bildung des Menschen «an sich» dienen sollte.[174] De facto implizierte auch diese Bildung die Verinnerlichung bürgerlicher Werte. Sein Modell der Wohnstubenpädagogik erweiterte die Familiengemeinschaft zur Institutsgemeinschaft, in der die Erzieher Vaterfunktionen besetzten. Die eigentliche Stellung des Vaters kam ihm als Institutsvorsteher zu, diejenige der Mutter der ihm mithelfend zur Seite stehenden Ehefrau. Mit der Figur der «Gertrud» hatte Pestalozzi zwar seine Variante der republikanischen Mutterschaft[175] inszeniert, doch hatte diese lediglich das die Zukunft sichernde Fundament für Ordnung, Moral und Religion sowie Arbeitsfähigkeit zu setzen. Für die spätere, sprich höhere Entwicklungsstufe des männlich gedachten Kinds war der männliche Pädagoge zuständig, so wie im öffentlichen Rahmen der Gesellschaft die Gestaltung und Gewährleistung der Ordnung Männern als Vertretern der Obrigkeit zukam. Als Negativfolie zu der im ländlich geprägten Umfeld agierenden «Gertrud» setzte Pestalozzi das Bild der im gesellschaftlichen Umgang und literarisch versierten französischen «Femme du monde» oder «Femme de lettres».[176]

Pestalozzi als Rekursinstanz wirkte im 19. Jahrhundert weiter, selbst unter Vertretern der öffentlichen Schule.[177] Beispielsweise bezog sich Adolph Diesterweg in Berlin auf ihn, obwohl sich seine didaktischen und schulpolitischen Vorgaben von denjenigen Pestalozzis unterschieden.[178] Auch Heinrich Zschokke sprach Pestalozzi mit «Vater Pestalozzi» an. Ebenso nannte Augustin Keller, der sich in den Briefen an Josephine Stadlin explizit von der Wohnstubenpädagogik der Privatinstitute distanzierte, Pestalozzi weit über dessen Tod hinaus «Vater Pestalozzi» und gab seiner Tochter den Namen Gertrud.[179] Er organisierte das von ihm geleitete aargauische Lehrerseminar als Konvikt und knüpfte mit der propagierten Lebensgemeinschaft von Lehrern und Schülern in ländlichem Umfeld auch an die Vorstellung von Pestalozzi an.[180] Gemeinsam ist Männern wie Augustin Keller, dass sie die Konzepte einer öffentlichen Schule entlang ihren Vorstellungen eines männlichen Lebens entwickelten und die Mädchen weitgehend in der «privaten» Wohnstube beliessen. So blieb in der Entwicklung von Leitbildern für die Mädchenbildung und die Rolle der Frauen in der Gesellschaft noch lange der Rekurs auf Pestalozzi wirksam. Ihrem Namen alle Ehre machte Augustin Kellers Tochter Gertrud Villiger-Keller. Im Rahmen des von ihr 1884 mitbegründeten Schweizerischen Gemeinnützigen Frauenvereins (SGF) propagierte sie nicht die Öffnung der Gymnasien und Universitäten für die Frauen, sondern spezifische Ausbildungsstätten. Hier sollten Frauen lernen, ganz im Sinne der republikanischen Mutterschaft staatsbürgerlichen Einfluss nicht direkt auszuüben, sondern über ihre Funktion als Hausfrauen und Mütter oder als geistige Mütter in ihrer Funktion als spezifische Lehrkräfte und gemeinnützig tätige Frauen.[181]

«Mutter» und «Kinder»: die Übertragung von Pestalozzis Konzept der väterlichen Institutserziehung der Knaben auf die Mädchenbildung

1839 eröffnete Josephine Stadlin ihr eigenes Institut im ehemaligen Institut in Olsberg, 1841 transferierte sie dieses nach Hottingen (heute Zürich) an den Zeltweg und 1846 in das neu erworbene Haus «Sonnenbühl» am unteren Zürichberg. Im «Sonnenbühl» gliederte sie dem Institut ein Lehrerinnenseminar mit Musterschule an, sah sich jedoch mangels Nachfrage gezwungen, 1850 das Seminar[182] und 1853 das Institut zu schliessen. Das Ziel eines mittelgrossen Betriebs konnte sie kaum je erreichen. Die in Olsberg anvisierte Zahl von vierzig Zöglingen wurde wahrscheinlich nie – genau lässt sich das nicht mehr überprüfen – und die für Zürich vorgesehene Zahl von fünfzig Schülerinnen nur für kurze Zeit erreicht.[183] Den grössten Erfolg hatte Josephine Stadlin in den letzten Jahren am Zeltweg, wo das Haus bald bis auf den letzten Platz belegt war. Im «Sonnenbühl» dagegen nahm die Zahl entgegen den Erwartungen nicht merklich zu und gegen die Schliessung hin sank die Zahl sogar unter zwanzig Zöglinge.[184] Mehrheitlich stammten die Schülerinnen aus der deutschen Schweiz. Ausländische Schülerinnen bevorzugten die Institute in der Westschweiz, sofern diese auf Grund ihrer Leitung, wie die Erziehungsanstalten von Pestalozzi oder Fellenberg zu Beginn des 19. Jahrhunderts, über eine grosse Ausstrahlungskraft verfügten. Wegen der Kosten blieb auch das deutschweizerische Rekrutierungsfeld weitgehend auf das gehobene Bürgertum beschränkt. So bedauerte Pater Leodegar Kretzen aus Muri, dass er Josephine Stadlin nicht mehr Schülerinnen nach Olsberg vermitteln konnte, weil «das Geld das hohe Gewicht der Beziehung bei gewissen Leuten» überwiegen würde.[185]

Den ihr anvertrauten Schülerinnen wollte Josephine Stadlin die Stellung der verantwortungsvollen und verständigen Mutter versehen und diese zu Frauen erziehen, die ihrem Mann «eine Gertrud sein» würden, weder Modepuppe noch niedrige Magd.[186] Explizit wandte sie sich nicht nur gegen «Unwissenheit», sondern ebenso sehr gegen «Vielwisserei». Damit reproduzierte sie die schon von Pestalozzi und auch Zschokke[187] vertretenen Stereotype oberflächlicher weiblicher Geschwätzigkeit und Gefallsucht, die unter dem deutschsprachigen Bildungsbürgertum starken Anklang fanden und sich gegen Frankreich im Allgemeinen und gegen französische «Salon-Damen» im Besonderen richteten.[188] Diese Klischees zeigen sich im Visitationsbericht von Pfarrer Stolz an die Zürcher Bezirksschulpflege über den Unterricht am Stadlin'schen Institut: «Er ist kein verfranzöselnder, kein verweichlichender, sondern ein gut deutscher einfacher, der tüchtige Frauen und Mütter erziehen wird.»[189] Die Frau mit «esprit» von unkonventionellem Lebensstil war der Punkt, an dem sich die Abwehr deutschsprachiger Bildungsbürger am Französischen entzündete. Für die moralisierenden Kritiker stand die gelehrte Französin für das Artifizielle, die nicht nach Wahrhaftigkeit trachte, sondern mit ihrem Wissen wie mit ihren Kleidern gleichermassen kokettiere und diese als Mittel der Selbstinszenierung nutze, um in Gesellschaft die Gunst der Männer zu gewinnen.[190] Auch in Josephine Stadlins Publikationen und Werbetexten schwang diese moralische Überheblichkeit mit. Die Französinnen dienten ihr dabei vor allem als willkommene Sündenböcke,

auch wenn sie weder alles Französische noch alle Texte französischer Autorinnen und Autoren ablehnte. Denn bei ihrer Kritik ging es in erster Linie um Abgrenzung gegen die starke Konkurrenz der Privatinstitute in der französischsprachigen Schweiz, die neben Deutschweizerinnen zunehmend auch Pensionärinnen aus Deutschland aufnahmen.[191] So prangerte sie 1845 in der ersten Nummer der von ihr herausgegebenen «Erzieherin» die Westschweizer Privatinstitute an, nicht aus pädagogischen, sondern nur aus materiellen Gründen Zöglinge aufzunehmen, obwohl auch ihr eigener Erfolg von der Zahl der Zöglinge abhing.[192] In der Hoffnung, diese Zahl zu steigern, pries sie mit dem expliziten Hinweis auf Französisch als Haussprache ihr Institut in Olsberg als Alternative zu den Westschweizer Pensionaten an. Sie glaubte, so den bürgerlichen Anforderungen an die nachschulische Ausbildung der Töchter zu entsprechen, zu deren Kernpunkten das Französische gehörte.[193] Aus wirtschaftlichen Erwägungen hoffte sie aber gleichzeitig, Pensionärinnen aus der Westschweiz oder sogar aus Frankreich zu gewinnen, und liess daher ihren Olsberger Prospekt durch den Lausanner Maler Salomon Naef ins Französische übersetzen. Dieser sandte ihr als Vorlage den Prospekt des Instituts Isler und Bruch zu und erklärte sich bereit, auch mit Beilagen in Zeitungen in der Westschweiz Werbung für sie zu machen.[194]
Josephine Stadlin führte das Institut ökonomisch als Familienbetrieb und ideologisch als Familiengemeinschaft. Pestalozzis Werk «Gertrud und Lienhard» kam im Stadlin'schen Institut, ob in Olsberg oder Zürich, im buchstäblichen Sinn immer ein Ehrenplatz zu und gehörte für die älteren Schülerinnen zur Pflichtlektüre. Pestalozzis Bild hing auch in der später dem Institut angegliederten Musterschule des Seminars.[195] Fest steht, dass die Tätigkeit in der relativen Abgeschiedenheit des ehemaligen Klosters rückblickend – gemessen auch am Leitbild der Familiengemeinschaft – als erfolgreich galt und ihr breite Anerkennung und die Zuneigung vieler Schülerinnen einbrachte. Zum Teil idealisierten diese die Zeit im Institut Olsberg, das im Gegensatz zum offeneren Institut in Zürich fast ausschliesslich von internen Schülerinnen besucht wurde, noch nach Jahren als lehrreiche Erfahrung beglückenden Zusammenlebens. Deshalb stiess Josephine Stadlins Anspruch auf ein grösseres Institut mit strafferer Leitung bei manchen Schülerinnen auf Kritik, weil der intime Charakter dabei verloren gehe.[196] So hatte 1845 die ehemalige Schülerin Lina Baumgartner, die nun in Einsiedeln als Lehrerin tätig war, das Gefühl, ihren Ansprüchen nicht mehr zu genügen: In Olsberg sei «das Gemüthliche, Heimelige» auch wichtig gewesen sei, schrieb sie Josephine Stadlin, nicht nur das «Geistige» im Sinn von intellektuellem Wissen, und dort hätten auch Schwächere ihren Platz gehabt.[197]
Selbst wenn Josephine Stadlin auf Pestalozzis «Gertrud» rekurrierte, wusste sie die Rolle der Frauen als Erzieherinnen auszuweiten. Sie ging dabei über das von ihr propagierte Vorbild der im Hause umsichtig agierenden Mutter, die lediglich indirekt über ihr familiäres Wirken die Gesellschaft beeinflusst, hinaus. Bemerkenswert ist, dass sie die Idee der Menschenbildung nicht nur ethisch im klassischen Sinne einer nicht auf einen äusseren Zweck ausgerichteten Selbstvervollkommnung,[198] sondern auch als Mittel der Emanzipation verstand, um Frauen als Individuen zu ermächtigen, direkt Einfluss auf die Gesellschaft

zu nehmen – ähnlich der jüdischen Argumentation jener Zeit.[199] Selber trat sie sehr bewusst als öffentlich handelndes Subjekt auf. Zwar liess sie sich von ihren Schülerinnen «Mutter» nennen, doch in diesem Wort verflochten sich männliche und weibliche Zuordnungen, so wie sich auch in ihrer Person verschiedene Funktionen überlagerten. So wurden in der Olsberger Zeit die Begriffe «Generalin» und «Mutter» parallel verwendet, ohne dass diese Parallelisierung als widersprüchlich gedeutet worden wäre.

Unter dem Begriff «Mutter» subsumierte Josephine Stadlin nicht die hausmütterliche, sondern analog zu Pestalozzis Position die pädagogische Funktion.[200] «Vater» hätte sie sich ja nicht nennen können und es fehlte ihr als Frau auch die Gattin als zentrale Mitarbeiterin.[201] Diese Aufgabe übernahm ihre Mutter, mit der sie seit der Zeit in Aarau ein Arbeitspaar bildete. Dennoch sah sich auch Josephine Stadlin im Vergleich zu Pestalozzi nach innen und aussen in der Doppelrolle des Vaters und der Mutter: zum einen in der von der Gesellschaft den Männern zugeschriebenen Position des Geschäftsinhabers und Pädagogen, zum andern in der spezifisch von Frauen zu besetzenden Position der Zuständigen für die Erziehung der Mädchen. Laut Josephine Stadlin konnten nur Frauen auf Grund ihres Geschlechts an Stelle der leiblichen Mutter als Vorbild dienen und nur Frauen konnten Einfühlung und Nähe garantieren wie eben auch nur Männer als väterliche Lehrer für die Erziehung der heranwachsenden männlichen Jugendlichen in Frage kamen. So waren in ihrem Institut fast nur Frauen tätig. Der einzige längerfristig, zuerst in Olsberg und dann in Zürich, beschäftigte Mann war ihr Bruder Franz, der ihr als der Geschäftsinhaberin und «Mutter» und «Vater» des Betriebs klar untergeordnet war, selbst wenn er sie in den Geschäftsverhandlungen bei der Versteigerung von Olsberg nach aussen vertreten musste.

Die Beziehung zwischen Josephine Stadlin und vielen ihrer ehemaligen Schülerinnen ging auch nach deren Weggang aus dem Institut weiter, bei einigen wenigen dauerte die Bindung sogar über Jahrzehnte. Während die ehemaligen Schülerinnen aus der Zeit ihrer Tätigkeit in Yverdon oder Aarau sie als «Theuerste Lehrerin!»[202] oder ähnlich ansprachen, definierten sich die Schülerinnen ihres eigenen Instituts in Olsberg und Zürich als ihre Kinder, auch dann noch, wenn sie, wie die junge Lehrerin Anna Kappeler, selbst schon unterrichteten: «Ich grüsse Sie und alle Ihre lieben Kinder von Herzen [...] bin stolz darauf immer auch unter diese Schaar zu gehören.»[203] Ebenso verabschiedete sich deren Freundin Agatha Rhyner von Josephine Stadlin mit «Nun adieu liebes Mutterli, Grüssen Sie mir alle die Lieben in Zürich. Am herzlichsten grüsst Sie ihr Kind Agathli».[204] Auch Regina von Flugi, die zwar nicht als Lehrerin tätig war, schrieb nach dem Verlassen des Instituts an «Mein liebes, liebes Mutterli».[205] Die Diminutivform «Mutterli» scheint für Josephine Stadlin – wie für ihre Tante Lisette Ruepp-Uttinger als Institutsleiterin in Sarmenstorf – im Hause üblich gewesen zu sein und wurde auf ähnliche Art in Briefen immer wieder variiert.[206] Der Begriff wurde selbst im Französischen beibehalten und von einer ihrer ehemaligen Schülerinnen, die inzwischen als Erzieherin in Rotterdam tätig war, als Anrede gebraucht: «Liebes Mutterli! Avec quelle joie je reviens à vous [...].»[207] Eine enge emotionale und zugleich körperliche Bindung der Schülerinnen an ihre Lehrerin

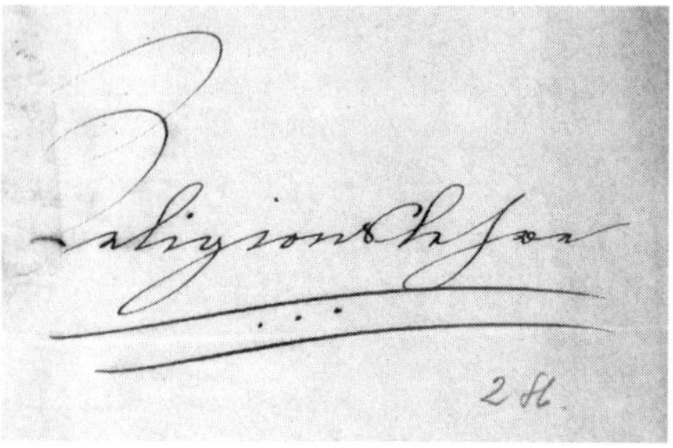

Ein Zeichen als Unterschrift: Das Zeichen auf dem Umschlag der handschriftlichen «Religionslehre» bedeutet Josephine Stadlin. Es diente ihr auch als Unterschrift in Briefen an Verwandte und Bekannte, an Lehrerinnen und Schülerinnen.

markierten Grüsse wie «Sie theuerstes [Doppelstrich mit drei Punkten, Zeichen von Josephine Stadlin] küsst mit inniger Liebe Ihr Kind Henriette Siber».[208]
Ihrerseits definierte Josephine Stadlin ihre Zöglinge und ehemaligen Schülerinnen als Kinder. So verabschiedete sie sich von der in Einsiedeln als Lehrerin tätigen Lina mit «Leb wohl mein theures liebes Kind!»[209] oder von Netti in Schinznach mit «Nun *leb wohl* du mein liebes Kind! [...] dich umarmt dein [Doppelstrich mit drei Punkten, Zeichen für Josephine Stadlin]».[210] Pauline Cuendet sprach sie mit «Ma chère enfant!»[211] an, Marie Guyer aus dem Neuthal mit «Meine liebe Marie, Mein theures Kind!».[212] Josephine Stadlin verstand sich effektiv als Mutter. Einer Frau aus Zürich machte sie 1849 unverhohlene Vorwürfe, als diese ihre Tochter Cécile aus dem Institut nahm: «Meine liebe Frau Pestalozzi! [...] *konnte* ich von Ihnen erwarten, dass Sie ohne mich nur eines anständigen Wortes zu würdigen Ihr Kind, das auch mein Kind ist, denn ich habe es wie Sie geliebt, von mir zu trennen? – Was es auch in einer andren Schule lerne, bei uns hätt' es lieben gelernt u. innige Liebe thut so noth!»[213] Josephine Stadlin also nahm für sich eine analoge Position zur leiblichen Mutter in Anspruch. Im selben Brief stellte sie auch Wissen und Gefühl auf die gleiche Ebene und knüpfte damit an Pestalozzis geschlechterübergreifende pädagogische Vorstellungen an. Zugleich transportierte sie mit der Figur der «Gertrud» aber auch ihre eigene Interpretation der geschlechterspezifischen sozialen Funktion der Frauen, der Welt über Liebe und Sorge für die anderen zum Guten zu verhelfen. Hinter den Vorwürfen an Frau Pestalozzi versteckt sich jedoch wohl weniger pädagogische Fürsorge als pure Verzweiflung. Denn der drohende Bankrott liess Josephine Stadlin ab 1849 um jede einzelne Schülerin kämpfen, insbesondere wenn diese, wie Cécile Pestalozzi, aus dem begüterten und einflussreichen Bürgertum stammte, von dessen Wohlwollen der Fortbestand des Instituts abhing.
Einige Schülerinnen sprachen sie ab 1848 als «Tante» an. Von den ehemaligen Schülerinnen, die diesen Begriff brauchten, waren eine Mehrheit Erzieherinnen, aber nicht alle. So nannte sie Elise Benziger 1848 bereits zwei Wochen nach dem Verlassen des Instituts in Zürich in einem Brief aus einem Westschweizer Pensionat «Meine liebe Tante!».[214] Im selben Jahr sprach auch Luise Sulzberger aus Frauenfeld Josephine Stadlin mit «Gute, liebe Tante!» an, nannte sie im Brief dann aber «Mutterli».[215] Ihre wichtigste Seminarschülerin und Mitarbeiterin Fanny Hottinger verabschiedete sich im selben Jahr weiterhin als Kind: «Nehmen Sie die herzinnigsten Grüsse von ihrem Kind Fanny».[216] Die Schwestern Bertha

und Emma Jenny aus St. Gallen redeten Josephine Stadlin Mitte 1847 noch mit «Liebes Mütterli!»[217] an, im Februar 1848 dann mit «Meine liebe Tante! [...] Ihre dankbaren Kinder Emma und Bertha»[218] und wechselten ab 1851 zu «Wertheste Fräulein Stadlin!».[219] In einem Brief an einen Vater erklärte Josephine Stadlin, dass alle Zöglinge sie als «Tante» ansprächen.[220] Dass die Anrede «Tante» seit 1848 gehäuft verwendet wurde,[221] wird mit der Ergänzung des Instituts durch Seminar und angeschlossene Musterschule zusammenhängen. Die Unterlehrerinnen sprachen gegenüber den Schülerinnen der Elementar- und Kleinkinderschule von der «Tante», wenn sie sich auf Josephine Stadlin bezogen.[222]

Inszenierte Anwesenheit: die Ritualisierung der Bindung zwischen Lehrerin und Schülerin

Josephine Stadlin hatte ihren Schülerinnen zumindest in Olsberg und in den ersten Jahren in Zürich eine Nummer zugeordnet, mit der diese oft ihre Unterschrift ergänzten. Zudem konnte der Name aller, die als Lehrerinnen oder Unterlehrerinnen eingesetzt waren, ergänzt oder ersetzt werden durch ein Zeichen, zusammengesetzt aus Strich und Punkten. Je nach Anordnung entsprach dies einem unterschiedlichen Rang, sie selber unterschrieb oft nicht nur die Briefe an die Schülerinnen, sondern auch an die Familienangehörigen und an enger befreundete Personen mit einem Zeichen, bestehend aus zwei waagrechten parallelen Strichen mit drei Punkten dazwischen.

Auch als Abwesende blieb sie ständig präsent. Jeder Schülerin gab sie ein Bild von sich mit.[223] So schrieb ihr beispielsweise Elise Benziger aus Nyon, wo sich diese zusammen mit einer weiteren Schülerin in einem Pensionat aufhielt: «[...] wir erzählen fast immer von unserm lieben Institut. [...] Wir sehen Sie (Ihr Portrait) immer in unserm kleinen Zimmer u. sagen Ihnen alle Abende, bevor wir zu Bette gehen, gute Nacht. [...] Ihre Sie innig liebende Elise Benziger, No. 6.»[224] Ebenso emotional eingeschrieben und sinnlich wahrnehmbar verbunden blieb Josephine Stadlin einigen ihrer Schülerinnen durch eine Haarlocke, die sie ihnen schenkte und die damit von einem Teil des eigenen Körpers zu einem symbolischen Artefakt der Erinnerung mutierte.[225]

Analog zu einigen männlichen Institutsleitern, die zugleich als Religionslehrer und Prediger unterrichteten,[226] und darin Heinrich Pestalozzi ähnlich, demonstrierte Josephine Stadlin ihre Position als moralische Instanz und verantwortliche Institutsleiterin im überkonfessionellen Unterricht zur christlichen Moral[227] und vor allem in der regelmässigen Abendversammlung, dem «Heimelig». Umgeben von ihren Schülerinnen vermittelte sie diesen ihre zwar christlichen, aber nicht konfessionell gebundenen religiösen Grundsätze, die sie als gefühlsbestimmte Ethik des Menschseins verstand, als Verpflichtung zu ständigem Streben nach dem Guten. Dass sie dabei über ihre enge Beziehung mit Mitgliedern von Freimaurerlogen beeinflusst war, die ihren Vereinszweck mit «Erziehung ihrer Mitglieder zum wahren Menschentum» umschrieben, kann vermutet werden, aber auch von den interkonfessionellen privaten Mädcheninstituten in Deutschland.[228] Laut den Briefen ihrer Zöglinge glich das «Heimelig» als Gesamtinszenierung einer Mischung von Andacht mit gemeinsamem

Gebet, von moralischer Unterweisung mit informellem Gespräch, von persönlicher Zuwendung mit expliziter Aufforderung zu nie erlahmendem Streben nach Verbesserung. Auch ihr späterer Ehemann, der Arzt und Zürcher Bürgermeister Ulrich Zehnder, hob nach dem Tod von Josephine Stadlin diese «Abendstunden» hervor, in denen «Fräulein Stadlin gewissermassen Kind mit den Kindern» war, wo sie «mit ihnen scherzen, spielen u. auf erbauliche Art u. Weise sich unterhalten» konnte.[229] Es sind diese Stunden, die ehemalige Schülerinnen als das Besondere und Wertvolle hervorhoben und deren Stimmung sie als einzigartig und emotional hoch aufgeladen evozierten.
Wie andere Anstaltsdirektoren und vor allem wie ihr Vorbild «Vater Pestalozzi» mass auch Josephine Stadlin der Feier des eigenen Geburtstags einen hohen Stellenwert zu.[230] Jeweils am 19. März, dem Josefstag, der zugleich ihr Namens- und Geburtstag war, erreichte die Inszenierung von Josephine Stadlin als einmalige und mütterliche Figur ihren Höhepunkt. Den Festablauf in Olsberg hielt ihre Mutter, Paulina Stadlin-Uttinger, detailliert in einem Brief an ihre Tochter Pauline Weber-Stadlin fest: «Man hatte im Tanzsaal einen Opferalter von Moos errichtet mit grünenden Säulen im Styl eines chinesischen Tempels umgeben, der Boden war mit Blättern bestreut, auf dem Altar brannte eine Opferflamme; [...] alle Töchter zusammen hatten ihr einen Rock von silberfarbenem Gros de Naples mit Blenden ausgarnirt, [...] die Töchter waren alle weiss angezogen mit rosarothen Echarpes u. Guirlanden in den Haaren, die Lehrerinnen schwarz gekleidet, sie bildeten einen Halbzirkel zu beiden Seiten des Altars, oben u. unten eine Lehrerin; [...] Josephine musste sich dem Altar gegenüber setzen, [...] nun begann ein herrliches dreistimmiges Lied, eigens von den Töchtern, oder unser Dichterin,[231] komponirt u. von Hrn. [Herrn] Nägeli in Musik gesetzt; dann sprach ein Genius der am Altar stund / :Antonia Fetzer: / ein Gebet. [...] bei der letzten Strophe ‹So hör' den Vater usw.[›] kniete der Genius nieder u. mit ihm alle Anwesende, u. im gleichen Augenblick wurden einige Mörser abgebrannt [...], zuletzt näherte sich der Genius Josephine u. alle Töchter drängten sich zu ihr, sie war sehr ergriffen; [...] aus dem Saale ging man zum Frühstück, wo ein Haar-Bouquet aus den Haaren aller Töchter, unter einer Glasglocke vor Josephine stand.»[232] Von dieser nach heutigen Massstäben an Personenkult gemahnenden Überhöhung ihrer eigenen Tochter zeigte sich Paulina Stadlin-Uttinger nicht überrascht, sondern vielmehr höchst angetan. Ebenso wenig zeigte sie sich erstaunt über die verwobenen Haare, mit denen die Zusammengehörigkeit der Institutsleiterin mit ihren «Töchtern» demonstriert wurde. Sie scheint dieses Objekt vielmehr als ausserordentlichen, aber nicht unüblichen Ausdruck starker Verbundenheit wahrgenommen zu haben.[233] Im Institut in Zürich verfassten die Schülerinnen Aufsätze zum «Namensfeste» Josephine Stadlins. Rosalie Feierabend deutete unter dem Titel «Warum ich dich liebe!»[234] den Weg zu Josephine Stadlin als Gottes Fügung: «Sie zeigten mir das Gute, als das Beste des Guten und liessen mich hoffen, dass mit einem ernstlichen Streben ich dieses mir immer noch erringen könne. So öffneten Sie, durch den vollen Anklang Ihrer Worte, meiner Seele eine neues Leben, und wenn es wahr ist, dass diejenigen welche uns ein höheres geistiges Leben erschlossen, einen wärmeren

Anspruch auf unsere Liebe haben, als die uns das physische Leben gegeben, so dürfen Sie, mein Mutterli! mir wohl glauben, dass Sie mir nun das theuerste Wesen auf Erden, ich möchte sagen, meine geistige Lebensluft sind!!! [...] Ich feiere vielleicht das letzte Mal in diesem Leben Ihr Namensfest bei Ihnen; möge daher Ihrem edlen Herzen der innigste Dank eines Kindes wohlthun, das Sie ‹in Gott aufgenommen› weil Sie es ‹das Rechte› erkennen gelehrt.»[235] Hier wird Josephine Stadlin explizit als geistige Mutter auch zur besseren Mutter als die leibliche. Sie wies der jungen Frau den Weg zur Individualisierung, ermöglichte ihr die Entwicklung hin zu einem Menschen, dessen Streben auf Transzendenz ausgerichtet war. Als ihre Apologetin in Sachen Mädchenbildung zeigte sich Henriette Siber im Aufsatz «Was will ich hier? 1. In Beziehung auf das Wissenschaftliche. 2. In Beziehung auf den Charakter».[236] Zur ersten Frage meinte diese Schülerin, dass die Fächer Geschichte, Geografie und Rechnen nicht als Wissenschaften – als solche wären sie den damaligen geschlechterdivergierenden Bildungszielen zukünftigen Männern vorbehalten – zu betrachten seien: «Denn es ist von grosser Wichtigkeit, dass ein Mädchen gebildeten Verstand habe, sonst kann es keine klare Anschauung der Verhältnisse des Lebens haben, und mancher Fehltritt im Leben eines Mädchens wäre verhütet worden, wenn es die Eltern recht hätten unterrichten lassen. [...] Ein solches [ungenügend gebildetes, E.J.] Mädchen kann unmöglich eine gute Gattin und Mutter werden, wenn es seinen Mann nicht verstehen kann und nicht weiss, was Erzieherin heisst.»[237] Als Antwort auf die zweite Frage wollte sie ihr «Herz für's Bessere und Edlere stimmen, [...] vor allem immer das Gute glauben und hervorsuchen» und den «Eltern und Erzieherin meine Erkenntlichkeit entweder durch Folgsamkeit, Fleiss, Aufmerksamkeit, oder Offenherzigkeit» beweisen. Nur so sei es ihr möglich, «Freude und Glück» zu bereiten «und das Schöne mit dem Guten zu paaren».[238] Gertrud Steinauer, die sich auf ihren Einsatz als Lehrerin in Einsiedeln vorbereitete, antwortete auf ihre im Titel gestellte Frage «Welches ist der würdigste Dank, den ich Dir bringen kann?» mit einer Versicherung: «Den Geist, mit welchem Du mich beseeltest, will ich immer mehr zu erfassen, und so auf andere zu übertragen suchen, dass er immer fortlebt, immer fortwirkt.»[239] Und auch Mina Ziegler verspricht ihr unter dem Titel «Mein Lernen», auch nach ihrem Ausscheiden aus dem Institut «zu Hause, als ständest immer du an meiner Seite, fortfahren zu lernen, wie ich bei dir angefangen habe».[240] In diesem Fortwirken Josephine Stadlins verbinden sich ihre beiden Bildungskonzepte: die Geistes- und die Herzensbildung. Die Geistesbildung im Sinne auch der Bildung des Verstands bahnt sich über die Erwerbstätigkeit der Lehrerinnen den Weg zu den Schülerinnen und Schülern; sie legt damit den Boden zu weiterem gesellschaftlichem Fortschritt. Die Herzensbildung diffundiert über die sittliche Verantwortung der Frauen in die Gesellschaft und trägt so zur allgemeinen Vervollkommnung bei.

In Reimen wurden noch einige Jahre später «Das reiche Haus» am «Sonnenbühl» und dessen Ausstrahlung gelobt. Die im Gedicht evozierte Nation ist durchtränkt vom gesamten Kanon der damals schon verbreiteten Klischees einer Bilderbuchschweiz: «Viel himmelhohe Firnen / Mit ew'gem Eis u. Schnee

/ Und freundlich grüne Hügel / Und blauer flimmernder See. // Und schöne Häuser und Gärten / Und Kirchen mit ragendem Thurm / Und stille, friedliche Dörfer, / Die liegen rings herum. // Und drinnen mächtig waltet / Des starken Geistes Kraft, / Und hohe reiche Liebe / Viel Schönes sinnt und schafft. // Und so viel reiches Leben / Gott weckt um dieses Haus; / So geht viel reiches Leben / Entflammend von ihm aus.»[241] Die Anklänge an das Pathos des Rütli-Liedes von 1820, «Von ferne sei herzlich gegrüsset, / Du stilles Gelände am See, / Wo spielend die Welle zerfliesset, / Genähret vom ewigen Schnee», ist unverkennbar.[242] Auch in dem von Johann Georg Krauer gedichteten und von Franz Josef Greith vertonten Lied verbindet sich die Landschaft mit dem Geist freiheitlicher Entfaltung zu einer emotional wirkenden Kraft.

Die innere Ordnung als Spiegel des Öffentlichen: Olsberg als «Republik», Stadlin als Generalin, die Schülerinnen als Stimmbürgerinnen

Für die Phase der Konstituierung des modernen Staats in den 1840er Jahren bemerkenswert ist, dass sich Josephine Stadlin in Olsberg auch als Frau am Vorbild der republikanischen Selbstregierung orientierte. Das Konzept der Selbstregulierung war in Philanthropinen für männliche Zöglinge des ausgehenden 18. Jahrhunderts vorexerziert und in Knabeninstituten noch im 19. Jahrhundert praktiziert worden.[243] «Republik» war zugleich um 1840 das Schlagwort der radikalen Freisinnigen, zu deren Protagonisten ein Augustin Keller zu zählen war.[244] So schrieb sich Josephine Stadlin ebenso in die Tradition der Knabeninstitute der Aufklärungszeit wie in die politischen Auseinandersetzungen um die politische Ordnung ihrer Zeit ein. Bemerkenswert ist dies, weil ihre Schülerinnen als Angehörige des weiblichen Geschlechts nicht als zukünftige stimm- und wahlfähige Staatsbürgerinnen gedacht werden konnten. Es ist aber anzunehmen, dass Josephine Stadlin in ihren Schülerinnen aktive Mitstreiterinnen in den Auseinandersetzungen um die Etablierung einer liberalen Gesellschaftsordnung sah. Die argumentative Diskussion und Entscheidungsfindung konnte im Rahmen des Institutsalltags eingeübt werden. Allerdings beschränkte Josephine Stadlin die propagierte Selbstregierung der Zöglinge auf Mitsprache, wie das in den damaligen Philanthropinen für Knaben üblich war.
Die parlamentarische Schülerinnenmitsprache schränkte ihre Position als unangefochtene Autorität nicht ein. In den zehn Briefen, die Schülerinnen ihr in die Ferien nachsandten, wurde sie mit «Verehrter Generalissimus», «lieber Generalissimus» oder mit «Herr Präsident» angeredet, unterzeichnet wurden sie mit «die Republik» oder «die Republik von Olsberg».[245] Die Verwendung männlicher Titel entbehrte jeglicher Ironie. Der Titel stand offensichtlich nicht für das Geschlecht, sondern für die Position. Das Institut war die Republik und die Schülerinnen verhandelten als Teil dieser Republik den Institutsalltag, unterbreiteten ihre Erwägungen aber immer Josephine Stadlin als letztlich entscheidender Instanz. Diese richtete sich nach den Erwartungen der Schülerinnen, soweit deren Wünsche nicht ihren eigenen, als pädagogisch weitsichtig legitimierten Absichten zuwiderliefen. Bei diesen Wünschen ging es darum, ob eine Lehrerin ein eigenes Zimmer haben konnte, um die Pflege der Pflanzen, die Zimmerver-

teilung, Winterkleider, eine Lotterieveranstaltung oder Ausflüge, aber beispielsweise auch darum, Schiller in geringerem Tempo durchzunehmen. Weitaus am häufigsten ging es um einen unterrichtsfreien Tag, der mit unterschiedlichsten Motiven begründet wurde. Der Ton der Briefe unterschied sich je nach Schreiberin und Bitte. So hiess es beispielsweise: «Es hat sich der kleine u. grosse Rath heut versammelt, u. beschlossen», ihr die «unterthänigste Bitte» zu unterbreiten, Stunden ausfallen zu lassen.[246] Mit dem Ausruf «Was die Republik will, ist recht. Was sich ihr [ent]gegen stellt, ist schlecht!»[247] rechtfertigten sie ihre Bitte mit den wohl von Josephine Stadlin selber propagierten republikanischen Leitideen. In einem anderen Brief unterstrichen Schülerinnen die Einstimmigkeit der ganzen Republik, um der Forderung «Gelt, du giebst heute den ganzen Tag *frei*! [...] Im Namen der Republik. Das Comité!»[248] Nachdruck zu verleihen. Vereinzelt wurde auch in fehlerhaftem Französisch, eben in der Haussprache, korrespondiert: «[...] on vous a priéer d'avoir libre, mais ce n'est pas réussi; la petite république se rassemble pour la seconde fois pour vous priéer pour la même chose [...].»[249] Die angefügte Bemerkung stammt wahrscheinlich von der Französischlehrerin Marguerite Studer, die sich pädagogisch argumentierend für die Schülerinnen einsetzte: «Ce n'est pas bien de refuser tout.»[250] Die Vollversammlung war der «Grosse Rat», der «kleine Rat» beziehungsweise das «Comité» der Ausschuss und die Briefschreiberin der «Sekretär»: «Liebe Jungfer Stadlin. Es kommt da eine kleine Republik u. sagt, ich soll mein Sekretäramt heut verwirklichen u. an Sie petitionieren. Die Petition geht dahin Sie zu bitten uns zu erlauben Mr [Monsieur] Patre de Flat bis nach Augst zu begleiten u. über die Solitüde heimzukehren. Sehn Sie auch das schöne Wetter an; wärs nicht schade in den dunkeln Zimmern zu bleiben? Im Namen der Republikaner *Marie*».[251] Bei Marie handelte es sich wohl um Marie Vital (Wital), die, darin ihren Schwestern ähnlich, in Olsberg eine wichtigere Position einzunehmen schien. So war eine andere Bitte um einen Freitag mit «*Jenny Wital* im Namen des ganzen Völkleins»[252] unterzeichnet. Die Französischlehrerin Marguerite Studer setzte ihrerseits Marie Vital während Josephine Stadlins Ferienabwesenheit als Hilfslehrerin ein.[253]
Nach der Übersiedlung des Instituts an den Zeltweg in Hottingen (heute Zürich) veränderte sich mit der Aufnahme externer Schülerinnen die Struktur des Instituts. Von «Republik» ist von nun an in den Briefen nicht mehr die Rede.

Bildungsgewerbe: das Institut als Familienbetrieb

«Ihr verdanken ihre Geschwister das Meiste von dem, was sie seien u. sie hat für deren Erziehung, Berufsbildung u. Lebensstellung mit ihren Kräften und erprobten Mitteln, ausserordentliche Opfer gebracht. Ihre greise hochverehrte und geliebte Mutter aber fand seitdem sie selbständig geworden, an ihr eine treue Pflegerin und Fürsorgerin bis zu ihrem Tode.»[254] So würdigte der Arzt und Politiker Ulrich Zehnder, der seit 1857 mit Josephine Stadlin verheiratet gewesen war, kurz nach deren Tod die jahrzehntelange Bedeutung seiner verstorbenen Ehefrau für ihre Familie. Josephine Stadlin betrieb ihr Institut – darin den meisten im Gefolge von Pestalozzi gegründeten Instituten ähnlich – als einen gewerblichen Betrieb, der im Kern ein Familienbetrieb war und ihre nächsten

Ansicht des Klosters Olsberg um 1830: Die unter der Ägide des Kantons Aargau stehende «weibliche Erziehungsanstalt zu Olsberg» wurde im Kontext der Schulreform von 1835 geschlossen. Nach der Wiedereröffnung unter der Leitung von Josephine Stadlin schwärmten Schülerinnen in Briefen von der «heimeligen» Atmosphäre des Instituts in der ländlichen Abgeschiedenheit des Fricktals.

Verwandten mit einbezog und sich auf diese abstützte.[255] Zwar scheint die Autoritätsstellung von Josephine Stadlin in diesem Gefüge unbestritten, dennoch war das Verhältnis ein reziprokes, das heisst geprägt von gegenseitiger ebenso emotional wie ökonomisch bedingter Solidarität. Ohne die Mithilfe ihrer Mutter und Geschwister wäre ihr Unternehmen finanziell nicht zu realisieren gewesen. Doch selbst wenn Josephine Stadlin ihre Geschwister über längere Perioden in das Institut einband, erwartete sie von diesen längerfristig berufliche Erfolge, die darüber hinauszielten. Damit konnten die familiäre Einkommensstruktur verbreitert und die bildungsbürgerlichen Ambitionen erfüllt werden.

Seit der Zeit in Aarau fungierte Paulina Stadlin-Uttinger als Hausmutter und während der Kuraufenthalte von Josephine Stadlin auch als deren Stellvertreterin. Sie unterrichtete diese über den Gang der Dinge, über die Pflichten der Schülerinnen, über Krankheiten und Abwesenheiten, vor allem aber genauestens über die eingegangenen Zahlungen.[256] Sie erfüllte die Aufgaben, die in einem von einem Mann geführten Institut in der Regel dessen Ehefrau übernahm. In diesem Sinne waren Josephine Stadlin und ihre Mutter Paulina Stadlin-Uttinger ein traditionelles Arbeitspaar. In späteren Jahren konnte Paulina Stadlin-Uttinger ihren Part wegen Krankheit und zunehmenden Augenleidens nicht mehr optimal spielen. Dies führte zeitweise zu finanzieller, aber vor allem arbeitsmässiger Überlastung von Josephine Stadlin, da diese wiederholt nun selber den «Besen» und den «Kochlöffel» in die Hand nehmen musste, selbst wenn sie im «Sonnen-

Die

Bildungsanstalt

für Töchter,

in

Olsberg bei Rheinfelden,

Kantons Aargau.

Der Verstand bildet das Herz:
Erleuchte jenen, veredle dieses.

Aarau 1839.

Gedruckt in der Sauerländer'schen Buchdruckerei.

Die Informationsbroschüre zum Institut in Olsberg: Mit der Broschüre informierte Josephine Stadlin über die Erziehungsziele, die Lehrinhalte und die Alltagsordnung in ihrem Institut.

bühl» auf die Hilfe von Mägden zählen konnte.[257] Ihre Mutter zeigte sich denn auch Ende 1850 äusserst dankbar, dass ihr die Tochter im verflossenen Jahr zum Glück verholfen habe, durch ärztliche Intervention das Augenlicht wiederzugewinnen.[258] Es war das Jahr, in dem Josephine Stadlin aus finanziellen Gründen das Seminar schliessen musste.

In Olsberg und in Zürich beschäftigte Josephine Stadlin neben ihrer Mutter über kürzere oder längere Perioden als Lehrkräfte die jüngeren Schwestern Ida, Pauline und Anna sowie den Bruder Franz. Die autodidaktisch ausgebildete Lehrerin Ida Stadlin unterrichtete nach der Aufgabe des im Familienrahmen geführten kleinen Betriebs in Zug bei ihrer Schwester in Olsberg und später in Zürich und erfüllte ähnlich ihrer Mutter bei Josephine Stadlins Abwesenheiten Betreuungsfunktionen.[259] So schrieb sie der in Beromünster verheirateten Schwester Pauline Weber-Stadlin, wie die Schülerinnen in Olsberg in ihrer Obhut blieben, während Josephine Stadlin in Zürich alles für den Umzug an den Zeltweg regelte. Gleichzeitig grenzte sie sich von Josephine Stadlin ab, da sie deren Aspirationen nicht teilte: «Wenn es nur in Zürich mit dem Institut gut geht. – u. J.[osephine] nicht, wie sie sich erst geäussert mit den ältern Töchter hie und da die Hochschule besuchen wollte, das wäre doch gewiss höchst nachtheilig für's Inst.[itut].»[260] Längerfristig wollte sie sich von Josephine Stadlin unabhängig machen und nach Zug zurückkehren, um eine eigene Schule zu eröffnen. 1844 musste sie diese Pläne vorerst verschieben, da ihre Cousine Antoinette Uttinger

– auch eine Schülerin Josephine Stadlins – ihr zuvorgekommen war. Aus Beromünster, wo sie kurzfristig bei ihrer verheirateten Schwester wohnte, schrieb sie mit bedauerndem Unterton an Josephine Stadlin nach Zürich, dass ihr nichts übrig bleibe, als «bei Dir zu bleiben bis sich eine annehmbare Stelle für mich zeigt».[261] Es scheint, dass Josephine Stadlin die Selbständigkeit ihrer Schwester Ida befürwortete, da sich dadurch die Erwerbsbasis der Familie verbreiterte. Bis dahin spielte sie als Institutsleiterin zusammen mit Pauline Weber-Stadlin als verheirateter Frau mit festem Wohnsitz für Ida Stadlin die Rolle des Auffangbeckens. Doch schon bald eröffnete diese eine eigenständige Schule in Zug und konnte bereits 1846 Josephine Stadlin ihren Erfolg vermelden: «An Zahl der Schülerinnen bin ich dir überlegen.»[262] Sie zeigte sich ebenso anpassungsfähig wie flexibel und unterhielt eine Alltagsschule, zusätzlich eine Mittwochs- und eine Sonntagsschule. Insgesamt erteilte sie in der Woche 66 Schülerinnen während vierzig Stunden Unterricht.[263] Trotz der Abgrenzung von der älteren Schwester blieb sie dieser eng verbunden und zählte auf deren Ratschläge bezüglich Lektüre und methodischen Vorgehens.[264] So leitete diese in ihrer Antwort Ida Stadlin genau an, wie eine Ballade zu behandeln sei, um auf rudimentärer Ebene die Ziele der «Geistes- und Herzensbildung» zu erreichen: «Ich kann Dir nicht so im allgemeinen sagen, was an den Gedichten historisch wahr ist oder nicht. *Dieses* Wahre ist aber auch gar nicht die Hauptsache, sondern gleich. Überhaupt verliere Dich um Gottes Willen auch nicht in Erklärungen. Es gut lesen können u. die Schönheiten davon fühlen ist die Hauptsache u. dabei eben machen, dass sie denkend lesen, die einzelnen Sätze verstehen u. hie u. da eine sittliche Wahrheit u. Schönheit herausfühlen, mehr verlange nicht.»[265] Nach ihrem Tod im Jahre 1870 bemerkte die «Zuger Zeitung» im Nachruf auf Ida Stadlin, sie habe dreissig Jahre den «schweren Beruf als Privatlehrerin erfolgreich» ausgeübt, während es in einem fünf Jahre später erschienenen statistischen Werk hiess, sie habe «ihrem Vaterland manch wackere Lehrerin erzogen».[266] Es wird sich dabei um weltliche Lehrerinnen gehandelt haben, da das Institut Menzingen bis 1876 nur zukünftige Lehrschwestern ausbildete. Als Privatlehrerin war Ida Stadlin also längerfristig erfolgreicher als ihre bekannte Schwester, jedoch im Gegensatz zu dieser ohne visionäre Pläne. Während Josephine Stadlin immer wieder neue Projekte entwarf, für die sie die Werbetrommel zu schlagen hatte, wusste Ida Stadlin ihr Angebot der bestehenden Nachfrage nach Mädchenbildung anzupassen.

Die im Niederer'schen Institut zur Lehrerin ausgebildete Pauline Stadlin hatte bereits 1837 Kaspar Weber aus Beromünster geheiratet. Daher stand sie Josephine Stadlin in Olsberg und Zürich lediglich aushilfsweise zur Verfügung. Nachdem ihr Ehemann seine soziale und ökonomische Position im Kanton Luzern einerseits wegen der Auseinandersetzungen zwischen Liberalen und Konservativen – er war als Anhänger der Liberal-Radikalen im Frühjahr 1845 während des zweiten Freischarenzuges gefangen genommen worden –, anderseits wegen eines vor dem Gericht ausgehandelten Prozesses verloren hatte,[267] war Pauline Weber-Stadlin über die breit gestreuten Kontakte ihrer ältesten Schwester froh und hoffte, ihrem Mann so zu einer Stellung verhelfen zu können. Da selbst der

einflussreiche Textilfabrikant und Politiker Heinrich Zangger aus Uster keine Hilfe bieten konnte, emigrierte die Familie Weber-Stadlin nach Dubuque/Indiana in den USA, wo Pauline Stadlin bis zu ihrem Tod 1861 mit Unterrichten einen entscheidenden Beitrag ans Familieneinkommen leisten sollte.[268]
Eine Stütze für das Institut in Olsberg war die jüngste Stadlin-Tochter Anna, die noch als unmündiges Kind mit ihrer Mutter nach Aarau gekommen war. Mit zwanzig Jahren erklärte sie in einem Neujahrsbrief an die verheiratete Pauline Weber-Stadlin in Beromünster ihre älteste Schwester zu ihrem Vorbild: «So *nahe* ich jetzt meiner Schwester bin, so *nahe* will ich ihr im Charakter zu stehen kommen.»[269] Sie konnte zwar die in sie gesetzten Erwartungen anfänglich nicht erfüllen, bestand sie doch die Prüfung für die aargauische Wahlfähigkeit als Lehrerin nicht und fühlte sich Josephine Stadlin gegenüber schuldig: «Ich fühle, wie es Dir wehthun musste, mich von Allen als die Unfähigste dastehen zu sehen. Wenn ich an das Wahlfähigkeitszeugnis u. an Dich denke kann ich nur weinen. Liebe gute Schwester, zürne mir nicht, ich bin durch den blossen Gedanken, Dich so tief, tief gekränkt zu haben, bestraft genug.»[270] Sie blieb bei Josephine Stadlin und unterrichtete über Jahre im Olsberg und am Zeltweg. Zugleich fungierte sie als Betreuerin der Pensionärinnen und unterstützte ihre Mutter in der Hauswirtschaft.[271] Im Institut lernte sie ihren späteren Ehemann Eduard Schweizer (1818–1860) kennen, den Josephine Stadlin als Lehrer für Naturwissenschaften gewonnen hatte.[272]
Eine wichtige Position besetzte Josephine Stadlins Bruder Franz, der als einzige Person männlichen Geschlechts in Olsberg im Institut wohnte und auch nach dem Umzug nach Zürich immer wieder mit der Schwester und der Mutter zusammenlebte. Im Institut unterrichtete er mit Unterbrüchen, da er parallel dazu 1841 an der Berner Universität in Mathematik doktorierte und sich 1843 an der Universität Zürich in diesem Fach habilitierte.[273] Er lehrte an der Universität Algebra und Analysis, gleichzeitig interessierte er sich für die Ingenieurwissenschaften. Das Einkommen als Privatdozent war bescheiden und so blieb er bis Mitte der 1840er Jahre immer teilweise abhängig von seiner ältesten Schwester. Er suchte nach einer Stellung, die seinen Interessen und den Ambitionen seiner Familie eher entsprach. Die Schwestern und die Mutter hofften inständig, dass er etwas «Passendes» finde.[274] Ihm gelang dann ab 1845 die von ihm anvisierte Karriere als Ingenieur und Geometer. Schon am ersten Eisenbahntunnel der Schweiz, dem Schlossbergtunnel in Baden, war er als Unterakkordant des Unternehmers Caspar Hablützel beteiligt.[275] Ob dabei die Beziehungen Josephine Stadlers zu den freisinnigen Kreisen der Kantone Zürich und Aargau eine entscheidende Rolle gespielt haben, ist unklar, wohl aber ist belegt, dass sie ausser dem Bürgermeister Ulrich Zehnder auch andere Politiker bezüglich der Berufsaussichten ihres Bruders kontaktierte.[276] Beispielsweise «verwendete» sich Nationalrat Georg Joseph Sidler 1848 indirekt beim Bundesrat und über die Zuger Ständeräte für ihn.[277]
Franz Stadlin ersetzte als Mathematiklehrer Elise Sidler. Diese hatte als Josephine Stadlins Freundin aus den Zeiten im Niederer'schen Institut und als Tochter des Zuger Landammanns Georg Joseph Sidler im Institut eine Stellung eingenom-

Die Escherhäuser am Zeltweg: Ende 1841 verlegte Josephine Stadlin ihr Töchterinstitut von Olsberg an den Zeltweg Nr. 9 in Hottingen an der Stadtgrenze zu Zürich. In diesem Umfeld hielten sich in den 1840er Jahren eine bedeutende Zahl von liberal-radikalen deutschen Emigranten auf.

men, die jener der Geschwister von Josephine Stadlin mindestens ebenbürtig war. Die in London und in der Schweiz als Mathematikerin ausgebildete Elise Sidler hatte zwar bereits in Aarau unter Josephine Stadlins Regie unterrichtet, doch durfte sie im Olsberg nur kurz tätig sein. Auf Verlangen des Vaters musste sie das Institut verlassen, nachdem dieser aus politischen Gründen 1839 von Zug nach Zürich übersiedelt war. Statt mit Mathematik und Botanik sollte sie sich nun mit dem Haushalt beschäftigen. Die engen Beziehungen zu Josephine Stadlin blieben aber erhalten. Dank Elise Sidler lernte Josephine Stadlin in Zürich Ulrich Zehnder kennen, gemeinsam schrieben sich die beiden Freundinnen als Hörerinnen der Universität ein und Elise Sidlers späterer Ehemann Heinrich Schweizer, Professor der Altphilologie, lehrte im Stadlin'schen Institut.[278]
Neben ihrer Mutter, ihren Geschwistern und ihrer Freundin setzte Josephine Stadlin fast ausschliesslich eigene Schülerinnen als Lehrerinnen, Unterlehrerinnen und «Gehülfinnen» ein, die als «Töchter» emotional und ökonomisch von ihr abhängig waren. Nicht von ihr selber ausgebildete Lehrerinnen engagierte sie nur, sofern diese «Französinnen, Engländerinnen, kurz Frauenzimmer fremder Zunge» waren.[279] So unterrichtete Marguerite Studer in Olsberg Französisch.[280]
Alle Lehrkräfte waren fest in den Familienbetrieb eingebunden. Zu ihrer engsten Vertrauten wurde Fanny Hottinger, die nach der Erkrankung der Mutter im «Sonnenbühl» zunehmend deren Position im Institut besetzte.[281] Nach dessen

Schliessung fühlte sich Josephine Stadlin dafür verantwortlich, dass Fanny Hottinger eine ihr angemessene Stelle fand. So blieben sich die beiden Frauen auch später verbunden.
Die Abhängigkeitsverhältnisse zwischen Josephine Stadlin als Institutsleiterin und den von ihr ausgebildeten Lehrerinnen und Erzieherinnen waren problematisch, besonders weil diese während ihrer Zeit als Unter- und Hilfslehrerinnen kaum entschädigt wurden und Josephine Stadlin von ihnen uneingeschränkte Unterordnung und grösstes Vertrauen erwartete. Obwohl Josephine Stadlin auf die unbezahlten oder, wie bei Fanny Hottinger, nur gering entschädigten Arbeitskräfte angewiesen war, zeichnete sich das Verhältnis durch ein starkes hierarchisches Gefälle aus, das für die gewerbliche Betriebsstruktur prägend war und sich bei fehlender Trennung von Arbeits- und Wohnort trotz der familiären Binnenkultur noch stärker auswirkte. Auch ihr Bruder kritisierte nach Josephine Stadlins Tod rückblickend deren institutsinterne Stellung während der Zürcher Zeit als zunehmend despotisch. Ob dieses Urteil gefärbt war durch die Erfahrungen seiner Frau Tonine Clamaron als Unterlehrerin in Olsberg, bleibt offen.

Lehrerin unter Druck: Abhängigkeitsstrukturen in einem gewerblichen Betrieb
Die 1827 geborene Antonia Clamaron,[282] genannt Tonine, bewarb sich als Achtzehnjährige an der Allgemeinen Töchterschule Basel als Französischlehrerin. In ihrem Lebenslauf hob sie dabei ihre Ausbildung bei Josephine Stadlin hervor.[283] Sie war die älteste Tochter einer Kaufmannsfamilie aus Lyon, die sich in den 1830er Jahren in Basel niedergelassen hatte. Zusammen mit den Schwestern Henriette und Félicité war sie während kurzer Zeit von Josephine Stadlins jüngerer Schwester Pauline erzogen worden. Anschliessend zählten alle drei Clamaron-Töchter zu den Schülerinnen des Instituts in Olsberg und am Zeltweg.[284] Tonine Clamarons Eintritt ins Institut war, so ihre Aussage, mit der klaren Absicht verbunden gewesen, Lehrerin zu werden, und ihre Eltern hätten alles getan, um ihr die dazu notwendige Bildung zukommen zu lassen. Nach rund vier Jahren im Stadlin'schen Institut kehrte sie im April 1843 nach Basel zurück, wo sie noch während zwei Jahren von einem Hauslehrer unterrichtet wurde. Rund ein halbes Jahr nach der älteren Schwester kamen Henriette und Félicité wieder nach Hause, um von nun an von Tonine unterrichtet zu werden. Das sollte sich als schwierig erweisen. Deshalb trat Henriette bereits 1844 in die Töchterschule ein. Ebendort bewarb sich dann Tonine Clamaron um eine Stelle: «[...] à présent il faut penser à m'assurer un avenir, l'âge vient et la raison avec!»[285] Eine Erwerbstätigkeit drängte sich auch deshalb auf, weil die Jahre im Institut die Familie finanziell schwer belastet hatten und der Vater Josephine Stadlin nach dem Austritt aller drei Töchter eine bedeutende Summe schuldig geblieben war.[286]
Wahrscheinlich hat Tonine Clamaron die Stelle in Basel nicht erhalten. Auf jeden Fall hielt sich die Familie im August 1846 in Fontaine-sur-Saône bei Lyon auf. Damals verlegte Josephine Stadlin ihr Institut vom Zeltwelt ins Haus «Sonnenbühl» und sandte deshalb einen Brief an «Monsieur et Madame Clamaron». Sie schlug darin vor, Tonine solle neu als Lehrerin ins Institut und Seminar eintreten. Sie unterzeichnete mit «votre dévouée J. Stadlin».[287] Tonine Clamaron wil-

ligte ein, auch weil sie, so ihre spätere Begründung, die Schulden ihres Vaters abtragen wollte. Schon im Herbst trat sie die Stelle an und war dann bis 1850 im «Sonnenbühl» tätig. Während dieser Zeit kehrte ihre Familie in die Schweiz zurück und liess sich in Aarau nieder. Im Laufe dieser Jahre kam es aber zwischen Tonine Clamaron und Josephine Stadlin zum Zerwürfnis. Wann genau das Arbeitsverhältnis aufgelöst wurde, konnte ich nicht eruieren, wohl aber die Ursache des Zerwürfnisses: Geld. Sowohl die Familie Clamaron als auch Josephine Stadlin standen unter grossem finanziellem Druck, der eine konfliktbeladene Situation schuf, die zum Teil auf dem Buckel der jungen Lehrerin ausgetragen wurde. Denn Tonine Clamaron befand sich in der Abhängigkeit von ihrer Familie einerseits und von Josephine Stadlin als ihrer Lehrerin, Mentorin und Arbeitgeberin sowie Gläubigerin ihres Vaters anderseits.
In einem langen Brief an Josephine Stadlin schilderte Tonine Clamaron am 4. Juni 1851 rückblickend den Konflikt und wehrte sich gegen die erhobene Anschuldigung, das Ende des Seminars mit verursacht zu haben: «Als ich in Frankreich von Ihnen den ersten Brief bekam, baten Sie mich zu Ihnen zu kommen; freudig verliess ich die l.[ieben] Eltern um dem Ruf zu folgen: das zweite Jahr dass ich mit Ihnen arbeitete, schrieben Sie jemandem ich sei die ‹Zierd› des Instituts, fast zu hoch wurde ich von Ihnen gelobt, unwürdig fand ich mich des grossen Lobes und heut hab ich ein Brief vor mir, der mir sagt ich sei schuld dass das Institut unterging, so viel ich mich noch erinnern kann, war es, bei meinem Eintreten in Ihrem Haus, schon stark im Sinken, so dass das schöne ja grosse Werk keinen festen Grund mehr hatte, die Olsberger Zeit war es nicht mehr! – [...] Nach langer Berechnung mit Papa von meinen Einnahmen u. Ausgaben musste ich ihm sagen wo ein grosser Theil meines Geldes hingekommen sei. Die Note [Rechnung, E. J.] die er Ihnen zeigte ist bezahlt, u. ich habe es bezahlt aus meinem sauer verdienten Geld.»[288] Im Brief zählt sie verschiedene Begebenheiten auf: solche, bei denen Josephine Stadlin sie zu Unrecht der Unfähigkeit beschuldigt habe, und solche, bei denen Josephine Stadlin von ihr auch finanziell profitiert habe. So habe sie zu viel für die nach aussen gegebene Wäsche bezahlt, ebenso für Schäden am Haus aufkommen müssen, die nicht von ihr verursacht worden seien. Und schliesslich habe Josephine Stadlin sie verpflichtet, für einen Louisdor Briefpapier des Hauses zu beziehen, um es an die Schülerinnen weiterzuverkaufen: «ich sah zum Voraus dass ich das Papier nie los würde, machte Ihnen diese Bemerkung, u. fügte hinzu, ich wolle es gern für Sie verkaufen, u. Ihnen das Geld geben, allein Sie wollten nicht, wurden böse u. entzogen mir 16 Fr.[anken] von meinem Trimester, war ich nicht *gezwungen* das Papier zu nehmen? Ja nicht wahr? – Für 6 Fr.[anken] habe ich verkauft, u. für 10 Fr.[anken] haben Sie noch, u. ich habe weder Geld noch Papier, das ist der grosse Gewinn den Sie mir versprachen. O hätten Sie mich anhören wollen, gewiss würde vieles anders gegangen sein, aber alles was man sagen wollte war in Ihren Augen Entschuldigung od:[er] Wortmacherei.»[289] Unter «Wortmacherei» scheint Josephine Stadlin leeres Gerede verstanden zu haben. Tonine Clamaron warf ihr vor, sie sei unfähig zuzuhören und zudem sehr ungerecht: «Sie wussten dass ich arm bin, u. wo Sie konnten entzogen Sie mir von meinem Gehalt, immer sagend es

sei meine Schuld, heute noch sagen Sie dass Sie durch mich viel verloren haben. Es kann wohl sein. Ich frage Sie aber. Haben Sie immer allem nach gesehen, nach gefragt wie zu meiner Zeit [als Schülerin, E. J.]? Nein das weiss ich genau! Hätt' ich vielleicht die Unschiklichkeit der Mägde, der Mädchen verhindern können, bin ich schuld wenn sie uns hintergingen? O gewiss wenn Sie bedenken was Sie mir immer aufgebürdet haben, sehen Sie ein, dass Sie mir Unrecht thun.»[290] Dass Tonine Clamaron anfänglich als Aushängeschild galt, bezeugen andere Korrespondenzen.[291] So scheinen sie und ihre Schwestern über Jahre auch für andere Schülerinnen das fröhliche Trio des Institutslebens gewesen zu sein. Als die ehemalige Stadlin-Schülerin Rosalie Winistörfer-Keller 1846 erfuhr, dass Tonine Clamaron als Lehrerin ins Institut zurückgekehrt sei, gratulierte sie Josephine Stadlin: «Und Tonine, die liebe Tonine soll also im Institute sein, ach wie herrlich, wie werden Sie auch Freude mit ihr haben.»[292] Tonine Clamaron war für das Institut insofern ein Glücksfall, als sich in ihrer Person zwei zentrale Aspekte verbanden: Sie war französischer Muttersprache und war von Josephine Stadlin selber ausgebildet worden. Trotz dieser Voraussetzungen hatte sich laut Tonine Clamarons Brief von 1851 ihre Stellung im Institut zunehmend verschlechtert. Diese Situation scheint auf das Verhältnis zwischen Josephine Stadlin und den Eltern Clamaron abgefärbt zu haben: «Schade dass Sie in einer so aufgeregten Stimmung waren, als mein Papa mit Ihnen sprechen wollte, mit Ruhe hätte sich manches besser gemacht, allein Sie waren scheints nicht zu sprechen, Papa erkannte die Olsbergervorsteherin nicht mehr! – ich antwortete Ihnen nicht gleich, damit Sie nicht meinen könnten der Brief sei in einer bösen Stimmung geschrieben worden.»[293] Es ist anzunehmen, dass es in der Unterredung zwischen Josephine Stadlin und Herrn Clamaron um die Klärung der finanziellen Angelegenheiten gegangen war.
Doch nicht nur die Familie Clamaron stand in Josephine Stadlins Schuld, dies galt auch in umgekehrter Richtung. Unter dem Druck der eigenen Gläubiger vergriff sich Josephine Stadlin im Sommer 1848 am Geld von Tonine Clamaron, während diese im Elternhaus in Aarau in den Ferien weilte: «Liebe Tonine! Das Geld, das Du mir in Verwahrung gabst, habe ich leider borgen müssen. Sobald mir etwas eingeht, will ich es dir geben; aber in den Ferien geht mir nichts ein. O Tonine, ich bin sehr arm! U. wenn mir der l.[iebe] Gott nicht mehr Zöglinge schickt, so weiss ich nicht wie es gehen wird! Seine Hilfe geschehe! U. ich bete um nichts als um kindlichfrommen Glauben; besonders um *die* Glaubenskraft immer, u. immer noch besser meine Pflichten zu erfüllen. Wie herzlich freut es mich, dass du mich darin treu unterstützen willst. Gell, liebe Tonine, wir wollen die Mühe nicht scheuen?»[294] In diesem Brief spielte Josephine Stadlin die vielfache Abhängigkeit ebenso wie die Anhänglichkeit der jungen Frau aus, die sie gleichzeitig mit dem suggestiven «wir» zu übertünchen sucht. Mit dem Verweis auf ihre Armut verlangte sie Verständnis und gemeinsame Pflichterfüllung. Selbst wenn mir nicht bekannt ist, wie dieser Fall eines Übergriffs, der rechtlich als Veruntreuung taxiert werden könnte, ausging, zeigt sich doch darin die Problematik der familienbetrieblichen Strukturen des Instituts. Als Institutsleiterin stand Josephine Stadlin gegenüber Tonine Clamaron nicht nur in einer ökono-

misch übergeordneten Position, sondern sie hatte auch Zugang zum Geld, das die im Haus wohnende junge Frau als ihre Angestellte erspart hatte.
Nach ihrem Austritt aus dem Institut fand Tonine Clamaron eine Stelle in der Familie des Oberrichters Ringier in Lenzburg, dessen Töchter sie aus ihrer Zeit im «Sonnenbühl» kannte. 1853 suchte sie mit einem letzten Brief sich mit Josephine Stadlin zu versöhnen und deren mütterliche Zuwendung wieder zu gewinnen: «[...] obwohl Manches unser schönes Verhältnis getrübt hat, so bleibt doch immer Liebe u. Dankbarkeit in meinem Herzen. – Schon lange wollte ich Ihnen schreiben, mancher Brief wurde angefangen, [...] heute darf ich es wagen, obwohl ich Ihre Gesinnung gegen Ihre Tonine nicht kenne, Sie um Ihre alte Liebe zu bitten; ein Brief von Ihnen würde mir so unendlich wohl thun, wie glücklich wäre ich mit Ihnen wieder einen vertraulichen Briefwechsel führen zu dürfen. [...] o zeigen Sie mir bald durch einen l.[ieben] Brief dass Sie mich noch unter Ihren Kindern zählen. Ich trage dann leichter das Schwere des Lebens, wenn ich bei Ihnen Trost u. Rath suchen darf. –»[295] Es scheint, dass ihr dies nicht gelungen ist, da sich im Nachlass keine Fortführung des Briefwechsels befindet.
Ohne das Zutun von Josephine Stadlin wandelte sich das Verhältnis zwischen den beiden Frauen zu einer «echten» verwandtschaftlichen Beziehung: 1857 heiratete Tonine Clamaron Franz Stadlin und avancierte somit vom ehemaligen «Kind» zur Schwägerin der ehemaligen Lehrerin und «Mutter».[296] Wie sich diese neue verwandtschaftliche Beziehung im Alltag gestaltete, entzieht sich meiner Kenntnis. Doch im Alter knüpfte Josephine Stadlin an das frühere emotional geprägte Verhältnis an und gab ihrer Schwägerin ein Zeichen des Vertrauens. Bevor sie sich einer Operation unterzog, erliess sie zu Gunsten von Tonine Stadlin-Clamaron eine Verfügung, die ihre ehemalige Schülerin bei ihrem allfälligen Ableben zur finanziellen Nutzniesserin eines Teils ihres Vermögens machte. Bruder und Schwägerin zeigten sich bis «ins Innerste erschüttert». Tonine wollte sich als Krankenwärterin zur Verfügung stellen und der Brief des Bruders überquoll von Dankbarkeit: «Ich danke Dir. Tonine u. die Kinder werden Dir zeitlebens danken u. Dein Andenken segnen. Ich habe dieses nie gehofft, nie erwartet; u. nicht nachgesucht, u. darum so grösser meine Dankbarkeit; in allem Übrigen wie früher, auch ohne dies, Dir in Liebe u. Treue zugethan.»[297] Josephine Stadlin sollte die neu erwachte Zuneigung Tonine Clamarons nicht mehr erfahren. Sie starb an den Folgen ebendieser Operation.

2.3 Fazit: Mädchenbildung als Schnittstelle gesellschaftspolitischer Auseinandersetzungen, pädagogischer Konzepte und wirtschaftlicher Zwänge

Als Vertreterin einer an Pestalozzis Wohnstubenpädagogik orientierten privaten Institutserziehung wird Josephine Stadlin von der Pestalozzi-kritischen Erziehungswissenschaft dem eher konservativen Lager zugeordnet. Zu wenig reflektiert werden dabei zum einen die strukturellen Bedingungen, die Frauen und Männer im 19. Jahrhundert einem je anderen Tätigkeitsraum zuwiesen, zum andern die einseitige Ausrichtung der Bildungskonzepte auf die männliche Jugend. Für die Ausrichtung auf die weibliche Jugend mussten diese Konzepte von Lehrerinnen und Institutsleiterinnen angeeignet, geschlechterspezifisch begründet sowie den gesellschaftlichen und ökonomischen Bedingungen angepasst werden.

Bezüglich der Bedeutung der Mädchenbildung im Umfeld der politischen Auseinandersetzung zwischen Liberalen und Katholisch-Konservativen, der eingeschränkten fachspezifischen Professionalisierung der Lehrerinnen sowie der dadurch beschränkten Möglichkeiten der Umsetzung pädagogischer Konzepte im Institutsalltag ist die Analyse von Josephine Stadlins Korrespondenzen von bedeutender Aussagekraft. Augenfällig ist die spezifische Adaption von Pestalozzis Inthronisation der Mutter, die bei Josephine Stadlin nicht an die leibliche Mutterschaft, sondern an den erzieherischen Einfluss gebunden war. Ebenso augenfällig ist der für das 19. Jahrhundert typische Fortschrittsglaube. Die unablässig wiederholten Begriffe «Wirken» und «Streben» zeigen ein Verständnis von Bildung als nie abgeschlossenem Prozess. Das heraufbeschworene Wirken und Streben implizierte konkretes Handeln nach aussen und die eigene Selbstvervollkommnung. So war auch Josephine Stadlins Haltung in Sachen Mädchenbildung mehrdeutig. Sie war bedingt durch die gesellschaftlichen Umbrüche wie durch die prekären ökonomischen Familienverhältnisse. Sie schrieb sich selbstbewusst in die Tradition der Bildungsreformen des ausgehenden 18. Jahrhunderts ein und zeigte parallel dazu eine hohe Übereinstimmung mit der fortschrittsorientierten Politik der liberalen Kreise. Die für eine männliche Jugend gedachte Einübung staatsbürgerlicher Mitbestimmung und republikanischer Tugenden übertrug sie auf das Mädcheninstitut, eignete sich die ebenso als männlich konzipierte Stellung des «Generals» an und oszillierte in ihrem Verständnis von «Mutter» situationsbezogen zwischen der väterlich definierten Position von Pestalozzi und einer eher weiblich aufgeladenen Mütterlichkeit. Die Ambivalenz der Bildungskonzepte im Institutsalltag beruhte weniger auf dem Rekurs auf Pestalozzi als auf frauendiskriminierenden Bestimmungen, die entscheidend von den liberal-radikalen Gesinnungsgenossen und Freunden Josephine Stadlins institutionalisiert wurden. Mit diesen Bedingungen verknüpft war die Vergeschlechtlichung der Lehrerinnenbildung, die in den einzelnen Kantonen argumentativ je anders legitimiert und umgesetzt wurde: vom gänzlichen Ausschluss wie im Kanton Zürich über die religionspolitisch und finanziell begründete Akzeptanz der Lehrschwestern in den katholischen Kantonen oder die beschränkte Zulassung der Frauen zum Lehrberuf im Kanton Aargau bis zur fast völligen Gleichstellung im Kanton Waadt. So war auch die Haltung von Bildungspolitikern, die Josephine Stadlin persönlich nahestanden und mit ihr einen regen Austausch pflegten, ausgesprochen widersprüchlich.

Josephine Stadlin erscheint in ihren Briefen als selbstbewusste Vertreterin des liberalen Bürgertums, die mit dem Grundsatz der Gleichheit argumentierte, sich in den Dienst freisinniger Bildungspolitik stellte und sich im Kampf gegen das Unterrichtsmonopol der Nonnen an katholischen Mädchenschulen engagierte, sich jedoch ebenso wegen ihrer eingeschränkten Möglichkeiten und ihrer be-

ruflichen Ambitionen sowie der Verantwortung gegenüber ihrer Familie nicht den Ansprüchen radikaler Exponenten des Freisinns unterordnete, auch nicht den Erwartungen Augustin Kellers, der weibliche Lehrkräfte in seine bildungspolitische Strategien einzubinden suchte. Dieser sprach zwar der Lehrtätigkeit von Frauen das Wort, stimmte aber gleichzeitig frauendiskriminierenden Regelungen zu, die er zum Teil sogar selber initiiert hatte. Entgegen der für die bürgerliche Gesellschaft des 19. Jahrhunderts rational begründeten Zuordnung der Frauen zum Privaten befürwortete er aber dennoch Josephine Stadlins öffentliche Positionierung als Lehrerin und Publizistin.
Trotz der von Augustin Keller mitgetragenen Zurücksetzung der Frauen im Lehrberuf und trotz Augustin Kellers geschlechtshierarchischer Machtstellung Josephine Stadlin gegenüber, die sich in seinen Unterstützungsangeboten spiegelte, war ihr gemeinsamer Freundschaftsdiskurs geprägt vom Anspruch auf Gleichheit und Reziprozität. Die dem Freundschaftsdiskurs inhärenten Erwartungen und Anforderungen bezogen sich bei beiden – ausgehend von einem geteilten Weltverständnis – immer auch auf die politische Praxis und die darin involvierten Netzwerke. Dieser Diskurs zeigte sich in den berücksichtigten Briefen daher nicht nur als Ausdruck der eigenen Gefühle. Angesiedelt im «intermediären Bereich» zwischen Privatsphäre und Öffentlichkeit[298] bezog er sich auf Möglichkeiten der Einwirkung auf die Welt. In der Vorstellung dieser Möglichkeiten waren sich Josephine Stadlin und Augustin Keller auf Grund der gemeinsamen politischen Verankerungen ihrer Familien, aber auch der Nähe zum Reformkatholizismus weitgehend einig. Der Reformkatholizismus lehnte die als jesuitisch definierte Kasuistik strikte ab zu Gunsten einer von Tugend und Gemeinsinn geprägten Moral.
Diese weitgehende Übereinstimmung zwischen Augustin Keller und Josephine Stadlin äusserte sich in den Jahren der Regeneration und des Sonderbunds in einer intensivierten Zusammenarbeit. Sie übernahm die Aufgabe, mit der Ausbildung von Lehrerinnen den Einfluss der katholischen Kirche in der Volksschule einzudämmen. Die Einbindung der von ihr ausgebildeten Lehrerinnen in die politischen Auseinandersetzungen der 1840er Jahre hatte längerfristige und überregionale Auswirkungen, wenn auch nicht im Sinne der liberalen und radikalen Kräfte. Mit dem vom Kapuziner Theodosius Florentini gegründeten «Institut der Lehrschwestern zum heiligen Kreuz» in Menzingen konnten die Mädchenbildung in den Innerschweizer Primarschulen weitgehend den Nonnen übertragen und die politischen Positionen der Katholisch-Konservativen über diese Kanäle in die Familien transferiert werden. Die kulturkämpferischen Vorstösse im eidgenössischen Parlament zur Eingrenzung der Tätigkeit der Lehrschwestern blieben aber längerfristig folgenlos.[299]
Ein nicht konfessionell gebundenes schweizerisches Lehrerinnenseminar, wie es Josephine Stadlin und einigen Exponenten der SGG vorschwebte, wäre eine Alternative zur kantonsübergreifenden katholischen Initiative gewesen, doch war dazu der Wille zur Unterstützung letztlich gering. Selbst wenn ein solches Modell realisiert worden wäre, hätten die in einer solchen Institution ausgebildeten Lehrerinnen – entgegen den Intentionen der liberal-radikalen

Bildungspolitiker – die Lehrer in den liberalen Kantonen konkurrenziert, nicht aber die Lehrschwestern in den katholischen Kantonen, da diese ihre Tätigkeit als Mitglieder einer klösterlichen Kongregation nicht als Beruf, sondern als «Berufung» sahen und den Gemeinden keine oder nur äusserst geringe Lohnkosten verursachten.[300] Weltliche Lehrerinnen wie die Einsiedlerinnen Gertrud Steinauer oder Meinrada Gyr dagegen verstanden ihre Berufstätigkeit als Erwerb, das Einkommen war für sie ohne klösterliche und kirchliche Rückendeckung von existentieller Notwendigkeit. Ebenso musste das als privater Gewerbebetrieb organisierte Stadlin'sche Institut bar jeder Unterstützung durch eine mächtige Institution wie die katholische Kirche seine Betriebskosten decken und das Einkommen der involvierten Familienangehörigen und Lehrkräfte garantieren.

Die Mutter und die Schwestern, der Bruder und die Freundin waren einerseits als Arbeitskräfte für Josephine Stadlin eine zentrale Ressource, anderseits diente das Institut den Angehörigen auch als Auffangbecken, der Nutzen war also ein gegenseitiger. Für die nicht verwandten Mitarbeiterinnen war die Abhängigkeit dagegen eine weit einseitigere, das hierarchische Gefälle zwischen Institutsleiterin und Unterlehrerinnen bedeutend. Das musste die über Jahre im Institut tätige Tonine Clamaron schmerzhaft erfahren, die sich gegen die Ansprüche Josephine Stadlins kaum wehren konnte. Diese Ansprüche stiegen wegen des finanziellen Drucks zunehmend. Denn die Ausweitung des Instituts zu einem Lehrerinnenseminar mit angegliederter Musterschule und der Umzug in das neu erstandene Haus «Sonnenbühl» verschärften die Probleme. Selbst wenn viele junge Frauen als in Ausbildung stehenden Unterlehrerinnen ihre Tätigkeit unentgeltlich absolvierten und Josephine Stadlin sich auf ein breites Netz von bekannten Unternehmern, Pädagogen und Professoren abstützen konnte, die dem Institut als Aushängeschild dienten, blieben die finanzielle Situation prekär und die berufsspezifische Ausbildung der weiblichen Erziehung in ihrem nicht institutionalisierten Seminar Stückwerk.

Finanzieller Druck und fehlende Institutionalisierung sowie professionelle Ambitionen und Streben nach vermehrter Anerkennung erklären nur partiell die Frage, warum Josephine Stadlin trotz politisch und gesellschaftlich einflussreichem Beziehungsnetz und zeitweise grosser Akzeptanz nach wenigen Jahren erfolgreichen Wirkens ihre Pläne immer wieder änderte. Ihr Handeln entsprach weder dem Vorbild weiblicher Fürsorglichkeit noch der traditionell eher auf Subsistenzsicherung ausgerichteten familienbetrieblichen Zurückhaltung, sondern mehr dem eines risikofreudigen Unternehmers, der sich auch ohne Notwendigkeit unablässig in neue Abenteuer stürzt und nicht davor zurückschreckt, damit das Erreichte in Frage zu stellen.

3 Netzwerke zur Konsolidierung des Lehrerinnenseminars als öffentliche Institution und privates Unternehmen

«Wir wissen wohl, was leider nöthigte, Lehrer statt Lehrerinnen zu nehmen. Es fanden sich Wenige von genügender Bildung. Das muss anders werden; die Bildungs*fähigkeit* fehlt uns nicht; das Bildungs*recht* kann uns nicht verweigert werden.»

Die Erzieherin, Nr. 1, 1845.

Der Ausbau des öffentlichen Bildungswesens und die berufsspezifische Qualifikation der Lehrkräfte für die Volksschule auf Elementar- und Sekundarstufe waren im Kontinentaleuropa des 19. Jahrhunderts dem Liberalismus ein zentrales Anliegen. In der Schweiz versuchten Exponenten der Liberal-Radikalen diese Anstrengungen zu bündeln und die Kantonsgrenzen zu überwinden. Gelegenheit dazu bot die Wende von 1848, denn laut Andreas Suter eröffneten sich nach der Niederlage des konservativen Sonderbunds den Siegern als «kollektiven Akteuren» Handlungsspielräume für die «Konstruktion neuer Welten und die Konstruktion neuer Handlungs- und Zukunftsentwürfe».[1] So war von Liberal-Radikalen im Frühjahr 1848 beantragt worden, neben einer schweizerischen Hochschule auch ein eidgenössisches Lehrerseminar für Männer in der Verfassung zu verankern, um das Volk der «Tyrannei der klerikalen Kaste» zu entreissen.[2] An die Ausbildung von Lehrerinnen dachten sie dabei zwar nicht, obwohl es laut Evelyne Boesch und Sibylle Omlin im Kontext dieses Aufbruchs durchaus denkbar gewesen wäre, dass mit den «Bemühungen der Liberalen um einen nationalen Staat und die Bundesverfassung» selbst das Projekt eines Lehrerinnenseminars «eine nationale Institution» hätte werden können.[3]
Doch auch nach 1848 war die Ausgestaltung des höheren öffentlichen Bildungswesens auf Seminar-, Gymnasial- und Universitätsstufe föderalistisch organisiert und die Ausrichtung der höheren Bildung sowie der Ausbildung von Lehrkräften für die Volksschule konzeptionell auf die männliche Jugend beschränkt. Die männlichen Lehrkräfte waren gespalten in zwei Statuskategorien, die Volksschullehrer zum einen und die akademisch ausgebildeten Gymnasiallehrer zum andern. Für die weibliche Jugend erwies sich eine solche Spaltung als obsolet, wurden doch von den liberal-radikalen Politikern auf nationaler wie auf kantonaler Ebene eine Ausbildung junger Frauen zur Lehrtätigkeit auf Volksschulstufe nur vereinzelt und ein Mädchengymnasium als Vorbereitung auf ein Studium überhaupt nicht erwogen.[4] Unter dem Vorzeichen der Konfessionalisierung realisierten dagegen die im Sonderbund unterlegenen Katholisch-Konservativen

eine überregionale Ausbildung weiblicher Lehrkräfte. Ein nicht konfessionell gebundenes schweizerisches Lehrerinnenseminar, wie es Josephine Stadlin und auch einigen Exponenten der Schweizerischen Gemeinnützigen Gesellschaft (SGG) vorschwebte, wäre eine Alternative zu dieser kantonsübergreifenden katholischen Initiative gewesen, doch war dazu der Wille zur Unterstützung in den von den Liberalen dominierten Kantonen letztlich gering. So überliessen auch die radikalen und etatistisch gesinnten Bildungspolitiker, die sich in einer sich formierenden Parteienlandschaft, in Studentenverbindungen,[5] in Gesellschaften und patriotischen Vereinen sowie in Freimaurerlogen fast ausschliesslich in einem homogen männlichen Milieu bewegten, die Offensive im Bereich der Mädchenbildung den einzelnen Kantonen und lokalen Behörden. Selbst Josephine Stadlins Aargauer Freund Augustin Keller konnte und wollte ihr zur Verwirklichung der Idee eines öffentlichen schweizerischen Seminars nicht helfen, ebenso wenig ihr Zürcher Freund Ulrich Zehnder.

Wie schon vor 1848 blieb die Ausbildung weiblicher Lehrkräfte, abgesehen von sehr wenigen Ausnahmen, eine an private Institute übertragene Aufgabe.[6] So hatten im Kanton Zürich vor allem die Lehrer als eine der treibenden Kräfte der politischen Umwälzungen seit 1830 ihre Interessen durchzusetzen vermocht und Frauen vom öffentlichen Unterricht ausgeschlossen, während in anderen Kantonen weibliche Lehrkräfte in einer ersten Phase stärker in die staatliche Schule eingebunden worden waren, wenn auch vielfach um den Preis einer schlechteren Ausbildung.[7] Eine den Frauen zugängliche Seminarbildung hätte – das war gerade einem politischen Kopf wie dem zürcherischen Seminarleiter Thomas Scherr bewusst – den Anspruch der Lehrer auf wissenschaftlich fundierte Professionalisierung noch weit grundsätzlicher in Frage gestellt als die fehlende akademische Verortung.[8]

Der Begriff der Professionalisierung ist – davon war schon mehrfach die Rede – im Kontext der bürgerlichen Gesellschaft des 19. Jahrhunderts mehrdeutig: Er bezieht sich zum einen auf die Vermittlung beziehungsweise Aneignung von beruflichen Fachkompetenzen, zum andern auf die Bildung von Professionen im Sinne von öffentlich anerkannten Fachexperten mit einer spezifischen Gruppenidentität, deren Wert sich von ihrem Berufsethos ableitet.[9] Als idealtypische Merkmale einer erfolgreichen Professionalisierung im letzteren Sinne gelten in der historischen Forschung neben der Ausbildung an der Universität selbstbestimmte Berufsausübung, Autonomie gegenüber Ansprüchen von Staat und Klienten sowie die Unabhängigkeit von Berufsorganisationen.[10] Im Gegensatz zur Position der Ärzte und der Juristen als Akademiker mit «freier» Berufstätigkeit entsprach die Stellung der Volksschullehre im Kanton Zürich den Kriterien der Professionenbildung nur teilweise, wie das Bloch in ihrer differenzierten Untersuchung nachgewiesen hat.[11] Die Lehrer gestalteten ihren Berufsalltag individuell und in grosser Selbständigkeit. Auch waren sie in den kontrollierenden Aufsichtsgremien auf Gemeinde-, Bezirks- und Kantonsebene von Gesetzes wegen vertreten. Meistens waren Lehrer an der Ausgestaltung von Lehrmitteln beteiligt und die kantonale Lehrersynode konnte über ihr Recht auf Begutachtung von Lehrmitteln bei der Weitergestaltung des Berufs mitreden. Selbst

wenn diese Einflussnahme vor allem von der «Professionsspitze», von Seminardirektoren sowie Seminar- und Sekundarlehrern ausging, waren die Lehrer an der Ausgestaltung des Berufs dennoch entscheidend beteiligt. Mit der Stärkung der Laiengremien wie der Bezirksschulpflegen waren sie aber vermehrt von der Kontrolle durch die Staatsbürger als ihrer Klientel abhängig, statt dass ihnen, wie bei den Anwälten und Ärzten, die alleinige fachliche Beurteilungskompetenz zukam. Ausserdem waren seit 1850 auf Gemeindeebene die männlichen Stimmbürger für die Anstellung der Lehrer und seit der Verfassungsreform von 1869 für deren Wiederwahl zuständig, was die Stellung der Klientel zusätzlich stärkte. Schliesslich wurde ihnen die Ausbildung an der Universität verweigert.[12]
Zu dieser ambivalenten Situation der Lehrer zwischen Autonomie und Abhängigkeit trug auch die Struktur der Berufsorganisationen bei. Während Ärzte und Juristen sich staatsunabhängige Standesorganisationen mit privilegiertem Zugang zu staatlichen Institutionen schufen, waren Zusammensetzung und Auftrag von Lehrerkapitel und Lehrersynode gesetzlich geregelt und an den Staat gebunden. So dienten die viermal jährlich stattfindenden Kapitel vor allem der Weiterbildung und auch die alljährliche Synode nahm kaum Berufsinteressen wahr, sondern wurde in starkem Masse von der Regierung beziehungsweise dem Erziehungsrat bestimmt.[13] Im 1849 gegründeten, staatsunabhängigen Schweizerischen Lehrerverein zur «Verbindung und Verbrüderung der Lehrer» übten ebenfalls Vertreter der «Professionsspitze» wie der Aargauer Seminardirektor Augustin Keller oder der ehemalige Berner Seminardirektor Heinrich Grunholzer bedeutenden Einfluss aus.[14] Auch dieser Verein widmete sich vor allem pädagogischen und schulpraktischen Fragen, bevor dann parallel zur Gründung kantonaler Sektionen in den 1890er Jahren den materiellen Interessen mehr Gewicht zugemessen wurde. So erhielt im Gefolge des liberalen Aufbruchs der 1830er und 1840er Jahre die Volksbildung zwar enormen Auftrieb und zollte man den Lehrern entsprechende Anerkennung, doch blieb diesen wenig Raum für Autonomie in der Definition des beruflichen Handelns sowie gegenüber den Ansprüchen des Staates einerseits und der Klienten als stimm- und wahlfähiger Staatsbürger anderseits. Nicht zuletzt auf Grund der Rekrutierung ihrer Berufsangehörigen unter der ländlichen Bevölkerung waren die Lehrer auch wirtschaftlich nicht privilegiert, lag ihr Einkommen im Vergleich mit den Ärzten, Juristen und Pfarrern deutlich tiefer.[15]
Alle diese Faktoren spielten beim Ausschluss der Frauen vom Lehrberuf im Kanton Zürich wie in anderen liberalen Kantonen eine Rolle, da deren Zulassung die Professionalisierungsansprüche der Lehrer weiter geschwächt hätten. Denn die Idee der Autonomie war in den bürgerlichen Ordnungsvorstellungen des 19. Jahrhunderts an das männliche Geschlecht gebunden. Unter dieser geschlechtshierarchischen Prämisse hätte die Zulassung der Frauen die mit der Professionalisierung verbundenen Erwartungen an eine höhere Entlöhnung weiter untergraben. Gleichzeitig wäre den Lehrern auf dem schulischen Arbeitsmarkt Konkurrenz erwachsen.[16] Je nach Kontext kamen aber bei der Diskriminierung der Frauen im Bereich der Lehrtätigkeit je anderen Faktoren Bedeutung zu. Politische Unterstützung erfuhren auf lokaler Ebene in der Regel nur jene Ausbildun-

gen von weiblichen Lehrkräften, die auch vom volkswirtschaftlichen Standpunkt her als notwendig oder nützlich erachtet wurden. In den katholischen Kantonen war der finanzielle Faktor entscheidend; Lehrschwestern verursachten kaum Lohnkosten, wurden daher für die Mädchenbildung bevorzugt. In vorwiegend reformierten beziehungsweise liberalen Kantonen sahen die Politiker dagegen den volkswirtschaftlichen Nutzen einer spezifischen Mädchenbildung in der Regel konkret nur im Unterricht in Handarbeiten und Hauswirtschaft. Doch selbst die dazu notwendige Ausbildung weiblicher Lehrkräfte sowie die Institutionalisierung dieses Unterrichts schob man aus Kostengründen in den meisten Kantonen immer wieder auf die lange Bank.[17] Damit verfestigten die Politiker über das Jahr 1848 hinaus nicht nur den Grundsatz der geschlechterdifferenten Ausbildung, sondern auch den Grundsatz, dass die Mädchenbildung als solche nicht in den Zuständigkeitsbereich öffentlicher Instanzen gehörte, sondern Sache von Privaten beziehungsweise von Frauen sei.[18]
Josephine Stadlin, die als Frau von den politischen Entscheidungswegen qua Geschlecht ausgeschlossen war, konnte sich diesen gesellschafts- und machtpolitischen Bedingungen nicht entziehen, selbst wenn für sie das Lehren, die Leitung des Instituts und die Ausbildung von Lehrerinnen berufliche Identität wie auch unabdingbare Existenzsicherung bedeuteten. Um ihrem Vorhaben, das Institut um ein Seminar zu erweitern, dennoch zum Durchbruch zu verhelfen, bewegte sie sich auf mehreren Geleisen. Dabei richtete sie sich nach Mustern, die unter den Männern der liberalen Bewegung erfolgreich waren: die Einbindung der Bekannten, die Ausweitung der persönlichen Beziehungen entlang der gemeinsamen Gesinnung sowie der politischen und gesellschaftlichen Einflussmöglichkeiten; die Ausgestaltung formeller wie informeller Beziehungen zu Regierungsgremien; der transnationale Austausch über Fragen der Professionalisierung der Ausbildung; die Gründung von Vereinen und Publikationsorganen; die Bündelung und Verknüpfung dieser Ressourcen auf das anvisierte Ziel hin.
Hier interessiert, wie Josephine Stadlin handelte und redete, um ihr privates Projekt eines schweizerischen Lehrerinnenseminars als eine öffentliche Institution erscheinen zu lassen und um unterschiedliche Ressourcen für dessen Realisierung zu mobilisieren. Es gilt deshalb zu fragen, inwiefern ihre Argumentation einer stringenten Logik folgte und inwiefern sie die Geschlechterstereotype mit gezielter Taktik oder unbewusst gleichzeitig reproduzierte und untergrub. Und es gilt zu zeigen, wie sie ihr informelles Netzwerk, das von prominenten schweizerischen Politikern über bekannte Professoren und Pädagogen bis zu Institutsleiterinnen und Publizistinnen unterschiedlichste Personenkreise umfasste, ständig auszuweiten wusste. Dabei sind sowohl die Struktur, Reichweite und Bedeutung dieses Netzwerks als auch dessen begrenzte geschlechterspezifische Wirkmächtigkeit zu untersuchen. Denn die sich aus dem Engagement von Frauen ergebenden Beziehungen beeinflussten zwar entscheidend die Entwicklung der Frauenbewegung, vermochten jedoch um die Mitte des 19. Jahrhunderts noch keine nachhaltigen bildungspolitischen Veränderungen zu generieren.[19] Zu fragen ist deshalb, wie es Josephine Stadlin zwar gelang, die für ein solches Projekt notwendige Öffentlichkeit zu schaffen, warum aber der diesbezügliche

Erfolg dennoch äusserst fragil und von kurzer Dauer war. Schliesslich stellt sich in diesem Kontext die Frage nach dem Gewicht der tradierten und institutionalisierten Diskriminierung von Frauen für Josephine Stadlins Netzwerke. Gleichzeitig ist zu beachten, inwiefern Josephine Stadlin als Frau und Person, deren öffentliches Auftreten Anlass zu Kritik gab, zum Scheitern ihres Projekts beigetragen hat.

Ich richte mich in der Analyse der Korrespondenzen und Publikationen nach diesen Fragestellungen und vernachlässige dabei die Bearbeitung von Josephine Stadlins schulischen und pädagogischen Konzepten. Die Argumentationsstränge ihrer Konzepte berücksichtige ich nur, wenn diese kennzeichnend sind für das Verhältnis von geschlechterspezifischen Handlungsmöglichkeiten und frauendiskriminierenden Rahmenbedingungen. Obwohl ich mich einer extensiven Analyse des Lehrerinnenseminars enthalte, vermittle ich in einem Exkurs anhand von Quellenauszügen einen Einblick in die pädagogischen Praktiken in Josephine Stadlins Seminar.[20] Diese Einblicke vermitteln einen Zugang zur spezifischen Tradierung und Produktion von Wissen in einer nicht institutionalisierten, von Frauen als Lehrende und Schülerinnen geprägten Bildungsanstalt.

3.1 Prolog: Öffentlichkeit als Argument – die Legitimation der Lehrerinnenbildung im Spannungsfeld von Öffentlichkeit und Privatheit

Bei der Ausgestaltung der Volksschule in den liberalen Kantonen der deutschen Schweiz waren Frauen als Lehrkräfte marginalisiert. Deshalb war klar, dass ein Lehrerinnenseminar nur dann Chancen hatte, wenn es der Nachfrage aus mehreren Kantonen nachkam. In der Aufbruchstimmung der 1840er Jahre konnte sich Josephine Stadlin vorerst noch Hoffnungen auf überkantonale Bestimmungen im Bildungsbereich machen, was dem Label «Schweizerisches Seminar» eine gewisse Leuchtkraft verliehen hätte. Doch wie kurzlebig diese Hoffnungen auf nationale Anerkennung waren, lässt sich an der Verschiebung in der Tonlage von Josephine Stadlins Argumentation in der kurzen Phase des Umbruchs von 1848 nachvollziehen.

1848: pathetischer Aufbruch und resignative Bilanz

Nach dem Sieg der Liberalen gegen den Sonderbund sah sich Josephine Stadlin als Teil der kollektiven Akteure, die mit ihrem Einsatz zur Konstruktion einer besseren und zukunftsträchtigen Welt beitrugen. So verstand sie im Neujahrsbrief an ihren Bruder Michael im Januar 1848 ihr Institut und Seminar als persönlichen vaterländischen Beitrag an den neu zu gründenden Bundesstaat. Mit pathetischen Worten verknüpfte sie die Sieges- und Aufbruchstimmung mit der Bedeutung weiblichen Wirkens im Allgemeinen und ihrer persönlichen Erziehungstätigkeit im Besonderen: «Nicht [...] die Wünsche haben unser theures Vaterland gerettet. Die *Thaten* sind's! Zur That rechne ich aber auch die Gesinnung. In unserer Gesinnung und unserm Thun liegt unser Werth u. unser Glück. [...]

Weil ich so denke, so will ich auch meine höchsten Gefühle für's Wohl unseres Vaterlandes nicht in Wünschen ausdrücken. Ich will *thun*, was ich kann u. früh u. spät arbeiten um ihm Töchter u. Frauen zu erziehen, die *treu im Kleinen*, doch grossherzig genug sind, sein Wohl u. Weh mitzufühlen. – Die mit weiblichem u. fraulichem Sinn doch auch Söhne zu erziehen u. Männer [...] zu erheben verstehen – das ist *meine* Aufgabe, die ich treu u. ausdauernd zu erfüllen suche.»[21] Auch wenn sich dieser Brief auf ihre eigene Tätigkeit bezog, definierte sie damit doch ihr Seminar als Flaggschiff einer liberalen Lehrerinnenbildung, und die Arbeit, die sie den von ihr ausgebildeten Lehrerinnen zuschrieb, als eine Aufgabe von eminenter öffentlicher Bedeutung.

Die Institutionalisierung der Lehrerinnenbildung als nationales Projekt war schon früher auf kein breites Interesse bei den liberalen Kräften gestossen. Josephine Stadlin hatte ein Vorhaben neu lanciert, das bereits in der SGG Mitte der 1830er Jahre debattiert worden war. Diese lehnte damals den Vorschlag ab, das Institut von Johannes und Rosette Niederer-Kasthofer zu einem «nationalen Lehrerinnenseminar» zu erklären.[22] Auch dem Seminar von Josephine Stadlin blieb die Institutionalisierung als überregionales Projekt verwehrt. So gab Josephine Stadlin bereits knapp ein halbes Jahr nach ihrem hoffnungsfrohen Höhenflug in einem Brief an Ferdinand Seinecke, einen Schulleiter und Publizisten aus Hannover, ihrer grossen Enttäuschung Ausdruck. Auf seine Bewunderung über die damals aktuelle schweizerische Entwicklung antwortete sie resigniert, in Sachen Mädchenbildung bleibe alles beim Alten: «Recht innig danke ich Ihnen für Ihr Theilnehmen am Schicksal meines Vaterlandes wie an dem meiner Unternehmungen. Es war eine grosse, schöne Zeit, die Zeit des Bangens u. Hoffens – u. dann des Sieges! Politisch geht es bei uns gut, wir werden, so Gott will! bald eine freiere, festere Bundesverfassung haben, die der besseren Entwicklung Raum u. Boden gibt. Aber so licht liegt unsere Zukunft nicht mehr vor mir, wie in jenen Tagen des Sieges wo sie mir so erhaben vorschwebte. [...] Man baut nach wie vor schöne Schulhäuser; man verbessert die Lehrerbesoldungen u. auch dieses u. jenes Lehrfach – u. wer wollte über all das sich nicht freuen. [...] für das Weib u. seine Bestimmung wird nach wie vor – man kann nicht sagen *nichts*, aber ganz Unzulängliches, nur Zweckmässiges gethan. Damit habe ich Ihnen nun auch gesagt, wie es meinen Unternehmungen gehe. Die Zeit hat zu ihrem äusseren Gedeihen nicht das Mindeste gethan; das Unruhige und Geldlose derselben haben geschadet.»[23] Deutlich registrierte Josephine Stadlin den geschlechtersegregierenden Charakter des liberalen Staats bei der Umsetzung seiner Leitideen und der damit einhergehenden Trennung des Privaten und des Öffentlichen entlang der Geschlechtergrenze.[24] Mit ihrer Kritik verknüpfte sie die Problematik ihrer eigenen Zukunft. Der Knackpunkt ihres Projekts, das sie als ein öffentliches verstand, war dessen Finanzierung, die durch keine regelmässigen staatlichen Beiträge abgesichert war. Vom neuen Bundesstaat hatte sie vor allem auch in diesem Punkt Hilfe erwartet. Doch beschränkte sich die öffentliche Unterstützung weiterhin nur subsidiär auf die Ausbildung der von Fall zu Fall von Kantonen und Gemeinden benötigten weiblichen Lehrkräfte.

Das «Sonnenbühl»: Das um ein Lehrerinnenseminar mit Musterschule erweiterte Institut (links im Bild) stand in direkter Nachbarschaft zur neuen Kantonsschule für Knaben (versteckt hinter dem breit angelegten «Schanzenberg»). Grösse und Standort markierten Josephine Stadlins Anspruch auf Anerkennung der von ihr propagierten Bildung des weiblichen Geschlechts.

1849: argumentativer Zwiespalt

Auf finanzielle Zuwendungen war Josephine Stadlin seit dem Kauf des «Sonnenbühls» dringend angewiesen. Mit der Offenlegung der Buchführung über die Einnahmen und Ausgaben der Jahre 1847 und 1848 wollte sie das zwar von einem Verein getragene, aber mehrheitlich von ihr finanzierte Seminar als eine öffentliche Institution situieren.[25] Einen effektiven Erfolg brachte diese Transparenz jedoch nicht. Vielmehr geriet Josephine Stadlin mit zunehmender Schuldenlast argumentativ in die Defensive, auch wenn sie weiterhin mit Verve versuchte, den öffentlichen Charakter des Seminars herauszustreichen. Der argumentative Zwiespalt, ein Privatunternehmen als öffentliches zu verankern, prägt den Brief, den sie Ende 1849 an Frau Dolder aus Beromünster schrieb.

Die Familie Dolder gehörte zum Kreis der einflussreichen Aargauer Freisinnigen, Frau Dolder zum Komitee des Trägervereins des Seminars. Als auch diese Ende 1849 an der Idee eines schweizerischen Lehrerinnenseminars im Sinne einer öffentlichen Institution zu zweifeln begann, legte ihr Josephine Stadlin in einem langen Antwortschreiben dar, was unter einer «öffentlichen» beziehungsweise «privaten» Schule zu verstehen sei: «Eine Anstalt, für die man sich in so verschiedenen Kantonen interessiert, für die man kommt, über die man da zusammen öffentlich berät, deren Gang, Resultate und Rechnungen man sich vorlegen lässt, und darüber sich einlässt, eine solche Anst.[alt] kann doch nicht wohl ‹Privatschule› sein. Ich könnte auch, wenn es Sie beruhigt, die vielen Briefe vorweisen, die an das ‹Schwz.[Schweizerische] Seminar› gerichtet sind; dann auf die Kandidatinnen, die in *demselben* ihre Ausbildung suchen, wie z. Bsp. Frl. Werdmüller von hier, A. Haager von Nänikon, Fr. Caprez aus Chur und Frl. Mirus aus Hamburg. Soll ich auch noch darauf hinweisen, dass ‹Privatschulen› doch die sind, welche irgendeinen *Privatzweck*, fast immer einen ökonomischen Erwerb im Auge haben, so ist das Seminar entschieden keine Privatschule, weil, wie die Rechnungen zeigen, die Vorsteherin derselben nicht unbedeutende ökonomische Opfer bringt. Endlich darf sich das Seminar ein ‹schweizerisches› vielleicht schon aus dem Grunde nennen, weil es in warmer Begeisterung auch *durch* und *für* die Frauen im teuren Vaterlande zu begründen und zu einen sucht, was von andern Seiten und in andern Richtungen als solche wohl angestrebt wird. Diesen Zweck hat es auch teilweise insofern schon jetzt erreicht, in dem eine Anzahl Lehrerinnen aus verschiedenen Kantonen die Methode der Seminarschule in den ihren, soweit sie können, einzuführen suchen.»[26] Unter den das weibliche Geschlecht diskriminierenden Rechtsbestimmungen auch im Bildungsbereich blieb der Versuch der Verteidigung des öffentlichen Charakters des Seminars ein schwieriges und widersprüchliches Unterfangen. So bediente sich Josephine Stadlin in diesem Brief verschiedener Argumente: die Transparenz dank öffentlicher Diskussion und Rechenschaft über die Geschäftsführung, die nicht privatwirtschaftlich ausgerichtete Zweckbestimmung, die Unterstützung durch vereinsmässig organisierte Frauen, das Interesse verschiedener Kantone an der Lehrerinnenbildung, die Bezeichnung als schweizerisches Seminar, die geografische Herkunft der auszubildenden Lehrerinnen, die Anwendung der im Seminar erlernten Methode in der Volksschule, der kantonsübergreifende patriotische Zusammenschluss von Frauen mit dem Ziel, dem Vaterland zu dienen. Die Argumentation Josephine Stadlins ist keine stringente, schon gar nicht bezüglich der Abfolge der Begründungen, und sie ist in unterschiedlichem Masse einleuchtend.[27] Auch wenn das Argument der breit gestreuten Nachfrage als solches nicht besticht, entbehrt es dennoch nicht der Logik, da die Nachfrage auch von jenen Kantonen kam, die auf der Grundstufe Lehrerinnen einstellten wie der Kanton Aargau, aber keine Ausbildung anboten. Das Seminar übernahm diese Ausbildung, erfüllte also eine öffentliche Aufgabe im Dienst mehrerer schweizerischer Kantone, aber nicht für die Schweiz als Bundesstaat. Nur zum Teil stichhaltig war der Hinweis auf die verschiedenen einzelnen Interessentinnen, besuchten zwar die meisten Schülerinnen das Seminar in der Hoffnung auf eine Lehrstelle in der Volksschule, doch andere wieder aus anderen Beweggründen. Beispielsweise besuchte die erwähnte Marie Werdmüller das Seminar explizit, um sich für die Arbeit in der familieneigenen Privatschule in Uster vorzubereiten, die von ihrer pietistisch fundierten Ausrichtung eher als Gegenmodell zu den öffentlichen Schulen konzipiert war.[28]

Fazit: Josephine Stadlin sah sich bei ihrer Legitimierung des Seminars als öffentliche Institution mit definitorischen Problemen konfrontiert. Trotz Unstimmigkeiten in ihrer Argumentation war die Ausbildung der Lehrerinnen in dem von ihr gegründeten Seminar – und darin ist Josephine Stadlin auch rückblickend zuzustimmen – zwar keine staatliche, aber zumindest partiell eine öffentliche.[29] Die von ihr geführte Debatte über die Begriffe «öffentlich» und «Öffentlichkeit» wurde mit der Etablierung der Geschlechtergeschichte seit den 1980er Jahren neu aufgegriffen. Herausgearbeitet wurde dabei die rechtlich bedingte

Geschlechterblindheit dieser Begriffe, da den Frauen der Zugang zur institutionalisierten Öffentlichkeit und vor allem auch zu deren Definition lange Zeit verweigert war.[30]

3.2 Das Netzwerk als Ressource: berufsspezifische und gesellschaftliche Verankerung durch den Ausbau und die Verdichtung der Beziehungen

In den 1840er Jahren war die Stadt Zürich mit ihrer für damalige Verhältnisse bedeutenden Dichte an liberal-radikalen Politikern und ebenso gesinnten deutschen Emigranten für eine sowohl politisch als auch intellektuell geprägte Kommunikation der ideale Raum. Über ihre Beziehung zu der inzwischen hier niedergelassenen Familie Sidler öffnete sich dieser Raum auch Josephine Stadlin, die in ihrem ersten Jahrzehnt im Kanton Zürich ihr politisch und pädagogisch-didaktisch geprägtes Netzwerk gezielt ausbaute, um das Projekt einer öffentlich finanzierten und den fachspezifischen Ansprüchen in hohem Masse entsprechenden Mädchen- und Lehrerinnenbildung voranzutreiben. Alfred Escher, zusammen mit seinem Vater Heinrich Escher ihr Vermieter am Zeltweg, habilitierte sich 1843 an der staatswissenschaftlichen Fakultät der Universität und profilierte sich später auch auf eidgenössischer Ebene als Bildungspolitiker.[31] Über ihre Freundin Elise Sidler knüpfte Josephine Stadlin Kontakte zum Arzt Ulrich Zehnder, dem gemeinsam mit Escher wichtigsten kantonalen bildungspolitischen Akteur und liberal-radikalen Exponenten.[32] Über diese drei eng miteinander verknüpften Kanäle – Escher, Sidler, Zehnder – verankerte sie sich einerseits im Umfeld der noch bis 1912 «Hochschule Zürich» genannten Universität, an welcher in den Anfangszeiten mehrheitlich deutsche Professoren lehrten, anderseits in den dominierenden freisinnigen Kreisen der Schweiz, aus denen sie ihre Schülerinnen rekrutierte. Diese freisinnigen Politiker und deutschsprachigen Intellektuellen waren ihrerseits vielfach noch über die Zugehörigkeit zu Freimaurerlogen untereinander verbunden, die 1844 in der Grossloge Alpina unter dem Grossmeister Johann Jakob Hottinger zu einem schweizerischen Dachverband zusammengeschlossen wurden.[33] Auch wenn Josephine Stadlin als Frau der Zugang zu diesem männerbündischen Verband ebenso versperrt blieb wie zu den politischen Institutionen, versuchte sie wegen ihrer Kontakte zu Freisinnigen von Verbänden und politischen Bewegungen sowie deren kantons- und nationenübergreifenden Strukturen zu profitieren.[34]

Parallel zum freisinnigen Beziehungsnetz verstärkte Josephine Stadlin ihre Kontakte zu Didaktikern, Pädagogen und Pädagoginnen, Institutsleitern und -leiterinnen aus dem deutschsprachigen Raum. Dieses Beziehungsnetz entfaltete zumindest zeitweise die von ihr anvisierte Wechselwirkung: Es fungierte als Ressource für die Rekrutierung von Schülerinnen und als politische und finanzielle Rückendeckung des Seminars; es diente ebenso der eigenen professionellen Positionierung, Weiter- und Identitätsbildung wie der persönlichen Einbindung in das dem Aufbruch und Fortschritt verpflichtete schweizerische

Bildungsbürgertum. Qua Geschlecht war Josephine Stadlin jedoch die Verfestigung von Beziehungen durch Formen gesetzes- oder vereinsmässiger Institutionalisierung weitgehend versperrt. So blieb ihr Beziehungsnetz abhängig von der persönlichen Kontaktpflege.

Ich verstehe dieses Beziehungsnetz als ein weit verzweigtes, sich ständig veränderndes und erweiterndes Netzwerk, das ich nicht quantitativ zu erfassen suche. Vielmehr gehe ich der informellen Logik dieser Vernetzung nach, die sich über das Engagement von Josephine Stadlin ergibt. Von Netzwerk spreche ich, weil Josephine Stadlin ihre persönlichen Beziehungen im Hinblick auf ihre schulischen und publizistischen Projekte ausbaute und als vielschichtige Ressource zu mobilisieren wusste. Von Netzwerk spreche ich auch, weil diese Beziehungen mehrheitlich auf Formen der selbstverpflichtenden Kooperation, der Reziprozität und des gegenseitigen Vertrauens basierten, also weder hierarchisch noch formal strukturiert waren und deshalb keine Möglichkeiten der Exklusion implizierten.[35] Von Netzwerk spreche ich ebenso, weil Josephine Stadlin über ihre Aktivitäten und Bekanntschaften in eine soziale Bewegung eingebunden war. Konstitutiv für diese Bewegung war, dass deren Akteurinnen und Akteure in der schweizerischen Aufbruchphase der 1840er Jahre und in der Zeit des deutschen Vormärz mehrere Ebenen gesellschaftlicher Einflussnahme miteinander zu verknüpfen wussten und entscheidend zur Produktion und Verteilung kultureller Codes gerade auch im Bildungsbereich beitrugen.[36] Schliesslich spreche ich von Netzwerk, weil, obwohl sich hier der Begriff auf personale Netzwerke bezieht, diese Terminologie wegen ihrer Offenheit die formalen Organisationsstrukturen wie einen Verein oder eine Stiftung nicht ausschliesst und sich auf ein breites Handlungsfeld anwenden lässt, von Praktiken im Feld des Öffentlichen und Semiöffentlichen bis hin zu Praktiken der Freundschaft.[37]

Weil meine Quellenbasis zur Rekonstruktion dieser Vernetzung die archivierten Korrespondenzen sind, habe ich die Adressatinnen und Adressaten von Josephine Stadlins Briefen sowie die Korrespondentinnen und Korrespondenten, die sich an Josephine Stadlin wandten, ebenso Personen, die in diesen Briefen erwähnt werden, nach verschiedenen Kategorien aufgelistet und damit gesellschaftlich verortet: die Schülerinnen und sofern möglich ihre Väter, seltener auch ihre Mütter; die als Autorinnen und Autoren, Schulleiterin und Schulleiter sowie Lehrende auf unterschiedlichen Stufen in Erziehung und Unterricht aktiven Personen; die in der Öffentlichkeit agierenden Politiker und Exponenten der Wirtschaft; die Freundinnen; die persönlichen Bekannten. Im Text lege ich Gewicht auf die politische Zugehörigkeit, die gesellschaftliche Verortung, die professionelle Fachkompetenz sowie das Geschlecht und ordne die Beziehungen als unterrichts- und erziehungsspezifisches, als persönliches, als politisches und wirtschaftliches Netzwerk. Bei diesen Zuordnungen zeigt sich ein grundlegendes methodisches Problem. Weil Frauen im 19. Jahrhundert wegen ihrer Geschlechtszugehörigkeit noch kaum in formalisierten Netzwerken[38] wie politischen Gruppen, Institutionen, Logen, Vereinen und Berufsverbänden organisatorisch eingebunden waren, sondern lediglich indirekt – sei es als Ehefrau eines Politikers und Logenbruders oder über die Pflege ihres persönlichen Beziehungsnetzes – an solchen Gruppierungen und Organisationen partizipierten, gelingt eine differenziertere Beschreibung ihrer Netzwerke nur über die detaillierte Rekonstruktion der Verflechtungen. Um diese zu konkretisieren, komme ich bei der höchst eigenständig agierenden Josephine Stadlin nicht umhin, zahlreiche Namen zu nennen. Ich binde dieses *name-dropping* in eine narrative Struktur ein, um die Vernetzung gleichzeitig beschreibend zu erfassen und auf ihre Vielfältigkeit zu verweisen. Um möglichst alle Korrespondenzen aufzuzeigen, ohne allzu eintönig zu werden, lasse ich im Text die Erwähnung einiger Briefkontakte weg, nehme diese aber in die Fussnoten auf. In den Fussnoten verweise ich in der Regel auf die Zahl der zwischen Josephine Stadlin und den einzelnen Personen ausgetauschten Briefe, um der Dichte der jeweiligen Beziehungen minimal Rechnung zu tragen. Ich bin mir zugleich bewusst, dass mit der Rekonstruktion des Netzwerks auf der Grundlage der Briefwechsel zum Teil Personen, die mit Josephine Stadlin in direktem persönlichem Kontakt standen, nicht berücksichtigt werden, obwohl gerade auch diesen Beziehungen Bedeutung zukommt. Es kann aber angenommen werden, das die meisten von ihnen in Briefen Erwähnung finden.

Das transnationale Netz: Professoren, Didaktiker, Pädagoginnen und Institutsleiter

Es gelang Josephine Stadlin, eine Reihe namhafter Männer als Lehrer an ihre Schule zu verpflichten.[39] Sie profitierte dabei ebenso von verwandtschaftlichen und freundschaftlichen Beziehungen wie vom geringen Einkommen von Professoren der neuen Kantonsschule und Universität.

Kaum in Zürich angekommen, besuchte Josephine Stadlin im Wintersemester 1841/42 als Hörerin zusammen mit Elise Sidler mehrmals wöchentlich die Vorlesungen in Psychologie von Eduard Bobrik, Professor der Philosophie und Rektor der Universität, einem bekennenden Freimaurer.[40] Im Jahr darauf, das heisst gleichzeitig mit Alfred Escher, habilitierte sich ihr Bruder Franz Stadlin als Mathematiker in Zürich.[41] Dozent für angewandte Mathematik war in diesen Jahren auch Josef Wolfgang von Deschwanden aus Stans, der nach dem Abschluss des Studiums 1841 an der Zürcher Industrieschule Unterricht in Maschinenzeichnen und darstellender Geometrie erteilte, für die Maschinenfabrik Escher, Wyss und Co. arbeitete und 1855 zum ersten Direktor des neuen Eidgenössischen Polytechnikums, der heutigen Eidgenössischen Technischen Hochschule (ETH), ernannt werden sollte.[42] In den 1840er Jahren konnte Josephine Stadlin Deschwanden, diesen engen Vertrauten von Alfred Escher und Neffen ihrer Freundin aus Jugendjahren, als Lehrer für mathematische Fächer verpflichten. Als Lehrer für Physik gewann sie den Hochschulprofessor Albert Mousson,[43] für Naturkunde den Chemiker und Privatdozenten Eduard Schweizer, den späteren Ehemann ihrer Schwester Anna.[44] Sie engagierte auch den Altphilologen Heinrich Schweizer, seit 1841 Dozent für Sprachenvergleiche und für Sanskrit an der Universität, den ihre Freundin Elise Sidler heiratete.[45] Der Erziehungsrat Johann Jakob Hottinger, Professor für Schweizer Geschichte an der Universität Zürich und Autor vaterländischer Dramen, hielt Vorträge,[46] und Antistes

Johann Jakob Füssli erteilte Religionsunterricht, obwohl er eigentlich eher zum konservativen Flügel der evangelischen Kirche gehörte.[47] Der als Lehrer an der Kantonsschule verpflichtete Pfarrer Johann Heinrich Wolf war bereit, Josephine Stadlins Schülerinnen in Italienisch zu unterrichten.[48] Neben diesen Schweizer Wissenschaftlern und Theologen waren auch deutsche Exponenten des liberalen Aufbruchs am Stadlin'schen Institut tätig.[49] Als Lehrer trugen diese deutschen Emigranten einerseits zum Ansehen des Instituts bei, anderseits konnten sie froh sein, ein Einkommen zu erzielen.[50]

Für ihre Ambitionen als Pädagogin ebenso wichtig waren ihre Kontakte zu Erziehungswissenschaftlern sowie zu Leiterinnen und Leitern von schulischen Instituten. Mit mehr als dreissig Personen aus diesem Feld pflegte sie zwischen 1840 und 1853 Kontakt. Mit einigen wechselte sie nur vereinzelte Briefe, mit andern korrespondierte sie über längere Perioden. Mit wenigen Ausnahmen handelte es sich um Männer, die in Hamburg, Hannover, Berlin, Dresden, Eisenach, Jena, Bautzen, Guben, Darmstadt, Elberfeld (Wuppertal), Worms, Stuttgart, Siegen, aber auch in Strassburg und Wien tätig waren. Nicht wenige davon positionierten sich klar in der Nachfolge Pestalozzis. Josephine Stadlin erörterte mit ihnen vor allem Fragen der schulischen Erziehung im Allgemeinen und der Mädchenbildung im Besonderen.[51] Sie tauschte mit ihnen Erfahrungen aus, bat um Kenntnisnahme ihrer eigenen Publikationen oder um einen Beitrag für die von ihr herausgegebene Zeitschrift «Die Erzieherin».

«Hochverehrtester Herr», so oder ähnlich sprach Josephine Stadlin Friedrich Eduard Beneke an, mit dem sie ab 1845 über acht Jahre lang korrespondierte. Sie bezeichnete sich in ihren Briefen als seine dankbare und ergebene Schülerin, er ermutigte sie immer wieder zur Weiterarbeit.[52] Der bekannte Berliner Philosoph Beneke hatte unter anderem 1835/36 eine zweibändige «Erziehungs- und Unterrichtslehre» herausgegeben, die sich als eine Weiterführung von Pestalozzis Pädagogik der Anschauung verstand. Von 1847 bis 1853 debattierte Josephine Stadlin wissenschaftliche und ethische Fragen der Erziehung auch mit Benekes Schüler Johann Gottlieb Dressler, Direktor des Bautzener evangelischen Schullehrerseminars. Während der gegenrevolutionären «Stürme» von 1849 lud sie ihn samt Familie nach Zürich ein, falls sein Seminar geschlossen werden sollte.[53] Sie scheint ihn beeindruckt zu haben, hing doch ihr Bild noch Ende der 1850er Jahre in seinem Direktionszimmer in Bautzen.[54] Um den Aufbau einer Schule sowie Beiträge in ihrer Zeitschrift drehten sich die Briefwechsel mit einer Reihe weiterer Pädagogen und Schulleiter.[55] Eine zentrale Position kam dabei Ferdinand Seinecke, Schulleiter und Herausgeber einer pädagogischen Zeitschrift, zu, mit dem sie sich im Kontext der «Musterschule» intensiv mit der Seminarerziehung und Publikationen zu diesem Thema austauschte.[56]

Ebenso bedeutsam wie Beneke und Seinecke war für Josephine Stadlin Adolph Diesterweg.[57] Seit 1832 leitete er das Seminar für Stadtschulen in Berlin. Im Vormärz galt er als einer der Anführer der liberalen Fraktion im Lehrerberuf. Er war befreundet mit der Hamburger Feministin Johanna Goldschmidt, die ihn für die Unterstützung der Ausbildung von Kindergärtnerinnen gewonnen hatte.[58] Obwohl er Pestalozzis Methoden zum Teil explizit kritisierte und sich scharf von den Schweizer Pestalozzianern und deren «schwärmerischen Exklamationen»[59] distanzierte, trat er als Schulpolitiker nach aussen als dezidierter Jünger des Schweizer Pädagogen auf und agierte in Deutschland als dessen Promotor.[60] Diesterwegs inszenierter Kult um Pestalozzi gipfelte 1845 in der von ihm ein Jahr zu früh ausgerufenen Zentenarfeier zu dessen hundertstem Geburtstag.[61] Im Kontext dieser Feier liess er von der Firma Winckelmann und Söhne eine Lithografie von Pestalozzi, umringt von den Waisen in Stans, drucken.[62] Unter dem Bild steht ein längerer Text von Diesterweg und beidseitig umrahmen es 102 Namen: «Die Jünger, Schüler und Freunde». Nur zwei Frauen sind darunter, zum einen die Bremer Schulleiterin Betty Gleim (1781–1827), eine der wenigen Pädagoginnen des frühen 19. Jahrhunderts, deren Schriften auch von Männern rezipiert wurden,[63] zum andern Rosette Niederer-Kasthofer, Stadlins Lehrerin in Yverdon.[64] In dem Sammelband mit Beiträgen von Pädagoginnen, die Diesterweg später zu Ehren des hundertsten Geburtstags von Pestalozzi herausgab, ist auch eine Rede von Josephine Stadlin abgedruckt.[65] So konnte sich Josephine Stadlin im Schatten von Diesterweg und Pestalozzi in Deutschland als Pädagogin und Förderin der Lehrerinnenbildung und der Gründung entsprechender Vereine profilieren.

Zentral waren für Josephine Stadlin als Seminargründerin Kontakte zu Frauen, die mit ihr Erfahrungen als Pädagogin und Institutsleiterin teilten. Den fast intensivsten Austausch pflegte sie mit Doris Lütkens, die – darin glichen sich die Lebensbedingungen dieser beiden Frauen – wie sie zum Geldverdienen gezwungen war. Diese hatte in Hamburg eine «Höhere Töchterschule» gegründet, die sie zum «Institut Lütkens» ausbaute, das um 1850 einen Kindergarten, eine Schule, eine Seminarklasse für Kindergärtnerinnen und ein Pensionat umfasste. 1847, im selben Jahr, in dem Doris Lütkens dem Kindergartenpädagogen Friedrich Fröbel persönlich begegnete, begann die Korrespondenz mit Josephine Stadlin.[66] Beide sprachen sich als «verehrteste Freundin» an, empfahlen sich gegenseitig Schülerinnen als Lehrerinnen und bemühten sich um die Verbreitung der von ihnen herausgegebenen Zeitschriften.[67] Besondere Hochachtung brachte Josephine Stadlin in Briefen Tinette Homberg entgegen. Beide wehrten sich gegen eine rein ästhetische Ausbildung des weiblichen Geschlechts auf Kosten der intellektuellen Ausbildung, beide setzten sich für die fachspezifische Verbesserung der Lehrerinnenausbildung ein. Die pädagogische Schriftstellerin und Schulleiterin Tinette Homberg genoss wegen ihrer Publikationen zur Erziehung und zur Mythologie der Griechen und Römer auch bei bildungspolitisch interessierten Männern Ansehen.[68] Josephine Stadlin bat sie anlässlich des Umzugs ins «Sonnenbühl» in einem langen Brief um Rat und zugleich um einen Entwurf für die Einrichtung des Seminars. Tinette Homberg lehnte diese Bitte jedoch ab, sie agiere nicht nach Plan, sondern mehr «so instinktartig».[69] Dass Josephine Stadlin mit Luise Büchner Kontakt hatte, ist unbestritten, ob der Austausch um 1850 stattfand, ist jedoch nicht klar. Die Schwester des 1837 verstorbenen Georg Büchner besuchte in Zürich dessen Grab. Dabei traf sie nach späteren Angaben «Jungfer Stadlin».[70] Wie Josephine Stadlin verortete sie sich in der liberalen Bewegung und wie diese engagierte sie sich mit ihren Schriften für eine verbesserte Ausbildung der Erzieherinnen und Lehrerinnen.[71]

Auch mit Männern debattierte Josephine Stadlin Grundfragen der Bildung des weiblichen Geschlechts.[72] So tauschte sie sich mit Heinrich Wilhelm Sause (auch Sausse) während vier Jahren über praktische Fragen der Mädchenbildung aus. Der Mathematiklehrer und Prorektor am Gymnasium in Guben[73] hatte Bücher zum Unterrichten und Leiten einer Schule, aber auch eine Schrift zur Verteidigung der Freimaurer verfasst.[74] Die Entwicklung ihres Instituts diskutierte sie auch mit dem Arzt und Pädagogen Jan-Daniel Georgens, zuerst Leiter der Schule für «höhere Töchter» in Worms und dann Mitbegründer der bekannten Schule Levana für lernschwache Kinder in Baden bei Wien.[75] Ein Teil der Kontakte Josephine Stadlins mit Pädagogen hing direkt mit dem deutschen Vormärz und der Revolution von 1848 zusammen. Sie hatte die aus politischen Gründen in die Schweiz geflüchteten und später nach Deutschland zurückgekehrten Männer während deren Emigration kennengelernt. Den Romanisten und Historiker Karl Mager kannte sie wahrscheinlich aus seiner Zeit als Kantonsschullehrer in Aarau 1842 bis 1844 und aus den Jahren in Zürich, wohin er nach seiner Heirat mit Mathilde von Heldreich übersiedelte, bevor er sich dann definitiv in Eisenach niederliess. Hier ernannte man ihn nach der Märzrevolution von 1848 zum neuen Direktor der Bürgerschule. Bereits ein Jahr zuvor hatte er Josephine Stadlin aus Eisenach wegen eines ihr ausgeliehenen Buches geschrieben.[76] Auch den radikal-demokratischen deutschen Verleger und Mitarbeiter von Karl Marx, Arnold Ruge, kannte sie aus seiner Zeit im Zürcher Exil, wo dieser 1846 eng mit Julius Fröbel[77] zusammengearbeitet hatte. Ruge schrieb ihr 1847 nach seiner Rückkehr nach Deutschland aus Leipzig wegen einer von ihm herausgegebenen Schrift.[78]

Josephine Stadlin korrespondierte ebenfalls mit Schweizer Lehrern und Pädagogen. Vom ehemaligen engen Mitarbeiter Pestalozzis, Josef Schmid, der noch 1850 in Paris ein Institut führte, erhoffte sie sich kurz vor 1850, als die Schwierigkeiten rund um das Seminar sich zuspitzten, die Vermittlung von Schülerinnen aus Frankreich. Zwar konnte er ihre Bitte nicht erfüllen, unterstützte jedoch ihr Vorhaben, das ganz dem «Geiste von Pestalozzi» entspreche.[79] Mit Christian Lippe, der auf Schloss Lenzburg ein Philanthropinum für Knaben führte, tauschte sich Josephine Stadlin über einige junge Erzieherinnen aus,[80] und bei ihr erkundigte sich der im aargauischen Lehrerseminar tätige Naturkundelehrer Sandmeier nach der Adresse von Diesterweg in Berlin.[81] Den Kontakt mit ihr suchte auch Elias Looser, Leiter einer Privatschule in Langenthal, der mit «Penelope» die erste etwas langlebigere Frauenzeitschrift der Schweiz herausgab. Im Vorfeld der Herausgabe dieser «neuen *Zeitschrift für das weibliche Geschlecht*», wollte er «die vorzüglichsten schweizerischen literarischen Kräfte in Anspruch» nehmen und hoffte deshalb, Josephine Stadlin als eine «von den wenigen ausgezeichneten Erzieherinnen» für dieses Vorhaben zu gewinnen.[82] Sie konnte seinem Wunsch nicht nachkommen, da sie mit der von ihr herausgegebenen Zeitschrift selber immer im Rückstand sei.[83]

Wie sich die Beziehung zu Ignaz Thomas Scherr gestaltete, ist schwierig nachzuvollziehen, war er doch ein Exponent der öffentlichen Schule, aber auch der männlich definierten Ausbildung der Lehrer. Das von ihm gegründete Lehrer-

seminar Küsnacht schloss Mädchen und Frauen als Schülerinnen und damit zukünftige Volksschullehrerinnen im Kanton Zürich aus. Lehrerinnen konnte er sich nur an der Arbeitsschule, an Kleinkinderschulen und an den untern Klassen der Volksschule vorstellen.[84] Ein einziger Brief des engen Vertrauten von Ulrich Zehnder[85] ist im Nachlass vorhanden: Ende 1842, nach ihrer Niederlassung am Zeltweg, schrieb er aus Winterthur mit Hochachtung an das «Verehrteste Fräulein!». Es ging dabei um eine Einigung mit der Regierung nach seiner Absetzung als Seminardirektor, vor allem aber um die Tochter seiner Haushälterin, für die sich Josephine Stadlin und ihre Schwester einsetzten. Scherr verwies dabei auch auf persönliche Begegnungen. Dass es mehrfach zu solchen Begegnungen kam, ist wegen der gemeinsamen Bekannten wahrscheinlich, obwohl Scherr nach dem Septemberputsch von 1839 nicht mehr im räumlichen Umfeld von Zürich lebte. Eventuell wirkten sich auch unterschiedliche Vorstellungen von der Ausbildung zur Lehrtätigkeit trennend aus.[86]
Einen wichtigen Partner hatte sie in Scherrs Schüler Heinrich Grunholzer, der während seiner Ausbildung in Berlin mit Bettina von Arnim befreundet gewesen war und als liberal-radikaler Leiter des Bernischen Lehrerseminars in Münchenbuchsee, ähnlich wie sein eigener Lehrer Thomas Scherr mehr als ein Jahrzehnt zuvor, von den konservativen Kreisen bekämpft wurde.[87] Zwar kritisierte Grunholzer die Mädcheninstitute als «Dressuranstalten» und nahm von dieser Kritik auch das Institut von Rosette Niederer-Kasthofer nicht aus, wohl aber dasjenige von Josephine Stadlin.[88] Er unterstützte deren Meinung, dass eine höhere Mädchenbildung notwendig sei, auch wenn er gleichzeitig die Stadlin'sche «Musterschule» kritisch beurteilte.[89] Seine Hochachtung verdankte sie vor allem dem äusserst engen Verhältnis, das sie mit ihrer Schülerin Rosette Zangger verband. Diese wollte sich Heinrich Grunholzer verloben, stiess dabei jedoch bei ihrem Vater, dem Textilunternehmer und Nationalrat Heinrich Zangger, auf Widerstand.[90] Josephine Stadlin fungierte als diskrete Vermittlerin zwischen den beiden Männern.

Der dichte Knoten im Netz: Ulrich Zehnder

Die bedeutendste Position im männlich geprägten Geflecht von Professoren, Pädagogen und Politikern nahm über alle Jahre hinweg Ulrich Zehnder (1798 bis 1877)[91] ein, der bald nach Josephine Stadlins Übersiedlung nach Zürich zu ihrem engsten Freund und Vertrauten avancierte und den sie nach dem Tod seiner Frau 1857 heiraten sollte.[92] Er lernte Josephine Stadlin wenige Monate nach ihrer Ankunft am Zeltweg kennen. Damals war er neben dem Winterthurer Jonas Furrer bereits der führende Exponent der Opposition gegen die vom Liberal-Konservativen Johann Caspar Bluntschli angeführte konservative Regierung, die durch den Putsch von 1839, den «Septembersturm» gegen die Liberalen, an die Macht gelangt war. Er war ein enger politischer Weggefährte von Georg Joseph Sidler, der wegen des Aufstiegs der Zuger Konservativen Ende der 1830er Jahre in den Kanton Zürich emigriert war. Ulrich Zehnder pflegte nicht nur intensive Beziehungen mit Schweizer Exponenten der Liberalen und Liberal-Radikalen wie dem Aargauer Augustin Keller, dem Luzerner Arzt und Politiker Robert Stei-

Ulrich Zehnder: Der Arzt und liberal-radikale Bürgermeister von Zürich war Josephine Stadlin seit ihrer Ankunft in Zürich eng verbunden und unterstützte als Politiker ihre Projekte nach Möglichkeit.

ger,[93] dem Zürcher Alfred Escher und dem Winterthurer Jonas Furrer, sondern auch mit vielen in die Schweiz emigrierten deutschen Theoretikern und liberalen Aktivisten, beispielsweise mit dem aus Wetzlar vertriebenen Verfassungsrechtler Ludwig Snell, mit dem aus Württemberg stammenden Direktor des Zürcher Lehrerseminars Thomas Scherr, mit dem Kantonsschullehrer und Universitätsprofessor für Mineralogie Julius Fröbel – dieser war Initiant des politischen Verlags Litterarisches Comptoir Zürich und Winterthur zur Verbreitung liberaler Schriften[94] – oder mit dem neu an die Zürcher Universität berufenen klinischen Mediziner Johann Lukas Schönlein, bei dem Zehnder in Würzburg studiert hatte.[95] Er verkehrte in den Kreisen der Zürcher Freimaurerloge Modestia cum Libertate, die vom Zürcher Arzt Diethelm Lavater gegründet worden war, und der schweizerischen Grossloge Alpina, als deren erster Grossmeister der Historiker Johann Jakob Hottinger amtete. Grossredner der Loge war Ulrich Zehnders bereits erwähnter politischer Weggefährte Jonas Furrer, der erste Bundespräsident von 1848. Freimaurer war auch Georg Büchner, der nach seiner Promovierung und Übersiedlung nach Zürich 1836 bei Ulrich Zehnder wohnte.[96] Die Wahl von Ulrich Zehnder zum Bürgermeister im Jahre 1844 markierte die Wende von den Konservativen zu den Liberalen. Mit dem Tischlersohn aus der Landgemeinde Oberengstringen besetzte erstmals nicht ein Zürcher Stadtbürger dieses prestigereiche Amt.[97]

Der kontinuierliche Austausch im täglichen Gespräch war das konstitutive Element der langjährigen Freundschaft zwischen Josephine Stadlin und Ulrich Zehnder.[98] Da sich die beiden regelmässig sahen, zeugen nur sehr wenige Briefe von diesem engen Verhältnis, das die bürgerliche Geschlechtshierarchie durchbrach. Josephine Stadlin sprach Ulrich Zehnder als Freund und Politiker an, er informierte die Freundin und Pädagogin über den Gang der politischen Geschäfte. Dennoch zeigen sich in den Briefen die institutionell und gesellschaftlich bedingten Geschlechterbarrieren, denen sich auch ein Zehnder trotz der Wertschätzung, die er Josephine Stadlin entgegenbrachte, in seinen Praktiken beugte. So reproduziert und ignoriert diese Korrespondenz die über bürgerliche Normen transportierte Geschlechtergrenze gleichermassen.

Die Freundschaft begann mit Josephine Stadlins Krankheit im Februar 1842. «Ihre Freundin [Elise Sidler, E. J.] eilte zu mir und fremd trat ich an ihr Krankenbett, war aber so glücklich, sie bald wieder von ihrem Leiden zu befreien», schrieb Zehnder in seiner Autobiografie.[99] Schon nach der ersten Begegnung verpflichtete ihn Josephine Stadlin als Institutsarzt der internen Schülerinnen, eine Aufgabe, die er, so Zehnder rückblickend, mit zunehmender Freude wahrgenommen habe: «Es gab daher für den Arzt vielfach Veranlassung zum Besuche der Anstalt, ja ich ging bald die Verpflichtung ein, eine regelmässige tägliche Visite in derselben zu machen, um bei jedem auch unbedeutenden Unwohlsein mit Rath u. Hülfe bereit zu sein. Das geistige Wesen, die ganz ungewöhnliche Begeisterung für ihren Beruf weckten bald mein Interesse für die Vorsteherin der Anstalt und das rege bewegte strebende Leben in derselben. Durch meine amtliche Stellung als Mitglied der Regierung und als Präsident des Erziehungsrathes wurde dieses Interesse noch erhöht und ich fand Gelegenheit, tiefer in den Geist und die Prinzipien einzudringen, auf denen die Erziehungsmethode der Fräulein Stadlin fusste. Ich überzeugte mich, dass sie psychologisch sehr gerechtfertigt waren und sehr günstige Resultate durch dieselben erzielt wurden. Als Externes liess ich auch eines meiner Kinder am Unterricht in der Anstalt theilnehmen.»[100] Über die Bewunderung für ihre pädagogische und didaktische Kompetenz hinaus, für die er sich als Bildungspolitiker und Vater einer Tochter interessierte, zeigen ihn seine Briefe und Selbstzeugnisse als von der um zehn Jahre jüngeren Frau faszinierten Mann: «Das Interesse, welches das geistige Wesen der ausgezeichneten Institutsvorsteherin u. das Leben, das sie umgab u. ihr entströmte, in mir erweckte, steigerte sich u. wurde zu einer Quelle näheren geistigen Verstehens u. eines freundschaftlichen Verhältnisses.»[101] In den veröffentlichten Erinnerungen präzisierte er dieses Verhältnis: «Ich war dann in der Folge nicht mehr bloss ihr Arzt, sondern auch ihr Ratgeber in manchen äussern Angelegenheiten ihrer Anstalt und sodann auch ihr Freund. Und wahrlich nicht der Einzige im ächten Sinne des Wortes; denn welcher Mann ist nicht ihr Freund geworden, wer hat sie nicht schätzen gelernt, wer hat sie nicht lieb gewonnen, der ihren Geist, ihre Bildung, ihr reines Gemüth, ihrer heilige Begeisterung für alles Edle und Gute und ihren Charakter erkannt hat.»[102] Er sprach von ihr in ethischen Kategorien, die in der Nachfolge der Aufklärung ebenso den Bildungs- wie den klassischen Freundschaftsdiskurs prägten. Mit diesen Aussagen definiert er ihre Beziehung nicht als eine exklusive Paarbeziehung, sondern als eine von in gegenseitiger Freundschaft verbundenen Menschen, als eine Freundschaft, die in dieser Art in der Regel als Beziehung zwischen Männern idealisiert wurde.

1848 schrieb Ulrich Zehnder seiner Freundin Josephine Stadlin aus Bern, wo er sich im Mai und Juni an der Tagsatzung, die den Verfassungsentwurf zu beraten hatte, aufhielt: «Es befindet sich hier jemand, der vor mehreren Jahren Ihre Bekanntschaft gemacht hat, der mir immer wieder von Ihnen spricht u. der Sie gar nicht vergessen zu können scheint. Diese Person muss Sie sehr, sehr lieb haben! Könnten Sie wohl errathen, wer dieser Jemand ist. Soll ich Ihnen nachhelfen? Es ist ein gewisser O... doch das hatten Sie wohl sonst errathen, denn gewiss müssen auch Sie ihn geliebt haben u. – noch lieben? Doch was geht das mich an! Nein, der Freund darf doch auch etwas davon wissen, hat er doch weder ein Recht noch einen Grund zur Eifersucht! Ich werde Ihnen mehr von dem Jemand erzählen, wenn ich es mündlich kann. Gewiss sind Sie sehr neugierig. Doch *müssen* Sie nun wohl Geduld haben.»[103] Es könnte sich bei diesem O. um den späteren Berner Bundesrat Ulrich Ochsenbein, der den Kanton Bern in der Tagsatzungskommission zur Erarbeitung der Bundesverfassung und an der Tagsatzung vertrat.[104] Mit dem Hinweis auf die «Eifersucht», auf die er wohl als verheirateter Mann kein «Recht», aber zu jener Zeit auch keinen «Grund» hatte, zeigte Ulrich Zehnder eine ambivalente Haltung. Das als hochgestimmte Beziehung definierte Freundschaftsverhältnis enthielt auch Elemente einer Liebesbeziehung zwischen einem Mann und einer Frau.

Das persönliche Gespräch, von dem Ulrich Zehnder im Brief aus Bern spricht, war als Essenz ihrer Freundschaft konstitutiv für die Beziehung. Wie eng Ulrich Zehnder Josephine Stadlin bereits kurz nach der ersten Begegnung verbunden war, wie stark er sie in die von ihm mitgetragenen politischen Auseinandersetzungen zwischen Freisinnigen und Konservativen und in die über ein gemeinsames Wir-Gefühl geprägte liberale Bewegung einband, lässt das Billett vom 1. Mai 1842 erahnen, das er noch am Wahlabend an sie adressierte: «W.[erthe] Fr.[eundin] / Mein Wort zu lösen melde ich Ihnen dass mein heimathlicher Wahlkreis gewählt hat: Zehnder / Pfarr.[er] Tobler in Weinigen / Dr. Keller in Zürich / Eine eclatante Demonstration gegen die Septemberparthey.[105] Von den übrigen Wahlen, die mir bis jetzt bekannt sind, ist die grosse Mehrzahl liberal, natürlich mit Ausnahme der Stadt. Morgen mehr. Bis dahin Geduld. Ihr ganz ergebener Zehnder.»[106] Von der wachsenden emotionalen Bindung Zehnders an Josephine Stadlin zeugt eine Stelle aus einem Neujahrsbrief vom Dezember 1850. Weil sich die Freundin zum Jahresende nicht wie üblich in Zürich, sondern bei der Familie Zangger in Uster aufhielt, fühlte sich Ulrich Zehnder verwaist, da er den Übergang ins neue Jahr regelmässig im Institut verbracht hatte: «Und wie Ihr Freund sonst mitten in jenen Jubel, zwar fast schüchtern, seine stillen Wünsche selbst hineintrug u. seinen Gefühlen von Verehrung, Hochachtung, Freundschaft – lebendige Worte verlieh, so muss er sich jetzt darauf beschränken Ihnen schriftlich die innigsten Wünsche für das neue Jahr, die zwar immer u. immer dieselben sind u. die ich daher nicht eigens in Worten auszudrücken brauche, darzubringen.»[107] Im Nachlass fehlen Briefe von Josephine Stadlin, doch lassen die Stellen aus Zehnders Briefen auf die Reziprozität der Gefühle schliessen. Fielen beispielsweise die täglichen Begegnungen aus, weil sie in den Ferien oder er an politischen Verhandlungen weilte, scheint dies nicht nur Ulrich Zehnder als Verlust empfunden zu haben.[108] So zeigte sich Zehnder im Herbst 1848 während seiner Teilnahme an der Tagsatzung zur Verabschiedung der Verfassung in Bern höchst erfreut über Josephine Stadlins Wunsch, ihn bald wieder zu sehen: «Hier ist Niemand der einem näher steht u. nichts was das Gemüth befriedigt. Ich sehne mich recht herzlich nach Hause u. auch nach Ihnen zurück, denn meine tägliche, wenn auch nur kurze Unterhaltung mit Ihnen ist mir zum Bedürfniss geworden.»[109] Er bedauerte, dass er als Politiker nicht frei über seine Zeit entscheiden konnte, sondern sich der öffentlichen Pflichterfüllung beugen musste: «So ist es in der Welt u. vorzüglich ist es das Loos der Staatsmänner mehr dem Willen anderer als seinem eignen, wenn auch nicht immer doch sehr oft, folgen zu müssen.»

Während für Ulrich Zehnder der Austausch zumindest scheinbar nur emotional begründet war, zog Josephine Stadlin aus der Beziehung zum einflussreichen Zürcher auch Nutzen für ihre konkreten Projekte. Als Politiker, Bürgermeister und Regierungsrat setzte sich Ulrich Zehnder immer wieder für ihre Interessen ein. Kaum hatte er sie kennengelernt, belegten Josephine Stadlin und Elise Sidler mit Genehmigung des von ihm präsidierten Erziehungsrats als Hörerinnen Vorlesungen an der Universität.[110] Josephine Stadlin beanspruchte den prominenten Freund bei der Stellensuche für ihren Bruder Franz, der von der Universität zum Eisenbahnbau wechseln wollte, vor allem aber für die Angelegenheiten des Instituts und die Etablierung des geplanten Seminars. Zehnder erkundigte sich in der Kanzlei des Erziehungsrats über Personen, die auf Grund der kantonalen Prüfung Französischunterricht erteilen könnten,[111] er unterstützte sie bei ihrer Suche nach renommierten Lehrern und trug wohl entscheidend dazu bei, dass sie bei der Zürcher Regierung lange grösstes Ansehen genoss.[112] Denn es ist anzunehmen, dass er als Präsident des Erziehungsrats, dem die Bezirksschulpflegen untergeordnet waren, einen informellen Einfluss auf die Visitationsberichte über ihr Institut hatte, auch wenn er – in möglicher Umkehrung der Sachlage – in seinem autobiografischen Rückblick diese wohlwollenden Berichte als Beweis seiner eigenen Unvoreingenommenheit präsentierte: «Dass überhaupt im Unterricht in der Anstalt Vorzügliches geleistet wurde, das musste jeder anerkennen, der mit urteilsfähigem und vorurteilsfreiem Blick die Resultate desselben prüfte. So haben auch die Visitatoren der Bezirksschulpflege in ihren Jahresberichten die volle Anerkennung der ausgezeichneten Leistungen ausgesprochen.»[113]

Schon vor dem Sonderbundskrieg galt Zehnder über Zürich hinaus als einer der einflussreichsten eidgenössischen Politiker: 1846 war er als «erster» Zürcher Bürgermeister[114] zugleich oberster Präsident des Staatsrats, des Kriegsrats und der Tagsatzung und besetzte damit die Position des obersten Eidgenossen. Trotz dieser herausragenden Stellung konnte und wollte er – eingebunden in die politischen Praktiken der Liberalen – weder auf kantonaler noch auf eidgenössischer Ebene eine grundsätzliche Veränderung der Politik im Bereich der Mädchenbildung bewirken. Es ist anzunehmen, dass er von Ochsenbeins Antrag in der Tagsatzungskommission, ein schweizerisches Lehrerseminar zu gründen, wusste, aber ob er seinerseits für Josephine Stadlins Projekt eines schweizerischen Lehrerinnenseminars lobbyierte, ist nicht verbrieft. Vielleicht sprach er darüber im persönlichen Gespräch mit Ulrich Ochsenbein. Zu einem offiziellen Eintreten für die Institutionalisierung der Lehrerinnenbildung führte seine Zuneigung für Josephine Stadlin nicht. Denn die geschlechtshierarchischen Verhältnisse, die Frauen aus dem Bereich des Öffentlichen ausschlossen, waren konstitutiv für das von den Liberalen propagierte bürgerliche Gesellschaftsverständnis. In den alltäglichen Praktiken konnte sich der einzelne Liberale als Individuum diesen Vorgaben entziehen, nicht aber als politischer Exponent dieser Bewegung und als gesellschaftsgestaltendes Mitglied öffentlicher Institutionen.[115] Ulrich Zehnders Einsatz für Josephine Stadlin geschah denn nur ad personam und nicht zu Gunsten der allgemeinen Gleichheit der Geschlechter. Erst 1873 konnte sich Zehnder in der Schweizerischen Gemeinnützigen Gesellschaft offen für die Zulassung der Frauen zur Lehrerinnenausbildung einsetzen und sich freuen, dass sich die Lehrerinnenfrage in den letzten zwei Jahrzehnten geändert habe.[116]

Das Zürcher Netz: schulische und freundschaftliche Kontakte

Es ist anzunehmen, dass Ulrich Zehnder bei der Ausgestaltung des Zürcher Netzes von Josephine Stadlin immer wieder eine bedeutende Rolle gespielt hat. Dass dies bei der Beziehung zum Bezirksschulpfleger Wild oder zur Waisenbehörde und deren Präsidenten Pfarrer Cramer der Fall war, kann als wahrscheinlich gelten. Wild lobte ihre Tätigkeit im Namen der kantonalen Erziehungsbehörde, Cramer ihre Bereitschaft, eine Elise Schweizer aus der städtischen Waisenanstalt zur Erzieherin und Lehrerin auszubilden. Dass Zehnder auch bei der Entwicklung von Josephine Stadlins Kontakten zu Adolf Ludwig Follen Einfluss nahm, ist wahrscheinlich. Dessen Tochter R. hatte 1843 das Institut am Zeltweg besucht.[117] Follen war vor einer zehnjährigen Festungshaft wegen «deutscher Umtriebe» 1821 in die Schweiz geflüchtet, heiratete eine Zürcherin, erhielt das Schweizer Bürgerrecht, übernahm die Gessner'sche Druckerei und wurde in den Grossen Rat gewählt. Er fungierte als zentrale Anlaufstelle für politische Verfolgte aus Deutschland, unter anderem für die Dichter Georg Herwegh, Hoffmann von Fallersleben und Ferdinand Freiligrath. Im Hause Follen trafen die Emigranten mit den einheimischen Liberalen zusammen, darunter der von Follen geförderte Gottfried Keller und mit Sicherheit auch Ulrich Zehnder.[118] Follen hatte sich 1835/36 die Villa «Unterer Sonnenbühl», 1842/43 das Haus «Sonneck», heute «Tanneck», an der Zürcher Rämistrasse 68 errichten lassen und wohnte deshalb in unmittelbarer Nachbarschaft des Stadlin'schen «Oberen Sonnenbühls».[119]
Nachbarschaftliche und freundschaftliche Beziehungen pflegte Josephine Stadlin während ihrer Jahre im «Sonnenbühl» zum Ehepaar Katharina und Johann Heinrich Fierz-Locher. Fierz war erfolgreicher Unternehmer und mehrfacher Millionär, gehörte zur politischen Elite rund um Alfred Escher, war Mitglied des Grossen Rats und des Nationalrats. Er mietete sich bei Josephine Stadlin im «Sonnenbühl» ein, bevor er das Haus erwarb und später mit dem 1864 nach Plänen von Gottfried Semper errichteten Wohn- und Geschäftshaus an der heutigen Zürichbergstrasse 8 baulich verbinden liess. Seine Frau Katharina redete Josephine Stadlin in ihren Briefen aus Paris als Freundin mit Du an und freute sich auf eine baldige Begegnung nach ihrer Rückkehr nach Zürich.[120]
Josephine Stadlin suchte über die ihr politisch nahestehenden Personen – wie Zehnder, Fierz und Escher – hinaus den Kontakt zum Vorsteher der katholischen Gemeinde von Zürich[121] sowie zu den Ehefrauen der Familien Schulthess-Meiss, Ott, Cramer, Füssli und Nüscheler, die eher dem konservativen Milieu des alten

städtischen Bürgertums angehörten. Diese bedankten sich bei Josephine Stadlin für den von ihr organisierten Vortrag des Historikers Johann Jakob Hottinger.[122] Ebenso reaktivierte sie ihre früheren Bekanntschaften, so zum Zuger Regimentsarzt Michael Bossard in Rom. Dieser sandte seine Tochter Sophie, Josephine Stadlins Patenkind aus ihrer Zeit als Lehrerin in Zug, zu ihr ins Institut, um die alten Freundschaftsbande aufzufrischen.[123]

Das freisinnige Netz: die Töchter der liberalen Exponenten als Bindeglieder
Wie Ulrich Zehnder und Adolf Ludwig Follen aus Zürich oder Karl und Nikolaus Benziger aus Einsiedeln schickten viele andere bekannte Liberale ihre Töchter ins Stadlin'sche Institut.[124] So lesen sich die Namen der Väter vieler Schülerinnen zum Teil wie ein Who's who der fortschrittsorientierten Exponenten aus Wirtschaft, Bildung und Politik vom Engadin und dem Bergell bis nach Solothurn, vom Bodensee bis zur Innerschweiz. Zu Werbezwecken figurierte auf Josephine Stadlins Werbeprospekt von 1849 eine ganze Reihe dieser liberalen Exponenten mit beruflicher und politischer Stellung, beispielsweise «Herr Bürgermeister Dr. Zehnder» aus Zürich, «Statthalter Zangger» aus Uster, «Herr Gujer im Neuthal, Fabrikbesitzer» in Bauma, «Herr Junker von Flugi» in Chur, «Herr Oberrichter Ringier» in Lenzburg und «Alt-Statthalter N. Benziger» in Einsiedeln.[125] Viele andere Schülerinnen waren wiederum über Verwandte oder Bekannte mit ebendiesen prominenten Kreisen verbunden. Insgesamt lassen sich aus den Korrespondenzen über 200 Schülerinnen eruieren; ich begnüge mich wie Josephine Stadlin in ihrer Werbung mit Hinweisen auf wenige exemplarische Namen.
Wie die Töchter der Gebrüder Benziger, Drucker aus Einsiedeln, stammte auch die Schülerin Agathe Rhyner aus dem Kanton Schwyz. Über einen Onkel pflegte sie Beziehungen zu Augustin Keller und zu Johann Karl Christian Lippe auf der Lenzburg. Ebenso war der Exponent der Luzerner Liberalen, der nach Winterthur geflüchtete Arzt Robert Steiger, für Agathe Rhyner kein Unbekannter, nach ihr war der nach dem zweiten Freischarenzug in Luzern zum Tod verurteilte Politiker damals «eine *sehr* verbotene Frucht».[126] Als Freischärler und politischer Gefährte von Steiger und von Keller agierte der Aargauer Historiker und Lehrer Gottlieb Hagnauer, ein Onkel der Schülerin Elise Hagnauer.[127] Aus dem Aargau kamen auch Johanna und Margarethe Ringier, die Töchter des Oberrichters in Lenzburg, der auf eidgenössischer Ebene als Nationalrat politisierte.[128] Der ebenfalls aufgeführte Oberrichter Winistörfer[129] stammte aus einer der führenden bildungsbürgerlichen Solothurner Familien, deren Exponenten sich als Theologen, Historiker oder eben Richter einen Namen machten. Profitieren konnte Josephine Stadlin auch von der Schülerin Regina von Flugi. Ihre Familie gehörte zum alten bündnerischen Adel; ihr Vater, Junker Conradin von Flugi, war Lyriker, Bildungspolitiker und Begründer des Kurbades in St. Moritz, wo sich Josephine Stadlin mehrfach als Gast aufhielt.[130] Aus einer alten Amtsfamilie stammten auch Luise und Hanna Sulzberger aus Frauenfeld, deren Vater Johann Jakob Sulzberger als Ingenieur und Hauptmann die erste trigonometrische Vermessung des Kantons Thurgau vornahm.[131] Zum aufsteigenden ländlichen Zürcher Bürgertum gehörte der Vater von Luise Arbenz, Kantonsrat aus Andelfingen, der

Das Institut Stadlin

bewohnt seit einem Jahr das ihm angehörige Lokal zum Sonnenbühl bei Zürich. Das geräumige Haus, von seinen Gärten umgeben, in prachtvoller Lage auf einer sonnigen Anhöhe, ganz frei und doch in unmittelbarer Nähe der Stadt, gewährt den gesundesten und angenehmsten Aufenthalt.

Die Anstalt sucht ihre Zöglinge theils durch Unterricht in Kenntnissen und Fertigkeiten (siehe unten), theils und insbesondere durch Angewöhnung und den in ihr waltenden Geist einem reichen und kräftigen Gemüths- und Geistesleben zuzuführen, und sie für ihre Bestimmung mit Kraft und Geschick auszurüsten. Glauben und Lieben, Denken und Arbeiten wollen wir unsere Zöglinge lehren; ein stetes Gottbewußtsein soll sie in's Leben begleiten und eine praktische Kraft, welche, in allen Verhältnissen des Lebens sich bewährend, immer — und oft allein helfen und allein dauernd uns und Andere beglücken.

Der allgemeine Unterricht umfaßt in meiner Anstalt, nebst den nöthigen Hülfsfächern, Religionslehre, Erziehungslehre, deutsche und französische Sprache, Geschichte, Geographie, Naturlehre und Naturgeschichte, Rechnen, Gesang, Schreiben, Zeichnen, Turnen, weibliche Handarbeiten und Hausgeschäfte. Der besondere: englische und italienische Sprache, Instrumentalmusik, Sologesang, Kunstzeichnen, Tanz.

Dieses Vielerlei kann ein Mädchen unmöglich mit Erfolg zugleich lernen; entweder bei gehöriger Zeit nacheinander oder denn mit Auswahl dies und jenes, je nach seinen Bedürfnissen. Das Französische wird von mehreren Lehrerinnen französischer Zunge gelehrt und ist unsere Haussprache; die Hauptsprache ist mir aber die deutsche, gleichsam der Stamm des ganzen wissenschaftlichen Unterrichtes. Die deutsche Sprache nebst einigen andern Fächern lehre ich meine Zöglinge selbst; andere sind ausgezeichneten Lehrern und von mir gebildeten Unterlehrerinnen übertragen.

In wie weit die Anstalt ihre Zwecke erreiche, in wie weit sie überhaupt allen Forderungen entspreche, die treu besorgte, vernünftige Eltern an jede Anstalt im Interesse ihrer Kinder stellen müssen, darüber möge man sich bei den verehrten Eltern erkundigen, deren Töchter in der Anstalt gebildet wurden. Für solche, die diesen Kreis nicht kennen, gebe ich unten einige Adressen. — Eltern, scheut die Mühe nicht genaue Erkundigungen einzuziehen bevor Ihr Euere Töchter einer Anstalt übergebet. Ich möchte auch bitten, Euch in meiner Zeitschrift „die Erzieherin" mit meinen Erziehungsgrundsätzen näher bekannt zu machen. Denn wenn es auch keineswegs an und für sich für die gute Erziehung eines Mädchens wichtig ist, daß es überhaupt in ein Institut komme, so ist es um so wichtiger, was für einem es anvertraut wird. Der Geist desselben wirkt nicht selten entscheidend auf's ganze Leben.

Aufnahme und Bedingungen.

Da die ganze Einrichtung auf das Familienleben berechnet ist, so darf die Anzahl der Zöglinge nur eine beschränkte sein. Die Curse beginnen Mitte April und Anfang November. Der Pensionspreis ist 36 Louisd'or in vierteljähriger Vorausbezahlung. Besonders bezahlt wird der Anstalt nur der besondere Unterricht und am Neujahr 4 Frkn. für die Dienstboten, sonst durchaus nichts, so daß die Eltern der Töchter meiner Anstalt weniger zu bezahlen haben, als wo der Pensionspreis bedeutend niedriger angesetzt ist, aber dann allerlei Nebenrechnungen vorkommen. Was die Zöglinge für sich brauchen, müssen sie unter Aufsicht selbst anschaffen und bezahlen. Die Pension wird bis 3 Monate nach der Anzeige des Austrittes bezahlt und für allfällige Abwesenheit der Zöglinge wird nichts abgezogen. Im höchsten Sommer sind 3 bis 4 Wochen Ferien, während welchen den Zöglingen gestattet ist auf Besuch nach Hause zu gehen.

Väter, die der Anstalt ihre Töchter anvertraut hatten und bereit sind darüber Auskunft zu ertheilen:

Kt. Zürich,	Stadt,	Herr	Bürgermeister Dr. Zehnder, Präsid. des Erziehungsrathes.	Kt. Luzern,	Büron,	Herr	Alt-Appellationsrath Bühler.
				Kt. Schwyz,	Einsiedeln,	„	Alt-Statthalter N. Benziger.
„ „	„	„	Oberst Escher-Greuter.	Kt. Glarus,	Mollis,	„	Oberst Laager.
„ „	„	„	A. Griot, im Zeltweg.	Kt. Solothurn,	Stadt,	„	Oberrichter Winistörfer.
„ „	„	„	Architekt Vögeli.	„ „	Kriegstätten,	„	Ziegler, i. d. Kaltwasseranstalt.
„ „	„	„	Junker Zollikofer.	Kt. Bündten,	Chur,	„	Junker von Flugi.
„ „	Hausen a. Albis,	„	Kantonsrath Zürrer.	„ „	Vicosoprano,	„	Scartazzini.
„ „	Winterthur,	„	Reinhardt-Heß, Kaufmann.	Kt. St. Gallen,	Stadt,	„	Kantonsrath Jenny.
„ „	Uster,	„	Statthalter Zangger.	Kt. Aargau,	Aarau,	„	Clamaron aus Lyon.
„ „	Bauma,	„	Gujer im Neuthal, Fabrikbesitzer.	„ „	Lenzburg,	„	Oberrichter Ringier.
„ „	Andelfingen,	„	Kantonsrath Arbenz.	„ „	Wohlen,	„	Dr. Meier-Gsell.
„ „	Wädenschweil,	„	Bezirksrath Diezinger.	Kt. Thurgau,		„	Ingenieur Sulzberger.
„ „	Richterschweil,	„	Streiff, Kaufmann.	Kt. Genf,	Stadt,	Mr.	H. Gex, cadet, négotiant.
Kt. Luzern,	Stadt,	„	Oberst Boßhard.	Kt. Waadt,	Nyon,	„	Mathey-Jonzier.

Die Anstalt könnte solche Adressen auch für Italien, Deutschland und England mittheilen, wenn etwa Ausländer in diesen Ländern selber Erkundigungen einzuziehen wünschen. Zu jeder nähern Auskunft ist immer gern bereit

Sonnenbühl bei Zürich, im März 1849.

Die Vorsteherin der Anstalt:

J. Stadlin.

Werbung für das «Sonnenbühl»: Auf der Anzeige sind Väter der Schülerinnen als Referenzen aufgelistet: ein Who's who der Exponenten der politischen und wirtschaftlichen Elite der Schweiz von 1848.

die seit Jahrhunderten in Familienbesitz befindliche Haldenmühle betrieb. Auf Zürcher Kantonsebene politisierte ebenfalls der Vater der Diezinger-Schwestern Amalie, Johanna und Marie aus Wädenswil.[132] Die freisinnige Fabrikantenfamilie Diezinger hatte sich bereits im Bockenkrieg auf Seiten der aufständischen Landschaft als treibende Kraft exponiert und in der Regeneration eine intensive politische und gemeinnützige Tätigkeit entfaltet. Auch der reiche Textilunternehmer und spätere Maschinenfabrikant und Nationalrat Caspar Honegger aus Rüti schickte seine Töchter Elise und Süsette ins Stadlin'sche Institut,[133] ebenso die Textilfabrikantenfamilie Guyer aus Neuthal und Bauma ihre Töchter Louise und Marie.

Eine zentrale Stellung in Josephine Stadlins Netzwerk kam dem reichen Unternehmer und Politiker Heinrich Zangger aus Uster zu, dem Vater ihrer Schülerin Rosette Zangger. Bereits dessen Vater hatte den Aufstieg vom Müller zum Textilfabrikanten eingeleitet. Die Liebe und Verehrung, die Rosette Zangger ihrer Lehrerin Josephine Stadlin entgegenbrachte, wirkte wie ein Ferment für die materielle Unterstützung, die der Fabrikant und seine vier Töchter in unterschiedlichster Form dem Institut und Seminar zukommen liessen. Während die Schwestern im Bekanntenkreis für das Institut warben, stellte ihr Vater als Politiker den Antrag, dass die Gemeinde Uster die unter Vormundschaft stehende Anna Haager im «Sonnenbühl» zur Erzieherin ausbilden lasse. Als Unternehmer beriet er Josephine Stadlin konkret in Fragen der Finanzierung, der Aufnahme von Hypotheken sowie des Schuldenabbaus und leistete vor allem immer wieder namhafte Beiträge, als Geschenk und als Darlehen oder Vorschuss zu besten Bedingungen.[134] Ausserdem wirkte Heinrich Zangger als wichtiges Bindeglied zum Kreis der fortschrittsorientierten Fabrikanten. Denn um 1850 galt er neben Alfred Escher und Caspar Honegger als einer der einflussreichsten Freisinnigen des Kantons Zürich und der deutschen Schweiz, der ebenso erfolgreich als Textilfabrikant wie als Politiker agierte. Und von der Haltung der freisinnigen und unternehmerischen Kreise hing der Erfolg von Josephine Stadlins Ausbau ihres Instituts zu einem Seminar mit angegliederter Musterschule in entscheidendem Masse ab: Diese Kreise garantierten ebenso den Zustrom von Schülerinnen wie den gewichtigsten Teil an finanziellen Mitteln.

3.3 Beschränkte Wirkungskraft des Netzwerks: hoher Mobilisierungsgrad und grosses Konfliktpotential, kurzfristiger Erfolg und langfristiges Scheitern

Josephine Stadlin verhalf ihrem privat lancierten Projekt eines «schweizerischen Lehrerinnenseminars» mit verschiedenen Mitteln zu breiter Beachtung. Wie keiner Frau in der Schweiz zuvor gelang es der bald Vierzigjährigen, das persönliche Beziehungsnetz zu einer Bewegung mit hohem Mobilisierungsgrad und öffentlicher Wirkungskraft auszugestalten. Einerseits schaffte sie unter Kreisen von Lehrerinnen und Erzieherinnen ebenso ein Wir-Gefühl als notwendige Voraussetzung zum Engagement[135] wie unter ihren Schülerinnen, obwohl

Letztere aus unterschiedlichen Milieus stammten, je nachdem ob sie das Institut besuchten oder sich im Seminar für einen zukünftigen Erwerb ausbilden liessen. Anderseits konnte sie sich mit der Gründung eines Vereins und einer Zeitschrift über den engen Kreis der direkt interessierten Institutsleiterinnen und Lehrerinnen hinaus Gehör verschaffen und so für ihr auf Professionalisierung ausgerichtetes Seminarprojekt die notwendige Öffentlichkeit herstellen. Sie benutzte zu diesem Zweck taktisch geplant und mit genauen Anweisungen ihre familiären, freundschaftlichen, berufsspezifischen und politischen Netzwerke.[136] Drittens wusste sie, da auch in Deutschland die 1840er Jahre als die eigentliche «Sturm-und-Drang-Phase»[137] der Mädchenbildung galten, durch die Grenzen überschreitende Vernetzung mit Pädagoginnen und Pädagogen die Notwendigkeit eines Lehrerinnenseminars auch wissenschaftlich zu legitimieren. Viertens suchte sie die dem Projekt inhärenten Widersprüche, dass ein solches Seminar ihrem Privatinstitut angegliedert, von ihr geleitet, von einem privatrechtlichen Verein getragen und trotzdem als ein öffentliches wahrgenommen werden sollte, diskursiv sowie rhetorisch gewandt zu klären. Die erzielten Erfolge zur Etablierung des Seminars blieben jedoch immer bescheiden. Auf längere Sicht versagten die Netzwerke.

Um zu zeigen, mit welchen Mitteln Josephine Stadlin Öffentlichkeit herstellte, verknüpfe ich die Analyse ihrer Korrespondenzen mit der Analyse ihrer Publikationen aus den 1840er Jahren. Neben den Argumentationen werden so vor allem die Formen der Mobilisierung, deren Instrumente und Taktiken sowie deren Grenzen erkennbar, und damit auch die Gründe des Scheiterns eines schweizerischen Lehrerinnenseminars.[138]

Verein und Zeitschrift: die Mittel zur Propagierung des Seminars

Der von Josephine Stadlin 1843 initiierte Erzieherinnenverein sollte der erste weibliche Berufsverband der Schweiz werden, aber auch der erste Frauenverein, der nicht für gemeinnützige, sondern frauenspezifische Interessen eintrat.[139] Intendiert war er als Mittel zur Mobilisierung von Lehrerinnen, Erzieherinnen und Frauen generell sowie zur Generierung finanzieller Ressourcen im Besonderen.

Seit den Anfängen ihres Vereinsprojekts versuchte Josephine Stadlin, ihre Tante aus Sarmenstorf in die Gründung einzubinden. Lisette Ruepp-Uttinger wirkte damals ebenfalls als Institutsleiterin und bildete Lehrerinnen aus, auch verfügte sie via ihre Verwandten und Bekannten sowie ihre Schülerinnen über ein breites Beziehungsnetz. Die vier Briefe Lisette Ruepp-Uttingers und der eine Brief Josephine Stadlins zu diesem Thema lassen keine schlüssige Antwort zu, ob die Tante den Plänen der Nichte eher ablehnend oder wohlwollend gegenüberstand. Dass die Vorstellungen zumindest divergierten, scheint mir aber offensichtlich.

Schon im Februar 1844 teilte Lisette Ruepp-Uttinger der Nichte in Zürich mit, sie hege wenig Hoffnung, dass der im Vorjahr entwickelte Plan im Laufe des Jahres Wirklichkeit werden könne, hätten doch Frauen auf ihren Aufruf fast nur mit Bedenken geantwortet. Das dazu entworfene Zirkular schickte sie an bekannte Mädcheninstitute und an liberale Promotorinnen und Promotoren der Mäd-

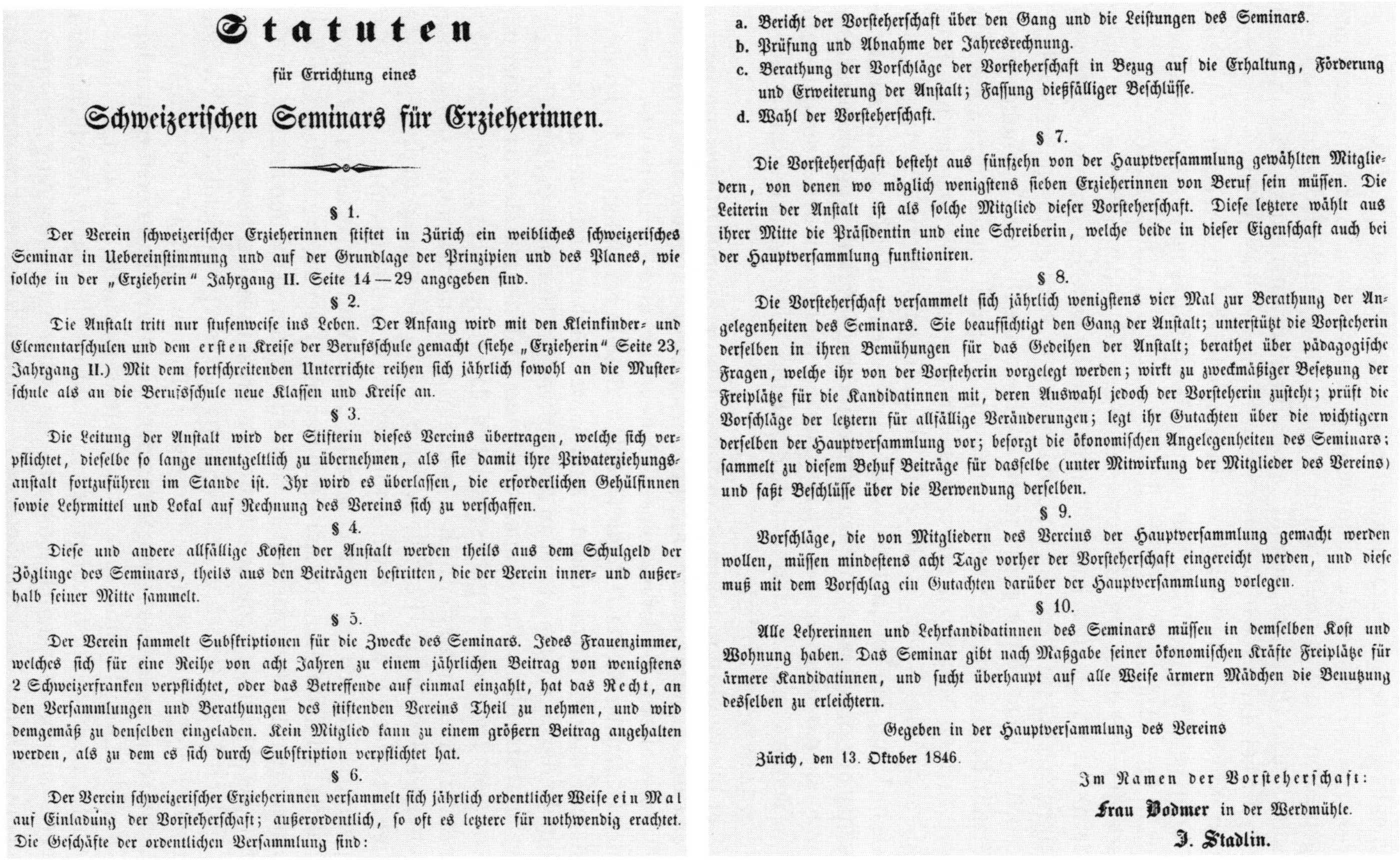

Statuten

für Errichtung eines

Schweizerischen Seminars für Erzieherinnen.

§ 1.

Der Verein schweizerischer Erzieherinnen stiftet in Zürich ein weibliches schweizerisches Seminar in Uebereinstimmung und auf der Grundlage der Prinzipien und des Planes, wie solche in der „Erzieherin" Jahrgang II. Seite 14—29 angegeben sind.

§ 2.

Die Anstalt tritt nur stufenweise ins Leben. Der Anfang wird mit den Kleinkinder- und Elementarschulen und dem ersten Kreise der Berufsschule gemacht (siehe „Erzieherin" Seite 23, Jahrgang II.) Mit dem fortschreitenden Unterrichte reihen sich jährlich sowohl an die Musterschule als an die Berufsschule neue Klassen und Kreise an.

§ 3.

Die Leitung der Anstalt wird der Stifterin dieses Vereins übertragen, welche sich verpflichtet, dieselbe so lange unentgeltlich zu übernehmen, als sie damit ihre Privaterziehungsanstalt fortzuführen im Stande ist. Ihr wird es überlassen, die erforderlichen Gehülfinnen sowie Lehrmittel und Lokal auf Rechnung des Vereins sich zu verschaffen.

§ 4.

Diese und andere allfällige Kosten der Anstalt werden theils aus dem Schulgeld der Zöglinge des Seminars, theils aus den Beiträgen bestritten, die der Verein inner- und außerhalb seiner Mitte sammelt.

§ 5.

Der Verein sammelt Subskriptionen für die Zwecke des Seminars. Jedes Frauenzimmer, welches sich für eine Reihe von acht Jahren zu einem jährlichen Beitrag von wenigstens 2 Schweizerfranken verpflichtet, oder das Betreffende auf einmal einzahlt, hat das Recht, an den Versammlungen und Berathungen des stiftenden Vereins Theil zu nehmen, und wird demgemäß zu denselben eingeladen. Kein Mitglied kann zu einem größern Beitrag angehalten werden, als zu dem es sich durch Subskription verpflichtet hat.

§ 6.

Der Verein schweizerischer Erzieherinnen versammelt sich jährlich ordentlicher Weise ein Mal auf Einladung der Vorsteherschaft; außerordentlich, so oft es letztere für nothwendig erachtet. Die Geschäfte der ordentlichen Versammlung sind:

a. Bericht der Vorsteherschaft über den Gang und die Leistungen des Seminars.
b. Prüfung und Abnahme der Jahresrechnung.
c. Berathung der Vorschläge der Vorsteherschaft in Bezug auf die Erhaltung, Förderung und Erweiterung der Anstalt; Fassung dießfälliger Beschlüsse.
d. Wahl der Vorsteherschaft.

§ 7.

Die Vorsteherschaft besteht aus fünfzehn von der Hauptversammlung gewählten Mitgliedern, von denen wo möglich wenigstens sieben Erzieherinnen von Beruf sein müssen. Die Leiterin der Anstalt ist als solche Mitglied dieser Vorsteherschaft. Diese letztere wählt aus ihrer Mitte die Präsidentin und eine Schreiberin, welche beide in dieser Eigenschaft auch bei der Hauptversammlung funktioniren.

§ 8.

Die Vorsteherschaft versammelt sich jährlich wenigstens vier Mal zur Berathung der Angelegenheiten des Seminars. Sie beaufsichtigt den Gang der Anstalt; unterstützt die Vorsteherin derselben in ihren Bemühungen für das Gedeihen der Anstalt; berathet über pädagogische Fragen, welche ihr von der Vorsteherin vorgelegt werden; wirkt zu zweckmäßiger Besetzung der Freiplätze für die Kandidatinnen mit, deren Auswahl jedoch der Vorsteherin zusteht; prüft die Vorschläge der letztern für allfällige Veränderungen; legt ihr Gutachten über die wichtigern derselben der Hauptversammlung vor; besorgt die ökonomischen Angelegenheiten des Seminars; sammelt zu diesem Behuf Beiträge für dasselbe (unter Mitwirkung der Mitglieder des Vereins) und faßt Beschlüsse über die Verwendung derselben.

§ 9.

Vorschläge, die von Mitgliedern des Vereins der Hauptversammlung gemacht werden wollen, müssen mindestens acht Tage vorher der Vorsteherschaft eingereicht werden, und diese muß mit dem Vorschlag ein Gutachten darüber der Hauptversammlung vorlegen.

§ 10.

Alle Lehrerinnen und Lehrkandidatinnen des Seminars müssen in demselben Kost und Wohnung haben. Das Seminar gibt nach Maßgabe seiner ökonomischen Kräfte Freiplätze für ärmere Kandidatinnen, und sucht überhaupt auf alle Weise ärmern Mädchen die Benutzung desselben zu erleichtern.

Gegeben in der Hauptversammlung des Vereins

Zürich, den 13. Oktober 1846.

Im Namen der Vorsteherschaft:

Frau Bodmer in der Werdmühle.

J. Stadlin.

«Statuten für Errichtung eines Schweizerischen Seminars für Erzieherinnen»: Der Verein diente der Finanzmittelbeschaffung und sollte den öffentlichen Charakter des Seminars unterstreichen.

chenbildung wie die Familie Krüsi in Gais, Zollikofer in St. Gallen oder Herzog in Aarau, verbunden mit der Aufforderung, die Lehrerinnen in ihrer Gegend auf den geplanten Verein aufmerksam zu machen.[140] Die Abschrift des Zirkulars legte Lisette Ruepp-Uttinger später als Beweis ihrer Loyalität einem Brief an Josephine Stadlin bei, da das Gerücht verbreitet wurde, sie mache Stimmung gegen das Projekt. Mit dem Zirkular fragte sie die angeschriebenen Personen an, ob sie dem Verein beitreten möchten, teilte ihnen aber gleichzeitig mit, dass sie selber dies nicht tun würde, da sie die jährliche öffentliche Zusammenkunft und die Zeitschrift selber nicht begrüsse, obwohl sie den Eifer «der Jgf:[Jungfer] St.[adlin] in Sache der Erziehung schätze».[141] Ihre Haltung war also eine zwiespältige. Zum einen machte sie Werbung für den Verein und würdigte Josephine Stadlins Einsatz für die Erziehung, zum andern markierte sie Distanz. Gegenüber Josephine Stadlin begründete sie ihren Nichtbeitritt: «[...] weil ich auf ganz anderem Wege mit meinen bekannten Lehrerinnen unterhandelte.»[142] Im gleichen Brief erklärte sie ihrer Nichte, sie habe auf die Anfragen «ihrer» Lehrerinnen, warum sie nicht auf den Verein und das baldige Erscheinen der Zeitschrift aufmerksam gemacht worden seien, mit dem Verschicken des Zirkulars geantwortet. Die Reaktionen darauf seien aber gering gewesen, weil wegen der damaligen «traurigen Zeiten» – der sozialen Notlage der 1840er Jahre – viele entmutigt seien und lieber zuwarten würden.

Über die Vereinsgründung informierte Lisette Ruepp-Uttinger im Dezember 1844 auch Rosette Niederer-Kasthofer.[143] Es ist anzunehmen, dass Lisette Ruepp-Uttinger dieser im darauf folgenden Gespräch ihre Zurückhaltung gegenüber den Plänen der Nichte darlegte. Josephine Stadlin persönlich sandte Rosette Niederer-Kasthofer eine Einladung zum Beitritt in den Verein, auf die ihre ehemalige Lehrerin in einem Brief an den Neffen Karl Hunziker in Zürich jedoch mit vehementer Ablehnung reagierte: «Wo ein undankbares Herz das Ruder führen will, vom Sporn des Ehrgeizes getrieben, da trete ich nicht ein. Zudem sind, meinem Erachten nach, öffentliche Vereine zu denen man hinreisen soll, ganz gegen unsere Bestimmung, die stilles Wirken u. edle Hingebung an die h.[ohe] Sache der Erziehung u. Menschheit im nächsten Lebenskreise anspricht. [...] Warum pompöse Statuten auf's Papier werfen, ohne Wahrheit, insofern sie solche enthalten, tief in unseren Herzen einzugraben [...]. Sei Du so gut, diese Glücksritterin wissen zu lassen, dass ich da nicht einzutreten gesonnen bin.»[144] Der Grund für die Ablehnung scheint in früheren Ereignissen zu liegen, da das Ehepaar Niederer-Kasthofer schon den Weggang von Josephine Stadlin aus Yverdon als Undank empfunden hatte und ihr eigener Plan zur Umwandlung ihres Instituts in ein schweizerisches Seminar von der SGG 1837 nicht unterstützt worden war. Die Ablehnung begründete Rosette Niederer-Kasthofer aber auch ideologisch, da sie den weiblichen Wirkungskreis im Nahbereich sah und öffentliche Auftritte von Frauen grundsätzlich ablehnte – sie selber hatte diese Aufgabe ihrem Ehemann Johannes Niederer überlassen.[145] Schliesslich scheint sie dem Unternehmen der «Glücksritterin» auch finanziell nicht getraut zu haben. Dieser Brief ist als Kopie erhalten, und zwar in einem Buch mit den Abschriften von Rosette Niederer-Kasthofers verschickten Briefen. Dieses Buch wurde offensichtlich in

den 1860er Jahren auch von Josephine Stadlin im Kontext ihrer späteren Recherchen zur Pestalozzi-Biografie konsultiert. Sie fügte dem Brief die Bemerkung bei: «Frau Niederer hat mich da verkannt.»[146]
Vergeblich versuchte Josephine Stadlin Josephine Keller-Pfeiffer, die Ehefrau des Aargauer Seminardirektors Augustin Keller, von der Notwendigkeit eines Seminars zu überzeugen und damit für den Verein zu gewinnen.[147] Ähnlich zurückhaltend wie Lisette Ruepp-Uttinger zeigte sich Gertrud Krüsi, die Tochter von Pestalozzis Mitarbeiter Hermann Krüsi, der kurz zuvor gestorben war. Dieser hatte nach seiner Rückkehr von Yverdon nach Appenzell Ausserrhoden in Trogen als langjähriger Vorsteher der Kantonsschule und in Gais als Leiter des kantonalen Lehrerseminars sowie eines privaten Instituts fungiert. Die Töchterpension, die diesem Institut angegliedert war, leiteten seine Töchter. Josephine Stadlin kannte Gertrud Krüsi aus der Zeit in Yverdon. Die Appenzellerin teilte die Meinung ihrer Lehrerin Rosette Niederer-Kasthofer, öffentliches Auftreten laufe der Natur der Frau zuwider; ein solches Auftreten entspreche aber auch nicht ihrer persönlichen Schüchternheit: «Den Zweck Eures Vereins ehre ich, die Mittel sind mir noch nicht *ganz* klar, der Verein selbst od:[er] vielmehr die Versammlung mit ihren Einrichtungen erscheint mir stets als der weiblichen Natur zuwider. [...] ich möchte lieber, insofern es meine Stellung zulässt, mein Tagewerk im Stillen vollbringen. Dennoch will ich gerne für Eure Sache thun, was ich kann, aber das sage ich dir, dass der Canton Appenzell nicht der Ort ist wo viel über Bildung gelesen od:[er] nachgedacht wird. In unsern Dörfern genügt fast überall die gewöhnliche Schulbildung die sich in Dorfschulen darbietet und namentlich in Gais; zwar besuchen immer einzelne Kinder unsere Anstalt, aber ihre Eltern sind doch meistens ungebildet und lesen solches nicht. In Herisau habe ich wirklich wenig Bekannte, unter diesen keine die sich für diese Sache interessieren würden. Du siehst mit Appenzeller Lehrerinnen ist nicht viel anzufangen.»[148]
Auch weitere Ostschweizer Frauen aus dem Umfeld von Instituten, die sich im Gefolge von Pestalozzis Werk in Yverdon sahen, standen der Vereinsgründung skeptisch gegenüber. Ihre Vorbehalte hatte Babette Tobler, eine Tochter von Johann Georg Tobler, Institutsleiter in Trogen, bereits 1843 geäussert.[149] Deren Bruder, der die Leitung des Instituts nach dem Tod des Vaters übernahm, brachte der Ausbildung von Lehrerinnen zwar Sympathie entgegen, sah aber nicht ein, wieso die weibliche Bildung in die Hände von Frauen gelegt werde: «Sie werden nun freilich sagen: Sie sind halt auch ein Mann u. dürfen noch hinzusetzen, dass *wir* auch ausschliesslich Unterricht u. Erziehung der männlichen Jugend an uns gezogen haben. Ich halte aber auch dieses für falsch. Die Kinder beider Geschlechter müssten bis ins reifere Alter von *beiden* Geschlechtern erzogen werden.»[150] Dagegen schien die ehemalige Niederer-Kasthofer-Schülerin Rosine Peytrignet-Honnerlag, die mit dem wichtigen Zellweger-Clan verwandtschaftlich eng verbunden und mit dem Koleiter von Toblers Institut verheiratet war, der Seminaridee gewogen.[151]
Parallel zum Verein Schweizerischer Erzieherinnen wurde 1845 die Zeitschrift «Die Erzieherin. Eine Zeitschrift über weibliche Erziehung» gegründet, die als «zwanglose» Reihe von drei bis vier Heften pro Jahr konzipiert war. Mit der

«Erzieherin», die trotz Vorläuferinnen in der Zeit der Aufklärung zu den ersten deutschsprachigen Frauenzeitschriften und Frauenzeitungen zählte, erwies sich Josephine Stadlin ebenso wie mit der Vereinsgründung in den 1840er Jahren im deutschen Sprachgebiet als Pionierin.[152] Sie widmete ihre Zeitschrift den «theure[n] Schwestern» des Vereins. Auch wenn dieser Verein die «Blätter» nicht gegründet habe, so verdankten diese «doch dem *Geiste*, dem *Streben* dieses Vereins ihre Entstehung».[153] Programmatisch hielt sie in der ersten Nummer ihre Vorstellungen weiblicher Erziehung fest. Mit dem Titel «Was ist Erziehung?» stellte sie die Grundfrage, die sie mit dem Untertitel gleich selber beantwortete: «Ein Geschäft.» Daran schloss sie die für sie zentrale Frage samt Antwort an: «Wem soll dieses Geschäft übertragen werden? [...] Es ist voraus im engern Sinn ein von Gott *uns Frauen* ganz besonders übertragenes Geschäft. [...] So weit dem Mädchen Wissenschaft und Kunst ein ihm gegenüber Stehendes, wirklich nur Wissenschaft und Kunst sein soll, so weit mag der Mann allenfalls das Wissen und Können vermitteln. Wir sind aber der Ansicht, es komme bei uns Frauen nicht sowohl darauf an, was wir *wissen*, als vielmehr, was wir *seien*, und so nothwendig hierfür eine ernstere geistige Bildung ist, noch viel nothwendiger ist's, dass sie in des Mädchens ganzem Sein und Wesen assimilirt werde; wir meinen, dass es mit jeder Erweiterung seines Wissens und Könnens eigentlich *sich selbst* erweitere, d.h. kräftiger, treuer, weiblicher, gemüthlicher, religiöser werde.»[154] Gemäss Josephine Stadlin verschmolzen bei den Frauen Wissen und Wesen zu einer unabdingbaren Einheit, während bei den Männern Wissen und Wesen klar abgegrenzt blieben. Deshalb erklärte sie die Aneignung von Bildung durch Mädchen und Frauen nicht als eine gewählte Existenzweise – analog zum Entschluss eines jungen Mannes zu studieren –, sondern als Entwicklung weiblicher Wesensart. Von der Argumentation her, dass nur Frauen diesen Entwicklungsprozess bei Mädchen auslösen können, liess sich die Notwendigkeit der Ausbildung von Lehrerinnen ableiten: «Das kann der Mann nicht vermitteln. Er kann ein Priester der Wissenschaft, der Kunst sein – aber im Tempel der jungfräulichen Entwicklung kann er nicht Priester sein! [...]Wir wissen wohl, was leider nöthigte, Lehrer statt Lehrerinnen zu nehmen. Es fanden sich Wenige von genügender Bildung. Das muss anders werden; die Bildungs*fähigkeit* fehlt uns nicht; das Bildungs*recht* kann uns nicht verweigert werden. Bis der Staat hilft durch Seminarien für Lehrerinnen, durch höhere weibliche Schulen irgend einer Art, wollen wir uns selbst helfen durch Privatanstalten, durch Vereine und vor Allem aus [sic] durch selbsteigene Bildung, durch Lesen, Nachdenken, Schreiben und eifrige Benutzung aller andern und offenstehenden Hülfsquellen. Die Hauptsache ist, dass uns die Wahrheit immer lebendiger werde: *Uns* ist das Geschäft der Erziehung ganz besonders übertragen: *wir* müssen es besorgen, wenn es wahrhaft gedeihen soll!»[155] In diesem Text im Stil eines feministischen Essays bezog Josephine Stadlin Leserinnen wie auch Leser in die Entwicklung ihrer kritischen Argumentation ein und liess sie diese nachvollziehen.[156] Dabei sprach sie Männern grundsätzlich Kompetenz und Zuständigkeit für die Bildung und Ausbildung junger Mädchen ab. Diese kamen per se nur Frauen zu. In ihrem argumentativen Verfahren verband sie die Analyse gesellschaftlicher Verhältnisse mit Rechtsansprüchen, abgeleitet von einer Abfolge geschlechterideologisch begründeter Prämissen, zu einem zugleich emphatischen wie klaren Plädoyer für eine von Frauen geleitete Mädchenbildung.

Die von Josephine Stadlin formulierten Ansprüche des weiblichen Geschlechts auf Bildung und Ausbildung sind Teil eines durch die Menschenrechte definierten politischen Diskurses, der in der Schweiz des 19. Jahrhunderts vorwiegend von den Liberal-Radikalen geprägt war. Nach Josephine Stadlin stand das Recht auf Bildung grundsätzlich auch den Frauen zu. Darin unterscheidet sie sich explizit von deutschen Philanthropen oder von Schweizer Radikalen wie Augustin Keller, die je nach Fall die Frauen von diesem Recht ausschlossen.[157] Da sich ihre freisinnigen Zeit- und Gesinnungsgenossen Gleichheit von Männern und Frauen nur in eingeschränktem Masse vorstellten, konnte nach Meinung von Josephine Stadlin zum damaligen Zeitpunkt das Seminar lediglich als Selbsthilfeprojekt in Angriff genommen werden. Sie entwickelte ihre Legitimation einer von Frauen geleiteten Mädchenbildung entlang dieser eingeschränkten Geschlechtergleichheit. So rekurrierte sie zwar auf das Prinzip der Gleichheit aller Menschen. Zugleich wurde die Unterscheidung zwischen weiblicher und männlicher Wesensart mit dem Verweis auf die Wahrheit zum unumstösslichen und programmatischen Ausgangspunkt jeglicher Argumentation, die auch in der Definition der Unterschiede zwischen Lehrerinnen und Lehrer zum Tragen kam. Auf dem Hintergrund dieser Folie war die Übernahme der Erziehungsaufgabe nicht eine Frage der individuellen Wahl, sondern eine den Frauen als Gattung auferlegte moralische Verpflichtung: «Wie müssen wir also dieses Geschäft auffassen? Und was fordert es von uns? [...] die Erziehung ist nicht nur aufzufassen als ein Geschäft, das man allenfalls thun oder auch nicht thun kann – nein, sie muss aufgefasst werden als eine *heilige Pflicht*, als die heiligste Pflicht, die Menschen gegen Menschen haben.»[158] Mit dieser Aussage verwies sie implizit auf die von ihr geteilte Meinung über den Doppelcharakter der Frauen als Gattungswesen zum einen und Angehörige des Menschengeschlechts zum andern. Je nach Situation betonte sie eher die eine oder die andere Sicht. Ob ihre ambivalente Argumentation taktischem Kalkül entsprang, um Personen auf die Art anzusprechen, die am meisten Nutzen versprach, muss offenbleiben. Ich tendiere zur Annahme, dass sie zwar durchaus interessengeleitet argumentierte, aber den zeitgenössischen Diskurs von Gleichheit zum einen und Geschlechterdifferenz zum andern entsprechend dem damaligen Mainstream wenig reflektiert reproduzierte, die verschiedenen Diskursstränge jedoch ganz bewusst und davon überzeugt verknüpfte.[159] Damit schrieb Josephine Stadlin zugleich das bereits von Olympe de Gouges formulierte und von Joan Scott analysierte Paradox der Moderne fort, dass Frauen trotz proklamierter Gleichheit aller Menschen nicht die gleichen Rechte wie den Männern zustanden und Frauen unter Berufung auf ebendiese Gleichheit diesen Ausschluss kritisierten.[160] So blieb die Kritik von Josephine Stadlin ambivalent, da sie einerseits die geschlechterspezifische Diskriminierung der Mädchen und Lehrerinnen anprangerte, anderseits die Männer von der Mädchenbildung grundsätzlich ausschliessen wollte.

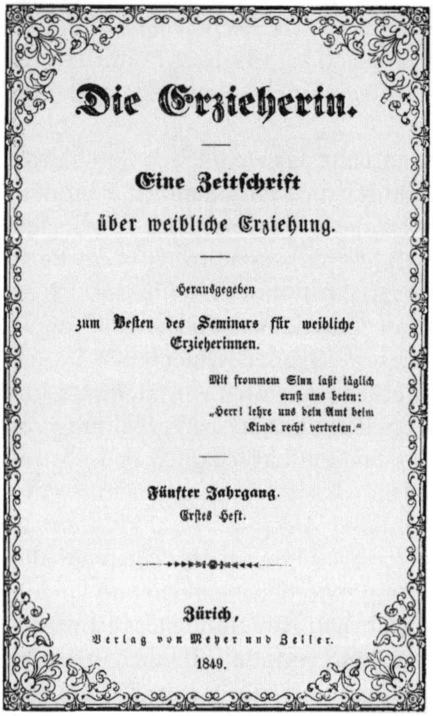

Die Erzieherin.

Eine Zeitschrift
über weibliche Erziehung.

Herausgegeben
zum Besten des Seminars für weibliche
Erzieherinnen.

Mit frommem Sinn laßt täglich
ernst uns beten:
„Herr! lehre uns dein Amt beim
Kinde recht vertreten."

Fünfter Jahrgang.
Erstes Heft.

Zürich,
Verlag von Meyer und Zeller.
1849.

«Die Erzieherin»: Die Zeitschrift wurde noch vor Louise Ottos «Frauen-Zeitung» gegründet und erschien in loser Folge von 1845 bis 1850. Die ersten Jahrgänge waren «dem Verein schweizerischer Erzieherinnen gewidmet», die späteren «herausgegeben zum Besten des Seminars für weibliche Erziehung».

Die Hefte erschienen während sechs Jahren.[161] Sie umfassten verschiedene Rubriken, darunter Beiträge von Pädagogen, Schulleiterinnen und -leitern. In dieser Funktion schrieb Josephine Stadlin immer längere Artikel zu Fragen der Erziehung und Didaktik. Adolph Diesterweg empfahl ihr nicht nur Tinette Homberg als Mitarbeiterin, sondern zeigte sich auch begeistert über ihre Ausführungen zur Psychologie in der Erziehung: «Ich kann Ihnen nicht sagen, welche Freude mir Ihre gehaltvollen Aufsätze über dieselbe gemacht haben.»[162] Die pädagogisch aufschlussreichen Szenen, die mehrheitlich von ihren Schülerinnen und von ihr ausgebildeten Lehrerinnen und Erzieherinnen für die Zeitschrift verfasst wurden, veröffentlichte sie unter dem Titel «Daguerreotypen». Die Daguerreotypie war erst seit 1839 praxisreif und genoss in den 1840er Jahren zunehmende Popularität als Abbild der «realen» Welt. Josephine Stadlin wusste dies zu nutzen und übertrug den Namen des neuen technischen Abbildungsverfahrens auf ebendiese Kurzbeschreibungen «realer Situationen». Als Fortsetzung waren auch die «Briefe an eine Mutter» konzipiert, eine Art ausführlicher Ratgeber zur Kindererziehung. Unter dem Titel «Mädchenbriefe» veröffentlichte die Zeitschrift ebenso Briefe von Schülerinnen an Schülerinnen.[163] Diese hatten die Briefe jedoch mehrheitlich unter explizitem Druck von Josephine Stadlin geschrieben und ihr dann überlassen. Und unter gleichem Druck wurden wohl auch die meisten Daguerreotypen verfasst, da sich Schülerinnen in den Briefen immer wieder entschuldigten, wenn sie das Erwartete nicht lieferten. Die Rubrik «Bausteine» versammelte Aphorismen, Sätze und kurze Textauszüge unterschiedlichster Autoren, von Pestalozzi und Jean Paul über Diesterweg und Sause bis zu dem eben erst verstorbenen französischen Schriftsteller Aimé Martin, der 1834 ein zweibändiges Werk zur Bildung der Mütter und deren Bedeutung für die «Erneuerung der Menschheit» herausgegeben hatte.[164] Als eine der wenigen Frauen kam in dieser Rubrik auch Rosette Niederer-Kasthofer zu Wort. Unter dem Titel «Bücheranzeige» wurden vor allem die Publikationen von Autoren rezensiert, die Beiträge in der «Erzieherin» veröffentlichten.

Von ihren ehemaligen Schülerinnen, von denen inzwischen einige als Erzieherinnen und Lehrerinnen im In- und Ausland tätig waren, erwartete Josephine Stadlin ebenso den Beitritt zum Verein wie das Abonnieren und Weiterverbreiten der Zeitschrift. So schickte Josephine Stadlin die Zeitschrift an die Lehrerin Anna Kunz in Winterthur[165] und empfahl die Hefte 4 und 5 der Arbeitslehrerin Katharina Siedler in Küsnacht, diese anderen Frauen zur Lektüre weiterzugeben.[166] Im deutschen Rendsburg[167] zeigte sich Ida Mirus ebenso dafür verantwortlich wie Lisa Schweizer in Norditalien, die 1846 die Vereinsstatuten unter Schweizer Familien in Bergamo zirkulieren liess und noch während der Revolutionsjahre 1848/49 in Mailand für die Zeitschrift Werbung machte.[168]

Mehrheitlich waren die Echos in den Briefen an Josephine Stadlin positiv, was zumindest teilweise als Ausdruck der guten Beziehung zwischen Lehrerin und Schülerin gedeutet werden kann. Die emotionale Bedeutung der Zeitschrift hob Tonely Villiger hervor, die sie mit Erinnerungen an die Zeit im Stadlin'schen Institut verband: «Diese Tage erhielt ich wieder ein Heft von der Erzieherin u. las darin vieles das mir ungemein wohl that – ‹die Erzieherin› ist Ihren fernen Kindern, was die Alpenlieder einem Schweizer in der Fremde – indem sie erhebt u. stärkt u. in die Heimath uns versetzt, macht sie auch Heimweh durch die lieben, kräftigen Töne.»[169] Sie war Vereinsmitglied, Leserin und Lieferantin von Aufsätzen zugleich.[170]

Mit Beiträgen für die Zeitschrift konnten die Abonnements- und Vereinsbeiträge abgegolten werden. Damit war es Josephine Stadlin möglich, ehemalige Schülerinnen in den Verein und die Produktion der Hefte einzubinden, die als Lehrerinnen oder Erzieherinnen nur über ein äusserst geringes oder als gänzlich von der Familie abhängige Töchter über gar kein Einkommen verfügten. Zu Letzteren zählten auch Schülerinnen aus nicht sehr reichen, aber angesehenen mittelständischen Familien. So taten sich die Schwestern Diezinger in Wädenswil, die als Töchter eines Unternehmers und Politikers nicht zu den Armen gehörten, schwer mit Schreiben und kritisierten die Bevorzugung der Reichen, die sich dieser Pflicht mit Geld entziehen konnten: «Sie müssen sich nicht den Kopf zerbrechen, und dann erst noch bringen ihre Franken mehr Gutes, als die elenden Dinge! [...] Nimm also das Geschreibsel gnädig auf, und denk nun, dass wenn es auch nichts ist, wir doch fast dabei den Geist aufgegeben haben, und's manchmal sogar Thränen gab!»[171] Wie schwer den meisten ehemaligen Schülerinnen das Artikelschreiben fiel, dokumentieren viele Briefe, aber auch welche Gefühle mit der Lektüre der Zeitschrift und der Mitgliedschaft im Verein verbunden wurden. Setti Laager aus Mollis beispielsweise zeigte sich überschwänglich: «O wie freuts mich auf nächstes Jahr, wenn ich als ein Glied des Vereins mit allen meinen Lieben zusammenkomme u. Sie, meine grösste Wohlthäterin, umarmen kann; wenn ich dann mich des Bewusstseins erfreuen kann, etwas für das schöne Ganze gethan zu haben, von dem ich ein Glied bin.»[172] Für ihre Freundin Didi Schmid dagegen scheint die Sache schwieriger gewesen zu sein: «Dideli hofft immer auf einen Brief von Ihnen; sie hängt immer noch mit der gleichen Zärtlichkeit an Ihnen u. am Institut, sie würde auch gern in den Verein treten um Ihnen wieder näher zu kommen, wenn sie nur keinen Aufsatz machen müsste.»[173] Andere Schülerinnen, wie die Schwestern Emma und Bertha Jenny aus St. Gallen, lasen die Zeitschrift, waren aber noch zu abhängig von den Eltern, um aktive Mitglieder des Vereins zu werden, auch wenn sie sehr gerne an die «assemblée» gekommen wären.[174] Zweideutigkeiten zeigen sich auch in den Briefen von Christine Streiff aus Richterswil: «Seit dem Vereine interessiere ich mich mehr für die Erziehung, da ich nun mehr weiss was ich etwa zu beobachten habe; u. doch hätte ich noch keine Daguerrotypen machen können, um sie Ihnen mitzutheilen, was ich so gerne gewünscht hätte, um Ihnen einen Beweis meiner Aufmerksamkeit zu geben.»[175] Ähnliche Vorbehalte äusserte Tonely Villiger: «Den Aufsatz für das Seminar kann ich unmöglich machen; denn gar nicht komme ich in Umgang mit Kindern, wo ich Erfahrungen machen könnte, u. ich glaube es ist besser ich gebe die Busse von 4 Fk: [Franken] als einen Aufsatz, aus welchem gar nichts Rechtes zu ziehen ist. Ich finde es wäre besser gewesen, ich wäre nicht in den Verein getreten; denn ich sehe immer mehr, dass ich die Pflichten als Mitglied dieses Vereins doch nicht erfüllen kann.»[176] Positiv beurteilte Luise Arbenz aus Andelfingen dagegen ihre Möglichkeiten. Obwohl sie nicht Lehrerin war, übernahm sie die Verantwortung für «ihre Section» und sandte auf die herannahende Vereinsversammlung hin Josephine Stadlin einen Aufsatz: «Ich werde jedenfalls auch dieses Jahr wieder zur Fortsetzung dieser engern Verbindung stimmen: denn nur ein Aufsatz [...] ist doch besser als gar keiner. Besonders uns, die wir nicht Lehrerinnen sind u. also auch mehr od.[er] weniger der geistigen Anstrengung entbehren müssen, kann eine solche Arbeit nur nützen, u. einer Lehrerin wird dieser Aufgabe auch nicht mehr Zeit u. Mühe kosten, als ihr dadurch wieder vergolten wird.»[177] Anderen Schülerinnen verunmöglichte der Vater wegen familiärer Pflichten den Besuch der Vereinsversammlung[178] oder verbot den Beitritt aus klassen- und regionalspezifischen Gründen. So begründete Junker Conradin von Flugi seine Weigerung, den Vereinsbeitrag seiner Tochter Regina zu zahlen, mit seinem Willen, vor allem bündnerische Vereine zu unterstützen, weil Graubünden sonst noch weiter in Rückstand komme.[179] Regina von Flugis Cousine Elisa von Flugi aus Chur kam dagegen noch 1849 zur Vereinsversammlung nach Zürich.[180] Als begeisterte Leserin und wohl unermüdlichste Stütze des Vereins wie der Zeitschrift zeigte sich Rosette Zangger, die Fabrikantentochter aus Uster. Mit Freuden steuerte sie freiwillig immer wieder einen oder sogar mehrere Aufsätze für die Hefte bei.[181]

Mit der Gründung des Vereins und der Zeitschrift «Die Erzieherin» folgte Josephine Stadlin dem Vorbild der Lehrer, die beispielsweise im Kanton Zürich mit der Synode und Kapiteln über organisatorische Gefässe verfügten und deren Pflicht zum regelmässigen Verfassen von Aufsätzen auf die Lehrerkonferenzen

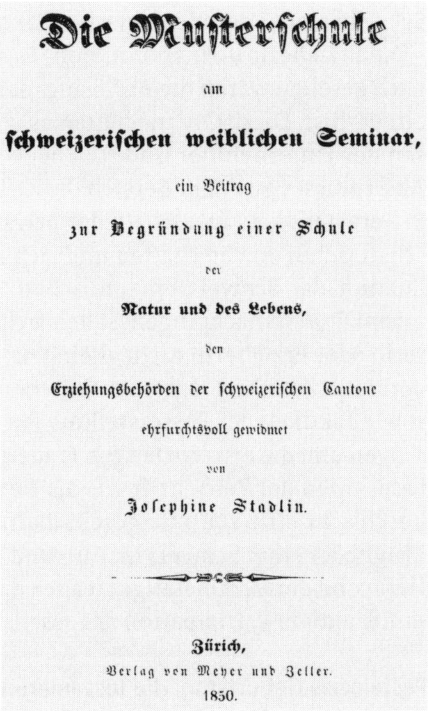
Die Musterschule

am

schweizerischen weiblichen Seminar,

ein Beitrag

zur Begründung einer Schule

der

Natur und des Lebens,

den

Erziehungsbehörden der schweizerischen Cantone

ehrfurchtsvoll gewidmet

von

Josephine Stadlin.

Zürich,

Verlag von Meyer und Zeller.

1850.

«Die Musterschule»: Von der Veröffentlichung ihres detaillierten Konzepts eines Schulprogramms für alle Stufen der Mädchenbildung erhoffte sich Josephine Stadlin die Unterstützung der kantonalen Erziehungsbehörden für ihr Projekt. Die Vorstellung ihres Schulkonzepts fiel jedoch zeitlich mit der Schliessung des Seminars zusammen.

hin ihre berufsrelevante Diskussionsbereitschaft markieren sollte.[182] Im Gegensatz zur Situation der Lehrer waren aber in praktisch allen Kantonen weder Ausbildung noch Organisation der Lehrerinnen institutionalisiert. Beide, Verein und Zeitschrift, dienten Josephine Stadlin daher vorwiegend zur Propagierung des Seminars, von dessen Projektierung über die Eröffnung bis zu dessen Weiterentwicklung. Die auf dem Titelblatt gedruckte Widmung an den «Verein schweizerischer Erzieherinnen» mutierte denn auch ab dem dritten Jahrgang zur Widmung «Herausgegeben zum Besten des Seminars für weibliche Erziehung».[183] So bedeutete die Schliessung des Seminars 1850 auch das Ende der Reihe. Im «Schlussheft dieser Zeitschrift» erklärte Josephine Stadlin das Scheitern mit dem «Mangel an Schülerinnen».[184] Dem letzten Heft liess sie ein Spezialheft folgen, das zwar als Stütze des Seminars schon länger vorgesehen war, aber nun quasi als Vermächtnis erschien. Unter dem Titel «Die Musterschule» erläuterte sie detailreich die ihr vorschwebende Schule für Mädchen vom Kindergarten über die Elementar- und Hauptschule bis zur Fortbildungsschule. Diese Präsentation ergänzte sie durch letzte «Seminarbilder» und Reflexionen zur Erziehung.[185]

Mit dem Ende der Hefte und des Vereins ging ein offener Raum zur schicht- und milieuübergreifenden Vernetzung verloren. Zum Misserfolg beigetragen hatte die einseitige Kontrolle der Zeitschrift und der Versammlungen durch Josephine Stadlin sowie die dezidierte Weigerung vieler angesprochener Frauen, aus Gründen der Abhängigkeit, der fehlenden finanziellen Mittel, der Angst vor dem

Schreiben oder der ideologischen Einstellung dem Verein beizutreten und/oder «Die Erzieherin» zu abonnieren. Es mangelte an Resonanz. Gesellschaftspolitisch gesehen waren die Auflösung des Vereins und das Eingehen der Zeitschrift ein Verlust. Diese Organe hatten es vereinzelten Frauen und Töchtern aus Kreisen der Unternehmer und tonangebenden Politiker ermöglicht, sich trotz des Ausschlusses aus dem Bereich des Öffentlichen und des impliziten Verbots der Erwerbstätigkeit ausserhalb des privaten Rahmens von Familie und Verwandtschaft Gehör zu verschaffen und sich in Debatten zur Bildungspolitik sowie zur Zukunft der Schweiz einzumischen. Frauen, die aus ökonomischen Gründen einem Erwerb nachgingen, sahen sich trotz ihrer oft einsamen Stellung als Lehrerin oder Erzieherin nicht alleingelassen, konnten sich über pädagogische und berufsspezifische Fragen austauschen und so eine Berufsidentität entwickeln sowie Taktiken der Besserstellung entwerfen. Beide Gruppen, die nichterwerbstätigen und die erwerbstätigen Frauen, erfuhren sich ebenso als Autorinnen und Leserinnen der Zeitschrift wie als Mitglieder des Vereins als Personen, die qua Geschlecht eine zentrale gesellschaftliche Rolle besetzten, und als gestaltende Mitglieder einer Schweiz im Auf- und Umbruch. Deshalb bedeutete das Ende der Hefte und der Vereinstätigkeit auch das (vorläufige) Ende eines Gefühls gemeinsamer aktiver Partizipation am gesellschaftlichen Wandel.

Pestalozzis Geburtstag: die Inszenierung von Öffentlichkeit

Josephine Stadlin gelang es, die Gründung des Vereins und der Zeitschrift mit dem Namen «Pestalozzi» zu verknüpfen und die Bekanntheit des deutschen Didaktikers und Pädagogen Adolph Diesterweg zu nutzen. Dieser hatte im Januar 1846 in Berlin eine «Frauen-Feier» zum hundertsten Geburtstag Pestalozzis organisiert. Dazu hatte er Rosette Niederer-Kasthofer um einen Beitrag angefragt.[186] Im Gegensatz zu ihrer ehemaligen Lehrerin hatte Josephine Stadlin Diesterweg selber kontaktiert. Sie hatte dem «Freund» im September 1845, also noch im Vorfeld der angekündigten Feier, einen ersten Brief geschrieben und ihm die Zeitschrift «Die Erzieherin» zugeschickt.[187] Daraufhin hatte er sie für die Feier eingespannt: «Ich bitte: *Schreiben Sie eine passende Mittheilung an die Versammelten, einen – wenn auch nur kleinen – Aufsatz über einen Gegenstand, der von einer Erzieherin berücksichtigt zu werden verdient* u.s.w. [...] Sie haben mich Ihren Freund genannt. Stellen *Sie mich* nicht auf die Probe, ob ich es bin! Ihr Freund in Berlin, Diesterweg.»[188] Sie liess sich die werbewirksame Chance nicht entgehen. Diesterweg stellte im Sammelband ihre Rede an die Frauen in Berlin vor die Festbeiträge von fünf weiteren Pädagoginnen und Schulleiterinnen. Damit nahm Josephine Stadlin den ersten Platz unter den Jüngerinnen Pestalozzis ein, vor ihrer ehemaligen Lehrerin Rosette Niederer-Kasthofer, auch vor der von ihr hoch geschätzten Tinette Homberg.[189]

Im Vorwort zur Publikation begründete Diesterweg die Versammlung in Berlin mit dem Hinweis auf die «Schätze die in Pestalozzis Werken auch für Frauen offen zu Tage liegen».[190] Diese Argumentation kam auch in Josephine Stadlins Rede zum Tragen, aber nur um Frauen emphatisch aufzufordern, spezifische Vereine zur Einrichtung von Anstalten für die Lehrerinnenausbildung zu grün-

Die Berliner Frauenfeier für Pestalozzi: Zu Pestalozzis hundertstem Geburtstag inszenierte Adolf Diesterweg eine Frauenfeier mit Beiträgen von sechs bekannten deutschsprachigen Pädagoginnen, darunter eine Rede von Josephine Stadlin aus Zürich an die in Berlin versammelten Frauen.

Heinrich Pestalozzi.

Vorträge und Reden,

zur Frauen-Feier

seines

hundertjährigen Geburtstages

am 25. Januar 1846 in Berlin,

von

Josephine Stadlin in Zürich,
Rosette Niederer in Genf,
Tinette Homberg in Emmerich,
Gertrud Flender
Ida Klug
Auguste Schmidt
Adolph Diesterweg
in Berlin.

Zum Besten der Deutschen Pestalozzi-Stiftung.

Berlin 1846,
bei Theod. Chr. Fr. Enslin.

den. Sie knüpfte damit an die Forderung der bekannten Bremer Lehrerin Betty Gleim an, die sich bereits 1811 für die Berufstätigkeit von Frauen als Lehrerinnen und Kinderbetreuerinnen eingesetzt hatte.[191] Auch folgte sie damit dem Beispiel von Friedrich Fröbel, der anlässlich des Jubiläums zu Gutenbergs Erfindung der Druckerpresse 1840 deutsche Frauen zu Spenden für die Gründung eines Kindergärtnerinnenseminars aufgerufen hatte.[192] Sie griff in dieser Rede die Gedanken auf, die sie bereits in der ersten Nummer der «Erzieherin» erläutert hatte. Sie tat es in einer etwas verallgemeinernden Sprache und in zugespitzter Form. So suggerierte sie rund um Diesterwegs Feier eine allgemeine Aufbruchstimmung der Frauen und verband damit eine Kritik an den Männern: «Aus Pestalozzi's Vaterstadt grüsse ich Sie, hochgeehrte Frauen, die Sie in Berlin seinen 100sten Geburtstag in würdiger Weise feiern. Die Frau verdrängt immer mehr den Lehrer von seinem usurpierten Platze in der gesammten Mädchenschule; sie gründet Bildungsanstalten aller Art und leitet sie. Die Frau fängt an, sich als Frau zu fühlen; sie fängt an, die Frau zu suchen, um vereint mit ihr zu besprechen und zu fördern, was niemand sonst thut, oder doch niemand *so gut* zu thun vermag, wie sie; und mehr als früher tritt sie für ihre Rechte und Pflichten auch als Schriftstellerin in die Schranken. Alle diese und ähnliche Keime findet die Versammlung schon [...]. Sie ist selber ein Zeugnis dieses erwachenden Frauenthums, und jedes Mitglied fühlt dies unmittelbar, so wie, dass es da *als Frau* etwas rein Menschliches selbständig wolle. [...] Nicht wahr, meine verehrten Freundinnen, Sie glauben mir, dass solche Besprechungen dann auch zu *Thaten* führen werden?

Gewiss! – die erste, wie schon gesagt, wird die Festsetzung neuer Versammlungen sein; dann Gründung von Frauenvereinen zur Förderung des Frauenthums und seiner Aufgabe, zu welcher nebst den häuslichen Pflichten auch die Krankenpflege in weitern Kreisen und ganz besonders die *Erziehung* gehört [...]. Aber meine verehrten Freundinnen, ist nicht die Frage schon sonderbar: Warum die Mädchen nicht von Lehrern gebildet werden sollen? Viel natürlicher ist die: Warum sollten auch die Mädchen *nicht* von Frauen gebildet werden?»[193]

In ihrer Argumentation lavierte Josephine Stadlin auch hier geschickt zwischen Geschlechteregalität und Geschlechterdifferenz, um die von ihr als wesensmässig erachteten Unterschiede, mit denen sie ihre Forderung nach einer von Frauen auszuführenden Mädchenausbildung legitimierte, selber wieder zu relativieren, ohne sie generell in Frage zu stellen: «Und gewiss ist auch in der Regel wissenschaftliche Bildung nicht für uns: wenigstens sollen wir sie nur als *Frauen* haben, nicht als oder wie Männer. Will man der Frau etwa auch die Befähigung für *das* absprechen, was eben der Frau ist?» Unter dem «das» subsumierte sie die geschlechterspezifische Zuständigkeit der Frauen für die Erziehung, mit der Formulierung «in der Regel» stellte sie die Eindeutigkeit männlicher Zuständigkeiten in Frage. Ähnlich wie in der ersten Nummer der «Erzieherin» bejahte sie also den Unterschied zwischen der den Männern zugestandenen «wissenschaftlichen» und der den Frauen als Gattungswesen zugeordneten «weiblichen» Bildung als «Regel», aber ohne dem weiblichen Geschlecht den Zugang zur wissenschaftlichen Bildung deshalb grundsätzlich zu verbauen. Vielmehr war ihrer Meinung nach Bildung die Voraussetzung, damit Frauen ihre spezifischen Aufgaben zu erfüllen vermöchten. Ohne den Widerspruch, in dem sie gefangen war, zu thematisieren und damit als Dilemma zu enttabuisieren, stellte sie im Folgenden die Geschlechterdifferenzen und damit auch die «Regel» grundsätzlich in Frage: «Was uns noch fehlt, um mit dem rechten Erfolg unser Geschlecht selber zu erziehen, ist nicht Bildungs*fähigkeit*, aber die Bildung selber. Wenn wir einmal auch etwas der Gymnasial-, Seminar- und Universitätsbildung Aehnliches genossen haben, wenn wir dann auch nur so viele Fächer und Stunden zu ertheilen haben werden, wie der Mann, wenn wir, wie er, uns fortbilden können, dann erst darf man urtheilen.»[194] Zwar verlangte Josephine Stadlin nicht explizit Egalität im Bildungsbereich, doch enthielt die Aufreihung von Gymnasium, Seminar und Universität implizit diesen egalitären Anspruch, auch wenn sie für die Frauen nicht den Zugang zu diesen Institutionen, sondern nur zu etwas Ähnlichem verlangte. Ebenso vertrat Josephine Stadlin mit dieser Aussage implizit die Meinung, dass Frauen unter gleichen Vorbedingungen wie die Männer wohl die gleichen intellektuellen Fähigkeiten an den Tag legen würden. Mit der widersprüchlichen beziehungsweise zwischen zwei Ebenen lavierenden Argumentation konnte Josephine Stadlin den unterschiedlichen gesellschaftspolitischen Positionierungen von Frauen gerecht werden, da in dieser Phase des liberalen Aufbruchs in Europa Frauen ihre Forderungen ebenso sehr mit dem Rekurs auf die Menschenrechte wie mit demjenigen auf Geschlechterdifferenzen begründeten.[195] In ihrer Rede an die in Berlin versammelten Frauen reproduzierte Josephine Stadlin aber auch Geschlechterstereotype und Vorurteile, um die Notwendigkeit der Ausbildung von Lehrerinnen zu unterstreichen. Sie rekurrierte auf die unter dem deutschen Bildungsbürgertum verbreitete Ablehnung einer Bildung der Frauen, die Pestalozzi mit seiner Negativikone des «Weltweibs», dem Gegenbild seiner «Gertrud», kritisiert hatte:[196] «Soll aber die *ächte* Erziehung unserer Bestimmung entsprechend sein, so muss sie auch von der *Frau* ausgehen und von ihr geleitet werden. Wir würden wohl keine Versuche abirrender Emancipation haben, nicht unweibliches Prunken mit Flittern fremder Gelehrsamkeit, nicht so viel Karikatur, nicht so viel phantastische Schwärmerei, nicht so viel zu früh erwachte Glut; aber auch nicht so viel starre Kälte, wenn die Mädchen, so lang' ihre Schulbildung dauert, bis in's gereifte jungfräuliche Alter von Frauen erzogen, also auch gebildet würden.»[197] Diese Rede verstand Josephine Stadlin als Aufruf, mit dem sie über die Frauen in Berlin hinaus generell an die Frauen appellierte, Vereine zu gründen, um ihre Interessen und Forderungen im Rahmen der Nationenbildung zu formulieren und ihre Rolle als Frauen in der bürgerlichen Gesellschaft wahrzunehmen. So steht dieser Aufruf beispielhaft für den transnationalen Charakter einer auf die Ausweitung der weiblichen Bildungsmöglichkeiten ausgerichteten emanzipatorischen (Frauen-)Bewegung.[198] Pestalozzi diente dieser Bewegung nur als Rekursinstanz, sofern ein solcher Verweis die Forderung nach weiblicher Partizipation am gesellschaftlichen Wandel legitimierte.[199]

In Berlin war Josephine Stadlin nicht persönlich aufgetreten, ihre Rede hatte sie, wie Rosette Niederer-Kasthofer auch, Diesterweg zugeschickt. Nach dessen Vorbild plante sie selber eine Feier zum hundertsten Geburtstag von Pestalozzi und nutzte diese propagandistisch als Plattform, um der bereits mit der Zeitschrift «Die Erzieherin» und dem Erzieherinnenverein lancierten Idee eine breitere Öffentlichkeit zu verschaffen. Dabei bezog sie sich nicht nur auf Diesterwegs Versammlung in Berlin, sondern auch auf dessen Idee eines «lebendigen Denkmals» für den Schweizer Pädagogen. Es sollte das bereits von ihr geplante und von Frauen getragene schweizerische Seminar zur Ausbildung von Lehrerinnen und Erzieherinnen sein, das Pestalozzis Ideen weitertransportieren würde.[200] Wie schon bei der Gründung des Vereins und der Zeitschrift setzte sie bei der Mobilisierung für die Frauenfeier zu Ehren Pestalozzis auf Schülerinnen, Lehrerinnen und Frauen aus ihrem Bekanntschaftsnetz. Dass eine solche Mobilisierung selbst im Namen Pestalozzis kein leichtes Unterfangen war, zeigt der Brief ihrer ehemaligen Schülerin Netti Huber, die in Bad Schinznach bei der Familie Hünerwadel als Erzieherin arbeitete und zusammen mit andern Stadlin'schen Schülerinnen Aargauerinnen für die Idee begeistern wollte. Zwar erhielten sie zurückhaltende Unterstützung und Beratung von Josephine Keller-Pfeiffer, der Ehefrau von Augustin Keller, nicht aber von Lisette Ruepp-Uttinger: «Mein Theuerstes! [...] inzwischen bin ich nach Lenzburg, nach Aarau gegangen, habe nach beiden Orten Episteln abgesandt, bin mit Anna Kappeler zusammengekommen; – alles um der Pestalozzifeier willen; – allein keine erfreulichen Resultate. Grossmütterchen findet, in hiesigem Kanton sei eine solche Feier ihrer zu geringen Kenntniss von Pestalozzis Leben u. Wirken wegen sowohl, als auch des fast totalen Mangels an Begeisterung für eine Idee, für das

Erziehungswesen, unausführbar. Was Pauline Herzog davon hält, das theil' ich dir durch ihren eigenen Brief mit. Agathli schreibt mir [...] heute darüber: ‹In betreff der Pest:[alozzi]Feier sprach ich mit Frau Seminardirektor Keller; diese meint, Frau Doktor Ruepp sollte die Frauen zusammenrufen, da sie eine Schülerin von P.[estalozzi] sei u. sonst im Kanton gut bekannt. Wir Frauenzimmer sollten dann an die Grabstätte von Vater Pestalozzi gehen u. der dortigen Feier beiwohnen. Diess war die Meinung v.[on] Frau Keller; sie hatte die Güte an Frau Doktor Ruepp zu schreiben. Ihre Antwort ist ungefähr folgende: Ihrer Gesundheit wegen dürfe sie sich nicht unterstehen, die Frauen zusammenzurufen; dann habe sie noch in keinem öffentlichen Blatte einen Aufruf gelesen; dieser sollte nothwendig vorangehen, bevor von unserer Seite etwas gethan werden kann. (Sie ist den Frauenvereinen nicht gar hold) sie sagt: einer solchen Frauenemancipation folgt gar oft eine grosse Schwäche, die wir unmöglich verbergen können; sehr wahr gesprochen!› – So lautet A.[gathlis] Brief. Anna Kappeler wird dir, theures Mutterli, über besprochenen Punkt selbst geschrieben haben; auch sie ist diesen Projekten nicht sehr geneigt. – Und nun, was mich betrifft, so bin ich ganz u. gar gehemmt für die Sache noch ein Weiteres zu thun. Ausser alle Monat 1 Mal nach Lenzburg – wenn's gut geht – komm' ich nirgendswo hin. Ja, käm' es auf Herrn Hünerwadel ab, ich würde mich wie eine Klosterfrau nicht aus den Mauern trauen. Dann – würde' ich etwas von einem Frauenverein verlauten lassen – so wäre ich Spötteleien ausgesetzt, die ich nicht mit Kaltblut ertragen kann, u. welche Veranlassung zu Spannungen gäben, die am Ende den guten Kindern nicht mehr verborgen bleiben könnten.»[201] Sie verwies also sowohl auf die negativen Erfahrungen der Freundin Agathe als auch auf die Haltung ihres Arbeitsgebers Hünerwadel sowie die Belastung durch die von ihr zu erziehenden Kinder, um die geringen Aussichten auf Erfolg und die geringen Möglichkeiten zur Mobilität wie zur Mobilisierung zu begründen.

Josephine Stadlin hielt sich nicht an den Vorschlag von Josephine Keller-Pfeiffer und die Empfehlungen zur Zurückhaltung. Vielmehr folgte sie mit der Durchführung der Versammlung nicht nur dem Berliner Vorbild Diesterwegs, sondern auch den in der ersten Hälfte des 19. Jahrhunderts von den Schweizer Liberalen inszenierten Formen der politischen Demonstration: die Einforderung von Gleichheit und Freiheit qua Besetzung öffentlichen Raums. Bei solchen «Volksversammlungen» dominierten zwar Männer und waren Frauen buchstäblich an den Rand gedrängt, aber nicht grundsätzlich ausgeschlossen. Mit Pathos rief sie selber «Hochverehrte Damen» zur Versammlung auf: «Der 12. Januar 1846, Pestalozzis 100. Geburtstag, ruft nicht nur 1000 und 1000 Männer, er ruft auch viele Frauen zusammen, die für Menschenbildung und Menschenwohl ein warmes Herz haben [...]. So versammeln sich im entfernten Berlin einige hundert Frauen [...] – um wie viel mehr noch werden die Frauen und Töchter von Pestalozzis *engerer* Heimat an seinem 100. Geburtstage recht zahlreich aus allen Gegenden des Kantons zusammentreten; nicht nur Pestalozzi's sondern auch des Wortes eingedenk ‹Mich jammert des Volkes!› und Pestalozzi und diesem Gotteswort, das ihn durchdrang ein lebendiges Denkmal zu stiften. Wie könnte dies besser geschehen, als durch wahre Bildung des Volkes? Durch *allgemein* sittlich-religiöse Erhebung desselben? [...] woher soll dies kommen, wenn sie nicht durch das Familienleben gehegt und gepflegt wird? Und woher in diesem, wenn nicht durch die *Mütter*? Und woher sollen diese es haben, (nicht diese und jene Bevorzugte,) aber die Masse? [...] Ein *Seminar* zur Bildung von Erzieherinnen könnte ein solcher Quell werden [...]. Ich gebe mir daher die Ehre, Sie freundlichst einzuladen, auf den 12. Januar nächsthin, nachmittags um 2 Uhr auf dem Saal der Meise dahier sich einfinden zu wollen. Mit aller Hochschätzung empfiehlt sich Ihnen ihre ergebene J. Stadlin, Erzieherin.»[202] Die Versammlung fand zwar nicht wie bei der Zürcher Volksversammlung in Uster oder dem deutschen Hambacher Fest unter offenem Himmel statt, aber die Stadtzürcher «Meise» ist als nicht mehr dem traditionellen Zweck dienendes Zunfthaus als öffentlicher Raum zu definieren.

Wie viele Frauen dem Aufruf ins Zürcher Zunfthaus zur Meise gefolgt sind, lässt sich nicht mehr eruieren. Laut dem Bericht in der «Erzieherin» waren es über hundert Frauen. Da Josephine Stadlin in der Berichterstattung federführend war, ist diese Zahl wohl ebenso zu relativieren wie der Enthusiasmus der Frauen, an die Versammlung zu kommen, um «in nachhaltiger Weise des grossen Mannes Andenken zu feiern. Man glaubte diess nicht besser thun zu können, als indem man hier dem schon länger vom Verein schweizerischer Erzieherinnen beabsichtigten Seminar für Lehrerinnen im Herzen und in der Ueberzeugung der Frauen gleichsam Grund und Boden zu gewinnen suche.»[203] Auch in der «Erzieherin» stand das private Wirken der Frauen im Dienste der Öffentlichkeit im Zentrum: «In diesem Seminar sollen die Mädchen zum *Bewusstsein* ihrer hohen Sendung kommen, [...] und aus dem Seminar dann es als Erzieherinnen unter dem Volke verbreiten. [...] denn noch einmal: von der *Familie* aus und in dieser von der *Frau* aus wird allein sittliche Erhebung und lebendige Religiosität allgemeiner befördert werden können.»[204] Josephine Stadlin griff sowohl auf das den Frauen zugewiesene bürgerliche Rollenbild zurück als auch auf die Vorstellungen der Wirksamkeit privater Erziehung auf das öffentliche Gemeinwesen, die schon Pestalozzi mit der Figur der «Gertrud» propagiert hatte.[205] Sie ordnete den Müttern als Erzieherinnen damit die gleiche Rolle zu wie die liberal-radikale Bewegung den Lehrern als «Priester der Volksbildung»; zugleich leitete sie von dieser Funktion eine notwendige Ausbildung der zukünftigen Mütter durch Frauen ab. In ihrer Argumentationskette verknüpfte sie aber auch die Notwendigkeit der Ausbildung von Lehrerinnen mit der Angst der Eltern vor der psychischen Beeinträchtigung der Tochter durch deren Schwärmerei für den Lehrer oder deren – unterschwellig suggerierten – sexuellen Ausbeutung durch den Lehrer: «Meine Verehrtesten! Wenn das Weib seine Bestimmung erfüllen soll, muss es denn nicht als *Weib* und zum *Weib* erzogen werden? *Kann* aber der Mann das Weib so ganz begreifen, so recht sein Wesen auffassen und demnach leiten? Und wenn er's könnte, wollen Sie, dass der Lehrer Ihrem Mädchen so *nahe* stände, es so ganz durchdränge, wie es durchaus sein müsste, wenn nicht nur etwas Halbes, Laues, Haltloses entstehen soll? Und sei der Lehrer auch ein würdiger Mann, wollen Sie die Ruhe Ihres Mädchens aufs Spiel setzen?»[206] Um die Seminaridee zu propagieren, deutete sie die Erziehung der weiblichen Jugend als eine

fast körperlich verstandene Verschmelzung, die ausgelöst werde durch Identifikation der Schülerin mit der Lehrerin. So konnte nach Josephine Stadlin nur unmittelbare Nähe Neues generieren, was – soll die Durchdringung kontrolliert und ungestört ablaufen – eben nur durch eine Beziehung zwischen Personen gleichen Geschlechts möglich sei.[207] Zugleich war das von ihr propagierte Seminar bezüglich Standort und Trägerschaft jedoch nicht einfach auf eine beliebige Leiterin, sondern auf sie zugeschnitten.
Im Aufruf konkretisierte Josephine Stadlin ihre Vorstellung von der dem Seminar angegliederten Mädchenschule, die vom Kindergarten bis zur Hauptschule reichen sollte, ergänzt durch eine Fortbildungsanstalt für Frauen und Töchter. Die Ausbildung der notwendigen Lehrkandidatinnen im Konvikt hielt sie für wünschenswert, aber nicht für eine unabdingbare Voraussetzung: «Da es mir aber nicht *unmöglich* erscheint, die Zwecke der Anstalt auch ohne dasselbe zu erreichen, so würde auf dieses Konvikt verzichtet, wenn sonst aus ökonomischen Gründen die Anstalt nicht zu Stande käme. Die Anstalt soll in Zürich, aber so viel als möglich eine schweizerische sein. Sie würde von einer Vorsteherin geleitet, der vom Verein ein Komitee beigegeben wäre. Der Verein würde einige Männer, die allgemein Zutrauen geniessen, bitten, das Vermögen der Anstalt zu verwalten. Dieses Vermögen muss aber erst erworben werden.»[208] Damit verwies sie bereits in der Berichterstattung zur Pestalozzi-Feier auf die dem Projekt inhärenten Probleme: die Finanzierung eines privaten, in Zürich domizilierten, doch auf einen schweizerischen Verein abgestützten Seminars, das zwar als ein öffentliches zu gelten hatte, aber nicht auf staatliche, sondern nur private Beiträge und Spenden zählen konnte.
Mit Rekurs auf die Pestalozzi-Feier veröffentlichte Josephine Stadlin wahrscheinlich Ende 1846 einen weiteren Aufruf, um für das projektierte Lehrerinnenseminar breitere Unterstützung zu finden. Um den öffentlichen Nutzen dieser privaten Initiative zu unterstreichen und sich gleichzeitig staatliche Gelder zu sichern, betonte sie in Übereinstimmung mit dem ursprünglichen Aufruf, das Seminar stelle «nach Massgabe seiner ökonomischen Kräfte Freiplätze für ärmere Kandidatinnen» zur Verfügung und suche «überhaupt auf alle Weise ärmern Mädchen die Benutzung desselben zu erleichtern».[209] Sie suchte zugleich die Basis der privaten Unterstützung auszuweiten durch Umwandlung oder Ergänzung des von ihr initiierten Erzieherinnenvereins zu einem neuen gemeinnützigen Frauenverein, dem sie die Gründung des Seminars übertragen wollte, da solche Vereine im Bereich der Kranken- und Armenpflege wie der Arbeitsschule für Mädchen gerade ihren ersten Aufschwung erlebten. Deshalb richtete sie ihren gedruckten Aufruf an «gemeinnützige» Frauen und legte wie schon in der «Erzieherin» einen Plan zur Realisierung eines solchen Seminars dar: «Ein Werk in Pestalozzi's Geist, ein Werk dem Geschlechte der Frauen bestimmt!»[210] Ein Ausschuss, dem diese Aufgabe anlässlich einer zweiten Versammlung im Oktober übertragen worden sei, werde das Werk weiterverfolgen. An dieser Versammlung wurde der bereits gegründete Erzieherinnenverein zu einem «Verein schweizerischer gemeinnütziger Frauen»[211] erweitert, um gezielt einen breiteren Kreis von Mitgliedern erfassen zu können. Angesprochen

waren Frauen, die sich sowohl mit dem von der Aufklärung geprägten Bild des nach dem Guten strebenden Menschen wie mit dem patriotischen Impetus der Liberalen identifizierten: «Frauen, [...] die Ihr begeistert seid für die Interessen der Menschheit und für das Glück des Landes, dessen Töchter zu sein wir stolz sein dürfen. [...] Wohlan denn, liebe Schwestern, reicht uns die Hände zum guten Werk! Auch eure Gatten, Brüder, verwandte, edle Männer überhaupt, an die Ihr Euch wendet, werden eine Gabe zur Förderung derselben nicht versagen.»[212]
Der Aufruf richtete sich damit indirekt an die Bildungspolitiker, da darin explizit festgehalten wurde, dass mit den Spenden Freiplätze für ärmere Lehrkandidatinnen finanziert würden. Dabei sei jenen Kandidatinnen der Vorzug zu gewähren, die von dort kämen, «woher die Beträge am reichlichsten ausgefallen» seien. «Doppelter Segen, edle Geberinnen! [Er, der Segen, E. J.] Entspricht daher den von Euch dargereichten und gesammelten Gaben für solch ein lebendiges Denkmal Pestalozzi's, der einst wackern Hausfrauen und Müttern in seiner Gertrud auch ein Denkmal zur Aufmunterung und Nachahmung gesetzt hat. Gott gebe dem Werk seinen Segen!»[213]
Diese zweite Versammlung verabschiedete die «Statuten für Errichtung eines Schweizerischen Seminars für Erzieherinnen».[214] Die Gründung sollte dem in der «Erzieherin» veröffentlichten Plan entsprechen, konkret bedeutete dies, die Ausbildungsklassen wie im kantonalen Seminar in Küsnacht durch eine Musterschule zum Einüben der praktischen Fähigkeiten zu ergänzen.[215] Die Statuten hielten fest, dass das Seminar nur stufenweise realisiert werden könne: «Mit dem fortschreitenden Unterrichte reihen sich jährlich sowohl an die Musterschule als an die Berufsschule neue Klassen und Kreise an.» Die Leitung der Anstalt sei der «Stifterin dieses Vereins» – damit war Josephine Stadlin gemeint – zu übertragen, die das Amt unentgeltlich ausführen sollte, solange ihr das neben der Führung ihres Privatinstituts möglich sei. Als Finanzierungsgrundlage vorgesehen waren die Schulgelder der Seminaristinnen und die vom Verein zu beschaffenden Gelder aus Beiträgen von Mitgliedern – jährlich mindestens zwei Franken – und von Dritten: «Der Verein sammelt Subskriptionen für die Zwecke des Seminars. [...] Kein Mitglied kann zu einem grössern Beitrag angehalten werden, als zu dem es sich durch Subskription verpflichtet hat.» Im fünfzehnköpfigen Vorstand des zu einem gemeinnützigen Frauenverein erweiterten Erzieherinnenvereins hätten neben der Leiterin des Seminars «wo möglich wenigstens sieben Erzieherinnen von Beruf» Einsitz zu nehmen. Damit konnte dem ursprünglichen Charakter des Vereins Rechnung getragen werden und zugleich dessen Tätigkeit trotz dem Etikett «gemeinnützig» auf die berufliche Ausbildung von Lehrerinnen ausgerichtet bleiben.
Als Vertreterinnen des Vereinsvorstands waren die Statuten ausser von Josephine Stadlin von «Frau Bodmer in der Werdmühle» unterzeichnet, einer Vertreterin der illustren und reichen Zürcher Familie Bodmer. Damit betonte Josephine Stadlin ihre Absicht, über den Kreis der Lehrerinnen und Institutsleiterinnen hinaus Frauen aus dem Bildungsbürgertum und dem Milieu der aufstrebenden Industrie sowie aus dem Umfeld der liberalen Politiker anzusprechen. Doch bereits im Jahr 1849 lud sie als Präsidentin das Vereinskomitee kein einziges Mal

mehr zur Versammlung ein. Sie versuchte im Brief an Frau Dolder aus Beromünster, die als Komiteemitglied unter dem Aargauer Freisinn für das Projekt weibeln sollte, dieses Übergehen des Vorstands zu begründen: «Da ein paar Mal auf meine Einladungen die Damen des Komitees nicht kamen, so unterliess ich, Sie (und die andern Mitglieder) zur Hauptversammlung besonders einzuladen. Die Einladung erschien zwei Mal in der Zeitung, aber ich fühle nun, dass ich das Komitee doch besonders dazu hätte bitten sollen.»[216] Ihre Anstrengungen scheinen ebenso wie der Erfolg, bürgerliche Frauen zur Vereinstätigkeit zu animieren, gering gewesen zu sein. Es fehlte dem Verein an Finanzen; Vereinsversammlungen fanden weder in einem Lokal noch im Privaten regelmässig statt. Zusätzlich zur Mobilisierung von Frauen, deren Handlungsmöglichkeiten rechtlich limitiert waren, wäre die Mobilisierung von Männern aus den politisch und wirtschaftlich tonangebenden Familien eine zentrale Voraussetzung gewesen, um die Finanzierung des Projekts zu sichern.[217] Die Wirkung ihrer Netzwerke blieb also trotz des Showeffekts der Pestalozzi-Feier begrenzt. Dies zeigte sich auch bei der Zirkulation der Subskriptionslisten, die kurz nach der Veröffentlichung des Aufrufs zur Vereinsgründung in Umlauf kamen.

Die Zirkulation der Subskriptionslisten: die Suche nach dem Schneeballeffekt

Die Propagierung des Vereins, der Vertrieb der «Erzieherin» und die Zirkulation der Subskriptionslisten waren sukzessive in Gang gesetzt worden, liefen aber ab Ende 1846 parallel. Es ist anzunehmen, dass Josephine Stadlin nach dem Vorbild deutscher Herausgeberinnen von Zeitschriften darauf setzte, dass Frauen mit ihrer Unterschrift ihre Zugehörigkeit zur Bildungselite dokumentieren wollten.[218] Die Voraussetzungen dafür waren jedoch in der kleinräumigen und ländlich geprägten Schweiz anders als in den deutschen Residenzstädten.

Für das Sammeln der Unterschriften setzte Josephine Stadlin gezielt auf Knoten im Netzwerk. Dazu stützte sie sich auf Familie, Verwandtschaft, Schülerinnen, Lehrerinnen, Bekannte, Freunde und Freundinnen. Ausgehend von diesen suchte sie das bestehende Netz mit bewusst ausgewählten bekannten Personen zu erweitern, um über diese quasi im Schneeballeffekt einen grösstmöglichen Erfolg bezüglich Zahl und Höhe der zugesicherten Beiträge zu erzielen. Konkret ging es darum, in jeder Region, in jeder Gemeinde eine möglichst einflussreiche Person zu gewinnen, die einen möglichst bedeutenden Betrag in die Liste eintrug, um damit unter der Bevölkerung Wohlwollen für das Projekt zu erzeugen und einen Richtwert für die Höhe der Unterstützungsleistung anzugeben. Laut einem Brief an die Schwester setzte sie Ende 1846 rund 500 Listen in Umlauf.[219] Ihrer Tante Lisette Ruepp-Uttinger in Sarmenstorf setzte sie ihre Taktik auseinander: «Im Bezirk Muri wirst du es gütig übernehmen u. in der Art u. Weise, wie sie dir den Localverhältnissen angemessen scheint. Sonst unterzeichnet zuerst die im Bezirk an der Spitze stehende Person einen Beitrag, dies macht dann die Liste persönlich od. durch andere einflussreiche Personen, solchen deren Gesinnung u. Vermögensumstände etwas mehr erwarten lassen, als andere im Durchschnitt geben u. erst, wenn man so einige Unterschriften gewonnen hat, schickt man sie durch irgend jemanden bei *Allen* herum, die auch nur einen od. einige Batzen zeichnen.

Jede Gabe wird mit grossem Danke angenommen. Auf diese Weise wird in allen Dörfern eines Bezirkes gesammelt. Die Hauptsache ist, die Liste jemanden im Dorf zuerst zuzuschicken, der wirklich auch etwas dafür thut.»[220] Doch die Tante übernahm diese Aufgabe nicht und sandte die zugeschickte Subskriptionsliste für den Bezirk Muri an eine ehemalige Olsberger Schülerin von Josephine Stadlin, Carolina Baumgartner, weiter mit der wenig glaubhaften Begründung, sie kenne in diesem Bezirk niemanden.[221] In gleicher Weise verfuhr Josephine Stadlin mit ihren Geschwistern. Ida Stadlin, die in Zug eine Privatschule führte, sollte zuerst den Bruder Joseph Stadlin für das Sammeln der Unterschriften gewinnen, da er mit der angesehenen Uttinger-Verwandtschaft auch beruflich eng liiert war. Sie selber solle mit Personen aus dem Bildungsbürgertum beginnen: «Suche zuerst Hr. Prof.[essor] Reiser, Frl. Müller, Hr. Dr. Reiser Ferdinand, überhaupt solche zu gewinnen, die nicht nur am meisten unterschreiben, sondern auch durch ihre Unterschrift wieder auf andere günstig einwirken. Vor allem aber berathe auch Joseph, wie man es anzustellen habe, um ein möglich günstiges Resultat zu bekommen. [...] Wie wäre es, wenn du Tante [in Zug, wahrscheinlich aus der Familie Uttinger] bitten würdest, die Liste zuerst dem Hr. Obert Moos zu bringen, weil sein Name und Beispiel dann auf andere gut einwirke? – Dann vergiss auch Hr. Prof:[essor] Bosshard nicht u. Rathsherr Suter in Cham & Henggeler in Ägeri; beide verwenden sich vielleicht auch in ihren Gemeinden dafür. Kurz *denke* und scheue keine Mühe weder Reden noch anders. Es ist dies nur der letzte, *entscheidende* Schritt. Es wäre schön, wenn Zug da ein wenig vorangienge u. der Stifterin Ehre machte oder vielmehr sich selber. Die 2. Liste ist nur um der ersten beigelegt zu werden, wenn die erste voll ist. Von ärmern Leuten ist auch der *kleinste* Beitrag willkommen z.B. 1–5 Ct. [Centimes]»[222] Sie setzte also nicht nur auf den guten Namen von Professoren, Obersten und Ratsherren, sondern auf ihren eigenen Ruf als Bürgerin von Zug. Ein Jahr später doppelte sie bei einem weiteren Bruder nach, der sich während des Sonderbundskriegs als Soldat in Ägeri aufhielt. Er sollte sie wiederum beim Ratsherrn Henggeler empfehlen.[223]

Für die Verbreitung der Subskriptionsbögen zählte sie vor allem auf frühere und gegenwärtige Schülerinnen. Die als Erzieherin tätige Agathe Lutiger hatte die Listen an die Damen aus dem Bildungsbürgertum der Westschweiz zu verteilen.[224] Dasselbe erhoffte sie von Octavie Bonjour, der Tochter des Gemeindepräsidenten von Avenches, die allerdings das Seminar nur nach der Bestätigung von ausführlich kommentierten Grundbedingungen unterstützen wollte.[225] Auf mehr Bereitwilligkeit stiess Josephine Stadlin in der Ostschweiz bei Luise Arbenz und deren Mutter Luise Arbenz-Egg aus Andelfingen, die bereits vor der Pestalozzi-Feier dem Seminarprojekt gewogen waren,[226] ebenso bei Setti Laager in Mollis. Zwar zeigte sich diese skeptisch, ob ihr die von der Lehrerin übertragene Aufgabe gelingen würde, und wollte daher für die Propagierung des Seminars ein oder zwei gemeinnützige und einflussreiche Frauen gewinnen: «die eine ist: Fr.[au] Major Trümpi (im Oberdorf) in Glarus u. die andere Fr.[au] Rathsherr Jenny in Schwanden. Diese waren vorher an der Spitze eines Frauenvereins, welcher nun aufgelöst ist u. dessen Leistungen nun dem Schulrath in Glarus übergeben worden sind. Gegenwärtig besteht kein Frauenverein mehr, doch glaube ich kommt wieder einer zu Stande, aber nur in Mollis.»[227] Der Erfolg war gering, da sich laut Setti Laager die gemeinnützigen Bestrebungen der Glarner Bürger und Bürgerinnen vor allem auf die Linderung der Not der Armen im Kanton beschränke und es an der nötigen Solidarität fehle, sich für ein gesamtschweizerisches Projekt einzusetzen. Einen weiteren Grund ortete sie im bevorstehenden eidgenössischen Schützenfest, für das ein grosser Teil der Zuwendungen und Ehrengaben in Anspruch genommen werde.[228] Auch Rosette Zangger stiess in Uster trotz des Ansehens ihres Vaters als Textilfabrikant und freisinniger Politiker bei ihrer Sammeltätigkeit auf erhebliche Widerstände, die sie vor allem in den Vorurteilen der Männer begründet sah: «Mit der Steuer für das Seminar geht es gar nicht gut. Die Mehrzahl der Frauen wollen es gar nicht für gut anerkennen, u. die anderen dürfen nicht wegen den Männern. Denn fast alle Männer sind sehr dagegen. Sie sagen was Frauen immer für Sachen anfangen wollen, es gehe doch nicht u. die jetzigen Schulen seien gut genug für die Mädchen, sie brauchen nicht so gelehrt zu sein. Die Reichen können sie ja lernen lehren lassen, u. die Armen haben keine Zeit, sie müssen arbeiten u. den Eltern auch etwas verdienen.»[229] Auch ihre mit Caspar Guyer aus Fehraltorf verlobte Schwester Babette stiess mehrheitlich auf Ablehnung: «[...] wenn die Leute noch unterschreiben, so thun sie's nur um meiner Schwester zu gefallen.»[230] Rosette Zangger liess aber in ihren Anstrengungen bis zur Schliessung des Seminars nicht nach und sandte beispielsweise den Schwestern Barbara und Christine Streiff in Richterswil noch Anfang 1848 Subskriptionsbögen zu.[231]

Erwartungen setzte Josephine Stadlin auch in Frauen aus dem Bildungsbürgertum, die sie selber anging. So schrieb sie an die ehemalige Lehrerin Pauline Griot, die nun in Neuenburg arbeitete,[232] an Maria Reber-Sulger in Basel,[233] an Madame Emilie Corrodi in Aarau und[234] an Frau Fischer-Reisgasser in Lenzburg.[235] Im Kanton Aargau zeigte sich insbesondere Sophie Bertschinger-Hagnauer, Mutter ihrer Schülerin Elise Bertschinger und Schwester des Lehrers und Politikers Gottlieb Hagnauer, begeistert von der Seminaridee,[236] ebenso die junge Witwe Zeline Hünerwadel-Stephani aus der einflussreichen Lenzburger Indienne-Fabrikantenfamilie. Aktive Hilfe erhoffte sie sich auch von den Familien von Flugi in Chur und im Engadin.[237] Im Kanton Appenzell hatte sich Babette Tobler, Tochter des Institutsleiters, trotz ihrer Skepsis bereit erklärt, Unterschriften zu sammeln, stiess aber mit diesem Vorhaben – wie von ihr vorausgesagt – mehrheitlich auf Ablehnung.[238] Die archivierten Briefe geben wohl Auskunft über den Kreis der angeschriebenen Personen, aber nur punktuell über Erfolge beziehungsweise Misserfolge. Doch Ablehnung und Zurückhaltung scheinen überwogen zu haben. Denn selbst Personen, die Josephine Stadlins Seminar eigentlich gewogen waren, hielten mit ihrer Skepsis nicht zurück, so auch Verena Voegeli, die Ehefrau des Baumeisters der Stadt Zürich und Mutter einer ihrer Schülerinnen: «Wo die erforderlichen Fonds auftreiben, wir müssen nicht vergessen, dass das Etablissement seine Hauptstütze von weiblicher Seite erhalten soll, & wir Frauen haben immer nur über unbedeutende Summen zu verfügen. [...] dennoch bin ich der Überzeugung, dass in jetziger Zeit, kein grossartiges Seminar gestiftet werden kann.»[239]

Dass es mit der Unterstützung von Frauenseite haperte, musste Josephine Stadlin auf vielfache Weise erfahren. Es war weit schwieriger, als ursprünglich vorgestellt, gemeinnützige Frauenvereine für die Sache zu gewinnen, da deren Tätigkeit kaum emanzipativen Charakter besass, sondern auf die Armenfürsorge ausgerichtet war. So reagierte Elise Hofacher-Ernst, von Elise Maier um Unterstützung für das Seminarprojekt angefragt, persönlich positiv, wagte aber nicht, das Anliegen im Frauenverein Winterthur zur Sprache zu bringen. Sie werde zwar administrative Arbeiten für den neuen Verein übernehmen und ihre verwandtschaftlichen Beziehungen zum Papierhersteller Ernst-Rieter & Cie. dafür einsetzen, jedoch nicht Mitglied des Vorstands werden, sondern nur die Vereinsversammlungen besuchen.[240] Als Mutter eines kleinen Kindes erledigte sie dann zu Hause Administratives wie die Werbung für den Verein und das Seminar. Dass selbst die freisinnigen Ehemänner von ihr emotional stark verbundenen Schülerinnen sich mit der Verpflichtung zur regelmässigen Zahlung schwer taten, geht aus dem Briefwechsel mit der in Solothurn wohnenden Rosalie Winistörfer-Keller hervor. Deren Enthusiasmus war anfänglich ungebrochen, auch wenn sie wegen der wirtschaftlichen Situation Vorbehalte zeigte: «Ich u. mein Mann wollen uns Mühe geben, dass wir viele Unterschriften bekommen, denn die Nothwendigkeit u. das Bedürfniss einer solchen Anstalt wird doch von vielen Menschen stark empfunden. Schade ist es jetzt, dass diese Gründung gerade in eine Zeit fällt, wo die Lebensmittel theuer u. der Armen so viele sind, die unterstützt werden müssen.»[241] Zwei Jahre später hält sie ernüchtert fest: «Hier überschicke ich einen Beitrag ans Seminar u. verpflichte mich denselben jährlich zu wiederholen. Als abhängig von meinem Mann, schicke ich was ich kann, u. hoffe der liebe Gott möge seinen Segen zur Ihrem grossen Unternehmen schenken. Vielleicht, ein leises Vielleicht, geschieht es, dass ich mit eignen Augen diesen Sommer das Seminar sehen werde; mein Mann muss mich dann begleiten u. mitansehen, um von der Wichtigkeit desselben durchdrungen zu werden.»[242]

Josephine Stadlin versuchte Männer direkt anzuschreiben und sie über die Verbreitung der Zeitschrift sowie der Subskriptionslisten für die Propagierung des Seminars zu gewinnen. Mit der Druckerei Friedrich Schulthess in Zürich hatte sie nicht nur Preisverhandlungen für den Druck der Zeitschrift geführt, sondern auch um Möglichkeiten gebeten, in ihren Buchhandlungen die Statuten und Subskriptionslisten aufzulegen.[243] Die Subskriptionsliste sandte sie an den Erziehungsdirektor des Kantons Tessin, Giuseppe Curti,[244] einen Anhänger von Pestalozzi und von Girard. Den Dekan Frei in Trogen sprach sie als Freund ihres verstorbenen Vaters an[245] und auch vom Herausgeber der Glarner Zeitung erhoffte sie Unterstützung für das Seminar.[246] Der Aargauer Landammann Joseph Wieland, der in der Olsberger Auseinandersetzung ihre Interessen in der Aargauer Regierung vertreten hatte, unterstützte sie mit der Verbreitung ihres Aufrufs zur Gründung eines Seminars.[247] Als ein zentrales Mitglied der Freimaurerloge Wilhelm Tell von Aarau war er eng liiert mit dem Kreis um Heinrich Zschokke, der zusammen mit Remigius Sauerländer zu den Gründern der Logegehörte. Augustin Keller seinerseits versprach ihr Hilfe beim Vertrieb der

«Erzieherin»: «Ich werde sie in den Schweiz.[erischen] Schulblättern dem Publikum vorführen!»[248] Auch Pfarrer Emile Zschokke in Aarau, den Sohn Heinrich Zschokkes, schrieb sie an.[249] Mit Verweis auf Pfarrer Zschokke setzte sie sich mit Pfarrer Widmann in Liestal, mit Verweis auf Frau von Flugi mit Friedrich Wasalli von der «Bündner Zeitung» in Chur in Kontakt.[250] Dieser fühlte sich persönlich verpflichtet, für das Seminar aktiv zu werden: «Ich werde, was in meinen Kräften liegt, auch ferner zur Unterstützung des edlen Unternehmens thun, besonders auch mündlich bei solchen Frauen, die die Bündner Zeitung nicht lesen, dasselbe anempfehlen.»[251] Auch an den fast achtzigjährigen Caspar Zellweger in Trogen adressierte sie ihr Schreiben «Im Namen der Vorsteherschaft des Vereins schwz. [schweizerischer] Erzieherinnen».[252] Dieser beteuerte ihr seine Hochachtung, selbst wenn er aus Altersgründen nicht für das Seminar werben könne.[253] Hochachtung für ihr Vorhaben bezeugte ihr auch der evangelische Erziehungsrat des Kantons St. Gallen.[254]
Trotz Mobilisierungstaktik und Zeichen der Anerkennung für das Projekt scheint der Schneeballeffekt nicht eingetreten zu sein. Wie viele Personen die Subskriptionslisten unterschrieben, bleibt unklar, aber das anvisierte Ziel einer breiten Unterstützung konnte nicht annähernd erreicht werden. Auch wenn es nicht an einzelner individueller Bezeugung von Hochachtung für Josephine Stadlins Engagement fehlte, hielt sich die Begeisterung in Grenzen. Gegen ihr Vorhaben sprachen sich aus widersprüchlichen und wechselnden Gründen Frauen ebenso wie Männer aus: rechtliche Diskriminierung, fehlende Finanzen, allgemeine Notlage, die zeitlichen Umstände, mangelnde Dringlichkeit, geringes Interesse unter der ländlichen Bevölkerung, Ablehnung von Lehrerinnen, Bejahung des Ziels, aber nicht der Form, Widerstand gegen öffentliches Auftreten von Frauen und anderes mehr. Wie effektiv die Unterstützung der Befürworterinnen und Befürworter des Projekts war und wie weit deren Zustimmung nur aus Höflichkeit geschah, lässt sich kaum eruieren. Deutlich erkennbar ist dennoch ein Argumentationsstrang, der viele Antwortbriefe durchzieht: ein Lehrerinnenseminar wird grundsätzlich bejaht, aber der Zeitpunkt zu dessen Realisierung ist der falsche. Es ist eine Argumentation, die Gleichstellungsforderungen der Frauenbewegung begleitet bis in die jüngste Gegenwart.

Gefangen im Widerspruch: das Versagen des Politikers

Grösste Hoffnungen bei der Verteilung der Subskriptionsliste wie der «Erzieherin» setzte Josephine Stadlin auf ihren Freund Ulrich Zehnder. Im Juli 1848, knapp ein Jahr nachdem sie das Seminar mit hohen finanziellen Risiken eröffnet hatte, weilte dieser als Vertreter von Zürich zusammen mit Alfred Escher an der letzten «aller Tagsatzungen»[255] zur Diskussion der neuen eidgenössischen Bundesverfassung in Bern. Dorthin sandte sie ihm das neuste Heft der «Erzieherin»[256] und widmete ihm den darin veröffentlichten Brief des kurz zuvor verstorbenen Autors und Pädagogen Aimé Martin an seinen Freund Alphonse de Lamartine, dem seit der Februarrevolution in Paris, so Josephine Stadlin, «das Geschick von Nationen in die Hände gelegt» sei.[257] Sie übertrug diesen Brief ins Deutsche und imaginierte sich statt Lamartine ihren Freund Ulrich Zehnder als

Adressaten: «wenig fehlte, so hätte ich ihn förmlich an Sie gerichtet. Jedenfalls gilt er Ihnen u. ich bitte Sie, ihn als an Sie geschrieben zu lesen.»[258] Durch Identifikation mit dem Autor des Briefes übertrug sie ihm die Aufgabe, als Staatsmann die von ihr analog zu Martin als zentral erachtete Rolle der Frauen für die Nation wahrzunehmen und zu unterstützen. So erst käme es in diesem Revolutionsjahr 1848 zu einem einmaligen revolutionären Neubeginn. Mit dieser Übertragung überhöhte sie die Stellung und Gestaltungsmacht ihres Freundes, ermunterte sie ihn mit den Worten Martins an Lamartine zur grossen Tat: «Vorwärts also, edler Freund, und verkünde den Nationen die Gesetze des Lichtes und der Vernunft: Vorwärts! Ermüde nicht, von der Tribüne aus das Vorurtheil zu bekämpfen. Erziehe die Armen durch die Arbeit, das Volk durch Belehrung, die Jugend durch Religiosität. Arbeite für Gesetze im Erziehungswesen, welche nie den Ruhm über die Freiheit und nie die Freiheit über gute Grundsätze setzen. [...] Deine Sendung, mein Freund, ist erhaben; durch die ganze Welt tönen Deine Gesänge und die Nationen hören auf Deine Worte und verehren in dir den edlen Verfechter der ewigen Menschenrechte. Und während Du zu den Starken sprichst, wende ich mich an die Schwächern. Ich rufe die *Frau* auf für das Werk der *sittlichen* Erhebung der Familie und des Landes. Das ist ihre Aufgabe. Das religiöse Element in dem Kinde zu entwickeln und in der Jugend zu bilden, das ist ihre wahre und eigentliche Sendung. Auf der Frau ruht die Zukunft der Menschheit. Freund, vernachlässige diese Macht nicht. So schwach sie Dir scheinen mag, ihre Gewalt ist unbesiegbar, unendlich. Sie ist bestimmt, die grösste Revolution hervorzubringen, die noch je gesehen wurde.»[259] Auch wenn sich Josephine Stadlin mit Martins Aufruf als Schwache konstruierte, sah sie sich in ihrer ergänzenden Funktion doch als gleichwertig eingebunden in diesen zukunftsgerichteten Akt. Sie als Frau brachte die Umwälzung ins Rollen, und diesem Faktor hatten die Politiker Rechnung zu tragen. Konkret hiess das pathetisch evozierte Ziel für Josephine Stadlin: Unterstützung des Seminars, das sie als ein schweizerisches dachte. Hier sollten Lehrerinnen und Erzieherinnen ausgebildet werden, um sie zu befähigen, ihrerseits Mädchen auf die zugeschriebene nationale Aufgabe hin zu erziehen. Trotz der bekundeten Verehrung für Zehnder hegte sie Zweifel an seiner Bereitschaft zum gemeinsamen Kampf: «Werden Sie mir die Hand reichen zu dem grossen Werke. Als Freund ja! – als Staatsmann, wohl kaum. – Vielleicht irre ich, aber mir will immer scheinen, der Staatsmann (im allgemeinen) gefalle sich zu sehr in abstracten Theorien, er baue mein' ich eine Burg[,] Gebäude, für die der Bürger erst geschaffen werden muss.»[260] Mit der Burg beziehungsweise den Gebäuden dachte sie an das Staatsgebilde, das die verfassunggebende Tagsatzung eben konstruiert hatte. Die mit dieser Vorstellung verbundenen aktiven Staatsbürger existierten nach Josephine Stadlin jedoch nur in den Köpfen der Vertreter der Kantone in der Tagsatzung, da diese Staatsbürger die ihnen zugedachte Rolle noch gar nicht erfüllen könnten. Ob dagegen Frauen in diesem neuen Staatsgebilde überhaupt vorkamen, daran hegte sie grundlegende Zweifel, die in ihrer zugespitzten Frage gipfelten: «Sagen Sie mir im Vertrauen, reden Staatsmänner (nicht Männer, sondern eben *Staats*männer) auch etwa vom Weibe u. wie?»[261] In den archivierten Briefen findet sich keine Antwort auf diese

Frage, Gleichstellung der Geschlechter aber war kein Thema der Verfassungsdiskussion.[262] Vielmehr war die ungleiche Stellung der Geschlechter im Privaten wie in der Öffentlichkeit konstitutiv für das Rechtsverständnis der Liberalen, zu deren führenden Exponenten Zehnder gehörte. Bekannt ist jedoch Zehnders Bemühen, während der Fortsetzung der letzten Tagsatzung im September 1848, an der die Bundesverfassung feierlich angenommen wurde, dem Wunsch der «Verehrtesten Freundinn!» zu entsprechen und die Zeitschrift und die Subskriptionsliste für das Seminar via die Mitglieder der Tagsatzung und deren Ehefrauen unter den fortschrittsorientierten Kreisen zu verbreiten. So lobbyierte er in Bern für ihre Projekte beim Solothurner Landammann und gleich darauf zum Mitglied des ersten Bundesrats gewählten Josef Munzinger.[263] Er war ebenso in der Tagsatzung wie in der SGG ihr Verbindungsmann zu den freisinnigen Wortführern, die nicht aus den Kantonen Zürich, Aarau oder Zug stammten, fungierte also in ihrem Netzwerk als eigentlicher Multiplikator. Trotzdem erlaubte er sich als einer der führenden liberal-radikalen Politiker keine Eingabe zu einer öffentlichen Finanzierung eines schweizerischen Lehrerinnenseminars. Er handelte zu Gunsten ihrer Projekte nicht als Staatsmann, sondern als Freund. Damit glich seine Stellung derjenigen von Augustin Keller, der ebenfalls nur als Freund für die Propagierung der Zeitschrift eintrat, aber als Politiker das Projekt eines Lehrerinnenseminars nicht unterstützte.

An Ulrich Zehnder und Augustin Keller zeigt sich beispielhaft, wie solche Männer, die auf Grund ihres öffentlichen Ansehens und ihrer Verbundenheit mit Josephine Stadlin für die Umsetzung des Seminarprojekts die Position des Knotens im Netz einnehmen sollten, diese Funktion als Politiker weder besetzen konnten noch wollten, da sie der Propagierung der bürgerlichen Geschlechterordnung zuwiderlief. So machte zwar Zehnder privat sehr viel Werbung für Josephine Stadlins Projekt, scheint jedoch nichts Konkretes unternommen zu haben, um auf der politischen Ebene eine Diskussion in Gang zu bringen oder Frauen im Kontext der liberalen Umwälzung den Weg auf die Tribüne auch nur ansatzweise zu öffnen. Ihre ambivalente Haltung war in diesem Sinne derjenigen von Rosette Niederer-Kasthofer ähnlich, da diese ebenfalls die Geschlechterordnung grundsätzlich bejahte und deshalb ein öffentliches Auftreten von Frauen ablehnte, gleichzeitig aber dezidiert für die Ausweitung der Mädchenbildung eintrat. Sowohl in der ambivalenten Haltung der gesellschaftspolitisch konservativen Rosette Niederer-Kasthofer als auch der fortschrittsorientierten Josephine Stadlin und ihrer liberal-radikalen Freunde manifestiert sich der im deutschen Bildungsbürgertum verbreitete Diskurs, der – stark von moralischen Kategorien bestimmt – sich mehr auf die Rolle der Frauen und Männer in der Familie und weniger auf den Bürger als «Citoyen» bezog.

Unterstützung und Spiegelung: das Engagement der Freundin

Eine unermüdliche Unterstützung bei der Zirkulation der Subskriptionslisten und generell bei der Realisierung des dreifachen Projekts Zeitschrift, Verein und Seminar hatte Josephine Stadlin in der Person ihrer Freundin aus den Zeiten als Lehrerin in Aarau, Elise Maier, Lehrerin in Winterthur. So vermitteln die zwischen den beiden Frauen ausgetauschten Briefe ein lebendiges Bild von den vielen konkreten Schritten, den finanziellen Engpässen, den Erfolgen und den Niederlagen.[264] Der Briefwechsel selber dokumentiert die enge Zusammenarbeit, es kommt darin aber auch zum Ausdruck, wie Josephine Stadlin und ihr Seminarprojekt wahrgenommen wurden. In dieser Fremdwahrnehmung zeigen sich Vorbehalte gegen Josephine Stadlins egalitäre Ansprüche, aber auch gegen ihren Umgang mit anderen Personen sowie widersprüchliche Facetten zwischen Praktiken und ideologischen Positionen.

Direkt nach der Gründungsversammlung des Vereins, an der Elise Maier nicht teilgenommen hatte, schrieb ihr Josephine Stadlin, um sich ihrer Hilfe zu vergewissern: «An die nächste Versammlung kommst du dann natürlich auch u. mit dir viele Winterthurerinnen? Wenn Du auch in unser schweizerisches Comitee treten könntest, so wäre es sehr gut.»[265] In die Vorbereitung der zweiten Versammlung, zu der vom «Solothurnerblatt» bis zur «Churerzeitung» insgesamt in acht Zeitungen aufgerufen werden sollte, war Elise Maier bereits voll eingebunden.[266] Fast jeden Schritt besprachen die beiden Frauen nun gemeinsam. Schon im ersten Brief bat Josephine Stadlin die Freundin, das Papier für die Subskriptionslisten, für den Druck des Aufrufs in einer Auflage von 20 000 Exemplaren sowie die für die Statuten benötigten Papierballen bei der Ziegler'schen Papierfabrik in Winterthur zu kaufen, da dies die billigste Lieferantin sei und der Leiter der Fabrik als «Menschenfreund» dem Verein vielleicht nur die Hälfte verrechnen würde.[267] Immer wieder kämpfte Elise Maier auf Ersuchen von Josephine Stadlin oder aus eigener Initiative um optimale Bedingungen für die Produktion der Zeitschrift. Immer wieder sprach oder schrieb sie bekannte Frauen und Männer sowie Erzieherinnen und Lehrerinnen an.[268] Sie schilderte Josephine Stadlin die Schwierigkeiten ökonomischer und gesellschaftlicher Art, ebenso die frauenfeindlichen Vorurteile, auf die sie in konkreten Begegnungen gestossen sei. Beispielhaft stehen dafür das von ihr als szenische Abfolge wiedergegebene Gespräch zwischen Winterthurer Damen und die davon abgeleiteten Ratschläge. «Weisst Du warum man in Zürich nichts von Deinem Seminar will?», schrieb Elise Maier kurz vor der Pestalozzi-Feier im Zürcher Zunfthaus zur Meise an die Freundin. «*Weil die Emanzipation dahinter steckt* [im Original fett und in bedeutend grösseren Buchstaben, E.J.]. In Zürich soll die Idee allgemein sein, durch Fräulein Gutmann kam sie hieher. Fr.[au] H. besuchte Fr.[au] N. // Fr. N. Wissen Sie, was Wichtiges unserm Geschlechte bevorsteht? – / Fr. H. Nein, was denn? / Fr. N. Wie, Sie wissen es nicht; was ist Schlimmes zu befürchten! / Fr. H. Sie machen mich sehr begierig. / Fr. N. (Noch ernster) Emanzipation! – / Fr. H. (lächelnd) So, woher soll denn die kommen? / Fr. N. Ach Gott, von Fr. Stadlin! / Fr. H. Meine liebe Fr. seien Sie ohne Furcht, Fr. Stadlin wünscht ein weibliches Seminar u. nicht Emanz.[ipation.] / Fr. N. Mein Gott, wie kurzsichtig Sie sind, begreifen Sie denn nicht, dass diese hinter jenem steckt? Das liegt doch gewiss klar am Tage, u. man muss wohl sehr von Fr. St. eingenommen sein, wenn man es nicht glauben will. Wozu denn anders alle die Selbstständigkeit, die sie bei jungen Töchtern zu erzielen sucht, die Öffentlichkeit, die sie liebt. // Das Gespräch mag sich noch einige Zeit fortgesetzt haben, doch du weisst, was du vor dem 12t. Januar wissen sollst. Falls du redest, so glaube ich, es wäre *gut*, du würdest hierüber einige Erklärungen geben. Falls Du von pädagogischen Missgriffen einiger Lehrer erzählst, so nenne ja keinen Orts- u. Personennahmen. Wenn Du im Feuer bist, so stehe ich bei Dir für nichts u. deshalb möchte ich Dich vorher erinnern.»[269] Das rekonstruierte Gespräch wie die Ratschläge sind in mehrfacher Richtung aufschlussreich. So scheint die nachschulische Mädchenbildung im städtischen Bürgertum durchaus akzeptiert, bildete doch der Austausch über Bücher, aber ebenso über Geschichte und Grundelemente der Naturwissenschaften die Basis der bildungsbürgerlichen Geselligkeit, die im privaten Rahmen in starkem Masse von Frauen bestimmt wurde.[270] Nicht intendiert war ein durch Mädchenbildung möglicherweise ausgelöster Anspruch auf Unabhängigkeit und Freiheit von Bevormundung sowie auf öffentliche Betätigung und deren gesellschaftliche Anerkennung, die eben auch eng mit dem Recht auf Berufsbildung und Erwerbstätigkeit verknüpft waren.[271] Dass Elise Maier die Situation so ausführlich erzählte und die Frage der Emanzipation so deutlich hervorhob, zeigt, dass sich die beiden Frauen durchaus der die Grenzen der Geschlechterkonvention sprengenden Dimension ihres Projekts bewusst waren. «Emanzipation» in Bezug auf die Frauen wurde auch in der Schweiz nicht erst seit dem letzten Drittel des 19. Jahrhunderts, sondern bereits in den 1840er Jahren als abschreckendes Argument in die Diskussion geworfen. Ebenso verweist der Ratschlag, sich mit der Kritik an den Lehrern zurückzuhalten, auf die herrschenden männlichen Empfindlichkeiten, wenn eine Frau die berufliche Fachkompetenz von Männern in Frage zu stellen wagte und sich damit öffentlich zumindest auf die gleiche Stufe stellte wie sie.

Weil ihre Anstrengungen um Unterstützung des neu lancierten Vereins und der Subskription für das Seminar nur geringen Erfolg brachten, versuchte Elise Maier die Freundin vergeblich zu überzeugen, das Projekt bis zum Frühjahr 1847 zu verschieben. Die Zeit sei dem Projekt nicht günstig, da wegen der Zollerhöhungen und der schlechten wirtschaftlichen Lage die Leute nur wenig verdienten. Und wieder suchte sie ihrem Verschiebungsvorschlag mit dem Verweis auf das öffentliche Gerede Gewicht zu verleihen: «Jetzt könnten wir Dir von Winterthur sehr wenig vorstrecken, wiewohl man gewiss wohlthätig ist; ja ein Aufruf, für ein Seminar zu steuern, käme Manchen in diesem Moment als etwas sehr Unpassendes, als eine Stürmerei vor. Von Dir würde man sagen, Du kennest das Leben u. seine Anforderung nicht, Du lebest *nur in Ideen*. Fr.[au] Hofacher hat an mehreren Orten von dem Seminar gesprochen; allein *jetzt* will man nicht davon hören. Ein Aufschub kann der Sache nützen; ein *Durchsetzen-Wollen* kann ihr sehr nachteilig sein.»[272] Elise Maier bezog sich vor allem auf Reaktionen von Frauen; in diesen schwang aber die Haltung der Männer ihrer Kreise mit. Frauen wie Männer vertraten gleichermassen die Meinung, dass Forderungen, die sich auf Anliegen von Frauen bezogen, in schwierigen Zeiten aufzuschieben seien.[273] Die Zeit Mitte der 1840er Jahre war wirtschaftlich effektiv schwierig, jedoch hinderte dies die liberal-radikalen männlichen Kräfte nicht an der Umsetzung ihrer Pläne. Masshalten wurde von Josephine Stadlin als Frau erwartet, die Notlage diente als einsichtiges Argument für ein mehr grundsätzliches Misstrauen gegen das Lehrerinnenseminar und ihr öffentliches Vorpreschen. Weil das Sammeln von Unterschriften sich als harzig erwies, schrieb Elise Maier der Freundin eindringlich von kursierenden Vorbehalten: «Du bist kein Kind, das man mit einem Märchen abspeisen kann; Du willst Wahrheit, u. ich gebe sie Dir so bloss, wie ich sie selbst empfangen, könntest Du sie ruhig u. ohne Vorurtheile, ja ohne Selbsttäuschung anhören u. darüber nachdenken, o gewiss, es müsste viel Gutes daraus hervorgehen. [...] So einseitig bist Du doch hoffentlich nicht, dass du glaubst, wer nicht für diese *eine* Idee, die nun einmal deine Lieblingsidee ist, eingenommen sei, sei nicht edel, könne es gar nicht sein.»[274] Das in diesem Brief von Elise Maier gezeichnete Bild der Freundin verweist ebenso auf gesellschaftliche Vorurteile gegen ein die dominierende Geschlechterordnung konterkarierendes Auftreten wie auf die von ihr definierten Defizite von Josephine Stadlins Persönlichkeit: fehlende Empathie, Nichtwahrnehmung der anderen gepaart mit Abwertung von Personen, die eine abweichende Meinung vertraten. So wandte sich der Brief gegen ihre Tendenz, Personen, die sich nicht zur Unterstützung ihres Projekts bewegen liessen, abzuqualifizieren. Unklar bleibt, ob beziehungsweise inwiefern Elise Maier die verbreitete Meinung über Josephine Stadlins «Unweiblichkeit» teilte. Es scheint, dass sie hinter dem kolportierten Gerede auch die eigenen Bedenken versteckte: «Manche anerkennen also Deine Idee nicht; weit mehr aber anerkennen die *Idee*, allein *Dich* nicht als *Leiterin* der Anstalt; Du bist Vielen nicht *weiblich* genug, um das *Weib* zu erziehen. Es haben Dich Winterthurer an einem Churort in Bündten gesehen, Andere in Aarau u. Dritte in Winterthur. Männer u. Frauen finden Dich zu barsch, zu leidenschaftlich, zu unweiblich, mit einem Worte in Bewegungen u. Sprache, zu anmassend in Deinem ganzen Benehmen, u. das möchten sie nicht gern auf Andere übertragen sehen. Dein Inneres, liebe Josephine, haben diese Menschen nicht gesehen; Dein Äusseres hat sie vielleicht abgeschreckt. Sprich darüber nicht schnell ab; Du hast Dich eben noch nie in leidenschaftlicher Aufregung gesehen, Du weisst nicht, wie entstellt Deine Züge werden, wie selbstsüchtig u. hart Du erscheinen *musst*; welche Tyrannenmiene Du annimmst, wenn Dir widersprochen wird; Du sprichst denen, die ausser Deinem Kreise sind, oft so Alles, Alles, ab, dass man eingeschüchtert verstummt, denn deine Heftigkeit macht Furcht, macht bang u. unheimlich.»[275] In dieser Kritik zeigt sich die paradoxe Situation, in die sich Frauen verfingen, die sich im Rahmen einer Bewegung analog zu den männlichen Gesinnungsgenossen öffentlich für die Realisierung von gesellschaftlich im Grunde durchaus genehmen Plänen engagierten.[276] Zur Durchsetzung ebendieser Pläne war die Schaffung von Öffentlichkeit Voraussetzung. Öffentliches Auftreten gepaart mit Polemik gegen andere Meinungen widersprach ebenso wie unerbittliches Repetieren derselben Forderungen und Argumente dem Bild einer vom Streben nach Harmonie bestimmten «Weiblichkeit». Damit wurde aber auch die Legitimation untergraben, dass nur Frauen qua ihrer weiblichen Wesensart dazu befähigt seien, Mädchen zu erziehen und auszubilden. Die Ablehnung zielte nicht auf das Anliegen, sondern auf die Form und auf die Person. Ohne Möglichkeiten der institutionalisierten Formen politischer Implementierung blieben Frauen dieser Kritik ausgeliefert, und gleichzeitig blieben sie in der Wiederholung festgefahren, die wiederum Abwehr erzeugte. In der von Elise Maier kolportierten Kritik manifestiert sich darüber hinaus eine grundsätzliche Ablehnung gegenüber dem Karrierestreben von Frauen, einem Streben, das bei Männern mit dem bürgerlichen Leistungsgedanken kongruent war. Zum Ausdruck kommt zugleich die Ablehnung gegen ein von Emotionen ebenso wie Dominanz geprägtes Auftreten von Frauen, das den bürgerlichen Vorstellungen echter weiblicher Emotionalität zuwiderlief, die eher in «weicher» Form, als Zuwendung, Unterordnung und Mitgefühl zu erscheinen hatte. Als ungezügelte Leidenschaft galt sie als unziemend oder, wie es Elise Maier formuliert, als einer anständigen Frau nicht angemessen, ja als abstossende Fratze «echter» Weiblichkeit.[277]

Dass Elise Maier zumindest teilweise einig war mit der Kritik an der mangelnden «Weiblichkeit» der Freundin im öffentlichen Auftreten und ihrem normabweichenden Verhalten, zeigt der Brief ebenso klar wie ihre Bereitschaft, sich trotzdem für sie einzusetzen, indem sie die als unweiblich geltenden Qualitäten mit den so genannten weiblichen – Josephine Stadlins verstecktem «Inneren» – zu kompensieren suchte: «Glaube nicht, dass ich mich durch so viele Misslaute abschrecken lasse; wenn schon auch der Präsident unseres Schulrathes gegen Dich ist, die Subskriptions-Liste circuliert immer, u. ich empfehle das Seminar u. stelle Deine guten Eigenschaften die man nicht gesehen, neben die schlimmen, welche man gesehen, den Engel neben den irrenden Menschen hin, u. Du kannst mir hierbei gar viel helfen, wenn Du machst, dass dieser nicht abschreckt, jene kennen zu lernen. Denn jetzt besonders haben Freunde u. Feinde ein wachsames Auge auf Dich.»[278] Josephine Stadlin war in den Augen der Freundin nicht nur Reinheit und Vollkommenheit suggerierender Engel, sondern auch irrender Mensch, also mit Fehlern behaftet, was ihre Aussagen wie ihr Vorgehen betraf. Als Irrende konnte sie sich dieser Fehler nicht bewusst sein, sondern zu deren Erkenntnis wäre sie auf die von Wohlwollen und Loyalität gekennzeichnete Kritik der Freundin angewiesen gewesen.

Elise Maier spiegelte nicht nur Josephine Stadlins persönliche Unzulänglichkeiten, sondern sie analysierte mit der Empfehlung, vor allem Männer nicht vor den Kopf zu stossen, die Abhängigkeitsverhältnisse der Frauen im Privaten wie im Öffentlichen: «Noch eins: Du musst, ich weiss nicht wo, sehr über die Männer abgesprochen haben, Du sollst Dich geäussert: ‹Pfui den Männern!› Wohl möglich, dass Du das einst im Affect gesagt; u. das arge Wort circuliert nun mit der S.[ubskriptions] Liste u. ihr sehr entgegen. Bei den Männern hast Du Dich damit schlecht empfohlen [...]. Keine Frau unterschreibt ohne erst ihren Mann zu fragen, u. da hat sie Recht, u. Du erhebst Dich scheinbar so über die Männer; ich sage scheinbar; denn im Grund nahmst Du doch viel von einzelnen Männern an, verdankst ihnen viel u. bedarfst ihrer fort u. fort.»[279] Männer vor den Kopf stossen bedeutete, sich den Zugang zu privaten finanziellen Ressourcen versperren. Ohne Zusammenarbeit mit Männern war Frauen der indirekte Zugang zu den Institutionen versperrt und damit jegliche Hoffnung auf staatliche Unterstützung zunichte. Das wusste Josephine Stadlin als geschickte Netzwerkerin sehr wohl, auch wenn sie, um ihrem Anliegen, Mädchen nur von Frauen ausbilden zu lassen, Nachdruck zu verleihen, im Soge der Emotionen Männer an den Pranger stellte. Dass sie für die öffentliche Propagierung des Instituts und des Seminars auf Männer zählte, zeigte Stadlin in ihren Prospekten, in denen sie die Namen von Männern, nicht aber von Frauen auflistete, da mit Ausnahme von Frauen aus aristokratischen Kreisen der gesellschaftliche Status nur mit der politischen und beruflichen Position der Männer verknüpft war.

Trotz Vorbehalten unterstützte Elise Maier weiterhin die von Josephine Stadlin lancierten Projekte. So sammelte sie bis 1849 Unterschriften, auch wenn sie oft auf Ablehnung stiess. Selbst ein ihr eng vertrauter Zürcher Lehrer und Erziehungsrat sandte ihr die Subskriptionsliste ohne eine Unterschrift zurück. «Solche Freunde sind – keine Freunde!»,[280] meinte sie dazu bitter. Über Bekannte dehnte sie den Promotionsradius über Winterthur hinaus aus.[281] Wen immer sie traf und wo immer sie war, ob bei einer Versammlung oder im Kurbad, immer suchte sie nach Personen, die geeignet wären, mit Unterschriften ihre Unterstützung für das Seminar zu zeigen und die Zeitschrift «Die Erzieherin» zu abonnieren und zu propagieren. So jubelt sie, als sie im Herbst 1848 die Unterschrift einer Berner Patrizierin gewann, die versprach, öffentlich für das Seminar einzustehen: «Aus beiliegendem Briefe mit der Krone auf dem Siegel siehst Du, dass wir sogar eine hochstehende Bernerfamilie für uns gewonnen haben: Fr. Stettler-von Bonstetten erlaubt uns also, ihren Namen aufzunehmen, will die Erzieherin lesen u. ihr Möglichstes für das Seminar thun. Ich werde Alles thun, sie fort u. fort anzuregen.»[282] Elise Maier klopfte persönlich an die Türen, um die zugesicherten Beiträge einzuziehen oder neue Quellen zu erschliessen. Ihren Einsatz rapportierte sie minutiös nach Zürich: «Hier so viel Geld, als ich bekommen konnte; einige Frauen sind abwesend, andere, 11, haben voriges Jahr auf einmal bezahlt; ich habe die halbe Nacht nachgedacht, wo ich wohl noch etwas bekäme u. ging dann heut in ein ‹grosses Haus›; allein die Dame war nicht zu Hause.»[283] Nur eine Woche später meldete sie der Freundin: «So eben komme ich von einem Besuche bei einer unserer einflussreichsten u. auch edelsten Frauen, Fr.[au] Oberst Blum, zurück, die ich so gerne für Deine Anstalt gewänne. Sie versprach mir, sofern sie nicht durch Unvorhergesehenes abgehalten würde, dem Seminar-Examen u. dem Verein beizuwohnen, u. wenn sie sich selbst von dem Nutzen des Seminars überzeugt, von ganzen Herzen zu demselben zu stehen u. ihm eine treue Freundin zu werden. Durch sie u. ihre grosse, angesehene Familie wäre viel gewonnen. Sie hatte nämlich in einer grossen Gesellschaft den Muth zu sagen: ‹Ich kenne Frl. Stadlin u. ihre Anstalt nicht; allein bin ich der Meinung, dass man nichts, welches man nicht kennt, in den Staub ziehen soll.› [...] Beiliegend 10. L.[ouisdor] von Fr. Statthalter Sulzer u. 4 L.[ouisdor] von Fr. Oberst Blum fürs Seminar.»[284] Wenige Tage danach schrieb sie von neuen Erfolgen und neuen Hoffnungen auf Unterstützung von Vertreterinnen der führenden Familien aus dem Kanton Aargau.[285]

Dass die Vorbehalte auch 1848 nicht verstummten, darauf verweisen die von Elise Maier in einem Brief an Josephine Stadlin aufgeführten Zitate aus einem Brief, den ihr eine junge Nordwestschweizerin zugeschickt habe: «[...] ‹aber Sie begreifen, wenn ganze Gesellschaften älterer, gebildeter Leute gegen Frl. Stadlin auftreten, so steht es mir als junges Mädchen nicht an, gegen alle das Wort zu nehmen. Man ist im Kt. Bern u. Solothurn im Allgemeinen sehr ungünstig für Frl. Stadlin gestimmt, urtheilt sehr nachtheilig über sie. Gern wollte ich solche Reden schlagen. Sehen Sie ich fange an zu begreifen, warum man Frl. Stadlin so misskennt: – Sie wähnt ‹ein neues Spanien zu gründen›. Es ist eine erhabene, göttlich schöne Idee, ein neues Menschengeschlecht heranbilden zu wollen; aber die Menschen stehen im Allgemeinen viel zu tief [...] u. Frl. Stadlin kennt das Volk nicht recht. Sie wird von der Welt als ein Sonderling angesehen, u. da glaube ich beinahe, Schiller habe Recht, wenn er sagt: ‹Wer sich den Menschen nützlich machen will, muss sich zuerst den Menschen gleich zu stellen suchen. Wozu der Secte prahlerische Tracht?› Ich werde immer mein Möglichstes thun für das Seminar; Sie sind vielleicht erstaunt zu sehen, dass die Mutter nur 3 L.[ouisdor] unterschrieben hat; allein Sie müssen bedenken, dass Mutter kein Interesse für d.[as] Seminar hat; sie giebt soviel, weil *Sie* darum baten.›»[286] Laut diesem Brief scheinen sich Frauen wie Männer tonangebender Kreise negativ über Josephine Stadlins Projekt geäussert zu haben. Sie bezichtigten sie der Weltfremdheit und stolzer Überheblichkeit. Dem Sog und der Logik dieser Kritik vermochte sich die junge Frau nicht zu entziehen. Mit dem Zitieren dieser Briefstellen positionierte sich aber auch Elise Maier gegenüber ihrer Freundin trotz Loyalität als Andere. Implizit bezichtigte auch sie diese unrealistischer Zielvorstellungen und prahlerischer Selbstinszenierung. Zugleich betonte sie ebenso implizit, dass sie im Gegensatz zu Josephine Stadlin weniger Ablehnung provoziere und diplomatischer vorgehe, da sie selbst bei Personen, die der Seminaridee nicht gewogen seien, finanzielle Unterstützung erhalte.

Die private Schuldenlast: Löcher in der Kasse und Risse im Netz

Mit dem Erwerb des «Sonnenbühls» und dessen baulicher Anpassung an ihre Bedürfnisse hatte sich Josephine Stadlin finanziell übernommen, auch wenn sie anfänglich noch auf solidarische Beratung, Schenkungen, Spenden und Kredite zählen konnte. So diente ihr beispielsweise der Unternehmer Heinrich Zeller-Füssli aus dem Balgrist als «Banquier»,[287] da er ihr im Juli 1847 tausend Franken überweisen liess und auch später noch Mittel vorschoss.[288] Ausserdem bat Josephine Stadlin den städtischen Baumeister Voegeli, Vater einer Schülerin, um einen Voranschlag für die Renovationsarbeiten[289] und verhandelte mit dem Architekten, um die Kosten zu senken.[290] Dass die mit dem Hauskauf verbundenen Risiken bei ihr selber Unsicherheiten auslösten, zeigt die Korrespondenz mit ihrer Schülerin Luise Sulzberger aus Frauenfeld. Diese stand mit einer so genannten Somnambulen in Kontakt, einer Hellseherin, die in halbwachem Zustand Aussagen über die Zukunft machte.[291] Die als «ungebildet» geltende Frau beantwortete auf Anregung eines Arztes und Freundes der Familie Sulzberger die an sie gestellten Fragen. Josephine Stadlin bat nun via ihre Schülerin um eine Einschätzung der Chancen ihres Projekts. Die Antworten der Hellseherin scheinen jedoch wenig erbaulich gewesen zu sein, da Luise Sulzberger Hemmungen hatte, diese wiederzugeben: «Sie sagt nämlich Ihre Fragen seien unnützig, indem das Seminar nicht gedeihen werde. Sie sagte es mit den Worten: ‹Jgr (Frl. Stadlin's) Glück ist nicht in Zürich, weil die Geschäfte (Seminar) nicht ge-

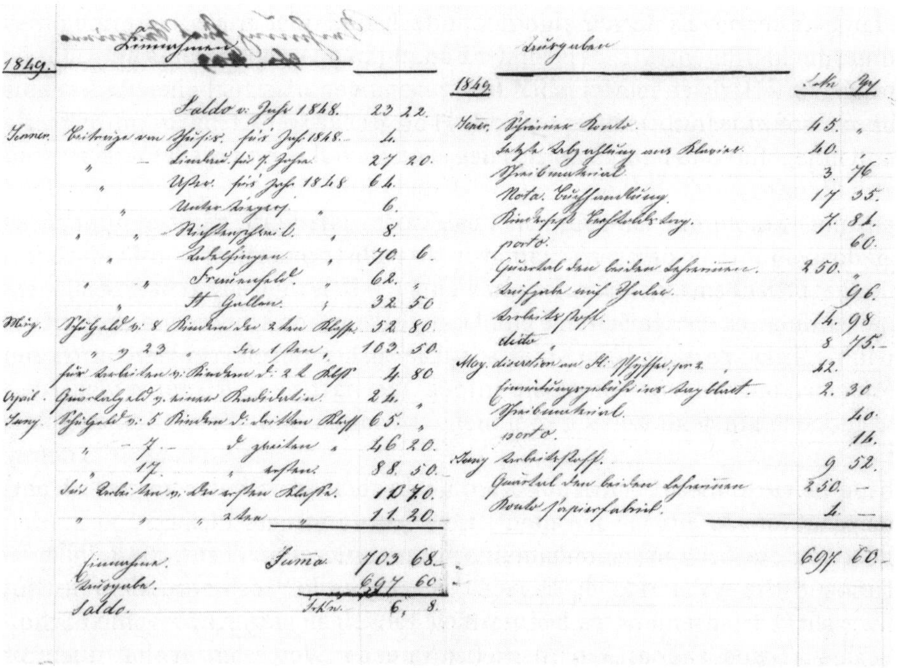

Offengelegte Buchhaltung: Die Ausgaben und Einnahmen wurden in der «Erzieherin» publiziert. Damit betonte Josephine Stadlin in der Anfangszeit des Vereins den Anspruch des Seminars, als öffentliche Institution zu gelten.

deihen werden, darum will ich in jene Fragen nicht eintreten, es ist unnützhig!› Mutterli ach! Wie ein Donnerschlag traf mich diese Antwort! Herr Doktor hat sie sogleich niedergeschrieben, während sie sprach u. sie uns gebracht.»[292] Weil Josephine Stadlin ihr Projekt trotzdem weiterverfolgte, bezeugte ihr Luise Sulzberger höchste Achtung. Gottes Wille und die Aussagen der Hellseherin sah sie dabei nicht als unvereinbaren Gegensatz, sondern sie interpretierte die Haltung ihrer Lehrerin wegen des prognostizierten Scheiterns als Ausdruck der inneren – pädagogisch gefärbten – Überzeugungen: «Ich wusste es ja nicht, aber ich war dennoch in meinem Innern *fest überzeugt* dass Mutterli deswegen die Idee des Seminar's nicht fallen lasse; daran habe ich [Doppelstrich mit drei Punkten, Zeichen von Josephine Stadlin, E. J.] erkannt! Nur umso grösser stehen Sie vor den Augen derer da, die das Geheimniss theilen, wenn Sie trotz desselben mit ungestörtem Vertrauen zu Gott, u. mit unwandelbarer Kraft das Seminar leiten u. seiner Bestimmung näher führen, u. Sie trotz dieser traurigen Aussage dennoch immer glauben: das Gute gewinnt doch den Sieg.»[293] Luise Sulzbergers Mutter hatte dagegen schon länger vor dem Projekt gewarnt, vor allem weil ursprünglich sogar ein Neubau erwogen worden war: «Wenn ich als Laie, etwas über das Seminar sagen darf? Möchte ich fragen, fürchten Sie nicht einen so grossen Bau zu beginnen ohne die nöthige Hülfe? Keines Menschen Wille und Muth, und währe er riesengross, ist im Stande allein einen Tempel aufzubauen.»[294] Obwohl

Frau Sulzberger als Angehörige des fortschrittsorientierten Bildungsbürgertums die Meinung teilte, dass für die Bildung und Wissensvermittlung, die sie mit der säkularisierten Metapher des Tempels der klassizistischen Architektur überhöhte, eine Infrastruktur zur Verfügung gestellt werden müsse, so zeigte sie sich erleichtert, dass mit dem Kauf des «Sonnenbühls» lediglich Renovationen anstanden.

Dennoch waren die Bau-, Kapital- und Zinsschulden erheblich und Josephine Stadlin war ständig damit beschäftigt, finanzielle Löcher zu stopfen. Deshalb forderte sie bei ehemaligen Schülerinnen und den Eltern gegenwärtiger Schülerinnen noch ausstehende Beiträge ein. Doch diese waren schwierig einzutreiben, wie sie ihrer Freundin Elise Maier schrieb: «[...] denn mir schulden nur Arme! Früher war ich gewohnt am Abend ein Glas Bier zu trinken; ich dürfte wohl, aber ich erlaube mir seit Monaten kein Bier. Und so geht's in Allem. Diese Beispiele sollen nun zeigen, dass ich zu *kämpfen*, keineswegs zu klagen habe.»[295] Effektiv kämpfte sie um jede Schülerin aus wohlhabenden Kreisen und zeigte sich enttäuscht, wenn Eltern aus den alten städtischen Führungsschichten und aus den neuen ländlichen Fabrikantenfamilien – die Pestalozzi aus Zürich, die Reinhardt-Hess aus Winterthur oder die Honegger aus Rüti – ihre Töchter aus dem Institut nahmen.[296] In ihren Briefen häuften sich die Klagen wegen unbezahlter Schulgelder. Schon 1847 konfrontierte sie den Vater der Schwestern Schlotthauer mit der Tatsache, sie habe für die Ausbildung seiner Töchter noch «keinen Creuzer» erhalten.[297] Inständig bat sie Pauline Cuendet, die in Rotterdam als Erzieherin arbeitete, ihr das geschuldete Geld zukommen zu lassen: «[...] ma maison coute beaucoup d'argent! Pauline, s'il est possible envoye-moi bientôt un peu d'argent. La necessité me force à le demander.»[298] Das von Pauline Cuendet ersparte Geld hatte jedoch deren Mutter verbraucht.[299] Auch bei Meinrada Gyr, Lehrerin in Einsiedeln, versuchte Josephine Stadlin die Schulden einzutreiben: «Ich habe ein Haus gekauft u. muss nun all mein Geld ängstlich zusammenlesen, um die nöthigen Zahlungen halten zu können. [...] Denn am 11. N.[ovember] *muss* ich unfehlbar eine Zahlung erlegen. fl. [Gulden, E.J.] 3000 habe ich schon bezahlt, fl. 1000 muss ich nächsten Mai:»[300] Die möglichst rasche Begleichung der noch geschuldeten Ausbildungskosten forderte Josephine Stadlin ebenso von Meinrada Gyrs Kollegin Gertrud Steinmann,[301] von Netti Huber, Erzieherin in Schinznach,[302] und von Antonie (Tonely) Villiger, Lehrerin in Bremgarten, die, wie die meisten anderen auch, Schwierigkeiten hatte, das Geld aufzutreiben.[303] Viele der von ihr ausgebildeten Lehrerinnen konnten nur teilzeitlich unterrichten, und ihre Löhne waren tief, in der Regel die familiären Belastungen hoch. Hatten sie bei Josephine Stadlin noch Schulden, schoben sie deren Begleichung immer wieder hinaus. Doch fühlte sich beispielsweise Antonie Villiger wortbrüchig, weil sie dringend Familienschulden begleichen musste, obwohl sie kaum etwas verdiente: «[...] u. ich, ach ich fühle es wohl, ich werde Ihnen dadurch *fremder;* desswegen bin ich nicht nur *hülflos*, sondern auch trostlos. [...] Unglücklicher Weise konnte mir mein Verwandter gar kein Geld schicken bis dahin, meine Gläubiger wollten nicht mehr warten, u. so war ich gezwungen, das Geld, das ich für Sie bestimmt hatte, wegzugeben. Wenn es immer möglich gewesen wäre, meine

Besoldung voraus zu beziehen, so hätte ich es gethan, um Ihnen Wort halten zu können; aber unsere Gemeinde ist diese Zeit, so überhäuft mit Baukosten u. steht so blöde mit ihrer Kasse, dass es ihr schwer fällt, das Allernöthigste zu bezahlen, ja sie kann nicht einmal die Lehrer *regelmässig* besolden: Bei Bekannten oder Verwandten kann ich bei dem allgemein, grossen Geldmangel auch keine Hilfe erwarten.»[304] Nachdem sie von Antonie Villiger eine Teilzahlung von hundert Franken erhalten hatte,[305] empfahl Josephine Stadlin der jungen Lehrerin, sich einen Rückzahlungsplan zu überlegen: «Es ist mir wahrhaft schwer sie von dir anzunehmen, aber ich muss leider. – [...] Zuerst mache doch *recht klar* mit dir aus: *Wie u. bis wann* kannst du die 850 fr.[anken] bezahlen, die du schuldest. Warten dir deine Creditoren? Wie haben sie dir die Zusicherung des Wartens gegeben? – Bei dem *Wie* u. *Wann* du sie bezahlen könnest, bringe ja Alles in Rechnung, was du indessen für dich u. die deinen brauchest u. vergiss nicht da auch die Summe anzusetzen, die du noch alle Jahre für Unvorgesehenes brauchtest.»[306] Babette Helbling ihrerseits versuchte ihre Schulden durch die Übernahme von Hausarbeiten im Institut abzuverdienen,[307] was ihr jedoch wegen der relativen Höhe des ausstehenden Betrages nur zu einem geringen Teil gelang.[308] Unter dem Druck, die alltäglichen Ausgaben zu bezahlen, vergriff sich Josephine Stadlin ihrerseits am Geld, das ihr die Schülerin und Unterlehrerin Tonine Clamaron in Verwahrung gegeben hatte.[309]

Um ihren finanziellen Verpflichtungen nachkommen zu können, setzte Josephine Stadlin ihre Hoffnungen vor allem auf die Unterstützung durch wohlhabendere Schülerinnen. Doch wenige gingen auf ihre Klagen ein. Beispielsweise schickte ihr die Wädenswiler Fabrikantenfamilie Diezinger kein Geld: «Vaterli wäre so bereit, dir zu helfen mit der That; aber auch ihm ist's unmöglich in *dieser* Zeit, wo dem Kaufmann von heut auch morgen immer alles auf dem Spiel steht. Aber *rathen* will es dir nach bester Kraft [...]. Zuerst, meint Vaterli, sollest du mit Herrn Keller reden, und ihm alles sagen wie's sei, übrigens werde ja es [das Mutterli, für Josephine Stadlin, E. J.] selbes auch wissen, wie *schwer* es jetzt sei, Geld zu bekommen, u. Herr Zeller verspreche es ja nur für einige Tage später.»[310] Bei dem erwähnten Keller wird es sich um den Verkäufer des Hauses handeln, bei dem Josephine Stadlin verschuldet war, bei Herrn Zeller um ihren «Banquier», den Seidenfabrikanten vom Balgrist. Wieweit die Ratschläge Josephine Stadlin nützten, ist aus der Korrespondenz nicht ersichtlich, wohl aber, dass die finanzielle Misere sie zunehmend in Schräglage brachte, auch wenn der Umfang ihrer Schulden aus den Quellen quantitativ nicht zu evaluieren ist. Zur Begleichung ihrer Schulden erwies sich das von ihr aufgebaute private Netzwerk als nicht geeignet. Parallel zu den Defiziten in der Buchhaltung zeigten sich zunehmend Risse im Netz.

Das Scheitern: die Deutung der Ursachen

Weder die gezielten Ausbildungsprogramme noch die werbewirksamen Schulfeste und Examen konnten verhindern, dass zu wenig Kleinkinder, Elementar- und Seminarschülerinnen ins «Sonnenbühl» eintraten, um sowohl die Erreichung der Ausbildungsziele wie die Finanzierung zu garantieren. Während

Josephine Stadlin für die Elementarschule eine Nachfrage durch aktives Werben erzeugen musste und die Seminarschülerinnen mehrheitlich vermögenslos waren, entsprach das Institut einer Nachfrage wohlhabender Kreise nach Mädchenbildung, doch war es der Konkurrenz weiterer privater Mädchenschulen ausgesetzt. Deren Zahl hatte sich laut kantonalen Jahresberichten in den 1840er Jahren verdoppelt. Diesen Jahresberichten zufolge ging die Zahl der Stadlin'schen Institutsschülerinnen im «Sonnenbühl» innert zwei Jahren von über fünfzig auf vierzehn Externe und achtzehn Interne zurück.[311] Auch wenn die Zahl privater Mädcheninstitute zunahm, war deren ökonomisches Scheitern nicht selten und wirtschaftliche Probleme fast die Regel.[312]

Zwar verstand sich das Seminar mit der angegliederten Musterschule als eigenständige Institution, doch war es räumlich und personell so eng mit dem Institut verwoben, dass sich der Rückgang der Institutsschülerinnen auf das gesamte Unternehmen «Sonnenbühl» negativ auswirkte. Um der Unterdotierung im Seminar und dem drohenden Bankrott entgegenzuwirken, erwog Josephine Stadlin, zusätzlich die Ausbildung von «Kindsmägden» in das Seminar zu integrieren. Umstritten war, ob ein Bedarf nach solchen Kindsmägden überhaupt bestand. Eine berufliche Ausbildung hätte deren hierarchische Position am unteren Rand der Hausangestellten verändert, was, wie eine Schülerin Josephine Stadlin mahnte, kaum goutiert würde: «Wird man diese Mägde anstellen? Ich glaube gewiss nein! Man fürchtet sich vor gebildeten Kindermägden noch zehn mal mehr als vor ‹gebildeten oder gelehrten Frauen›, so ungerecht es ist u. so sehr es auch zeigt, dass jene Leute den Werth der wahren Bildung gar nicht kennen!»[313] Umstritten war dieser Plan auch deshalb, weil selbst die treusten Anhängerinnen von Josephine Stadlin zweifelten, ob die ständige Neuausrichtung und die damit einhergehende Zersplitterung der Kräfte zum Ansehen des Seminars sowie zur Verbesserung der Lage beitragen würden.[314]

Gegen Ende 1849 hoffte Josephine Stadlin in ihrer zunehmend verzweifelten Lage noch auf einen Rat ihrer Kollegin Doris Lütkens in Hamburg: «Meine theure Freundin! Ich kann die ‹Erz:[ieherin]› nicht ohne eine begleitendes Wort für Sie abgehen lassen. Vielleicht kommt denn nächstens auch das letzte Heft derselben. Was sagen u. rathen Sie mir? Die Kosten sind kaum durch die Einnahmen gedeckt. Dann ist es mir oft beinah unmöglich auf die rechte Zeit wieder etwas zu schreiben. Neben der Pflege der geistig-gemüthlichen Seite meines Hauses nimmt mich die materielle Leitung desselben sehr in Anspruch. O dass ich dieses materiellen Theiles enthoben wäre! Ob es wirklich gut wäre weiss ich freilich nicht. Weil es so schwer ist, wird's auch das Bessere sein. Zudem wüsste ich es nicht anders zu machen. Eine Haushälterin würde mir nicht *die* Erleichterung geben, welche ich wünsche.»[315] Die Schliessung des Seminars erfolgte bereits im Sommer 1850. Zum raschen Ende der grossen Pläne hiess es dann im Jahresbericht des Kantons Zürich lapidar: «Die Erziehungsanstalten Stadlin und Nagel. Beide Anstalten wirken mit Segen. Das mit der erstern verbundene weibliche Seminar und die dazu gehörige Musterschule wurden aufgehoben.»[316]

Mit ihrem Scheitern scheint sich Josephine Stadlin schwer getan zu haben, sie suchte nach Schuldigen. Ihr Brief an Karl Mager, den Direktor der Bürgerschule in Eisenach, zeugt von Bitterkeit: «Das hiesige Publicum hat mich u. so weit sein Einfluss reicht aus der Reihe seiner unterrichts- u. erziehungsfähigen Pädagogen ausgestossen. [...] Und ist es wohl glaublich? [...] Pädagogen sollen hierfür mitgewirkt haben.»[317] Josephine Stadlin ortete die Ursache des Scheiterns vor allem bei Lehrern, denen sie die Rolle der Sündenböcke zuschieben konnte. Auf deren Unmut hatten sie einige Schülerinnen schon vorgängig aufmerksam gemacht, da sie in der Position der Expertin in Sachen Anschauungsunterricht sowohl in Schulblättern wie in Auftritten die pädagogisch-didaktischen Praktiken in der Volksschule kritisch hinterfragt hatte. Während sich bis zuletzt Lehrerinnen und Erzieherinnen der Idee widersetzten, das Seminar zu Grabe zu tragen,[318] äusserten Lehrer und freisinnige Exponenten in Bildungsfragen ihre Opposition immer deutlicher. Im Namen ihrer Schwestern empfand Marie Diezinger aus Wädenswil es als ihre Pflicht, ihre Lehrerin über den kursierenden Unmut, den auch ihr Vater teile, zu informieren. «Zuerst muss ich Dir sagen, dass die ganze Lehrerschaft in Aufruhr gerathen ist wegen Deiner Rede am Examen, u. mehr u. minder auch alle Andern, die sie lasen. ‹Du beschimpfest alle Lehrer, den Erziehungsrath, ja Alles, was mit der Schule zu thun hat, heisst es von allen Seiten, und erhebst dagegen Deine Sache in alle Himmel!› – Dass *wir* wohl wissen, wie du's meint, weisst du; aber die *Welt* nimmt es *so*, die *Welt* hat es so verstanden, u. weil du nicht darauf erwiderst, ist sie doppelt bestärkt darin – Vaterli sagt, er verstehe ja nicht viel von deiner Methode und wisse nur, dass du's gut meinest; aber wenn Du dächtest, in was für einem Zustand unsere Schulen vor nicht mehr als 10 Jahr gewesen seien, könntest Du unmöglich den Stab so darüber brechen, Alles könne man doch nicht auf einmal erwarten, besonders nach so vielen Mühen eine so ganz verschiedene Methode wieder einzuführen, wäre ja für jetzt noch total unmöglich, es lasse sich da gewiss nichts erzwingen. – Ich weiss, was du zu Allem dem denkst, ja wir wissen wohl, wie gleich es dir ist um das Urtheil der Welt, dass Du lächelst darüber in dem herrlichen Bewusstsein, das Rechte zu wollen! Aber *uns*, die wir alles *hören*, kann es nicht gleich sein, ja und das ist's eben, was ich dir sagen wollte; es ist uns nämlich, es könne und dürfe auch dir unmöglich so gleichgültig sein, was die Welt von dir meint, eine Welt, von der du doch Theilnahme, Zöglinge, Geld wünschest, um deine grossen Ideen zu verwirklichen. [...] Die Beiträge für's Seminar durften wir wahrhaftig noch nicht einziehen bei der jetzigen Stimmung der Leute. Doch wird hoffentlich der Sturm nun bald verrauscht sein.»[319] Marie Diezingers Wahrnehmung von Josephine Stadlin zeigt eine ähnliche Ambivalenz wie diejenige ihrer Freundin Elise Maier: der Irritation und dem Unmut, die in ihrem Umfeld verbreitet waren, versuchte sie die überragenden Verdienste ihrer Lehrerin entgegenzustellen. Wie Elise Maier beschworen die Diezinger Schwestern Josephine Stadlin, sie solle sich wegen der Abhängigkeit von der öffentlichen Meinung mit provokativen Äusserungen, aber auch mit Forderungen zurückhalten. Schliesslich baten sie um Verständnis für ihre eigene schwierige Lage, da sie der ständigen Kritik an der verehrten Lehrerin wenig entgegensetzen könnten. Der Verweis auf die Hilflosigkeit auf Grund ihrer Jugend und ihrer abhängigen Position kaschierte nur die eigene Irritation über Josephine Stadlins Haltung. Auch mit Beschwörungen

konnten sie die paradoxe Situation von Verehrung und Irritation nicht auflösen: Je geringer die Chancen auf Verwirklichung ihres Projekts wurden, desto vehementer trat Josephine Stadlin auf, was die Chancen erst recht schwinden liess.
Auch andere Briefe an Josephine Stadlin lassen vermuten, dass neben den finanziellen Schwierigkeiten für das Scheitern ihres umfassenden Schulprojekts die grundsätzliche Opposition von Lehrern und den politisch dominierenden liberal-radikalen Meinungsmachern tatsächlich bedeutsam war. Insbesondere das Seminar galt in deren Augen als inopportun und unrealistisch. So war der freisinnige Politiker Arbenz in Andelfingen laut seiner Tochter bereit, mit seinem Namen für das Institut einzustehen, nicht aber für das Seminar: «Das Seminar erscheint ihm als eine wünschenswerthe Anstalt, allein ihre Ausführbarkeit liegt ihm jetzt so ganz u. gar in der Unmöglichkeit, dass es ihm überspannt, unpraktisch, unklug, ja fast feindlich erscheint, dass eine Kraft, eine Überlegenheit, wie du sie besitzest, lieb Mutterli, [...] sich gänzlich zersplittere, aufreibe an einem blossen Gedanken, an einer Idee, die sie nimmer verwirklichen, lebendig machen kann, u. so sich selbst ihrer phisischen u. ökonomischen Untergrabung entgegenführe.»[320]
Ein weiterer Grund des Scheiterns scheint in Josephine Stadlins Verständnis des Christentums gelegen zu haben. So hatte sie nach Meinung von Elise Maier «wirklich ausserordentlich viele Feinde», und zwar nicht zuletzt wegen der verbreiteten Meinung, sie habe «keinen Glauben oder keinen rechten».[321] Das Unverständnis über ihren nicht konfessionell gebundenen Religionsunterricht war laut Ulrich Zehnder sogar eine der zentralen Ursachen der Schliessung von Seminar und Musterschule. In seinem rückblickenden Kommentar, den er mehr als zwanzig Jahre später verfasste, sah er die Schuld am Scheitern aber auch in der Ungeduld der Eltern und dem Ehrgeiz der Mütter, obwohl die Kinder der Musterschule unendlich mehr gewusst hätten und geistig viel aufgeweckter als andere gewesen seien: «Dieses Zurückbleiben im Lesen u. Schreiben missfiel manchen Eltern. Es ärgerte die Mütter, wenn ihr Kind darin nicht ebenso geschult war, als ein Kind gleichen Alters, das die gewöhnliche Schule besuchte.»[322] Als Bildungspolitiker war Zehnder ein Freund der Lehrer, dennoch verwies er nach dem Tod Josephine Stadlins auf die Opposition, die deren Kritik an der Schule, das heisst an den männlichen Lehrkräften, auslöste: «[...] ihr eigenes unverhohlenes Urtheil über manche Gebrechen der öffentlichen Schule, zog der Vorsteherin der Anstalt Gegner u. Feinde zu, die durch schiefe Darstellungen, bittere Kritiken u. richtige Verleumdungen der Anstalt zu schaden suchten.»[323] Noch schärfer formuliert er das Scheitern in seiner Autobiografie: «Aber gerade dieses Abweichen von der eingerissenen Methode, deren Früchte bereits als taube Nüsse sich zu erkennen geben, und die unverhohlene Kritik über die Letztere erregte Zweifel, Verdächtigung, Misskennen, und das offene Bekämpfen der vielen Vorurteile, Missgriffe und Leichtfertigkeiten in der häuslichen Erziehung wie auch in manchen Schulen, das sich Fräulein Stadlin zur Gewissenssache machte, zogen ihr Hass und Verfolgung zu.»[324] Dass sie im Seminar, in der Musterschule und im Institut unvermindert auf die Umsetzung von Pestalozzis Methode setzte und gleichzeitig deren Nichtanwendung im öffent-

lichen Unterricht kritisierte, erzeugte zusätzlich zur Unzufriedenheit von Eltern noch die Feindschaft der Lehrer ihr gegenüber. Die Opposition scheint also von äusserst starken Emotionen begleitet worden zu sein, die sich laut Zehnder auf Josephine Stadlins Gesundheit negativ auswirkten und damit auch den Entscheid zur Schliessung des Instituts auslösten: «Endlich führten die vielen Schwierigkeiten und Verdriesslichkeiten, mit denen sie zu kämpfen hatte, und eine gesteigerte nervöse Reizbarkeit sie zu dem Entschlusse, die Anstalt im Jahr 1853 aufzugeben und die Resultate ihrer Studien und Erfahrungen im Gebiete der Pädagogik in anderer Weise anzuwenden.»[325]
Mit der Publikation «Die Musterschule am schweizerischen weiblichen Seminar» (1850), die sie noch vor der Aufgabe des Seminars verfasst hatte, reagierte sie auf die Vorwürfe gegen ihre Person wie gegen die Schule, da vor allem Lehrer sie der Rechthaberei bezichtigten.[326] Diesen gegenüber positionierte sie sich als Expertin in Sachen Erziehung im Allgemeinen und als Expertin in Sachen Anschauungsunterricht und Mädchenbildung im Besonderen, die ihren männlichen Kontrahenten in diesen Bereichen weit überlegen sei.[327] Mit dem Hinweis im Untertitel ihrer «Musterschule» – «den Erziehungsbehörden der schweizerischen Kantone ehrfurchtsvoll gewidmet» – suchte sie nochmals den öffentlichen und nationalen Charakter ihres Projekts aufzuzeigen, obwohl ihr die Aussichtslosigkeit bereits bewusst sein musste, fiel doch die Veröffentlichung zeitlich fast mit der Schliessung des Seminars zusammen.
Was weder Josephine Stadlin in der «Musterschule» noch Ulrich Zehnder in seinem autobiografischen Rückblick reflektierten, war die für diese Zeit zentrale Bedeutung des messbaren Fortschritts, ob im Bereich der Bildung, der Politik oder der Wirtschaft. Die wohlwollenden Visitationsberichte der Behörden bezogen sich auf das Institut, die Kritik der Lehrer und der Eltern dagegen vor allem auf die Musterschule. Laut Zehnders Rückblick wurde kolportiert, Josephine Stadlins Elementarschülerinnen könnten nicht lesen, ihre Fähigkeiten seien geringer als diejenigen der Volksschülerinnen. Damit konnte Josephine Stadlin qualitative Erwartungen der Eltern an eine von ihnen finanzierte Schulbildung nicht erfüllen. Denn auch für die elementare Mädchenbildung galten die klar erkenn- und messbaren Erfolge im Wissenstransfer als Massstab der schulischen Fortschritte.[328] Die Berufung auf Pestalozzis Methode nützte Josephine Stadlin gegen die Ungeduld und den Vertrauensverlust der Eltern wenig. So war Josephine Stadlins Scheitern auch eine Niederlage in der Auseinandersetzung um konkurrierende pädagogische und didaktische Konzepte. Nach Pestalozzis Methode der Anschauung soll das Kind geführt werden und aus Selbstkraft erlernen dadurch, dass es misst, was es sieht, und zählt, was es sieht,[329] wie das die Seminaristinnen in der Stadlin'schen Musterschule geradezu exemplarisch umzusetzen versuchten. Pestalozzi als moralisch und methodisch einzig gültige Referenz genügte Mitte des 19. Jahrhunderts jedoch dem aufstiegs- und fortschrittsorientierten Bürgertum nicht.[330]
Auch nach dem Verkauf des «Sonnenbühls» blieb Josephine Stadlin ihrer Vorstellung von der Notwendigkeit der Ausbildung von Mädchen durch Frauen und vom Nutzen privater Mädcheninstitute treu. Diese Sicht nur auf pädagogische

Ideen, die sich an Pestalozzis Wohnstubenpädagogik orientierten, zurückzuführen, greift zu kurz. Viel eher ist zu fragen, was für Wege in der Bildungslandschaft Schweiz nach 1848 den Lehrerinnen und Pädagoginnen noch offenstanden, wollten sie sich aus dem «Geschäft» der Erziehung nicht gänzlich zurückziehen. Es fehlten ihnen qua Geschlecht die politischen Einflussmöglichkeiten, viele verheiratete Frauen aus dem Bürgertum verhielten sich gegenüber egalitären Bildungsansprüchen skeptisch und den Politikern mangelte es am grundsätzlichen Willen zur Institutionalisierung der höheren Mädchenbildung. Daher waren Privatschulen Nischen, die sich Frauen im Bereich der höheren Mädchenbildung noch boten. So fuhr Josephine Stadlin nach dem Scheitern ihres Seminarprojekts in ihren Schriften weiter auf der doppelten Argumentationslinie der «natürlichen» Bestimmung der Frau «als Mädchen, Jungfrau, Gattin, Mutter, Hausmutter, Freundin» sowie «als Staats- und Weltbürgerin – und das Alles in den verschiedenen Ständen und Verhältnissen der Gesellschaft».[331] Mit dem Verweis auf die gesellschaftlichen Differenzierungen hob sie nun die schichtbedingten Unterschiede in den Möglichkeiten der Teilnahme an der Welt hervor. Frauen konnten über die Erziehung auf die Gesellschaft Einfluss nehmen. Je nach Herkunft konnten Frauen jedoch ihr Wirken nicht auf die Familie beschränken, sondern waren zum Geldverdienen gezwungen. Daher legitimierte Josephine Stadlin die Ansprüche der Frauen auf professionelle Erwerbsarbeit, wenn dies auf Grund der spezifischen Umstände – wie in ihrem eigenen Falle auch der ökonomischen – angemessen erschien.[332] So rief sie 1863 in ihren «Pädagogischen Beiträgen» explizit alleinstehende «edle» Frauen, ob verwitwet oder unverheiratet, auf, in ihrer Wohnstube Mädchen zur Ausbildung aufzunehmen, um diesen ein Erwerbsfeld im erzieherischen Bereich zu eröffnen.[333]

Die Erweiterung des Erzieherinnenvereins zu einem gemeinnützigen Frauenverein war eine erfolglose Taktik zur Umsetzung von Josephine Stadlins Seminarprojekt gewesen. Rund ein halbes Jahrhundert später jedoch führte eine ähnliche über einen Frauenverein abgestützte Initiative für eine berufsorientierte fachspezifische Ausbildung zum Erfolg. Der 1888 gegründete Schweizerische Gemeinnützige Frauenverein (SGF), dessen Gründerinnen ähnlich eng mit Exponenten des schweizerischen Freisinns und des SGG vernetzt waren wie Josephine Stadlin, erreichte mit der als Stiftung konzipierten Schweizerischen Pflegerinnenschule öffentliche Unterstützung. Diese war am ersten Schweizerischen Kongress für die Interessen der Frau 1896 als lebendiges Denkmal für Gertrud Stauffacher propagiert worden. Die Gründung war erfolgreich, obwohl es sich wie bei Josephine Stadlins Seminar um einen Betrieb handelte, der von Frauen initiiert, getragen und geleitet werden sollte.[334] Doch die Ziele des SGF waren explizit geschlechterkonform, emanzipativer Charakter kam der Pflegerinnenschule nur implizit zu. Vor allem entsprach sie dem auch von Ärzten ausgesprochenen Bedürfnis nach ausgebildeten Krankenpflegerinnen, einem typischen Frauenberuf, der als solcher in der Hierarchie unter den Männerberufen rangierte. Dass der Schule ein von Frauen geleitetes Frauenspital angegliedert sein sollte, war nicht zwingend, wie die gleichzeitig laufenden Initiativen für eine schweizerische Pflegeschule des Roten Kreuzes und der Pflegerinnenschule am Lindenhofspital in Bern zeigten.[335]

Doch ebenso wenig wie bei Josephine Stadlins «Schweizerischem Seminar» konnten für die «Schweizerische Pflegerinnenanstalt» Bundes- oder Kantonsgelder eingeholt werden. Es war die für die damaligen Verhältnisse fortschrittliche Stadt Zürich, in deren Regierung mit dem Arzt Friedrich Erismann ein Sozialdemokrat und international beachteter Hygieniker sass, die in der neuen Schule ein Flaggschiff sah. Zu deren Gründerinnen gehörte neben der zukünftigen Chefärztin Anna Heer vor allem die erste Schweizer Ärztin, Marie Heim-Vögtlin, Cousine und ehemalige Verlobte von Erismann. Die Stadt übernahm das Patronat der vom SGF initiierten und subventionierten Stiftung und überliess dem Verein das Bauland zu günstigen Bedingungen.[336] Josephine Stadlin hatte in den 1840er Jahren zwar für die Subskription auf die informelle Unterstützung von freisinnigen Politikern rechnen können. Aber selbst ein Ulrich Zehnder vermochte ihr nicht zu einer öffentlichen Unterstützung auf Bundes-, Kantons- oder Stadtebene zu verhelfen, da das bürgerliche Geschlechterarrangement, das die Frauen auf die private Häuslichkeit verwies, auch für seine (männliche) Wählerschaft bindend war. Entscheidend für die Zurückbindung war aber die Opposition der Lehrer gegen weibliche Konkurrenz, die ihre Professionalisierungsbestrebungen durch die doppelte Ausrichtung der Ausbildung von Lehrerinnen und Erzieherinnen, deren Tätigkeit nicht auf die Lehrinhalte beschränkt war, in Frage gestellt sahen. Ausserdem waren im Gegensatz zum spätern SGF, der von verheirateten Frauen getragen wurde, die engagiertesten Mitglieder des Vereins unverheiratete und alleinstehende Lehrerinnen oder Erzieherinnen, trotz Umbenennung in «Gemeinnütziger Frauenverein». Stein des Anstosses waren für Frauen wie für Männer das öffentliche Auftreten von Josephine Stadlin und der Frauen im Allgemeinen, das offensichtliche Zeichen der Emanzipation.[337] Ende des 19. Jahrhunderts dagegen erschien in der Stadt Zürich die Eröffnung eines reinen Frauenbetriebs, der auf eine frauenspezifische Ausbildung ausgerichtet war, nicht als Bedrohung männlicher Standesinteressen und konnte nun auch von fortschrittsorientierten politischen Exponenten aktiv gefördert werden. In einem solchen Betrieb konnte eine Frau sogar Chefärztin werden.

3.4 Fazit: verweigerte Institutionalisierung der Lehrerinnenbildung

Josephine Stadlin verstand sich trotz der normativen Zuordnung der Frauen zum Bereich des Privaten und des institutionellen Ausschlusses der Frauen von der politischen Entscheidungsmacht als öffentlich agierendes Subjekt. Als engagierte Zeitgenossin und Vertreterin der liberalen Bewegung verweigerte sie sich der Marginalisierung und positionierte sich selber politisch wie auch beruflich im Öffentlichen.

Josephine Stadlins über rund ein halbes Jahrzehnt repetitiv vorgebrachte Argumentation, um die Forderung der Frauen nach Partizipation am gesellschaftlichen Wandel und Fortschritt zu begründen, erweist sich trotz Widersprüchlichkeiten als Ausdruck einer existentiellen Dringlichkeit.[338] Das Paradox lag in ihrer Überzeugung, in der Tradition der Aufklärung Teil einer dem Fortschritt der Menschen verpflichteten Bewegung zu sein, sich darin aber getäuscht zu sehen. Die bildungsspezifischen Forderungen von Josephine Stadlin verlangten nach einer rationalen und zugleich moralisch unterfütterten Begründung, um dem doppelten Charakter der Frau als Mensch mit gleichen Rechten *und* mit besonderen weiblichen Aufgaben gerecht zu werden. Ihrer vernunftbezogenen Argumentation wurde mit dem Verweis auf ihr nicht geschlechtergerechtes Auftreten der Boden entzogen. Die Gegnerinnen und Gegner beriefen sich nicht auf Vernunft, sondern auf Moral und Sittlichkeit. Aber auch Josephine Stadlin argumentierte nicht nur rational, sondern emotional. So führte das Paradox dazu, dass Josephine Stadlin mit ihren von bürgerlich-liberalem Gedankengut gespeisten Ansprüchen auf Bildung und professionelle Tätigkeit für das weibliche Geschlecht immer wieder gegen eine Wand von Ablehnung stiess. Das zwang sie, ihre Beweisführung über ein halbes Jahrzehnt hin – den jeweiligen Umständen und Adressatinnen und Adressaten entsprechend angepasst – zu wiederholen, dabei mal Seitenhiebe auf die Arroganz der Männer austeilend, mal den Zeitgeist und dessen Exponenten lobend, mal die Gleichheit der Menschen, mal die Unterschiede zwischen den Geschlechtern betonend, immer aber die Fähigkeiten von Frauen hervorhebend.

Josephine Stadlin bestand entgegen der dominierenden Meinung, dass Gelehrtheit nur Männern zustehe, darauf, auf theoretischer Ebene männlichen Pädagogen ebenbürtig zu sein und mit diesen von gleich zu gleich erzieherische und schulische Fragen publizistisch zu erörtern. Sie pflegte über die Grenzen hinweg den Austausch mit verschiedenen männlichen Exponenten einer fortschrittsorientierten Pädagogik. Wichtig waren ihr die staatliche Grenzen überschreitenden Kontakte mit deutschsprachigen Pädagoginnen und Schulleiterinnen, die in den bewegten 1840er Jahren wie Josephine Stadlin um die vierzig Jahre alt waren.[339] Ihr Versuch, mit diesen zusammen der Forderung nach Verberuflichung der weiblichen Erziehung unter der Leitung von Frauen Nachdruck zu verleihen und Lehrerinnen und Erzieherinnen vereinsmässig zu organisieren, verweist ebenso auf den transnationalen wie den emanzipatorischen Charakter der Frauenbewegung. Diese orientierte sich in ihren Anfängen vor allem am Recht auf Bildung, deren Ausrichtung kulturell über den Sprachraum definiert war und sich in der deutschen Schweiz wie in Deutschland von allem «Französischen» abgrenzte. So tradierte die Frauenbewegung im deutschsprachigen Raum weitgehend die Werte des deutschen Bildungsbürgertums, für das familienzentrierte Moral und Sittlichkeit zentrale Eckpunkte der gesellschaftspolitischen Orientierung waren.

Auf nationaler Ebene verknüpfte Josephine Stadlin die Forderung nach Verberuflichung der weiblichen Erziehung mit der Forderung nach der Gründung eines schweizerischen Lehrerinnenseminars. Sie setzte dabei ihre Hoffnungen in die mit dem politischen Aufbruch anvisierte Gründung des Bundesstaats. Da sie über Erfahrung im Bereich der Lehrerinnenbildung für den öffentlichen Sektor und in der Leitung eines Instituts verfügte, konnte sie sich als Vorsteherin für eine solche Ausbildungsstätte ins öffentliche Gespräch einbringen. In den dazu aufgebauten Netzwerken lassen sich die für diese Zeit konstitutiven Kommuni-

kations-, Interaktions- und Organisationsformen erkennen, an deren flexibler Ausgestaltung sich neben Männern eben auch Frauen aktiv beteiligten.[340] Um sich neue Handlungsmöglichkeiten und Tätigkeitsfelder zu erschliessen, konnten in dieser Phase diese Netze flexibel erweitert und verknüpft werden.
Die von Josephine Stadlin über die Nutzung und Ausweitung des Netzwerks im Kontext der liberal-radikalen Bewegung geschaffene Öffentlichkeit unterschied sich nicht grundlegend von den Vernetzungstaktiken ihrer männlichen Gesinnungsgenossen, war aber von weit geringerer Wirkmächtigkeit. Mit der Gründung des Erzieherinnenvereins als ersten weiblichen Berufsverbands der Schweiz und der Zeitschrift «Die Erzieherin» erwies sie sich als Pionierin, die damit ihre Professionalisierungsansprüche sowohl bezüglich der Fachkompetenzen der Lehrerinnen wie bezüglich der organisatorischen und identitären Gruppenbildung unterstrich. Mit dem Aufruf an die Frauen, sich öffentlich zu versammeln, zeigte sie sich als handelndes Subjekt und selbstsichere Person. Sie ignorierte normative Vorgaben, die den Aktionsradius der Frauen auf den Bereich des Privaten einschränkten oder diese bei Volksversammlungen als Zuschauerinnen an den Rand drängten. Indem sie ihr öffentliches Auftreten mit der Verehrung Pestalozzis verknüpfte, der ebenso in liberalen wie in konservativen Milieus als Ikone der Bildung galt, suchte sie eine breite geschlechter- und parteienübergreifende Abstützung ihres Vorgehens.
Mit der Instrumentalisierung Pestalozzis für ihre Ziele werkelte auch Josephine Stadlin an dessen Mythos. Dass sie in der Schweiz analog zum deutschen Didaktiker Adolph Diesterweg in Berlin eine Zentenarfeier organisierte und diese im Unterschied zu Diesterweg gezielt dazu nutzte, um Frauen für eine dem weiblichen Geschlecht vorbehaltene Verberuflichung der Lehrtätigkeit an Mädchenschulen zu mobilisieren, dokumentiert ihre taktischen Fähigkeiten ebenso wie die Selbstverständlichkeit, mit der sie sich die von Männern praktizierten Formen der Mobilisierung aneignete. Ihre Taktik und Zielsetzung legitimierte sie mit geschlechterspezifischen Argumenten wie mit liberalen Vorstellungen bürgerlicher Teilnahme an der Welt. Mit der Betonung des öffentlichen Nutzens eines Lehrerinnenseminars – und zwar in der doppelten Form der Ausbildung von Lehrerinnen im Allgemeinen und der Eröffnung von Erwerbsmöglichkeiten für ärmere Mädchen im Besonderen – erhoffte sie sich nebst der Unterstützung von patriotisch und liberal gesinnten Frauen auch öffentlich-staatlichen Support. Mit ihren Forderungen kündigte sie den gesellschaftlichen Konsens, dass den Mädchen durchaus Bildung über die Volksschule hinaus zustehe, ohne dass damit Vorstellungen von Geschlechteregalität verbunden seien. Der Rekurs auf Pestalozzis Gertrud und auf die nur den Frauen eigene Kompetenz zur Erziehung der Mädchen zur «Weiblichkeit» erzeugte jedoch eine nicht intendierte Wirkung, da ihre Selbstermächtigung, ihr Auftreten in der Öffentlichkeit und ihre Kritik an den Männern als diesem Ideal entgegensetzt gedeutet wurde.[341] Der Widerspruch zwischen Josephine Stadlins Weiblichkeitsdiskurs, der sich den bildungsbürgerlichen Vorgaben nicht verschloss, und ihrem polarisierenden «männlichen» Auftreten diente Männern und Frauen als Legitimation, um dem Ausbildungsprojekt die Unterstützung zu entziehen. Eine breite Akzeptanz wäre

aber notwendig gewesen, um die politischen Exponenten der liberal-radikalen Bewegung in die Umsetzung einzubinden. So erwiesen sich die von Männern dominierten Netzwerke, in die sie sich eingebunden hatte, für ihr Vorhaben als ungeeignet. Mit dem politischen Entscheid, die öffentlichen Erziehungsaufgaben den Kantonen zuzuordnen, setzten die Männer einer Institutionalisierung des schweizerischen Seminars auch rechtlich fast nicht zu überwindende Hürden.
Unter privatwirtschaftlichen Voraussetzungen waren die Aussichten von Josephine Stadlins Projekt auf Erfolg denkbar schlecht. Die Ausweitung des Familienbetriebs zu einem Grossbetrieb mit Seminar und angegliederter Musterschule war ohne öffentliche Finanzierung ein ambitioniertes, aber letztlich zum Scheitern verurteiltes Vorhaben. Die als unabdingbares Übungsfeld für zukünftige Lehrerinnen erachtete Musterschule hätte sich in Konkurrenz zur unentgeltlichen und allen zugänglichen öffentlichen Primarschule behaupten müssen. Nur eine als überragend taxierte Qualität des erteilten Unterrichts hätte die einflussreichen und bildungsorientierten Kräfte eventuell dazu bewegen können, das Projekt längerfristig zu unterstützen. Doch die angewandte Methode der Anschauung wie die ständige finanzielle Misere verunmöglichten die von privaten Kunden erwarteten messbaren Erfolge. So zerfielen die Netzwerke, die sie sich über ihre Tätigkeit als Leiterin eines privaten Mädcheninstituts und via ihren Umgang mit bekannten Exponenten aus Politik und Kultur geschaffen hatte.
Zwar lässt sich das Ausmass von Josephine Stadlins finanziellen Schwierigkeiten wegen fehlender Unterlagen nicht abschätzen, dennoch kann angenommen werden, dass das Scheitern des Seminars und des damit verbundenen Instituts nicht in erster Linie eine Folge der Misswirtschaft war. Es war vielmehr ideologisch und strukturell bedingt und damit auch paradigmatisch. Die Unterstützungsmöglichkeiten der wenigen Frauen, die das Projekt wohlwollend verfolgten, erwiesen sich als limitiert. Diese hatten in der Regel entweder als Erzieherinnen und Lehrerinnen nur ein äusserst geringes Einkommen oder sie konnten als Ehegattinnen oder Töchter aus bildungsbürgerlichen Familien nicht selber über grössere Geldsummen verfügen, sondern waren rechtlich mehrheitlich vom Ehegatten oder Vater abhängig. Während Männer durch die Institutionalisierung der von den Liberal-Radikalen anvisierten Ziele im Rahmen der Bundesstaatsgründung von 1848 eine Erneuerung des Aufbruchs erfuhren, sahen sich Frauen im selben Prozess stärker marginalisiert als in den vorangehenden Jahren, da sich die Auswirkungen ihres Ausschlusses aus den formalen Organisationsstrukturen des politischen Betriebs in all ihrer Härte zeigten. Die öffentlichen Aktivitäten von Schweizerinnen kamen auf transkantonaler und transnationaler Ebene für rund zwei Jahrzehnte weitgehend zum Erliegen.[342]

Exkurs: Das Lehrerinnenseminar als pädagogisches Experimentierfeld

Im Sommer 1847 kündigte Josephine Stadlin in einem Brief an den Erziehungsrat an, dass sie ihre «Privaterziehungsanstalt» mit einem «Seminar zur Bildung von Erzieherinnen» erweitere und «mit der Eröffnung einer Kleinkinder- u.

Elementarschule beginnen werde».[343] Seminar und Musterschule waren der öffentlichen Kontrolle unterstellt. Josephine Stadlin konnte sich des Wohlwollens der Behörden sicher sein; es wurde nur erwartet, dass sie und ebenso die Bezirksschulpflege dem Erziehungsrat nach einem Jahr Bericht erteile.[344]
Das Seminar startete zufrieden stellend und die ihr angegliederte Musterschule zählte sechzehn Kleinkinder und 23 Elementarschülerinnen. Gleichzeitig besuchten mehr als fünfzig Schülerinnen das bereits bestehende Institut.[345] Aber bereits im zweiten Bericht der Schulpflege am Ende des Schuljahres 1848/49 hiess es: «[...] die Elementarschule des schweizerischen Seminars scheint klein zu sein.»[346] Dennoch prägten weiterhin grosse Pläne und aufwändig inszenierte Schulfeste das Instituts- und Seminarleben im «Sonnenbühl». Üppige Programme mit Aufmärschen in Kostümen, mit Tanz und Gesang, in die vom Kindergarten bis zum Seminar alle Schülerinnen und Lehrerinnen einbezogen waren, sollten den Schulalltag beleben und nach aussen Wirkung erzeugen.[347] Von diesen Festen erzählen ausführliche Eintragungen in den von Josephine Stadlin und ihren Lehrerinnen verfassten Tagebüchern. Diese dienten der Beschreibung und Reflexion der praktizierten Unterrichtsmethoden und der Wirkung der pädagogischen Massnahmen.

Anschauen und vergleichen, erkennen und benennen

Bei ihren Anforderungen an eine geregelte und kontrollierte Ausbildung orientierte sich Josephine Stadlin vorwiegend an Pestalozzis methodischen Anweisungen zur Anschauung: «[...] geführt, benennt das Kind, was es sieht; misst, was es sieht, und zählt, was es sieht.»[348] Die junge Lehrerin und enge Vertraute von Josephine Stadlin, Fanny Hottinger, schilderte 1849 die in der «Hauptschule» (Elementarstufe) erreichten Resultate des Anschauungsunterrichts, der in den unterschiedlichsten Fächern, von der Naturkunde über die deutsche Sprache bis zum Rechnen, praktiziert wurde.[349] So beschrieb sie beispielsweise ausführlich, wie sie die Schülerinnen in Botanik anhand von Pflanzen aus dem Garten des «Sonnenbühls» unterrichtete: «[...] es kommen immer wieder neue Pflanzen zum Vorschein, welche schon einzelne aber nicht alle Kinder kennen. Wenn wir auch wenig sagen, so scheinen die Kinder die Sache recht deutlich angeschaut zu haben; wie es sich zeigt, dass sie Aehnliches verwechseln, so holen sie schnell beides zusammen, und dann kommen sie von selbst darauf. Ueber den Sonntag mussten sie daheim oder auch beim Spaziergang schauen, welche von den bekannten Pflanzen sie antreffen. Am Montag war des Erzählens kein Ende.»[350] Von allen Pflanzen, von den Bäumen bis zu den Blumen, hatten die Schülerinnen die deutschen, französischen und botanischen Namen zu lernen. Einmal versuchte es Fanny Hottinger auf spielerische Art: «Auf der Promenade hielten die Kinder nicht lange aus, und um sie zu beleben, fingen wir an die Bäume selbst anzureden, die einen als Franzosen, die andern als Deutsche, die dritten als Lateiner, und sprachen, sie auch anredend, Eigenschaften von ihnen aus.»[351] Die Liste der lateinischen Namen der «angeschauten» Pflanzen ist lang. Auch Steine, die die Mädchen in die Schule brachten, mussten benannt werden. Für deren Bezeichnung konnten Schülerinnen wie Lehrerin auf die Hilfe des

Chemikers Eduard Schweizer zurückgreifen, der im «Sonnenbühl» für Naturkunde zuständig war.[352]

In weiteren Heften, die zum Teil Josephine Stadlin und zum Teil nicht identifizierte Lehrerinnen verfassten, wurden Beobachtungen über den Schulalltag, Lernerfolge und Schwierigkeiten mit Kindern, die Ausgestaltung des Schulzimmers und die Umsetzung des Anschauungsprinzips in einzelnen Fächern festgehalten.[353] In einem der Hefte der Lehrerinnen hiess es: «So z. B. wollen die Landbewohnerinnen: B. Jv., L. M., P. S. sich nach allen Apfelarten ihres Gutes erkundigen und uns die Musteräpfel der verschiedenen Sorten in die Schule bringen; wollen sich ferner erkundigen, welche die gewöhnlichen Birnen- und Apfelarten sind, aus denen Most gepresst wird, wir haben eine Mostpresse entdeckt und möchten der nun nächstens einen Besuch machen.»[354] Anschauung durch Besuch gehörten zu Josephine Stadlins didaktischem und pädagogischem Instrumentarium, das sie auch im eigenen Unterricht anwandte: «Morgen will ich den Kindern die Treppe und das Geländer im Garten zeigen. Wer hat es gemacht? Und dann sie gerade zu einem Steinmetz führen um zu schauen, wie man die Steine behaut u. auf die Werkzeuge achten, die es dazu braucht. Diese Werkzeuge benennen, in Gegenwart der Kinder den Arbeiter fragen wie *er* sie benenne. Auf dem Wege kann man achten, ob [...] man noch etwa Sandsteine, die auch vom Steinmetz behauen sind, entdeckt; z. B. in Gebäuden, Sockel, Brunnen etc.»[355] Fanny Hottinger besuchte ihrerseits mit Schülerinnen das in unmittelbarer Nähe des «Sonnenbühls» gelegene Gut des Bauern Nägeli.[356] Dort hatten die Kinder einen Pflug anzuschauen und sich die Namen der Einzelteile zu merken. Später verarbeiteten sie die Erfahrungen im Schulzimmer, zeichneten die Einzelteile nach und mussten abschliessend Josephine Stadlin den Pflug beschreiben.[357]

Plastisch kommen die Zielsetzungen des Anschauungsunterrichts in Josephine Stadlins Beschreibung des Unterrichts mit einer Waage zum Ausdruck: «Gesicht, Gefühl und dazu der prüfende Verstand wurden mannigfaltig in Anspruch genommen. Ungemein sieht man die Gesichtchen sich immer aufheitern, wenn etwas neues so recht wieder erkannt und verstanden ist. Von allen den kleinen Massgewichten nun Rechenschaft geben, sie durch Gefühl nämlich durch den Druck auf die Hand, blindlings! sogar erkennen zu können, ist ein Jubelfest für sie. Ich werde aber auch nächste Woche davon noch nicht aufhören, bis von der stärksten zur schwächsten hinunter keiner etwas unklar bleibt.»[358]

Nach dem Tod von Josephine Stadlin beurteilte Ulrich Zehnder rückblickend in seinen persönlichen Notizen den Erfolg der in der Musterschule angewandten Methode im Unterricht: «Bei den Prüfungen zeigten diese Kleinen [fünf- bis zwölfjährige Mädchen, E. J.] eine merkwürdige Kenntnis der Gegenstände der sie umgebenden Natur, der Heilpflanzen, der Mineralien, Steinchen und Geschiefer von anderen zu unterschieden. [...] ferner eine überraschende Fähigkeit die Gegenstände, z. B. Stoffe und Seide, Wolle, Baumwolle durch den Gefühlssinn zu unterscheiden, das Gewicht durch Abwägen mit der Hand zu bestimmen, die Räumlichkeiten, Entfernungen, Länge, Breite und Tiefe nach dem Augenmasse zu geben, die Töne von den verschiedenen Gegenständen genügend zu unterscheiden und ihre richtige Höhe und Tiefe anzugeben [...].»[359]

Takt und Ton

Lernen durch Hören und taktmässige Bewegung scheinen weitere Bestandteile von Josephine Stadlins Methode gewesen zu sein. «Mit nichts ist den Kindern Eifer mehr anzuspornen, glaube ich immer noch, als mit der Stimme. Bei der Handarbeit thut das so gut», stellte eine Lehrerin fest.[360] Sie wandte das Verfahren auch im Grammatikunterricht an: «Die Erlernung der zwei Interpunktionen ‹Beistrich und Punkt› durch Gehör fiel heute nicht so übel aus.»[361] Anderseits reflektierte Josephine Stadlin im Einzelfall auch die negativen Auswirkungen dieser Methode: «[...] aber eine Bemerkung hatte ich [...] wieder Gelegenheit zu machen, die nämlich, dass durch unser gewöhnliches taktmässiges Verfahren in der Schule, durch das laute Zählen beim Schreiben z. B. das laute Sprechen ‹links›, ‹rechts›, beim Laufen und das öftere laute sonstige Wiederholen in vereintem Hersagen (von in der Schule Erlerntem) eine solche Steifheit und Trockenheit in die Stimme der Kinder gebracht hat, dass mit dem besten Willen den Kindern sogar nicht Modulation genug in die Stimme zu bringen ist.»[362]

Das «taktmässige Verfahren» war für Josephine Stadlin trotz aller Einwände unabdingbar: «Mein Verfahren beim Schreib- und Zeichnungsunterricht ist wohl ein zu strenges; ich dringe vielleicht zu sehr auf genauen Takt; aber ich kann nicht anders.»[363] Die Kleinen liess sie in einer Stunde waag- und senkrechte Linien zeichnen, «immer im Takt ‹eins, zwei, drei›».[364] Bei den ganz Kleinen verband sie Sinnesübungen und Beobachten mit Sprechübungen: «[...] man lässt d.[ie] K.[inder] nachsprechen, was sie gerade sehen und von der Lehrerin aussprechen hören. Wir müssen darauf halten, dass die Kinder mit *vollem*, *gleichem* Athem reden, also auch *deutlich*.»[365] In der Regel verband Josephine Stadlin das Lernen über das Gehör mit dem kognitiven Erkennen: «Ich machte folgende Sprechübung in allen Tenoren und Tönen und verschiedener Stärke: ‹Die Sonne scheint heute heiss›. [...] Dann fragte ich, ‹wo ist denn die Sonne?› [...] An diese Uebung knüpften sich dann natürlich noch einige Fragen.»[366] Im Turnen bestimmten die Befehle den Takt: «[...] sie folgen blitzschnell auf's Kommando und stehen still und fest, bis ein anderes Kommando gesagt wird.»[367] In allen Fächern war neben dem angestrebten Lerneffekt immer auch das disziplinierte Verhalten ein zentrales Ziel des taktmässigen Verfahrens.

Ordnung und Disziplin

Selbst wenn alle Lehrerinnen Disziplin und Ordnung in den Unterricht zu integrieren suchten, unterschieden sie sich in der praktischen Umsetzung wie im Wert, den sie den diesbezüglichen Massnahmen beimassen. So hob die Lehrerin Marguerite Girsperger in ihrer minutiösen Beschreibung des Zeichenunterrichts in der Kleinkinderschule zwar die Bedeutung von Disziplin hervor, betonte jedoch, dass sie nicht einseitig auf repressive Mittel setze, um die noch kleinen Mädchen gleichzeitig zu Leistung und Ordnung anzuspornen. Die Kleinkinderschule war in drei Gruppen mit rund fünfzehn Mädchen aufgeteilt: «Am Freitag kamen die II [die römischen Ziffern I, II und III stehen für die drei Gruppen, E. J.] lärmend aus dem Keller, nachdem sie ihre Hütchen an den Platz gethan; ich sagte: Wir wollen auch ganz leise, leise hineingehen, damit sie die

III nicht stören. – Cäcilie wollte an einem Blümchen vorbeigehen, das auf dem Boden lag. Ohne etwas zu sagen, wies ich sie daraufhin, worauf sie es aufhob. [...] Die II durften heute eine Fensterscheibe zeichnen; Seline N., Ida N. und Anna St. ausgenommen, weil ihre Linien nicht schön waren. Ida N. sagte ‹Ja, ich mache nur wieder keine schönen Linien, wenn ich die Fensterscheibe nicht zeichnen darf.› Ich that, wie wenn ich es nicht hörte, erlaubte dann Seline, die dieses Mal sich ein wenig mehr Mühe gegeben, auch eine zu zeichnen; ich wollte dadurch Ida mehr anreizen, dass sie auch gerne eine gezeichnet hätte. [...] Heute sagte ich, wer den Winkel, den ich angebe, ganz recht mache, dürfe den andern messen. Alle gaben sich nun die grösste Mühe, und konnten fast nicht erwarten, bis sie wussten, ob ihr Winkel recht sei. [...] Auch habe ich wieder bemerkt, dass es viel besser geht, wenn ich in den Kindern das Gute voraussetze. Als Ida u. Anna B. anfingen zu zeichnen sagte ich leise: Aha, ich merke, A. u. I. wollen sich Mühe geben. Wirklich gaben sie sich mehr Mühe u. A. nahm sich recht gut zusammen, denn eben wollte der Eifer nachlassen.»[368] Zugleich suchte Marguerite Girsperger nach Mitteln, die Effizienz im Gehorchen zu steigern: «Während des Auswischens habe ich etwas für die Disziplin gefunden. Während ich sage ‹aus›, sage ich zugleich ‹in die Reihe, Ellbogen in die Hände, dritte Stellung!› So sollen sie dann auch bleiben bis ausgewischt ist. Ich hoffe bald statt der genannten Positionen nur 1, 2, 3 sagen zu können.»[369] Ob sie den reflexartigen Gehorsam beim Aufrufen der Zahlen erreichte, geht aus den Eintragungen nicht hervor.
Josephine Stadlin erachtete ihrerseits Schlagen als durchaus probates Mittel, um Ordnung durchzusetzen: «Marie Weber u. N. Sch. haben ihr Amt, das Schulzimmer in Ordnung zu halten, nicht gemacht. Da liess ich beide kommen, zeigte es ihnen u. sagte: nun streckt die Hand aus, ich schlage Euch mit dem Lineal darauf u. wenn Ihr es wieder vergesset, so schlage ich dann 2 mal. Ich bin gar nicht für's Schlagen, aber noch viel weniger für's Zanken u. Zusprechen. Eine tüchtige Ohrfeige od.[er] Tatze quält das K.[ind] weniger u. ist wirksamer als Schelten u. Ermahnen; natürlich darf so was nur selten vorkommen.»[370] Als effektvollere pädagogische Massnahme als das Schelten betrachtete sie bei der Mehrheit der Kinder jedoch die «Aufmunterung» oder «liebevolle Behandlung».[371] Auch hinterfragte sie die Auswirkungen ihrer Betonung der Disziplin: «Dass es lange, lange geht bis den Kindern etwas recht eigen geworden, habe ich auf's Neue auch einsehen gelernt, weil sie / :die Kinder: / meine gestrige Abwesenheit und mit ihr [...] ihre Freiheit benutzt, oberflächlich, *fast unbrauchbar*, gearbeitet haben. Damit will ich meine Vertreterinnen durchaus nicht getadelt haben, vielmehr *mich*. Wäre ich nicht so strenge, würde das Gefühl der Freiheit bei den Kindern auch nicht so stark sein und ein Extrem nicht ein anderes herbeigeführt haben.»[372] Sie setzte sich hier mit der Wechselwirkung von repressiver Unterordnung – wenn auch im Kleid durchaus erstrebenswerter pädagogischer «Strenge» – und dem Streben nach Freiheit – wenn auch hier im Kleid der Undiszipliniertheit – auseinander, eine Wechselwirkung, die im politischen Diskurs der damaligen Jahre einen zentralen Stellenwert hatte. Diese wertende Ambivalenz im Verständnis von «Freiheit» zeigt sich in Josephine Stadlins Reflexion über ihr Verhalten und Urteilen, das sie nachträglich schreibend abzuwägen suchte. Von einer ähnlich ambivalen-

ten Haltung zeugt der Eintrag einer Lehrerin: «Oft mache ich mir beim Schreibunterricht Vorwürfe, ich sei da zu strenge. Die geringste Achtlosigkeit strafe ich. [...] Solange ich Lehrerin bin, geht es mir in dieser Beziehung immer gleich. Meine Strenge werfe ich mir immer vor und immer auch wieder merke ich, dass *ohne* Strenge nichts bewirkt wird, dass ohne sie, in einem Worte: nichts geht.»[373]
In einer Aufzeichnung zeigte Josephine Stadlin eine geschlechterspezifische Identifikation mit der Widerständigkeit von Mädchen, was bei ihrer umstrittenen Position als streitbarer Kämpferin für das Recht der Frauen auf Bildung nicht erstaunt: «Vorgestern, als ich kaum aus der Prüfung gekommen in meinem Zimmer angelangt war, sah ich beim Fenster wie Knaben auf einige unserer Mädchen, unten beim Eingange, mit Steinen in der Hand in drohender Gebärde los gingen, wie aber, *weit entfernt sich zu fürchten*, ein Theil unserer Mädchen trotzend sich ihnen gegenüber stellten um einen Kampf mit ihnen aufzunehmen. Dieses Trotzes wegen, wie es schien, ergrimmt, liess einer der Knaben wirklich einen Stein fliegen, dem die Mädchen aber mit gewandter Bewegung auswichen. Eines derselben griff sogar auch nach einem Stein, warf ihn und sprang nebst den andern lachend davon. [...] Soll das nun *gerügt werden* oder *ignoriert bleiben?*»[374] Antwort auf die gestellte Frage gab sie nicht. Vielmehr endete der Tageseintrag mit dieser Unentschiedenheit. Die Ambivalenz entsprach Josephine Stadlins widersprüchlicher Praxis: Sie zeigte sich selber widerständig, erwartete aber von den Schülerinnen gänzliche Unterordnung; sie wollte deren «Eigensinn» brechen, hinterfragte zugleich die eigene Strenge und sah sich selber gerne als liebendes «Mutterli».

Schule und Eltern

In ihre pädagogischen Anstrengungen suchte Josephine Stadlin die Eltern einzubinden. Dass es zwischen Josephine Stadlin und Müttern ihrer Schülerinnen teilweise zum intensiven Austausch kam, darauf verweist das Tagebuch, das die Mutter eines Einzelkindes zuhanden von Josephine Stadlin verfasste. Sie beschrieb darin die eigenen erzieherischen Schwierigkeiten mit der Tochter und ihre Versuche, zu Hause die in der Musterschule geltenden Grundsätze umzusetzen: «Ich verstehe immer etwas besser wie Sie's meinen, Fräulein, u. wenn es mir zuweilen gelungen, nach dieser Art mich zu halten, so sah ich im guten Erfolg das Mittel zur ferneren Möglichkeit.»[375] Sie schilderte konkrete Situationen, verurteilte die Tendenz von zu Besuch weilenden Gästen, ihre Kinder zu verwöhnen, und fragte, ob ihr eigenes Verhalten zu streng oder angemessen sei. Implizit zeigen diese Notizen, dass Josephine Stadlin bei der Erziehung auf Zuwendung und Strenge Gewicht legte, um Unterordnung zu erreichen. Die Mutter zeichnete aber auch das Bild einer recht selbstsicheren kleinen Tochter, die sich trotz Strafen nicht einfach beugte: «Heimgekommen streckte sie mir s'Büchli hin, ich sagte, ich möge es nicht anschauen, s'könne nichts gutes drin stehen u. sie meinte doch – ‹aber denk, ich musste im Winkel stehen weil ich zu spät kam u. Fr.[äulein] H. hat mich zur Tante [Josephine Stadlin, E. J.] hinaufgeführt, dass ich gestraft werde.› Am Mittagessen kam sie sehr laut, ganz lustig hinzu; ich sagte ihr ins Ohr, sie solle ganz stille seyn, dass der Vater nicht aufmerksam werde u. sehe,

dass sie nicht gekämmt: sie stimmte freundlich ein u. hielt es eine Zeit lang, bald aber zeigte sich, dass der Eigensinn noch nicht genug gebrochen.»[376]
Im Gegensatz zu diesem Vertrauensverhältnis zwischen dieser Mutter und Josephine Stadlin lassen einige Hefteintragungen das Misstrauen der Mütter und eine als ungenügend erachtete Kooperation des Elternhauses erahnen: «Ganz missstimmt komme ich aus der Nachmittagsschule. Am Schlusse derselben gab ich [...] den Kindern Büchlein in die Hand mit der Erlaubnis, sie nach Hause nehmen zu dürfen, um da die morgen zu schreibenden Sätze anschauen zu dürfen. M. St. schlägt meine Aufgabe aus; sie dürfe nicht, sagt sie, sie müsse nähen bei Hause. Wenn man auf solche Weise kommen will von Hause aus, dann gute Nacht Erfolg der Schule!»[377] Dass aber Mütter von Schülerinnen Ratschläge ernst nahmen, auch davon ist in diesem Tagebuch die Rede. Auf die Klagen einer Mutter, ihrem Kind nicht mit der notwendigen Härte entgegentreten zu können, habe sie, hielt dazu die gleiche Lehrerin fest, sich im Gespräch mit der «Dame» über «die Notwendigkeit des Mitwirkens» einigen können und dabei die Vorteile «gegenseitiger Besprechungen und des Einverständnisses mit den *Ältern*» erfahren. Da ihr eine gute Meinung der Eltern über das Institut wichtig war – das Wohlergehen der Lehrerinnen hing vom Gedeihen des Instituts ab –, machte sie sich Gedanken darüber, welche Taktik diesem Zweck am besten diene. Sie wollte Josephine Stadlin vorschlagen, im Gespräch mit den Eltern die schulischen Erfolge der Kinder ins Zentrum zu rücken: «Noch habe ich neuerdings die Bemerkung wieder gemacht, dass man die Aeltern viel besser gewinnen und ihr blindes Zutrauen sogar erwerben könnte, wenn man den Tadel ihrer Kinder aus den wöchentlichen Urtheilen wegliesse und dafür die guten Entdeckungen, die man an ihren Kindern gemacht, hinsetzte. Ich glaube, man dürfte das thun, ohne unwahr zu sein, und zwar um der Erreichung unseres guten reinen Zweckes willen; ich versuche es einmal bis auf weitere Besprechung mit Frln. [Fräulein] St.[adlin] hin.»[378] Die Lehrerin scheint sich dessen bewusst gewesen zu sein, dass Eltern die Erfolge der Schule in Frage stellten. Eine andere Lehrerin notierte die negativen Reaktionen auf die in der Musterschule praktizierte Methode: «Bei unserer nach Hausekunft fanden wir Besuch in unserer Schulstube: Zwei Frauenzimmer warteten da auf uns; sie hätten den Spaziergang mit uns machen mögen; weil eben zu spät angekommen, suchten sie Ersatz durch Anhörung des Unterrichts. Meine Kinder und ich sprachen eine zeitlang über das so eben Gesehene u. Besprochene. Darauf wurde geschrieben und gezeichnet. Welchen Eindruck die Frauenzimmer mit sich genommen, kann ich nicht wohl wissen, indem sie sich nicht offen aussprachen. Eher schienen sie *gegen* als für unser taktmässiges Verfahren eingenommen zu sein.»[379]
Alle Tagebücher, ob von Josephine Stadlin oder den Lehrerinnen, zeugen von persönlichem Rollenverständnis, individueller Reflexion und Positionierung; sie dokumentieren explizit die am Institut praktizierten Methoden und Verfahren, implizit den Rekurs auf Pestalozzi, und sie verweisen zugleich auf den gesellschaftlichen Wertekodex. So erscheint das Seminar mit angegliederter Musterschule in diesen Eintragungen als ein zeitspezifisches Experimentierfeld erziehungstheoretischer Vorstellungen sowie als Ort der Internalisierung und gleichzeitig der Hinterfragung geschlechterspezifischer Normen und Praktiken.

4 Vielschichtige Beziehungen zu Gefährtinnen und Schülerinnen

«Ich war deine ‹Mutter› u. die gleiche Liebe u. Treue habe ich dir bewahrt u. werde sie bewahren.»

An Rosette Zangger, 1852.

Seit ihrer Jugendzeit verbanden sich bei Josephine Stadlin familiäre mit erwerbs- und berufsspezifisch geprägten Beziehungen, die über den Kreis der Mutter und der Schwestern hinaus auch Freundinnen aus den Jahren in Zug, der Ausbildung im Niederer'schen Institut in Yverdon und der kurzen Zeit als Lehrerin in Aarau umfassten. In diesem vom Aufbruch in der Bildungslandschaft geprägten Umfeld vermengten sich bei den jungen Frauen emotionale Bindungen mit professionellen Ambitionen, Erwartungen an die Gestaltung des privaten Lebens mit Erwartungen an die zukünftige öffentliche Positionierung. Als junge Lehrerin sowie als anerkannte Instituts- und Seminarleiterin bezog Josephine Stadlin ihre Schülerinnen in diese Gemengelage mit ein. Sie vermittelte ihnen ihre zeitspezifisch geprägten Werte und ihre Vorstellungen von Mädchenbildung weiter, um sie so auch für die Propagierung ihrer eigenen professionellen Zukunftspläne zu gewinnen. Zugleich erfüllte sie wegen ihres ausgedehnten Netzwerks bei ihren Schülerinnen über Jahre eine zentrale Funktion bei der Stellensuche.[1] Doch sowohl die emotional aufgeladenen Erwartungen als auch das Scheitern von Zukunftsplänen wirkten sich auf die Struktur der Beziehungen zwischen Josephine Stadlin und ihren Freundinnen beziehungsweise Schülerinnen aus.

Der Briefwechsel zwischen Josephine Stadlin und ihren Freundinnen, Gefährtinnen und Schülerinnen kann als ein konstitutives Element der Beziehungspraktiken im Bildungsbürgertum des 19. Jahrhunderts betrachtet werden. Weil die archivierten Kopien der Briefe Josephine Stadlins wegen der schlechten Qualität kaum zu entziffern sind, analysiere ich zwar fast ausschliesslich die an sie gerichteten Briefe. Diese reflektieren als Resultate eines relational bedingten Spiegelungseffekts nicht nur die Erwartungen und Enttäuschungen der Schreiberinnen, sondern fragmentarisch auch Aspekte von Josephine Stadlins Wertekanon und Handlungen. So kommen in den Briefen trotz einseitiger Perspektive die Beziehungen zwischen Josephine Stadlin und ihren jeweiligen Briefpartnerinnen zum Ausdruck. Die dabei je nach Konstellation unterschiedlichen Asymmetrien waren mitbedingt durch den hohen symbolischen Wert, der in den bürgerlichen Schichten – trotz fehlender Institutionalisierung – der weiblichen Bildung zugemessen wurde. Deshalb verfügte Josephine Stadlin als öffentlich

agierende Exponentin der Mädchenbildung über ein hohes Mass an symbolischem Kapital im Bourdieu'schen Sinn.[2] Dieses sicherte ihr im persönlichen Austausch mit ökonomisch kapitalkräftigen Personen eine egalitäre Position. Auf Grund ebendieses Ansehens nahm sie auch gegenüber den Gefährtinnen und Schülerinnen eine herausragende Stellung ein. Es ist daher zu fragen, inwiefern die sich in den Briefen manifestierende Gemengelage zwischen Emotionalität und professionellen Ansprüchen bedingt ist durch die Marginalisierung der Bildungsmöglichkeiten von Frauen in einem sich neu auch über Bildung konstituierenden Feld von Machtbeziehungen. Zugleich ist zu fragen, inwiefern die durch Bildung und Beziehungen zur politischen Machtelite gestützte autoritative Position von Josephine Stadlin die Asymmetrie der Beziehungen zu ihren Freundinnen, Gefährtinnen, Schülerinnen und ehemaligen Schülerinnen noch zusätzlich verschärfte.
Bei der Analyse der Wechselbeziehungen bearbeite ich die Briefe unter dem Aspekt der Aneignung des bildungsbürgerlichen Wertekanons, der Entwicklung des persönlichen Weltverständnisses und der eigenen Zukunftsperspektiven, der gesellschaftlichen Anerkennung der weiblichen Berufstätigkeit im Feld der Pädagogik, der Selbstvergewisserung der Schreiberin als Erzieherin und Lehrerin und damit zugleich für die Konstruktion einer professionellen Identität. Nicht alle der von mir für dieses Kapitel eingesehenen Briefe behandle ich gleich. Je nach Fragestellung berücksichtige ich einen Briefwechsel in verstärktem Masse, hebe ich einzelne Beziehungen mehr hervor als andere.

4.1 Die Freundin: Asymmetrie und Reziprozität als Strukturelemente der Kooperation zwischen befreundeten Lehrerinnen

Freundschaften, verstanden als Praktiken des Austausches, zeigen sich nur in konkreten Verhältnissen. Im Gegensatz zu familiären Verpflichtungen sind sie freiwillig, das heisst, sie können immer aufgekündigt werden.[3] Sie implizieren Gleichheit und Reziprozität, dennoch kann der Austausch mehr oder weniger asymmetrisch geprägt sein. In den Beziehungen Josephine Stadlins zu den ihr eng verbundenen Freundinnen wirkten sich Erwartungen, gemeinsame Erfahrungen und das lebensweltliche Umfeld auf die Dichte und Dauer der Freundschaft aus; Werthaltungen erzeugten Gefühle der Nähe oder führten zu Distanzierungen, sie ermöglichten oder verhinderten eine auf gegenseitigem Vertrauen basierende längerfristige Kooperation. Fast alle über Jahre dauernden Freundschaften von Josephine Stadlin, die sich auch in intensivem Briefwechsel entfalteten, scheinen in der Anfangszeit ihrer Lehrtätigkeit entstanden zu sein, einer Zeit, die sich mit den Jahren des Aufbruchs im Bildungswesen deckte. So waren die Freundschaften gekennzeichnet durch geteilte Erlebnisse, die weniger im privaten als im öffentlichen Bereich angesiedelt waren.

Elise Sidler und Marie Feierabend: reziproke Zuneigung und verdichteter Austausch

Die Beziehungen zur Zugerin Elise Sidler und zur Luzernerin Marie Feierabend[4] entwickelten sich auf dem Hintergrund des fortschrittsorientierten Katholizismus der Innerschweiz wie den geteilten Erfahrungen aus den Jahren im Niederer'schen Institut in Yverdon. Als gemeinsames Drittes verband sie nicht nur das Engagement für die Mädchenbildung, sondern auch ihre kulturellen Interessen und ihre starke Einbindung ins Bildungsbürgertum. Ihre jeweilige Heirat verstärkte diese Einbindung; sie festigte, erweiterte und verknüpfte die bestehenden Beziehungsnetze.

In ihrer Jugendzeit stand Josephine Stadlin mit der Familie des damals einflussreichsten Zuger Politikers Georg Joseph Sidler im alltäglichen Austausch. Dessen zweite Ehefrau Verena Moos war ihre Jugendfreundin, dessen Tochter Elise Sidler ihre Schülerin in Yverdon. Trotz dieses über die Lehrerinnen-Schülerinnen-Situation asymmetrisch angelegten Verhältnisses entwickelte sich die Freundschaft zwischen Josephine Stadlin und der acht Jahre jüngeren Elise Sidler als eine auf Reziprozität und Egalität beruhende und bis ins Alter dauernde Beziehung.

Elise Sidler war dank ihrer Herkunft, ihrer Ausbildung zur Mathematikerin und ihrer Heirat mit einem Professor für Philologie ihrer Freundin ebenbürtig und bewegte sich auch nach deren Heirat im gleichen lebensweltlichen Milieu wie diese. Sie erteilte in Aarau und anschliessend in Olsberg im Auftrag der Freundin Unterricht, gemeinsam mit ihr erwirkte sie die Erlaubnis, als erste Frauen an der Universität Zürich als Hörerinnen zugelassen zu sein. Während Josephine Stadlin als Instituts- und Seminarleiterin und später als Privatgelehrte wirkte, unterstützte Elise Sidler ihren Gatten Heinrich Schweizer bei seiner akademischen Tätigkeit als Professor der Altphilologie: Sie erteilte Studenten Unterricht in Griechisch und Latein. Da die beiden Frauen in Zürich lebten, sind nur wenige Zeugnisse dieser Jahrzehnte dauernden Freundschaft erhalten, aber auf deren Bedeutung verweist noch der Nachruf des bereits verwitweten Heinrich Schweizer auf Josephine Stadlin in der «Neuen Zürcher Zeitung», wofür ihm Ulrich Zehnder Dokumente und Materialien zur Verfügung gestellt hatte.[5]

Auch Marie Feierabend, Tochter eines aufgeklärten Innerschweizer Arztes, war in Yverdon Josephine Stadlins Schülerin gewesen[6] und blieb ihr dann trotz Altersunterschied als Freundin mit ähnlichem Karriereweg eng verbunden. Nach Jahren als Lehrerin und Erzieherin an unterschiedlichsten Orten übernahm sie die Leitung einer Mädchenschule in Laibach (heute Ljubljana) und vermählte sich dort später mit Vincenz Ferrer Klun, einem Professor und Autor eines Unterrichtsmittels für Geografie an der Mittelschule sowie einer Statistik zum Kaiserreich Österreich-Ungarn. Als dessen Gattin lebte Marie Feierabend zeitweise in Wien und in Luzern.[7] Das Verhältnis von Josephine Stadlin zur Freundin in Laibach wurde durch ihre Position als langjährige Lehrerin und Arbeitgeberin von deren jüngerer Schwester Rosalie Feierabend noch verfestigt,[8] aber auch durch die Beziehung zu deren Bruder August, einem Arzt und engagierten Jesuitengegner und liberalen Luzerner Freischärler.[9]

Die Erziehung

im Lichte der Bergpredigt.

Von

Josephine Stadlin.

Aarau, 1856.

Verlag von H. R. Sauerländer.

Zeugnis einer langjährigen Freundschaft: Der Stempel in der heute im Schweizerischen Sozialarchiv deponierten Ausgabe der «Bergpredigt» weist Marie und Vincenz Ferrer Klun-Feierabend als deren ehemalige Besitzerin und Besitzer aus. Marie Feierabend war Josephine Stadlin seit Jugendjahren verbunden.

Von Marie Feierabend sind 24 Briefe aus halb Europa aus der Zeit von 1840 bis 1873 erhalten, von Josephine Stadlin zwei Briefe aus den ersten Jahren der Freundschaft.[10] 1840 schrieb Marie Feierabend aus Bologna, wo sie als Erzieherin arbeitete, 1843 aus Trogen, wo sie im Institut Tobler beschäftigt war.[11] In einem der Briefe aus Trogen betonte sie die Gleichheit der Erfahrungen und unterstrich damit die Reziprozität auf egalitärer Ebene: «Josephine, wir haben beide in diesen 6 Jahren Vieles erlebt – u. wenn auch nicht an *Geld* – sind wir doch an Erfahrungen weiss [ganz sicher, E. J.] bedeutend reifer geworden. Unsere beiderseitigen Mittheilungen mögen vielleicht nicht ganz uninteressant sein.»[12] Der egalitäre Austausch zeigte sich in der Sicherheit, auf Unterstützung bei der Stellensuche und auf emotionale Zuwendung zählen zu können. So teilte Marie Feierabend der Freundin brieflich mit, dass sich die Hoffnung, über Babette Tobler eine Stelle als Dame de Compagnie bei einer Gräfin in Paris zu finden, zerschlagen habe, dass sie 1844 vorübergehend bei Rosette Niederer-Kasthofer in Genf arbeite, die ihr helfe, eine Stelle im Kaiserreich Österreich-Ungarn zu suchen.[13] Dieser Vermittlungstätigkeit verdankte sie ihre Stelle in Laibach, wohin sie über Brig und Triest reiste.[14] Nachdem Josephine Stadlin Rosalie Feierabend zur Lehrerin ausgebildet hatte, engagierte Marie Feierabend die jüngere Schwester zur Führung der Elementarklassen nach Pestalozzis Prinzipien: «Gib ihr, liebe Josephine, diese Mitgieft mit ins ferne Land, als einer treuen Schülerin, die in Deinem Geiste Gutes zu wirken wünscht, in einem Lande, wo leider die so heilbringende Anschauungs- und Entwicklungsmethode nicht einmal *gekannt* ist.»[15] So teilten die beiden Frauen in beruflichen Belangen ihre Vorstellungen. Da beide in den 1850er Jahren als angesehene Pädagoginnen ins Wiener beziehungsweise Zürcher Bildungsbürgertum heirateten, verdichtete sich der Austausch durch die Ausdehnung der Freundschaft auf die Ehepartner. Mit Briefen und Besuchen belebten die Frauen bis zum Tod Josephine Stadlins die gegenseitige Zuneigung immer wieder neu.

Louise Deschwanden: gemeinsame Pläne und ideelle Entfremdung

Die fünfzig in der Zentralbibliothek Zürich archivierten Briefe von Josephine Stadlins Freundin Louise Deschwanden aus Stans zeugen trotz des ähnlichen lebensweltlichen Hintergrunds von einer langsamen Entfremdung.[16] Begonnen hatte die Freundschaft bereits in den 1820er Jahren. Zu jener Zeit, als die 1806 geborene Josephine Stadlin mit der Hilfe ihrer Mutter und ihrer Schwestern in Zug eine Privatschule betrieb, führte die nur wenig ältere Louise Deschwanden bereits eine eigene Schule.[17] Sie stammte aus einer der einflussreicheren Familien des Kantons Nidwalden, deren politische Exponenten in der ersten Hälfte des 19. Jahrhunderts zu den treibenden Kräften der liberalen Erneuerung gehörten.[18] Die beiden jungen Frauen scheinen Pläne für eine gemeinsame Zukunft entwickelt zu haben, denn kurz bevor Josephine Stadlin ins Niederer'sche Institut nach Yverdon ging, schrieb ihr die Freundin: «Bald, meine Liebe, wirst Du die Laufbahn beginnen, die uns der Verwirklichung unserer Ideen näher führen soll.»[19] Während sich Josephine Stadlins Laufbahn von nun an jedoch von der Innerschweiz wegbewegte, blieb Louise Deschwanden in Stans verankert und bemühte sich dort um Schülerinnen: «Unerträglich wäre mir ein Leben ohne Wirkungskreis», schrieb sie 1833 an die Freundin.[20] Trotz der Rückschläge[21] und der äusserst schwierigen ökonomischen Bedingungen gelang ihr die Etablierung ihrer Schule. Dabei wurde sie von einem privaten Wohltäter unterstützt, der das Gehalt für eine von ihr angestellte Unterlehrerin in Handarbeit finanzierte. 1834 zählte ihre Schule auf der Primar- und Sekundarstufe zwanzig, in der nachmittäglichen Arbeitsschule vierzig Schülerinnen. Dennoch setzte sie weiterhin ihre Hoffnung auf die Realisierung ihres über Jahre gehegten Wunsches, mit Josephine Stadlin zusammen eine Schule zu eröffnen. So interpretierte sie deren Entscheidungen für die Lehrtätigkeit in Aarau und für die Übernahme des Instituts in Olsberg nur als Vorstufen des gemeinsamen Projekts. Doch bereits bei der Gratulation zur Institutseröffnung in Olsberg überlagerten Zweifel ihre zukunftsträchtigen Überlegungen: «In mancher Hinsicht, besonders für die Aufnahme katholischer Zöglinge würde L.[uzern] vorzüglich sein; auch in ökonomischer Beziehung wäre L.[uzern] sehr geeignet, u. es würde auch nicht so schwer sein, da ein passendes Lokal zu finden. Ich mag's mir noch nicht recht denken, wie schön es wäre, wenn du nach Luzern kämest; denn ich fürchte, du werdest doch nicht kommen, u. dann wäre meine Freude vergeben; nein, nicht einmal vergeben; ich müsste ja dafür das schmerzliche Gefühl getäuschter Hoffnung zahlen.»[22] Dieses Gefühl getäuschter Hoffnung zeigt sich in den Briefen von Louise Deschwanden im leicht resignativen, auch traurigen Ton, da Josephine Stadlin ihr oft länger nicht antwortete oder versprochene Besuche auf unbestimmte Zeiten verschob. Mit Josephine Stadlins Übersiedlung nach Zürich konnte sich Louise Deschwanden nicht mehr aussöhnen. Diesem Neuanfang

konnte sie aus ihrer Optik nichts abgewinnen: «Das scheint sonderbar oder eigensinnig zu sein.»[23]
Während der Freischarenzüge entfremdeten sich die beiden Frauen sowohl bezüglich ihrer politischen wie auch pädagogischen Positionierung. So stellte sich die ursprünglich liberal ausgerichtete Louise Deschwanden wie mehrere ihrer männlichen Verwandten während des zweiten Freischarenzuges kategorisch auf die Seite der konservativen Luzerner Regierung und interpretierte den Sieg der Konservativen entsprechend den Vorgaben des katholischen Klerus als gottgewollt: «Wir sind zwar überzeugt, dass das Recht auf der Seite der Regierung ist, wofür auch die Art des Sieges, in welchem man die leitende Hand der Vorsehung nicht verkennen kann u. darf, zeugt, u. wenn wir auch der Regierung von L.[uzern] nicht in allem beipflichten können, besonders was die Berufung der Jesuiten betrifft, so dürfen wir doch nicht wünschen, dass die Freischaren den Sieg davon getragen hätten, da sich von ihrem Regimente auch nicht viel Gutes hätte erwarten lassen.»[24] Mit der Unterstützung von Zeitschrift und Seminar tat sich Louise Deschwanden aus grundsätzlichen Erwägungen schwer. Der überzeugten Katholikin schienen die in der «Erzieherin» propagierten pädagogischen Grundsätze und das nicht konfessionell gebundene Verständnis des Christentums zu widerstreben. Zwar abonnierte sie zwei Exemplare der Zeitschrift, aber nur ungern übernahm sie den Auftrag Josephine Stadlins, diese in Innerschweizer Buchhandlungen auflegen zu lassen.[25] Schwer tat sie sich ebenso mit deren Wunsch, zur Vereinsversammlung zu kommen, da sie bezüglich der Chancen des Seminars eine andere Meinung vertrat. Auf Gott rekurrierend, kritisierte sie die Freundin, mit ihren Projekten nicht nur eigene, sondern auch fremde Gelder aufs Spiel zu setzen: «Ich bin in Bezug auf die irdischen Güter gewiss nicht ängstlich, u. es ist mir nicht bald etwas so zuwider, als das restlose Streben u. Ringen nach Erwerb u. Gewinn derselben um seiner selbst willen, u. ich gehe auch wie Du von der Ueberzeugung aus, dass sie nur Mittel für höhere Zwecke sein sollen, u. wir uns nicht als Eigenthümer, sondern nur als Verwalter derselben betrachten müssen; aber dennoch kann ich der Ansicht nicht beistimmen, dass der liebe Gott Dir eine Aufgabe gegeben, welche Deinen ökonomischen Zerfall zur Folge haben würde, oder haben könnte. So weit ich deine Verhältnisse in dieser Beziehung kenne, ist es nicht wohl möglich, dass Du ökonomisch untergehen könntest, ohne auch anderen nicht unbedeutenden Schaden zu bringen, u. der liebe Gott kann *unmöglich* wollen, dass Du Andere schädigen sollst, um ein Werk der Nächstenliebe auszuführen, das würde seiner Heiligkeit u. Gerechtigkeit widersprechen.»[26]
Der letzte Brief von Louise Deschwanden an Josephine Stadlin datiert vom 3. Juli 1851. Darin erteilt sie nicht nur der Einladung, die Freundin in Zürich zu besuchen, wegen verwandtschaftlicher Pflichten eine Absage, sondern zeigt sich auch als Schullehrerin resigniert: «Ich hoffte schon lange mit jedem Jahre, dass sich meine Verhältnisse ändern, indem der liebe Tod mich von meinem alten Hauskreuze befreien würde [...]. Es hat Ihm nun einmal gefallen, mir die Tante so lange zu lassen, um mich recht in der Geduld u. Selbstveränderung zu üben. Es eine harte, aber gute Schule, u. wenn meine Aufgabe auch gegen meine Neigung mehr im Dulden als Wirken besteht, so ist's so auch recht.» Wegen einer neu

eingerichteten Mädchenschule hatte sie nur noch wenige Schülerinnen, worüber sie sich nicht unglücklich zeigte: «[...] weil ich's sonst so wie ich's treiben muss, nicht mehr gern thue, u. mich schon lange lieber dem Erziehungsfache gewidmet hätte.»[27] Der Brief endet mit einer Aufforderung an Josephine Stadlin zur religiösen Umkehr: «[...] und kann nicht anders als immer wünschen u. beten, dass der Herr Dir die Augen öffnen u. Dich in den Schoss seiner hl. Kirche zurück führen möge, wo allein die Wahrheit zu finden ist, die glücklich zum rechten grossen Ziele führt. – O, dass ich Deine Umkehr erleben könnte!»[28] Diese Erwartung blieb unerfüllt. Es scheint, dass sich die beiden Frauen bis zum Tod von Louise Deschwanden 1856 nicht wieder begegnet sind.

Elise Maier: intensive Liebe und kritische Distanz

Geprägt von hohen Erwartungen und enttäuschten Hoffnungen, aber zugleich von konkreten Erfahrungen gemeinsamen Kämpfens um Anerkennung des Lehrerinnenberufs war das Verhältnis zwischen Elise Maier und der fast zwanzig Jahre älteren Josephine Stadlin. An Weihnachten 1850 beschrieb Elise Maier rückblickend die inzwischen gut zwölfjährige Beziehung zur Freundin und ehemaligen Lehrerin: «[...] es ist das Ringen u. Sehnen nach Deiner Liebe, das Bedürfen *Deiner* Liebe so vielspurig in meiner Seele! Seit ich Dich das erste Mal gesehen – ich war 15 Jahre alt – strebte ich sie an, u. du hast mich auch im Anfang unseres Beisammenseins in Aarau so herzlich geliebt. O Gott, wie seelig war ich damals! – Dieser u. jener Menschen Liebe thut mir wohl, freut mich innig; aber beseeligen kann mich nur *eines* Menschen Liebe. So war's bis jetzt. – Wird es mir aber auch noch schwer: so schwer wie bisher wird es mir nimmer, u. ein köstliches Bewusstsein, das deiner Freundschaft, wird mich fort u. fort haben. Gott gebe, dass ich ihrer nie unwürdig werde! Dass ich zunehme an allem Guten!»[29]
Die hier evozierte Asymmetrie bezogen auf emotionale wie auf berufsspezifische Aspekte scheint seit den Anfängen ein konstitutives Element des Verhältnisses zwischen den beiden Frauen gewesen zu sein: Josephine Stadlin war Elise Maier als Intellektuelle, als Pädagogin, als Schulleiterin, als Gründerin des Erzieherinnenvereins und der Zeitschrift Vorbild, als Freundin besetzte sie unangefochten eine emotional höchst aufgeladene und einzigartige Position, was für die um Zuneigung und Wertschätzung kämpfende jüngere Kollegin ebenso mit viel Lust und noch mehr Leid verbunden war. Dies zeigt die Analyse des rund 130 Briefe zählenden Briefwechsels zwischen Elise Maier und Josephine Stadlin von 1839 bis 1874.[30] In den Briefen Elise Maiers zeigt sich die Freundschaft als eine alles andere als gradlinig verlaufende Entwicklung: von der einseitigen emotionalen Abhängigkeit über die koordinierte Zusammenarbeit im Dienste der «Emancipation» hin zur Distanzierung und Konkurrenzierung.
Kennengelernt hatten sich die beiden in Aarau. Es ist anzunehmen, dass Elise Maier in den späteren 1830er Jahren bei Josephine Stadlin im Bächteligut lebte, um sich zur Lehrerin ausbilden zu lassen, da die Beziehung in der Aarauer Zeit von alltäglicher Intimität geprägt gewesen war. In schwärmerischem Ton beschwor Elise Maier die von ihr als Liebe gedeutete Zuneigung Josephine Stadlins im Brief, den sie kurz nach deren Wechsel ans Institut Olsberg schrieb. Den

Wegzug der Lehrerin erfuhr sie daher als beunruhigenden Verlust: «Nach Olsbeg komme ich nicht, bis mein Herz sich wieder heimgefunden, bis ich Dich sehen kann, ohne mich zu beklagen. Seit ich so etwas ruhiger über unser Verhältnis, wie es war u. ist, nachdenke, glaube ich einzusehen, warum du mir einst näher stehen musstest, u. der Gedanke an das thut mir wohl. Oft u. gern rufe ich mir jene schönen Augenblicke zurück, wenn ich Abends bei Dir neben deinem Bette stand oder nach Tische beim Ofen u. Du dann so freundlich, so gut warest; Deine Liebe that mir so wohl! Das Leben schien mir so schön! [...] – u. darum auch musste es so kommen, auf eine harte Art musste ich lernen, dass der Mensch nicht nur seinetwegen da sei, damit ich es nimmer vergesse. [...] Leb wohl, liebe Josephine, Du weisst, dass ein treues Herz in mir für Dich schlägt. Deine Elise».[31] Erschien der damals noch sehr jungen Elise Maier, die erst gerade die Ausbildung abgeschlossen hatte, das asymmetrische Verhältnis plausibel, weil ihre Stellung als Schülerin nun notgedrungen von anderen eingenommen werde, so war sie mit zunehmender Berufstätigkeit und Verantwortung in Sachen Zeitschrift und Erzieherinnenverein nicht mehr bereit, Zurücksetzungen zu akzeptieren. Beispielhaft für die Unbedingtheit der Verehrung steht der Brief, den Elise Maier zum Auftakt des Jahres 1846 an die Freundin schrieb: «Es ist spät; allein Dir schreiben ist schöner als ruhen. [...] Überschätzen darfst Du mich nicht mehr; jetzt noch stehe ich *weit* unter Dir; aber ich *will* [im Original fett und in grösseren Buchstaben, E.J.] noch Manches werden u. Du wirst, willst mir emporhelfen.»[32]
In Aarau hatte Elise Maier mit rund siebzehn Jahren bereits 55 Kinder der Volksschule unterrichtet, bevor sie 1840 nach Langenthal wechselte, um dann 1846 in Winterthur, ihrer Herkunftsgemeinde, als Lehrerin zu arbeiten. Hier eröffnete sie 1851 ein eigenes Institut, just zu jener Zeit, als Josephine Stadlins Scheitern immer offensichtlicher wurde. Im Laufe dieser Jahre veränderte sich auch die Beziehung zwischen den beiden Frauen. Nachdem Elise Maier lange nicht nur ein grosses Engagement für die Besserstellung der Lehrerinnen und die von Stadlin initiierten Projekte gezeigt hatte, sondern immer wieder um Liebe und Anerkennung gebuhlt hatte, erlahmte ab 1852 der bis dahin äusserst intensive Kontakt. Auch entwickelte sich das von Elise Maier anfänglich als zutiefst asymmetrisch erfahrene Verhältnis zunehmend in Richtung Kooperation auf egalitärer Ebene. Josephine Stadlin gab den Erwartungen an ein egalitäreres Verhältnis insofern Nahrung, als sie scheinbar überlegte, die Verantwortung für die Herausgabe der Zeitschrift der jüngeren Kollegin zu überlassen. Dieses Vertrauen liess diese auf eine fruchtbare Aufarbeitung der Berufserfahrungen hoffen, auf eine Egalität in der Differenz: «Was die ‹Erzieherin› anbetrifft, liebe Josephine so will ich *Dir* herzlich gern *helfen*; allein *könnte* ich sie auch so gut schreiben als Du, hätte ich mir auch je die neue Psÿchologie so ganz eigen gemacht, *du* solltest demnach nie ganz zurücktreten; du machst *Deine* Beobachtungen u. Erfahrungen, ich die *meinen*; wollen wir sie nicht in einem Buch *zusammentragen*? Wollen wir nicht unser beider Wesen hineinlegen? Sieh, für mich hätte es viel Reiz, etwas, u. gerade dies, *mit* Dir zu thun.»[33] In den Josephine Stadlin zeitweise täglich zugeschickten Briefen zeigte sich die Dringlichkeit, nicht nur als Mitarbeiterin im Dienst der grossen Ziele, sondern auch als individuelle Person emotional

eine zentrale Position einzunehmen. Sie sah ihre Erwartung in beiden Bereichen enttäuscht. Zu einer gemeinsamen Publikation kam es nicht, auch wenn sich die Kooperation zwischen den beiden Frauen zu Gunsten des Seminars und der Zeitschrift noch intensivierte.

In der «Erzieherin» dämpfte Elise Maier die öffentliche Kritik an Josephine Stadlins forschen Auftritten in der Öffentlichkeit ab. Zugleich suchte sie mit Beiträgen, die stärker auf die Bedürfnisse von Müttern ausgerichtet waren, der Zeitschrift nach der Gründung des Bundesstaats neuen Schub zu verleihen. «Nächsten Freitag», schrieb sie an Josephine Stadlin in Zürich, «erhältst Du mit süssen, extra für Dich in einem grossen Weinberg auszuschneidenden Trauben, 2 Aufsätze, über welche Du mir Deine Meinung sagen wirst. Der erste enthält ein Bild aus dem Leben, auf welches ein Commentar folgt; [...] damit aber die Mütter nicht klagen, die ‹Erzieherin› wolle wie immer schulmeistern u. alles besser wissen, wollen wir in Zukunft alles Schöne u. Gute einer Mutter in den Mund legen. Ich werde noch einige schreiben, u. dann können wir wählen; d.h. *Du* kannst wählen.»[34] 1849 erschien dann unter dem Titel «Die Sendung der Frau» ein Loblied einer «Elise M.» auf die gesellschaftliche und vaterländische Funktion der Mutter. Das Gedicht, dreizehn Strophen à sechs Zeilen, reproduziert metaphernreich alle Geschlechterzuschreibungen des 19. Jahrhunderts; zwar besingt es die Freiheit und Gleichheit von Frau und Mann, beschwört aber mit dem Bild der Frau, die sich als den Engeln gleiches Weib in Selbstverzicht übe, die Geschlechterdifferenz. Dem Mann gebühre Ehre und Ruhm in Wissenschaft und Kunst, die Frauen brächten die Liebe und das Schöne in die kalte Welt, erzögen die Söhne zur mutigen Tat und die Töchter zum uneigennützigen Geben, und damit liege die Ursache aller irdischen Grösse in der Mutter.[35]

Trotz ihres Engagements empfand sich Elise Maier als Mensch, als Frau und als Freundin hintangesetzt. Daran litt sie vor allem, seit sie das Gefühl hatte, Josephine Stadlin bevorzuge die Gesellschaft der jungen Fabrikantentochter Rosette Zangger aus Uster, in deren Familie Josephine Stadlin 1850/51 Weihnachten und Neujahr verbrachte: «[...] ich kann nicht nach Uster kommen, aber ich kann auch nicht Weihnachten u. Neujahr feiern u. stolz sein u. schweigen, weil Du schweigst, u. weil Du so sehr kalt warest, als wir uns die letzten Male sahen. Es gab eine Zeit, in der ich glaubte, Du tragest die *Menschheit* so am Herzen, lebest so ganz einer grossen Idee, dass Du des Individuum nicht bedürfest, dass Du es nicht so *herzlich warm* lieben könnest, u. damals wäre ich [...] froh u. freudig das Opfer der Idee geworden. Seit ich aber fühle, dass Du ein individuelles Wesen recht herzlich warm, recht menschlich innig lieben kannst, fühlte ich deine Kälte *sehr schmerzlich*; ich bin wiederholt, wenn ich Dich gesehen, kränker geworden; ich wäre ganz gern gestorben; aber da sagte mir dann eine innere Stimme: ‹Auch Du hast Deine Sendung! Prüfe Dich selbst u. werde, was du sollst u. kannst!› Und seither arbeite ich an mir selbst u. für Andere, so viel ich kann u. werde immer gesunder.»[36] Auch wenn Elise Maier auf die umgehende beruhigende Antwort Josephine Stadlins vor Freude «Thränen süssester Lust»[37] weinte, deren Brief küsste und mit dem bereits zitierten Satz die beseligende Wirkung der ihr neu versicherten Liebe besang, scheint mit dem Entscheid von Elise Maier, sich auf ihre eigene Zukunft zu besinnen, die Distanzierung feste Form angenommen zu haben. Mit dem dezidierten Willen, ein eigenes Institut zu eröffnen, entwickelte sie sich von der kooperierenden Freundin zur ernsthaften Konkurrentin. Als solche wollte sie in klarer Abgrenzung von Josephine andere Akzente setzen: «Ja, ich will das Liebste für das Höchste einsetzen: ich will meinen Kindern *Mutter* sein; aber höre, wie ich das meine; ich will nicht mehr versprechen, als ich halten kann; ich bitte Dich suche mich zu verstehen, um des Ernstes der Sache willen denke Dich in *meine* Ideen hinein u. gehe nicht nur von *Deinen* aus. [...] glaub mir, Liebe, ich will mit *aller Aufopferung* meinen Kindern so viel *Mutter* sein, als ich nur kann. Ich will es auch anfang probieren u. keine Lehrerin ins Haus nehmen, u. mein Kinder sollen sich für *Alles* an mich wenden dürfen, u. ich will sie freundlich anhören zu jeder Stunde; aber du wirst sehen, wenn mehr sind, so bedarf ich der Hülfe. [...] Und dann, ich bitte dich, *glaube u. sieh zu*, es wird, wiewohl wir in den Grundideen über weibliche Erziehung übereinstimmen, in der Ausführung doch manches anders sein bei mir als bei dir, weil wir selbst doch auch wieder zwei verschiedene Individualitäten sind, u. ich werde zu gleichem wieder ganz andere Erfahrungen machen [...].» Es war nicht wie bei Louise Deschwanden die ideelle Ausrichtung, die Elise Maier von Josephine Stadlin unterschied, sondern mehr die Umsetzung der geteilten Grundprinzipien. Mit der Beschreibung der eigenen Vorstellungen kritisierte die ehemalige Schülerin nun implizit Josephine Stadlins berufsspezifische Ansprüche als nicht einzulösende Vermessenheit. So überlagerten sich die berufliche und pädagogische Distanzierung mit der Kritik an Josephine Stadlins offensiver Art, in der Öffentlichkeit für ihre Projekte zu werben. Da Josephine Stadlin ihren Ratschlägen zur Mässigung nicht folgte, erfuhr sich Elise auch in diesen Belangen nicht als ernst genommene und damit ebenbürtige Freundin.

In den wenigen Briefen der späteren 1850er Jahre an Josephine Stadlin fehlte es nicht an Spitzen der Winterthurerin gegen die ehemals fast bedingungslos geliebte Freundin. So ist der Ton von Elise Maiers Brief von 1859 nicht frei von Triumph. Stolz belegte sie das Erblühen des Instituts mit der Zahl ihrer Schülerinnen: Neben den vielen Internen zähle sie fünfzehn Externe, was als ein besonders grosser Erfolg zu werten sei, da in Winterthur die Mädchen bis zum sechzehnten Jahr die öffentliche Schule besuchen könnten.[38] Als erfolgreiche Rivalin konstituierte sich Elise Maier als Gleiche und hob damit erst die empfundene Asymmetrie des Verhältnisses auf.[39] Obwohl sie vor allem in den 1850er Jahren Distanz zu Josephine Stadlin markierte, unterhielten die Frauen weiterhin losen Kontakt. Nach ihrer Heirat bezeugte Josephine Stadlin mit der Vermittlung von Schülerinnen der Freundin als ihrer qualifizierten Nachfolgerin Reverenz. Nanette Egg, die auf ihre Empfehlung hin ihre Ausbildung zur Lehrerin und Erzieherin zwei Jahre im Institut in Winterthur absolvierte, erwies ihrerseits Josephine Stadlin in der eigenen Abgrenzung zu Elise Maier rückblickend die Ehre: «Frl. Maier hätte mich durch Güte zu Allem gebracht, ihre Strenge brachte mich zur Verzweiflung.»[40] Die Zuschreibungen hatten sich verkehrt: für die Schülerin repräsentierte Elise Maier männlich konnotierte Härte, Josephine Stadlin dagegen weiblich konnotierte Güte.

4.2 Die Lehrerin: bürgerliche Werte und kontrollierender Druck

In der sich konstituierenden Welt des Bürgertums des 19. Jahrhunderts kam der Bildung als Prinzip der Entwicklung der Persönlichkeit zentrale Bedeutung zu.[41] Das Konzept der Identitätsbildung durch fortschreitende Entfaltung der eigenen Fähigkeiten, das sich im Bildungsroman als Gattung niederschlug, implizierte die ständige Selbstverbesserung, die der Gesellschaft als Ganzer zu Gute kommen sollte. Diese selbsttätige Bildung, die in ständigem Austausch mit andern angeeignet und bestätigt wurde,[42] nahm als Prozess der Selbstvervollkommnung die Stellung ein, die zuvor der Religion zugeordnet war.[43] Die Erfüllung dieser Anforderungen an die individuelle Lebensgestaltung war in regelmässiger Gewissenserforschung zu überprüfen. Im Briefwechsel zwischen Josephine Stadlin und ihren Schülerinnen zeigte sich das sittlich-moralische Verständnis von individueller Bildung, das vor allem für den deutschsprachigen Raum typisch war, in den ständig wiederholten Begriffen «Streben», «vorwärts», «Vervollkommnung» sowie «Wirken» als gesellschaftliche Verpflichtung. Die Briefe der Schülerinnen sind jedoch nicht einfach Ausdruck eines normativen Aneignungsprozesses, sondern spiegeln primär die Erwartungen der Lehrerin, zugleich aber auch der Eltern, die ihre Töchter Josephine Stadlin anvertraut hatten.

Das «Wirken» und «Streben» der Schülerinnen als gesellschaftlicher Auftrag

Josephine Stadlin verdichtete ihre Bildungsansprüche in einem Brief an eine Schülerin in der bündigen Formel: «Arbeit ist des Blutes Balsam. Arbeit ist der Tugend Quell.»[44] Die selbsttätige Bildung scheint sie als tägliche Anstrengung verstanden zu haben, die nicht nur Gefühle überschwänglicher Lust mässigte, sondern der sie ebenfalls beruhigende Wirkung auf den Körper zusprach. Diese Pflicht zur Selbstverbesserung äusserten Schülerinnen in Aufsätzen, die Josephine Stadlin zum Teil in der «Erzieherin» veröffentlichte. In ihrem Aufsatz deutete Agathe Luchsinger diese Verpflichtung religiös: «Das Kreuz ist das Zeichen der Mühe. Wenn wir uns an Christo anschliessen wollen, so *müssen* wir hier auf Erden das Kreuz tragen, welches er uns auferlegt.»[45] Eine weitere Schülerin erhob unter dem Titel «Warum ist dir der Eintritt in diese Erziehungsanstalt wichtig?» die Anstrengungen zur «Selbstveredelung, Selbstvervollkommnung» im Stadlin'schen Institut zur gesellschaftlichen Pflicht, da wegen des guten Rufes dieser Anstalt jedermann berechtigt sei, «grössere Forderungen an die austretenden Töchter zu stellen als bei andern Pensionen».[46]

Diese Erwartung, mit dem geäusserten Willen zum steten Fortschreiten das Renommee des Instituts zu stärken, zeigt sich – auch das eine Form der Selbstinspektion – in Rückblicken von Schülerinnen auf das Jahr 1849, die sie auf institutseigenem Briefpapier mit dem gedruckten Stich des «Sonnenbühls» schrieben und Josephine Stadlin zum Lesen und Weiterzeigen überliessen. Die darin geäusserten individuellen Gefühle oszillieren deshalb zwischen Intimität und der Funktion eines Werbeträgers für das Institut. So thematisierte Fanny Hottinger nach neun Jahren im Institut die Dichotomie von «kaltem» Verstand und «warmem» Gefühl: «Ich beklagte mich selbst auch in diesem Jahre so oft, dass ich nicht ein wärmeres Gefühl habe, dass ich alles nurmehr von der kalten Verstandesseite auffasse und so auch nur mit dem Verstand wieder aus mir herausarbeite; ich glaubte mit heftigerm, sollte ich vielleicht sagen, Gefühl, mit mehr Lebendigkeit der Phantasie wäre ich glücklicher, hätte mehr Genuss von mir selbst, von allem, was mir nahe kommt.»[47] Auch wenn aus diesen Zeilen ein Leiden spürbar wird, hob sie damit die Bedeutung hervor, die in der Nachfolge Pestalozzis im Stadlin'schen Institut den Gefühlen beigemessen wurde. Die noch jüngere Emilia Caprez dankte in ihrem Rückblick, den sie in der «Neujahrsnacht von 1849 auf 50» an Gott richtete und zugleich der «Tante» zueignete, für die Fügung, die sie ins Institut geführt habe, wo ihr die Gelegenheit gegeben sei, so viel zu lernen und ihren «Geist zu bilden und zu veredeln».[48] Die hier gezeichnete Vorstellung des Instituts als Ort der Vervollkommnung evozieren viele Texte von Schülerinnen.

In den meisten der im Nachlass erhaltenen Tagebücher und Briefe erscheint das Leben im Institut als tägliche Übung in Selbstverbesserung. Die im «Olsberg», im «Zeltweg» und im «Sonnenbühl» angeeigneten bildungsbürgerlichen Normen empfanden Schülerinnen und Seminaristinnen auch nach der Rückkehr ins Elternhaus oder dem Eintritt ins Berufsleben als Lehrerin und Erzieherin wie ein Vermächtnis. Dieser Auftrag zur ständigen Selbstverbesserung im Dienste der Gesellschaft zeigt sich vor allem in Berichten über Erfolg und Misserfolg, in Selbstbezichtigungen und im Vergleich der im Institut angeeigneten Ansprüche an das eigene Wirken mit den alltäglichen Praktiken der eigenen familiären Umgebung. In den Briefen kontrastieren diese Praktiken immer mit den von Stadlin gestellten moralischen Anforderungen an das eigene Tun. Deshalb erschien es vielen Schülerinnen schwierig, ausserhalb des Instituts deren Erwartungen zu erfüllen, da der dort gepflegte «Sinn für das Höhere und Schönere» in den als kümmerlich empfundenen Kleinlichkeiten des Alltags sinkt: «Wo soll ich da Erhebung finden?»[49] Auch Bertha Haberer definierte Olsberg beim Austritt aus dem Institut als «Rettungsort», wo sie lernte, «das Höhere zu erkennen».[50] Diverse Schülerinnen beschworen mit ihrem Schreiben die Präsenz von Josephine Stadlin. So wandte sich eine Seminaristin aus Männedorf in ihrem Tagebuch, das sie während der Ferien führte, mit der Anrede «l.[iebe] Tante» an die abwesende Josephine Stadlin. In diesem Tagebuch blieben der Einfluss des «Sonnenbühls» und seiner Leiterin auch während des Aufenthalts zu Hause wirksam: «Vor drei Stunden bin ich hier in meinem heimatlichen Dorfe angelängt! Könnte ich doch immer hier bleiben! dachte ich. ‹Aber welch thörichter Wunsch!› sage ich jetzt. Gern will ich wieder dahin zurückkehren, wo der Geist so köstliche und so reiche Nahrung empfängt.»[51] Knapp eine Woche später beschrieb sie die Aneignung bürgerlicher Wertvorstellungen als persönliche Erfahrung: «Diesen Abend spazierte ich mit meiner geliebten Mama wie ich es mit der l.[ieben] Tante im ‹Sonnenbühl› thue. – Wenn die l.[iebe] Mama mir früher solche Lehren und Ermahnungen gegeben hätte, so würde mir ein solcher Spaziergang langweilig vorgekommen sein, aber heute konnte ich mich nicht satt hören an den herrlichen Reden der lieben, guten Mama.»[52] Dieses Tagebuch und weitere Tagebücher von Schülerinnen befinden sich im Stadlin'schen Nachlass, waren also nicht als intime Aufzeichnungen gedacht, sondern für die Lehrerin formuliert. Sie spiegeln damit primär die Erwartungen von Josephine Stadlin wie auch die geschlechterspezifischen gesellschaftlichen Bedingungen, die ihre Handlungsmöglichkeiten mitbestimmten. Zu Josephine Stadlins Erwartungen gehörte die Selbstinspektion. So legte am letzten Ferientag die junge Seminaristin in ihrem Tagebuch nach dem Modell der religiösen Gewissenserforschung Rechenschaft über die Erfüllung der ihr übertragenen Verantwortung ab: «Was habe ich gethan? – Habe ich immer über meine Pflicht gedacht? Habe ich geglaubt und geliebt? Habe ich gebetet und gearbeitet? [...] Ich bin noch nicht ganz gut. Ich will aber darnach eifrig streben, und den Herrn bitten, dass er auch mich zum Arbeiter in seine Ernte aussenden möge!»[53]

Beispielhaft für Josephine Stadlins Auftrag zu zukunftsorientierter Selbstverbesserung und ständiger Selbstkontrolle steht ein Brief der Schwestern Emma und Bertha Jenny aus St. Gallen: «Vorwärts wollen wir immer streben, aufwärts unsere Blicke richten u. einwärts schauen.»[54] Für Johanna Ringier war die Inspektion der eigenen «Schwachheiten» notwendige Voraussetzung, um zum selbst auferlegten «Vorwärts» zu gelangen.[55] Dieses «Vorwärts» klingt in einigen Briefen wie ein eigentlicher Schlachtruf, um die Herausforderungen des privaten Lebens zu meistern. «Nun also Adieu u. *Vorwärts* u. – *Angegriffen*. Herbart sagt da: *Machen* dass der Zögling sich selbst finde», mit diesen Worten ermutigte sich Rosalie Feierabend zur Bewältigung der ihr anvertrauten Erziehungsaufgaben.[56] Andere Schülerinnen bedauerten, dass sie die angeeigneten Werte und das erlernte Wissen nicht berufsmässig einsetzen könnten, wie beispielsweise Regina von Flugi aus St. Moritz, deren Vater ihr die Tätigkeit als Lehrerin verbot. Sie empfand es als eine Zurücksetzung, statt geistig tätig zu sein ihren Aktionsradius auf den häuslichen Kreis zu beschränken, auch wenn sie sich dort «Gottlob, doch nicht als unnützes Glied» erfuhr.[57] Weiter als die Ausübung des Lehrerinnenberufs gingen die Ambitionen von Luise Arbenz. In der Zeit des zweiten Freischarenzuges schrieb sie ihrer Lehrerin mit emphatischem Patriotismus: «Wäre ich ein Mann, ich wollte die Staatswissenschaft studieren, ich wollte meine Überzeugungen u. Grundsätze recht läutern u. prüfen. Ich wollte suchen mich des Vertrauens vom Volke würdig zu machen u. mir dasselbe zu erwerken u. dann wollt ich mit Gott recht tüchtig wirken im Vaterlande. – doch das ist ja ein Wunsch nur, ein unausführbarer Plan!» Für sie als Tochter blieben diese Ambitionen illusorisch, sie hatte daheim zu wirken. «Nur muthig vorwärts darinnen, es streben ja mit mir noch viele u. helfen mir», tröstete sie sich. Trotz dieser Worte empfand sie die Erfahrung, ihren Mitmenschen nicht öffentlich zu nützen, als bedrückend: «O, welche Wohltat wär mir das!»[58]

Die Asymmetrie dieses von Erwartungen geprägten Verhältnisses zwischen der Lehrerin und ihren Schülerinnen zeigte sich vor allem in der Macht Josephine Stadlins, der Beziehung mehr oder weniger Gewicht beizumessen, diese nach Belieben auch zu beenden. Erfüllten die jungen Frauen die ihnen als Schülerinnen und Seminaristinnen explizit oder implizit aufgetragenen Verpflichtungen nicht, wurden sie von Josephine Stadlin entweder zu weiteren Anstrengungen ermuntert oder fallengelassen. Warum sie abgelehnt wurden, war für die ehemaligen Schülerinnen oft nicht einsichtig. So suchte Marie Marchand zwischen den vier Schwestern Vital aus Fürstenau und Josephine Stadlin zu vermitteln, da jene sich doch während ihrer Zeit in Olsberg und auch danach als äusserst engagierte Adeptinnen des Instituts gezeigt hätten und die Rückweisung nicht verdient hätten.[59] Die aus eher ärmlichen Verhältnissen stammende Lehrerin Lina Baumgartner fragte sich, ob Josephine Stadlins Kälte ihr gegenüber davon herrühre, dass sie den hohen Ansprüchen nicht zu genügen vermöge.[60] Was Lina Baumgartner in ihrem Brief unterschwellig vermutete, halte ich für wahrscheinlich: Warum und in welchem Mass Josephine Stadlin ehemaligen Schülerinnen die kalte Schulter zeigte, scheint mir auf Grund der Analyse der archivierten Briefe durch die Stellung ihrer Eltern und deren finanzielle und politische Möglichkeiten mit bedingt. Das heisst, Josephine Stadlin agierte auch im Austausch mit ihren Schülerinnen als eine auf den Sukkurs von einflussreichen Personen angewiesene Pionierin und Institutsleiterin. So war ihr das Projekt eines Seminars – ob bewusst oder unbewusst, sei dahingestellt – auch Richtschnur bei der Ausgestaltung der Beziehungen zu den Schülerinnen.

Reziproke Erwartungen von Rosette Zangger und Josephine Stadlin

Als intensive und emotional höchst aufgeladene Beziehung zwischen Lehrerin und Schülerin gestaltete sich um 1848 das Verhältnis zwischen Josephine Stadlin und ihrer Schülerin Rosette Zangger (1829–1881),[61] der Tochter des reichen Textilfabrikanten und Politikers Heinrich Zangger (1792–1869) aus Uster. Der in der Zentralbibliothek Zürich archivierte Briefwechsel zwischen den beiden umfasst mehr als hundert Briefe, dazu kommen Briefe aus dem Privatnachlass Grunholzer-Zangger.[62] Der Briefwechsel verweist auf eine dreifache Asymmetrie: auf das Gefälle zwischen der Lehrerin und der jungen Schülerin, auf das Gefälle zwischen der städtischen Bildungsbürgerin und der Angehörigen einer ländlichen Aufsteigerfamilie, auf das Gefälle zwischen der Tochter aus einer reichen Fabrikantenfamilie und der mit zunehmender Schuldenlast kämpfenden Instituts- und Seminarleiterin.

Die jüngste der vier Töchter des Zürcher Oberländer Fabrikanten Heinrich Zangger betrachtete Josephine Stadlin in ihren Briefen als Ersatz für die früh verstorbene Mutter und dankte dafür immer wieder gleichermassen ihrem Vater, Gott und dem Schicksal. Josephine Stadlin bestätigte ihrerseits noch acht Tage vor Rosette Zanggers Heirat die ihr zugeschriebene Position: «Ich war deine ‹Mutter› u. die gleiche Liebe u. Treue habe ich dir bewahrt u. werde sie bewahren.»[63] Auch Louise, Babette und Elise Zangger scheinen die Lehrerin ihrer jüngsten Schwester zutiefst verehrt zu haben. Obwohl sie keine Absolventin des Instituts war, freute sich Babette Zangger über das Porträt von Josephine Stadlin, das diese ihr hatte zukommen lassen. Louise Zangger interpretierte die Rosette übertragene Aufgabe, die an einem Geschwür leidende Josephine Stadlin persönlich zu pflegen, als eine besondere Auszeichnung der Schwester.[64] Diese Zangger-Tochter besetzte als älteste im mutterlosen Haushalt die Position der Hausmutter und als solche empfand sie es als grosse Ehre, die Institutsleiterin in Uster zu empfangen. Rosette Zangger ihrerseits gab den Schwestern von Zürich aus «Massregeln» vor, wie sie sich beim Besuch von Josephine Stadlin zu verhalten hätten. So schrieb sie unter anderem: «2) Lasst die l.[iebe] Elise nicht abstauben, denn sie hat ein wenig kurzsichtige Augen. [...] 4) Nicht immer so ein Herumschüssen [Herumrennen, E.J.]. 5) Wenn Sie Euch zum Spielen (Klavier) auffordert, so thuts auch.»[65] Sie zeigte sich in diesem Brief als eine mit den Gepflogenheiten bildungsbürgerlicher Gastfreundschaft vertraute Person, die ihre von ländlicher Herkunft geprägten Schwestern trotz des Reichtums der Familie im Umgang mit der Städterin Josephine Stadlin als zu wenig sicher und gewandt erachtete. Sie selber hatte sich schon wenige Monate nach dem Eintritt ins Institut städtischer Mode angenähert und zur Überraschung ihrer Schwestern und ihres Vaters nach Uster gemeldet, sie habe sich zusammen mit anderen Schülerinnen der Schere eines Friseurs anvertraut, der ihr die Zöpfe abgeschnitten habe: «Es sind jetzt 7 im Institut die sie abschneiden liessen, es ist ein ganzes Lockeninstitut.»[66]

Den Unterschied zwischen Stadt und Land unterstrich Rosette Zangger auch nach ihrer Rückkehr ins Elternhaus, als sie Josephine Stadlin inständig bat, an einem Konzert mit anschliessendem Ball teilzunehmen: «Es wird von den Gebr.[üdern] Cölla von Stäfa, Violinspieler, ein Conzert gegeben u. die Prima Donna Rosette Zangger wird singen. Gewiss ich muss lachen; wenn ich denke, dass *ich* in einem *Conzert* singen soll, neben Künstlern. [...] weil es sonst eben zu einseitig gewesen wäre *nur* Violin u. besonders für die Landleute, so durfte ich's eher wagen. Auf dem Lande verlangt man nicht viel.»[67] Diese Beurteilung betraf nur ihren eigenen Auftritt, denn die vier Gebrüder Koëlla aus Stäfa bildeten ein Streichquartett, das seit 1829 in der Schweiz, Deutschland, Frankreich, Holland und England aufgetreten war. Auch die Gastgeber Elise und Ignaz Sartori-Egg hatten einen weltoffenen Hintergrund.[68] Elise Sartori-Egg gehörte zwar wie die Zangger-Schwestern zum Milieu der wirtschaftlichen und politischen Aufsteiger der Zürcher Landschaft, ihr Ehemann Ignaz Sartori dagegen stammte ursprünglich aus Würzburg. Er war nach dem niedergeschlagenen Aufstand der Burschenschaften in Frankfurt im April 1833 aus dem Gefängnis geflüchtet und nach Zürich emigriert, wo er sich später an der juristischen Fakultät immatrikulierte.[69] Zur Zeit von Rosette Zanggers Auftritt, den er am Klavier begleitete, betreute er das «Wochenblatt vom Zürichsee», die heutige «Zürichsee-Zeitung», deren Gründer Johannes Bühler damals mit der ältesten Zangger-Schwester liiert war.[70] So verbanden sich an dieser Abendveranstaltung Weltläufigkeit mit ländlicher Beschränktheit; exemplarisch zeigte sich dabei, wie bürgerliche Praktiken der Geselligkeit auf Grund einer verschiedene gesellschaftliche Gruppierungen umfassenden Vernetzung in der Zürcher Landschaft Anklang fanden.

Am Beispiel Rosette Zanggers lässt sich zeigen, wie sich in der ländlichen Gesellschaft neue pädagogische Ansichten verbreiteten, die der Rolle der Mutter ein bedeutendes Gewicht beimassen. Da das Leben Wandel und Entwicklung impliziere, könne ein Kind dank adäquatem Vorgehen zu einem Verantwortung tragenden Menschen und wertvollen Mitglied der Gesellschaft geformt werden. Solchen Vorstellungen war Rosette Zangger verpflichtet. Im Einklang mit ihrer Lehrerin vertrat sie das Ideal des ständigen Strebens nach Vervollkommnung –

verkörpert im ultimativen «Vorwärts»[71] –, dem sie mit missionarischem Eifer auf dem Land zum Durchbruch verhelfen wollte. Dennoch glaubte sie immer wieder, dem Vertrauen und den Ansprüchen Josephine Stadlins nicht zu genügen: «Es war mir als ginge ich *rückwärts* statt *vorwärts*», klagte sie in einem Brief.[72] Für den ihr von ihrer Lehrerin geschenkten Ring wollte sie «*durch Leben*» danken, «U. wenn's durch Dornen geht».[73] Mit ihr tauschte sie Gedanken über die pädagogischen Schriften von Seinecke, Dressler oder Tinette Homberg[74] aus, aber auch über Jean Paul.[75]
Anderen jungen Frauen fühlte sich Rosette Zangger als Stadlin'sche Schülerin überlegen:[76] weniger oberflächlich als die nur an jungen Herren interessierten Freundinnen aus den eigenen Kreisen – «das hat mich manchmal so ange-eckelt» –,[77] vernünftiger, gebildeter und weltoffener als die frommen Pietistinnen, zu deren treibenden Kräften die Töchter des Ustermer Pfarrers Otto Anton Werdmüller gehörten.[78] Die Zangger- und Werdmüller-Schwestern hatten in ihrer Jugend noch engeren Kontakt gepflegt und sich dann aus ideologischen und herkunftsspezifischen Gründen – aus dem liberalen Milieu der ländlichen Aufsteiger die einen, aus dem konservativ geprägten alten Stadtzürcher Bürgertum die andern – immer mehr distanziert. Mit dem Verweis auf deren supponierte Engstirnigkeit trat Rosette Zangger in ihren Briefen an Josephine Stadlin engagiert der Kritik der Pietistinnen und der Werdmüller Schwestern im Besondern entgegen: «Denken Sie, weil ich Sie liebe, habe ich keine Religion.»[79] Sie evozierte damit Josephine Stadlins Nähe zur «freireligiösen Bewegung» in der Nachfolge des dissidenten katholischen Priesters Johannes Ronge oder des radikalen Theologen Johann David Strauss, des «Erzfeindes» der Zürcher Pietistinnen und Pietisten sowie der konservativen Theologen und Pfarrer.[80] Die von der traditionellen christlichen Pädagogik geprägte Auffassung, dass den Kindern das Böse als Folge der Erbsünde angeboren sei,[81] dass man nur mit Strafen reagieren dürfe, fand sie zum Lachen.[82] Ihre eigene Haltung lässt Einflüsse von Rousseau, Pestalozzi und Friedrich Fröbel erkennen, von deren Vorstellung, dass Kinder von Natur aus gut seien und über grosse Lernfähigkeiten verfügten, auch Josephine Stadlin geprägt war.[83] Wie diese vertrat Rosette Zangger zugleich mit Vehemenz das Postulat einer auf Vernunft basierenden Erziehung.[84] Sie prangerte den Plan der Werdmüller-Schwestern, zusammen mit ihrer Mutter in Uster ein Institut zu eröffnen, als Zumutung an, da es ihnen an der nötigen Ausbildung fehle.[85] Als Stadlin'sche Schülerin bedauerte sie, nicht selber Lehrerin werden zu können, da aus standesspezifischen Gründen einer Fabrikantentochter eine solche entlohnte Berufstätigkeit nicht zugebilligt wurde. So erprobte Rosette Zangger ihre Fähigkeiten an Ernestine Blondel. Diese Schülerin von Josephine Stadlin hatte in der Schweiz keine Angehörigen und verbrachte deshalb von 1848 bis 1850 die Ferienwochen immer wieder im Hause Zangger.
Selbst wenn die Briefe das bildungshierarchische Gefälle zwischen Josephine Stadlin und der Zangger-Familie hervorheben, so war dieses Gefälle in Bezug auf die gesellschaftliche und wirtschaftliche Machtposition ein umgekehrtes. Die Familie Zangger mass dem Gewinn, den Rosette Zangger aus Josephine Stadlins Erziehung und Ausbildung zog, einen grösseren Wert zu als ihren Unterstüt-

Brief von Rosette Zangger: Worte und Zeichnung sind gleichermassen Ausdruck der Zuneigung der Schülerin für die Lehrerin und Institutsleiterin Josephine Stadlin.

zungsleistungen ans Institut und Seminar. Sie verknüpfte daher ihre finanzielle und materielle Hilfe mit emotional aufgeladener Ehrerbietung, ergänzt noch durch eine facettenreiche Palette weiterer Zuwendungen. Der Korb mit der sauberen Wäsche, den die älteren Schwestern Zangger der jüngeren Schwester nach Zürich schickten, enthielt regelmässig Geschenke für die Lehrerin: ein selbst genähtes Schürzchen, je nach Jahreszeit Blumen und Gemüse, frische Fische, auch Fleisch.[86] Die Schwester von Heinrich Zangger, «Tante Rosenkranz», liess Josephine Stadlin Trauben und Zwetschgen zukommen.[87] Aus Uster erreichten das Institut Vorräte an Kartoffeln und Äpfeln, dazu Saatgut, Holz, ja selbst Kleinvieh wie lebende Hühner und Ziegen – «eine Menagerie» – inklusive Heu, um die Selbstversorgung der Lehrerinnen und Schülerinnen abzusichern.[88] Selbst als das Seminar bereits geschlossen war, zeigte sich Rosette Zangger noch bereit, Geld zu überweisen: «Sind Ihre Geldsorgen gefährlich? Sie haben mich mit diesem Wort erschreckt. [...] *Wenig* ist *mein*, wenn ich aber mit *wenig* helfen kann, so sagen Sie mir's!»[89]

Nach dem Scheitern des Seminars verflachte das Gefälle. Sowohl die materiellen Zuwendungen aus Uster nahmen ab als auch das Zuwendungsbedürfnis der Schülerin. «Ich lebe mit Frl. Stadlin immer lieb zusammen; wenn schon immer noch mit dem Bewusstsein von ‹Zögling› zur ‹Erzieherin›, was aber gut zu erklären ist», schrieb Rosette Zangger 1850 an Heinrich Grunholzer.[90] Die Erklärung bezog sich wohl auf Rosette Zanggers Vertrauen zu ihrer Lehrerin während der schwierigen Zeiten der verbotenen Liebe zu ebendiesem Heinrich Grunholzer.[91] Wegen dessen unsicherer Position als liberaler Leiter des Berner Lehrerseminars in Münchenbuchsee lehnte Heinrich Zangger eine Verlobung seiner Tochter mit Grunholzer ab.[92] Vorgesehen war eine Verbindung mit einem Sohn aus der Fabrikantenfamilie Guyer im Neuthal, die aber Rosette Zangger auffliegen liess, was zu intensivem Gerede in Kreisen der Zürcher Oberländer Textilunternehmer geführt haben soll.[93] Nach Meinung Rosette Zanggers verleumdete die Familie Guyer in der Folge Heinrich Grunholzer bei ihrem Vater als «Phrasenfabrikanten»,[94] und diese Familie habe alles unternommen, um das Verhältnis aufzulösen.[95]

Kennengelernt hatten sich Rosette Zangger und Heinrich Grunholzer zufällig an einem gesellschaftlichen Anlass in Uster. Das intensive Interesse an Fragen der Erziehung verband die beiden, die sich in Umgehung von Heinrich Zangger gegenseitig ihre Liebe erklärten. Schon im September 1849 war Josephine Stadlin in das Geheimnis eingeweiht und hatte das Paar ihrer Unterstützung versichert. Als Kontaktstelle fungierte das Institut. Rosette Zangger fiel es in der Folge nicht immer leicht, den Verdacht ihres Vaters und ihrer Tante, die sich ebenfalls gegen die Verbindung mit Grunholzer stellte, hinsichtlich Josephine Stadlins Komplizenschaft zu zerstreuen.[96]

Nach Rosette Zanggers Heirat veränderte sich in den Briefen das Verhältnis, zumal schon zuvor Unstimmigkeiten die einseitige Verehrung der Schülerin für ihre Lehrerin relativiert hatten.[97] Inhaltliche Diskussionen zur Erziehung spielten sich nun auch wegen Heinrich Grunholzer zunehmend auf einer mehr egalitär geprägten Ebene ab. Die Entwicklung der Beziehung zwischen Josephine Stadlin und Rosette Zangger sowie ihrer Familie lässt sich jedoch nicht mehr im Detail nachvollziehen. Da Heinrich Grunholzer nach seiner Entlassung als Leiter des Seminars in Münchenbuchsee an der Industrieschule Zürich eine Anstellung fand und sich die Familie Grunholzer-Zangger in Hottingen niederliess, wo bis zu ihrer Heirat mit Ulrich Zehnder auch Josephine Stadlin wohnte, versiegte der briefliche Austausch fast gänzlich. Es ist aber anzunehmen, dass wegen der engen politischen Zusammenarbeit von Grunholzer mit Zehnder und Escher sowie der räumlichen Nähe persönliche Begegnungen häufig waren, da das Verhältnis weiterhin freundschaftlich geprägt war. Der briefliche Austausch erreichte jedoch auch nach der Übersiedlung der Familie Grunholzer-Zangger nach Uster nie mehr nur annähernd die frühere Intensität.[98]

4.3 Die Mentorin: Unterstützung der ehemaligen Schülerinnen in ihrer Laufbahn als Lehrerinnen und Erzieherinnen

Mit einer bedeutenden Zahl ehemaliger Schülerinnen, die als Erzieherinnen und/oder Lehrerinnen arbeiteten, blieb Josephine Stadlin über längere Zeit in brieflichem Austausch. So lassen sich aus dem in der Handschriftenabteilung der Zentralbibliothek archivierten Briefwechsel von Josephine Stadlin sechzig ehemalige Schülerinnen identifizieren, die als Erzieherinnen und/oder Lehrerinnen tätig waren. Effektiv waren es mehr: Josephine Stadlin korrespondierte nicht mit allen und bewahrte auch nicht alle Briefe auf. Systematisch – im Sinne von Geschäftskorrespondenz – sammelte sie Briefe erst während der Zeit am Zeltweg und im «Sonnenbühl».

Bei der Auswertung der Briefe der von Josephine Stadlin ausgebildeten Lehrerinnen und Erzieherinnen interessiert mich zum einen die Vielfalt der Erfahrungen, zum andern die Gemeinsamkeit in den Berufs- und Lebenserfahrungen. Es geht mir dabei nicht um eine Kollektivbiografie im Sinne der Prosopografie, wo die Angaben zur einzelnen Biografie nur ein Licht werfen auf das Spezifische der sozialen Gruppe, um zu definieren oder zu bestätigen, was diese als solche auszeichnet.[99] Auch die von Josephine Stadlin ausgebildeten Erzieherinnen und Lehrerinnen sind als Gruppe ein Konstrukt; deren Homogenisierung wäre fehl am Platz.[100] Aber selbst wenn deren gemeinsamer Referenzpunkt einzig in der Person von Josephine Stadlin liegt, ist die Gruppe über diesen Referenzrahmen hinaus trotzdem nicht beliebig. Denn die Briefe erschliessen über die Einzelschicksale hinaus die strukturellen Bedingungen der Berufstätigkeit, die konstitutiv dafür waren, dass sich die Lehrerinnen und Erzieherinnen als soziale Gruppe erfuhren. Diese waren aber zugleich immer je eigen agierende Persönlichkeiten, die in ähnlichem Umfeld gleiche oder unterschiedliche Entscheidungen trafen.

Um als Kollektiv betrachtet zu werden, fehlten den Erzieherinnen und Lehrerinnen im Allgemeinen die den Männern zugebilligte einheitliche Ausbildung und die Aussicht auf eine Stelle im öffentlichen Dienst. Der Beruf der Erzieherin blieb gänzlich und derjenige der Lehrerin noch vielfach ungeregelt, die Anstellungsverhältnisse waren bezüglich Form, Dauer und Umfang der Tätigkeit äusserst unterschiedlich und wechselhaft. Damit wurde einem Kreis von Frauen die Etablierung als Berufsstand verweigert, was einer extremen Beeinträchtigung ihrer Erwerbsmöglichkeiten gleichkam. So lässt sich nach Gudrun Wedel, die auf Grund der Autobiografien von Frauen dreier Generationen deren berufliche Situation analysiert und verglichen hat, selbst bei ausgebildeten Lehrerinnen keine eindeutige professionelle Stellung ableiten. Vielmehr handelt es sich um «Übergangsverhältnisse» zwischen geringfügiger und kurzfristiger Lehrtätigkeit, zwischen familiärer und beruflicher Tätigkeit.[101] Wegen der ungesicherten beruflichen Situation kam der Unterstützung durch eine bezüglich ihrer pädagogischen Kompetenzen anerkannten Person – wie Josephine Stadlin, Rosette Niederer-Kasthofer oder Lisette Ruepp-Uttinger – eminente Bedeutung zu. Die Analyse der Briefe der von Josephine Stadlin ausgebildeten Lehrerinnen und Erzieherinnen gibt denn auch nicht nur Antworten auf die Frage nach der Beziehung zu ihrer Mentorin und ihrem Selbstverständnis als berufstätige Frauen, sondern implizit ebenso Antworten auf die Frage, inwiefern ihr beruflicher Lebenslauf geschlechterspezifisch bedingt war. Daher frage ich auch, ob beziehungsweise in welchem Ausmass die fehlende Institutionalisierung von weiblichen Bildungsgängen und weiblicher Lehrtätigkeiten im Bereich der Mädchenbildung zu klientelistisch geprägten Beziehungen zwischen Mentorin und ehemaligen Schülerinnen führte.

Unbegrenzte Anhänglichkeit, tiefe Einsamkeit und selbstbewusste Eigenständigkeit

«Meine theure, heiss geliebte [Doppelstrich mit drei Punkten, Zeichen von Josephine Stadlin, E. J.]! Um zu wissen, wie wohl mir Dein Brief gethan hat, müsstest Du einen Begriff davon haben, wie fürchterlich einsam ich mich oft fühle, ja eigentlich *immer*, wenn ich auf die Grundstimmung meines Herzens hören wollte, aber wie ich immer ganz den Augenblick geniessen will, so werde ich augenblicklich auch von dem Einfluss der Augenblicke hingerissen u. so in verschiedene Stimmungen gebracht.»[102] Dies schrieb Fanny Hottinger im September 1853 aus dem am Nordatlantik gelegenen Balbec, wo sie als Erzieherin in einem Privathaushalt tätig war. Es ist ein Auszug aus einem der rund hundert Briefe, mit denen die ehemalige Schülerin, langjährige Vertraute und Mitarbeiterin von Josephine Stadlin dieser über Jahrzehnte von ihrem Leben als Erzieherin und Lehrerin erzählte. Die meisten Blätter sind eng beschrieben, die Briefe zum Teil bis vier Bogen beziehungsweise sechzehn Seiten lang, die horizontalen Zeilen noch von vertikalen Zeilen überlagert. Die formale wie inhaltliche Dichte und Länge zeugen ebenso von ökonomisch beengten Verhältnissen wie von emotionaler Dringlichkeit. Die in diesen Briefen zu Tage tretende Beziehung zwischen Josephine Stadlin und Fanny Hottinger war zwar von besonderer Intensität, doch die der Mentorin bezeugten Gefühle von Verehrung und Vertrauen waren auch in den Briefen anderer ehemaliger Schülerinnen alles andere als selten.
Der erste archivierte Brief von Fanny Hottinger datiert vom 17. Oktober 1848, als sie im «Sonnenbühl» gegenüber den Schülerinnen des Instituts und Seminars die in den Ferien weilende Josephine Stadlin vertrat. Trotz ihrer verantwortungsvollen Stellung beendet die junge Frau ihren Rapport über den Gang der Dinge mit der Wendung: «Nehmen Sie die herzinnigsten Grüsse von ihrem Kind Fanny».[103] Die enge Bindung, die in diesem Gruss und in der oben zitierten Anrede «Meine theure heissgeliebte» zum Ausdruck kommt, war ein zentrales Element von Josephine Stadlins Bildungskonzept. Mit der Konstruktion einer

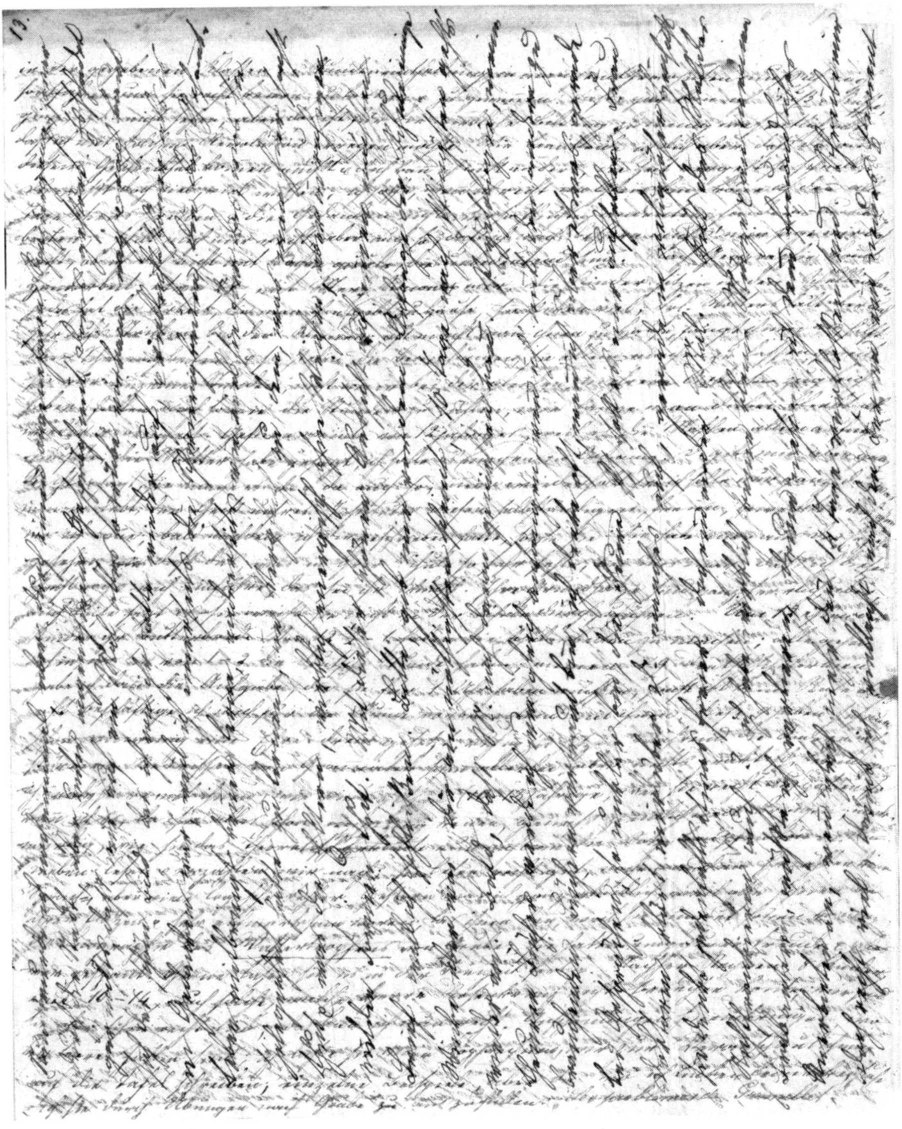

Brief von Fanny Hottinger: Nach der Schliessung des «Sonnenbühls» war die ehemalige Mitarbeiterin des Seminars in verschiedenen Ländern Europas über Jahrzehnte als Lehrerin und Erzieherin tätig. Davon erzählte sie Josephine Stadlin ausführlich. Fehlte es dazu auf den Briefbogen an Platz, überschrieb sie den Brief in anderer Richtung.

verwandtschaftlichen Beziehung band sie die von ihr ausgebildeten Lehrerinnen und Erzieherinnen über die Ausbildungszeit hinaus an sich und schaffte über den gemeinsamen Bezugspunkt eine kollektive Identität, die ihre ehemaligen Schülerinnen auch untereinander verband. Sie kam damit zugleich einem Bedürfnis ihrer ehemaligen Schülerinnen nach, da sich diese als Lehrerinnen in einem von Männern definierten Schulalltag mit ihren Nöten vielfach allein gelassen oder

sich als Erzieherinnen im fremden Haushalt isoliert fühlten. Bei Josephine Stadlin holten sie sich sowohl fachliche als auch emotionale Unterstützung.
So beschwor Meinrada Gyr, Lehrerin in Einsiedeln, die Beziehung zu Josephine Stadlin nicht nur als eine kindliche Bindung an die «Mutter», sondern auch als Quelle von Wissen und Moral: «Nicht wahr, ich darf Sie Mutter nennen; denn ich erkenne Sie als die Mutter meines höhern, geistigen Lebens; ohne Sie wäre ich nichts.»[104] Ähnliche Aussagen sind in den Briefen der inzwischen berufstätigen ehemaligen Seminaristinnen häufig, fast ebenso häufig aber sind Bitten um Rat bei konkreten schulischen oder erzieherischen Problemen. Anna Kunz, die als Privatlehrerin in der aufstrebenden Industriestadt Winterthur zehn Schülerinnen im Alter von dreizehn bis vierzehn Jahren unterrichtete, bat beispielsweise um Informationen bezüglich geeigneter Bücher.[105] Stadlin empfahl ihr in ihrer Antwort neben spezifischer Literatur für Jugendliche aus industriellem Umfeld für psychologische Fragen die von ihr herausgegebene «Erzieherin».[106] Auch die in München tätige Nina Kappeler bat Josephine Stadlin um Ratschläge. Ebenso ersuchte Elise Hagnauer, Lehrerin in Zofingen, ihre Mentorin noch nach Jahren um fachliche Auskünfte. In einem der Briefe zeigte sie sich als überzeugte Lehrerin, die den von Josephine Stadlin empfangenen Impulsen zu breiterer Wirkung in einem eher bildungsfernen Umfeld verhelfen wollte: «Ich sehe ein, wie nöthig es ist, u. besonders hier, wo die häusliche Erziehung vernachlässigt wird, von der Schule auch aufs Häusliche einzuwirken. Unter meinen Schulkindern weilend fühle ich mich am glücklichsten. [...] Nur fehlt mir oft eine Person, die mich versteht; ausser Marie Stäblin habe ich hier Niemanden, dessen Umgang mir ganz genügt. Wir finden beide, dass die Bildung der hiesigen weiblichen Jugend zu wenig tief gehaltig ist. Ich hätte gerne für diesen Winter einen Leseabend arrangiert, worin aus der Erzieherin od.[er] andern Schriften die ich Sie bitte mir zu diesem Zwecke zu bestimmen, gelesen werden sollte; allein ich weiss noch nicht, ob ich bei den jüngern Töchtern Gehör finde. Wenn sie auch nicht besonderes Interesse an solcher Lektüre finden, so will ich mein Möglichstes thun, [...] damit auf diese Art der Werth der wahren Gemüthsbildung immer mehr anerkannt wird. [...] Mich mit meinen geringen Kräften neben Sie zu stellen, das unterfange ich mich nicht; aber dessen freue ich mich, dass ich mit Ihnen immer vorwärts gehen darf. Ich stimme mit Lessing überein, wenn er sagt: ‹Nicht die Wahrheit, in deren Besitz der Mensch ist, sondern die aufrichtige Mühe, die er angewandt hat, hinter die Wahrheit zu kommen, macht den Werth des Menschen aus.›»[107]
Um Bücher ging es in den Briefen von Lisa Schweizer, die in Mailand als Lehrerin und Erzieherin in der Innerschweizer Kaufmannsfamilie Hess tätig war: Sie wollte Magers französisches Lehr- und Sprachbuch verwenden, sofern Josephine Stadlin ihr dazu raten würde; sie las als Übung im Französischen die «Mémoires d'outre-tombe» von Chateaubriand, beschäftigte sich mit «L'éducation progressive par Mme Necker» und setzte ihre Studien «in Beneke's ‹Psychologie› fort».[108] Zugleich verfolgte sie die Aufstände der liberalen Mailänder gegen die Herrschaft der Habsburger in der Lombardei mit grosser Sympathie.
Wie diese Frauen äusserten nicht wenige Lehrerinnen und Erzieherinnen in ihren Briefen an Josephine Stadlin trotz der oft beengenden und unsicheren

Situation Berufsstolz, zeigten Interesse an Weiterbildung, an Literatur und pädagogischen und psychologischen Büchern, positionierten sich als Expertinnen. Dabei gingen sie ihre Mentorin um Rat an und lobten sie als leuchtendes Beispiel. Josephine Stadlin ihrerseits forderte von den jungen Lehrerinnen und Erzieherinnen Gefolgschaft. Wenn diese in ihrem beruflichen Schaffen nicht ihren Vorstellungen entsprachen, zürnte sie oder entzog ihnen ihre Zuneigung. Agatha Rhyner fühlte sich deshalb gedrängt, sich zu rechtfertigen, dass sie eine Stelle in einem der bei Josephine Stadlin verpönten Privatinstitute in der Westschweiz angenommen hatte: «Auch muss ich wieder gestehen, dass *ich* es für gut halte. Die frz.[französische] Bildung, die ich jetzt noch geniessen werde, soll mir Mittel sein, eher an eine Stelle zu gelangen, damit ich meine guten Grundsätze für Erziehung ausüben kann, diejenigen, welchen Sie mich kennen gelehrt, u. ich als die einzig wahren anerkenne.»[109] Um sich die Zuneigung der Mentorin zu erhalten, betonte sie den Nutzen der französischen Sprache für die zukünftige Stellensuche und untermauerte gleichzeitig Josephine Stadlins Einzigartigkeit: «[...] wohl finde ich einen grossen Unterschied zwischen Ihrer Anstalt u. dieser da; u. immer danke ich dem l.[ieben] Gott, dass er mich zu Ihnen geschickt hat, denn Sie lehrten mich meine wahre Bestimmung als Mensch u. Lehrerin kennen.»[110] Auf deren Vorwürfe, weil sie nicht ihren Empfehlungen gefolgt war, reagierte sie mit Bestürzung: «Ihr letzter Brief [...] hat mir heisse Thränen entlockt. Ich sehe mit Schmerzen draus, dass Sie meinetwegen betrübt sind. Sie schreiben mir Lauheit, Eigennützigkeit zu. Diese Vorwürfe thun mir sehr wehe, um so mehr, da ich mir vorstellte, wie gross Ihre Betrübniss ist, eines Ihrer Kinder, auf das Sie zu zählen hofften, auf dem unrechten Wege zu glauben. Aber gewiss, ich glaube Ihre Vorwürfe nicht verdient zu haben. [...] Ich bitte Sie, schenken Sie mir ein wenig mehr Vertrauen.»[111] Auch Sophie Froelich, die in einem Privatinstitut in Ouchy bei Lausanne Deutsch, Französisch und Handarbeit unterrichtete, fühlte sich genötigt, ihre Anstellung zu rechtfertigen: «Sie halten sonst die frz.[französischen] Institute für sehr oberflächlich, doch ich kann Sie versichern, hier herrscht nicht diese von Ihnen verworfene Oberflächlichkeit.»[112] Josephine Stadlin hielt auch wegen ihrer Ablehnung der Pietisten wenig von einem Aufenthalt in der Westschweiz. Die Pietisten hatten in der Westschweiz in den späten 1840er Jahren grossen Zulauf, obwohl sie in der Waadt nach dem Sieg der radikalen (freisinnigen) Regierung verboten worden waren. Mit ihrer Befürchtung, die jungen Frauen könnten unter den Einfluss von schwärmerischen «momiers» – so wurden die Pietistinnen und Pietisten beschimpft – geraten, stand Josephine Stadlin nicht allein da, sondern davor wurde vielfach in der deutschsprachigen Schweiz gewarnt.[113] Ida Locher, die während ihrer Anstellung als Erzieherin in einem Privathaushalt in Lausanne von ihrer Verunsicherung durch die Auseinandersetzungen zwischen den religiösen Dissidenten und den «Radicalen» erzählte, wurde von Josephine Stadlin mit Nachdruck belehrt, die Sicht der Pietisten sei einseitig und eng.[114] Ebenso warnte sie Caroline Maier, die Schwester ihrer Freundin Elise Maier, vor dem Einfluss der Pietisten: «Aus dem beigelegten Briefe sah ich dass du bei sog:[enannten] Pietisten bist, die wie gewöhnlich sich alle Mühe geben Proselÿten zu machen.»[115] Ihre langen Ausführungen beendet

sie mit der Aufforderung, sich immer vertrauensvoll an sie zu wenden: «Frage also, bitte, fordere – was ich antworte, gewähre, kommt von Herzen.»[116]
Eine der Ursachen für den Erfolg der religiösen Erweckungsbewegung, vor denen Josephine Stadlin ihre ehemaligen Schülerinnen warnte, waren die Aufgehobenheit und der Zuspruch, die ihnen im kleinen Kreis der «réunions» geboten wurden. Denn neben Gefühlen der Anhänglichkeit, des Vertrauens oder des Berufsstolzes war – wie in Fanny Hottingers Brief aus Balbec – das Thema «Einsamkeit» in den Briefen der Lehrerinnen und Erzieherinnen allgegenwärtig, ob sie im In- oder im Ausland, in einer öffentlichen Schule, in einem Privatinstitut oder in einer Familie tätig waren. «Ich bin also vom Morgen um 8 bis Abends um 7 immer mit meinem Mädchen und *allein* mit meinem Mädchen, von 7 bis 11 wenn ich zu Bett gehe bin ich allein und kann thun, was ich will. Sonntags muss ich 2mal in die Kirche gehen so vergehen meine Tage, meine Wochen immer monoton und einsam.»[117] Mit diesen Worten beschrieb 1860 Nanette Egg ihren Alltag als Erzieherin in einer Familie in London. Sie bat deshalb Josephine Stadlin um Rat, da sie die einzige erfahrene gütige Freundin sei, die sie liebe und der sie ganz vertrauen könne. Die in Bad Schinznach tätige Netti Huber bezeugte ihrerseits in einem Brief, dass sie nicht selten ans Sterben denke: «Ja nicht nur im Heimweh, sondern, wenn ich noch froh wäre, muss ich an den Tod denken, denn es nagt beständig im Fenstergesims neben meinem Pulte ein Holzwurm.»[118]
Zwei Jahre später kündigte die gleiche Netti Huber jedoch nicht nur selbstbewusst die Mitgliedschaft im Erzieherinnenverein, sondern bestand auf Eigenständigkeit und hielt dabei nicht mit Kritik zurück. Vor allem scharf ins Gericht ging sie mit dem unreflektierten Nachplappern von Gedanken und die damit einhergehende Überheblichkeit anderen gegenüber, die sie mit anderen Getreuen Josephine Stadlins geteilt habe: «Geh ich meiner Bestimmung entgegen, wenn ich aus dem Kreise meiner Eigenthümlichkeit trete? – Und wenn ich auf meine Weise den nämlichen Zwecke, wie Du anstrebe, wenn ich so eifrig Gott zu verherrlichen trachte, wie Du, ist es dann recht, dass Du mich bedauerst, dass Du mich Deiner Liebe nicht mehr so werth hältst als ehedem, da ich mich blindlings halbbegriffnen Ideen in die Arme warf, und mich darüber ausliess, als hätte ich sie ergründet, da ich Alles, was hoch tönte mit Heisshunger verschlang und die ganze menschliche Gesellschaft in zwei scharf gesonderte Theile schied, bei deren *einem* ich mich nicht zu den geringsten seiner Glieder zählte, da ich das Gute liebte und that, nicht weil es mein Herz zu schätzen wusste, aber weil das unerschöpfliche Lob desselben aus Deinem halbvergötterten Munde floss? […] Lass mich austreten, und – wenn meine Bestrebungen, mein Fleiss und mein Wandel Dir keine Liebe abnöthigt, so lass mich; – sonst aber, o sonst wirf die Form weg und gieb Dich mir als dieselbe treue Freundin, die das ungestüme begeisterte Kind so freudig an das liebende Herz drückte. […] Lebe wohl mein Theures, es liebt Dich von ganzem Herzen auf immer deine Netti.»[119] Der in diesem Brief evozierte unbedingte Zusammenhalt der Schülerinnen erinnert an das unkritische Verhalten von Sektenanhängerinnen und die Stellung von Josephine Stadlin ähnelt derjenigen, die heute einem Guru zugeschrieben würde. Doch dieser Zusammenhalt kann im Kontext des liberalen

Aufbruchs auch als Merkmal einer sozialen Bewegung gelesen werden, da eine solche Unbedingtheit in Zeiten des Umbruchs sozialen Gruppen, die sich als gesellschaftsverändernd Handelnde verstehen, eigentümlich ist. Er wird meistens erst rückblickend einer kritischen Reflexion unterzogen.[120] An anderer Stelle im Brief lastete Netti Huber das von ihr kritisierte Verhältnis – zumindest explizit – nicht der Lehrerin an, sondern den blind folgenden Anhängerinnen. Deshalb versicherte sie Josephine Stadlin nochmals ihrer Liebe, die sie der ehemaligen Lehrerin nicht mehr in der unterwürfigen Position der Schülerin, sondern in derjenigen der Freundin anbot. Ob diese auf den Vorschlag eines Austausches zwischen gleichwertigen Freundinnen eingetreten ist, scheint eher fraglich, denn es ist der letzte der vierzehn erhaltenen Briefe Netti Hubers an Josephine Stadlin. Diese gab zwar Jahre später dem Direktor der bekannten Schule Levana für lernschwache Kinder in Baden bei Wien Auskunft über ein von ihr ausgebildetes «Frl. Huber».[121] Aber die Angaben erfolgten nicht auf Grund einer Bitte Netti Hubers, sondern einer Anfrage von Daniel Georgens. Diesem erschien Josephine Stadlin, mit der er bereits in brieflichem Kontakt stand, wohl als ideale Ansprechpartnerin, um sich über die Qualifikationen der sich um eine Stelle bewerbenden Netti Huber zu orientieren.

Eigenständigkeit und beruflichen Stolz markierten auch andere Schülerinnen von Josephine Stadlin. Doch die wenigsten distanzierten sich von ihr. Die «Olsbergerin» Antoinette Uttinger orientierte sich in ihrer Privatschule in Zug an der Stadlin'schen Unterrichtsmethode.[122] Die ehemals bei Josephine Stadlin verschuldete Anna [Nachname nicht klar, E. J.], verheiratete Rasche, arbeitete zuerst als Erzieherin in diversen Privathaushalten in London, unter anderem in einer jüdischen Familie, und gründete nach dem Tod des Ehemanns, eines aus dem preussischen Königsberg nach England ausgewanderten Pfarrers, ein eigenes Institut in Newton Abbot, Devonshire.[123] Sie stellte sich gegen den Einfluss des katholischen Klerus in den Schulen, war in konfessionellen Fragen nicht formalistisch und fragte daher Josephine Stadlin um Rat, wie Religion zu unterrichten sei. Andere Lehrerinnen und Erzieherinnen zeigten sich bezüglich Weiterbildung erstaunlich initiativ bis hin zum Erlernen von Latein und der Absolvierung einer Prüfung an der Pariser Sorbonne.[124] Trotz dieser von Erfolg gekennzeichneten Beispiele scheint die Lebenssituation der Mehrheit der von Josephine Stadlin ausgebildeten Frauen eine schwierige gewesen zu sein, und eine Heirat war für die wenigsten mit der Berufstätigkeit vereinbar. Dabei unterschied sich die Situation der Lehrerinnen von derjenigen der Erzieherinnen nur graduell.

Wechselhafte Verhältnisse, vielfältige Verpflichtungen und schlechte Entlöhnung

Die Stellung der Erzieherin glich im 19. Jahrhundert noch der Stellung des Hauslehrers im Ancien Régime, der als Beruf mit der Institutionalisierung der Schule in der Schweiz und Europa weitgehend verschwunden war.[125] Trotz der Bestrebungen von Pädagoginnen und Schulleiterinnen, parallel zum Lehrerinnenberuf auch die Tätigkeit der Erzieherinnen zu professionalisieren, wurde dieser Anspruch von den Politikern fast gänzlich ignoriert. Vielmehr blieben die Anstellungsbedingungen der Erzieherinnen von grösster Abhängigkeit gekennzeichnet. Denn für den Beruf der «Erzieherin» war die Zugehörigkeit zum Haushalt des Arbeitgebers konstitutiv.[126] Wie bei den Dienst- und Kindermädchen – die Bezeichnung war Programm[127] – wurde vorausgesetzt, dass Erzieherinnen ledig waren und im gleichen Haus wohnten, wo sie arbeiteten. Die Arbeitszeiten waren kaum begrenzt, die zusätzliche Übernahme von hauswirtschaftlichen Aufgaben üblich. Wenn die Erzieherin noch im selben Zimmer schlafen musste wie die von ihr betreuten Kinder, reduzierte sich ihr «privater» Raum auf das Bett. Nichts kennzeichnet ihre Abhängigkeit mehr, als dass ihr relatives Wohlbefinden willkürlich bestimmt war durch die jeweilige Haltung der Familie. So bemerkte Nanette Egg in ihrem bereits zitierten Brief an Josephine Stadlin über die Situation in England: «Ich bin übrigens so gut behandelt im Verhältnis zu den anderen Erzieherinnen, sie werden sonst angesehen wie die Parias von dem Kinde. Ich habe mit den Eltern hier sehr wenig zu thun, aber wenn ich sie sehe, sind sie freundlich und zuvorkommend und zeigen sich frei von dem Stolze.»[128] Hochmut sei ansonsten typisch für die Engländer, deshalb würden Erzieherinnen von Kindern in den meisten Häusern auch geschlagen: «[...] denn die Erzieherin wird nur als eine Art Dienstbote betrachtet. In unserem Hause ehrt man mich, darum werde ich versuchen, so lang als möglich hier glücklich zu bleiben.»[129] So verlangte die Stellung als Erzieherin im Privathaushalt oder in einem Privatinstitut neben der sozialen auch ein hohes Mass an kultureller Anpassungsleistung. Als schwierig erwies sich vor allem die Situation in den aristokratischen Häusern, weniger in den Haushalten der liberal oder sogar revolutionär gesinnten Bildungsbürger.

Im Gegensatz zu Nanette Eggs Erfahrungen in England waren die Mütter in der Schweiz und in Kontinentaleuropa mehrheitlich nicht abwesend. Aus ebendiesem Grunde fanden jedoch nicht wenige Erzieherinnen ihre Situation besonders beengend. Ständig konkurrierten sie mit der Mutter um Einfluss, deren Erziehungspraktiken sie oft eine negative Wirkungskraft zuschrieben, die ihre Bemühungen zunichte machten. So resignierte Pauline Goldach als Erzieherin im oberrheinischen Niederbruck, weil die Mutter die Kinder laut ihrem Brief an Josephine Stadlin nicht zu bändigen wisse, sie selber aber nicht davor zurückschrecke, diesen Schläge auszuteilen.[130] Auch Elise Hagnauer, Hauslehrerin in der Familie des Gründers und medizinischen Leiters der Kuranstalt Albisbrunn, klagte über Reibungen mit Frau Brunner wegen der als «nicht einfach» taxierten Tochter Eugenia.[131] Keine mütterliche Konkurrenz zu befürchten hatten jene Erzieherinnen, denen an Stelle der verstorbenen Mutter die Verantwortung für die Kinder übertragen wurde. Beispielsweise äusserte sich Josephine Stadlins Nichte geradezu überschwänglich über ihre Stellung in der Familie eines wohlhabenden Tuchhändlers auf dem italienischen Monte Berico bei Vicenza, dessen fünf Töchter sie zu «edle[n], gebildeten Hausfrauen»[132] formen sollte: «Wie sollte ich nicht glücklich sein als Erzieherin u. Mutter meiner 5 lieben Mädchen, die mich als Mutter u. Freundin lieben, als Lehrerin achten u. gehorchen. – Es gefällt mir immer besser in dieser Familie u. in meinem Beruf, obwohl er mir immer schwerer und wichtiger vorkommt u. ich oft ob meinem Vertrauen erstaune, das ich in Gottes Hilfe setze, die bei mir alles Fehlende ersetzen soll u.

mit der ich meine Aufgabe erfüllen zu können hoffe. […] In wissenschaftlicher Beziehung kann ich nicht stark vorwärts schreiten mit ihnen. Denken ist ihnen ein noch völlig unbekanntes Ding, ich habe Mühe der 14 & 15jährigen Interesse beizubringen an geistiger Unterhaltung & Bildung, die älteste hingegen nimmt Alles mit grossem Interesse auf, ist lebhaft, liebt die Lektüre u. alle Förderungsmittel zur Geistesentwicklung. Bei ihr kann ich am meisten wirken u. sie ist schon jetzt bedeutend vorwärts geschritten in geistiger Beziehung.»[133] Auch sie suchte bezüglich der «wissenschaftlichen» Erziehung bei Josephine Stadlin Unterstützung und zeigte sich beglückt, dass sie als Erzieherin und Privatlehrerin unabhängig von den Kosten alles Notwendige anschaffen könne. Von solcher Grosszügigkeit ist in den Briefen sonst kaum die Rede, viel eher von bedrückenden finanziellen Verhältnissen.

Schlecht entlöhnt war die erzieherische Tätigkeit auch in den privaten Töchterinstituten oder -pensionen[134] und der Freiraum kaum grösser als in einem Privathaushalt, da in der Regel der Arbeits- und der Wohnort der angestellten Lehrerinnen und Erzieherinnen dort ebenfalls identisch waren. Demgegenüber erschien die Anstellung im öffentlichen Schuldienst besser. Doch auch hier spielte die soziale Kontrolle. So beschloss die in Zofingen als Lehrerin angestellte Marie Marchand, die Unterkunft bei Frau Pfarrer Ringier aufzukündigen und zu einer Kollegin zu ziehen, wo sie viel unabhängiger sei.[135] Wie die Anstellungsbedingungen der Erzieherinnen wurden auch diejenigen der Lehrerinnen in der Regel vorwiegend individuell ausgehandelt und waren an den Zivilstand gebunden, konkret: Das Arbeitsverhältnis hörte mit der Heirat auf. Das Provisorische ihres Berufsstandes färbte auf die Zukunftsaussichten der Lehrerinnen ab; ihre Situation blieb generell eine prekäre. Stellenwechsel waren häufig, ebenso das Pendeln zwischen Erwerbstätigkeit und unbezahlten Tätigkeiten: Viele arbeiteten sukzessive und in unterschiedlichster Reihenfolge als Lehrerin in einer öffentlichen Schule, in einem Institut, als Privatlehrerin im eigenen Haushalt, als Erzieherin oder als Haushaltshilfe bei den eigenen Verwandten, als Betreuerin von kranken Familienmitgliedern.

Beispielhaft für die sich immer wieder ändernde Position der von Josephine Stadlin ausgebildeten Lehrerinnen und Erzieherinnen sei hier kurz die Laufbahn der Luzernerin Rosalie Feierabend, der jüngeren Schwester von Marie Feierabend, aufgerollt, soweit sich diese anhand der 53 erhaltenen Briefe an ihre Mentorin rekonstruieren lässt. Sie war von 1841 bis 1842 Schülerin im Stadlin'schen Institut und arbeitete anschliessend als Lehrerin. Darauf führte sie eine Zeit lang an Stelle von Josephine Stadlins gesundheitlich geschwächter Mutter den Grosshaushalt im «Sonnenbühl» und half dann von 1848 bis 1851 der älteren Schwester im damals noch österreichischen Laibach (Ljubljana) in deren Töchterschule. Zurück in der Schweiz, absolvierte sie 1852 in Wettingen bei Augustin Keller die kantonale aargauische Lehrerinnenprüfung und unterrichtete danach in einer Privatpension in La Neuveville. Schon 1853 trat sie eine Stelle als Lehrerin in Zug an, die sie jedoch bald wieder aufgab, um im toggenburgischen Ebnat-Kappel dem leidenden Bruder im Haushalt und in der Arztpraxis zu helfen. 1856 kehrte sie schliesslich nach Zug zurück, um ihr «Nomadenleben», wie sie es nannte, mit der erneuten Annahme einer Lehrerinnenstelle zu beenden. Hier unterrichtete sie mit Ausnahme eines einjährigen Abstechers nach Rapperswil bis mindestens 1871, dem Datum des letzten Briefs.[136] Von solchen Stellenwechseln geprägt war die berufliche Laufbahn vieler ehemaliger Schülerinnen von Josephine Stadlin. Während viele Erzieherinnen eine Stelle wegen der beengten Verhältnisse in einem Privathaushalt aufgaben, kündigten Lehrerinnen nicht selten, weil die Unterrichtstätigkeit in einem oft wenig bildungsfreundlichen Umfeld sehr Kräfte raubend war: Frauen verdienten bedeutend weniger als ihre auch nicht sehr gut entlöhnten männlichen Kollegen,[137] obwohl ihnen dieselben oder sogar noch weiter gehende Verpflichtungen oblagen und ihnen die Unterstützung durch eine mithelfende Ehefrau fehlten, nicht aber die Pflichten gegenüber den Eltern und Geschwistern.[138] So waren neben dem ständigen Ringen um Anerkennung die finanzielle Bedrängnis und die Verantwortung der Herkunftsfamilie gegenüber die Themen, die Lehrerinnen wiederholt in den Briefen an ihre Mentorin ansprachen und sie veranlassten, ihre berufliche Situation zu ändern. Auch die Schülerinnen, die Josephine Stadlin im Auftrag der Behörden von Einsiedeln ausgebildet hatte, entschieden sich mit der Zeit zum Stellenwechsel. Die Behörden waren von der Annahme ausgegangen, dass die Lehrerinnen langfristig in Einsiedeln unterrichten würden. Doch Lina Baumgartner verliess wegen Spannungen mit ihren Kolleginnen die Schule schon nach wenigen Jahren, arbeitete als Erzieherin nacheinander in Fiume, in der Westschweiz und in Triest, bevor sie als Lehrerin nach Einsiedeln zurückkehrte. Die Kolleginnen litten ihrerseits unter schwierigen finanziellen Verhältnissen. Die Gemeinde verweigerte nicht nur eine finanzielle Besserstellung, sondern verschob die Auszahlung der Löhne an die unverheirateten Lehrerinnen in den Krisenmonaten der späten 1840er Jahre.[139] Gertrud Steinauer musste jedoch nicht nur für ihre Geschwister aufkommen, sondern auch die Stadlin'sche Geldanleihe zurückzahlen, mit der sich ihre Familie ein Heimwesen gekauft hatte.[140] Trotz dieser Verpflichtungen verliess sie dann den Schuldienst krankheitsbedingt und arbeitete stattdessen während Jahren in Verona als Erzieherin. Meinrada Gyr verschwieg den Kolleginnen, dass sie über Jahre nebst der Mutter den von der Familie getrennt lebenden Vater zu unterstützen hatte: «Alles trag ich so in mir u. weder Louise noch Gertrud weiss etwas davon.»[141] Ihr Brief vom 15. Oktober 1848 steht für ihre finanziell wie gesundheitlich bedrängende Situation: «Um dieser Noth zu entrinnen; habe ich den ganzen Sommer von Morgens 1/2 6 Uhr bis Abends 6 Uhr Schule gehalten; aus obiger Ursache hielt ich in den Ferien Nebenschule, bis ich erkrankte, u. desswegen gieng ich nirgends hin; ach! *Alles* musste ich mir versagen.»[142] Die andauernd prekäre Lage liess auch sie 1857 an einen Stellenwechsel denken.

Gertrud Steinauers und Meinrada Gyrs über Jahre dauernde finanzielle Schwierigkeiten sind nicht untypisch für mehrere der ehemaligen Schülerinnen von Josephine Stadlin: an die Herkunftsfamilie gebunden durch Unterhaltspflichten, der einstigen Lehrerin gegenüber verschuldet wegen nicht beglichener Ausbildungskosten, von den Behörden abhängig, die sich der Verbesserung der Anstellungsbedingungen widersetzten und zur Entlastung der Gemeinderechnung an den Löhnen der Lehrerinnen sparten. Josephine Stadlin selber war wegen der nicht beglichenen Schulden ihrer ehemaligen Schülerinnen von deren schlechten Arbeitsbedingungen direkt betroffen. Bei ihrem Einsatz für die Besserstellung der Lehrerinnen ging es ihr jedoch vor allem um ihre grundlegende Forderung, die Mädchenbildung ausschliesslich in Frauenhände zu legen. Um dies zu realisieren, waren ihrer Meinung nach die Anstellungsbedingungen tiefgreifend zu verändern. In einem Beitrag, den sie kurz nach der Schliessung des Instituts veröffentlichte, begründete sie diese Vorstellung: «*Frauen* müssen Mädchen für Frauenbildung heranziehen, und damit es in hinreichend ausgedehntem Masse geschehe, sollten Anstalten zur Bildung von Lehrerinnen gegründet werden. [...] Nebst solchen Anstalten zur Bildung für Lehrerinnen muss als zweites diesfälliges Mittel verlangt werden, *dass die Existenz und Gesundheit aller angestellten Lehrerinnen mehr humane Berücksichtigung finde*. Wir kennen Lehrerinnen, die 60 bis 80 Mädchen in 3, 4 und 5 Classen *zugleich* und in *allen* Schulfächern in 30 gesetzlichen Stunden wöchentlich zu unterrichten haben, und folglich *dazu* wöchentlich 120 bis 160 Hefte in ihren ‹Freistunden› corrigieren müssen [...] und die *dazu* bei ihrer kleinen Besoldung gezwungen sind, noch Privatstunden zu geben, oder auf andere Weise für ihre Existenz zu arbeiten. Würde der Mann diese so mühevolle, so *unausgesetzte* Spannung aller Kräfte ertragen? – Man weiss es nicht; denn es findet sich nicht, weil kein Lehrer den ungeheuren Zeitaufwand braucht, den die Fertigkeiten in den weiblichen Handarbeiten und den ein nie ganz zu umgehendes Hausgeschäft erfordert. [...] Und diesen Thatsachen gegenüber darf der Mann noch sagen: die Gesundheit der Frau, ihre Organisation sei für den Lehrberuf zu schwach! – Verwechsle man doch den Lehrberuf nicht mit solchen inhumanen oder unverständigen Umständen, unter denen die Lehrerin ihn da und dort ausüben muss. [...] Da unter den jetzigen Umständen die Eltern ihre Töchter als Stubenmägde, Glätterinnen, Schneiderinnen u. besser zu versorgen wissen, denn als Lehrerinnen, so ist begreiflich, dass man die Mädchen abhält, Lehrerinnen zu werden.»[143] Sie setzte damit die Kosten für die Ausbildung direkt in Relation zur finanziellen Absicherung und dem individuellen Zeitaufwand der Lehrerin. Mit dem «Zeitaufwand» für «ein nie ganz zu umgehendes Hausgeschäft» fokussierte sie zugleich auf die zentrale Problematik weiblicher Erwerbstätigkeit, die noch anderthalb Jahrhunderte später zu Diskussionen Anlass geben sollte: die im Vergleich zu den erwerbstätigen Männern unvergleichlich höhere Belastung der erwerbstätigen Frauen durch Haushaltsarbeiten. Zur Förderung des Lehrerinnenberufs stellte sie einen breiten Forderungskatalog auf. So sollten ihrer Meinung nach vor allem Töchter von «kinderreichen, aber geldarmen Familien des gebildeten Bürgerstandes»[144] zu dieser Laufbahn animiert werden. Ausser der Forderung, «dass den Lehrerinnen nicht unmöglich gemacht werde zu heirathen»,[145] schlug sie vor, die Klassenbestände auf maximal dreissig zu beschränken, die wöchentliche Stundenzahl stark zu reduzieren und das Gehalt zu erhöhen, alles Vorschläge, die Lehrerinnen-, aber auch Lehrerorganisationen noch im 20. Jahrhundert auf ihre Agenda setzen sollten. Diesen Forderungskatalog ergänzte sie mit konkreten Entwürfen zur Lehrerinnenausbildung und schloss mit dem resignativen Fazit: «[...] es fehlt nicht an Geld, aber an Einsicht fehlt's. Uebersähe man die Tragweite der hier verlangten

Geldverwendung, wie die seiner Verwendung für Eisenbahnen, so würde auch für jene das Geld sich endlich finden.»[146] Damit setzte sie die Investitionen in die Bildung den damals – vor allem auch von ihrem Zeitgenossen Alfred Escher – forcierten Investitionen in den Ausbau des Schienennetzes als zukunftsträchtige Infrastrukturleistungen gleich.[147]

Auf Stellensuche von London bis Petersburg

Stadlin nahm ihre Verantwortung als Mentorin auch in der Rolle der Vermittlerin von Stellen wahr. Dazu nutzte sie ihr dichtes und Grenzen überschreitendes Netz von Beziehungen zu Vertretern von Schulbehörden, zu Leiterinnen und Leitern von Privatinstituten und zu Familien, die sich für die Betreuung ihrer Kinder eine Erzieherin oder Privatlehrerin leisten konnten und wollten. Um Gertrud Steinauer nach der Aufgabe ihrer Stelle in Einsiedeln einen beruflichen Neustart im Toggenburg als selbständige Privatschul- oder Arbeitslehrerin zu ermöglichen, schrieb sie auf deren Wunsch hin an den dort praktizierenden Arzt und Bruder von Marie und Rosalie Feierabend, damit er ihr dabei behilflich sei. Gleichzeitig riet sie ihr, wie sie das bewerkstelligen sollte: «Ich würde auch zuerst nur eine Arbeitsschule gründen, u. dann nach Bedürfnissen mehr thun u. dieses u. jenes Fach dazu lehren.»[148] Einer anderen Schülerin, Agathe Rhyner, der sie zuerst geraten hatte, sich in Rotterdam um eine Stelle in einer Familie zu bewerben, empfahl sie dann Albert Picot in Genf, der sie um eine Erzieherin angegangen war. «Mlle Rhyner est catholique mais avant tout *chrétienne* qui se tient à la Bible»,[149] schrieb sie dem Exponenten einer illustren Familie aus dem protestantischen Genf. Ob Agathe Rhyner, die damals in Yverdon in der Pension Ehinger arbeitete, die Stelle in Genf antrat, ist unklar, aber eher unwahrscheinlich, da sie, zur grossen Enttäuschung Josephine Stadlins, einige Monate später immer noch in Yverdon als Erzieherin tätig war.[150]

Als ebenso bedeutende Ressource wie ihre Beziehungen zu den tonangebenden politischen und bildungsbürgerlichen Familien der Schweiz erwies sich für die Stellenvermittlung das Grenzen überschreitende Beziehungsnetz der im ganzen deutschen Sprachraum bekannten Pädagogin. Ehemalige Seminaristinnen und Mitarbeiterinnen brachte Josephine Stadlin im Institut von Doris Lütkens in Hamburg unter. Sie empfahl sie als theoretisch und praktisch in allen wissenschaftlichen Fächern – Geschichte, Sprachen, Psychologie und Naturwissenschaften – bestens ausgebildete Erzieherinnen.[151] Dem Schulleiter Seinecke in Hannover schrieb sie von einer jungen Lehrerin aus Luzern, die von ihr mehr als drei Jahre auf den Beruf vorbereitet worden sei und nun «sobald als möglich einen angemessenen Wirkungskreis» finden sollte.[152] Auch einer der Schlotthauer Schwestern, die sie unterrichtet hatte, fand sie eine Stelle in Süddeutschland, zuerst in Lautrach bei Memmingen, dann in Kempten.[153]

Mit besonderer Sorgfalt engagierte sich Josephine Stadlin für Fanny Hottinger, die sie nach der Schliessung des Seminars als Lehrerin an ein Privatinstitut im norddeutschen Ratzeburg vermittelte. Als Erzieherin in einem Privathaushalt arbeitete in dieser Stadt auch die Seminaristin und ehemalige Kollegin von Fanny Hottinger, Margrit Girsperger. Nach drei Jahren kehrte diese für kurze

Zeit nach Zürich zurück, bevor sie dann bis 1858 als Erzieherin einer kleinen Anetta in einer Familie in Bergamo angestellt war, von deren Fortschritten sie Josephine Stadlin erzählte.[154] Auch Fanny Hottinger blieb nicht in Ratzeburg, sondern wechselte ein paar Mal die Stelle und reiste schliesslich vom nordfranzösischen Balbec 1854 nach England, wo sie über Jahre als geachtete Lehrerin in einer von Miss Dayton geleiteten Pension wirkte und darüber ihrer «heissgeliebten» Mentorin berichtete.[155] Ebenso erteilte Babette Helbling ab 1853 in England Unterricht, zuerst in Malton in einer Privatschule, später in Leeds. Von dort wechselte sie zurück nach Luzern, dann nach St. Gallen, unterrichtete als Ehefrau eines verschuldeten Apothekers in Appenzell Privatschülerinnen und bemühte sich schliesslich um die Vorsteherschaft der von Ulrich Zellweger geplanten Schule in Trogen. In all diesen Jahren ging sie immer wieder Josephine Stadlin um Referenzen an.[156]

Von 1845 bis weit in die 1860er Jahre schrieb Josephine Stadlin an Schulen, Institute und Familien, um ihre ehemaligen Schülerinnen als Lehrerinnen oder Erzieherinnen zu vermitteln. Bei den Stellenvermittlungen wurden Josephine Stadlins eigene Netzwerke überlagert von denjenigen ihrer ehemaligen Schülerinnen, die sich auch im Ausland gegenseitig besuchten, sofern sie in der gleichen Stadt oder Region arbeiteten oder beim Stellenwechsel auf der Durchreise waren. Dabei tauschten sie Informationen aus, gaben Tipps weiter und berichteten darüber auch Josephine Stadlin, die als zentrale Drehscheibe fungierte. Bei ihrer Vermittlungstätigkeit knüpfte Josephine Stadlin an die ehemaligen Beziehungen Pestalozzis und seiner Mitarbeiter zur bildungspolitischen Elite Europas an. Beispielsweise hatte bereits Pestalozzis Vertrauter Johannes von Muralt schweizerischen Erzieherinnen in St. Petersburg zu Anstellungen verholfen, was die Stellensuche im Russischen Reich noch in der zweiten Hälfte des 19. Jahrhunderts erleichterte.[157] Besonders dicht war das Stellenangebot in norditalienischen Städten, wo sich etliche Schweizer Kaufleute und Textilfabrikanten für einige Jahre oder dauernd niedergelassen hatten und mehrheitlich eng verbunden blieben mit den fortschrittsorientierten Kreisen, in denen Josephine Stadlin verkehrte. So diente Josephine Stadlin nicht nur in der Schweiz vielen ehemaligen Schülerinnen als gewichtige Referenz bei der Bewerbung um eine Stelle, sondern es gelang ihr auch, vielen Schülerinnen eine Stelle als Erzieherin und/oder Lehrerin im Ausland zu vermitteln, im damals noch nicht geeinten Deutschland und Italien, im Habsburgerreich, in Kongresspolen und Russland, in England, Frankreich und den Niederlanden.[158] Ihre Korrespondenz mit Stadlin deuteten diese Frauen als wichtiges Mittel, um sich als Teil eines grösseren Ganzen zu fühlen, einer Gruppe, die den gesellschaftlichen Auftrag zur Bildung des weiblichen Geschlechts in ihrem Alltag umsetzte.

Das lässt mich abschliessend feststellen, dass das maternalistisch geprägte Verhältnis zwischen Josephine Stadlin und den von ihr ausgebildeten Lehrerinnen beziehungsweise Erzieherinnen auch als Klientelismus gedeutet werden kann, und zwar als eine geschlechtsspezifische Form von Klientelismus. Der Theoretiker des Klientelismus, der polnische Historiker Antoni Maczak hebt mit der Bezeichnung «hinkende Freundschaft» die Asymmetrie einer Patron-Klient-Be-

ziehung hervor. Das Verhältnis ist informeller Art, ebenso von Gegenseitigkeit wie von einseitiger Abhängigkeit gekennzeichnet und als personale Beziehung emotional aufgeladen. Sie eröffnet dem Klienten den Zugang zu Ressourcen materieller Art und zur öffentlichen Machtsphäre.[159] Eine Verlängerung des klientelistischen Systems lief im 19. Jahrhundert – entgegen der propagierten Legitimierung von Macht auf Grund individueller Leistungen und formalisierter Herrschaftsausübung – über verwandtschaftliche, das heisst personalisierte Beziehungen informeller Art, wie dies unter anderem im Gefolge der Forschungen von David Sabean herausgearbeitet wurde. Frauen waren ebenso wie Männer konstitutiver Teil verwandtschaftlicher Netzwerke.[160]
Auch Josephine Stadlin nutzte ihr weitläufiges Beziehungsnetz zum Ausbau der eigenen informellen Machtposition, die vor allem auf der kommunikativen Einbindung in die gesellschaftlich dominierenden Kreise beruhte. Diese Einbindung sicherte ihr einen extensiven Zugang zu Informationen, womit sie den von ihr ausgebildeten Frauen zu einer beruflichen Stellung im Bereich Erziehung und Unterricht verhelfen konnte, ein Weg, der bei Männern formalisiert über öffentliche Bildungsinstitutionen führte. Im Gegenzug erwartete sie von ihren Schülerinnen, denen gegenüber sie sich als ihnen übergeordnete «Mutter» oder «Tante» verstand, dass sie sich für die Umsetzung ihrer Vorstellung und die Bildung des weiblichen Geschlechts durch Frauen engagierten. So forderte sie von den Schülerinnen aktives Lobbyieren für das ihr vorschwebende schweizerische Seminar und zugleich Loyalität zu ihr als Person. Die Gefolgschaft der Schülerinnen war jedoch weder durch Herkunft noch soziale Regeln oder Gesetze abgesichert, sondern konnte von diesen ohne weitere Formalitäten aufgekündigt werden. Während eine solche Aufkündigung für ehemalige Schülerinnen aus wohlhabenden Familien wohl kaum negative Folgen generierte, war die Situation bei den Erzieherinnen und Lehrerinnen eine andere. Wie bedeutend die Risiken für diese ärmeren Schülerinnen auf Grund ihrer allgemein äusserst prekären Lage auf dem Stellenmarkt tatsächlich war, wenn sie gegen ihre ehemalige Lehrerin und deren Erwartungen aufbegehrten oder diese schlicht ignorierten, lässt sich aus den Korrespondenzen nicht abschätzen. Die Briefe lassen lediglich den grossen Wert erahnen, der Josephine Stadlins Autorität als Schulleiterin und ihrem Beziehungsnetz bei der Stellensuche zugemessen wurde.

4.4 Fazit: emotionale Beziehungen als Gemengelage persönlicher, erziehungs- und berufsspezifischer Erwartungen

Die zwischen Josephine Stadlin und ihren Freundinnen beziehungsweise Schülerinnen ausgetauschten Briefe waren von Emotionalität durchzogen. Sie dienten im wenig reglementierten Umfeld weiblicher Ausbildung der gegenseitigen Selbstvergewisserung, dass Frauen in der sich wandelnden Gesellschaft Wirkungsmacht zukomme. Sie sind aber auch Ausdruck von Beziehungen, die entweder mehr auf Egalität und gegenseitiger Zuneigung basierten oder mehr von Asymmetrie geprägt waren. Diese Asymmetrie bezog sich nicht nur auf das

Verhältnis zwischen Lehrerin und Schülerinnen, sondern war auch ein Element der Beziehung Josephine Stadlins zu einzelnen Freundinnen. Als von Dauer erwiesen sich vor allem die Beziehungen zu Freundinnen, die sich in einem ähnlichen gesellschaftlichen und politischen Umfeld bewegten und ebenfalls erzieherisch wirken wollten, deren Tätigkeit Josephine Stadlins berufliche Pläne jedoch nicht in Frage stellte oder gar konkurrenzierte. In Bezug auf ihre langfristigen Projekte war Josephine Stadlin zwar an der Zusammenarbeit mit befreundeten Lehrerinnen und Institutsleiterinnen interessiert, doch empfanden die darin involvierten Freundinnen sich zum Teil immer wieder zurückgesetzt und erfuhren die Beziehung nicht als gleichwertigen Austausch. Als langfristig emotional abgesichert erwiesen sich die Beziehungen zu jenen Freundinnen, die selber über Heirat und/oder verwandtschaftliche Beziehungen im dominierenden Bildungsbürgertum verankert waren, von dessen Akzeptanz Josephine Stadlins Erfolg und öffentliche Anerkennung zu einem grossen Teil abhing. Weit labiler waren die Beziehungen zu Lehrerinnen und Institutsgründerinnen, die Josephine Stadlins Autorität als Pädagogin in Frage stellten oder deren Erfolge sie direkt ökonomisch konkurrenzierten. So waren Josephine Stadlins emotionale Beziehungen zu Frauen – unbewusst oder bewusst – auch zweckrational fundiert. Aber selbst die Freundinnen, die sich zunehmend von Josephine Stadlin wegen ihrer politischen Einstellung, ihres Auftretens oder ihrer zu geringen emotionalen Teilnahme distanzierten, teilten mit ihr den bildungsbürgerlichen Glauben an den Fortschritt und an die Notwendigkeit des Ausbaus weiblicher Schul- und Berufsbildung. Daher bezeugten sie trotz Entfremdung Josephine Stadlins Engagement und Kompetenz Anerkennung.
Auch Josephine Stadlins Schülerinnen deuteten in ihren Briefen Bildung als Anspruch auf das über die Niederungen des Alltags sich erhebende «Schöne, Gute und Wahre», dessen Aneignung neben individuellen Anstrengungen auch ein entsprechendes Umfeld voraussetze. Das «Vorwärts» ihrer Lehrerin war zugleich Richtschnur für die Umsetzung der eigenen Ambitionen und Ausdruck des bürgerlichen Glaubens an die gesellschaftliche Wirksamkeit von Bildung. So erzählten die Schülerinnen in ihren Briefen immer wieder von ihrem «Wirkungskreis», in dem Josephine Stadlins Einfluss spürbar werden sollte. Für die meisten beschränkte sich dieser auf das familiäre Umfeld. Aber auch dort hatten sie sich zu bewähren, um nicht die Anerkennung der zumindest in den Briefen hoch verehrten Lehrerin zu verlieren und nicht wieder im Banalen zu ertrinken. In welchem Ausmass Josephine Stadlin ihren Schülerinnen emotionale Zuwendung gewährte, hing auch in diesem Beziehungsfeld nicht selten vom direkten Nutzen ab, den ihr die gesellschaftliche Stellung der Familie der Schülerinnen einbrachte.
In den Briefen erzählten ehemalige Schülerinnen, die nun als Erzieherinnen oder Lehrerinnen tätig waren, je eigene Geschichten. Schreibend deuteten sie Erfahrungen, schafften Sinn, stellten über die diskursive Gestaltung des Selbst und des gesellschaftlichen Umfelds Identität her. Ihre Briefe spiegeln daher ebenso die Beziehung zu Josephine Stadlin und deren Erwartungen wie die strukturellen Beschränkungen ihrer beruflichen Stellung und das Spektrum

ihrer Handlungsmöglichkeiten. Als erwerbstätige Frauen organisierten sie ihr Leben individuell und kommentierten das Zeitgeschehen. Nicht selten eigneten sie sich Bildung und spezifische Kenntnisse über den Weg grosser persönlicher Opfer an. Bei vielen war der Wille zu fachspezifischer Professionalisierung da, doch nur bei wenigen schlug sich dieser in einer erfolgreichen Karriere nieder. Die Erfahrungen der Mehrheit waren gekennzeichnet durch berufliche Unsicherheit, persönliche Einschränkungen sowie schlechte Entlöhnung. So zeigen sich in den Fragmenten erzählten Lebens über die individuellen Erfahrungen und Deutungen hinaus Gemeinsamkeiten, die vor allem durch den gesellschaftlichen Rahmen vorgezeichnet waren, der Männern und Frauen unterschiedliche Orte des Handelns zuordnete. Auf diese Problematik verwies Josephine Stadlin in ihrer Schrift «Bestimmung und Bildung der Frau», mit der sie für eine allgemeine Besserstellung der Lehrerinnen plädierte. So gehörten neben dem ständigen Ringen um Anerkennung die finanzielle Verantwortung der Familie gegenüber in den Briefen zu den am häufigsten angesprochenen Themen. Trotz schwieriger Rahmenbedingungen entfalteten etliche Frauen längerfristig eigene berufliche Initiativen, nicht nur die von Josephine Stadlin bereits in Aarau ausgebildete Elise Maier, die in Winterthur erfolgreich ein Institut führte, sondern auch einige Absolventinnen des Seminars. Diese betonten in ihren Briefen den Einfluss und Vorbildcharakter ihrer Mentorin immer wieder, nicht selten in äusserst emphatischem Ton, um damit auch ihre Dankbarkeit für erfahrene Hilfe zu unterstreichen.

Vor allem bei der Suche nach einer Stelle waren viele ehemalige Schülerinnen von Josephine Stadlin auf Unterstützung angewiesen. Gerade die geringe Institutionalisierung weiblicher Lehrtätigkeit verlieh deren Funktion als Vermittlerin und Referenzperson grosses Gewicht. Wegen fehlender Reglementierung von Ausbildung und Qualifikation verliessen sich öffentliche und private Arbeitgebende auf die Empfehlungen von Institutsleiterinnen. Diesen oblag es dann, ob und wie sie ihren ehemaligen Schülerinnen beistehen wollten. So entwickelte sich die asymmetrische Beziehung zwischen Josephine Stadlin und etlichen ihrer ehemaligen Schülerinnen über die Zeit der Ausbildung hinaus zu einem klientelistisch geprägten Verhältnis, das als «Matronage» gedeutet werden kann. Dabei gilt es zu beachten, dass im Gegensatz zur männlichen Patronage die von Josephine Stadlin verkörperte Unterstützungsfunktion auf keiner gesellschaftlich abgesicherten Machtposition basierte, sondern lediglich auf dem Vertrauen auf ihre Urteilskraft, die ihr als angesehener Pädagogin und Publizistin zugesprochen wurde. Deshalb konnten sich etliche Lehrerinnen aus dieser Bindung lösen. Sie verstanden sich als eigenständige Frauen, die – darin ihrer Mentorin ähnlich – aus ihren Erfahrungen Selbstbewusstsein schöpften und über ihre beruflichen Erfolge Stolz empfanden. Mit ihrer Emanzipation von Josephine Stadlin und dem signalisierten Selbstverständnis trugen sie zur Konstituierung der Lehrerinnen als sozialer Gruppe bei, die ab dem letzten Drittel des 19. Jahrhunderts zu den gesellschaftlichen Kräften gehören sollten, die ebenso die berufliche wie die rechtliche Gleichstellung der Frauen einforderten.

5 Die Publizistin und Privatgelehrte

«Es ist doch die Regung des eingebornen menschlichen Triebes nach *menschlicher* Entwicklung, das Hungern und Dürsten nach dem, was der Geist bedarf – nach Wahrheit. [...] so ist unzweifelhaft auch der *Frauen* Natur zu hungern und zu dürsten nach der Wahrheit – und es ist auch der Frauen Bestimmung darin ‹gesättigt› zu werden.»

Bestimmung und Bildung der Frau, 1863.

Die zwei Jahrzehnte nach der Gründung des schweizerischen Bundesstaats bis zur 1873 einsetzenden Wirtschaftskrise, der so genannten grossen Depression, waren geprägt von wirtschaftlichem Aufschwung, Diversifizierung der Industrie, dem Ausbau des Eisenbahnnetzes und der Schaffung überregionaler Banken wie der Schweizerischen Kreditanstalt. Der Ausbau der schulischen Ausbildung des weiblichen Geschlechts jedoch wurde auch in dieser expansiven und erfolgreichen Phase weiterhin lediglich im Rahmen der Institutionalisierung des Handarbeitsunterrichts diskutiert, der Einrichtung einer so genannten Arbeitsschule auf Volksschulstufe, und es blieb weiterhin der Initiative einzelner Frauen überlassen, ob und wie sie sich eine weiterführende Bildung und Ausbildung aneignen wollten. Auf der Ebene des Hochschulstudiums war es im Kanton Zürich die russische Studentin Nadeschda Suslowa, die den Anspruch auf Zulassung zum medizinischen Hochschulabschluss erhob und mit ihrer Promotion 1867 den Frauen den Weg zu den akademischen Berufen ebnete. Im folgenden Jahr begann als erste Schweizerin die damals 23-jährige Marie Vögtlin aus Brugg ihr Medizinstudium. In dieser Epoche stellte auch Josephine Stadlin mit ihrer Entscheidung, eine auf umfangreicher Materialsammlung und historischer Quellenforschung basierende Interpretation von Pestalozzis Leben und Wirken zu verfassen, die bürgerlichen Geschlechternormen in Frage, da sie für sich den Status der Gelehrten im Sinne der Expertin und Produzentin von Wissen in Anspruch nahm, obwohl eine solche Stellung in der zweiten Hälfte des 19. Jahrhunderts als Profession konzipiert und den akademisch gebildeten Männern vorbehalten war. Frauen war nicht die Funktion der Vermittlung und Popularisierung von Wissen verwehrt, wohl aber die von Josephine Stadlin beanspruchte Rolle der Wissensproduzentin, eine Zuordnung, die erst gegen Ende des 19. Jahrhunderts ins Wanken geriet.[1]

In diesem abschliessenden Kapitel zu Josephine Stadlin gehe ich der Frage nach, welche Möglichkeiten der gesellschaftspolitischen Intervention ihr offenstanden, nachdem ihre Karriere als Lehrerin, Seminar- und Institutsleiterin gescheitert war. In diesem Zusammenhang frage ich nochmals nach Josephine Stadlins widersprüchlichem Geschlechterverständnis, da sie die normative Trennung zwischen Frau und Mann in ihren Schriften und Vorträgen gleichermassen bestätigte wie durch Nichtbeachtung neu definierte. Ich frage nach der Bedeutung des Zivilstands für ihre Selbstermächtigung zur Gelehrten und Pestalozzi-Expertin. Um allzu starke Redundanzen zu vermeiden, behandle ich diese Fragen eher knapp, beschränke mich insbesondere auf die Hervorhebung des für dieses Kapitel relevanten Aspekts der Selbstermächtigung. So gerät auch die narrative Darstellung der letzten beiden Jahrzehnte ihres Lebens sehr summarisch.

5.1 Autorin, Referentin und Expertin: öffentliche Interventionen zu allgemeinen und geschlechterrelevanten Bildungsfragen

Nach der Schliessung des Seminars und des Instituts verstand sich Josephine Stadlin weiterhin als Expertin im Bereich Erziehung und Unterricht sowie der gesellschaftlichen Stellung und Funktion der Frauen. In ihren Interventionen als Referentin und Publizistin suchte sie diese Themen zu verknüpfen. Sie orientierte sich dabei an der Vortragstätigkeit von Professoren, mit denen sie seit Jahren im Austausch stand, wie beispielsweise Johann Jakob Hottinger, der nicht nur an der Universität Zürich Geschichte lehrte, sondern vor unterschiedlichem Publikum referierte und seine Vorträge in Zeitschriften veröffentlichte.[2]

Vorlesungen, Vorträge und ein gescheitertes Projekt

Vom Wintersemester 1850 bis zum Sommersemester 1851 besuchte Josephine Stadlin als Hörerin fast täglich Vorlesungen an der Universität Zürich. Auffallend ist dabei ihr Interesse an der Verknüpfung von naturwissenschaftlichen mit philosophischen und psychologischen Erkenntnissen. So belegte sie neben den Psychologievorlesungen von Eduard Bobrik Experimentalphysik bei Albert Mousson, sass neben dem späteren Glarner Arzt Fridolin Schuler in Karl Löwigs Vorlesung über Experimentalchemie und folgte den Ausführungen von Karl Ludwig über die Lehre von den Funktionen der Organe und ihrer Kombinationen.[3] Spuren dieser Vorlesungen finden sich in Referaten und Publikationen dieser Jahre, beispielsweise in ihrem Vortrag zur «neuen Psychologie» vom November 1851, in dem sie die Bedeutung der «Elementarreize» und Sinnesempfindungen hervorhob. Mit ihrem Plädoyer für die Umsetzung dieser Erkenntnisse in der «Erziehungskunst» wollte sie die von Pestalozzi übernommene Methode der Anschauung wissenschaftlich untermauern.[4] Sie hielt aber nicht nur Einzelvorträge, sondern wöchentlich ihre eigenen Samstagsvorlesungen zur Erziehung. So machte sie sich als Referentin einen Namen, wurde als Expertin in Erziehungsfragen gehandelt und erhielt briefliche Gratulationen für ihre Auftritte. Trotz Echos von Männerseite scheint ihr Publikum primär ein weibliches gewesen zu sein.

Josephine Stadlins intensivierte Tätigkeit als Referentin und Publizistin wurde mit dem Misserfolg als Seminar- und Institutsleiterin möglich. Nachdem sie

Von meinen andern Lehrern zog mich am meisten der Chemiker Löwig an, in dessen Kolleg ich auch die erste Studentin, ein Fräulein Stadlin, damals Institutsvorsteherin, nachmals Gattin des Zürcher Bürgermeisters Zehnder erblickte, ja sogar als Nachbarin bekam.

Vorlesungen beim Experimentalchemiker Karl Löwig: Fridolin Schuler, der Arzt und Pionier in Sachen Fabrikgesetz, bezeichnet in seinen Lebenserinnerungen Josephine Stadlin als «die erste Studentin» der Universität. Sie war Hörerin, er immatrikulierter Student.

1853 das Institut geschlossen hatte, verkaufte sie im darauf folgenden Jahr das «Sonnenbühl» an Johann Heinrich Fierz, mit dessen Ehefrau Katharina Fierz-Locher sie eine freundschaftliche Beziehung verband.[5] Der Gewinn, den sie bei dieser Transaktion erzielte, war so gross, dass sie sich, unbeschwert von finanziellen Sorgen, mit ihrer Mutter und einer Magd in eine Wohnung an der Steinwiesstrasse in Hottingen zurückziehen konnte. Ohne Zwang zum regelmässigen Erwerb konzentrierte sie sich seitdem aufs Schreiben.[6]

Mit direktem Verweis auf ihre zeitlichen Möglichkeiten suchte Josephine Stadlin an Silvester 1855 den Verleger Carl Sauerländer in Aarau für ein neues Zeitschriftenprojekt zu gewinnen: «Unter den stillen Erziehungen für das Frauenzimmer steht die des Lesens obenan. [...] Den meisten Frauen fehlt aber schon die Zeit, sich in der Bücherwelt prüfend umzuschauen. Der Unterzeichneten stehen Zeit und andere Hilfsmittel zu einer solchen Umschau zu Gebot und sie hat sich daher vorgenommen eine literarische Frauenzeitung herauszugeben und darin die neuen literarischen Erscheinungen, welche die Frauen interessieren können vorzuführen.» Mit ihrer Zeitschrift sollte das «Schöne, Gute und Wahre» in den bürgerlichen Familien Verbreitung finden.[7] Herausgeber literarischer Zeitschriften waren in der Regel gelehrte Männer. Statt ihren Status als nicht akademisch ausgebildete Herausgeberin zu kaschieren, wog Josephine Stadlin dieses Manko mit ihren Zuständigkeiten und Erfahrungen als Frau und Expertin auf: «[...] die Redaction dieses Blattes ist sich wohl bewusst, dass sie an wissenschaftlicher Bildung andern Redactionen ähnlicher Blätter weit nachsteht; aber sie darf sich gestehen, dass sie in gewissenhafter Prüfung u. unabhängigem Urtheil den besten gleichzukommen hofft. Ich glaube auch, dass ich als Frau den Frauen gewisse Punkte angemessener zu beleuchten vermöge, als Blätter es thun, die von Männern hauptsächlich auch für Männer geschrieben sind.»[8] Damit hob sie die Tatsache hervor, dass Frauen grosse Leserinnen waren, und zwar nicht etwa von Trivialromanen, wie regelmässig in Text und Bild karikierend behauptet, sondern von Büchern von unterschiedlichem Genre und Inhalt. Frauen, so Josephine Stadlins Argumentation, würden aber in den meist von Männern redigierten literarischen Zeitschriften kaum angesprochen. Es gäbe hier also eine Marktlücke, die mit einer monatlich erscheinenden sechzehnseitigen Zeitschrift gedeckt werden könnte. Carl Sauerländer sandte ihr das «Programm» mit Dank zurück, da ein solches Projekt zwar wünschenswert, die zu erwartende Zahl von Abonnentinnen aber eher gering sei. Um finanziell zu reüssieren, wäre ein grösserer Verlag nötig, wie Schulthess oder Orell Füssli in Zürich oder Steiner in Winterthur. Er empfahl ihr sogar, sich von einem Verleger in Leipzig beraten zu lassen.[9] Ob sie diesen Empfehlungen folgte, ist eher unwahrscheinlich, denn von einem solchen Projekt ist in weiteren Briefen nicht mehr die Rede.

Eklatante Widersprüche in den Schriften der erfolgreichen Publizistin

In Josephine Stadlins Publikationen ging es fast immer um Pädagogik, Psychologie, Philosophie und/oder nicht konfessionell gebundenen Religionsunterricht, Themen, die sie jeweils mit Fragen zur Stellung der Frau in der Gesellschaft verknüpfte. Eckpunkte ihrer Argumentation waren die als «natürlich» definierten Geschlechterdifferenzen, die sie mit der naturrechtlich definierten Gleichheit aller Menschen in Einklang zu bringen suchte.

Die 1853 von Zeller in Zürich herausgegebene Broschüre «Morgengedanken einer Frau» erlebte bis 1862 drei Auflagen.[10] In dieser Schrift thematisiert Josephine Stadlin Fragen der pädagogischen Praxis von Frauen und Männern und hebt dabei die spezifischen Qualitäten der «weiblichen Natur» hervor: «So z. B. ist in uns Frauen die Organisation unserer sinnlich-geistigen Natur feiner, weicher, elastischer als die des Mannes. Demgemäss sind unsere Empfindungen auch mannigfacher, mehr nüanciert.»[11] Die 1856 bei Sauerländer erschienene Broschüre «Die Erziehung im Lichte der Bergpredigt» enthält äusserst konkrete Anweisungen zum altersgerechten Unterrichten der Kinder – unabhängig vom Geschlecht – in verschiedenen Fächern, ergänzt durch Stereotype über die «natürlichen» Eigenschaften von Mann und Frau. Josephine Stadlin versuchte diese – für heutige Leserinnen und Leser höchst stereotypen – Geschlechterdifferenzen mit der Gleichheit der Menschen in Einklang zu bringen, indem sie Frauen wie Männer als mit demselben inneren Drang nach Erkenntnis ausgestattet sah, auch wenn sich ihre Art des Denkens unterschied: «Die Frau hat dasselbe Bedürfnis nach unendlicher Entwicklung und Wahrheit wie der Mann [...]. Die weibliche Organisation ist weniger kräftig, gestattet weniger einseitig sich spannende Anstrengung; sie kann demnach ‹die Last des Denkens› nicht wie der Mann als Beruf auf sich nehmen. [...] Dazu kommt, dass auch ihre *Stellung* in der menschlichen Gesellschaft sie ihrer Natur gemäss an die Bethätigung in der Erscheinung [im Konkreten statt in der Abstraktion, E. J.] – und vorzüglich in Haus und Schule – an die praktische der Liebe und der Barmherzigkeit weist. [...] Diese praktische Sendung schliesst natürlich das Denken nicht aus. Auch sie erfordert, wie jede menschliche, das Hungern nach Erkenntnis. Aber das weibliche Denken ist kein Spekulieren; es ist mehr ein Nachsinnen, das Vergeistigen oder Nachspüren der unmittelbar sinnlichen Anschauung. Die Frau prüft das Allgemeine an einzelnen Fällen.»[12] Wenn wir uns die Ambitionen Josephine Stadlins, die sich nicht auf die den Geschlechtern zugewiesenen Räume beschränken liess, vor Augen halten, erstaunt diese Aussage. Doch das Lesepublikum ihrer «Morgengedanken» waren Frauen aus dem Bildungsbürgertum, die in ihrer Mehrheit, ob als Mütter und Ehefrauen oder Unverheiratete, nicht berufstätig waren. Zugleich betonte sie mit dem Verweis auf die eingeschränkten Fähigkeiten der Frauen zu Abstraktion deren Eignung für die

Morgengedanken

einer

Frau.

Zürich.

Verlag von Meyer und Zeller.

1853.

«Morgengedanken einer Frau»: Die 1853 herausgegebene Broschüre thematisiert Fragen der pädagogischen Praxis von Frauen und Männern. Sie wurde bis 1862 insgesamt dreimal aufgelegt.

Erziehung auf der Basis der Anschauung und schlug damit einen Bogen zu ihrem Hauptanliegen, der Zuständigkeit der Frauen für die Mädchenbildung und damit auch zum Recht auf Ausbildung und Erwerb. So reproduzierte sie in ihren Schriften die Widersprüche, die sie als Person öffentlich repräsentierte: die Legitimierung des Anspruchs auf eine den Männern gleichgestellte berufliche Betätigung der Frauen durch den Rekurs auf die «natürlichen» Geschlechterunterschiede und den gleichzeitigen Verweis auf die Gleichheit aller Menschen.
Ähnliche Widersprüche zeigen sich in der Sammlung von Aufsätzen, die 1863 in Leipzig unter dem Titel «Pädagogische Beiträge» erschienen sind. Auch hier geht es vorwiegend um die Propagierung des Unterrichts durch Anschauung, verbunden mit den gesellschaftlichen Aufgaben der Frau als mütterlicher Erzieherin. Den Spagat zwischen Gleichheit und Differenz versuchte Josephine Stadlin – wie in ihren früheren Beiträgen in der Zeitschrift «Die Erzieherin» – mit der Definition der Frau sowie des Mannes als Geschlecht *und* Mensch zugleich. Die «natürlichen» Unterschiede berechtigten nach Josephine Stadlin nicht zur Unterordnung der Frauen unter die Bedürfnisse des Mannes, vielmehr kämen beiden, Frau und Mann, als Menschen gleiche Rechte zu: «Aber wir können ja annehmen [...] der Staat, die Erziehungsbehörden u.s.f., d.h. der *Mann* setze Kraft des ‹tel est mon plaisir› die Bestimmung der Frau in Dieses oder Jenes und mache demnach diese oder jene Forderungen an die Bildung der Frau.» Das Resultat einer solchen männlichen Dominanz wäre Streit und Unzufriedenheit: «[...] das geschieht, wenn die Bestimmung willkürlich bestimmt wurde, d.h. mit Umgehung des ewigen Menschenrechtes- und Gesetzes.»[13] Aus Gründen der

Gleichheit wehrte sich Josephine Stadlin deshalb im Beitrag «Bestimmung und Bildung der Frau» gegen die einseitige Festlegung der Frau auf die Aufgabe der Hausfrau. Vielmehr gestand sie ihr ein dem Manne ebenbürtiges Streben nach Vervollkommnung und Erkenntnis zu, da dieses allen Menschen qua Natur eigen sei: «Es ist doch die Regung des eingebornen menschlichen Triebes nach *menschlicher* Entwicklung, das Hungern und Dürsten nach dem, was der Geist bedarf – nach Wahrheit. [...] so ist unzweifelhaft auch der *Frauen* Natur zu hungern und zu dürsten nach der Wahrheit – und es ist auch der Frauen Bestimmung darin ‹gesättigt› zu werden.»[14] Doch diese Erfüllung sei je nach Geschlecht unterschiedlich, da der Mensch nicht in einer «begrifflichen Allgemeinheit» Mensch sei, sondern als Individuum, als Mann oder Frau.[15] «Es kann also auch die menschliche Bestimmung nicht abstracter Allgemeinheit erfüllt werden; der Mann muss sie als Mann und die Frau muss sie als Frau darleben und erfüllen; die *Frau* als Mädchen, Jungfrau, Gattin, Mutter, Hausmutter, Freundin, als Staats- und Weltbürgerin – und das Alles in den verschiedenen Ständen und Verhältnissen der Gesellschaft – aber eben immer als *Frau*, d.h. mit ihrer weichern Natur, ihren feinern, schnellern, aber weniger andauernden Bethätigung und Empfindungen. [...] Das ist weibliche Natur.»[16] Trotz Rekurs auf die weibliche «Natur», die der Frau primär den Platz im häuslichen Bereich zuweist, zeichnete Josephine Stadlin, ausgehend von ihrer Zugehörigkeit zur Bildungselite, deren Aktionsradius so breit wie im 19. Jahrhundert nur möglich: vom engen Rahmen des privaten Hauses bis zum öffentlichen Betätigungsfeld als Staats- und Weltbürgerin. Damit bestätigte und ignorierte sie gleichzeitig die bürgerlichen Geschlechterzuordnungen. Ausgangs- und Endpunkt ihrer Argumentation war aber auch in diesen Beiträgen – gleich wie in ihrer Zeitschrift «Die Erzieherin» mehr als fünfzehn Jahre zuvor – die Legitimation zur Ausübung des Lehrerinnenberufs: «Ob der männliche [Unterricht] in die Mädchenschule gehöre, ist eine andere Frage: Wir sind überzeugt: nein, er gehört nicht dahin.»[17]

5.2 Die Selbstermächtigung der Pestalozzianerin: Reisen ohne männliche Begleitung, Forschen ohne Segen der Akademie

Der Tod der Mutter entliess Josephine Stadlin aus der Einbindung in die Herkunftsfamilie. Nach der Rückkehr von einer ausgedehnten Bildungsreise heiratete sie 1857 ihren langjährigen Freund, den seit kurzem verwitweten Zürcher Bürgermeister Ulrich Zehnder. Während ihrer Ehe realisierte sie ihr monumentales Werk zu Pestalozzis Leben und Arbeit. Monumental war das Projekt in Bezug auf den Umfang und die Zielrichtung: der Versuch, den gesamten politischen und kulturellen Kontext von Pestalozzis Wirken einzubeziehen. Mit dem Anspruch auf quellenbasierte Forschung erschloss sie sich Handlungsfelder, die eigentlich Männern vorbehalten waren.[18] Sie lebte die im Bildungsbürgertum mögliche Variante der Ehe als Verhältnis zwischen Gleichgestellten, wie sie ihre Freundin Elise Sidler mit Heinrich Schweizer praktizierte[19] oder eine Generation später das Ehepaar Marie und Albert Heim-Vögtlin.[20]

«Die Erziehung im Lichte der Bergpredigt»: Die 1856 erschienene Schrift widmete Josephine Stadlin der kurz zuvor verstorbenen Mutter. Im Vorwort reagiert sie auf geäusserte Vorbehalte zu ihrem Schreiben: «Man wirft mir zwar vor, meine Schreibweise sei für Frauen ohne ‹höhere Bildung› nicht verständlich. [...] Wenn aber Frauen lesen, darf man denn nicht auch verlangen, dass sie nachdenken?»

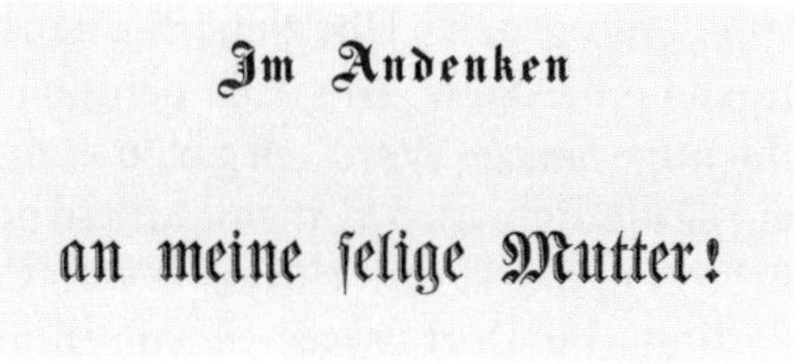
Im Andenken

an meine selige Mutter!

Als selbständige Frau auf Bildungsreise in Italien

Mit dem Tod ihrer Mutter im Juli 1855 fand sich Josephine Stadlin erstmals ohne unmittelbare familiäre Verpflichtungen. Im Einverständnis mit ihren Geschwistern und ausgestattet mit Ratschlägen ihres Freundes Ulrich Zehnder unternahm sie im darauf folgenden Jahr eine sechs Monate dauernde Reise nach Italien. Auch wenn sie in Rom und Neapel als Gast empfangen wurde und dort vor allem mit ansässigen Schweizer Familien verkehrte, so war es doch ihr individuelles Bildungsprojekt. Sie knüpfte mit dieser Reise, wie im 19. Jahrhundert im Bürgertum zunehmend üblich, an die Tradition der *grand tour* von Männern aus dem Adel und dem reichen Bürgertum sowie Künstlern des 18. Jahrhunderts an.[21] Nur reiste sie eben als Frau, unverheiratet, ohne Begleitung eines Tutors beziehungsweise ohne den obligaten Schutz eines Mannes, ob Vater, Ehemann oder Bruder. Damit setzte sie sich über die 1850 in der deutschen «Frauen-Zeitung» von Louise Otto angeprangerten Einschüchterungen hinweg. Mit dem Vorwurf der Unweiblichkeit und Unanständigkeit sollten auch noch vierzigjährige Frauen davon abgehalten werden, selbständig auszugehen und zu reisen.[22]
Josephine Stadlin hielt sich vorwiegend in Rom auf, dazwischen rund einen Monat in Neapel und auf der Rückreise einige Tage in Florenz. Trotz ihres bescheidenen Budgets – das aus dem Verkauf des «Sonnenbühls» resultierende Vermögen erforderte ein sparsames Leben – leistete sie den Familien, die sie als Gast beherbergten, einen Beitrag für Kost und Logis, um ihre Autonomie zu unterstreichen.
Von Luzern fuhr Josephine Stadlin in Begleitung von Jeannette Bosshardt,[23] Tochter einer ihr eng vertrauten Familie, nach Rom: von Zug und Luzern über den Gotthard nach Locarno, auf dem Lago Maggiore an den Borromäischen Inseln vorbei nach Arona, per Eisenbahn nach Genua, per Schiff nach Civita Vecchia und von dort mit einer Kutsche schliesslich in das Haus von Jeannette Bosshardts Familie. Ihr Vater amtete als «Chirurgo Maggiore del Primo Regimento Estero» beziehungsweise der päpstlichen Schweizergarde.[24] Schon ab der ersten Woche bestand Josephine Stadlin auf Selbständigkeit – entgegen dem anfänglichen Willen des Regimentsarztes Johann Michael Bosshardt: «Er will nicht, dass ich allein die ersten Besuche [bei Schweizer Familien, E. J.] mache, sondern ich soll sie in seiner Begleitung machen. In dessen gehe ich spazieren wann und wohin ich will, ganz allein – u. o, wie gerne durchstreife ich so einsam das einsame Rom!»[25] Die Unabhängigkeit machte ihr sichtlich Vergnügen: «Nach dem Früh-

stück etwa gegen 9 Uhr zieh ich allein aus u. durchwandere u. betrachte Rom von irgend einer Seite. Hie u. da nehme ich von einer Ruine mit dem Bleistift eine flüchtige Skizze. Werd' ich gar zu hungrig, so geh ich in ein Café hinein u. nehme ein Glas Cafebianco (d. h. mit Milch) oder eine halbe Tasse Schokolade mit einem Brötchen; das kostet 4 Bajosch = 20 Centimes.»[26] Nach Neapel reiste sie in der Postkutsche. Dort wurde sie von ihrer Patentochter und ehemaligen Schülerin Sophie von Gächter-Bosshardt, einer weiteren Tochter des Regimentsarztes, die mit einem Hauptmann des dreizehnten (schweizerischen) Jägerregiments in neapolitanischen Diensten verheiratet war.[27] Diese hatte für Josephine Stadlin im selben Haus eine kleine Wohnung zugemietet, die dem ebenfalls in Neapel stationierten Hauptmann Zelger von Stans, Vater einer ehemaligen Schülerin, gehörte.[28] Auch in dieser Stadt bewegte sie sich vorwiegend allein, war aber täglich – noch häufiger als in Rom – zu Besuch bei Schweizer Familien. In deren Begleitung unternahm sie Ausflüge von Sorrent bis Pompei.[29]

Ihre Eindrücke verarbeitete Josephine Stadlin in langen Briefen an die Geschwister und Vertrauten, zu denen Fanny Hottinger und das Ehepaar Rosette und Heinrich Grunholzer-Zangger zählten. Die Briefe schickte sie in der Regel an die Adresse der ihr am engsten verbundenen Schwester Anna Schweizer-Stadlin.[30] Sie erzählten ebenso von Kirchen und historischen Monumenten wie von persönlichen Begegnungen und Erlebnissen. Erstaunlich ist die Bedeutung, die Josephine Stadlin der zufälligen Begegnung mit dem Papst beimass, dem zentralen Exponenten der katholischen Reaktion gegen den Liberalismus: «Da sah ich aber hinter den Dragonern Cardinäle u. sah den hl. [heiligen] Vater zu Fuss – zu Fuss sag ich, was er doch eigentlich in der Stadt nicht darf. Im weissen Talar, rothen Mantel u. Hut u. goldenen Schuhen kam er heiter lächelnd auf mich zu (u. auf die um mich standen) u. ertheilte uns seinen Segen.»[31] Ihre Beschreibung dieser zufälligen Begegnung kontrastiert mit ihrer Haltung als Katholikin in der Schweiz. Dort hatte sie sich betont christlich, aber wenig konfessionell gebunden gezeigt und sich über Jahre im Einklang mit den Liberalen nicht nur gegen den klerikalen Einfluss gewehrt, sondern aktiv Stellung gegen die sich am Papst orientierenden Ultramontanen bezogen. Im eigentlichen Zentrum des Katholizismus erfuhr sie dagegen den Glauben an die im katholischen Milieu tradierte Heilkraft des Papstes als persönliches Erlebnis und setzte auf dessen unmittelbare Wirksamkeit. Sie lief dem Papst, ihren Weg bewusst wählend, noch zweimal entgegen und bezeugte dabei effektvoll ihre Unterwürfigkeit: «Schnell gehe ich überecks u. werfe mich, als der Papst um die Ecke bog auf die Erde u. sage leise: ‹hl.[heiliger] Vater, jetzt gib mir deinen besten Segen für meine Schwester Ida, die Lehrerin ist u. kränklich› – [...] u. mir war, als ob er mit recht innigem Wohlwollen u. Blick mir ihn für dich gäbe. Mögest du ihn in deinem frommen Gemüthe spüren! [...] Ich laufe also wieder über eine Ecke u. sage dem kommenden Papste leise: ‹Sieh, ich habe noch 4 Schwestern u. habe 3 leibliche Brüder, die alle des Segens bedürftig u. würdig sind. › U. wieder schaute er mich so beruhigend an u. erhob seine Hand u. gab mir auch diesen Segen.»[32] So begegnete sie in ihrer Erzählung dem Papst nicht als anonyme Gläubige, sondern als Einzelperson, begleitet nur von den in Gedanken anwesenden Angehörigen. Schreibend entwickelte sie eine Drama-

turgie der Ereignisse von höchster emotionaler Dichte, in der sie unmittelbar im Zentrum stand.
Trotz der Ausführlichkeit, mit der Josephine Stadlin die Begegnung mit dem Papst schilderte, galt ihr Interesse während ihres Aufenthaltes in Italien kaum der Religion. Es war vielmehr fast gänzlich bestimmt durch den bürgerlichen Bildungskanon und dessen Ausrichtung auf die Antike. Mit diesen Augen erkundete sie Rom, Neapel und die umliegende Landschaft. Die ländliche Bevölkerung nahm sie nur aus der Perspektive der Literatur wahr und begegnete ihr vielfach mit Skepsis, wenn nicht – mit Rückgriff auf Klischees – gar mit Misstrauen. So schrieb sie von ihrer Reise mit der Postkutsche nach Neapel: «Von Rom bis Albano u. namentlich von Albano bis Genzano (wo Hippolyt starb) u. Velletri – woher die Familie des Augustus stammt, ist es wundervoll schön. [...] Von den ‹schönen Frauen› die in Albano, Genzano u. Velletri sein sollen, sah ich wenig; Frauen in ihren roten Tschoppen sah ich genug, aber mir schienen sie nicht schön u. die Männer sehen die meisten so aus, dass man sie alle gern für Banditen hielte.»[33] Einzig gestand sie diesen Männern und Frauen «etwas Malerisches» in ihrer Kleidung und Haltung zu. Abgrenzung markierte sie ebenfalls gegenüber den bürgerlichen Kreisen von Neapel und Rom. So erachtete sie deren kulturelle Interessen zum Teil als ungenügend und beurteilte die alltäglichen Erziehungspraktiken der Eltern wie den schulischen Unterricht als pädagogisch fragwürdig. Auch in Schweizer Familien thematisierte sie die von ihr als Erziehungsdefizite registrierten Erfahrungen. Sie erklärte sich bereit, diesen entgegenzuwirken und in ihrem Privathaushalt in Zürich vereinzelt Töchter aus Schweizer Familien in Italien als Zöglinge aufzunehmen. So kehrte sie nach mehr als sechs Monaten mit neuen Plänen über Florenz zurück in die Schweiz. Hier empfing sie Anfang Mai 1857 ihre Magd in der Wohnung in Hottingen.[34]

Freundschaft und Respekt als Fundament der Ehe mit dem Politiker

Ein Jahr nach der Rückkehr aus Rom und der emotional aufgeladenen Begegnung mit dem Papst heiratete Josephine Stadlin am 3. Mai 1858 in der reformierten Kirche von Höngg den seit sechs Monaten verwitweten Freund Ulrich Zehnder. Die Trauung vollzog der evangelische Diakon an der Zürcher Peterskirche Heinrich Hirzel. Gemäss der katholischen Lehre war eine Mischehe unter protestantischen Vorzeichen verboten. So demonstrierte Josephine Stadlin mit diesem Schritt nicht nur ihre Missachtung der päpstlichen Autorität in Sachen Glauben, sondern zugleich ihre Zugehörigkeit zur freisinnigen Elite Zürichs, die sich zwar als tolerant verstand, aber konfessionell fest in die reformierte Landeskirche eingebunden war und einen scharfen Oppositionskurs gegen die katholische Kirche fuhr.
Seinen Entschluss zur raschen Wiedervermählung begründete Zehnder in den handschriftlichen Notizen, die später leicht redigiert in seine veröffentlichten Erinnerungen Eingang fanden, mit dem bedrückenden Gefühl des Alleinseins: «[...] es gab nur ein Mittel, dies zu ändern, und das war die Wiederverehelichung trotz meiner 60 Jahre. Ein Entschluss der keineswegs leicht war. Mit dem Entschluss war auch die Wahl getroffen. Meine zweite Gattin konnte nur die

werden, die es geworden ist. Seit 15 Jahren war sie mir bekannt.»[35] Die nur halbjährige Frist seit dem Tod seiner Gattin bis zu seiner Wiedervermählung scheint dem schon zuvor existierenden Gerede über das Verhältnis des verheirateten Bürgermeisters zur ledigen Josephine Stadlin neue Nahrung gegeben zu haben, über den sich Zehnder aber hinwegsetzte: «Hätte Reichtum oder irgend ein äusserer Vorzug mich mehr anziehen können als dieses Wesen voll Geist und Adel der Gesinnung, mit dem langjährige Freundschaft mich verbunden hatte? Nein, nur diese und keine andere Wahl konnte ich treffen, mochte die Welt der bösen Zungen dann sagen, was sie wollte, und ich habe sie nie zu bereuen gehabt.»[36] Nach einer ausgedehnten Hochzeitsreise durch Deutschland wohnten sie zuerst an der städtischen Münsterhalde, übersiedelten dann später nach (Zürich-)Oberstrass.[37] In seinem Rückblick bezeugte Ulrich Zehnder seine Freude am gemeinsamen Leben: «Wieder nach Hause zurückgekehrt, widmete ich mich gestärkt und erfrischt den Staats- und Berufsgeschäften und lebte glücklich mit meiner Gattin, deren Liebe in tausenderlei Fürsorgen und Zuvorkommenheiten sich kund gab.»[38] Auch Josephine Stadlin scheint den neuen Status genossen zu haben: Sie nannte sich von nun an fast immer «Frau Dr. Zehnder» oder «Frau Bürgermeisterin» oder «Frau Regierungspräsidentin» und wurde in Briefen auch so angesprochen.

Ihr Status als Frau eines Politikers verlieh ihrer herausragenden Position gegenüber ihren Geschwistern neues Gewicht und die familiären Verpflichtungen blieben vielfältig.[39] Über Jahre griff sie zusammen mit ihrem Ehemann den wenig begüterten Brüdern finanziell unter die Arme. Beispielsweise sandte sie Klemenz Stadlin, der sie inständig bat, ihm und seiner Familie beizustehen, zu Weihnachten/Neujahr regelmässig ein Paket «samt Banknote».[40] Auch Michael Stadlins Töchter Marie und Josephine zählten auf ihre Unterstützung, ebenso deren Bruder Arnold.[41] Als sich das Ehepaar Zehnder-Stadlin nach dem Ende der politischen Karriere von Ulrich Zehnder selber ökonomisch einschränken musste, schrieb Josephine Stadlin an den Neffen Arnold Stadlin, der sich inzwischen in Tiflis niedergelassen hatte, und forderte ihn auf, ihr das ihm gewährte Darlehen zurückzuzahlen. Er machte jedoch keine Anstalten zur Vergütung seiner Schulden. Vielmehr wies er ihre Vorwürfe wegen seiner «Geckenhaftigkeit», «Genuss- u. Spielsucht» sowie wegen seiner Rücksichtslosigkeit ihr und ihrem Gatten gegenüber wortreich zurück, um sich zugleich seiner schriftstellerischen Erfolge in Russland zu rühmen.[42] Im Gegensatz dazu zeigte sich Franz Stadlin gegenüber seiner Schwester äusserst dankbar. Mit einer Verfügung zu Gunsten von Tonine Stadlin-Clamaron, ihrer ehemaligen Schülerin, deckte Josephine Stadlin den Graben zu, der über Jahre das Verhältnis zwischen ihr und ihrer Schwägerin wegen des tiefen Zerwürfnisses in der Zeit des «Sonnenbühls» überschattet hatte. Franz Stadlin erachtete es als «Liebesbeweis», dass Josephine Stadlin auf seine Bitte hin vor ihrer lebensbedrohlichen Operation auch seine Ehefrau als Erbin eingesetzt hatte.[43]

Die Operation sollte Josephine Stadlin nicht überleben. Sie starb im Juni 1875 an deren Folgen. In den handschriftlichen Notizen, die Ulrich Zehnder kurz nach ihrem Tod verfasste, würdigte er die gemeinsam verbrachten Ehejahre.

Er zeigte sich vor allem dankbar darüber, dass Josephine Stadlin trotz ihrer Beanspruchung als Autorin noch Zeit gefunden hatte, die von ihr erwartete Rolle der Gattin zu erfüllen.[44] Denn das prioritäre Tätigkeitsfeld seiner «Gefährtin», wie er sie rückblickend nannte, sah Zehnder in ihrem Beruf als Pädagogin und Publizistin. Zwar war es für beide selbstverständlich, dass sie für den Haushalt verantwortlich war, trotzdem orientierte sich das Paar nicht einfach an der für die bürgerliche Gesellschaft konstitutiven Trennung von Öffentlichkeit und Privatheit entlang der Geschlechtergrenze.[45] Vielmehr war die öffentliche Anerkennung der Leistungen seiner Ehegattin Ulrich Zehnder ein zentrales Anliegen. Gleichzeitig engagierte er sich nun prioritär für die Gründung einer Erziehungsanstalt für vernachlässigte Knaben im Rahmen der bereits 1846 gegründeten zürcherischen Pestalozzi-Stiftung. Auch liess er sich von ihr zu einer mehrmonatigen Reise nach Italien animieren, die er ohne ihre Begleitung unternahm. Im Nachruf auf Ulrich Zehnder in der «Neuen Zürcher Zeitung» hiess es über das Verhältnis der beiden Ehegatten: «Noch war ihnen ja eine reiche Zahl von Jahren beschieden, in der sie Beide – sie als Schriftstellerin auf dem Gebiete der Erziehung, er als Staatsmann – in ihrem begeisterten Streben, das Wohl ihrer Mitmenschen ein Jedes nach seiner Weise zu fördern, wetteiferten.»[46] So kann diese Ehe als Ausdruck des ideellen Einverständnisses und tief empfundenen Respekts vor dem gemeinsamen Dritten gedeutet werden, als Freundschaft, die sich in der Unterstützung der Leistungen der Gattin beziehungsweise des Gatten selbst bestätigt sah.[47] Als Witwer bezeugte Zehnder diese Haltung in den bis zu seinem Tod im Jahre 1877 nicht nachlassenden Bemühungen um die Edition von Josephine Stadlins siebenbändigem Werk über Pestalozzi.

«Pestalozzi» als monumentaler Anspruch

Die Schweizerische Gemeinnützige Gesellschaft (SGG), der Ulrich Zehnder seit 1853 vorstand, hatte Josephine Stadlins Werk 1872 mit einem neunseitigen Beitrag unter dem Titel «Pestalozzi. Ein neues Werk über Pestalozzi» angekündigt.[48] Bis zum Erscheinen sollten noch rund drei Jahre verstreichen. Erst im Sommer 1875 veröffentlichte der Thienemann Verlag in Gotha unter dem Titel «Zeit und Vorzeit von Pestalozzi's Entwickelung» den 800-seitigen ersten Band des Gesamtwerks mit dem Titel «Pestalozzi. Idee und Macht der menschlichen Entwickelung».[49]

Dieser erste Band verrät den weiten Blick, mit dem Josephine Stadlin Pestalozzi politisch und kulturell einzuordnen sucht. Zwar stilisiert sie den Pädagogen immer als Helden, der als wahrer Held kein Held sein wollte.[50] Dennoch präsentiert sie ihn als zeitgebundene Person. So leuchtet sie in diesem Band den gesellschaftlichen Kontext, das Zürcher Milieu im Umfeld von Bodmer und Breitinger, detailreich aus, während von Pestalozzi direkt noch wenig die Rede ist. Sie tut dies nicht in einem zusammenhängenden Text, sondern mit einer Sammlung von zeitspezifischen Dokumenten ohne verbindenden Kommentar.[51] Im Vorwort begründet Josephine Stadlin ihr Vorgehen: «Ein genialer ist wesentlich ein *naturwüchsiger* Mensch. [...] Indess ist jede Entwicklung durch Einflüsse bedingt: der Geist der Zeit, [...] das ist es was auch der genialste Mensch unbewusst

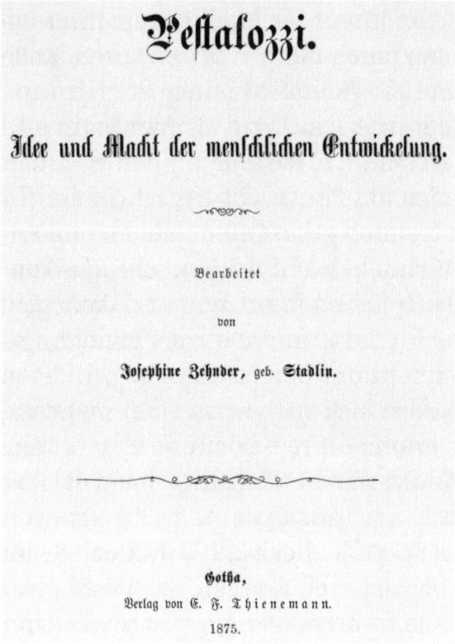
Pestalozzi.

Idee und Macht der menschlichen Entwickelung.

Bearbeitet

von

Josephine Zehnder, geb. Stadlin.

Gotha,

Verlag von E. F. Thienemann.

1875.

Josephine Stadlins Monumentalwerk: Posthum erschien im Sommer 1875 unter dem Titel «Zeit und Vorzeit von Pestalozzi's Entwickelung» der 800-seitige erste Band des auf acht Bände ausgelegten Gesamtwerks «Pestalozzi. Idee und Macht der menschlichen Entwickelung».

mehr oder weniger mit seinem Wesen verwebt und was seine Anschauungsweise und die Richtung und Art seines Gemüthes und seiner Wirksamkeit mitbedingt. [...] Wir spüren diesen Geist bis zu Pestalozzis Ahnen hinauf nach, um seine Individualität und Wirksamkeit recht zu erfassen; denn jede menschliche Entwicklung ist von ihrer – durch die Vorzeit getragene Zeit bedingt, und auch der *geniale* Mensch ist irgendwie ein unfreiwilliger Erbe seiner Vorfahren, ihrer geistigen Anschauungen, Werthschätzungen und Gewohnheiten. Es schien mir daher geboten dem Leser meines Pestalozzi jene Zeit vorzuführen.»[52] Diesem Vorwort folgt die als Einführung in alle sieben Bände und als Hommage an Pestalozzi konzipierte Einleitung, dessen «Genius» Josephine Stadlin mit ihrem Werk ein Denkmal setzen will. Sein Leben und Denken definiert sie zum unverrückbaren Vorbild menschlicher Entwicklung, an dem sich die Schule zu messen habe: «Dieses [unverdorbene] Gemüth offenbart und bewährt sich wesentlich im ‹Hungern und Dursten nach der Gerechtigkeit›, dem ewig Rechten. [...] Das ist der Trieb und die Macht des christlich-menschlichen Genius. Es ist Pestalozzis Genius und ist der Genius, der mit jedem menschlich-gesunden und fromm behüteten Kind sich für und für entwickelt.»[53] Entsprechend der Fortschrittslogik des liberalen Bildungsbürgertums verstand Josephine Stadlin Entwicklung als Entfaltung der im einzelnen Menschen schlummernden Kräfte. Sie blieb dabei geprägt von christlich-philosophischer Denktradition. Zwar argumentierte sie nicht theologisch, wohl aber – weit entfernt von der bereits erschienenen Evolutionslehre ihres fast gleichaltrigen Zeitgenossen Charles Darwin – teleologisch im Sinne einer auf ein Ziel gerichteten Entwicklung, die in sich den Kern der Wahrheit berge. Mit ihrem auf Pestalozzi bezogenen «Genius»-Konzept knüpfte sie zugleich an romantisch geprägte Ideen des beginnenden 19. Jahrhunderts an, um es zu einem allgemein gültigen Modell der Entwicklung des Kindes hin zum erwachsenen Menschen umzudeuten. Daran konnte sie nahtlos ihre eigenen pädagogischen Vorstellungen wie ihre Abgrenzung gegen einige andere Pädagogen anschliessen.

Aus der Perspektive des sich durch Sinneserfahrungen ständig fortentwickelnden Kinds hielt Josephine Stadlin mit Kritik an der Volksschule, an deren Ausgestaltung Ulrich Zehnder im Kanton Zürich entscheidenden Anteil genommen hatte, nicht zurück: «[...] sie schliesst sich in der Regel an diese wohlgehegte Wohnstube nicht an. [...] Eine wirklich *Pestalozzische* Schule ist immer eine *Real*schule, [...] d. h. sie baut auf sein *menschliches* natürliches Inter-esse und beherziget, dass nur *dieses* Inter-esse (das Hungern und Dursten nach dem Rechten, dem Ewigwahren) der von Gott gelegte Grund menschlich-gedeihlicher Entwicklung ist.»[54] Josephine Stadlin mass aber selbst Pestalozzi an ihrer Deutung seines Werkes und kritisierte ihn als Abweichler vom eigenen Weg: «Im späteren Greisenalter ist Pestalozzi unter der Wucht der Arbeit und unter fremdem Einfluss selbstisch beschränkter Persönlichkeit in tragischer Weise irre an sich selber und an seiner Sendung wie an treuen Freunden geworden. Aber seine Idee und Individualität wird die Menschheit noch fördern, wenn auch alles Persönliche von ihr sich abgelöst haben wird.»[55] Sie bezog sich hier auf die Querelen in Yverdon und stellte sich implizit auf die Seite von Rosette Niederer-Kasthofer und ihrem Ehemann, der sich im Streit von Pestalozzi getrennt hatte, in der Folge aber als der «echte» Pestalozzianer in der SGG auftrat. Zugleich definierte sie damit ihr Verständnis von Pestalozzis Denken als der menschlichen Natur grundsätzlich entsprechend und daher als überindividuelle, ewig gültige Wahrheit. Dennoch sah sie ihr Werk nicht als einzig mögliche Interpretation von Pestalozzis Leben und Wirken, sondern als eine Ergänzung zu den schon erschienenen Veröffentlichungen, darunter der erste Band von Heinrich Morfs Biografie und Ludwig Wilhelm Seyffarths bereits herausgegebene Bände von Pestalozzis Gesamtwerk.[56]

«Zeit und Vorzeit von Pestalozzi's Entwickelung» präsentiert sich zwar vorwiegend als formloses Konvolut von Dokumenten, in deren Auswahl zeigt sich jedoch das Gespür von Josephine Stadlin für relevante Aspekte von Gesellschaft, Kultur und Politik in Zürich vor der Französischen Revolution. So liegt der Wert dieses Bandes in der Herausgabe von Quellenmaterial, das zum Teil erstmals ediert wurde. Wohl unter dem Einfluss der zunehmenden Bedeutung, die den Quellen in Kreisen der sich neu konstituierenden akademischen Geschichtsforschung beigemessen wurde, suchte Josephine Stadlin nach Dokumenten, die ebenso den Zeitgeist wie Pestalozzis Schaffen spiegeln sollten. Im Gegensatz zu den Historikern verarbeitete sie diese Quellen nicht zu einer Darstellung, sie belegen aber in aller Deutlichkeit ihre Interpretation von Pestalozzi und seinen Erziehungskonzepten. Zwei in diesem Band abgedruckte Textauszüge stehen in direktem Bezug zu Josephine Stadlins eigenen Projekten.[57] Sie verweisen auf den Platz, den sie dem Handeln von Frauen in ihrem Werk einräumt, aber auch auf ihr Bestreben, die Wirkmächtigkeit einer auf Verstand und christlicher Moral basierenden Erziehung des weiblichen Geschlechts aufzuzeigen.

Unter dem Titel «Arbeiten und Bestrebungen», einem Unterkapitel des Abschnitts «Junge Leute», figuriert der «Brief eines zürcherischen Frauenzimmers an ihre Mitbürgerinnen», die sich an ihre «Liebe[n] Schwestern und Mitbürgerinnen» wendet, um ihnen im Stil eines pietistischen Erweckungserlebnisses ihre Absage an «Eitelkeit und Putzsucht» zu schildern.[58] Josephine Stadlin ergänzte dieses Dokument mit Reaktionen auf ebendiesen Brief, in denen die Schreiberin als «dévote» – Frömmlerin – abqualifiziert wird. Die abgedruckten Reaktionen denunzieren sowohl den Missbrauch von Bibelstellen als auch den Aufwand junger Frauen für «Putz und Spiel».[59] Josephine Stadlin zielte mit der Veröffentlichung von Brief samt Reaktionen auf die aus ihrer Sicht doppelte Gefährdung junger Frauen hin, vor der sie bereits als Lehrerin und Schulleiterin immer wieder gewarnt hatte. Sie sah einerseits ihre Schülerinnen durch «religiöse Schwärmerei» unter dem Einfluss der Erweckungsbewegung gefährdet, anderseits durch die Tendenz zur «Oberflächlichkeit» unter dem Einfluss modischer Vorbilder. Auf die in Briefform gehaltene Warnung vor möglichen Gefahren folgt eine gekürzte «Aufforderung an die Verfasserin der ‹Pomona› ihre Schriften fortzusetzen».[60] Die Verfasserin der Zeitschrift «Pomona für Teutschlands Töchter» war Sophie von La Roche. Josephine Stadlin positionierte sich mit der Veröffentlichung dieses Textauszuges als direkte Nachfolgerin der bekannten Schriftstellerin aus dem 18. Jahrhundert, deren Roman «Fräulein von Sternheim» sie bereits in ihrer Jugend gelesen hatte und die mit ihrer 1783 bis 1784 erschienenen Zeitschrift schon in der Aufklärung dezidiert für das Recht der Frauen auf Bildung eingetreten war.[61]

Aufwändige Recherche, zurückhaltende Verleger, rare Subskribenten

«Meine liebe, fleissige Freundin! [...] Dir aber bringe ich meine freudige Gratulation zur Vollendung deines grossen Tagewerkes dar. Wäre ich eine philosophische Fakultät, so legte ich der Gratulation ein Doktordiplom bei. Adios! Dein alter Freund A. Keller.»[62] Mit diesen Worten gratulierte Augustin Keller seiner ehemaligen Mitstreiterin Josephine Stadlin im Februar 1871 zum eben abgeschlossenen Werk. Etwas zwiespältig tönt das Lob aus dem Munde des Bildungspolitikers. Mit dem Attribut «fleissig» hob er eine Qualität hervor, mit dem man das Schaffen der Frauen im Gegensatz zur wissenschaftlichen Forschung der Männer auszuzeichnen und damit gleichzeitig abzuwerten pflegte. Dem ihr von Augustin Keller zugedachten Doktortitel kam keine öffentliche Relevanz zu, der Freund erwies ihr damit lediglich als Privatmann wegen der aufwändigen Nachforschungen die Ehre.

Nach eigener Aussage arbeitete Josephine Stadlin elf Jahre an ihrem «Pestalozzi».[63] Die Anfänge der Recherchen fallen in die Zeit ihrer ersten Ehejahre. Sicher ist, dass sie von Ulrich Zehnders Netzwerk ebenso profitieren konnte wie von ihrem eigenen. Der Status einer verheirateten Frau – eine Magd entlastete sie von den schweren Haushaltspflichten – war ihrer langjährigen intensiven Arbeit sehr förderlich. Da die Position des Ehemannes ihre Existenz garantierte, konnte sich Josephine Stadlin analog zu einem (männlichen) Privatgelehrten früherer Zeiten, der sich auf sein Vermögen abstützte, dem selbst gestellten Forschungsauftrag widmen. Während ein Privatgelehrter in der zweiten Hälfte des 19. Jahrhunderts mit Verweis auf seine akademische Bildung implizit Anerkennung als Experte beanspruchte, rekurrierte Josephine Stadlin auf ihr Wissen, das sie sich durch Erfahrung und Selbststudium angeeignet hatte.

Ein Brief aus dem Jahre 1860 scheint das früheste Dokument zu Josephine Stadlins Beschäftigung mit Pestalozzis Biografie zu sein. Susanne Moosbrugger-Streiff, ihre Kollegin aus Aarauer Zeiten, informierte sie auf ihre Anfrage hin über den Konflikt zwischen Pestalozzi und Niederer während ihres Aufenthalts in Yverdon in den Jahren 1818 bis 1821.[64] Jedoch erst ab Mitte der 1860er Jahre scheint Josephine Stadlin die Recherchen intensiviert zu haben. Gezielt schrieb sie Personen an, von denen sie annehmen konnte, dass sie über Originaldokumente und Schriften von oder zu Pestalozzi verfügten. Seit 1865 korrespondierte sie mit Heinrich Morf, der in jenem Jahr den ersten Band seiner Pestalozzi-Biografie veröffentlichte.[65] Gegenseitig informierten sie sich über Briefe und Dokumente von und zu Pestalozzi, die sich in ihrem Besitz befanden. So zeigte er sich insbesondere am Tagebuch der Anna Pestalozzi interessiert, das er gerne von ihr ausgeliehen hätte.[66] Dass sich Josephine Stadlin mit Morf austauschte, ist interessant: Er war als Pestalozzi-Biograf ihr direkter Konkurrent,[67] zugleich war es aus liberal-radikaler Sicht ein Konservativer, da er nach der politischen Wende von 1852 im Kanton Bern die Nachfolge des aus politischen Gründen entlassenen Heinrich Grunholzer im Seminar Münchenbuchsee angetreten hatte. Damit hatte Morfs Ehefrau zugleich Rosette Grunholzer-Zangger, Josephine Stadlins ehemalige Schülerin, aus der Position der Hausmutter im Seminar verdrängt. Die Verehrung für Pestalozzi und die Abgrenzung von Thomas Scherrs Methoden überbrückten jedoch die möglichen Differenzen zwischen Heinrich Morf und Josephine Stadlin. Beiden gemeinsam war das Anliegen, dem Pädagogen Pestalozzi, der im Kontext der Reform der öffentlichen Schule an Ausstrahlung verloren hatte, einen überragenden Platz einzuräumen und ihn damit auf einen unumstösslichen Sockel zu stellen.

Neben Morf würdigten weitere Männer Josephine Stadlins Einsatz. Sie liessen sich von ihr als Expertin informieren oder besprachen mit ihr Pestalozzis Wirkmächtigkeit. Aus Preussen schrieb sie der königlich-preussische Seminardirektor ausser Dienst an und besuchte sie später in Zürich. Emil Zschokke, Pfarrer in Aarau, empfahl sie Ludwig Wilhelm Seyffarth im preussischen Liegnitz (Südschlesien), dem Herausgeber von Pestalozzis Gesamtwerk.[68] Zudem übergab er ihr Pestalozzi-Editionen seines Vaters Heinrich Zschokke.

Josephine Stadlins Korrespondenz mit Zschokke und Morf sind beispielhaft für ihre breit angelegten Nachforschungen, in die sie neben vielen Einzelpersonen Bibliotheken und Archive einbezog. Ihre Freundin Marie Klun-Feierabend versprach, in der kaiserlichen Bibliothek in Wien nach Unterlagen zu Pestalozzis Beziehung zum Erzherzog Ludwig nachforschen zu lassen.[69] Der Zürcher Stadtbibliothekar Jakob Horner stellte für sie Schriften und Briefe von Niederer und Pestalozzi zum Abholen bereit.[70] Katharina Usteri-Blumer[71] und ein weiterer Vertreter der Usteri-Familie sandten ihr Bücher und Unterlagen zur Beziehung zwischen Pestalozzi und dem Politiker und Journalisten Paul Usteri.[72] Dokumente und Briefe erhielt sie von ihrer Cousine Lisette Wietlisbacher-Ruepp, deren Eltern mit Pestalozzi persönlich verkehrt hatten,[73] ebenso von Augustin Keller[74] und Carl Sauerländer[75] sowie von weiteren Personen aus Zürich, Chur und Schaffhausen.[76] Dass die Recherchen keine einfachen waren, darauf lässt das Schreiben von Sauerländer über den Verbleib von Manuskripten und Notizen Pestalozzis schliessen: «Es ist überhaupt schwierig, sich aus dem Pestalozzi-Chaos herauszufinden, aber mir deucht, auf der Stadtbibliothek od.[er] der Grossen Bibliothek in Zürich sollten sich alle Pestalozzianer, u. auch Notizen darüber vorfinden, zahlreicher als nirgends anderswo.»[77]

Nachdem Josephine Stadlin das Werk abgeschlossen hatte, suchte sie parallel zu den Verhandlungen mit Verlegern nach Personen, die sich per Subskription zum Kauf der Bände verpflichteten. Wie schon bei der Subskription für ein schweizerisches Lehrerinnenseminar aktivierte sie dazu ihre Beziehungsnetze. Sie und ihr Ehemann schrieben potentielle Interessentinnen und Interessenten direkt an, baten Freundinnen und Freunde, Verwandte und Bekannte, die Nachricht über das baldige Erscheinen des Werks möglichst breit zu streuen. Den grössten Erfolg erzielte Ulrich Zehnder bei seinem in Norditalien lebenden Freund Johann Schoch, der gleich für hundert Exemplare subskribierte. Aus Stäfa gratulierte Altbundesrat Jakob Dubs und stellte Überlegungen an, wie das Werk am besten zu verbreiten sei.[78] An Stelle des Direktors des Eidgenössischen Polytechnikums, des Geobotanikers Elias Landolt, unterschrieb dessen Tochter, da ihr Vater von Fachliteratur so in Anspruch genommen sei, dass ihm dies selber nicht möglich sei. Sie wollte das Werk «mit Freuden» in ihrem Bekanntenkreis weiterempfehlen und bestellte gleich noch ein Exemplar für Dr. Rahn.[79] Aus Schaffhausen meldete die Fabrikantengattin Emma Neher-Moser, sie und Professor Koch – es handelt sich mit grosser Wahrscheinlichkeit um Adolf Wilhelm Koch, Lehrer an der Kantonsschule – würden für Subskriptionen sorgen.[80] Für die Verbreitung des Werks setzten sich auch ehemalige Schülerinnen von Josephine Stadlin ein. Hanna Zaeslin liess sich von ihrem Ehemann ein Verzeichnis aller Mitglieder der Gemeinnützigen Gesellschaft von Basel geben, um diesen den Prospekt zuzusenden.[81] Cécile Vögeli-Bodmer aus der reichen Zürcher Seidenhändlerfamilie Bodmer wollte in ihren Kreisen von Professoren, Kaufleuten und Politikern Werbung machen,[82] Julia Stäbli aus Brugg sprach Schulleute, Verwandte und Bekannte an, mit wenig Wirkung, wie sie bedauernd feststellte.[83] Enttäuschend war das Echo bei den eigentlichen «Pestalozzianern», die sich zum Teil das Werk aus finanziellen Gründen nicht leisten wollten.[84] Auch Seminardirektor Largiader in Rorschach, der bei der Bündner Regierung für das Werk warb, sah das grösste Hindernis für eine grosse Zahl von Bestellungen im hohen Preis.[85] So standen Erfolgsmeldungen viele negative Echos gegenüber. Grosse Hoffnungen setzte Josephine Stadlin insbesondere auf Bestellungen von öffentlichen Schulen und Bibliotheken. In diese Richtung zielte der Einsatz des Luzerner Liberalen Josef Vonmatt, während dessen Ehefrau im Bekanntenkreis Überzeugungsarbeit leistete.[86] In Zürich weibelte der Herausgeber der «Freitagszeitung» und bekannte Orientalist David Bürkli dafür,[87] dass Lehrer und Volksbibliotheken subskribierten. Gleichzeitig klagte der städtische Oberbibliothekar Jakob Horner, dass man die Subskription den Leuten immer wieder unter die Nase reiben müsse.[88] Josephine Keller-Pfeiffer listete ihr auf Wunsch hin Bibliotheken sowie freisinnige Exponenten aus dem Bildungsbürgertum im Kanton Aargau auf, bei denen sie mit Empfehlung von Augustin Keller für ihr Werk werben wollte.[89] Augustin Keller machte sich dabei vor allem Sorgen, wie er sich in Szene setzen sollte: «Ich weiss nur nicht, in welchem Habit ich mich vorstellen soll: Ob Dr. Augustin Keller in Aarau: ob [...] Aug. Keller in Aarau; ob [...] gew. Sem. Direktor in Aarau; ob [...] Erziehungsdirektor in Aarau. Mach aus mir, was dir am besten gefällt.»[90]

Josephine Stadlin erachtete ganz Europa als Absatzmarkt für ihr Werk: Nach ihren Vorstellungen sollte es in allen Bibliotheken und Schulen des deutschsprachigen Raums greifbar sein. Sie bat deshalb «Se. [ine] Excellenz General von Röder», bevollmächtigter Minister von Preussen, darauf hinzuwirken, dass die Bibliotheken der preussischen Hauptschulen ihren «Pestalozzi» zu erwerben hätten.[91] Für die Verbreitung im Kaiserreich Österreich-Ungarn setzte sie auf den Geografen und Staatsmann Vincenz Ferrer Klun, Ehemann ihrer Freundin Marie Klun-Feierabend. Obwohl er wegen der Weltausstellung daran zweifelte, ob die Wiener überhaupt für Pestalozzi zu gewinnen wären, überlegte er, welche Rolle der Schweizer Gesandte Ferdinand von Tschudi am Hofe spielen sollte und wie der Pestalozzi-Verehrer und kaiserlich-königliche Statthalter von Galizien, der «Hochgeborene Herr Agenor Graf von Goluchowsky» in Lemberg, der «allmächtige Gott in Polen»,[92] dafür eingespannt werden könnte. In einem späteren Brief warnte der inzwischen Verwitwete vor Illusionen, um dann trotzdem äusserst wortreich einen Plan auszubreiten, wie die entscheidenden Personen am Hof dafür zu gewinnen wären.[93] Klun, der als Autor über Erfahrungen im Büchervertrieb verfügte, schloss seine Ausführung mit konkreten Empfehlungen: «Ich stimme mit H.[errn] Doubs auch darin überrein, dass Sie ihrem Prospekt auch einen ‹geschäftlichen› Theil beifügen sollten. Glauben Sie nicht, dass Sie keinen Verleger dafür bekämen? Auf eigene Kosten ein Werk herauszugeben ist stets sehr riskiert, weil sich die Buchhändler weniger dafür interessieren.»[94]

Wegen ihrer Mühe, überhaupt einen Verleger zu finden, scheint Josephine Stadlin also zeitweise sogar überlegt zu haben, das Werk im Eigenverlag herauszugeben. Ob bei den Schwierigkeiten das Geschlecht der Autorin oder der Umfang die Verleger abschreckte, konnte ich nicht eruieren, aber die Druckkosten spielten bei der Evaluation eine zentrale Rolle. Zwar datieren die meisten Briefe an Verleger von 1873, doch ein Brief von Heinrich Grunholzer vom August 1871 lässt darauf schliessen, dass sie damit schon sehr viel früher begonnen hatte: «Mehrere Freunde wollten nicht glauben, dass Ihr Werk keinen Verleger fände, u. meinten, dass in Leipzig viel wohlfeiler gedruckt u. durch einen grossen Buchhändler eine weit grössere Verbreitung erzielt werden könnte.»[95] Trotz der wohlmeinenden Empfehlung Grunholzers und der aktiven Hilfe weiterer Freunde zog sich die Suche in die Länge. Die prominente Zürcher Firma Orell Füssli & Co. lehnte 1873 nach zweijährigen Verhandlungen und Sondierungen mit folgender Begründung ab: «[...] weil trotz der ‹jetzt› vorhandenen 200 festen Abonnenten das Werk nicht genügende Chancen eines geschäftlichen Erfolges bietet. Für den

Verleger muss *dieser* Gesichtspunkt der entscheidende sein.»[96] Die Offerte der Buch- und Notendruckerei Zürcher & Furrer aus Zürich für eine Auflage von tausend Exemplaren wurde ebenfalls nicht weiterverfolgt, ebenso wenig führte die Korrespondenz mit C. Baumann-Zürrer zu einer positiven Antwort.[97] Auch die Basler Verlagsbuchhandlungen Hugo Richter sowie H. Georg sagten ab, ebenfalls die Dalp'sche Buch- und Kunsthandlung in Bern.[98] Dass Carl Sauerländer ablehnte, ist anzunehmen, selbst wenn sich in Josephine Stadlins Nachlass kein Brief dazu finden lässt. Enttäuschend gestaltete sich anfänglich auch die Nachfrage bei deutschen Verlagen. Folgenlos blieb die Vermittlung von Berthold Auerbach in Baden, keine Offerte ging auf die Anfrage hin von der Buchhandlung des Waisenhauses in Halle ein, eine klare Absage erteilten die Weidmann'sche Buchhandlung in Berlin und die Buchhandlung Duncker & Humblot in Leipzig.[99] Wegen finanzieller Schwierigkeiten sah sich trotz Interesse die Buchhandlung Siegismund & Volkening in Leipzig zur Ablehnung gezwungen, sie empfahl als Alternative den Verleger Thienemann in Gotha.[100] Nach rund sechsmonatigen Verhandlungen erklärte sich Thienemann im Frühjahr 1874 bereit, die sieben Bände herauszugeben, und liess dazu ein «Programm» für die Subskription drucken.[101] Der erste Band erschien im Sommer 1875. Ich bin den Reaktionen, die er auslöste, nur punktuell nachgegangen.

5.3 Ein Platz in der Geschichte: Zeichen öffentlicher Anerkennung trotz widersprüchlicher Resonanz

Mit ihrem Werk wollte sich Josephine Stadlin einen Platz in der Geschichte der Pestalozzi-Forschung sichern. Dies gelang ihr nur in beschränktem Masse. Zwar wurde der erste Band bei seinem Erscheinen rezensiert und sorgte sogar unter prominenten Zürchern für Aufsehen. Doch die Erziehungswissenschaften im Allgemeinen nahmen Josephine Stadlins Beiträge kaum zur Kenntnis, selbst die «Pestalozzianer» in der pädagogischen Forschung interessierten sich nur am Rande für sie. Dagegen würdigte die Frauenbewegung Anfang des 20. Jahrhunderts Josephine Stadlins Einsatz für die Mädchen- und Lehrerinnenbildung und die vereinsmässige Organisation der Frauen in erzieherischen Berufen.[102] Als Quelle für die Darstellung ihres Lebens diente nicht nur die Zeitschrift «Die Erzieherin», sondern in erster Linie die von ihr selbst gesammelten Briefwechsel und autobiografischen Aufzeichnungen, die Ulrich Zehnder nach ihrem Tod ergänzte und archivieren liess.

Gottfried Keller und Jakob Baechtold

Da Gottfried Keller zu den ersten Subskribenten gehörte, kontaktierte ihn Josephine Stadlin im Februar 1873 wegen eines spezifischen Anliegens: «Da Sie durch Ihr Abonnement Interesse für Pestalozzi beweisen, so wage ich den lange in mir getragenen Wunsch auszusprechen – meinen tiefinnigen Wunsch: Sie mögen sich entschliessen P[estalozzi]:s Volksbuch ‹Lienhard u Gertrud› aus jener Zeit in die unsere, in *unsere* Verhältnisse u Charaktere herüber zu tragen, dh. auf dem Grund u Boden unsers heutigen Lebens herauswachsen u sich entwickeln lassen. Vielleicht hätte es Bitzius [Jeremias Gotthelf, E.J.] auch können; aber gewiss ist, dass heute es niemand kann als Sie u Sie können es in der einfachen, ergreifenden Weise wie Pest.[alozzi] selber. Ich sage in meiner Einladung, dass ich für meinen elfjährige Arbeit nichts wolle; das ist aber nur wahr in Bezug auf Geld od.[er] andere persönliche Vortheile für mich. Ich erwarte von Ihrer Arbeit die Förderung der meinen u deren wesentliche Ergänzung. Ich bin im Besitz der ersten Originalausgabe von «Lienh:[ard] u Gertrud» u stelle es sehr gern zu Ihrer Disposition. Selbstverständlich würde Ihre Arbeit ganz unabhängig von der meinen erscheinen u ausser meinem l.[ieben] Gatten soll niemand wissen, dass ich früher darum wusste als das übrige Publikum. Suchen Sie keine Ausflüchte! Ich weiss, die Arbeit wird Ihnen selber Freude machen – freilich auch grosse Mühe – die aber gar nicht in Betracht kommen kann, vor der Förderung der grossen Volksmenge, die das Salz eines Staates ist.»[103] Diese Anfrage mag aus gegenwärtiger Sicht als Mischung von Naivität und unerhörtem Ansinnen erscheinen, da Josephine Stadlin den Schriftsteller aus der Verwertungsperspektive als ideales Instrument zur Propagierung der eigenen pädagogischen Vorstellungen betrachtete und ihn nur in der Nachfolge von Heinrich Pestalozzi sah, der als Erzähler und Romanautor einen Gottfried Keller – wenn überhaupt – wohl nur mässig zu begeistern vermochte.[104] Der Brief zeugt aber vor allem von der Selbstsicherheit Josephine Stadlins, die nicht nur den Einfluss Pestalozzis als Pädagoge, sondern auch ihren eigenen Beitrag zur Pestalozzi-Forschung als äusserst bedeutsam einschätzte. Mit dem Brief zollte sie Gottfried Keller als politisch orientiertem Schriftsteller höchste Anerkennung,[105] tat es aber aus der exklusiven Position der Frau Regierungsrätin sowie aus der Perspektive einer Pestalozzi-Expertin und in Gesellschaftsfragen versierten Pädagogin. Sie sprach den damals bekanntesten Schweizer Schriftsteller von gleich zu gleich an und zeigte sich ihm gegenüber gönnerhaft. Literatur scheint sie vorwiegend unter dem Aspekt der moralisch-sittlichen Verwertbarkeit beachtet zu haben. Dieser lehnte den Wunsch äusserst höflich, aber auch mit etwas gewundenen Formulierungen ab: «Ich fühle mich nicht wenig geehrt u geschmeichelt durch den wichtigen Auftrag, welchen Sie mir ertheilen wollen. Ausflüchte gibt es hier freilich nicht, sondern entschiedene Verweigerungsgründe, die Sie in Ihrem eifrigen Missionstriebe nur einen Augenblick übersehen haben. Pestalozzis Buch hat nicht nur seine didaktische oder erzieherische Bedeutung, sondern, wie ich mich durch eine neue Lesung dieser Tage wieder überzeugt habe, seinen spezifischen Werth als schriftstellerisches Werk; es ist in seiner Art ein klassisches Buch, das nicht nur Tugend, sondern [sondern] auch Schönheit besitzt, und zwar keusche Schönheit. Das muss man lassen wie es ist, wenigstens ich möchte mir nicht den Strohkranz eines Ballhorn daran verdienen. Will man das erreichen, was Sie bezwecken, so muss man eben etwas ganz Neues machen u da muss halt in Gottes Namen wieder ein Pestalozzi kommen. [...] Denken Sie sich nun die Menge neuer Gestalten, die eine Umarbeitung nach den Verhältnissen jetziger Zeit mit sich brächte, den modernen Lehrer, die Arbeiterfragen, die Sozialisten, den modernen Geistlichen, die Volksvertreter, Volksbeamten etc etc., so werden

Sie finden, dass vom alten Gebäude kein Stein auf dem andern bliebe u es mit der Umwandlung des Gerichtsherren in einen Fabrikherren u des Vogts in einen Gemeindeammann nicht gethan wäre. [...] Auerbach hat in dieser Richtung manches mit Ernst u. Glück angestrebt; aber es fehlt seinen Sachen das Bouquet von Lienhard u Gertrud: die Einzigkeit, der Charakter des Unicums, des nur einmal u dann gut gewordenen. Das Beste wäre vielleicht, zu machen, dass das Volk das Buch einmal für einen halben Franken haben kann. Die Franzosen verstehen das schon lange.»[106] Die Einwände Kellers sind nachvollziehbar, die Begründungen ausführlich und auch aus heutiger Sicht interessant. Der Brief lässt aber kaum erkennen, was der Autor effektiv über Pestalozzi und seinen Roman, und noch weniger, was er über Josephine Stadlin dachte. Zu vermuten ist, dass seine Reaktion nicht frei von Ironie war, zumindest scheint etwas davon im Hinweis auf ihren – ihm selber gänzlich fremden – «Missionstrieb» durchzuschimmern. Aber der Ehefrau eines der bedeutendsten Politiker des Kantons, dessen politische Ansichten er seit Jahrzehnten teilte, konnte er nicht anders als mit ausgesuchter Höflichkeit begegnen. Mit dem 1886 veröffentlichten «Martin Salander» hat er später selber einen Roman mit volkserzieherischen Zielen geschrieben, in den er eine «Menge neuer Gestalten [...] nach den Verhältnissen jetziger Zeit» eingearbeitet hat.

Unklar ist, wie Gottfried Keller später Josephine Stadlins «Pestalozzi» beurteilte. Dass er den ersten Band durchsah, ist verbürgt, doch mit welcher Haltung, bleibt offen. Sein Freund Jakob Baechtold[107] – der spätere Chef des Feuilletons der «Neuen Zürcher Zeitung» arbeitete damals noch als Gymnasiallehrer und Journalist in Solothurn – sprach ihn rund ein Jahr nach dem Erscheinen des Bandes in einem Brief darüber an. Offensichtlich wusste er, dass Keller das Buch kannte. Der Brief des akademisch gebildeten Germanisten an den Schriftsteller lässt einen gewissen Neid gepaart mit frauenfeindlicher Überheblichkeit erkennen: «Das Buch der Frau Josephine Zehnder habe ich bereits durchgangen u bin erstaunt über die erdrückende Fülle des werthvollen Materials; dass so etwas einem Weibsbild in die Hände fallen musste! Die Briefe Bodmers ziehe ich soeben aus für die Allg.[emeine] Ztg.[Zeitung]; könnten Sie mir nicht Mörikofers ‹Klopstock in Zürich› auf einige Tage verschaffen u mir zugleich darüber Aufschluss geben, woher die Bodmer'schen Briefe sind? Liegen sie auf der Stadtbibl[iothek]?»[108] Zu den wertvollen Materialien gehörten Briefe Bodmers aus dem Umfeld des so genannten Grebel-Handels von 1762 – eine Korruptionsaffäre – sowie zum Aufenthalt des deutschen Dichters Klopstock in Zürich.[109] Gottfried Keller entsprach der Bitte und legte dem Freund ein «Briefchen» des städtischen Oberbibliothekars Jakob Horner bei, der Josephine Stadlin mit Material beliefert hatte.[110] Gottfried Keller selber bediente sich bei Josephine Stadlins erstem Pestalozzi-Band ausgiebig für seine 1877 erschienene Zürcher Novelle «Der Landvogt von Greifensee». Nach Jenal bot Josephine Stadlins Sammelwerk Gottfried Keller entscheidende Anregungen für die Gestaltung der kulturhistorischen Hintergründe seiner Erzählung.[111] Ob sich daraus Hochachtung für Josephine Stadlins Arbeit ableiten lässt, ist nicht zu beantworten, ebenso wenig die Frage, ob und in welchem Ausmass Gottfried Keller die frauenfeindliche Überheblichkeit des Freundes teilte. Denn Baechtold

Gottfried Keller: Der Autor bediente sich ausgiebig im Fundus der von Josephine Stadlin im ersten Pestalozzi-Band veröffentlichten Quellen für seine 1877 erschienene Zürcher Novelle «Der Landvogt von Greifensee».

stellte mit seinem Ausruf «ausgerechnet ein Weibsbild!» mögliche wissenschaftliche Kompetenzen der Frauen generell in Frage. Josephine Stadlins Erfolg bei der Suche nach wertvollen Dokumenten war aus Baechtolds Sicht nicht Resultat gezielter Nachforschung, sondern unverdienter Zufall.[112] Das enge Verhältnis der beiden Männer und der kumpelhafte Ton Baechtolds lassen vermuten, dass der Germanist sich in seiner Auffassung einig fühlte mit dem Schriftsteller. In diesem Sinne wäre der Brief als männerbündisches Dokument zu werten.
Auf bildungsspezifische Frauenfeindlichkeit verweist auch Gottfried Kellers Erzählung «Der Schmied seines Glücks», die in ebendieser Periode im zweiten Teil des Zyklus «Die Leute von Seldwyla» von 1873/74 veröffentlicht wurde. Die Erzählung handelt von John Kabys, der auf eine Reise zur Erforschung der verschiedenen Arten von Jugenderziehung geschickt wird. Die letzte Station ist Seldwyla, Kellers Zürich: «Denn seit einiger Zeit schon waren sie auf einen herrlichen Erwerbszweig geraten, indem sie alle ihre Mädchen zu Erzieherinnen machten und versandten. Kluge und unkluge, gesunde und kränkliche Kinder wurden in dieser Weise zubereitet in eigenen Anstalten und für alle Bedürfnisse. Wie man Forellen verschiedentlich behandelt, sie blau absiedet oder backt oder spickt usw., so wurden die guten Mädchen entweder mehr positiv christlich oder mehr weltlich, mehr für die Sprachen oder mehr für die Musik, für vornehme Häuser oder für mehr bürgerliche Familien zugerichtet, je nach der Weltgegend, für welche sie bestimmt waren und von wo die Nachfrage kam. [...] und der gute Absatz liess sich nur dadurch erklären, dass die Abnehmer des Exportartikels ebenso gleichgültig und kenntnislos waren. Ein Seldwyler, der den unversöhnlichsten Kirchenfeind spielte, konnte seine nach England bestimmten Kinder auf Gebet und Sonntagsheiligung einüben lassen; ein anderer, der in öffentlichen Reden von der edlen Stauffacherin, der Zierde des freien Schweizerhauses, schwärmte, hatte seine fünf oder sechs Töchter nach den russischen Steppen oder in andere unwirtliche Gegenden verbannt, wo sie in ferner Trostlosigkeit schmachteten. /

Die Hauptsache war, dass die wackeren Bürger die armen Wesen so bald als möglich, mit einem Reisepass und Regenschirm versehen, hinausjagen und mit dem heimgesandten Erwerbe derselben sich gütlich tun konnten. / Aus alledem war aber bald eine gewisse Überlieferung und Geschicklichkeit für die äusserliche Zurichtung der Mädchen entstanden, und John Kabys hatte vollauf zu tun, die kuriosen Grundsätze, die hierin walteten, mit noch kurioserer Auffassungsgabe einzusammeln und sich zu notieren. Er ging in den verschiedenen Fabriklein herum, wo die Mädchen zubereitet wurden [...].»[113]
Dieser Text ist zwar gespickt mit Ironie, doch fehlt es ihm gänzlich an Reflexion bezüglich Erwerbsaussichten von Frauen oder der Benachteiligung der Mädchen im Bildungsbereich. Vielmehr vermittelt er den Eindruck einer äusserst herablassenden Einschätzung der Ausbildung von Frauen zu Erzieherinnen in Privatschulen, des «Fabriklein[s]» und der Vorsteherinnen dieser Anstalten als Orten der Zurichtung bar jeglicher pädagogischer Zielsetzung. Ob der Autor Josephine Stadlin, deren Institut und Seminar seit langem geschlossen war, von dieser Einschätzung ausnahm, bleibt offen, erscheint mir aber eher unwahrscheinlich.

Die Sorgfalt des Nachlassverwalters

Josephine Stadlin war beim Erscheinen des ersten Bandes ihres Werks zu Pestalozzi bereits tot. Dem Vorwort schloss sich eine «Nachschrift» von «Dr. Zehnder-Stadlin» an: «Bevor der Druck dieses ersten Bandes vollendet war, hat das arbeits- aber auch segensvolle Leben der Verfasserin sich abgeschlossen. Glücklicherweise hindert diess das Erscheinen der folgenden sechs Bände nicht, da das Material für dieselben vollständig vorliegt und nur noch einiger Durchsicht und genauer Anordnung nach dem publizierten Plane bedarf.»[114] Doch der Verleger beurteilte das finanzielle Risiko als hoch und die Absatzmöglichkeiten als beschränkt ein. Daher forderte er vor der Drucklegung der folgenden Bände eine Überarbeitung des Werks. Er beauftragte damit den Pestalozzi-Biografen Heinrich Morf, der sich mit Ulrich Zehnder wegen der Durchsicht des Manuskripts in Verbindung setzte.[115] Die Vorschläge zur Straffung führten kurzfristig jedoch zu keinem Resultat. Der Tod von Ulrich Zehnder im Jahre 1877 setzte den Bemühungen um die Veröffentlichung des Gesamtwerks definitiv ein Ende: Der publizierte Band war ein Torso, die folgenden Bände blieben Manuskript.
Die Anerkennung als Gelehrte blieb Josephine Stadlin auch posthum versagt. Doch ein Platz in der Geschichte war ihr gesichert, und zwar nicht nur über die Spuren in Kellers Novelle. Dafür hatte nicht zuletzt Ulrich Zehnder gesorgt: Er bat Angehörige und Bekannte seiner verstorbenen Ehefrau um ihre Erinnerungen,[116] die Heinrich Schweizer, der verwitwete Ehemann der Stadlin-Freundin Elise Sidler, zusammen mit eigenen Erinnerungen und den Mitteilungen Zehnders zu einem mehrteiligen Nachruf auf Josephine Stadlin im Feuilleton der «Neuen Zürcher Zeitung» verarbeitete.[117] Mit diesem Rückblick würdigte Schweizer das Leben Josephine Stadlins und hob dabei die enge Verknüpfung von beruflichen und familiären Verpflichtungen hervor. Im letzten Lebensjahr habe sie noch an einer Publikation zum «Anschauungsunterricht» gearbeitet, dabei Pestalozzis Erbe neu angereichert mit Fichtes philosophischen und religiösen Ansichten.[118]

Die Arbeit an Pestalozzi habe ihr, so Schweizer in der «Neuen Zürcher Zeitung», nach ihren eigenen Aussagen «das leibliche Lebensmark ausgesogen».[119] Josephine Stadlins gesamter Nachlass wurde in der Stadtbibliothek – heute ist es die Handschriftenabteilung der Zentralbibliothek – deponiert.[120] Seitdem ist ihr umfangreicher Nachlass am selben Ort wie der Nachlass von Pestalozzi archiviert. So ist sie posthum dem von ihr als Genie verehrten Autor und Erzieher ganz nahe gerückt.

5.4 Fazit: Positionierung zwischen professionellem Selbstverständnis und gesellschaftlicher Anerkennung

Josephine Stadlins Positionierung als Pädagogin und Privatgelehrte fand selbst im liberalen Umfeld nur beschränkt Anerkennung. Die Stellung der Gelehrten stand ihr nicht qua Studium – damals noch weitgehend ein männliches Vorrecht – zu, sondern war für sie als Angehörige des weiblichen Geschlechts ohne ererbtes Vermögen entscheidend bedingt durch ihren gesellschaftlichen Status als verheiratete Frau. Zwar konnte sich Josephine Stadlin nach dem Ende ihrer Karriere als Leiterin des Seminars und des Privatinstituts dank dem Verkauf der Schulgebäulichkeit vorerst auf das Referieren, Recherchieren und Publizieren konzentrieren. Aber erst die Heirat mit dem verwitweten Bürgermeister und Regierungsmitglied Ulrich Zehnder untermauerte ihre Zugehörigkeit zur Zürcher Bildungselite und verhalf ihr zur Position einer Privatgelehrten. Die Finanzen ihres Mannes enthoben sie langfristig der Pflicht zur Erwerbstätigkeit. Zugleich war sie als kinderlose, nicht mehr junge Frau der Betreuungspflichten enthoben, die im bürgerlichen Milieu einer Ehegattin und Mutter zugeordnet waren.
Auf Grund ihrer kontinuierlichen Beschäftigung mit Pestalozzi definierte sich Josephine Stadlin als Expertin in Fragen der praktischen Erziehung, des schulischen Unterrichts und pädagogischer Entwicklungstheorien. Ihre Referate und Veröffentlichungen dienten aber immer auch dem Ziel, die Berufstätigkeit der Frauen als Lehrerinnen zu legitimieren. Selbst wenn ihr eigenes Netzwerk für ihre Stellung als Publizistin und Erziehungsexpertin von grossem Nutzen war, wurde dieses durch dasjenige ihres Ehemannes entscheidend erweitert. Als Politiker mit hohem Renommee, engsten Beziehungen zur Hochschule und anderen Bildungseinrichtungen wie der Stadtbibliothek öffnete Ulrich Zehnder ihr Türen zu handschriftlichen Originaldokumenten. Das ermöglichte ihr, sich unabhängig von einer akademischen Ausbildung als eine Gelehrte zu verstehen, die sich ganz ihrem Forschungsauftrag widmete, um Pestalozzi den ihm ihrer Meinung nach zukommenden Platz in der Geschichte zu sichern: ein in seiner Selbstlosigkeit alles überstrahlender Held. Ihre eigene Rolle in diesem Prozess der Konstruktion eines uneigennützigen Helden im Dienste des Gemeinwohls war zwar eine zudienende, färbte aber zugleich auf sie ab: So wie Pestalozzis Wissen gepaart mit selbstlosem Engagement erst seine spezifischen individuellen Konturen bestimmte, sah sie ihren Status als Expertin durch ihr uneigennütziges Erforschen von Pestalozzis Wirken und die Propagierung seiner Ideen gesi-

chert. Ihre passive Rolle im Dienste ihres Helden verwandelte sich so zu einer höchst aktiven: der tote Held als passives Objekt ihrer Forschung und Interpretation verschaffte ihr selber eine herausragende Stellung im Rang einer Gelehrten. Nach elfjähriger Arbeit hatte sie ein mehrere Tausend Manuskriptseiten umfassendes Werk zu Pestalozzi geschaffen, für dessen Propagierung ihre vielfältigen Beziehungen und der Einsatz ihres Ehemanns Voraussetzung waren. Ihre Hoffnung, dass alle Bände gedruckt und als Gesamtwerk in allen Schulen und Bibliotheken des deutschsprachigen Raums Verbreitung finden würden, erfüllte sich nicht. Die Herausgabe und der Vertrieb ihres «Pestalozzi» blieben trotz des Anspruchs auf öffentliche Unterstützung ein privates Unternehmen, und als solches erlitt es Schiffbruch. Zwar erschien der erste Band in einem deutschen Verlag, doch nach dem Tod von Ulrich Zehnder ging die Wirkung der privaten Netzwerke verloren. Kein Verlag wollte die Folgebände mehr veröffentlichen. Damit erwies sich der von Josephine Stadlin anvisierte Gelehrtenstatus posthum als eine Chimäre. Ihre Erkenntnisse blieben von marginaler Bedeutung für die Wissenschaft und die Pestalozzi-Forschung. Doch langfristig wirkte sich das Netzwerk insofern aus, als ihr Nachlass in der heutigen Zentralbibliothek archiviert wurde. So blieb Josephine Stadlin nicht nur über ihre Veröffentlichungen sichtbar, sondern wurde über ihren umfangreichen Briefwechsel als eine facettenreiche Zeitgenossin der liberalen Aufbruchgeneration fassbar.

III Emilie Paravicini-Blumer (1808–1885)

Von familiärer Pflichterfüllung und gemeinnützigem Engagement zur eigenen Praxis als Homöopathin

Emilie Paravicini-Blumer (1808–1885) verbrachte die meisten Jahre ihres langen Lebens in der kleinen Gemeinde Mollis, im Talgrund des Kantons Glarus. In dieser Zeit veränderten Industrialisierung und Verfassungsreformen die wirtschaftlichen und politischen Strukturen dieses Ostschweizer Kantons. Emilie Paravicini-Blumer war eine Akteurin dieses Wandlungsprozesses, trat aber im Gegensatz zur fast gleichaltrigen Josephine Stadlin dabei nach aussen hin nicht offensiv auf.

Sozioökonomisch gesehen blieb im 19. Jahrhundert die von steilen Berghängen dominierte Region ohne städtische Zentren zugleich ländlich und von industriellem Aufschwung geprägt. Vieh- und Weidewirtschaft behielten ihre Bedeutung; nur allmählich erschloss der sich ausweitende Tourismus rund um die neu eröffneten Kurbäder weitere Erwerbsmöglichkeiten. Doch von der schon im 18. Jahrhundert wichtigen Textilproduktion – Spinnerei, Weberei und Tuchdruck – hing die wirtschaftliche Entwicklung des Kantons in weit entscheidenderem Masse ab.[1] Während in den zwei ersten Dritteln des Jahrhunderts die Baumwollindustrie in rasantem Tempo wuchs, sich in den Talebenen eine neue Fabrik an die andere reihte und die industrielle Produktion die Heimweberei verdrängte, manifestierte sich im letzten Drittel die «grosse Depression» als Exportkrise und wirtschaftlicher Einbruch. Das Ende der Heimweberei, die Kartoffelfäule von 1848 und die Exportkrise der 1870er Jahre drängten sukzessive Tausende zur Auswanderung nach Nord- und Südamerika. Es war diese Auswanderung, die das Selbst- und Fremdbild des Kantons zunehmend konturierte.[2]

Auf der Ebene der institutionalisierten Politik sowie der gesellschaftlichen Auseinandersetzungen wirkten in dem von Tradition und Modernisierung beeinflussten Umwandlungsprozess die seit der Reformation herrschenden konfessionellen Gegensätze mit, aber ebenso die gesamtschweizerische Auseinandersetzung zwischen Liberalen und Konservativen. Diese zwei Konfliktfelder überlagerten sich in den politischen Veränderungen der «Regenerationszeit». In der Frühen Neuzeit hatte die konfessionelle Spaltung des Kantons zur Ausdifferenzierung des Systems der Landsgemeinde geführt: Katholiken und Protestanten hatten ihre je eigene Landsgemeinde und tagten getrennt. Mit der Zusammenlegung in der liberalen Verfassung von 1836/37 rettete man die alte Institution der Landsgemeinde in die Zeit der Moderne; gleichzeitig verankerte man die obligatorische Schulpflicht im Gesetz. Im Schatten der Auseinandersetzung um diese Neuordnung nahmen die konfessionellen Spannungen virulente Formen an. Im Sog der Industrialisierung zeigten sich parallel dazu bereits neue Konfliktlinien: 1837 kam es im früh industrialisierten Kanton Glarus zum ersten Streik von Fabrikarbeiterinnen und -arbeitern in der Geschichte der Schweiz,[3] ein Ereignis, das längerfristig die konfessionellen Gegensätze in den Hintergrund treten liess. Ein Beitrag zur Entspannung leistete das 1864 von der Landsgemeinde angenommene Fabrikgesetz. Diese national und international Massstäbe setzende Regelung des Arbeiterschutzes, die unter anderem das Verbot von Kinderarbeit sowie die Einschränkung der Nachtarbeit und der Zahl der wöchentlichen Arbeitsstunden beinhaltete, war das Resultat des Zusammenwirkens von Medizin und Politik, repräsentiert durch den Arzt Fridolin Schuler zum einen, den Landammann Joachim Heer zum andern, resultierte aber auch aus dem zunehmenden stimmenmässigen Gewicht der Fabrikarbeiter an der Landsgemeinde.[4]

Unter dem Eindruck der wirtschaftlichen und politischen Umbrüche bildeten sich im Kampf um Macht und Einfluss neue Gruppierungen und Allianzen. Die alten «Häupterfamilien», die über Jahrhunderte im protestantischen wie im katholischen Glarus alle wichtigen Ämter besetzt hatten, suchten ihre dominierende Position sowohl gegenüber den traditionellen bergbäuerlichen als auch gegenüber den neuen proletarischen Unterschichten und der zu Vermögen gelangten Klasse der Fabrikanten zu sichern. Schon in vorindustrieller Zeit hatten sich viele Exponenten dieser Familien flexibel gezeigt. Sie verdankten ihren Reichtum und Einfluss nebst ausgedehntem Grundbesitz den von ihnen gepflegten Beziehungen zum Ausland, sei es als Offiziere und Söldnerführer, sei es als erfolgreiche Exporteure von Vieh, von landeseigenen Produkten wie Holz und von handgewobenen und gedruckten Textilien.[5] So gelang dieser alten Führungsschicht in Verbindung mit den sozialen Aufsteigern in Industrie und Handel im 19. Jahrhundert der Wandel von der patrizischen Aristokratie zum Bürgertum.[6] In diesem Prozess des Austarierens spielten die Geschlechterverhältnisse, über die alte Beziehungen gefestigt und neue geknüpft wurden, weiterhin eine zentrale Rolle. Emilie Paravicini-Blumer war dabei sowohl passives Objekt als auch agierendes Subjekt, unmündige Tochter zum einen, Verantwortung tragendes Familienmitglied zum andern.

Als Bildungsbürgerin holte sich Emilie Paravicini-Blumer die Welt über vielfältigste Lektüren, Freundschaften und Korrespondenzen in die Enge – im buchstäblichen wie übertragenen Sinn – des Kantons herein und partizipierte so über Jahrzehnte am kulturellen und gesellschaftspolitischen Diskurs in Europa. Diese Debatten waren nach der Julirevolution von 1830 in Paris und den polnischen Aufständen gegen die zaristische Herrschaft in starkem Masse geprägt vom Freiheitsdiskurs, in den sich neben Männern auch viele Frauen einbanden. Sie sahen sich geeint in ihrem Engagement für eine bessere Welt. Auf der lokalen Ebene begegneten jedoch Männer aus dem Bürgertum den Aspirationen von Frauen, sich im Bereich der organisierten Gemeinnützigkeit mehr Eigenverantwortung zu verschaffen, mehrheitlich mit Argwohn. Den unter der Ägide der Schweizerischen Gemeinnützigen Gesellschaft (SGG) seit den 1830er Jahren gegründeten Frauenvereinen billigten sie vor allem ausführende Funktionen zu. Auch im Kanton Glarus überliessen die fortschrittsorientierten Politiker die höhere Mädchenbildung privater Initiative, sandten die wohlhabenden Familien ihre Töchter je nach konfessioneller Zugehörigkeit in Klosterschulen oder Privatinstitute.

Zunehmende Industrialisierung und die Anbindung an das internationale Schienennetz erzeugten die Intensivierung der grenzüberschreitenden Kommunikation. Die dadurch geförderten Veränderungen in der Wahrnehmung und Gewichtung der Naturwissenschaften manifestierte sich ebenso in den zur Anwendung kommenden neuen Verfahren zur Produktion und zum Färben von Textilien wie in der Auseinandersetzung um die Professionalisierung der Ärzte. Für die Patentierung beziehungsweise Approbation wurde neu eine universitäre Ausbildung vorausgesetzt. Davon war auch die Homöopathie betroffen, denn in ihrer grossen Mehrheit erachteten die Ärzte diese als wissenschaftlich nicht fundierte «Quacksalberei» und «Kurpfuscherei». Da dem weiblichen Geschlecht der Zugang zum Studium noch bis Ende des 19. Jahrhunderts verbaut war, nicht aber die autodidaktische Ausbildung zur Homöopathin, so betraf diese Auseinandersetzung implizit auch die Frauen. Im Kanton Glarus wurde dieser Konflikt in der Landsgemeinde ausgefochten. Exponent des Monopols der patentierten Ärzte war Fridolin Schuler, wie Josephine Stadlins späterer Ehemann Ulrich Zehnder ein vehementer Vertreter der naturwissenschaftlichen Ausbildung und des vereinsmässigen Zusammenschlusses der Ärzte. Im Hintergrund der Landsgemeinde agierte dagegen Emilie Paravicini-Blumer aus Eigeninteresse für die Freigabe der therapeutischen Tätigkeit. Einig waren sich die praktizierende Laienhomöopathin und der naturwissenschaftlich geschulte Arzt in ihrem Engagement für die Verbesserung der Arbeits- und Lebensbedingungen von Frauen, Männern und Kindern in den Spinnereien, Webereien und Zeugdruckereien. So zeigt sich in Emilie Paravicini-Blumers Einbindung in die Welt die Komplexität und Vielfältigkeit der bildungsbürgerlichen Berufung auf Gleichheit und Differenz in Geschlechterfragen.

1 Familie und Verwandtschaft, Heirat und Freundschaft als privates und gesellschaftliches Beziehungsgeflecht

«Um jene Zeit kam ein Bekannter zuweilen ins Haus [...] u: sah sich für seinen Schwager im Namen seines Schwiegervaters für eine Frau um, die gut u: klug u: zugleich fähig wäre, den durchaus Unselbständigen, nach des Vaters Tode zu halten u: zu leiten. Dazu wurde ich ausersehen.»

An Graf Karl Christian Ernst von Bentzel-Sternau , 1842.

Über ihre Herkunft, ihre angeheiratete Familie und ihr selbst geschaffenes Netzwerk gehörte Emilie Paravicini-Blumer zu den führenden Kreisen des Kantons Glarus. Zur Wahrung der gesellschaftlichen Position der Familie kam ihr als Frau eine andere Rolle zu als den Männern. Während sich Männer aus dem Bürgertum scheinbar auf Grund von Leistung und neuen Institutionen politischer Partizipation und Entscheidungsfindung in der Gesellschaft positionierten, zeigen die Heiratspraktiken, dass für die gesellschaftliche Stellung die Gestaltung von Verwandtschaftsbeziehungen vor allem in Zeiten gesellschaftlicher Umbrüche ihre eminente Bedeutung behielten. Brigitte Studer spricht in diesem Zusammenhang von einem vergeschlechtlichten «Familiendispositiv», und zwar nicht im Sinne der weiblichen Reproduktionsfunktion, also der «Bio-Politik der Bevölkerung»,[1] sondern im Sinne der Reproduktion des sozialen Gefüges. Über die Heirat sollten der drohende soziale Abstieg vermieden oder der erhoffte soziale Aufstieg gesichert werden. Frauen kamen dabei als Transmissionsriemen für Vermögen, Beziehungen und verwandtschaftliche Vernetzungen entscheidende Funktionen zu. Persönliche Ambitionen und individuelle Lebensentwürfe hatten sich den Erwartungen der Familie unterzuordnen. Dies traf auch für Männer zu; diesen stand aber über die Möglichkeiten politischer und beruflicher Tätigkeit die Einbindung in den Bereich des Öffentlichen offen, während Frauen am Öffentlichen fast nur indirekt über die eigene Stellung in der Familie oder im Rahmen der Bekanntschaftspflege partizipieren konnten. Auch wenn Frauen im Staats- und im Privatrecht – eine Differenzierung, die sich im 19. Jahrhundert durchsetzte – auf Grund ihres Geschlechts alle diskriminiert blieben, konnten sie als Individuum innerhalb der Familie eine starke Position besetzen, sofern die Interessen der Familie dies erforderten.

Ausgehend von den ihnen zugeordneten klassen- und familienspezifischen Funktionen und den damit verbundenen Lebensentwürfen erfuhren und definierten Frauen und Männer je andere Situationen als entscheidenden Wendepunkt. Auch wenn sich das Bild des Wendepunkts im Nachhinein auf die

Erfahrung einer einzelnen Person bezieht, springt der Unterschied in den Biografien von Frauen und Männern aus dem Bürgertum ins Auge und war deshalb ein zentrales Forschungsthema vieler sozialwissenschaftlichen Untersuchungen der letzten Jahrzehnte. Unterschiede gab es im 19. Jahrhundert aber auch zwischen den Lebensentwürfen von Bildungsbürgerinnen. Während Josephine Stadlin als unverheiratete Frau den Wendepunkt in ihrem Leben in ihrem Schritt zur selbständigen beruflichen Karriere sah und damit sowohl ihre persönlichen Ambitionen als auch die Existenzsicherung der Familie vereinbaren konnte, musste Emilie Paravicini-Blumer sich den Interessen der Familie unterordnen. Ich frage daher im Folgenden nach den ökonomischen und sozialen sowie den emotionalen und familialen Implikationen von Heirat. Ich frage zugleich nach den je nach Ehepartner unterschiedlichen Handlungsspielräumen von Frauen und berücksichtige dabei die Bedeutung, die in diesem Kontext den Beziehungen zu Freundinnen, aber auch zu anderen Männern zukommt.

1.1 Familie und Gesellschaft: die Stellung der Familie Blumer von Mollis im Spannungsfeld der eigenen Verwandtschaft und des wirtschaftlichen Wandels des Kantons Glarus

Das Geschlecht der Blumer gehörte seit dem Beginn der Frühen Neuzeit zu den angesehenen alten «Häupterfamilien» des Kantons Glarus.[2] Ihre männlichen Exponenten hatten schon im Ancien Régime unterschiedlichste Ämter besetzt und als Handelsherren, Grundbesitzer und Offiziere in fremden Diensten ihren Reichtum vermehrt. Einige von ihnen gehörten als Fabrikanten in den ersten Jahrzehnten des 19. Jahrhunderts zur wirtschaftlichen Elite. Die in Mollis niedergelassene Familie des Arztes und Schriftstellers Johann Jakob Blumer konnte sich dagegen weder auf die herkömmlichen Ressourcen aus der Ämterlaufbahn abstützen, noch verfügte sie über Einkommen aus der expandierenden Textilindustrie. Die mehrheitlich sehr armen Patientinnen und Patienten generierten ebenso wenig Vermögen wie das Schreiben. Von den acht Kindern war nur eines männlichen Geschlechts, und im Gegensatz zur Familie des Zuger Arztes Karl Franz Stadlin wurden lediglich für diesen einen Sohn eine Ausbildung und der Erwerb eines Berufs erwogen. Die Töchter dagegen galt es möglichst gut zu verheiraten, um die materielle Basis der Familie zu verbreitern.

Heiratsallianzen statt individueller Lebensentwurf

Als Wendepunkt galt für Männer aus dem Bürgertum des 19. Jahrhunderts eine entscheidende Veränderung in der beruflichen oder politischen Laufbahn, für Frauen dagegen Heirat und/oder Mutterschaft.[3] Auch Emilie Paravicini-Blumer beschrieb ihre Heirat im Nachhinein als Wendepunkt ihres Lebens, da diese Verbindung Verzicht auf eine von Liebe und Respekt getragene Beziehung sowie auf Mutterschaft nach sich zog und zugleich den ständisch geprägten Heiratspraktiken ihrer Familie entsprach. Die Blumer waren mit den anderen wichtigen Familien wie den Zwicky mehrfach verschwägert. Dieses Verwandtschaftsnetz

Stammbaum der Familie Blumer: Der 1840 erstellte Stammbaum der Blumer aus Schwanden und Nidfurn rekonstruiert die Familie im Mannesstamm zurück bis ins 16. Jahrhundert. Im obersten Wipfel figuriert die Familie von Johann Jakob und Anna Blumer-Müller (Mitte rechts).

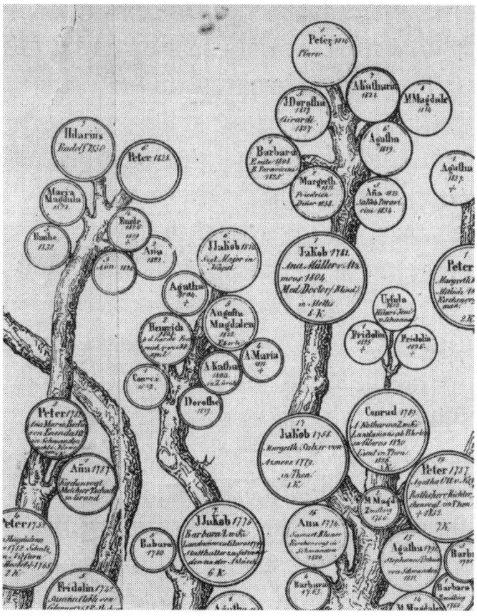

Emilie Paravicini-Blumer (Barbara Emilie) und ihre sieben Geschwister: Der Bruder ist als Pfarrer aufgeführt, obwohl der ausgebildete Theologe ein solches Amt nie besetzt hat. Die Schwester Maria Magdalena ist noch ledig, sie heiratete Jakob Schindler erst 1841.

wurde über Heiraten zwischen Kusinen und Cousins weiter verdichtet.[4] Die von den Eltern Blumer arrangierte Verbindung der ältesten Tochter Emilie[5] mit dem Sohn aus einer angesehenen Rats- und Kaufmannsfamilie, die nicht nur mit den alten aristokratischen Familien verwandtschaftlich verbunden war, sondern sich auf die fabrikmässige Produktion von Textilien ausrichtete, versprach in einem sich rasch ändernden wirtschaftlichen Umfeld ebenso eine zukünftige Absicherung des materiellen und sozialen Status der Familie als Ganzer wie der gesellschaftlichen Positionierung der sechs jüngeren Töchter. Eine solche materielle Ausrichtung der Ehe stand in diametralem Widerspruch zu den Vorstellungen der Romantik, nach denen eine Ehe auf Liebe basieren und der Entfaltung der individuellen Bedürfnisse dienen sollte.[6] Der Widerspruch zwischen der erwarteten Unterordnung unter die Interessen der Familie und den eigenen, von Lektüre geprägten Aspirationen nach Gestaltung des Lebens erscheint in den Texten von Emilie Paravicini-Blumer als tiefe Verletzung: «Ein Mann wie Sie, würde etwas aus jenem Kinde von 16 gemacht haben – der Stoff war nicht schlecht.»[7] Mit dieser pointierten Formulierung brachte die damals 34-jährige Glarnerin Emilie Paravicini-Blumer im Oktober 1842 ihre Situation auf den Punkt. Als sie sechzehn Jahre alt gewesen war, hatte ihr Vater ihre Verheiratung mit dem als «schwachsinnig»[8] bezeichneten Sohn eines reichen Ratsherrn arrangiert. Diese Verbindung wurde von der jungen Frau als leidvoller Bruch erfahren, der ihr Leben entscheidend bestimmen sollte. Mit dem eingangs zitierten Satz bezog sie sich auf diese Erfahrung und markierte mit der Nähe zum Adressaten zugleich Distanz zum eigenen Vater, der zehn Monate zuvor gestorben war. Es ist der einzige erhaltene Brief einer unbestimmten Zahl von Briefen von Emilie Paravicini-Blumer an Graf Carl Christian Ernst von Bentzel-Sternau (1767–1849). Schon der Einstieg, «L.[ieber] Fr.[eund] Wo ich endigte knüpfe ich wieder an»,[9] verweist auf ein früheres Schreiben. Ob sie darin von ihrer Kindheit erzählte, lässt sich nur vermuten.[10] Auf den vier eng beschriebenen Seiten des erhaltenen Briefes, ein autobiografisches Dokument von eindrücklicher Dichte und narrativer Dramatisierung, schilderte sie dem 41 Jahre älteren Vertrauten ihre Verheiratung.[11] Im Brief setzte Emilie Paravicini-Blumer den weltoffenen Gelehrten und Schriftsteller, den sie 1833 über dessen Ehefrau, Maria Freiin von Seckendorff-Aberdar,[12] kennengelernt hatte, in Gedanken an die Stelle des Vaters. In der Beziehung zu ihm konnte sie sich einen alternativen Lebensentwurf imaginieren, der ihr als angemessen erschienen wäre. Er hätte ihr eine Zukunft ermöglicht, die ihre Fähigkeiten zum Erblühen gebracht hätte, eine Zukunft, in der den Ansprüchen an die Liebe und der damit verbundenen Verwirklichung ihrer Individualität Geltung verschafft worden wäre.[13] Einerseits verortete sie sich mit ihrer Erwartung, als Individuum ihr Potenzial auszuschöpfen, in der Moderne. Anderseits bejahte sie mit dieser Aussage implizit die traditionelle Macht der Väter, über das Schicksal der Töchter zu bestimmen, verknüpft mit der Verpflichtung, die Entfaltungsmöglichkeiten zu bedenken. In Glarus geschah dies in der Regel nur aus der Perspektive der Positionierung der Familie im gesellschaftlichen Gefüge. Als entscheidender Faktor galt dafür im 19. Jahrhundert die Festigung der Verwandtschaftsbeziehungen durch Heiraten.[14] Daher blieb den Töchtern unabhängig von

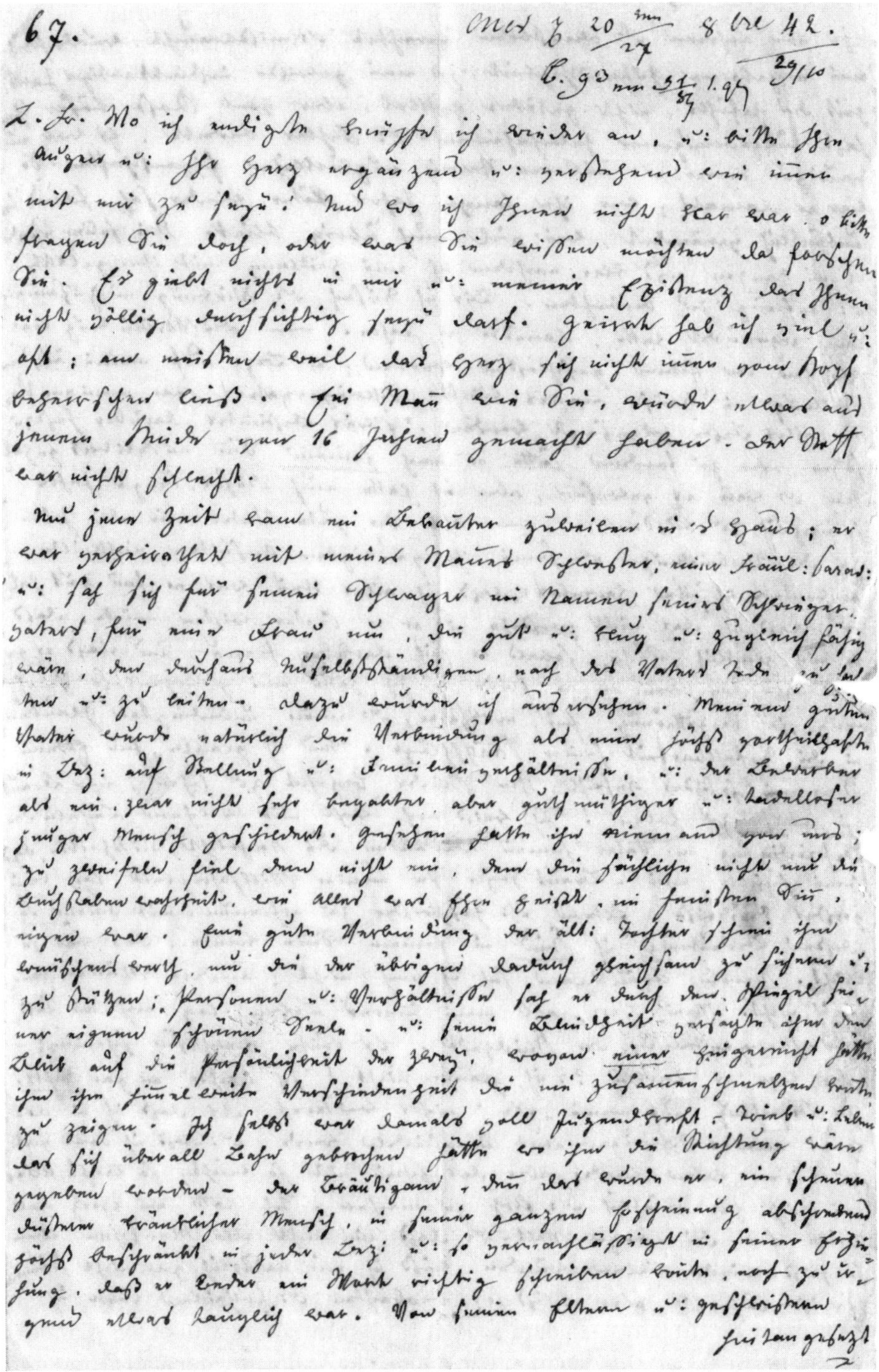

Brief an Christian Ernst von Bentzel-Sternau: Emilie Paravicini-Blumers vierseitiger Brief vom 8. Oktober 1842 ist eine eindrückliche autobiografisches Deutung ihrer arrangierten Heirat mit Bartholome Paravicini.

Christian Ernst von Bentzel-Sternau (1767 bis 1849): Emilie Paravicini-Blumer lernte den auf diesem Bild (1792) noch jungen Grafen erst in den 1830er Jahren über dessen Ehefrau Maria Freiin von Seckendorff-Aberdar kennen.

ihren Fähigkeiten – vom «Stoff» – meistens eine individuelle Entwicklung versagt. Für Emilie als älteste Tochter des Arztes Johann Jakob Blumer (1781–1842) aus Mollis beinhaltete dies rückblickend eine besonders kränkende Einschränkung des Lebensentwurfs, der ihr als talentierter Tochter zugestanden hätte.

Bildungsbürgerliche Erziehung im Haus

Johann Jakob Blumer (1781–1842), der Vater von Emilie Paravicini-Blumer, hatte seinen eigenen Vater, Johann Jakob Blumer (1758–1781), noch vor der Geburt verloren. Seine Mutter, Margreth (Blumer-)Sulser (1758–1803), stammte wie seine Grossmutter Anna (Blumer-)Hilty (1738–1770) aus einer einflussreichen Familie aus dem Wartau im St. Galler Rheintal, das bis 1798 unter der Herrschaft von Glarus gestanden hatte.[15] Sie verheiratete sich in zweiter Ehe mit dem Ratsherrn und Kriegsrat Johann Jakob Zwicky von Mollis. Hier lebte Johann Jakob Blumer als einziges Kind aus der ersten Ehe seiner Mutter zusammen mit vielen Halbgeschwistern, hielt sich aber oft im oberen Blumer-Haus im «Thon» (Schwanden) seines Grossvaters Peter Blumer (1733–1819) auf. Der ehemalige Hauptmann im Dienste des sardischen Königshauses in Piemont widmete sich als reicher Gutsbesitzer und Privatgelehrter vor allem der Landwirtschaft, der Bienenzucht und der Familien- und Dorfgeschichte von Schwanden.[16] Vom Grossvater unterstützt, studierte Johann Jakob Blumer Medizin in Jena und kehrte als akademisch geschulter Arzt nach Mollis zurück. Auch er hätte in die Familie Zwicky von Mollis einheiraten sollen, vermählte sich 1804 jedoch nur etwas mehr als ein Jahr nach dem Tod der Mutter mit Anna Müller aus Azmoos/Wartau im Rheintal. Die genauen Umstände der Auflösung der Verlobung und der Grund für die neue Verbindung lassen sich nicht rekonstruieren.[17] Fest steht, dass die Braut zum Zeitpunkt der Heirat schwanger war, was in der ländlichen Oberschicht im 18. Jahrhundert nicht unüblich war, jedoch im Kanton Glarus von den reformierten Pfarrherren geahndet wurde.[18] Anna Müller stammte wie Johann Jakob Blumers Mutter und Grossmutter aus Azmoos/Wartau in der ehemaligen gemeinen Herrschaft Sargans. Ob diese Verbindung aus Sicht der Blumer-Verwandtschaft weniger vorteilhaft war als die Verbindung mit der Familie Zwicky, ist gerade für die Umbruchzeit kurz nach dem Zusammenbruch der Helvetik kaum zu klären. Anna Müllers Familie gehörte zur reichen bäuerlichen Oberschicht, besetzte seit Generationen in der Burg Wartau immer wieder die wichtigsten lokalen Ämter wie Schlossammann und Schlossweibel und war mit den anderen Ämterfamilien der Region wie den Gabathuler und Sulser mehrfach verschwägert.[19] Vier Kinder von Johann Jakob und Anna Blumer-Müller starben bereits im Säuglings- oder Kleinkinderalter; der 1808 geborenen Emilie folgten noch sechs Schwestern und ein Bruder.[20] 1813 übersiedelte die Familie in das mehrstöckige Turmhaus «Im Moos».

Johann Jakob Blumer betätigte sich wie Josephine Stadlins Vater neben seiner Arztpraxis als Privatgelehrter und Autor von wissenschaftlichen Abhandlungen und von Gedichten. So veröffentlichte er im «Helvetischen Almanach» von 1809 eine «Kurze geographisch-statistische Darstellung des Kantons Glarus»[21] und empfahl 1818 in der Tradition der Aufklärer des ausgehenden Ancien Régime die Bewirtschaftung der Allmenden und die Düngung zur Steigerung der landwirtschaftlichen Erträge.[22] Zu seinen engen Freunden zählten der Pfarrer und Chronist Johann Melchior Schuler[23] und der ehemalige helvetische Senator Johann Melchior Kubli, der zur Zeit des Prozesses gegen die als Hexe angeklagte Anna Göldi als kritischer Landschreiber fungiert hatte.[24] Die drei aufgeschlossenen Männer liessen sich 1811 als erste Glarner durch den Molliser Kanal rudern, der die Linth in einem neuen Bett zum Walensee führte und dessen Bau sie zusammen vorangetrieben hatten.[25] Als Philhellene und Leser von Homer und Herodot war Johann Jakob Blumer ein Befürworter des Befreiungskampfes der Griechen vom «türkischen Joch», der damals im liberalen Bürgertum der Schweiz und seit der Geldsammlung von 1823 und dem «Griechen-Konzert» von 1827 auch in Glarus grosse Sympathien genoss.[26]

Die acht Blumer-Kinder gingen nicht in die öffentliche Schule. Diese galt als ungenügend und wurde vor allem von Angehörigen der Unterschicht frequentiert.[27] Die Mädchen wurden zuerst von der Mutter, dann von einer Hauslehrerin aus Brugg, Jungfer Katharina Hemmann,[28] unterrichtet. Die Gelehrsamkeit des Vaters und die für die damalige Zeit reich bestückte Bibliothek ermöglichten den Kindern den Zugang zu einer breiten Bildung. So soll Emilie schon in frühester Jugend Homer und Herodot gelesen haben, eine Lektüre, die damals vor allem dem männlichen Geschlecht vorbehalten war.[29] Aber als Älteste war sie – wie viele erstgeborene Töchter[30] – die Vertraute und Gehilfin des Vaters. Johann Jakob Blumer war auf ihre Unterstützung angewiesen, da er an einer zunehmenden Sehschwäche litt und trotzdem praktizierte.[31] So eignete sich die junge Emilie Blumer über Lektüre und Gespräche ein bedeutendes bildungsbürgerliches Wissen an, das weit über den üblichen Rahmen ihrer Kreise hinausreichte.[32] Daneben wuchs sie als Mädchen in die hauswirtschaftlichen Aufgaben hinein. Zielgerichtet erzogen wurde sie jedoch weder vom Vater noch von der

Mutter. Ihre Erziehung beschrieb Emilie Paravicini-Blumer Jahre später in einem Brief an die jüngere Schwester Katharina: «Unsere Erziehung war eigentümlich darin, dass wir fast nicht erzogen wurden, d. h. von aussen. Aber unserer Eltern Wesen war aufopfernde Liebe, und in ihrem oft schmerzlichen heiligen Dämmerlicht wuchsen wir auf: mehr in einem strengen Fernehalten von allem, was gemein war in Gedanken, Worten und Tun. Dann übte des Vaters edle Geistigkeit, obschon sie mehr passiv als aktiv war, ihren stillen Einfluss und gab uns unwillkürlich Reichtum – auf der andern Seite der guten Mutter rastloser Fleiss und Häuslichkeit. Das war unsere Bildung, oder vielmehr, sie wurde *so* vorbereitet – vollenden wird sie das Leben!»[33] In dem von Mutter und Vater gezeichneten Bild überlagern sich geschlechterspezifische Zuordnung und klassenspezifische Unterschiede. Verwiesen wird auch auf die im Vergleich mit den väterlichen Verwandten bescheidenen materiellen Verhältnisse. In der Nachkommenschaft hiess es diesbezüglich: «Der Vater lebte ganz für seine Praxis trotz schlechten Sehvermögens. Sie mag nicht glänzend gewesen sein, weiss doch die Ueberlieferung zu berichten, dass die Töchter alle zusammen *einen* Wintermantel besessen hätten.»[34] Folgen wir Emilie Paravicini-Blumers autobiografischer Erzählung, ging es bei der für sie folgenschweren Verheiratung um die Festigung der angeschlagenen materiellen Stellung der Familie.

Die Heirat mit Bartholome Paravicini als biografischer Wendepunkt

«Um jene Zeit kam ein Bekannter zuweilen ins Haus; er war verheiratet mit meines Mannes Schwester, einer Fräul:[ein] Parav:[icini] u: sah sich für seinen Schwager im Namen seines Schwiegervaters für eine Frau um, die gut u: klug u: zugleich fähig wäre, den durchaus Unselbständigen, nach des Vaters Tode zu halten u: zu leiten. Dazu wurde ich ausersehen.»[35] Der Bekannte war der Arzt Othmar Blumer (1791–1868) aus einer entfernt verwandten und äusserst begüterten Blumer-Linie in Glarus.[36] Er war verheiratet mit Anna Catharina Paravicini, Tochter des Ratsherrn Johann Paravicini, der früher in Triest als Handelsmann tätig gewesen war und von dem es hiess, er sei «ein sehr guter Mann, unerschöpflich an Reichtum und Verstand, jedoch bei abwechselnden Schicksalen».[37] Mit dessen 26-jährigem Sohn Bartholome Paravicini (1809–1862) sollte Emilie Blumer verheiratet werden. «Meinem guten Vater wurde natürlich die Verbindung als eine höchst vorteilhafte in Bez:[ug] auf Stellung u: Familienverhältnisse, u: der Bewerber als ein, zwar nicht sehr begabter, aber guthmüthiger u: tadelloser junger Mensch geschildert. Gesehen hatte ihn niemand von uns; zu zweifeln fiel dem nicht ein, dem die sächliche, nicht nur die Buchstabenwahrheit, wie alles was Ehre heisst, im feinsten Sinn, eigen war. Eine gute Verbindung der ält:[esten] Tochter schien ihm wünschenswerth, um die der übrigen dadurch gleichsam zu sichern u: zu stützen.»[38]

Die von ihrem Vater und Othmar Blumer 1825 arrangierte Heirat definierte Emilie Paravicini-Blumer siebzehn Jahre später im Brief an den Grafen als den entscheidenden Wendepunkt ihres Lebens, als eigentlichen Bruch.[39] Dabei bewältigte sie das ihr Widerfahrene, indem sie diesem nachvollziehbaren Sinn verlieh: Sie begründete die Entscheidung ihres Vaters mit dessen Verantwortung für die jüngeren Geschwister, deren Zukunft ökonomisch abzusichern gewesen sei.[40] Bezogen auf die älteste Tochter Emilie hiess das konkret, den Boden für die klassengemässe Verheiratung der jüngeren Schwestern zu bereiten. Mit sieben Töchtern neben Peter als einzigem Sohn kam der Heiratspolitik eine eminente Bedeutung für die Konsolidierung der auch durch die Folgen des politischen und wirtschaftlichen Umbruchs vom sozialen Abstieg bedrohten Familie zu. Von der Gegenseite war die noch nicht Siebzehnjährige mit dem bestimmten Ziel «ausersehen» worden, die langjährige Versorgung ihres zukünftigen Ehemannes nach dem vorauszusehenden Tod des Schwiegervaters zu garantieren. Zugleich hatte sie als Tochter mit standesspezifischer Bildung im frauenlosen Hause Paravicini, in dem neben dem Schwiegervater und dem unselbständigen Bartholome noch zwei weitere ledige Söhne lebten, unter der autoritären Kontrolle des Ratsherrn an Stelle der eben erst verstorbenen Schwiegermutter das Hauswesen zu führen. «Dazu wurde ich ausersehen», in dieser knappen Satzkonstruktion klingt zwar Empörung mit, jedoch nicht grundsätzliche Auflehnung gegen die väterliche Entscheidungsgewalt. Auf den Vorschlag des Vaters habe sie geantwortet, dass sie «alles tue, was er für gut halte». Wohl aber stellte sie rückblickend die getroffene Wahl in Frage. Denn Bartholome entsprach in keiner Weise dem damals verbreiteten, ebenso von der Aufklärung, der Empfindsamkeit wie der Romantik geprägten Ideal einer Paarbeziehung, das ihr aus der europäischen Literatur vertraut war. So hatte sie als junge Ehefrau privat Teile von Alphonse de Lamartines «Chant d'amour» ins Deutsche übersetzt.[41] Sie konnte annehmen, dass eine von Freundschaft, Seelenverwandtschaft und gegenseitigem Respekt getragene Verbindung dem Ideal des Grafen von Bentzel-Sternau entsprach.[42] Der Emilie Paravicini-Blumer zugedachte Bräutigam war dagegen laut ihren Worten «ein scheuer, düsterer, kränklicher Mensch, in seiner ganzen Erscheinung abschreckend, höchst beschränkt in jeder Beziehung und so vernachlässigt in seiner Erziehung, dass er weder ein Wort richtig schreiben konnte noch zu irgend etwas tauglich war».[43] Diese Beschreibung bestätigte rund ein Jahrhundert später ihre Grossnichte Emma Paur: «[...] noch höre ich meine Mutter sagen: der Onkel Bartli spaltet Holz – zu anderer Arbeit war er nicht fähig. Zu Gesicht bekamen ihn die Gäste nicht.»[44] Hervorstechendes äusseres Merkmal der Verheiratung scheint also die Asymmetrie zwischen den beiden betroffenen Personen gewesen zu sein: ein geistig beschränkter Mann – von geistiger Behinderung spricht Emilie Paravicini-Blumer nicht – und eine junge, talentierte Frau.

Trotz dieses offensichtlichen Ungleichgewichts war diese Heirat nicht überraschend. Arrangierte Ehen waren im Glarner Bürgertum bis ins 20. Jahrhundert üblich.[45] In einer Gesellschaft, in der das Versorgungskonzept den Lebensentwurf der Töchter aus dem Bürgertum modellierte, war dies ebenso folgerichtig wie die patriarchale Macht des Vaters als Familienoberhaupt. Bei der Ausgestaltung der Austauschbeziehungen zwischen Familien hielten sich die involvierten Väter in der Regel an das Prinzip der Symmetrie, nach dem man sich gerade auch bei Heiratsverhandlungen richtete. Dabei kamen den zu verheiratenden Töchtern entscheidende Transmissionsfunktionen zu, denn tendenziell waren sie ein zentrales Mittel zum Aufstieg wie zur Konsolidierung der gesellschaftlichen

Position: entweder im Dienste der eigenen Familie, der angeheirateten Familie oder des Ehegatten als Individuum, dem erst die Heirat den beruflichen, geschäftlichen oder politischen Erfolg ermöglichte.[46] Und diese Funktion wurde in aufgeklärten Kreisen nicht hinterfragt.[47] Auch bei der arrangierten Heirat zwischen Emilie Blumer und Bartholome Paravicini war die Asymmetrie nur eine scheinbare: Die Asymmetrie zwischen den beiden Familien bezüglich Reichtum und sozialer Positionierung wurde durch die Asymmetrie des Paares ausgeglichen. So hielt sich Johann Jakob Blumer, obwohl von der Aufklärung geprägt, bei der Ausgestaltung der Familienverbindungen an die tradierten Praktiken, die im Einklang standen mit der damaligen gesellschaftlichen Ordnung. Die Interessen der Familie Blumer liefen parallel zu den Bestrebungen, die Töchter nachhaltig zu versorgen. Emilie Blumer scheint Ratsherr Paravicini in seiner spezifischen Situation als Witwer mit zwei unselbständigen Söhnen so viel wert gewesen zu sein, dass er auf eine Mitgift verzichtet und der Familie der Braut finanzielle Unterstützung zugesichert haben soll.[48] Die Entscheidung scheint für Johann Jakob Blumer die erwarteten Früchte getragen zu haben: Seine drittälteste Tochter Anna heiratete neun Jahre nach Emilies Hochzeit deren jüngsten Schwager, den Hauptmann und späteren Textilfabrikanten Johann Jakob Paravicini.[49]

1.2 Abhängige Tochter: die Inszenierung der Väter als das Gute und das Böse

Die Heirat zwischen Emilie Blumer und Bartholome Paravicini war ein Werk der Väter. Emilie Paravicini-Blumer suchte die Beschneidung ihrer Lebensentwürfe und die Erfahrung der Abhängigkeit nicht primär als Folge der rechtlich abgesicherten patriarchalen Ordnung, in der Töchter als Tauschobjekte fungierten,[50] zu deuten, sondern als Ausdruck des Charakters ihres Schwiegervaters und dessen Angehörigen. Ihren Vater jedoch, der ebenso an der Entscheidung beteiligt war, suchte sie zu entschuldigen, indem sie sein Handeln in einen Deutungsrahmen setzte, der den Beschluss für sie akzeptabel machte und die Beziehung zur Herkunftsfamilie nicht gefährdete. So inszenierte sie in ihren Briefen die beiden Beteiligten als Verkörperung von Gegensätzen, an denen sie ihre Leiderfahrung auf je andere Art abarbeiten konnte.[51]

Die Unschuld des blinden Vaters

Wie interpretierte Emilie Paravicini-Blumer als betroffene Tochter in dem bereits zitierten Brief an Graf Christian von Bentzel-Sternau rückblickend die Entscheidung des Vaters? Laut ihren Worten «vergötterte» und «verehrte» sie ihn «grenzenlos» und brachte ihm «unbedingten Glauben an die Unfehlbarkeit seiner Rathschläge» entgegen. Schreibend versuchte sie die Ambivalenz aufzulösen: Sie überhöhte den Vater und potenzierte seine physische Sehschwäche mit einer Blindheit im übertragenen Sinn: «Personen u: Verhältnisse sah er durch den Spiegel seiner eignen schönen Seele – u. seine Blindheit versagte ihm den Blick auf die Persönlichkeit der zweÿ, wovon *einer* hingereicht hätte ihm ihre himmelweite Verschiedenheit die nie zusammenschmelzen konnte, zu zeigen.» «Zusammenschmelzen» verstand sie wohl im doppelten Sinn von Körper und Seele. Diese Blindheit stellte sie zwar dem aufgeklärten Blick ihres väterlichen Freundes gegenüber, gleichzeitig gelang es ihr aber, mit dem Argument der Sehschwäche im realen und übertragenen Sinn Johann Jakob Blumer in der Position als «guten Vater» zu reinszenieren.[52] Der Brief suggeriert nicht eine schwankende Haltung Emilie Blumer-Paravicinis, sondern eine paradoxe: selbstverständlicher Gehorsam und unangefochtene Liebe bei gleichzeitigem Unverständnis für die Wahl eines Gatten, mit dem «offensichtlich» die Gründung eines Hausstandes im bürgerlichen Sinn und eine entsprechende Verteilung der Rollen von Mann und Frau nicht möglich war. Die Widersprüche zwischen klassenspezifischen Interessen, geschlechtsspezifischen Aufgaben, individuellen Erwartungen und dem Glauben an die Liebe des Vaters schienen Emilie Paravicini-Blumer auch rückblickend nicht überbrückbar. Die damalige Ausweglosigkeit drückte sie als körperliche Erfahrung aus. Ihre Kraft wandelte sich zur Ohnmacht und machte sie selber zur Blinden: «Ich war damals ein Bild von Jugendblüthe u: Kraft – aber wie man mir einen Brautkranz wand, sank ich plözlich zusammen u: wunderte mich nachher selber darüber; während der Trauung, vor u: nachher: musste ich immer gegen eine Bewusstlosigkeit ankämpfen, die mir wie Nacht über die Augen fiel.»[53] Es scheint, dass der Körper aktiv Verweigerung signalisierte, während die junge Braut sich auf der verbalen und Verhaltensebene unterordnete.[54]

Auf der verbalen Ebene aber hatte Emilie Blumer trotz der körperlich erlebten Ambivalenz der Gefühle den Prozess der Rehabilitierung des Vaters bereits zur Zeit ihrer Verheiratung in Gang gesetzt, um die Infragestellung seiner Position zu verhindern. Das lässt zumindest das längere Gedicht «Abschied vom Vaterhaus» erahnen, das sie am Vorabend der Hochzeit verfasst und in ein Heft geschrieben hatte. Schuld ist das Schicksal, der in «Nacht gehüllte» Vater bleibt, «von göttlichem Licht umstrahlt», die «Sonne ihres Lebens».[55] Das in diesem Gedicht evozierte Bild des im Dunkeln lebenden, aber wie die Sonne scheinenden Vaters indiziert eine grosse Komplexität der Beziehung zwischen Johann Jakob Blumer und Emilie als ältestem Kind.[56] Nicht nur waren sie sich im alltäglichen Austausch eng verbunden, sondern es ist davon auszugehen, dass der Vater trotz seiner Blindheit nicht gänzlich im «Dunkeln» tappte bezüglich des Zustandes seines zukünftigen Schwiegersohns. Daher konnte ihm in einer so kleinen, übersichtlichen Welt wie der des Kantons Glarus der Zustand des Sohnes eines weit über die Grenzen des Kantons hinaus bekannten Kaufmanns und Ratsherrn nicht gänzlich unbekannt sein. Von Ratsherr Paravicinis sechs Kindern galt nicht nur Bartholome als unselbständig, sondern auch der älteste Sohn Kaspar, der im glarnerischen Genealogiewerk als «blödsinnig u. deshalb militäruntauglich» bezeichnet wird.[57] Dennoch gelang es der Tochter selbst rückblickend noch, den Vater von seiner Schuld reinzuwaschen, indem sie ihm – weiblich konnotierte, naive – «Virginität des Vertrauens» attestierte und ihn damit als Täter entlastete, statt ihn zur Verantwortung zu ziehen. Die «schöne Seele» war den Niederungen und der Arglist dieser Welt enthoben und konnte sie daher in ihrer Faktizität nicht wahrnehmen. Als reine Engelsfigur blieb der Vater im

Stand der Unschuld. Schon im Gedicht konstruierte die Tochter das Leben im väterlichen Haus als paradiesische Gegenwelt, aus dem sie die Heirat brutal herausriss: «Schicksal, das harte, es reisst mich fort, / Neidisch, mit furchtbarem kaltem Grimm / Griff es hinein in mein harmloses Sein, [...] / Schicksal, was kannst du für Ersatz mir geben? / Du nahmst mir alles; ach nimm mir auch das Leben. / Schmücke, ach schmücke dein Opfer nur, / Ich folge ja willig, ich leere den Kelch; / [...].» Auffallend ist die stark christlich gefärbte Metaphorik: In der Annahme des Kelches setzt sich die junge Emilie Jesus gleich und an die Position von Gott Vater den eigenen Vater, der aber im Gegensatz zu jenem die Wahrheit nicht zu sehen vermag. Parallel dazu inszenierte sie sich selber als opferbereite Heldin, um – wie der Jahre später verfasste Brief suggeriert – nach verschiedenen Phasen schliesslich als geläuterte Siegerin hervorzutreten. In dem Brief griff sie die im Gedicht auf dem Hintergrund der schmerzlichen Verlustgefühle ausgedrückten Todeswünsche wieder auf. Das Nebeneinander verschiedener Gemütslagen gliederte sie aber rückblickend als chronologische Abfolge dreier Gemütszustände: Der Fassungslosigkeit und Hoffnung auf ein Wunder folgte eine Periode der Hoffnungslosigkeit und suizidaler Gedanken, die schliesslich in die Versöhnung mit ihrem Schicksal mündete. Ihr Fazit: «Weder seine Braut, noch seine Gattin bin ich geworden, aber seine Beschützerin, seine Erzieherin, die Versorgerin seines Hauses [...].»[58]

Die erdrückende Macht des Schwiegervaters

Das in Brief und Gedicht gleichermassen gezeichnete Bild der Zäsur im Sinne des unwiderruflichen Endes der Jugend ist ein zentrales Motiv romantischer Literatur,[59] aber der Anlass dieser Zäsur, die Verheiratung, ist ein spezifisch weibliches Thema, um das autobiografisch gefärbte Texte von Frauen aus dem aufstrebenden Bürgertum des 19. Jahrhunderts mehrfach kreisen.[60] Für Töchter beinhaltete die neue Verbindung nicht nur den Auftakt in neue Verantwortlichkeiten, sondern auch den Verlust von emotionaler Nähe und Verortung in der eigenen Familie. Erst die Mutterschaft konnte – musste aber nicht – diesen Verlust kompensieren.[61] Emilie Paravicini-Blumer blieb diese Wendung wegen des Unvermögens des Ehemanns versagt. Sie verliebte sich mehr als einmal in einen anderen Mann, aber ein individueller Ausbruch war in der ersten Hälfte des 19. Jahrhunderts für eine Frau in ihrer Stellung fast unmöglich, eine Trennung in den Oberschichten nur mit klarer Unterstützung der Herkunftsfamilie in die Wege zu leiten.[62] Abgesehen davon, dass für Frauen bildungsbürgerlicher Zugehörigkeit eine Scheidung aus Gründen der Konvention nicht möglich war, gab es für diese mit Ausnahme der wenig einträglichen privaten Lehrtätigkeit noch kaum individuelle Einkommensmöglichkeiten. Ebenso wenig gab es ein breiteres Angebot an kompensatorischem ausserhäuslichem Engagement im Rahmen von Frauenorganisationen, wie dies vor der Wende zum 20. Jahrhundert möglich wurde.

Die Ehe von Emilie Paravicini-Blumer sollte 37 Jahre dauern. Sie endete mit dem Tod Bartholome Paravicinis im Jahre 1862.[63] Die ersten Ehejahre verbrachte das Paar im Hause des Schwiegervaters in Glarus, wo Emilie für die Hauswirtschaft

Das Paravicini-Haus im Oberdorf in Glarus: Emilie Paravicini-Blumer lebte nach ihrer Heirat in diesem Haus.

und den Garten zuständig war. Diese Zeit beschrieb sie in den Briefen, die sie ab 1830 an ihre Freundin Hortensia Margaretha Koller-Steinbrüchel in Zürich sandte, als Qual.[64] Diese Freundin war als Verheiratete kinderlos, belesen wie sie und wurde für Emilie Paravicini-Blumer schon bald nach der ersten Begegnung im Kurbad zu einer der engsten Vertrauten. Emilie Paravicini-Blumer blieb mit Hortensia Margaretha Koller-Steinbrüchel bis zu deren Tod im Jahr 1837 in engstem brieflichem und persönlichem Kontakt. Sich von der Familie Paravicini distanzierend, unterzeichnete sie die Briefe an diese Freundin oft nur mit «Emilie Blumer», oder «Emilie Paravicini née Blumer».[65] Den in der Öffentlichkeit angesehenen Ratsherrn Paravicini zeichnete sie nach fünf Jahren gemeinsamen Wohnens als eigentlichen Konterpart zum eigenen Vater, dieser Inkarnation des Edlen und Selbstlosen: «[...] eine kalte Verstandesseele, die in der Welt alles nach Zahlen, und alles Glück und den Wert des Lebens und das Verdienst der Menschen nach Zahlen berechnet.»[66] Die Beschreibung zeichnet sich aus durch Widersprüchlichkeiten in Bezug auf die Person des Schwiegervaters wie der eigenen Gefühle: «[...] voll Eigenliebe, peinigend und quälend bis zum Unerträglichen, wen er nicht liebt.» Bei aller Distanzierung äussert sich auch hier Ambivalenz: «Mein Bild ist voll Licht- und Schattenzüge, aber noch immer unvollständig. [...] auch habe ich scharf, aber nie zu grell gezeichnet. Würde er mich nicht wegen der unermüdlichen Geduld und Sanftmut, mit der ich mich bestrebe, seine Launen zu ertragen, lieben, wie er nach seiner Art nie jemand geliebt hat, würde meine überlegene Bildung ihm nicht ein wenig imponieren und die Wahrheit und strenge Rechtlichkeit meines Wesens, die sich ihm, dem der Schein alles gilt, gegenüber, desto schärfer ausnimmt, und die er

dennoch oft bewundernd anerkennt, Achtung einflössen, ich glaube nicht, dass es möglich wäre in meiner Stellung zu ihm, die in pekuniärer Hinsicht höchst abhängig ist – zu leben in seinem Hause und in Verhältnissen, wie ich es tue.»[67]
Mit der Hervorhebung der Wertschätzung durch den Schwiegervater verwies Emilie Paravicini-Blumer darauf, dass dieser sie ihrer Fähigkeiten und ihres Charakters wegen als ihm ebenbürtige Person anerkannte. Eine solche Anerkennung gestanden Männer im damaligen gesellschaftlichen Kontext in der Regel nur Männern zu. Ihr Schwiegervater ästimierte sie, weil sie sich ihm gegenüber zwar als eigenständiges Subjekt von überlegener Bildung inszenierte, ihre Auflehnung aber verborgen hielt und damit nach aussen die Erwartungen an weibliche Geduld und Unterordnung erfüllte. In ihrem Verhältnis zum Schwiegervater reflektierte sie neben der ökonomischen auch die körperliche Dimension spezifisch weiblicher Abhängigkeit. Sich mit einer orientalischen Sklavin vergleichend, griff sie dabei ein damals gerade auch unter Philhellenen verbreitetes Stereotyp der despotisch unterdrückten und sexuell ausgebeuteten Frau im Osmanischen Reich auf: «[...] oft unendlich schwer wird es dennoch manchmal – wenn er mit einer Flut der bittersten Vorwürfe in stundenlanger Predigt mich überhäuft, jede Bemerkung und Entschuldigung sich zum voraus verbittend, und ich dann schweigend wie eine morgenländische Sklavin vor ihrem Tyrannen, die Hand fest auf das empörte Herz gedrückt, vor ihm sitze und, mich am Ende fast verachtend, von ihm wende – oder wenn er mich mit Liebkosungen überhäuft, mir Lobsprüche aller Art spendet, mich sein liebstes Kind, den Stolz seines Hauses, die Krone seiner Augen nennt. Sieh, ich weiss nicht, was mich mehr demütigt, das Erstere oder das Letztere!» Im Gegensatz zur Schilderung des Vaters erstaunt die analytische Schärfe dieser Beschreibung. Während sie den Vater im idealisierenden Bild nur verschwommen zeichnete, erscheinen die Züge des Schwiegervaters glasklar. Während sie sich dem Vater in kindlicher Naivität unterordnete, nahm sie dem Schwiegervater gegenüber trotz eklatanter Abhängigkeit eine selbstbewusste Subjektposition ein. Sie erfuhr sich so gleichermassen als Opfer wie als Widerständige.
Die Energie jedoch, welche die durch Abhängigkeit erzeugte Unterordnung Emilie Paravicini-Blumer abverlangte, zeigt sich im Brief, den sie der Freundin kurze Zeit nach dem Tod des Schwiegervaters im Jahre 1833 schrieb: «Ich glaubte früher, ich würde einmal hoch aufatmen, wie ein Gefangener, der nach langem Dunkel Freiheit und Sonne wieder grüsst; ich würde jauchzen wie der Vogel, der dem Käfig entronnen! O Gott, nein, dazu ist mein ganzes Wesen zu sehr gelähmt. [...] So lange er noch lebte, so lang erregte der Druck, unter dem ich erlag, noch den Rest von geistiger Widerstandskraft und erhielt mich in einer, wenn auch unnatürlichen Spannung. Lang hätte ich es jedenfalls nicht mehr ausgehalten [...].»[68] Damit deutete sie weniger die Möglichkeit eines Ausbruchs als eines Zusammenbruchs an, vielleicht sogar des Suizids, wenn wir uns die von ihr beschriebene Hoffnungslosigkeit nach der Heirat und die späteren Phasen von «Melancholie», «Düstersinn» oder «tiefer Trostlosigkeit» vergegenwärtigen. Verzweiflung wegen des ihr zugemuteten Lebens prägten die Briefe an Hortensia Margarethe Koller-Steinbrüchel. «Mein Kummer allein ist Wahrheit, ich

fühle nur ihn, er lagert wie ein Gespenst auf meiner Brust u. sie scheint mir oft ein Sarg der alle Schrecken des Todes beherbergt.»[69] So empfand sie ihre Lage über zwei Jahre nach dem Tod ihres Schwiegervaters.

1.3 Handlungsmächtige Ehefrau und Schwester: Widersprüche der bürgerlichen Geschlechterordnung

Die in der Nachfolge des französischen Code civil in mehreren Kantonen in Angriff genommene Kodifizierung des Privatrechts setzte die Frau unter die Vormundschaft des Ehemanns und ordnete ihre Interessen den seinen unter.[70] Diese klare Unterordnung wurde jedoch je nach spezifischer Situation durchbrochen, da im 19. Jahrhundert die Interessen der Familie in der Regel weiterhin wegleitend waren und davon auszugehen ist, dass sich auch die Söhne in Bezug auf ihren Lebensentwurf diesen Interessen unterzuordnen hatten. Aus dem gleichen Grunde konnten Frauen, insbesondere in der Position der ältesten Tochter oder der engen Vertrauten des Vaters, eine im Recht nicht gespiegelte Stellung als mit Autorität ausgestattetes Familienoberhaupt einnehmen. Eine solche Stellung war aber immer eine zu-fällige, das heisst situations- und nicht rechtlich bedingt. Unabhängig davon, ob sie über eine rechtliche Verfügung abgesichert war oder nicht, zeigte sich diese Stellung vor allem in den familieninternen Praktiken.

Vormundin des Ehemanns

Rechtlich war Bartholome Paravicini als Gatte Emilie Paravicini-Blumers Vormund, effektiv war die Situation eine umgekehrte. Dies war so offensichtlich, dass zwei Jahre nach dem Tod ihres Schwiegervaters im Frühjahr 1833 die Vormundschaft von Emilie über Bartholome anerkannt und sie als Verhandlungspartnerin in Vermögenssachen akzeptiert wurde, obwohl die Geschlechtsvormundschaft selbst über alleinstehende mündige Frauen im Kanton Glarus bis 1870 Bestand haben sollte.[71] Umfang und Zusammensetzung des vom Ratsherrn ererbten Vermögens lässt sich aus den bearbeiteten Quellen nur in Ansätzen erahnen. Es scheint geringer als erwartet gewesen zu sein, ermöglichte Emilie Paravicini-Blumer jedoch bis zu ihrem Lebensende eine Existenz ohne finanzielle Sorgen und eröffnete ihr zugleich einen Raum als selbständig wirtschaftende Akteurin.

Wie sie ihrer Freundin schrieb, organisierte Emilie Paravicini-Blumer als Erstes die Suche nach einer ihrer gesellschaftlichen Stellung entsprechenden Mietwohnung und den Umzug von der «Stätte mehr als siebenjährigen ‹glänzenden Elends› [...]» ins neue Logis: «Liebe Teure! Sähest Du mich jetzt manchmal, wie ich lebe und webe, mit was ich mich beschäftige, wie ich staubige Papiere durchsehe, Rechnungen prüfe, Mobilienwert abwäge und vergleiche, Debatten über Häuserkauf und -verkauf führe, den Preis von Liegenschaften untersuche und festsetze, ökonomische Berechnungen anstelle, usw. usw.!»[72] Mit der Unterstützung «bewährter Freunde» – dass diese aus dem Umkreis der Familie Trümpy-

Oertli und der Nachkommen der Anna Streiff-Schiesser stammen, kann ich nur vermuten – verhinderte sie, dass die Verwandten ihres Gatten die von ihnen angestrebte Vormundschaft über Bartholome Paravicini erhielten. Damit gelang es ihr, die Kontrolle über die Verwaltung des Vermögens und die wirtschaftliche Eigenständigkeit zu sichern.[73] In der Folge kündigte sie unabhängig von der Paravicini-Verwandtschaft einem Debitor ihres verstorbenen Schwiegervaters den Kredit und forderte dessen Rückzahlung ein. Da sich dieser zu zahlen weigerte, fuhr sie persönlich nach Walenstadt, um das Geld einzutreiben. «Nach manchem unangenehmen Augenblick gelang mir, was ich kaum gehofft, nämlich mich mit einem erbitterten, gefährlichen Feind zu verständigen und, wenn auch mit einem blauen Auge, doch nun hoffentlich in Frieden davonzukommen», so schilderte sie die Begebenheit im Brief an die Freundin, sich dabei mit sichtlicher Freude als versierte Verhandlungspartnerin inszenierend. «O, hättest Du Deine Emilie gesehen, von Schätzern, Weibeln, Advokaten usw. umgeben, wie ergötzlich müsste es dir vorgekommen sein.»[74] Mit der Übersiedlung nach Mollis in ein neu erworbenes kleineres Haus in unmittelbarer Nachbarschaft der väterlichen Liegenschaft «Im Moos» entzog sie sich und ihren Ehemann schliesslich gänzlich dem Einfluss der Familie Paravicini.[75]

Autorität als Älteste

Die Übersiedlung scheint die Position der inzwischen 29-Jährigen als Autoritätsperson verstärkt zu haben, die sie an Stelle des erblindeten Vaters als älteste und kinderlose Schwester gegenüber den jüngeren Geschwistern schon seit längerem einnahm. Sie hatte sich um die Ausbildung der jüngeren Schwestern gekümmert, aber auch um diejenige des Bruders, der auf ihre Vermittlung hin eine Zeit lang in Zürich bei der Freundin Hortensia Margaretha Koller-Steinbrüchel gewohnt hatte. Diese hatte sich anfänglich über Peter Blumers Anwesenheit in ihrem Haus gefreut: «Seine Lern- und Wissbegierde ist ausserordentlich, sie berechtigt zu den schönsten Hoffnungen.»[76] Später machte sie sich Gedanken über seine Ziellosigkeit, seine Stimmungsschwankungen, sein tiefes Misstrauen und – nach seinem Auszug – über seine Tendenz, sich abzuschotten.[77] Dementsprechend zeigen die Briefe Emilie Paravicini-Blumers an ihre Freundin, dass ihre emotionale Beziehung zum Bruder in zunehmendem Mass geprägt war vom Ausdruck der Angst und Sorge statt von Zuneigung, einem häufigen Merkmal des Verhältnisses zwischen Schwester und Bruder im 19. Jahrhundert.[78] Peter Blumer konnte die Rolle als «eines blinden Vaters höchste Hoffnung, seiner Schwestern einzige Stütze»[79] nicht wahrnehmen. Emilie Paravicini-Blumer schrieb von der Krankheit als «gordischem Knoten» und «Seelenübel», von Peter als einem «Hypochonder» mit «unglücklichen Ideen».[80] Dass der ihm zugedachte männliche Part viel eher von ihr selber hätte gespielt werden können, zeigte Emilie Paravicini-Blumer in der gegenüber der Freundin in Zürich geäusserten Sorge um das sanfte Wesen des inzwischen achtzehnjährigen Theologiestudenten: «Wahrhaftig, ich sollte ein halbes Jahr mit dem Burschen sein und leben; ich würde mit ihm exerzieren, dass Ihr ihn nicht mehr kennen solltet. Es sollte mehr Feuer und Leben, mehr Energie in einem Burschen von seinem Alter und seiner

Körperkraft sein.»[81] Diese Briefstelle bestätigt die These, dass sich das auf dem neueren Konzept der thermodynamischen Energie basierende Bild der Kraftmaschine zur zentralen Metapher des männlichen Körpers und der bürgerlichen Gesellschaft entwickelte, selbst wenn davon auszugehen ist, dass Emilie Paravicini-Blumer mit dem Bild des Feuers an die ältere Vorstellung der im Leib verkörperten vier Elemente, die auch das Temperament bestimmten, anknüpfte.[82] Sie zeigt also, dass sich bei Emilie Paravicini-Blumer verschiedene Körpervorstellungen vermischten. Zugleich zeigt sich in dieser Briefstelle – sie wirkt für uns heute fast satirisch – das Paradox der bürgerlichen Geschlechterordnung des 19. Jahrhunderts in all seiner Schärfe, der Widerspruch zwischen gesellschaftlich propagierter Männlichkeit und gelebter Erfahrung: Die als schwach definierte Frau fühlte sich als führungsstarke Figur berufen, dem schwachen Mann die von ihm erwartete mentale und körperliche Stärke beizubringen, damit er in Öffentlichkeit und Beruf, die ihr verschlossen waren, bestehen konnte. Anfälle von Schwermut und Trübsinn galten als einem Manne nicht adäquate Haltung, da er Stimmungsschwankungen erfolgreich abzuwehren hatte, was Peter Blumer immer weniger gelang.[83] Er beendete zwar das Studium, blieb aber abhängig von seinen Schwestern. Sein Verhalten machte ihn schliesslich selbst für diese untragbar. Er verbrachte fast zwei Jahrzehnte in der psychiatrischen «Heil- und Pflegeanstalt» St. Pirminsberg bei Pfäfers, wo er 1871 starb.[84]

An Stelle des Vaters übernahm Emilie Paravicini-Blumer auch die Verantwortung für die Verheiratung der Schwestern. Dabei bestätigte sie das traditionelle Verständnis der Ehe als Versorgungsinstanz für Frauen, aber – auf Grund der eigenen Erfahrungen – unter Beachtung des Alters und der Charaktere der involvierten Personen, um die formal einseitige Abhängigkeit der Ehefrau durch die Möglichkeit zur Entfaltung der Zuneigung und des gegenseitigen Respekts zu begrenzen. Bei der Auswahl der Partner zeigte sie einen ausgeprägten Gestaltungswillen. Sie war nicht nur auf den Ausgleich der Erwartungen der beiden Familien und die abgesicherte und zufriedenstellende Zukunft des zukünftigen Ehepaars bedacht, sondern auch bemüht, ihre eigene auf Beziehungen basierende Welt auszuweiten und die beschränkte Enge ihres alltäglichen Umfelds zu kompensieren. Die Zweitälteste, Margarethe (Grite), hätte sie gerne mit ihrem Schwager Johann Jakob (Jacques) Paravicini verheiratet und akzeptierte nur widerwillig, dass sich dieser – sie umgehend – bei ihrem Vater die Erlaubnis für die Heirat mit der von ihm bevorzugten Schwester Anna (Nanny) einholte, die sie für den «leichtsinnigen, charakterschwachen» Paravicini-Sohn als zu sanftmütig einschätzte: «Meine tiefste Überzeugung, meine Vernunft, mein innerstes Gefühl widersprach dieser Verbindung. [...] Wohl habe ich einen bösen Kommentar zu allem Obigen geliefert, habe meine Ansichten sowohl den guten Eltern als dem sanften, arglosen Kinde [Anna, E. J.] deutlich genug ausgesprochen – bin damit aber nicht weiter gekommen, als dass man glaubt, ich sei durch so viele Erfahrungen vielleicht doch misstrauisch geworden und urteile nicht unbefangen genug. [...] Ich hätte ihm Grite lieber gegeben, nicht weil ich sie weniger liebe, aber weil sie stark, selbständig und sehr klug ist. [...] Er hat ihr [Anna, E. J.] bereits selber geschrieben, sie ihm geantwortet, und diese ihre Antwort war ein Muster von einfacher, unschuldiger Hingebung [...]; so könnte *ich* nicht mehr schreiben, so fühlt und spricht sich nur aus, wessen Seele noch nie aus den reinen Morgenträumen der Jugend und erfahrungsloser Unschuld erwachte.»[85] Umso mehr unterstützte sie vier Jahre später die Verheiratung der inzwischen bereits 27-jährigen Grite mit dem zweifach verwitweten reichen Kaufmann Fridolin Dinner von Glarus,[86] ebenso die Heirat der noch jungen Johanna (Hanna) mit dem Theologen und späteren Professor für französische Literatur an der Universität Basel, François Girard. Begegnet waren sich diese beiden im Lausanner Institut von Katharina Isler-Blumer, wo Girard als ihr Lehrer fungierte und wohin Emilie Paravicini-Blumer ihre Schwester Johanna nach einem Aufenthalt im Institut Niederer in Yverdon geschickt hatte.[87] Als schwieriger erwies sich die Verheiratung der etwas älteren Magdalena, die sich entgegen den Erwartungen ihrer Familie weniger als Teil der Bildungselite denn der ländlichen Bevölkerung verstand. Diese Schwester gestaltete ihre Beziehungen nicht über gegenseitige Besuche und briefliche Korrespondenzen, sondern sie soll ihre Kontakte vorwiegend im männlich definierten öffentlichen Raum gepflegt haben, konkret in den lokalen Wirtschaften, wo sie wie die Männer der Region einkehrte. Mit 27 Jahren wurde sie mit dem verwitweten Schlosser Jakob Schindler aus Mollis, Vater zweier Kinder, vermählt, der ihr zwar der sozialen Herkunft nach nicht ebenbürtig war, aber als Angehöriger der gewerblichen Mittelschicht doch eine gesicherte Stellung versprach.

Verheiratung der Jüngsten

Exemplarisch zeigte sich Emilie Paravicini-Blumers Heiratsstrategie 1843 – rund ein Jahr nach der Niederschrift ihres Briefes an Graf von Bentzel-Sternau – in der umsichtigen Planung der Ehe der jüngsten Schwester Katharina (Didi) mit dem Zürcher Kaufmann und Bankier Paul Usteri. Da Johann Jakob Blumer im Jahr zuvor gestorben war, stand der ihr im Verhältnis zu den Geschwistern schon lange zugestandenen Ausübung ihrer Vormundsfunktion auch formal nichts mehr entgegen. Paul Usteri war sowohl väterlicherseits als auch mütterlicherseits verwandt mit dem illustren, 1831 verstorbenen Mediziner, liberalen Politiker, Journalisten der «Neuen Zürcher Zeitung» und Bürgermeister gleichen Namens. Der Vater Jakob Usteri, Kaufmann und Kantonsrat, war ein Grosscousin, die Mutter eine Tochter des Politikers. Möglicherweise lief die erste Kontaktnahme zwischen den beiden Parteien über Betsy Meyer-Ulrich, Mutter von Conrad Ferdinand und Betsy Meyer, die Emilie Paravicini-Blumer seit ihrem Aufenthalt in Erlenbach bei Graf von Bentzel-Sternau bekannt war und in unmittelbarer Nachbarschaft des Seidenhofs der Familie Usteri in Zürich wohnte, eventuell aber auch direkt über den Grafen selbst, von dem anzunehmen ist, dass er über die Bekanntschaft mit Füssli sowie über die «Neue Zürcher Zeitung» Beziehungen zum prominenten Bürgermeister pflegte. Aus einzelnen später zwischen den Eltern Jakob und Elisabeth Usteri-Usteri und Emilie Paravicini-Blumer ausgetauschten Briefen geht hervor, dass die Ehe von den beiden Frauen während eines Kuraufenthaltes im neuen Bad Albisbrunn im Monat September in die Wege geleitet und von Jakob Usteri bei dessen Besuch der «Lieben» in

Die arrangierte Hochzeit der jüngsten Schwester: Die Tischkarten zelebrieren mit der Verbindung der Brautleute Katharina Blumer und Paul Usteri auch die Verbindung von Mollis und Zürich, der Alpen und der Stadt, der Kantone Glarus und Zürich.

der Kuranstalt bestätigt wurde.[88] Richtschnur für die Brautschau von Elisabeth Usteri-Usteri war die Schwerhörigkeit ihres Sohnes Paul. Sie suchten für diesen eine Frau, die sein angeborenes Leiden mit einer guten Lunge und einer lauten Stimme kompensieren konnte: «[...] der junge Mann hört schwer, recht schwer, auf der rechten Seite nicht & auf der linken nicht gut. [...] Er darf seine Hand nicht einer Tochter antragen, die nicht eine gute Brust hat. Eine Gattin, die aus Sorge für ihre Gesundheit fürchten müsste, ihre Stimme etwas anzustrengen, [...] wäre keine passende Lebensgefährtinn für ihn. [...] gewisse glückliche klangvolle Stimmen sind auch ohne besondere Verstärkung für das hinreichend. [...] Diese verständliche Stimme ist für ihn, bey einer Wahl, von Erster Wichtigkeit, aber ebenso sehr hat sich eine Tochter vorher zu fragen, ob sie sich stark genug fühlt, diese Unbequemlichkeit zu überwinden und auf die Dauer zu tragen [...].»[89] Diese Anforderungen scheint die junge Katharina Blumer erfüllt zu haben, damit glichen die Beschaffenheit ihrer Lunge sowie ihre mentale Fähigkeit, Unbequemes zu tragen, das Ungleichgewicht bezüglich Ansehen und Reichtum der beiden involvierten Familien aus. Die Ehe war zwar arrangiert, sollte aber nicht ohne das Einverständnis der beiden Betroffenen vollzogen werden. Daher machte Vater Jakob Usteri, von seiner Frau dazu aufgefordert, Emilie Paravicini-Blumer einen Vorschlag, wie die Begegnung zwischen Paul Usteri und Katharina Blumer in Mollis und das daraus folgende Eheversprechen unter Wahrung der gesellschaftlichen Konventionen in die Wege geleitet werden könnte: «[...] insoferne meine Schilderungen Sie nicht abgeschreckt haben, schlage ich Ihnen vor, Sie möchten unserer Tochter Elise einen Besuch von 3 à 4 Tagen, ohne die Reise, in Mollis erlauben: am 2.ten oder 3.ten Tag könnte auch m.[ein] Sohn dahin (u. zwar in den Bären, er will sie nicht auch in Contribution setzen) um seine Schwester wieder abzuholen und um Jemand zu sehen, der auf Ihre Einladung gekommen ist und als dann schon von Elise wird beobachtet worden seyn. Elise ist bereit, soll sie kommen? wann soll sie kommen? [...] Mein Sohn wurde gestern von Allem unterrichtet und es ist sein entschiedener Wunsch, Ihre Schwester sehen und kennen zu lernen. Wir halten es für zweckmässig, nicht später, sondern in diesem Stadium, seine Ansicht und seinen Willen zu vernehmen, und Ihrer Beurtheilung sey es nun anheimgestellt, zu entscheiden, in welchem Zeitpunkte, ob jetzt oder später, Sie auch auf Ihrer Seite den uns erfreuenden Gedanken einer Verbindung aussprechen sollen.»[90] Eltern, Schwester und Bräutigam Usteri-Usteri zeigten sich in der Folge über die getroffene Wahl beglückt, doch das Arrangement wurde nicht als solches benannt, sondern als göttliche Fügung. Der Dank galt dem «himmlischen Vater, der die Schicksale seiner Kinder so wunderbar u. so unendlich gütig lenkt. [...] Durch Ihre Bekanntschaft war unsere Hoffnung belebt vielleicht ein Wesen zu finden, dass unseren lieben Paul beglücken könnte, u. *Sie* zeigten uns diess Wesen u. stimmten dasselbe für ihn. Der Überglückliche schrieb uns am Tage nach der Verlobung: meine Didi ist ein Wesen, ganz so wie ich mir eine Frau gedacht u. gewünscht hatte.»[91] Auch Paul Usteri bezeugte Emilie Paravicini-Blumer gegenüber seinen Dank für das bevorstehende Glück[92] und Katharina erkannte in den Briefen, die sie während ihres Besuches im Seidenhof nach Mollis sandte, liebevoll die herausragende familiale Stellung der Schwester, die sie mit «Du mein Mütterchen» und «mein theuerstes *Mütter*chen» ansprach, an.[93] Ebenso lobten ein Freund von Paul Usteri und der Schwager François Girard Emilie Paravicini-Blumer für die geleistete Vermittlung.[94] Girard vertrat als Schüler von Alexandre Vinet und Anhänger der Westschweizer Erweckungsbewegung die grundsätzliche Gleichwertigkeit von Frauen und Männern.[95] In diesem Sinne setzte er in seinem teilnehmenden Brief an die Schwägerin in Mollis die viel versprechende Verbindung von Katharina und Paul Usteri-Blumer deren eigener trostloser Ehe gegenüber und hob die Vorzüge der jungen Braut hervor: «Didi [...] il y a quelque chose de Stoïcien dans son individualité: elle a un jugement sain, mais qui ne se hâte pas: elle sait garder des pensées, et ne les manifeste que quand elle veut; don précieux chez la femme comme chez l'homme; [...] elle est en un mot beaucoup plus qu'elle ne parait [...] elle fera une femme qui saura bien tenir sa place en société, sans cesser d'être avant tout une *Hausfrau*.»[96] Um diese glückliche Verbindung zu garantieren, wurde die Braut von Emilie Paravicini-Blumer mit der Unterstützung der Schwester und des Schwagers in Basel in den Monaten zwischen der Verlobung bis zur Hochzeit umsichtig behütet und emotional auf den Wechsel vorbereitet. Mit der im Frühjahr 1844 vollzogenen Heirat war Emilie Paravicini-Blumer die Verbindung mit einer der bedeutendsten Familien der Schweiz gelungen. Kompensiert wurde hier die herkunftsbedingte Asymmetrie durch die Gesundheit der Braut. Bedeutsam waren aber zugleich das Einverständnis der Braut und die

Aussichten auf ein den bürgerlichen Vorstellungen entsprechendes Eheglück. Emilie Paravicini-Blumer agierte entgegen ihrer weiblichen Rolle formal wie ein Hausvater, legte dabei aber Gewicht auf mütterliche Fürsorglichkeit. Damit verwies sie, die sich erst kurz zuvor in ihrem autobiografischen Brief an Graf von Bentzel-Sternau als Opfer eines väterlichen Arrangements definiert hatte, auf die Widersprüche der bürgerlichen Geschlechterordnung, die sie nicht aufzuheben, wohl aber auszugleichen suchte. Die arrangierte Verbindung scheint denn auch für alle Beteiligten eine glückliche und die Erwartungen bestätigende gewesen zu sein; Katharina und Paul Usteri-Blumer zeigten sich in Briefen voller Zuneigung und gegenseitigem Respekt. Die beiden Schwestern blieben sich ihrerseits über einen intensiven Briefwechsel, Besuche und gemeinsame Kuraufenthalte eng verbunden.

1.4 Freundin und Bekannte: verwandtschaftsübergreifende Beziehungen und das Reden über Befindlichkeiten, Bildung, Gesellschaft und Politik

Zu Beginn des 19. Jahrhunderts lehnte sich die Sprache der Freundschaft noch in starkem Masse an den männlich gedachten Freundschaftskult der Aufklärung und der Zeit der Empfindsamkeit an. Jedoch bedeutete für Frauen und Männer die Heraufbeschwörung einer emotional aufgeladenen «Seelenverwandtschaft» meistens nicht das Gleiche. Die Freundschaft zwischen Männern wie zwischen Frauen diente der Stabilisierung des eigenen Daseins. Die in Texten überlieferten Freundschaftsbeteuerungen für Männer in Zeiten sozialen Umbruchs implizierten vor allem die gemeinsame Verortung im Bereich des Politischen und Kulturellen auf Grund geteilter Ideale.[97] Auch wenn solche politisch gefärbte Beteuerungen in den Freundschaftsbeziehungen zwischen einer Frau und einem Mann vorkamen, wie beispielsweise im Briefverkehr zwischen Josephine Stadlin und Augustin Keller in den 1830er Jahren, bedeutete die Berufung auf die «Seelenverwandtschaft» in Briefen von Frauen an Frauen vor allem emotionale Absicherung als Folge persönlicher Umbrüche. Während sich Männer im 19. Jahrhundert institutionalisierte Formen des Austausches zwischen Gleichgesinnten wie beispielsweise Vereine schufen, waren Frauen weiterhin auf das Knüpfen privater Beziehungen zu Freundinnen, in selteneren Fällen auch zu Freunden verwiesen, um sich aus familialer Isolation herauszuholen. Die von Silvia Bovenschen zitierte Aussage von Ernst Bloch zur Freundschaft auf den emotionalen Austausch zwischen Frauen übertragend, können wir Freundschaft als Pendant, nicht aber als Alternative zur Einsamkeit definieren: Die Freundschaft ging mit der Einsamkeit als ausbalancierendes Element einher, weil sie die Zuordnung der Frauen zum Bereich des Privaten im 19. Jahrhundert nicht aufhob, sondern diese Begrenzung zugleich durchbrach und bestätigte, aber auch weil sie Frauen trotz rechtlicher Verweigerung des Subjektstatus ermöglichte, sich als ein «Ich» zu erfahren.[98] Auf Emilie Paravicini-Blumers Freundschaften traf dies in hohem Masse zu. Für sie war die Beziehung zu Hortensia Margare-

tha Koller-Steinbrüchel Ausdruck intensivster Seelenverwandtschaft, aber im Gegensatz zur emotional aufgeladenen Beziehung zwischen Männern war sie nicht zugleich Ausdruck gemeinsamen öffentlichen Engagements. Die von einem solchen Engagement geprägte Freundschaft zwischen Frauen kam in den 1830er und 1840er Jahren zwar auch im deutschen Sprachgebiet bereits vor – ich verweise auf die von gemeinsamem Engagement um die Anerkennung des Lehrerinnenberufs geprägten Freundschaften von Josephine Stadlin –, wurde aber erst um die Wende vom 19. zum 20. Jahrhundert im bürgerlichen Milieu explizit als eine Beziehung zwischen «Freundinnen und Gefährtinnen» konzipiert und als solche zu einem konstitutiven Element der ersten Frauenbewegung.[99]
Während der von Elementen aus der Sprache der Liebe durchsetzte Freundschaftsdiskurs Anspruch auf Exklusivität der Beziehung beinhaltete, waren die Beziehungen zu Bekannten unverbindlicher, die Netze dadurch aber zum Teil vielfältiger. Deren Pflege war meistens eingebunden in das Geflecht von Familie und Verwandtschaft, sie ermöglichten Frauen aber insbesondere im Rahmen des Kurbades eine gesellschaftliche und geschlechterübergreifende Einbindung in einen über das Private hinausgehenden Kommunikationsraum, den ich als halböffentlich definieren möchte.

Gleichgesinnte in fremden Räumen

Für das emotionale Gleichgewicht der Frauen kam nach dem Wegzug von den Eltern die entgegenkommende Aufnahme im Hause der Schwiegereltern und in der verschwägerten Verwandtschaft eminente Bedeutung zu. Fehlte diese, was auf Emilie Paravicini-Blumer nach ihrer heiratsbedingten Übersiedlung von Mollis nach Glarus in hohem Masse zutraf, waren im Alltag neben dem brieflichen Kontakt mit der eigenen Familie und räumlich entfernten Freundinnen und Freunden die Bekanntschaftsbeziehungen am neuen Ort entscheidend. In ihren Briefen an die Freundin Hortensia Margaretha Koller-Steinbrüchel in Zürich distanzierte sie sich von den Verschwägerten ebenso sehr wie vom Schwiegervater. Die einzige Ausnahme bildete dessen jüngster Sohn Johann Jakob Paravicini, genannt Jacques oder «Tschöggi», der spätere Ehemann ihrer Schwester Anna.[100] Dieser wohnte wie der bereits erwähnte ältere Bruder Kaspar während Emilie Paravicini-Blumers ersten Ehejahren noch im väterlichen Haushalt. Im Gegensatz zu Jacques Paravicini war Kaspar Paravicini ihrer Beschreibung nach «von höchst beschränkter Art»[101] und dazu noch bösartig. Von den andern mit ihr verschwägerten Verwandten – Anna Catharina und Othmar Blumer-Paravicini in Glarus, den Brüdern Johannes und Friedrich Paravicini, Spinnereibesitzer in Ennenda – schrieb sie, dass diese «sie hassen», «wie ich noch nicht begreifen kann, dass man einen Menschen hassen mag».[102] Ob dieser Hass in erster Line ein Spiegel ihrer eigenen Gefühle ihnen gegenüber war, muss offenbleiben. Die Rolle des Gegengewichts kam den neu gewonnenen und im Alltag verankerten Freundschaften zu. Es war dies in erster Linie die Beziehung zur fast gleichaltrigen Albertine Bruch, einer Pfarrerstochter aus Wädenswil, die sich bis zum Tod ihrer Urgrossmutter, Anna Streiff-Schiesser, im Jahre 1836 mehrheitlich in Glarus aufhielt.

Die Freundschaft mit Albertine Bruch war eingebettet in den Alltag, der Austausch mit ihr bedeutete die Jugend, die Emilie Paravicini-Blumer durch die Heirat weitgehend abhanden gekommen war. Dieses gemeinsame Erleben wird später in der Erinnerung immer wieder neu erlebt und emotional aufgeladen. Dadurch erhielt diese Freundschaft ihre Einmaligkeit: «Was ich ihr war, das wird ihr niemand wieder, schon darum nur – weil wir zusammen den seligen Traum der Jugend, mit allem was sie Wundervolles u. Heiliges hat, durchträumt, weil [...] jede Erinnerung daran mit einem Zauber verklärt ist. Den jedes frisch hinzugekommene Jahr vermehrt, nicht vermindert. Solche Erinnerungen fesseln uns gegenseitig unauflösbar fest – mehr noch, dass wir uns achten gelernt u. zu lieben uns nie verlernen werden.»[103] In diese Freundschaft konnte Hortensia Margaretha Koller-Steinbrüchel mit einbezogen werden, der Emilie Paravicini-Blumer das Spezifische dieser Freundschaft geschildert hatte. Sie umschrieb diese Freundschaft zu Albertine Bruch zwar als eine einmalige, aber nicht als eine ausschliessliche, ebenso wenig wie diejenige zu Hortensia Margaretha Koller-Steinbrüchel, sondern entscheidend war die «Geistesverwandtschaft»,[104] in der sich die Frauen gegenseitig wiedererkannten. Hortensia Margaretha Koller-Steinbrüchel war nicht eifersüchtig auf Albertine Bruch, sondern vielmehr froh, diese an der Seite der Freundin in Glarus zu wissen als ihre Begleiterin im «dunklen Labyrinth der Gegenwart»,[105] worunter wohl nur die familiären Verhältnisse von Emilie Paravicini-Blumer zu verstehen sind. So konnte die Freundschaft auf Albertine Bruchs kaum ältere Tante Anna Katharina Isler-Bruch, «Didi» gerufen, ausgeweitet werden, die seit der Übersiedlung des Instituts Bruch-Isler[106] nach Lausanne im Jahr 1829 in der Westschweiz lebte. Emilie Paravicini-Blumer verglich ihre Beziehung zu «Didi» Isler-Bruch mit derjenigen zu Hortensia Margaretha Koller-Steinbrüchel.[107] Diese Beziehung blieb trotz Entfernung lange Zeit sehr eng, zu Albertine Bruch dagegen kam der Kontakt nach deren Wegzug nach Lausanne bald schon zu einem abrupten Stillstand. Diese heiratete kurz nach dem Tod von Hortensia Margaretha Koller-Steinbrüchel 1837 den frisch verwitweten Hans Kaspar Koller.[108] Emilie Paravicini-Blumer scheint diese Heirat als einen Treuebruch mit ihrer verstorbenen Freundin und als Vertrauensbruch[109] ihr gegenüber erfahren zu haben. Hier zeigten sich die Grenzen der Freundschaft: Es handelte sich nicht mehr nur um die Ausweitung der Freundschaft auf weitere Personen, sondern Albertine Bruch besetzte im zwischengeschlechtlichen Paarsetting nun die Position von Hortensia Margaretha Koller-Steinbrüchel als Ehefrau und avancierte so zur Rivalin der Verstorbenen.[110] Ob dabei Fragen der sexuellen Konnotation dieser Beziehung zwischen Albertine Bruch und Hans Kaspar Koller für Emilie Paravicini-Blumer eine Rolle spielten, lasse ich offen.

Nach der sukzessiven Übersiedlung von Katharina Isler-Bruch und Albertine Bruch nach Lausanne und dem Tod von Anna Streiff-Schiesser scheint Emilie Paravicini-Blumer auf lokaler Ebene im rund 3700 Köpfe zählenden Glarus nur wenig Personen gefunden zu haben, die sie als Gleichgesinnte betrachtete und die ihr Interesse weckten. Zwar war sie als Frau Paravicini-Blumer zu Gesellschaften eingeladen, doch hatte sie sich in einem Brief an die Zürcher Freundin schon vor dem Wegzug von Albertine Bruch von der Glarner Oberschicht, von den

Frauen im Besonderen, distanziert.[111] Getragen vom Gefühl bildungsmässiger Überlegenheit reproduzierte sie schreibend geschlechterspezifische Vorurteile: «Heute waren Albertine und ich zusammen in einer grossen Damenversammlung, die aus den ersten jungen Frauenzimmern hier bestand. Gott, noch so eine Gesellschaft, und ich gehe in meinem Leben in *keine* mehr. Den ganzen Tag nicht *ein* vernünftiges Wort. Von Mägden, von der Mode, von den Kindern, von Zahnschmerzen, vom Kochen – es war über alle Begriffe. Albertine und ich sagten uns durch Blicke, was wir fühlten: ich musste an mich halten, nicht mitten draus zu laufen.»[112] Folgen wir Helene von Lerber, aber auch den Briefen an die Freundin Hortense Margaretha Koller-Steinbrüchel, pflegte Emilie Paravicini-Blumer freundschaftliche Beziehungen an Ort, vor allem mit «Herrn und Frau Major», Heinrich und Elsbeth Trümpy-Oertli[113] sowie vielleicht bereits mit der nur um ein Jahr älteren Barbara Trümpy-Weber, der Ehefrau des Fabrikanten Egidius Trümpy.[114] Vor allem die Freundschaft mit dem Ehepaar Trümpy-Oertli gewann an Bedeutung und erwies sich auch nach dem Tod des Schwiegervaters als wertvoll.[115]

Der briefliche Austausch als emotionaler Freiraum

Emilie Paravicini-Blumer hatte die gleichaltrige Hortensia Margaretha Koller-Steinbrüchel im Kurbad kennengelernt. Ein Rückenleiden von Bartholome Paravicini ermöglichte es ihr, im Sommer 1830 das Haus ihres Schwiegervaters in Glarus erstmals für längere Zeit zu verlassen: Sie fuhr mit ihrem Ehemann zu einer mehrwöchigen Kur nach Baden im Kanton Aargau. Den Moment der Begegnung mit Hortensia Margaretha Koller-Steinbrüchel beschrieb Emilie Paravicini-Blumer in den Briefen, die Helene von Lerber in ihrem biografischen Roman zitiert, als Kontrapunkt zur Heirat. Analog zur Hochzeit markierte diese Begegnung einen Stillstand, von dem aus sich im Gegensatz zum ersten unendliche Möglichkeiten öffneten, Möglichkeiten der Vermischung von Wahrnehmen und Erinnern, von Denken und Fühlen.[116] Überschwänglich deutete Emilie Paravicini-Blumer kurz nach der Heimkehr der neu gewonnenen Freundin ihre Begegnung als beglückendes Ereignis, «zwei verwandte Seelen» hätten sich gefunden.[117] Sich erinnernd vergegenwärtigte sie im Brief die emotionale Verbundenheit mit der Freundin als unvergessliches und zutiefst berührendes Erleben: «Dieses gegenseitige Erraten der Gefühle, dieses Entgegenkommen jedes Gedankens, diese überall sich begegnende Einigkeit der Ideen, ich wüsste nichts, keinen noch so köstlichen Genuss, der der Süssigkeit dieses wortlosen Verstehens, dessen beredteste Sprache ein Blick, ein Händedruck ist, gleichkäme.»[118] Ähnlich beschrieb die Freundin Hortensia Margarethe Koller-Steinbrüchel die Begegnung mit Emilie Paravicini-Blumer. Nachdem sie sich im selben Sommer wiederum in Baden aufgehalten hatte, beschwor sie im Brief an die Freundin in Glarus die Erinnerungen an den gemeinsamen Freundschaftsschwur: «Nach der Tafel riss ich mich gewaltsam fort um demjenigen stillen Plätzchen gehörigen Tribut zu zollen, das mich schon so unzählige Mal freundlich aufgenohmmen, fiebernd geborgen und am 29. t. July h:[oc] a:[nno] hoch beglükte!!! ... –– Dort eben, wo schweigend in heiligem Kusse wir ‹Treue bis in den Tod› uns gelobten!

Emilie, vermochtest Du wirklich *so*, in jenem feyerlichen ewig mir unvergesslichen Augenblicke, in meiner trunkenen Seele zu lesen??.....»[119]
Die heraufbeschworene «Seelenverwandtschaft» beziehungsweise «Geistesverwandtschaft»[120] bediente sich in dem intensiven brieflichen Austausch[121] der Sprache der Liebe, die sich jedoch im beginnenden 19. Jahrhundert noch mit der Sprache des von Empfindsamkeit geprägten Freundschaftskults des ausgehenden 18. Jahrhunderts deckte, gefühls- und verstandesmässiges Einverständnis nicht trennte.[122] Der Freundschaftskult der Aufklärung war zwar männlich gedacht – Frauen wurde die Fähigkeit zu idealen Freundschaften im Sinne des reinen, freien und wechselseitigen Austausches von gleich zu gleich abgesprochen –, doch zeigen verschiedene Forschungen der letzten Jahrzehnte, dass Frauenfreundschaften im 18. und 19. Jahrhundert verbreitet und gesellschaftlich akzeptiert waren.[123] In Emilie Paravicini-Blumers Schreiben ist die «Seelenverwandtschaft» der Aufklärung ebenso selbstverständlicher Bestandteil wie die mit Naturvorstellungen und Todessehnsucht durchsetzte Gefühlswelt und der Freundschaftskult der Romantik. Beide Diskurse waren ihr von der Lektüre[124] her vertraut und beide prägen die Beschreibung der Beziehung zur Freundin: «Endlich jenes wunderbare Gefühl, das mich fast schaudernd und doch so wehmütig froh durchdrang, als wir uns auf dem stillen blauen Gewässer der Reuss wiegten. [...] O Liebe, es zog mich hinunter wie mit Geisterhänden, und an deinem Herzen hätte ich mich froh und selig, wie ein Kind an der Mutterbrust, hineingelegt in den dunkeln, nassen Schoss der kalten Wellen, hätte aus diesem Lethe ewiges Vergessen trinken mögen und die Wogen der Reuss mir zum dauernden ewigen Denkmal setzen.»[125] Die Briefe an die Freundin, aus denen von Lerber lange Auszüge zitiert, sind voll solcher pathetischer Gefühlsinszenierungen, voll auch von einer melancholischen Rhetorik des versäumten gemeinsamen Lebens, ein frühromantischer Topos.[126] Sie widerspiegeln nicht einfach Gefühle, sondern sie stifteten als Ausdruck von Gefühlen und Körperempfindungen die tiefe Freundschaft zwischen Emilie Paravicini-Blumer und Hortensia Margaretha Koller-Steinbrüchel. Denn die Sprache wirkte sich auf die Empfindungen der Schreiberin wie der Empfängerin der Briefe zurück und löste die als glückhaft erfahrene Beziehung eigentlich erst aus.[127] So ist es nicht entscheidend, ob die erste Begegnung in Baden von beiden Freundinnen gleichzeitig als emotional höchst aufgeladene Seelenverwandtschaft erfahren wurde, sondern dass mit dieser Evozierung ein Gefühlsklima geschaffen wurde, das der entstehenden Freundschaft die Richtung wies.[128]
Die Briefe Emilie Paravicini-Blumers an ihre Freundin dienten nicht nur der Heraufbeschwörung der Bindung. Sie waren vielmehr immer wieder durchsetzt von handfesten Beschreibungen von alltäglichen Verrichtungen im Kontext ihrer Verantwortung für den Haushalt, den Ehemann, dessen jüngsten Bruder und ihre eigenen Geschwister, durchsetzt auch von konkreten Plänen, um durch den Kauf eines Häuschens in Mollis die Freundin aus Zürich zumindest für längere Perioden näher bei sich zu haben. Es muss aber angenommen werden, dass gerade die Beschränkung des individuellen Lebensentwurfs, die arrangierte Heirat bei gleichzeitiger Stilisierung der romantischen Liebe, für die es in dem ihr

aufgezwungenen Leben keinen Raum gab, entscheidend zur starken romantischen Färbung ihrer Freundschaft zu Hortensia Margaretha Koller-Steinbrüchel geführt hat.[129]

Die in den Briefen zelebrierte Seelenverwandtschaft wurde zum Gegenentwurf zur Beziehung mit Bartholome Paravicini, Freundin und Ehegatte verkörperten in extremem Masse die Antipoden zweier Lebensformen.[130] Der briefliche Austausch mit der Freundin ermöglichte es Emilie Paravicini-Blumer, schreibend verschiedene, ja selbst verbotene Lebensmöglichkeiten zu inszenieren, so die geheime Liebe zu einem verheirateten Mann in Glarus oder die als den allgemeinen Normen enthobene Freundschaft gedachte Beziehung zum Aargauer Politiker Gottlieb Hagnauer, in der sie ebenso die ideale Ergänzung von Frau und Mann wie den befruchtenden Austausch zwischen Gleichgesinnten verkörpert sah.[131] Die Briefe von Hortensia Margaretha Koller-Steinbrüchel, die ihr Eheleben in einem der ersten Briefe an Emilie Paravicini-Blumer in Zürich als «manchmal etwas dürftige Gegenwart» beschrieb, zeichnen sich ihrerseits nur zum Teil aus durch einen etwas nüchterneren Stil, mehrheitlich aber durch ebenso starke Äusserungen der Zuneigung: «[...] bin allein; freue mich wenn ich alleinseyend meiner entfernten Geliebten u. mir selbst gehören kann; dieser Allein-Genuss, diese Einsamkeit ist mir Wohltat! [...] Mein Herz blutet sehnsüchtiger nach einem nahverwandten seit es Dich gefunden u. erkannt.»[132] Auch Hortensia Margaretha Koller-Steinbrüchels Ehe war eine arrangierte, die sie im Brief an die Freundin als tägliche «Pflichterfüllung» definierte, die verbunden sei mit drohender «Selbstverzehrung».[133] Aber diese Ehe bot im Gegensatz zur Ehe von Emilie Paravicini-Blumer dennoch grösseren Raum zur Entwicklung gegenseitiger gefühlsbetonter Zuwendung. Die Tochter eines Chorrichters aus der Familie von Johann Jakob Steinbrüchel, dem bekannten Theologen, Altphilologen und Freund von Johann Jakob Bodmer, war verheiratet mit Hans Kaspar Koller, einem Mann mit ausgeprägtem Hang zu Kunst und Musik, dessen Familie zusammen mit den Steinbrüchel in der Zürcher Metzgerzunft verankert war.[134] Nach Worten Hortensia Margaretha Koller-Steinbrüchels war auch ihr Ehemann Emilie Paravicini-Blumer höchst zugetan: «Übrigens dankt's Beide, Du u. Caspar dem Zufall dass ich nicht unter die Begünstigten der Dame Eifersucht gehöre, aller Friede wäre sonst aufgekündet; mein l.[ieber] Mann lebt u. webt nur in Dir; wo er den Glärnisch, jetzt sein Alles sieht, träufeln centnerschwer Tropfen die Wangen hinunter!»[135]

Wie schon die Freundschaft mit Albertine Bruch schaffte die Beziehung zu Hortensia Margaretha Koller-Steinbrüchel nicht nur einen emotionalen, sondern auch einen «sozialen Raum»,[136] der angesiedelt war zwischen dem von Emilie Paravicini-Blumer sowohl positiv als auch negativ besetzten Raum der Familie einerseits und der Glarner sowie bildungsbürgerlichen Zürcher Gesellschaft anderseits. Dieser die Freundschaft auszeichnende Bereich zwischen Privatsphäre und Öffentlichkeit bot Möglichkeiten des Austausches über das Intime, das Gefühlsmässige und das Alltägliche ebenso wie über die grossen Bewegungen der Zeit. So entfaltete Emilie Paravicini-Blumer in den mir bekannten Briefen an die Freundin in Zürich eine facettenreiche Gefühlswelt von vorbehaltloser

Das Blumer-Haus in Mollis: In diesem Haus hatte Emilie Paravicini-Blumer bis zu ihrer Heirat gelebt. Nach dem Tod des Schwiegervaters zog sie zusammen mit ihrem Gatten zurück nach Mollis in die unmittelbare Nachbarschaft ihres Elternhauses «Im Moos».

Zuneigung, Empörung über das ungerechte Schicksal und kaum verhohlenen Wünschen nach Anerkennung dichterischer Fähigkeiten bis zur verborgenen Liebe zu einigen wenigen Männern.[137] Differenzen nicht scheuend, diskutierte sie mit ihr die Lektüre von Gedichten, Dramen, Romanen und Büchern von moralischem, philosophischem und historischem Inhalt, aber auch ihre – meist gegensätzlichen – Einschätzungen der politischen Lage. Am 13. August 1837 starb Hortensia Margaretha Koller-Steinbrüchel nach längerer Krankheit.[138]

Beziehungspflege im Kurbad

Im Kurbad weitete sich der private Raum der Familie aus zu einem öffentlichen Raum von überregionaler Dimension, zu dem Frauen ausserhalb des Bades nur wenig Zugang hatten. Eingebunden in ein grösseres Netzwerk gewannen die Beziehungen zwischen Gästen, Leitung und Angestellten den Charakter des Halböffentlichen.[139] Es ist anzunehmen, dass Frauen die Mehrheit der Gäste ausmachten, weil sie nicht eingebunden waren in einen von Beruf, Militär und Politik bestimmten Alltag und hier mit Verwandten und Bekannten zusammentrafen.[140] Da die Notwendigkeit einer Kur mit der Erwartung an Heilung und Erholung verknüpft wurde, stellt sich in diesem Kontext die Frage nach der Definition von Krank- und Gesundsein je nach Geschlecht unterschiedlich.[141]

Auch Männer suchten das Kurbad zum einen zur Pflege verwandtschaftlicher Beziehungen auf – allerdings in geringerem Masse als ihre Ehefrauen, Töchter,

Schwestern und Cousinen –, zum andern aus gesundheitlichen Gründen. So entwickelte sich für Frauen und Männer gleichermassen das sich ständig wiederholende Reden über die eigene Befindlichkeit, über den Erfolg oder Misserfolg der Kur zum zentralen Moment der Geselligkeit. Doch auch andere Themen wurden diskutiert, inhaltlich waren den Gesprächen kaum Grenzen gesetzt. An der Table d'Hôtes redeten Frauen nicht nur untereinander, sondern auch mit Universitätsprofessoren und anderen Gelehrten über Bücher und zeitspezifische Fragen der Bildung und Kultur, unterhielten sich mit Pfarrherren über Moral und Sittlichkeit, mischten sich in politische wie auch konfessionelle Diskussionen von nationaler und europäischer Dimension ein und setzten sich mit neueren Erkenntnissen der Medizin auseinander. Im Kurbad nahmen sie ihre zentrale Funktion bei der Ausgestaltung eines verzweigten Verwandtschaftsnetzes und der Herstellung gesellschaftlicher Allianzen wahr, der Stützen des Aufstiegs des Bürgertums.[142] Sie banden neue Bekannte in ihr familiäres Beziehungsnetz ein und überwanden die räumliche Distanz nach der Heimkehr durch einen regen Briefwechsel.

Badekuren und in deren Sog auch andere Kuren erlebten im 19. Jahrhundert vor allem seit den Berichten über die schlesische Kaltwasseranstalt von Vinzenz Priessnitz und über erfolgreiche Wasserbehandlungen von Pfarrer Sebastian Kneipp einen rasanten Aufschwung.[143] Auch in der Schweiz erweiterte sich das Angebot an Bade-, Trink-, Schroth-, Molken- und anderen Diätkuren als Therapie für die wachsende Palette von im Bürgertum sich verbreitenden Leiden.[144] Neben den alten, schon im 18. Jahrhundert frequentierten Bädern wurde bis Mitte des 19. Jahrhunderts eine ganze Reihe weiterer Kurbäder eröffnet, beispielsweise Rigi Kaltbad,[145] St. Moritz,[146] Mönchaltorf,[147] Albisbrunn[148] und Stachelberg.[149] Dieses sich immer mehr ausdifferenzierende Angebot dynamisierte zugleich die Nachfrage nach Kuraufenthalten.[150] Diese Nachfrage war das Resultat der zunehmenden Medizinalisierung von Krankheiten und der dadurch erzeugten Sorge um die körperliche Verfassung einerseits, der Konsolidierung des Bürgertums als sozialer Klasse und des damit einhergehenden steigenden Ansehens der Ärzte anderseits.[151] Da unter ihrem Einfluss die chemische Zusammensetzung des Wassers der Kuranstalten zunehmend analysiert wurde, entstanden viele der neuen Bäder auf Initiative von Ärzten. Als Leiter von Kuranstalten fühlten sie sich nicht nur den wissenschaftlichen Erkenntnissen, sondern auch den Aufgaben als Gastgeber verpflichtet. Um das Wohlbefinden der Gäste zu erhöhen, kümmerten sie sich sogar um die Sitzordnung im Esssaal.[152] Persönlich um seine Gäste bemühte sich auch der Winterthurer Arzt Wilhelm Brunner, der 1839 mit Bad Albisbrunn die erste schweizerische Kaltwasserheilanstalt eröffnete.[153] In dieser Kuranstalt leitete unter wohlwollender Anteilnahme Brunners Emilie Paravicini-Blumer die Heirat ihrer jüngsten Schwester Katharina mit Paul Usteri ein.

Gesellschaftlich, emotional und gesundheitlich bedingte Bade- und Trinkkuren prägten über Jahrzehnte die Beziehungen Emilie Paravicini-Blumers zu ihren Freundinnen und Freunden, Familienangehörigen und Verwandten. Oft waren es ihr nahe Stehende, die sie zur Kur motivierten, um sie aus ihrem immer wieder als «lähmende Melancholie» oder «Apathie» beschriebenen Alltag herauszuholen. So hatte die Badekur in Baden zur engen Freundschaft zwischen Emilie Paravicini-Blumer und Margaretha Koller-Steinbrüchel geführt, die dann 1831 ein Treffen im Bad Stachelberg vorschlug.[154] 1834 fuhr Emilie Paravicini-Blumer mit ihrer anderen Freundin, Albertine Bruch, zur Badekur nach Fideris,[155] 1836 mit den Ehepaaren Trümpy-Oertli aus Glarus und Isler-Bruch aus Lausanne zur Trinkkur auf den San Bernardino,[156] 1848 mit ihrer ehemaligen Lehrerin Katharina Hemmann nach Baden,[157] ab 1849 immer wieder mit der Schwester Katharina Usteri-Blumer oder begleitet von weiteren Bekannten ins Bad Pfäfers.[158] Die Kuraufenthalte von Verwandten im Glarner Bad Stachelberg oder die Schottenkuren in Richisau am Klönthalersee gestalteten sich zu Familientreffen.[159] Ob Emilie Paravicini-Blumer dabei, wie bei ihrer ersten Badekur in Baden, von ihrem Mann begleitet wurde, ist aus den mir bekannten Quellen nicht ersichtlich, erwähnt wird er nicht. Aber dass sie die Wirkung der Badekuren vor allem im Geselligen sah, darauf verweisen die Briefe mehrfach. So schrieb sie 1836 der Freundin Hortensia Margaretha Koller-Steinbrüchel vom San Bernardino über die Wirkung der Gespräche mit einem Franziskanermönch: «Er ist Prior des berühmten Klosters Riviera d'Orta in Piemont, war Missionar in Kanton in China, ein Mann voll Gelehrsamkeit u. frommer Schwärmerey. Sein Äusseres ist unaussprechlich edel ein Auge wie Titian es seinem Christus giebt – ich sah nie hinein ohne auch an *Dich* zu denken – den Ernst u. die Würde des Apostels, die sanfte Beredsamkeit des echten Priesters. Wir haben über Wichtiges gesprochen – er wünschte mir *seine* Religion, eine rein katholische – am Ende auch nur die Meinige so rein u. schön wie ich sie im Herzen trag u. heute Morgen, als ich ihn mit feuchten Augen scheiden sah, entliess er mich mit frommem Segen, der Versicherung wohlwollenden Andenkens und der Hinweisung auf ein Wiedersehen jenseits! Da habe ich auch hier auf den wilden Höhen des Bernardino einen *Menschen* gefunden, einen bey dem auch Diogenes seine Leuchte gelöscht hätte.»[160] Ähnlich beurteilte sie 1851 die Wirkung der Kur in Bad Seewen (Schwyz) in einem Brief an die Schwester Katharina Usteri-Blumer in Zürich: «Die gute Gesellschaft und mannigfach interessanter Verkehr haben auch das Ihrige getan, wie überhaupt jede geistige Anregung stärkend auf mich wirkt. Und dann war es mir so angenehm, wieder einmal mit *feinen* Leuten von den besten Formen so recht à mon aise zu sein. Das allein war mir schon eine Kur.»[161] Der von Depressionen geplagten Betsy Meyer-Ulrich empfahl sie 1856 «mit innigster Verehrung» eine Badekur, um aus der Isolation herauszukommen. Sie selber wisse, was es bedeute, ohne Austausch mit «geistig gehobenen Menschen vielfach Noth» zu leiden und «am Ende sogar jeden Massstab für unser eigenes Fortschreiten, Antrieb, Streben» zu verlieren.[162] Von ihrer über Jahre an einer schweren Knieentzündung leidenden und ans Haus gebundenen Schwester Agatha schrieb sie nach Zürich: «Die arme Agatha hat eine krankhafte Sehnsucht nach einer Badekur, einer Veränderung oder dergl.[eichen]»[163] Nicht die Wirkung des Wassers, sondern Abwechslung wurde ersehnt, nicht Agathas körperliches Leiden erforderte eine Kur, sondern ihr Wunsch nach Gesellschaft, nicht das Knie war krank, sondern nach Emilie Paravicini-Blumer vielmehr ihr Gemütszustand.[164] Zur Abhilfe wurden Aufenthalte in der Stocker'schen Anstalt

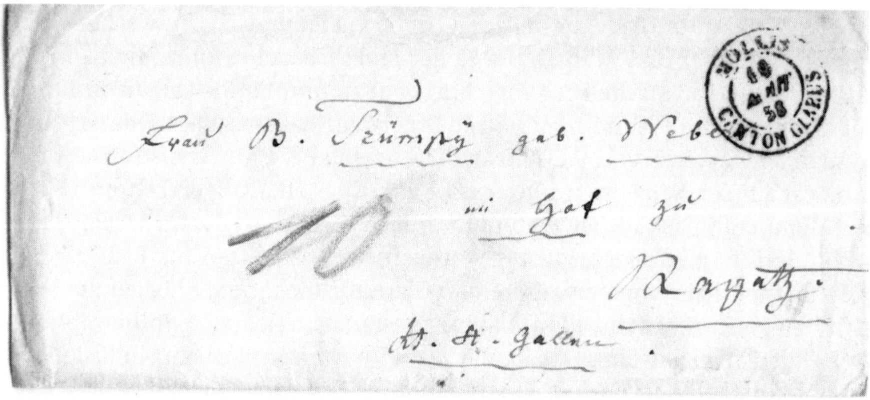

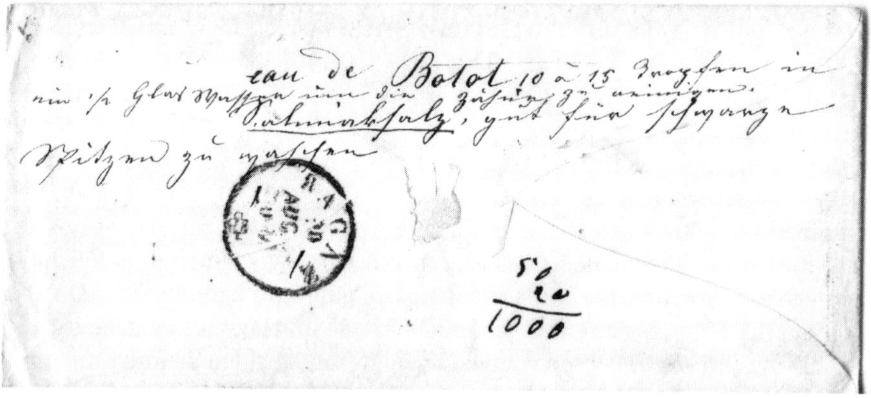

Brief an Barbara Trümpy-Weber nach Bad Ragaz: Auf der Hinterseite des Briefumschlags hielt Emilie Paravicini-Blumer Ratschläge fest, die der Freundin im Kurbad nützlich sein könnten: fünfzehn Tropfen «eau de Botot» zum Zähnereinigen, «Schminksalz» zum Waschen von Spitzen.

erwogen, Kuren im Gyrenbad oder in Pfäfers organisiert.[165] In dem von Emilie Paravicini-Blumer gedeuteten Wunsch ihrer Schwester zeigt sich exemplarisch die mehrfache Erwartung an einen Kuraufenthalt als einen Ort der Heilung und als Ort des Austausches zwischen Verwandten und Gleichgesinnten.[166] Auch der an chronischen Körperkrankheiten leidenden Nichte Emma Usteri empfahl Emilie Paravicini-Blumer Badekuren des Kontaktes wegen und mischte Unterstützung mit kritischen Ratschlägen. So schrieb sie ihr vor einer Kur mit ihrem Vater im bündnerischen Alvaneu: «Euer Entschluss […] freut mich sehr, u: ich hoffe der l. Papa werde ihn nicht zu bereuen haben, da die Bäder dort für ihn sehr heilsam seyn können u: die Luft gut ist. Nur nicht *zu viel* baden!»[167] Vielen Briefen nach zu urteilen, schienen Emilie Paravicini-Blumer die Effekte der Geselligkeit sogar zentraler als der therapeutische Wert des Wassers, ob in Form von Trinkwasser oder in Form von warmen oder kalten Bädern, war dabei nicht wichtig.

So bildeten der Aufenthalt in einem Kurbad wie der freundschaftliche Austausch der Struktur nach einen Raum zwischen Privatheit und Öffentlichkeit. Als Folge der neuen Institutionen politischer Partizipation, der Ausdehnung des Vereinswesens und der neuen Bildungsanstalten hatte das Kurbad für Männer als Ort der informellen Begegnung und des geistigen Austausches an Bedeutung verloren, für Frauen aus dem Bürgertum dagegen deckte es immer vielfältigere Funktionen ab: als Ort der Zusammenkünfte von Verwandten und Bekannten, des Zusammentreffens von Angehörigen gleicher Klassenzugehörigkeit und des Knüpfens von Allianzen, als Ort der Begegnung mit gelehrten Persönlichkeiten und des Austausches mit Gleichgesinnten, als Ort der Erholung und Genesung von körperlichem und seelischem Leiden, aber auch als Ort des Redens über persönliche wie politische, individuelle wie gesellschaftliche Befindlichkeiten. Mit einem Kuraufenthalt verbanden Frauen geschlechterspezifisch die doppelte Erwartung des familiären Austausches wie der Einbindung in den öffentlichen Diskurs. Für sie war das Kurbad gleichermassen Ort der bürgerlichen wie der weiblichen Kommunikation.[168]

1.5 Fazit: familiale Gebundenheit und emotionaler Freiraum

Mit der Heirat von Emilie Blumer mit Bartholome Paravicini wurde das damit anvisierte Ziel, die Position der Familie Blumer als Teil der lokalen Elite abzusichern, erreicht. Die Vermählung der jüngeren Schwester mit Emilie Paravicini-Blumers Schwager Jacques Paravicini bedeutete eine Untermauerung dieser ersten Verbindung und zugleich eine Ausweitung der engeren Verwandtschaft in den Kreis der Fabrikanten und Unternehmer, eine Ausweitung, die durch die Vermählung einer zweiten Schwester mit einem Kaufmann und Unternehmer noch verfestigt wurde. Die Heirat von Hanna Blumer stellte eine Beziehung zum frommen Stadtbürgertum von Basel und dem Bildungsbürgertum[169] der Westschweiz her und die Verehelichung der jüngsten Blumer-Tochter schuf schliesslich eine Verbindung zu einer der einflussreichsten Stadtzürcher Familien. Emilie Paravicini-Blumer führte die mit ihrer eigenen Verheiratung vom Vater eingeleitete Familienpolitik weiter. Trotz der Deutung dieser arrangierten Heirat als negativen Wendepunkt ihres Lebens nahm sie für sich als Älteste in Anspruch, die Verehelichung der jüngeren Geschwister wenn nicht selber in die Wege zu leiten, so zumindest gutzuheissen oder abzulehnen. Sie besetzte damit eine Position, die eigentlich dem einzigen Bruder zugestanden hätte, die dieser aber weder einnehmen wollte noch konnte.

Wegen einer nicht näher definierten geistigen Beeinträchtigung ihres Gatten konnte Emilie Paravicini-Blumer ihren Handlungsspielraum auch innerhalb ihrer eigenen Ehe entgegen den Rechtsnormen und damaligen Rollenzuweisungen ausweiten und sogar eigenmächtig finanzielle Transaktionen tätigen. So vertrat sie infolge des Todes des Schwiegervaters, der Erblindung des Vaters, der Beeinträchtigung des Gatten und der psychischen Erkrankung des einzigen Bruders sowohl gegenüber ihrem Ehemann wie gegenüber ihren Geschwistern die Stellung der familialen Entscheidungsträgerin, eine Stellung, die derjenigen der väterlichen Autorität nahekam. Wie für Emilie Paravicini-Blumer waren für

Frauen aus dem Bürgertum im 19. Jahrhundert – das haben verschiedene historische Untersuchungen der letzten Jahre gezeigt – innerhalb des Bereichs der Familie die Handlungsspielräume, obwohl geschlechterspezifisch definiert, nicht durch starre Grenzen bestimmt, sondern konnten den Bedürfnissen der Familie entsprechend flexibel ausgeweitet werden. Anderseits wurde von Frauen selbst in dieser Position erwartet, unabhängig davon, ob sie eigene Kinder hatten oder nicht, dass sie ihren familiären Verpflichtungen nachkamen und Betreuungsfunktionen für kranke, alte und behinderte Angehörige übernahmen.

Trotz solcher auch von Emilie Paravicini-Blumer erwarteten Verantwortlichkeiten gegenüber den Eltern und Geschwistern wusste diese ihren Handlungsspielraum zu nutzen, um die ihr im engeren Umfeld fehlenden Anregungen und die ihr als Frau verwehrte Verfolgung eigener Ziele durch die Pflege intensiver Freundschaften zu kompensieren. Im Briefwechsel schuf sie sich einen emotional geprägten Freiraum, dem sie, frei von verwandtschaftlichen Verpflichtungen, selber Gestalt und Konturen geben konnte, einen Raum, der ähnlich den direkten Begegnungen im Kurbad eine Öffnung auf die Welt hin bedeutete.

2 Weiblichkeit und Männlichkeit im Zeichen romantischen Aufbruchs, liberaler Vernetzung und patriotischer Verortung

«Die Zeitereignisse nehmen mein höchstes Interesse in Anspruch. Mein Auge verfolgt mit hoher Wonne den Flug, den der Genius der Freiheit genommen. Mein Ohr vernimmt mit Entzücken das Rauschen seiner Flügel.»

An Hortensia Margaretha Koller-Steinbrüchel, 1830.

Handeln im Rahmen von sozialen Bewegungen ist bis heute geprägt von Emotionen, von «Herzblut», was nach Barbara Rosenwein für die erste Hälfte des 19. Jahrhunderts nicht einseitig weiblich konnotiert war.[1] Emotionen sind mit Erfahrung verknüpfte Wahrnehmungs- und Bewertungsprozesse, die sich zumeist in Regeln des Handelns zeigen.[2] Sie sind also sozial konstituiert und entfalten sich in Wahrnehmungs- und Handlungszusammenhängen, die ich «emotionale Gemeinschaften» nennen möchte. Diese emotional aufgeladenen Gemeinschaften des 19. Jahrhunderts waren nicht auf familiale, verwandtschaftliche und freundschaftliche Netze beschränkt, sondern ausgeweitet auf die politische *community*, auf die noch nicht als Parteien institutionalisierten sozialen Bewegungen. Dies zeigt sich ebenso im politischen Handeln wie in der Sprache, in Erwartungen wie in Wertvorstellungen. Die liberale Bewegung basierte auf raum- und grenzüberschreitender Empathie, die sich an der moralischen Kategorie der «Freiheit» orientierte und sich vom gemeinsamen Streben nach ebendieser Freiheit nährte.[3] Die diskursive Heraufbeschwörung der «Freiheit» verknüpft mit der Metapher der «Brüderlichkeit» schuf einen Raum grenzüberschreitender Verbundenheit und Zukunftshoffnung, von der Werke wie die von Beethoven vertonte «Ode an die Freude» von Schiller zeugen. Eine solche Überhöhung des eigenen Strebens, gekoppelt mit der menschenrechtlich fundierten Bedeutung der Bildung, auf die sich Pädagoginnen wie Josephine Stadlin bezogen, eröffnete Frauen im Rahmen der sozialen Bewegungen eine aktive Mitwirkung an den zeitspezifischen politischen Auseinandersetzungen, während ihnen der Weg über die Institutionen öffentlicher Partizipation versperrt blieb. Gerade weil der Diskurs politischen Handelns im Namen der Humanität durchzogen war von religiöser Metaphorik in säkularisierter Form, schloss er selbst mit dem Rekurs auf die «Brüderlichkeit» Frauen nicht aus.[4] Deutlich zeigt sich dies in der gegen die Sklaverei agierende Abolitionsbewegung oder in den Aufrufen zur Unterstützung der griechischen oder polnischen Unabhängigkeit; in solchen Gruppen waren Frauen stark vertreten.

Ich frage, wie Emilie Paravicini-Blumer ihre Unterstützung der Befreiungsbewegungen sowie ihre Teilhabe am liberal-radikalen Aufbruch in der Schweiz interpretierte, warum sie sich mit anderen Frauen zusammenschloss, aber auch wie sich ihre politischen Aktivitäten auf die Ausgestaltung ihrer Beziehungen zu Männern und Frauen auswirkte. Mein Interesse gilt dabei der Bedeutung, die Emilie Paravicini-Blumer den Kategorien des Weiblichen und Männlichen zuordnete, den Werten und Normen, auf die sie rekurrierte, um ihr Handeln zu legitimieren, sowie ihrer Lektüre, mit der sie sich im europäischen Bildungsbürgertum verortete.

2.1 Mann und Frau: Politische Verortung und emotionale Einbindung im Bürgertum und in der Bildungselite

Die Einbindung von Emilie Paravicini-Blumer in den öffentlichen Strom der Meinungen lässt sich in den Briefen in der Ausgestaltung und Deutung ihrer Freundschaften mit Männern feststellen, Freundschaften, die in dieser Form durch ihre Stellung ihrem Ehemann gegenüber mitgeprägt waren. Während die Freiheitsparolen des politisch aktiven Bürgers ihr Bild von Männlichkeit prägten, entlang dem sie ihren Weiblichkeitsentwurf modellieren konnte, verkörperten die Grafen von Bentzel-Sternau die von der Aufklärung, von Freundschaft und Geselligkeit geprägte Zugehörigkeit zur Bildungselite. Den Grafen fehlte die Tatkraft des aufsteigenden Bürgertums; Gottlieb Hagnauer dagegen verkörperte für Emilie Paravicini-Blumer den neuen Typus des leistungsorientierten Staats- und Bildungsbürgers. Seine Gefühlswelt war kontrolliert, aber nicht verschüttet, zur Erweckung bedurfte sie des weiblichen Beistands.[5]

Impotenter Ehemann

Emilie Paravicini-Blumers Möglichkeiten öffentlicher Einflussnahme standen in einem gewissen Widerspruch zu den Ausführungen im Brief an Graf Christian von Bentzel-Sternau vom Oktober 1842, in dem sie ihre Hochzeit mit Bartholome Paravicini als den Wendepunkt ihres Lebens, als Blockierung einer eigenständigen Entwicklung definierte. Die uns über die Familienarchive und Helene von Lerbers Lebensbild von Emilie Paravicini-Blumer zugänglich gemachten Briefe verweisen indessen darauf, dass ebendiese Heirat mit einem von ihr abhängigen Mann Emilie Paravicini-Blumer ermächtigte, eigene Handlungsräume zu entwickeln und Beziehungen zu pflegen, die weit über den lokalen und familialen Rahmen hinausreichten. Seine Impotenz im buchstäblichen wie im übertragenen Sinn ermöglichte ihr eine Verortung in der Öffentlichkeit unabhängig von traditionellen ehefraulichen Zurückbindungen. Nicht sie hatte ihm zu folgen, sondern sie entschied über die Veränderung des Wohnorts. Ihre Klagen über ihr Schicksal sind denn auch voller Ambiguitäten. Dass sie als bürgerliche Frau im Kontext des 19. Jahrhunderts am «ungerechten» Schicksal litt, an einer Ehe ohne Mutterschaft und liebende Anerkennung, ist nicht zu bezweifeln. So verweist ihr Schwager François Girard in einem Brief anlässlich der von ihr arrangierten Verheiratung der jüngsten Schwester explizit auf die Trostlosigkeit ihres Alltags als Ehefrau: «Mais toi, ma chère sœur, que fais-tu? Tu es heureuse sans doute de faire des heureux, toutefois je te souhaiterais de tout mon cœur un bonheur plus réel: souvent, bien souvent je pense à toi avec une sorte de mélancolie, si je ne te connaissais pas *un peu* à fond, je te croirais heureuse de ta vie si agitée, si animée, si remuée, des amis qui t'entourent, [...] mais ce n'est pas là le bonheur entier, calme, journalier [...] le bonheur en un mot qui chez n.[ous] s'appelle *union.*»[6] Wegen ebendieses Schicksals konnte sich Emilie Paravicini-Blumer ohne Rücksicht auf den eigenen Ehemann ideell und politisch selbständig verorten und den Austausch mit Männern ihrer Wahl pflegen. Zugleich legitimierte der Verweis auf ihre familiären Pflichten immer auch ihren Rückzug aus der Öffentlichkeit, den Rückzug nach Mollis. Ihre persönliche Zuordnung und Distanzierung bezeugte sie in ihren Briefen mit ihrer Unterschrift: «Emilie Paravicini née Blumer», «E. P. B.», «Emilie Blumer» oder schlicht «EB». Damit unterschlug sie häufig – ganz im Gegensatz zu der erst in späteren Lebensjahren mit einem hoch angesehenen Politiker verheirateten Josephine (Zehnder-)Stadlin – den Verweis auf die angeheiratete Familie, nicht aber auf ihre Herkunftsfamilie. Sie verknüpfte, soweit ich das auf Grund der mir zugänglichen Quellen beurteilen kann, ihr öffentliches Engagement nie mit der Stellung der Familie Paravicini, sondern mit der Blumer'schen Herkunft und Verwandtschaft oder öfters noch mit dem von ihr selbst gestalteten Beziehungsnetz und ihren Wertvorstellungen.

Zur Freiheit strebender Bürger

Die Begegnung Emilie Paravicini-Blumers mit dem radikalen Aargauer Politiker und Historiker Gottlieb Hagnauer, der nach seinen Studien in Deutschland in die Schweiz zurückgekehrt war, erweiterte in dem emotional ausgetrockneten Umfeld ihrer ersten Ehejahre ihre gefühlsbetonte politische Parteinahme um eine persönliche Dimension. Sie fühlte sich eins mit dem Lehrer ihres jungen Schwagers Jacques Paravicini, der in Aarau seine kaufmännische Lehre machte. Nach Hagnauers Besuch 1831 im Hause Paravicini schrieb sie der Freundin Hortensia Margaretha Koller-Steinbrüchel: «Hagnauer, den ich mit grösserem Stolz, mit erhöhter Innigkeit als je meinen Freund nenne, war einige Tage hier und liess mich vergessen – oder vielmehr schmerzlicher als je – empfinden, wo ich bin und wie ich lebe, indem sein Umgang mir allen Zauber des reinsten geistigen und gemütlichen Genusses verschaffte, den ich mit erhöhter Gier in mich sog. [...] dieser Meteor, der am nächtlichen Himmel meiner Seele strahlend, erwärmend hinaufzog und so schnell wieder verschwand – wie das an der Lebenskraft nagt und zehrt! Mein Gritli, vergiss des Mannes politische und doch so erhabene, so hinreissende Ansichten und rufe Dir das Bild, das ich Deinem Gatten von ihm – wie schwach und matt zwar – entwarf, vor Dein inneres Auge, und du magst einigermassen begreifen, wie Deine warme, innige Emilie sich an den kalten, ernsten Mann schloss – innig wie der Epheu sich an die Eiche schliesst, mit welcher Wonne ich diese tiefen, reinen Quellen des reichsten, umfassendsten Wissens – der grossinnigsten, erhabensten Lebensansichten, dieses edle, tieffühlende Herz, diese Feuerseele, die sich unter eine Schneehülle birgt, selten, vielleicht nie von einer Frau gekannt, sich mir mehr und mehr auftauen sah, mit welcher Seligkeit ich hier an diesem Lebensborne trank! Wie ich keines dieser gehaltvollen Worte, keine dieser geist- und sinnvollen Andeutungen verlor! Wie ich zum ersten Mal diesem männlichen Mann gegenüber meine vollste Weiblichkeit fühlte, eben, weil er mir so hoch überlegen, so ganz Mann war, und doch auch wieder mich unendlich beglückt fand, dass dieser Mann mich seines Vertrauens, seiner Freundschaft nicht unwert fand. O, welch reiner, feiner, unaussprechlicher Reiz, welch einziger Genuss liegt in solch geistigem Verkehr, in solchem Verstehen, in solchem Übereinstimmen; mit welcher Klarheit und Bestimmtheit sprach er oft aus, was kaum geahnt in meiner Brust schlummerte, was traumähnlich mir vorschwebte.»[7] Widersprüche durchziehen diesen Text; dieser rekurriert ebenso auf Gleichheit der Geschlechter wie auf Polarität. Emilie Paravicini-Blumer fühlte sich glücklich, weil sie von Hagnauer als Gleiche behandelt wurde, als Freundin. Sie verortete die Beziehung zu Hagnauer im Bereich der idealen, zwar nur zwischen Männern gedachten Freundschaft der Aufklärung, eine Einschränkung, die für Emilie Paravicini-Blumers Wahrnehmung und Deutung nicht prägend war. Sie und Hagnauer stimmten in ihrer Gesinnung überein, die Begegnung war die gesuchte Seelenverwandtschaft im Sinne der geistigen Spiegelung im andern. Zugleich war sie Erlebnis politischer Kameradschaft in einer im Gegensatz zum 18. Jahrhundert in Bewegung geratenen Welt. Gegenüber Hagnauer sah sich Emilie Paravicini-Blumer zugleich immer als Frau. Und als «Weib» erfuhr sie sich erst im Gefühl der Unterlegenheit und Schwachheit, das sie gleichermassen mit dem Bild des (stark leuchtenden) Meteors wie des damals verbreiteten Topos des (schwachen) Efeus heraufbeschwor, des Efeus, der nur in Anlehnung an den frei stehenden Mann in die Höhe des Lichts gelangt.[8] In seiner geistigen Überlegenheit erkannte sie den Mann als Mann. Ihre Freundin Hortensia Margaretha Koller-Steinbrüchel brachte es in einer ihrer Antworten auf Emilie Paravicini-Blumers Schilderung von Hagnauer auf den Punkt: «[...] er ist – *Mann!*»[9] Nicht weniger deutlich kommt die andere Dimension des Weiblichen zum Ausdruck, die den Einfluss der romantischen Naturphilosophie erkennen lässt, welche die Polarität der Geschlechter als alles Lebendige durchdringende Grundkräfte verstand.[10] So war es Emilie Paravicini-Blumer, die als erste Hagnauers Gefühle zu erwecken vermochte, sie brachte die «Schneehülle» zum Schmelzen, sie zündete das Feuer in seiner Brust, das seinem Agieren für die Befreiung von Unterdrückung den Stempel des Herzblutes aufdrückte. Erst ihre Anteilnahme liess sein politisches Engagement wirksam werden. In diesem befruchtenden Einfluss sah sie sich als Frau bestätigt, darin war sie mächtig. Diese Macht des «Weibes» war ihr ebenso konstitutiv wie dessen Schwachheit. Sie ermöglichte es Emilie Paravicini-Blumer, sich und Hagnauer als ideales und gleichwertiges Paar zu erfahren, das sich im gegenseitigen Austausch befruchtete, die Gefühlswelt, auf die sie sich bezog, zugleich erzeugend und deren Wirkungskraft verändernd. Dergestalt entwarf sie trotz Hervorhebung der Geschlechterdifferenz sich selbst und den andern im Rahmen des imaginierten Ideals als Gleiche und die Beziehung zu Hagnauer als einzigartig und unverwechselbar.[11]

Hagnauers Engagement auf Seiten der Basler Landschaft in deren Kampf um Gleichstellung mit der Stadt bewunderte und fürchtete Emilie Paravicini-Blumer gleichermassen.[12] Der Brief vom 23. August 1831 nach Zürich reflektiert die Mehrdeutigkeit ihrer Gefühle ebenso wie die Situation, dass sie als verheiratete Frau mit einem verheirateten Mann korrespondierte. Ihre Emotionalität erschien dabei sowohl der politischen Situation als auch der Verehrung des einsatzbereiten Patrioten angemessen: «Ich schrieb ihm gestern und bat ihn, bei seinen teuersten Interessen sich selbst, dem Vaterland und den Freunden seine Wirksamkeit zu erhalten und zu bedenken, dass von seinem Wohl oder Weh auch dasjenige aller derer abhänge, die ihn schätzen und lieben. Doch fürchte ich, der starke Mann mit dem furchtlosen, festen, unbeugsam Sinn hört mich nicht und stürzt sich wieder in ein Labyrinth, aus dem ihn sein guter Engel retten möge! Ach – ich habe ihm so viel geschrieben, was gerechte Angst und Besorgnis mir eingab! Vielleicht zu viel, mehr als schicklich war und ich gesollt hätte.»[13] Sie schrieb von ihrer Bewunderung und ihren Gefühlen für Hagnauer auch ihrer ehemaligen Privatlehrerin Katharina Hemmann in Brugg, mit der sie in intensivem brieflichem Kontakt stand.[14] Auf deren Ermahnung und Hinweis hin, Hagnauer entziehe «ihre Briefe vielleicht nicht genug den profanen Blicken, und die Frau Gemahlin sei zu Intrigen geneigt», beschwor sie die Reinheit des Austausches, der sich nicht zu verstecken brauche: «Mein Selbstgefühl sagt mir, ich dürfe das Licht nicht scheuen und kühn die Probe wagen – ist unser Verkehr doch so edel, rein geistiger und auf die edelsten Interessen der Menschheit Bezug nehmender Art, dass mir die höchste Schlechtigkeit und Gemeinheit keinen Argwohn fassen und Gift in die reine Blume legen könnte!»[15] Sie beschrieb ihr Verhältnis nicht als gegenseitige Liebe, sondern als gemeinsame Liebe für ein Drittes, als emotional und moralisch aufgeladenes Engagement im Dienste der Menschheit, das sowohl die Beziehung wie das Wirken nach aussen gleichermassen legitimierte.[16] Sie konzipierte ihr Verhältnis als Freundschaft, aber eine Freundschaft zwischen Frau und Mann, die auf Grund der ihnen zugeordneten unterschiedlichen Handlungsfelder und Gefühlslagen zwar je anders, aber dem gleichen Ideal verpflichtet agierten. Im Gegensatz zum hegemonialen Geschlechtermodell an der Wende vom 19. zum 20. Jahrhundert, nach dem alle Bedürfnisse, die sich an das andere Geschlecht richteten, im Rahmen der Ehe erfüllt werden sollten, konnte vor 1850 noch eine auf Emotionalität beruhende Beziehung zwischen Mann und Frau vorgestellt werden, die trotz ihrer Einzigartigkeit nicht mit der Ehe zusammenfallen musste.[17] Da die Sprache der Freundschaft und die Sprache der Liebe sich in den 1830er Jahren noch nicht klar ausdifferenziert hatten, die eine aber dem Austausch zwischen Personen des gleichen, die andere dem Austausch zwischen Personen unterschiedlichen Geschlechts diente, war ein Brief eigentlich nur auf Grund des Geschlechts von Schreiberin oder Schreiber und von Empfängerin oder Empfänger dem einen oder anderen Feld zuzuordnen.[18] Dass Emilie Paravicini-Blumers als freundschaftlich definierte Briefe an Gottlieb Hagnauer Misstrauen erzeugen konnten, erstaunt daher nicht. Dass diese Beziehung trotzdem nicht grundsätzlich als Verstoss gegen die Sittlichkeit gedeutet wurde, hiess auch, die Beziehung zwischen Frau und Mann sowohl innerhalb wie ausserhalb der Ehe nicht nur als sexuell konnotiert zu denken.[19] Vielmehr ermöglicht es die Weiterleitung der emotionalen Energie auf ein als moralisch kodiertes Drittes,

die Beziehung als «rein» zu sehen.[20] Die bildungsspezifische Intimisierung des Konzepts der sich ergänzenden Weiblichkeit und Männlichkeit sollte sich verstärkt erst in der zweiten Hälfte des 19. Jahrhunderts vollziehen.
Der Kontakt mit Hagnauer scheint nach einiger Zeit ausser über indirekt ausgetauschte Grüsse nicht fortgesetzt worden zu sein. Es entzieht sich meiner Kenntnis, ob oder inwiefern Hagnauer die Beziehung ebenfalls als in hohem Masse emotional aufgeladen erfuhr oder ob Emilie Paravicini-Blumer sie vor allem in den Briefen an die Vertrauten als eine Seelenverwandtschaft zu gestalten wusste. Fest steht, dass Emilie Paravicini-Blumer nach zwei Jahren des Schweigens im Dezember 1834 von Gottlieb Hagnauer ein Lebenszeichen erhielt, das von seiner Seite her, wenn auch wortlos, die Verbundenheit mit ihr über ein gemeinsames, Wirksamkeit erzeugendes Drittes unterstrich. Er schickte ihr über einen Freund einen Gruss zusammen mit der Büste seines Lehrers und Mentors, des Luzerner Philosophen Ignaz Paul Vital Troxler, dem als Politiker, Kämpfer und Theoretiker bei der Gründung des Kantons Basel-Landschaft eine zentrale Funktion zugekommen war.[21] Die Büste sei bis dahin auf seinem Pult gestanden. Sie deutete diese Geste im Brief an die Freundin als Ausdruck der Verbundenheit über gemeinsame Ideale, die Büste als ständige Vergegenwärtigung des Freundes: «[...] was ich fühlte, als meine zitternden Hände die Hülle lüfteten und mein feuchtes Auge auf dem Gegenstand haftete, auf dem bis jetzt sein stiller, ernster, tiefer Blick so oft geweilt haben mochte, in Stunden, die er für sich und die Wissenschaft, für sein Höchstes gelebt! Und mir nun diese Erinnerung! Was er dabei gedacht, als er sie mir gesandt, ich weiss alles, alles. Ich habe ihn verstanden wie immer, und dass er mir dieses Verstehen zugetraut, wie danke ich's ihm. Welche Flut reicher, lieblicher, bedeutungsvoller Reminiszenzen und Wiederklänge überströmt mich!»[22]

Bedürftige Grafen

In die Zeit der Beziehung zu Hagnauer fiel der Beginn der Bekanntschaft Emilie Paravicini-Blumers mit der Gräfin Maria von Bentzel-Sternau, Freiin von Seckendorff-Aberdar, einer Frau aus altem deutschem Adel, die auch mit Goethe im Austausch gestanden hatte. Nach deren Tod im Jahre 1838 blieb sie mit dem verwitweten Grafen Carl Christian Ernst von Bentzel-Sternau in intensivem brieflichem Kontakt. Der ehemalige badische Kulturminister, dann Staats- und Finanzminister des Grossherzogs von Frankfurt und Fürstprimas des Rheinbundes hatte sich nach der Niederlage Napoleons, mit dem sich Grossherzog Carl Theodor von Dalberg[23] eng verbunden hatte, von der Politik zurückgezogen und das Landgut «Hintere Schipf» in Erlenbach[24] erworben, freudig begrüsst von Johann Heinrich Füssli, dem bekannten Zürcher Obmann, Geschichtsforscher, Verleger und Redaktor der «Neuen Zürcher Zeitung».[25] Seitdem hielt er sich immer wieder für längere Zeit in Erlenbach auf und verbrachte hier die letzten Lebensjahre. 1832 liess er in der Gemeinde Herrliberg in Erinnerung an den Ustertag, den Auftakt zur liberalen Regeneration im Kanton Zürich im November 1830, eine Linde pflanzen.[26] Er stand mit den wichtigsten Exponenten des kleinen Lagers der Aufklärer in Deutschland in Kontakt, wurde wegen seines Romans

Haus «Mariahalden» in Erlenbach um 1800: Während der letzten Lebensjahre des verwitweten und vereinsamten Graf Christian von Bentzel-Sternau wohnte Emilie Paravicini-Blumer als sein Gast, seine Gesellschafterin und seine Betreuerin in diesem Haus.

«Das goldene Kalb» mit Jean Paul verglichen und engagierte sich öffentlich für die rechtliche Gleichstellung der Juden.[27] Seit seiner ersten Begegnung mit Karl August Varnhagen von Ense auf dem Wiener Kongress gehörte er zum Umfeld von dessen Ehefrau Rahel Varnhagen-Levin.

Selbst wenn uns lediglich der schon zitierte Brief Emilie Paravicini-Blumers an Graf Carl Christian Ernst von Bentzel-Sternau vom Oktober 1842 über ihre Heirat überliefert ist, geht aus anderen Briefen hervor, dass der Austausch ein intensiver, wenn auch asymmetrischer gewesen war: «Erleichterung, wenn auch Entbehrung ist mir, dass ich die Korrespondenz mit Graf Bentzel sehr beschränkt habe. Ich habe ihm die letzte Zeit kaum alle 14 Tage geschrieben. Er wollte sich am Anfang lange nicht zufrieden geben, fügte sich endlich, aber gerne noch jetzt nicht»,[28] teilte sie ihrer Schwester Katharina Usteri-Blumer im Sommer 1845 mit. Der Graf seinerseits scheint ihr zeitweise täglich einen Brief geschickt zu haben.[29] Warum Emilie Paravicini-Blumer die Frequenz des Briefwechsels beschränkte, ist aus den Quellen nicht zu erschliessen. Auch wenn sie von «Entbehrung» sprach, bleibt offen, ob sie es aus Gründen der Selbstdisziplinierung oder Schicklichkeit tat. Denn im folgenden Frühjahr liess sich die damals 38-Jährige in Mariahalden als Verantwortliche für das Hauswesen des bereits 79-jährigen Grafen nieder. Den von ihr abhängigen Gatten Bartholome Paravicini nahm sie mit, später sollte auch noch die von ihr betreute Schwester Agatha[30] folgen. Es standen ihr im Landgut, das inzwischen viel von seiner Pracht verloren hatte, verschiedene Zimmer zur Verfügung. Nach Beschreibung von Betsy Meyer, der Schwester von Conrad Ferdinand Meyer, die sich seit ihrer Kindheit oft im benachbarten Landgut «Vordere Schipf» von Mathilde Escher aufhielt, waren die Dienstboten entlassen, die wertvolle Galerie verkauft, die «früher oft zahlreiche Adelsgesellschaft deutscher Verwandter» verschwunden, «das ehedem heitere und geistreiche Leben der stillen und aufopfernden Krankenpflege einer alten Freundin gewichen».[31] Unzweifelhaft handelt es sich dabei um Emilie Paravicini-Blumer, die zusammen mit ihrem Ehemann in der Gemeinde Erlenbach als ortsansässig und steuerpflichtig registriert wurde.[32] Die Situation war nicht frei von Ambivalenzen. Der vereinsamte Graf bedurfte ihrer ebenso als Freundin wie als Pflegende und Zuständige für das grosse Hauswesen, sie war gleichzeitig Dame des Hauses und Gast. Ein Paar waren sie keines; nach aussen erfüllte weiterhin Bartholome Paravicini die Funktion des Ehemanns.

Ihre hauswirtschaftliche und betreuende Funktion auf Mariahalden, die mehr als drei Jahre dauern sollte, verstand Emilie Paravicini-Blumer nicht als Erwerbstätigkeit, sondern als Existenzweise im Dienst der Freundschaft. Ihr Entgelt lag in der Möglichkeit des Ausbruchs im buchstäblichen wie übertragenen Sinn: aus der Enge von Dorf und Tal in die Nähe ihrer Schwester Katharina Usteri-Blumer in Zürich, in ein Haus, in dem sie nach freiem Gutdünken Gäste empfangen konnte und in dem sie sich – zwar nur in verblasster Form – als Teil der Bildungselite der Schweiz und Europas erfuhr, zu der sie sich zählte, selbst wenn sie ihren Stolz über diese Zugehörigkeit nach aussen hinter einer Attitüde der Bescheidenheit versteckte. Mit Wohlwollen hielt sie im Tagebuch ebenso die illustren Besucherinnen und Besucher wie auch ihre Lektüre fest.[33] In ihren Briefen schilderte sie sich als allem Vornehmen abholde Glarnerin und einfache Schweizerin, band sich aber zugleich in den europäischen Bildungsdiskurs ein.[34] Die doppelte Positionierung als einfache Bürgerin und Angehörige einer geistigen Elite sah sie im je andern Lebensentwurf der beiden Söhne des Grafen gespiegelt: Während der jüngere Erich eine Bauerntochter aus der Nachbarschaft, Regula Aeberli, ehelichte und auf den Adelstitel verzichtete,[35] blieb der ältere Albert ein freischwebender Gelehrter, der sich vor allem mit Botanik beschäftigte, sich auf sein körperliches Befinden konzentrierte und seine Beziehungen zu den adligen Verwandten im Habsburgerreich pflegte.[36]

Emilie Paravicini-Blumer blieb mit beiden Söhnen von Graf Carl Christian Ernst von Bentzel-Sternau über Jahrzehnte in Kontakt. Sie bewunderte bei Erich Bentzel die Tatkraft, doch seelenverwandt empfand sie sich mit dem fast gleichaltrigen Albert. Sie bestritt die von ihrer frommen Schwester Hanna Girard-Blumer in einem Brief geäusserte Vermutung, es könnte sich dabei wegen des ihr unterstellten «Enthusiasmus» um eine «Liebesgeschichte» handeln.[37] Anderseits deutet ein Gedicht von E. B. unter dem Titel «An A. B. St.» eine engere Beziehung oder die Möglichkeit eines alternativen Lebensentwurfes an: «[...] Was von Liebeshänden / Dunkel war gesponnen, / Liebe wird es wenden / An das Licht der Sonnen! / Lass die süssen Lieder / Aus vergangnen Tagen, / Ach nur einmal wieder / Dir ans Herze schlagen! / Doch es soll ihr Mahnen / Nur der Stunde dienen – / Zukunftsschweres Ahnen / Deute nicht aus ihnen! [...] Wollen nur das Ferne / Traulich nahe bringen – Dann vergessen gerne, / Ohne Harm verklingen!»[38] Ob Albert von Bentzel-Sternau die Zeilen gelesen hat, bleibt offen. Es

Die 39-jährige Emilie Paravicini-Blumer: Der Maler Joseph Martignoni porträtierte sie 1847 im Hause «Mariahalden» in Erlenbach.

Albert von Bentzel-Sternau (1806–1878): Das Foto des Grafen wurde im Geschäft der Gebrüder Bopp in Innsbruck aufgenommen. Wie eng und welcher spezifischen Art die freundschaftliche Beziehung zwischen dem Grafen und der fast gleichaltrigen Emilie Paravicini-Blumer gewesen ist, bleibt offen. Die Briefe von den und an die Grafen Bentzel-Sternau Vater und Sohn liess Emilie Paravicini-Blumer im Alter verbrennen.

könnte sich um – wie der Text explizit ausdrückt – die Vergegenwärtigung des Entfernten handeln, um in der Heraufbeschwörung der Gefühle der Liebe aus früheren Zeiten diese noch einmal zu erzeugen und zu erleben. Wie die Beziehung zu Hagnauer mochte auch die Beziehung zu Albert von Bentzel-Sternau als zukunftslos erscheinen, da Emilie Paravicini-Blumer an ihren Ehegatten gebunden war und der alte Graf ihr ebenfalls Zuneigung zollte. Möglicherweise war ihr die Beziehung aber auch Anlass für ihre Ambitionen als Dichterin: Zu dieser Zeit hatte Franz Xaver Schnyder von Wartensee eines ihrer Lieder vertont[39] und bereits früher hatte Hans Kaspar Koller auf ihre Bitte hin eine Musik für eines ihrer Gedichte komponiert. Auch die zitierten Gedichtzeilen «Zukunftsschweres Ahnen / Deute nicht aus ihnen!» lassen sich verschieden deuten, ist doch nicht ersichtlich, ob das Du des Gedichts Emilie Paravicini-Blumer selber war oder Albert von Bentzel-Sternau. Sicher ist, dass das Verhältnis zwischen den beiden später zumindest ein asymmetrisches war, nicht primär der sozialen Herkunft wegen – er war mit prominenten adligen Familien Deutschlands und Österreich-Ungarns verwandt –, sondern weil seine Beziehungswünsche gemäss ihren Briefen

grösser gewesen sein sollen als die ihrigen. Seit mit dem Tod des alten Grafen ein mögliches Hindernis für die Beziehung weggefallen war, signalisierte sie in ihren Briefen an die Schwestern Albert von Bentzel-Sternau gegenüber Distanz. Im Gegensatz zur Beziehung zwischen ihr und Hagnauer erfuhr sie die Beziehung *nur* mehr als Seelenverwandtschaft, nicht als Paarbeziehung. Wie bei ihrem Bruder Peter fand sie beim «jungen» Grafen kein verborgenes Feuer, das sie qua weiblicher Macht zum Lodern bringen konnte. Der Beziehung fehlte das Dynamische und Energetische, sie erfuhr darin keine Bestätigung von Weiblichkeit und Männlichkeit als sich gegenseitig befruchtende Polarität.[40]
Die Wünsche von Albert von Bentzel-Sternau nach einer Heirat lehnte sie mehrmals ab. Folgt man den zitierten Briefstellen bei Helene von Lerber, scheint er ihr, nachdem sein Vater 1849 gestorben war, einen ersten Heiratsantrag gemacht zu haben. «Ich habe den festen und wohlgegründeten Entschluss, da alles Sagen nicht verfangen wollte, endlich dem Grafen A. *schriftlich* mitgeteilt. Er schien oder wollte nicht daran glauben scheinen»,[41] schrieb sie dazu ihrer Schwester nach Zürich. Der Umstand, dass sie die Korrespondenz mit dem alten wie mit dem jungen Grafen nach dessen Tod vernichten liess, kann als Hinweis gedeutet werden, dass ihr bewusst war, dass von aussen ihr Verhältnis zu Albert von Bentzel-Sternau mehrdeutig aufgefasst werden konnte.[42] Dieser hat auch später um ihre Hand geworben, doch diese Heiratsanträge scheint sie ebenso refüsiert zu haben wie den ersten. Die Ursache ihrer Ablehnung kann in der jeglicher Tatkraft entbehrenden Lebenshaltung des Grafen gelegen haben.[43] In den 1850er Jahren beschrieb sie ihn wiederholt als Mann ohne Ziel, als «Hypochonder» und einmal sogar als «lebendigen Toten».[44] Sie vermisste beim Adligen alle Attribute bürgerlicher Männlichkeit. Die noch zu Beginn des 19. Jahrhunderts im Zeichen der Empfindsamkeit die auch Männern zugebilligte Melancholie als Grundstimmung war abgelöst worden von der Erwartung männlicher Selbstkontrolle im Sinne von Affekt- und Gefühlskontrolle zum einen, resolutem öffentlichem Auftreten zum andern.[45] Albert von Bentzel-Sternau konnte Emilie Paravicini-Blumer nur im Bereich der Literatur beraten, ansonsten lehnte er sich an sie: kein starker Baum für das Efeu, kein Streben und Wirken. So scheint sie froh gewesen zu sein, seine Anträge mit dem Verweis auf ihre bereits geschlossene Ehe mit Bartholome Paravicini ablehnen zu können, auch wenn sie sich damit gleichzeitig abwertete: «Ja ich wäre jetzt eine schöne Braut oder Frau für so einen Mann, auch wenn ich frei wäre! Jetzt gerade noch gut genug für einen so genügsamen wie Paravicini.»[46] Mehrmals wurde sie von Albert von Bentzel-Sternau in Mollis besucht, wohin sie sich 1850 zurückgezogen hatte, sodass sich nach dem Tod von Bartholome Paravicini 1863 laut einem Brief von Emilie Paravicini-Blumer ein letztes Mal das Gerücht über eine Verbindung verbreitete: «Schwester Nanny sagte in der Frauengesellschaft in Glarus: ‹Das wäre [noch was, E. J.], wenn ich einen Herrn Grafen zum Schwager bekäme!›»[47] Die beiden wechselten bis zum Tod von Albert von Bentzel-Sternau Briefe, empfahlen sich Bücher zur Lektüre, nahmen gegenseitigen Anteil an ihrem von Labilität und gesundheitlichen Einbrüchen geprägten Leben, trafen sich im Kurbad. Einmal besuchte Emilie Paravicini-Blumer den Grafen in dessen Haus im Tirol – ihre einzige Reise

ins Ausland.[48] Auch mit einigen seiner adligen Verwandten pflegte sie freundschaftlichen Kontakt, so mit der österreichisch-ungarischen Gräfin Augusta von Kollonitz, Freiin von Vorst-Lombeck und Gudenau, bei der Albert von Bentzel-Sternau seit 1855 für längere Zeit wohnte,[49] bevor er sich endgültig in Innsbruck niederliess.
Über ihre Beziehungen zu Hagnauer und zur Grafenfamilie von Bentzel-Sternau war Emilie Paravicini-Blumer eingebunden sowohl in ein schweizerisches als auch in ein europäisch geprägtes Netzwerk. Dieses lockerte sich zwar nach ihrem Rückzug nach Mollis, aber ihr Interesse an den politischen Entwicklungen veränderte sich durch diesen Rückzug nicht wesentlich.

2.2 Heimat und Beheimatungen: Selbstentwurf als radikale Patriotin, liberale Europäerin und religiöse Moralistin

Die Auswertung biografischen Quellenmaterials erschliesst den Zugang zu nicht öffentlich dokumentierten Imaginationen und Verortungen, die mitbedingt waren durch die rechtlich verankerte Diskriminierung der Frauen. Sie ermöglicht zugleich die Auslotung der Erfahrungen von Partizipation im Bereich des Öffentlichen wie der Erfahrungen von Ausschluss aus ebendiesem Bereich.
Die in den Briefen von Emilie Paravicini-Blumer erwähnten Bücher und persönlichen Kontakte verweisen auf den Stellenwert der verschiedenen religiösen und konfessionellen Richtungen in den politischen und sozialen Auseinandersetzungen des 19. Jahrhunderts. Unter den Bildungsbürgerinnen gewann insbesondere der Pietismus eine wachsende Zahl von Anhängerinnen. Da Frauen qua Geschlecht von institutionalisierten Formen politischer Partizipation ausgeschlossen blieben, überschnitten sich die als freisinnig einerseits, religiös-konservativ anderseits definierten Milieus in den von ihnen im Privaten gepflegten Beziehungsnetzen. Sich selber verortete Emilie Paravicini-Blumer politisch – analog zu Josephine Stadlin – im liberalen Lager und zeigte ein vifes Interesse an den entscheidenden Entwicklungen des 19. Jahrhunderts, die sie weitgehend unbemerkt von der Öffentlichkeit kommentierte.[50] Mit ihrem Rekurs auf historische Mythen partizipierte sie dabei an der Erfindung der Schweiz.[51] Zugleich verankerte sie sich über den bürgerlichen Wertekanon im europäischen Bildungsbürgertum.[52]
In diesem Sinne verknüpft der in diesem Kapitel verwendete Begriff von «Heimat» und «Beheimatungen» verschiedene Ebenen, die in den folgenden Unterkapiteln analysiert werden. Gemeinsam ist diesen Ebenen die emotionale Aufladung, die aber in ihrer Intensität je nach Thema variiert.

Gleichheit, Freiheit, Unabhängigkeit

Im Briefwechsel mit Hortensia Margaretha Koller-Steinbrüchel diskutierte Emilie Paravicini-Blumer ihre divergierenden politischen Anschauungen, da sich die Stadtzürcherin von radikalen Gleichheitsidealen distanzierte, während sie selbst wie etliche männliche liberale Exponenten von Glarus[53] die französische

Julirevolution begeistert begrüsste: «Die Zeitereignisse nehmen mein höchstes Interesse in Anspruch. Mein Auge verfolgt mit hoher Wonne den Flug, den der Genius der Freiheit genommen. Mein Ohr vernimmt mit Entzücken das Rauschen seiner Flügel.»[54] Die sich entfaltenden Flügel waren im politischen Diskurs der Liberalen des 19. Jahrhunderts eine romantisch eingefärbte Freiheitsmetapher, der sich Emilie Paravicini-Blumer analog zu den politischen Schriftstellerinnen ihrer Zeit mit Selbstverständlichkeit bediente.[55] In ihrem Enthusiasmus überlagerten sich Zeiterfahrung und hoffnungsfrohe Zukunftserwartung, und dieser Enthusiasmus präsentierte sich, auf Gott und die Vernunft zugleich rekurrierend, ebenso religiös und philosophisch konnotiert wie mystisch verklärt:[56] «Möge Gott uns nur den Frieden von aussen erhalten; die Stürme von innen werden sich legen, wenn die Regenten der Stimme der Vernunft Gehör geben.»[57] Das Volk erscheint in ihren Briefen zum einen als vom Geist des Fortschritts und der Freiheit beseelte, zum andern als unschuldig verführte «Masse».[58] In beiden Interpretationen dominiert das Bild des Volkes als elementare Kraft ohne individuelle Züge; es repräsentiert nicht kindlich naive Natur, sondern vielmehr unberechenbare Naturgewalt. So zeigte sich Emilie Paravicini-Blumer nach dem Ausbruch der Unruhen im Kanton Aargau, dem «Freiämtersturm», vom 5. Dezember 1830 äusserst aufgebracht über die Verteidiger der alten Ordnung. Da den Forderungen des Volkes nur zögerlich stattgegeben worden war, waren die – eigentlich äusserst konservativ eingestellten – katholischen Bauern aus dem ländlichen Freiamt unter der Führung des liberal-demokratischen Gastwirts Johann Heinrich Fischer, eines Gesinnungsgenossen von Gottlieb Hagnauer, nach Aarau gezogen und hatten die konservative Regierung gestürzt. Der Aufstand der Bauern war der Kontrolle der Aargauer Liberalen zeitweise entglitten, diese sollten sich aber schliesslich bei der Gestaltung der neuen Verfassung von 1831 durchsetzen.[59] Die Schuld für den Aufruhr sah Emilie Paravicini-Blumer vorwiegend bei der alten, autoritären Regierung und den konservativen Kräften, die sich einer vernünftigen Lösung widersetzt hätten: «Weh denen, die durch ihr unedles, vernunftwidriges Zögern die Gemüter auf solche Art reizen! Wer will denn die Masse des empörten Volkes zügeln? Wer hält die donnernde Lawine im Sturze auf? Sie fällt und zerschmettert und reisst im Sturze mit sich fort, was ihrem Lauf hemmend im Wege steht. Schande aber auch über die, welche die heilige Sache der Freiheit mit Bürgerblut zu besudeln sich vermessen.»[60] Dramatischer und wortgewaltiger könnten die Folgen konservativen Regierens nicht inszeniert werden.[61] Spuren einer spezifisch weiblichen Rhetorik verrät dieser Text nicht. Vielmehr erinnert er an Friedrich Wilhelm Joseph Schellings Verständnis des Menschen als Vernunftwesen und Naturwesen zugleich. Als Naturwesen neigt dieser nach Schelling zu Gewalttätigkeit. Der Text verweist auch auf Schellings Übertragung des «Brownianismus» von der Medizin auf die organische Natur, nach der zu starke Reize einen übermässigen Erregungszustand auslösen konnten. Auf den englischen Arzt John Brown (1735–1788), der die Erregungstheorie zur Erklärung von Krankheiten entwickelt hatte, stützte sich auch der stark von Schelling beeinflusste Philosoph Ignaz Paul Vital Troxler in seiner medizinischen Dissertation über eiternde Augenentzündungen.[62] Es ist

wahrscheinlich, dass Emilie Paravicini-Blumer von Troxler und Schelling in der Deutung der politischen Ereignisse beeinflusst war.
Besorgt registrierte und kommentierte Emilie Paravicini-Blumer die durch die französische Julirevolution provozierte Aufrüstung und Gefährdung der Unabhängigkeit der Schweiz: «Ich bin heute nicht heiter gestimmt. Die Wolken, die sich am Himmel Europas zusammenziehen, lasten auf meinem Gemüt. Alles rüstet sich zum Krieg. [...] Wir werden bald die Wahl haben, ob wir russisch, österreichisch oder französisch werden wollen; wenn ich daran denke, möchte mir die Brust zerspringen; es ist zum wahnsinnig werden; ha! ich, die Bürgerin eines freien Landes, sollte eine Sklavin werden! Nimmermehr! Lieber hundertfach Tod, als dieses schändliche Los! Wahrlich, die Geister der erschlagenen Helden, die zu Näfels für die Freiheit siegten, bluteten und starben, würden aus ihren Gräbern auf dem Friedhofe zu Mollis auferstehen, um solche Schande von den Enkeln zu wenden!»[63] Obwohl die Theoretiker, Maler und Schriftsteller bei ihren Entwürfen einer Schweizer Nation und des idealen Bürgers nie an die Frauen dachten,[64] und trotz ihrer geschlechtsspezifischen rechtlichen Diskriminierung sowie der Verweigerung der politischen Teilhabe sah sich Emilie Paravicini-Blumer als Teil des als souverän gedachten Volkes und definierte sich als Bürgerin im politischen Sinn. In pathetischer Sprache eignete sie sich die schweizerischen Ursprungsmythen und männlichen Heldengeschichten als gemeinsamen Sinnhorizont an. Der persönliche Bezug zum benachbarten Näfels, wo «ihre» Urväter heldenhaft der habsburgischen Übermacht getrotzt haben sollen, ermöglichte es ihr, sich in die gleichermassen als Familiengeschichte und Heilsgeschichte konzipierte Konstruktion der Entstehung der Schweiz einzubinden. Danach war die Bewahrung vor dem Sturz in die Unterjochung ebenso Gottes Hilfe zu verdanken wie dem Willen, für die Freiheit den Opfertod zu sterben, ein Wille, der über Generationen von den Vätern an die Söhne weitervererbt worden war.[65] «Freiheit» deutete Emilie Paravicini-Blumer dabei vielfältig, als nationale wie persönliche Unabhängigkeit, als Fehlen von Unterwerfung unter eine fremde Macht wie unter eine andere Person, als garantierte Rechte und Fehlen von Zwang.[66] Im Bild der «Sklavin» verdichten sich individuelle wie kollektive Befreiungsbestrebungen, wird der emotional aufgeladene Diskurs der Befreiung – das «Sprengen der Fesseln» – des Individuums von ständischer Bevormundung im Absolutismus, der Griechen von der osmanischen und der Polen von der zaristischen Unterjochung überlagert von den abolitionistischen Parolen der britischen und amerikanischen Antisklavereibewegung. Im Revolutionsjahr 1830 deutete sie ihre eigene Abhängigkeit vom Schwiegervater als Dasein einer Sklavin. So verband sie in ihrem Freiheitsdiskurs das Persönliche mit dem Politischen, das Private mit dem Öffentlichen.[67]
Emilie Paravicini-Blumers Briefe der Jahre 1830 bis 1848 verweisen auf den neuen schweizerischen Nationsbegriff der Liberal-Radikalen, der auf Einigung abzielte.[68] In ihrer Argumentation griff sie als Angehörige eines Alpenkantons auf den Hirtenmythos zurück.[69] Sie verstand sich als Frau und Bürgerin, die ihre rechtliche Ausgrenzung aus dem Bereich des Öffentlichen nicht kommentierte, sondern ihre aktive Rolle durch moralische Einflussnahme im Rahmen des ihr

zugestandenen Handlungsraumes betonte. So bewirtete sie die im Hause Paravicini einquartierten jungen Glarner Soldaten als Repräsentanten des urschweizerischen «Hirtenvolkes» mit Begeisterung.[70] In ständischer Distanz gestaltete sie in ihren Erzählungen die Soldaten allesamt zu Bauernsöhnen und damit zu Projektionsfiguren ihrer patriotischen Vorstellungen, obwohl anzunehmen ist, dass eine grosse Zahl dieser jungen Männer in der Glarner Textilindustrie beschäftigt waren. Sie wob damit nahtlos weiter an der seit der Aufklärung verbreiteten Assoziation von Alpenwelt und Freiheitswillen, einfachem Hirtenleben und frommer Vaterlandsliebe, an den Versatzstücken, aus denen der ideale Schweizer zusammengesetzt wurde.[71] Zugleich ermöglichte die Stellung als gebildete Vorsteherin eines reichen Hauses Emilie Paravicini-Blumer ein mütterlich besorgtes Verhalten, das den Rahmen abgab für den Glauben an die erzieherische Wirkung ihres Handelns und Redens: «Ich hoffe, auch um die Hälfte mutvoller werden sie an die Grenze ziehen. Ich weckte auf alle mögliche Weise Ehr- und Ruhmgefühl in den einfachen Herzen; ich schlug alle Saiten an, und ich denke nicht vergebens.»[72] Auch in dieser Schilderung besteht die Funktion der Frau in der Erweckung der Männlichkeit, der männlichen Tatkraft. Weiblichkeit definiert sich hier nicht wie im Verhältnis zu Hagnauer als Teil der polar gedachten Paarkonstellation, sondern als eine ebenso polar gedachte mütterliche Position, die den Frauen in den Bildentwürfen der Nation zugesprochen wurde.[73] In dieser Position gelingt es ihr, das Feuer in der Brust der jungen Männer zu entfachen.[74] Diesen Glauben an die Wirkungsmacht der Worte und Bilder bekräftigte sie im gleichen Brief, in dem sie den politischen Wandel mit dem Gedanken der Volksaufklärung verband: «[…] die Zeitungen stehlen sich bis in die entferntesten Berghäuschen. Jeder Bauer erzählt mir das Neueste aus dem ‹Schweizerboten›, dem ‹Appenzeller› und dem ‹Bürkli›».[75] Alle drei Zeitungen waren ausgeprägte Sprachrohre des Liberalismus. Entgegen Emilie Paravicini-Blumers Annahme waren zeitunglesende Bauern um 1830 in Glarus die Ausnahme.[76] Aber mit ihrer Aussage ordnete sie sich dem Lager der Liberal-Radikalen zu und definierte sich als Anhängerin der Bildungsanstrengungen eines Heinrich Zschokke, den sie anlässlich ihres ersten Kuraufenthaltes im Sommer 1830 in Baden zusammen mit dem Ehepaar Koller-Steinbrüchel getroffen hatte. Volksschule und Volkszeitungen waren für Zschokke das wichtigste Mittel, um die Ideen der Helvetik nicht von aussen durch die Franzosen, sondern von innen im Herzen der Bürger zu verankern. Er sah den Fortschritt in der steigenden Zahl von Zeitungspublikationen dokumentiert. Diese Zahl stieg von unter zehn Zeitungen im Jahre 1798 auf gegen tausend im Jahre 1830, für Zschokke ein Beweis, dass «das Schweizervolk von 1830 vom Volk des Jahrs 1798 […] ausserordentlich verschieden» sei.[77]

Liberale Parteinahme, patriotischer Diskurs

In den Jahren der lokalen und eidgenössischen Verfassungskämpfe verortete sich Emilie Paravicini-Blumer immer im Feld der so genannt fortschrittlichen Kräfte. Sie verteidigte die Glarner Verfassung von 1836/37 und die damit verbundene Abschaffung der getrennt tagenden katholischen und reformierten Landsgemeinden und die ebenso damit verbundene Einführung des obligatorischen

Schulunterrichts.[78] Auch stellte sie sich dezidiert wie die Glarner Liberalen auf die Seite der Befürworter des Nationalstaats[79] einerseits, gegen die Berufung der Jesuiten und gegen die katholische Führung in den Sonderbundskantonen anderseits. Dass sie trotz ihrer politischen Selbstverortung auch von gemässigten Kräften sehr geachtet wurde, hängt wohl mit ihrer Geschlechtszugehörigkeit zusammen. In der privaten Korrespondenz exponierte sie sich zwar politisch, aber öffentlich war sie – im Gegensatz zu Josephine Stadlin, die sich als Instituts- und Seminarleiterin zu Fragen der Mädchenbildung äusserte – politisch nicht zu positionieren, da sie als Frau von der Landsgemeinde und von jeder Amtstätigkeit ausgeschlossen war. Der Stadtzürcher Jakob Usteri-Usteri, zukünftiger Schwiegervater ihrer Schwester sowie Schwiegersohn und Grosscousin des bereits 1832 verstorbenen berühmten liberalen Politikers, Journalisten der «Neuen Zürcher Zeitung» und Zürcher Bürgermeisters Paul Usteri, sprach sie als ihm geistig Ebenbürtige an, als Verwandte in der «Gesinnung». Die von ihm in einem kleinen «Büchlein» veröffentlichte und an alle Zürcher Kantonsräte verteilte Kritik an der Schulpolitik nach dem Sieg der liberal-radikalen Kräfte sandte er ihr 1843 zur Lektüre, sich selbst dabei nicht als Gelehrten, sondern nur als «simplen Kaufmann» und «Commis voyageur» präsentierend: «Im Canton Zürich grassiert die Halbkultur sehr stark, und daher eine Selbstüberhebung, ein Übermuth *Vieler.* Zu einer gewissen Zeit ferner kam an unsern Grossen Rath eine förmliche Petition um Entfernung des N. T. [Neuen Testaments, E. J.] aus den Schulen. Traurig über solche Erscheinungen der Verkennung des Wissens und Könnens der schwachen Menschen, drängte es mich ein Schärflein zur Verminderung dieses stolzen Taumels beizutragen [...]. Darum sandte ich dann auch das kl.[eine] Scriptum den sämtlichen Cantonsräthen und allen Schullehrern.»[80] Ihre Antwort ist mir unbekannt. Von Jakob Usteri wurde sie auf Grund einer religionsbezogenen Aussage in Albisbrunn, wo sie kurz zuvor die Heirat ihrer jüngsten Schwester mit seinem und seiner Gattin Sohn ausgehandelt hatte, als moralische Instanz angesehen. Dabei wurde ihr vielleicht auch wegen der Abhängigkeit ihres Gatten und der damit implizierten Umkehrung der ehelichen Geschlechterpositionen Selbständigkeit im Urteil attestiert. Ob davon generell abgeleitet werden kann, dass erst das Fehlen der konkreten Voraussetzungen für die normativ festgelegte Unterordnung des weiblichen unter das männliche Geschlecht im 19. Jahrhundert Frauen die Positionierung als moralische Instanz ermöglichte, wäre weiter zu verfolgen.[81] Dabei ist zu bedenken, dass auch der radikale politische Diskurs von religiöser Rhetorik geprägt war. So verstand sich Emilie Paravicini-Blumer trotz ihrer Distanzierung von der schwärmerischen Bibelauslegung der Frommen als zutiefst gläubige Protestantin, und ihre Briefe lassen eine intensive Auseinandersetzung mit den Grundlagen ihrer Religiosität erkennen.

Die Stellung Emilie Paravicini-Blumers als Gegnerin der konservativen Kräfte deckte sich mit der Haltung der grossen Mehrheit der Glarner Reformierten. Auch mit ihrer Begeisterung für das eidgenössische Schützenfest von 1844 zeigte sie sich als Anhängerin des Übergangs vom losen Staatenbund zum Bundesstaat. Nach der Berufung der Jesuiten in Luzern und dem ersten Freischarenzug verrät der Brief an die Schwester aber zugleich Verunsicherung bezüglich der zukünftigen Entwicklung: «Ich bin ganz verstört durch die bösen Luzerner Geschichten, die uns Jesuiten und Radikale zum Neujahr einbrocken.»[82] Laut dem einige Wochen später nach Zürich gesandten Brief scheint sie sogar als Vermittlerin aufgetreten zu sein. «Nun hat mich das Schicksal noch in die Mitte von Männern gestellt, die sich jetzt oder nie zu handeln und abzuwenden die Hände reichen müssen, wo ich im Stillen zu mitteln, zu einigen, zu verbinden hatte.»[83] Ihre Vermittlung wird sich auf politische Exponenten in Glarus bezogen haben, lösten doch die Berufung der Jesuiten und die Freischarenzüge im Januar und Februar 1845 im konfessionell gemischten Kanton auf verschiedenen Ebenen heftig geführte Diskussionen aus und heizten die bereits Mitte der 1830er Jahre ausgebrochenen heftigen Konflikte zwischen Katholiken und Protestanten rund um die Erneuerung der Näfelser Fahrt wieder an.[84] Der Landrat des Kantons entschied, dass seine Gesandten an der Tagsatzung vom April beantragen sollten, dass «die Kantone, in denen sich Jesuiten befinden», einzuladen seien, «sie zu entfernen». Gleichzeitig seien aber auch die Freischarenzüge zu verbieten.[85] 3692 Männer hatten die Petition für die Ausweisung der Jesuiten des Glarner Antijesuitenvereins unterschrieben.[86] Obwohl sie wegen der Eskalation besorgt schien, bezeugte Emilie Paravicini-Blumer auch während des zweiten Freischarenzuges Verständnis für die illegale Aktion der Freischärler: «Die Verantwortlichkeit beider Seiten ist schwer und gross; aber einmal musste diesem entsetzlichen Zustand ein Ende gemacht werden.»[87] Ob sie über die aktive Teilnahme von Gottlieb Hagnauer an diesem Freischarenzug orientiert war, entzieht sich meiner Kenntnis, doch signalisiert ihr Brief starke Betroffenheit: «Die Luzerner Ereignisse haben eigentlich an mir gezehrt und Tag und Nächte hindurch meine Augen in Tränen gebadet.»[88]

Im unmittelbaren Vorfeld des Sonderbundskriegs schwankte Emilie Paravicini-Blumer zwischen klarer Parteinahme für die Tagsatzung und der Positionierung als kühle Beobachterin. So schrieb sie im Sommer 1847, auf das zu der Zeit in Glarus stattfindende Schützenfest verweisend, vom Landgut Mariahalden am Zürichsee, wo sie sich nun aufhielt, an die Schwester Katharina Usteri-Blumer: «Wenigstens Lärm und Leute und Gerede wird viel sein, und wir hier sehen nur zuweilen eine rote Fahne auf dem Dampfschiff hinaufziehen oder rückkehrende Wagen mit einer solchen, voll wein- und lärmmüder Schützen! Die guten und schlechten Reden lesen wir in den Zeitungen, und da glücklicherweise der Regen die Luft etwas gekühlt hat, so wird einem von der schwülen Freiheits- und Vaterlandsliebe etwas weniger übel, und der schlachtlustige Heldenmut, der einstweilen Veltliner Blut [Veltliner Rotwein, E. J.] trinkt, hat bis zum Sonderbundskrieg noch Zeit, etwas zu vertoben, damit wenigstens der Pilatus und Rigi noch stehen blieben, wenn auch sonst in den Jesuitenländern voraussichtlich kein Stein auf dem andern. Man wird selber völlig gerührt, wenn man all die rührsamen und gerührten Herzen hört, und bei meinen angegriffenen Nerven war es ein weiser Gedanke von mir, mich dem nicht allzu nahe auszusetzen und nicht vollends daran zu zerschmelzen wie vorm Zeus die Semele.»[89] Die Ursachen dieser etwas distanzierten Haltung lassen sich über die mir bekannten Quellen nicht erforschen, wohl aber erlaubt ihr Vergleich mit Semele, der Geliebten des Zeus, auf deren Wunsch hin er ihr in seiner Göttergestalt, das heisst als Donner und Blitz, erschien und sie dadurch tötete, eine Interpretation. Erst die räumliche Distanz ermöglichte es Emilie Paravicini-Blumer, nicht von der allgemeinen Begeisterung mitgerissen zu werden wie von einer elementaren Kraft und sich emotional darin zu verlieren. Sie scheint sich also der Wirkung öffentlicher Inszenierungen bewusst gewesen zu sein. Dank der Entfernung behielt sie einen kühlen Kopf und kritisierte aus weiblicher Perspektive leicht spöttisch die männerbündischen Trinkrituale und Kraftdemonstrationen.[90] Sie markierte damit, darin städtischen Konservativen ähnlich, als Frau eine grundsätzliche Distanz zu gewissen Ritualen der Schützenfeste, diesen Orten des Erlebens schweizerischen Gemeinschaftsgefühls und nationaler Einigungsbestrebungen.[91] Trinkrituale waren für das Männerbündische konstitutiv und grenzten als solche Frauen aus; statt disziplinierten Erneuerungswillens bedeuteten sie den möglichen Verlust der Selbstkontrolle, was für Frauen bedrohlich werden konnte.

Nach dem Ausbruch des Kriegs zeigte sich Emilie Paravicini-Blumer wieder uneingeschränkt als Vertreterin der Liberalen und bezeugte im Einklang mit den von den Liberal-Radikalen allgemein vertretenen Thesen gleichzeitig Bedauern mit dem von «verstockten und erbitterten» Führern «missleiteten» Volk der Urkantone:[92] «Möchte nur das Schandregiment von Luzern, das an allem schuld ist, endlich fallen! [...] Man hört Ding aus dieser Luzerner Wirtschaft, die einen schaudern machen. Und diese alten guten Herren und Jesuitenregiment wünschen die Conservativen für die ganze Schweiz zurück. Nein, besser in Tod und Wunden verbluten, als diesem anheimfallen. Das weiss der bessere Teil unseres Volkes wohl, und darum kämpft er so willig.» Die Ablehnung der Jesuiten als Verräter deckte sich mit ihrer emotionalen Identifikation mit den «kämpfenden Brüdern», mit deren Bereitschaft, für das Vaterland ihr Blut zu vergiessen.[93] Sie griff dabei auf die gerade in Schützen- und Sängerfesten zelebrierten Männlichkeitsideale zurück. Abgesehen von männerbündisch aufgeladenen Trinkritualen konnte sie sich in diesen Idealen erkennen. Ihre Parteinahme für den Zentralstaat bezeugte sie mit der Bewunderung für General Dufours Kriegführung: «So Gott will, geht es, wie es soll, und der edle Dufour erreicht seinen Zweck ohne allzu vieles Blutvergiessen, wie in Freiburg.»[94] Auch für sie war der Krieg unvermeidlich, doch setzte sie ihre Hoffnung auf eine Schonung der Besiegten, um eine Versöhnung der so genannten *deux Suisses*,[95] der in zwei gegnerische Lager aufgeteilten Schweiz, in die Wege zu leiten. Vor allem in seiner Funktion als Wegbereiter der nationalen Einigung sprach Emilie Paravicini-Blumer Dufour eine historische, heilsgeschichtlich anmutende Rolle zu. «Die Tessiner sind einfältige Leute mit ihrem Titel ‹Pazificator› für den edlen Dufour! Welcher Titel ehret ihn höher als der eines grossen Bürgers? als sein eigener Name! Den Pazificator wird man lang vergessen haben, wenn der Name Dufour noch die Geschichte der Eidgenossen zieren wird»,[96] schrieb sie am 25. Januar 1848 in ihr Tagebuch. Für Emilie Paravicini-Blumer macht seine umsichtige Strategie Dufour zum Helden, dem die Schweiz die Errettung aus ihrer Zerrissenheit verdankt; er braucht kein Attribut, sein Name impliziert alle Qualitäten eines politischen und militärischen Vorbilds. Dass sie damit die über ein Jahrhundert andauernde historische

Bewertung Dufours vorausnahm, spricht für ihr politisches Gespür, gleichzeitig markierte sie mit ihrer abschätzigen Bemerkung über die Tessiner eine gerade in der deutschsprachigen Schweiz bis weit ins 20. Jahrhundert geäusserte Herablassung gegenüber der Tessiner Bevölkerung, der es in ihrer zwar fröhlichen, aber etwas kindlichen Einfalt an klarer Urteilskraft mangle.[97]
Zwar zeigte sich Emilie Paravicini-Blumer als Beobachterin der politischen Entwicklung als äusserst kritisch und hellsichtig, doch die von ihr vorausgesetzte Parteinahme Gottes, ob in der Schweiz oder im übrigen Europa, hinterfragte sie nicht. Damit rekurrierte sie trotz ihrer Verortung im liberal-radikalen Lager auf die traditionellen Muster der Herrschaftslegitimation, die die gesellschaftliche Ordnung als gottgewollt sah, wie dies im Kanton Glarus bis zur Verfassung von 1836 verbreitet war.[98] Nur sah sie jetzt Gottes Willen auf der Seite des aufbegehrenden Volkes.[99] Auf die kurz nach dem Sieg über den Sonderbund ausgebrochene Februarrevolution in Paris reagierend, notierte sie in Mariahalden in ihr Tagebuch: «In Frankreich die Dynastie Orleans vom Thron gestossen, die Republik proklamiert und nach zwei Tagen die Ruhe wieder hergestellt. Der König – man nahm sich nicht einmal die Mühe, sich mit ihm zu beschäftigen, man liess ihn nur gehen! Er fühlte alle Ohnmacht seiner ‹List und Klugheit›; auch nicht ein Herz, eine Hand rührte sich für ihn – er hat sich der Nation entfremdet; er war ihr untreu geworden; Familien und dynastische Interessen beherrschten ihn – vor allem und um jeden Preis die Bereicherungswut, die seine Minister, seine Beamten ergriff und jede Achtung vor der Regierung gewaltsam tötete. Gott, durch das Volk; es hat gerichtet! Ernst und gross. Die Schweiz ist einer ihrer Dränger los geworden. Auch die an ihr begangenen Sünden sind gerächt! Was wird die Zukunft bringen? Wohl schwere, mächtige Geschicke. Sie wird an manchem morschen Throne rütteln und an die Herzen der Völker frühlingshaft pochen. Gott leite alles wohl! Er *wird* es wohl leiten!»[100] Das religiöse Pathos ist von kaum zu überbietender Bildhaftigkeit: das aufbegehrende Volk als richtender Arm Gottes, hatte man doch in der Schweiz als Reaktion auf die in Angriff genommene liberale Verfassung eine militärische Intervention Frankreichs und anderer europäischer Mächte – alles «fremde Dränger»[101] – befürchtet.[102] Nicht dem historischen Zufall, dass mitten in der Phase der Ausgestaltung der neuen Verfassung einer der mächtigen europäischen Gegner einer solchen liberalen Gesetzgebung gestürzt wurde, sondern der göttlichen Parteinahme war die Weiterarbeit an der neuen politischen Ordnung zu verdanken. Trotz dieser Überhöhung belegt diese Briefstelle zugleich – die Märzaufstände und den «Völkerfrühling» vorausnehmend – ein feines Sensorium für die politische Lage. Zeiterfahrung und Zukunftserwartung der Glarnerin waren eingebunden in einen europäischen Zusammenhang, der sich in den Revolutionen von 1848 in der Einforderung von Grundrechten, männlicher Partizipation und einem gewissen Mass von Gerechtigkeit als europäische Gemeinsamkeit manifestierte.[103]
Auch nach 1850 blieb Emilie Paravicini-Blumer eine äusserst wache Beobachterin der Entwicklung, zeigte sich als Patriotin, deren Kommentare ebenso geprägt waren von männlich konnotierten Vorstellungen von Ehre und Vaterland wie von den Fragen nach den Möglichkeiten weiblicher Intervention. Beim Neuen-

burger Handel von 1856/57 drohte ein militärischer Konflikt zwischen Preussen und der Schweiz. Emilie Paravicini-Blumer setzte ihre Hoffnung auf Vermittlung, doch war ihr eine zwar nicht näher, aber im Subtext wohl als kämpferischer Widerstand definierte «Ehre» mehr wert als ein erkaufter Friede: «Was ich aber mehr noch fürchte, das wäre die Unehre. Doch auch da bin ich ruhig. Das Geschick des Vaterlandes ruht nebst Gott in den Händen der einsichtsvollsten und besonnensten Männer aller Kantone, die zugleich von warmer Vaterlandsliebe erfüllt sind.»[104] Damit distanzierte sie sich dezidiert von der Meinung des Freundes und Vertrauten, Appellationsrichter Heinrich Trümpy, die Schweiz habe sich entweder zu fügen oder die ganze Entscheidung in die Hände von Kaiser Napoleon III. zu legen. Sich nicht dem ihr nicht genehmen männlichen Urteil unterordnend, überwand sie in der Vorstellung die rollenspezifische Beschränkung weiblichen Agierens, indem sie sich – wie schon früher im Vergleich mit dem willensschwachen Bruder – als Mann imaginierte: «Wenn ich ein Mann wäre, mich hielte nichts zurück. [...] Wie Preussen will, kann man nicht. Folglich muss man widerstehen, und wenn alles nichts hilft, zu den Waffen.»[105] Während militärischer und politischer Konflikte zwischen den europäischen Mächten wog sie in den Briefen immer die Folgen für die Schweiz ab und zeigte sich weiterhin als äusserst sensible Kritikerin gegenüber fürstlichen Machtansprüchen. Eine Schwächung Frankreichs durch den sich im November 1870 abzeichnenden deutschen Sieg beurteilte sie für die Schweiz «als mehr als in einer Beziehung gefährdend»[106] und hoffte – wieder dramatisch den Widerstand des Volkes als nicht zu bändigende Naturkraft heraufbeschwörend – auf die Abwendung der Niederlage: «Trotz der Kälte könnte es den Deutschen warm werden in Frankreich. Die endlich entfesselte Volkskraft ist ein nicht zu berechnendes Element, an der alle Strategie erlahmt, und es ist bewunderungswürdig, dass sich überschwemmt vom Feind, das Land noch so aufrafft. Es wird eine blutige deutsche Kaiserkrone werden.»[107]

Bildung, Bücher, Imaginationen

Es ist anzunehmen, dass Emilie Paravicini-Blumers – oft auch pathetisch gefärbte – Parteinahme entscheidend mitbestimmt war durch die Lektüre. Seit dem 18. Jahrhundert sollte Lesen die Frauen bilden, nicht aber der Gelehrtheit dienen. Nach Christian Fürchtegott Gellert lief weibliche Gelehrtheit auf Dilettantismus hinaus.[108] Auch wenn im 19. Jahrhundert das «gelehrte Frauenzimmer» keine grösseren Diskussionen mehr auslöste, behielten die geschlechterspezifischen Rollenzuschreibungen ihre Gültigkeit. Auf die Lektüre bezogen waren das nun nicht mehr nur Fragen von Gelehrtheit im Sinne der Aufklärung, also der vertieften Auseinandersetzung mit antiken Schriften und philosophischen Fragen, sondern zusätzlich mit Fragen der politischen Öffentlichkeit. Sich dessen bewusst, schrieb Emilie Paravicini-Blumer im Dezember 1830 an die Freundin in Zürich: «Gelesen habe ich seit der Zeit wenig [...] meistens, lieb Gritli, leg mir's nicht als Unweiblichkeit aus: Politisches Zeug.»[109] Sie reflektierte damit die normativen Zuschreibungen von Weiblichkeit und Männlichkeit, was sie bewog, selbst gegenüber ihrer Freundin und Vertrauten eine defensive Haltung einzunehmen. Mit einer solchen, auch von ihr selbst als nicht geschlechterkonform definierten Lektüre stand sie im bildungsbürgerlichen Milieu der Schweiz jedoch nicht allein da. So bezeugt das Tagebuch der kurz zuvor verstorbenen Anna Barbara Hess-Wegmann (1764–1829), die sich wie andere Frauen als Historikerin des Zeitgeschehens betätigte, deren Interesse für die ganze Bandbreite der damals aktuellen politischen Literatur.[110] Die sich über mehr als fünfzig Jahre erstreckenden Korrespondenzen – zuerst mit ihrer Freundin Hortensia Margaretha Koller-Steinbrüchel, später mit der Schwester Katharina Usteri-Blumer in Zürich und deren Töchtern – zeigen, dass wie die Zürcherin Anna Barbara Hess-Wegmann auch Emilie Paravicini-Blumer ihr ganzes Erwachsenenleben über ihre Lektüre eingebunden war in den europäischen Bildungsdiskurs, über den sie sich gesellschaftlich positionierte. Als Mann hätte sie sich wohl mit journalistischen Beiträgen aktiv in die Auseinandersetzungen eingeschaltet. Ihre oft scharfsinnigen Analysen wurden in der Form der privaten Korrespondenz jedoch nicht öffentlich rezipiert. Das Leiden an der mangelnden Resonanz lässt sich an ihren Imaginationen ablesen.

Im Kopf partizipierte Emilie Paravicini-Blumer an den Auseinandersetzungen in Berlin und sah sich so als Teil einer bildungsorientierten Geselligkeit, die gleichermassen von Männern und Frauen getragen wurde.[111] Sie identifizierte sich mit Rahel Varnhagen und bewunderte George Sand als Zeitgenossin, deren Korrespondenzen sie später in einem Brief an die Nichte Emma hinsichtlich der politischen Relevanz kommentierte und mit der Biografie des französischen Politikers François Guizot[112] verglich, den sie 1848 noch als Bedrohung für die Schweiz empfunden und als raffgierigen Ministerpräsidenten kritisiert hatte: «u: neustens die Briefe von George Sand (Madame du Devant)[113] deren Romane mir nur selten zusagten, während ihre Briefe voll Geist u: Naturwahrheit sind u: den Einblick in einen der eigenthümlichsten Charakter öffnen den man sich denken kann. Es ist ein weiter Weg von Guizot bis zu ihr.»[114] In einem anderen Brief bedankte sie sich bei der Schwester für ein Buch von Schleiermacher: «Wie freut mich der milde, tiefe, edle Schleiermacher! Wie viel hat er aus meiner Seele geschrieben, und wie einfach natürlich, wahr menschlich ist sein Bildungsgang! Ich bin so daheim in dieser Berlinerwelt, aus der ich das Hauptsächlichste in Schriften Erschienene kenne, dass es mir ist, ich trete wieder in einen Kreis von Bekannten ein. Ich wurde schon vor 23 Jahren, ehe ich etwas von ihm kannte, eine ‹Schleiermacherin› geheissen, wenn auch von solchen, von denen diese Richtung verdammt wurde, und Gottlob, dass ich ihr noch heute mit Bewusstheit treu bleiben kann, unbeirrt von rechts und links.»[115] Als «Schleiermacherin» wurde sie von Graf und Gräfin von Bentzel-Sternau bezeichnet, ob wegen Schleiermachers frühromantischen Freundschaftskults und der idealisierten Teilhabe an der «unendlichen Menschheit»[116] oder wegen seiner philosophischen und theologischen Ansichten über den möglichst «ursprünglichen» Ausdruck des (frommen) Gefühls und der Steigerung des religiösen Genusses im Gemeinschaft stiftenden Austausch, ist aus der Korrespondenz nicht zu entschlüsseln.[117] Ebenso wenig enthüllt der Text den Anlass für Bentzel-Sternaus Ablehnung von Schleiermacher. Es ist anzunehmen, dass es dafür verschiedene

Gründe gab, sei es, dass er als Bonapartist dessen antinapoleonischen Patriotismus und preussische Verstrickungen oder dessen Verständnis des Staats ablehnte,[118] sei es, dass er sich in der deutschen literarischen Auseinandersetzung zwischen den alten und den jungen Dichtern auf die Seite des von Schleiermacher attackierten Schiller schlug oder sich grundsätzlich von Schleiermacher und den «Neuhumanisten» distanzierte.[119] Emilie Paravicini-Blumer dagegen scheint sich mit Schleiermachers «Theorie des geselligen Betragens»[120] identifiziert zu haben. Die «Berlinerwelt» konnte als imaginierter Raum die Leere füllen, die sie wegen ihrer Heirat mit Bartholome Paravicini und ihrer für die ländliche Gesellschaft von Glarus wenig geschlechterkonformen Interessen verspürte. Die Bezeichnung «Schleiermacherin», den Emilie Paravicini-Blumer beinahe kokettierend verwendet, bezieht sich daher wohl am ehesten sowohl auf ihr Bedürfnis nach geselligem, wechselseitigem, freiem und keinem äusseren Zweck verpflichtetem Austausch mit gebildeten Menschen männlichen und weiblichen Geschlechts als auch auf ihre Fähigkeit, mit Personen verschiedener Herkunft und unterschiedlichen Standes Freundschaften zu knüpfen, auf deren Basis nach Schleiermacher wiederum «gesellige Verbindungen»[121] entstehen. Mit der im selben Brief evozierten «Berlinerwelt» dachte sie daher wohl vor allem an den Salon von Henriette Herz, wo Schleiermacher mit Exponenten und Exponentinnen der deutschen Romantik verkehrte, und an seine Freundschaft mit Friedrich Schlegel während seiner Zeit als Prediger an der Berliner Charité.[122] Dafür spricht die Affinität Emilie Paravicini-Blumers zu Rahel Varnhagen und ihr Bedürfnis nach individueller Entfaltung im Rahmen des geselligen Austausches zwischen «gebildeten Menschen».[123] Sie konnte sich jedoch auch mit dem «edlen» Schleiermacher aus der Zeit seiner späteren Lehrtätigkeit an der neuen Universität Berlin identifizieren. Dafür spricht ihr Bildungsverständnis, das sich partiell mit dem von Schleiermacher und den Neuhumanisten deckte. Für die Neuhumanisten zeichnete die individuelle Bildung, Sitte und Moral den Menschen als Menschen aus. Die Bildung besass einen Wert in sich und sollte als ein nie endender Prozess auch den Frauen nicht vorenthalten werden, jedoch nur als Beitrag zur weiblichen Gemütsbildung. Gelehrsamkeit sollte Sache der Männer bleiben, eine Haltung, die mit Ausnahme von Friderika Baldinger, die sich selbst ein Gelehrtenleben erschrieb,[124] seit dem Beginn des 19. Jahrhunderts auch von deutschen Autorinnen wie Johanna Schopenhauer[125] oder Betty Gleim[126] vertreten wurde, aber auch von der Pestalozzi-Schülerin und -Nachfolgerin in Yverdon, Rosette Niederer-Kasthofer.[127] Während die forschungs- und interpretationsbezogene Lektüre den gelehrten Mann als solchen kennzeichnete, galt das Lesen bei den Frauen als Kennzeichen der Abkehr von der «Gelehrten» und gleichzeitig als Kennzeichen der Selbstinszenierung als «gebildete Frau».[128]

In den mir bekannten Briefen und Tagebuchaufzeichnungen vollzieht Emilie Paravicini-Blumer zumindest explizit keine solche geschlechterspezifische Zweiteilung von Bildung und Lektüre. Sie verstand die Unterschiede eher als klassenspezifisch bedingt.[129] So begrüsste sie etwa in ihrem Tagebuch die sich ankündigenden Veränderungen zu Beginn des Jahres 1848 mit den Worten: «[...] Volksbildung, Volksbildung! Das Grosse Schlagwort der Zeit. Noch besser

Menschenbildung! Es ist wunderbar zu sehen, wie sich die Massen zusammenbilden. Die untern Schichten hinauf, und Gelehrte und grosse Männer aller Fächer hinab, d. h. zur allgemeinen Verständlichkeit. Wie sie das geistig Erworbene gleich wieder zum Gemeingut zu machen streben.»[130] Dieser pathetische Aufruf verweist nicht nur auf die Bewunderung für Zschokkes Methode der Volkserziehung über den populären «Schweizerboten», den dieser bis 1837 redigiert hatte,[131] oder über dessen als Volkshochschule für junge Männer konzipierten «Bürgerlichen Lehrerverein», in dem Persönlichkeiten wie Troxler ihr Wissen weitergaben,[132] sondern auch auf Schleiermachers und Herders Vorstellung von der Menschenbildung, auf die romantisch gefärbte Idee eines nach Selbstvervollkommnung strebenden Volkes sowie auf das von Platon entworfene und seit der Zeit der Empfindsamkeit neu rezipierte und gedeutete Bild der «grossen Kette», in der die Unterschiede zwischen den Menschen nicht trennend wirken, sondern sie verbinden durch «ein Hinabfliessen und ein Hinaufgezogenwerden».[133] Dieser Vorstellung gemäss definieren zwar Männer als Gelehrte Wissen und Bildungsinhalte, aber sie geben diese vereinfacht nach unten weiter an das nach oben strebende Volk, das so zur Entfaltung aller Kräfte gelangt. Eine solche Vorstellung war für Bildungsbürgerinnen zwiespältig, da sie wegen ihres Ausschlusses von der höheren Bildung selber Teil des «unwissenden» Volks waren, das es zu erziehen galt. Dennoch suchten sie sich einen aktiven Platz in diesem alle umfassenden Bildungsprozess. Während Josephine Stadlin als Lehrerin aktiv diese Bewegung mitgestaltete, partizipierte Emilie Paravicini-Blumer daran über die private Lektüre. Dass aber Bücher auf Grund ihres Inhalts geschlechterspezifisch zugeordnet wurden, darauf verwies sie selber, wenn sie in Briefen ihre eigene Lektüre mehrfach als «männlich» anmutend definierte, da viele von ihr favorisierte Bücher politische und gesellschaftliche Bereiche thematisierten. In der gleichen Tagebucheintragung wie die eben zitierte Stelle zur «Menschenbildung» sieht sie zwar die «*Überzeugung*» als das «Heiligtum in der Menschen- und Mannesbrust»,[134] doch auch zu deren Verankerung können Frauen entscheidend beitragen. Nicht beurteilen kann ich, ob sich ihre Begeisterung für Schleiermacher auf dessen Theologie des Erlebens bezieht. Sein Verständnis von «christlicher Frömmigkeit» verrät zwar eine Nähe zum Pietismus, hebt sich aber ganz im Sinne der Glarnerin von der im Pietismus verbreiteten engen Bibelinterpretation durch grössere Offenheit ab. Eine enge und latent antisemitisch gefärbte Bibelinterpretation pflegten viele Mitglieder der Bibelkreise konservativer Prägung, die vor allem seit den 1840er Jahren zahlenmässig zunahmen. Von einer solchen engen Bibelinterpretation distanzierte sich Emilie Paravicini-Blumer klar.

Emilie Paravicini-Blumer entzog sich ebenso dezidiert der unter deutschsprachigen Bildungsbürgerinnen mehrheitlich protestantischer Konfession stark verbreiteten Identifikation mit deutscher Kultur bei gleichzeitiger Abgrenzung gegen das Französische als das Oberflächliche, eine Haltung, die Josephine Stadlin vertrat. An ihre Nichte Betsy Usteri, die das Englische dem Französischen vorzog, schrieb Emilie Paravicini-Blumer 1867: «der germanische-[...] Geist ist unserem deutschen Wesen homogener, als der französische; aber wir dürfen uns nicht verdriessen lassen, auch diesen in seinen Gegensätzen kennen zu lernen u: zu ergründen, denn er hat auch seine eigenthümlichen Vorzüge. Die französische Präcision u: gewandte Schlagfertigkeit thut unserer deutschen Schwerfälligkeit mannigfach gut.»[135]

So wie sich Emilie Paravicini-Blumer trotz sprachlich bedingter kultureller Affinitäten von jeglicher Deutschtümelei distanzierte, orientierte sich ihr Verständnis von «Heimat» trotz ihres Patriotismus nur zum Teil an den schweizerischen oder lokalen Grenzen. Vielmehr definierte sie sich über die Beziehung zur gleichgesinnten Elite als Europäerin, was eine bis 1848 unter den Liberalen verbreitete Art der räumlichen Verortung darstellte.[136] Während Josephine Stadlin sich politisch als «Weltbürgerin» verstand, beruhte ihre «Beheimatung» in Berlin vor allem auf der imaginierten Teilhabe an der Geselligkeit von Frauen und Männern aus der städtischen Bildungselite, in der gerade Frauen eine aktive Rolle spielten. Die explizite Bewunderung für Rahel Varnhagen scheint zumindest teilweise auf die Erzählungen von Graf Christian von Bentzel-Sternau zurückzugehen.[137] Wie der Graf gehörte der von ihr hochgeschätzte Ignaz Paul Vital Troxler seit 1805 zum Freundeskreis von Rahel und Karl August Varnhagen von Ense. Rahel Varnhagen verfasste in späteren Jahren für Troxlers Zeitschrift vereinzelt anonym Beiträge.[138] Nach der Lektüre eines Porträts von Karl August Varnhagen über seine verstorbene Frau verglich sich Emilie Paravicini-Blumer schreibend mit Rahel Varnhagen als ihrer Geschlechtsgenossin: «Sie ist eine einzige Erscheinung aller Zeiten, und ich habe das höchste Verständnis für sie. Sie ist ‹meines Geschlechts› kann ich von ihr sagen, wie der Wilde, als er das Bild eines Engels sah, oder wie es der Schilf von der Palme sagen kann. Schon der alte Graf Bentzel pflegte oft zu sagen, wir seien gleichartige Naturen, nur dass von ihrer allumfassenden und vollendeten Bildung bis zu meiner dürftigen und unentwickelt gebliebenen der Unterschied ist wie von der Palme zum Schilfrohr. Wenn ich auf ihrem Boden gestanden wäre statt im Wüstensand, hätte sich mancher Same zum Keim und Blüte entwickelt, der jetzt nahrungslos zugrunde ging. Ich war bestimmt Schwache zu stützen, statt an den Starken mich empor zu arbeiten, und da es Gott so gewollt und gefügt hat, so muss es als meine Bestimmung betrachtet und erfüllt werden, und die Hoffnung festgehalten, dass dem tiefen geistigen Sehnen eines ganzen Lebens jenseits Erfüllung harre.»[139] Im Vergleich mit Rahel Varnhagen, dabei ebenso auf organische und räumliche Vorstellungen rekurrierend, sah sie sich wegen mangelnder geistiger Nahrung als schwach und schwankend, ein Bild, das sie mit demjenigen der als stark im Boden verwurzelten Stütze der Familie kontrastiert. So umschrieb sie rückblickend mit diesen widersprüchlichen Bildern die durch ihre Heirat sowie ihre soziale und familiale Eingebundenheit bedingten Beschränkungen, die eine eigenständige Entwicklung und ihre Aspirationen als Schriftstellerin im Keim erstickt hätten. Implizit bezog sich Emilie Paravicini-Blumer in diesem Brief ebenfalls auf das Bild des Efeus, das sich aber nicht einfach passiv rankend um einen einzelnen Stamm, sondern in aktiver Auseinandersetzung mit den «Starken» sich empor*arbeitet*. Im Gegensatz zu ihr war Rahel Varnhagen nicht nur im städtischen Umfeld verwurzelt, sondern als gebildete, vielseitig interessierte

Frau von allen Familienpflichten weitgehend freigestellt gewesen und hatte in ihrem eigenen Haus eine Frauen wie Männer umfassende Kommunikationsgemeinschaft versammelt, um sich die Tahme an den Diskussionen um Literatur und Politik zu ermöglichen.[140] Einen Sinn sah Emilie Paravicini-Blumer in ihrer als desolat empfundenen Situation nur im Rekurs auf die im Glauben verankerte Hoffnung auf Erfüllung ihrer Wünsche im Jenseits. Aber selbst die Annahme des von Gott gewollten Schicksals war nicht einfach passiv und resignativ, sondern realistische Pflichterfüllung. Über die Lektüre von Varnhagens Porträt und deren Verknüpfung mit den Erfahrungen im Landgut Mariahalden gelang es ihr im selben Brief indirekt doch noch, sich in der europäischen Bildungselite zu beheimaten, indem sie sich in ihrer Vorstellung am badischen Hofe bewegte: «Was mich noch besonders lieblich anmutet in Varnhagen [Karl August, E. J.], war das Bild der Grossherzogin Stephanie, deren Wesen, Bild und Schicksale Graf Bentzel, der ihr persönlich befreundet war, nie müde wurde zu schildern. Ich war überhaupt am badischen Hof auf bekanntem Boden.»[141] Als ihr selber verwandt – und Rahel Varnhagen ähnlich – beschrieb sie Annette von Droste-Hülshoff, deren «Geistliche Lieder» sich, energetisch und männlich konnotiert, voll «Kraft und Mark» vom «sentimentalisierten Christentum» der Gedichte der Zürcher Pietistin Meta Heusser abheben würden.[142] Das Lebensbild der Berner Salonnière Julie Bondeli empfahl sie ihren Nichten zur Lektüre.[143] Es war ebenso die gelebte Geselligkeit wie der briefliche Austausch zwischen Gleichgesinnten über Standes- und Geschlechtergrenzen hinweg, die sie in ihrer ländlichen Abgeschiedenheit gleichzeitig imaginierte und vermisste.

Varnhagen, von Droste-Hülshoff, Bondeli und Sand war gemeinsam, dass sie nicht den dominierenden bürgerlichen Geschlechterkategorien zuzuordnen waren, sondern dass sie nicht eingebunden waren in die Zwänge einer konventionellen Ehe und dass sie sich ebenso selbstverständlich mit Männern wie mit Frauen über ihre Lektüre, ihr Schreiben, über die gesellschaftlichen Zustände austauschten. Sie pflegten Geselligkeit und Freundschaft, dieses nur männlich gedachte Modell gegenseitigen Vertrauens und Austausches zwischen Gleichgesinnten, mit Männern ebenso wie mit anderen Frauen.[144] An diesen Frauen, die zu ihrer Zeit im Blickfeld literarisch tonangebender Kreise standen und die dennoch ihres Geschlechts wegen eher den Rändern zuzuordnen waren, mass und orientierte sich Emilie Paravicini-Blumer. Sie orientierte sich an ihrer «männlichen» Vitalität, an ihrer Teilnahme am kulturellen und öffentlichen Leben. Auch Emilie Paravicini-Blumer war zwar nicht eingebunden in eine konventionelle Ehe, wohl aber in ihre familiären Verpflichtungen. Ein Leben nach dem Vorbild der Autorinnen war ihr nicht möglich, jedoch liess sie sich in Bezug auf die Auswahl ihrer Bücher nicht einschränken. Dabei war sie sich bewusst, dass ihre Lektüre nicht geschlechterkonform war und damit auch nicht ihr Denken. Defensiv um Verständnis bittend, reflektierte sie diese Abweichung von der Norm. Zwar waren Männlichkeit und Weiblichkeit im 19. Jahrhundert ein eigentlicher Topos der Kategorisierung des Handelns von Männern und Frauen, das auf das Handeln beider Geschlechter bezogen werden konnte. Mit diesen Kategorisierungen spielte beispielsweise Rahel Varnhagen in ihren Briefen an August Varnhagen

Julie Bondeli: «[...] ‹das Leben Julie Bondeli's› von Bodemann gelesen».

George Sand: «[...] voll Geist u: Naturwahrheit».

Rahel Varnhagen: «Sie ist ‹meines Geschlechts› [...].»

Annette von Droste-Hülshoff: «[...] voll Kraft u: Mark».

von Ense und George Sand in ihrem Auftreten in der Öffentlichkeit. Wie die von ihr bewunderten Autorinnen zog Emilie Paravicini-Blumer zwischen den Bereichen des Männlichen und des Weiblichen keine klare Grenze. Sie kommentierte diese Abweichung trotz defensiver Haltung nicht als unzulässige Grenzüberschreitung, sondern sie spielte vielmehr mit Umkehrungen und Spiegelungen. So manifestierte sie mit ihrem Leseverhalten einen ausgeprägten Eigensinn: «Ich lese fast immer sehr ernste und fast männliche Sachen, und ich fühle, wie mein Geist dabei selbst Färbung annimmt und in immer grösseren Kontrast zu meiner Mitwelt gerät.»[145] Als männliche Sachen galten ihr Bücher zur Politik, Geschichte, Theologie, Religion, Ethik und Moral, also Themen, die in der Öffentlichkeit von Männern abgehandelt wurden.[146] Sie akzeptierte damit implizit das Öffentliche als Bereich der Männer, aber nicht im Sinne eines Ausschlusses der Frauen aus dem Diskurs, an dem sie vor allem über Lektüren, aber auch über den brieflichen und persönlichen Austausch partizipierten. Damit repräsentierte Emilie Paravicini-Blumers «männlicher» Lesestoff nicht eine Überschreitung der Geschlechtergrenze, sondern die Glarnerin erfuhr ihr davon beeinflusstes Denken als «Kontrast» zu ihrer ländlichen und familiären Umgebung, das heisst, sie erfuhr sich als Mensch und Frau bezüglich der Reflexion von Fragen der Moral in Politik und Religion als ziemlich einsam. Eine komplette Einsicht in die von ihr gelesenen «ernsten und fast männlichen Sachen» lässt die Quellenlage nicht zu. Aber schon aus den zufälligen Angaben aus von Lerbers Biografie scheint sie abgesehen von dem schon genannten Homer bis zum Alter von 35 Jahren neben Bourienne, Lamartine, Balzac, Sainte-Beuve, Musset, Uhland, Jean Paul, Matthisson und Malten auch die «Schweizer» Zschokke, Troxler und Gotthelf gelesen zu haben. In den Briefen aus den Jahren 1840–1877 und dem erhaltenen Tagebuch aus der Zeit in Mariahalden erwähnte Emilie Paravicini-Blumer neben Wilhelm von Humboldt, Lessing, Schiller, Goethe, Körner und C. F. Meyer auch die Literaturwissenschaftler Gervinus und Uhland, die Geschichtsschreiber Luden und Giesebrecht, die Chronik von Aegidius Tschudi, Gelzers «Protestantische Monatsblätter», die theologischen Schriften von Gfrörer und a Kempis. Erwähnt werden zudem Carlyles «Friedrich der Grosse», Droysens «Feldmarschall von York», Freytags «Bilder aus der deutschen Vergangenheit», Bunsens Bibelwerk für die Gemeinde, die Theologen Channing sowie Paul Gerhard, Widmann und Kingsley.

Seit den 1850er Jahren bezog Emilie Paravicini-Blumer Bücher häufig aus der Bibliothek von Glarus und liess sich noch mehr auf theologische, selbst pietistische Studien ein. Zwar lehnte sie die von der Schwester Katharina aus Zürich zugesandten Bücher frommen Inhalts mehrheitlich ab und zeigte sich «bitter» gestimmt wegen des Wirkens und der Sammeltätigkeit, die sie als «widerliche Bettelei» der Basler Missionsvereine im von Krisen geplagten Kanton Glarus beurteilte.[147] Sie begeisterte sich für die Predigten von Schleiermachers Schüler Alexander Schweizer, vor allem aber für die Schriften des bedeutenden, kirchenpolitisch liberalen Vermittlungstheologen und Ethikers Richard Rothe, der das biblische Christentum mit dem modernen Denken zu versöhnen suchte.[148] Sie beschäftigte sich zugleich mit dem württembergischen Missionsprediger Chris-

tian Gottlob Barth, dem Vorgänger und Förderer des charismatischen Heilers Johann Christoph Blumhardt in Möttlingen.[149] Man kann davon ausgehen, dass sie in dieser Zeit im Austausch stand mit Bernhard Becker, dem Pfarrer in Linthal, der sich für die Verbesserung der Lebensbedingungen der Fabrikarbeiterinnen und -arbeiter einsetzte. Dieser hatte in Heidelberg bei Rothe studiert. Rothe seinerseits stand in der Nachfolge Schleiermachers und war zwar einer der wichtigsten Vordenker liberaler Theologie, aber laut Karl Barth auch ein «feuriger Adept der Erweckungsbewegung», in der sich der «laienchristliche Aktivismus» im Sinne des religiösen Sozialismus von Leonhard Ragaz ankündigte.[150] Anderseits stand Becker in Beziehung mit zwei den konservativen Pietisten besonders verhassten Exponenten freisinnigen Denkens: mit Thomas Scherr, dem Gründer des Zürcher Lehrerseminars, und mit dem Theologen David Strauss, dessen Berufung an die Universität 1839 der Auslöser für den konservativen Umsturz gewesen war. Mit diesen beiden war Emilie Paravicini-Blumer in den 1830er Jahren über die liberale Bewegung verbunden gewesen. In Becker, der kurz vor ihr in den Kanton zurückgekehrt war, hätte sie nach ihrer definitiven Niederlassung im Kanton Glarus einen Gesprächspartner gehabt, der wie sie das pietistische Erbe mit fortschrittlichen Positionen verband. Da er seit den 1860er Jahren ein enger Vertrauter und häufiger Gast von Joachim Heer, dem Bruder ihrer damaligen Freundin, war, wird sie ihm wohl auch persönlich begegnet sein.
Emilie Paravicini-Blumer las sowohl englische als auch französische AutorInnen im Original, wie beispielsweise «Middlemarch»[151] von George Eliot oder die bereits erwähnte Biografie von François Guizot, dem französischen Minister unter Louis-Philippe: «Guizot dans sa fam:[ille] werde ich einmal, wenn Ihr Alle es gelesen habt u: ich es einige Wochen behalten kann, mit Freuden lesen, um so mehr als ich ihm als Politiker nicht sehr gewogen war, u: ihn nun gerne als Mensch kennen lernen will.»[152] Ihr neu entfachtes Interesse an Guizot konnte mit dessen wohlwollender Haltung gegenüber Hahnemann und der Homöopathie zusammenhängen, mit der sie sich seit 1860 intensiv auseinandersetzte.[153] Sie zeigte auch im Alter Neugierde für Fremdes, vermittelt durch die Lektüre von Büchern wie «Munzigers Ostafrika»[154] oder die vom ehemaligen Rektor des Zürcher Lehrerseminars Heinrich Zollinger verfassten Beschreibungen einer Reise durch Java,[155] und sie fühlte sich «glückselig im Studium der Reise Stanley's ‹durch den dunklen Welttheil›!».[156] Sie wollte sich trotz zunehmenden Augenleidens auch in ihren letzten Lebensjahren mit unterschiedlichster, selbst neuester Literatur beschäftigen.[157] So las sie noch 1884 Novalis' «Friedrich von Hardenberg»,[158] das Tagebuch der Königin Victoria in Balmoral,[159] Thierlemanns «Treffliche Reisen durch Nord- u: Südamerika»,[160] historische Romane von Ebers und Freytag und verglich Meyers «Jenatsch» mit von Sprechers Geschichte des Kantons Graubünden.[161] Bücherlesen beschrieb sie als Bedürfnis, ein paar Seiten Tacitus wirkten auf sie 1873 therapeutisch wie ein «erquickendes und stärkendes Bad».[162] Ob ein Zusammenhang zwischen ihrem zunehmenden Interesse für Theologen aus pietistischem Umfeld und ihrer Hinwendung zur Homöopathie besteht, muss offenbleiben, könnte aber wohl der Fall sein, da gerade in pietistischen Kreisen die Homöopathie stark verbreitet war.[163]

Vielschichtige Welten

Sowohl aus progressiver wie aus konservativer Perspektive des 19. Jahrhunderts mochte Emilie Paravicini-Blumers Lektüre zwar widersprüchlich erscheinen, doch war diese vielmehr ähnlich vielschichtig wie ihr Alltag, ihre Erfahrungen und ihre Beziehungen. Emilie Paravicini-Blumer verstand sich als rational handelnde Protestantin, die sich schwärmerischen Bibelgruppen gegenüber kritisch zeigte. Sie stand aber zugleich in engem Briefkontakt mit ihrer ins pietistische Milieu eingeheirateten Schwester Hanna Girard-Blumer.[164] Selbst wenn sie die jüngste Schwester Katharina Usteri-Blumer ermahnte, sich «ja nicht auf mystische Lesereien [...] einzulassen, sondern die Seele fürs Leben heiter und kräftig zu erhalten»,[165] fühlte sie sich ihr engstens verbunden. Auch mit ihrer ehemaligen Lehrerin Katharina Hemmann, die sich in Brugg in frommen Bibelkreisen bewegte, pflegte sie weiterhin Kontakt und empfing – widerwillig zwar – auf deren Drängen hin sogar den Basler Pfarrer und Dichter geistlicher Lieder, Johann Jakob Schneider, um sich mit ihm brieflich und im direkten Gespräch auseinanderzusetzen.[166] Zwar goutierte sie Meta Heussers erbauende Lieder, die ihr Katharina Usteri-Blumer zugeschickt hatte, nicht,[167] trotzdem wechselte sie häufig Briefe mit deren gleichgesinnter Bekannter Betsy Meyer-Ulrich, der Mentorin von Heussers Tochter Johanna Spyri. Im Unterschied zu den männlichen Exponenten des liberalen und radikalen Lagers verortete sie die Personen aus ihrem Bekanntenkreis nicht nur nach ihrer politischen Gesinnung, eine Verortung, die Gemeinsamkeiten verdecken konnte. So entpuppte sich die Mutter von Conrad Ferdinand Meyer nicht nur als Leserin von Schleiermacher, sondern auch von George Sand und Rahel Varnhagen.[168] Emilie Paravicini-Blumer sah sich über Differenzen hinweg mit ihr verbunden und nahm Anteil an deren schwieriger Situation wegen der ihr auferlegten Pflege des geistesschwachen Mallet, eines Mannes aus bester Genfer Familie.[169] Im Auftrag von Betsy Meyer-Ulrich fungierte sie für deren gleichnamige Tochter Betsy Meyer während deren Ferienaufenthalts in Erlenbach als beratende Kontaktperson.[170] Betsy Meyer (Tochter) porträtierte ihrerseits Emilie Paravicini-Blumer in Öl.[171] Diese wiederum bat ihre Schwester Katharina Usteri-Blumer, bei der in unmittelbarer Nachbarschaft wohnenden Betsy Meyer-Ulrich vorbeizugehen, da diese gesundheitlich sehr angeschlagen sei.[172] Nach deren Selbstmord bezeugte sie der Tochter Betsy Meyer Verständnis für die Tat der Mutter, da sie selber vom Abgrund bedroht gewesen sei.[173] Zugleich markierte sie im Brief an die Schwester auch klar Distanz: «Diese trefflichste Frau hat im Exaltieren ihres Verhältnisses zu Herrn Mallet ein noch Höheres vergessen: das zu ihren Kindern und die Selbsterhaltungspflicht um ihretwillen. Auch in Beziehung auf ihre religiösen Ansichten ist mir aufs neue klar geworden, dass diese uns nur zum wahren Heil werden, wenn sie in Harmonie mit allen übrigen geistigen Fakultäten gehalten werden. Die Vernunft ist auch eine göttliche Gabe, wenn sie mit der Religion Hand in Hand geht.»[174]

Distanzierung bedeutet bei Emilie Paravicini-Blumer nicht Ablehnung, Zuneigung nicht Identifikation, einfachen Mustern der Zuordnung entzog sie sich. Vielmehr blieb sie über emotionale Parteinahme und Lektüre, über gegenseitige Unterstützung und Verwandtschaften eingebunden in vielfältige, sich ebenso überlagernde wie sich abgrenzende Beziehungsnetze. Sie positionierte sich als eigenständige Person, dabei die Trennlinien zwischen den Geschlechtern reflektierend und den Raum ihres Handelns immer selbst neu definierend.

2.3 Solidarität und Engagement: politischer und persönlicher Einsatz für die Freiheit der Polen

In Emilie Paravicini-Blumers Korrespondenz sprengten die emotional aufgeladenen Deklamationen von Freiheit und Unabhängigkeit ebenso wie die Projektionen von Heimat und Beheimatung die Grenzen des sich formierenden Nationalstaats. Indem sie den eidgenössischen Freiheitsmythos mit den Vorstellungen des Kampfes des unterdrückten polnischen Volkes gegen Unterjochung durch fremde Mächte verknüpfte, erfuhr sich die Glarnerin in ihrem öffentlichen Engagement als Teil des aufbrechenden Europa.[175] Im Folgenden liegt der Fokus auf Aspekten dieser Identifikation und Solidarität mit Polen. Denn aus ihrer Tätigkeit als Spendensammlerin resultierte ein Beziehungsgeflecht, das zu einem jahrzehntelangen Austausch mit Exponenten des politischen Widerstands gegen die russische Herrschaft im so genannten Kongresspolen führte. Doch dieser Austausch wandelte sich im Laufe der Zeit, da sich vom ersten Aufstand zu Beginn der 1830er Jahre bis zum zweiten Aufstand in den 1860er Jahren mit den Personen auch die inhaltliche Zielrichtung des Aufstands änderte: weg vom Widerstand des Adels hin zur politischen Organisation des Bildungsbürgertums. Der Übergang zeigte sich auch im Wechsel der Rolle von Emilie Paravicini-Blumer: weg von der Rolle des beschützenden Engels hin zur Rolle der informierten Beraterin. Der Nutzen war nicht ein einseitiger. Als junge Frau empfand Emilie Paravicini-Blumer ihren Einsatz wie eine Befreiung und therapeutische Kur, in mittleren Jahren profitierte sie von der Hilfe der in ihrem Haus aufgenommenen Tochter eines polnischen Emigranten, und noch eine Generation später wussten ihre Verwandten aus den Warschauer Beziehungen Nutzen zu ziehen.

Die Spendensammlerin

Gottlieb Hagnauer war in der Schweiz einer der grossen Befürworter der Befreiung der Polen vom «russischen Joch», einer Bewegung, die wie der Befreiungskampf der Griechen im liberalen Lager der Schweiz auf eine breite Unterstützung zählen konnte.[176] Er hatte im Basler Konflikt aktiv Partei ergriffen für Baselland und auf dessen Seite kämpften 1833 auch einige Polen.[177] Ob Gottlieb Hagnauer oder eine andere Person Emilie Paravicini-Blumer 1833 als Glarner Kontakt für die Sammeltätigkeit zu Gunsten der Opfer des ersten polnischen Aufstandes von 1830/31 vorschlug, entzieht sich meiner Kenntnis. Sicher aber ist: Diese Tätigkeit war der Auftakt zur langjährigen Beziehung zwischen Emilie Paravicini-Blumer und dem Grafen Christian von Bentzel-Sternau und seiner Ehefrau, Maria Freiin von Seckendorff-Aberdar, die dem Ostschweizer Hilfskomitee für die polnischen Flüchtlinge vorstanden.[178] Für Emilie Paravicini-Blumer war ihr Einsatz für die Befreiung der Polen Teil ihrer Identifikation mit den liberalen Bewegungen in der Schweiz, in Frankreich und in Europa: eine «heilige Sache», der sich ihr «Herz» verbunden fühlte.[179] Diese religiöse Terminologie und Metaphorik bezog sich gleichermassen auf den Kampf der Patrioten in der Schweiz wie in Kongresspolen und war für ihr Denken insofern konstitutiv, als die Bewegung ähnlich der Antisklavereibewegung emotional und moralisch fundiert war. Damit waren Frauen vom Kampf nicht ausgeschlossen: «Die Unwürdigkeit einzelner schliesst mich um so heiliger an ihre *Sache*, die ich für eine gerechte halte, und wäre es auch das nicht, so hätte ich eine Bitte an mein Mitgefühl *nie* zurückweisen können, möchte es nun Juden oder Christen oder Heiden sein, oder welches politischen Glaubens sie wollen – (danach dürfte ich schon als Frau nicht fragen), genug, es sind Unglückliche, denen ich wohltun kann.»[180] Sie positionierte sich als Verfechterin der Gleichheit aller Menschen unabhängig von ihrer Konfession und konnte ihr Engagement mit der Berufung auf konkrete Pflichterfüllung in der mütterlichen Hinwendung zu den Unglücklichen und auf die abstrakten, allgemein gültigen Kategorien Humanität und Gerechtigkeit legitimieren. Wegen der moralisch gerechtfertigten Unterstützung der Opfer zaristischer Repression verband sie den männlich konnotierten Bereich des politischen Kampfes mit dem weiblich konnotierten Bereich der uneigennützigen Hilfe für die unschuldig Leidenden. Selbstbewusst strich sie im Brief an die Freundin in Zürich ihren Erfolg hervor. Sie führte ihn vor allem auf die geschickte Mobilisierung weiblichen Mitgefühls zurück sowie auf die von ihr organisierte Mithilfe von bekannten Frauen in den einzelnen Glarner Gemeinden: «Kurz, ich fand hier einen urbaren Boden, von dem einst herrliche Früchte für das Vaterland zu gewinnen wären, wenn jemand verstünde, den rechten Samen zu pflanzen.»[181] Sie verfeinerte ihre Methode anlässlich der Sammlung für die Versorgung polnischer Waisenkinder im Dezember, indem sie bewusst – darin waren ihre Strategien denjenigen Josephine Stadlins ähnlich – angesehene «Damen» mit «mütterlichem Herzen» als Galionsfiguren für ihre Kampagne gewann: «Ich sammelte nur im Kreise der lieben Freunde und Bekannten stille Gaben, alle aus weiblichen Händen, und zwar aus wenigen, aber mit grossmütigem Sinn gereicht.»[182] Sie nahm hier die spezifische Einbindung der Frauen in die öffentliche Gemeinnützigkeit vorweg, wie sie vor allem in der zweiten Hälfte des 19. Jahrhunderts üblich werden sollte. Auch wenn sie sich zur selben Zeit von den jungen «Damen» aus den ersten Häusern wegen deren so genannt weiblicher Beschränktheit distanzierte, wusste sie diese im Rekurs auf die weibliche Pflicht zur Fürsorglichkeit für ihr politisches Engagement einzuspannen.

Die von breiten Kreisen geteilte Solidarität mit dem Widerstand der Polen gegen die russische Herrschaft basierte in der Schweiz auf der Popularität von Tadeusz Kosciusko. Dieser war mit Jefferson und Beaumarchais gleichermassen befreundet und legendär als Kopf der nur wenige Monate existierenden Unabhängigkeit von 1794. Beeinflusst von der Amerikanischen und der Französischen Revolution verlieh Kosciusko dem Begriff «polnische Nation» seine politische Bedeutung. Im Sog der pathetischen Befreiungsparolen wurde in den Kreisen der europäischen und amerikanischen Liberalen die Tatsache ignoriert, dass zur «polnischen Nation» meistens nur der zehn Prozent der Bevölkerung um-

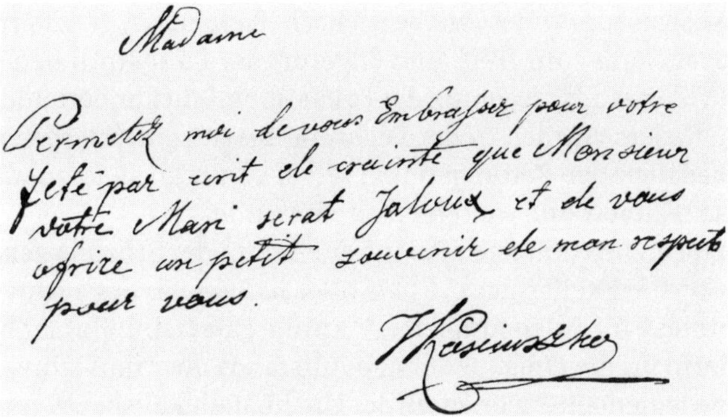

Madame

Permetez moi de vous Embrasser pour votre
fete par ecrit de crainte que Monsieur
votre Mari serat Jaloux et de vous
ofrire un petit souvenir de mon respect
pour vous.

T Kosciuszko

Glückwünsche von Tadeusz Kosciusko vom 21. Oktober 1815: Der als Freiheitskämpfer verehrte Kosciusko war der Pate von Emilie Zeltner, verheiratete Gräfin Morosoni. Von 1815 bis zu seinem Tod 1817 lebte er im Haus ihres Vaters Franz Xaver Zeltner in Solothurn.

fassende polnische Adel gezählt wurde und das eigentliche Volk als Leibeigene in drückender Abhängigkeit von ebendiesem Adel lebte.[183] Nach der politischen Niederlage der Polen am Wiener Kongress wählte Kosciusko die Schweiz als Exil und verbrachte seine zwei letzten Lebensjahre in Solothurn im Hause von Franz Xaver Zeltner, dem Bruder von Peter Josef Zeltner, mit dem er sich im Pariser Exil während der Jahre der Französischen Revolution befreundet hatte.[184] In Solothurn unterrichtete Kosciusko sein Patenkind, Franz Xaver Zeltners jugendliche Tochter Emilie, in Geschichte, Geografie und Mathematik. In Yverdon besuchte er Pestalozzi,[185] und auf dem Rütli und in Morgarten soll er den Urschweizern als Verkörperung des Freiheitsgedankens Reverenz erwiesen haben. Nach seinem Tod wurde sein Körper dreigeteilt, seine Eingeweide auf dem Friedhof von Zuchwil begraben, sein Herz in eine Urne gelegt und Emilie Zeltner vermacht, der Leichnam in der Jesuitenkirche bestattet und später in der Kathedrale auf dem Wawel von Krakau neben den polnischen Königen nochmals beigesetzt. Emilie Zeltner, verheiratete Gräfin Morosoni, bewahrte das Herz in ihrer Privatkapelle in Vezia bei Lugano auf. Kosciusko hatte ihr ausserdem einen grossen Teil seines Vermögens in Geld und Schmuck vermacht sowie seine wichtigsten politischen Papiere.[186] Die Schweiz symbolisierte für die aufständischen Polen im Gedenken an den nationalen Helden Kosciusko, der hier als Verfolgter freundliche Aufnahme gefunden hatte, den Hort der Freiheit, dorthin waren nach der Niederschlagung des Aufstandes von 1830/31 ein paar hundert Männer – fast ausschliesslich Offiziere – geflohen. Nach dem Scheitern der Erhebung von 1863/64 sollten es mehrere tausend sein. In den so genannt regenerierten, das heisst von Liberalen auf Grund einer neuen Verfassung regierten Kantonen wie Aargau oder Zürich wurde die Befreiungsbewegung der Polen als Propaganda gegen die von Metternich und dem Zaren verkörperte Politik instrumentalisiert.[187] Deshalb feierten in den 1830er Jahren die Liberalen und Radikalen gemeinsam mit den Flüchtlingen polnische Nationalfeste. Schliesslich wurde 1870 Schloss Rapperswil zum Sitz des polnischen Nationalmuseums.[188] Auch das Herz von

Kosciusko wurde von Vezia nach Rapperswil transferiert und das Städtchen avancierte zum Treff- und Pilgerort der Emigrantinnen und Emigranten.[189] Die Widerstandsbewegung der Polen im 19. Jahrhundert und damit auch die adligen Offiziere wurden in der Dichtung meist romantisch verklärt, ein Bild, das von bedeutenden Zeitungen und selbst von radikal-demokratischen Polenfreunden so rezipiert und weitervermittelt wurde.
Zu den bekanntesten Polenfreunden in der Schweiz gehörte im 19. Jahrhundert Gottfried Keller, der 1863 bis 1865 als Sekretär des «Schweizerischen Central-Comités» für Polen fungierte.[190] Emilie Paravicini-Blumer blieb als Spendensammlerin für die Opfer des ersten Aufstands über fünf Jahrzehnte lang eng liiert mit bedeutenden Exponenten der Unabhängigkeitsbewegung. Durch diese persönlichen Beziehungen flachte ihre Unterstützung für die polnische Sache selbst über Jahrzehnte nicht ab.

Der Engel von Mollis

Den ersten konkreten Kontakt mit polnischen Emigranten verdankte Emilie Paravicini-Blumer der Gräfin von Bentzel-Sternau, Freiin von Seckendorff-Aberdar. Aus Anerkennung für ihre Sammeltätigkeit lud diese sie 1834 erstmals auf das Landgut Mariahalden in Erlenbach ein und besuchte sie im folgenden Herbst zweimal in Glarus, um die Polenhilfe neu zu lancieren.[191] Emilie Paravicini-Blumers Methode scheint nicht mehr die erhofften Erfolge gebracht zu haben, doch trat die Glarnerin über Mariahalden mit dem Emigranten und ehemaligen Gutsbesitzer Paul Lewicki in brieflichen Kontakt. Kurze Zeit später wurde dieser vom ebenfalls in die Schweiz emigrierten Grafen Alexander Sobanski als Sekretär für die polnische Sache berufen. Sobanski hatte dafür mit Unterstützung von Schweizerinnen und Schweizern das Schloss Kyburg bei Winterthur erworben.[192] Für Emilie Paravicini-Blumer verkörperte der ehemalige Gutsbesitzer Lewicki das romantische Bild des polnischen Flüchtlings: edel, grossherzig und verarmt zugleich. In den Briefen an Hortensia Margaretha Koller-Steinbrüchel in Zürich verschmilzt Polen mit Lewicki zur Projektionsfläche für ihre pathetische Anteilnahme. Emilie Paravicini-Blumer sandte ihrer Freundin einen Brief Lewinskis zur Lektüre, begleitet von einem Schreiben, in dem sein unschuldig erlittenes Elend zugleich ihre selbstlose Hilfe spiegelt: «Lies ihn und sage mir, ob Dir dann nicht auch jeder Nerv gezittert hat. [...] Grosser Gott, ja, ich bin auch glücklich. Ich habe eine Heimat, ich habe, mich satt zu essen und weiss, wo ich mein Haupt hinlegen soll. Wie viele Herzen bangen liebend um mich, wie viele Hände sind bereit, mich zu pflegen, wenn ich krank bin, wie manche Freudenblume blüht noch auf meinem Wege – und habe ich das besser verdient als dieser alternde Mann, dessen ganzes Leben ein Opfer ist und der ‹nun wandert seinen rauhen Pfad, einsam, umnachtet, ewig herberglos›. [...] Und wenn meine tiefe warme Teilnahme nur einen Strahl der Freude wieder in dieses umnachtete Dasein geworfen, auch nur *ein* Tropfen Balsam in dieser Wunde war, bin ich zufrieden und glücklich.»[193] Im Kontrast zur Einsamkeit des Flüchtlings erfuhr sie das eigene Dasein, das sie zuvor als das zutiefst ungerechte Schicksal einer Sklavin schilderte, als ein glückliches. Dieses Glück beruhte auf einem doppelten Pfeiler: auf der Zuneigung ihrer eigenen Verwandten, Freundinnen und Freunde zum einen, auf dem Leiden Kongresspolens zum andern, das ihr die Möglichkeit bot, durch ihre Hilfe Glück zu schaffen und in dieser Aktivität eigenes Glück zu erfahren. Nicht minder aufgeladen erscheint Lewickis Bild der «lieblichen Glarner Blume», der «himmlischen Gesandten», der «Schöpferin seines Wohls».[194] Im November 1836, kurz nach ihrer Niederlassung in Mollis, war er für eine Woche ihr Gast und hob die Gönnerin in seinem Dankesbrief in himmlische Höhen: «Verehrteste! [...] ohne zu klopfen machte mein Engel selbst die Pforte auf, und ich erblickte meine holde Blume. Der Verbannte war wieder einmal unter seiner Familie, und so zart, so liebreich aufgenommen. Nicht lange durfte meine Seele an der Seite der Göttlichen weilen [...]. Ich sah die mir vom Himmel Gesandte. Ihr Blick war mir so huldreich, der Händedruck so zart, aber bis in die Tiefe des dankbaren Herzens drang er hinein. [...] Die Grösse Ihres Mitleids habe ich schon ergründet, drum hoffe ich alles von ihm und hange freudig dem Gedanken nach, der mich an meinen Engel fesselt. Zum Wegweiser ist stets die innigste Hochachtung, mit der ich stets bin Ihr ergebenster Paul Lewicki.»[195] Oberflächlich gesehen ist der Diskurs des Emigranten kein politischer, sondern dieser (re)konstruiert das geschlechterkonforme Bild der Frau als reiner Engel, der sich mütterlich den Armen zuwendet, ein Bild, auf das viele Exponenten der schweizerischen und deutschen Politik und Bildungselite zurückgegriffen haben.[196] Die Metaphorik verwischte die Altersdifferenz zwischen den beiden, Paul Lewinski war ein älterer Mann mit einer bald erwachsenen Tochter, Emilie Paravicini-Blumer eine 28-jährige Frau. Folgen wir ihrem Kommentar zu seinen Briefen, scheint sie sich weniger mit ihrem von ihm gezeichneten Bild identifiziert zu haben, als dass sie darin ihre romantische Vorstellung des Fremden bestätigt sah, das sie aus der Kunst, der Literatur und von der Griechenbewegung her kannte: «Von Lewicki gestern einige Zeilen, voll fast orientalisch schwärmerischer und doch so ehrerbietiger Glut. In diesem Mann liegt ein ungeahnte Fülle und Kraft der Gefühle, die unverschwendete Tiefe der Empfindung eines unverbildeten Sohnes der litauischen Wälder, eine Gewalt und Dauer derselben, die sich in seinem Wirken und Opfern fürs Vaterland, in seinem Schmerz darum voll und ganz beurkundete, und darin leise und wehmütige Nachklänge in seiner anbetenden Anhänglichkeit an uns liegen.»[197] Lewicki verkörperte für Emilie Paravicini-Blumer eine doppelte Vorstellung des Fremden: als Mann aus den Wäldern des Nordens die noch unverdorbene Natur, als Orientale die Glut der unmittelbaren Emotionen, die keiner Erweckung durch eine Frau bedürfen.[198] Sein politisches Engagement setzte sie gleich mit der Intensität der Gefühle, die sie bei ihm vermutete. Im Unterschied zum Verhältnis zu dem ihr geistesverwandten Hagnauer, dessen Glut sie im Rahmen der Paarkonstellation zu entfachen vermochte, erweckte Lewicki als Heimatloser und Bedürftiger in ihr als Frau das mütterliche Mitgefühl. Diese Durchmischung von politischem und emotionalem Diskurs ermöglichte es Emilie Paravicini-Blumer, sich im gesellschaftlichen Umfeld der 1830er Jahre positiv zu positionieren, da das männlich konnotierte politische Engagement das selbstlos helfende Engagement der Frauen als Ausdruck der weiblichen Geschlechterrolle bestätigte.

Die verlässliche Freundin

Über Paul Lewicki blieb Emilie Paravicini-Blumer nach dem Tod der Gräfin Maria von Bentzel-Sternau, Freiin von Seckendorff-Aberdar, im Jahre 1838 mit der Befreiungsbewegung der Polen in Kontakt, auch wenn diese in Europa erst nach der Niederschlagung des zweiten Aufstandes neu belebt wurde. Paul Lewickis Tochter Anna hielt sich seit dem Winter 1839/40 für mehrere Jahre im Hause Emilie Paravicini-Blumers in Mollis auf. Anna Lewicka war mit dem nach Sibirien verbannten Oppositionellen Domaszewski verlobt, dem sie später in die Verbannung folgte, um ihn dort zu heiraten, da nach der allgemeinen Amnestie des Zaren von 1856 die politischen Gefangenen zwar freigelassen wurden, aber nicht heimkehren durften. Schon bald darauf verwitwet, heiratete Anna Lewicka, die in der polnischen, emanzipatorischen Gruppe «Entuzjastki» (Enthusiastinnen) engagiert war, in Irkutsk den ebenfalls nach Sibirien verbannten Henrik Krajewski, einen engen Freund ihres verstorbenen Mannes. Die im von Russland und Preussen beherrschten Polen verankerten Enthusiastinnen agierten zum Teil als konspirative Gruppe im Untergrund, organisierten materielle Unterstützung für politische Gefangene und ihre Familien. Sie standen der demokratischen Bewegung nahe, ihre Ziele waren die persönliche Freiheit und Menschwerdung der Frau.[199] Auch Krajewski stand nicht mehr in der aufständischen Tradition des polnischen Adels; als bekannter Anwalt aus Warschau war er mehr ein Vertreter der europäischen 1848er und der polnischen Intelligenz, die in der zweiten Hälfte des 19. Jahrhunderts als Rechtsanwälte, Ärzte, Journalisten, Professoren und auch Priester zunehmend den politischen Diskurs bestimmten.[200] Er war nach den Unruhen von 1849 arretiert, gefoltert und 1854 zu acht Jahren Sibirien verurteilt worden. In Irkutsk stand er wegen seiner Kenntnisse im Dienst des Bürgermeisters, doch verdienten sich die beiden Eheleute den Unterhalt vor allem durch Privatunterricht, bevor sie 1860 nach Warschau zurückkehren durften.[201] Ihre einzige Tochter Adeodata starb schon als Kind. Henrik Krajewski wurde zwar wiederholt von der Polizei festgenommen, aber trotz seiner Funktionen in der polnischen nationalen Regierung von 1864 nach der Niederschlagung des Aufstands nicht zu einer längeren Haftstrafe verurteilt. Er blieb als Anwalt der politischen Angeklagten tätig und amtete als juristischer Berater von gemeinnützigen Stiftungen.[202] Anna Krajewska oder «Lewitzka», wie Emilie Paravicini-Blumer sie in lautgetreuer Abwandlung des polnischen «Lewicka» in der Korrespondenz meistens nannte, blieb dieser sowie der Familie Usteri-Blumer in Zürich eng verbunden und erkundigte sich in ihren Briefen immer nach den weiteren Verwandten und nach der Magd Sara.[203] So traf beispielsweise 1864, im Jahr der zweiten polnischen Erhebung, ein Brief in Mollis ein mit der Bitte um Vermittlung einer Gouvernante, ein Anliegen, das Emilie Paravicini-Blumer nach Zürich weiterleitete: «Du hast vermuthlich von der l.[ieben] Mama gehört», schrieb sie der Nichte Betsy, «dass ich wieder Briefe von meinen alten trefflichen Anna Lewitzky (jetzige Madam Krajewska) hatte. Sie wünscht für die Familie ihrer Schwägerin eine Gouvernante, hauptsächlich um der Sprachen wegen u: von gutem Charakter u: Bildung! Die Erziehung leitet die vorzügliche Mutter selbst. Den Fachunterricht die Lehrer des Gymnasiums.

Anna Lewicka: Die Tochter von Paul Lewicki, Sekretär der polnischen Unabhängigkeitsbewegung in der Schweiz, hielt sich als junge Frau für längere Zeit bei Emilie Paravicini-Blumer in Mollis auf.

Henrik Krajewski: Anna Lewicka, Mitglied der emanzipatorischen Frauenbewegung Polens, heiratete in der sibirischen Verbannung den polnischen Anwalt und Politiker Krajewski, der sich später Emilie Paravicini-Blumer ebenso verbunden fühlte wie seine Ehefrau.

Also wäre sie nur gleichsam eine Gehülfin der Mutter, ein Glied der Familie, u: in jeder Beziehung wohl aufgehoben. Reisegeld Fr[anken] 600–700 Salair, u: Zeit um täglich noch ein paar Sprachstunden in der Stadt zu geben, die sehr gesucht seyen. – Ich klopfte da u: dort an, fand aber noch nichts Passendes. Andere fürchten die unruhigen politischen Zustände; doch ist der Krieg zu Ende, und im Gouvernement Lublin war es nie sehr gestört. Erkundige Dich doch etwas nach einer passenden Person. Dass Eltern jede Tochter in diese Verhältnisse geben dürften, dafür bürgt der Charakter der Familie, u: der meiner Anna, die mit Worten des höchsten Lobes von ihrem Schwager u: Schwägerin spricht (Drey Kinder, zwey Knaben, ein Mädchen, von 9, 7, 5 Jahren.)»[204] Auch mit Henrik Krajewski standen sie und ihre Verwandten in Zürich in Briefwechsel, der aber durch die repressive Politik zeitweise erschwert war: «Von Hr. [Herrn, Henrik oder Henri, E. J.] Kraj:[ewski] hatte ich gar keine Briefe; [...] Sie werden nicht gerne schreiben, denn Annas letzte Briefe waren immer geöffnet.»[205] Anna Krajewska-Lewicka sprach die beiden Nichten Emmy und Betsy Usteri selber als «Nièçen» an und bat sie um Mithilfe bei der Gründung einer Haushaltungsschule in Warschau: «Sie haben gewiss in der Schweitz Dienstmädchenschulen zur Erziehung oder Belehrung der Köchinnen, Kammermädchen, u. d. g.» Sie hätte gerne Pläne oder Statuten einer solchen als Vorlage, da man im russischen Polen «solch eine

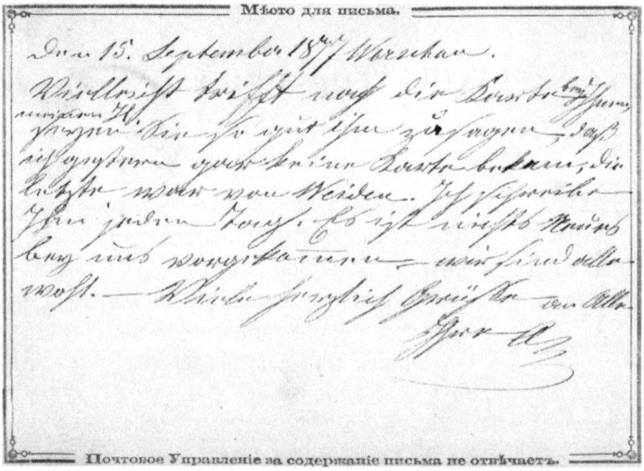

Postkarte aus Warschau nach Zürich: Nach dem Tod von Emilie Paravicini-Blumer adressierten Anna Lewicka und Henrik Krajewski ihre Briefe und Karten an deren Nichten und Neffen Betsy, Emma und Paul Usteri.

Schule einführen» wolle.[206] Der Ton ihrer Briefe ist äusserst herzlich, sie erzählen von ihr, ihrer Nichte Marie und dem Neffen Stanislaw.[207] Der jüngere Bruder von Betsy und Emma, Paul Usteri (Sohn), war seinerseits für längere Zeit in Warschau Gast des Ehepaars.[208] Auch Henrik beziehungsweise Henryk oder Henri[209] Krajewski pflegte den Kontakt mit den Bekannten seiner Frau in der Schweiz, besuchte Emilie Paravicini-Blumer zusammen mit Stanislaw[210] und weinte sich über den Verlust seiner Frau Anna – sie starb im Herbst 1882 – bei ihr «in Strömen» aus, schickte Fotos von ihr und später auch von sich selbst nach Mollis.[211] Der Familie Usteri-Blumer kondolierte er per Telegramm nach dem Tod der von ihm verehrten Emilie Paravicini-Blumer: «Dieu daigne admettre la vertueuse vierge aux joies célestes.»[212] Er erinnerte sich ihrer als «la sainte personne» und pilgerte an ihr Grab.[213] Wie schon sein Schwiegervater Paul Lewicki griff Henrik Krajewski für die Charakterisierung Emilie Paravicini-Blumers auf religiöse Bilder mit zum Teil stark katholischer Einfärbung zurück. Es scheint, dass dies von der sich als nüchterne Protestantin verstehenden Glarnerin so wenig wie von ihren im Stadtzürcher Bürgertum verankerten Verwandten als der Beziehung abträglich empfunden wurde; es entsprach wohl auch ihrem Bild polnischer Männlichkeit. Mit der Familie Usteri-Blumer wechselte Krajewski nach dem Tod von Emilie Paravicini-Blumer weiterhin Briefe und holte sich Rat und Unterstützung für seine gemeinnützigen Pläne.[214] So schrieb er Emma Usteri über die von ihrem Schwager Heinrich Paur-Usteri erhaltene Broschüre über die Gründung der Schweizerischen Epileptischen Anstalt in Zürich, bekundete dabei sein Interesse für solche Institutionen und deren Finanzierung.[215] Er äusserte sich trotz seines Glaubens an den unweigerlichen Fortschritt der Menschheit mit wenig Hoffnung auf eine Besserung der politischen Lage: «Comme citoyens, nous sommes de plus en plus malheureux et l'œil humain ne voit devant soi aucun rayon de lumière, aucune issue qu'on ne vit que par l'idée générale que le progrès vous amènera à la justice, mais ce n'est qu'aux temps où nous ne serons plus.»[216] Ob es nach dem Tod Krajewskis noch zu Kontakten zwischen Zürich und Warschau kam, kann ich auf Grund der Quellen nicht beurteilen. Aber heute noch wird vom Nachlassverwalter des privaten Archivs der Familie Usteri mit berechtigtem Stolz auf die Beziehung zum illustren Paar verwiesen. Möglicherweise wurde die Erinnerung an die vom polnischen Emigranten Paul Lewicki als Engel verehrte Freundin über den Neffen Stanislaw auch in Warschau noch längere Zeit gepflegt, gehörte doch Henrik Krajewski in Polen zu den Helden der Nation, dessen Zeit als gequälter Gefangener in der Novelle «Adeodat» der polnischen Autorin Narcyza Zmichowska von 1857 verewigt ist.[217]

2.4 Frauenpartizipation und Frauenvernetzung: Gemeinnützigkeit als Verpflichtung und Möglichkeit öffentlichen Handelns

Im Kontext des liberalen Aufbruchs und der Neuorganisation des Bildungswesens suchte Emilie Paravicini-Blumer sich in den öffentlichen Kommunikationsraum einzuschreiben und aktivierte dazu ihre Beziehungsnetze. Auf schweizerischer Ebene stiessen ihre diesbezüglichen Bemühungen beim bekannten Exponenten der fortschrittlichen Schweiz, Heinrich Zschokke, auf kein manifestes Interesse.[218] In ihrem Heimatkanton dagegen gelang Emilie Paravicini-Blumer auf der Ebene der geschlechterkonformen Gemeinnützigkeit die öffentliche Einmischung. Pragmatismus kennzeichnete ihr Handeln. Ausgehend von traditionell im häuslichen Bereich verankerten weiblichen Praktiken stellte sie ihr Können und ihre Erfahrungen in den Dienst der Behörden, aktivierte ihre organisatorischen Fähigkeiten als Spendensammlerin, definierte die Inhalte einer spezifischen Mädchenbildung und arbeitete nach dem Brand von Glarus bei der Bewältigung der Katastrophenfolgen mit. Zur Erreichung der klar definierten Ziele initiierte sie die Gründung lokaler Frauenvereine und -komitees. Trotz der Beschränkung auf Gemeinnützigkeit stiessen diese bei Männern auf geringe Akzeptanz oder sogar auf Opposition. Dies war vor allem dann der Fall, wenn die Frauen in ihrem Engagement offensichtliche Eigeninitiative entwickelten. Dennoch war auch im Kanton Glarus Gemeinnützigkeit, wie dies Beatrix Mesmer am Beispiel der Vereinstätigkeit von Schweizerinnen analysiert hat, die zentrale geschlechterkonforme Möglichkeit der Partizipation von Frauen am Bereich des Öffentlichen.[219] Bestehende Netzwerke waren dabei der Ausgangspunkt der vereinsmässigen Organisation, die wiederum zum Ausbau dieser Netze führte.

Frauenverein und Mädchenbildung

Emilie Paravicini-Blumer definierte ihren Handlungsspielraum auf lokaler Ebene, indem sie sich als Vertreterin der fortschrittsorientierten Bildungspolitik positionierte, die in der Nachfolge von Leonhard Usteris Zürcher Töchterschule, Pestalozzis Arbeitsschule und des Niederer'schen Töchterinstituts in Yverdon Vorstellungen von einer spezifischen Ausbildung des «weiblichen Geschlechts» umfasste. Die Diskussion wurde von der 1810 gegründeten Schweizerischen Gemeinnützigen Gesellschaft (SGG) initiiert, 1836 in ihrer Jahresversammlung als Problem «weiblicher Bildung» breit erörtert und von den liberalen Kräften in den regenerierten Kantonen der 1830er Jahre weitergeführt, in Zürich und Bern ebenso wie in der Waadt und im Aargau oder im neu gegründeten Kanton Basel-Landschaft.[220] Nach ihren eigenen Aussagen dachte Emilie Paravicini-Blumer schon während ihrer ersten Ehejahre in Glarus im Briefwechsel mit ihrer ehemaligen «teuren Lehrerin» Katharina Hemmann über Möglichkeiten der Frauenbildung und die diesbezügliche Funktion von Frauenvereinen nach. Diese soll sie aufgefordert haben, mit Heinrich Zschokke in Verbindung zu treten. Der Anstoss kam aber möglicherweise von ihr selber, war sie Zschokke doch 1830 während ihres Kuraufenthaltes in Baden zusammen mit dem Ehepaar Koller-Steinbrüchel kurz begegnet.[221] Ausserdem hatte Emilie Paravicini-Blumer die äusserst mangelhafte Volksschule im Kanton Glarus und die prekäre wirtschaftliche Lage der bäuerlichen und industriellen Bevölkerung vor Augen. Auch wird sie sich der fehlenden Bildungsinstitutionen für Töchter des Bürgertums aus eigener Erfahrung bewusst gewesen sein. Ausgehend von ihrer emotional gefärbten Teilnahme an den politischen Auseinandersetzungen der Zeit können wir annehmen, dass sie Ambitionen hatte, sich in die Auseinandersetzung um Mädchenbildung und Interventionsmöglichkeiten von Frauen auf schweizerischer Ebene[222] einzumischen.
Diese Auseinandersetzung wurde in Heinrich Zschokkes «Schweizer-Boten» im Sommer 1831 mit einem Leitartikel auf der Frontseite unter dem Titel «Vorschlag zu einem schweizerischen Frauenverein» von einer anonymen «-0-» (Null) eröffnet und bis zum September vor allem von Frauen mit ebenfalls anonym veröffentlichen Beiträgen weitergeführt.[223] Emilie Paravicini-Blumer schickte Zschokke einen von ihr verfassten Artikel zur weiblichen Bildung und machte Hortensia Margaretha Koller-Steinbrüchel als regelmässige Leserin des «Schweizer-Boten» darauf aufmerksam: «Herrn Zschokke etwas darüber zur gelegentlichen Aufnahme – wenn es Beifall hätte – in den ‹Schweizerboten› zugesandt. Ich habe nicht meinen Namen, wohl aber ‹Aus dem Glarnerland› darunter gesetzt, woran Du dann meine Arbeit erkennen kannst, mein Gritli, und mir Deine Ansicht darüber sagen wirst [...]. Verzögert sich die Aufnahme länger, so sende ich Dir eine Abschrift meiner Vorschläge ein, die auf ein stilles, aber darum nicht minder wohltätiges Wirken *örtlicher* Frauenvereine, zur

Errichtung von Töchterschulen von der untersten bis zur obersten Stufe, je nach dem dringendsten Bedürfnisse, gehen und, wie ich glaube, nicht unausführbar sind, wenn ein ernster, starker Wille, Beharrlichkeit und weise Besonnenheit sich dazu vereinen. Dieses Bedürfnis nun fühlen wir im Glarnerland mehr als irgendwo, und wenn es möglich wäre, möchte ich dazu beitragen, ihm nach und nach abzuhelfen. Freilich ein Projekt, bei dem im Glarnerland, mehr als irgendwo, Berge von Schwierigkeiten zu überwinden sind. Meine Lehrerin, die das Terrain kennt, ruft mir fast entmutigend zu: ‹Auch der feurigste Wille wird hier scheitern, und Du wirst zu Deiner rechten Hand keine linke finden.› Wir werden sehen! […] Reüssiere ich nicht, so bleibt mir doch das Bewusstsein guten Willens!»[224] In ihrer Antwort suchte Hortensia Margaretha Koller-Steinbrüchel nach einer Erklärung dafür, dass der Beitrag nicht bald nach der Einsendung erschienen war: «[…] wie es scheint, will Zschokke zuerst die politischen Winde sich legen lassen, bevor er den Aufsatz über ‹Örtliche Frauenvereine› an den Tag bringt: er fände es selber schade, müsste er erfolglos verhallen; darum wird die gelegene Zeit abgewartet; jeden Freitag suche ich umsonst ‹Aus dem Glarnerland.›»[225] Die «politischen Winde» beziehen sich wahrscheinlich auf die durch die «Null» ausgelöste, heftig geführte Diskussion im «Schweizer-Boten», ob Frauen sich organisieren und ihren Wirkungskreis ausdehnen sollten. Was Emilie Paravicini-Blumers Vorstellungen von Töchterschulen der untersten bis obersten Stufe beinhalteten, entzieht sich meiner Kenntnis, da der Beitrag scheinbar unveröffentlicht blieb. Damit scheiterte deren Versuch, sich über das Medium Zeitung in die schweizerischen Diskussionen einzuklinken und sich überregionale Resonanz zu verschaffen.

Besser gelang ihr dies auf der lokalen Ebene, als Jahre später das Vorbild der ab 1836 zuerst im Kanton Zürich auf Initiative von Pfarrern gegründeten lokalen Frauenvereine auch in Glarus Schule machte. Wie in Zürich ging es bei der Vereinsgründung vor allem um die Realisierung der Arbeitsschulen, die in der deutschen Schweiz von Johannes Kettiger, Seminarleiter in Baselland, propagiert wurden. Nachdem auf Grund der liberalen Verfassungsreform von 1836/37 der Schulbesuch für alle Kinder obligatorisch erklärt worden war,[226] beauftragten zwei Pfarrer und ein Lehrer den evangelischen Schulverein, zusätzlich noch Arbeitsschulen zum schaffen, um als Mittel gegen die Armut vor allem den Mädchen aus dem Umfeld der Textilindustrie die notwendigen Kenntnisse in Handarbeit zu vermitteln: «Der Unterricht in den weiblichen Arbeiten soll nur auf das Notwendige, Unentbehrliche, im alltäglichen Leben Vorkommende, also auf Stricken, Nähen, Hanf und Flachs spinnen, sich beschränken.»[227] Die Kosten der Arbeitsschulen sowie der Ausbildung der dazu benötigten Arbeitslehrerinnen hatten aber im Gegensatz zur Volksschule den öffentlichen Haushalt nicht zu belasten.[228] Hier schaltete sich Emilie Paravicini-Blumer in die Diskussion ein und schlug zur Finanzierung die Gründung eines «Frauenzimmervereins» vor. Folgt man ihrer rückblickenden Beurteilung, setzte es eine «halbe Revolution ab», als sie «den ersten Impuls zu den Arbeitsschulen gab».[229] Der diesbezügliche gedruckte Aufruf in einer Auflage von 600 Exemplaren führte 1838 zur Gründung des als Schwesterverein zum evangelischen Schulverein konzipierten

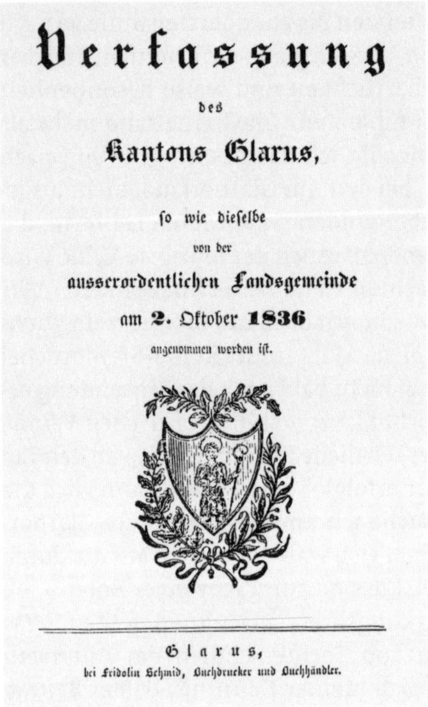
Verfassung
des
Kantons Glarus,
so wie dieselbe
von der
ausserordentlichen Landsgemeinde
am 2. Oktober 1836
angenommen worden ist.

Glarus,
bei Fridolin Schmid, Buchdrucker und Buchhändler.

Die Glarner Verfassung von 1836: Die neue Verfassung ebnete den Weg für den Ausbau der Mädchenbildung. Dieser beschränkte sich weitgehend auf die Einführung der vom Frauenverein finanzierten Arbeitsschule.

Frauenvereins, der bereits an seiner ersten Sitzung dem Schulverein über 2360 Gulden an gesammelten Spendengeldern übergeben sollte.[230] Dabei stellte Emilie Paravicini-Blumer den Antrag: «Wir wünschen und wollen für unsere Volksschulen Arbeitslehrerinnen mit der gehörigen religiösen und sittlichen Bildung, dass ihnen die Leitung einer Kinderschar ohne Bedenken anvertraut, und von ihrem Einfluss Gutes erwartet werden darf.»[231] In der Folge wurden 1288 Gulden für die Ausbildung von sieben jungen Frauen aufgewendet. Der «Frauenzimmerverein» spaltete sich in einzelne lokale gemeinnützige Frauenvereine auf, und diese übernahmen auf Gemeindeebene die Verantwortung für die Arbeitsschule. Entsprechend der im 19. Jahrhundert im Bildungsbereich üblichen Diskriminierung der Mädchen blieben in der Folge die Finanzierung und die Aufsicht über die Arbeitsschulen, obwohl als Notwendigkeit anerkannt, weitgehend Privatsache von Frauen und Frauenvereinen. In Mollis engagierte der Frauenverein Maria Gallati als Lehrerin an der Arbeitsschule. Emilie Paravicini-Blumer amtete immer wieder als Expertin bei den Arbeitslehrerinnenprüfungen. Im Brief an ihre Schwester Katharina Usteri-Blumer zeigte sie sich den jungen, auf Erwerb angewiesenen Arbeitslehrerinnen gegenüber als eine Vertreterin des Bildungsbürgertums, deren Vorstellungen in starkem Masse von Bildern aus der Literatur geprägt waren: «Montag holte man mich zu einer Lehrerinnenprüfung nach Glarus. Ich habe wohl wenig rein glücklichere Stunden verlebt und erlebt als diese, wo mir eine der schönsten Früchte herzlichen Anstrebens in herrlicher Entwicklung entgegentrat. Ich hatte den ganzen Nachmittag die Augen voll seliger Tränen. Ich habe nie

ein solches Wunder an Fleiss, Anstrengung und ihr entsprechender Entwicklung gesehen als in diesem begabten, hochsinnigen Naturkind. Und dabei ihr Herz voll tiefer Dankbarkeit und Hingebung an ihre Bestimmung.»[232] Die gefühlsbetonte Schilderung konstruierte sie als Bild im Bild: Sie betrachtete die junge Kandidatin, die sie wie ein Genrebild des 19. Jahrhunderts inszenierte. Es wurde der Stolz über den eigenen Erfolg überlagert von der auf die junge Frau als «Naturkind» projizierten Vorstellung von vollkommener Versunkenheit in die Arbeit aus Berufung. Damit ging sie über die gängige Darstellung weiblicher Tätigkeit hinaus, da sich der Erfolg auf einen Transformationsprozess bezog: Das dem unverdorbenen Volk zugeschriebene naive Schaffen wurde durch Ausbildung veredelt. Die «Bestimmung» erweiterte damit ihre einseitig gattungsbezogene Bedeutung im Sinne weiblicher Wesensart hin zu zielgerichteter Berufstätigkeit. Aber in Emilie Paravicini-Blumers Schilderung der totalen Hingabe fehlt ein zentrales Element der Berufstätigkeit: der Lohn. Im Gegensatz zu Josephine Stadlin, die – trotz Überhöhung – die weibliche Unterrichtstätigkeit weit nüchterner einschätzte, fehlten Emilie Paravicini-Blumer die konkreten Erfahrungen einer Lehrerin.
Trotz des unterschiedlichen Erfahrungshintergrunds von Emilie Paravicini-Blumer und Josephine Stadlin gab es in der Frage der Mädchenbildung und der Rolle der Frauen in der Gesellschaft einen direkten Bezug zwischen den beiden. Wie Josephine Stadlin, wahrscheinlich sogar durch deren Aufruf zur Zentenarfeier für Pestalozzi inspiriert, wusste Emilie Paravicini-Blumer den hundertsten Geburtstag des illustren Pädagogen zu Gunsten der weiblichen Bildung und des öffentlichen Wirkens der Frauen zu instrumentalisieren. So dankte sie im Januar 1846 Professor Johann Jakob Hottinger «im Namen vieler Frauen» für den Vortrag zu Pestalozzi und bat ihn zugleich: «Lassen Sie uns aus Ihrem Munde hören, was Pestalozzi von den Frauen wollte, wünschte, forderte, wohin er sie wies und wie er ihre Bestimmung auffasste.»[233] Damit knüpfte sie direkt an die von Josephine Stadlin organisierte Feier zum hundertsten Geburtstag von Pestalozzi in der Meise in Zürich an, wo Hottinger als Referent vorgesehen war und Josephine Stadlin ihre Vorstellung von einem schweizerischen Lehrerinnenseminar als würdiges Denkmal für Pestalozzi propagierte. Ebenso interessiert zeigte sie sich an der wohl im selben Jahr von der Gemeinnützigen Gesellschaft des Kantons Glarus eröffneten Mädchenerziehungsanstalt, der ersten Erziehungsanstalt für das weibliche Geschlecht der Schweiz, die dreissig Jahre später in die unmittelbare Nachbarschaft von Emilie Paravicini-Blumer umgesiedelt werden sollte.[234] Sie scheint trotz ihres nicht veröffentlichten Beitrags im «Schweizer-Boten» nicht nur in die Diskussionen über Mädchenbildung, sondern auch über die Verbesserung der Volksbildung allgemein in die bildungspolitischen Anstrengungen eingebunden geblieben zu sein. So liess sie beispielsweise Bücher, die ihr Betsy Meyer-Ulrich aus Zürich zugeschickt hatte, an Dorfkinder verteilen.[235]

Patriotisches Ritual und weibliche Handfertigkeit

Als «Patriotin» war Emilie Paravicini-Blumer nicht nur in die Diskussionen auf der schweizerischen und internationalen Ebene eingebunden, sondern nahm auch auf lokaler Ebene Anteil an patriotisch eingefärbten Ritualen. Sie verortete sich damit in ihrer Herkunftsfamilie als Teil der traditionellen Glarner Elite, der rund ein Dutzend zählenden «Häuptergeschlechter», die wie die Blumer'sche Familie vor allem über den Solddienst zu Reichtum gekommen waren. Schon vor dem 19. Jahrhundert lief die von diesen Familien geprägte Identitätsbildung der Glarner über die vom Chronisten Aegidius Tschudi im 16. Jahrhundert erzählte Heldentat der gemeinsam gegen die Habsburger kämpfenden Glarner und Eidgenossen in der Schlacht bei Näfels von 1388. Sowohl Katholiken als auch Reformierte zelebrierten mit dem jährlichen Aufmarsch unter der Fahne des heiligen Fridolin, des Landpatrons, die kollektive Erinnerung an diese Schlacht. Die Fahne stand dabei im Zentrum, da sie in die Schlacht mitgeführt worden sein soll. In den 1830er Jahren kam es zu heftigen Auseinandersetzungen, als von reformierter Seite verlangt wurde, die Näfelser Fahrt zu einem Nationalfest für den ganzen Kanton umzugestalten.[236] So gewann die Näfelser Fahrt trotz eskalierender Spannungen zwischen Liberalen und Konservativen, Katholiken und Reformierten neue Bedeutung als Zusammengehörigkeit erzeugendes und emotional aufgeladenes Erlebnis. In dem als Prozession konzipierten feierlichen Aufzug sollten die oppositionellen Lager versöhnt werden. Mit der Restaurierung des «Schlachtpanners», dem Symbol des gemeinsamen Ursprungs, wollte man dieser Versöhnung Ausdruck geben.[237] Der Rat des Kantons Glarus beauftragte 1841 die unverheiratete Frida Heussy mit dem anspruchsvollen Reparieren und textilen Ergänzen der zerschlissenen Seidenfahne. Diese engagierte Emilie Paravicini-Blumer als Mitarbeiterin, was wohl ebenso sehr mit deren handarbeitlichen Fertigkeiten wie mit deren familiärer Herkunft zusammenhing. Landammann und Rat des Kantons Glarus, die höchsten Vertreter des Kantons, bezeugten «Emilie Paravicini geb. Blumer in Mollis» später schriftlich für ihre Beteiligung an der Wiederherstellung der Fahne «Gefühle der innigsten Dankbarkeit». Eine Entschädigung, in welcher Form auch immer, wäre für sie, ihrem Stand und ihrem Selbstverständnis entsprechend, ehrverletzend gewesen; als ehrenamtlich getätigte Arbeit war ihr Einsatz Teil der patriotischen Inszenierung: «Hätten wir nach den in Ihrem verehrlichen Schreiben vom 19. dieses Monats ausgesprochenen Gefühl der hohen Achtung und der tiefen Verehrung des fraglichen Zeugen der Grosstaten unserer Väter nicht befürchten müssen, Ihrem Zartsinn zu nahe zu treten, wahrlich, wir hätten uns bestimmt gefühlt, dem Gegenwärtigen [Schreiben, E. J.] ein tätliches Zeichen unserer Erkenntlichkeit folgen zu lassen.»[238] Sie hatte sich zusammen mit Frida Heussy mit ihrer Arbeit buchstäblich in das «Panier», das «so manchen Edlen für das Vaterland sterben und kämpfen sah»,[239] so Frida Heussy in ihrem Schlussbericht an die Behörden, hineingenäht und sich damit in das Symbol männlichen Heldentums und Vaterlandsliebe inkorporiert. Emilie Paravicini-Blumer tat dies als Mitglied einer der seit Jahrhunderten führenden Familien; sie folgte damit dem Beispiel vieler Frauen, von denen im Europa des 19. Jahrhunderts das Nähen und Sticken von Fahnen als patriotischer Beitrag an die staatliche Neuordnung erwartet wurde.[240]

Das «Schlachtpanner» mit dem heiligen Fridolin: Emilie Paravicini-Blumer beteiligte sich an der Reparation des Ursprungssymbols des Landes Glarus. Die textile Ergänzung (unten links) ist wegen der verblichenen Farbe erkennbar.

Herren und Damen in der Katastrophenhilfe

Gemeinnützigkeit gepaart mit dem Anspruch auf Teilnahme am Öffentlichen kennzeichnen den Einsatz von Emilie Paravicini-Blumer nach dem Brand von Glarus im Mai 1861. Die Glarner erfuhren eine bis dahin beispiellose Solidarität, einzelne Städte und Gemeinden, die meisten Kantone und der Bund leisteten Unterstützung, aber auch die Glarner Emigranten aus Übersee. So konnten zusammen mit den Versicherungsleistungen bald schon zwei Drittel der Schäden gedeckt werden.[241] Beispielsweise reiste als Vertreter der Zürcher Regierung der amtierende Bürgermeister Ulrich Zehnder selber nach Glarus und präsidierte anschliessend das kantonale Hilfskomitee.[242] Als Präsident des Hilfskomitees der Stadt Zürich amtete Johann Martin Usteri im Neuenhof, Cousin und Nachbar von Emilie Paravicini-Blumers Schwager Paul Usteri-Blumer.[243] Ob Emilie Paravicini-Blumer dabei eine Vermittlerinnenrolle spielte, ist möglich, aber auf Grund der Quellen nicht zu belegen. Belegt ist, dass sie beim Glarner Landammann Joachim Heer und dem Glarner Ständerat Johann Jakob Blumer einen – wenn auch nicht weiterverfolgten – Antrag auf Gründung eines Amortisationsfonds für die durch die Kosten des Brands bedingten Schuldzinsen stellte und dafür über ihre Schwestern Katharina Usteri-Blumer und Hanna Girard-Blumer Männer in Zürich und Basel zu mobilisieren suchte.[244] Allgemein ist anzunehmen, dass viele Frauen sich direkt oder über ihre verwandtschaftlichen Beziehungen aktiv an der Hilfe beteiligten. Sie kommen jedoch in dem kurz nach dem Brand erstellten rund hundertseitigen Bericht des Gemeindepräsidenten als Handelnde – mit Ausnahme der mit zwei Zeilen erwähnten Magd, die ihren blinden Herrn auf dem Rücken aus den Flammen rettete – nicht vor, auch nicht im Kapitel über die Hilfskomitees.[245] In einem Brief an die Schwester in Zürich schrieb Emilie Paravicini-Blumer, es habe sich ein «Verteilungs-Frauen-Komitee» von Glarner Damen gebildet, das laut ihrer Darstellung anfänglich recht ziellos agierte.[246] Sie wurde eingeladen, in diesem Komitee mitzumachen, und quartierte sich zu diesem Zweck bei einer Verwandten in Glarus und später bei der Schwester Margarethe Dinner-Blumer im benachbarten Ennenda ein. Ihrer eigenen Schilderung nach organisierte das Komitee unter ihrer Leitung die Verteilung der Hilfsgüter, die von überall her eintrafen und in einem Fabrikgebäude gestapelt wurden. Die Verantwortung der Frauen für die Hilfsgüter scheint aber auf Opposition gestossen zu sein, wollte man ihnen doch keine selbständige Gestaltungsmöglichkeiten einräumen. «Es liessen sich ein paar Herren des Hülfskomitees zur Besprechung herbei», schrieb Emilie Paravicini-Blumer der Schwester. «Die Herren sagten, sie könnten ein selbständiges Wirken des Frauenvereins neben sich nicht gestatten (!!); sie könnten den Frauen nur die Korrespondenz mit den auswärtigen Damenvereinen gestatten und wollten bei den jedesmaligen Verhandlungen des Vereins durch ein paar Mitglieder vertreten sein!!» Der ironische Ton markiert Distanz und leisen Spott, der in verschiedenen Petitionen von Frauen zur rechtlichen Diskriminierung aus dieser Zeit hörbar ist.[247] Sich über die Angst der Männer vor den Frauen mokierend, bezog sie sich weniger auf die in der Schweiz beginnenden Diskussionen über die Rechte der Frauen als auf die Möglichkeiten der Partizipation der Frauen in Bereichen der Öffentlichkeit: «Unsere Männer sind eben nicht gewohnt, die Frauen in anderer als häuslicher Tätigkeit zu sehen. [...] Eine besondere Bekanntmachung in den öffentlichen Blättern hat uns das Hülfskomitee untersagt, eben weil es uns keine offizielle und selbständige Stellung einräumte. [...] Es herrschte bei dem Hülfskomitee eine ungeheuerliche Furcht, die Frauen wollten sich des Regimentes bemächtigen. [...] Um unsere Herren nicht allzu sehr zu blamieren, fasste ich gestern die ganze Angelegenheit so mild als möglich. Es ist doch ein mächtiger Mangel an Bildung in dem allen! Es hiess, wie ich hörte, die Weiber brauchten nicht zu regieren.»[248] Von ihrer Kritik nahm sie nur den zu dieser Zeit krank im Bett liegenden Landammann Joachim Heer und den Gemeindepräsidenten Niklaus Tschudi aus. Für das Frauenkomitee setzte Emilie Paravicini-Blumer Statuten auf und konnte sich, glaubt man ihren Briefen an die Schwester, gegenüber der männlichen Opposition behaupten. Das männliche Hilfskomitee bestimmte, wer was und wie viel erhielt, und gab dem Frauenkomitee die so erstellte «Bestellungsliste». Dieses organisierte die Verteilung der «Liebesgaben», der im Fabriksaal gelagerten Sachgüter. Die Aktion dauerte bis in den Sommer hinein. Vordergründig akzeptierte Emilie Paravicini-Blumer die Zurückstellung; eine offene Infragestellung männlicher Zuständigkeit, wie dies Josephine Stadlin tat, hätte ihre Respektabilität in Frage gestellt. Auch hatte sie die Aktion nicht als taktisches Mittel zur vermehrten Einflussnahme der Frauen gesehen, sondern als direkte pragmatische Hilfeleistung;

Der Brand von Glarus: Das Feuer vernichtete 1861 grosse Teile von Glarus. Emilie Paravicini-Blumer beteiligte sich im «Verteilungs-Frauen-Komitee» an der Organisation der Hilfe für die Brandgeschädigten.

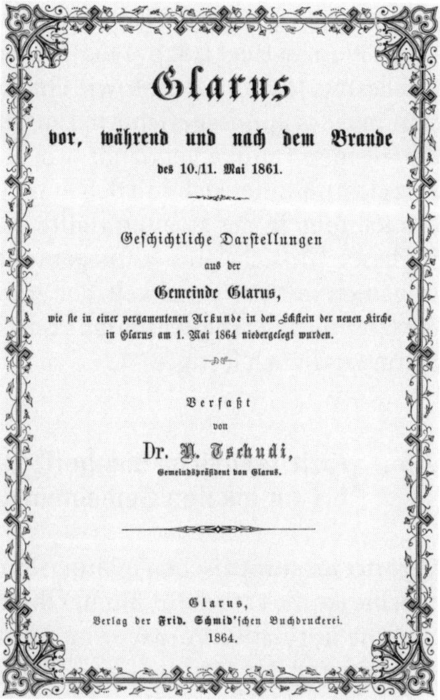

Glarus

vor, während und nach dem Brande

des 10./11. Mai 1861.

Geschichtliche Darstellungen

aus der

Gemeinde Glarus,

wie sie in einer pergamentenen Urkunde in den Eckstein der neuen Kirche in Glarus am 1. Mai 1864 niedergelegt wurden.

Verfaßt

von

Dr. N. Tschudi,

Gemeindspräsident von Glarus.

Glarus,

Verlag der Frid. Schmid'schen Buchdruckerei.

1864.

Der Bericht des Gemeindepräsidenten: Der Beitrag der Frauen zur Katastrophenhilfe findet im Rapport von Niklaus Tschudi keine Erwähnung.

einverstanden mit der den Frauen zugewiesenen hausmütterlichen Rolle war sie trotzdem nicht. Noch rückblickend zeigte sie sowohl Spott über das männliche Machtgebaren als auch Verletzung wegen der Zurücksetzung auf Grund ihres Geschlechts: «Ein vornehmes Dank- und Lobschreiben unseres Hülfskomitees war mir und meinem Stolz (der alte Adam ist noch lange nicht ausgetrieben!) die grösste Demütigung. Ich wäre viel tapferer dagestanden unter einem tüchtigen Ausputzen.»[249] Ihre Gefühlssituation beschreibt sie im Brief an die Schwester mit dem Verweis auf Adams Überheblichkeit als eine paradoxe. Ihr Stolz auf das Engagement war berechtigt, doch empfand sie die Ehrung auf dem Hintergrund der vorangehenden Zurücksetzung als Demütigung, was sie aus moralischer Warte wiederum verurteilte. Denn das öffentliche Lob hätte sie nicht gedemütigt, wenn sie nicht so unchristlich hochmütig gewesen wäre. Eine öffentliche Zurechtweisung wäre ihr lieber gewesen, weil diese ihre Widerständigkeit legitimiert hätte. Mehr als zehn Jahre später schrieb sie ihrer Nichte Betsy über die Wochen nach dem Brand von Glarus als eine «Zeit aufreibender Thätigkeit u: dem steten Kampf mit feindseligen Einflüssen».[250]

Längerfristig kam für sie persönlich jedoch der gemeinnützigen Arbeit im Rahmen des Damenkomitees grosse Bedeutung zu. Es war der Anfang einer engen

Freundschaft von Emilie Paravicini-Blumer mit der um zwölf Jahre jüngeren Susanne Blumer-Heer (1820–1902), der Schwester des Landammanns und späteren Bundesrats Joachim Heer sowie Ehefrau des Ständerats und späteren ersten Präsidenten des Bundesgerichts in Lausanne, Johann Jakob Blumer, der entfernt mit der eigenen Familie verwandt war.[251] Über die neue Freundin vernetzte Emilie Paravicini-Blumer sich mit den angesehensten und einflussreichsten Politikern des Kantons in der zweiten Hälfte des 19. Jahrhunderts. Der Freundschaft kam in dieser Hinsicht eine «Brückenfunktion» zu, im Sinne der Verbindung von Privatheit mit Öffentlichkeit, der erneuten Ausdehnung des sozialen Kreises in die öffentliche Szene, was ihren vom Ehemann unabhängigen gesellschaftlichen Status zusätzlich festigte.[252]

2.5 Fazit: weibliche Sinnhorizonte vom europäischen Freiheitsstreben bis zur lokalen Gemeinnützigkeit

Verortet im europäischen Bildungsbürgertum wie in der lokalen Machtelite, vermochte Emilie Paravicini-Blumer ihren Handlungsraum zu gestalten und zu deuten. Die normative Vorgabe einer dichotomischen Zuordnung der Frauen zum Privaten und der Männer zum Öffentlichen manchmal ignorierend, manchmal reflektierend, nahm sie für sich in Anspruch, an den zeitspezifischen Auseinandersetzungen mitzuwirken. Männlichkeit und Weiblichkeit galten ihr dabei als Kategorien, die nicht primär der Definition der Geschlechterzugehörigkeit dienten, sondern der Deutung und Verortung eigenen und fremden Verhaltens. Diese Kategorisierung konnte sich auf unterschiedlichste Ebenen beziehen, zum Beispiel auf die Lektüre, auf die Gestaltung der Beziehung zwischen Frau und Mann oder auf das Engagement in der Öffentlichkeit.

Mit der Deutung ihrer Stellung im Haus des Schwiegervaters als Dasein einer orientalischen Sklavin legitimierte Emilie Paravicini-Blumer ihren Widerstand und band zugleich ihr privates Schicksal in einen europäischen Deutungszusammenhang ein. Sie band damit auch ihre individuelle emotionale Haltung in eine kollektive ein und erfuhr sich als Teil des öffentlichen Stroms der Meinungen. Sich mit bekannten Exponentinnen der intellektuellen Milieus identifizierend, sah sie sich mehr in der Berliner Geselligkeit oder den französischen und deutschen Zirkeln der Schriftstellerinnen und Schriftsteller beheimatet als in der Enge von Glarus. Persönliche Beziehungen, insbesondere aber Bücher vermittelten ihr den Zugang zu diesen imaginierten Welten.

Als verheiratete, jedoch nicht unter ehemännlicher Vormundschaft stehende Frau partizipierte Emilie Paravicini-Blumer selbständig an den sozialen Bewegungen des 19. Jahrhunderts. Sie identifizierte sich mit den Zielen der Liberalen und nahm auf lokaler wie eidgenössischer Ebene Partei für die Verfassungsreformen. Ihre Rolle sah sie als Frau dabei in der emotionalen Anteilnahme. Mit einem Artikel über Frauenvereine in Zschokkes «Schweizer-Boten» suchte sie sich in der Zeit des liberalen Aufbruchs direkt in die öffentliche Kommunikation einzubinden. Im Kanton beteiligte sie sich ebenso aktiv am Ausbau der Mädchenbildung wie an der Organisation der gemeinnützigen Arbeit von Frauen. Sie stand in langjährigem Kontakt mit Exponenten des polnischen Widerstands gegen die russische Herrschaft. In ihren Briefen verlor sich das anfängliche Befreiungspathos zu Gunsten konkreter Zusicherungen, die Bezug nahmen auf die von einer Gesellschaft im Umbruch benötigten Unterstützungsleistungen.

Mit Leichtigkeit scheint es Emilie Paravicini-Blumer gelungen zu sein, Patriotismus mit kosmopolitischer Beheimatung, protestantische Werthaltung mit konfessioneller Toleranz zu verbinden. Am Entwurf des spezifischen Bildes des «Schweizer Volkes» machte sie mit, indem sie sich selber in dieses Bild hineinwob. Die Beziehungen, die sie als politische Akteurin zu Männern pflegte, interpretierte sie als Seelenverwandtschaft zwischen Gleichgesinnten, die sich als Beziehung einer moralischen Verurteilung entzog. Einer Nichtakzeptanz als Gleichberechtigte begegnete sie mit spöttischer Distanzierung. Dabei hob sie nicht primär ihre eigene Diskriminierung hervor, sondern prangerte die männerbündische Ausgrenzung und das arrogante Machtgebaren an, die sie als Ungebildetheit karikierte.

Folgen wir ihren Schilderungen in Tagebuch und Briefen, erfuhr Emilie Paravicini-Blumer ihr Handeln als erfolgreich, da sie sowohl von männlichen Exponenten des Bürgertums wie von Frauen als Ansprechpartnerin wahrgenommen wurde. Ihres vorwiegend auf das private Umfeld reduzierten Wirkungsradius bewusst, zeigte sie sich als Virtuosin der Ambivalenz und der Paradoxie. Sie interpretierte ihr Verhalten zum Teil defensiv als «männlich» und ihre Einflussnahme zum Teil wohlgefällig als geschlechterkonforme «weibliche» Pflichterfüllung. So vermitteln ihre Briefe eine Haltung des In-der-Welt-Stehens, zeigen ein Verständnis von Weiblichkeit als aktivem Wirken, definieren die den Frauen zugeordnete Emotionalität als erweckende Kraft. Kraft war damit nicht einseitig männlich, sondern ebenso sehr weiblich konnotiert.

3 Vom Reden über den Körper zur homöopathischen Praxis

«Und dann ist es eben das *System* noch mehr als jede Persönlichkeit der ich misstraue; aber auch hier muss die Überzeugung des Kranken selbst allein massgebend seyn, nicht diejenige eines Dritten!»

An Betsy Usteri, 1882.

Im 19. Jahrhundert vollzog sich das Reden über den Körper oft in Kategorien von Krankheit und Gesundheit und war als solches ein fester Bestandteil der privaten Korrespondenzen. Dabei wurden Krankheit und Gesundheit vor allem als Leiden thematisiert. Schreibend wurde das Leiden – einer Endlosschleife oder einem nie versiegenden Strom gleich – immer wieder zum Ausdruck gebracht und dabei mit jedem Brief auch wieder neu erzeugt. Geschrieben wurde dabei über das eigene Leiden, das Leiden der im Brief direkt Angesprochenen sowie das Leiden gemeinsamer Bekannter.[1]

Leiden ist bis heute konnotiert mit Schmerz, doch reduziert sich das Verständnis von Schmerz nicht auf eine körperliche Reaktion auf einen Reiz, sondern Schmerz beinhaltet auch die Gefühlsebene und gilt daher in den Kulturwissenschaften als eine zentrale Kategorie von Emotionalität.[2] Was jedoch unter «Gefühl» oder unter «Psyche» und «Seele» im 19. Jahrhundert und damit auch in Emilie Paravicini-Blumers Korrespondenz verstanden wurde, lässt sich nicht klar abgrenzen. Fest steht nur, dass «Fühlen» sowohl physisch als auch psychisch gedacht war und als «Wetterfühligkeit» in Zusammenhang mit äusseren Einflüssen gebracht wurde.[3] Selbst wenn in christlicher Tradition von «Seele» und «Körper» als zwei unabhängigen Instanzen gesprochen wurde, war in den Briefen von Emilie Paravicini-Blumer die Trennung nicht eine scharfe, der Austausch zwischen den beiden Bereichen vielmehr ein fliessender.[4] Über diese semantischen Fragen hinaus ist zu fragen, welche Bedeutung diesem nie versiegenden Schreiben über das Leiden zukam, welches Verständnis von Welt sich darin zeigte, wer in dieses Reden mit einbezogen war und wer nicht. Damit wird dieses Reden zu einer Kategorie des Ein- und Ausschlusses.

Die Vielschichtigkeit des bürgerlichen Körperdiskurses in Druckerzeugnissen des 19. Jahrhunderts ist in zahlreichen Untersuchungen analysiert worden.[5] In der privaten Korrespondenz von Emilie Paravicini-Blumer interessiert vor allem, ob und wie sie, eine Frau des Bildungsbürgertums, sich diese weitgehend von Männern geprägten Diskurse und die darin enthaltenen Körperkonzepte aneignete beziehungsweise diese kommentierte. Diese Konzepte sind eng mit der Entwicklung der medizinischen Praktiken verflochten. Die Fragen der Ärzte nach Symptomen der Befindlichkeit als Zeichen der Krankheit fanden ihre Entsprechung in den Praktiken der Selbstbeobachtung.[6] Emilie Paravicini-Blumers Briefe ermöglichen es uns, die Verschiebung ihres diagnostischen Blicks von der Introspektion über die Beobachtung der erkrankten Schwester Agatha bis hin zur Erkenntnis der Leiden Dritter sowie die Überlagerung und Verknüpfung dieser Ebenen nachzuvollziehen. Es lassen sich die Konflikte rekonstruieren, in die Emilie Paravicini-Blumer als Laiin und Frau mit dem Anspruch geriet, die sie aufsuchenden Kranken mit Mitteln der Homöopathie zu kurieren. Denn im Zuge der Medikalisierung von Krankheit und der Professionalisierung des Heilens beanspruchten die an Universitäten naturwissenschaftlich geschulten Ärzte das Monopol auf Diagnose. Diese Ärzte stellten sowohl die Selbstmedikation wie die Praktiken von Laienheilerinnen und -heilern als Dilettantismus in Frage. Frauen waren davon in doppeltem Masse betroffen, weil sie im Privatbereich weitgehend für die praktische Pflege der Kranken verantwortlich waren,[7] ihnen aber zugleich der Weg zum Studium der Medizin an den Universitäten lange versperrt blieb.

3.1 Leiden: die Erörterung der körperlichen Befindlichkeit als Kitt eines emotional geprägten Beziehungsnetzes

Die Einbindung in das verwandtschaftliche und freundschaftliche Beziehungsnetz lief im bürgerlichen Milieu des 19. Jahrhunderts ausser über den persönlichen vor allem über den brieflichen Kontakt. Als Teil eines kommunikativen Austauschprozesses waren Briefe nicht Ausdruck von Beziehungen, sondern sie stellten Beziehungen her, und zwar nicht nur eine reziproke Beziehung zwischen der Senderin oder dem Sender und der Empfängerin oder dem Empfänger und allfälligen weiteren Leserinnen und Lesern des Briefs, sondern Briefe konstruieren in der Erwähnung und Miteinbeziehung Dritter selbst ein Beziehungsnetz. So diente der Briefwechsel im 19. Jahrhundert über die Nachrichtenvermittlung hinaus dazu, sich sowohl der gegenseitigen Verbundenheit zu versichern als auch das emotionale Eingebundensein in einem breiteren Beziehungsnetz zu erneuern und zu bestätigen.[8] Inhaltlich wichen die Briefe oft nicht stark voneinander ab. Umschrieben wurde die eigene Befindlichkeit, aber auch die der anderen. Immer wieder wurde diese Befindlichkeit mit dem Wetter verknüpft und wurden die verschiedenen Leiden beklagt. Dieser ständige Rekurs auf das Leiden war als erwartete Anteilnahme ein konstitutives Element einer auf Gefühlen basierenden Beziehungspflege. Damit aber Anteilnahme erzeugt werden konnte, musste das Leiden sprachlich vermittelbar sein. Diesem Ziel diente der Rückgriff auf eine reiche Palette von Metaphern. Die bildhaften Beschreibungen enthielten, wenn auch meist nur implizit, unterschiedliche Körperkonzepte, die von der antiken Säftelehre bis zur modernen Stoffwechseltheorie reichen konnten. Diese Konzepte durften sich widersprechen, solange sie den in den Kommunikationsprozess einbezogenen Personen zur Deutung eines kranken Zustandes angemessen erschienen. Nach bürgerlichem Verständnis konnte ein solcher Zustand selbst verschuldet sein, da die einzelnen Personen äusseren Einflüssen oder inneren Dispositionen nicht einfach ausgeliefert waren, sondern durch ihr Verhalten zu ihrer körperlichen und seelischen Befindlichkeit beitrugen. Die Analyse von Briefen Emilie Paravicini-Blumers machen diese Verknüpfungen sichtbar. Sichtbar wird damit auch, wie im 19. Jahrhundert das Schreiben über Gesundheit und Krankheit Teil der bürgerlichen Praktiken und in der Form des privaten Briefwechsels stark von Frauen geprägt war.

Zirkulierendes Mit-Leiden

Ob die private Korrespondenz seit dieser Zeit vor allem als eine weibliche zu definieren ist, ist umstritten.[9] In privaten Familiennachlässen ist jedoch die Zahl von Briefen weiblicher Familienmitglieder grösser als diejenige männlicher.[10] Dass Emilie Paravicini-Blumer vorwiegend mit weiblichen Verwandten korrespondierte, ist nicht weiter erstaunlich, war doch von ihren sieben Geschwistern lediglich Peter männlichen Geschlechts. Aber auch der Austausch mit den Nichten war viel intensiver als jener mit den Neffen. Mit den Verwandten der Umgebung verkehrte sie über gegenseitige Besuche, mit den anderen Verwandten vor allem brieflich.

Zentral war der Austausch an sich.[11] Die von mir eingesehenen Originalbriefe der Blumer-Schwestern waren sich mehrheitlich in der Dimension ähnlich: ein Blatt, etwas kleiner als A4, zu einem vierseitigen Bogen gefaltet. Ausser bei ausserordentlichen Ereignissen oder Zuständen bestimmte nicht der Inhalt die Länge der Briefe, sondern die Grösse des Papierbogens, der bis an die Ränder vollgeschrieben wurde. Ebenso wurde nur bei ausserordentlichen Ereignissen die Regelmässigkeit des Kontakts durchbrochen. Das zuverlässige Eintreffen der Briefe, beispielsweise wöchentlich, war das untrügliche Zeichen für den normalen Gang der Dinge, dessen Ausbleiben Anlass zu Sorge. Konnte aus einem ernsthaften Grunde der Turnus nicht eingehalten werden, sollte mit einer Karte oder einem kurzen Billett ein Zeichen gegeben werden. So schrieb Emilie Paravicini-Blumer ihren Nichten Emma und Betsy Usteri regelmässig abwechselnd einen Brief. Diese übernahmen als ledige Frauen im väterlichen «Seidenhof» nach dem Tod ihrer Mutter (1873) die Aufrechterhaltung des Informationsflusses innerhalb ihrer Verwandtschaft.

Geben, Empfangen und erneutes Geben repetieren sich im Verwandtschaftsgefüge als Kreislauf. Zirkulation als solche impliziert Dauer, das heisst, sie erzeugt als wechselseitiges Engagement ständig Erneuerung.[12] Diese Zirkulation wurde im 19. Jahrhundert über die Absenderinnen und Absender sowie die Empfängerinnen und Empfänger ausgedehnt auf weitere Leserinnen und Leser, insbesondere auf die Familienangehörigen. Ausnahmen von dieser Regel wurden mit einem speziellen Hinweis markiert, beispielsweise mit der Bemerkung «Für die L.[iebe] Betsy allein».[13] Briefe waren und sind im Verwandtschafts- und Freundschaftsgeflecht zudem ein untrügliches Zeichen für das Bestehen einer emotionalen Beziehung und stellen zugleich diese emotionale Beziehung her: über ihre Materialität, im Akt des Schreibens und des Lesens. Sie überwinden durch die

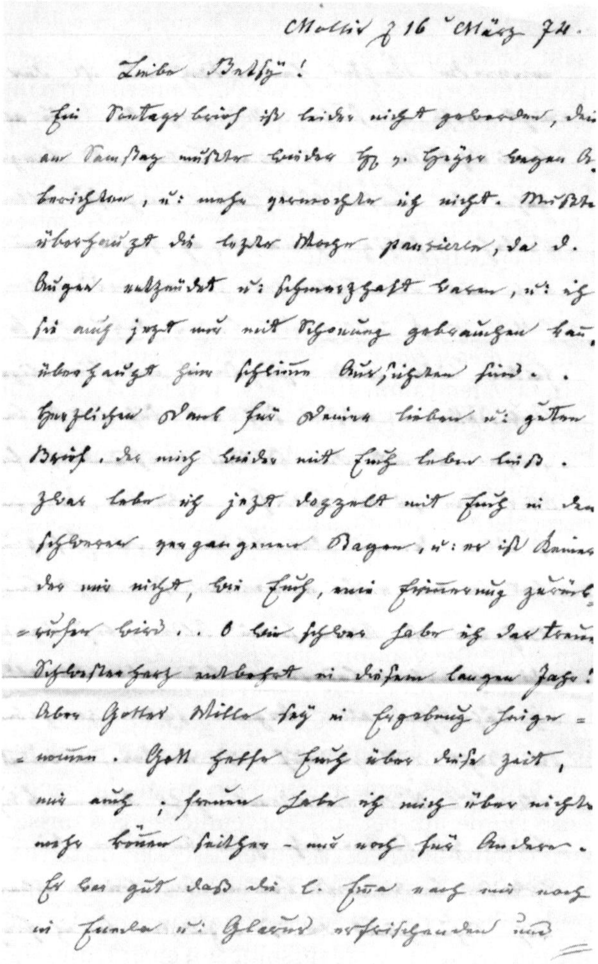
Mollis d 16. März 74.

Liebe Betsy!

Brief an die Nichte Betsy Usteri: Die Briefe, die Emilie Paravicini-Blumer regelmässig an ihre Verwandten schrieb, waren in der Regel von der Länge eines vierseitigen Bogens.

postalische Vermittlung räumliche Distanzen.[14] Aber auch im Schreiben selbst wird Nähe geschaffen und können zeitliche Distanzen überwunden werden, indem frühere oder zukünftige Ereignisse, Erlebnisse oder Zustände erzählt, erwogen oder heraufbeschworen werden. Die Adressatinnen und Adressaten nehmen an erzählten Erlebnissen teil, die gezielt auf sie hin im Brief gestaltet werden:[15] Erlebtes, Gesehenes und Erlerntes wird von der Briefschreiberin oder dem -schreiber kondensiert, interpretiert und in einen Deutungszusammenhang gebracht.[16] In den Briefen der Paravicini-Blumer-Verwandtschaft geschah dies auf vier Briefseiten. Das heisst, es wurden jeweils Inhalte für diesen Grössenumfang geschaffen.

«Leiden» war dabei von herausragender Bedeutung.[17] Es war nicht nur in der Korrespondenz von Emilie Paravicini-Blumer inhaltlich der Kitt vieler Briefe, sondern «Leiden» war in seinen vielfältigsten Formen als Thema allgemein ein zentrales Mittel der Produktion und Reproduktion emotionaler Beziehungen.[18]

Selbst in wohlhabenderen Kreisen waren Krankheit, Tod und psychische Leiden im 19. Jahrhundert alltägliche Erfahrungen, an denen über den Kreis der Verwandten hinaus Bekannte Anteil nahmen.[19] Trotz der Fortschritte in der Medizin reagierten die Ärzte noch lange ziemlich hilflos auf die Leiden der Menschen: mit der Ausgabe starker Narkotika und vieler Mittel, deren Wirkung vor allem im Placeboeffekt bestand.[20] Im Alltag blieb die Pflege der Kranken und die Unterstützung der Leidenden weitgehend Sache der Frauen.

Im Sommer 1876 machte sich Emilie Paravicini-Blumer im Brief vom 26. Juni an Emma Usteri, wie in den meisten Briefen an diese Nichte, Sorgen um deren Gesundheit. Erst im vorangehenden Oktober war Emma Usteri mit ihrem Cousin Theodor Girard und dessen Frau Lotte im Kurbad gewesen, und nun war sie schon wieder in einer Wasserkur.[21] Seit ihrer Jugend litt sie an Schmerzen, die im Briefwechsel als «rheumatisch» umschrieben sind. In Emilie Paravicini-Blumers Verständnis enthält ein Krankheitsbegriff immer eine Palette körperlicher Leiden, die selten gänzlich von Leiden, die wir heute als psychisch definieren, zu trennen waren.[22]

«Liebe Emma! Ich war sehr zufrieden wieder einmal von Dir Nachricht zu haben, da natürlich in dieser für alle unsere Lieben mannigfach bewegten Zeit dieselben von allen Seiten etwas spärlicher flossen. Wir Alle hatten so ziemlich bald mit den eigenen Aufgaben, bald auch mit den eigenen Leiden zu thun, ohne dass man desswegen für den Andern weniger Theilnahme hatte. In erster Linie unsre gute Betsy, erst mit ihren zwey Pfleglingen, dann bey Pauline u. s. w. Ich war nur froh, dass Fritz seine zwey Knaben wieder mit heim nahm! besonders da dann alle nacheinander in Bern von Erbrechen u: Diarrh.:[öe] befallen wurden, was allerdings bald vorübergieng, aber für Betsy doch auch ängstlich u: mühevoll gewesen wäre. Die Temperatur ist eben sehr ungesund. – Und nun zu Dir! die Du ‹Wassernoth› von aller Art zu überstehen hattest u: noch hast, da die Kur Dich wohl im Anfang etwas angreifen wird, wenn sie *ein*greifen soll! Was eigentlich mit Deinem Arm ist, begreife ich nicht recht u: hoffe es möchte nur eine Diversion der Schmerzen seyn die bis jetzt den Rücken belästigen, was mir ein gutes Zeichen schien, da ich mich wohl erinnere wie Du vor Jahren an nervos-rheum:[atischen] Schmerzen in den Armen littest. Der Schrecken u: die Unruhe bey den trostlosen Wasserverheerungen, wird Dir übrigens auch nicht wohl gethan haben; die wechselnde Temperatur eben so wenig. Dass Du nicht mehr schreibst als unerlässlich ist, finde ich streng geboten! Zustände wie die Deinen lassen sich nicht ohne grossen Nachtheil, durch Willensanstrengung bezwingen. Eine Alte wie ich bin, kann das bis auf einen gewissen Grad noch viel eher ohne Schaden oder dann gar nicht. Dass meine Hand heute auch bedenklich zittert, merkst Du schon der Handschrift an. Gestern Abend ist eben die gute Anna mit ihrer Kleinen wieder abgereist; in der Nacht Sturm, u: Schnee auf den Bergen – u: alles zusammen hat mich wieder etwas schachmatt gesetzt. Am Morgen Sündfluth im Thal; jetzt Sonnenschein, aber neue Sammlung von Dünsten. Man zittert vor neuen Überschwemmungen! Anna hat sich während ihrem Aufenthalt doch ziemlich erholt; ich habe, mit Sara's Hülfe für sie gethan was ich vermochte, da sie es sehr bedurfte u: noch länger bedürfen *würde*, wenn es in u: mit ihrer grossen Haushaltung möglich wäre, bes.[onders] in *Puncto Küche*! Für ihre Zukunft bin ich nicht ohne grosse Sorge! Es ist eine schwere Prüfungszeit für alle Girard-Kinder! Lotte im letzten Stadium; Bertha auch krank. – Dazu eine neue Sorge wegen Lisette in Ennenda. Ich war am Samstag dort; fand Lisette von einem neuen Anfall, wie im Winter, aber verursacht durch eine gränzenlose Unvorsichtigkeit, sehr angegriffen – körperlich wie gemüthlich u: sie soll die nächsten Tage nach Brestenberg zur Kaltwasserkur. Bey der Kirche erwarten sie Elise mit 2 Kindern, sie selbst sehr herunter. Wilhelm auch recht unwohl gewesen – nun auf dem Rigi. In meinen vier Mauern laboriert Agatha an einer gefährlichen, weil nahezu unheilbaren weissen Kniegeschwulst, die sich allmählich bildet. Doch will ich nichts vorausnehmen, u: von Gott erwarte was Er sendet. Sophie schwer erkrankt in Affoltern. So geht mir das Leben in Krankenpflege u: Krankensorge auf. Ich weiss bald von nichts Anderem mehr. – Es wird Dich interessieren zu hören, dass Frau Isler u: Emma gegen Ende July sicher zu kommen gedenken, theils zu Frau Präs:[ident] Blumer, theils zu mir, welches Arrangement mir sehr erwünscht ist, da es mir so leichter wird. Sie gedenken auch in Zürich zu verbleiben so dass Du Emma wohl sehen wirst. Ich kann nicht mehr auf Agathas Hülfe viel rechnen, da sie sehr geschont werden muss. Dank Dir für Pauls Brief; Anna nahm ihn nach Z.[ürich] und nun übe Nachsicht mit meiner schrecklichen Schreiberey. Ich wollte Dir eben gar gern ein Wort sagen: viel ‹Freude› wird dabey nicht heraus kommen – doch der innigste Antheil von Deiner alten Gotte. Auch Agatha sagt alles Liebe.»[23]

Der Brief ist von der üblichen Länge von vier Seiten und ähnelt in seiner Struktur und seiner inhaltlichen Ausrichtung vielen anderen. In ihm bekundet Emilie Paravicini-Blumer zuerst ihre innere Anteilnahme an den Verpflichtungen von Emmas Schwester Betsy, die zwei Söhne der erholungsbedürftigen Cousine Anna de Quervain-Girard aus Bern betreut und sich der unpässlichen Schwester Pauline Paur-Usteri angenommen hatte, um dann ihre Unsicherheiten in Bezug auf Emma Usteris Schmerzen im Arm als spezifischen Grund für den Brief anzugeben. Sie hoffe, dass es nur eine «Diversion» des Rückenleidens sei, und erinnere sich an bereits schon einmal aufgetretene «nervos-rheum:[atische] Schmerzen in den Armen». Im Evozieren der früheren Leiden und der kommenden Genesung dehnte sie den zeitlichen Raum in die Vergangenheit und in die Zukunft aus. Sie setzte den Genesungsprozess auch in einen geografisch-klimatischen Rahmen, indem sie den Einfluss des Wetters und der Jahreszeit auf das Wohlbefinden der Nichte erwähnte. Dabei konstruierte sie den Alpenkanton Glarus als eine Bühne, auf der Stürme und sintflutartige Niederschläge aufzogen, die Emma als Leserin zusammen mit der betroffenen Bevölkerung vor Kälte und Furcht wohl erzittern liessen. Sie schrieb von der Wirkung des Wetters auf ihre eigene psychische und physische Verfasstheit: «Gestern Abend ist eben die gute Anna mit ihrer Kleinen abgereist: in der Nacht Sturm u: Schnee auf den Bergen – u: Alles zusammen hat mich wieder etwas schachmatt gesetzt.» Die Erwähnung der schlechten Witterung verband sie mit der prekären gesundheitlichen Situation ihrer Nichte Anna de Quervain-Girard, die mit der kleinen Tochter bei ihr zur Erholung weilte. Das bot ihr Anlass, nicht nur den Neffen Paul Usteri in Gedanken mit einzubeziehen,

Der kleine Paul Usteri (1845–1848): Die Briefe von Emilie Paravicini-Blumer sind durchzogen von Anteilnahme am Leiden anderer. Der kleine Neffe aus Zürich starb nur ein Jahr, nachdem ihn sein Onkel François Girard-Blumer gezeichnet hatte. Die Eltern Paul und Katharina Usteri-Blumer nannten den später geborenen Sohn wieder Paul.

sondern auch die Sorge um das Wohlergehen auf die weitere Verwandtschaft auszudehnen: auf die im Sterben liegende Lotte, Ehefrau des Neffen Theodor Girard, auf die kranke Bertha, Ehefrau des Neffen Emile Girard, auf die depressive Lisette, Ehefrau des Neffen Fritz Dinner, auf die asthmatische Schwester Anna Paravicini-Blumer, auf deren von einem Lungenleiden befallenen Sohn Wilhelm und dessen Familie, aber auch auf die an einer «unheilbaren weissen Kniegeschwulst» laborierende Schwester Agatha und schliesslich auf ihre immer noch kranke frühere Magd Sophie. «So geht mir das Leben in Krankenpflege u: Krankensorge auf. Ich weiss bald von nichts Anderem mehr.» Schreibend inszenierte Emilie Paravicini-Blumer eine Welt von Schmerzen und drohender Leiden, der als Konterpart nur der zu erwartende Besuch der Freundin Katharina Isler aus Lausanne mit deren Tochter und die Einbindung der verwitweten Freundin Susanne Blumer-Heer in dieses Ereignis entgegensteht.

Die Bedeutung dieses Briefes lag nicht in der Fülle der Informationen. Vielmehr wurde über die Beschreibung der Sorgen um die Nächsten eine Gemeinschaft der Gefühle hergestellt, die sich nicht wie die von mir als Gemeinschaft der Gefühle bezeichneten emotional aufgeladenen sozialen Bewegungen auf ein öffentliches Drittes beziehen, sondern vielmehr über die gegenseitige Anteilnahme einen begrenzten, privaten Nahbereich konstituieren.[24] Die sorgenvollen Mitteilungen erforderten Reaktion und Antwort, provozierten eine Zirkulation des Mitfühlens und des Mitleidens und schufen dadurch einen Raum der emotionalen Verbundenheit. Ausgehend von Leiden und Schmerzen wurde in Emilie Paravicini-Blumers Brief an Emma Usteri eine ganze Palette von Gefühlen heraufbeschworen: Liebe, Hoffnung, Sorge, Furcht, Anteilnahme, Mitleid, Trauer. Gesprochen – namentlich oder indirekt – wurde von fünf Blumer-Schwestern, von zwei Schwagern, von fünfzehn Nichten, Neffen, deren Ehefrauen oder -männern und Kindern, von zwei Mägden, von zwei Freundinnen und einer Tochter einer Freundin. Es entstand ein Milieu im Sinne eines Kreises von Personen, die, in Wechselwirkung mit ihrem Umfeld, gleichzeitig den Kräften der Natur ausgesetzt und durch den gegenseitigen Austausch sozial und emotional aufgehoben waren. In den Briefen der Schwester Katharina Usteri-Blumer zeigt sich die gleiche mehrdimensionale Ausweitung des Raums. So schreibt diese am 1. März 1853 aus Zürich an die Schwester in Mollis ebenfalls über den Einfluss der Jahreszeiten auf die Gesundheit: «Mein Halsweh, das ich seit 3 Wochen wieder mehr und weniger habe – wird wohl erst der Frühlingswärme weichen. Wenn ich aber nach den Patienten rechts u. links in der Familie blicke kann man bangen Gefühlen nicht wehren.»[25] So erstreckte sich ihre Fürsorge von den eigenen Kindern ausgehend über den an Gicht leidenden Schwager und dessen Ehefrau, ihre Schwiegermutter Elise Usteri-Usteri auf den sterbenden Knaben aus der Nachbarschaft, dessen «geprüfte» Mutter und deren kleine Tochter bis zu einer Usteri-Verwandten und deren neu geborenen Zwillingen. Im brieflichen Austausch, im gegenseitigen Geben und Nehmen unter den Geschwistern und deren Familien, zeigte sich die Verwandtschaft in ihrer Breite, wurde die von David Sabean und Christopher Johnson betonte Horizontalität der Beziehungen zwischen Verwandten sichtbar und damit auch die spezifische Gefühlskultur des 19. Jahrhunderts.[26]

Die Gemeinschaft der Gefühle hatte ihre Grenzen.[27] So fehlen im Brief Emilie Paravicini-Blumers an Emma Usteri vom Juni 1876 bezüglich der Geschwister regelmässige Hinweise auf den Bruder Peter Blumer und die Schwester Magdalena Schindler-Blumer. Peter Blumer war zwar bereits 1871 gestorben, doch auch Katharina Usteri-Blumer sowie Hanna Girard-Blumer und ihr Mann waren bereits tot. Letztere aber wurden mit dem Hinweis auf ihre Kinder im Gegensatz zu Peter implizit erwähnt. Die Nichterwähnung war nicht eine Folge der Kinderlosigkeit von Peter, sondern seines fehlenden Subjektstatus innerhalb der Verwandtschaft. Am zirkulären Austausch nahm er nicht teil, vielmehr war er Objekt von Verfügungen. Seit den 1850er Jahren war er wegen psychischer Störungen in einer Anstalt interniert gewesen, nachdem er zeitweise von der ältesten Schwester in Mollis betreut worden war und der Schwager François Girard vergeblich versucht hatte, ihn in einer Basler Gärtnerei unterzubringen.[28] Seit seiner Einlieferung fungierte Emilie Paravicini-Blumer als seine Vormundin und zeigte sich daher ausserordentlich entlastet, als Direktor August Zinn 1868 von der «angedrohten Versetzung» vorläufig absah.[29] Bis zu seinem Tod im Jahr 1871 besuchte sie ihn in St. Pirminsberg regelmässig. Doch die Beziehung war eine einseitige, die Wechselwirkung des Austausches nicht möglich. Als Leidender wurde der «arme» Peter nicht von der emotionalen Zuwendung ausgeschlossen, doch fehlte das Element der Reziprozität.

Ausgeschlossen von der Einbindung in die Gemeinschaft der Gefühle war dagegen Magdalena Schindler-Blumer. Wie Peter Blumer nahm sie nicht Teil am reziproken Austausch; zudem zeigte sie sich widerständig gegenüber den Verfügungen der Verwandten und verweigerte den Objektstatus, den diese ihr wegen ihres Lebenswandels zuwiesen. Sie galt als Frau mit zweifelhaftem Ruf, die sich vom Ehemann trennen wollte und über die sich der Stillstand von Mollis, die für das sittliche Verhalten zuständige Behörde, auszusprechen hatte.[30] In den Briefen war nicht das Leiden der Schwester ein wiederkehrendes Thema, sondern fast ausschliesslich die eigene Furcht vor neuen Belastungen, die ihr Lebenswandel der Verwandtschaft verursachen könnte. Nachdem ihr Ehemann Jakob 1856 mit den zwei Söhnen nach Nebraska ausgewandert war, organisierte der in der evangelischen Erweckungsbewegung verankerte Schwager François Girard die Unterbringung von Magdalena Schindler-Blumer und ihren drei Töchtern zuerst in der Umgebung von Basel in Privathaushalten oder in Heimen. So kam Magdalena Schindler-Blumer in Pratteln und Tochter Emilie in der Zeller'schen Anstalt im badischen Beuggen unter, dem von der Basler Christentumsgesellschaft gegründeten «Rettungshaus für verwahrloste arme Kinder».[31] Da sie sich nicht an die Vorgaben der Verwandten hielten und Emilie Paravicini-Blumer die zeitweise bei ihr untergebrachte Nichte Emilie Schindler wegen Unfähigkeit nicht mehr als Haushaltshilfe beschäftigen wollte, wurden Magdalena Schindler-Blumer und ihre Töchter unter massivem Druck gezwungen, dem Ehemann und Vater nachzureisen. Doch nachdem Jakob Schindler von einem Konföderierten während des amerikanischen Bürgerkriegs «auf der Flucht vor den Rebellen Banden eingeholt, ermordet» worden, der eine Sohn verstorben und Magdalena «mit den Mädchen [...] hülflos u: entblöst von Allem bey dem äussersten Gränzposten der Nördlichen in Little Rock» angekommen war,[32] kehrte diese zum Schrecken der Schwestern in die Schweiz zurück und hielt sich abwechselnd bei diesen in Basel, Ennenda und Mollis auf. Die Schwestern beklagten sich über das «Kreutz mit Mäde»,[33] bis schliesslich nach Emilie Paravicini-Blumers Schilderung ihr Neffe, der Arzt Emil Paravicini, Magdalena Schindler-Blumer vor die Alternative stellte: «Entweder abreisen oder in eine Anstalt.»[34] Diese beugte sich und wanderte nach Nordamerika zu ihren Töchtern aus.[35] Der Kontakt zu den Schindler-Verwandten in den USA wurde über den Sohn Dietrich und die Tochter Anna Baltensberger-Schindler aufrechterhalten, doch bestand er mehr in finanzieller Unterstützung als in der auf Reziprozität beruhenden Anteilnahme.[36]

Deutendes Wahrnehmen und Zuordnen

Ihre eigene körperliche und seelische Befindlichkeit, die Emilie Paravicini-Blumer in obsessiver Introspektion erkundete, war wie das Leiden ihrer Nächsten eine nie versiegende Quelle der Erörterung.[37] Unter Befindlichkeit verstehe ich die je eigene Erfahrung im Sinne der kulturell und historisch konnotierten Deutung des an sich selbst Wahrgenommenen und Beobachteten.[38] In bildhafter Sprache suchte Emilie Paravicini-Blumer diese Befindlichkeit auch den Verwandten erfahrbar zu machen. Im Brief an die Nichte Emma Usteri, die im Herbst 1875 im Kurbad weilte, setzte sie sich mit den möglichen Wirkungen des Kuraufenthalts auf deren chronisches Leiden auseinander:[39] Deren Befindlichkeit verlange in der Regel nach Ruhe, aber ebenso könnte Zuwendung belebend wirken, eine anregende Begegnung, der Empfang der Briefe der Nichten oder die Besuche der Verwandten oder lieber Bekannter. Ebenso hatte ein halbes Jahrhundert früher der Besuch des polnischen Emigranten und Freunds Paul Lewicki auf Emilie Paravicini-Blumer erstaunlich regenerierend gewirkt: «Der mindeste wohltätige Eindruck auf meine Nerven äusserte eine fast wunderbare Rückwirkung auf meinen Körper. Das ist ein Lebensöl in meine Lampe.»[40] Ähnliche Wirkung erzeugte in jener Zeit die Freundin aus Zürich: «*Sonst* hast *Du* den besten Balsam für alle Leiden u. das beste Stärkungs- u. milde Anregungs-Mittel für meine lahmen Nerven ist Deine Gegenwart.»[41]

In der schriftlichen Erörterung des eigenen Leidens erschien der Körper als ein Innenraum, der einem Echo gleich auf Einflüsse des äusseren Umfelds antwortet. Dieses Umfeld galt es wahrzunehmen und sich möglichst fruchtbar zu machen. So empfahl Emilie Paravicini-Blumer ihrer Nichte Emma im Kurbad gesellschaftlichen Umgang als Mittel der Regeneration: «[...] denn wenn auch Stille u: Ruhe [...] Deinen Nerven Bedürfnis ist, so möchte Dir anderseits, bey dem Gebot Dich möglichst aller Arbeit zu enthalten, allzu grosses Alleinseyn auch nicht wohltätig werden, weil gar zu ungewohnt, besonders in dieser Jahreszeit.»[42] An die von der Pflege des ihr anvertrauten behinderten Antonin Mallet erschöpften Bekannten Betsy Meyer-Ulrich hatte sie schon 1856, sieben Monate vor deren Freitod, geschrieben: «Sehen Sie Liebe, ich glaube man kann an Nerven-Erschöpfung, am Erlahmen aller Vital-Kraft, auch aus Mangel an geistiger frischer Luft, sterben, wie an jeder andern Krankheit.»[43]

In ihren Briefen trennte Emilie Paravicini-Blumer nicht zwischen so genannt körperlichen und so genannt seelischen Leiden, sondern behandelte diese vielmehr als sich gegenseitig bedingend. Dabei fungierten die Nerven als eigentliches Scharnier. «Es hängt viel vom eigenen Nervenleben ab. Man muss damit umgehen wie mit einem starrköpfigen Kinde. Nicht gewaltsam, aber mit unmerklich sanftem Gewöhnen gegen sich selbst»,[44] schrieb sie 1856 an die Schwester Katharina Usteri-Blumer. Über ihren stets leidenden Freund Albert von Bentzel-Sternau, Sohn des verstorbenen Grafen Christian von Bentzel-Sternau, urteilte sie ganz im Sinne einer Zivilisationskritik am gesellschaftlich zunehmend nutzlosen Adel mit ungeduldigem Unterton: «Es ist übrigens, wie wenn diese Hypochondrie ihn völlig entnervt und geistig erschlafft hätte.»[45] Sie hoffte, der Besuch in Mollis im Winter 1850 würde ihn neu beleben. Anderseits konnten starke Anregungen zur Erregung der Nerven führen und sich auf den allgemeinen Zustand negativ auswirken. Der Nichte Emma Usteri empfahl sie als Mittel zur Erholung, nicht viel zu lesen, «nichts was die Phantasie anregt; am Liebsten biogr:[aphische] oder leicht historische Sachen. So wenig als möglich denken, u: sorglos dahin leben wie ein Kind!»[46] Ihrer Meinung nach waren die Erschöpfungszustände ihrer verheirateten Schwestern ebenso durch die angegriffenen Nerven mit verursacht wie die «Störungen» ihres Bruders oder die rheumatischen Beschwerden der Nichte.[47]

Die hier zitierten Textstellen stehen beispielhaft für Emilie Paravicini-Blumers Verständnis von Gesundheit und Krankheit. Es vermischen und überlagern sich darin die unterschiedlichsten Konzepte. So kann die Korrespondenz als Rezeptionsraum beziehungsweise Schnittfläche der von Sarasin analysierten Diskurse über den Körper seit dem 18. Jahrhundert gelesen werden.[48] Deshalb soll hier in Kürze auf jene theoretischen Konzepte eingegangen werden, auf die Emilie Paravicini-Blumer in ihren Briefen implizit Bezug nimmt.

Die Störung des Gleichgewichts galt in der Humoralpathologie, der Viersäftelehre, als Ursache und Ausdruck von Krankheit.[49] Gesundwerden bedeutete folgerichtig die Wiederherstellung des Gleichgewichts, Gesundbleiben die Aufrechterhaltung des Gleichgewichts durch den Ausgleich zwischen Ruhe und Erregung, Kälte und Wärme, durch die Vermeidung von Exzessen und Bemühen um Mässigung in allen Lebenssituationen.[50] Doch wegen der Vielzahl der Faktoren, zu denen auch die Zuordnung des einzelnen Menschen zu einem der vier Temperamente, zum cholerischen, melancholischen, phlegmatischen oder sanguinischen Temperament, zählte, konnte ein dauerndes Gleichgewicht kaum erreicht werden. Zudem war nach der Säftelehre in der Nachfolge von Galen und Hippokrates das Individuum ausgeliefert an die von aussen einwirkenden Einflüsse wie Licht und Luft, ausgeliefert an ein durch das Klima, die geografische Lage, die Tages- und Jahreszeit bedingten Wettereinfluss.[51] Diese Grundstruktur des Denkens von Gesundheit und Krankheit in Gleichgewichtskategorien vermochten auch die neuen Erkenntnisse über die Nerven und Blutbahnen nicht fundamental zu verändern.

William Harveys Blutkreislaufskonzept von 1628 brach zwar mit der Viersäftelehre und liess den Aderlass als überflüssig erscheinen, doch blieben Vorstellungen über die freie Blutzirkulation mit den alten Vorstellungen der durch Stockungen des Blutes gestörten Gleichgewichtsvorstellungen vereinbar.[52] Auch die neuen Erkenntnisse über die auf Reize reagierenden Nerven wurden seit dem 17. Jahrhundert in den Gleichgewichtsdiskurs integriert und deren Bedeutung als Krankheitsursache hervorgehoben. Im deutschen Sprachraum war der «Nervendiskurs» vor allem Ende des 18. Jahrhunderts verbreitet.[53] So wurde in den Briefen von Patienten aus dem 18. und beginnenden 19. Jahrhundert immer wieder auf die Nerven rekurriert.[54] Ihre Entsprechung fand der medizinische Diskurs in der steigenden Bedeutung der Empfindsamkeit im literarisch geprägten Diskurs der Salons und der Bildungsbürger in der Aufklärung.[55]

Im wissenschaftlich geprägten Diskurs löste sich der Schmerz aus dem Begriff der Krankheit und wurde zum Symptom mit Sitz und Ursache im Nervensystem. Analog zu den durch die Blutzirkulationstheorie ausgelösten Veränderungen des Körperkonzepts leitete die Beschäftigung mit den Nerven einen Wandel des Krankheitsverständnisses ein. Im Sinne des Übergangs vom säftemedizinischen Denken zum organmedizinischen Denken wurde der Körper nicht mehr als ein lebendiger Organismus, ein Kontinuum, verstanden, sondern als ein einer Maschine gleich aus Einzelteilen zusammengesetzter technischer Organismus. Der Schmerz, der über bestimmte Nervenbahnen zu den zentralen Wahrnehmungsapparaten geleitet wurde, zeigte einen Schaden eines bestimmten Organs an.[56] Mit dieser mechanistischen Konzeption drohte der Mensch sich in seine Einzelteile aufzulösen. Der Auflösung wirkte im materialistisch fundierten Verständnis des Menschen zum einen die Funktion des Herzens entgegen, das den ganzen Körper mit unablässig zirkulierendem Blut versorgt, zum andern das

Bild der sich zu einem «System» verdichtenden Nerven und des Gehirns als dessen körperlicher Zentralstelle mit Sitz im Kopf. Diesem Nervensystem kam die Funktion zu, das «Ganze» zusammenzufügen. Im Kontext des Nervendiskurses erhielt im religiös fundierten Verständnis des Menschen neu auch die «Seele» ihren Sitz im Kopf.[57]

Im Gegensatz zu dem seit Descartes sich verbreitenden mechanistischen Verständnis des Körpers gingen viele Ärzte von einer Wechselwirkung zwischen Körper und einer oft nicht näher definierten Seele aus: Nach diesen war deshalb auf die Gemütsverfassung jeder einzelnen Patientin und jedes einzelnen Patienten zu achten, um den Einfluss des Seelenzustands auf die Krankheitssituation richtig zu deuten.[58] Diese Überzeugung war das Resultat zahlreicher praxisbezogener Erfahrungen auf Grund des Wahrnehmens und Beobachtens von Kranken einerseits, des kommunikativem Austauschs zwischen Arzt, Patientinnen und Patienten sowie deren familiärem Umfeld anderseits. Sie war zugleich Ausdruck der in deutschen Universitäten verbreiteten, von einem psychodynamischen Konzept ausgehenden «pietistischen Medizin», Ausdruck des ebenso auf Paracelsus wie auf die medizinische Schule von Montpellier zurückgehenden Vitalismuskonzepts, das von der französischen Aufklärung und dem Berner Albrecht von Haller weiterentwickelt worden war. Nach diesem Konzept ging es bei der Gesundheit um die Erhaltung der Lebenskraft.[59] Vitalisten waren auch Christoph Friedrich Hufeland, der bekannte Arzt von Goethe, und Samuel Hahnemann, der ebenso berühmte Begründer der Homöopathie. Diese beiden Ärzte vertraten die Position, dass Arzneien dynamisch wirkten.[60]

Je nach theoretischem Konzept und dessen Gewichtung gehörte neben der Evaluation der zu verschreibenden Tropfen und Pillen auch die Diätetik, die Lehre von der therapeutischen Zusammensetzung und Menge von Trinken und Essen, zu den zentralen Fragen ärztlicher Rezeptur.[61] Die Diätetik implizierte neben dem Speiseregime die für die Gesundheit angemessene Lebensweise. Es wurde von der Wechselwirkung von Ernährung, Sittlichkeit und Moral ausgegangen, und in diesem Sinne war die Körper- nicht von der Seelendiätetik zu trennen.[62] In diesem Zusammenhang entstand im 18. Jahrhundert ausser den allgemeinen Büchern zur Diätetik eine spezifische diätetische Anweisungsliteratur für Frauen.[63] Basierend auf dem Verständnis von Gesundheit als abhängig von Anregung – durch scharfe Speisen, Wein, schweisstreibende Mittel – oder von Beruhigung des Organismus – durch Schlaf, geringes Essen – behielt die Diätetik noch weit ins 19. Jahrhundert hinein ihren angestammten Platz. Im Gefolge des naturwissenschaftlich geprägten Stoffwechselmodells und der Zellularpathologie Rudolf Virchows wurde ihr zwar zunehmend nur noch die Funktion der alltäglichen Behandlung von Kranken durch ihre Angehörigen – etwa durch Zwieback, Haferschleim und Kamillentee – zugeschrieben, doch erhielt sie im Sog des Vegetarismus und der Wasser- oder Schrothkuren eine neue Ausprägung.[64] Auch liess sich das dem Stoffwechselmodell inhärente thermodynamische Konzept – die Verbrennung von Kalorien und Kohlenhydraten – mit der Gleichgewichtstheorie insofern neu verknüpfen, als die «verbrannte» Energie mit neuer Nahrungszufuhr zu ersetzen war.[65]

So kamen – zum Teil vom selben Arzt verordnet – im 19. Jahrhundert nebeneinander Therapien zum Einsatz, die auf verschiedene theoretische Grundlagen zurückzuführen waren. Denn am Krankenbett war nicht die Theorie entscheidend. Entsprechend der von Sarasin analysierten Vermischung der verschiedenen Körperkonzepte im hygienischen Diskurs vom 18. bis zum 20. Jahrhundert hielt sich ein «therapeutischer Pluralismus». Dieser war nach Stolberg im 18. Jahrhundert aus Sicht der Patientinnen und Patienten akzeptierte Praxis, da für sie nicht Konzepte, sondern die Heilerfolge entscheidendes Kriterium der Beurteilung ärztlichen Könnens waren.[66] Diese Erwartungshaltung hat sich im 19. Jahrhundert – eigentlich bis in die heutige Zeit – trotz der enormen Entwicklungen in der Medizin kaum verändert, obwohl die naturwissenschaftliche Ausbildung und Spezialisierung der Ärzte deren Position gegenüber den Kranken erheblich gestärkt hat.[67] Deshalb blieb unter Ärzten der praktische Eklektizismus trotz Favorisierung bestimmter theoretischer Konzepte und Begründungen üblich, verwischten sich die Grenzen zwischen dem medizinischen Wissen der «alten» Empiriker und der «neuen» Naturwissenschaftler.[68]

Die bürgerliche Gesellschaft des 19. Jahrhunderts war eine lesende, und so ist anzunehmen, dass sich auch Emilie Paravicini-Blumer ihr theoretisches Wissen über Bücher anzueignen beziehungsweise auszuweiten wusste. Auf Grund ihrer Herkunft und ihres familiären wie sozialen Beziehungsnetzes waren ihr medizintheoretische Diskurse sicher vertraut, da diese bis ins 19. Jahrhundert noch eng mit dem allgemeinen Bildungswissen verflochten waren und sich in der Anweisungsliteratur für Frauen niederschlugen.[69] Ebenso ist wahrscheinlich, dass ihr das bekannteste populärmedizinische Werk des 18. Jahrhunderts, das 1761 erschienene Buch «Avis au peuple sur sa santé» des Lausanner Arztes Samuel André Tissot (1728–1797), bekannt war, das hygienische, diätetische und präventive Massnahmen vereinigte.[70] Dieses Buch war vom Zürcher Stadtarzt Hans Caspar Hirzel 1766 ins Deutsche übersetzt worden und fand auch im Glarnerland Verbreitung, wo es im Hexenprozess gegen Anna Göldi als Beweis für die Schuld der Angeklagten hinzugezogen wurde.[71] So überrascht es nicht, dass sich in Emilie Paravicini-Blumers Briefen vor allem seit ihrer intensiveren Beschäftigung mit Krankheit und Gesundheit in den 1860er Jahren im vielschichtigen Verweis auf die Nerven neue und alte Vorstellungen immer wieder überschnitten und verknüpften: verschiedene Ausprägungen der Gleichgewichtslehre, die Humoralpathologie, die Diätetik, der Vitalismus, die Neurologisierung des Schmerzes, die Blutzirkulationskonzepte von Harvey, die Empfindsamkeit des ausgehenden 18. Jahrhunderts und die von Schelling, der Romantik und der Schule der Naturphilosophie geprägte Auffassung eines energetischen Zusammenhangs des Universums.[72]

Materialistisch ebenso wie religiös geprägte Vorstellungen von der gegenseitigen Beeinflussung von Körper und Geist beziehungsweise Körper und Seele manifestieren sich in Emilie Paravicini-Blumers Korrespondenz in den Bezeichnungen und Beschreibungen der Seele, der Nerven und des Gemüts. So nahm sie die Aneignung neuen Wissens vor allem als Reaktion im Kopf wahr. Die Auswirkungen dieser Aneignung wie angespannte Müdigkeit wusste sie meta-

phernreich zu evozieren. Was sie bei diesen Beschreibungen alles unter «Seele» mit verstand, lässt sich nicht genauer definieren, ebenso wenig ist in ihrem Reden über Befindlichkeiten eine klarere Abgrenzung zwischen Belastung der «Nerven», melancholischen Schwankungen des «Gemüts», Erquickung beziehungsweise Verdüsterung der «Seele» und dem von Überreizung unterschiedlichster Art freudig erregten beziehungsweise leidenden «Kopf» zu vollziehen.[73] Vielmehr überlagern sich diese Bilder, das eine steht oft – aber nicht immer – zugleich für das andere, religiös fundierte Konzepte vermischen sich mit materialistischen. Auch zeugen die von ihr verwendeten Metaphern des «Lebensöls» und der «Lebenskraft» beziehungsweise «Erschlaffung» von der Vermengung energetisch-vitalistischer mit humoraldiätetischen Konzepten und der Verwischung der Grenze zwischen religiös und materialistisch geprägten Vorstellungen. In der Zufuhr von Nahrung für Seele und Körper geht es in ihren Briefen einmal um die Wiederherstellung des Gleichgewichts, ein anderes Mal um die Neuankurbelung der Lebensenergie oder um beides gleichzeitig.
Entsprechend dem Milieubezug der traditionellen Humoralpathologie beeinflussten in Emilie Paravicini-Blumers Wahrnehmung der wechselnde Luftdruck und die wechselnden Temperaturen im Zusammenspiel mit den Nerven die eigene körperliche und seelische Befindlichkeit wie auch die der Menschen, mit denen sie verkehrte. Die Bedeutung, die sie dem Wetter für die körperliche und seelische beziehungsweise geistige Befindlichkeit zuschrieb, belegt bereits der oben zitierte Brief, und sie zeigt sich in einer Vielzahl anderer Briefe. So schrieb sie im Herbst 1875 nach heftigen Niederschlägen an eine der Nichten: «Agatha u: ich haben dieses Wetter ziemlich empfunden.»[74] Agatha selbst, die an einer chronischen Knieentzündung litt, umschrieb ihre Wetterabhängigkeit ebenso treffsicher: «Mein Knie empfindet das Wetter auch wieder mehr, doch ist's noch ganz erträglich.»[75] Selbst die Beschaffenheit der Nerven reagierte auf die Temperaturen. Emilie Paravicini-Blumer stellte sich diese analog zu den Muskeln und Haut von stofflicher – Textil- oder Pflanzenfasern ähnlicher – Konsistenz vor. Je nach ihrem vom Wetter mitbedingten physischen Zustand animierten beziehungsweise hemmten sie die geistige Beweglichkeit: «Schlaf u: Appetit gut, die Stimmung heiter u: die Nerven im Gleichgewicht. Nur drückt die Kälte auf ihre gewohnte Elastizität, sie sind starrer u: wollen sich durchaus nicht zu geistiger Thätigkeit hergeben.»[76] Doch auch sie bedürfen als Massnahme gegen ihre «Erschöpfung» und zur Entfaltung ihrer «Vital-Kraft» der «frischen Luft» im Sinne der geistigen Zufuhr. Es gab kaum ein Leiden, das Emilie Paravicini-Blumer nicht konkret oder metaphorisch gedacht mit dem Wetter in Verbindung brachte. Es wirkte sich in seiner Unbeständigkeit negativ aus auf das Gleichgewicht, die Richtschnur für die Wahrnehmung von Gesundheit. Bildhaft entschuldigte sie sich 1877 für ihre zittrige Schrift: «Aber die Finger sind nicht das Schlimmste, Kopf u: Augen haben in lezter Zeit oft den Dienst ganz versagt, u: die Nerven waren bis zur Melancholie gedrückt, obschon ich wohl wusste dass es nur der Einfluss des Luftdruck's war.»[77] Die frische Schneeluft empfand sie als wohltuend für ihre als «Katarrh» diagnostizierte Erkältung, «hingegen rumort es noch im ganzen Körper, denn auch die Schmerzen in der Leber sind gleichen

Ursprungs, vom Kopf nicht zu reden».[78] Die Veränderung des Wetters, vom Regen zur Sonne, vom Sturm zur Ruhe, vom Hoch- zum Tiefdruck, von der Hitze zur Kälte, war wie der Wechsel der Jahreszeit als perpetuierte Zirkulation ein nie erlahmendes Thema. Die Wetterfühligkeit als nie endendes Anschwellen und Abklingen von Leiden verlieh ihm Dauerhaftigkeit. Dementsprechend war eine Genesung nie endgültig, sondern als temporäre Wiederherstellung des Gleichgewichts per se labil.[79]
Hitze und Kälte als bipolare Elemente galten nicht nur als Gradmesser für das Wetter, sondern auch für die Krankheitswahrnehmung.[80] Da Gesundheit Ausgleich implizierte, so war Schwitzen zur Reinigung der Körpersäfte für Emilie Paravicini-Blumer ein notwendiges Mittel zum Erreichen des «Gleichgewichts in den Functionen»[81] und jede «Transpiration» darum erwähnenswert. «Schwächen» sollten durch Ruhe ausbalanciert werden. Ebenso war eine ausgewogene Ernährung für Emilie Paravicini-Blumer ein Element zur Erhaltung der Gesundheit. Doch entscheidend war für sie die seelische Befindlichkeit, die eigene Gemütslage, die die körperliche beeinflusste. Diese seelische Befindlichkeit war abhängig von unterschiedlichsten Einflüssen, auch vom Wetter, konnte daher täglich ändern. Da der Verlust des Ausgleichs ständig drohte, beschrieb sie ihren Alltag fast immer in der Terminologie von Krankheit und Gesundheit. Es belebten sie die regelmässigen Briefe der Nichten ebenso wie abendliche Lektüre des Tacitus. Am Morgen danach sei sie aufgestanden «wie von einem erquickenden u: stärkenden Bade», ein Beispiel, dass «es auch eine Seelendiät giebt, mittels deren man sich im Gleichgewicht halten kann».[82] Analog zu diesem Bad im übertragenen Sinne bedeutete das konkrete Bad für Emilie Paravicini-Blumer Erholung. Wasser wurde von ihr in keinem der mir bekannten Briefe nach seinem Sauberkeitseffekt für das einzelne Individuum evaluiert, sondern dessen Wirkung fast ausschliesslich im Kontext des geselligen Austausches des Kurbads gewürdigt.

Selbstverantwortliches Gestalten

In Emilie Paravicini-Blumers Korrespondenzen zeigen sich die Vorstellungen von Gesundheit und Wohlbefinden im Sinne des Gleichgewichts in einer Fülle sich ergänzender, manchmal auch konterkarierender Bilder. Soziale Einflüsse waren ebenso wichtig wie klimatische, richtige seelische Nahrung wirkte ebenso wie körperliche, ein reales Bad ebenso wie ein Bad im übertragenen Sinne und Ruhe ebenso wie tätiges Handeln. In die Herstellung des Gleichgewichts waren demnach die Menschen aktiv involviert. Sie beeinflussten dieses nicht nur durch Essen, Schlafen und Sichbewegen, durch die Belebung der menschlichen Kontakte, die Zufuhr von «Lebensöl» sowie durch Belebung mittels Lektüre, durch «Seelendiät». Folgerichtig fungierte die geistige Disziplin als Motor zur Erlangung des Gleichgewichts. Damit liess sich die erlangte Balance, selbst wenn sie nur von kurzer Dauer war, entsprechend dem bürgerlichen Konzept der individuellen Verantwortung als eine Leistung der eigenen Persönlichkeit deuten.[83]
So sind Emilie Paravicini-Blumers Briefe ein beredtes Zeugnis des bürgerlichen Habitus des 19. Jahrhunderts, Teil eines bürgerlichen Diskurses der Selbstinsze-

nierung als handelndes und die eigenen Lebensbedingungen regulierendes Subjekt, Ausdruck auch einer bürgerlichen Kultur der permanenten Selbstkontrolle und der damit verbundenen Angst vor dem Verlust des Gleichgewichts, individueller Grenzüberschreitung und sozialer Marginalisierung.[84] Sie zeigen nicht nur, wie Frauen am bürgerlichen Diskurs mitwoben, sondern auch, wie einige wenige sich trotz der dem bürgerlichen Diskurs inhärenten Geschlechterdiskriminierung nicht scheuten, im Rekurs auf ebendiese bürgerlichen Werte sich wie Männer als selbständig denkende Subjekte zu verstehen und sich im Rekurs auf ältere Vorstellungen von Krankheit und Gesundheit sowie auf Erfahrungen mit neuen medizinischen Erkenntnissen die Vormundschaft der Ärzte abzulehnen.

3.2 Diagnostizieren: das Pflegen der Verwandtschaft als Verpflichtung und Initiation in die Homöopathie

Krankheit war bis weit ins 19. Jahrhundert eine von ärztlicher Diagnose weitgehend unabhängige Erfahrung, die über die Wahrnehmung und die Deutung von Symptomen im Austausch mit den Angehörigen und Personen aus dem Umfeld Gestalt annahm. Mit Rekurs auf die Naturwissenschaften beanspruchten die akademisch ausgebildeten Ärzte im Laufe des 19. Jahrhunderts das Monopol auf das Erkennen und Deuten von Körpersymptomen als Krankheit. Die von Samuel Hahnemann entwickelte Lehre der Homöopathie stellte mit ihrem Rekurs auf wissenschaftliche Erkenntnisse diesen Monopolanspruch ebenso in Frage wie die sich entfaltende Naturheilbewegung. Beide gingen von den natürlichen Kräften der Selbstheilung aus, die aber den Homöopathen zufolge durch die Verabreichung von Mitteln beeinflusst werden sollten. Die Auseinandersetzung um die Wirksamkeit dieser Mittel wurde zwischen Homöopathen und den von ihnen als «Allopathen» angegriffenen naturwissenschaftlichen Ärzten auf der Bühne der Öffentlichkeit geführt. Als Exponenten beider Richtungen traten nur Männer auf. Doch als homöopathische Praktikerinnen waren Frauen wie Emilie Paravicini-Blumer, die sich ihr Wissen autodidaktisch über Bücher oder Lehrer aneigneten, darin involviert.[85]

Selbstmedikation

Seit den 1860er Jahren verband sich in den Briefen von Emilie Paravicini-Blumer die Erörterung der Leiden in der Form der Introspektion und der Anteilnahme mit Ratschlägen zur Wiedererlangung des Gleichgewichts als Ausdruck körperlicher und geistiger Gesundheit. Parallel dazu übernahm die Fünfzigjährige vermehrt pflegerische Verantwortung, die sie von Bartholome Paravicini auf die Schwester Agatha Blumer ausweitete, die seit dem Tod des Vaters unter ihrer Obhut stand. Ebenso pflegte sie nun nahestehende Verwandte und Bekannte, die sich zur Erholung in ihrem Hause aufhielten. In der Tradition der familiären Selbsthilfe, die in starkem Masse von Frauen geprägt war,[86] verknüpfte sie in den Briefen zunehmend die Erörterung der Leiden und deren Ursachen, das Ratschlagen und die Beschreibung pflegerischer Aktivitäten mit der medizinischen Diagnose.[87] Dabei trennte sie nicht zwischen Symptomen und Diagnose; körperliche Zeichen waren die Krankheit, wurden in Krankheitsbegriffen gedeutet zu Krankheitszuständen. Ausgehend vom Komplex der geschilderten und beobachteten Symptome der Krankheit definierte Emilie Paravicini-Blumer nicht nur deren Ursachen, sondern die Krankheit selbst, das Stadium der Krankheit, die Aussichten auf Genesung oder Verschlechterung und die Möglichkeiten der Heilung.[88] Gleichzeitig wich die Aufzählung der damals von den Ärzten verwendeten – allopathischen – Mittel, wie nicht näher spezifizierte Abführmittel und Fischtran, die Alkaloide Cantharrhin, Chinin und Veratrin, die Narkotika Chloroform, Opium und Morphium der Erwähnung homöopathischer Mittel, ohne diese jedoch zu benennen. Aus den Briefen lassen sich auch nicht die Substanzen dieser homöopathischen Mittel erschliessen, beschrieben wird lediglich ihre Wirksamkeit. Diese wurde nach Emilie Paravicini-Blumer fast ausschliesslich durch eine vorangehende oder gleichzeitige Einnahme so genannt allopathischer Mittel eingeschränkt. Konkreter sind die Angaben zum Auflegen von Pflastern und Umschlägen sowie zu diätetischen Massnahmen.

Die Vertiefung Emilie Paravicini-Blumers in die Homöopathie scheint in engem Bezug zum Zustand ihrer Schwester Agatha Blumer gestanden zu haben. Ab 1864 verschlechterte sich dieser zunehmend. Von immer wiederkehrenden Fieberschüben, rheumatischen Schmerzen und Entzündungen ist die Rede. Die vom Arzt verschriebenen Mittel linderten die Schmerzen und senkten das Fieber: «[...] es war gut dass wir Morphium u: Chloroformöl zur Hand hatten. Jetzt schwitzt sie [...].»[89] Eine heilende Wirkung erzeugten sie nach Emilie Paravicini-Blumer nicht. Da zeichnete sich in den Briefen von und nach Mollis die Homöopathie als alternative Heilmethode ab. Ob ihr Stand als Witwe – Bartholome Paravicini war 1862 gestorben – mit der Neuorientierung in ursächlichem Zusammenhang steht, lässt sich aus den Briefen nicht ableiten.[90] Als wahrscheinlicher erscheinen mir drei andere Ursachen: erstens das Leiden Agathas, zweitens die in dieser Zeit eine erste Blüte erreichende Popularisierung naturwissenschaftlicher Erkenntnisse, drittens die öffentlich ausgetragenen Auseinandersetzungen zwischen Anhängern der Schulmedizin und der Homöopathie.[91] Vielleicht erhoffte sich Emilie Paravicini-Blumer von der Lehre Samuel Hahnemanns entscheidende Hilfe gegen Agathas ständige Entzündung, da sich dieser in späteren Lebensjahren mit seiner Theorie der «unsichtbaren Einflüsse», der «Miasmen» oder «Kleinlebewesen» fast ausschliesslich mit der Begründung chronischer Leiden beschäftigt hatte.[92] Dieses Interesse an der Auseinandersetzung mit Neuem scheint mir typisch für Emilie Paravicini-Blumers Haltung: In Verbindung mit dem Stellenwert von Beziehung zeigte sie sich von der Jugend bis ins hohe Alter offen für geistige Anregungen und Interpretationsmuster. In diesem Sinne bedeutete «Lebendigkeit» tatsächlich ein intellektueller und seelischer Prozess gleichzeitig. Emilie Paravicini-Blumers Neuorientierung entsprach aber auch dem wachsenden Interesse der westeuropäischen Gesellschaften an Homöopathie und Naturheilverfahren, die über eine steigende Zahl von Zeitschriften und Büchern, die zum Teil direkt auf ein weibliches Lesepublikum – wenn auch nicht immer mit dem Ziel vermehrter Selbständigkeit – ausgerichtet waren, sowie über Vereinsgründungen verbreitet wurden.[93] So stärkte zwar das den Schulmedizinern zugeschriebene naturwissenschaftliche Expertentum die Position des einzelnen Arztes, trotzdem blieb in der zweiten Hälfte des 19. Jahrhunderts der Wechsel des Arztes beziehungsweise die Hinwendung zu alternativen Heilmethoden weiterhin üblich.[94] Denn auch nach der Behandlung durch akademisch ausgebildete Ärzte erfolgte oft keine Besserung. Als Orientierung beim Wechsel von Arzt oder Therapie dienten Patientinnen und Patienten neben den ausgetauschten Informationen über Krankheitsverläufe und persönlichen Empfehlungen zunehmend Informationen aus populärmedizinischen Publikationen.[95]

Emilie Paravicini-Blumer wandte die neue Methode an sich, an Agatha und an Verwandten an. Dies wurde, wie in einem Brief vom Januar 1870 von dem für Agatha zuständigen Arzt – wahrscheinlich Fridolin Schuler, eventuell auch Konrad Schindler im Hof –, mit Misstrauen verfolgt: «Herr Doktor ist und bleibt der Homöopathie sichtlich abgeneigt, da sie ihm, wie eine neue Waffe, unbequem ist. Er ärgert sich fast an den Erfolgen.»[96] Dass sie selber bereits über Erfahrung im Sinne der Aneignung eines ansehnlichen Wissens verfügte, auch wenn sie sich im Gegensatz zum akademisch gebildeten Arzt als «Laie» definierte, lässt ein weiterer Brief an die Schwester in Zürich vom Sommer des gleichen Jahres vermuten: «Ich habe mich von der ausserordentlichen Wirksamkeit der homöopathischen Mittel überzeugt. [...] Wo überhaupt zu helfen und zu erleichtern ist, geschieht dies am leichtesten homöopathisch, unter der Voraussetzung, dass man so glücklich ist, die richtigen Mittel zu treffen. Sonst hilft es eben auch nicht. Und wie schwer das für einen Laien ist, sehe ich immer mehr ein, wie ich glaube, dass auch Herr Doktor empfindet, dass es sogar für den allopathischen Arzt ein ganz neues und nicht leichtes Studium ist, zu dem er sich kaum mehr herbeilassen wird, solange er noch Gläubige an *sein* System findet.»[97] In jenem Sommer weilte Katharina Usteri-Blumer in Mollis zu Besuch. Sie registrierte im Brief an ihre Familie die durch die Hinwendung zur Homöopathie erzeugte positive Veränderung bei Emilie, die in den vorangehenden beiden Jahrzehnten immer wieder unter tiefer «Melancholie» und allgemeiner Antriebsschwäche gelitten hatte. Sie «ist sehr dankbar für die Wirkung der an sich u. Agatha erfahrenen Wirkungen der Homöopathie, erfrischt u. belebt sich an dem ernsten Studium der Medizin.»[98] Sie habe zur eingehenden «Beschäftigung mit der Wissenschaft» Kontakt mit Fridolin Schuler. Laut Katharina Usteri-Blumer war das Interesse der älteren Schwester Emilie an der Homöopathie und die dadurch geweckte Lust auf Kommunikation, auf Lernen und Betätigung die Ursache der regenerierenden Wirkung, nicht die homöopathischen Mittel.

Homöopathen und Allopathen

Die Homöopathie erlebte in diesen Jahren in der Schweiz eine erste Blütezeit. Die Zahl von 47 homöopathischen Ärzten im Jahr 1872 sollte erst wieder 1968 erreicht werden.[99] Nicht wenige dieser Ärzte genossen internationales Ansehen. Einige von ihnen hatten sich auf Grund von mitverfolgten Heilungserfolgen – wie schon Hahnemann verzeichneten sie gerade auch bei Typhus- und Choleraepidemien Erfolge – dieser Methode zugewandt.[100] Seit 1856 verfügten sie mit dem Verein Schweizerischer Homöopathischer Ärzte (SVHA) über eine eigene Organisation, die vor allem dem Erfahrungsaustausch diente.[101] Ihre Kundschaft scheinen sie nicht unwesentlich unter angesehenen und wohlhabenden Familien vorwiegend städtischer Provenienz rekrutiert zu haben.[102] Ausserdem gab es vor allem auf der Landschaft eine grössere Zahl von Laienhomöopathen, die bei weniger Bemittelten wegen der geringen Kosten und gerade auch bei der bäuerlichen Bevölkerung wegen ihrer Kenntnisse in der homöopathischen Tiermedizin Anerkennung genossen.[103] Ob es sich dabei, wie in der deutschen «Allgemeinen Homöopathischen Zeitung» von 1844 suggeriert, im Raum Zürich die Laienhomöopathie vor allem von beim medizinischen Staatsexamen durchgefallenen Kandidaten ausgeübt wurde, bleibt offen.[104]

Obwohl wahrscheinlich etliche Frauen als Laienhomöopathinnen praktizierten,[105] inszenierten sich in der öffentlichen Arena nur Männer als Experten, vorwiegend naturwissenschaftlich ausgebildete und homöopathische Ärzte. Der wichtigste Kampfbegriff der Homöopathen in dieser Auseinandersetzung, mit dem sie sich von der Schulmedizin abgrenzten, war «Allopathie» und davon abgeleitet die Bezeichnungen «Allopath» sowie «allopathisches» Mittel. Mit «Allopathie» bezeichnete Hahnemann 1816 medizinische Mittel, die im Gegensatz zum homöopathischen Simileprinzip, «Ähnliches wird mit Ähnlichem geheilt», im «gesunden Körper andersartiges (allopathisches) Uebelbefinden erzeugen, als die zu heilende Krankheit».[106] Die von ihm geprägte Sammelbezeichnung «Allopathen» für alle Gegner seiner Lehre fand rasch Verbreitung und prägte den Diskurs von praktizierenden Homöopathen wie von deren Patientinnen und Patienten. Die unter dem Begriff subsumierten Ärzte lehnten die Bezeichnung als einen von Hahnemann eingeführten Schimpfnamen ab. Erst gegen Ende des 19. Jahrhunderts setzte sich der Begriff «Schulmedizin» nach anfänglicher Ablehnung durch die an Universitäten naturwissenschaftlich ausgebildeten Ärzte als Sammelbegriff durch.[107]

Während die Homöopathen sich von den «Allopathen» abgrenzten, verdächtigte die grosse Mehrheit der akademisch geschulten «naturwissenschaftlichen» Ärzte die Praktiker alternativer Medizin, von den autodidaktischen Naturheilern bis zu den an Universitäten ausgebildeten homöopathischen Ärzten, der Kurpfuscherei, obwohl sich die Homöopathie ebenso als naturwissenschaftlich fundiertes System verstand.[108] So setzte 1845 der bekannte Begründer der Zellularpathologie Rudolf Virchow (1821–1902) die Homöopathie auf die gleiche Stufe wie den Aberglauben, den Exorzismus und den Magnetismus.[109] In der Schweiz folgten die heftig geführten Auseinandersetzungen mit einiger Verspätung auf Deutschland, wo schon 1825 gegen Hahnemanns Lehre als «Wahngewebe» polemisiert worden war.[110] Sie fielen zusammen mit den ersten Jahren des organisatorischen Zusammenschlusses der homöopathischen Ärzte im SVHA[111] und dem Aufschwung der Naturheilbewegung zum einen, der Ausformulierung kantonaler Gesetze zum andern, die wie das Zürcher Gesetz von 1854 die Zulassung zur medizinischen Praxis den akademisch gebildeten und staatlich patentierten Ärzten vorbehielt.[112]

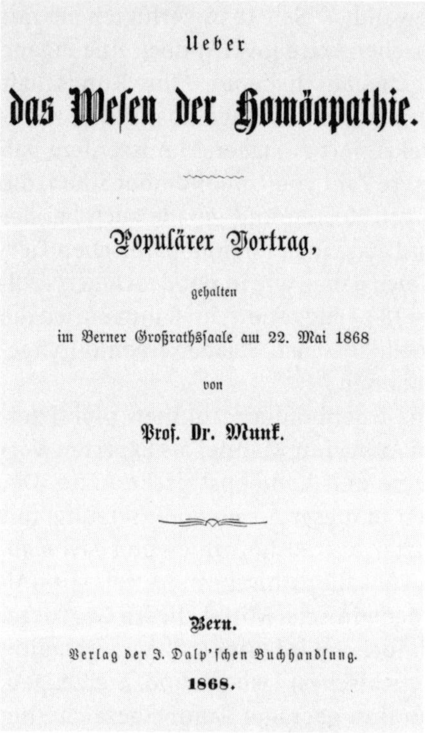
Ueber

das Wesen der Homöopathie.

Populärer Vortrag,

gehalten

im Berner Großrathssaale am 22. Mai 1868

von

Prof. Dr. Munk.

Bern.

Verlag der J. Dalp'schen Buchhandlung.

1868.

Vortrag vor weiblichem Publikum: Für den deutschen Physiologen Philipp Munk war die Homöopathie die «Demi-Monde der Medizin» und deren Wirkung gleich null.

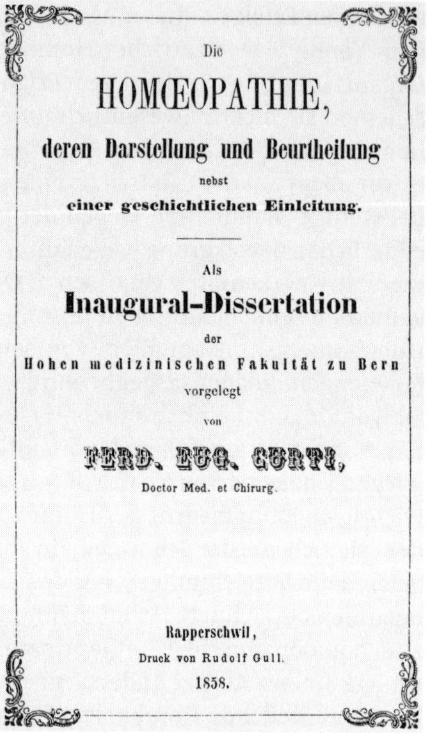
Die

HOMŒOPATHIE,

deren Darstellung und Beurtheilung

nebst

einer geschichtlichen Einleitung.

Als

Inaugural-Dissertation

der

Hohen medizinischen Fakultät zu Bern

vorgelegt

von

FERD. EUG. CURTI,

Doctor Med. et Chirurg.

Rapperschwil,

Druck von Rudolf Gull.

1858.

Frontaler Angriff: Nach Meinung des Arztes und Chirurgen Ferdinand Eugen Curti liess sich die Zustimmung zur Homöopathie nur durch «Dummheit» erklären.

Die Auseinandersetzung zwischen Befürwortern und Gegnern der Homöopathie glich einem Schlagabtausch. Die Streitschriften, mit denen die Positionen publik gemacht wurden, reichten von der kleinen Broschüre bis zur Doktorarbeit. Frontal griff Ferdinand Eugen Curti 1858 die Anhänger der Homöopathie in seiner medizinischen Dissertation an: «Und in allen jenen Staaten, in welchen trotz aller staatlichen Freiheit die individuelle Dummheit durch die Macht der Verhältnisse noch blüht, werden Sie mehr oder weniger zahlreiche Anhänger der Homöopathie, des Mystizismus, des Aberglaubens etc. finden.»[113] Der in Winterthur praktizierende homöopathische Arzt Paul Julius Mende dagegen erklärte 1866 die Wirksamkeit der Homöopathie physikalisch: «Dass die homöopathische Arznei nach dem Naturgesetz: ‹*Aehnliches heilt Aehnliches*› [Hervorhebung von Mende, E.J.] auch in ihren kleinen und kleinsten Gaben wirkt, beweist nicht nur die Auffindbarkeit des Arzneistoffes in denselben durch das Mikroskop, durch Chemie, durch Physik und durch die Spektralanalyse, sondern ist auch durch statistische Beobachtungen erwiesen.»[114] Ein Jahr zuvor, 1865, hatte der Luzerner Arzt August Feierabend (Feyerabend)[115] nach sorgfältiger Prüfung im «National-Kalender» begründet, warum ihn die Homöopathie überzeuge: «Der Homöopath hat allen

Respekt vor der Naturheilkraft und wirkt nur als ihr Diener.»[116] Der deutsche Physiologe Philipp Munk bescheinigte in einem Vortrag vor Damen 1868 in Bern der homöopathischen Methode wegen des «Infinitesimalsystems bezüglich der Dosen», den «Hochpotenzen» genannten Verdünnungen, eine Wirkung gleich null. Daher sei sie «eine ausgezeichnete Methode gegen alle Einbildungskrankheiten».[117] Hart kritisierte Munk auch das homöopathische Ähnlichkeitsprinzip. Dieser Angriff wurde vom bekannten Arzt Emil Schädler gekontert. Schädler berief sich, dabei auf Samuel Hahnemann und die meisten Homöopathen verweisend, auch auf Hippokrates und Paracelsus:[118] «Dieses Heilprinzip wurde schon von Hippocrates und andern genialen Aerzten, wie z. B. unserm schweizerischen Landsmann Paracelsus erkannt, aber seine allgemeine Gültigkeit wurde erst von Hahnemann nachgewiesen. [...] So z. B.: *Quecksilber* macht der Lustseuche [Syphilis, E. J.] ähnliche Zufälle und heilt dieselben; [...] *Belladonna* [Tollkirsche, E. J.] und *Opium* machen Delirien und andere Gehirnzufälle und sind die besten Heilmittel gegen den sogenannten Säuferwahnsinn.»[119]

Die öffentlich geführten Auseinandersetzungen sollen nach einem Bericht des Basler Homöopathen Theophil Bruckner zur Verbreitung der homöopathischen Laienpraxis stark beigetragen haben. Diese ruhe «zum grossen Theile in nicht unbefähigten Händen», so dass homöopathische Ärzte und Laien kooperierten, statt sich zu bekämpfen.[120] Damit stellte sich Bruckner gegen eine klare Grenzziehung zwischen Ärzten und Laien, was deren therapeutische Praktiken betrifft; die Grenzziehung lief nur entlang der akademischen beziehungsweise nicht akademischen Bildung.[121] Dagegen zielten die so genannten Allopathen mit ihrem Kampf gegen die Homöopathie vor allem gegen die Zulassung von Laien, die sie allesamt der «Kurpfuscherei» zuordneten und damit deren Tätigkeit polemisch und unterschiedslos als Gefahr für die Bevölkerung definierten. Wie problematisch die Grenzziehung jedoch, aus welchen Gründen auch immer, erachtet wurde, zeigt das Beispiel von St. Gallen, dem Nachbarkanton von Glarus, wo zur bitteren Enttäuschung der Ärzteschaft das neue kantonale Strafgesetz von 1857 die unbefugte Ausübung der Heilkunde nur bei schwerwiegenden Folgen ahndete, was der Freigabe der Praxis gleichkam.[122]

Der bereits zitierte Professor Philipp Munk, der sich im selben Vortrag als Befürworter der Frauenstimmrechts zeigte, unterlegte seine Attacken gegen die Homöopathie vor seinem weiblichen Publikum mit frauenfeindlichen Argumenten. Unter den «Einbildungskranken» fand er neben den «koquetten Salondamen der grossen Städte» auch «alte Wittwen und griesgrämige Jungfern» aus «unsern kleinern und kleinsten Städten».[123] Er bediente sich damit zweier misogyner Stereotype: Er behauptete den negativen Einfluss der von adligen Frauen mitgeprägten Umgangsformen in den Salons – ein Stereotyp, das unter Schweizer Republikanern nicht erst seit Rousseau stark verbreitet war[124] – und verhöhnte ältere alleinstehende Frauen wie Emilie Paravicini-Blumer. Diese Abwertung von Frauen vermischte sich in diesen Jahren unter den Vorzeichen des Aufstiegs der Naturwissenschaften mit neuen Vorurteilen: Frauen des Bildungsbürgertums waren nur als Transmissionsriemen für die Popularisierung der von den männlichen Professoren ergründeten Erkenntnisse gedacht, nicht aber als Produzentinnen von Wissen; gleichzeitig wurde diese Popularisierung als Feminisierung und Infantilisierung zum Teil von Vertretern der Wissenschaft auch verachtet.[125] Während die Verteidiger der Homöopathie die Angriffe auf das Ähnlichkeitsprinzip oder die Hochpotenzen scharf zurückwiesen, reagierten sie nicht auf frauenfeindliche Argumente. Die Auseinandersetzung wurde unter Männern geführt, Frauen waren für Homöopathen weder als Anhängerinnen noch als homöopathische Praktikerinnen ein Thema der öffentlichen Diskussion.

Dass Frauen nach meinem Wissensstand nicht als namentlich erwähnte Akteurinnen – auch nicht als Laienhomöopathinnen – öffentlich auftraten, war bedingt durch den ihnen in Fragen von Krankheit und Gesundheit auf diskursiver wie auf rechtlich-institutioneller Ebene zugewiesenen Ort. Zu diesem Zeitpunkt waren Frauen in der Schweiz noch nicht offiziell zum Medizinstudium zugelassen, und es gab im Gegensatz zu den USA keine privaten homöopathischen Institute, die dem weiblichen ebenso wie dem männlichen Geschlecht offenstanden.[126] Ihnen wurde – wenn auch nicht immer im unmissverständlichen Ton des misogynen Zitats – der ihnen zustehende Part klar zugeteilt, wie das auch in anderen Auseinandersetzungen um die Wirksamkeit von Naturheilmethoden der Fall war.[127] Als Patientinnen und für die häusliche Krankenpflege Zuständige war dieser Part entweder derjenige des leidenden Objekts medizinischer Hilfe oder derjenige des die medizinischen Anweisungen lediglich umsetzenden Subjekts.[128] Die Entscheidungsbefugnis lag in beiden Fällen bei den Ärzten, ob Homöopathen oder Schulmediziner.[129] Dass diese Rollenzuweisungen im Alltag durchbrochen wurden, Frauen ihren Handlungsspielraum auszuweiten verstanden, zeigt die Korrespondenz von Emilie Paravicini-Blumer.

Autodidaktin mit umstrittenem Lehrer

Ihr Wissen hatte sich Emilie Paravicini-Blumer als Autodidaktin sowohl über die Lektüre und die direkte Erfahrung im Sinne der Verarbeitung, Deutung und Einordnung von Beobachtungen als auch über die Unterweisung durch den in Deutschland und in der Schweiz bekannten Homöopathen Baron von Heyer (1838–1923) angeeignet.[130] Ihr autodidaktisches Eintauchen in das Studium der Homöopathie korreliert zeitlich mit der Hoch-Zeit – dem *âge d'or*[131] – der Popularisierung von Wissenschaft. In Kontakt mit homöopathischen Mitteln war sie jedoch bereits über ihren langjährigen Freund Graf Albert Bentzel-von Sternau gekommen, der ihr Jahre zuvor zur Linderung ihrer Schmerzen ein solches Mittel gegeben hatte[132] und sich später freute über die Homöopathie, «diese ‹arme Hagar der medizinischen Wissenschaft, die doch nicht totzuschlagen ist› [...] um des Segens willen, den sie uns körperlich gebracht nicht nur, aber auch um des Segens für andere und rückwirkend für mich des geistigen in Tätigkeit und Wohltun».[133] Möglicherweise hatte Emilie Paravicini-Blumer auch schon über ihren Einsatz für die Polen Erfahrungen mit der Homöopathie, weil einer ihrer bekanntesten Exponenten, Paul Julius Mende, nach dem erfolglosen polnischen Aufstand von 1830/31 von Warschau in die Schweiz emigriert war und in Zürich Medizin studiert hatte. Dessen Broschüre «Die Homöopathie, ihr Wesen und ihre Vorzüge» wurde in den 1860er Jahren in 20 000 Exemplaren aufgelegt.[134]

DR. ARTHUR LUTZE'S

LEHRBUCH

DER

HOMOEOPATHIE.

Das sind die Weisen,
Die durch Irrthum zur Wahrheit reisen.
Die bei dem Irrthum verharren —
Das sind die Narren.

RÜCKERT.

NEUNTE VERBESSERTE AUFLAGE.

COETHEN.

IN COMMISSION VON PAUL SCHETTLER'S VERLAG

1878.

Das Lehrbuch von Arthur Lutze: Das Werk des selbst ernannten Nachfolgers von Hahnemann in Koethen diente auch Emilie Paravicini-Blumer als Einführung in die Homöopathie.

Die Homöopathie liefert durch die Heilung vieler, sonst unheilbarer Leiden den Beweis, dass jede Krankheit ihren Hauptsitz und Ursprung im Nerven-System hat; auf Nerven, das feinste, noch nie durch die Sinne wahrgenommene Fluidum, soll die Arznei wirken; muss man sich da nicht die feinsten, den Nerven ähnlichsten Arznei-Präparate wünschen, und hat die Homöopathie sie nicht durch ihren Meister gefunden?!

Nur diese feinen unwägbaren Arzneigaben sind fähig, sich den leidenden Nerven zu assimiliren, und nur, wo eine solche Assimilation stattfindet, kann Heilung erfolgen; ebenso wie nur die Ernährung des Körpers dadurch vor sich geht, dass die Speisen durch die Verdauungs-Organe den Säften assimilirt werden. Das Verdauungswerk ist in Bezug auf die Speisen, was die Potenzirung in Bezug auf die Arzneistoffe ist.

Arthur Lutze.

Streng zu vermeiden während der Cur sind:

Kaffee und Zichorien, Thee, starkes und bayrisches Bier, Wein, **Schnapps**, Rum, **Saures**, **Gewürz**, gewürzige Kräuter und Wurzeln, fettes Schweinefleisch, zu fette Speisen und **Schwefelgeruch**.

Erlaubt sind alle übrigen gewöhnlichen Nahrungsmittel.

Ein Pulver wird in einem Trinkglase mit 1 Tassenkopf voll frischem Wasser aufgelöst, und fest zugedeckt. Zuerst Nr. 1.	Davon täglich Abends und Morgens einen kleinen Schluck zu nehmen, daß es 3 Tage reicht; dann 4 Tage Pause.	Bei Auflösung des Pulvers nimmt man zum Umrühren einen Hornlöffel oder eine neue Federpose. Siehe § 55. Lebensregeln Seite 29. Hahnemann's Todtenfeier Seite 101.

Dieser Zettel muß gut aufbewahrt und mir jedesmal mitgebracht oder mitgeschickt werden.

Cöthen.
Im Herzogthum Anhalt.

Dr. Arthur Lutze,
Sanitätsrath.

Meine **Klinik** ist an allen **Wochentagen** von 8 bis 11 Uhr und von 3 bis 5 Uhr geöffnet.

Sicher ist, dass Emilie Paravicini-Blumer sich im Sommer 1870 in das Handbuch von Arthur Lutze (1813–1870)[135] vertiefte: «Ich studiere, bis mir der Kopf brennt und ich vor Aufregung nicht schlafe, ein ernstlicher Hinweis, dass man nicht mit 63 Jahren eine so schwierige Lehrzeit ohne Rückhalt eines Wissenden beginnen soll.»[136] Lutze war ein sehr erfolgreicher, aber wegen seiner Methoden und seiner Auftritte und Publikationen umstrittener Homöopath, der nicht nur mehrfach behördlich belangt wurde, sondern sich vor allem auch die Gegnerschaft

Dreizehnter Jahrgang.

Fliegende Blätter

In Deo Spes mea.

HAHNEMANNIA

Similia Similibus.

für Stadt und Land

über

HOMŒOPATHIE

begründet

von

Dr. **Arthur Lutze,**

Sanitätsrath.

Monatlich 2 Nummern. Preis für den Jahrgang 15 Sgr., in allen Post-Anstalten 17 Sgr.

No. 12. Cöthen, in Anhalt, am 24. Juni. 1870.

Vorläufige Anzeige.

Seit einigen Tagen hat die Direction der Lutze'schen Klinik Herr Baron von Heyer übernommen, welcher bisher mit dem besten Erfolge zu Murgenthal (Canton Bern in der Schweiz) die homöopathische Praxis betrieben und sich nicht nur das Vertrauen des schweizerischen Publikums erworben, sondern auch seinen Ruf weit über die Grenzen des Landes verbreitet hat.

Die Adresse lautet von jetzt an: Herr Baron von Heyer, Director der Lutze'schen Klinik. **Die Lutze'schen Erben.**

Die Redaction dieser Blätter, welche bisher Herr Puhlmann zu verantworten hatte, geht mit dem heutigen Datum in andere Hände über, und zwar wird dieselbe der älteste Sohn des Dr. Lutze, Ernst Arthur Lutze in Cöthen übernehmen.

«Fliegende Blätter für Stadt und Land über Homöopathie»: Die «Fliegenden Blätter» dienten zur Werbung und zur Popularisierung der Homöopathie. In der abgebildeten Ausgabe wird auf der Titelseite Baron von Heyer als Nachfolger des verstorbenen Arthur Lutze als Leiter der Klinik in Koethen angekündigt.

homöopathischer Ärzte zuzog.[137] Er wusste auf geradezu idealtypische Weise die Homöopathie als popularisiertes Wissen auf den Markt zu bringen. Grosse Bekanntheit holte er sich nach Hahnemanns Tod durch die erstmalige Herausgabe der ergänzten sechsten Ausgabe von dessen Hauptwerk «Organon der rationellen Heilkunde».[138] Lutzes eigenes, auf ein Laienpublikum hin konzipiertes «Lehrbuch der Homöopathie» wird bis heute konsultiert, geniesst aber unter homöopathischen Ärzten äusserst geringe Akzeptanz.[139] Einen breiten Einfluss hatte er ab 1858 mit dem regelmässig erscheinenden Bulletin «Fliegende Blätter für Stadt und Land über Homoeopathie».[140]

Die «Fliegenden Blätter» erschienen nach Lutzes Tod weiter: Im Juni 1870 kündigten sie als Übergangsleiter der von Lutze gegründeten Köthener Klinik den «Baron von Heyer» an, «welcher bisher mit dem besten Erfolg zu Murgenthal

Die Verteidigungsschrift von Baron Heyer von Rosenfeld (1838–1923): Wegen unerlaubter medizinischer Praxis war der Homöopath in Solothurn, Aargau und Bern ausgewiesen worden. In den 1870er Jahren war er Emilie Paravicini-Blumers Arzt und Lehrer.

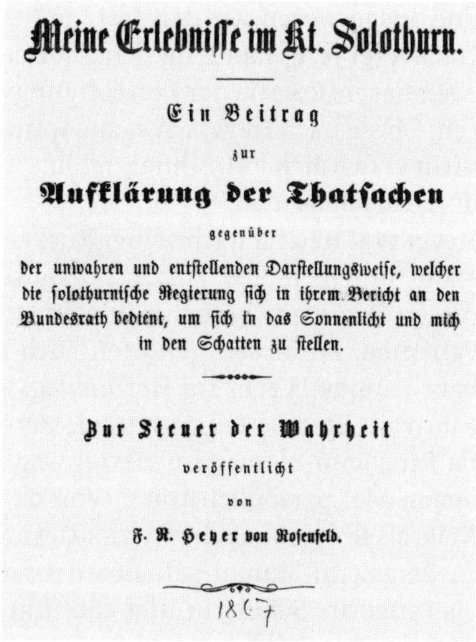

Meine Erlebnisse im Kt. Solothurn.

Ein Beitrag

zur

Aufklärung der Thatsachen

gegenüber

der unwahren und entstellenden Darstellungsweise, welcher die solothurnische Regierung sich in ihrem Bericht an den Bundesrath bedient, um sich in das Sonnenlicht und mich in den Schatten zu stellen.

Zur Steuer der Wahrheit

veröffentlicht

von

F. R. Heyer von Rosenfeld.

1867

(Canton Bern in der Schweiz) die homöopathische Praxis betrieben und sich nicht nur das Vertrauen dess schweizerischen Publikums erworben, sondern auch seinen Ruf weit über die Grenzen des Landes verbreitet hat».[141] Das Intermezzo Heyers in Köthen (Sachsen-Anhalt) dauerte nur bis im September, dann war er wieder in der Schweiz.[142]

Ruggero Ferdinando Ferrante Zenobi Freiherr Heyer von Rosenfeld, wie er sich mit ganzem Namen nannte, war 1838 in Florenz als Sohn eines württembergischen Gutsbesitzers geboren worden. Wegen eines Hautleidens hatte er das Studium der Chemie in Berlin aufgegeben und wurde ohne akademische Ausbildung in Medizin Homöopath.[143] In den 1860er Jahren liess er sich in der Schweiz nieder. Ob er in seinen Anfangsjahren wie sein Lehrer Alfred Lutze praktizierte, der zusammen mit dem Schweizer Laienhomöopathen Johann Pantillon mit einem Arzneikasten unter dem Arm wie ein fahrender Arzt in verschiedenen kleineren Städten der weiteren Umgebung von Potsdam Kranke kurierte,[144] lässt sich nicht eruieren, wäre aber durchaus möglich, da Heyer in der Schweiz in verschiedenen Kleinstädten gewirkt hat. Wegen dieser medizinischen Tätigkeit geriet er in verschiedenen Kantonen mit den Behörden in Konflikt. Unter den akademisch gebildeten homöopathischen Ärzten genoss er jedoch Ansehen.[145] Nach Emil Schädler, homöopathischem Arzt von internationalem Ruf und Verfasser der ersten Geschichte der Homöopathie in der Schweiz, machte er «sehr schöne Curen und verschaffte der Homöopathie in Aarau und weiter Umgebung einen grossen Anhang. Die ganze allopathische Zunft, Ärzte und Apotheker, wurden dadurch im höchsten Grade erbost und verfolgten Herrn Heyer, der kein ärztliches Patent besass, auf das Heftigste, bis er Aarau verliess und nach Zürich zog, wo er aber keine ausgedehnte ärztliche Täthigkeit mehr entfaltete.»[146] Effektiv war er in den Kantonen Solothurn, Aargau und Bern gebüsst und ausgewiesen worden trotz breiter Unterstützung durch homöopathische Lokalvereine. Es handelte sich um Laienvereine, die nach deutschem Vorbild zu ebendiesem Zweck, der Verteidigung der Homöopathie, gegründet worden waren. Ob sie nach Heyers Wegzug weiterexistieren, ist aus Heyers Streitschriften nicht ersichtlich.[147] In ihnen schildert er wortreich die ungerechte Behandlung durch die Behörden.[148]

Heyer praktizierte nach seiner Rückkehr aus Köthen in Emmishofen, nahe Konstanz, in den 1870er Jahren zeitweise auch in Neumünster bei Zürich.[149] Von diesen Orten aus besuchte er seine weit verstreut lebenden Patientinnen und Patienten. Zu diesen gehörten auch Emilie Paravicini-Blumers Freundin Barbara Trümpy-Weber im Herrenweg, wahrscheinlich auch deren Ehemann, der Fabrikant Egidius Trümpy, sowie deren Tochter. Es ist anzunehmen, dass Emilie Paravicini-Blumer im Herrenweg im Herbst oder Winter 1870 Heyer zum ersten Mal persönlich traf.[150] Von da an besuchte er sie und Agatha unzählige Male als ihr persönlicher Arzt, «Gesundheitspapst»[151] und häufiger Gast.[152] Emilie Paravicini-Blumer sah sich dem dreissig Jahre jüngeren Heyer gegenüber als Patientin, Schülerin und von ihm beratene Heilpraktikerin. Er besetzte die Position des Gelehrten und Professors, sie die dreifache Position der in Ausbildung stehenden Studentin, der im Rahmen der Familie für die Gesundheit Zuständigen sowie der verantwortungsbewussten Bildungsbürgerin, die als Laiin an der Popularisierung gelehrten Wissens teilnahm. Die durch die verschiedenen Rollen bedingten unterschiedlichen Kommunikationsebenen waren dicht ineinander verwoben. Mit Heyer besprach sie homöopathische Lehrbücher und medizinische Probleme, hörte seine «weitläufige medicinische Dissertation», hielt seine Standpunkte schriftlich fest und bewunderte «sein reiches Wissen u: seinen feinen Geist».[153] Der Aneignung homöopathischen Wissens und dem diesbezüglichen Austausch räumte sie in den 1870er Jahren neben der familiären Korrespondenz Priorität ein.[154] In den Austausch über die Homöopathie und ihre Anwendung war nicht nur Heyer als Lehrer und Ratgeber eingebunden, sondern auch Verwandte und Bekannte, die an ihrer Tätigkeit Anteil nahmen und sie darin unterstützten oder bei ihr Rat holten. So zeigte Emilie Paravicini-Blumer sich ebenso erfreut über die erwähnte Reaktion von Albert von Bentzel-Sternau wie entzückt über das Geschenk ihrer engsten Freundin Susanne Blumer-Heer, selbst Patientin von Heyer: «[...] eine vollständige Apotheke der Mattei'schen Mittel, nebst Buch dazu. Für meinen armen Kopf ein nicht mehr zu bewältigender Reichtum.»[155] Bei den von Graf Cesare Mattei entwickelten Medikamenten handelte es sich um fixe Kombinationen verschiedener Pflanzen, die er nach einem spezifischen Verfahren zusammenfügte, das unter dem Namen «Elektro-Homöopathie» bekannt wurde. 1869 hatte Mattei Arthur Lutze und dessen Schüler Carl-Friedrich Zimpel empfangen.[156] In der Schweiz war seine Methode insbesondere unter den Laienhomöopathen populär. Von Ärzten wurde sie vor allem in den 1870er Jahren in der Waadt angewandt, zu ebender Zeit, als Susanne Blumer-Heer als Ehefrau des ersten Präsidenten des schweizerischen Bundesgerichts in Lausanne lebte.[157] Zum Zeitpunkt des Geschenks distanzierten sich allerdings in Deutschland erstmals Homöopathen öffentlich von

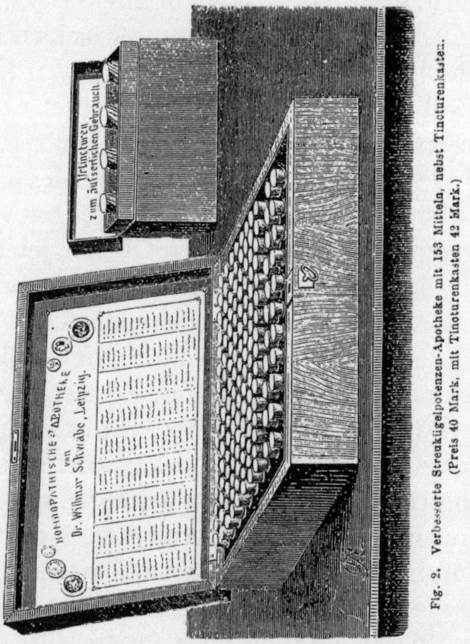

III. **Verbesserte Apotheken mit Streukügelpotenzen**, seltener gebrauchte Mittel in Flaschen mit 600—800 Kügelchen, häufiger gebrauchte in Cylindern mit circa 3000 Kügelchen:

Fig. 2. Verbesserte Streukügelpotenzen-Apotheke mit 153 Mitteln, nebst Tincturenkasten.
(Preis 40 Mark, mit Tincturenkasten 42 Mark.)

Mit 44. 66. 88. 96. 104. 132. 153. 203. 252. 300 Mitteln.
12. 16½. 21. 24. 25½. 31. 40. 48. 57. 67½ Mark.
Der Tincturenkasten enthält die Mittel zu äusserlichem Gebrauch.

IV. **Verbesserte grössere Apotheken mit Streukügelpotenzen**, seltener gebrauchte Mittel in Flaschen à 5 Gramm (mit 2000 Kügelchen), häufiger gebrauchte in Flaschen à 15 und 25 Gramm:
Mit 25. 42. 50. 66. 85. 106. 132. 153. 203. 300 Mitteln.
12. 19. 21. 26. 33. 43. 51. 57. 75. 105 Mark.

Briefadresse: **Dr. Willmar Schwabe in Leipzig.**

Homöopathische Hausapotheke: Die Apotheke Schwabe in Leipzig versandte homöopathische Mittel auch per Post. Sie warb dafür unter anderem in «Arthur Lutze's Lehrbuch».

der Elektrohomöopathie und wurde der Vertrieb der Medikamente per Gerichtsurteil eingeschränkt.[158] Ob die Kritik Emilie Paravicini-Blumers Enthusiasmus dämpfte, ist mir nicht bekannt. In den mir zugänglichen späteren Briefen gibt es keine Hinweise mehr auf Mattei und die Elektrohomöopathie, wohl aber weiterhin auf nicht näher spezifizierte homöopathische Mittel. Ob sie diese über Versandapotheken wie das erfolgreiche Haus Schwabe in Leipzig bezog oder ob sie über eine von Arthur Lutzes Klinik in Köthen vertriebene Hausapotheke verfügte, lässt sich aus den Quellen nicht beantworten.[159] Dass sie diese selbst herstellte, ist zwar wenig wahrscheinlich, jedoch nicht auszuschliessen, war sie doch über ihren Vater mit der pharmazeutischen Tätigkeit vertraut.[160] Ausserdem war im 19. Jahrhundert die gegenseitige Beeinflussung der verschiedenen Angebote an Heilmitteln gross und die Grenzen zwischen den in Mengen produzierten kommerziellen Mitteln, den Rezepturen der einzelnen Ärzte und der auf der Basis der Chemie als wissenschaftlicher Disziplin hergestellten Medikamente waren fliessend.[161]

Beobachten, erkennen und erproben

Anfänglich erprobte Emilie Paravicini-Blumer die Wirkung der von ihr verwendeten Mittel vor allem in ihrem Haus, an sich und Agatha, aber auch an der an einem nicht klar bestimmten Leiden erkrankten Magd Sophie und deren Nachfolgerin Sara. Die Medikation war für sie ein Anlass zur Intensivierung der Selbstinspektion und der Interpretation der körperlichen Reaktionen ihrer Umgebung auf Mittel, auf Schlaf-, Ruhe- und Essgewohnheiten sowie auf Luft und Wetter. So schrieb sie zu Beginn des Jahres 1871 an die Nichten nach Zürich: «Mich haben meine Mittel in letzter Zeit von heftigen Zufällen befreyt. Der Kältekrampf ergriff alle edleren Organe; jetzt sind wohl noch die Nachwehen da, doch alle Tage weniger, u: ich nehme schon acht Tage nichts mehr.»[162] Ob die erwähnten Mittel bereits homöopathischer Art waren, ist unklar, später sprach sie bei der Selbstkurierung in den Briefen explizit von «homöopathischen Mitteln» oder «homöopathischer Hülfe».[163] Der Übergang zur Homöopathie lässt sich am besten in der Betreuung der Schwester Agatha Blumer verfolgen. Im Frühjahr 1870 versuchte sie Agatha, die an «heftigem nervösen Rheum:[atismus]» an Nacken, Schultern und Armen litt, noch mit verschiedenen, nicht näher definierten «Hausmitteln» und den vom Arzt verordneten schmerzlindernden Mittel wie «Morphium und Chloroformöl» zu helfen.[164] Seit wann sich Agatha Blumer laut Aussage ihrer Schwester Emilie strikte weigerte, einen «allopathischen Arzt» zu konsultieren, und nur noch auf die Hilfe der Schwester und des Homöopathen Heyer zählte, lässt sich nicht genau rekonstruieren, spätestens aber ab dem Frühjahr 1874.[165] Heyer war schon seit 1872 für Agathas Leiden zuständig. Damals begannen neben den rheumatischen Schmerzen die Entzündungen an diversen Körperteilen regelmässig aufzutreten, beispielsweise an Augenlidern, Hals und Ohren, oft begleitet von Abszessen.

Chronisch und als unheilbar diagnostiziert war die 1876 entstandene «weisse Kniegeschwulst», deren An- und Abschwellen Emilie Paravicini-Blumer über Jahre mit Sorge beobachtete und über deren Konsistenz sie Heyer mündlich und brieflich informierte. Neben homöopathischen Mitteln wurden Birkenblätter aufgelegt, eine selbst bereitete Tinktur aufs Knie gestrichen, das Bein eingerieben, Ruhe, Luft, Diäten, Wasser- und Weinkuren verordnet.[166] Grösste Aufmerksamkeit galt dem Schwitzen, aber auch den «Pusteln» auf der Haut, den nach traditionellen medizinischen Lehren ersehnten äusserlich sichtbaren Symptomen der Heilung.[167] Auch der Appetit, der Schlaf, die Schmerzempfindungen, die Wetterfühligkeit, die Gelassenheit oder die Reizbarkeit der Schwester und Patientin wurden genau registriert und interpretiert. Eine Verschlimmerung eines Zustandes wurde als Hinweis auf eine bevorstehende Krise und damit letztlich als Zeichen der Wende zum Besseren gedeutet. Um 1879 schwand jedoch bei Emilie Paravicini-Blumer die Hoffnung: «Heyer hatte gut trösten: gerade aus dieser Verschlimmerung werde wie letztes Jahr viel:[leicht] die wohltätige Krisis hervorgehen.»[168] Vom erwogenen Beizug eines Spezialisten sah Heyer ab, als sich die von ihm erwartete Krise in Form «starker Schweisse» und «der Friesel» eintrat, ein durch das Schwitzen provozierter Ausschlag von kleinen hirsekorngrossen Hautbläschen.[169] Zur Beruhigung der Verwandten war er einzig bereit, eventuell Professor Theodor Kocher in Bern oder Professor Gustav Huguenin als Berater zu konsultieren. Emilie Paravicini-Blumer ihrerseits legte mit Hilfe der Magd Sara statt der Birkenblätter nun warmen Kartoffelbrei auf, «jedesmal frisch gesotten, geschält u: fein zerstampft».[170] Agathas Zustand scheint sich dadurch nicht stark gebessert zu haben. Heyer stellte im Frühjahr 1880 «die Eiterung in Aussicht». Um den Palmsonntag wurde laut Emilie Paravicini-Blumer «chirurgische Hülfe» erwogen: «[...] ein ganzes Collegium von Ärzten im Haus wäre mir schrecklich und zu theuer».[171] «Chirurgische Hilfe» bedeutete konkret: die Amputation des Beines. Sie wurde Anfang Mai vollzogen. Kurz darauf, am 14. Mai 1880, starb Agatha Blumer an den Folgen dieses Eingriffs.[172] Wie viele Ärzte sich dazu im Hause von Emilie Paravicini-Blumer versammelt hatten, ist unklar. Sicher waren es mehrere, darunter auch Fridolin Schuler, denn gegen den Brauch, die Ärzte zusätzlich noch zu beschenken, wehrte sich Emilie Paravicini-Blumer im Nachhinein gegenüber den Verwandten: «[...] obschon die Rechnungen der Hr. [Herren] Ärzte allerdings bescheiden, aber für ihre Leistungen hinlänglich waren. Wenigstens Hr. [Herr] Dr. Sch.[uler] war sehr zufrieden u: liess sich bestens bedanken (u: der hatte die Kleinste) die Sara noch überdiess mit ein:[em] Trinkgeld bedenkend, Frau Dr. mir auf Nächstens ihren Besuch ankündigend. Wo die *Reichen* nur die Rechnungen bezahlen, sehe ich nicht ein warum wir für die nicht reiche Agatha Geschenke geben sollen. Ich thue überall gern das anständige – generos zu seyn auf allgemeinen Unkosten wiederstrebt mir! Die Herren haben ihre Pflicht gethan so gut sie's vermochten u: wir haben ihre Rechnungen bezahlt – u: dabey mag es sein Bewenden haben! Bleib ich mit meiner Ansicht allein, so werde ich desswegen keinen Prozess anfangen u: mich fügen – aber nicht gern – nicht des Geldes wegen, aber aus andern Gründen. Bin zu müde sie auseinander zu setzen!»[173]

Schon früher resigniert hatte Emilie Paravicini-Blumer bei der Pflege der seit 1869 zunehmend an einer gravierenden Krankheit leidenden Magd Sophie. Auch an ihr erprobte sie, den Arzt gleichzeitig kritisierend, 1872 zum wiederholten Male die Wirkung der homöopathischen Mittel: «Hr. [Herr] Doctor [wahrscheinlich Schuler, E. J.] weiss nichts anderes als zum abführen zu geben u: ich will nun wieder selbst homöop:[athische] Mittel versuchen.»[174] Längerfristig konnten diese Mittel Sophie nicht von ihren Leiden befreien, ebenso wenig wie die Medikamente der konsultierten akademisch gebildeten Ärzte und noch weniger der Aufenthalt im Spital von Glarus, in das Sophie in «rathlosen Zuständen» eingeliefert worden war.[175] Sie blieb schwach und kränklich, einmal mehr, einmal weniger arbeitsfähig, zuerst in Mollis umsorgt von Emilie Paravicini-Blumer und der neuen Magd Sara, schliesslich in «trostlosem» Zustande – «nicht leben u: nicht sterben!» – abwechselnd im Spital, in das vor der Eröffnung des neuen Kantonsspitals von 1881 fast ausnahmslos nur Arme eingeliefert wurden, im Asyl für chronisch Kranke und in der Obhut von Verwandten.[176] Auch ihre Nachfolgerin Sara setzte für ihre Genesung von einem Fieber auf die Hilfe der Homöopathie; bei ihr schien sie zu wirken.[177]

Ambivalente Erwartung und skeptische Akzeptanz

Während in ihrem Haus die Autorität von Emilie Paravicini-Blumer unangefochten blieb, auf die Wirkung der Homöopathie vertraut und der «Allopathie» misstraut wurde, reagierten je nach ideologischer Ausrichtung, Familienkonstellation oder Ernsthaftigkeit der Krankheit die Verwandten – Schwestern, Schwager, Nichten und Neffen – unterschiedlich und meist widersprüchlich auf ihr zunehmendes homöopathisches Wissen. Dieses veränderte den reziproken Austausch über das Leiden. Emilie Paravicini-Blumers Ratschläge waren zwar weiterhin vor allem Ausdruck emotionaler Zuwendung, erhoben aber wegen ihrer Autorität als Ältester implizit Anspruch auf Befolgung. Die Autorität, die man den Ärzten in der Verwandtschaft auf Grund des ihnen zugestandenen Sachwissens entgegenbrachte, wurde jedoch nicht auf sie als Homöopathin übertragen. Die Haltung der Verwandten gegenüber ihrem gesundheitlichen Wissen war vielmehr äusserst ambivalent. So reagierten die Usteri-Verwandten auf ihre Rolle als Heilpraktikerin zum Teil skeptisch. Es ist anzunehmen, dass die Nichten Emma und Betsy Usteri ihrer Empfehlung, die «Rose» des Vaters Paul Usteri nicht mit «salben oder waschen» zu pflegen, nachkamen, während sie auf die Ratschläge aus Mollis während der schweren Erkrankung ihrer Mutter Katharina Usteri, die 1873 zum Tod führte, widersprüchlich reagierten. Sie verabreichten der Kranken ausser den vom Arzt verschriebenen Opiaten und «allopathischen» Mitteln auch die ihnen von der Tante zugesandten homöopathischen Mittel.[178] Doch verwahrte sich Betsy Usteri laut einem Brief Emilie Paravicini-Blumers freundlich gegen das «unberufene Dreinreden [...], das nichts nützt, [...] höchstens beunruhigt u: irrt, während [...] die Weisungen des Arztes allein massgebend seÿn dürfen».[179] Die Tante versicherte den Nichten, sich zurückzuhalten: «Es soll auch nicht wieder geschehen, u: wird die alte Art oder Unart dennoch einmal unversehens laut, so kehrt Euch nicht daran u: ignoriert es: oder denkt: sie habe auch ihrer Gründe, u: beurtheilt sie mit gedultiger Nachsicht.»[180] Im Brief akzeptierte Emilie Paravicini-Blumer zwar die Weigerung ihrer Nichte. Trotzdem hielt sie auch in der Folge weder mit praktischen Ratschlägen noch mit der Deutung der Symptome zurück: «Sollte sich allmählich der Schweiss einstellen, so muss Sorge dazu getragen u: beim Changieren die höchste Sorgfalt beobachtet werden. Am Bessten wäre, die l.[iebe] Emma würde die reinen Hemden der Mama je eine Nacht oder einen Tag tragen, ehe man sie ihr anzieht, denn nichts verkühlt leichter die Haut als frische, wenn auch wohl getrocknete Wäsche. Auch stets baumwollene Hemden!»[181] Emilie Paravicini-Blumer war noch geprägt vom Denken in humoralen Kategorien von Wärme und Kälte; zugleich waren ihre Ratschläge durchdrungen von hygienischen Diskursen, doch hat sich der damals noch junge, weniger von den Ärzten als über zahlreiche populärwissenschaftliche Publikationen propagierte moderne Sauberkeitsdiskurs, den man heute fälschlicherweise mit «Hygiene» gleichsetzt, nicht in ihren Handlungsoptionen niedergeschlagen. Im Gegensatz zum heutigen engen Verständnis von «Hygiene» umfasste der ältere Begriff «Hygiene» nach Sarasin eine ganze Palette verschiedener Vorstellungen und Massnahmen und nicht nur die vor allem unter dem Einfluss der Bakteriologie seit den 1880er Jahren sich rasch verbreitenden

Sauberkeitsvorstellungen.[182] Ob sich diese enge Vorstellung in den Praktiken der jüngeren Generation im gross- und bildungsbürgerlichen Umfeld von Emilie Paravicini-Blumers Nichten schon niedergeschlagen hatte und Betty und Emma Usteri daher skeptisch auf die Ratschläge der Tante reagierten, darauf geben die Briefe keinen Hinweis.[183] Ebenso wenig finden sich unter der grossen Zahl der von Emilie Paravicini-Blumer erwähnten Buchtitel Hinweise auf die Lektüre von Publikationen zur individuellen Gesundheitsvorsorge oder zu modernen Sauberkeitsvorkehrungen. Nirgends ist von der Notwendigkeit des vermehrten Gebrauchs von Wasser die Rede.

Der Briefwechsel zur Zeit der schweren Erkrankung von Katharina Blumer-Usteri lässt den Schluss zu, dass Emilie Paravicini-Blumers Nichten weniger auf Grund unterschiedlicher medizinischer Konzepte als aus grosser Sorge um die Mutter zwischen Gefühlen der Akzeptanz und der Ablehnung der Ratschläge aus Mollis schwankten. So akzeptierten sie den Laienhomöopathen Heyer am Bett der Kranken – zur grossen Freude der Tante, die dessen Funktion als Ergänzung und Korrektiv des von der Familie bevorzugten Pathologen Arnold Cloetta verstand: «Gottlob lautete der heutige B.[ericht] wie ich trotz aller Sorge hoffte, etwas besser, u: wage zu hoffen, dass das Bluten, wenn nur Folge der hom:[öopathischen] Mittel, nicht der früher genommenen Opiate war, eine heilsame Krisis sey! Ich möchte wünschen, aber ja nicht vorschreiben, die l.[iebe] Patientin müsste so wenig als möglich allop:[athische] Mittel nehmen. Dinge wie Veratrin u: Opium, der früher angewendete Cantharrh:[in] nicht zu vergessen, was Alles Heyer wissen sollte, sind nicht vom Guten. Mich freute sehr zu hören dass die l.[iebe] Mama nicht abgeschreckt ist, u: H.[eyer] dennoch sprechen will. Bey etwas Ruhe u: leichter guter Diät ersetzt sich das Blut bald, u: es wäre wohl möglich, dass ein gut Theil der gichtischen Schmerzen daher rührten. Es ist ein Zustand der mit grosser Vorsicht u: Umsicht behandelt werden muss, u: wenn Hr. [Herr] Kloetta bis jetzt auch nur das Mindeste erreicht hätte, wüsste ich sie Allerdings am Liebsten unter Pflege eines nahen Arztes!»[184] Ob sie den «nahen Arzt» auf Cloetta oder auf Heyer bezog, ist unklar. Die Möglichkeit, einen Arzt zu jeder Zeit ans Bett der Schwester zu rufen, beruhigte Emilie Paravicini-Blumer, anderseits setzte sie wenig Vertrauen in die Kunst von Cloetta. Sie warnte die Schwestern der Kranken «vor dem zu frühen *Essen*», bevor die «Zunge», wo sich die Symptome der Krankheit manifestierten, besser aussehe. «Sobald jedoch nur eine Idee von Esslust u: *Verdauungskraft* vorhanden, kommt die Reihe an die Mama. Im Anfang ist wohl Zwieback das Besste. Nicht Süsses!»[185] Im Gegensatz zur Frage der individuellen Hygiene zeigt sich hier Emilie Paravicini-Blumer als Kennerin der neueren Diätetik, die der Ernährung, wenn auch unter physiologischen Prämissen, weiterhin eine entscheidende Funktion bei der Krankheitsbehandlung zuschrieb. Ob ihre Ratschläge befolgt wurden, ist aus den Briefen nicht ersichtlich. Doch ihre Ratschläge sind nicht nur Ausdruck ihres Wissens, sondern – darin den schwankenden Gefühlen der Nichten nicht unähnlich – ebenso sehr Ausdruck ihrer Angst und Sorge um die geliebte Schwester. So sind auch ihre Erklärungen für die Ursachen, die Fortdauer oder den Genesungsweg vielschichtig und Zeichen von Unsicherheit: «Ich fürchtete immer das Bluten sey noch nicht vorüber – u: dass zu allem Anderen noch ein Katharr kam, hat bey der Disposition dazu, einen neuen Anstoss gegeben. [...] Ich fürchte auch, es wird nicht das letzte Bluten gewesen seyn – u: ist nur zu hoffen dass die Krisen immer weniger heftig und angreifend werden. Diese mag wohl mit den gewohnten 4 Wochen in Verbindung stehen. [...] Ist bei der l.[ieben] Mama irgend eine Erklärung im Schweiss vorgekommen, dass sie Katharr bekam? Ist übrigens oft bey diesen Zuständen der Fall, dass keine Organe intackt bleiben.»[186] Abhängig von Informationen der Nichten erzeugte sie mit der Deutung der beschriebenen Symptome – nach Hahnemann der entscheidende Schritt in der Erkennung der Krankheit – immer wieder Hoffnung auf Besserung. Ihre eigene Hoffnung auf die Genesung der Schwester nährte sich von der homöopathischen Lehre, die die gesteigerten Krankheitssymptome als Zeichen der Krise interpretierte, auf die der Körper mit neu aufkeimenden Abwehrkräften reagiert. Die «Krise» war in der humoralen Tradition verankert, spielte in der Erzählung eines Krankheitsverlaufes als Zeichen der Besserung eine wichtige Rolle[187] und wurde zum Beispiel in der Hydrotherapie bewusst hervorgerufen.[188]

In Verkennung der Situation deutete nun Emilie Paravicini-Blumer aus der Ferne genau am Tage, an dem die Schwester in Zürich verstarb, die Verschlechterung als erwartete Trendwende: «Das Schwere daran ist die lange u: gleichmässige Dauer der Krankheit der theuren Mama; das Kräftigende, dass wie wenig es auch vorwärts will, meines Erachtens nach (aus der Ferne!) doch die Tage unmittelbarer Gefahr vorüber sind, u: die Hoffnung wie leise auch, Eure Begleiterin seyn darf; das Erleichternde, dass nicht heftige Schmerzen u: sonstige peinliche Dinge die Krankheit erschweren, u: eure treue Pflege weniger mühevoll machen, damit Ihr desto eher auszuhalten vermögt. Der Schlaf ist leider nicht zu erwarten, so lange die Kräfte sich nicht heben, u: man muss mit einzelnen Stunden zufrieden seyn. Die Kräfte aber werden erst wieder langsam kommen, wenn die Ernährung eintritt; darauf ist aber einstweilen auch noch nicht zu rechnen. So ist jetzt die ganze medizinische wie pflegende Behandlung einzig auf das Erhalten des noch Vorhandenen u: Verwahren vor neuen Störungen beschränkt (wenigstens nach allopathischer Weise) u: die Zeit zu erwarten wo die keimenden Kräfte wieder zu Mehrerem Hand bieten. Ich möchte doch wissen, ob keine Diarrhoe, u: kein Durst mehr da ist u: ob die Zunge etwas besser aussieht; ob auch die Thätigkeit der Haut wieder vorhanden.»[189] Emilie Paravicini-Blumer knüpfte mit ihrer Diagnose an das Muster der alternativen medizinischen Ratgeber an, die den Krankheitsverlauf als eine Erzählung aufbauten, in der die Krise den Punkt markiert, von dem der lange Weg über die Besserung zum glücklichen Ausgang verläuft.[190] Ihre medizinischen Diagnosen und Ratschläge zeugen zugleich von homöopathischem Wissen und Krankheitserfahrungen. Ihre Erkenntnisse überlagern sich in diesen Briefen mit einer breiten Palette von Gefühlen der Angst und Anteilnahme. So können ihre Äusserungen nicht einfach dem Bereich der Gefühle beziehungsweise des Wissens oder der Reproduktion von Ratgeberliteratur zugeordnet werden.

Ihre Fehldiagnose beeinträchtigte in den Augen von Emilie Paravicini-Blumer nicht ihre Glaubwürdigkeit. Zum einen waren Ferndiagnosen auf Grund der Beschreibung von Symptomen in der Homöopathie nicht unüblich und wurden bis ins 19. Jahrhundert auch von akademisch gebildeten Ärzten praktiziert,[191] zum andern zeigten sich die ans Bett der Patientin gerufenen Schulmediziner ebenso hilflos wie sie selber. So enthielt sie sich später gegenüber der Nichte Emma Usteri nicht der Diagnosen und Ratschläge, obwohl diese explizit «keine Anhängerin der Hahnemann'schen Lehre»[192] sei. Sie ermahnte Betsy Usteri, die ihre an Fieber leidende Schwester pflegte, nicht sofort nach einem neuen Arzt für Emma zu schicken: «In jedem Fall muss nun der Fortgang ruhig abgewartet werden, u: würde ich nur im Nothfall zu einem andern Arzt rathen, um so mehr als das volle Vertrauen der l.[ieben] Patientin in ihren jetzigen ein Moment ist, das nicht gering angeschlagen werden darf, schon um seines moralischen Werthes wegen! Und dann ist es eben das *System* noch mehr als jede Persönlichkeit der ich misstraue; aber auch hier muss die Überzeugung des Kranken selbst allein massgebend seyn, nicht diejenige eines Dritten! Dem Selbstbestimmungsrecht eines Jeden darf nicht störend oder hemmend entgegen getreten werden.»[193] Es war üblich, dass die um das häusliche Krankenbett versammelten Angehörigen im Austausch mit der oder dem im Bett liegenden Kranken ihre Meinung bildeten, den Krankheitsverlauf anhand der Symptome erörterten, den Rat von Besucherinnen und Besuchern, aber auch von nicht anwesenden Vertrauenspersonen einbezogen und damit die Autorität des Arztes relativierten.[194]

Während Emilie Paravicini-Blumer sich der Familie Usteri-Blumer in Zürich mit ihren Diagnosen und Ratschlägen fast aufdrängte, wurde sie von anderen Verwandten aktiv konsultiert. Diese wandten sich vor allem dann an sie, wenn die Ratschläge und Mittel der Ärzte nicht wirkten. So bat Pauline Paur-Usteri, eine weitere Nichte, nicht lange nach dem Tod der Mutter Katharina Usteri-Blumer die Tante brieflich um Hilfe gegen «Gesichts-Schmerz», den «weder Morphium noch Chinin noch andere Narcotica zu stillen vermochte».[195] Konnte Emilie Paravicini-Blumer nicht persönlich die Symptome überprüfen, verlangte sie deren genaue Beschreibung. Sie folgte damit Hahnemanns Praxis, durch die Beschreibung eines Symptomkomplexes das adäquate Mittel zu finden.[196] So erhoffte sie von der Nichte Pauline Paur-Usteri einen Bericht über den Zustand von Emile Girard, einem Sohn der Schwester Hanna, der zweimal operiert werden musste, damit sie sich von der Krankheit und deren möglichem Verlauf ein Bild machen konnte, da sie der Behandlung von Cloetta weiterhin misstraute.[197] Selbst über Anna Schindler in den USA, die Tochter der Schwester Magdalena, wagte sie auf Grund der beschriebenen Symptome von Mollis aus eine Ferndiagnose, die sie jedoch nicht der Kranken selbst, sondern den Verwandten in Zürich mitteilte: «Von Anna Schindler ein sehr betrübender Bf. [Brief] an Griti. Sie war lange krank, jetzt bey Verwandten in Iova zu möglicher Erholung, u: zum Gebrauch einer homöop:[athischen] Kur, da sie dort eine kleine Apotheke haben. Aber nach dem was sie schreibt fürchte ich sie leide an der Schwindsucht, u: sie selbst scheint fromm gefasst auf Alles.»[198]

Ambivalent der Heilmethode von Emilie Paravicini-Blumer gegenüber und widersprüchlich in ihrem Handeln zeigte sich die im benachbarten Ennenda wohnende Schwester Margaretha Dinner-Blumer, die an «rheumatischen»

Schmerzen litt. «Dann wollen sie bald homöopathische Mittel [...] oder schicken in Ungeduld zum Arzt. Da ist schwer helfen»,[199] beklagte sich Emilie Paravicini-Blumer über deren Familienangehörige wie auch über das schwankende Verhalten der Schwester. «Dazu der offizielle allop:[athische] Arzt, u: die Homöop:[athie] im Geheimen»,[200] hiess es in einem späteren Brief. Diese Doppelstrategie hatte schon dreissig Jahre zuvor der homöopathische Arzt Johannes Hirzel beklagt: Angesehene Zürcher Familien würden hinter dem Rücken ihres allopathischen Hausarztes nächtlicherweise nach einem Homöopathen schicken.[201] Trotz ihrer Klage hielt sich Emilie Paravicini-Blumer wiederholt bei Margarethe Dinner-Blumer auf, um ihr bei dem nur mit Ungeduld ertragenen Leiden beizustehen, ihr die verlangten homöopathischen Mittel zu bringen und den Krankheitsverlauf zu verfolgen: «Auch die Stimmung ist theilweise besser, Appetit u: Schlaf ordentlich u: alle Funktionen wieder geregelt; nur ein zwar seltener u: auch schon leichterer Husten mit viel Auswurf ist mir noch immer verdächtig, doch so Gott will giebt sich auch das. Es ist jedenfalls ein tiefer liegendes Leiden vorhanden, von dem die *Hand* schon lange ein Sympton war, die eben immer im alten Zustand ist.»[202] Sie sah sich in ihren mehrfach geäusserten Bedenken bestätigt: Margarethe Dinner-Blumer starb Ende des Jahres.

Eindeutiger verhielt sich die Familie der ebenfalls in Ennenda wohnenden Schwester Anna Paravicini-Blumer. Bei der 1884 mit dem Tod ringenden Asthmatikerin diagnostizierte die Homöopathin «eine Lungen-Lähmung».[203] Doch Anna Paravicini-Blumers Familie rief nicht nach ihrer Hilfe, sondern verliess sich auf den Sohn und Bruder, den Arzt Emil Paravicini, der seiner Mutter aber nicht helfen konnte. Er verhielt sich wie sein Cousin, der ebenfalls akademisch gebildete Arzt Alfred Girard, der der Homöopathie kritisches Interesse entgegenbrachte.[204]

Symptome und Diagnosen

Die zitierten Stellen aus der Korrespondenz von Emilie Paravicini-Blumer stehen für eine ganze Reihe von Briefen, die sie seit dem Beginn der 1870er Jahre mit ihren Verwandten austauschte. Sie verweisen nicht nur auf die Ausgestaltung von Beziehungen, sondern sie zeigen den Prozess der persönlichen Aneignung von Wissen und dessen konkreter Anwendung, die, ursprünglich im Privaten verankert, über das Private hinausreichten. Die diagnostischen Fähigkeiten Emilie Paravicini-Blumers sind nicht einfach das Resultat der Ausweitung der Registrierung und Deutung der körperlichen Symptome von der Familie auf einen weiteren Personenkreis. Sie sind vielmehr das Resultat der Verschiebung der Wahrnehmung durch die Berufung auf ein System. Ihr durch die Homöopathie als standardisierte Zeichensprache neu ausgerichteter Blick wusste Symptome bei sich oder den anderen neu zu sehen oder die von ihr im Gespräch oder dem brieflichen Austausch geschilderten Zustände als Ausdruck von Krankheit und Genesung zu erkennen und auf diese Art das schon vertraute medizinische Wissen umdeutend zu verändern. So wandelten sich mit der Vertiefung in die Lehre der Homöopathie Emilie Paravicini-Blumers Äusserungen der Besorgnis – abgesehen von der tiefen Angst um die geliebte Schwester Katharina Usteri-

Blumer – immer mehr zu diagnostischen Aussagen beziehungsweise Annahmen über den Charakter und Verlauf der Krankheit, die Diagnosen der Ärzte hinterfragend und nicht selten konterkarierend.
Die in ihren Briefen am häufigsten erwähnten Symptome waren vor allem wahrnehmbare Leibesäusserungen und vielfältige Formen der Schmerzempfindung: sichtbare Erscheinungsformen wie die Farbe des Gesichts oder von Krankheit betroffener Körperteile, Husten, Tränen, Entzündungen der Augenlider, Rötungen der Organe oder der Haut, Hautausschlag, Schorf, Geschwulst, offene Beine, offene Wunden, Geschwüre, Abszesse, Eiterungen; Temperaturabnormitäten in deren körperlichen Erscheinungsformen wie Fieber, Schüttelfrost, Schwitzen/Schweiss; Exkretionen verschiedener Art wie Erbrechen, Auswurf, Blutauswurf, Diarrhöe; Schmerzempfindungen wie Krämpfe, Koliken, Seitenstechen, Leib-, Gesichts-, Kopf-, Ohren-, Hals-, Schluck- und Zahnschmerzen. Zu den Krankheitssymptomen zu zählen sind auch die Beschreibung von Zuständen und wahrgenommener Empfindungen wie Schwindel, Schwäche, Entkräftung, Schwere, fehlender Lebensmut, Zittern, starre Glieder, brennende Augen, Schwerhörigkeit, Redebeschwerden, Verlust der Stimme.[205] Über die begriffliche Erfassung der Symptome definierte sie die Krankheiten als Katarrh, Blasenkatarrh, Kältekatarrh, Magenkatarrh, Herzkrampf, Rose, Blasenrose, gichtische Schmerzen, Gliedersucht, Rheumatismus, rheumatische Schmerzen, nervös-rheumatische Schmerzen, rheumatisches Zahnweh, Rückenmarkleiden, Entzündung der Rückennerven, Lungenentzündung, Nervenfieber, Schleimfieber, Typhus, typhöse Erscheinungen, Dyphtheritis, Tuberkulose, Brustfellentzündung, Gehirnleiden, gastrische Zustände, gastrisch-rheumatisches Fieber, Gastrizismus, Magengeschwür, Lähmung/Gelähmtheit der Organe generell, der Sprechorgane, der Unterglieder, der Blase, des Darmkanals sowie der Lunge im Spezifischen, Kältekrampf der edleren Organe, Brustkrankheit, Grippe, Entzündungsleiden, Entzündungen der Augen, des Halses, der Ohren und/oder der Sprechorgane, Schleimhaut-, Drüsen- und Knochenentzündung, Abszess, Seelenangst, Melancholie, Zerrüttung der Nerven, Nervosität und Hypochondrie.[206] Der in verschiedener Konstellation vorkommende Begriff «rheumatisch» war damals fast gleichbedeutend mit «Schmerzen», der Begriff «Katarrh» in seiner Verknüpfung mit bestimmten Körperteilen verwies dagegen auf Schleim. Die breite Palette verschiedener Symptome und Krankheiten waren, da in Briefen beschrieben und definiert, Ausdruck eines dialogisch-interaktiven Kommunikationsprozesses und damit auch von geteilter Erfahrung.[207] Diese Erfahrung implizierte ebenso breit gestreute tradierte Bilder und Deutungen wie die Aneignung spezifischer Diskurse aus der traditionellen Humoralpathologie, aus den sich differenzierenden medizinischen Konzepten des 18. Jahrhunderts mit ihrer Hervorhebung des Blutkreislaufes und der Nervenfunktionen, aus der Homöopathie sowie aus der naturwissenschaftlich fundierten Schulmedizin des 19. Jahrhunderts einerseits, der sich ausweitenden Naturheilbewegung anderseits.[208]

3.3 Kurieren: die informelle Praxis der Emilie Paravicini-Blumer als uneigennützige Helferin der Armen

Parallel zu ihrer theoretischen Ausbildung und zur Erprobung der homöopathischen Mittel an sich und an Personen aus ihrem familiären Umfeld empfing Emilie Paravicini-Blumer eine wachsende Zahl medizinische Hilfe Suchender, die sie als Patientinnen und Patienten betrachtete und bei sich zu Hause behandelte. So verstand sie sich mit zunehmender Erfahrung als Homöopathin und setzte ihre Praxis in Relation zur Praxis der von ihr kritisierten «Allopathen», deren Misserfolge als Ärzte sie aufrechnete und mit ihren Heilungserfolgen verglich. Da sie ihre medizinische Praxis aber auch als unentgeltliche Hilfe an die Armen interpretierte, stellt sich im Kontext der geschlechterspezifischen Arbeitsteilung im Bürgertum des 19. Jahrhunderts die Frage nach der gesellschaftlichen Zuordnung und dem Stellenwert dieser Tätigkeit.

Kritisierte Ärzte

Mit der Hinwendung zur Homöopathie wandelte sich das Verhältnis Emilie Paravicini-Blumers zu den akademisch gebildeten Ärzten: von einer allmählichen Distanzierung hin zur offenen – aber im Gegensatz zu Josephine Stadlins Kritik an den Lehrern – nicht öffentlichen Kritik an ihrem Können und ihrem hohen gesellschaftlichen Status. Sie band sich damit ein in die damals geführten Kämpfe um die Zulassung zum Arztberuf beziehungsweise um den Ausschluss vom Heilberuf, wovon auch ihr Lehrer und Mentor Heyer betroffen war. Sie band sich aber auch ein in die verbreitete Kritik an der Verabreichung äusserst starker Mittel, eine Kritik, die in der Lehre der Homöopathie radikalisiert zum Ausdruck kam.[209]

Emilie Paravicini-Blumers Misstrauen gegen die patentierten Ärzte war ein grundsätzliches. Es galt im Besonderen dem Vertrauensarzt der Familie Usteri-Blumer, Arnold Cloetta, Dozent für allgemeine Pathologie und Gerichtsmedizin, Professor für Arzneimittellehre und Leiter des von pietistisch geprägten Kreisen gegründeten Zürcher Spitals Neumünster. Das tiefe Misstrauen überrascht insofern, als Cloetta die Homöopathie im Gegensatz zu vielen andern akademisch gebildeten Ärzten nicht einfach ablehnte. Die Kritik an Cloetta übertrug Emilie Paravicini-Blumer auf die Ärzteschaft im Allgemeinen: «Ich habe bis jetzt noch wenig Resultate seines ärztlichen Scharfblicks gesehen, halte überhaupt nichts von ärztlicher Vergötterung wie sie in Zürich schon unter Locher grassierte, der wenigstens oft einen genialen Scharfblick hatte u: dennoch eben so oft irrte.»[210]
Diese Kritik an der Vergötterung der Ärzte war zu dieser Zeit unter Anhängern der Homöopathie verbreitet, kam aber auch im Umfeld von Pietisten vor, die Heilung eigentlich als gottgegeben deuteten.[211] In weiten Kreisen mussten Ärzte wegen fehlender Wirksamkeit der angeordneten Therapie damit rechnen, dass sie bei Patientinnen und Patienten und deren Angehörigen mit ihrer Diagnose auf Skepsis stiessen und diese noch andere Ärzte oder selbst medizinisch tätige Laien beizogen.[212] So war das Misstrauen von Emilie Paravicini-Blumer zwar pointiert, aber nicht aussergewöhnlich. Auffallend ist, dass sie entgegen dem

allgemeinen Trend im bildungsbürgerlichen Milieu ihre Skepsis – teilweise gepaart mit Interesse – in den Briefen auch dann nicht ablegte, als mit der Verbreitung von Stethoskop oder Augenspiegel technikgestützte Diagnoseverfahren aufkamen und eine Zunahme der Spezialisierung die Position der Ärzte als Experten und einzig zuständige Instanz stärkten.[213]
Zwar begegnete Emilie Paravicini-Blumer den naturwissenschaftlich ausgebildeten Ärzten grundsätzlich mit Misstrauen, dennoch spielten bei der Beurteilung je nach Arzt auch persönliche Präferenzen mit. Ausser auf den vielfach erwähnten Arnold Cloetta bezog sie sich in ihren Briefen vereinzelt auf den in Basel lehrenden Pathologen und Professor der Anatomie, Carl Liebermeister, mit dem sie am liebsten persönlich über die gesundheitlichen Probleme von Emma Usteri geredet hätte und dessen Medikamente sie für ihre Nichte als weit nützlicher erachtete als jene von Cloetta;[214] auf den von ihrer Schwester Margarethe Dinner-Blumer beigezogenen Professor für innere Medizin Gustav Huguenin;[215] auf den berühmten Berner Professor für Chirurgie Theodor Kocher, der als Vertreter der antiseptischen Behandlungsmethode auch als Gutachter für die Infektion von Agatha Blumers Knie zur Diskussion stand;[216] auf Dr. Krüger, der dazu seine Meinung äusserte;[217] auf den ersten Professor für Medizin an der Zürcher Universität (1833–1840) Johann Lukas Schönlein, der selber der Homöopathie nahestand,[218] aber weder Emilie Paravicini-Blumer in jugendlichen Jahren noch ihrem Bruder Peter hatte helfen können;[219] auf den Zürcher Professor Friedrich Ernst, den sie im Alter wegen ihrer chronischen Halsentzündung nicht konsultieren wollte;[220] aber auch auf die Glarner Ärzte generell, namentlich Konrad Schindler im Hof und Fridolin Schuler aus Mollis.[221] Sie distanzierte sich nicht von allen diesen Ärzten gleichermassen und verweigerte auch einzelnen nicht die Anerkennung. Ausgenommen von ihrem Misstrauen gegenüber den Schulärzten waren neben Liebermeister, der mit seinen Forschungen zu Kaltwasserkuren als «Brückenschlager» zwischen Schulmedizinern und Homöopathen sowie Naturheilärzten betrachtet werden kann, in sehr späten Jahren der «junge Jenny», Sohn von Johann Jakob Jenny, und vor allem zwei ihrer Neffen. Jenny Vater war ein führendes Mitglied der 1834 gegründeten ersten «Medicinisch Chirurgischen Cantonalgesellschaft von Glarus» gewesen.[222] Alfred Girard, der Sohn der Schwester Hanna in Basel, war in den USA nach dem Bürgerkrieg als Armeearzt zum Brigadegeneral aufgestiegen und weilte zwischendurch als viel bewunderter Gast – «unser Meteor»[223] – zu kurzen Besuchen in der Schweiz.[224] Abgesehen von den verwandtschaftlichen Banden lag die gegenseitige Anerkennung von Tante und Neffe vielleicht auch daran, dass die Homöopathie – sowohl die Ärzte wie die Ausbildungsorte – in den USA vor allem unter der so genannten liberalen Elite breite Anerkennung genoss. Es verwischten sich trotz deklarierter gegenseitiger Ablehnung der jeweiligen Verbände in der alltäglichen Praxis die Grenzen zwischen homöopathischen Ärzten und Schulmedizinern.[225] Dies war nicht zuletzt unter der aus Nordeuropa eingewanderten pietistisch geprägten Bevölkerung der Fall, dem Milieu, dem sich die Familie Girard-Blumer zugehörig fühlte.[226]
Berührungspunkte gab es auch zu Emil Paravicini, dem Sohn der Schwester Anna in Ennenda, Arzt in Linthal und ab 1884 Leiter der von ihm erworbenen

Kaltwasseranstalt Albisbrunn.[227] Er engagierte sich in den 1870er Jahren in der neu reorganisierten kantonalen Gesellschaft der patentierten Ärzte und veröffentlichte als erster Glarner Arzt einen Beitrag im «Correspondenz-Blatt für Schweizer Ärzte».[228] Sein Interesse für die noch relativ neue, von vielen naturwissenschaftlich geschulten Ärzten abgelehnte Kaltwassertherapie könnte seine Offenheit für alternative Therapieformen erklären, liess er sich doch laut Emilie Paravicini-Blumer von ihr über die Homöopathie orientieren, die ihrer Meinung nach «ohne Erfahrungspraxis sehr schwer» zu verstehen sei.[229] Erstaunlich ist schliesslich in diesem Zusammenhang, dass sie in den mir bekannten Briefen nie explizit Bezug nimmt auf den fast gleichaltrigen und über Jahrzehnte im nahen Schwanden praktizierenden Glarner Arzt Samuel Zopfi (1805–1890), der in Heidelberg und Zürich doziert hatte, Mitglied des «Deutschen Zentralvereins homöopathischer Ärzte» war und 1856 zu den Gründern des SVHA gehörte.[230] Selbst politisch könnten sich Emilie Paravicini-Blumer und Zopfi nahe gestanden haben, soll dieser doch unter Garibaldi für die Einigung Italiens gekämpft haben. Nicht beurteilen kann ich, ob dieses Unerwähntbleiben durch historische Gegensätze zwischen den Familien Blumer und Zopfi bedingt war oder durch Richtungskämpfe unter den Nachfolgern Hahnemanns, weil Zopfi dem Kreis der wenig orthodoxen «Spezifiker» zugeordnet wurde,[231] dagegen Heyer als «reiner Hahnemannianer» galt,[232] was sie selber auf Grund der wenigen Hinweise wie der Verwendung elektrohomöopathischer Mittel nach Mattei kaum gewesen ist.[233] Möglicherweise spielte, ähnlich wie das bei Cloetta angenommen werden kann, eine emotional gefärbte Abneigung mit.

Erfolgreiche Praxis

Da Emilie Paravicini-Blumer die homöopathische Methode nicht nur auf sich, auf Agatha und auf Verwandte anwandte, sondern gleichzeitig auch auf Personen, die sie in ihrem Haus aufsuchten und von denen sie in den Briefen seit dem Beginn der 1870er Jahre als «Patienten» redete, verlagerte sich ihre Kritik vom Bereich des Privaten in den Bereich des Öffentlichen. Ihr Diagnostizieren und Heilen entwickelte sich parallel zur Pflege ihrer Schwester und zur Selbstinspektion und -medikation zu einer auch von andern wahrgenommenen Berufstätigkeit. Damit trat sie zugleich als Person in Konkurrenz zu den patentierten Ärzten, auch wenn sich diese wohl kaum intensiv um Patientinnen und Patienten der Unterschicht bemüht haben werden, um die sich Emilie Paravicini-Blumer in ihrer Praxis vor allem kümmerte. Möglicherweise suchten schon früher Leute bei ihr als gebildeter Tochter eines Arztes und wohlhabender Frau von gemeinnütziger Haltung Rat und Unterstützung im Krankheitsfall. Von «Patientinnen» und «Patienten» ist jedoch erst die Rede, seitdem sie sich intensiv mit der Homöopathie auseinandersetzte.

Es scheint, dass Emilie Paravicini-Blumer die Hilfesuchenden auch als Probanden sehr willkommen waren, damit sie ihr auf Erfahrung beruhendes Wissen erweitern konnte. Schon im Sommer 1870 gab sie sich gegenüber ihrer Schwester Katharina Usteri-Blumer überzeugt von der im Verhältnis zu anderen Methoden überlegenen Wirkung der Homöopathie, sofern man die richtigen

Mittel treffe.[234] Zwar wirkten die homöopathischen Mittel nicht immer, aber sie hatten im Gegensatz zu den zum Teil drastischen Behandlungsmethoden akademisch geschulter Mediziner zumindest kaum schädliche Nebenwirkungen. Homöopathische Mittel konnten ebenso wie harmlose Pulver oder Mixturen der Schulmediziner, von denen Fridolin Schuler in seiner Autobiografie spricht, Placeboeffekte erzielen.[235] Nach Schuler, der ebenfalls in Mollis praktizierte, galt bei der Bevölkerung derjenige, «der kein Mittel wisse», als Ignorant.[236] Indem Emilie Paravicini-Blumer die bei ihr Hilfesuchenden mit Mitteln versah, galt sie bei ihnen per se als Wissende, deren Autorität vielleicht diejenige Schulers übertraf, der zwar als naturwissenschaftlich geschulter Arzt genaue Diagnosen erstellen konnte, aber sich der geringen Wirkung der damals angewandten Therapien bewusst war und daher eigentlich vom Verschreiben von Medikamenten vielfach gerne abgesehen hätte. Während es für die Patientinnen und Patienten wahrscheinlich nicht wichtig war, welche Art von Medikamenten sie von Emilie Paravicini-Blumer erhielten, sondern nur dass sie diese als wirksam erlebten, waren für Emilie Paravicini-Blumer die von Patientinnen und Patienten registrierten Erfahrungen mit den homöopathischen Mitteln von zentraler Bedeutung. In ihren Briefen an die Schwester und die Nichten in Zürich erzählte sie immer wieder von Erfolgen, so beispielsweise 1871: «Ich hatte eine Freude an meinen homöopathischen Mitteln, mit denen ich eine Frau von einem furchtbaren Schmerz im Kopf, dem Nacken und Schultern befreite und zwar in drei Tagen.»[237] Die Beschreibungen erfolgreicher Behandlungen vermögenderer Patientinnen und Patienten folgen häufig dem Muster der Erlösung aus Verzweiflung nach einer ganzen Reihe vergeblicher Konsultationen bei verschiedenen Ärzten. Beispielhaft dafür ist der Brief vom Frühjahr 1871 über eine Frau aus «höherer Bürgerschaft», den von Lerber ausführlich zitiert: «Sie ist schon seit Wochen meine homöopathische Patientin, Mutter von sechs Kindern, die schon vergeblich bei vielen Ärzten war. Sophie [die Magd, E.J.] bestimmte sie, zu mir zu kommen. Ich versprach nichts, studierte fleissig, reichte ihr in Pausen nur drei Mittel; es wurde immer etwas leichter, und jetzt, nach dem letzten Mittel, kommt sie nicht mehr schleichend, sondern rasch und fröhlich die Treppe herauf, streckt mir statt der stets eiskalten eine warme Hand entgegen und sagt: ‹es ist viel besser ...!› Bekam nun den Mann auch in Kur, der an einem gastrisch-rheumatischen Fieber darniederlag, und der nun wieder frisch und wohl seinen Geschäften nachgeht. [...] Die Leute sind sehr zufrieden, die Frau wieder voll Lebensmut, obschon ich ihr eine halbjährige Kur in Aussicht stellen muss, weil nur sehr langsam die eingreifenden Mittel gereicht werden dürfen. Es hat mich ganz glücklich gemacht, und ich habe einen Gottessegen darin empfunden, da ich nie wähle ohne innige Bitte um diesen Segen, wohl wissend, wie schwer jede Wahl ist. Ich spreche auch nicht etwa zu meinem Ruhm davon, sondern um Euer Vertrauen in die Kräfte der Homöopathie zu stärken.»[238] Auch in späteren Jahren prägte Stolz über das eigene Gelingen ihre Briefe; die Misserfolge schulmedizinisch ausgebildeter Ärzte dienten ihr dabei als Folie: «[...] noch ein paar böse arme Augenkranke geheilt, u: ein armes Mädchen das seit Jahren an unheilbaren Geschwüren litt u: von den Ärzten überall weggeschickt wurde

– geheilt u: blühend entlassen.»[239] Dieses Muster durchzieht die Erfolgsberichte der Naturheilbewegung des 19. Jahrhunderts[240] ebenso wie die Argumentation der befürwortenden Stimmen der Homöopathie, und zwar von deren Anfängen bis in die gegenwärtigen Auseinandersetzungen um die Anerkennung der so genannten Alternativ- oder Komplementärmedizin in der Grundversorgung der Krankenversicherung.

Erfolge verzeichnete Emilie Paravicini-Blumer im Besonderen bei Personen, die an Zahnschmerzen litten und ihr «andern Tages immer für ihr Erlöstwerden davon zu danken kamen».[241] Mitte 1872 waren «Zahnwehpatienten» an der Tagesordnung, einen beschrieb sie als «sechs Fuss hoher [hohen, E. J.] Alpknecht, der so hülflos aussah wie ein Kind in seinen Schmerzen».[242] Die Behandlung von Zahnschmerzen gehörte wie die Behandlung von Kindern seit Hahnemanns Zeiten zu den wichtigsten Feldern der Homöopathie und der «sanften Medizin» im Gefolge von Stahl.[243]

Gehen wir von den in grosser Fülle von Helene von Lerber zitierten Stellen aus Briefen an die Schwester Katharina Usteri-Blumer aus, die mir nur in diesen Auszügen und nicht in ihrer vollen originalen Länge zugänglich sind, diente die Beschreibung ihrer erfolgreichen Tätigkeit gleichermassen der eigenen Selbstvergewisserung als Anbieterin medizinischer Hilfe wie dem Ziel, die Schwester von der Überlegenheit der umstrittenen homöopathischen Methode zu überzeugen. «Soeben hatte ich eine Freude, für die ich Gott mit nassen Augen dankte: Eine Mutter brachte mir ihr genesendes Kind. Das ich vor etwa drei Wochen in einem trostlosen Zustand übernahm. Es hatte Schorf im Gesicht. Von den Augenbrauen sah man gar nichts als zuweilen einen blutroten Streifen.»[244] Zwar führte Emilie Paravicini-Blumer den Heilungserfolg auf Gottes Hilfe zurück, doch zugleich erwähnte sie immer wieder, dass Patientinnen und Patienten ihr dankten für die erfolgreich verlaufene Therapie. So drückte sie in der Sprache der Demut und der uneigennützigen Hilfe ihren Nichten gegenüber den Stolz über die eigenen Fortschritte aus.[245] Mit ihrem Rekurs auf Gott unterstrich sie dessen grundsätzliche Verfügungsmacht, aber ihre eigenen Anstrengungen waren nicht wirkungslos, sondern wurden von Gott mit der Gesundung der Kranken belohnt – ganz im Einklang mit der protestantischen Ethik, dass Gott den Tüchtigen hilft. So positionierte sie sich in der Deutung therapeutischer Erfolge zwischen den Vertretern der Volksmedizin und den Vertretern einer leistungsorientierten Ausbildung. Denn sie stellte zwar mit ihrer Berufung auf Gott das Professionalisierungsmodell in Frage und machte das Heilen zur Gabe, doch ihre autodidaktisch geprägte Ausbildung entsprach durchaus bildungsbürgerlichen Leistungsvorgaben.

Bei Fällen, bei deren Behandlung sie sich unsicher fühlte, besprach sich Emilie Paravicini-Blumer mit ihrem Lehrer Heyer, entweder schriftlich oder mündlich während seiner Visiten in ihrem Hause: «Ich liess auch ein paar *böse* Patienten kommen, damit er mir rathe und helfe.»[246] Dieser Rollenzuschreibung entsprach die Arbeitsteilung, die sich zwischen Heyer und Paravicini-Blumer entwickelte: Er war eher für die wohlhabendere Klientel zuständig, wie beispielsweise für die Familie Trümpy-Weber oder für ihre Freundin Susanna Blumer-Heer, sie eher

für die Hilfe suchenden Armen, die aus Mollis und der Region, von Bilten bis Filzbach und noch weiter entfernten Dörfern, zu ihr kamen. Diese geschlechterspezifische Arbeitsteilung ähnelte derjenigen von Samuel Hahnemann und seiner Frau Mélanie in Paris: die prestigereiche und einträgliche Arbeit wurde vom Mann, die unentgeltliche von der Frau verrichtet. Sie glich aber auch der Arbeitsteilung zwischen patentierten homöopathischen Ärzten und Laienhomöopathen[247] und jener zwischen Männern und Frauen in der Naturheilbewegung.[248] Die immer wiederkehrende Formulierungen schon in den ersten Jahren der Tätigkeit von Emilie Paravicini-Blumer, wie «gerade ziemlich viel Patienten»,[249] «u: kamen mir Menge Kranker»[250] oder «gedrängt von Kranken»,[251] lässt vermuten, dass sich die Zahl dieser armen und für uns namenlosen Hilfesuchenden in kurzer Zeit rasch vermehrte.
Heyer sah Emilie Paravicini-Blumer nicht nur als seine für die Armen zuständige Schülerin, sondern auch als seine Stellvertreterin. An sie konnten sich seine Patientinnen und Patienten während seiner Abwesenheit wenden, oder er überliess ihr diese zur Nachbehandlung, nachdem «das Schlimmste beseitigt war».[252] Mit den Jahren nahm ihre diesbezügliche Zuständigkeit als «Vizearzt»[253] zu, auch wenn ihr vor dieser Verantwortung gegenüber den Personen ihrer eigenen sozialen Klasse bangte. Sie knüpfte damit an das frühere Verhältnis zwischen Arzt und Patienten an, das nicht durch das einseitige und wenig anfechtbare Expertenwissen des Arztes geprägt gewesen war, sondern von der Abhängigkeit des Arztes von den wohlhabenden Patienten, von deren Wohlwollen Einkommen wie Renommee abhingen.[254]
Die Arbeitsteilung und Entlöhnung beziehungsweise Unentgeltlichkeit medizinischer Hilfe, aber auch die Sicherheit beziehungsweise Unsicherheit gegenüber gleichgestellten Patientinnen und Patienten entsprach der abgestuften Verantwortung im sozial-ökonomischen Gefüge der zweiten Hälfte des 19. Jahrhunderts. Als Experten kam Männern eine herausragende Position zu, die selbst durch Personen, die ihnen als sozial übergeordnet galten, nicht anfechtbar war. Diese Position implizierte die Entschädigung ihrer professionellen Leistung. Da die Armen für die professionelle Leistung jedoch nicht angemessen bezahlen konnten, hatten sie keinen Anspruch auf Gleichbehandlung, vielmehr überliess man ihre Betreuung zum Teil Frauen aus dem Bürgertum. Für diese Betreuung in Form privater Hilfe wurde kein professionelles Wissen vorausgesetzt. So nahm Emilie Paravicini-Blumer den Armen gegenüber die Position der uneigennützigen Helferin ein. Diese Position deckte sich mit dem im Bildungsbürgertum verbreiteten Klassen- und Geschlechterkonzept, das sich auch im Funktionieren der gemeinnützigen Armen- und Krankenvereine zeigte: Männer aus dem Bürgertum waren für die Statuten und die Repräsentation nach aussen zuständig, Frauen ihres Milieus für die konkrete Arbeit zur Unterstützung von weiblichen wie männlichen Kranken aus der Unterschicht, denen gegenüber sie mit einem Kontrollanspruch auftreten konnten.[255] Während Emilie Paravicini-Blumer gegenüber den Armen auf Grund ihrer Klassenzugehörigkeit Autorität beanspruchte und damit an der Konstruktion der Armen als sozial abhängiger Klasse und Unterschicht partizipierte, nahm sie in der Position als Vertreterin

von Heyer nur die den Frauen zugebilligte Umsetzungsfunktion ein: In dieser Position agierte sie nicht in voller Verantwortung, sondern setzte die Vorgaben Heyers um, der von seinen Patientinnen und Patienten nicht nur auf Grund seines Wissens, sondern auch seines Geschlechts als homöopathischer Experte anerkannt war, obwohl er kein medizinisches Studium absolviert hatte. Trotz dieser Einschränkung sah sich Emilie Paravicini-Blumer als Homöopathin, die selbständig und mit sichtlichem Erfolg eine Praxis führte, in der sie einer steigenden Zahl von Personen – neben armen mit Vorbehalt auch einigen vermögenden – Hilfe in Form von Rat und Medikamenten bot.

Rollenkonforme Interpretation nichtkonformen Tuns

Gleich den Ärzten verstand sich Emilie Paravicini-Blumer als Helferin der Menschheit, ihre Tätigkeit, da unbezahlt, jedoch weder als Gewerbe noch als Beruf. Sie rekurrierte auf Gott, um ihr Handeln zu rechtfertigen, Ansprüche auf Anerkennung der sozialen Funktion ihres Tuns erhob sie nicht, sondern kaschierte diese eher hinter dem Gestus der Demut: «Doch hat Gott bis hieher geholfen u: wird es wie ich innig vertraue, weiter thun! Lässt er mir doch die grosse Gnade zu Theil werden, dass, wie wenig ich auch selber mehr bin, doch dieses Wenige noch Andern zu Gute kommt, so dass ich mich noch nicht als eine ganz unnütze Lebenspensionärin fühlen darf – das Schwerste was uns wohl der Lebensabend bringt, u: früher oder später viel:[leicht] noch bringen wird. Doch habe ich auch letzten Winter erfahren, wie denn die Müdigkeit des Leibes u: der Seele so gross werden kann, dass alle Thätigkeit erstirbt u: die Möglichkeit des Vegetierens selbst zur grossen Wohlthat wird. Dass ich es konnte, war *damals* gut: und dass der alte Trieb der Thätigkeit, mit etwelchem Vermögen ihm zu genügen wieder rege wurde, ist *jetzt* gut – also *Alles* gut! Und jede Zeit ist mir neue Lehrzeit!»[256]
Dieser Brief vom Sommer 1871 an die Nichte Betsy Usteri verweist explizit auf die hohe Bedeutung, die der Tätigkeit als Homöopathin für die persönliche Befindlichkeit von Emilie Paravicini-Blumer als Witwe zukam. Mit der Erwähnung der vorangehenden Antriebslosigkeit, die sie jeder Kraft zu produktivem Gestalten beraubt hatte, zum einen, der daran anschliessenden Heraufbeschwörung ihrer früheren gemeinnützigen Tätigkeit, die sie im Rahmen der Polenhilfe und der Arbeitsschule sowie nach dem Brand von Glarus erfüllt hatte, zum andern thematisiert der Brief implizit das Paradox der Frauen des Bürgertums, von denen entsprechend bürgerlichem Wertekanon aktives Handeln erwartet wurde und für die gleichzeitig die Möglichkeiten, ausserhalb des häuslichen Rahmens aktiv aufzutreten, eingeschränkt blieben. Auf eine öffentliche Anerkennung der homöopathischen Tätigkeit Emilie Paravicini-Blumers als Beruf verweist der Brief jedoch nicht.
Emilie Paravicini-Blumer schrieb sich ausserhalb der Familie ein als eine Person, deren Wirken sich mit ihrem Handeln im Rahmen der Familie und Verwandtschaft deckte. Ausgehend von der Selbstinspektion und dem Reden über das eigene Leiden ging sie über zur genauen Beobachtung der Leiden der anderen, denen sie als Helfende gegenübertrat. Sie ermächtigte sich als Autodidaktin und Studierende reifen Alters selber zur Tätigkeit als Homöopathin, nicht ihr Lehrer

Heyer. Denn die Homöopathie war als Heilmethode, die nicht an den öffentlichen Institutionen gelehrt wurde, weder geschlechtlich noch ständisch fixiert. Neben den (männlichen) Ärzten wandten sie auch Laien und Laiinnen an, und Frauen taten dies gleich in doppelter Art: sowohl informell als Benutzerinnen homöopathischer Handbücher und Hausapotheken als auch formell als selbst ermächtigte Homöopathinnen.[257] So agierte Emilie Paravicini-Blumer als eine Frau, die auf Grund ihrer Kenntnisse, aber auch ihrer sozialen Position und ihres Renommees um Hilfe angegangen wurde, die über den Rahmen von medizinischen Ratschlägen und Mitteln hinausging. Sie antwortete darauf, indem sie den Armen neben medizinischen Mitteln oft Nahrungsmittel wie Kartoffeln oder auch Geld gab, das sie einer «Armenkasse» entnahm, in der sie «selbstverdientes Geld» in Form von Spenden ihrer wohlhabenden Patientinnen und Patienten sammelte.[258] Sie trennte krankheitsbedingtes Leiden nicht vom Leiden psychischen beziehungsweise seelischen oder sozialen Ursprungs, Therapie nicht von Zuwendung: «Habe auch sehr mit meinen Patienten zu thun, die von da u: dort kommen, u: wenigstens getröstet wenn auch nicht Jedesmal geheilt wieder gehen.»[259] Auf der Überschneidung ihrer Tätigkeit als private Wohltäterin mit ihrer Tätigkeit als öffentlich praktizierende Homöopathin basierte ihr Erfolg. Denn einige Arme sahen in ihr im buchstäblichen Sinne die «Retter(in) der leidenden Menschheit», eine Umschreibung für die Ärzte und ein bekannter Topos.[260] Dass sie sich selber – nicht ohne Selbstgefallen – zumindest teilweise in dieser Rolle sah, lassen der oben zitierte Brief von 1871 wie eine ganze Zahl weiterer Textstellen, ähnlich der folgenden, vermuten: «Ich bin lange aufgehalten worden durch eine bedauernswerte junge Frau, die nebst andern zahllosen Leiden an tiefer Seelenangst krank ist und mich unter Tränen bat, sie nicht wegzuweisen. Ich sei nach 11 Jahren Leiden und Medizinieren ihre letzte Zuflucht. Gott wolle helfen, wo meine schwache Einsicht nicht reicht – ich konnte sie nicht ohne Hülfe entlassen.»[261] Der Text schwankt zwischen Herabminderung ihres Wissens und selbstbewusstem Auftreten als Helfende, die dank Erfahrung und Gottes Hilfe im Stande ist, mehr zu erreichen als die Ärzte.

Mit ihrer wiederholten Evokation von Gott knüpfte Emilie Paravicini-Blumer an den im Protestantismus verankerten Rekurs auf den «grossen Arzt» an, ohne jedoch ihre Fähigkeiten zu kaschieren. Im Gegensatz zu der unter strenggläubigen Pietisten verankerten Ablehnung ärztlicher Kunst verweisen die Briefe auf Emilie Paravicini-Blumers Haltung, dass der Glaube allein nicht helfe, vielmehr ihrer Erfahrung und ihrem Rat für den Heilungserfolg entscheidendes Gewicht beizumessen sei. Ausgangspunkt ihres Handelns war nicht die Religion, sondern die in der Aufklärung verankerte Kultur des Wissens, die jedoch als solche nicht im Widerspruch stand zur protestantischen Ethik der persönlichen Anstrengung. In diesem Sinne war der wiederholte Rekurs auf Gott ebenso religiös wie bürgerlich geprägt, konnte die Homöopathie als ein Instrument gesehen werden, dessen sie sich mit Verstand und Erfahrung bedienen konnte, um dem Willen Gottes Nachdruck zu verschaffen.

3.4 Verorten: der Zugang zur Profession und die Unterschiede zwischen den ersten Ärztinnen und Emilie Paravicini-Blumer

Wenn Frauen medizinische Hilfe an Personen ausserhalb der Selbstmedikation im Rahmen der Familie anboten, galt diese Tätigkeit in Abgrenzung zur Praxis der Schulmediziner als Laientätigkeit. So beziehen sich die Begriffe «Laiin»/«Laie» und «Dilettantin»/«Dilettant» auf einen öffentlich anerkannten Beruf, der ein über eine spezifische Ausbildung angeeignetes Fachwissen voraussetzt, das für die Ausübung des Arztberufs an den Universitäten vermittelt wurde. Da Frauen auf Grund ihrer Geschlechtszugehörigkeit bis weit ins 19. Jahrhundert nicht zum akademischen Studium zugelassen waren, galt die Tätigkeit einer Homöopathin nicht nur als unprofessionell, sondern unabhängig von Wissen und Erfahrung zeitlich unbegrenzt als Dilettantismus.[262] Den Homöopathen dagegen blieb, sofern sie eine staatlich anerkannte medizinische Ausbildung abgeschlossen hatten, die professionelle Anerkennung als Ärzte nicht versperrt. Emilie Paravicini-Blumer stellte in ihren Briefen das Monopol der patentierten Ärzte auf medizinische Berufsausübung in Frage, den Ausschluss der Frauen von der universitären Ausbildung jedoch thematisierte sie nicht. In jener Zeit durchkreuzten in der Schweiz die ersten Medizinstudentinnen diesen Ausschluss mit ihrem Tun und machten den Zugang der Frauen zum Studium zum öffentlich diskutierten Thema.

Die Trennlinien der Profession

Für die naturwissenschaftlich ausgebildeten Ärzte war das generalisierbare Wissen ein zentrales Moment der Profession. Das bedeutete, dass ausgehend von der Verallgemeinerung der erkennbaren Symptome einer definierbaren Krankheit auch die Diagnose und Therapie auf alle davon betroffenen Patientinnen und Patienten übertragen werden konnte. Allerdings wurde diese Rhetorik der Gleichbehandlung aller in der Praxis durch die Ungleichbehandlung je nach den ökonomischen Verhältnissen der Kranken noch um die Mitte des 19. Jahrhunderts in Frage gestellt, da auch Ärzte akzeptierten, dass Arme nicht medizinisch, sondern fürsorgerisch betreut wurden.

Die von den Schulmedizinern bekämpften Homöopathen gingen im Gegensatz zum Prinzip des generalisierbaren Wissens nur von einem allgemeinen Prinzip aus, von Hahnemanns Ähnlichkeitsprinzip, und suchten ansonsten in jedem Krankheitsfall das Besondere, das je andere zu erkennen, um für den einzelnen Kranken eine je einzeln angepasste Medikation zu bestimmen. Wie dem homöopathischen Arzt standen die Kranken auch dem Schulmediziner als einzelne Personen gegenüber, deren Krankheit als je individueller Fall zu interpretieren war und die daher vom Arzt ein spezifisches Einfühlen in das je eigene Leiden und eine je individuelle Behandlung erwarteten, auf die sie ihre Hoffnung auf Genesung setzten.[263] So war das Gespräch ein zentrales Moment der Arzt-Patientin/Patient-Beziehung, die kraft des Wissens und der daraus abgeleiteten Urteilsmacht des Arztes hierarchisch strukturiert war.

Da Einfühlsamkeit und Verstehen Qualitäten waren, die den Frauen nicht abgesprochen wurden, lässt sich der Ausschluss der Frauen vom ärztlichen Beruf nur

über die Konstruktion der Geschlechterdifferenz erklären, die für Männer und Frauen je andere Tätigkeiten implizierte. Im therapeutischen Bereich verlief die Trennlinie zwischen der medizinischen Profession, dem Arztberuf, und medizinischen Semi- oder vermittelnden Professionen, den pflegerischen Berufen.[264] Letztere wurden mehrheitlich als weiblich definiertes Zuarbeiten und Umsetzen von Anleitungen des Arztes verstanden. Dieses Zudienen bedurfte zunehmend nicht mehr nur der häuslichen Tradierung, sondern gegen Ende des 19. Jahrhunderts auch der Ausbildung, ohne dadurch aber den Status einer autonomen Profession zu erlangen. Einfühlsames Verstehen war in diesem eingeengten Feld erwünscht, doch als Umsetzen von Anordnungen ohne selbständiges erkennendes Wissen vermittelte diese Position keine Autorität.
Die geschlechterspezifische Trennlinie zeigte sich ebenso in der Homöopathie. Das Selbstverständnis der homöopathischen Ärzte und Schulmediziner bezüglich ihres Wissens und ihrer Beziehung zu den Patientinnen und Patienten unterschied sich nicht grundsätzlich, aber der Zugang der Frauen zur Homöopathie war insofern einfacher, als die Ausbildung nicht über universitäre Institutionen, sondern über Bücher erlernt und in direktem Austausch mit den ihre Symptome schildernden Kranken vermittelt wurde.[265] Dies machte es Frauen einfacher, sich als Homöopathinnen zu definieren und es ist daher anzunehmen, dass nicht nur Emilie Paravicini-Blumer in selbstermächtigtem Handeln ihren Handlungsspielraum über die Grenzen von Familie, Verwandtschaft und Bekanntschaft ausweitete. Doch während über die Zulassung der Frauen zum akademischen Studium und die Tätigkeit der ersten Ärztinnen inzwischen verschiedene Publikationen vorliegen, ist über die Praxis von Laiinnen und ihre gesellschaftliche Verortung nur wenig bekannt.[266]

Die Pionierinnen unter den Ärztinnen

Die Jahre der Ausbildung und der Anfänge Emilie Paravicini-Blumers als praktizierende Homöopathin fallen zusammen mit der Zeit der Ausbildung der ersten Ärztinnen an Schweizer Universitäten.[267] Wie Emilie Paravicini-Blumer setzten sich diese Ärztinnen über normative Schranken hinweg und definierten als gesellschaftliche Akteurinnen ihren Spielraum immer wieder neu. Das Fehlen jeglicher Hinweise auf diese Parallelität in Emilie Paravicini-Blumers Briefen erklärt sich möglicherweise aus der Altersdifferenz, vielleicht auch aus Unterschieden der Herkunft und des räumlichen Umfeldes. Die Pionierinnen des Berufs, die Zürcher Ärztinnen Marie (Heim-)Vögtlin (1845–1916) und Caroline Farner (1842–1931), waren, obwohl zur Zeit ihres Studiums nicht mehr im jugendlichen Alter, dennoch rund eine Generation jünger als die Glarner Homöopathin. Sie teilten deren Interesse an bildungsbürgerlicher Lektüre und an Diskussionen um gesellschaftliche Verantwortung, aber waren im Gegensatz zu ihr nicht im selben Masse in der lokalen Oberschicht verortet, sondern handelten in einem neuen Umfeld, im städtischen Bildungsmilieu.[268]
Als erste Frau liess sich die 1845 geborene Marie Vögtlin aus Brugg, Tochter des Pfarrers der positiven, das heisst pietistisch geprägten konservativen protestantischen Richtung 1868 an der Universität Zürich immatrikulieren, nachdem be-

Marie Vögtlin in Dresden (1873): Während Emilie Paravicini-Blumer in Mollis als Homöopathin praktizierte, arbeitete die erste akademisch ausgebildete Schweizer Ärztin an ihrer Dissertation in Geburtshilfe.

reits früher russische Studentinnen zum Medizinstudium zugelassen worden waren. Diese hatten Tatsachen geschaffen, noch bevor eine einheitliche, formelle Grundlage für die Aufnahme des weiblichen Geschlechts an die Universität bestand.[269] Implizit, das heisst auf Grund fehlender schulischer Ausbildungsgänge für Frauen und der gesellschaftlichen Geschlechternormen, aber nicht explizit waren Frauen vom Studium ausgeschlossen. Diese Inkohärenz nutzten die russischen Studentinnen, die sich als Hörerinnen an der Universität einschrieben.[270] So hatte auch Nadeschda Suslowa schon einige Semester Medizin studiert, bevor sie ihr Immatrikulationsgesuch einreichte, dem dann 1867 stattgegeben wurde. Die Immatrikulation war Voraussetzung für das Doktorexamen, das sie im Herbst des gleichen Jahres als erste Frau an einer deutschsprachigen Universität ablegte.[271] Sie war damals bereits liiert mit dem jungen Arzt Fritz Erismann,[272] Cousin und bis kurz zuvor Verlobter von Marie Vögtlin. Diese liess sich ihrerseits weniger als ein Jahr nach der Promovierung von Nadeschda Suslowa als Medizinstudentin an der Universität Zürich immatrikulieren. 1870 genehmigten die Konkordatskantone die Zulassung der Frauen zu den so genannten Konkordatsexamen. Diese basierten auf den interkantonalen Absprachen zur Durchsetzung gleicher wissenschaftlicher Ansprüche für das Recht, als Arzt zu wirken. Diese Genehmigung ermöglichte zwei Jahre später Frauen auch die Eröffnung einer ärztlichen Praxis. In der Umsetzung der Gleichstellung mit den Ärzten jedoch legten sich den Frauen noch Jahrzehnte viele Hindernisse in den Weg.[273]
Legitimiert wurde der Zugang der Frauen zum Arztberuf vor allem mit dem Bedürfnis der Kranken nach mütterlichem Verständnis zum einen, dem Bedürfnis der Frauen, von einer Frau behandelt zu werden, zum andern. Den ersten Ärztinnen ist denn auch der Gestus der Bescheidenheit, der Fürsorge und Aufopferung im Dienste von Armen und Bedürftigen sowie von Familien im Allgemeinen und von Frauen im Besonderen gemeinsam.[274] Ihre gesellschaftliche Selbstverortung entsprach der den Frauen aus dem Bürgertum im 19. Jahrhundert in wachsendem Masse zugeschriebenen sozialen Verantwortung, die als Gemeinnützigkeit über den Rahmen der Familie hinausreichte.

Die Selbstverortung der Dilettantin

In Emilie Paravicini-Blumers Briefen war die Frage der Zulassung der Frauen zur medizinischen Profession kein Thema, auch wenn sie diese Frage in Bezug auf die Definition ihrer Tätigkeit und ihrer eigenen Verortung als Therapeutin berührte. In Abgrenzung zu Heyer definierte sie sich selber ernsthaft, in Abgrenzung zu den Schulmedizinern jedoch mehrfach eher ironisierend als «Dilettantin», das heisst als nicht professionell ausgebildete und nicht ganz ernst zu nehmende Autodidaktin. Sie bezog sich damit auf die mit dem Aufkommen einer auf individueller Leistung beruhenden, gesellschaftlich anerkannten Berufstätigkeit um sich greifende Diskussion über die Abgrenzung zwischen Experten und Laien und über die Frage der Zulässigkeit der Erwerbstätigkeit von Dilettanten. Als Experte galt ein Wissender, der auf Grund seiner Ausbildung von der *scientific community* akzeptiert war.[275] In diesem Kontext wurden unter dem Begriff «Dilettant» nicht nur, aber vor allem Frauen subsumiert und deren institutionell weder geprüfte noch abgesicherte Praktiken abgewertet.[276] So verwies Emilie Paravicini-Blumer mit ihrer Selbstverortung auf die verbreitete Definition der Homöopathie als weiblicher «Dilettantenpraxis», auf die sich eine Florence Nightingale bezog, wenn sie ironisierend bemerkte, dass sich das an sich törichte therapeutische Handeln von Frauen durch die Homöopathie wesentlich verbessert habe, da «ihre diätetischen Regeln vortrefflich und ihre Arzneien harmlos» seien; die Kügelchen würden keine schädlichen Wirkungen erzeugen, sondern seien das eine «Gran von Thorheit», das notwendig scheine, um einer guten Sache Bahn zu brechen.[277] Mit Vorliebe griffen in der Folge naturwissenschaftlich geschulte Ärzte aus dem Umfeld Schulers auf diese Aussage zurück. Beispielsweise zitierte der bekannte Hygieniker Laurenz Sonderegger dieses Diktum Nightingales, um zu unterstreichen, bereits Genesende, die laut ihm eigentlich von selbst gesunden, würden «regelmässig ‹gerettet› durch Zauber, Streukügelchen, Wasser, Mixturen u. s. w. [...] Diese Kranken sind der Trost und die Goldgrube jedes neuen Systems [...].»[278]

Emilie Paravicini-Blumers Selbstdefinition von «Dilettantin» deckte sich weder mit Nightingales Interpretation noch mit Sondereggers einseitiger Abwertung. Je nach Schwere der Leiden der Patientinnen und Patienten schwankte ihre Selbstdefinition mehr in Richtung Ärztin oder mehr in Richtung Dilettantin. Ende 1871 schrieb sie der Schwester über eine Mutter mit Magengeschwür und über eine «blühende Tochter», die «an entschiedener Tuberkulose» litt. Beide seien überzeugt, sie könne ihnen helfen, wie sie anderen geholfen habe. «Das ist schwer, für die dilettierende Ärztin.»[279] Sie mass ihr Wissen nicht an den patentierten Ärzten, sondern am Wissen des ebenso wenig patentierten Heyer: «Sehr viel Kranke und zwar entfernt wohnende, wohin geschrieben werden musste, und solche, die eigentlich einen geschickten Arzt und nicht eine Dilettantin wie mich bedürften.» Mit dem «geschickten Arzt» meinte sie Heyer, an den sie je nach Situation Patientinnen und Patienten mit schwerwiegenden Leiden überwies. «Und doch gibt Gott auch hier oft Segen wider Erwarten. Bei ein paar, die ich willens war, Heyer zu übergeben, hat es einstweilen bedeutend gebessert, so dass wir noch warten können.»[280] In ihrer Selbstdefinition als Dilettantin stellte Emilie Paravicini-Blumer die Geschlechtshierarchien und -zuschreibungen nicht in Frage, zeigte sich aber diesbezüglich höchst ambivalent. Zum einen markierte sie Stolz auf das Wissen, das sie sich angeeignet hatte, zum andern knüpfte sie durch die mehrfach wiederholte Betonung, dass das ihr abverlangte Wissen eigentlich die Kapazität ihres Kopfes beziehungsweise die Belastbarkeit ihrer Nerven überfordere, an das Geschlechterstereotyp von der grösseren Nervosität der Frauen.[281] Dadurch, dass sie ihre Funktion minimierte, überliess sie Heyer den Part des Helden im Kampf gegen die Krankheit.[282]

In der von mir ausgewerteten umfangreichen Korrespondenz mit ihren Nichten und in den bei von Lerber zitierten Briefen an die Schwester in Zürich spricht Emilie Paravicini-Blumer von sich verschiedentlich als Ärztin, wenn auch nur als «dilettierender Ärztin» oder «Vizearzt», dabei auf Heyer oder die patentierten Ärzte und deren Monopolanspruch Bezug nehmend. Umso erstaunlicher ist, dass sie nie die damals aktuelle Frage der Zulassung der Frauen zum medizinischen Studium berührte. Dass sie davon keine Kenntnis hatte, ist kaum denkbar. Eher denkbar ist, dass für sie als Homöopathin der Zugang zur schulmedizinischen Ausbildung nicht von Interesse war und ihre Aufmerksamkeit vor allem der öffentlich geführten Auseinandersetzung um das Monopol der Schulmedizin galt oder dass sie, in Abwandlung der Kämpfe der ersten Medizinstudentinnen, für sich bewusst einen Weg suchte, der für sie sowohl als Frau wie auch als nicht mehr junge Witwe überhaupt gangbar war, um im ländlichen Umfeld von Glarus erfolgreich heilend zu wirken.

Obwohl Emilie Paravicini-Blumer die ersten Ärztinnen nicht erwähnt, unterlegte sie ihrem eigenen Handeln als Homöopathin eine ähnliche Argumentation wie diese Pionierinnen: sie deutete es als Fürsorge und Dienst an den Armen. Ähnlich war sie den Pionierinnen auch in ihrer politischen und religiösen Haltung. Mehrheitlich verorteten sich die ersten Ärztinnen im Protestantismus, bezogen aus dem Vertrauen auf Gott Unterstützung für ihr Tun. In der deutschen Schweiz zählten sich diese Ärztinnen eher zum liberalen Lager, in der Westschweiz waren sie ebenso im pietistisch geprägten Milieu der reformierten Dissidenz und der christlich-sozialen Bewegung verankert. Alle waren gemeinnützig tätig, Mitinitiantinnen von Frauenvereinen und traten für die Verbesserung der Mädchenausbildung ein.[283] Wie viele der medizinischen Pionierinnen genoss Emilie Paravicini-Blumer die Unterstützung von Männern aus der Verwandtschaft und Bekanntschaft und wie bei diesen Pionierinnen stand ihr Handeln im Dienst der andern nicht im Widerspruch zum Weiblichkeitskonzept. Doch fehlt in den Briefen von Emilie Paravicini-Blumer ebenso wie in den mir bekannten Quellen der ersten akademisch gebildeten Ärztinnen die explizite Berufung auf den geschlechterspezifischen Diskurs von Weiblichkeit oder Männlichkeit beziehungsweise auf weibliche oder männliche Sphären. Im Gegensatz zu den ersten Ärztinnen manifestierten sich bei Emilie Paravicini-Blumer die bürgerlichen Geschlechterkonzepte implizit in der Unterordnung unter Heyer und in ihrer Definition als Dilettantin, selbst wenn den diesbezüglichen Äusserungen in den Briefen vielleicht nur deklamatorische Bedeutung zukam. Gleichzeitig entzog sie sich der geschlechtshierarchischen Zuordnung, da sie sich der Autorität der Schulmediziner nicht beugte, sondern, darin der Naturheilbewegung jener Zeit nicht unähnlich, diese Autorität vielmehr in Frage stellte. Allerdings untergrub sie die Autorität der Ärzte nicht generell, sondern widersprach lediglich dem Monopolanspruch der akademisch gebildeten Ärzte, den sie als von materiellen Interessen gesteuerte Überheblichkeit auslegte, die vor der Konkurrenz abschirmen sollte. Die Ambivalenz zwischen Bestätigung und Unterlaufen der bürgerlichen Geschlechterkonzepte demonstrierte sie – darin durchaus Josephine Stadlin vergleichbar – in der diskursiven Betonung der Bescheidenheit bei gleichzeitigem Agieren und Intervenieren im Raum des Politischen, ohne dabei – darin unterscheidet sie sich von Josephine Stadlin – öffentlich aufzutreten.

3.5 Fazit: Deutung von Mitfühlen als soziale Einbindung, von therapeutischem Handeln als karitative Gemeinnützigkeit

Emilie Paravicini-Blumers regelmässiger Austausch von Briefen mit ihren Verwandten ist in mehrfacher Hinsicht Ausdruck bürgerlicher Praktiken im 19. Jahrhundert. Das Reden über den Körper durchzieht diese Briefe als prägendes Element und verbindet in seiner Vielschichtigkeit verschiedene Deutungsebenen. So band Emilie Paravicini-Blumer über die metaphernreiche Evokation des eigenen und fremden Leidens die ihr Nahestehenden ein in eine Gemeinschaft der Gefühle, die getragen war von einem endlosen Zirkulieren des Mit-Leidens. Ausgeschlossen von dieser Gefühlsgemeinschaft blieben die Geschwister, die den bürgerlichen Erwartungen gegenseitiger Anteilnahme nicht entsprachen: zum einen die Schwester Magdalena, die eines liederlichen Lebenswandels bezichtigt wurde, zum anderen der Bruder Peter, der sich aus psychischen Gründen dem Berufsleben entzog. Gleichzeitig verknüpften und überlagerten sich in Emilie Paravicini-Blumers Reden über eigene und fremde Befindlichkeiten verschiedene Körperkonzepte. Geprägt von humoralpathologischen Vorstellungen, war ihr die Erhaltung oder das Wiedererlangen der Balance zentral, und so prägten Gleichgewichtsvorstellungen das Verhalten, das Emilie Paravicini-Blumer sich selber und ihren Verwandten im Krankheitsfall verschrieb. Die Verantwortung für die Gesundheit sah sie trotz immer wieder heraufbeschworener Ergebung in den Willen Gottes auch bei den von Krankheit bedrohten Personen. So rekurrierte sie implizit auf bürgerliche Vorstellungen vom Menschen als selbstverantwortlichem Subjekt.

In Emilie Paravicini-Blumers Korrespondenz zeigt sich die Verknüpfung der vor allem von Frauen geleisteten Pflege von kranken Familienangehörigen und unentgeltlichen Hilfe an die Armen mit einer ausgeweiteten medizinischen Praxis. Der Homöopathie wandte sich Emilie Paravicini-Blumer aus Sorge um die Folgen der chronischen Knieentzündung ihrer Schwester Agatha zu. Ihre Kenntnisse eignete sie sich autodidaktisch über die Lektüre von Lehrbüchern, über die Unterweisung durch ihren medizinischen Betreuer und Lehrer Baron von Heyer und über die Beobachtung der Wirkung der selbst eingenommenen oder anderen verabreichten Heilmittel an. Ausgehend von der Selbstmedikation dehnte sie ihre medizinische Praxis auf Verwandte und die sie aufsuchenden Patientinnen und Patienten aus. Im dialogischen Austausch mit diesen erfasste Emilie Paravicini-Blumer nicht nur die Krankheitssymptome, sondern eignete sich über kommunikativ geteilte Erfahrungen prozesshaft Wissen an. In den Briefen an die Verwandten beschrieb sie ihr erfolgreiches Kurieren nach dem Muster, das in der Naturheilbewegung und unter Homöopathen verbreitet war: Nachdem die Patientin oder der Patient erfolglos akademisch ausgebildete Ärzte konsultiert hatte, lösten die von ihr gegebenen Mittel den Prozess der Gesundung und der Befreiung von Schmerzen aus. Obwohl Emilie Paravicini-Blumer ihre Tätigkeit demnach als eine therapeutische verstand, verlangte sie von ihren Patientinnen und Patienten keine Entschädigung. Damit fehlte ihrer Praxis – im Gegensatz zu Josephine Stadlins Erwerbstätigkeit als Instituts- und Seminarleiterin – ein zentrales Element eines Gewerbes. Da sie vor allem von Armen konsultiert wurde, die sie unentgeltlich behandelte und zusätzlich mit Geld aus der Kasse mit dem Einkommen aus der Behandlung ihrer reichen Patientinnen und Patienten unterstützte, deutete sie selber ihre Praxis als uneigennützige private Hilfe und band sich so ein in die gesamtgesellschaftliche geschlechtersegregierende Arbeitsteilung, die Frauen und Männern je andere Zuständigkeiten und Handlungsräume zuwies. Erst nach der Freigabe der medizinischen Tätigkeit durch die Landsgemeinde sah sie die ihr freiwillig gewährten Entschädigungen als Erwerbseinkommen. Rechnung stellte sie jedoch nicht. Den Widerspruch zwischen therapeutischem und karitativem Selbstverständnis verstärkend, kaschierte Emilie Paravicini-Blumer ihre Ambitionen und ihre Interessen als selbstermächtigte Akteurin hinter der Geste der Demut, markierte aber mit dem Aufzählen der erzielten Heilungen auch Stolz über ihr Wissen und Können. Jedoch zeigten Emilie Paravicini-Blumers Briefe je nach Klassenzugehörigkeit der Patientinnen und Patienten auch Unterschiede in ihrer Selbstinszenierung als praktizierende Homöopathin: eher zaghaft und zugleich geehrt gegenüber Personen aus ihrem eigenen Milieu, selbstsicher und geprägt von sozialem Pflichtgefühl gegenüber armen Kranken. So partizipierte sie an der Konstruktion sowohl der Armen als abhängiger Klasse und Unterschicht als auch der gebildeten Frauen als gegenüber dieser Klasse Verantwortung tragender Teil des Bürgertums.[284]

Geschlechterkonform zeigte sich Emilie Paravicini-Blumer in der klaren Unterordnung unter Heyer, widerständig dagegen in der scharfen Kritik an der Praxis der anerkannten Ärzte und deren gesellschaftlich und politisch sanktionierten Autorität. Sie verband diese Widerständigkeit jedoch nicht mit der von anderen Frauen aus dem Bildungsbürgertum geäusserten Kritik am geschlechterdiskriminierenden Ausschluss der Frauen von der medizinischen Profession, die zeitlich mit den Anfängen ihrer Praxistätigkeit zusammenfiel. Diese Kritik trug zwar zur Zulassung der Frauen zum akademischen Studium bei, doch bedeutete diese Zulassung nicht das Ende des Ausschlusses der Frauen von der Profession als selbständigem Beruf. Dieser Ausschluss war vielmehr Teil der bürgerlichen Geschlechterkonzepte, die Frauen den Status von selbständig agierenden Subjekten und die Rechtsgleichheit verweigerten. Diese diskriminierende Positionierung stellte Emilie Paravicini-Blumer zwar mit ihrer Praxis implizit in Frage. Ihre Tätigkeit als Homöopathin kann auf diesem Hintergrund als Ausdruck des Übergangs von bürgerlichen Frauen aus rein familiär bedingter Verantwortung unter männlicher Vormundschaft hin zu ausserfamiliärer Tätigkeit und rechtlich abgesicherter Handlungsfähigkeit gesehen, wegen des fehlenden Anspruchs auf angemessene Entschädigung jedoch nicht als Berufstätigkeit definiert werden.

4 Die Glarner Auseinandersetzung über die Zulassung zum Arztberuf

«Meine Angelegenheiten ruhen u. ich denke kaum mehr daran. Werde ich gerufen so gehe ich ruhig; weiss ich doch das halbe oder ganze Land hinter mir!»
An Emma Usteri, 1874.

Ausgelöst durch Emilie Paravicini-Blumers öffentliche Praxis und Zusammenarbeit mit dem Homöopathen Heyer kam es im Kanton Glarus zur politischen Auseinandersetzung um die Zulassung zum Arztberuf, in der sich vor allem der Arzt Fridolin Schuler exponierte. Diese Auseinandersetzung fiel zeitlich zusammen mit den auf nationaler Ebene ebenso wie in anderen Ländern geführten öffentlichen Debatten um die gesetzliche Reglementierung der medizinischen Berufstätigkeit. Unter dem Stichwort «Trennlinien der Profession» wurde die Frage der Zulassung beziehungsweise des Ausschlusses bereits thematisiert, soll aber hier zur Einführung nochmals aufgegriffen und mit Ansätzen der Professionalisierungstheorie verknüpft werden.[1]
Nach dem funktionalistischen Ansatz war die spezialisierte, tendenziell wissenschaftlich fundierte Ausbildung, die berufsbezogenes, generalisierbares und theoriehaltiges Wissen zusammen mit ethischen Einstellungen vermittelte, die Voraussetzung der Profession des Arztes. Die Erfüllung dieser Voraussetzung legitimierte das Funktions- und Angebotsmonopol der Ärzte sowie die Freiheit von Fremdkontrolle durch Laien oder den Staat beziehungsweise das Privileg, nur von Angehörigen des eigenen Standes beurteilt zu werden, weil nur diese über genügend Fachwissen und Berufsethos verfügen würden.[2] Da Fachwissen und Berufsethos den Frauen nicht einfach abgesprochen werden konnten, diese jedoch vielerorts qua Geschlecht von Studium und medizinischer Praxis ausgeschlossen waren, vermag dieser funktionalistische Ansatz nicht zu genügen. Deshalb waren nach konflikt- und machttheoretischen Ansätzen Fachwissen und Berufsethos als Voraussetzung der Professionalisierung eher eine «Behauptung», die den aufstrebenden bürgerlichen Mittelschichten als Rechtfertigung für den exklusiven Zugang zu ökonomischen Ressourcen diente und gleichzeitig die Zugehörigkeit zur gesellschaftlichen Elite absicherte.[3] Die Exklusivität konnte jedoch nur über gesetzliche Regelungen, die so genannte Approbation oder Patentierung, garantiert werden, die alle von der Profession ausschlossen, die nicht über die entsprechende Genehmigung verfügten. Ein privilegierter Zugang zu individuellen Machtträgern des Staats, aber auch zu staatlichen Institutionen war für diese Absicherung deshalb Voraussetzung. Dieser staatlich

abgesicherte Ausschluss von der Profession, im Fall der Ärzte aller nicht patentierten medizinischen Therapeuten, entspricht nach Angelika Wetterer dem Konzept der «sozialen Schliessung».[4]
Es stellt sich die Frage, mit welchen Argumenten im ländlich geprägten Kanton Glarus um das Monopol gestritten wurde, in welchen Gremien diese Frage debattiert wurde und welche Faktoren die Entscheidungsfindung bestimmten. Da Emilie Paravicini-Blumer in diesen Entscheidungsprozess als direkt Betroffene involviert war, lässt sich aus ihren Briefen rekonstruieren, inwiefern Frauen über Verwandtschafts- und Bekanntschaftsnetze trotz Ausschluss aus der öffentlichen Meinungsbildung ihren Einfluss geltend machen konnten. Die Auseinandersetzung um die Gesetzgebung zur medizinischen Praxis kann daher als Inszenierung gelesen werden, in der Frauen als Akteurinnen im Hintergrund mitwirkten.
Im Exkurs zum Prozess gegen die Heilerin Dorothea Trudel lassen sich Parallelen und Unterschiede zur Frage der Legitimierung der Behandlung von Kranken durch Frauen auf dem Hintergrund der sozialen Verortung aufzeigen. Sichtbar wird zugleich, wie die politisch bedingten Parteiungen auch im Kanton Zürich die Debatten um den Ausschluss von therapeutischem Wirken mitbestimmt.

4.1 Hinter den Kulissen: das Gerichtsverfahren oder die Anklage als Auslöser zur Inszenierung der öffentlichen Debatte

Vernetzt mit ihrem Umfeld nutzte Emilie Paravicini-Blumer ihre Beziehungen als Ressource, um die gesellschaftspolitischen Auseinandersetzungen über die Ausübung des Arztberufs auch im eigenen Interesse voranzutreiben und deren Dramaturgie mitzugestalten. Ihre geschlechterspezifische Zuordnung zum häuslichen Bereich geschickt einsetzend, ging sie bis an die Grenzen der Intrige im Sinne der überlegten Planung und Ingangsetzung eines Handlungsablaufs.[5] Sie brachte aus dem versteckten Hintergrund ihre Personen in Position, während ihr Antagonist, der Arzt Fridolin Schuler, zwar die Auseinandersetzung im Halbdunkel der Ärztevereinigung geplant hatte, dann aber im Lichtkegel der öffentlichen Bühne agierte. Soweit dies die vorliegenden Quellen erkennen lassen, scheinen Emilie Paravicini-Blumer und Fridolin Schuler sich ihrer Funktion in dieser Auseinandersetzung bewusst gewesen zu sein. Beide spielten sie ihren jeweiligen Part und brachten so die Sache ins Rollen.

Fridolin Schulers sonntäglicher Besuch bei Emilie Paravicini-Blumer

Den Auftakt zur Auseinandersetzung bildete eine erste Konfrontation im Haus von Emilie Paravicini-Blumer, die diese am darauf folgenden Tag wortgewandt und effektsicher im Brief an ihre Freundin Susanne Blumer-Heer dramatisierte.[6] Am Sonntagmorgen, 9. November 1873, erschien bei ihr der Arzt Fridolin Schuler: «Bald aber bemerkte ich eine gewisse nervöse Aufgeregtheit, und die Hand, die er hinlegte zitterte. Ich sah ihn fragend an, da fasste er ein Herz und nun kam Alles ungeschminkt, scharf, und in widerwärtiger Weise heraus. ‹Ihre homöopathische

Fridolin Schuler (1832–1903): Als dezidierter Vertreter der Schulmedizin und Mitglied der Sanitätskommission spielte der Arzt in Fragen der Zulassung zur medizinischen Praxis im Kanton Glarus eine zentrale Rolle.

Praxis könne nicht weiter geduldet werden. Sie sei gesetzeswidrig, es komme zu Anklage und Busse. Dem könne sie entgehen, wenn sie ihm in die Hand verspreche, von dieser Stunde an keine homöopathischen Mittel mehr auszugeben.› Er hielt mir die Hand hin. [...] Aber ich erklärte sofort, indem ich sanft seine Hand zurückschob, zu einem solchen Versprechen, das mir durch Drohung und Einschüchterung abgenöthigt werden wolle, werde ich mich nimmermehr herbeylassen, und gewärtige die Folgen wie jeder thun müsse, der zu seiner Überzeugung stehe.»[7] Emilie Paravicini-Blumer konstruierte die Szene als Kampf um die Wahrheit: «Ich sagte, das ganze Vorgehen sey mir klar, man wolle der Homöopathie zu Leibe in ihrer doch so harm- und eigennutzlosen Vertreterin. Er sagte: Man wird gar nicht von der Homöopathie sprechen, nur von unbefugtem Arztnen. (Also besteht da schon ein bestimmter Feldzugsplan!)»[8] Emilie Paravicini-Blumer selber ging mit dieser Klammerbemerkung von einem von der Ärzteschaft entworfenen Komplott im Sinne einer Intrige aus, da die Abwehrhaltung des Gegners beziehungsweise hier der Gegnerin als integrierter Teil des Plans schon einberechnet erschien. Sie bezichtigte Schuler, diesen strategischen Plan mit seiner Drohung in Gang setzen zu wollen. Mit der Klammerbemerkung definierte sie nicht nur den Plan als Komplott, sondern nahm, sich der zugespitzten Situation bewusst, zugleich die öffentliche Auseinandersetzung vorweg. Der schon in anderen Schweizer Kantonen, aber auch in anderen europäischen Ländern geführte Kampf der Behörden und der naturwissenschaftlich orientierten Ärzteschaft gegen die Zulassung von Vertretern anderer Richtungen zur Ausübung des Arztberufes, unter anderem von Homöopathen, sollte nun auch in Glarus ausgefochten werden.

Die Stellung des Homöopathen Samuel Zopfi aus Schwanden war unbestritten, da er sein medizinisches Studium an einer Universität abgeschlossen hatte. Das Augenmerk richtete sich vielmehr auf den wohl bekanntesten Exponenten der nicht akademisch gebildeten Homöopathen, auf den nicht ortsansässigen Ba-

ron von Heyer, der in anderen Kantonen schon mehrfach gebüsst worden war. Emilie Paravicini-Blumer verstand sich als dessen Schülerin und Vertreterin, und sie wurde auch von anderen als solche wahrgenommen. Da sie sich selber als frei von Eigennutz definierte, konnte sie den Angriff des Schulmediziners als abgekartetes Spiel der Ärzte definieren, um mit der Schliessung ihrer Praxis ein generelles Verbot der Homöopathie zu erreichen. Im Gegensatz zu ihr traten Homöopathen wie Heyer auf dem Markt als Konkurrenten der Schulmediziner um die wenigen wohlhabenden Patientinnen und Patienten auf, eine Problematik, die sich auch in andern Ländern wie in Frankreich und den USA zeigte.[9]
Als Gegenpart zum Ankläger inszenierte sich Emilie Paravicini-Blumer im Brief als Wohltäterin und bezichtigte damit Schuler und die Ärzte generell der Unsensibilität gegenüber den Leiden des Volkes: «Ich fragte: Wird man mir nicht gestatten, wenigstens die fast täglich begehrten Zahnwehmittel für die arbeitende Klasse oder die Kinderpraxis für die Schaar kränklicher elender Kinder armer Leute auszuüben, was so Vielen schon Hülfe und Trost brachte. ‹Nichts, gar Nichts!› [...]. Im Begriff zu gehen, kehrte er nochmals um und sagte: Das Besste wäre, wenn ich durch meine Freunde einen Antrag ins Memorial stellen wollte, die ärztliche Praxis freyzugeben [...]. Ich erklärte, in meinen Jahren lasse ich mich nicht mehr auf den Markt der Welt hinausdrängen, die ich von jeher nur Stille und Unbeachtetbleiben gesucht habe. Er gab sein Ehrenwort, er würde den Antrag unterstützen. U. s. w. u. s. w. Viele Einzelheiten lasse ich weg; die Konferenz dauerte 1 Stunden ich war zum Tod erschöpft und durchschmerzt in meiner Schutzlosigkeit und meinem Alleinstehen.» Emilie Paravicini-Blumer schilderte diese erste Konfrontation, in der sich nicht einfach zwei Personen, sondern ein Mann und eine Frau gegenüberstehen, als einen von Emotionen geprägten Prozess, den sie von Schulers Zittern bis zu ihrer als alles durchdringenden Schmerz beschriebenen Erschöpfung in körperlichen Symptomen wahrnahm.[10] Die Wortwahl impliziert, dass Emilie Paravicini-Blumer ihres Geschlechts, ihres Alters und ihres nicht akademischen Standes wegen in mehrfachem Sinne schwächer sei als ihr Kontrahent, doch ihm in der Konfrontation ebenbürtig Widerstand geleistet habe. Die kräftezehrende Anstrengung registrierte sie ihrem Brief gemäss erst nach seinem Weggang. Angesprochen ist im Text aber auch ihr Einfluss auf den Gang des Geschehens: Als Frau konnte sie nicht persönlich auf der öffentlichen Bühne auftreten, wohl aber auf Grund ihrer gesellschaftlichen Stellung hinter den Kulissen darauf einwirken. Und Schulers Zittern bestätigt insofern ihre Einflussmöglichkeiten, als er noch in seiner Jahrzehnte später verfassten Autobiografie von seinen Hemmungen gegenüber selbstsicher auftretenden Personen spricht.: «[...] ich scheute vor jedem öffentlichen Auftreten zurück, wohl gutenteils eine Folge meines Aufwachsens in einsamem Dorfe, unter wenigen Kameraden und unter der Einwirkung meines ängstlichen Vaters, der lebhafte Aeusserung eines Selbstbewusstseins als Zeichen einer Selbstüberschätzung betrachtete, der nicht früh genug entgegengearbeitet werden könne. Ich wurde so schüchtern und verzagt, besonders gegenüber gewandten und redegeübten Leuten.»[11] Die Aussage ist für einen anerkannten Experten des ausgehenden 19. Jahrhunderts zumindest bemerkenswert, da Schuler trotz seiner durch formalisiertes Wissen

gestützten Stellung die in dieser Zeit an Bedeutung gewinnende Markierung starker Männlichkeit nicht reproduzierte. Er markierte vielmehr das Gegenteil, Schüchternheit und Verzagtheit, und führte dieses Verhalten auf seine Herkunft zurück. So hoben die gesellschaftliche Positionierung und das Auftreten Emilie Paravicini-Blumers die Asymmetrie zwischen ihr als Angehöriger des weiblichen Geschlechts und Fridolin Schuler als Mann, Arzt und Experten zumindest im privaten Rahmen der Wohnstube teilweise auf.

Die bereits in den von ihr wiedergegebenen Fragen und Antworten implizierten Folgen von Schulers Verbot für die Textilarbeiterinnen und -arbeiter, «die in dieser theuren Zeit kaum das dürftige tägliche Brod verdienen und denen nichts mehr bleibt für einen theuren Arzt»,[12] gestaltete Emilie Paravicini-Blumer als nochmalige Zuspitzung der vorangegangenen Konfrontation: «Am Nachmittag kamen die Patienten aus dem Arbeiterstand, die am Werktag nicht Zeit finden – ich musste sagen: Ich darf nichts mehr geben, es ist mir amtlich Strafe angedroht worden. Denn einstweilen werde ich mich wohl enthalten, aber ein ‹Versprechen› dafür geben, das konnte und könnte ich nicht.»[13] Diese Szene wies sie als moralische Siegerin der Begegnung mit Schuler aus.[14] Sie bekräftigte diese Position in der Besorgnis um die Gesundheit der Frau Ständerätin Susanne Blumer-Heer, bei der sie als Vertreterin des abwesenden Heyer fungierte. Ihre ambivalente Aussage setzte sie dabei als rhetorisches Muster ein, das die Verantwortung für die Freundin emotional unterstreicht: «Über Ihr eignes Ergehen wage ich schmählich abgesetzte Heildilettantin fast nicht mehr etwas zu sagen! Nur dass es mir tief am Herzen liegt. Versäumen Sie ja nichts! Es beunruhigt mich oft. Jetzt können Sie einem drohenden Gichtleiden noch steuern; später wird es immer schwerer. [...] In alter Treue Ihre E. P.»[15]

Der Protagonist als Kläger

In der Auseinandersetzung zwischen Fridolin Schuler und Emilie Paravicini-Blumer liegt eine gewisse Ironie: Wäre Emilie Paravicini-Blumer nicht eine Frau gewesen, hätte ihr Vater für sie als Erstgeborene(n) zur Erhaltung des Standes mit grosser Wahrscheinlichkeit das Medizinstudium an einer der bekannten europäischen Universitäten vorgesehen. Ihr einziger Bruder studierte Theologie, weil er zum medizinischen Studium nicht geeignet war. Der um eine Generation jüngere Schuler (1832–1903) war Sohn eines eher konservativ gesinnten Pfarrers. Er verdankte die Hinwendung zu den Naturwissenschaften dem freisinnigen Milieu der Familie seiner Mutter.[16] Sein Medizinstudium begann er in Zürich. Im «Kolleg» des Chemikers Löwig bekam er als Banknachbarin «die *erste Studentin*, ein Fräulein Stadlin, damals Institutsvorsteherin, nachmals Gattin des Zürcher Bürgermeisters Zehnder».[17] Dass Josephine Stadlin den Arzt und Politiker Ulrich Zehnder heiraten sollte, einen wichtigen Exponenten der sich organisierenden Ärzteschaft, scheint in den Erinnerungen Schulers für den jungen Studenten von grösserer Bedeutung gewesen zu sein, als dass diese zusammen mit ihrer Freundin Elise Sidler als erste Frau die Universität besuchte. Als bald vierzigjährige Institutsleiterin tat dies Josephine Stadlin nicht im Hinblick auf eine medizinische oder wissenschaftliche Berufstätigkeit, sondern aus Gründen der Weiterbildung, um den Schülerinnen einen umfassenden und modernen Unterricht zu garantieren. So war sie im Gegensatz zu Schuler auch nicht immatrikuliert. Über die Immatrikulation von Frauen, die Voraussetzung für den Abschluss des Medizinstudiums, äusserte sich Schuler ebenso wenig wie zur generellen Frage der Zulassung der Frauen zur akademischen Ausbildung. In der rückblickenden Schilderung und Beurteilung seines Ehe- und Familienlebens erscheint er vielmehr als klarer Vertreter bürgerlicher Geschlechterkonzepte, die er selbst auf die Arbeiterschicht übertrug, auch wenn er in Bezug auf die Fabrikarbeit von der Erwerbstätigkeit beider Geschlechter, von Arbeiterinnen und Arbeitern, ausging und beide Geschlechter gleichermassen dem gesetzlichen Arbeiterschutz unterstellte.[18]

Schulers akademische Studienzeit zu Beginn der 1850er Jahre fiel mit dem Paradigmenwechsel hin zur naturwissenschaftlichen Neuorientierung der Medizin zusammen, die, den Spielregeln von Chemie, Physik und Mechanik folgend, den menschlichen Körper als energetisch angetriebene «Maschine» – als Elektromaschine beziehungsweise thermodynamische Maschine – und dessen normales Funktionieren gemäss bürgerlichen Vorstellungen als «Gesundheit» verstand.[19] Der neue kognitive Zugang zum menschlichen Körper wirkte sich ebenso auf die kommunikative Interaktion zwischen ärztlichem Experten und Patientinnen und Patienten aus wie auf das Selbstverständnis der Ärzte. Die therapeutische Beziehung war nicht mehr Ausdruck eines gemeinsamen, lebensweltlich geprägten Verständnisses von Krankheit,[20] sondern Ausdruck der therapeutischen Macht der Ärzte.[21] Die wissenschaftlichen Umwälzungen, die zur «therapeutischen Revolution» (Rosenberg) führten, fanden damals vor allem an den deutschsprachigen Universitäten statt.[22] Als wichtigsten Lehrer der Universität Zürich schildert Fridolin Schuler in seiner Autobiografie den Anatomen und Physiologen Carl Ludwig.[23] Dessen in Zürich verfasstes «Lehrbuch der Physiologie des Menschen» war nach Mesmer die erste Zusammenfassung der rein naturwissenschaftlichen Auffassung der Körperfunktionen.[24] Ludwigs Ernährungslehre analysierte die Nahrungsmittel unter dem Blickwinkel ihrer Einzelelemente und deren Verwertung durch den Körper. Eingebunden in ein Netzwerk von Schweizer Ärzten, die wie er an deutschen Universitäten ausgebildet worden waren, setzte Schuler in späteren Jahren Ludwigs Ernährungslehre praktisch um. Zur Behebung der gesundheitlichen Folgen der Industrialisierung lancierte er den «Maggi-Suppenwürfel» und die ebenfalls von Maggi produzierte proteinhaltige Erbsensuppe.[25]

Von eminenter Bedeutung wurde für Schuler die Zeit an der Universität Würzburg. Hier lehrte der bereits mehrfach erwähnte Zellularpathologe Rudolf Virchow. Dieser ortete in den Zellen als kleinsten Bausteinen des Lebens den Urort von Krankheiten, sah aber deren Ursachen auch in den Lebensbedingungen. Er stieg für diese Überzeugung bereits 1848 auf die Barrikaden und forderte später im deutschen Parlament als Sozialdemokrat und linker Kontrahent von Bismarck einschneidende sozialpolitische Massnahmen zum Schutz der Arbeiterinnen und Arbeiter.[26] Nicht Virchows politische Haltung, aber dessen wissenschaftliche Analyse der physischen und sozialen Ursachen der gesundheitlichen Probleme der Bevölkerung beeinflussten Schuler nachhaltig.

Nach Abschluss seiner medizinischen Ausbildung mit Aufenthalten in Wien, Prag und Paris absolvierte Schuler in seinem Heimatkanton eine Prüfung, um im Kanton auch ohne Dissertation mit dem Titel «Dr. med.» ausgestattet als patentierter Arzt praktizieren zu dürfen.[27] Kaum 24 Jahre alt, installierte er sich 1855 im damals rund 2000 Einwohner zählenden Mollis, in unmittelbarer Nachbarschaft der doppelt so alten Emilie Paravicini-Blumer. Hier engagierte er sich in der bereits 1834 gegründeten «Glarner Medizinisch-Chirurgischen Gesellschaft» und vertrat darin die neue Generation der naturwissenschaftlich geschulten Ärzte. Aber er gehörte im Gegensatz zu einem bedeutenden Teil der Ärzte nicht zu den alten Honoratiorenfamilien und den zu politischem Einfluss aufgestiegenen Familien. Nach internen Konflikten und dem Austritt fast aller älteren Kollegen übernahm er 1867 das Präsidium der Gesellschaft.[28] Er sah sich wie der Zürcher Bürgermeister und Arzt Ulrich Zehnder und dessen Sohn Carl Zehnder als Nachfolger von Ignaz Paul Vitus Troxler, dem früher von Emilie Paravicini-Blumer so verehrten Politiker und «Vater» der eidgenössischen Bundesverfassung. Wie diese war er einer der Promotoren einer gesamtschweizerischen Standesorganisation und interkantonaler Konkordate zur Durchsetzung gleicher wissenschaftlicher Ansprüche auf das Recht, als Arzt zu wirken.[29] Die Glarner Gesellschaft hatte erst ein Jahr vor Schulers Präsidium eine Anfrage der Medizinischen Gesellschaft von Baselland bezüglich der Gründung eines eidgenössischen Verbands abschlägig beantwortet, und sie trat dem 1870 von den Gesellschaften der Kantone Aargau, Baselland, Basel-Stadt, Bern, Luzern, Solothurn, St. Gallen und Zürich gegründeten «Ärztlichen Centralverein» erst 1875 bei.[30] Dennoch war Schuler seit 1867 Mitglied der Konkordatsprüfungskommission – sie wurde bis 1871 von Ulrich Zehnder präsidiert[31] –, weil nach ihm «als Uebelstand empfunden [wurde], dass keine Befähigungsausweise gewonnen werden konnten, welche zur Praxis in allen Kantonen das Recht gewährten.»[32] Schuler war als Befürworter einer durch staatliche Massnahmen unterstützten Gesundheitsvorsorge in der Schweizerischen Gemeinnützigen Gesellschaft (SGG) aktiv, die im Bundesstaat von 1848 über bedeutenden politischen Einfluss verfügte und als deren Zentralpräsident von 1853 bis 1875 Ulrich Zehnder fungierte.[33] Nicht zuletzt auf Grund seines weit gespannten Netzwerks sorgte Schuler mit den von ihm initiierten Massnahmen auf lokalpolitischer Ebene weit über den engen Raum des Kantons hinaus für Aufsehen. An der Umsetzung des 1864 gegen den Willen der Mehrheit der Fabrikbesitzer angenommenen Fabrikgesetzes war er ab 1867 als Leiter des Inspektorats entscheidend beteiligt. Durch die Reduktion der Arbeitszeit, das Nachtarbeitsverbot für Frauen und Männer – Fabrikarbeiter hatten an der Landsgemeinde die Gleichstellung mit den Arbeiterinnen verlangt[34] –, das Verbot der Kinderarbeit und den Schutz der Schwangeren sollte die Krankheitsanfälligkeit der Textilarbeiterinnen und -arbeiter vermindert werden.[35] Es war das erste Fabrikgesetz Europas überhaupt und der Anlass für die Rolle der Schweiz als unbestrittene Pionierin in Sachen Arbeiterschutz.[36] Schuler galt international ebenso unbestritten als Galionsfigur dieses Prozesses, obwohl er sich persönlich als zutiefst schüchtern erfuhr.

So fand sich an einem Sonntagmorgen im November 1873 der in der europäischen *scientific community* wie in der schweizerischen gesellschaftspolitischen

Elite eingebundene Schuler in der Stube der von Romantik, liberalen und humanitären Ideen europäisch wie schweizerisch geprägten Emilie Paravicini-Blumer als deren Kontrahent ein und löste damit auch im Kanton Glarus die Debatte über die «Retter der leidenden Menschheit» aus. In Fridolin Schulers 1903 veröffentlichter Autobiografie findet dieser Auftakt keine Erwähnung, wohl aber erwähnt er die Anträge, die in der Folge zur Abschaffung aller gesetzlichen Einschränkungen hinsichtlich der Ausübung des ärztlichen Berufs führen sollten.[37] Seine Erinnerungen weisen also Leerstellen auf, stehen aber nicht im Widerspruch zu Emilie Paravicini-Blumers Schilderung von Schulers sonntäglichem Besuch. Es ist wahrscheinlich, dass er die politische Auseinandersetzung mit dem Hinweis auf ihre Freunde bewusst in Gang gesetzt hat, da er sich über deren Einfluss unzweifelhaft im Klaren war. Unzweifelhaft war sich auch Emilie Paravicini-Blumer über die Wirkung der Inszenierung ihrer Begegnung mit Schuler im Brief an ihre Freundin bewusst. Zwar versteckte sie sich in dem von ihr zitierten Gespräch mit Schuler hinter der Rolle der öffentlichkeitsscheuen Frau und selbstlosen Helferin der Armen, aber mit ebendiesem Schreiben agierte sie klar und rational als Interessenvertreterin der nicht patentierten therapeutischen Akteure und Akteurinnen. Denn die Adressatin ihres Briefes war die Ehefrau des Ständerats Johann Jakob Blumer, des rechtsgeschichtlichen Experten der Landsgemeinde,[38] und die Schwester von Landammann Joachim Heer, dem obersten Vertreter der Regierung und machtvollsten Politiker des Kantons. Beide Politiker sollten ihre Karriere auf höchster eidgenössischer Ebene abschliessen, Blumer als erster Präsident des Bundesgerichts, Heer als Bundesrat. Im Kanton waren Ständerat und Landammann die beiden bedeutendsten Ämter, welche miteinander verschwägerte Männer besetzen durften.[39] Diese beiden einflussreichen Politiker hatten beim Glarner Fabrikgesetz von 1864 eng mit Fridolin Schuler kooperiert. Während Johann Jakob Blumer vor allem an der Ausarbeitung des Gesetzes beteiligt gewesen war, ging die spätere Einladung an Schuler, die Leitung des neu geschaffenen eidgenössischen Fabrikinspektorats zu übernehmen, auf Bundesrat Joachim Heer zurück. Dieser war wie Schuler ein engagiertes Mitglied der SGG.[40] Johann Jakob Blumer seinerseits war Alfred Eschers Studienkollege und dessen langjähriger Freund.[41] Es ist anzunehmen, dass Schuler in der Nachfolge der engen und erfolgreichen Zusammenarbeit mit diesen beiden mächtigen freisinnigen Exponenten auch mit deren Bereitschaft zur politischen Aushandlung eines Kompromisses im Sinne der deutschen Regelung rechnete, diese vielleicht bereits mit diesen vorbesprochen hatte.

Den Begriff der Intrige wieder aufgreifend können wir, dramaturgisch gesprochen, sowohl in der geschilderten Szene als auch im Schreiben des Briefes selbst die eigentliche «Planszene», nach von Matt das erste Einzelelement der Intrige, erkennen.[42] In diesem Sinne war mit Schulers Besuch bei Emilie Paravicini-Blumer und ihrem Brief an die Freundin Susanne Blumer-Heer die Agenda für die öffentliche Debatte über den Stand der Ärzte gesetzt. Das von Schuler angekündigte Gerichtsverfahren und die politische Auseinandersetzung liefen parallel.

Die Protagonistin als Angeklagte

Die von Schuler präsidierte Ärztegesellschaft erhob im Spätherbst 1873 gegen Emilie Paravicini-Blumer Klage, aber erst im darauf folgenden Frühjahr, am 2. April 1874, wurde sie vor Gericht zitiert. Das fünfköpfige Polizeigericht verurteilte sie nach kurzer Beratung zur Bezahlung von sieben Franken wegen Kurpfuscherei. Sie erhielt die vom Gesetz vorgesehene kleinstmöglichste Busse, da sie zwar unbefugterweise eine Krankenpraxis geführt, aber dafür kein Geld entgegengenommen, sondern, wie es hiess, nur aus Menschlichkeit gehandelt habe: «In Sachen der *Frau E. Paravicini-Blumer in Mollis, angeklagt* der Pfuscherei resp. [ektive] der Uebertretung von § 64 der Medizinalverfassung. *Wird* nach Belesung der Klageschrift der O. [bersten] Sanitätskommission vom 14 Nov[em]ber a. p und Anhörung der Verantwortung der Betreffenden, *in Betracht:* dass aus der Verantwortung der Angeklagten unzweideutig hervorgeht, dass dieselbe nicht in gewinnsüchtiger Absicht, sondern lediglich aus Humanitätsgefühl sich des eingeklagten Vergehens schuldig gemacht hat: *erkannt:* Es sei die Angeklagte in Anwendung des § 65 der Medizinalverfassung in eine Geldbusse von Frs [Franken]: 7- verfällt.»[43] In der Begründung zeigt sich die geschlechterspezifisch konnotierte Ambiguität des Sachverhalts: Mit ihrer Behandlung von familienfremden Personen, die sie in ihrer Praxis empfing, drang Emilie Paravicini-Blumer in das Tätigkeitsfeld einer öffentlichen, weitgehend Männern vorbehaltenen Berufsleistung ein, die zudem unter der Aufsicht des Staats stand. Anderseits agierte sie weiterhin wie eine Frau im familiären Umfeld, das heisst, sie verlangte keine Entschädigung. Dennoch weitete sich die als Gesetzesverstoss geahndete «unbefugte» medizinische Tätigkeit von Emilie Paravicini-Blumer aus zu einer breiten politischen Auseinandersetzung, die die Protagonistin zwar tangierte, aber von ihr, da ohne politische Rechte, nur noch vom Rande her zu beeinflussen war. Es handelte sich hier um eine Verschiebung von vielschichtiger Dynamik, ausgelöst durch eine Überschreitung oder Transgression.[44] Transgression impliziert in diesem Prozess die Grenzüberschreitung vom Privaten zum Öffentlichen, vom weiblich konnotierten zum männlich konnotierten Raum, von der privaten Hilfe zum Beruf, von den verwandtschaftlichen Beziehungsnetzen zu den politischen Parteiungen, vom Erlaubten zum Verbotenen. Transgression impliziert in diesem Sinne zugleich einen Ausschluss- und Marginalisierungsprozess auf Grund des Geschlechts und der Ausbildung, da es nur in einem solchen Kontext zur Grenzüberschreitung kommen konnte.

Emilie Paravicini-Blumer betonte in den Briefen an die Nichten in Zürich ihre Abneigung gegen eine solche Grenzüberschreitung, indem sie ihr geringes Interesse an der Auseinandersetzung, ihre Vorliebe für unauffällige Zurückgezogenheit hervorhob. Doch in den Berichten über das Prozedere, im Handeln und Aktivieren des Beziehungsnetzes enthüllt sich die Ambivalenz ihrer Haltung zwischen Geschlechterkonformität und Wille zur öffentlichen Einflussnahme. Das sich über den Winter hinausziehende Gerichtsverfahren kommentierte Emilie Paravicini-Blumer mit demonstrativer Gelassenheit und Selbstsicherheit: «Meine Angelegenheiten ruhen u. ich denke kaum mehr daran. Werde ich gerufen so gehe ich ruhig; weiss ich doch das halbe oder ganze Land hinter

mir!»[45] Mit diesen Formulierungen definierte sie die Auseinandersetzung als eine gesellschaftliche und sich selbst als eine öffentliche Person. Wenige Tage später berichtete sie mit einer Mischung von Untertreibung und zur Schau gestellter Genugtuung von der Gerichtsverhandlung. Die Sache sei ihr, «allmählich so gleichgültig geworden dass ich am Liebsten keinem Menschen davon sagen wollte. Nur noch in letzter Stunde beschloss ich Rosine Z. mit zu nehmen wie sie so oft bat, da sie in der Anklage als eine durch mich Geschädigte figuriert u: aber selbst nach aller Wahrheit Zeugniss abzulegen wünschte, dass ich sie gar nicht behandelt, sondern sofort zum Arzt gewiesen habe. Das war wirklich das Klügste was geschehen konnte, denn als ich dem Gericht erklärte wer sie sey u: was sie wünsche, war der Eindruck gross, obschon man sie nicht einmal zu Wort kommen liess sondern der Präs:[ident] äusserte, meine Erklärung genüge, es bedürfe nichts weiter; auch keine weitere Vertheidigung da mein Bf. [Brief] an ihn den er s.[einer] Z.[eit] dem Gericht mittheilte dieselbe vollständig enthalte. Es war eig:[entlich] keine gerichtliche Verhandl.[ung] sondern eine kurze freundl.[iche] Unterredung am Tisch des Präsidenten, der mich dann bat, einen Augenblick abzutreten, man werde mir gleich das Urtheil eröffnen. Das geschah denn auch mit den Worten: Da nur Humanität und Nächstenliebe, das an sich allerdings nach dem Gesetz unbefugte Arztnen, motiviert habe, kaum Schädigungen vorgekommen, sondern manigfache Hülfeleistung, habe das Gericht das Minimum der Busse, fr [Franken] 7 erkannt! [...] Für die Hr. [Herren] Ankläger das Dementi das sie in der Person der Rosine Z. traf eine neue, keineswegs erfreuliche Schlappe.»[46]
Emilie Paravicini-Blumer interpretierte das persönliche Erscheinen vor Gericht als öffentliches Bekenntnis zu ihrer «Überzeugung», gleichzeitig beschwor sie wieder ihr Desinteresse an öffentlichem Aufsehen. Diese Widersprüchlichkeit zeigt sich in den verschiedenen Formulierungen.

Die Aussage im Brief an die Nichte Emma Usteri, dass sie am liebsten keinem Menschen etwas davon sagen wollte, impliziert, dass Emilie Paravicini-Blumer mit diversen Personen über das Prozedere gesprochen hatte. Das lässt vermuten, dass ihre Rolle eine weit aktivere gewesen war, als in den Briefen beschrieben. Mit grosser Wahrscheinlichkeit hatte sie sich in Bezug auf ihren Verteidigungsbrief, das persönliche Erscheinen vor Gericht und die Begleitung der Rosine Z. beraten lassen, um den Gang der Gerichtsverhandlung zu beeinflussen und mit dem Urteil einen gesellschaftspolitischen Sieg zu erringen. Sie sah sich dabei ebenso als mütterliche Vertreterin des Volkes – sie weiss «doch das halbe oder ganze Land hinter»[47] sich – wie als Vertreterin der nicht patentierten Heilpraktiker im Allgemeinen und des Homöopathen Heyer im Besonderen. Für die Anklage war Rosine Z. eine zentrale Figur, da die Ärzte davon ausgingen, dass Emilie Paravicini-Blumer schuld sei an der Unterlassung einer notwendigen medizinischen Behandlung der Krankheit von Rosine Z. durch einen Arzt. Rosine Z. dementierte diesen Sachverhalt und wandelte sich so von einer Zeugin der Anklage zur Kronzeugin der Angeklagten. Ob Emilie Paravicini-Blumer persönlich oder eine andere Person Rosine Z. auf diesen Anklagepunkt aufmerksam gemacht und zum Dementi aufgefordert hatte, ist nicht zu rekonstruieren. Dass Rosine Z. nur unter Beteiligung von Emilie Paravicini-Blumer über den Sachverhalt infor-

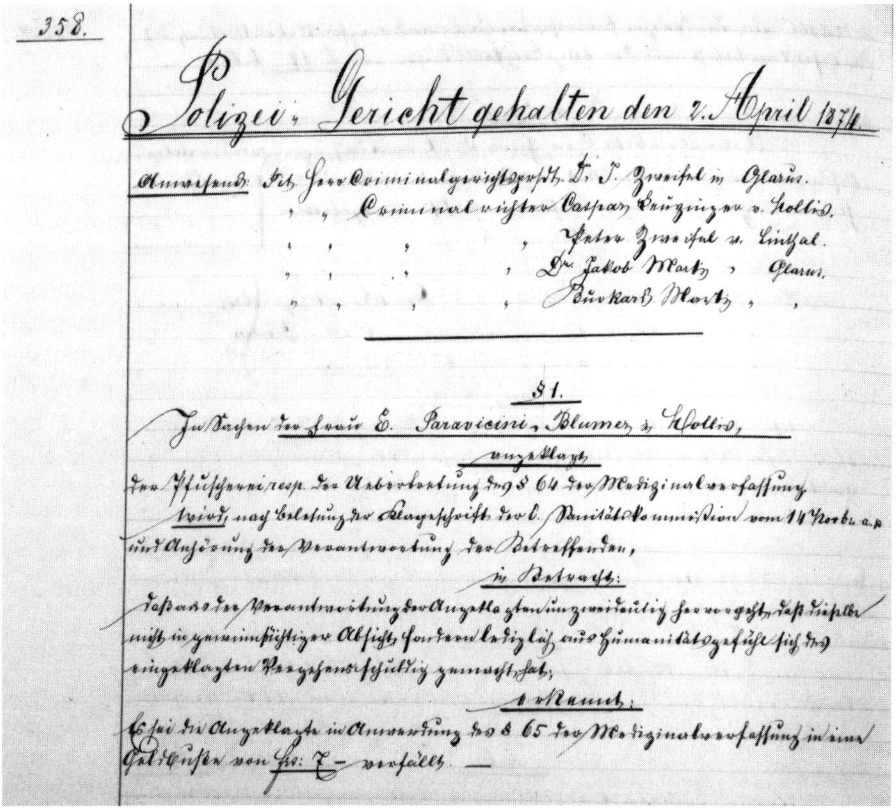
358.

Polizei-Gericht gehalten den 2. April 1874.

§ 1.

In Sachen der Frau E. Paravicini-Blumer i. Mollis,

angeklagt

der Pfuscherei resp. der Ueberschreitung des § 64 der Medizinalverfassung

in Betracht:

erkannt:

Es sei die Angeklagte in Anwendung des § 65 der Medizinalverfassung in eine Geldbusse von Fr. 7.– verfällt. –

Das protokollierte Urteil gegen Emilie Paravini-Blumer: Die der Kurpfuscherei angeklagte Homöopathin wird mit einer leichten Geldstrafe gebüsst, da sie nach Meinung des Gerichts nur «aus Humanitätsgefühl sich des eingeklagten Vergehens schuldig gemacht» hat.

miert sein konnte, scheint mir unzweifelhaft. Vor Gericht wurde Rosine Z. nicht befragt und vor allem formulierte sie ihr Dementi nicht selber, sondern die Angeklagte Emilie Paravicini-Blumer dementierte an ihrer Stelle diesen zentralen Punkt der Anklage. Das ganze Vorgehen um Rosine Z.s Erscheinen vor Gericht scheint wie die Ausgangsszene am Sonntagmorgen Elemente der Intrige, der verborgenen Planung, zu beinhalten. Auf die Involviertsein weiterer Personen verweist die Hervorhebung der erneuten «Schlappe» der Ärzte. So interpretierte Emilie Paravicini-Blumer das Urteil nicht als Einzelfall, sondern als eine Niederlage unter vielen, die den Ärzten im Zusammenhang mit der Auseinandersetzung um ihre Stellung widerfuhren. Damit attestierte Emilie Paravicini-Blumer dem Urteil über ihre persönliche Praxis eine gesellschaftspolitische Dimension. Auf Grund ihrer Klassenzugehörigkeit und ihres prominenten Beziehungsnetzes konnte Emilie Paravicini-Blumer auf die Zuvorkommenheit des Richters zählen, der sich nach ihrem Bericht fast entschuldigt habe, aber «an das Gesetz gebunden sey».[48] Nach der Urteilsverkündigung ging sie sofort zu «Frau Ständerath [Susanne Blumer-Heer, E.J.] u: überraschte sie mit der Nachricht dass Alles glücklich vorüber. Sie war am Freitag vorher bey mir gewesen, sicher ich werde nicht mehr vorgefordert; nun erst sehr ärgerlich dass ich ihr die Genugthuung nicht gegönnt mich zu begleiten, u: dann einsehend dass ich mit der R.[osine] das Klügste gethan.»[49] Emilie Paravicini-Blumer orientierte darauf die Verwandten und schloss ihre Runde bei den Bekannten in Glarus im Hause Trümpy-Weber: «Im Herrenweg endlich grosse Freude über den glücklichen Ausgang.»[50] Was die Landsgemeinde nun beschliessen werde, das lasse sie «sehr ruhig». Vor dem Hintergrund der aktiven Rolle Emilie Paravicini-Blumers seit Schulers Androhung einer Anklageerhebung und dessen Hinweis auf ihre einflussreichen Freunde ist die demonstrierte Ruhe in Hinsicht auf den politischen Entscheidungsprozess kaum zum Nennwert zu nehmen. Vielmehr wurde der Verlauf der Auseinandersetzung von ihr wie von den anderen darin involvierten Kreisen geplant, ausgelöst und wurden die richtigen Personen zur richtigen Zeit in Position gebracht. Die Auseinandersetzung wurde so seit ihren Anfängen von allen Beteiligten als von öffentlichem Interesse interpretiert.

4.2 Auf öffentlicher Bühne: die Unwägsamkeit der Landsgemeinde oder die Fehlkalkulation von Fridolin Schuler

Im Gesetzgebungsverfahren entschied im Kanton Glarus die Landsgemeinde, die Vollversammlung der stimm- und wahlberechtigten Männer. Als Ring war die Landsgemeinde per se eine öffentliche Bühne, wo Männer sich in Pose setzen konnten. Sie fand in der Regel am ersten Sonntag im Mai unter dem Vorsitz des Landammanns statt, der oft über Jahrzehnte der Kantonsregierung vorstand und noch im 19. Jahrhundert als «ungekrönter König» galt. Der Verlauf der Entscheidungsfindung war meistens voraussehbar, doch konnten dem Vorsitzenden die Fäden entgleiten, da es wie in einem Drama immer wieder zu Interventionen kam, die eine Eigendynamik entwickelten und zu einer überraschenden Wende führten.[51] Auch bei der Landsgemeinde, an der die Reglementierung über die Zulassung zur medizinischen Praxis debattiert wurde, kam es zu einer unerwarteten Wende. Ob diese als Theatercoup zu deuten ist, bleibt auf Grund der bearbeiteten Quellen offen. Dass Frauen unterschiedlicher Klassenzugehörigkeit trotz Ausschluss aus dem Ring über Beziehungsnetze daran zumindest indirekt beteiligt waren, kann jedoch als sicher gelten.

Das Hohelied der Freiheit

Es war die gegen Emilie Paravicini-Blumer erhobene Anklage, welche Anlass gegeben hatte zu so genannten Anträgen an das Memorial, eine Art Traktandenliste für die Landsgemeinde, die vom Landammann persönlich verfasst und als gedruckte Broschüre mit ausführlicher Begutachtung aller Geschäfte an alle Haushalte mit stimmberechtigten Männern verteilt wurde.[52] Jeder Stimmberechtigte konnte im Vorfeld der Landsgemeinde schriftliche Eingaben machen oder selbst noch während der Landsgemeinde Ad-hoc-Anträge einreichen. Die früher eingereichten Anträge und die von der Regierung zur Abstimmung vorbereiteten Geschäfte wurden schon einige Zeit vor der Landsgemeinde vom dreifachen Landrat besprochen.[53] Diese vom Landammann präsidierte Behörde von 117 Mitgliedern hatte nur vorberatende Befugnis und entschied, welche Anträge der Landsgemeinde zur Entscheidung vorgelegt werden sollten. In schwierigen Angelegenheiten wurde eine Kommission zur Begutachtung eingesetzt. Sowohl Mehrheits- wie Minderheitsmeinung von Kommission und Landrat zu den einzelnen Geschäften wurden als Memorial im Vorfeld der Landsgemeinde veröffentlicht. Im Ring wurde dann mit Handerhebung abgestimmt, über das Mehr entschied der Landammann.[54]

Dieses Prozedere durchliefen die Anträge auf Freigabe des ärztlichen Berufs. Insgesamt waren es vier Anträge, die kurz nach Bekanntwerden der Anklage gegen Emilie Paravicini-Blumer von verschiedenen Seiten eingereicht worden waren. Auf die Klage der Ärzte und die dadurch ausgelöste politische Auseinandersetzung Bezug nehmend schrieb Emilie Paravicini-Blumer ihrer Nichte Betsy Usteri: «Die Angeleg.[enheit] mit den Ärzten ruht einstweilen; doch ist sie die cause célèbre im Glarnerland.»[55] Schon im Vorfeld der Beratung im dreifachen Landrat mischten sich Personen in der lokalen Presse in die Debatte ein. In einer Stellungnahme bezog sich ein Mann – auch ohne Namensangabe verweisen Inhalt und Form auf das männliche Geschlecht – im Februar 1874 in der Neuen Glarner Zeitung auf einen anderen «Einsender», der in seinem Beitrag die Ärzte favorisiert hatte. Er definierte sich als Anhänger der Naturheilbewegung, in deren Namen er die Sache kommentierte: «Da unsere Pflicht und Schuldigkeit uns gebietet, für unsere Sache einzustehen, so sind wir gezwungen, dem Hrn. [Herrn] Einsender in Nr. 14 dieses Blattes einige Bemerkungen zu machen. [...] Wir glauben, für die Quacksalber sind die besten Zeiten vorbei, dagegen tritt gegenwärtig die Naturheilmethode in den Vordergrund, vor welcher der geehrte Hr. [Herr] Einsender für sich und seine Kollegen zu fürchten scheint [...]. Auch kann diese Naturheilmethode, deren Erlernung nicht Franken 20 000 kostet, welche deutsch geschrieben ist und die natürlich und leicht zu verstehen ist, von Männern jeden Standes für sich und die Ihrigen mit grossem Erfolge angewendet werden. [...] Wir fragen, sind nicht schon Millionen Menschen gestorben, welche einen oder mehrere Ärzte gebraucht, bei welchen kein Zweifel waltete, dass sie, wenn bei ihnen eine natürliche Behandlung angewandt worden wäre, am Leben geblieben sein würden.»[56] Er beendete seine Stellungnahme mit einer Ablehnung der von den Ärzten verschriebenen vielen Medikamente und einem klaren Bekenntnis zur Heilkraft der Natur: «Vis medicatrix natura [sic].»[57] Die Antwort eines älteren Mitglieds der Naturforschenden Gesellschaft des Kantons folgte weniger als eine Woche später: «Ich bin der Meinung, dass man die Natur einer Krankheit kennen muss, ehe man an die Heilung derselben denken kann; diese Erkenntnis der Krankheit erwirbt man sich aber nur durch tüchtiges langes Studium, nicht nur durch das Lesen der sog.[enannten] Naturheilmethode, wobei sich eben nur sehr oberflächliche Anschauungen bilden.»[58] Die Aufreihung einer grossen Anzahl von Beispielen, in denen fehlende oder ungeeignete medizinische Hilfe auf Grund von Unwissen und Vertrauen in die Natur unheilvolle Folgen hatte, lässt vermuten, dass es sich beim Einsender um einen Arzt handelt. So schreibt er unter anderem: «Während kleine Dosen von Jodkali genügen, um beginnende Anschwellungen der Schilddrüse zu heben und grosse Anschwellungen (Kropf) weggeschnitten werden müssen, muss derjenige, welcher einen dicken Hals hat, denselben mit allen seinen Beschwerden trotz der Naturheilmethode sein Leben lang herumtragen. Bei der Halsbräune muss das Kind, wenn nicht rasche ärztliche Hülfe in Anspruch genommen wird, ersticken.»[59] Breit ausgelegt wurde in der Zeitung die Kommentierung des Memorialantrags über die «Freigebung der wissenschaftlichen Berufsarten».[60] Als Autor – nach einer Klammerbemerkung der Redaktion handelt es sich dabei um einen «geehrten Herrn Einsender» – lässt sich unschwer Fridolin Schuler erkennen, der zugleich im Namen der Ärzte spricht. «Freiheit», so der Auftakt seiner langen Ausführung, «ist die Grundbedingung der Entwicklung und des Fortschritts der Menschheit. Jede Eroberung eines Menschenrechtes führt um eine Sprosse weiter auf der Leiter menschlicher Vervollkommnung. Aber diese Freiheit darf sich, wenn sie nicht in Willkür und Zügellosigkeit ausarten soll, nur in den Schranken des Rechts und der Sitte bewegen. Missbrauch der Freiheit führt zur Unordnung. Freiheit ohne Ordnung, und wenn es auch der Stern der Zeit wäre, ist ein tobender Wildbach, der die Fluren der Kultur vernichtet.»[61] Der Autor als Mitglied der vorberatenden Kommission untermauerte diese Grundthese mit einer grossen Anzahl von Gesetzesvorlagen von der Alpwirtschaft über die Produktion in den Fabriken und den Wiederaufbau von Glarus nach dem Brand von 1861 bis zu den Brottaxen und dem Sanitätswesen, dem «jüngste[n] Kind des Staates», allerdings ein verfolgtes und ungeliebtes. Die Bedeutung der Sanitätskommission hervorhebend, verwies er auf deren grundlegende Funktionen bei der Umsetzung des interkantonalen Konkordats von 1867 zur Ausübung des Arztberufs, das beinhalte, dass der Kanton einstweilen nicht berechtigt sei, «die ärztliche Praxis ohne Fähigkeitszeugnis freizugeben».[62] Im Vergleich mit der Situation in anderen Kantonen und Ländern betonte der Autor die Unterscheidung zwischen Formen der Freigabe und hob als schlechtes Beispiel den Kanton Appenzell hervor. Dort hatte 1871 die Landsgemeinde die Freigabe beschlossen.[63] «Eine solche Freigebung besteht noch in keinem europäischen Staate und es sind daher vielmehr solche vagen Forderungen gerichtet. In der Schweiz hat Appenzell die Pfuscherei freigegeben, aber für die Ausübung des ärztlichen Berufes sich dem Konkordate angeschlossen. Im zürcherischen Verfassungsentwurfe lautet Artikel 21: Die Ausübung jeder Berufsart in Kunst und Wissenschaft, Handel und Gewerbe ist frei; vorbehalten die Vorschriften der Gesundheitspflege. [...] In Deutschland haben wir Aerzte selbst für Beseitigung der für die Pfuscherei festgesetzten Strafen petitioniert. Die Kurpfuscherei ist nachher im ganzen deutschen Reiche freigegeben worden. Jeder kann in ganz Deutschland den Beruf eines Arztes ausüben, wenn er auch nicht geprüft ist, allein er wird nicht als Arzt, sondern als Pfuscher betrachtet. Wenn einer vom Staate als Arzt anerkannt sein will, muss er das Examen bestehen. Es ist aber zweierlei: Freigebung der ärztlichen Praxis oder Freigebung der Pfuscherei.»[64] Dass Schuler sein Plädoyer für die Beibehaltung der geltenden Medizinalordnung mit einem Hohelied auf die Freiheit begann, ist nicht zufällig. Er antwortete damit auf das Hauptargument der Befürworter der Freigabe: die Abschaffung des Zunftzwanges und die Gewerbefreiheit als neue Errungenschaft im Gefolge der Französischen Revolution. Sie setzten den Arztberuf allen anderen Berufen gleich; es stehe diesem ebenso wenig wie den übrigen Berufen ein besonderer Schutz und die Privilegierung durch den Staat zu. Dieser Argumentationsstrang richtete sich direkt gegen die Professionalisierungsstrategie der sich organisierenden Ärzte und die damit verbundene Absicherung des Monopolanspruchs auf Ausübung des ärztlichen Berufes. Diesem Argument galt es mit einer angemessenen Interpretation entgegenzutreten. Die Einschränkung der Freiheit war nach Schuler denn auch nicht als Unterdrückung nach dem Muster des Ancien Régime, sondern als Fortschritt und Ausbau der Menschenrechte zu verstehen, als Ausdruck des Fortschritts der Naturwissenschaften. Die Argumentation zeigt, dass die Trennung zwischen Befürwortern und Gegnern der Freigabe nicht entlang der Zuordnung zu den Konservativen oder Fortschrittlichen erfolgte, sondern die so genannt fortschrittlichen Kreise wie schon beim Fabrikgesetz von 1864 selber gespalten waren. Im Vorfeld der Landsgemeinde von 1864 hatten vier Arbeiter diese Gesetzesvorlage als Memorialantrag eingebracht, über den im Ring dann abgestimmt werden sollte. Als Gegner der Regulierung der Fabrikarbeit profilierten sich damals die Fabrikanten, als Befürworter vor allem Vertreter des Bildungsbürgertums, Ärzte, Lehrer und Pfarrherren, darunter eben auch so prominente Exponenten der alten Elite und Honoratiorendemokratie wie Joachim Heer und sein Schwager Johann Jakob Blumer-Heer.[65] Dagegen hatte Heer 1872 beim Antrag aus der Arbeiterschaft, die tägliche Arbeitszeit von zwölf auf elf Stunden zu reduzieren, mit der intendierten Verschiebung des Geschäfts einen Kompromiss zwischen Arbeitern und Fabrikanten anvisiert, war aber mit dem Versuch, das Geschäft zu verschieben, gescheitert. Der Antrag wurde angenommen; Heer war mit seiner Autorität erstmals nicht durchgedrungen. Die Koalitionen waren also brüchig und in der Frage der Freigabe nicht im Voraus kalkulierbar. Die Resultate in den vorberatenden Gremien waren denn auch meistens denkbar knapp, vermittelnde Positionen gefragt.

Verbrecherisches Wirken oder erkennender Blick?

Sein nicht unterzeichnetes Plädoyer in der Zeitung schrieb Fridolin Schuler im Vorfeld der Sitzung des dreifachen Landrates als Präsident der begutachtenden Spezialkommission. Diese gab mit einer Mehrheit von vier gegen drei Stimmen dem Landrat eine Empfehlung für die Beibehaltung der Medizinalordnung ab. Nach dem auf Grund der Verfassung von 1837 revidierten Medizinalgesetz war ein Ausschuss von Ärzten für die Prüfung der angehenden Ärzte zuständig. Zugelassen waren Ärzte, Wundärzte und Geburtshelfer, die wenigstens drei Jahre an einer öffentlichen schulischen Institution theoretisch und praktisch in den gesamtmedizinischen Fächern unterrichtet worden waren, so wie Schuler selber nach dem Ende seines Studiums eine Prüfung vor dem dazu bestimmten lokalen Gremium von Ärzten abgelegt hatte.[66] Nach Meinung der Mehrheit der Spezialkommission sollte den nicht von der Regierung patentierten Ärzten die Ausübung des Berufs weiterhin verboten werden, da «die heutige Medicin [...]

ganz einfach ein Zweig der Naturwissenschaften» sei und nicht wie vor hundert Jahren «ein Conglomerat von allerlei ‹Heilkünsten›». Und da der «Curpfuscher» eine Gefahr für das Leben seiner Mitmenschen sei, sei es die «Pflicht des Staates, an der Auswahl seines Heilpersonals festzuhalten».[67] So habe der Staat schon mit der Annahme des Fabrikgesetzes neue Schutzaufgaben übernommen. Weil die USA zusammen mit Grossbritannien für die Befürworter der Freigabe als herausragende Beispiele einer fortschrittlichen liberalen Praxis galten, wurden diese Staaten als negative Beispiele aufgeführt: Die akademisch gebildeten Ärzte hätten sich dort zur Absprache der Tarife zusammengeschlossen, was die armen Kranken von der Behandlung ausschliesse und den Pfuschern ausliefere. Das verbrecherische Wirken der Kurpfuscher habe in den «östlichen Staaten»[68] (der USA) bereits zur ständigen Abnahme der Bevölkerung geführt. Dieses Plädoyer der Kommissionsmehrheit für staatliche Interventionsmöglichkeiten zum Schutz der Bevölkerung trägt die Handschrift von Schuler, der sich dafür auch auf schweizerischer Ebene stark machte. Die starke Minderheit dagegen empfahl die Freigabe, von der nur die operative Chirurgie und die operative Geburtshilfe ausgenommen werden sollten. Sie begründete ihre Empfehlung mit dem Streben nach «Freiheit und Unabhängigkeit», denn die «*persönliche* Freiheit» sei «das Grundprincip der Demokratie», die zur «freien Forschung und Wahrheit» führe. «Sie allein ermöglicht *allen* Staatsbürgern, sich frei zu entfalten und ihres eigenen Glückes Schmied zu werden. Desshalb ist auch längst überall der Zunftzwang abgeschafft und auch in unserer Verfassung die Gewerbefreiheit garantiert.»[69] Die Minderheit attackierte zudem das Monopol der «allopathischen» Richtung an den Universitäten, das den Vertretern anderer Richtungen eine akademische Bildung verunmögliche. Als Beweis für die unnötige Monopolstellung der naturwissenschaftlich ausgebildeten Ärzte führten sie die «Position des ebenfalls wissenschaftlichen Berufes der Rechtsgelehrten als Advokaten vor Augen» und stellten dabei die rhetorische Frage, ob «die von keinem Staatsexamen, keinem Patent abhängige, freie und ungehemmte Ausübung des Fürsprecherberufs in unserem Kanton, irgend welche Uebelstände für die tüchtigen Advokaten sowohl, als für das rechtsbedürftige Publikum» gebracht hätten. Demnach befürworteten sie «wie in Jurisprudenz und Theologie, so auch in der Medizin die *Freiheit*».[70]

Trotz der fortschrittsorientierten Betonung der Freiheit verriet die Argumentation der Minderheit, die sich auch als Vertreterin des Handwerks und Gewerbes verstand, neben direkten Eigeninteressen auch Ablehnung des Neuen. Diese Ablehnung zeigte sich nicht nur in der Abgrenzung gegen Professionalisierungstendenzen, sondern zugleich in einem grundlegenden Misstrauen gegen Akademiker und naturwissenschaftlich geprägte Deduktion. Nicht das Studium sei entscheidend, «sondern unendlich viel hängt ab vom Blick d.h. vom *Erkennen der Krankheit.* Das kann man nicht lernen, nicht studieren, das ist eine *angeborene* Gabe, welche die Natur blind verleiht.»[71] Damit stellten sie nicht nur die Beziehungsstruktur zwischen Arzt und Patientinnen und Patienten ins Zentrum, sondern sie entzogen die diagnostischen und therapeutischen Fähigkeiten einer Bewertung nach klar definierten Kriterien auf Basis des an Universitäten vermittelten Wissens. Dabei rekurrierten sie implizit auf das Konzept der charismatischen Persönlichkeit, das wie das Konzept der Gewerbefreiheit dem Professionalisierungskonzept entgegenlief. Als Beweis für die nicht angelernte Verbindung von «Talent und Genie» erinnerte die Kommissionsminderheit an Priessnitz (Hydrotherapie), an Schroth (Diätetik) und eben an Heyer (Homöopathie), alles männliche Persönlichkeiten von charismatischer Wirkung, zu deren Anhängern auch Angehörige des lokalen Bildungsbürgertums gehörten.

Das deutsche Modell im Landrat

Der Präsident des Landrates, der angesehene Arzt und Gemeindepräsident von Glarus Niklaus Tschudi, unterstützte die Kommissionsmehrheit. Dennoch war sich diese bewusst, dass ihre Position im Gegensatz zu derjenigen der Befürworter der Freigabe, die mit ihrer Argumentation unterschiedliche Kreise ansprachen, keine breite Unterstützung finden würde. Die Kommissionsmehrheit hatte daher als Kompromiss für den Fall, dass die Landsgemeinde für die Aufhebung der Gesetzgebung wäre, beim Landrat den vorausschauenden Vorschlag eingebracht, bei einer Freigabe die Namen der nicht patentierten Praktikanten zu veröffentlichen, damit sich Patientinnen und Patienten im Klaren wären über die Qualität der Ärzte. Auf diesen Kompromissvorschlag hatte sich Schuler wahrscheinlich mit seiner von Emilie Paravicini-Blumer zitierten Aussage bezogen, er werde die Freigabe unterstützen, sofern diese beantragt würde.[72] Er wäre damit dem Beispiel Deutschlands gefolgt, wo sich vor allem Virchow über Jahre als vehementer Kämpfer wider die Kurpfuscherei profiliert hatte.[73] In Preussen und im Norddeutschen Bund hatten die Ärzte selber die Freigabe beantragt, um damit die Freiheit von staatlicher Bevormundung zu erreichen, aber zugleich die Differenzen zu markieren. Den Nichtakademikern war es gestattet, als Naturheiler zu praktizieren, doch war es ihnen verboten, sich «Arzt» zu nennen. Die Debatten über die Vorteile dieser Kompromisslösung wurden 1873 im neu gegründeten Organ des deutschen Ärztevereinsbundes geführt, und die meisten Artikel im «Ärztlichen Vereinsblatt» stimmten ihr zu.[74] Die zeitliche Übereinstimmung mit dem Besuch des in Deutschland ausgebildeten Fridolin Schuler bei Emilie Paravicini-Blumer und der darauf folgenden öffentlichen Auseinandersetzung in Glarus ist kaum eine zufällige.

Der dreifache Landrat sprach sich mit einer Mehrheit von 58 zu 43 Stimmen gegen die Beibehaltung der Medizinalordnung aus und lehnte auch den von der Kommissionsmehrheit eingebrachten Kompromissvorschlag als Verstoss gegen die Gleichheit vor dem Gesetz ab. Er stimmte für den Minderheitsantrag, für die Freigabe der ärztlichen Praxis mit Ausnahme der operativen Chirurgie und der operativen Geburtshilfe.[75] Das Gutachten der Mehrheit und der Vorschlag der Minderheit der Kommission wurden ebenso in den Zeitungen veröffentlicht wie die Diskussion und Beschlussfassung im Landrat.[76] In dem von ihm verfassten Gutachten bezog Schuler scharf Position gegen alle nicht auf naturwissenschaftlicher Basis ausgebildeten Ärzte und griff damit neben den Hydropathen vor allem auch Homöopathen wie Heyer an. Die Laien sollten von der Ausübung des ärztlichen Berufes ausgeschlossen bleiben: «Exklusiv aber sind

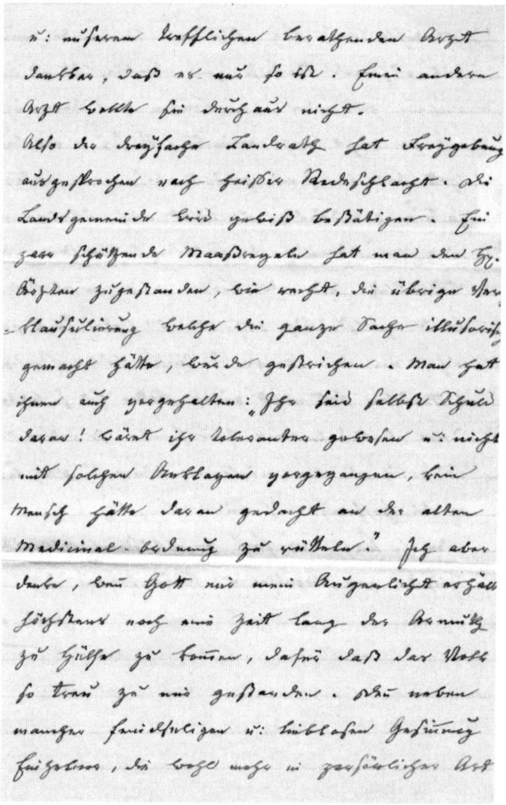

Brief an die Nichte Betsy Usteri vom 16. März 1874: «Also der dreÿfache Landrat hat Freÿgebung ausgesprochen nach heisser Redeschlacht. Die Landsgemeinde wird gewiss bestätigen.» Emilie Paravicini-Blumers Hoffnung auf Freigebung der medizinischen Praxis sollte sich an der Landsgemeinde vom Mai bestätigen.

und müssen die medizinischen Sekten, die alles nur aus einem Punkte erklären wollen, unbekümmert, ob ihre Lehren allen Fundamentalsätzen wissenschaftlicher Natur Hohn sprechen. Das ist eben das Unterscheidende zwischen Arzt und Kurpfuscher, zwischen Arzt und Dilettanten, dass der letztere nur ein Einzelnes herausgreift, alles durch dasselbe bewirken, alles aus demselben erklären will. [...] Erwerbe sich der Arzt zuerst eine tüchtige allgemeine Bildung, so wird er in wenigen Monaten mit gleicher Sicherheit die Künste der Homöopathie und der Hydropathie, wie gewöhnliche Medizin handhaben.»[77] Diese Relativierung seiner Ablehnung bezog sich wohl auf Ärzte wie den Homöopathen Samuel Zopfi in Schwanden oder Emilie Paravicini-Blumers Neffen Emil Paravicini aus Ennenda, der sich für Kaltwassertherapien interessierte. Bei der Erläuterung des Kompromissvorschlags auf Freigabe mit Ausnahme der operativen Chirurgie und operativen Geburtshilfe rekurrierte er auf Frauen mit dem damals weit verbreiteten Argument des Schutzes, dabei Hebammen und so genannte Kurpfuscher gleichermassen angreifend: «Aber wehe den Gebärenden, wenn unsere Hebammen autorisiert wären, Operationen an denselben vorzunehmen, und wehe oft selbst den Früchten im Mutterleib, wenn jedes zweideutige Subjekt zu operativem Eingreifen befugt wäre. Wir brauchen Ihnen wohl bloss anzudeuten, wie jeder Unsittlichkeit ein Deckmantel geboten wäre, wenn endlich frauenärzt-

liche Operationen jedem Beliebigen gestattet wären […].»[78] Für Schuler war ein Missbrauch durch einen Arzt als per se gut beleumdeten Vertreter des lokalen Bildungsbürgertums schlicht nicht denkbar. Daher auch seine Forderung, dass das Verzeichnis der Namen der nichtpatentierten Ärzte mit dem Ausweis, dass sie in «bürgerlichen Ehren und Rechten»[79] stehen, zu ergänzen wäre.
Parallel zu den Veröffentlichungen der Gutachten der Kommissionsmehrheit und der Kommissionsminderheit nahmen verschiedene Leser in der Zeitung Stellung, ohne im Vorfeld der Landsgemeinde ihre Namen öffentlich preiszugeben.[80] Zum einen wurden die Ärzte der Angst vor der Konkurrenz bezichtigt, zum anderen die Herrschaft des Aberglaubens unter der Ägide dubioser Kurpfuscher heraufbeschworen. Und wie in der Kommission und im Landrat argumentierten Befürworter wie Gegner mit dem «Leiden des Volkes».[81] Für die einen war es verursacht durch die Pfuscher, für die anderen durch die hohen Kosten für die Ärzte. Auf die Unterstützung dieses «leidenden Volkes» zählend, gab sich Emilie Paravicini-Blumer zuversichtlich: «Also der dreÿfache Landrat hat Freÿgebung ausgesprochen nach heisser Redeschlacht. Die Landsgemeinde wird gewiss bestätigen.»[82] Von den Armen habe sie «rührende Beweise von Dankbarkeit u: Anerkennung»[83] erhalten, sodass sie hoffte, ihnen bald wieder auf legaler Basis helfen zu dürfen.

Fridolin Schulers öffentliche Niederlage

Am 3. Mai wurde die Landsgemeinde von Landammann Heer eröffnet. Es hatte sich eine «Reihe von politischen Nobilitäten eingefunden, so Hr. [Herr] Bundesrath Cérésole, Prof.[essor] Rambert von Zürich, Nationalrath Karrer von Bern, der österr.[eichische] Gesandte».[84] Neben einer ganzen Anzahl von Memorialanträgen, die in «Dampfeseile» durchgegangen wurden, gab ausser der Freigabe des ärztlichen Berufes nur die Vorlage der Regierung über die Einschränkung des Erbrechts der Söhne aus erster Ehe zu Gunsten der Frauen aus zweiter Ehe lange zu reden. Das emotional höchst aufgeladene Erbgesetz war als erstes Geschäft traktandiert und wie die Medizinalgesetzgebung bereits vor der Landsgemeinde intensiv diskutiert worden. Ständerat Johann Jakob Blumer, der Ehemann von Emilie Paravicini-Blumers Freundin, plädierte zu Gunsten der Frauen, während der Homöopath Zopfi die Vorlage ablehnte, da «der männliche Stamm aufrecht erhalten werden» solle und die «Schwachheiten der alten Männer» bekannt seien, die ihren jungen Ehefrauen alles vermachten. Viele Männer echauffierten sich in dieser Angelegenheit, bis schliesslich die Vorlage weitgehend ohne Abstriche in einem langen und komplizierten Abstimmungsprozedere dank «der vortrefflichen Geschäftsführung in rascher und klarer Weise»[85] angenommen wurde. Die Emotionen scheinen in dieser Sache sehr viel höhere Wellen geschlagen zu haben als bei der Diskussion über die als letztes Geschäft unter Traktandum zwanzig behandelte Medizinalordnung. Eventuell wirkte die aufgebrachte Stimmung der Gegner beim letzten Geschäft noch nach. Nicht mehr zu Wort meldeten sich in dieser Auseinandersetzung – sofern im Zeitungsbericht alle Redner aufgezählt sind – Johann Jakob Blumer und der Homöopath Samuel Zopfi. «Ueber die Freigebung des ärztlichen Berufes erhob sich eine kurze, bei-

Neue Glarner-Zeitung.

Abonnementspreis:
Beim Verleger jährlich . . . Fr. 6. 50
In Glarus franco ins Haus . „ 7. 50
Franco (per Post) d. d. Schweiz „ 8. —
Halbjährlich . . . . „ 4. 20
D. d. Gemeindsboten ins Haus „ 8. —

Achtzehnter Jahrgang.
Verlag, Druck und Expedition
von
Frid. Schmid.

Einrückungsgebühr:
Für den Raum einer dreispaltigen Zeile 15 Rp. — Inserate sind franko an die Expedition einzusenden. — Erscheint Dienstags, Donnerstags und Samstags Morgens 7 Uhr.

Glarus, Dienstag — № 33. — den 17. März 1874.

Inserate von auswärts nehmen außer der Expedition entgegen die HH. Haasenstein & Vogler und Rud. Mosse in Zürich, Basel, St. Gallen, Hamburg, Frankfurt, Berlin und Leipzig.

Das Gutachten der Kommissionsmehrheit betreffend Freigebung der ärztlichen Praxis.

Indem wir unserm Versprechen nachkommen, die beiden Berichte zu veröffentlichen, welche die in zwei Lager getheilte, mit der Prüfung dieser Memorialseingabe betraute Spezialkommission im Schooße des dreifachen Landrathes erstattet hat, räumen wir dabei wie billig dem von Hrn. Dr. Schuler verfaßten Gutachten der Mehrheit den Vortritt ein. Dasselbe lautet:

„Sie haben uns vier Memorialseingaben zur Begutachtung überwiesen, welche sämmtlich die Freigebung der ärztlichen Berufsarten anstreben.

werbe sich der Arzt zuerst eine tüchtige allgemein ärztliche Bildung, so wird er in wenigen Monaten mit gleicher Sicherheit die Künste der Homöopathie und der Hydropathie, wie die der gewöhnlichen Medizin handhaben.

Wir brauchen aber auch wenige Worte zu machen über den Werth des Kurpfuschers im Vergleich zum gebildeten Arzt. Wenn wir eine werthvolle Maschine sollen repariren lassen, fällt uns gewiß nichts anderes ein, als sie in dessen Hände zu geben, der ihre Konstruktion kennt. Man sollte denken, daß auch in medizinischen Dingen die gleiche Logik gälte. Fast scheint es anders. Am kranken Menschen probirt man herum,

räumt, deren Anwendung bisher selbst für den gebildeten Arzt an bestimmte Bedingungen und Vorschriften geknüpft ist.

Wir wollen Ihnen aber nicht verheblen, daß auch in der Mitte der Kommissionsmajorität Zweifel an der Ausführbarkeit des gesammten bei uns bestehenden Pfuschereiverbotes geäußert wurden.

Es wurde geltend gemacht, daß es noch nie und nirgends gelungen ist, die Kurpfuscherei zu verhindern. Und in der That, sie ist noch zu allen Zeiten und allerwärts bei Hoch und Niedrig in Gunst und Ansehen gestanden, man hat ihre Hülfe gesucht. Mag es der Hang zum Wunderbaren und Geheimnißvollen sein,

Die Berichterstattung in der «Neuen Glarner Zeitung»: Die Zeitung druckte das Gutachten der für das Medizinalwesen zuständigen Spezialkommission auf der Titelseite ab. Diese sprach sich in ihrer Mehrheit gegen eine Freigabe aus.

nahe bedeutungslose Diskussion. Zunächst wurde Webermeister Zweifel von Luchsingen als Vorposten in das Gefecht geschickt, um mit einigen sinnlosen Schlagwörtern gänzliche und unbedingte Freigebung der ärztlichen Praxis zu beantragen.»[86] Der Berichterstatter liess keinen Zweifel über seine Sympathien für den rapportierenden «Dr. Tschudi» und die Ablehnung von «Hr. [Herrn] Major Jenni-Ryffel», der «die Bühne» mit einem von ihm als «Stein des Weisen» bewerteten roten Zettel betrat, mit dem er sich aber nach Meinung des Journalisten als ungebildet entlarvte. «In der Abstimmung siegte der rothe Zeddel, dessen klassischer Styl, der sich allerdings von der deutschen Sprache gänzlich los sagt und sich in voller ungebundener Freiheit bewegt.»[87] Der ominöse Zettel beinhaltete den verschriftlichten Antrag auf «gänzliche» Freigabe, das heisst inklusive operativer Eingriffe. In der Folge wurde der Ad-hoc-Antrag überraschenderweise von einer Mehrheit der stimmberechtigten Männer im Ring nach relativ kurzer Diskussion angenommen. Er wurde sowohl der von Sanitätskommission und begutachtender Mehrheit der Spezialkommission vorgeschlagenen Beibehaltung der Medizinalordnung wie der vom Landrat votierten eingeschränkten Freigabe vorgezogen.[88] Damit waren die Laienheilpraktikerinnen und -praktiker den Ärzten gleichgestellt. Schuler kommentierte diesen Entscheid später lapidar: «Ich empfand diese veränderte Auffassung des ärztlichen Berufes bitter und widmete immer lieber meine Zeit und Kraft andern Aufgaben, die sich mir reichlich genug darboten.»[89] Der mit seiner Klage gegen Emilie Paravicini-Blumer ausgelöste Prozess hatte das genaue Gegenteil von dem bewirkt, was die Ärzte damit anvisiert hatten. Sie zielten auf die amtliche Festschreibung der Unterschiede zwischen ihnen und den «Pfuschern».[90]

Frauen am Rande der Arena

Die Anklageerhebung gegen Emilie Paravicini-Blumer war die *cause célèbre* dieser Auseinandersetzung um das Recht, den leidenden Menschen ärztliche Hilfe zuteilwerden zu lassen. Die im Laufe des Prozederes angeführten Grundsätze von Freiheit und Gleichheit bezogen sich jedoch ebensowenig wie die Professionalisierungsdiskussionen auf die rechtliche Situation der Frauen. Das wurde weder von Schuler und den Männern der Spezialkommission noch von den Männern im Landrat und den Männern im Ring reflektiert. So war es nie ein Thema, dass mit Ausnahme weniger Russinnen kaum Frauen an den Universitäten studierten und deren Zulassung zur medizinischen Ausbildung und Eröffnung einer Praxis erst gerade ermöglicht worden war. Zwar war man sich noch später bewusst, dass die Anklage gegen Emilie Paravicini-Blumer die öffentlich geführte Debatte mit ausgelöst hatte, heisst es doch im Glarner Genealogiewerk: «Sie war eine gelehrte Frau, Heilkundige, sie gab den Leuten Kräuter- und Wurzeltränke, weshalb sie wegen Kurpfuscherei verklagt wurde, das gab Veranlassung zur Einführung der freien ärztlichen Praxis.»[91] Dennoch kam ihre Praxis – zumindest ist davon in den handschriftlichen Protokollen wie in den Zeitungsberichten nicht die Rede – ebenso wenig zu Wort wie mögliche medizinisch-therapeutische Tätigkeiten anderer Frauen. Rekurriert wurde vielmehr auf beiden Seiten immer wieder auf Aktivitäten von Männern. In seinem Plädoyer kam Schuler zwar zweimal auf Frauen zu reden, bestätigte dabei aber die dominierenden, geschlechtshierarchisch geprägten Vorurteile. Zum einen denunzierte er die Hebammen als Unwissende, zum andern mussten Frauen vor doppelter Gefahr geschützt werden: vor todbringenden Kurpfuschern und vor sittlichen Unholden, die sich unter dem Deckmantel der medizinischen Hilfe an ihnen zu schaffen machen würden. Vor dieser doppelten Gefahr konnten sie nur die patentierten Ärzte schützen, dank ihrer naturwissenschaftlich fundierten Kenntnisse und dank der ihnen als Angehörigen des bürgerlichen Standes per se zugesprochenen Ehrenhaftigkeit.

Auch wenn in der öffentlichen Arena von Emilie Paravicini-Blumer direkt nie die Rede war und die Debatten nur unter Männern geführt wurden, beeinflusste sie als Vertreterin der Homöopathie den Entscheidungsprozess. Schuler lehnte als naturwissenschaftlich geprägter Positivist die homöopathische Heilmethode grundsätzlich ab. In seinem Kampf um das Monopol der Schulmedizin ging es ihm um die Anerkennung der Ärzte als Naturwissenschaftler, als ein Stand von Experten mit Anspruch auf gesonderte Beachtung und Entlöhnung. Bei der Niederlage Schulers in der Landsgemeinde wirkte der vorangegangene Generationenkonflikt in der kantonalen Ärztegesellschaft nach, aber auch die starke Opposition der Fabrikanten gegen das Fabrikgesetz von 1864. Emilie Paravicini-Blumer dagegen war über Verwandtschaft und Bekanntschaft mit bedeutenden Familien verbunden. Der Ehemann und der Bruder ihrer engsten Freundin besetzten die wichtigsten politischen Ämter und genossen hohes Ansehen. Dem Landammann Heer ermöglichte es seine Rolle als Leiter der Landsgemeinde und des dreifachen Landrats, mit der Festlegung der Reihenfolge der Geschäfte und einer gezielten Worterteilung die Interaktion zu beeinflussen. Aus den konsul-

Die Landsgemeinde in Glarus (1887): Die Männer bestimmten die Gesetze im Ring, die Frauen blieben aussen vor. Sie beeinflussten die Entscheidungsfindung lediglich über die sozialen Beziehungsstrukturen.

tierten Quellen ist nicht ersichtlich, ob er für die nicht traktandierte gänzliche Freigabe, für den Vorschlag der Mehrheit des Landrats – Freigabe mit Ausnahme der operativen Chirurgie und der operativen Geburtshilfe – oder für den Kompromissvorschlag nach deutschem Modell – Freigabe mit definitorischer Trennung von patentierten Ärzten und Naturheilern – war. Wahrscheinlich ist, dass er von der Dynamik überrollt worden ist. Für Heers Bevorzugung des Kompromissvorschlags spricht seine enge Kooperation mit Niklaus Tschudi beim Brand von Glarus und beim Arbeiterschutz sowie mit Fridolin Schuler bei weiteren gesundheitspolitischen Anliegen. Möglicherweise war er jedoch eher für die im Landrat votierte eingeschränkte Freigabe, die Position, die wohl seine Schwester Susanna Blumer-Heer als Patientin von Heyer und als Freundin von Emilie Paravicini-Blumer vertrat. Emilie Paravicini-Blumer war zwar klar gegen das Monopol der Schulmediziner, aber laut einem Brief vom Mai 1874 gegen eine gänzliche Freigabe: «Der Entscheid der Landsgemeinde hat mich sehr ruhig gelassen, ja, ich habe nicht gern gesehen, dass sie tabula rasa gemacht hat. Aber die Erbitterung der Leute gegen die Ärzte war gross und wollte sich einmal Luft machen.»[92] Es wäre möglich, dass Emilie Paravicini-Blumers materielle und medizinische Hilfeleistungen ärmere Männer im Ring mit bewogen hatten, mit der Handerhebung die «gänzliche» Freigabe zu unterstützen, nicht zuletzt weil

Bedürftige, wie das mehrfach belegt ist, auf die günstigen Ratschläge und Medikamente nicht verzichten wollten.[93] Denn es hiess, dass die Memorialanträge aus Kreisen der ärmeren Bevölkerung stammten. Schliesslich spielten beim überraschenden Entscheid wahrscheinlich auch die Hebammen – nach Schuler die «einflussreichsten Medizinalpersonen eines Dorfes» – eine Rolle. Sie lehnten Schulers naturwissenschaftlich begründete Neuerungen und die sich ausweitende ärztliche Kontrolle der Geburtshilfe offen ab. Diese unterminierte die bisherige Position der Hebamme als wissende Helferin der Gebärenden, die stattdessen nun als Gefahr für Mutter und Kind denunziert wurde.[94]

4.3 Fazit: Beziehungsstrukturen und Netzwerke als dynamische Elemente der Entscheidungsfindung

Im direktdemokratischen Gesetzgebungssystem erzeugten Beziehungsstrukturen und gesellschaftliche Verortungen bedeutende Wirkung. Neben den in Zeitungen, im Landrat und in der Landsgemeinde aufgeführten Argumenten für oder wider die Patentierung war der direkte informelle Austausch ein zentraler Faktor der Entscheidungsfindung. Von den Gegnern des medizinischen Monopols der patentierten Ärzte wurde im ländlich geprägten Kanton Glarus mit seiner relativ geringen Zahl vermögender Familien vor allem die Ressourcenfrage immer wieder in die öffentliche Debatte eingebracht. Sie denunzierten das Monopol als schnöde Macht- und Geldgier der Ärzte, als Wiedereinführung zunftspezifischer Privilegien und Sabotierung der erst errungenen Gewerbefreiheit.

Frauen waren von den Institutionen politischer Partizipation ausgeschlossen, aber über ihre Familien-, Verwandtschafts- und Bekanntschaftsbeziehungen waren sie in die Auseinandersetzungen eingebunden und bestimmten diese hinter den Kulissen mit. Grosses Gewicht kam dabei der Klassenlage der involvierten Frauen zu. Fast ausschliesslich Frauen aus dem Umfeld der politischen Führungsschicht konnten im Kanton Glarus vom Rand her Einfluss auf den Ring nehmen. Mit Intrigen und Gegenintrigen spielten sie in der öffentlichen Inszenierung von Macht und Einfluss mit. Dass Frauen der Mittel- und Unterschichten – wie im hier analysierten Fall die Hebammen – ebenfalls als Akteurinnen auftraten, war wohl eher eine Ausnahme. Denn in der Regel war auch in der Landsgemeinde und in den politischen Gremien die Klassenzugehörigkeit der männlichen Exponenten der zentrale Faktor bei der Entscheidungsfindung.

Die im Ring versammelten stimm- und wahlfähigen Männer markierten im Kanton Glarus für alle ersichtlich die über das Geschlecht definierte rechtlich abgesicherte Trennung zwischen Öffentlichkeit und Privatheit. In der vom Alltag geprägten Wahrnehmung der meisten Frauen und Männer war jedoch auch im 19. Jahrhundert die Grenzziehung zwischen den weiblichen und den männlichen Zuordnungen nicht eindeutig und entzog sich der einfachen Dichotomisierung. Die von den Ärzten anvisierte Institutionalisierung des Monopols der naturwissenschaftlich orientierten Medizin implizierte aber gerade eine solche klare Grenzziehung zwischen den Bereichen der von den Ärzten bestimmten öffentlichen und der vor allem von Frauen privat geleisteten Hilfe für die Kranken. Diese Grenzziehung hätte nicht nur den privaten Leistungen der Frauen jeglichen therapeutischen Charakter aberkannt, sondern – abgesehen davon, dass auch praktizierende Männer davon betroffen waren – den Ausschluss der Frauen als öffentlich agierende Heilpraktikerinnen zementiert. Es ist wohl nicht Zufall, dass sich in der Glarner Landsgemeinde Männer gerade im Bereich des Leidens und Heilens einer solch klaren Grenzziehung verweigerten. Das Heilen war für viele nicht eine Frage der Ausbildung, sondern wurde wahrgenommen als eine von der Natur verliehene spezifische Gabe, die nicht ans Geschlecht gebunden war. Denn in der Wahrnehmung der Armen war das Leiden kaum je nur körperlich bedingt, sondern Ausdruck einer Not, die nur durch eine grundsätzliche Hilfsbereitschaft gelindert werden konnte, die nicht zwischen professioneller und privater Hilfe trennte. Und obwohl die Ärzte in der Öffentlichkeit Exklusivität in Bezug auf die Behandlung forderten, waren in der alltäglichen diskursiven Gestaltung des Leidens und im praktischen Umgang mit dem Leiden und Heilen Frauen weit stärker involviert: Sie prägten dessen Wahrnehmung und emotionale Bedeutung ebenso sehr über ihr Reden und Schreiben wie über ihre praktische Hilfe und Pflege. So standen die vielschichtigen Bedeutungsebenen des Leidens und Heilens der einseitig instrumentellen Sicht der Ärzte entgegen. Bei der Debatte über die Reglementierung oder Freigabe der medizinischen Praxis spielten einzelne Faktoren nur in ihrer Verschränkung mit anderen Faktoren eine Rolle: mit der zunehmenden Bedeutung der Naturheilbewegung und der Homöopathie, mit den latenten Gegensätzen zwischen Angehörigen der alten, aristokratisch geprägten Elite und den neuen Eliten aus Naturwissenschaften und Industrie, mit den Interessengegensätzen zwischen den Ärzten und den Gegnern einer privilegierten Anerkennung der Medizin als Profession statt als Gewerbe, mit den Animositäten zwischen Bildungsbürgern und Unternehmern auf dem Hintergrund des gegen den Willen der Fabrikanten angenommenen Arbeiterschutzgesetzes. Erst die komplexe Verknüpfung all dieser Faktoren führte im Kanton Glarus zur unerwarteten Wende im Gesetzgebungsprozess und – entgegen dem allgemeinen Trend zur Reglementierung in anderen Kantonen – zur vollständigen Freigabe der therapeutischen Praxis. In dieser Dynamik der Entscheidungsfindung spielte vordergründig die Frage des Geschlechts kaum eine Rolle, denn der Zugang von Frauen wie Emilie Paravicini-Blumer zur medizinischen Praxis gehörte nicht zu den zentralen Intentionen der Gegner der Patentierung. Da es aber keinen ersichtlichen Grund gab, Frauen und Männer von einem Handlungsbereich auszuschliessen, von dem viele direkten Nutzen zogen, war die Wirkung der von den Männern im Ring gefällten Entscheidung für die Frauen trotzdem bedeutend: Erst die Freigabe ermöglichte die Ausweitung der als privat definierten vielschichtigen Hilfeleistungen von Frauen zur gesetzlich erlaubten therapeutischen Erwerbstätigkeit.

Exkurs: Der Prozess gegen Dorothea Trudel vor dem Zürcher Obergericht

Gut zehn Jahre vor der Verurteilung Emilie Paravicini-Blumers und der Debatte im Kanton Glarus über die Freigabe der medizinischen Berufstätigkeit erlebten im Kanton Zürich die Ärzteschaft und der Bürgermeister Ulrich Zehnder – als Regierungsmitglied war er deren bekanntester Exponent – eine Niederlage in einem Gerichtsverfahren gegen die Heilerin Dorothea Trudel aus Männedorf. Auch in diesem Prozess vor dem Zürcher Obergericht im Jahr 1861[95] spielten politische Implikationen eine zentrale, Geschlechterimplikationen vordergründig jedoch nur eine marginale Rolle. Seine effektive Relevanz erhielt der Prozess zum einen im Kontext der Auseinandersetzungen auf der kantonalen Ebene seit den 1840er Jahren, zum andern im Kontext der Auseinandersetzungen auf Bundesebene seit 1848.
Im Gegensatz zu den Auseinandersetzungen im Kanton Glarus waren die sich öffentlich exponierenden Befürworter und Gegner des ärztlichen Monopols auf Heilung leicht den verschiedenen politischen Lagern zuzuordnen. Bezogen auf die Klassenlage der Anhänger und Anhängerinnen der Heilerin Dorothea Trudel glich die Situation jedoch derjenigen im Kanton Glarus der 1870er Jahre. Unter ihnen dominierten die Armen, die sich von Dorothea Trudel unentgeltliche Hilfe und Erlösung von ihren Leiden erhofften, ein Klassen- und Geschlechteraspekt, der als solcher nicht thematisiert wurde. Wie in der Auseinandersetzung in der Glarner Landsgemeinde schienen Geschlechterverhältnisse in den von mir gesichteten Materialien nicht von Interesse, obwohl in der von der Öffentlichkeit mit grossem Interesse verfolgten Verhandlung vor dem Züricher Obergericht über das Vergehen einer Frau verhandelt wurde. Vielmehr wurden die Frauen mit Ausnahme der als Heldin stilisierten Angeklagten im Gerichtssaal diskursiv marginalisiert.
Im Kanton Zürich verliefen die politischen Auseinandersetzungen 1861 auf dem Hintergrund der bald zwanzigjährigen freisinnigen Dominanz zwischen konservativem und fortschrittsorientiertem, zwischen frommem und aufgeklärtem Bürgertum, zwischen Vertretern der alten und der neuen Elite. Die Ärzte erlitten hier auf der gerichtlichen Ebene eine Niederlage, doch blieb auf der gesellschaftlichen und politischen Ebene ihr Einfluss ungefährdet. Im Kanton Zürich gab es im Unterschied zur Landsgemeinde in Glarus keine Institution zur direktdemokratischen Ausgestaltung der Gesetzgebung, und die Ärzteschaft war mit der Besetzung des Bürgermeisteramtes durch Ulrich Zehnder, den Ehemann von Josephine Stadlin, prominent in der Regierung vertreten.[96] Direktdemokratische Instrumente wurden erst 1869 gegen den Willen der Freisinnigen in der revidierten Zürcher Kantonsverfassung verankert.[97]

Die Heilerin als weibliches Pendant zu Pfarrer Blumhardt

Ausgangspunkt des Verfahrens wegen Verstosses gegen § 1 der Zürcher Medizinalgesetzgebung, «dass Niemand sich mit der Heilung von Krankheiten befassen darf, ohne dazu die gesetzliche Berechtigung erlangt zu haben»,[98] und gegen § 40, das Verbot, eine private Krankenanstalt, insbesondere zur Aufnahme von

Geisteskranken, ohne Erlaubnis der Medizinaldirektion zu errichten, waren Praktiken der pietistisch geprägten Dorothea Trudel. Sie hatte in der von ihr gegründeten Anstalt in Männedorf am Zürichsee eine grosse Zahl von Kranken aufgenommen, darunter auch an Epilepsie oder so genannten Geisteskrankheiten Leidende. Allen suchte sie unterschiedslos durch Beten, Handauflegen und Salbung mit Öl zu helfen, doch einmal hatte sie einer Schreienden kurze Zeit mit einem selbstgemachten «Maulkorb» den Mund zugebunden, und vereinzelt hatte sie «Tobende» mit einer der zwei Zwangsjacken der Anstalt gefesselt. Vor allem soll sie «Unruhigen» durch ihre körperliche Nähe und durch das Gebet geholfen haben.[99] Selbst die Nächte verbrachte sie gemäss Aussagen von Mitbewohnerinnen im Zimmer der Kranken, habe sie doch in totaler Selbstverneinung weder ein eigenes Bett noch ein eigenes Zimmer besessen.[100]

Vor Obergericht bezog sich ihr Verteidiger in seinem Plädoyer wiederholt auf das damals noch nicht geeinte Deutschland. Vor allem verwies er auf Analogien zwischen Praktiken von Dorothea Trudel und der Heiltätigkeit des im württembergischen Pietismus und in der Basler Mission verankerten charismatischen Pfarrers Johann Christoph Blumhardt (1805–1880), gegen den in den 1840er Jahren ebenfalls ein Verfahren eingeleitet worden war. Im Kontext der politischen Auseinandersetzungen zwischen Konservativen und Liberalen des Verstosses gegen die Medizinalordnung verdächtigt, wurde er des Obskurantismus angeklagt.[101] Ausgang der Kritik an Blumhardt, die vor allem von Ärzten und der liberalen Presse betrieben wurde und die den in der württembergischen Gesellschaft fest verankerten Pietismus als «Verfinsterungssystem» treffen sollte, waren die so genannten Möttlinger Ereignisse.

Als junger Pfarrer befreite Blumhardt 1843 in der württembergischen Gemeinde Möttlingen die 26-jährige Gottliebin Dittus nach rund dreijährigem Beistehen und Beten von einem Komplex verschiedener Leiden, die von Ohnmachten und heftigen Krämpfen bis zum Erbrechen von Nägeln und Schreien mit fremder Stimme gingen und die er als das Wirken des Satans interpretiert hatte.[102] In diesem Sinne war die Gottliebin eine «Gebundene» gewesen. Nach diesem Erfolg wurde Blumhardt von zahlreichen Leidenden aufgesucht, die er durch das Gebet, aber auch durch Handauflegen und Salbung mit Öl heilte. 1852 kaufte er das vom württembergischen Staat ausgeschriebene Kurhaus Bad Boll, um dort Kranke und andere fromme Frauen und Männer aufzunehmen. Darunter waren viele Geistes- und Gemütskranke, aber auch Epileptiker, Schwerhörige, an Rheumatismen, Hautausschlägen oder anderen Gebrechen Leidende. Sein Ruf verbreitete sich rasch über die engeren Grenzen Württembergs hinaus, auch nach Schaffhausen und in die Ostschweiz, über Basel und Zürich bis in die Westschweiz. Bereits die Möttlinger Ereignisse waren in Kreisen der Basler Mission registriert und kommentiert worden.[103] Dort hatte sich Blumhardt als Verwandter von Christian Gottlieb Blumhardt, dem langjährigen Inspektor der Basler Mission,[104] in seinen Jugend- und Ausbildungsjahren bewegt, dort hatte er 1833 die Loslösung der Basel-Landschäftler von der Stadt kritisiert. 1848 zeigte er sich als Gegner des Republikanismus, interpretierte die Aufstände in vielen Teilen Europas als negatives «Zeichen der Zeit», die revolutionäre Stimmung als Gottes «Weckruf durch

Madame Vinets Broschüre: Die Witwe von Alexandre Vinet, dem bekannten Exponenten der protestantischen Erweckungsbewegung aus Lausanne, deutete in einer kleinen Broschüre das Wirken der Heilerin von Männedorf als gottgewollt.

alle Völker» zur geistigen Umkehr.[105] In frommen protestantischen Kreisen der Schweiz, bei den so genannten Positiven, genoss er über die Sprachgrenze hinweg Verehrung und Vertrauen. So waren unter den rund 150 Personen, die sich in den Jahren um 1860 in seiner Heil- und Gebetsanstalt aufhielten, jeweils auch Personen aus der Schweiz, darunter verschiedene Frauen aus bekannten Zürcher Familien konservativer oder konservativ-liberaler Prägung, mit denen er während seiner Aufenthalte in Zürich auch persönlich verkehrte.[106]

Im Gegensatz zu Blumhardt war Dorothea Trudel erstens eine Frau, zweitens ländlicher Herkunft ohne grosse Schulbildung und drittens ohne theologisches Studium und geistliches Amt. Angaben über ihr Leben entnehmen wir heute vor allem den von ihr im Kontext der Anklage schriftlich und mündlich erzählten Lebensberichten, die bis in die Gegenwart von verschiedenen Autorinnen und Autoren insbesondere im Rahmen der pietistischen Traditionsbildung immer wieder neu überschrieben wurden.[107] Sie spiegeln sowohl das typische, vom Erweckungserlebnis durchdrungene pietistische Narrativ als auch die Anklagepunkte, da diese als nichtig entlarvt werden sollten.[108] Denn Dorothea Trudel wurde im Unterschied zu Emilie Paravicini-Blumer vom Vorwurf des unbefugten «Betreibens des Heilgeschäftes»[109] freigesprochen.

Aufgewachsen in Hombrechtikon als jüngstes Kind einer angesehenen Bauernfamilie, hatte Dorothea Trudel laut eigener Erzählung bereits in der Jugend ein religiöses Erweckungserlebnis. Als junge Frau stand sie der Herrnhuter Brüdergemeinde nahe und wandte sich während der Jahre als Heilerin den Darbysten zu.[110] 1840 war die damals 27-Jährige zusammen mit den ledigen Geschwistern von einem aus Holland zurückgekehrten Onkel und Arzt in Männedorf aufgenommen worden. Zehn Jahre später erbten die Geschwister das ihnen vom nun verstorbenen Onkel vermachte Haus und Vermögen. Kurz darauf starb auch die schon seit Jahren in Hombrechtikon verheiratete älteste Schwester Elisabeth Dändliker-Trudel und Dorothea Trudel übernahm deren Rolle als Hausmutter beim Neffen Jakob Dändliker. Dieser beschäftigte in seiner Posamenterei, einem Betrieb zur Herstellung textiler Besatzartikel und Seidenbänder, eine grössere Zahl von Arbeiterinnen und Arbeiter, die zum Teil im Hause wohnten. Als vier[111] Arbeiter erkrankten, fühlte sie sich berufen, diese durch Beten und Handauflegen von ihrem Leiden zu befreien.[112] Sie soll die Genesung durch ihre permanente Präsenz und ihr nicht erlahmendes Gebet erreicht haben, ein Muster, das ihre Heilpraktiken durchziehen sollte. Ihre Berufung zur Heilerin begründete sie im Rahmen der Einvernahme gegenüber den staatlichen Behörden zum einen mündlich im bezirksgerichtlichen Verhör, zum anderen im Vorfeld des Prozesses schriftlich in ihrem zuhanden der Regierung verfassten Lebensbericht.[113] Sie legitimierte diese Heilpraxis mit dem Evangelium.[114] Da die zitierten Bibelstellen für diese Aufgabe jedoch keine Frau vorsahen, begründete sie ihr Einspringen mit dem Fehlen eines dazu geeigneten Mannes im wenig frommen Umfeld ihres Neffen:[115] «Ich sagte ihm [dem Heiland, E. J.], wie ich so gerne nach Jak. 5. einen Aeltesten kommen lassen wollte; da aber keiner da sei, so wolle ich mit dem Glauben eines cananäischen Weibes zu meinen Kranken gehen. [...] der Herr segnete es so, dass alle vier gesund wurden.»[116] Der Erfolg sprach sich in den umliegenden Dörfern herum, Männer und Frauen baten sie um Hilfe. Nach Männedorf zurückgekehrt besuchte sie zuerst Kranke in deren Häusern, soll diese dann auf inständiges Bitten hin im eigenen Haus aufgenommen haben, das sich damit zur Gebetsheilanstalt wandelte. Unterstützt von einer Schwester und vier unentgeltlich als Krankenwärterinnen tätigen Frauen vergrösserte Trudel die Anstalt durch den Kauf eines zweiten und später eines dritten Hauses.[117] Trotz dieser Vergrösserungen war die Anstalt fast immer überfüllt, die Verhältnisse auch nach Aussagen ihrer Getreuen sehr beengt. Es hielt sich dort neben Kranken immer eine bedeutende Zahl weiterer frommer Personen auf, die an ihren mehrmaligen täglichen Andachten teilnahmen. Einige unterstützten sie im Alltag mit tätiger Hilfe. Unter den Besuchern, Kranken wie Gesunden, waren zum Teil bekannte Persönlichkeiten, so Arnold Bovet, der spätere Gründer des Blauen Kreuzes, der als junger Mann an Krücken nach Männedorf gekommen und geheilt entlassen worden war,[118] oder Carl August Bächtold, der Historiker, Archivar und Pfarrer von Schaffhausen,[119] der als Student der Theologie in Männedorf bei der Trudel, nicht aber bei Blumhardt in Bad Boll, Linderung von verschiedenen gravierenden Leiden erfahren hatte,[120] schliesslich der junge Samuel Zeller, Sohn des Gründers der pietistischen «Freywilligen Armenschullehrer- und Armenkinderanstalt» im südbadischen Beuggen,[121] der hier von schweren Hautflechten befreit worden war und ein Jahr später von Trudel zum Mitleiter der Anstalt erkoren wurde. Nach ihrem Tod 1862 sollte er als «fils en Christ»[122] ihr Nachfolger und erster Biograf werden.

Die Anklage im Kontext von naturwissenschaftlicher Medizin und politischen Parteiungen

Der Arzt Christoph Ernst Bach, der in Zürich eine kleine Irrenanstalt führte, zeigte 1857 bei der kantonalen Medizinaldirektion Dorothea Trudel wegen unbefugter Behandlung von Geisteskranken in ihrem Haus an. Vereinzelt waren Kranke von ihren Angehörigen aus seiner Anstalt herausgenommen und in Männedorf untergebracht worden. Auf diese Anzeige hin intervenierte das Statthalteramt Meilen erstmals mit einem Verhör von Dorothea Trudel.[123] Diese Intervention entsprach dem Monopolanspruch der Ärzte auf Behandlung der so genannt geistig Kranken. Der Lehrsatz des Berliner Arztes Wilhelm Griesinger von 1845, «Geisteskrankheiten sind Gehirnkrankheiten»,[124] wurde auch von den naturwissenschaftlich geschulten Ärzten in der Schweiz rezipiert. Dieser Begründer der modernen Psychiatrie im deutschen Sprachgebiet und Mitautor von «Virchow's Handbuch der speciellen Pathologie und Therapie»[125] pflegte enge Beziehungen zu Zürich, wohin er 1860 als Leiter der Klinik für innere Medizin berufen wurde und wo er als Mitglied der kantonalen Medizinalkommission zusammen mit dem Bürgermeister Ulrich Zehnder den Plan für den Bau der 1865 eröffneten psychiatrischen Universitätsklinik «Burghölzli» massgeblich vorantreiben sollte.[126] In der Zeit der Verfahren gegen Dorothea Trudel betrieb Ulrich Zehnder die Aufhebung des katholischen Klosters Rheinau und dessen Umwandlung in eine Pflegeanstalt, was die konservative Opposition protestantischer wie katholischer Provenienz gleichermassen bekämpfte.[127]

Auf die erste Verfügung von 1857 hin wurde Dorothea Trudel mit sechzig Franken gebüsst und aufgefordert, alle Kranken aus ihrem Hause zu entlassen und zukünftig das Heilgeschäft zu unterlassen.[128] Nachdem ihr Rekurs von der Regierung abgelehnt worden war, bezahlte sie die Busse und folgte der Aufforderung, die Kranken zu entlassen. Doch «die so schnell leer gewordenen Häuser füllten sich fast eben so schnell wieder mit Blinden, Lahmen, Tauben»,[129] schrieb sie in ihrem Bericht anlässlich der zweiten Anklageerhebung von 1861, daher habe sie ihre Heiltätigkeit wieder aufgenommen. Und da «die Regierung nichts mehr einwendete gegen das Fortbestehen des Werkes, so mehrten sich die Kranken aufs Neue». Es ist anzunehmen, dass die lokalen Behörden und selbst der Bezirksarzt gegenüber Dorothea Trudel tatsächlich eine ambivalente Haltung zeigten, weil zum einen bereits der berühmte Wilhelm Griesinger in Zürich als Professor und Klinikdirektor wirkte, aber viele Familien und wahrscheinlich auch die Behörden zugleich froh waren, «unruhige» Angehörige beziehungsweise in der Gemeinde Ansässige in der Trudel'schen Anstalt platzieren zu können, ganz abgesehen davon, dass die Gemeinde steuerlich am Erfolg partizipierte. Es war weithin bekannt, dass Dorothea Trudel, sofern es die räumlichen Verhältnisse nur irgendwie erlaubten, niemandem die Aufnahme verweigerte. So bestritt sie auch nicht, Kranke geheilt zu haben, aber interpretierte dies als Auswirkung von Gottes Wille und verstand die Erleichterung der «Gemütskranken» und Beruhigung von «Tobenden» wie Blumhardt als eine Befreiung von «Gebundenen». Gottes Wort sei ihre einzige Medizin: «Von einer Kranken sind auch einmal durch Gebet Geister ausgefahren, und die Leidende ist augenblicklich befreit worden. Auch von finstern Mächten, die äusserlich nicht bemerkbar waren, wurden Manche durch ein gründliche Sinnesänderung gerettet. Das Hauptsächliche und Beste ist mir, wenn der Herr aus einer Wolfsnatur eine Lammsnatur macht.»[130]

Die zweite Anklage erfolgte zum Zeitpunkt, als Griesinger schon als Mitglied der Medizinalkommission in Zürich wirkte. Ausgangspunkt war der Jahresbericht des Bezirksarztes Dändliker[131] von Meilen an die Medizinaldirektion, nachdem der Arzt Dr. Treichler ordnungsgemäss den Selbstmord einer Frau gemeldet hatte, die sich vorgängig in der Gebetsanstalt aufgehalten hatte. Dem Jahresbericht legte Dändliker eine ausführliche Liste mit Namen, Herkunft, familiären Verhältnissen und Beruf der 79 Besucherinnen und Besucher sowie von Personen bei, die zu diesem Zeitpunkt in der inzwischen auf drei Häuser angewachsenen Anstalt wohnten. Auf diesen Bericht hin verlangte die Medizinaldirektion vom Statthalter genauere Informationen. Dieser bestätigte den Zulauf, aber verwies zugleich darauf, dass der Dorothea Trudel keine Misserfolge nachgewiesen werden könnten und sie keine Heilmittel verwende. Das nun mit den Abklärungen beauftragte Bezirksgericht verhörte neben Dorothea Trudel weitere Personen, die sich im Hause aufhielten.[132] Um die neunzig beim Bezirksgericht eingegangene schriftliche Zeugnisse aus dem In- und Ausland bestätigten die in Männedorf erfahrene Heilung, nachdem diese Leidenden – so die meisten Berichte – seit Jahren bei verschiedenen Ärzten ohne Erfolg behandelt worden seien. Die als besonders prägnant erkannten Heilungsberichte erschienen später im Feuilleton der «Neuen Zürcher Zeitung» als mit Originalzitaten durchsetzte Zusammenfassung: «Frau G. aus Uster bezeugt, im Jahre 1858 durch das gottvertrauende Gebet der Angeklagten von langer, aus einer Frühgeburt entstandenen Krankheit geheilt worden zu sein. [...] Ein Fräulein aus Stuttgart wurde von vieljährigem Rückenmarkleiden geheilt durch das Gebet ‹der Gerechten›. [...] Rudolf M. von Bubikon verlor das Augenlicht, wurde ohne Erfolg operiert von Dr. Horner. Er ging 1860 zur Trudel und ‹gewann hier zwar nicht das Licht des Leibesauges, aber in seinem Herzen ging ein Licht auf, das ihm das Augenlicht ersetzt.› Er trägt sein schweres Gebrechen seither mit freudigem Muth. [...] Die meisten Zeugen legen ihr Zeugniss ‹zur Ehre Gottes› ab: Der Eine wurde in der Trudel'schen Anstalt von Selbstmordgedanken, der Andere von Leberflecken befreit, einem Dritten die kranke Hand und die Seele gerettet; ein Vierter rief sterbend die Angeklagte zu sich, ‹weil der Heiland durch wahrhaft Gläubige heut noch Wunder thun kann›; einem Fünften wurden langjährige Kopfschmerzen durch Handauflegen ‹weggewischt›; eine Sechste hatte gar ein Beinlein [kleiner Knochen, wohl beim Fleischkonsum in den Hals geraten, E.J.] verschluckt und wurde durch die Trudel vom Erstickungstod befreit; eine Siebente wurde von alten rheumatischen Leiden in drei Tagen, eine Achte und Neunte von Nervenleiden, eine Zehnte von Magenschmerzen ‹durch den himmlischen Arzt›, ein Elfter von Schwermuth durch das Gebet geheilt ‹im lebendigen Glauben an den, der da sagt: Ich bin der Herr, dein Arzt.› Eine Würtembergerin betheuert, ‹das Mütterli› habe sie zwei ganze Nächte nicht aus den Armen gelassen; Andere wurden von Bleichsucht, Krämpfen, Eine von einem 30jährigen Fussübel, eine Andere von

Die Zürcher Ärztegesellschaft 1868: Am Tisch sitzt in der Mitte Ulrich Zehnder, der als liberaler Regierungsrat und Arzt massgeblich am Ausbau der medizinischen Institutionen im Kanton Zürich beteiligt war. Er war auch als Politiker ein Kontrahent von Dorothea Trudels Verteidiger vor Obergericht.

der Schwermuth, in die sie der Teufel versetzt hatte, kuriert, 40 Personen aus Horgen, Thalweil und Oberrieden, 15 Personen aus Stäfa sprechen aus, ‹dass die Kraft der Trudel auf dem ewigen Magnet beruhe, der im kindlichen Glauben an den Namen des Herrn liegt; eine alte verkrüppelte Weibsperson [bezieht sich auf Dorothea Trudel, die seit ihrer Jugend einen verwachsenen Rücken hatte, E.J.] hat keine magnetische Kräfte›. – Diese Leute fragen, ob in Würtemberg, wo man einen Blumhard frei gewähren lasse, mehr Freiheit sei als in der Schweiz?»[133] Die von Trudels Mitarbeiter Samuel Zeller und der Verteidigung gemeinsam orchestrierten Einsendungen verweisen auf vielschichtige, bildhaft erzählte Krankheitserfahrungen, deren psychische Dimension implizit in der Erzählung des Leidens wie der erfahrenen Heilung mit transportiert wurden.

Die vermeintliche Fehlbehandlung einer jungen Näherin mit «den unzweifelhaften Spuren von Geisteskrankheit»,[134] deren plötzlicher Tod vom Arzt Dr. Treichler im Februar 1861 ordnungsgemäss gemeldet worden war, führte zur Eröffnung des eigentlichen Gerichtsverfahrens, nachdem Dorothea Trudel es im Gegensatz zum ersten Verfahren abgelehnt hatte, die erneute Busse von 150 Franken zu zahlen und die Kranken zu entlassen. Mit der zweiten Anklage wurde Dorothea Trudel neben dem Tod der «tobsüchtigen» Näherin, die während ihrer Überbringung von Männedorf in die Irrenanstalt Münsingen plötzlich verstorben war, zusätzlich der Selbstmord einer jungen Bäuerin, die «an unheilbarer Aengstlichkeit»[135] gelitten hatte und von ihrem Mann in die Gebetsheilanstalt gebracht worden war, zur Last gelegt. Da das Bezirksgericht als erste Gerichtsin-

stanz die Auflagen – Busse und Entlassung der Kranken – bestätigte, zog Dorothea Trudel das Verfahren ans kantonale Obergericht weiter.
Die Fäden im Prozess vor Obergericht zog der Jurist und Fürsprecher Heinrich Spöndlin, ein wichtiges Mitglied der «Evangelischen Gesellschaft» von Zürich und Pfarrer Blumhardt persönlich verbunden.[136] Als Verteidiger von Dorothea Trudel agierte er gleichermassen als Exponent der so genannten Positiven, des pietistischen Lagers, wie der konservativen politischen Opposition gegen die vom Bürgermeister und Arzt Ulrich Zehnder dominierte liberale Zürcher Kantonsregierung. Als Regierungsrat und einflussreicher Verfechter der ärztlichen Interessen förderte Zehnder entscheidend die Akademisierung des Arztberufs, mit der Gründung der psychiatrischen Anstalt «Burghölzli», der Pflegeanstalt Rheinau sowie des neuen Gebärspitals förderte er ebenso zielstrebig den Ausbau des öffentlichen Gesundheitswesens. Auf Zehnder ging für die Konservativen vor allem aber ihre empfindliche politische Niederlage von 1844/45 zurück, als sie die Mehrheit in der Zürcher Exekutive verloren. Zehnder als Feindbild stand nicht nur für die von ihm mit initiierte Organisation der patentierten Ärzte und deren Monopolanspruch, sondern auch für das rationale Weltbild, das die historische Existenz von Jesus in Frage stellte, und für die Entmachtung der Pfarrer im Bereich der Schule.[137]
Spöndlin zerpflückte die Anklage, Trudel sei schuld an zwei Todesfällen. Zum einen sei der Selbstmord der gemütskranken Frau erst sechs Monate nach ihrem Aufenthalt in der Anstalt erfolgt, aus der sie von ihrem Mann gegen ihren Willen geholt worden sei, zum andern habe der zuständige Arzt Dr. Treichler sowohl den temporären Aufenthalt der «Tobsüchtigen» in der Anstalt wie deren Stilllegung durch die Zwangsjacken als richtig beurteilt, und lediglich moniert, dass die von ihm angeordnete Überweisung in die Irrenanstalt Münsterlingen von Trudel um zwei Tage verzögert worden sei. Als Beweis für Dorothea Trudels Heilkräfte führte er einige Fälle auf, in denen ihr im Gegensatz zu den Ärzten Erfolg beschieden war. Der spektakulärste, im Nachhinein immer wieder zitierte Fall war der eines «gewisse[n] Dändliker», dessen Fuss vom «Brand» beziehungsweise Gangrän betroffen war und dem der Arzt «entweder Sterben in wenigen Tagen oder Amputation» beschieden hatte.[138] Nicht willig, sich amputieren zu lassen, sei er zur Trudel gegangen; «schon 3 Zehen waren ganz schwarz, fielen dann nach und nach ab und nun ist Dändliker wieder daheim», so Spöndlin, der Dändliker in Männedorf selbst gesehen haben soll.[139] Das Hauptgewicht seiner Verteidigung legte Spöndlin auf ausgewählte Zitate aus den neunzig schriftlichen Depositionen über die Heilerfolge von Dorothea Trudel und spannte gleichzeitig geschickt den Faden von Trudel zum bekannten Blumhardt. So zitierte er beispielsweise aus dem Zeugnis des Prälaten und Stiftspredigers Sixt Karl von Kapff in Stuttgart, ein enger Freund von Blumhardt, der früher kurz Lehrer in Fellenbergs reformpädagogischer Anstalt Hofwil[140] im Kanton Bern gewesen war: «Man könne doch das Beten und echt evangelische Handauflegen niemand verwehren. Das wäre der lächerlichste und gemeinste ärztliche und pfarrliche Brotneid. Pfarrer Blumhard wirke, sei es auch auf psychologischem Weg, in ganz gleicher Weise. Er habe 100–150 Personen im Haus. Wenn das in der Monarchie

erlaubt sei, sollte man in der Republik Schranken ziehen wollen für das, was Gottes Wort und der einfachste Natursinn an die Hand gibt.»[141] Um dem Ruf der Naivität der Zeuginnen und Zeugen von vornherein entgegenzutreten, berief Spöndlin sich auf so bekannte Männer wie den eben zitierten Prälaten von Kapff oder den Philosophen Charles Secrétan aus Neuenburg,[142] der «als Professor der Literaturgeschichte ans Polytechnikum berufen worden war, also auch kein ganz ungebildeter Mann», oder auf den Theologen und Philologen Friedrich August Gottreu Tholuck,[143] den damals als Vertreter der Erweckungsbewegung äusserst einflussreichen Professor an der nicht nur unter Pietisten, sondern auch unter Medizinern berühmten Universität von Halle, «auch kein ganz unwissenschaftlicher Mann [...]. Alle diese haben das unzweideutige Zeugnis abgelegt: Hier wird wahres Christenthum geübt.»[144] Mit dem Verweis auf die von den Liberalen gegen den Willen der Konservativen eingeführten Glaubensfreiheit griff er die Gegner mit ihren eigenen Argumenten an. Effektiv sei die reformierte Konfession Staatsreligion, das Leben nach der Bibel denn auch verfassungskonform: «Die Trudel thut nichts, als was die Bibel gebietet.»[145] Da Dorothea Trudel keinem die Aufnahme verweigere, wenn es die Platzverhältnisse erlaubten, beim Eintritt keine Diagnose stelle und niemandem Heilung verspreche, verstosse sie auch nicht gegen das Medizinalgesetz. Dieses Gesetz diene aber nur dazu, dass kein Missbrauch mit Medikamenten geschehe, an die Gefährlichkeit von «Lesen und Erklären der H.[eiligen] Schrift» habe der Gesetzgeber dabei nicht gedacht. So gebe es trotz der vielen Nachforschungen kein Beispiel, dass «Einer unglücklich geworden durch Handauflegen, oder hier Eine verrückt geworden durch das viele Beten. Aber in einem ganz kurzen Zeitraum von 4–5 Jahren hat man bei mehr als 300 Personen nicht ein Beispiel gefunden, nicht eins. Wo ist wohl der Med. Dr., der von seiner Praxis das auch sagen kann, wenn auch die Praxis viel kleiner war. Wo Einer gestorben oder elend geworden, da fiel die ganze Verantwortlichkeit auf sie [die Trudel, E. J.]; die patentierten Ärzte können einfach ihr Patent vorweisen.»[146]

Die Infragestellung des Monopols der patentierten Ärzte durchzieht die Verteidigungsrede von Spöndlin. In diesem Zusammenhang scheint er mit grösster Lust aus dem deutschen Staatsrecht von Johann Caspar Bluntschli zu zitieren, dem damals bedeutendsten Staatsrechtler an den deutschen Universitäten und Spöndlins politischem Vorgänger als Haupt der Zürcher Konservativen.[147] Der Stadtzürcher Bluntschli hatte nach dem von Pfarrern ausgelösten Septemberputsch von 1839 gegen die Liberalen die liberal-konservative Zürcher Regierung angeführt, musste aber schon nach wenigen Jahren diese Position dem liberalradikalen Arzt und ländlichen Aufsteiger Ulrich Zehnder überlassen, dem späteren Kontrahenten der Trudel und ihrer Anhänger.[148] In Anlehnung an Bluntschli argumentierte Spöndlin für die Freiheit des Einzelnen: «Der Staat habe kein Recht zu fordern, dass man sich nur der patentierten Ärzte bediene. Der Staat ist noch weniger befugt, dem Einzelnen zu verwehren, dass er die Hilfe, die er bei den Ärzten nicht findet, anderswo suche.»[149] Der Verweis auf Bluntschlis Staatsrecht und die verfassungsmässig garantierte Glaubensfreiheit diente Spöndlin vor allem zur Hinterfragung des ersten der vier Anklagepunkte, «die Tätigkeit der Trudel sei ein unerlaubtes Betreiben der Heilgeschäfte».[150] Auf den zweiten Punkt, dass sie mit ihren ausgedehnten Andachten «die Geistesruhe störe»,[151] reagierte er mit Zitieren aus den «Störungen des Seelenlebens» von Johann Christian August Heinroth, eine «unter den Männern von Fach vielleicht zu wenig gekannte Autorität»,[152] aber unter Laien eine medizinisch hochgeachtete Autorität. Nach Heinroth müssten Kranke aufgeregt werden, «wenn sie zur Heilung kommen sollen». Die Geisteskrankheit «kommt von der Seele. Sie wird nur kuriert, wenn die Seele Ruhe und Frieden findet. Während die meisten Ärzte die Geisteskrankheit von körperlichen Ursachen herkommen lassen, und darum die Geisteskranken auch körperlich mit Sturzbädern u. dgl. [dergleichen] mehr behandeln lassen.»[153] Mit diesem Zitat platzierte Spöndlin wiederum eine Spitze gegen die Behandlungsmethoden der neuen Psychiatrie. Auch der dritte Anklagepunkt, «die ärztliche Hülfe wird verspätet», wurde vom Verteidiger mit der Aussage, dass Trudel niemandem den Besuch des Arztes verbiete, widerlegt, ebenso der vierte, die engen Verhältnisse trügen zur Verbreitung von «contagiösen Krankheiten» bei, da dies in den vergangenen fünf Jahren in der Anstalt nie der Fall gewesen sei.[154] Ähnlich wie in der Auseinandersetzung um die Tätigkeit der nicht Patentierten im Kanton Glarus zwölf Jahre später wurde auf die sozialen Folgen eines Verbots verwiesen und damit implizit die Privilegierung der Ärzte auf Kosten der Armen angeklagt: «Die einzige Folge Ihres Verbotes ist die, dass die grosse Menge Armer, die der Trudel nicht nachreisen, die sich nicht in ein Privatquartier einmiethen können, diese von der Wohlthat von nun an ausgeschlossen sind.»[155] Zudem wäre das Verbot leicht zu umgehen, wenn die Anstalt formal unter die Leitung eines Arztes gestellt würde, ohne dass sich real etwas ändern würde.

Staatsanwalt Honegger beharrte in seiner im Verhältnis zum Plädoyer des Verteidigers eher kurz gehaltenen und die Anklage begründenden Replik vor allem darauf, es gehe nicht um die Privilegierung der Ärzte. Einzig zum Schutz der Bevölkerung müsse der Trudel die Aufnahme von «Geistesfieber- und Nervenfieberkranken» verboten werden. Die Verhandlung endete im November 1861 mit dem bereits erwähnten vollständigen Freispruch der Angeklagten. Vom konservativen Lager wurde er als politischer Sieg gefeiert, Spöndlin bejubelt.

Marginalisierte Frauen und ausserordentliche Heldin

Verhandelt wurde in diesem Prozess nicht nur Dorothea Trudel, sondern es ging im Kanton Zürich in erster Linie um die politische Ausmarchung zwischen Konservativen und Liberalen, eine Auseinandersetzung, bei der auf dem öffentlichen Parkett nur Männer agierten: als Politiker, als das Monopol verteidigende Ärzte, als Pfarrer, Professoren und theologische Publizisten, als Richter und Ankläger. Abgesehen von Dorothea Trudel – der Verteidiger nennt sie im Gegensatz zum Ankläger nicht Jungfer Trudel, sondern demonstrierte ihre Auszeichnung mit dem bestimmten Artikel *die*, «die Trudel» –, kamen Frauen nur als Randfiguren vor, obwohl ein grosser Teil der Anstaltsinsassen aus dem ländlichen Umfeld Frauen waren und abgesehen von Samuel Zeller, der Leitungsfunktion hatte, fast ausschliesslich Frauen Dorothea Trudel in ihrer alltäglichen Arbeit unterstützten.[156] Die Zeugniskraft von Frauen galt weniger als diejenige der Professoren, Pfarrherren und politischen Amtsträger. Vielmehr traten sie gemäss Spöndlin als Gerüchte streuende Weiber eher negativ in Erscheinung; den Ursprung des Verfahrens denunzierte er als «Weibergeschwätz». Obwohl er selber ein Vertreter der evangelischen Bewegung war, sprach er von «Betschwestern». Aber auch als Opfer, als Leidende, vornehmlich als Verrückte fanden Frauen im Gerichtssaal Erwähnung.

Umso mehr besticht Dorothea Trudel als ausserordentliche Heldin, die den alltäglichen Massstäben entzogen ist. Ohne Bett und Zimmer erschien sie als Frau zwar unbehaust, doch schuf sie sich in ihren Andachten und im Akt des Heilens ein spirituelles Amt, das sie, umringt von Gläubigen auf ihrem Stuhl wie auf einem Thron sitzend, vollzog. Ihre Ausserordentlichkeit legitimierte diese Stellung, die Frauen in der Regel nicht zustand. Während einer «Null» im bürgerlichen Verständnis jeder Wert abging, besetzte Dorothea Trudel als eine «Null» die magische Position des Mediums. Nur in der absoluten Selbstverneinung konnte sie erstrahlen oder, wie sie es in ihrer Eingabe an die Regierung formulierte, in der «völligen Vernichtung des eigenen Ichs».[157] Aus ihr sprach und handelte «der Herr», als dessen williges Medium sie sich konzipierte. Mit dieser Interpretation gelang ihr beziehungsweise der Verteidigung der Ausgleich zwischen nicht geschlechterkonformem Handeln und geschlechterkonformer Rollenerwartung: weibliche Unterordnung, reine Ausführungsfunktion und Verwerfung des Status als eigenverantwortlich handelndes Subjekt.

Zwar konnten auch Männer wie Blumhardt sich als Medium verstehen, die Betonung der reinen Ausführungsfunktion von Dorothea Trudel muss jedoch zusammen mit der von ihr besetzten Position als Begründerin und Vorsteherin einer Gebetsheilanstalt betrachtet werden: Diese Position erhält ihre geschlechterspezifische Relevanz zum einen erst im Kontext der frommen und bibeltreuen Religionsgemeinschaften, die nach Gleixner im 19. Jahrhundert Frauen zunehmend aus der pietistischen Öffentlichkeit hinausdrängten, zum andern im Kontext der bürgerlichen Öffentlichkeit, aus der im 19. Jahrhundert Frauen grundsätzlich ausgeschlossen blieben, selbst wenn sie daran über ihre Praktiken partizipierten.[158]

Ein zentraler Unterschied zwischen der sich zur Erweckungsbewegung zählenden Dorothea Trudel und der sich zur bildungsbürgerlichen Elite zählenden Emilie Paravicini-Blumer ist abschliessend hervorzuheben. Während im Gerichtsverfahren sowohl die Heilerin Dorothea Trudel und ihr Verteidiger als auch die Homöopathin Emilie Paravicini-Blumer ihre selbstlosen Absichten bezeugten, verstand sich die Glarner Bildungsbürgerin trotz ihres Rekurses auf Gottes Hilfe im Gegensatz zur Zürcher Heilerin nie als eine Null, sondern immer als ein nach Wissen strebendes und aktiv handelndes Subjekt, als eine Frau, die erst im anstrengenden Lernen, Verstehen und Erkennen Gott eine Möglichkeit zum Vollzug seines Willens bot.

5 Beschränkte Ausweitung und deutende Wahrnehmung weiblichen Agierens im Rahmen bürgerlicher Geschlechterkonzepte

«Ich konnte noch immer meine vielen Audienzen ertheilen, u: manchem Leidenden von Hülfe seyn, u: das ist auch mir eine moralische Wohlthat.»

An Emma Usteri, 1880.

Die Glarner Ärzte und namentlich Fridolin Schuler taten sich mit dem Beschluss der Landsgemeinde von 1874, die ärztliche Praxis freizugeben, schwer. Ihre Versuche, die «Kurpfuscherei» 1885 und 1904 gesetzlich zu verbieten, scheiterten.[1] Erst 1920 wurde die Kurierfreiheit im Kanton aufgehoben und besteht seitdem in der Schweiz nur noch im Kanton Appenzell Ausserrhoden.[2] Die Freigabe an der Glarner Landsgemeinde fiel mit dem Beginn der europäischen Wirtschaftskrise zusammen, die sich im Kanton Glarus vor allem in der Krise der exportorientierten Spinnereien, Webereien und Tuchfärbereien manifestierte. Nur langsam erholte sich die Region von dieser Krise. Die Weiterführung der Eisenbahnlinie von Glarus bis ins hintere Linthal sowie die Diversifizierung der bis anhin einseitig von der Baumwolle abhängigen Textilindustrie markierten den Aufbruch. Als überwunden galt die Krise erst 1886, ein Jahr nachdem Emilie Paravicini-Blumer gestorben war.[3]

Die Kurierfreiheit und die sozialen Folgen der Wirtschaftskrise prägten das letzte Jahrzehnt des Lebens von Emilie Paravicini-Blumer gleichermassen. Bis fast zu ihrem Tod erhielt sie den regelmässigen brieflichen Austausch mit ihren Nichten in Zürich aufrecht. Ihre Schilderungen ihrer Praxis und ihrer Patientinnen und Patienten, ihre Kommentare zur Homöopathie und Allopathie sowie die rückblickende Sicht auf ihr Leben und dessen Einbettung in einen grösseren Sinnzusammenhang lassen mich nochmals nach den Bezügen fragen zwischen der individuellen Biografie von Emilie Paravicini-Blumer als Frau und Bildungsbürgerin und der sich auf nationaler Ebene formierenden Frauenbewegung zum einen, den bürgerlichen Männlichkeits- und Weiblichkeitskonzepten zum andern.

5.1 Die frei praktizierende Homöopathin: der Beruf als Verpflichtung

Nach der Freigabe der ärztlichen Praxis im Mai 1874 betätigte sich Emilie Paravicini-Blumer noch zehn Jahre als Homöopathin, die sich ihre Dienste nun zum Teil auch entschädigen liess. In ihren Briefen lösten Klagen über die kräftezehrenden Konsultationen bald den anfänglichen Enthusiasmus angesichts der erzielten Erfolge ab. Den Rückzug schob Emilie Paravicini-Blumer jedoch mit dem Argument ihrer Unentbehrlichkeit für die armen Kranken bis wenige Monate vor ihrem Tod im Jahre 1885 hinaus. An ihrem Wissen partizipierten in je anderer Form ihre Magd und ihr Neffe.

Unentbehrliche Helferin der Armen

Schon kurz nach der Freigabe der medizinischen Praxis schrieb sie der Nichte Emma Usteri: «[...] u. geistige Abwechslung bringen m.[ir] Patienten oft mehr als mir lieb ist.»[4] Noch überwog in den Briefen die Freude über die Tätigkeit: «Viele Kranken, so dass ich gottlob, nie zu Bett gehe, ohne das Gefühl, dass ich ein ordentliches Tagewerk hinter mir habe. Für mich allzeit das Lohnendste.»[5] Die sie aufsuchenden Patientinnen und Patienten bestätigten Emilie Paravicini-Blumer in der Zeit der «grossen Depression», deren Auswirkungen im Kanton Glarus bis in ihr Todesjahr spürbar blieben, nicht nur in ihrer bürgerlich geprägten Hochhaltung der Arbeit, sondern auch in der sozialen Notwendigkeit und Nützlichkeit ihres Tuns, die sie als soziale Verantwortung deutete: «Viel Krankheit u: Elend hier, kein Verdienst. Mich hält nur noch diese Rücksicht an der Homöopathie fest – u: ich erwarte nur den geeigneten Moment, u: oft mit Sehnsucht, um mich zurückzuziehn. Ich fühle dass meine Kräfte nicht mehr ausreichen – besonders wenn ich mich aus Mitleid mit, dem Arzt schon schwer verschuldeten Armen, mir so bedenkliche Kranke aufhalsen lasse, wie es in dieser Zeit der Fall war. Da ist es die Sorge u: Unruhe die recht an mir zehrt, u: das ertrag ich nicht mehr. Aber es ist eine schwierige Sache sich los zu machen.»[6]

Wie schon vor dem gerichtlichen und politischen Verfahren waren es laut ihren Briefen die Patientinnen und Patienten, die sie ihrer Unentbehrlichkeit als Ärztin der Armen versicherten, zum einen weil sie sich einen Arzt nicht leisten konnten, zum andern aber auch als letzte Hoffnung nach erfolgloser Konsultation einer ganzen Reihe von Ärzten. «[...] denn diese Zeit bringt auch manche Patienten, u: solche die ich lieber zurückweisen würde. So gestern zwey Bauernfrauen aus dem Wägithal, die am frühen Morgen ihren weiten Weg mit der Laterne antraten. Die Einte den Arm voll offener Wunden bis unter die Achsel. Der Arzt schnitt sie u: vermochte in Jahr u: Tag nicht sie wieder zu heilen, u: neue drohen. Ich hoffe, mit der Zeit u: Gottes Hülfe an's Ziel zu kommen u: durfte sie vor meinem Gewissen nicht abweisen! Wo hätten sie hin sollen? Aber leicht sind solche Aufgaben nicht.»[7] Immer wieder verwies sie in den Briefen auf solche Erfolge; wiederholt strich sie dabei die vorgängige Wirkungslosigkeit der Therapien patentierter Ärzte hervor – ein Topos der Rechtfertigung alternativer Heilmethoden. So berichtete sie an die Nichten von ihrem grossen Vergnügen, weil sie die «letzte, vierte Dyphteritis-Patientin geheilt entlassen konnte»,[8] oder dass «speziell einige gelungene Kuren in sehr wichtigen Fällen, wo der Arzt nicht helfen konnte»,[9] sie aufrichteten und erquickten. Ob sie dabei nur als Homöopathin agierte oder neben homöopathischen Medikamenten auch den Patientinnen und Patienten bereits vertraute Mittel wie Abführ- oder schweisstreibende Mittel ausgab, ist aus ihren Briefen nicht ersichtlich, doch wird im Glarner Genealo-

Die Belegschaft der Baumwolldruckerei Mitlödi (um 1900): Ein Grossteil von Emilie Paravicini-Blumers Patientinnen und Patienten waren Fabrikarbeiterinnen und -arbeiter und deren Kinder.

giewerk erwähnt, sie habe den Leuten Kräuter- und Wurzeltränke gegeben.[10] Klar ersichtlich ist, dass sie, im Unterschied zur Zeit vor der Freigabe der ärztlichen Praxis, ihre therapeutische Tätigkeit nicht mehr nur als unentgeltliche Hilfe für die Kranken sah, sondern auch als Verdienstquelle, die sie vor allem nutzte, um – wie schon früher – Bedürftige zu unterstützen, und – neu – den Nichten in Zürich kleinere Beiträge zukommen zu lassen. Mit der Entschädigung enthielt ihre Praxis nun Elemente eines selbständigen Gewerbes und Berufs. Die Weitergabe des Gewinns an die Armen einerseits, an die Verwandten anderseits übertünchte diese Elemente und wandelte diese um in Merkmale sozialer und familiärer Verpflichtungen, deren Erfüllung von bürgerlichen Frauen erwartet wurde.
Die positive Wertung ihrer Tätigkeit ist jedoch gleichzeitig durchzogen von Ambivalenzen und Widersprüchen. So erwähnte sie neben ihren therapeutischen Erfolgen die «immer mehr empfundene Unzulänglichkeit»,[11] dabei implizit oder explizit die geschlechtshierarchische Unterscheidung zwischen wissendem Arzt und medizinischer Laiin, männlicher Profession und weiblicher Hilfstätigkeit jeweils neu konstruierend. Doch bezog sie sich auch in ihren letzten Lebensjahren nicht auf die Professionalisierungsansprüche der organisierten Ärzteschaft. «[...] ich konnte noch immer meine vielen Audienzen ertheilen, u: manchem Leidenden von Hülfe seyn, u: das ist auch mir eine moralische Wohlthat – u: leitet ab vom Versinken in das eigene Kreutz. Es gibt schon harte Stunden wo man mit der Muthlosigkeit – den Nerven zu kämpfen hat, aber unser Arzt hilft auch

da wieder auf. Er hat jetzt eine schwere Patientin an Frau Tr.[ümpy] im Herrenweg, bey der die Gicht auf die inneren Theile zurückgetreten ist, hofft aber sie durchzubringen.»[12] Der Arzt ist Heyer, der, von der Freigabe profitierend, ohne Furcht vor Ausweisung für die Gesundheit seiner wohlhabenden Kundschaft zuständig war, die er zum Teil brieflich von Paris und London aus beriet.[13] Ihm attestierte Emilie Paravicini-Blumer den Status des professionellen Experten und mit ihm besprach sie weiterhin schwierige Fälle. Als zumindest ebenbürtig verstand sich Emilie Paravicini-Blumer dagegen im Vergleich mit den Naturärzten, deren Konsultation sie als Alternative zur Homöopathie empfahl. Sollten auch diese keinen Erfolg erzielen, lehnte sie als letzte Hoffnung der Armen selbst einen Besuch in der von Dorothea Trudel gegründeten und nun von Zeller geleiteten Gebetsheilanstalt in Männedorf nicht ab: «Für das arme junge Mädchen sind die Eltern zu einem Naturarzt gegangen, worüber ich sehr froh bin; um so mehr als er sehr einfache Räthe zu äusserer Behandlung ertheilte, mit denen ich ganz einverstanden bin. Wenn auch diese nicht helfen ist an Männedorf gedacht worden.»[14]

Für ihre Verwandten fungierte sie je nach Situation weiterhin als Ratgeberin. Insbesondere bei einzelnen Nachkommen ihrer Schwester Hanna Girard-Blumer überlappten sich dabei wie bei den von ihr unterstützten armen Kranken finanzielle Zuwendungen und medizinische Hilfe. So fand sie die enorme «Fettleibigkeit» ihres Neffen Emile Girard und von dessen Frau Bertha ebenso bedenklich wie deren «ökonomische Verlegenheit».[15]

Neben der zunehmend anspruchsvollen Pflege der Schwester Agatha – sie verstarb 1880 an den Folgen der Entzündung des Knies – und der Behandlung von Bedürftigen und von Verwandten übernahm Emilie Paravicini-Blumer die medizinische Betreuung der Kinder aus der neu in der Nähe etablierten «Anstalt» für arme und verwahrloste Kinder. Diese unterstand der Leitung des pietistisch ausgerichteten Ehepaars Brändli.[16] Als Ärztin – als solche verstand sie sich Angehörigen der Unterschichten gegenüber – besuchte sie regelmässig die dort untergebrachten Kinder, die von unterschiedlichen Leiden betroffen waren, beispielsweise von «Blasenrose mit schlimmen Komplikationen», oder an «Augen, Lungen, Abszess krank».[17] Auch in der Charakterisierung dieser Aufgabe, die sie sich selbst übertragen hatte, überlagern sich Elemente der Berufstätigkeit, die spezifische Fähigkeiten und Kenntnisse voraussetzt, mit Elementen der karitativen Pflichterfüllung einer Bildungsbürgerin gegenüber den Ärmsten. Ausgeprägt ist der bildungsbürgerliche Habitus im Bericht über den Tod eines Mädchens aus diesem Heim: «Dazu schwere Fälle von Krankheit in der Anstalt, wovon einer mit dem raschen Tod des Kindes endete, der einen typhösen Charakter trug [...]. Dem Kind ist es wohl gegangen; sie war halbe blödsinnig, ihre Eltern Vagabunden, sie dem Bettel entrissen, aber körp:[erlich] u: geistig unentwickelt, hätte ihr Lebtag versorgt werden müssen. Gleichwohl war es schwer für uns Alle.»[18] Geprägt von klassenspezifischen Vorurteilen wie von den Erkenntnissen der sich ausbreitenden Vererbungslehre kaschierte Emilie Paravicini-Blumer in diesem Brief an die Nichten nicht ihre abschätzige Haltung gegenüber Angehörigen der Unterschicht, die des so genannt liederlichen Lebens bezichtigt wurden. Nicht nur die sie aufsuchenden Kranken unterstützte sie weiterhin mit Kartoffeln und anderen Lebensmitteln oder einem kleinen finanziellen Beitrag, sondern auch die Zusammenarbeit mit den Heimeltern Brändli ging über die medizinische Betreuung der Kinder hinaus. In hohem Alter beherbergte sie auf Vermittlung der Anstalt über Wochen zwei junge Knaben, die an verschiedenen Krankheitssymptomen litten und deren Mutter nach einer Operation für längere Zeit der Erholung bedurfte.[19] Ohne die tätige Unterstützung ihrer Magd Sara hätte Emilie Paravicini-Blumer dies nicht tun können. Zu deren Entlastung engagierte sie zeitweise zusätzliche Mägde, die für die alltäglichen Hausarbeiten zuständig waren, während Sara als ihrer langjährigen Dienstbotin und Vertrauten zunehmend die Rolle der teilweise selbständig handelnden Praxishilfe zukam.

Lehrerin der Homöopathie

Der Magd Sara übertrug sie neben dem Empfang der Patientinnen und Patienten auch die Beurteilung, ob ihre persönliche Anwesenheit und Hilfe dringlich sei oder nicht. In letzterem Fall übernahm Sara die Beratung oder die Austeilung von Medikamenten. Im Sinne einer Ausbildung *by doing* wuchs diese in ihre Aufgabe hinein und eignete sich – so meine Annahme – auf diese Art gewisse Kenntnisse an. War die Weitergabe des Wissens an die Magd vor allem bedingt durch Alter und Überlastung, so erfüllte sie die Anfrage ihres Neffen Theodor Girard, ihn in die Homöopathie einzuführen, mit Stolz und Ängsten zugleich, implizierte diese Anfrage doch ebenso die informelle Anerkennung als Ärztin wie neue Herausforderungen. In den Briefen an die Nichten Emma und Betsy Usteri halten sich die Zeichen des Selbstbewusstseins und des Unbehagens über die eigene Unzulänglichkeit die Waage.

Theodor Girard war 1880 im nahen Obstalden, einer armen Berggemeinde oberhalb des damals von einer internationalen und reichen Klientel besuchten Walensees, zum Pfarrer gewählt worden. Zuvor hatte der zweisprachige Sohn von Hanna und François Girard-Blumer in Frankfurt am Main die französische Kirchgemeinde betreut. Seine Eltern waren Anhänger der pietistischen Dissidentenbewegung der Westschweiz gewesen und hatten engen Austausch mit dem Theologen Alexandre Vinet und dessen Ehefrau[20] gepflegt. Der missionarischen Enthusiasmus ausstrahlende Sohn und Theologe erkannte in seiner Wahl vor allem Gottes Fügung. Effektiv verdankte er diese vor allem seinen Verwandtschaftsbeziehungen, was Emilie Paravicini-Blumer im Brief an die Nichte Betsy Usteri andeutete: «Theodor's Aufenthalt auf Obstalden bringt auch viel neue Interessen, besonders da die Vorsteherschaft der Gemeinde ihm die vakante Pfarrstelle unter *günstigsten* Bedingungen angetragen hat, u: die Wahlgemeinde künftigen Sonntag wohl bestätigen wird, obschon er ihr über seinen theologischen Standpunkt klaren Wein eingeschenkt hat. Ich habe nicht dazu gerathen – Obstalden nach F[ran]kfurt ist ein starker Kontrast ... aber es gefällt ihm dort, u: da Alles ohne sein Zuthun u: seine Absicht sich so seltsam fügte (nur dass er für den kränklichen Pfarrer ein paar Mal predigte) so sieht er eine höhere Weisung darin, u: glaubt ihr folgen zu sollen. Freylich wird sich nun erst zeigen bey der Wahl, ob die ziemlich reformerische Gemeinde mit der Vorsteherschaft einig geht! Dass er mein Neffe ist, fällt auch in die Wagschaale. Ich erwarte ihn Morgen wieder, u: am Sonntag: wo er *hier* [in Mollis, E.J.] predigen wird, um nicht dort zu seyn. Wenn Hanna [Girard-Blumer, die Schwester von Emilie Paravicini-Blumer, E.J.] das erlebt hätte!! Bey mir will er dann Homöopathie studieren ‹um mein Werk fortzusetzen› hat aber keine Ahnung wie wenig mein Kopf u: Hals mehr zum Docieren geeignet sind!»[21]

Theodor Girards Wunsch, als Pfarrer und zugleich als Arzt zu wirken, fügte sich ebenso in die ältere Tradition der Medizin als «Bildungswissen» wie in die pietistische Tradition des Heilens. Nach Stolberg übte die Homöopathie seit den Anfangszeiten auf Geistliche eine besondere Anziehungskraft aus, und nach Lachmund und Stollberg gehörten Theologiestudenten zu den Hörern medizinischer Vorlesungen, da im Rahmen der «Pastoralmedizin» die hilfsärztliche Versorgung zum Berufsbild des Pfarrers gehörte.[22] Kostenfreie medizinärztliche Hilfe wurde als uneigennütziges Tun in der «Gefolgschaft Christi» und die Heilung auch als Ausdruck gottgegebener Wirksamkeit verstanden. Anderseits erschloss der Vertrieb von Medikamenten Geistlichen ein zusätzliches Einkommen oder Entschädigungen in Naturalien.[23] Im 19. Jahrhundert gewann die Homöopathie nicht nur unter Geistlichen eine wachsende Anhängerschaft, sondern auch Homöopathen ohne theologische Ausbildung betätigten sich ihrerseits als Prediger, so Arthur Lutze, der sich als von Gott begnadeter Heiler verstand und in den 1860er Jahren in Köthen jeden Sonntag in seinem zu einer Kapelle umgewandelten Sprechsaal eine Predigt hielt,[24] oder Freiherr Ferdinand Zenobius Heyer von Rosenfeld, der ab 1904 als Geistlicher der Apostolen in Bern fungierte. Auch mit Emilie Paravicini-Blumer wollte Heyer nach homöopathischen Erörterungen einmal die Auslegung des Römerbriefs von Paulus erläutern, was diese jedoch kaum zu interessieren schien.[25] Pfarrer, die sich im Selbststudium die Homöopathie beibrachten, unter anderem mit Lutzes «Lehrbuch der Homöopathie», gab es auch unter deutschen Pfarrern.[26] Es ist durchaus möglich, dass Theodor Girard solchen Pfarrern während seiner Zeit in Frankfurt begegnet ist.

In Obstalden bestätigten entgegen den leisen Befürchtungen von Emilie Paravicini-Blumer auch die fortschrittsorientierten Freisinnigen die Wahl ihres pietistisch ausgerichteten Neffen zum Gemeindepfarrer. Führten Amtsgeschäfte Theodor Girard vom Berg hinunter ins Haupttal, beispielsweise wegen eines Vortrags, einer Pastoralkonferenz oder der Synode, so übernachtete er in Mollis bei seiner Tante, um mit ihr jeweils «eine Menge homöop.[athischer] Fragen»[27] durchzusprechen. Er schrieb ihr häufig, nicht selten mehrmals wöchentlich, um sie wegen Konsultationen um Rat zu fragen. Mit dem Amtsantritt hatte er gleich zu praktizieren begonnen und exponierte sich als Experte in Gesundheitsfragen. «[...] so hielt Th.[eodor] letzte Woche Abends einen Vortrag über Gesundheitslehre, da er Anlass hat zu bemerken, welche Beschränktheit da noch herrscht, muss zugleich als Arzt amtieren – u: ich arme schwache Seele muss dem Anfänger rathen u: helfen, u: wir wissen Beyde wenig genug! Die Ärzte nicht mehr.»[28]

In ihrem Zweifel, ob sie als Lehrerin genügen könne, nahm sich Emilie Paravicini-Blumer weniger als erfahrene Ärztin denn als Dilettantin wahr. Gleichzeitig sprach sie der Ärzteschaft eine grössere Kompetenz ab, vielmehr war laut ihrer

Meinung das Wissen aller recht dürftig. Im Gegensatz zum hierarchisch geprägten Verhältnis zwischen dem Homöopathen Heyer als Lehrer und ihr als seiner Schülerin verstand sie ihr Verhältnis zu ihrem eigenen Schüler Theodor Girard eher als eine Beziehung auf gleicher Stufe. Ihre langjährige Erfahrung und das angeeignete Wissen sah sie als Frau in der akademischen Bildung des Theologen kompensiert und entzog so ihrer Position die Autorität der Lehrkraft. Die Asymmetrie des unterschiedlichen homöopathischen Wissensstandes wurde aufgewogen durch die Asymmetrie der bürgerlichen Geschlechterverhältnisse, die ihrerseits durch das Generationengefälle nicht kompensiert wurde. Trotz seiner Unerfahrenheit schilderte Emilie Paravicini-Blumer den jungen Mann als einen Experten, als der er wenn nicht ihr gegenüber, so doch in der Öffentlichkeit auftrat. Erst als sein Handeln Anlass zu öffentlichen Klagen gab, veränderte sich auch das Verhältnis zwischen Tante und Neffen.

Obstalden hatte sich gemäss Theodor Girards Vision zu einem Kurort zu entwickeln, ein Plan, in dessen Umsetzung ebenso die einheimische Bevölkerung wie das Pfarrhaus einbezogen werden sollten. Emilie Paravicini-Blumer begegnete den Initiativen ihres Neffen mit zunehmender Skepsis, da ihn der Verkehr mit den Kurgästen fast zu erdrücken schien:[29] «[...] ist rastlos beschäftigt mit ärztlichen Besuchen u: lässt sich nun in einem Chaischen [einem kleinen Pferdewagen, E. J.] im Berg herumfahren, weil es sonst nicht mehr mit Zeit u: Kraft ausreichte. Auch das Einrichten der Bibliothek ist eine grosse Arbeit. Dazu hat er einen Hühnerhof einrichten lassen u: bereits mit dem Hahn u: zwey ganzen Hennen bevölkert!! Schreibt auch: ‹Die Anmeldungen von Sommergästen nehmen bereits einen respectablen Umfang an›! Mich nimmt Wunder wie das Alles soll bewältigt werden ohne eine tüchtige Hausfrau, das Wichtigste, die Kinder ungerechnet. Er reibt sich vor der Zeit auf, u: ich kann nichts thun als warnen – wo er mir immer recht giebt, aber immer wieder etwas Neues anzettelt.»[30] Emilie Paravicini-Blumers Sorge bezog sich insbesondere auf die privaten Verhältnisse ihres Neffen. Fast zeitgleich mit seiner Übersiedlung in die Schweiz war seine Frau Lotte gestorben. So war er nicht nur Pfarrer, Arzt und «Kurdirektor», sondern hatte sich als alleinstehender Vater um Alltägliches wie das Kaufen von Sommerkleidchen für die kleinen Töchter zu kümmern. Immer wieder war er auf der Suche nach Mägden. Ausnahmsweise und kurzfristig wusste Emilie Paravicini-Blumer ihm als Aushilfe ein junges Mädchen aus der Armenanstalt der Familie Brändli zu vermitteln. Selbst Kurgäste, «die Fräuleine u: Frau Raillard», standen in seiner Küche, um ihm aus der Bredouille zu helfen.[31] Im Sommer 1882 schien sich mit Theodor Girards zweiter Heirat, die von der Bevölkerung mit Genugtuung registriert wurde, die Situation zu bessern, doch starb seine Ehefrau schon neun Monate später. Zu Beginn des Jahres 1884 heiratete er zum dritten Mal, nur hatte er zu diesem Zeitpunkt das Vertrauen der Gemeinde Obstalden bereits verloren. Nach Aussagen seiner Frau Luise, die Emilie Paravicini-Blumer im Spätsommer 1884 besuchte, wurde Theodor «durch Verfolgung Lügen u: grenzenlose Verläumdungen förmlich genöthigt seine Demission zu geben, ehe er nur auch Aussicht auf eine Stelle» hatte.[32] Über die Gründe seiner erzwungenen Demission lässt sich nur spekulieren. Seinen Abgang beurteilte selbst Emilie

Paravicini-Blumer als unausweichlich, auch wenn sie über das Wie und Warum im Brief an die Nichten nicht eingehen wollte.[33] Schliesslich soll es im Herbst zu einer einigermassen friedlichen Trennung von Obstalden gekommen sein, da die Stimmung nach Meinung von Emilie Paravicini-Blumer umgeschlagen hatte und sich eine neue Stelle abzeichnete.[34]
So endete Emilie Paravicini-Blumers Lehrtätigkeit als mit Sorgen befrachtete Episode. Hatten sie die homöopathischen Interessen des Neffen und seine weitschweifigen Erzählungen anfänglich freudig erregt und ihre eigenen Nöte fast vergessen lassen, belasteten diese Nöte die eigene Befindlichkeit bald schwer. Ihre Altersgebrechlichkeit und chronische Halsentzündung, auf die sie im zitierten Brief über die Anfrage Theodors mit «Kopf» und «Hals» Bezug nahm, waren wieder das zentrale Thema ihrer brieflichen Erörterungen.

5.2 Krankheit und Tod: Ambivalenzen in Haltung und Deutung

Emilie Paravicini-Blumer äusserte ihr Misstrauen gegenüber der Allopathie bis in ihre letzten Lebensjahre. Gedrängt von ihren Nichten konsultierte sie jedoch wegen ihrer chronischen Schmerzen vor ihrem Tod noch einen jungen, naturwissenschaftlich ausgebildeten Arzt. In den Briefen zeigte sich Emilie Paravicini-Blumer angesichts des baldigen Sterbens gelassen. Rückblickend deutete sie die weibliche Selbstbeschränkung positiv.

Die Gebresten des Alters

Seit Mitte der 1870er Jahre schilderte sie ihre Altersbeschwerden: schwindende Denkkapazität, chronisches Halsleiden, zunehmende Sehschwäche gepaart mit Augenentzündung. Zudem litt sie abwechslungsweise oder gleichzeitig an einer ganzen Palette selbst diagnostizierter Krankheiten: an Husten, Schleimhaut- und Ohrenentzündung, an Blasenkatarrh und Magenkatarrh, den «schon Schönlein vor 46 Jahren nicht zu heilen wusste»,[35] an Koliken, Herzkrampf und Seitenstechen, an nicht näher definiertem «kranken Zustand der inneren Organe»[36] und «bis zur Melancholie gedrückten» Nerven.[37] Seit wann sie schlafwandelte, ist aus den Briefen nicht ersichtlich, wohl aber, dass Schlafwandel in ihren letzten Jahren verschiedentlich vorkam und sich ihr Homöopath Heyer dafür interessierte. Einmal fiel sie dabei so unglücklich, dass sie sich verletzte: «Aber in der Nacht trieb mich ein schwerer Traum wieder schlafwandelnd aus dem Bett, wie u. wo weiss ich nicht, es gieng alles sehr unerklärlich zu, denn ich schlug plötzlich um, u: mit ganzer Gewalt an allerley harte u: scharfe Dinge, Sara erwachte oben von dem Schlag u: Lärm, stürzte im Hemd herbey, u: fand mich Kopf u: Hände voll Blut noch halbe besinnungslos.»[38]
Sara übernahm nach dem Tod von Agatha Blumer auch Emilie Paravicini-Blumer gegenüber zunehmend pflegerische Funktionen. Ausserdem hatte sie zu entscheiden, wer von den vielen Besucherinnen und Besuchern und den weiterhin anklopfenden Patientinnen und Patienten wegzuweisen waren, um Emilie Paravicini-Blumer nicht unnötig zu belasten. Zwiespältige Gefühle gegenüber

den vielfältigen Ansprüchen äusserte Emilie Paravicini-Blumer unter anderem in einem Brief im Frühjahr 1884: «Alles, was mich zu besuchen pflegt war in den letzten zwey Wochen da gewesen in ununterbrochener Reihenfolge: Pastores u: Doctores, Lehrer u: Schüler, Kranke mit äussern, Gesunde mit inneren Gebresten u: Angelegenheiten u: ich an Hals, Kopf, Augen u: Ohren fast nicht fähig, alles zu bewältigen.»[39] Materiellen Problemen aber war Emilie Paravicini-Blumer nicht ausgesetzt. So klagte sie zwar über «grosse Geldnöthe», doch nicht im üblichen Sinn, sondern weil sie wegen des Auslaufens verschiedener Obligationen und Kreditgewährungen nicht wusste, wie sie die zurückströmenden Gelder neu anlegen sollte.[40] Während sie bei Fragen der Finanzen an die Hilfsbereitschaft der Nichten Usteri und deren Bruder Paul appellierte, war für ihre körperlichen Leiden weiterhin Heyer zuständig, der sie nötigenfalls jede Woche besuchte. Es gelang ihm, ihr mit der Verabreichung homöopathischer Mittel zeitweise Linderung der Schmerzen und ruhige Nächte zu verschaffen. Für den Halsbereich verschrieb er ihr Inhalationen von Weingeist, die aber ohne anhaltende Wirkung blieben. In ihren Briefen an die Nichten zeigte sich Emilie Paravicini-Blumer ebenso dankbar für Heyers ärztliche Bemühungen wir für Saras Unterstützung und Pflege.

Allopathische Symptombekämpfung

Ab 1880 schien sich Emilie Paravicini-Blumer zunehmend sicher, dass ihr auch die Homöopathie längerfristig nicht mehr helfen könne. Die Verwandten ihrerseits drängten sie zur Konsultation eines allopathischen Arztes, ein Wunsch, der ihren Widerwillen erregte. Auf dem Hintergrund der politischen Auseinandersetzung um die Freigabe der medizinischen Tätigkeit und des Todes ihrer Schwester Agatha nach der von den lokalen Ärzten gemeinsam vorgenommenen Beinamputation kam für Emilie Paravicini-Blumer deren Hilfe nicht in Frage. In ihren Briefen dachte sie ans Wegziehen, um ausserhalb des Kantons einen patentierten Arzt als Therapeuten beizuziehen. Die Rückkehr des «jungen Jenny», Sohn eines bekannten Arztes, erfuhr sie daher wie Gottes Fügung, auch wenn sie sich «nicht ohne Grund» vor den Mitteln der Allopathie fürchtete. Da der junge Arzt nicht in die vorausgehenden Händel involviert gewesen war, sah sie ihn nicht als Antipoden Heyers. Diesen sah sie weiterhin als ihren Vertrauensarzt.[41] Erst als wegen Heyers längerer Abwesenheit die Konsultation eines anderen Arztes unerlässlich erschien, liess sie Jenny holen; «aber der Widerwille geg.[en] eine allop.[athische] Behandlung ist fast unüberwindlich», schrieb sie an Emma Usteri. Doch ihrem eigenen medizinischen Urteil traute sie in Bezug auf den eigenen körperlichen Zustand nicht, so dass sie sich in das für sie Unvermeidliche fügte.[42] Das ist für eine so entschiedene Vertreterin der Homöopathie zwar erstaunlich, doch reiht es sich ein in die auch in anderen Bereichen zu Tage tretenden Ambivalenzen und Mehrdeutigkeiten, die Emilie Paravicini-Blumers Haltung immer wieder kennzeichneten. So weigerte sie sich zwar, gegenüber den alten Kontrahenten klein beizugeben und nahm doch einen Allopathen zu Hilfe; so trat sie zum Teil selbstbewusst als Homöopathin auf und traute ihrem Urteil auch nach Jahren der Selbsttherapie immer noch nicht; so setzte sie trotz

der Bejahung des nahenden Todes noch auf Therapie. Ambivalent zeigte sich Emilie Paravicini-Blumer ebenso in ihrem Verhältnis zu Heyer. Zwar tauschte sie seine Hilfe gegen die Hilfe eines Allopathen ein, dennoch scheint dieser «Verrat» ihr Vertrauen in die Kunst des Homöopathen Heyer nicht erschüttert zu haben.
Wie um die Berechtigung ihrer Hochschätzung Heyers zu unterstreichen, meldete sie kurz nach der Konsultation des Allopathen Jenny im Juni 1884 nach Zürich, dass dieser genau die gleiche Diagnose stelle wie Heyer: «Schleimhauterkrankung von Hals und Ohren.»[43] Jenny griff jedoch mit der Ätzung der entzündeten Stellen und damit der Eliminierung der Symptome zu drastischeren Mitteln als der Homöopath. Die qualvollen «Manipulationen»[44] verhalfen Emilie Paravicini-Blumer zu grosser Erleichterung beim Sprechen, Schlucken und Essen, was ihre Aversion gegen die Allopathie in den Hintergrund drängte.[45] Dauerhaft geheilt wurde sie nicht. Und der bereits vor der allopathischen Behandlung geäusserte Wunsch, sich hinzulegen und «ohne nach menschlicher Hülfe zu langen, erwarten, wie es Der verheisst der da sagt: ich bin der Herr dein Arzt!»,[46] durchzog als Leitmotiv viele Briefe aus den letzten Lebensjahren. Solche Äusserungen der Ergebenheit in Gottes Walten blieben aber fast immer gepaart mit Witz und Sinn für das Bodenständige. So ergänzte sie die eben zitierte Stelle mit dem selbstironischen Zusatz: «Aber Ihr werdet mit Recht sagen: wenn man noch so viel schreibt lebt man noch. Ja ich lebe mit Euch um die eigne Misère eine Weile zu vergessen!»[47] Dies schrieb Emilie Paravicini-Blumer knapp neun Monate vor ihrem Tod. Am 3. Februar 1885 soll sie im Zustand relativen Wohlbefindens gestorben sein,[48] ein halbes Jahr nach dem Wechsel vom Homöopathen Heyer zum Allopathen Jenny. Das letzte erhaltene Dokument aus ihrem Briefnachlass ist eine auf den 2. Januar datierte Postkarte an Betsy Usteri. Sie endet mit den Worten: «Es ist eben überall noch Neujahr. Mit Gott sey es angetreten! Ob es nun kurz oder lange dauert. Noch immer Eure alte G[otte].»[49]

Die Umwertung weiblicher Selbstbeschränkung

Wenige Jahre vor ihrem Tod hatte die von Altersbeschwerden geplagte Emilie Paravicini-Blumer in einem Brief an die Nichte Emma Usteri leicht resignativ auf ihr Leben zurückgeblickt und den ihr als Frau abgerungenen Verzicht auf einen eigenen Lebensentwurf positiv zu deuten gesucht. Dabei gestaltete sie die definitive Rückkehr nach Mollis dreissig Jahre zuvor zu einem entscheidenden Wendepunkt ihres Lebens, der ihr jedoch nicht wie die arrangierte Heirat aufgezwungen worden war, sondern den sie, innere und äussere Bedingungen abwägend, selber bestimmt hatte.
Mit der positiven Deutung der Selbstbeschränkung wollte Emilie Paravicini-Blumer ihre Nichte Emma Usteri aufmuntern, die über krankheitsbedingte Begrenzung der eigenen Möglichkeiten geklagt hatte: «Ich habe vor langen Jahren eine Periode ähnlichen innern u: äussern Erfahrens durchlebt – in der Zeit wo ich nach Albisbrunn gieng –, u. vorher. Ich stand damals in einer Menge des schönsten Verträumens- u: Freundschafts-Verhältnisses, in geistigem Verkehr mit ausgezeichneten Männern u: Frauen und unter einer Bürde von schweren

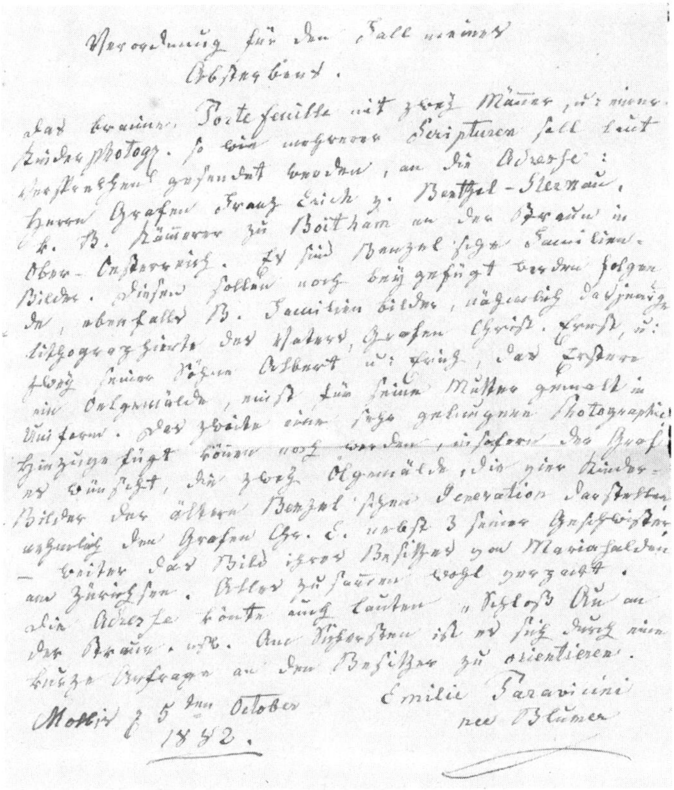

Verordnung für den Fall meines Absterbens.

das braune Porte feuille mit zwey [illegible], u: meine Kinderphotogr. so wie mehrere Scripturen soll laut [illegible] gesandt werden, an die Adresse: Herrn Grafen Franz Erich v. Bentzel-Sternau, k. k. Kämmerer zu [illegible] an der Traun in Ober-Oesterreich. Es sind Bentzel'sche Familien-Bilder. Diesen sollen noch beygefügt werden folgende, ebenfalls B. Familien Bilder, nämlich das einzige lithographierte des Vaters, Grafen Christ. Ernst, u: zwey seiner Söhne Albert u: [illegible], das Erstere ein Oelgemälde, [illegible] für seine Mutter gemalt in Uniform. Das Zweite eine sehr gelungene Photographie. Hinzugefügt könnte noch werden, insofern der Graf es wünscht, die zwey Oelgemälde, die Kinder-Bilder der ältern Bentzel'schen Generation darstellen, [illegible] den Grafen Chr. E. nebst 3 seiner Geschwister. – Weiter das Bild ihres Besitzes von Mariahalden am Zürichsee. Alles zu senden wohl verpackt. Die Adresse könnte auch lauten „Schloss Au an der Traun. usw. Am sichersten ist es sich durch eine kurze Anfrage an den Besitzer zu orientieren.

Mollis d. 5ten October 1882.

Emilie Paravicini née Blumer

«Verordnung für den Fall meines Absterbens»: Emilie Paravicini-Blumer bestimmte im Oktober 1882, dass nach ihrem Tod die sich in ihrem Besitz befindlichen Bilder, Fotografien und Schriften der Familie von Bentzel-Sternau «wohl verpackt» an deren Vertreter im Schloss Au an der Traun in Oberösterreich geschickt werden sollten.

Familien-Pflichten. Ich aber hatte das Bedürfnis vielleicht den Ehrgeitz, vor Allem das liebevolle Herz, nach allen Seiten nicht nur zu genügen, sondern Jedem ein Besstes zu geben. Da kam ein Moment wo ich empfand dass ich im Begriff war mich aufzuzehren ... Besseren als ich war es geschehen – schwere Beyspiele warnten, ich erkannte die Gefahr u: es war ein redliches Bemühen langer Jahre ihr zu begegnen u: meine Lebensführung darnach zu richten. Ein grosser Lehrer wies mich an d.[ie] Demuth der Selbstbeschränkung! Das Wort des Apostels Pauls in seiner vielfachen Bedeutung: ‹Trachtet nicht nach hohen Dingen› verhallte nie mehr in meinem Herzen. Von dem ‹viel wollen›, wie ich es auch auf ein bescheidenes Mass zurückführte, blieb noch immer ein ‹viel müssen› aber ich suchte die Absicht des höchsten Erzieher's zu verstehen der nicht umsonst so schweres Bleygewicht auf meine hochgehenden Schwingen legte.»[50] Die familiären Verpflichtungen bremsten den Höhenflug, veränderten die Perspektiven und senkten Hoffnungen auf ein bescheidenes Mass. Diese Verpflichtungen

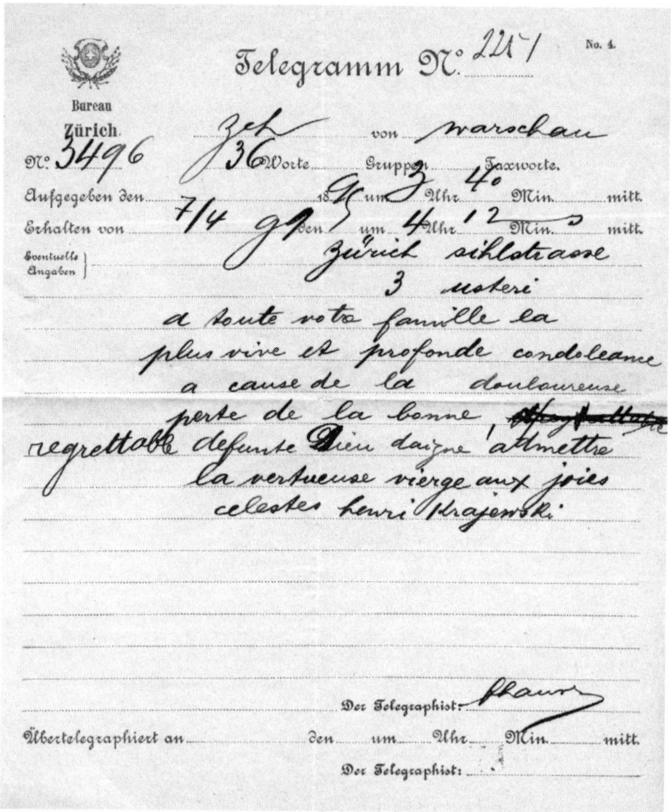

Telegramm No.

No. 4.

Bureau Zürich

No 3496 Zch 36 Worte Gruppen Taxworte von warschau

Aufgegeben den 7/4 99 um 3 Uhr 40 Min. mitt.

Erhalten von um 4 Uhr 12 Min. mitt.

Eventuelle Angaben Zürich sihlstrasse 3 usteri

a toute vote famille la plus vive et profonde condoleance a cause de la douloureuse perte de la bonne regrettable defunte Dieu daigne admettre la vertueuse vierge aux joies celestes henri krajewski

Der Telegraphist:

Übertelegraphiert an den um Uhr Min. mitt.

Der Telegraphist:

Telegramm zum Tod Emilie Paravicini-Blumers: In französischer Sprache kondolierte Henrik Krajewski aus Warschau der Familie Usteri in Zürich und schloss mit dem Wunsch, Gott möge die tugendhafte Jungfrau an den himmlischen Freuden teilnehmen lassen.

standen auch rückblickend nicht zur Disposition. Vielmehr wurden persönliche Ambitionen auf Einfluss und Anerkennung als gefährliche Überforderungen und Allmachtsfantasien, die Beschränkung mit Rekurs auf die Worte von Paulus dagegen als Einverständnis mit Gottes Plan gedeutet. Statt sich emporzuarbeiten mit Hilfe von Starken, wie sie das vierzig Jahre zuvor im Brief an Graf Karl Christian Ernst von Bentzel-Sternau noch als das ihr Angemessene gesehen hatte,[51] sah sie nun ihr Wachsen im Stützen von Schwachen in der Familie und der Region als das für sie Vorgesehene und damit auch Richtige.

Neben der Akzeptanz des auferlegten Schicksals scheint mir in diesem Brief auch ein Gefühl der Trauer mitzuschwingen, weniger wegen der entgangenen Erfolge als wegen der Entsagung auf Einbindung in eine höchst viel versprechende und von persönlichen Beziehungen und Emotionen genährte gesellschaftliche Aufbruchstimmung. Sie hoffte, im «nächsten» Leben Erfüllung zu finden. Mit ihrer Evokation vergangener Zeiten liess Emilie Paravicini-Blumer implizit ihre Freundinnen und Freunde früherer Jahre Revue passieren, von den bildungs-

bürgerlichen jungen Frauen Albertine Bruch und Hortensia Margaretha Koller-Steinbrüchel über den radikal-liberalen Gottlieb Hagnauer und den polnischen Emigranten Paul Lewinski bis zum Grafen Christian und zu Albert von Bentzel-Sternau, aber auch die Badegesellschaft im Kurhaus Albisbrunn, wo sie die Einheiratung ihrer jüngeren Schwester in das Zürcher Bürgertum eingefädelt hatte. Aus diesen überregionalen, bildungsbürgerlichen und adligen Beziehungsnetzen hatte sie sich weitgehend gelöst.
Die positive Deutung des Rückzugs scheint mir von Widersprüchen durchzogen, geprägt auch von einer ambivalenten Haltung gegenüber bürgerlichen Werte- und Geschlechterkonzepten. Zum einen plädierte Emilie Paravicini-Blumer mit Rekurs auf christliche Demut für Verzicht auf persönliche Ambitionen, zum andern wusste sie im Alter um ihre gesellschaftliche Position auf der lokalen Ebene. Sie hatte sich im beschränkten Handlungsraum Möglichkeiten zum Agieren ausserhalb des privaten Rahmens der Familie erschaffen. Auf diesem Hintergrund kann ihre Deutung des Rückzugs von der Teilhabe an der grossen Welt als Versuch gesehen werden, trotz der erfahrenen Brüche ihr gelebtes Leben mit einer zusammenhängenden Sinnstruktur zu einem Ganzen zu verknüpfen. Die Unmöglichkeit, Weltläufigkeit im Konkreten zu erfahren, kann als annehmbar erscheinen, weil die gemeinnützigen Verpflichtungen und die Praxis als Homöopathin Emilie Paravicini-Blumer Anerkennung in ihrem gesellschaftlichen Umfeld gebracht hatten, die ihr im Rahmen der europäischen Bildungselite allenfalls versagt geblieben wäre. So konnte selbst gemessen an bürgerlichen Leistungserwartungen ihr Leben, das von öffentlichem Engagement und beruflichem Erfolg geprägt war, als erfolgreich gelten. Emilie Paravicini-Blumer hatte sich trotz weiblich konnotierter Selbstbeschränkung eingebunden in die als männlich gedachte bürgerliche Öffentlichkeit.

5.3 Fazit: Einbindung der persönlichen Ambitionen in das christlich-bürgerliche Referenzsystem

Die letzten Lebensjahre von Emilie Paravicini-Blumer prägten Ambivalenzen, die sich in der Legitimierung des eigenen Tuns niederschlugen. Sie konnte ihre therapeutische Praxis unangefochten ausüben. In ihren Briefen zeigte sie sich gleichermassen stolz auf ihre Erfolge wie unsicher bezüglich ihrer medizinischen Kenntnisse; sie verglich sich als erfahrene Homöopathin selbstbewusst mit den Schulmedizinern und sprach sich dennoch fachspezifische Professionalität ab, eine ambivalente Haltung, die sie auch als Lehrerin ihres Neffen nicht ablegte. Gegenüber der armen Bevölkerung sah sie sich gleichzeitig als Ärztin und gemeinnützige Bürgerin, die ihren Einsatz jedoch zunehmend als Last empfand. So deutete sie ihre berufliche Tätigkeit vor allem als gesellschaftliche Verpflichtung, von der sie auch die Gebresten des Alters nicht entbanden. Diese erfuhr sie zunehmend als unausweichliches Leiden. Trotz ihrer vehementen Ablehnung der so genannten Allopathen setzte sie gegen Ende ihres Lebens auf die Hilfe eines Schulmediziners, ohne dabei der Homöopathie abzuschwören. Vielmehr

machte sie sich generell wenig Hoffnung auf einen therapeutischen Effekt, ob von einer homöopathischen oder allopathischen Kur. Ambivalent war schliesslich die Deutung der ihr aufgedrängten Selbstbeschränkung.
Bürgerliche Entfaltung der Fähigkeiten und Zukunftshoffnungen in Bezug auf die persönlichen Ambitionen standen Emilie Paravicini-Blumer in der kleinräumigen Schweiz als Frau nur begrenzt zu. Der Schritt in die Welt und die Einbettung der eigenen Aspirationen in die Bewegungen der Zeit wurden unter dem Druck von inneren und äusseren Notwendigkeiten, von gesellschaftlichen Normen und Werten abgebremst. Diese legten zwar «schweres Bleygewicht» auf die «hochgehenden Schwingen», doch wusste Emilie Paravicini-Blumer diesem Bleigewicht auch Positives abzugewinnen. In ihrem Rückblick auf das eigene Leben reihte sie die Implikationen dieser Beschränkung auf: statt Wirken in grossen sozialen Zusammenhängen bescheidene Pflichterfüllung im privaten Nahbereich, statt Integration in ein europäisches Netzwerk und diskursives Mitgestalten der Zukunft Rückzug in ländliche Übersichtlichkeit und verwandtschaftliche Beziehungsgeflechte. Die Leistungsmaximen des aufstrebenden Bildungsbürgertums wertete sie als einen ihr nicht angemessenen Ehrgeiz und als Gegenstück zur Pflichterfüllung als aktiver Umsetzung von Gottes Willen. Zugleich wendete sie diese Ambitionen durch eine Verknüpfung von bürgerlichen Leistungskonzepten mit ebenso bürgerlichen Weiblichkeitskonzepten ins Positive, indem sie ihren Wunsch nach Teilhabe an der Welt in ein zwar überrissenes, aber grundsätzlich zu bejahendes Bestreben, «Jedem ein Bestes zu geben», deutete.[52] Rückblickend war für sie nicht mehr wie in ihren jungen Jahren das Streben nach Befreiung, sondern der christliche Lebensvollzug das ideologische Referenzsystem für Möglichkeiten der Partizipation von Frauen an der bürgerlichen Öffentlichkeit. So hatte sie sich in der begrenzten Welt des Kantons Glarus Felder erschlossen, um ihre intellektuellen und organisatorischen Fähigkeiten in Selbstermächtigung praktisch umzusetzen: als Vormündin ihres Mannes, als Begründerin von Frauenkomitees, als Zuständige für die Ausbildung der Arbeitslehrerinnen und als Homöopathin. Diese Art selbstermächtigter Partizipation im Einklang mit den bürgerlichen Weiblichkeitskonzepten machte sich im letzten Viertel des 19. Jahrhunderts auch die sich formierende Frauenbewegung auf höchst pragmatische Art zu eigen, um diese Einflussnahme damit neu zu definieren und auszuweiten.[53]

IV Das Paradox der doppelten Zugehörigkeit

Ergebnisse

Josephine Stadlin und Emilie Paravicini-Blumer waren Zeitgenossinnen des liberalen Umbruchs, der zur Konstituierung der modernen Schweiz führte. Beflügelt von der Aufbruchstimmung trugen sie diese qua Zugehörigkeit zum Bildungsbürgertum und zu ihrem Geschlecht mit. Dabei suchten sie sich in der Phase des Aufbaus und der Konsolidierung des bürgerlichen Nationalstaats auch öffentlich zu positionieren: Josephine Stadlin als Institutsleiterin, gelehrte Pädagogin und Autorin, Emilie Paravicini-Blumer als gemeinnützig engagierte Bildungsbürgerin und Homöopathin. Ihr Beitrag zum gesellschaftlichen Aufbruch sowie ihre Streben nach fachspezifischer Professionalisierung und öffentlich sanktionierter Anerkennung der eigenen Berufstätigkeit waren gleichermassen geprägt durch geschlechtsspezifische Einschränkungen, denen Frauen im 19. Jahrhundert je nach Zivilstand mehr oder weniger unterworfen waren, wie durch ihre familien-, klassen- und zeitspezifisch gefärbte Individualität, die Richtung und Bandbreite ihres Handelns und ihres Auftretens entscheidend bestimmte. So lassen ihre Biografien nicht nur institutionell und normativ abgesicherte Handlungsmöglichkeiten von Frauen erkennen, sondern auch Möglichkeiten der Einflussnahme, Kommunikationsformen und Praktiken der Selbstvergewisserung. Die beiden Biografien zeichnen sich durch Mehrdeutigkeit aus: Ambivalenz und Paradox waren der doppelten Zugehörigkeit zum Bildungsbürgertum wie zum weiblichen Geschlecht inhärent. Die doppelte Zugehörigkeit zog Einbindung wie Ausschluss nach sich und verwischten zugleich klassen- und geschlechterbedingte Trennlinien. Daher wurden zur Erfassung des Aktionsradius dieser Frauen und für die Deutung ihres Handelns neben strukturellen Kategorien sozialer Differenzierung – Klasse und Geschlecht – weitere Unterscheidungskriterien berücksichtigt wie der Zivilstand – ledig, verheiratet, verwitwet –, die Position in der Geschwisterreihe und familiale Verantwortungen. Indem in dieser Arbeit subjekt-, institutionen- und gesellschaftsbezogene Ebenen zusammen gedacht werden, geraten über die einzelnen Akteurinnen hinaus Kommunikations- und Handlungsräume von Frauen und Männern des Bürgertums ins Blickfeld. Das ermöglicht eine differenzierte Sicht auf den sich etablierenden Nationalstaat, da Frauen und Männer nicht über ihre diskursive Zuordnung zum Bereich des Privaten beziehungsweise des Öffentlichen erfasst werden, sondern über die in den Korrespondenzen erkennbaren Interaktionen. Diese waren ebenso bedingt durch Familien- und Verwandtschaftskonstellationen wie durch ökonomische und rechtliche Faktoren, zugleich aber auch entschei-

dend geprägt von zeitspezifischen Diskursen. So erschliessen die gut 3500 Briefe umfassenden Nachlässe – Briefe an Personen aus dem Freundschafts- und Verwandtschaftskreisen im Fall von Emilie Paravicini-Blumer, Briefe von Personen aus dem bildungspolitischen Umfeld im Fall von Josephine Stadlin – vielschichtige Beziehungsgeflechte, Lebensentwürfe und Deutungszusammenhänge: Es zeigen sich weder lückenlose Biografien noch Fallgeschichten, vielmehr biografische Fragmente, denen die Geschlechterimplikationen der gesellschaftspolitischen Dynamik inhärent sind.
Die Ergebnisse aus der Aufarbeitung des reichhaltigen Briefmaterials treffen zwar nicht auf Frauen im Allgemeinen zu, aber aus der Vielfalt von Ereignissen, Erfahrungen und Deutungen resultieren Erkenntnisse über die Geschlechterverhältnisse und alltäglichen Praktiken in einer sich formierenden bürgerlichen Gesellschaft. So erlaubt die Auswertung der Briefwechsel eine höchst facettenreiche Annäherung an die Geschichte einer politischen Umbruchphase mit europäischer Dimension. Dies scheint mir auch deshalb zentral, weil – und dies gilt insbesondere für die Schweiz – die liberale Bewegung als soziale Bewegung noch kaum aus einer Perspektive erforscht worden ist, die Emotionen, familiäre Zuständigkeiten sowie geschlechterübergreifende Vernetzungen und Kommunikationsräume als Faktoren des Wandels einbezieht und diese mit Fragen nach rechtlicher Ungleichheit und frauendiskriminierenden Praktiken verknüpft. Die geschlechterspezifisch relevanten Ergebnisse dieser Sicht auf die bildungsbürgerliche Generation, die 1848 die Ausgestaltung des Nationalstaats und die anschliessenden Gründerjahre nachhaltig prägten, umfassen thematisch folgende Aspekte: Aufbrucherfahrungen im Kontext der liberalen Bewegung, Ausgrenzungserfahrungen und Schwächung weiblicher Netzwerke im Prozess der Institutionalisierung des Bundesstaats; die Mehrdeutigkeit von kommunikativen Praktiken; Unschärfen in der Geschlechteridentifikation im Spannungsfeld von normativer Zuschreibung und persönlichem Erfahrungshorizont; zivilrechtliche, familien- und klassenspezifische Rahmenbedingungen weiblicher Handlungsoptionen; die Selbstermächtigung von Bildungsbürgerinnen zur Aneignung von Wissen und zur Berufstätigkeit trotz Ausschluss von institutioneller Ausbildung.

Liberale Bewegung als Aufbrucherfahrung

In den Jahren des liberalen Aufbruchs erfuhren sich Frauen und Männer, auch wenn sich ihre Zielsetzungen nicht gänzlich deckten, auf Grund eines gemeinsamen Erwartungshorizonts als Teil einer breiten Bewegung, die in starkem Masse im Bildungsbürgertum verankert war und von dessen Wertvorstellungen geprägt war. Dieser Aufbruch manifestierte sich gleichzeitig in vielen Ländern und löste trotz nationalstaatlicher Ausrichtung Identifikationen und Imitationen aus, die über geschlechter- und geopolitisch bedingte Grenzen hinweg von einem Gefühl der Nähe getragen waren – ähnlich der 68er Bewegung mehr als ein Jahrhundert später.[1] So setzte die Kommunikation, die sich vom Privaten aufs Öffentliche erstreckte, gerade in Städten wie Zürich, wo sich ihrer Gesinnung wegen verfolgte Emigranten deutscher Provenienz in vorher nicht gekannter

Dichte auf engstem Raum zusammenfanden, bei Männern wie Frauen emotionale Energien frei, die sich im Vorfeld von 1848 zum Gefühl einer allgemeinen Befreiung steigerten. Diese Dichte resultierte aus dem Erfolg der Liberalen in Zürich, die ihrerseits vom intensiven intellektuellen Austausch mit den Zugezogenen neue Impulse erhielten. In den Jahren von 1830 bis 1848, der Zeit der so genannten Regeneration, gelang es den Liberalen, in einer zunehmenden Zahl von Kantonen ihr Konzept politischer Partizipation umzusetzen und sich in der Schweiz als gesellschaftlich bestimmende Kraft zu etablieren. Doch war ihre Position in dieser Periode noch nicht gefestigt. Vielmehr war der Umwandlungsprozess begleitet von heftigen Kämpfen zwischen den Liberalen und den Konservativen, die sich in kurzfristigen Rückschlägen, wie im Kanton Zürich 1839, oder in nachhaltigen Niederlagen, wie in den Kantonen Zug und Luzern in den 1840er Jahren, niederschlugen. Erst der Sieg der eidgenössischen Tagsatzung im Sonderbundskrieg und die Einführung der liberalen Bundesverfassung von 1848 markierten das Ende dieser Phase, damit zugleich das Ende der liberalen Bewegung als einer sozialen Bewegung.[2]

Bis dahin verfügte die liberale Bewegung trotz Fundierung durch eine Vielzahl von Vereinen und trotz zunehmender politischer Durchsetzungskraft weder über eine formale Mitgliedschaft noch über eine klare Hierarchie, sondern entwickelte sich über Bekanntschaften, Freundschaften und Briefwechsel als horizontal strukturiertes Netzwerk. Sie definierte sich über gemeinsame Werte und über ein Wir-Gefühl; ihr Erwartungshorizont war bestimmt von der Vorstellung einer freien und egalitären Gesellschaft in einem Nationalstaat.[3] Die Mobilisierung zur Erreichung dieses Ziels hielten die Liberalen durch Aufsehen erregende Aktionen in Gang. Mit ihren performativen Handlungsformen, die an die körperliche Anwesenheit der Aktivisten gebunden waren,[4] knüpften sie in der Schweiz an die föderalistische Struktur und die Traditionen der Landsgemeinde an. Statt auf Barrikaden wie in Paris, Wien und Berlin setzten sie auf kontinuierliche Inszenierungen im öffentlichen Raum: Volksversammlungen und Rituale im Rahmen von Schützen- und Sängervereinen. Bei diesen Aktionen wie bei den spektakulären liberal-radikalen Freischarenzügen in die katholische Innerschweiz blieben Frauen im Gegensatz zu den Barrikadenkämpferinnen in Paris und Berlin oder den Kämpferinnen in den Reihen der südwestdeutschen Freischaren sprachlose Zaungäste – und waren dennoch Teil der Bewegung. Ihre Partizipation lief über das Verwandtschaftsnetz und über direkte Beziehungen zu Exponenten des Aufbruchs; sie lief aber ebenfalls über die Identifikation mit den liberalen Zielsetzungen. Während die katholisch-konservative Gegenbewegung zur Bekräftigung der alten, hierarchisch definierten Ordnung und der traditionellen patriarchalen Autoritäten Frauen über politisch aufgeladene Rituale mobilisieren konnte, erwies sich die Einbindung der Frauen als Mitstreiterinnen ohne Mitwirkungsrechte in die auf Gleichheit ausgerichtete liberale Bewegung jedoch als paradox. Doch wegen des Versprechens auf Freiheit und Bildung erfuhren sich Emilie Paravicini-Blumer und Josephine Stadlin sowohl *wegen* als auch *trotz* ihrer Geschlechtszugehörigkeit als Teil der Trägergruppe der liberalen Bewegung, in deren kognitiv gewonnener Identität sie sich erkennen konnten und deren Werte und Ziele bei ihnen emotionale Energien freisetzten – Ausgangspunkt jeder Mobilisierung.[5]

Der Befreiungsdiskurs der 1830er und 1840er Jahre mit seinen starken Anklängen an den Diskurs zur Befreiung von Sklaverei und von Völkerunterdrückung, in seiner schweizerischen Variante überlagert vom Rekurs auf die Befreiung der Urschweizer vom «adligen Joch», sprach Frauen aus dem Bildungsbürgertum in doppeltem Sinn an. Er eignete sich sowohl als Ausdruck eigener emanzipatorischer Ansprüche als auch zur Sinnstiftung beim öffentlichen Spendensammeln zu Gunsten von Opfern politischer Repression. Als ebenso wirkmächtig wie der Befreiungsdiskurs zeigte sich der liberale Fortschrittsglaube, für den im deutschsprachigen Bildungsbürgertum das fortwährende Streben nach persönlicher Vervollkommnung konstitutiv war. Eine solche Aufbruchbewegung, die von Vorstellungen der Solidarität sowie der individuellen und gesellschaftlichen Verbesserung geprägt war, ging zwar von Männern als handelnden Subjekten aus, schloss aber Frauen trotz rechtlicher Ungleichheit nicht per se aus. In der Verknüpfung von Menschenrechten mit realen Pflichten zur «Hebung» und «Befreiung» des Volks konnten sich Frauen als aktive Bürgerinnen verstehen. Ihre Identität als Bürgerinnen war dabei wegen der fehlenden staatsbürgerlichen Rechte nicht einseitig an die Nation und ihre Institutionen der politischen Partizipation gebunden, sondern eingebettet in einen gleichermassen emotional wie moralisch geprägten Bezug zur Welt. Dieses menschenrechtlich orientierte Weltbürgertum definierte sich über die Werte Freiheit und Gleichheit; als Kitt und identitärer Bezugspunkt wirkte die Bildung.[6] Da sich Frauen jedoch entgegen ihrer gesellschaftlich gebilligten Zuordnung zum Bereich der Erziehung von der konkreten Gestaltung des öffentlichen Bildungswesens ausgegrenzt sahen, waren sie auch in ihrer bildungspolitischen Ausrichtung freier als Männer ihres Umfelds, ihre Vorstellungen weniger gebunden an staatliche Vorgaben.

Trotz der beschränkten Möglichkeiten zur Intervention mischten sich Frauen aus der bildungsbürgerlichen Elite sowohl auf kantonaler als auch auf nationaler Ebene in die politischen Auseinandersetzungen ein – allerdings auf anderen Handlungsebenen. Ihr Anspruch auf Einfluss orientierte sich am konkreten Tun, das sich im Einsatz für Hilfsbedürftige, Kriegsopfer und politisch verfolgte Emigranten sowie für die Einrichtungen zur Bekämpfung der Unwissenheit des «Volkes» manifestierte. Zu diesem Zweck unterhielten Bildungsbürgerinnen ein erstaunlich weites Netzwerk, korrespondierten über Geschlechter- und Staatsgrenzen hinweg mit einem ausgewählten Personenkreis. So erfuhren sie sich trotz der unterschiedlichen Handlungsebenen als Mitstreiterinnen der Männer: Emilie Paravicini-Blumer bei der Unterstützung der polnischen Aufständischen oder bei der Anteilnahme an der Rebellion der Basler Landschaft gegen die konservative Stadt Basel; Josephine Stadlin bei der Förderung der Mädchen- und Lehrerinnenbildung im Allgemeinen, bei der Ausbildung von Lehrerinnen im Auftrag der Gebrüder Benziger in Einsiedeln im Besonderen, als es galt, die Konkurrenz der Lehrschwestern und den Einfluss der katholischen Kirche einzuschränken. Auch andere Frauen aus ähnlichem sozialem Umfeld positionierten sich im Sonderbundskrieg klar auf der Seite der Liberalen. Sie sahen sich dabei als

selbständige Subjekte, die sich im Kampf gegen die Unwissenheit und Unterdrückung engagierten. So banden sich diese Bildungsbürgerinnen über ihre Funktion als Erzieherinnen zukünftiger Staatsbürger, aber auch über das Nähen und Flicken von Fahnen in die liberale und nationalstaatliche Bewegung ein. Frauen der katholisch-konservativen Gegenbewegung bezeugten ihre Einbindung dagegen über die Teilnahme an Wallfahrten. Die Frauen aus dem liberalen Lager unterstellten diesem Tun blinden Gehorsam gegenüber den Priestern, obwohl sich unter den Frauen aus dem katholisch-konservativen Lager ebenso streitbare Bildungsbürgerinnen fanden. Die fortschrittsorientierten Frauen begründeten im Gegensatz zu den konservativen ihre Parteinahme nicht konfessionell, sondern emotional, intellektuell und politisch: durch die Verbundenheit mit den involvierten Soldaten und mit der von den kriegerischen Handlungen betroffenen Bevölkerung einerseits, als Repräsentantinnen liberaler Prinzipien und Kritikerinnen traditioneller Autoritäten sowie als dezidierte Befürworterinnen einer verstärkten politischen Einheit anderseits. Gleichzeitig manifestierten sie ihre Geschlechterzugehörigkeit in der ironischen Distanzierung von allzu demonstrativen männlichen Heldenposen und ihre Klassenzugehörigkeit in der Interpretation der konservativen Mobilisierung als kindlich unreflektierte Parteinahme des «ungebildeten» und «verführten» Volkes für die Kirche wie für die Exponenten der führenden konservativen Familien. Zu diesen zählten neben den politisch dominierenden Geschlechtern in den katholischen Kantonen auch früher privilegierte Stadtgeschlechter aus reformierten Kantonen.
Zusammenfassend ist festzuhalten, dass sich Frauen in der Aufbruchphase der liberalen Bewegung auf Grund des fortschrittsorientierten Glaubens an die Vervollkommnung des einzelnen Menschen als aktive Subjekte dieser Bewegung erfuhren. Sie identifizierten sich vor allem mit deren bildungsspezifischen Zielen, obwohl dem weiblichen Geschlecht der Zugang zur höheren Schulbildung verwehrt blieb. Zwar wünschten auch Exponenten der Bewegung die Einbindung der Frauen, doch billigten sie diesen trotz der proklamierten Werte «Freiheit» und «Gleichheit» nur beschränkte Mitwirkung zu.

Verfestigung geschlechterasymmetrischer Einflussnahme

Im Jahr 1848 zollten die fortschrittsorientierten Kräfte Europas der Schweiz Bewunderung für ihre Pionierinnenrolle in der rechtlichen Verankerung liberaler Verfassungsgrundsätze und der Realisierung des modernen Nationalstaats. Die Akteure und Akteurinnen waren sich der Bedeutung dieses Umbruchs, den sie durch ihr Handeln herbeigeführt hatten, durchaus bewusst, doch waren die Auswirkungen für Frauen und Männer verschieden. Ausgeprägt und unter geschlechterspezifischen Vorzeichen dokumentieren diese Differenz die Briefe Josephine Stadlins an die im Sog der Revolution nach Deutschland zurückgekehrten Emigranten. In diesen Briefen zeigte sie ihre Enttäuschung über die verfassungsmässige Neuordnung in Bezug auf die Stellung der Frauen. Die faktischen liberalen Errungenschaften standen im krassen Missverhältnis zu den vorangehenden, von Phantasien einer alles umfassenden Neuordnung genährten Erwartungen. Mit bitterem Unterton deutete Josephine Stadlin 1848 als ein Jahr, das nur für die Männer positive Folgen hatte. Denn die Gründung des schweizerischen Bundesstaats markierte vorerst das Ende des Einbezugs von Frauen in die gesellschaftspolitischen Auseinandersetzungen.

Die Institutionalisierung als Versachlichung männerbündischer Verständigung zeigte sich in der Maskulinisierung der Strukturen politischer Partizipation. Während die männlich dominierten Netzwerke, von Vereinen und Logen bis zu Arbeits- und Freundschaftsbeziehungen, über die Repräsentanten von Politik und Wirtschaft in den Prozess der gesetzlichen Ausgestaltung des Staats eingebunden wurden, verloren Frauen die Bedeutung, die ihnen im Rahmen der liberalen Bewegung als einer sozialen Bewegung zugekommen war. Im neuen Umfeld fehlte ihren informellen Netzwerken die organisatorische Basis für die Einflussnahme. Denn mit der Vormacht der Liberalen auf eidgenössischer Ebene gewannen diejenigen Institutionen an Gewicht, in denen Frauen nicht vertreten waren. Deren Teilnahme am politischen Wandel – so marginalisiert ihre Präsenz beispielsweise an Volksversammlungen auch gewesen war – verschwand gänzlich aus dem Blickfeld. Wie im übrigen Europa begann nun auch in der Schweiz für Bildungsbürgerinnen die Phase des Nach-1848er-Stillstands.[7] Ihren Hoffnungen auf Emanzipation und Partizipation fehlte zur Realisierung der Nährboden der sozialen Bewegung. Zwar war das Verhältnis von Frauen aus dem liberalen Milieu zu den Freisinnigen weiterhin geprägt von Nähe, bedingt durch verwandtschaftliche Beziehungen, zugestandene Partizipation auf dem Gebiet der Arbeitsschulen, erwartete Gemeinnützigkeit und kulturelle Einbindung, aber auch von Distanz, bedingt durch ihre einseitige Zuordnung zum privaten Bereich der Familie und die damit einhergehende Verweigerung der rechtlichen Gleichstellung, des Zugangs zu höheren Bildungsanstalten und beruflichen Entfaltungsmöglichkeiten. So verschob die Institutionalisierung der Partizipationsmöglichkeiten von Männern die Gewichtung der klassen- und geschlechterspezifischen Differenzen für die Frauen aus dem Bildungsbürgertum weg von der diskursiv definierten Zugehörigkeit zum selben Milieu hin zur Erfahrung der Zementierung von Ungleichheit und Unterordnung. Die Gründung des Bundesstaates war deshalb ein entscheidender Faktor der Konstruktion und Verfestigung von Geschlecht. Dieser Institutionalisierungsprozess verhärtete zwar die diskursive Trennung zwischen dem Öffentlichen und dem Privaten entlang der Definition des «Männlichen» und des «Weiblichen»; das bedeutete jedoch nicht, dass sich Bildungsbürgerinnen wie Josephine Stadlin und Emilie Paravicini-Blumer in ihrem Handeln den normativen Vorgaben unterordneten und nicht mehr im Bereich des Öffentlichen intervenierten.

Für die weibliche Jugend beschränkte sich die Verbesserung der Bildungsangebote im Gegensatz zu den Investitionen in die Ausbildung der männlichen Jugend auf den hauswirtschaftlichen Rahmen. Die viel gerühmte freisinnige Bildungsoffensive bezog sich nur auf die Stufe der so genannten Volksschule. Frauen, die diese Ungleichheit öffentlich kritisierten, rüttelten an den Grundfesten der bürgerlichen Geschlechterordnung. Offene, nicht aber öffentliche Kritik seitens der Frauen war in bildungsbürgerlichen Kreisen akzeptiert. In diesem Sinne war die Position von Josephine Stadlin, die Lehrer und männli-

che Definitionsmacht in ihren Publikationen und Auftritten auch nach 1848 weiterhin kritisierte, eine weit exponiertere als diejenige von Emilie Paravicini-Blumer. Letztere stellte männliche Vorrechte und Definitionsmacht in ihren privaten Korrespondenzen, über ihr Netzwerk und ihr konkretes Handeln ebenso offen in Frage, nicht aber im öffentlichen Reden. Sie gab sich zumindest nach aussen hin weit diplomatischer als die streitbare Pädagogin und Publizistin. Emilie Paravicini-Blumer gelang eine nachhaltige Einflussnahme über die Kanäle der institutionalisierten Männeröffentlichkeit jedoch lediglich, wenn sich ihre Positionen mit denen von männlichen Repräsentanten verknüpfen liessen, die Geschlechterdifferenz gegenüber anderen Differenzkategorien also nicht von prioritärem Gewicht war. Beispielhaft zeigt sich dies am politischen Erfolg von Emilie Paravicini-Blumer, der es ihr ermöglichte, im hohen Alter schliesslich legal als Homöopathin zu praktizieren. Denn nur wegen der breiten Opposition von Männern unterschiedlicher klassenspezifischer Herkunft gegen das von den Ärzten verfochtene medizinische Monopol befürwortete die Glarner Landsgemeinde die Freigabe der therapeutischen Praxis. In diesem Fall zeigte sich besonders deutlich, wie der Erfolg in Bezug auf die gesetzliche Verankerung der von Frauen postulierten Veränderungen wegen der fehlenden weiblichen Repräsentation abhängig war von Zufällen. Ein dichtes und hochrangiges Beziehungsnetz allein garantierte noch keinen Durchbruch in Richtung Geschlechteregalität.
Zu einer Änderung kam es erst im letzten Viertel des 19. Jahrhunderts: einerseits im Gefolge der Urbanisierung, der entstehenden Arbeiterbewegung und der Zunahme von Frauen aus der Mittelschicht, die auf einen Erwerb angewiesen waren; anderseits im Gefolge der Totalrevision der Verfassung von 1874. Die damit einhergehenden erhöhten Bundeskompetenzen im sozialen und wirtschaftlichen Bereich sowie die Möglichkeiten von Verbänden, in der vorparlamentarischen Phase der Gesetzgebung ihren Einfluss über das Vernehmlassungsverfahren geltend zu machen und so an der konkreten Ausgestaltung einer neuen Vorlage mitzuwirken, führten zu einem überregionalen Zusammenschluss von Interessenorganisationen zu Dachverbänden. Da die Ziele, die Bildungsbürgerinnen mit der liberalen Bewegung verbunden hatten, weder 1848 mit der Implementierung des Nationalstaats erreicht noch im Programm der sich formierenden Parteien ihren Niederschlag gefunden hatten, konstituierte sich nun auch die Frauenbewegung als eine eigenständige soziale Bewegung, die nach 1874 Einfluss auf die Gesetzgebung geltend machte und ihre Interessen wahrzunehmen suchte.[8] Geschlechterspezifisch argumentierend, griff sie zentrale Ziele der liberalen Bewegung auf und forderte – wie schon Josephine Stadlin einige Jahrzehnte zuvor – mit dem Verweis auf die gesellschaftliche Bedeutung der Erziehungsfunktion von Frauen und der wirtschaftlichen Notwendigkeit weiblicher Erwerbstätigkeit den Ausbau der Mädchenbildung. So öffneten sich mit dem Verweis auf ihre sozialen Verpflichtungen für Frauen neue Wege der Partizipation und verfestigten sich zugleich geschlechterdifferenzierende Zuschreibungen, die aber weiterhin je nach Kontext modelliert werden konnten, um weitergehende, auch egalitäre Ansprüche zu legitimieren.

Zusammenfassend ist festzuhalten, dass mit der Implementierung des Nationalstaats 1848 ein zentrales Ziel der liberalen Bewegung erreicht wurde. Parallel zu den gesetzlich abgestützten Institutionalisierungsprozessen verstärkte sich die Geschlechterasymmetrie netzwerkgestützter Einflussnahme. Während Männer über die von ihnen dominierten und zunehmend formalisierten Netzwerke an Einfluss gewannen, waren die vorher in die Bewegung eingebundenen Frauen nun abkömmlich, verloren ihre Netzwerke und ihre Interventionen an Wirkungskraft. Die Anliegen der Bildungsbürgerinnen nach Ausweitung der höheren Mädchenbildung schoben die liberalen Bildungspolitiker auf die lange Bank und verweigerten ihnen die Umsetzung. Erst unter Berufung auf ihre durch den Geschlechterdiskurs definierten Zuständigkeiten klinkte sich eine nächste Generation von Bildungsbürgerinnen im Gefolge der Totalrevision der Bundesverfassung von 1874 wieder vermehrt in die öffentlichen Auseinandersetzungen ein und forderte Bildungsmöglichkeiten und Partizipation am Gesetzgebungsverfahren, und zwar auch im zentralen Bereich des Eherechts.

Praktiken der Gemeinschafts- und Identitätsbildung

Das Bildungsbürgertum definierte sich über Werte, die im brieflichen und persönlichen Austausch immer neu beschworen und moduliert wurden. Diese kommunikativen Praktiken waren konstitutiv für die Entwicklung der bildungsbürgerlichen Wertegemeinschaft und banden sowohl Frauen als auch Männer ein. Denn Männer und Frauen waren über Verwandtschaft, Freundschaft und Geschäftstätigkeit eng miteinander verflochten.

In den schweizerischen Zentren der Modernisierung, zu denen nicht nur die Städte gehörten, überlappten sich Bildungs- und Wirtschaftsbürgertum. Diese Verflechtung traf auch zu auf die aus der ländlichen gewerblichen und bäuerlichen Oberschicht aufgestiegenen Exponenten des radikalen Liberalismus. Zur Galionsfigur des bildungs- *und* wirtschaftsbürgerlichen Aufbruchs avancierte Mitte des 19. Jahrhunderts Alfred Escher, der als Person aus einem der führenden Zürcher Geschlechter stammte, aber als Unternehmer die wirtschaftliche Modernisierung in starkem Masse vorantrieb und in Kooperation mit ländlichen Aufsteigern wie Ulrich Zehnder als freisinniger Politiker schulischen, akademischen sowie kulturellen Bildungsinstitutionen zum Durchbruch verhalf. Frauen im Allgemeinen waren zwar qua Geschlecht von institutionalisiertem Politisieren und akademischer Bildung ausgeschlossen. Josephine Stadlin, Emilie Paravicini-Blumer und ihresgleichen partizipierten aber qua Klassenzugehörigkeit intensiv an den Kommunikationsformen der gesellschaftlichen Elite.

Lesen und Briefeschreiben waren zentrale Mittel zur Festigung sozialer Netzwerke und zur Versicherung der gefühlsmässigen Übereinstimmung in grundlegenden Fragen des Zusammenlebens. Ebenso wichtig wie das Lesen selbst war der direkte und briefliche Informations- und Gedankenaustausch über das Gelesene. Der Lesestoff umfasste beispielsweise bei Emilie Blumer-Paravicini nebst Klassikern eine breite Palette europäischer Neuerscheinungen: von Romanen über Gedichte und Dramen bis zu Abhandlungen über politische, ethische und theologische Fragen, von Publikationen zeitgenössischer Schweizer Schriftsteller bis zu französischen und englischen Werken in der Originalsprache. Dazu gehörten Bücher bekannter Autorinnen wie George Eliot, George Sand oder Rahel Varnhagen, die über ihre Publikationen hinaus durch ein eigenständiges, von den bürgerlichen Geschlechternormen stark abweichendes Leben auffielen. Lesen konnte den Raum des Privaten sprengen. Es ermöglichte Emilie Paravicini-Blumer nicht nur die Partizipation an öffentlichen Auseinandersetzungen, sondern über die Identifikation mit Romanheldinnen und -helden sowie mit Autorinnen und Autoren auch eine Orientierung an Lebensmodellen, die an Grundfesten der bürgerlichen Geschlechterordnung rüttelten. So zeigte sich in einer solchen Praxis des Lesens das Paradox der doppelten Zugehörigkeit zum Bildungsbürgertum und zum weiblichen Geschlecht. Einbindung und Ausschluss waren dabei nicht klar zu trennen, vielmehr überlagerten sich gleichzeitig verschiedene Ebenen. Nicht nur lasen Frauen in der Regel im 19. Jahrhundert mehr, und zwar auch mehr Bücher unterschiedlicher Genres, als die meisten Männer ihres sozialen Umfelds, sondern es scheint, dass sie sich auch häufiger und ausführlicher als diese in Briefen darüber austauschten. Es kann angenommen werden, dass es einen Zusammenhang gibt zwischen dem häufigeren Lesen sowie Briefeschreiben einerseits und der Zurückbindung der Frauen aus bürgerlichem Milieu auf den familiären Bereich sowie der gleichzeitigen Erwartung, dass diese über eine nicht auf den Beruf ausgerichtete Allgemeinbildung verfügten, anderseits.

Das Briefeschreiben diente im Bildungsbürgertum des 19. Jahrhunderts Frauen und Männern als kulturelle Praxis der Selbstvergewisserung wie der Identitätsbildung, jedoch mit geschlechterspezifischen Ausprägungen. Die briefliche Kommunikation behielt unter Männern ihre Bedeutung als Instrument des politischen, geschäftlichen und wissenschaftlichen Austausches. Als Austausch über den familiären Alltag wurde sie im Bürgertum aber zunehmend, wenn auch nicht ausschliesslich «verweiblicht» und privatisiert und entsprechend dem Bereich der Gefühle zugeordnet. Abgesehen davon, dass der so genannte öffentliche Diskurs nicht minder von Emotionalität durchdrungen war, gestalteten private Briefe Gefühle als individuelle Empfindungen. Diese erhielten ihre Konturen erst im sprachlichen Austausch mit anderen und materialisierten sich in den beschriebenen Papierbögen, die als gesammelte Briefbündel zum sicht- und haltbaren Ausdruck der persönlichen emotionalen Beziehungen avancierten.

Die im Brief gestaltete Emotionalität wies über den Kreis der Angeschriebenen hinaus auf Personen weiblichen wie männlichen Geschlechts, die über ihre namentliche Erwähnung in eine Gemeinschaft der Gefühle ein- beziehungsweise durch Nichterwähnung implizit oder explizit von ihr ausgeschlossen wurden. Eine solche Einbindung konnte durch einen Gegenstand – wie im Austausch von Josephine Stadlin mit ihren Schülerinnen durch ein Bild und die Übergabe einer Haarlocke – ritualisiert und visualisiert werden. Die Zugehörigkeit zu dieser Gemeinschaft der Gefühle hing, abgesehen von der zentralen Bedeutung, die der Verwandtschaft zukam, von Werten ab, die sich im praktischen Vollzug bestimmter, auch ökonomischer Ansprüche zu konkretisieren hatten. Bei Emilie Paravicini-Blumer zeigte sich dies in der familialen Marginalisierung ihrer Schwester

Magdalena, die mit dem Aufsuchen von Wirtschaften und der Vernachlässigung hauswirtschaftlicher Pflichten gegen die bürgerlichen Normen verstiess. Josephine Stadlin bezeugte ihre Werthaltung im täglichen Einsatz für die Erziehung, den sie als unermüdliches Streben auch von ihren ehemaligen Schülerinnen erwartete. Erfüllten junge Frauen nicht die in sie gesetzten Erwartungen, entzog Josephine Stadlin ihnen ihre Zuwendung und kappte den Briefwechsel.
Kommuniziert wurde selbst beim Austausch zwischen Gleichen nie in einem hierarchiefreien Raum. Briefe konnten bereits bestehende Machtpositionen diskursiv verfestigen oder aufweichen oder durch sprachliche Unter- und Überordnung neue schaffen. Auch verwies der im Briefwechsel gepflegte emotionale Austausch auf Erfahrungen, die über den engen Rahmen der «Seelengemeinschaft» hinausreichten und es den an diesem kommunikativen Prozess Beteiligten ermöglichte, sich im gesellschaftlichen Umfeld zu positionieren. So liessen sich nicht wenige Bildungsbürgerinnen vom emphatischen Aufruf nach «Volksbildung» mitreissen. Denn im Kontext der Romantik als geistig-ästhetischer Bewegung sowie des gesellschaftlichen Aufbruchs der 1830er und 1840er Jahre wurden schreibend Hoffnungen und emotionale Höhenflüge ebenso wie Gefühle von Trauer und Enttäuschungen erzeugt. Im Schreiben wurde die Erfahrung der Zugehörigkeit zu einem grösseren Ganzen verhandelt und über die diskursiv modulierte Empfindung des Selbst Individualität und Emanzipation gezeigt. Ähnliches kam in Autobiografien zum Tragen, da auch ohne direkte Nennung von Adressatinnen und Adressaten eine solche Selbstdarstellung auf mögliche Leserinnen und Leser hin geschrieben wurde. Die «Erfindung» der eigenen Biografie setzte Vorstellungen von Freiheit im Sinne der Möglichkeit voraus, zwischen verschiedenen Optionen zu wählen und das Leben zu gestalten, aber auch Vorstellungen von Gleichheit im Sinne gleicher Aspirationen und Rechtsansprüche. So positionierte sich Emilie Paravicini-Blumer mit den pathetischen Formulierungen in ihrer privaten Korrespondenz im Feld der gesellschaftlich sanktionierten liberalen Freiheitsbestrebungen. Sie konnte damit ihre individuelle Empfindung von Unterdrückung als eine mit andern geteilte Erfahrung von Ungleichheit und Ungerechtigkeit überindividuell deuten. Josephine Stadlin ihrerseits positionierte sich im Rahmen der liberalen Bildungsoffensive als eine politisch, pädagogisch und unternehmerisch denkende und handelnde Person, die eigenständig Entscheidungen fällte und auf sich selbst vertrauend ihren Weg zu wählen wusste. Beide Frauen kritisierten dabei explizit oder implizit gesellschaftliche Diskriminierungen, die weder ledigen noch verheirateten Bildungsbürgerinnen eine autonome Lebensgestaltung zugestand. So enthüllten die persönlichen Gefühlsäusserungen von Bildungsbürgerinnen deren Zugang zur Welt, vermittelten zwischen kollektiv-öffentlicher Welterfahrung und individuellen Möglichkeiten, zwischen Erstrebtem und Erlebtem.
Zusammenfassend ist festzuhalten, dass über die kulturellen Praktiken des Lesens und Schreibens Frauen und Männer des Bürgertums aktiv an der Konstruktion und Diffusion von Werten partizipierten. In diesen erfuhren sie sich als Teil einer übereinstimmenden Gemeinschaft, über deren normative Zuschreibungen zugleich Geschlechterdifferenzen formuliert wurden. Lesen und Schreiben

erlaubten es jedoch Frauen, sowohl ihre Zuordnung zum Bereich des Privaten imaginär zu ignorieren und sich an nonkonformen Identifikationsfiguren zu orientieren als auch sich in eine geschlechterübergreifende öffentliche Kommunikation einzubringen, die ihnen auf der institutionellen Ebene verwehrt blieb.

Flexible Geschlechterdefinitionen

Zwar legen Zuschreibungen Geschlechtergrenzen fest, gleichzeitig blieben diese im Rahmen kommunikativer Praktiken flexibel. Sie wurden im Prozess des Handelns immer neu erzeugt und dabei sowohl bestätigt als auch verschoben. Dieser Prozess war dennoch bestimmt durch vergeschlechtlichte Wahrnehmungs- und Bewertungskategorien. Er stellte die binäre Geschlechterkonzeption im Bürgertum nicht in Frage, modulierte aber das Bild des Weiblichen und Männlichen je nach Situation und Zeit anders. So erscheinen die Geschlechterzuschreibungen und Geschlechteridentitäten auch in den ausgewerteten Briefwechseln, Reden und Schriften eingebunden in den kulturellen, wirtschaftlichen und politischen Kontext: Sie überlagern die Konkurrenz im Bereich der Mädchenbildung zwischen Lehrerinnen und Lehrern, zwischen Instituten in der französischen und der deutschen Schweiz; sie definieren über die Wirkmächtigkeit von Gefühlen weibliche und männliche Handlungsoptionen im Bereich des Politischen; sie legen aber auch die Grenzen öffentlicher Einflussnahmen von Frauen fest; schliesslich verweisen sie in der Verknüpfung mit konkreten Situationen auf die Mehrdeutigkeit der diskursiven Geschlechterzuordnungen und relativieren diese, ohne jedoch das Paradox der doppelten Zugehörigkeit von Frauen zum Bildungsbürgertum und zum weiblichen Geschlecht aufzulösen.
Die von Josephine Stadlin selber formulierten Geschlechterzuschreibungen lassen wirtschaftliche Interessenkonflikte erkennen. Denn Frauen wurde im 19. Jahrhundert der Zugang zu öffentlich finanzierten Mittel- und Hochschulen verwehrt, doch von den weiblichen Angehörigen des Bürgertums wurde dennoch eine breite Allgemeinbildung erwartet. Da man die Kosten für diese Bildung als langfristig ertragreiche Investition erachtete, stieg die Nachfrage nach Mädchenbildung und damit auch die Zahl der privat finanzierten Institute. In diesem Markt der sich ausweitenden Mädchenbildung wurde der Konkurrenzkampf mit verschiedenen Argumenten geführt. Eine Konfliktlinie lief entlang kulturellen Werten, die – abgesehen von religiösen und konfessionellen Trennlinien – vor allem über die Sprachzugehörigkeit definiert waren. Beispielsweise wies der Erziehungsdiskurs im deutschsprachigen Raum immer wieder Abgrenzungen gegen einen «Welschlandaufenthalt» im Besonderen und das «Französische» im Allgemeinen auf. Dabei bedienten sich Frauen wie Männer in Fragen der weiblichen Bildung derselben Geschlechterstereotype. Zum einen warnten sie vor pietistischen Erziehungsanstalten, die Mädchen zu einem schwärmerischen Bekenntnis verführen könnten, weil diese auf der Gefühlsebene nur allzu leicht verführbar seien. Zum anderen monierten sie, die Französinnen und mit diesen auch die Institute in der französischsprachigen Schweiz erzögen zu Putzsucht, oberflächlichem Charmieren und Konversieren statt zu Verantwortung, Tüchtigkeit und moralischer Standfestigkeit. Denn im deutschsprachigen Raum

deckte sich der Geschlechterdiskurs des 19. Jahrhunderts mit dem politischen Diskurs, der sich seit den Befreiungskriegen in Abgrenzung zu Napoleon entwickelt hatte.[9] Diese ideologische Abgrenzung kaschierte diskursiv den wirtschaftlichen Kampf um die Töchter aus dem wohlhabenden Bürgertum. Von deren Rekrutierung hing der Erfolg von Privatschulen massgeblich ab, nachdem mit der Institutionalisierung der höheren Bildung der männlichen Jugend das Wachstum der privaten Knabeninstitute in der französischen Schweiz limitiert worden war. Je höher der Wert des Französischen in der Bildung der Mädchen «aus bürgerlichem Stande» veranschlagt war, desto vehementer versuchten sich Schulleiterinnen in der deutschen Schweiz von Instituten in der Westschweiz über einen Wertediskurs abzusetzen, um sich trotz dieser Konkurrenz zu behaupten. Ausgenommen von diesem Wettstreit waren Institute unter deutschschweizerischer oder deutscher Leitung wie das Institut Isler in Lausanne, ebenso die berühmte Herrnhuter Gründung Montmirail im damals gleichzeitig zur Schweiz und zu Preussen gehörenden Kanton Neuenburg, da sich deren internationale Klientel bewusst für eine pietistische Anstalt entschied.

Weitreichender und grundlegender als die Konkurrenz zwischen den Sprachregionen war im Bereich der höheren Mädchenbildung die Konkurrenz zwischen Männern und Frauen. Sie zeigte sich am deutlichsten im Anspruch von Frauen auf Leitungsfunktionen und Definitionsmacht. Es handelte sich hier nicht um eine rein ideologisch motivierte Konkurrenz, sondern um einen ideologisch unterfütterten ökonomischen Interessengegensatz im Kampf um die Ressource «Schülerinnen». Die Idee der Geschlechterpolarisierung mit der Vorstellung der Gleichheit aller Menschen verknüpfend, forderte Josephine Stadlin sowohl das Recht auf Bildung für Mädchen als auch das ausschliessliche Recht der Frauen auf Ausbildung des weiblichen Geschlechts. Zwar stellte sie die von Ungleichheit gekennzeichnete Geschlechterordnung in Frage, baute ihre Forderungen aber gleichzeitig auf dieser Ungleichheit auf. Sie nahm für sich in Anspruch, im Feld der Pädagogik nicht nur ebenso gut ausgebildet zu sein wie Männer, sondern als Frau mit der Weiblichkeit, die Lehrerin und Schülerin als Verbindendes erfuhren, über eine notwendige Voraussetzung für die Mädchenbildung zu verfügen, die einer männlichen Lehrkraft fehlte. Mit dieser Argumentation widersetzte sie sich der den Frauen zugeschriebenen ausführenden Funktion. Vielmehr forderte sie kraft ihrer Erfahrung und ihres Geschlechts für sich eine aktive Rolle und Definitionsmacht. Bereits im Institut Olsberg setzte sie das Partizipationsmodell der republikanischen Selbstregulierung um – die Schülerinnen in der Rolle von Volk und «Republikaner», sie selber in derjenigen des «Präsidenten» oder «Generalissimus». Die Schülerinnen sahen zwischen diesen Titeln und Josephine Stadlins Rolle als ihrer «Mutter» keinen Widerspruch. In Josephine Stadlins pädagogischer Argumentation war der Gegensatz zwischen Frau und Mann, der in den öffentlichen Diskussionen um die Ausgestaltung der höheren Schulbildung in der Parole «Wo das Männliche anfängt, da hört das Weibliche auf!» gipfelte, nicht eine anthropologische Konstante. Vielmehr wurde dieser Gegensatz von ihr gleichzeitig immer wieder bestätigt *und* abgelehnt. Normierte Geschlechtergrenzen löste sie unter Berufung auf ebendiese Grenzen immer auch auf.

In artikulierten Vorlieben und alltäglichem Verhalten zeigten sich «Weiblichkeit» und «Männlichkeit» weniger als geschlechterspezifische Wesenszüge denn als Ordnungskategorien. So definierte Emilie Paravicini-Blumer die von ihr gelesenen Bücher mit politischem, historischem und philosophischem Inhalt als «männlich». Auch ihr gesellschaftspolitisch geprägtes Denken erfuhr sie als «männlich» und damit als nicht konform, sah sich deshalb jedoch nicht als «Mann». Josephine Stadlins engagierteste Mitstreiterin, Elise Maier, verlieh dem von ihr als unkontrolliert bewerteten Auftreten der Freundin maskuline Attribute. Aber auch sie stellte damit nicht das Geschlecht Josephine Stadlins in Frage, sondern verwies nur auf die kontraproduktive Wirkung solcher Reden. «Weiblichkeit» und «Männlichkeit» waren also eine Frage der dynamischen Interaktion, die situativ immer wieder produziert und als solche gedeutet wurden. Sie erscheinen als eine Frage der Performanz, in die aber die geschlechtshierarchischen Herrschaftsverhältnisse eingeschrieben blieben.

Weil Frauen von Formen des institutionalisierten Politisierens ausgeschlossen waren, legitimierten sie ihren Anspruch auf politischen Einfluss über solche Geschlechterzuschreibungen, deren Gewichtung sie jeweils selber bestimmten. Emotionen – angesiedelt an der Schnittstelle zwischen Individuum und Gesellschaft und angetrieben vom literarischen Diskurs – kamen in diesem politisch aufgeladenen Spiel von Verschiebung und Bestätigung der bipolaren Deutung von «Frau»/«Mann» zentrale Bedeutung zu. In Emilie Paravicini-Blumers Interpretation machte erst die Frau den Mann zum politisch erfolgreichen Subjekt: Sie erweckt in ihm die inneren Antriebskräfte, durch die sich der Mann zum unerschrockenen Revolutionär entwickelt. Ausgehend von den bipolar gedachten und den Geschlechterkategorien weiblich/männlich zugeordneten homologen Gegensätzen warm/kalt, blühend/tot, lebendig/starr wurde dem Einfluss von Frauen – in Umkehrung der Verhältnisse – die Funktion der Befruchtung zugeschrieben, die das politische Engagement von Männern erst wirksam werden liess. So wurde die diskursive Grenzziehung zwischen dem «Männlichen» und dem «Weiblichen» durchbrochen, da erst durch «weibliches» Denken und Fühlen angetrieben, «männliches» Denken und Fühlen das «Volk» anzusprechen und zu mobilisieren vermöge. Auch ohne auf den romantischen Topos der Reziprozität der Liebe zu rekurrieren, erscheinen die Begriffe «Männlichkeit»/«Weiblichkeit» in diesem Deutungszusammenhang weniger als Kategorien der Trennung denn als Kategorien einer dynamischen Interaktion, die über intime Paarbeziehungen in die Öffentlichkeit hinauswirkten. Die von Emilie Paravicini-Blumer evozierte Metapher der Erweckung war auch erotisch konnotiert: Die Frau «küsst» den Helden – gleich einer Muse – und erweckt ihn zur politischen Tat. Selbst wenn die auf den Mann gerichteten Gefühle lediglich Projektion waren, wirkte diese zurück auf die Frau und lud in der Rückkoppelung deren Gefühle wie deren Tun mit überindividueller Bedeutung auf. Mit einer solchen Aufladung zur «Seelengemeinschaft» im Dienst des «Volks» erschien, da als geistig definiert, auch eine Beziehung zwischen einer verheirateten Frau und einem anderen Mann als dem Ehegatten zumindest in deren Sicht als legitim.

Wirkten Frauen ohne männliche Vermittlung als Motoren des gesellschaftlichen Wandels, stiessen sie dann auf Widerstand, wenn sich das antreibende «Feuer» im Gewand der polemisch aufgeladenen Rede oder frauenspezifischer Forderungen zeigte. Während zur selben Zeit in Frankreich eine George Sand (1804–1876) in Männerkleidern und mit männlichem Pseudonym die Geschlechtergrenzen provokativ verwischte, wäre in dem bürgerlich aufstrebenden, eher kleinstädtisch geprägten und gänzlich unmondänen Umfeld der deutschsprachigen Schweiz der 1830er bis 1860er Jahre ein solches Auftreten kaum denkbar gewesen. Das hinderte aber Frauen wie Emilie Paravicini-Blumer oder Betsy Meyer, die Mutter von Conrad Ferdinand Meyer, nicht daran, in ihren privaten Korrespondenzen der Autorin Bewunderung zu zollen. Dagegen stiess schon der leiseste öffentliche Anspruch von Frauen auf Emanzipation auf Abwehr, und zwar gleichermassen von Frauen wie von Männern. Nur kleine Kreise weltoffener freisinniger Exponenten bewunderten den kämpferischen Auftritt der Berlinerin Emma Herwegh-Siegmund, die sich nach der Niederlage des badischen Aufstands in Zürich niederliess. Auch schätzten nur wenige die Genfer Frauenrechtlerin Marie Pouchoulin, die sich scheiden liess und mit dem nach Genf geflüchteten deutschen Revolutionär Amand Goegg im Konkubinat lebte.
Trotz weitgehenden Verzichts auf Provokation orientierten sich auch in der Schweiz Bildungsbürgerinnen in ihrem öffentlichen Handeln an «männlichen» Modellen. So versuchte Emilie Paravicini-Blumer, wenn auch erfolglos, in Heinrich Zschokkes «Schweizer-Boten» einen Beitrag zu platzieren, und gründete nach dem Vorbild des von Männern initiierten Schulvereins erfolgreich einen Mädchenschulverein. Ebenso mobilisierte Josephine Stadlin über eine eigene Zeitschrift den vereinsmässigen Zusammenschluss von Frauen und mit einer Feier zum hundertsten Geburtstag von Pestalozzi Bildungsbürgerinnen für ihr Ziel, die Verbesserung der Mädchenbildung und der Lehrerinnenausbildung. So schuf sie analog zu den Männern ihres Milieus einen öffentlichen Kommunikationsraum beziehungsweise eine bürgerliche Öffentlichkeit. Zwar stiess sie mit dieser Anlehnung an «männliche» Formen der Interessenvertretung bei anderen Institutsleiterinnen auf gemischte Reaktionen. Heftigsten Widerwillen und grundsätzliche Abkehr von ihrem Seminarprojekt erzeugte sie jedoch erst mit ihrer öffentlichen Kritik an den Schullehrern und deren Methoden sowie an der politischen Ignoranz gegenüber den Bildungsansprüchen von Frauen. Damit kündigte sie nicht nur die weibliche Unterordnung generell auf, sondern situierte sich als den Männern gleichwertige Teilnehmerin an den relevanten Auseinandersetzungen zur Zukunft der Schweiz.
Selbst wenn sich gesellschaftspolitisch interessierte Bildungsbürgerinnen im Gegensatz zu Josephine Stadlin in der Regel der expliziten Kritik an der Privilegierung der Männer enthielten, wählten auch sie in den Jahren der Konsolidierung des bürgerlichen Staats aus dem Fundus der konkreten Organisationsformen und des bürgerlichen Wertesystems, was ihnen je nach Lage nützen konnte, um ihre Position zu festigen und ihre Ansprüche anzumelden. In ihren Deutungsmustern hoben sie ebenso das Trennende zwischen dem «Männlichen» und dem «Weiblichen» wie das Geschlechterübergreifende hervor. In ihrem Handeln, in

der konkreten Lebenspraxis und deren diskursive Rechtfertigung entschieden sie sich je nach Opportunität für eine der möglichen Optionen – ob strategisch bewusst oder nicht, geht oft nicht klar daraus hervor. Emilie Paravicini-Blumer und Josephine Stadlin rekurrierten beide auf die Menschenrechte. Dabei entwickelten sie aus der Bedeutung, die Männer der Volksbildung im Hinblick auf die politische Partizipation zuordneten, ein von der erzieherischen Funktion der Frauen abgeleitetes Recht auf eine spezifische Mädchenbildung. Sie variierten in diesem Prozess des Wählens und Aneignens geschlechterspezifische Zuschreibungen. Nicht der biologische Körper war der zentrale Bezugspunkt für die Definition von Männlichkeit und Weiblichkeit, sondern die arbeitsteiligen und emotional unterlegten Zuständigkeiten von Männern und Frauen, die je nach Zeit, Klasse oder familiärer Position divergieren konnten.

Dabei schrieben Bildungsbürgerinnen qua Geschlecht ihre Forderungen in einem kreativen Übersetzungsprozess immer wieder neu in das bürgerliche Wertesystem ein. Wegen ihrer hybriden Position als Zugehörige zum Bildungsbürgertum und zum weiblichen Geschlecht bedeutete dieser Prozess der Neueinschreibung ein ständiges Aushandeln und Überbrücken von Differenzen zwischen «weiblichen» und bürgerlichen Werten. Die produzierten Deutungen erschienen immer ambivalent und widersprüchlich; dabei veränderten sich im Prozess der institutionellen Maskulinisierung der Strukturen auch die Gewichtungen. Aber nicht nur der Diskurs von Frauen erschien vieldeutig, paradox war auch die Argumentation der sich auf Gleichheit und Freiheit berufenden Männer, die als Freunde, Verwandte und Ehepartner Frauen in diesen Kampf um gleiche Rechte persönlich einbezogen. Selbst wenn sie in ihren privaten Korrespondenzen die Gefährtinnen als Gleiche ansprachen, brachten sie diese Haltung bei öffentlichen Auftritten nicht zum Tragen. Eine Aufhebung der Geschlechterdifferenz als Grundmodell gesellschaftlicher Differenzierung erweckte Angst, nicht vor Gleichheit, aber vor dem oft karikierten «monde renversé», der jegliche Ordnung in Frage stellte.[10] Diese alte Angst vor der Umkehrung der Geschlechterverhältnisse verwies im Prozess der Institutionalisierung der politischen Neuordnung immer wieder auf den zentralen Widerspruch zwischen proklamierter Gleichheit der Menschen und effektiver Unterordnung der Frauen. Männer als politische Akteure waren sich zum Teil der Widersprüchlichkeit bewusst, andere zeigten sich diesbezüglich blind. So drehte und wand sich Ulrich Zehnder gegenüber Josephine Stadlin wegen seines unterschiedlichen Verhaltens als Freund einerseits, als Mitglied der verfassunggebenden Tagsatzung von 1848 anderseits. Augustin Keller schien dagegen die offensichtliche Diskrepanz zwischen seinem kumpelhaften Verhältnis zu seiner Kollegin «Seppeli» und der Nichtberücksichtigung der Frauen beim Ausbau der aargauischen Lehrerbildung nicht zu reflektieren. Unklar ist auch, ob sich die Glarner Männer, die sich 1861 sogar dem Zusammenschluss von Frauen zur Organisation der gemeinnützigen Hilfe für die vom Brand von Glarus betroffene Bevölkerung widersetzten, ihrer frauendiskriminierenden Haltung bewusst waren. Als solche aber wurde diese von der direkt betroffenen Emilie Paravicini-Blumer registriert.

Zusammenfassend ist festzuhalten, dass Geschlechterdefinitionen zwar nicht fix waren, aber von Herrschaftsverhältnissen bestimmt blieben. Sie wurden im Prozess der eigenen Identitätsbildung und gesellschaftspolitischen Positionierung von Frauen und Männern ständig neu konstruiert, zugleich aber auch durch normensetzende Zuschreibungen und wirtschaftliche Opportunitäten definiert. So dominierte in der Wahrnehmung und Deutung von Männlichkeit das Bild des leistungsstarken und Verantwortung tragenden Subjekts, während in der Bestimmung von Weiblichkeit Frauen wie Männer situativ mehr auf Zuständigkeiten oder Fähigkeiten, mehr auf dienstbereite Unterordnung oder auf die gemeinsamen Werte und Interessen rekurrierten.

Weibliche Handlungsoptionen

Das Recht verweigerte den Frauen den Status des autonom handelnden Subjekts, doch deren konkrete Handlungsmöglichkeiten variierten auf Grund des Zusammenwirkens unterschiedlicher Faktoren. Über die Verknüpfung der Kategorien Klasse und Geschlecht hinaus lässt sich mit Hilfe der Kategorien ökonomische Verfügungsgewalt, Zivilstand, Alter und familiale Position der Handlungsrahmen von Frauen differenzieren. Deshalb unterschieden sich trotz ähnlichen Ausgangsbedingungen die Optionen der Frauen aus dem Bildungsbürgertum.

Weder die verheiratete Emilie Paravicini-Blumer noch die über lange Zeit ledige Josephine Stadlin waren einem Ehemann untergeordnet. Beide verfügten über finanzielle Mittel, die eine auf Grund eines Erbes und der beglaubigten Handlungsunfähigkeit des Ehegatten, die andere auf Grund ihrer Erwerbstätigkeit. Beide besetzten die Position der Ältesten in der Herkunftsfamilie, die ebenso mit einer spezifischen Verantwortung wie mit Autorität verbunden und durch die gesundheitliche Beeinträchtigung beziehungsweise den Tod des Vaters noch verstärkt wurde. Diese Stellung als faktisches Oberhaupt der Familie implizierte die Verpflichtung, die jüngeren Geschwister und die Eltern materiell abzusichern, aber auch das Recht, auf Ausbildung und Lebensgestaltung der Brüder und Schwestern Einfluss zu nehmen. Beide Frauen hatten keine Kinder, die ihren Alltag bestimmt hätten, aber beide betreuten gesundheitlich angeschlagene Familienangehörige, Josephine Stadlin ihre Mutter, Emilie Paravicini-Blumer ihren Vater, den Ehegatten und eine Schwester. Diese Aufgaben engten den eigenen Spielraum jedoch nicht im selben Mass ein wie die mit der Mutterrolle verknüpften familiären Verpflichtungen. Obwohl eingebunden in Familie und Verwandtschaft, entschieden beide Frauen selbständig über Mobilität und Niederlassung, ermächtigten sich zu Berufstätigkeit auf Grund angeeigneten Wissens und sich selber zugesprochener Kompetenz. Dabei wirkte sich ihr Zivilstand je nach Kontext widersprüchlich aus. Während die jung verheiratete Emilie Paravicini-Blumer das Leben in der Wohnung ihres Schwiegervaters vor allem als Unterdrückung erfuhr, konnte sie später als Frau mit eigenem Haus ohne Rücksicht auf den gänzlich von ihr abhängigen Ehemann autonom Entscheidungen treffen, sich öffentlich für die Mädchenbildung einsetzen, die ihr genehmen Bekanntschaften pflegen, ihre Gefühle auf andere Männer richten und der Lektüre unterschiedlichster Schriften breiten Raum geben; der spätere

Status als Witwe und Angehörige der gesellschaftlichen Elite ermöglichte es ihr schliesslich, ihre Tätigkeit als Homöopathin gleichzeitig als selbstloses Engagement zu Gunsten der Armen wie als Beruf mit Erwerbscharakter zu definieren. Die ledige Josephine Stadlin verstand sich ihrerseits als selbständige Person, geriet aber auf Grund ihrer Geschlechtszugehörigkeit und ihres Zivilstands als Unternehmerin ökonomisch sowie als ambitionierte Pädagogin fachlich unter Druck. Zudem kam sie wegen ihrer Freundschaft zum verheirateten Ulrich Zehnder ins Gerede, während ihr die spätere Stellung als verheiratete «Frau Regierungspräsidentin» gleichermassen ökonomische Sicherheit, gesellschaftliches Ansehen sowie Raum und spezifische Kontakte für ihre Tätigkeit als Gelehrte vermittelte. So zentral also der Zivilstand formal den Handlungsrahmen von Frauen bestimmte, so variabel waren dessen Verknüpfung mit den Faktoren familiale Position und Verfügung über finanzielle Mittel und daher so widersprüchlich dessen Auswirkungen im konkreten Fall.

Je nach Situation wurde der Zivilstand emotional unterschiedlich aufgeladen: als erlebtes Ohnmachtsgefühl die arrangierte Hochzeit mit einem geistig beschränkten und zur Zeugung unfähigen Mann bei der siebzehnjährigen Emilie Paravicini-Blumer, als Zelebrierung der Anerkennung als Gleichgesinnte und Angehörige der gesellschaftlichen Elite die späte Heirat bei der 57-jährigen Josephine Stadlin. Eine Ehe ohne Mutterschaft bedeutete für eine junge Frau, abgesehen vom fehlenden Erben, wegen des Verzichts auf die hoch gehandelte emotionale Erfüllung zunächst Trauer. Als Seelenverwandtschaft erlebte Freundschaften mit anderen Frauen, aber auch mit einem Mann konnten solche Gefühle kompensieren. Die emotionale Erfahrung von Beziehungen zu Gleichgesinnten war im 19. Jahrhundert den Gefühlen zwischen Ehegatten zumindest ebenbürtig, aber im Grunde verschieden, da mit andern Erwartungen verknüpft. Eine späte Heirat zwischen zwei selbständigen Personen wie diejenige von Josephine Stadlin und Ulrich Zehnder war dagegen nicht an die Erwartung der Mutterschaft gebunden, sondern im Bildungsbürgertum vielmehr getragen vom Respekt für das gegenseitig als gleichwertig angesehene Tun. So liefen für Josephine Stadlin in der Beziehung zu Ulrich Zehnder die Gefühle von Freundschaft und von Liebe zusammen und erfuhren in der Vermählung ihre Erfüllung. Die unterschiedlichen emotionalen Aufladungen der Heirat stehen für die sich widersprechenden Vorstellungen von der Ehe. Die Verheiratung der jungen Emilie Blumer mit dem ihr in jeder Beziehung untergeordneten Bartholome Paravicini und die von gemeinsamen Idealen getragene Freundschaftsehe zwischen Josephine Stadlin und Ulrich Zehnder als Erfüllung individueller Erwartungen repräsentieren dabei zwei Extreme, die Ehen der Schwestern von Emilie Paravicini-Blumer Abstufungen zwischen diesen Extremen. Aber auch eine arrangierte Ehe wie diejenige von Katharina Blumer mit Paul Usteri schloss gegenseitige Achtung und Zuneigung nicht aus. Die durch den Zivilstand «verheiratet» beziehungsweise «ledig» entscheidend bedingten unterschiedlichen Erfahrungen von Emilie Paravicini-Blumer und Josephine Stadlin verweisen über die emotionale Dimension der Ehe hinaus auf zwei Modelle ökonomischer Absicherung von Frauen aus dem Bürgertum: die Verheiratung als das ältere, noch ständisch geprägte,

Beruf und Erwerbstätigkeit als das jüngere, spezifisch bildungsbürgerliche Modell. Diese Modelle lösten sich im 19. Jahrhundert nicht ab, sondern existierten gleichzeitig nebeneinander. Emilie Paravicini-Blumer und Josephine Stadlin gehörten herkunftsmässig der gleichen sozialen Klasse an, beider Väter waren literarisch, historisch und gesellschaftspolitisch interessierte Ärzte, die sich auch schriftstellerisch betätigten. Während der Vater der einen für die existenzielle und ständische Absicherung der Tochter wie der Familie nur die verwandtschaftliche Verbindung mit einer einflussreichen anderen Familie erwog, also gezielte Heiratspolitik betrieb, sahen die Eltern der anderen in der eigenständigen oder familienbetrieblich orientierten Erwerbstätigkeit das zentrale Fundament einer Zukunftsplanung, und zwar unabhängig vom Geschlecht. Letztere massen deshalb nicht nur der (Aus-)Bildung der Söhne, sondern auch derjenigen der Töchter Gewicht bei. Während die vermögenden Väter von Josephine Stadlins Schülerinnen für diese eine Erwerbstätigkeit ausschlossen, sahen weniger begüterte Angehörige des Bürgertums, von Kaufleuten bis Pfarrer und Pfarrfrauen, in der Erwerbstätigkeit eine Option für ihre Töchter, wenn auch vielfach nur für den Fall, dass eine standesgemässe Heirat nicht zustande kommen sollte oder familiäre Verpflichtungen im Elternhaus nicht als prioritär erachtet wurden. Die Ausbildung von Josephine Stadlin und ihren jüngeren Schwestern war auf eine langfristige Erwerbsmöglichkeit ausgerichtet. Der wohlhabende, mit der Familie Stadlin eng befreundete liberale Politiker Georg Sidler förderte hingegen die hochrangige mathematische Ausbildung seiner Tochter in London und bei einem Schweizer Professor, doch musste Elise Sidler ihre Lehrtätigkeit in Josephine Stadlins Institut aufgeben, sobald der Vater ihre Präsenz im Haushalt wünschte, während ihr Bruder selbstverständlich seine akademische Karriere vorantreiben durfte. Erst rund drei Jahrzehnte später nahmen Frauen aus dem Bildungsbürgertum für sich ebenso das Modell der eigenständigen akademischen Ausbildung und Berufstätigkeit unabhängig von familiären Verpflichtungen in Anspruch.

Zusammenfassend ist festzuhalten, dass die Handlungsmöglichkeiten aller Frauen zwar rechtlich eingeschränkt waren, aber Familienkonstellationen, Ausbildung, Zivilstand und ökonomische Notwendigkeiten diese ebenso sehr bestimmten. So konnten zwar Bildungsbürgerinnen ihr Leben gestalten und gesellschaftlich Einfluss geltend machen, riskierten dabei je nach Situation aber ihren Ruf. Denn im Bürgertum sah man in der Wahl eines adäquaten Ehemanns noch mehrheitlich die beste Möglichkeit der Versorgung der Frauen bei gleichzeitiger Statussicherung der Familie. Dennoch konnten Frauen je nach Situation durch Erwerbstätigkeit Ansehen gewinnen, sofern sie mit ihrer Tätigkeit zur Stellung der Familie beitrugen, bildungsbürgerliche Werte bestätigten und Geschlechterzuschreibungen nicht konterkarierten.

Selbstermächtigung statt institutionelle Anerkennung

Individualität und gesellschaftlicher Status waren im Bürgertum des 19. Jahrhunderts über Beruf, Leistung und politische Positionierung definiert. Kernstück des Individualisierungsprozesses war im Gegensatz zum Ancien Régime die freie Berufswahl, unabhängig von Stand und Herkunft. Da Frauen ihren Beruf wegen der ihnen verweigerten Ausbildungsmöglichkeiten nicht frei wählen konnten, war der Individualisierungsprozess männlich kodiert.[11] Das bedeutet nicht, dass Frauen die Berufstätigkeit verschlossen war, verweigert wurde ihnen jedoch weitgehend deren institutionelle Anerkennung. Eine solche Anerkennung sicherte im Zuge von Professionalisierungsprozessen eine Reihe von männlich kodierten Berufen und deren gesellschaftspolitische Positionierung über Regelungen ab, wie das Bloch am Beispiel der Entwicklung der Zürcher Volksschullehrer zur Semiprofession theoretisch fundiert und differenziert abgehandelt hat.[12] Paradigmatisch lässt sich das am Status der Ärzteschaft zeigen, die als verbandsmässig organisierte Gruppe über einen privilegierten Zugang zu den politischen Entscheidungsträgern, das Monopol auf medizinische Therapie sowie Freiheit von Fremdkontrolle verfügten. So bewegten sich auch Josephine Stadlin und Emilie Paravicini-Blumer mit ihrer Tätigkeit als Lehrerin und als homöopathische Ärztin in einem zunehmend geregelten und geschlechterspezifisch strukturierten Berufsfeld.

Professionalisierung als gesamtgesellschaftlichen Prozess der Vergeschlechtlichung institutionell abgesicherter Berufstätigkeiten ging mit der Systematisierung von Wissen einher. Das bedeutete, dass die Ausübung einer freiberuflichen, professoralen oder amtspezifischen Tätigkeit von der akademischen Ausbildung abhing. Die im Professionalisierungskonzept implizierte Individualisierung bezog sich nicht nur auf die erbrachte Leistung und deren gesellschaftliche Anerkennung, sondern auch auf die an die Person und den Titel gebundene finanzielle Entschädigung. Da in Fortsetzung tradierter patriarchaler Privilegien aus der Zeit des Ancien Régime Professionalisierung vorerst ans männliche Geschlecht gebunden blieb, bedeutete zumindest auf der normativen Ebene Professionalisierung als institutionalisiertes Konzept für Frauen Verweigerung der ökonomischen Selbständigkeit und persönlichen Autonomie. Bildungsbürgerinnen wie Josephine Stadlin und Emilie Paravicini-Blumer umgingen diese Beschränkung und ermächtigten sich als Person durch die Verknüpfung von Wissensaneignung durch praktische Erfahrung und durch gezieltes Lernen zur Berufstätigkeit, für die sie dennoch Professionalität im Sinne von Fachkompetenz *und* spezifischem Berufsethos in Anspruch nahmen.[13]

Im Vergleich mit der Ausbildung und Stellung von Professionsangehörigen mit akademischer Ausbildung verweist die berufsspezifische Positionierung von Emilie Paravicini-Blumer als Homöopathin und Josephine Stadlin als Schulleiterin und Pädagogin auf die geschlechterbedingten Unterschiede zwischen formalisierter und nicht formalisierter Wissensproduktion, zwischen systematisiertem abstraktem und informellem, auf Erfahrung basierendem praktischem Wissen, das aus personenbezogener Eingebundenheit sowie frauen- und schichtspezifischer Tradierung resultiert. So entwickelten sich die höhere Mädchenbildung wie die therapeutische Tätigkeit von Frauen im 19. Jahrhundert aus privaten Tätigkeiten hin zu beruflichen. Diese Berufstätigkeiten knüpften an Frauen zugeordnete erzieherische und pflegerische Zuständigkeiten im familialen Rahmen an, die ebenso die Selbstermächtigung von Frauen zum Lehren

und Heilen wie deren Forderungen nach Zugang zu spezifischer Ausbildung in diesen beiden Bereichen legitimierten. Josephine Stadlin und Emilie Paravicini-Blumer hatten beide im familiären Rahmen mit Lehren und therapeutischem Experimentieren begonnen, um sich dann zusätzlich fachspezifisches Wissen und praktische Erfahrung anzueignen. Josephine Stadlin tat dies kontinuierlich von ihrer Jugend bis ins Alter als Verantwortung tragendes Mitglied der Familie und selbständiges Individuum, Emilie Paravicini-Blumer dagegen vor allem als ältere, vom Joch der Zwangsheirat befreite Witwe und als ökonomisch unabhängige Frau ohne mütterliche Verpflichtung.
Das eigenwillige berufliche Tun und Wollen dieser Bildungsbürgerinnen blieb eingebunden in vielschichtige familiale, verwandtschaftliche und freundschaftliche Bezüglichkeiten. Josephine Stadlins Praktik der Mädchenbildung stiftete ebenso individuelle wie gemeinsame Verbindungen zwischen Familienangehörigen, zwischen Freundinnen, zwischen Lehrerinnen und Schülerinnen, zwischen als Erzieherinnen oder Lehrerinnen tätigen ehemaligen Schülerinnen. Sie manifestierte sich in ihrem auf konkretem Experimentieren und sinnlicher Erfahrung basierenden Ansatz der Wissensvermittlung, die sich im Austausch zwischen Lehrerin und Kindern vollziehen sollte. Am deutenden Wahrnehmen und Zuordnen von konkreten Phänomenen in ihrer je eigenen Situation sowie am Experimentieren mit Mitteln und therapeutischen Massnahmen orientierte sich auch das Praxisverständnis von Emilie Paravicini-Blumer. Deren Erkenntnisse resultierten nicht aus dem Rekurs auf den naturwissenschaftlich konzipierten, in Einzelteile und Einzelfunktionen aufteilbaren abstrakten «Körper», sondern aus dem Wahrnehmen und Beobachten von Körperzeichen als Zeichen der Krankheit beziehungsweise der Wirkung der Massnahme bei der je einzelnen Person, der es zu helfen galt. Mit ihren in Bezüglichkeiten eingelagerten pädagogischen und therapeutischen Tätigkeiten gelang es beiden Frauen, sich in den verschiedenen normativen Welten bürgerlicher Zuordnung zu verorten, ihr Tun als dem weiblichen Geschlecht zugehörig zu legitimieren und sich zugleich auf das als universell verstandene liberale Credo von Freiheit und Gleichheit zu berufen. In der konkreten Ausgestaltung und der Deutung ihrer Tätigkeit waren sie freier als Angehörige einer Profession, da nicht durch formalisierte Strukturen der Bildungsvermittlung und damit einhergehende Erwartungen bestimmt. Anderseits blieb wegen der fehlenden institutionellen Absicherung die Position als Berufstätige von Frauen wie Josephine Stadlin und Emilie Paravicini-Blumer prekär, da diese Position auf der individuellen Erfahrung und Aneignung von Wissen basierte, die per se noch keine Autorität verliehen. Ohne öffentlich anerkannten Titel blieben Frauen daher trotz ihres individuellen Anspruchs auf Fachkompetenz stärker in familienbetriebliche Strukturen eingebunden und von diesen abhängig.
Die mit der Professionalisierung einhergehende geschlechterdivergierende institutionelle Ausgestaltung von Bildung und Ausbildung war konstitutiver Teil der strukturellen Diskriminierung des weiblichen Geschlechts, die sich in unterschiedlichen beruflichen Handlungsoptionen von Frauen und Männern niederschlugen. So stellte die Lehrtätigkeit ein Erwerbsfeld dar, das sich Frauen

und Männern öffnete, doch unter je anderen Prämissen. Generell war die höhere Schulbildung verknüpft mit Vorstellungen einer auf Spezialisierung und Leistung basierenden männlichen Berufsorientierung. Für die weibliche Jugend wurde eine «höhere» Bildung nur als eine allgemeine und familienbezogene konzipiert. Dort, wo Frauen von der Lehrtätigkeit institutionell nicht grundsätzlich ausgeschlossen waren, war ihre Ausbildung dennoch durchwegs eine geringere oder sogar gänzlich ungeregelte. In katholisch dominierten Regionen blieb die Ausübung an den Status der im Rahmen ihrer Kongregation unentgeltlich arbeitenden Nonne gebunden und damit der als Individuum auftretenden weltlichen Lehrerin verschlossen. In anderen Regionen öffnete sich wegen der steigenden Nachfrage nach höherer Mädchenbildung und deren fehlender Institutionalisierung bildungsbürgerlich orientierten Frauen in diesem Bereich eines der wenigen Erwerbsfelder. Hier liess sich als Erzieherin, als Lehrerin und allenfalls als freigewerbliche Unternehmerin ein selbständiges und gesellschaftlich akzeptiertes Einkommen erzielen. Im Bereich der institutionalisierten Mädchenbildung war das Tätigkeitsfeld für Frauen in der Schweiz jedoch je nach Kanton und Gemeinde unterschiedlich eingeschränkt: Frauen war es erlaubt, als Lehrerin auf der Elementarstufe und/oder als Handarbeitslehrerin in der so genannten Mädchenarbeitsschule zu arbeiten. Deren Kontrolle war aber nicht Aufgabe der öffentlichen Schulbehörden, sondern wurde in die Hände von Frauen aus dem Bildungsbürgertum gelegt, die diese Aufgabe, wie Emilie Paravicini-Blumer in Mollis, unentgeltlich übernahmen.

Die Auseinandersetzung um den Zugang von Frauen zum Lehrerinnenberuf war eingebettet in die allgemeine Auseinandersetzung um den Status des Lehrberufs. Dabei gerieten Lehrerinnen gleich mehrfach unter Druck: von Seiten der Lehrer und auf Grund der Professionalisierungsdebatten. Den Lehrern fehlten die akademische Ausbildung und die Freiheit von Fremdkontrolle. Daher wurde ihnen trotz der Tendenz zur Systematisierung des an den Seminarien vermittelten Wissens, trotz der gesamtgesellschaftlichen Anerkennung ihrer Tätigkeit und trotz ihrer engen Verbindungen mit der liberalen Bewegung nur der Status einer Semiprofession zugestanden. Die mit der Professionalisierung verbundenen Vorstellungen von Autonomie und Selbstverantwortung standen zudem in Widerspruch zur abhängigen Position, die Frauen prinzipiell zugeschrieben wurde, und zur damit einhergehenden schlechten Entlöhnung. Eine Gleichstellung der Frauen im Lehrbereich hätte deshalb den Status des Lehrers im Verhältnis zu den anerkannten medizinischen und juristischen Professionen noch einmal geschwächt. Daher wurden den Frauen sowohl die gleichwertige Ausbildung als auch die gleichen Erwerbsmöglichkeiten verweigert. Josephine Stadlin sah sich konkret mit dieser doppelten Ausgrenzung qua Ausbildung und qua Geschlecht konfrontiert. Sie war als Lehrerin der weiblichen Jugend nur in eingeschränktem Mass anerkannt: bekämpft von den Lehrern als fordernde Konkurrentin, von Frauen und Männern aus dem Bürgertum wegen ihrer Selbstermächtigung als Expertin in Sachen Mädchenbildung und wegen ihres Anspruchs auf Geschlechtergleichheit. Der Weg zur direkten Einflussnahme auf die Gesetzgebung, um ihre Berufsstellung zu verbessern, war ihr wie allen

Lehrerinnen und Pädagoginnen versperrt. Ihnen blieb nur die Möglichkeit, ihre beruflichen Ansprüche mit dem Rekurs auf Kompetenzen zu legitimieren, über die sie primär qua Geschlecht und nicht qua Ausbildung verfügten.
Konkret zeigte sich die Verberuflichung als Vergeschlechtlichung von Tätigkeiten in der Kontrastierung der Karrieremöglichkeiten von Josephine Stadlin und Augustin Keller. Während sie keine institutionalisierte Ausbildung absolvieren konnte, ihr im katholischen Zug die Anstellung als Nichtnonne verweigert war und ihre Anstrengungen zur Einrichtung eines öffentlichen Seminars für Frauen ins Leere liefen, führte ihn ein direkter Weg von der akademischen Ausbildung zum Seminardirektor einer öffentlich-rechtlichen Institution und zum einflussreichen Bildungspolitiker. Josephine Stadlin verschaffte sich als Betreiberin eines Töchterinstituts zwar Ansehen, als private Schulunternehmerin hing der geschäftliche Erfolg im Gegensatz zu Kellers festem Gehalt jedoch in starkem Masse von der Attraktivität ihres Angebots und der Zahlungsfähigkeit der Eltern und Schülerinnen ab. Noch deutlicher kamen die unterschiedlichen Bedingungen von Frauen und Männern in den prekären Ausbildungs- und Anstellungsverhältnissen von Lehrerinnen und Erzieherinnen zum Ausdruck. Ungesicherte Ausbildungsgänge, tiefe Löhne, häufiger Wechsel der Stelle, Pendeln zwischen Lehrberuf und familiären Verpflichtungen, hohe Abhängigkeit von privaten Arbeitgeberinnen und -gebern sowie vom Zivilstand kennzeichneten deren Lage. Eine Lebensgestaltung nach individuellen Vorstellungen verband sich eher selten mit der Tätigkeit als Lehrerin, auch wenn es einigen Frauen gelang, sich auf dem Bildungsmarkt erfolgreich als selbständige gewerbliche Institutsleiterinnen zu behaupten, wie beispielsweise Ida Stadlin oder Elise Maier. Die Schwester sowie die Freundin von Josephine Stadlin verzichteten im Gegensatz zu dieser längerfristig darauf, mehr zu wollen, als der bestehenden Nachfrage nach Mädchenbildung zu entsprechen. Eingeschränkt in ihren Ambitionen sahen sich auch die ledigen und verheirateten Frauen aus dem vermögenden Bürgertum. Diesen wurde von ihren Familien sowohl eine Tätigkeit als angestellte Lehrerin als auch als selbständige Schulunternehmerin verweigert. Lehren als Beruf war bei Frauen fast ausschliesslich unter dem Vorzeichen materiell bedingter Existenzsicherung gesellschaftlich akzeptiert. Zwar wurde Josephine Stadlin auf Grund der prekären finanziellen Lage ihrer Familie – wie andern Bildungsbürgerinnen in einer ähnlichen Situation auch – die Lehrtätigkeit zugestanden, doch mit ihrer Forderung nach Institutionalisierung des von ihr gegründeten Lehrerinnenseminars und breiter Anerkennung ihres pädagogischen Konzepts stand sie quer zu dem sich herausbildenden bürgerlichen Geschlechterentwurf. Die eigenwillige Position verhalf ihr zu einem beachtlichen Netz von Mitstreiterinnen und Mitstreitern, doch deren Einfluss blieb zeitlich beschränkt und ohne nachhaltige Wirkung auf die Entwicklung der Mädchenbildung und die Stellung der Frauen in Erziehungsberufen. Erst im Rahmen der organisatorisch gefestigten Frauenbewegung erstritten sich die Lehrerinnen im letzten Viertel des 19. Jahrhunderts einen besseren Zugang zu Bildung und Ausbildung.
Verberuflichung als Vergeschlechtlichung zeigte sich exemplarisch auch im Feld der Medizin. Emilie Paravicini-Blumer war als Frau von der medizinischen Aus-

bildung wie von der *scientific community* der Schulmediziner ausgeschlossen. Ihr als älteste Tochter eines Arztes angeeignetes Wissen fand vorerst im Rahmen der unentgeltlichen familiären Krankenpflege Anwendung. Die Homöopathie bot ihr die Möglichkeit zur autodidaktischen therapeutischen Ausbildung. Ihre Tätigkeit blieb jedoch auch in ihrer eigenen Deutung angesiedelt zwischen Dilettantismus und Profession, zwischen Gemeinnützigkeit und Erwerb. Im Sog der Professionalisierung wurde der Begriff «Dilettantismus» pejorativ besetzt, da er für eine Tätigkeit stand, die den ausbildungsspezifischen und existenzsichernden Ansprüchen, die mit einer Berufstätigkeit verbunden wurden, entgegengesetzt war und dementsprechend als mangelhaft angesehen wurde. Zum einen galten nicht hauswirtschaftlich definierte Tätigkeiten von Frauen qua Geschlecht als laienhaft, zum andern erzielte Emilie Paravicini-Blumer aus ihrer therapeutischen Praktik kein kontinuierliches und existenzsicherndes Einkommen. Ermöglicht wurde ihre Tätigkeit durch ererbtes Vermögen, ermächtigt dazu hatte sie sich selbst, als eine Konkurrentin nahmen sie die Ärzte nicht wahr. Bekämpft wurde ihre Anwendung der Homöopathie nur, weil nicht akademisch ausgebildete Männer als Homöopathen Professionalität für sich in Anspruch nahmen und damit die patentierten oder approbierten Schulmediziner in der Umwerbung wohlhabender Patientinnen und Patienten konkurrenzierten. Doch weil Frauen aus Emilie Paravicini-Blumers Generation im Gegensatz zu Männern qua Geschlecht von der medizinischen Profession ausgeschlossen blieben, war der von den Schulärzten ausgefochtene Kampf gegen die «Quacksalberei» immer auch eingebettet in den Prozess der Professionalisierung als Vergeschlechtlichung. Nur weil auch Männer wegen fehlender akademischer Ausbildung vom Ausschluss aus der therapeutischen Tätigkeit bedroht waren, kam es in der Glarner Landsgemeinde unter Berufung auf die rein männlich konzipierte Gewerbefreiheit und ältere Traditionen des Heilens zur gänzlichen Freigabe der medizinischen Praxis, eine historische Niederlage der Schulmediziner unter der Führung des Arztes Fridolin Schuler, des bekannten Mitinitianten der schweizerischen Arbeiterschutzgesetzgebung.

Unter dem Aspekt der Vergeschlechtlichung ist ebenfalls Josephine Stadlins Tätigkeit als Publizistin und Biografin aufschlussreich. Auch diese war angesiedelt zwischen dem Bereich des Privaten und des Öffentlichen, bewegte sich je nach Perspektive zwischen professionellem Tun und Dilettieren. Während sich die Herausgabe einer pädagogischen Zeitschrift einreihte in die von Seminarleitern und Lehrern dominierte Zeitschriftenproduktion im Erziehungsbereich,[14] galt Josephine Stadlins Pestalozzi-Forschung bei Männern tendenziell – da von einer Frau ohne akademischen Hintergrund praktiziert – als Dilettantismus. Für sie dagegen war es Ausdruck ihres Wissens sowie ihrer intensiven Quellensuche entsprechend den Ansprüchen der akademischen *community*. Sie reihte sich ein in die Tradition von Gelehrten, die bis in die erste Hälfte des 19. Jahrhunderts bildungsbürgerliche Werte repräsentierten und angetrieben von Neugier und Interesse sich auf dem Hintergrund ihrer sozialen Herkunft Wissensfelder durch persönliche Anstrengungen erschlossen. Diese erarbeiteten dieses Wissen nicht selten im privaten Rahmen, während im Laufe der zweiten Hälfte des 19. Jahrhunderts die akademische Ausbildung zum geschulten und spezialisierten Gelehrten führte, der im Rahmen der universitären Institutsbildung forschte. Im halbprivaten Rahmen hatten Frauen an der Wissensproduktion noch partizipiert, nun galten sie, da sie nicht mehr in einen Kooperationszusammenhang integriert waren und als Individuen den formalen Kriterien der Zugehörigkeit zu einer Profession qua Geschlecht nicht genügen konnten, als Laiinnen.[15] Entgegen dieser geschlechtshierarchischen Zuordnung beanspruchte Josephine Stadlin als Ehefrau des obersten Mitglieds der Zürcher Regierung mit der Publikation ihres Opus zur bildungspolitischen Identifikationsfigur Heinrich Pestalozzi in einem renommierten Verlag für sich die Anerkennung als Gelehrte, deren Status durch ihre Forschung und individuelle Kompetenz definiert sein sollte. Emilie Paravicini-Blumer bekämpfte ihrerseits über ihr Netzwerk erfolgreich den Monopolanspruch der Schulmediziner und hinterfragte deren Wissen; ihre eigene therapeutische Arbeit aber definierte sie selber als private Hilfe, die unter weiblicher Gemeinnützigkeit subsumiert werden kann.

Zusammenfassend ist festzuhalten, dass sich erst mit der institutionell abgesicherten Verwissenschaftlichung im Laufe des 19. Jahrhunderts die Unterschiede zwischen formalisiertem und nicht formalisiertem Wissen verhärteten und sich parallel dazu die Zuständigkeiten von Frauen und Männern in Strukturen verfestigten. Doch da die Handlungsmöglichkeiten durch familiale Bindungen und soziale Netzwerke bestimmt waren, wussten Bildungsbürgerinnen über den privaten Rahmen hinaus öffentlich zu intervenieren und erfuhren sich als an der Welt partizipierende Subjekte. Nicht über institutionelle Anerkennung fachspezifischer Fähigkeiten gelang es ihnen, die Hürden zu einer wissensbasierten Berufstätigkeit zu umgehen. Sie ermächtigten sich vielmehr dazu durch die Verbindung von theoretischem mit praktischem Wissen, das in sozialen Bezüglichkeiten, in Sozialität als Erfahrung der Angewiesenheit und Abhängigkeit des je einzelnen Menschen von gegenseitiger Unterstützung eingelagert ist. Doch die Situation von berufstätigen Frauen blieb prekär. Deshalb entwickelte sich gegen Ende des 19. Jahrhunderts der Zugang zu einer geregelten und institutionalisierten Ausbildung zu einem zentralen Anliegen von Frauen aus dem Bildungsbürgertum, dem diese weit grössere Bedeutung beimassen als dem Frauenstimmrecht. Von einer solchen Ausbildung versprachen sich insbesondere alleinstehende Bildungsbürgerinnen eine ökonomisch abgesicherte individuelle Lebensführung auf der Basis eines anerkannten Berufs. Zur Legitimation ihres Anspruchs verwiesen sie auf den allgemeinen Nutzen und die gesellschaftliche Notwendigkeit ihres Tuns, dachten Soziales und Individuum nicht als Widerspruch, sondern als notwendige und dynamisch verknüpfte Zweiheit.

Da Sozialität aus rechtlicher Perspektive bis in die Gegenwart theoretisch wenig reflektiert wird, bleibt das Verhältnis zwischen Individuum und Sozialem wie im 19. Jahrhundert implizit eine «Frauenfrage» und ungelöst als ein sich reibender Widerspruch, der nur unter dem Aspekt der Vereinbarkeit von Beruf und Familienpflichten von Müttern diskutiert wird. So bestimmt dieses eingeschränkte Denken über Gesellschaft und Wirtschaft weiterhin die Handlungsoptionen von Frauen mit.

Anmerkungen

Kapitel I

1 HsZB, Nachlass Josephine Zehnder-Stadlin, Ms. P 2198, Josephine Zehnder-Stadlin, Biographisches, 3 Josephine Stadlin Autobiographie.
2 An Katharina Usteri-Blumer, 1860, zit. in von Lerber, Helene: Oben bleiben! Die Lebensgeschichte der tapferen Glarnerin Emilie Paravicini-Blumer, 1808–1885, Glarus 1961, S. 237.
3 Kocka, Jürgen (Hg.): Bürgertum im 19. Jahrhundert. Deutschland im europäischen Vergleich, 3 Bd. München 1988; Kocka, Jürgen (Hg.): Bürger und Bürgerlichkeit im 19. Jahrhundert, Göttingen 1987; Conze, Werner/Kocka, Jürgen (Hg.): Bildungsbürgertum im 19. Jahrhundert, Teil 1: Bildungssystem und Professionalisierung im internationalen Vergleich, Stuttgart 1985; Gall, Lothar: Bürgertum in Deutschland, Berlin 1989; Gall, Lothar/Langewiesche, Dieter (Hg.): Liberalismus und Region. Zur Geschichte des deutschen Liberalismus im 19. Jahrhundert (Historische Zeitschrift. Beihefte. Neue Folge, Bd. 19), München 1995; Langewiesche, Dieter: Liberalismus in Deutschland, Frankfurt am Main 1988. Einen kommentierten Überblick über die deutschsprachige Bürgertumsforschung gibt Schulz, Andreas: Lebenswelt und Kultur des Bürgertums im 19. und 20. Jahrhundert. Enzyklopädie deutscher Geschichte, Bd. 75, München 2005; siehe auch Gall, Lothar (Hg.): Bürgertum und bürgerlich-liberale Bewegung im Mitteleuropa seit dem 18. Jahrhundert (Historische Zeitschrift. Sonderhefte, Bd. 17), München 1997, insbesondere Langewiesche, Dieter: Frühliberalismus und Bürgertum 1815–1849, S. 63–130, und Seier, Hellmut: Liberalismus und Bürgertum in Mitteleuropa 1850–1880. Forschung und Literatur seit 1970, S. 131–230.
4 Habermas, Rebekka: Frauen und Männer des Bürgertums. Eine Familiengeschichte (1750–1850), Göttingen 2000; Trepp, Anne-Charlotte: Sanfte Männlichkeit und selbständige Weiblichkeit: Frauen und Männer im Hamburger Bürgertum zwischen 1770 und 1840, Göttingen 1996; Dauphin, Cécile/Lebrun-Pézerat, Pierrette/Poublan, Danièle: Ces bonnes lettres. Une correspondance familiale au XIXe siècle. Préface de Roger Chartier. Ouvrage publié avec le concours du Centre national des Lettres, Paris 1995; Zwick, Tamara Michelle: The Correspondence between Public and Private: Women, Kinship, and Buergertum in Early Nineteenth-Century Hamburg, UMI Dissertation Services 2004.
5 Sarasin, Philipp: Stadt der Bürger. Bürgerliche Macht und städtische Gesellschaft: Basel 1846–1914, Göttingen 1997; Tanner, Albert: Arbeitsame Patrioten – Wohlanständige Damen. Bürgertum und Bürgerlichkeit in der Schweiz 1830–1914, Zürich 1995; Schnyder, Arlette: Geschwistergeschichten. Alltagsgeschichte des Geschwisternetzwerks einer Schweizer Pfarrfamilie, Baden 2008. Nur zum Teil auf das 19. Jahrhundert bezieht sich die Dissertation der Sozialwissenschaftlerin Gilbert, Anne-Françoise: Kampf um die Welt, Sorge um sich selbst. Lebensentwürfe und kulturelle Räume lediger Frauen in der Moderne, Königstein im Taunus 2001.
6 Hebeisen, Erika: «Leidenschaftlich fromm». Die pietistische Bewegung in Basel, 1750–1830, Köln 2005; Schnegg, Brigitte: «Die zweyte Seite auf dem Blatte der Menschheit». Geschlechterdiskurse und Geschlechterverhältnisse in der Schweizer Aufklärung, unveröffentlichte Diss., Bern 1999.
7 Arni, Caroline: Entzweiungen. Die Krise der Ehe um 1900, Köln, Weimar, Wien 2004.
8 Witzig, Heidi: Polenta und Paradeplatz. Regionales Alltagsleben auf dem Weg zur modernen Schweiz, 1880–1914, Zürich 2000.
9 Joris, Elisabeth/Witzig, Heidi: Brave Frauen – aufmüpfige Weiber. Wie sich die Industrialisierung auf Alltag und Lebenszusammenhänge von Frauen auswirkte (1820–1940), Zürich 1992.
10 Ausserdem gaben mir die Vorbereitung der Tagung «leben schreiben» vom 20. bis 23. März 2003 an der Universität Bern entscheidende Impulse für die theoretischen und methodischen

Implikationen der historischen (Auto-)Biografie. Vgl. dazu Leben schreiben. Auto-/Biographisches Erzählen in Geschichte und Literatur, Universität Bern, 20. bis 22. März 2003. Joris, Elisabeth: Leitung Workshop 1: La Biographie historique comme genre et problème, mit Loriga, Sabina (Paris): L'enjeu biographique, Levi, Giovanni (Rom/Paris): Les usages historiographiques de la biographie; Joris, Elisabeth: Auf unsicherem Boden. Lehrerinnen und Erzieherinnen in den Briefen an ihre Mentorin Josephine Stadlin, Workshop 3: Ein Leben, viele Leben – Biographie und Kollektiv. Der sechsmonatige Aufenthalt am Department for European History der University of California in Los Angeles (UCLA) als *visiting scholar* ermöglichte mir die vertiefte Auseinandersetzung mit der Medizingeschichte und vor allem mit verschiedenen Ansätzen zur Geschichte der Emotionen. Siehe Joris, Elisabeth: Pain: Transgressions of Kinship and Politics in the Biography of a 19th Century Female Homeopath, European History Colloquium UCLA (Lynn Hunt, David Sabean), 15. Mai 2003. Die in diesem Kontext ebenfalls vertiefte Auseinandersetzung mit dem Thema präsentierte ich im Herbst 2008 anlässlich der Jahrestagung der US-amerikanischen German Studies Association. Siehe Joris, Elisabeth: Interventionen. Facetten von Freundschaft zwischen Frauen und Männern im Umfeld der politischen Umwälzungen des 19. Jahrhunderts in der Schweiz, Referat: German Studies Association Conference, New Orleans, 18. bis 21. September 2003. Eigentlicher Ausgangspunkt für diese Untersuchung waren die von mir geleiteten Seminarübungen zur Geschlechterdimension der Entstehungsgeschichte der modernen Schweiz am Historischen Seminar der Universität Basel im Wintersemester 1995/96 und Sommersemester 1996 anhand der (Auto-)Biografien von Frauen und Männern des ausgehenden 18. und des 19. Jahrhunderts. Die dabei berücksichtigten Quellen zum Leben der Glarnerin Emilie Paravicini-Blumer und der Zugerin Josephine Stadlin verarbeitete ich in der Folge zu szenischen Lesungen für das Vaudeville Theater, die 1998 unter der Leitung von Liliana Heimberg im Keller des Schauspielhauses Zürich und auf Bühnen von Basel und Glarus zur Aufführung gelangten.

11 Zu den 1848erinnen aus Frankreich gibt es eine breite Palette von Untersuchungen, die bei weitem nicht nur von französischen Autorinnen und Autoren verfasst wurden, sondern beispielsweise auch von namhaften US-amerikanischen Historikerinnen. Siehe unter anderem Riot-Sarcey, Michèle: La démocratie à l'épreuve des femmes. Trois figures critiques du pouvoir 1830–1848, Paris 1994; Scott, Joan Wallach: Only Paradoxes to Offer. French Feminists and the Rights of Man, Cambridge (MA), London 1996, Kap. 3: The Duties of the Citizen: Jeanne Deroin in the Revolution of 1848, S. 57–89; Arni, Caroline: femme sociologue – femme diable. Jenny P. d'Héricourt, eine frühsoziologische Denkerin im Frankreich des 19. Jahrhunderts, Bern 1998.

12 Für Deutschland siehe unter anderem Bleiber, Helmut/Schmidt, Walter/Schötz, Susanne (Hg.): Akteure eines Umbruchs. Männer und Frauen der Revolution von 1848/49, Bd. 1 und 2, Berlin 2003.

13 Kubli, Nora: Josephine (Zehnder-)Stadlin (1806–1875). Leben und Werk einer Pionierin der Frauenbildung, Lizentiatsarbeit, Sozialpädagogik, Prof. Dr. H. Tuggener, Universität Zürich, Manuskript, Zürich 1988.

14 Omlin, Sibylle: Der geschlechterspezifische Diskurs von Bürgerinnen. Bürgerrecht und Bildung im Kanton Zug in der zweiten Hälfte des 19. Jahrhunderts, Lizentiatsarbeit, PD Dr. R. Jaun, Historisches Seminar der Universität Zürich, Manuskript, Zürich 1999.

15 Omlin, Sybille: «Wohlan denn, meine Schwestern!» Frauenrollen und Mädchenbildung. Josephine Zehnder-Stadlin (1806–1875), in: Regierungsrat des Kantons Zug (Hg.): 23 Lebensgeschichten. Alltag und Politik in einer bewegten Zeit. Der Kanton Zug zwischen 1798 und 1850, Zug 1998, S. 150–163; Omlin, Sibylle: «... da eine Lehrerin in Zug etwas noch nie dagewesenes war». Josephine Stadlin und Clara Wey – zwei Wege zum Beruf der Lehrerin, in: Verein Frauenstadtrundgang Zug (Hg.): Beiträge zur Zuger Frauen- und Geschlechtergeschichte 1800–1930, Zug 2001, S. 58–73.

16 FemmesTour (Hg.): Mit Geld, Geist und Geduld. Frauen und ihre Geschichte zwischen Helvetik und Bundesstaat, Bern 1998; Rettenmund, Barbara/Voirol, Jeannette: Emma Herwegh. Die grösste und beste Heldin der Liebe, Zürich 2000; Joris, Elisabeth: «Im Vertrauen, reden Staatsmänner auch etwa vom Weibe?» Partizipation oder Dissidenz – zur Konstituierung eines weiblichen Handlungsraumes, in: Ernst, Andreas/Tanner, Albert/Weishaupt, Matthias (Hg.): Revolution und Innovation. Die konfliktreiche Entstehung des schweizerischen Bundesstaates von 1848 (Die Schweiz 1798–1998. Staat – Gesellschaft – Politik, hg. von der Allgemeinen Geschichtsforschenden Gesellschaft der Schweiz, Bd. 1), Zürich 1998, S. 173–188; Boesch, Evelyn: «Das angenehmste ist, an unsere Republik zu denken». Anna Maria Rüttimann zum Verhältnis von Staat und Geschlecht in der Helvetik, in: Ernst/Tanner/Weishaupt 1998, S. 161–173; siehe auch Joris, Elisabeth: Die geteilte Moderne: Individuelle Rechtsansprüche für Männer, ständische Abhängigkeit für Frauen, in: Thema: Geschlecht und Staat, Schweizerische Zeitschrift für Geschichte, Vol. 46, 1996/3, S. 306–331.

17 Zur Einführung siehe Fraisse, Geneviève/Perrot, Michelle (Hg.): Geschichte der Frauen, Bd. 4, 19. Jahrhundert, hg. von Duby, Georges/Perrot, Michelle, Frankfurt am Main, New York 1994; Christalder, Marieluise (Hg.): Freiheit, Gleichheit, Weiblichkeit. Aufklärung, Revolution und die Frauen in Europa, Opladen 1990. Zu Deutschland siehe unter anderem Gerhard, Ute: Unerhört. Die Geschichte der deutschen Frauenbewegung, Reinbek bei Hamburg 1990, S. 16–70; Gerhard, Ute (Hg.): Frauen in der Geschichte des Rechts. Von der Frühen Neuzeit bis zur Gegenwart, München 1997; Lipp, Carola (Hg.): Schimpfende Weiber und patriotische Jungfrauen. Frauen im Vormärz und in der Revolution von 1848/49, Moos, Baden-Baden 1998; Hausen, Karin: Überlegungen zum geschlechtsspezifischen Strukturwandel der Öffentlichkeit, in: Gerhard, Ute (Hg.): Differenz und Gleichheit. Menschenrechte haben (k)ein Geschlecht, Frankfurt am Main 1990, S. 268–282; Schmidt-Linsenhoff, Viktoria (Hg.): Sklavin oder Bürgerin, Marburg 1988; Junk, Anne: «Ihr werdet für ewige Zeiten Euch ein ruhmvolles Denkmal setzen». Wie die Frauen 1848/49 die Revolution unterstützten (Werkstattbericht aus dem Archiv & Museum, Bd. 4), Offenburg 1994.

18 Lipp, Carola (Forschungsprojekte): Wechselbeziehungen von politischer Kultur, generativem Verhalten und Verwandtschaft in einer Stadt des frühen 19. Jahrhunderts (DFG 1999–2003); Lipp, Carola: Soziale Netzwerke in der Politischen Kultur des 19. Jahrhunderts (Förderung im Rahmen der Förderlinie Opus Magnum im Programm Pro Geisteswissenschaften der VW- und Fritz-Thyssen-Stiftung 2006–2008).

19 Majer, Diemut: Frauen – Revolution – Recht. Die grossen Europäischen Revolutionen in Frankreich, Deutschland und Österreich 1789 bis 1918 und die Rechtsstellung der Frauen. Unter Einbezug von England, Russland, der USA und der Schweiz, Zürich, St. Gallen 2008.

20 Sabean, David Warren: Kinship in Neckarhausen, 1700–1870, Cambridge 1998.

21 Aus sozial- und geschlechterhistorischer Perspektive wiesen jedoch bereits in den 1980er Jahren Leonore Davidoff und Catherine Hall auf die Bedeutung informeller Beziehungsstrukturen auf die Entwicklung der englischen Mittelklasse hin, siehe Davidoff, Leonore/Hall, Catherine: Family Fortunes. Men and Women of the English Middle Class 1780–1850, London 1987.

22 Wetzel, Dietmar J.: Gerechtigkeit – Geschlechterdifferenz – Gemeinschaft. DiskursWelten des Ethisch-Politischen, in: Essbach, Wolfgang/Kaufmann, Stefan/Verdicchio, Dirk/Lutterer, Wolfram/Bellanger, Silke/Uerz, Gereon (Hg.): Landschaft, Geschlecht, Artefakte. Zur Soziologie naturaler und artifizieller Alterität, Würzburg 2004, S. 115–130. Angeknüpft wird damit implizit, aber auch explizit an Themen und Fragestellungen der Anfänge der feministisch geprägten Frauen- und Geschlechterforschung. Bock, Gisela/Duden, Barbara: Arbeit aus Liebe – Liebe als Arbeit: Zur Entstehung von Hausarbeit im Kapitalismus, in: Gruppe Berliner Dozentinnen (Hg.): Frauen und Wissenschaft. Beiträge zur 1. Sommeruniversität für Frauen, Berlin 1977, S. 118–199. Zur Entstehung dieses Beitrags siehe Duden, Barbara: Arbeit aus Liebe – Liebe als Arbeit. Ein Rückblick, in: Care-Ökonomie. Neue Landschaften von feministischen Analysen und Debatten, Olympe. Feministische Arbeitshefte zur Politik, 30/2009, S. 16–26. Wetzel verweist auf die Bedeutung der 1982 veröffentlichten und äusserst umstrittenen These zur geschlechterdifferenzierenden Moraltheorie der US-Amerikanerin Gilligan, Carol: Die andere Stimme. Lebenskonflikte und Moral der Frau, München 1993; und daran anschliessend Benhabib, Seyla: Der verallgemeinerte und der konkrete Andere. Die Kohlberg/Gilligan-Kontroverse aus der Sicht der Moraltheorie, in: Benhabib, Seyla: Selbst im Kontext. Kommunikative Ethik im Spannungsfeld von Feminismus, Kommunitarismus und Postmoderne, Frankfurt am Main 1992, S. 161–191.

23 Wagner, Hans-Josef: Sozialität und Reziprozität, Frankfurt am Main 2004, S. 153–156.

24 Frevert, Ute (Hg.): Bürgerinnen und Bürger. Geschlechterverhältnisse im 19. Jahrhundert, Göttingen 1988; Frevert, Ute: «Mann und Weib, und Weib und Mann». Geschlechter-Differenzen in der Moderne, München 1995. Zur neueren Forschung, die Geschlechteransätze berücksichtigt, siehe Hettling, Manfred/Hoffmann, Stefan-Ludwig: Zur Historisierung bürgerlicher Werte. Einleitung, in: Hettling, Manfred/Hoffmann, Stefan-Ludwig (Hg.): Der bürgerliche Wertehimmel. Innenansichten des 19. Jahrhunderts, Göttingen 2000, S. 7–21; Hettling, Manfred/Hoffmann, Stefan-Ludwig: Der bürgerliche Wertehimmel. Zum Problem individueller Lebensführung im 19. Jahrhundert, in: Geschichte und Gesellschaft, 1997, Heft 3, S. 333–359; Hettling, Manfred: Politische Bürgerlichkeit. Der Bürger zwischen Individualität und Vergesellschaftung in Deutschland und der Schweiz 1860–1918, Bielefeld 1997; Hein, Dieter/Schulz, Andreas (Hg.): Bürgerkultur im 19. Jahrhundert. Bildung, Kunst und Lebenswelt, München 1996.

25 Siegrist, Hannes: Bürgerliche Berufe. Die Professionen und das Bürgertum, in: Siegrist, Hannes (Hg.): Bürgerliche Berufe. Zur Sozialgeschichte der freien und akademischen Berufe im internationalen Vergleich, Göttingen 1988, S. 11–48, hier S. 13. Auf diese Definition bezieht sich die Historikerin Gudrun Wedel in ihrer Untersuchung über das selbstgedeutete Schaffen von Lehrerinnen im 19. Jahrhundert und hebt dabei kritisch hervor, dass diese geschlechtsunspezifische Formulierung die Abschliessung der bürgerlichen Berufe gegenüber Frauen aus dem Bürgertum

kaschiert. Siehe Wedel, Gudrun: Lehren zwischen Arbeit und Beruf. Einblicke in das Leben von Autobiographinnen aus dem 19. Jahrhundert (L'Homme. Schriften, Bd. 4), Wien, Köln, Weimar 2000.

26 Grundlegend zur Frage der Professionalisierung der Lehrer ist die Untersuchung von Bloch, Alexandra: Priester der Volksbildung. Der Professionalisierungsprozess der Zürcher Volksschullehrkräfte zwischen 1770 und 1914, Zürich 2007. Zur Vergeschlechtlichung siehe Crotti, Claudia: Lehrerinnen – frühe Professionalisierung. Professionsgeschichte der Volksschullehrerinnen in der Schweiz im 19. Jahrhundert, Bern 2005. Die Bedingungen der Zulassung von Frauen waren nach Crotti eine Hilfskonstruktion; das Ziel war überall das gleiche: Lehrerinnen bilden als Frauen Schülerinnen zu Frauen aus, das heisst zu Müttern und Ehefrauen.

27 Huerkamp, Claudia: Der Aufstieg der Ärzte im 19. Jahrhundert. Vom gelehrten Stand zum professionellen Experten. Das Beispiel Preussens, Göttingen 1985; Wetterer, Angelika: Professionalisierung und Geschlechterhierarchie. Vom kollektiven Frauenausschluss zur Integration mit beschränkten Möglichkeiten, Kassel 1993; Wetterer, Angelika (Hg.): Die soziale Konstruktion von Geschlecht in Professionalisierungsprozessen, Frankfurt am Main, New York 1995; Wetterer, Angelika: Arbeitsteilung und Geschlechterkonstruktion. «Gender at Work» in theoretischer und historischer Perspektive, Konstanz 2002; Knapp, Gudrun-Axeli/Wetterer, Angelika (Hg.): Achsen der Differenz. Gesellschaftstheorie und feministische Kritik II (Forum Frauenforschung, Bd. 16), Münster 2003.

28 Opitz, Claudia/Weckel, Ulrike/Kleinau, Elke (Hg.): Tugend, Vernunft und Gefühl. Geschlechterdiskurs der Aufklärung und weibliche Lebenswelten, Münster, New York, München, Berlin 2000; Kleinau, Elke/Opitz, Claudia (Hg.): Geschichte der Mädchen- und Frauenbildung, Bd. 2: Vom Vormärz bis zur Gegenwart, Frankfurt am Main, New York 1996.

29 Siehe Apple, Rima D. (Hg.): Women, Health, and Medicine in America. A Historical Handbook, New York, London 1990.

30 Grunder, Hans-Ulrich: «Wir fordern alles». Weibliche Bildung im 19. Jahrhundert. Die Konzepte einiger anarchistischer und bürgerlicher Pädagoginnen, Grafenau 1988; Renold, Ursula: «Wo das Männliche anfängt, da hört das Weibliche auf!» Frauenberufsbildungsdiskussionen im Spiegel der sozioökonomischen Entwicklung (1860–1930), Diss. Bern, Brunegg 1998; Leimgruber, Yvonne: In Mission für das weibliche Geschlecht und das Vaterland. Das Wirken der Pädagogin Rosette Niederer-Kasthofer (1779–1857) für ein «frauengerechtes» Leben in Familie und Gesellschaft. Studien zur historisch-systematischen Erziehungswissenschaft, Bad Heilbrunn 2006; Crotti 2005; Bloch 2007. Im einleitenden Kapitel stellt Bloch Ansätze der Professionalisierungstheorie vor, an denen sie ihre Untersuchung zur Stellung der Zürcher Volksschullehrer orientiert, das letzte Kapitel der Dissertation behandelt den Zusammenhang von Geschlecht und Profession; siehe Kap. 1.2, S. 11–22, Kap. 5.4, S. 511–524. Bloch beruft sich in Bezug auf die Vergeschlechtlichung auf Wetterer 1993 und Wetterer 1995. Siehe auch Bloch, Alexandra: Feminisierung des Volksschullehrerberufs auf Grund gescheiterter Professionalisierung? Das Beispiel des Kantons Zürich, in: Bosshart-Pfluger, Catherine/Grisard, Dominique/Späti, Christina (Hg.): Geschlecht und Wissen – Genre et Savoir – Gender and Knowledge. Beiträge der 10. Schweizerischen Historikerinnentagung 2002, Zürich 2004, S. 109–121. Zum Verhältnis von verweigerter Akademisierung und Aufnahme der Frauen ins Lehrerseminar des Kantons Zürich siehe ebenso Bloch 2007, S. 39, 42.

31 Voirol, Jeannette: Die ersten Schweizer Ärztinnen und ihr Stand in der Profession, in: Honegger, Claudia/Liebig, Brigitte/Wecker, Regina (Hg.): Wissen, Gender, Professionalisierung. Historisch-soziologische Studien, Zürich 2003, S. 41–64. Die Biografie zur ersten Schweizer Ärztin Marie Heim-Vögtlin ist nach chronologischem Muster aufgebaut ohne spezifische Berücksichtigung neuer wissenschaftlicher Erkenntnisinteressen. Siehe Müller, Verena E.: Marie Heim-Vögtlin – die erste Schweizer Ärztin (1845–1916). Ein Leben zwischen Tradition und Aufbruch, Baden 2007.

32 Rogers, Naomi: American Homeopathy Confronts Scientific Medicine, in: Jütte, Robert/Risse, Guenter B./Woodward, John (Hg.): Culture, Knowledge and Healing. Historical Perspective of Homeopathic Medicine in Europe and North America, Sheffield 1998, S. 31–64; Huerkamp 1985; Bleker, Johanna/Schleiermacher, Sabine: Ärztinnen aus dem Kaiserreich. Lebensläufe einer Generation, Weinheim 2000.

33 Jütte, Robert: Geschichte der Alternativen Medizin. Von der Volksmedizin zu den unkonventionellen Therapien von heute, München 1996; Jütte, Robert: Samuel Hahnemann. Begründer der Homöopathie, München 2005; Dinges, Martin (Hg.): Homöopathie. Patienten, Heilkundige, Institutionen. Von den Anfängen bis heute, Heidelberg 1996. Siehe auch das seit den 1980er Jahren herausgegebene Jahrbuch des Instituts für Geschichte der Medizin der Robert Bosch Stiftung, «Medizin, Gesellschaft und Geschichte», und dessen Beihefte. Das erste Beiheft thematisiert die historische Bedingtheit von Krankheit, siehe Lachmund, Jens/Stollberg, Gunnar

(Hg.): The Social Construction of Illness, Institut für Geschichte der Medizin der Robert Bosch Stiftung (Medizin, Gesellschaft und Geschichte, Beiheft 1), Stuttgart 1992. Über das Institut der Robert Bosch Stiftung laufen verschiedene Forschungsprojekte zur Auswertung von homöopathischen Praxisjournalen, insbesondere die Herausgabe von Samuel Hahnemanns Krankenjournalen unter der Leitung von Robert Jütte. Mit diesem Institut verbunden sind auch die vielfältigen neu lancierten Forschungen zur Auswertung von Patientenjournalen nicht homöopathischer Ärzte; an diesen Forschungen beteiligt sind aus der Schweiz unter anderem Vincent Barras vom medizinhistorischen Institut der Universität Lausanne, Iris Ritzmann vom medizinhistorischen Institut der Universität Zürich und Hubert Steinke vom medizinhistorischen Institut der Universität Bern. Steinke leitet auch das Forschungsprojekt des Schweizerischen Nationalfonds (SNF) zur Auswertung der umfangreichen Journale des Bieler Arztes César Adolph Bloesch (1804–1863), dessen Resultate aber noch nicht vorliegen. Zur Patientinnen- und Patientenforschung vgl. Dinges, Martin: Arztpraxen 1500–1900 – zum Stand der Forschung, in: Dietrich-Daum, Elisabeth/Dinges, Martin/Jütte, Robert/Roilo, Christine (Hg.): Arztpraxen im Vergleich: 18.–20. Jahrhundert, Bozen 2007, S. 23–61; Dinges, Martin: Immer schon 60% Frauen in den Arztpraxen? Zur geschlechtsspezifischen Inanspruchnahme des medizinischen Angebotes (1600–2000), in: Dinges, Martin (Hg.): Männlichkeit und Gesundheit im historischen Wandel 1850–2000, Stuttgart 2007, S. 295–322; Dinges, Martin/Barras, Vincent (Hg.): Krankheit in Briefen im deutschen und französischen Sprachraum. 17.–20. Jahrhundert, Stuttgart 2007.

34 Erlach, Alexander: Die Geschichte der Homöopathie in der Schweiz 1827–1971, Typoskript, Zürich 2004; veröffentlicht 2009 im Verlag Haupt, Bern. Meine Verweise beziehen sich jeweils auf das Typoskript der Dissertation von 2004. Vgl. Stolberg, Michael: Homöopathie und Klerus. Zur Geschichte einer besonderen Beziehung, in: Medizin, Gesellschaft und Geschichte, 17/1998, Stuttgart 1999, S. 131–148.

35 Siehe unter anderem Wolff, Eberhard: Le rôle du mouvement des non-médecins dans le développement de l'homéopathie en Allemagne, in: Faure, Olivier (Hg.): Praticiens, patients et militants de l'homéopathie aux XIXe et XXe siècles (1800–1940), Lyon 1992, S. 197–230; Wolff, Eberhard: Gesundheitsvereine und Medikalisierungsprozess. Der Homöopathische Verein Heidenheim/Brenz zwischen 1886 und 1945, Tübingen 1989; Stolberg, Michael: Die Homöopathie im Königreich Bayern, in: Medizin, Gesellschaft und Geschichte, 14/1995, Stuttgart 1996.

36 Siehe Loetz, Francisca: Vom Kranken zum Patienten. «Medikalisierung» und medizinische Vergesellschaftung am Beispiel Badens 1750–1850, Stuttgart 1993.

37 Roth, Sabina: Dunst und Schweiss. Zum Gebrauch des kalten Wassers in Schroths Naturheilverfahren um 1870, Sonderdruck aus: Hähner-Rombach, Sylvelyn (Hg.): «Ohne Wasser ist kein Heil». Medizinische und kulturelle Aspekte der Nutzung von Wasser, Stuttgart 2005, S. 13–32; Roth, Sabina: Mit Schroths Methode «scharmant hergestellt»? Die Wirksamkeit eines Naturheilverfahrens im Erleben der Selbsthilfe um 1870, in: Alsheimer, Rainer/Simon, Michael (Hg.): Körperlichkeit und Kultur 2003. Körperbilder. Dokumentation des 6. Arbeitstreffens des Netzwerks Gesundheit und Kultur in der volkskundlichen Forschung, Bremen 2004, S. 95–116.

38 Sarasin, Philipp: Reizbare Maschinen. Eine Geschichte des Körpers 1765–1914, Frankfurt am Main 2001.

39 Duden, Barbara: Geschichte unter der Haut. Ein Eisenacher Arzt und seine Patientinnen um 1730, Stuttgart 1987. Auch Roy Porter, der 1985 aufgerufen hat, Berichte von Patientinnen und Patienten für die Medizingeschichte zu nutzen, forscht im Bereich der Frühen Neuzeit. Siehe Porter, Roy: The Patient's View. Doing Medical History from Below, in: Theory and Society. Renewal and Critique in Social Theory, 1985/4, S. 175–198. Siehe auch Vanja, Christina: Arm und krank. Patientenbiographien im Spiegel frühneuzeitlicher Bittschriften, in: BIOS, 2006/1, S. 26–35.

40 Duden, Barbara: Medicine and the History of the Body. The Lady of the Court, in: Lachmund/Stollberg 1992, S. 39–51, hier S. 40. Zum Krankheitsbegriff beziehungsweise zur Unterscheidung zwischen Gesundheit und Krankheit siehe Paul, Norbert W.: Gesundheit und Krankheit, in: Schulz, Stefan/Steigleder, Klaus/Fangerau, Heiner/Paul, Norbert W. (Hg.): Geschichte, Theorie und Ethik der Medizin. Eine Einführung, Frankfurt am Main 2006, S. 131–142.

41 Brockmeyer, Bettina: Selbstverständnisse. Dialoge über Körper und Gemüt im frühen 19. Jahrhundert, Göttingen 2009.

42 Scarry, Elaine: The Body in Pain, Oxford 1985; Tanner, Jakob: Körpererfahrung, Schmerz und die Konstruktion des Kulturellen, in: Historische Anthropologie, 1994/2, S. 489–502; Piller, Gudrun: Krankheit schreiben. Körper und Sprache im Selbstzeugnis von Margarethe E. Milow-Huthwalcker (1748–1794), in: Historische Anthropologie, 1999/2, S. 212–235; Stolberg, Michael: «Mein äskulapisches Orakel!» Patientenbriefe als Quelle einer Kulturgeschichte der Krankheitserfahrung im 18. Jahrhundert, in: Kulturen der Krankheit, Österreichische Zeitschrift für Geschichtswissenschaften, 1996/3, S. 385–404; Stolberg, Michael: Homo patiens. Krankheits- und Körpererfahrung in der Frühen Neuzeit, Köln, Weimar, Wien 2003. Als zeitübergreifende

Untersuchung siehe Lachmund, Jens/Stollberg, Gunnar: Patientenwelten. Krankheit und Medizin vom späten 18. bis zum frühen 20. Jahrhundert im Spiegel von Autobiographien, Opladen 1995.

43 Siehe Benthien, Claudia/Fleig, Anne/Kasten, Ingrid (Hg.): Emotionalität. Zur Geschichte der Gefühle, Köln, Weimar, Wien 2000; Föllmer, Moritz (Hg.): Sehnsucht nach Nähe. Interpersonale Kommunikation in Deutschland seit dem 19. Jahrhundert, Stuttgart 2004; Habermas, Rebekka: Rituale des Gefühls. Die Frömmigkeit des protestantischen Bürgertums, in: Hettling/Hoffmann 2000, S. 169–192; Kessel, Martina: Gefühle und Geschichtswissenschaft, in: Schützeichel, Rainer (Hg.): Emotionen und Sozialtheorie. Disziplinäre Ansätze, Frankfurt am Main 2006, S. 29–47; Kessel, Martina: Langeweile. Zum Umgang mit Zeit und Gefühlen in Deutschland vom späten 18. bis zum frühen 19. Jahrhundert, Göttingen 2000; Kessel, Martina: Das Trauma der Affektkontrolle. Zur Sehnsucht nach Gefühlen im 19. Jahrhundert, in: Benthien/Fleig/Kasten 2000, S. 156–177; Kessel, Martina: Balance der Gefühle. Langeweile im 19. Jahrhundert, in: Historische Anthropologie, 1996/4, S. 234–255; Trepp, Anne-Charlotte: Code contra Gefühl? Emotionen in der Geschichte, in: Sozialwissenschaftliche Informationen, 2001/3, S. 44–52; Trepp, Anne-Charlotte: Liebe – erlebte Emotion und gesellschaftliche Wertsetzung, in: Sozialwissenschaftliche Informationen, 3/2001, S. 14–21; Frevert, Ute: Vertrauen als Gefühlshaltung, in: Benthien/Fleig/Kasten 2000, S. 178–197; Frevert, Ute: Angst vor Gefühlen? Die Geschichtsmächtigkeit von Emotionen im 20. Jahrhundert, in: Nolte, Paul/Hettling, Manfred/Kuhlemann, Frank-Michael/Schmuhl, Hans-Walter (Hg.): Perspektiven der Gesellschaftsgeschichte, München 2000, S. 95 bis 111; Klein, Ansgar/Nullmeier, Frank (Hg.): Masse – Macht – Emotionen. Zu einer politischen Soziologie der Emotionen, Opladen, Wiesbaden 1999; Ciompi, Luca: Die emotionalen Grundlagen des Denkens. Entwurf einer fraktalen Affektologik, Göttingen 1997. Bedeutsam bleibt der Sammelband Sabean, David W./Medick, Hans (Hg.): Emotionen und materielle Interessen. Sozialanthropologische und historische Beiträge zur Familienforschung, Göttingen 1984. Einen kritischen Überblick über die historische Forschung im Bereich Emotionen leistet Przyrembel, Alexandra: Sehnsucht nach Gefühlen. Zur Konjunktur der Emotionen in der Geschichtswissenschaft, in: Whiteness, L'Homme, 2005/2, S. 116–124. Zur Einführung in die Ansätze der Geschichte der Emotionen vgl. Saxer, Daniela: Mit Gefühl handeln. Ansätze der Emotionsgeschichte, in: Traverse 2007/2, Die Pragmatik der Emotionen im 19. und 20. Jahrhundert, hg. von Meier, Marietta/Saxer, Daniela, S. 15–28.

44 Newmark, Catherine: Weibliches Leiden – männliche Leidenschaften. Zum Geschlecht in älteren Affektenlehren, in: Feministische Studien, 2008/1, S. 7–18, hier S. 9 f. Gefühle, Sentiments, stehen als Topos für das so genannte Zeitalter der Empfindsamkeit im späteren 18. Jahrhundert; diese Zeit prägte das Verständnis der «Seele» als Sitz der Gefühle und Schauplatz moralischer Reflexion, als Raum der inneren Erfahrungen und Konflikte; als individualisierte Gefühle dynamisierten diese Vorstellungen das Schreiben von Briefen und Tagebüchern im 19. Jahrhundert.

45 Siehe unter anderem Weckel, Ulrike (Hg.): Freundschaft, WerkstattGeschichte, 28/2001.

46 Van Dülmen, Richard: Freundschaftskult und Kultivierung der Individualität um 1800, in: van Dülmen, Richard (Hg.): Entdeckung des Ich. Die Geschichte der Individualisierung vom Mittelalter bis zur Gegenwart, Köln, Weimar, Wien 2001, S. 267–286, hier S. 269.

47 Sabean, David Warren: Inzestdiskurse vom Barock bis zur Romantik, in: Die Liebe der Geschwister, L'Homme, 2002/1, S. 7–28, hier S. 23 f.

48 Kessel, Martina: Unter Utopieverdacht? Zum Nachdenken über Glück im späten 18. und frühen 19. Jahrhundert, in: L'Homme, 1999/2, S. 257–276, hier S. 258 f.

49 Reddy, William M.: Sentimentalism and Its Erasure. The Role of Emotions in the Era of the French Revolution, in: Journal of Modern History, 72/2000; Reddy, William M.: The Navigation of Feeling. A Framework for the History of Emotions, Cambridge University Press 2001, Part II: Emotions in History: France, 1700–1850; Reddy, William M.: Emotional Liberty. History and Politics in the Anthropology of Emotions, in: Cultural Anthropology, 14/1999, S. 256–288. Vgl. Goodwin, Jeff/Jasper, James M./Polletta, Francesca (Hg.): Passionate Politics. Emotions and Social Movements, Chicago 2001; Lutz, Catherine: Engendered emotion: gender, power, and the rhetoric of emotional control in American discourse, in: Lutz, Catherine/Abu-Lughod, Lila: Language and the Politics of Emotion, Cambridge, Paris 1990, S. 69–91; Lutz, Catherine: Emotion, Thought, and Estrangement. Emotion as a Cultural Category, in: Cultural Anthropology, 1/3, 1986, S. 287–309. Rund um Peter N. Stearns ist die Rolle der Emotionen, insbesondere «Liebe» und «Zorn», in der Geschichte der Modernisierung aus psychohistorischer Perspektive thematisiert worden. Vgl. Stearns, Peter N./Lewis, Jan: An Emotional History of the United States, New York 1998; Stearns, Carol Z./Stearns, Peter N.: Emotion and Social Change. Toward a New Psychohistory, New York 1988; Eustace, Nicole: Vehement Movements: Debates on Emotion, Self and the Society during the Seven Years War in Pennsylvania, in: Explorations in American Culture 5/2001, S. 79–117. Diese Ansätze werden von Barbara Rosenwein kritisiert. Siehe Rosenwein, Barbara: Worrying

about emotions in history, in: American Historical Review, 107, 3/2002, S. 821–845; Rosenwein, Barbara H.: Gender als Analysekategorie in der Emotionsforschung, in: Feministische Studien, 17/2008, S. 92–106. Ähnlich kritisch wie von Barbara Rosenwein werden diese Ansätze, aber auch die mentalitätsgeschichtlichen Ansätze der Annales von der englischen Historikerin Joan Bourke beleuchtet. Vgl. Bourke, Joan: Fear and Anxiety. Writing about Emotion in Modern History, in: History Workshop Journal, 2003/55, S. 111–131.

50 Reddy 2001, S. 105. Reddy bezieht sich in seiner Argumentation wiederholt auf den Philosophen Ronald de Sousa, der auf die Wandelbarkeit und Kontextbedingtheit der Gefühle verweist. Vgl. de Sousa, Ronald: The Rationality of Emotion, Cambridge 1987. In Frage stellt Reddy den kulturgeschichtlichen Ansatz, vgl. Reddy, William M.: Against Constructionism. The Historical Ethnography of Emotions, in: Current Anthropology, 8/1997, S. 327–340.

51 Hunt, Lynn: The Family Romance of the French Revolution, Berkeley, Los Angeles 1992.

52 Scott 1996.

53 Arni, Caroline/Honegger, Claudia: Jenny d'Héricourt (1809–1875). Weibliche Modernität und die Prinzipien von 1789, in: Honegger, Claudia/Wobbe, Theresa (Hg.): Frauen in der Soziologie. Neun Porträts, München 1998, S. 60–98.

54 Davis, Natalie Zemon: Women on the Margins. Three Seventeenth-Century Lives, Cambridge (MA), London 1995; dt.: Drei Frauenleben. Glikl, Marie de l'Incarnation, Maria Sibylla Merian, Berlin 1996.

55 Zu Barbara Hess-Wegmann siehe Joris 1996, S. 307–318.

56 Schüler, Anja: Frauenbewegung und soziale Reform. Jane Addams und Alice Salomon im transatlantischen Dialog, 1889–1933, Transatlantische Historische Studien 16, Stuttgart 2004; Matthes, Eva/Hopf, Caroline: Helene Lange und Gertrud Bäumer. Ihr Beitrag zum Erziehungs- und Bildungsdiskurs vom Wilhelminischen Kaiserreich bis in die NS-Zeit, Bad Heilbrunn 2003; Matthes, Eva/Hopf, Caroline: Helene Lange und Gertrud Bäumer: Ihr Engagement für Frauen- und Mädchenbildung, Bad Heilbrunn 2001; Schaser, Angelika: Helene Lange und Gertrud Bäumer. Eine politische Lebensgemeinschaft, Köln 2000; Göttert, Margrit: Macht und Eros. Frauenbeziehungen und weibliche Kultur um 1900. Eine neue Perspektive auf Helene Lange und Gertrud Bäumer, Königstein im Taunus 2000; Dünnebier, Anna/Scheu, Ursula (Hg.): Die Rebellion ist eine Frau. Anita Augsburg und Lida G. Heymann, Kreuzlingen, München 2002. Nicht wissenschaftlich, sondern journalistischer Art ist die Doppelbiografie von Endrass, Elke: Gemeinsam gegen Hitler. Pater Alfred Delp und Helmuth James Graf von Moltke, Stuttgart 2007. Fritz Stern als US-amerikanischer Historiker hat bereits 1977 die inzwischen berühmte Doppelbiografie veröffentlicht, die 2000 in einer deutschen Neuauflage erschienen ist: Stern, Fritz: Gold und Eisen. Bismarck und sein Bankier Bleichröder, Neuausgabe, Reinbek bei Hamburg 2000 (Gold and Iron. Bismarck, Bleichröder, and the Building of the German Empire, New York 1977). Doppelbiografischen Charakter hat auch das eben erst herausgekommene Buch des Schiller-Biografen Safranski, Rüdiger: Goethe und Schiller. Geschichte einer Freundschaft, München 2009.

57 Knecht, Susanne: Flora Tristan und Lady Callcott. Die zweite Entdeckung Lateinamerikas, Hamburg 2004.

58 Hettling 2000.

59 Honegger, Claudia: Die Ordnung der Geschlechter. Die Wissenschaft vom Menschen und das Weib, 1750–1850, Frankfurt am Main 1991.

60 Toward a biographical turn? Biography in Modern Historiography – Modern Historiography in Biography, German Historical Institute, Washington/DC, 25.–27. März 2004, http://hsozkult.geschichte.hu-berlin.de/termine/id=2582.

61 Bourdieu, Pierre: L'illusion biographique, in: Actes de la Recherche en Sciences sociales 62–63, Juni 1986, S. 69–72.

62 Le Goff, Jacques: Saint Louis, Paris 1996; Le Goff, Jacques: Saint François d'Assise, Paris 1999. Selbst in der von Bourdieu herausgegebenen Untersuchung zum Elend der Welt gibt es Verbindungen zu biografischen Ansätzen. Siehe Bourdieu, Pierre (Hg.): La misère du monde, Paris 1993.

63 Corbin, Alain: Le monde retrouvé de Louis-François Pinagot. Sur les traces d'un inconnu, 1798–1876, Paris 1998.

64 Siehe dazu auch Braun, Oliver: Ein biographisches Projekt als methodischer Hürdenlauf. Person und politisches Weltbild des CSU-Politikers Alois Hundhammer (1900–1974), in: Obermair, Hannes/Rome, Carlo (Hg.): Biographien. Vite di provincia. Geschichte und Region. Storia e regione, 2002/1, Innsbruck, Wien, München, Bozen 2002, S. 11–36.

65 BIOS. Zeitschrift für Biographieforschung und Oral History, Heft 1, Opladen 1888. Inzwischen ist der Name ergänzt worden zu: Zeitschrift für Biographieforschung, Oral History und Lebensverlaufsanalysen.

66 BIOS, 1990/1; BIOS, 1993/1.

67 Traverse, Zeitschrift für Geschichte, Biographie, 1995/2; Sieder, Reinhard (Hg.): Brüchiges Leben. Biografien in sozialen Systemen, Wien 1999; Klein, Christian: (Hg.): Grundlagen der Biographik. Theorie und Praxis des biographischen Schreibens, Stuttgart, Weimar 2002.

68 Dausien, Bettina: Erzähltes Leben – erzähltes Geschlecht? Aspekte der narrativen Konstruktion von Geschlecht im Kontext der Biographieforschung, in: Feministische Studien, 2001/2, S. 57–73; Dausien, Bettina: Biographie und Geschlecht. Zur biographischen Konstruktion sozialer Wirklichkeiten in Frauenlebensgeschichten, Bremen 1996; Dausien, Bettina: Biographieforschung als «Königinnenweg»? Überlegungen zur Relevanz biographischer Ansätze in der Frauenforschung, in: Diezinger, Angelika/Kitzer, Hedwig/Anker, Ingrid/Bingel, Irma/Haas, Erika/Odierna, Simone (Hg.): Erfahrung mit Methode. Wege sozialwissenschaftlicher Frauenforschung, Freiburg im Breisgau 1994, S. 129–153; Dausien, Bettina: Die biographische Konstruktion von Geschlecht, in: Schneider, Notker/Mall, Ram Adhar/Lhemar, Dietmar (Hg.): Einheit und Vielfalt. Das Verstehen der Kulturen, Amsterdam, Atlanta 1998, S. 257–277. Dausien, Bettina: Geschlechterkonstruktionen und Körpergeschichten. Überlegungen zur Rekonstruktion leiblicher Aspekte des «doing gender» in biographischen Erzählungen, in: Alheit, Peter/Dausien, Bettina/Fischer-Rosenthal, Wolfram/Hanses, Andreas/Keil, Annelie (Hg.): Biographie und Leib, Giessen 1999, S. 177–200; Dausien, Bettina: «Biographie» als rekonstruktiver Zugang zu «Geschlecht». Perspektiven der Biographieforschung, in: Lemmermöhle, Doris/Fischer, Dietlind/Klika, Dorle/Schlüter, Anne (Hg.): Lesarten des Geschlechts. Zur De-Konstruktionsdebatte in der erziehungswissenschaftlichen Geschlechterforschung, Opladen 2000, S. 96–115; Dausien, Bettina: Geschlecht und Biographie, in: Miethe, Ingrid/Kajatin, Claudia/Pohl, Jana (Hg.): Geschlechterkonstruktionen in Ost und West. Biografische Perspektiven (Soziologie, Bd. 8), Münster 2004, S. 19–44; Dausien, Bettina: Biografieforschung. Theoretische Perspektiven und methodologische Konzepte für eine re-konstruktive Geschlechterforschung, in: Becker, Ruth/Kortendiek, Beate/Budrich, Barbara (Hg.): Handbuch Frauen- und Geschlechterforschung. Theorie, Methoden, Empirie, Wiesbaden 2004, S. 314–325. Zur Geschlechterdimension der historischen Biografie siehe Schaser, Angelika: Bedeutende Männer und wahre Frauen. Biographien in der Geschichtswissenschaft, in: von der Lühe, Irmela/Runge, Anita: Biographisches Erzählen, Stuttgart, Weimar 2001, S. 137–152; Barry, Kathleen: The New Historical Syntheses. Women's Biography, in: Journal of Women's History 1, 1990, S. 75–105. Aus psychohistorischer Perspektive siehe unter anderem Reulecke, Anne-Kathrin: «Die Nase der Lady Hester». Überlegungen zum Verhältnis von Biographie und Geschlechterdifferenz, in: Röckelein, Hedwig (Hg.): Biographie als Geschichte, Tübingen 1993, S. 117–142.

69 L'Homme, 2003/2.

70 White, Hayden: Metahistory. Die historische Einbildungskraft im 19. Jahrhundert in Europa, Frankfurt am Main 1991; White, Hayden: Der historische Text als literarisches Kunstwerk, in: White, Hayden: Auch Klio dichtet oder die Fikton des Faktischen. Studien zur Tropologie des historischen Diskurses, Stuttgart 1986, S. 101–122. Zu Sprache und Narrativität vgl. Daniel, Ute: Kompendium Kulturgeschichte. Theorien, Praxis, Schlüsselwörter, Frankfurt am Main 2001, S. 430–443.

71 Zur Problematisierung von «Lebenslauf» siehe Tenorth, Heinz-Elmar: Kommentar zu Teil 1: Lebensläufe als Identitätskonstruktionen, in: Häder, Sonja/Tenorth, Heinz-Elmar (Hg.): Der Bildungsgang des Subjekts. Bildungstheoretische Analysen (Zeitschrift für Pädagogik. Beiheft, Bd. 48), Weinheim 2004, S. 58–65.

72 Dausien 2004, S. 315–319. Auch nach Dausien ist Wirklichkeit immer schon interpretierte Wirklichkeit.

73 Habermas, R., Bürgertum, 2000, S. 11.

74 Lejeune, Philippe: Le pacte autobiographique, Paris 1975 (deutsch: Der autobiographische Pakt, Frankfurt am Main 1994).

75 Vgl. Die Einleitung von Chartier, Roger zu: Dauphin/Lebrun-Pézerat/Poublan 1995; Hämmerle, Christa/Saurer, Edith (Hg.): Briefkulturen und ihr Geschlecht. Zur Geschichte der privaten Korrespondenz vom 16. Jahrhundert bis heute (L'Homme. Schriften, Bd. 7), Wien 2003; Bland, Caroline/Cross, Máire (Hg.): Gender and Politics in the Age of Letter-Writing, 1750–2000, Hampshire (GB), Burlington (USA) 2004; Habermas, Rebekka: Selbstreflexion zwischen Erfahrung und Inszenierung. Schreiben im Bürgertum um 1800, in: Häder, Sonja/Tenorth, Heinz-Elmar (Hg.): Der Bildungsgang des Subjekts. Bildungstheoretische Analysen (Zeitschrift für Pädagogik. Beiheft, Bd. 48), Weinheim 2004, S. 30–47; Brockmeyer 2009, Kap. III. Prozesse des Schreibens: Briefe, insbesondere S. 91–105. Zur Dialogizität und Intertextualität im Brief siehe Weigel, Sigrid: Korrespondenzen und Konstellationen. Zum postalischen Prinzip biographischer Darstellungen, in: Klein 2002, S. 41–54.

76 Vgl. Goffman, Erving: Interaktion und Geschlecht, hg. und eingeleitet von Hubert A. Knoblauch. Mit einem Nachwort von Helga Kotthoff, Frankfurt am Main, New York 1994.

77 Habermas, R., Bürgertum, 2000, Einleitung S. 9–15, hier insbesondere S. 12.

78 Dieses Handeln unterstreicht auch Lynn Hunt als *human agency*. Siehe Hunt, Lynn: Kulturgeschichte ohne Paradigmen?, in: Historische Anthropologie, 2008/3, S. 323–340, hier S. 328–330. Hunt als eine der bedeutenden Vertreterinnen der New Cultural History kritisiert in diesem Beitrag die einseitige Fokussierung auf die Bedeutungsherstellung durch die Kulturgeschichte. Auch der Kulturhistoriker Chartier betont das Gewicht der materiellen Bedingungen für die Wirkung des Diskurse; siehe Chartier, Roger: New Cultural History, in: Eibach, Joachim/Lottes, Günther (Hg.): Kompass der Geschichtswissenschaft, Göttingen 2002, S. 193–205, hier S. 203 f. Zum Erfahrungsbegriff als Prozess von der Wahrnehmung bis zum Wissen und handelnden Aneignen siehe Canning, Kathleen: Problematische Dichotomien. Erfahrung zwischen Narrativität und Materialität, in: Bos, Marguérite/Vincenz, Bettina/Wirz, Tanja (Hg.): Erfahrung: Alles nur Diskurs? Zur Verwendung des Erfahrungsbegriffes in der Geschlechtergeschichte (Beiträge zur 11. Schweizerischen HistorikerInnentagung), Zürich 2004, S. 37–58. Nach Ute Daniel ist Erfahrung eine kumulative Zusammenfassung einzelner Ereignisse zu einer kohärenten Geschichte, die durch die Sinnkonstruktion Kohäsion erhält. Obwohl Daniel mit der Betonung der Narration das Diskursive am Erfahrungsbegriff hervorhebt, ist mit dem Bezug zur *agency*, der Autorschaft, die Erlebtes, Gesehenes und Erlerntes kondensiert und interpretiert, die Ebene des Handelns mitgedacht. Siehe Daniel, Ute: Die Erfahrungen der Geschlechtergeschichte, in: Bos/Vincenz/Wirz 2004, S. 59–69.

79 Siehe Brockmeyer 2009, S. 244. Brockmeyer verweist dabei auf Baurs These des dezentrierten Ichs; vgl. dazu die zwei Aufsätze von Baur, Esther: Das Ich im Text: Wie ich immer war und seyn werde. Lektüren eines Tagebuchs, in: Hettling/Hoffmann 2000, S. 105–128; «Sich schreiben». Zur Lektüre des Tagebuchs von Anna Maria Preiswerk-Iselin (1758–1840), in: von Greyerz, Kaspar/Medick, Hans/Veit, Patrice (Hg.): Von der dargestellten Person zum erinnerten Ich. Europäische Selbstzeugnisse als historische Quellen (1500–1850), Köln, Weimar, Wien 2001, S. 95–109.

80 Tanner, Jakob: Vom bewegten Leben der Lebensgeschichten, Vorwort zu Lafranchi, Corina (Hg.): Mein Leben und ich. Schweizer Lebensgeschichten seit 1800, Zürich 2005, S. 12. Tanner bezieht sich hier auf das autobiografische Erzählen, doch ist die Aussage auch auf Briefe als autobiografische Fragmente übertragbar. Auch Koleva hebt unter Berufung auf Pierre Bourdieu sowie auf Luisa Passerini die Wechselwirkung von institutionell bedingten Möglichkeiten und der individuellen Selbsterfahrung von Frauen als Subjekt der eigenen Lebensgestaltung hervor: «In such cases, gender discourses seem to provide a powerful and readily available means to achieve coherent self-perception and self-presentation within the scope of ‹normality›.» Siehe Koleva, Daniela: Telling Women's Lives. Ideology and Practice, in: L'Homme, 2007/2, S. 77–90, hier S. 89.

81 Ich verweise hier auch auf das Konzept der «Lebenswelt», das nicht von einer objektiven Wirklichkeit ausgeht, sondern als die vom Menschen erfahrene, wahrgenommene und gedeutete, von der Gesellschaft konstruierte, kulturell ausgeformte und symbolisch gedeutete Wirklichkeit verstanden wird.

82 Bezogen auf den auch dem Habitus inhärenten Gegensatz zwischen dem Weiblichen und dem Männlichen siehe Bourdieu, Pierre: Die Regeln der Kunst. Genese und Struktur des literarischen Feldes, Frankfurt am Main 1999, S. 74–77.

83 Siehe Tanner, Jakob: Historische Anthropologie zur Einführung, Hamburg 2004; Lüdtke, Alf: Alltagsgeschichte, Mikro-Historie, historische Anthropologie, in: Goertz, Hans-Jürgen (Hg.): Geschichte. Ein Grundkurs, Reinbek bei Hamburg 1998, S. 557–578, hier S. 564. Für die Analyse der engen Verbindung von Bürgertums- und Liberalismusforschung bieten sich nach Langewiesche die biografischen Untersuchungen als ein zentraler Zugangsweg auf, da diese Verbindung nur erfasst werden kann, wenn «Bürger und Liberale in ihren konkreten Lebenswelten und Handlungsfeldern aufgesucht werden». Siehe Langewiesche 1997, S. 78.

84 Mesmer, Beatrix: Ausgeklammert – Eingeklammert. Frauen und Frauenorganisationen in der Schweiz des 19. Jahrhunderts, Basel 1988.

85 Canning bezieht sich allerdings auf die Situation der Frauen in der Weimarer Republik, siehe Canning, Kathleen: Der Körper der Staatsbürgerin als theoretisches und historisches Problem, in: Bowald, Béatrice/Binnenkade, Alexandra/Büchel-Thalmaier, Sandra/Jakobs, Monika (Hg.): KörperSinne. Körper im Spannungsfeld von Diskurs und Erfahrung, Wettingen 2002.

86 Hardtwig, Wolfgang: Hochkultur des bürgerlichen Zeitalters. Kritische Studien zur Geschichtswissenschaft, Bd. 169, Göttingen 2005, S. 12–14. Hardtwig verweist dabei auf das Paradox, dass das Konzept der Nation die Abschaffung von Privilegien versprach und gleichzeitig alte Ungleichheiten aufrechterhielt und neue entstehen liess.

87 Canning 2004, S. 37; Canning 2002.

88 Siehe Kühne, Thomas: Staatspolitik, Frauenpolitik, Männerpolitik. Politikgeschichte als Geschlechtergeschichte, in: Medick, Hans/Trepp, Anne-Charlotte (Hg.): Geschlechtergeschichte

und Allgemeine Geschichte. Herausforderungen und Perspektiven, Göttingen 1998, S. 171–231. Kühne sieht Frauen als Akteurinnen vor allem im Feld Pädagogik, das heisst verortet sie nur im Bereich der Frauenbewegung. Die Erweiterung der Auffassung von «Politik» setzt jedoch die Dichotomie von Privatheit und Öffentlichkeit und dessen Wechselspiel grundsätzlich in Frage. Auf Foucault verweisend erweitert Joan W. Scott das traditionelle Politikverständnis auf das Exerzierfeld der Machtbeziehungen: inhaltlich auf den Körper; methodisch im Verständnis von Politikgeschichte als Diskursgeschichte im Sinne von «Macht-Wissen», darstellerisch als ein dezentriertes, heterogenes und parataktisches Nebeneinander von Fallstudien. Siehe Scott, Joan W.: Geschichte der Feministinnen, in: L'Homme, 2003/2, S. 317–336.

89 Zur Debatte über den Konstruktionscharakter von Geschlecht siehe Bachmann-Medick, Doris: «Diebin in der Nacht» – Gender diesseits oder jenseits kulturwissenschaftlicher turns? Fragen und Antworten in einer kontroversen Debatte, in: L'Homme, 2008/1, S. 131–142.

90 Dieser Prozess wurde in der Literatur vor allem in den 1990er Jahren unter dem Begriff *doing gender* definiert. Dieser Begriff wird heute nur noch wenig verwendet, doch wird immer noch darauf Bezug genommen. So auch von Lutz und Davis in ihrem methodischen Ansatz zur Biografie. Sie verstehen dabei Geschlecht als Handlungsmaxime im Rahmen von Interaktionsprozessen und auf struktureller Ebene als Reproduktion von hierarchischer Ordnung. So handeln Frauen in einem geschlechtshierarchisch definierten Kontext zwingend im Sinne eines *doing gender* oder eben *un-doing gender*. Siehe Lutz, Helma/Davis, Kathy: Geschlechterforschung und Biographieforschung. Intersektionalität als biographische Ressource am Beispiel einer aussergewöhnlichen Frau, in: Völter, Bettina/Dausien, Bettina/Lutz, Helma/Rosenthal, Gabriele (Hg.): Biographieforschung im Diskurs, Wiesbaden 2005, S. 228–247, hier S. 229. Grundlegend zur Frage, wie Geschlecht funktioniert, Scott, Joan W.: Gender. A Useful Category of Historical Analysis, in: Scott, Joan W. (Hg.): Feminism and History, Oxford, New York 1996, S. 152–180. Auch Scott betont die Bedeutung der Interaktion.

91 Wetterer, Angelika (Hg.): Geschlechterwissen und soziale Praxis. Theoretische Zugänge – empirische Erträge, Königstein im Taunus 2008; Dölling, Irene: «Geschlechterwissen» – ein nützlicher Begriff für die «verstehende» Analyse von Vergeschlechtlichungsprozessen?, in: Zeitschrift für Frauenforschung und Geschlechterstudien 23, 2005/1–2, S. 44–62. Den Begriff «Geschlechterwissen» entfaltet Dölling mit Rekurs auf Bourdieu und das Konzept des biografischen Wissens. Damit soziales Handeln und soziale Ordnung möglich sind und die Gesellschaftsmitglieder darauf bauen können, braucht es ein von den Gesellschaftsmitgliedern geteiltes Alltagswissen und alltagsweltliches Geschlechterwissen, die den individuell-biografischen und den feldspezifischen Differenzierungen vorgelagert und unterlegt sind. Siehe auch Bourdieu, Pierre: Die männliche Herrschaft, in: Dölling, Irene/Krais, Beate (Hg.): Ein alltägliches Spiel. Geschlechterkonstruktion in der sozialen Praxis (Gender Studies), Frankfurt am Main 1997, S. 153–217; [Bourdieu, Pierre:] Eine sanfte Gewalt. Pierre Bourdieu im Gespräch mit Irene Dölling und Margareta Steinrücke, in: Dölling/Krais 1997, S. 218–230. Nach Bourdieu bedarf männliche Herrschaft keiner Rechtfertigung, im Gegensatz zu weiblichen Ansprüchen. Sie ist in der sozialen Welt ebenso präsent wie im Habitus inkorporiert. Sie wirkt als universelles Prinzip des Sehens und Einteilens, als ein System von Wahrnehmungs-, Denk- und Handlungskategorien. Auch Geneviève Fraisse versteht die Bilder vom Männlichen und vom Weiblichen als eine Form des Denkens, der Kategorisierung, der Zuordnung. Siehe Fraisse, Geneviève: Von der sozialen Bestimmung zum individuellen Schicksal. Von der Philosophiegeschichte zur Geschlechterdifferenz, in: Fraisse/Perrot 1994, S. 63–95, hier S. 272.

92 Diese Verknüpfung verschiedener Differenzachsen wurde im Bereich der Geschlechterforschung von der US-amerikanischen Sozialwissenschaftlerin Kimberle Crenshaw zur Kritik am «weissen» Feminismus unter dem Begriff *intersectionality* eingeführt. Der Begriff bezieht sich auf die Schnittmenge verschiedener Diskriminierungsformen wie *sex, class, race*. Siehe Crenshaw, Kimberle: Intersectionality and Identity Politics. Learning from Violence Against Women of Colour, in: Stanford Law Review, 43, 1991/6, S. 1241–1299. Für die deutschsprachige Geschlechterforschung siehe Knapp, Gudrun-Axeli: Intersectionality – ein neues Paradigma feministischer Theorie? Zur transatlantischen Reise von «Race, Class, Gender», in: Feministische Studien, 2005/1, S. 68–81; Knapp/Wetterer 2003; Klinger, Cornelia/Knapp, Gudrun/Sauer, Birgit (Hg.): Achsen der Ungleichheit. Zum Verhältnis von Klasse, Geschlecht und Ethnizität, Frankfurt 2007. Zu Intersektionalität im zeitgenössischen Geschlechterdiskurs siehe Hardmeier, Sibylle/Vinz, Dagmar: Diversity und Intersektionalität. Eine kritische Würdigung der Originalität und Leistungsfähigkeit der zwei Ansätze für die Politikwissenschaft, in: Frauen – Gender – Diversity. Perspektiven theoretischer Konzepte und ihrer politischen Umsetzung, Femina politica, 2007/1, S. 15–25. Zur kritischen Auseinandersetzung mit dem Begriff siehe Soiland, Tove: Die Verhältnisse gingen und die Kategorien kamen. Intersectionality oder Vom Unbehagen an der amerikanischen Theorie, www.querelles-net.de/index.php/qn/article/viewArticle/694/702.

93 Herzog, Walter: Standards oder Bildungsstandards. Fragen, die sich die Gymnasien stellen sollten, in: Gymnasium Helveticum, 2008/4, S. 6–10, hier S. 7. Zur Problematik der Wortbildung «Bildungsbürgertum» siehe Koselleck, Reinhart: Zur anthropologischen und semantischen Struktur der Bildung, in: Koselleck, Reinhart: Begriffsgeschichten. Studien zur Semantik und Pragmatik der politischen und sozialen Sprache, Frankfurt am Main 2006 (Erstveröffentlichung 1990), S. 105–154, hier S. 110–115. Als relevante Bereiche nennt Koselleck Philosophie, Theologie, Religion, Naturwissenschaften, Literatur, Musik, die bildenden Künste und «nicht zuletzt» die Pädagogik (S. 47). Zur Problematisierung der «bürgerlichen Gesellschaft» als einer zeitgenössischen Idealvorstellung zum einen, als eines von der Geschichtswissenschaft entwickelten idealtypischen Modells der politischen und gesellschaftlichen Ordnung des 19. Jahrhunderts zum andern siehe Hardtwig 2005, insbesondere S. 12–15. So ist auch das Bildungsbürgertum nur ein Typus aus dem breiten Spektrum von Deutungskonzepten von Bürgertum.

94 Hettling, Manfred: Bürgerliche Selbstbehauptung – politischer Individualismus, in: van Dülmen (Hg.) 2001, S. 311–329, hier S. 314 f.

95 Zum Subjektbegriff siehe Strassberg, Daniel: Das poietische Subjekt. Giambattista Vicos Wissenschaft vom Singulären, München 2007, S. 7–12.

96 Siehe Raab, Heike: Foucault und der feministische Poststrukturalismus, Dortmund 1998, S. 62–65.

97 Siehe unter anderem Bourdieu, Pierre: Die feinen Unterschiede, Frankfurt am Main 1982, S. 100–103.

98 Die Theorie der hybriden Position entwickelte Bhabha, Homi K.: The Location of Culture, London 1994. Zur Geschlechteridentität im 19. Jahrhundert siehe Bank, Michaela: Übersetzung als Spiel. Migrantinnen als Übersetzerinnen der amerikanischen Frauenrechtsbewegung im 19. Jahrhundert, in: Camus, Celine/Hornung, Annabelle/Imlinger, Fabienne/Kolbe, Angela/Noll, Milena/Stauffer, Isabelle (Hg.): Im Zeichen des Geschlechts. Repräsentationen, Konstruktionen, Interventionen, Königstein im Taunus 2008, S. 96–110, insbesondere S. 107 f.

99 De Certeau, Michel: Kunst des Handelns, Berlin 1988, S. 11–32. De Certeau verwendet «Strategie» nur als Vorgabe geplanten Handelns von Mächtigen.

100 So betont Katharina Walgenbach nicht nur die Interdependenzen zwischen Kategorien, sondern sie sieht Geschlecht und Klasse selber als je interdependente Kategorien, das heisst diese sind nicht fix, sondern spezifisch in ihrer Verknüpfung. Siehe Walgenbach, Katharina: Gender als interdependente Kategorie, in: Walgenbach, Katharina/Dietze, Gabriele/Hornscheidt, Antje/Palm, Kerstin: Gender als interdependente Kategorie. Neue Perspektiven auf Intersektionalität, Diversität und Heterogenität, Opladen 2007, S. 23–65. Auch nach Michaela Bank sind hybride Positionen nicht nur zwischen binären Polen wie «Klasse» oder «Geschlecht» anzusiedeln, sondern an dem Punkt, wo sich unterschiedliche Dimensionen kreuzen. Siehe Bank 2008, S. 107 f.

101 Dausien 1994, S. 152 und 137; Dausien 1996, S. 24–43. In Anlehnung an Robert Jütte könnte auch in Bezug auf die Biografie von «Integrationswissenschaft» gesprochen werden, auch wenn sich Jütte auf die Medizingeschichte bezieht, die auch Wechselwirkungen verschiedener Bereiche berücksichtigen muss, unter anderem der Geschlechtergeschichte, siehe Jütte, Robert: Sozialgeschichte der Medizin. Inhalte – Methoden – Ziele, in: Medizin, Gesellschaft und Geschichte, 9/1990, Stuttgart 1991, S. 149–164.

102 HsZB, Nachlass Josephine Zehnder-Stadlin, Ms. P 2198–2216 & a, b.

103 Von Lerber 1961.

104 StAZH, FA Usteri 76.10/5, Nachlass von Marguerite Loosli-Usteri.

105 P.-B.: Versöhnung mit dem Geschick. Ein Brief aus dem Jahre 1842, hg. von R. de Quervain, Burgdorf 1963. Zu den Details siehe die entsprechende Anmerkung im Unterkapitel «Heiratsallianzen statt individueller Lebensentwurf» in Kap. 1.1.

106 Davis 1996.

107 Davis 1995, S. 203.

108 Braidotti, Rosi: Nomadic Subjects. Embodiment and Sexual Difference in Contemporary Feminist Theory, New York 1994.

Kapitel II

1 Renold 1998, S. 82–85; Mantovani Vögeli, Linda: Fremdbestimmt zur Eigenständigkeit. Mädchenbildung gestern und heute, Chur, Zürich 1994, S. 69–73; Grunder 1988, S. 75–101; Joris, Elisabeth: Josephine Stadlin (1806–1875), in: Ohlsen, Ingrid/Littmann, Birgit: ... durezie und abelaa. Vom Anfang und Ende eines Frauenberufs. Die Ausbildungsgeschichte der Handarbeitslehrerinnen im Kanton Zürich, Zürich 2001, S. 18 f.; Koch, Hans: Zuger Köpfe. Fünfzig Lebensbil-

der aus dem Zugerland, Zug 1943, Josephine Zehnder-Stadlin, 1806–1875, S. 121–123; Kubli 1988. Schon im ersten Jahrbuch der Schweizer Frauen, das von der Frauenrechtlerin und Seminarlehrerin Emma Graf mit herausgegeben wurde, wird Josephine Stadlin als Pionierin der Mädchenbildung gewürdigt; Graf, Emma: Die Anfänge der Frauenbewegung in der deutschen Schweiz, in: Jahrbuch der Schweizer Frauen, 1, Bern 1915, S. 128–130.

2 Vgl. Joris 1998, S. 173–188; Meyer 1996; Omlin 1999; Omlin 1998; Boesch, Evelyn/Omlin, Sybille: «... kann aber der Mann das Weib so ganz bestreiten?» Geschlechterrollen und weibliche Alltagsrealität aus der Innerschweiz der 1840er Jahre, in: Alexandra Binnenkade, Aram Mattioli (Hg.): Die Innerschweiz im frühen Bundesstaat (1848–1874). Gesellschaftsgeschichtliche Annäherungen, Zürich 1999, 185–221, 1999; Omlin 2001, S. 58–73.

3 Späni, Martina: Säkularisierung und Schule im 19. Jahrhundert, in: Leimgruber, Yvonne/Frank, Hansjörg/Fuchs, Mathias/Küng, Beatrice (Hg.): Augustin Keller (1805–1883) und seine Zeit. Pädagoge – Politiker – Kirchenreformer, Baden 2005, S. 42–56; Criblez, Lucien/Hofstetter, Rita: Erziehung zur Nation. Nationale Gesinnungsbildung in der Schule des 19. Jahrhunderts, in: Altermatt, Urs/Bosshart-Pfluger, Catherine/Tanner, Albert (Hg.): Die Konstruktion einer Nation. Nation und Nationalisierung in der Schweiz, 18.–20. Jahrhundert (Die Schweiz 1798–1998. Staat – Gesellschaft – Politik, hg. von der Allgemeinen Geschichtsforschenden Gesellschaft der Schweiz, Bd. 4), Zürich 1998, S. 167–187, hier S. 170–172; Hofstetter, Rita/Magnin, Charles/Criblez, Lucien/Jenzer, Carlo: Une école pour la démocratie. Naissance et développement de l'école d'Etat démocratique en Suisse, 19ᵉ siècle, Berne 1999; Moos, Carlo: Dimensionen eines Bürgerkriegs. Für eine Neubewertung des Geschehens um den Sonderbund, in: Studer 1998, S. 21–44, hier S. 32–36; Bossard-Borner, Heidi: Im Bann der Revolution. Der Kanton Luzern 1798–1831/50 (Luzerner Historische Veröffentlichungen, Bd. 34), Luzern 1998; Bossard-Borner, Heidi: Im Spannungsfeld von Politik und Religion. Der Kanton Luzern 1831 bis 1875, Teilband 1 (Luzerner Historische Veröffentlichungen, Bd. 42/1), Basel 2008.

4 Hettling/Hoffmann 2000, S. 13–15; Hettling, Manfred/König, Mario/Schaffner, Martin/Suter, Andreas/Tanner, Jakob: Eine kleine Geschichte der Schweiz. Der Bundesstaat und seine Traditionen, Frankfurt am Main 1998; Brändli-Traffelet, Sebastian: Vom scheinbaren Zwiespalt des Realismus und Humanismus. Zur Modernisierung der höheren Bildung in der Schweiz, in: Traverse. Zeitschrift für Geschichte, Les divisions du monde de la formation – Geteilte (Aus-) Bildungswelten, 2002/3, S. 15–28.

5 Bosshart-Pfluger, Catherine/Castellani Zahir, Elisabeth/Praz, Anne-Françoise: Religiöses Engagement von Freiburgerinnen 1848–1900, in: FemmesTour (Hg.): Mit Geld, Geist und Geduld. Frauen und ihre Geschichte zwischen Helvetik und Bundesstaat, Bern 1998, S. 88–100; Renold 1998, Kap. III, 2. Exemplarisch wird diese Debatte über den öffentlichen Unterricht beziehungsweise die staatliche Schule aufgerollt von Omlin 1999; Scandalo, Pietro/Rogger, Franziska/Gerber, Jürg: Lehrerinnen und Lehrer zwischen Schule, Stand und Staat. Die Geschichte des Bernischen Lehrerinnen- und Lehrervereins (BLV). Jubiläumsband 100 Jahre BLV, Münsingen 1992, S. 6–40. Mit dieser Reduktion der Mädchenbildung auf die Elementarstufe folgte die Entwicklung in der Schweiz dem Beispiel von Frankreich während der Revolution von 1789, wo sich die Verfechter der Geschlechtergleichheit wie beispielsweise Condorcet nicht durchsetzen konnten. Majer 2008, S. 47–49, 85–89. Vgl. die grundlegende Kritik an der Verknüpfung von republikanischer Staatsbürgerschaft und geschlechterdiskriminierendem Schulsystem in Frankreich von Riot-Sarcey, Michèle: De la liberté de savoir au gouvernement des esprits. France, première moitié du XIXᵉ siècle, in: Pavillon, Monique/Vallotton, François: Lieux de femmes dans l'espace public, 1800–1930, Actes du collque à l'Université de Lausanne 11–12 nov. 1991, Lausanne 1992, S. 107–122.

6 Guzzi-Heeb, Sandro: L'amour en lettres. Ecriture, émotions et parenté dans l'élite valaisanne (1750–1830), in: Henry, Philippe/Jelmini, Jean-Pierre (Hg.): La correspondance familiale en Suisse romande aux XVIIIᵉ et XIXᵉ siècles. Affectivité, sociabilité, réseaux. Actes du Colloque de Neuchâtel, 27–28 mai 2005, Neuchâtel 2006, S. 55–73, hier S. 71 f.

7 Vgl. die Beiträge unter dem Titel «Der Kampf um die Quellen der Wahrheit und neue Entscheidungsverfahren» in Ernst/Tanner/Weishaupt 1998, S. 219–306; Meyerhofer, Ursula: Wir sind die Nation. Der radikale Nationsbegriff des «Schweizerischen Republikaners», 1830–1846, in: Altermatt/Bosshart-Pfluger/Tanner 1998, S. 49–59; Criblez/Hofstetter 1998; Périsset Bagnoud, Danièle: Vocation: régent, institutrice. Jeux et enjeux autour des Ecoles normales du Valais romand (1846–1994), Sion 2003, S. 52–184; Criblez, Lucien/Hofstetter, Rita (Hg.), Périsset Bagnoud, Danièle (Mitarbeit): Formation des enseignant(e)s. Histoire et réforme actuelles, Berne 2000. Bloch macht die Selbstdefinition der Zürcher Lehrer als «Priester der Volksbildung» zum Titel ihrer Dissertation und überschreibt damit auch das Kapitel zur liberalen Ära, Bloch 2007, S. 265.

8 Criblez und Hofstetter sprechen in Bezug auf die radikalen Kräfte von «republikanischem Messianismus», Criblez/Hofstetter 1998, S. 172 und 183.

9 Fritzsche, Bruno/Lemmenmeier, Max: Die revolutionäre Umgestaltung von Wirtschaft, Gesell-

schaft und Staat, 1780–1870, in: Geschichte des Kantons Zürich, Bd. 3: 19. und 20. Jahrhundert, Zürich 1994, S. 137–141; Moos 1998.

10 Hettling/König/Schaffner/Suter/Tanner 1998.

11 Küng-Aerni, Beatrice: «Offener Weltschauplatz» – «Häuslicher Wirkungskreis». Die Familie Keller und ihre Bildungs- und Berufsbiografien, in: Leimgruber/Frank/Fuchs/Küng 2005, S. 13–29, hier S. 13–15.

12 Tanner, Albert: Ein Staat nur für die Hablichen? Demokratie und politische Elite im frühen Bundesstaat, in: Studer 1998, S. 63–88, hier S. 75. Im Kanton Zürich deckt nach Bloch das Rekrutierungsfeld der Volksschullehrer eine breite Mittelschicht der Bevölkerung ab, doch mit starker Unterrepräsentation der oberen Mittelschicht und der Oberschicht, unterschied sich also signifikant von demjenigen der weit stärker zur Oberschicht gehörenden Juristen; auch dominierten herkunftsmässig in Küsnacht die Seminaristen aus ländlichen Regionen, aber auch aus Winterthur gegenüber den Stadtzürchern, Bloch 2007, S. 450–457.

13 ETHistory 1855–2005. Zeitreise durch 150 Jahre Hochschulgeschichte. Eine Web-Ausstellung des Instituts für Geschichte der ETH Zürich, www.ethistory.ethz.ch; Gugerli, David/Kupper, Patrick/Speich, Daniel: Die Zukunftsmaschine. Konjunkturen der ETH Zürich 1855–2005, Zürich 2005; Mooser, Josef: Eine neue Ordnung für die Schweiz: die Bundesverfassung von 1848, in: Studer 1998, S. 45–61, hier S. 56.

14 Bosshart-Pfluger/Castellani Zahir/Praz 1998; in diesem Beitrag wird auch auf die Lehrschwestern in der Innerschweiz verwiesen, S. 91 und 99. Dazu Boesch/Omlin 1999.

15 Kleinau, Elke: Pädagoginnen der Aufklärung und ihre Bildungstheorien, in: Opitz/Weckel/Kleinau 2000, S. 309–338.

16 Allen, Ann Taylor: «Geistige Mütterlichkeit» als Bildungsprinzip. Die Kindergartenbewegung 1840–1870, in: Kleinau/Opitz 1996, Bd. 2, S. 18–34, hier S. 21.

17 Zur allgemeinen Entwicklung des deutschen Bildungswesens im 19. Jahrhundert siehe Kraus, Hans-Christof: Kultur, Bildung und Wissenschaft im 19. Jahrhundert, Oldenbourg 2008. Auch er hebt hervor, dass das Mädchenschulwesen erst 1871 reguliert wurde und erst 1893 das erste Mädchengymnasium in Deutschland entstand. Zur Mädchenbildung siehe Kleinau/Opitz 1996, Bd. 2, Einleitung, S. 9–16, hier S. 13; Crotti 2005; Crotti, Claudia: Die Professionalisierung der Weiblichkeit für das öffentliche Bildungssystem. Lehrerinnenbildung in der Schweiz in der Mitte des 19. Jahrhunderts, in: Honegger/Liebig/Wecker 2003, S. 229–248. Im Kanton Zürich setzte nach Bloch die Integration der Frauen ins öffentlich-staatliche Bildungswesen im letzten Drittel des 19. Jahrhunderts durch die Gründung und sukzessive Erweiterung der höheren Töchterschulen ein; Teil des Lehrerstandes wurden die Lehrerinnen hier ab Mitte der 1870er Jahre durch Aufnahme ins Seminar oder Ablegen von Patentprüfungen in Küsnacht; siehe Bloch 2007, S. 511–513, Bloch 2004, S. 113–117. Ich selber, Jahrgang 1946, absolvierte wie meine Schwester im Gegensatz zu unsern vier Brüdern die Mittelschule an einer halböffentlichen Klosterschule, da das öffentliche Gymnasium bis Ende der 1960er Jahre im mehrheitlich katholischen Wallis der männlichen Jugend vorbehalten war. In anderen katholischen Kantonen gab es mit der Zeit im Rahmen der Klosterschulen gymnasiale Abteilungen, doch wurden diese im Gegensatz zu den Knabenschulen im 19. Jahrhundert nicht öffentlich finanziert. Ende der 1950er Jahre war mir sogar der Zugang zur unentgeltlichen Sekundarschule in meiner Wohngemeinde Visp versperrt. 1969 nahm ich dann, zwei Jahre nach der Zulassung der Mädchen zur Sekundarschule, als zweite Sekundarlehrerin die Unterrichtstätigkeit in ebendieser Gemeinde auf. Vgl. Bosshart-Pfluger/Castellani Zahir/Praz 1998, S. 93.

18 Blattmann, Lynn/Meier Irène (Hg.): Männerbund und Bundesstaat. Über die politische Kultur der Schweiz, Zürich 1998.

Kapitel II.1

1 Sabean 1998; Lipp, Carola (Forschungsprojekte): Wechselbeziehungen von politischer Kultur, generativem Verhalten und Verwandtschaft in einer Stadt des frühen 19. Jahrhunderts (DFG 1999–2003); Lipp, Carola: Soziale Netzwerke in der Politischen Kultur des 19. Jahrhunderts (Förderung im Rahmen der Förderlinie Opus Magnum im Programm Pro Geisteswissenschaften der VW- und Fritz-Thyssen-Stiftung 2006–2008); Lipp, Carola: Soziale Netzwerke in der Politischen Kultur des 19. Jahrhunderts; Lipp, Carola: Kinship networks, local government and elections in a town in south west Germany, 1800–1805, in: Journal of Family History, 30/4/2005, S. 1–19.

2 Omlin 2001; Omlin 1998; Boesch/Omlin 1999.

3 Handschriftenabteilung der Zentralbibilothek Zürich (HsZB), Ms. P 2198, Biographisches. Diese Materialien wurden von Ulrich Zehnder nach dem Tod seiner Frau Josephine Zehnder-Stadlin

zusammengestellt. Die Mappe enthält Dokumente aus dem Nachlass von Josephine Stadlin sowie Unterlagen, die Ulrich Zehnder für einen Nachruf bei Verwandten und Bekannten sowie Amtsstellen angefordert hat. Der Nachruf erschien als mehrteiliges Lebensbild im Feuilleton der «Neuen Zürcher Zeitung», verfasst vom Altphilologen und Freund des Ehepaars Zehnder-Stadlin, Heinrich Schweizer, siehe Schweizer, Heinrich: Frau Josephine Zehnder, geb. Stadlin, in: Neue Zürcher Zeitung, Nr. 457, 9. September 1875, 2. Blatt; Nr. 459, 10. September 1875, 2. Blatt; Nr. 164, 11. September 1875, 2. Blatt.

4 Boesch/Omlin 1999, S. 204.

5 HsZB, Ms. P 2198, Biographisches, 2 Autobiographie der Mutter Paulina Stadlin-Utiger, Brief an Josephine, 19. März 1851. Der Name Uttinger erscheint in den Handschriften auch als «Utiger» oder «Uttiger». Im Stammbaum erscheint Paulina Stadlin-Uttinger unter ihrem vollständigen Namen: Maria Paulina Josepha Cunegunda Antonia, die Tochter Josephine Stadlin als Maria Anna Josepha Cunegunda Stadlin.

6 Josepha Kunigunda Uttinger-Jauch war im so genannten Suworow-Haus in Altdorf aufgewachsen. Ihr Vater Joseph Stephan Jauch (1724–1801) war unter anderem Landammann, Landvogt im Thurgau, Tagsatzungsgesandter und 1798 Präsident der provisorischen Regierung von Uri. Gegen die Kräfte der Helvetik konnte er sich nicht durchsetzen. Die Haltung ihres Bruders Emanuel Jauch (1759–1805) zur Helvetik war ambivalent: Er weibelte im Tessin für die neue Verfassung, versorgte aber dort auch die aufständischen Urner mit Waffen; 1802 nahm er als Gesandter Uris an der Consulta in Paris teil und leitete 1803 die Einführung der Mediationsverfassung; in Uri setzte er sich für die Hebung des Volksschulwesens ein. Ich verdanke die Hinweise dem Historiker Urs Kälin. Siehe auch Kälin, Urs: Die Urner Magistratenfamilien. Herrschaft, ökonomische Lage und Lebensstil einer ländlichen Oberschicht, 1700–1850, Zürich 1991.

7 Hans Conrad Heidegger (1748–1808), Sohn des Zürcher Bürgermeisters Hans Conrad Heidegger, korrespondierte unter anderen mit Goethe.

8 Stammbaum der Familie Uttinger zusammengestellt nach Wickarts Bürgerregister, abgedruckt bei Kubli 1988, S. 9. Baron Beat Fidel Anton Zurlauben (1720–1799) machte der Familientradition gemäss eine Offizierskarriere in französischem Solddienst, lebte nach seiner Rückkehr nach Zug ab 1780 als Privatgelehrter und veröffentlichte unter anderem eine Geschichte der Schweizer Söldner in Frankreich. Nach dem Ausbruch der Französischen Revolution geriet er in Finanznöte und musste seine umfangreiche Bibliothek verkaufen. Diese wurde von der helvetischen Regierung als Grundlage einer Nationalbibliothek zurückgekauft und gelangte später nach Aarau. Siehe Jauch, Ursula Pia: Beat Fidel Zurlauben. Söldnergeneral & Büchernarr, 1720–1799, Zürich 1999; Morosoli, Renato: Eine Zuger Schul- und Bildungsgeschichte, in: Direktion für Bildung und Kultur des Kantons Zug (Hg.): Zug. Ein Heimatbuch, Zug 1999, S. 258–281, hier S. 262. Männer aus der Zuger Familie Uttinger beziehungsweise Utiger waren wie Männer aus der Familie Zurlauben bereits im 17. Jahrhundert im Solddienst als Offiziere tätig und mit der Familie Zurlauben verwandtschaftlich liiert. Im Soldgeschäft der Zurlauben hatten auch die Frauen zentrale Aufgaben übernommen, siehe dazu Büsser, Nathalie: Die «Frau Hauptmannin» als Schaltstelle der Rekrutenwerbungen, Geldtransfer und Informationsaustausch, in: Gilomen, Hans-Jörg/Müller, Margrit/Tissot, Laurent (Hg.): Dienstleistungen. Expansion und Transformation des «dritten Sektors» (15.–20. Jahrhundert), Zürich 2007, S. 143–153.

9 Leimgruber 2006, S. 243 f.

10 Wedel 2000, S. 102.

11 Schmid-Bortenschlager, Sigrid: Liebe, Sexualität und Ehe, Vernunft und Leidenschaft im Roman des 18. Jahrhunderts, in: Bauer, Ingrid/Hämmerle, Christa/Hauch, Gabrielle (Hg.): Liebe und Widerstand. Ambivalenzen historischer Geschlechterbeziehungen (L'Homme Schriften. Reihe zur Feministischen Geschichtswissenschaft, Bd. 10), Wien, Köln, Weimar, S. 79–88, hier S. 87.

12 Zimmermann, P.: Die junge Haushälterin. Ein Buch für Mütter und Töchter, Luzern 1807. Der Luzerner Jesuitenpater Joseph Ignaz Zimmermann schrieb Theaterstücke und unterrichtete in der Töchterschule Mariahilf der Luzerner Ursulinerinnen; siehe dazu www.oz-mariahilf.ch/content/view/101/89/, Stand 4. November 2008. Vgl. Joris, Elisabeth: Die Schweizer Hausfrau. Genese eines Mythos, in: Brändli, Sebastian/Gugerli, David/Jaun, Rudolf/Pfister, Ulrich (Hg.): Schweiz im Wandel. Studien zur neueren Gesellschaftsgeschichte, Festschrift für Rudolf Braun, Basel 1990, S. 99–116.

13 HsZB, Ms. P 2198, Biographisches, 2 Autobiographie der Mutter Paulina Stadlin-Utiger.

14 Eine Ausbildung zur Lehrerin kam in diesem Milieu in der ersten Hälfte des 19. Jahrhunderts dem Bedürfnis von Müttern nach, ihre Töchter in den schönen Künsten dilettieren zu lassen, aber auch von jungen Frauen mit Wissensdurst und Begabung; vgl. Wedel 2000, S. 102 f.

15 Leimgruber 2006, S. 63–71; Stadler, Peter: Pestalozzi. Geschichtliche Biographie, Bd. 2: Von der Umwälzung zur Restauration. Ruhm und Rückschläge (1798–1827), Zürich 1993, S. 306–310, 506.

16 Pfeiffer war nach seinem Universitätsstudium als Schüler aus Würzburg zu Pestalozzi nach Burgdorf gekommen und fungierte hier als Musiklehrer. Später eröffnete er in Lenzburg eine Schule, wo junge Männer zu Lehrern für den neuen Kanton Aargau ausgebildet wurden. Er blieb aber mit Pestalozzi auch während dessen Zeit in Yverdon verbunden. Bekannt wurde er vor allem auf Grund seiner engen Zusammenarbeit mit Hans Georg Nägeli, mit dem er eine Sammlung von Volksliedern herausgab.

17 Koch 1943, S. 115–120, hier S. 117; von einem gewissen dokumentarischen Wert ist das Lebensbild der Tochter von Augustin und Josephine Keller-Pfeiffer und Enkelin von Traugott Michael-Pfeiffer, die auf viele Quellen in privatem Familienbesitz zurückgreifen konnte, siehe Villiger-Keller, Gertrud: s'Mutterli. Elise Rupp, in: Villiger-Keller, Gertrud (Hg.): Die Schweizer Frau. Ein Familienbuch, Neuenburg o. J. (um 1900), S. 338–400. Villiger-Kellers Porträt sowie das von Josef Reinhart 1935 herausgegebene, etwas gar hagiografische Lebensbild wurden 2006 im Rahmen eines Sammelbandes neu herausgegeben: Leimgruber, Yvonne/Villiger-Keller, Gertrud/Reinhart, Josef/Storz, Claudia: Das Grösste aber ist die Liebe – Lisette Ruepp 1790–1873. s' Mueterli, Baden 2006. Zu Alois Ruepp, der mit seinem Bruder Xaver zur helvetischen Führungsschicht im Kanton Aargau zählte und im katholischen Freiamt als Gegner der katholischen Geistlichkeit und der konservativ gesinnten Landbevölkerung sehr angefeindet war, vgl. Voirol, Jeannette: Neuer Staat – neue Männer. Zur helvetischen Führungsschicht im Aargau, in: Meier, Bruno/Sauerländer, Dominik/Stauffacher, Hans Rudolf/Steigmeier, Andreas (Hg.): Revolution im Aargau. Umsturz – Aufbruch – Widerstand 1798–1803, Aarau 1997, S. 128–163, hier S. 154, 160; Hebeisen, Erika: Streit um die neue Ordnung. Vom Widerstand zum Bürgerkrieg, in: Meier/Sauerländer/Stauffacher 1997, S. 206–245, hier S. 217.

18 HsZB, Ms. P 2198, Biographisches, 2 Autobiographie der Mutter Paulina Stadlin-Utiger, Vermächtnis an meine Kinder, Zu Handen Josephinen, o. D.

19 HsZB, Ms. P 2198, Biographisches, 3 Josephine Stadlin Autobiographie.

20 HsZB, Ms. P 2198, Biographisches, 1 Biographie des Vaters Dr. Franz Karl Stadlin. Bosshard, Dr., Doctor Franz Karl Stadlin. Eine biographische Skizze seinen Söhnen und Töchtern gewidmet, Zug. Ich ergänze die Angaben von Bosshard durch Angaben aus anderen veröffentlichten und unveröffentlichten Texten.

21 Kubli 1988, S. 6.

22 Um 1800 gehörte die Medizin zum bildungsbürgerlichen Wissensbereich; der Arzt verstand sich als Universalgelehrter. Vgl. Brockmeyer 2009, S. 55–57.

23 Zu Stadlin siehe Koch 1943, S. 183–188, der ausgiebig aus Franz Karl Stadlins Autobiografie zitiert. Eine informative und knappe Darstellung zu Stadlins Leben in Meyer 1996, S. 7, Anm. 3. Zu Stadlins Aktivitäten als Mitglied der Schulkommission siehe Omlin 1999, S. 129.

24 Die Lesegesellschaft wurde 1806 von Karl Franz Stadlin zusammen mit anderen Vertretern der städtischen Bildungsschicht gegründet. Sie ging zwar bald ein, doch bildeten ihre Bücher die Grundlage der 1838 eröffneten Zuger Stadtbibliothek. Siehe Morosoli 1999, S. 269.

25 Die vier Bände sind nur ein Teil der von Karl Franz Stadlin als Monumentalwerk geplanten «Topographie des Kantons Zug», siehe Koch 1943, S. 183. Der handschriftliche Nachlass befindet sich in der Zuger Stadtbibliothek, wurde aber von mir nicht konsultiert.

26 HsZB, Ms. P 2198, Biographisches, 1 Biographie des Vaters Dr. Franz Karl Stadlin. Bosshard, Dr., Doctor Franz Karl Stadlin. Eine biographische Skizze seinen Söhnen und Töchtern gewidmet, Zug.

27 HsZB, Ms. P 2198, Biographisches, 3 Josephine Stadlin Autobiographie.

28 Nach Wedel, die eine grosse Zahl von Autobiografien von Lehrerinnen untersucht hat, gibt das Selbstbild in der Autobiografie Hinweise darauf, wie sich die Autorin innerhalb der Gesellschaft platziert. Zudem sind Autobiografien ihrerseits Ereignisse in einer Handlungsabfolge; sie stehen in einem Kommunikationsprozess, der mit der Niederschrift nicht abgeschlossen ist. Siehe Wedel 2000, S. 11, 19 f. Vgl. auch Dausien 1994, S. 145.

29 HsZB, Ms. P 2198, Biographisches, 4 Karl Stadlin: Notizen über die frühern Lebensverhältnisse meiner Schwester Josephine. Im Auftrag von Zehnder geschrieben, 1875. Im Stammbaum ist Franz Karl einmal mit «Karl», ein anderes Mal mit «Carl» verzeichnet. Sein Rufname war Franz wie der seines Vaters.

30 Stammbaum der Stadlin, Manuskript, Privatbesitz, Kopie, Nr. 86. Franz war Bestandteil des Namens von vier der acht Brüder, aber nur Karl Franz wurde Franz gerufen; Josephina, Josepha oder Josephine hiessen drei der vier Schwestern, aber nur die älteste nannte man Josephine.

31 Stammbaum der Stadlin, Manuskript, Privatbesitz, Kopie, Nr. 86.

32 HsZB, Ms. P 2198, Biographisches, 3 Josephine Stadlin Autobiographie.

33 HsZB, Ms. P 2198, Biographisches, 3 Josephine Stadlin Autobiographie. Die Schule hatte damals einen guten Ruf auch unter Reformierten, wie dies aus einer Schrift eines Zürcher Bürgers hervorgeht: Fäsi, Johann Caspar: Nachricht von der Töchterschule im Frauenkloster bey Zug, Zürich

1811. Die Schule war 1657 gegründet und 1804–1806 erweitert worden, nachdem sie während der Helvetik zuerst hatte aufgehoben werden sollen. Siehe dazu Das Frauenkloster Maria Opferung, in: Die Kunstdenkmäler des Kantons Zug, Basel 1959, S. 337–345.

34 HsZB, Ms. P 2198, Biographisches, 3 Josephine Stadlin Autobiographie. Zum Kloster Maria Opferung siehe Omlin 2001, S. 60–63.

35 HsZB, Ms. P 2198, Biographisches, 4 Karl Stadlin: Notizen über die frühern Lebensverhältnisse meiner Schwester Josephine. Im Auftrag von Zehnder geschrieben, 1875.

36 Küng-Aerni 2005, S. 16. Nach Kellers Tochter Gertrud Villiger-Keller verstand er sich als Lisette Ruepp-Uttingers «Bube»; auch Lisette Ruepp-Uttinger schrieb in ihr Tagebuch am 30. Juli 1832 «Hochzeitstag unserer beiden Kinder Augustin und Josefine», das heisst Augustin Keller und Josephine Pfeiffer, siehe Villiger-Keller o. J., S. 360, 363. Als Hinweis auf das enge Verhältnis kann auch der von Villiger-Keller in diesem Porträt auf S. 379 f. abgedruckte Neujahrsbrief von 1. Januar 1849 gelten, mit dem Keller Lisette Ruepp-Uttinger die Geburt einer Tochter ankündigt und sie bittet, diese Ankündigung samt Neujahrsgrüssen an seine leibliche Mutter beziehungsweise die Schwägerin von Lisette Ruepp-Uttinger weiterzuleiten.

37 Zu Augustin Keller gibt es eine ganze Reihe von Publikationen, ich verweise hier vor allem auf den Sammelband Leimgruber/Frank/Fuchs/Küng 2005. Neben dem bereits erwähnten Beitrag von Küng-Aerni sind im Zusammenhang mit Josephine Stadlins Herkunft und Tätigkeit aufschlussreich Späni, Martina: Säkularisierung und Schule im 19. Jahrhundert, S. 42–56; Frank, Hansjörg: Augustin Keller – Pädagoge und Landwirt, S. 57–70; Leimgruber, Yvonne: Schwierige Wirkungsbedingungen und gesellschaftliches Engagement. Ein Einblick in Biografien von Schulmännern im Umfeld Kellers, S. 71–86; Fuchs, Mathias: «Der Erzieher und Lehrer Keller spiegelt sich am klarsten in seinen Schulbüchern». Augustin Kellers Lehr- und Lesebücher, S. 94–107; Hagmann, Jürg: Keller und der Katholizismus – eine Hassliebe, S. 108–122. Weitere Aspekte, die vor allem wegen des Netzwerkes von Interesse sind, behandeln die Beiträge von Kaufmann, Robert Uri: Das Bild vom Judentum bei Augustin Keller, S. 123–140, und Lang, Josef: Der Bundesrevolutionär, S. 146–161.

38 Wie in der Familie Stadlin waren nach Davidoff vor dem späten 19. Jahrhundert Familie und Verwandtschaft die zentralen Formen der ökonomischen, gesellschaftlichen und emotionalen Interaktion. Häufig stützte man sich als eine Erweiterung der Verwandtschaft noch auf Freunde. «Die meisten Menschen mit etwas Besitz und einigen Fertigkeiten lebten in Haushalten, in denen sowohl familiale als auch Erwerbsarbeiten ausgeführt wurden, gleich ob es sich um Bauernhöfe, Mühlen, Werkstätten oder andere Formen von Wirtschaftsunternehmen handelte.» Davidoff, Leonore: «Eins sein zu zweit». Geschwisterinzest in der englischen Mittelschicht des späten 18. und frühen 19. Jahrhunderts, in: L'Homme. Zeitschrift für Feministische Geschichtswissenschaft, 2002/1, S. 29–49, hier S. 43. Die Fertigkeiten der Frauen der Familie Stadlin, die sich ökonomisch verwerten liessen, waren neben dem Nähen und dem Singen vorwiegend bildungsspezifischer Art.

39 Auch wenn sich die Untersuchung des Historikers Max Baumann vor allem auf die ländliche Mittelschicht bezieht, ist die Geschichte seiner Familie dennoch in dieser Hinsicht recht aussagekräftig, siehe Baumann, Max: Kleine Leute, Zürich 1990. Aufschlussreich sind die diesbezüglichen Praktiken in verschiedenen Schichten und verschiedenen Regionen der Schweiz in Witzig 2000.

40 HsZB, Ms. P 2198, Biographisches, 3 Josephine Stadlin Autobiographie.

41 Omlin 1999, S. 129; Omlin 2001, S. 61.

42 HsZB, Ms. P 2116/2, an J. Z.-St., S/2, von Franz Karl Stadlin, Juni (Brachmonat) 1824 an Josephine während ihres Aufenthaltes bei der Tante in Sarmenstorf.

43 So gab es beispielsweise nach Renold 1832 im Aargau bereits 27 private Arbeitsschulen. Siehe Renold 1998, Kap. III, 3.3.

44 HsZB, Ms. P 2198, Biographisches, 3 Josephine Stadlin Autobiographie. Wo Josephine Stadlin die Grenze zwischen Botanik und Naturlehre zieht, ist aus der Quelle nicht ersichtlich, auch nicht, was für sie das Fach Naturlehre alles umfasste.

45 HsZB, Ms. P 2198, Biographisches, 3 Josephine Stadlin Autobiographie. Die Pläne der Pfarrfrau Magdalena Werdmüller-Esslinger aus Uster, die über die Familie ihres Ehemanns wie über ihre eigene Familie zum gebildeten städtischen Bürgertum von Zürich gehörte, liesse sich mit den Taktiken einer Paulina Stadlin-Uttinger vergleichen: Wegen Vermögensverlusts trieb die Pfarrfrau in Absprache mit ihrer ältesten Tochter deren Ausbildung wie diejenige einer jüngeren Schwester zur Lehrerin und Erzieherin voran, mit dem Ziel zur Existenzsicherung im eigenen Hause ein Privatinstitut für Mädchen einzurichten; siehe Joris/Witzig 1992, S. 80.

46 HsZB, Ms. P 2198, Biographisches, 4 Karl Stadlin: Notizen über die frühern Lebensverhältnisse meiner Schwester Josephine. Im Auftrag von Zehnder geschrieben, 1875. Kubli 1988, S. 16. Zu Verena Moos siehe Lang, Josef: Bundesprophet im eigenen Zugerland. Georg Joseph Sidler

(1782–1861), in: Lang, Josef (Hg.): Sakrales und Profanes aus dem Zugerland. Beiträge zur Religions- und Kulturgeschichte, Zug 2007, S. 77–104, hier S. 91.

47 HsZB, Ms. P 2198, Biographisches, 3 Josephine Stadlin Autobiographie.

48 HsZB, Ms. P 2198, Biographisches, 4 Karl Stadlin: Notizen über die frühern Lebensverhältnisse meiner Schwester Josephine. Im Auftrag von Zehnder geschrieben, 1875.

49 Häfliger, Bruno: Dr. Franz Karl Stadlin. 1777–1829. Arzt, Naturwissenschaftler, Geschichtsschreiber, Zug 1972, S. 110 f.

50 Leimgruber, Yvonne: Vom «Mutterli» zur Bildungspionierin. Lisette Ruepp-Uttingers pädagogisches Wirken für den Aargau, in: Leimgruber, Yvonne/Villiger-Keller, Gertrud/Reinhart, Josef/Storz, Claudia: Das Grösste aber ist die Liebe – Lisette Ruepp 1790–1873. s' Mueterli, Baden 2006, S. 365–414.

51 Laut luzernischen Akten war sie von Oktober 1832 bis Oktober 1833 an der Töchterschule angestellt. Siehe Omlin 1999, S. 148.

52 Leimgruber 2006, S. 239.

53 HsZB, Ms. P 2198, Biographisches, 4 Karl Stadlin: Notizen über die frühern Lebensverhältnisse meiner Schwester Josephine. Im Auftrag von Zehnder geschrieben, 1875.

54 HsZB, Ms. P 2198, Biographisches, 3 Josephine Stadlin Autobiographie.

55 Leimgruber 2006, S. 90.

56 Leimgruber 2006, S. 108–123; Renold 1998, Kap. III, 3.2 und 3.3. Zur Pestalozzi-Nachfolge siehe Leimgruber, Yvonne: «Sie werden die Methode Ihrem Geschlecht geben». Rosette Niederer-Kasthofer (1779–1857), Vermittlerin von Pestalozzis Pädagogik, in: Feminisierung des Volksschullehrerberufs auf Grund gescheiterter Professionalisierung? Das Beispiel des Kantons Zürich, in: Bosshart-Pfluger, Catherine/Grisard, Dominique/Späti, Christina (Hg.): Geschlecht und Wissen – Genre et Savoir – Gender and Knowledge. Beiträge der 10. Schweizerischen Historikerinnentagung 2002, Zürich 2004, S. 143–154. Zur Geschichte der SGG siehe Schumacher, Beatrice (Hg.): Freiwillig verpflichtet. Gemeinnütziges Denken und Handeln in der Schweiz seit 1800, Zürich 2010, zur Frage der Mädchenbildung Kap. 5, Rothenbühler, Verena: Eine neue Schule – ein neuer Staat? Diskussionen um die Volksschule, 1820–1850, S. 157–181, hier insbesondere S. 170–176, zur Frauenbildung auch Kap. 6; Schumacher, Beatrice: Das Volk bilden. Debatten um Frauen- und Männerbildung, 1860–1890, S. 183–211, hier insbesondere S. 190–192.

57 Leimgruber 2006, S. 239.

58 HSZB Zürich, Ms. P 2214/1, an J. Z.-St., M–R/1, von Rosette Niederer, Yverdon, 10. November 1831.

59 HSZB Zürich, Ms. P 2214/1, an J. Z.-St., M–R/1, von Rosette Niederer, Yverdon, 1. Dezember 1831.

60 HSZB Zürich, Ms. P 2214/1, an J. Z.-St., M–R/1, von Joh. Niederer, 22. Juni 1834.

61 HsZB, Ms. P 2198, Biographisches, 3 Josephine Stadlin Autobiographie.

62 HSZB Zürich, Ms. P 2198, Biographisches, 3 Josephine Stadlin Autobiographie.

63 Leimgruber 2006, S. 64–84.

64 HsZB, Ms. P 2214/1, an J. Z.-St., M–R/1, von Joh. Niederer, Yverdon, 22. Juni 1834.

65 HsZB, Ms. P 2214/1, an J. Z.-St., M–R/1, 3 Briefe von Joh. Niederer aus Genf, 23. September 1837, 17. November 1837, 16. Oktober 1840.

66 Leimgruber 2006, S. 243–245, 250 f. Als Lisette Ruepp-Uttinger die Strohflechterei definitiv aufgegeben hatte und das Institut ausgebaut wurde, sandte sie die Tochter Liseli nochmals zu Rosette Niederer-Kasthofer, die mit ihrem Institut 1837 nach Genf übersiedelt war, damit sich die Tochter dort als Deutsch- und Französischlehrerin ausbilden lassen konnte.

67 Als Beispiel für eine irreführende Chronologie siehe Koch 1943, S. 115–123; eine Generationsabfolge suggeriert implizit auch Kubli 1988, S. 14 f. Diese Abfolge ist stark bedingt durch den rückblickenden autobiografischen Text von Josephine Stadlins Bruder Franz Stadlin, siehe HsZB, Ms. P 2198, Biographisches, 4 Karl Stadlin: Notizen über die frühern Lebensverhältnisse meiner Schwester Josephine. Im Auftrag von Zehnder geschrieben, 1875. Auf keine Generationenabfolge verweist Omlin in ihrer Lizentiatsarbeit, siehe Omlin 1999, auch nicht Grunder, Hans-Ulrich: Aus der Schulgeschichte der Schweiz, in: Schweizer Schule 3/1990; Renold ihrerseits präsentiert eine andere Reihe von drei Pionierinnen, dabei nicht die Generationenabfolge, sondern die jeweiligen Eigenheiten hervorhebend: Albertine Adrienne Necker de Saussure, Rosette Niederer-Kasthofer, Josephine Zehnder-Stadlin; siehe Renold 1998, S. 73–85. Yvonne Leimgruber setzt die drei Institutsgründerinnen als Pionierinnen der Mädchenbildung nebeneinander, hebt zugleich die Rolle von Rosette Niederer-Kasthofer als Lehrerin von Lisette Ruepp-Uttinger und von Josephine Stadlin hervor. Siehe Leimgruber, s' Mueterli, 2006; siehe auch Leimgruber, Yvonne: Der pädagogische Einfluss der Pestalozzianerin Rosette Niederer-Kasthofer auf die aargauische Mädchen- und Lehrerinnenbildung, in: Argovia. Jahresschrift der Historischen Gesellschaft des Kantons Aargau, 119/2007, S. 58 f., PDF erstellt am 1. Juni 2010.

68 Zur Problematik eines vorschnellen *doing generation* siehe den Bericht zur Tagung «Generatio-

nelle Dynamik und historischer Wandel im 19. und 20. Jahrhundert», Universität Göttingen in Kooperation mit dem Department of History and Civilization at the European University Institute Florence, 23.–25. September 2006, Florenz. Daniel Morat hob den Konstruktionscharakter der Generationen hervor, während Lutz Niethammer vor allem auf die Bedeutung der gleichen Erfahrungszusammenhänge verwies. Tagungsbericht in: H-Soz-u-Kult, 1. Dezember 2006, http://hsozkult.geschichte.hu-berlin.de/tagungsberichte/id=1393.

69 Siehe Leimgruber, s' Mueterli, 2006. Ich stütze mich bei den Angaben auf das Porträt von Augustin Kellers Tochter, die auch jüngeren Beiträgen als Grundlage diente. Villiger-Keller, Gertrud: s' Mutterli. Elise Rupp, in: Villiger-Keller, Gertrud (Hg.): Die Schweizer Frau. Ein Familienbuch, Neuenburg o. J. (um 1900), S. 338–400, hier S. 360–364. Siehe auch Kuhn, Dieter/Wohler, Anton/Hohl, Marcela/Littmann, Birgit: Strohzeiten. Geschichte und Geschichten der aargauischen Strohindustrie, Aarau 1991, S. 196.

70 In Pestalozzis «Lienhard und Gertrud» leitet Gertrud nicht nur ihre Kinder zur Heimarbeit an, sondern sie ist auch kurze Zeit in der Dorfschule zusammen mit anderen Frauen als Hilfslehrkraft für weibliche Arbeiten engagiert. Vgl. dazu Hörsch, Waltraud: Strohflechten. Heimarbeit zwischen Luzerner Sozialpolitik und weltweitem Modemarkt, in: Verein Frauenstadtrundgang Luzern (Hg.): Mit Pfeffer und Pfiff. Luzernerinnen zwischen 1798 und 1848, Luzern, Stuttgart 1998, S. 94–107, hier S. 99–101. Siehe auch Boesch/Omlin 1999, S. 203 f.

71 Boyle verweist auch für Deutschland auf einen expandierenden Bildungsmarkt auf Grund der Nachfrage des Bildungsbürgertums für seine Töchter. Siehe Boyle, Nicholas: Kleine deutsche Literaturgeschichte, München 2009, S. 139.

72 Villiger-Keller, Gertrud (Hg.): Die Schweizer Frau. Ein Familienbuch, Neuenburg o. J. (um 1900), S. 338–400, hier S. 365.

73 Ebd., S. 367.

74 Ebd., S. 366.

75 Leimgruber 2006, S. 243–245; Leimgruber, s' Mueterli, 2006.

76 StAAG, Kantonsschulrat Akten, CH-000051-7 DEO1/0351/3a, Privatlehranstalten 1808–1852, Lisette Ruepp, Schreiben von Lisette Ruepp an den Bezirksschulrat, 1. August 1838; siehe auch den gedruckten Werbeprospekt von Lisette Ruepp vom 21. Juni 1838: Weibliche Erziehungsanstalt in Sarmenstorf, Kanton Aargau, Sarmenstorf 1840.

77 Villiger-Keller, Gertrud (Hg.): Die Schweizer Frau. Ein Familienbuch, Neuenburg o. J. (um 1900), S. 338–400, hier S. 382.

78 Kubli 1988, S. 68.

79 Auch Lisette Ruepp-Uttingers Schwägerin Josephine Ruepp-Jehle liess sich noch vor der Institutsgründung, 1831–1833, in Yverdon zur Lehrerin ausbilden. Siehe Leimgruber 2006, S. 245, Anm. 400.

80 Die Angaben bei Tobler sind diesbezüglich äusserst aufschlussreich. Beispielhaft dafür ist nicht nur das Institut Niederer in Yverdon oder das effektiv von der Ehefrau von Emanuel Philipp Fellenberg geleitete Mädchenpensionat in Hofwil, sondern auch die Mädchenanstalt als Teil des Instituts des Pestalozzi-Schülers Hermann Krüsi in Gais sowie das Institut der Gebrüder Isler und Bruch in Glarus und Lausanne. Tobler sieht zwar den Beitrag der Frauen, beurteilt aber, das bürgerliche Geschlechterkonzept rekonstruierend, die Arbeit der Ehefrauen als «stilles Wirken an der Seite ihres Mannes». Viele Institutsleiterinnen und -mitarbeiterinnen waren wie Josephine Stadlin und Lisette Ruepp-Uttinger von Rosette Niederer-Kasthofer in Yverdon ausgebildet worden. Tobler 1944, S. 100 f., 223–225, 238 f. Renold verweist ihrerseits auf die gemeinsame Institutsführung der Ehepaare Largiardèr, Kettiger und Franscini – Stefano Franscinis Frau und Töchter führten das Institut nach seiner Wahl zum Bundesrat weiter; siehe Renold 1998, Kap. II, 2.5.

Kapitel II.2

1 Welti, August: Der Zuger Landammann Georg Joseph Sidler, 1782–1861. Ein Eidgenössischer Sämann, Erlenbach-Zürich 1940.

2 Bosshart-Pfluger/Castellani Zahir/Praz 1998, S. 91.

3 Hagmann 2005.

4 In ihrem hagiografischen Lebensbild von Augustin Keller hob die Redaktion des «Aargauer Tagblatts» 1883 nochmals die Bedeutung der Klosteraufhebung als Antwort auf die vom ehemaligen Habsburger Hauskloster Muri verursachte Erhebung der Freiämter gegen die Kantonsregierung und den notwendigen Kampf gegen den Jesuitismus hervor. Er «half unterdessen aus den Ruinen der aufgehobenen Klöster für Kirche, Schule und Armuth wohlthätige Anstalten aufbauen». Siehe Redaktion des Aargauer Tagblattes, 1883, S. 3; Hunziker, 1883.

5 Späni 2005, S. 42–56, hier S. 52.
6 Vgl. Crotti 2005, S. 156–158.
7 Florentini vertrat die Überzeugung, «vermöge sorgfältiger, religiöser Erziehung der weiblichen Jugend werde die katholische Kirche in der Schweiz schneller gehoben, als auf eine andere Weise». Zit. in Mesmer 1988, S. 69. Vgl. auch Holstein, August Guido: Der Geist weht, wo er will. Mutter Bernarda Heimgartner und Pater Theodosius Florentini, in: Badener Neujahrsblätter 2008, Baden 2008, S. 84–91; Binotto, Thomas: Durch alle Stürme. Bernarda Heimgartner – Ordensgründerin und Kämpferin für die Bildung der Frauen, Luzern 2003.
8 Zu dieser Phase siehe Crotti 2005, Teil 2: Initiierungsphase der Lehrerinnenbildung (1830–1853), S. 101–230, zu den Lehrschwestern in Menzingen insbesondere S. 221–230. Siehe auch Omlin 1999, S. 63 f.; Omlin 2001; Bosshart-Pfluger/Castellani Zahir/Praz 1998, S. 99.
9 De Giorgio, Michela: Die Gläubige, in: Frevert, Ute/Haupt, Heinz-Gerhard (Hg.): Der Mensch des 19. Jahrhunderts, Frankfurt am Main, New York 1999, S. 120–147, hier S. 127.
10 Die liberal-radikalen Bildungspolitiker in der Schweiz waren in Fragen der Schulpolitik ähnlich ausgerichtet wie die vormärzlichen Liberalen in Deutschland. Ziel der Volksschule war die Erziehung des Menschen zum mündigen Bürger. Dazu waren die Lehrer optimal auszubilden und einzusetzen. In den Vorstellungen über die Organisation der Schule ging man von der männlichen Jugend aus und von Lehrern, die zugleich Staatsbürger waren. Vgl. dazu den Beitrag zum Stichwort Bildung in dem von den badischen Freisinnigen Rotteck und Wecker 1834–1843 herausgegebenen «Staatslexion» von Taubert, Fritz: Das «Staatslexikon» von Rotteck und Welcker (1834–1843) und Fragen der Erziehung, in: Themenportal Europäische Geschichte (2007), http://www.europa.clio-online.de/2007/Article=269, Zugriff 31. August 2009.
11 Leimgruber 2006, S. 97–100; Renold 1998, Kap. II, 2.3.
12 Crotti spricht diesbezüglich von der Phase der «Inklusion», siehe Crotti 2005, S. 51. Zur Lehrerinnenausbildung siehe Hofstetter, Rita/Käppeli, Anne-Marie: Von der Bildung zur Ausbildung. Familienpensionate, höhere Töchterschulen und die Anfänge der privaten und öffentlichen Lehrerinnenausbildung in der Schweiz des 19. Jahrhunderts, in: Metis. Zeitschrift für historische Frauenforschung und feministische Praxis, 1996/9, S. 36–46.
13 Ausnahmen bildeten die staatlichen Seminarien beziehungsweise Methodenkurse in den Kantonen Waadt, Bern und Tessin. Siehe Crotti 2005, S. 120–144. Zu Deutschland siehe Wedel 2000, S. 40. Die geschlechtsspezifischen Implikationen der Lehrer- und Lehrerinnenausbildung waren in Deutschland ähnlich, vgl. dazu Nieswandt, Martina: Lehrerinnenseminare: Sonderweg zum Abitur oder Bestandteil höherer Mädchenbildung, in: Kleinau/Opitz 1996, Bd. 2, 174–188, insbesondere S. 176 f. In ihrer vergleichenden Rechtsgeschichte geht auch Diemut Majer auf die bildungsspezifischen Unterschiede ein; Majer 2008, S. 46 f., 85–88, 286 f.
14 HsZB, Ms. P 2198, Biographisches, 3 Josephine Stadlin Autobiographie.
15 Omlin 1999, S. 131–137; Omlin 2001, S. 63–69.
16 Entwurf zu einem Empfehlungsschreiben der Schulkommission der Stadt Zug, 6. Januar 1828, zit. in Omlin 2001, S. 63.
17 Ebd.
18 Zuger Zeitung, 22. Juli 1831, Anzeige der Schulkommission vom 20. Juli 1831, abgedruckt bei Omlin 1998, S. 155.
19 Die Reform wurde schliesslich wegen fehlender Finanzen nicht wie vorgesehen umgesetzt, da im Zuge der konservativen Wende im Laufe der 1830er Jahre auch die Politik von Georg Joseph Sidler selbst in der Stadt Zug unter Druck kam, was ihn 1839 zur Abwanderung nach Zürich bewog.
20 Omlin 2001, S. 67 f.; Omlin 1999, S. 133–136.
21 HsZB, Ms. P 2214/1, an J. Z.-St., M–R/1, 2 Briefe von Rosette Niederer, Yverdon, 10. November und 1. Dezember 1831; StAAG, Nachlass Augustin Keller, 0095/002, Briefe seiner Frau, Aarau, 12. November 1831.
22 Soweit mir bekannt ist, hat ausser mir noch niemand die diesbezüglichen Quellen im Nachlass von Josephine Stadlin in der Handschriftenabteilung der Zentralbibliothek Zürich behandelt. Ich habe das Thema in einem Referat an der Tagung der American Association for German Studies in New Orleans vom September 2003 unter dem Titel «Interventionen. Facetten von Freundschaft zwischen Frauen und Männern im Umfeld der politischen Umwälzungen des 19. Jahrhunderts in der Schweiz» behandelt, und Teile davon in einem inzwischen veröffentlichten Aufsatz verarbeitet, siehe Joris, Elisabeth: «... brüderlich gegrüsst von Deinem Augustin». Die Freundschaft zwischen Josephine Stadlin und Augustin Keller im Umfeld der politischen Umwälzungen des 19. Jahrhunderts, in: Leimgruber/Frank/Fuchs/Küng 2005, S. 30–41.
23 Obwohl die freundschaftliche Beziehung Kellers zu Stadlin sich über mehr als fünfzig Jahre erstreckte, sind in der Handschriftenabteilung der Zentralbibliothek Zürich lediglich dreizehn Briefe erhalten, die meisten aus der politisch umstrittenen Periode 1831–1845, der letzte aus dem Jahre 1873. Zu Troxler, Philosoph, Arzt, radikaler Politiker und «Vater» der Schweizer Ver-

fassung von 1848, siehe Kästli, Tobias: Die Schweiz – eine Republik in Europa. Geschichte des Nationalstaats seit 1798, Zürich 1998, S. 292–304.

24 Augustin Kellers «Lebensbild» in: Redaktion des Aargauer Tagblattes, 1883, S. 7 f.; Küng-Aerni 2005, S. 19.

25 StAAG, Nachlass Augustin Keller, 0095/002, Briefe seiner Braut, Aarau, 3. November 1831.

26 StAAG, Nachlass Augustin Keller, 0095/002, Briefe seiner Braut, Aarau, 12. November 1831.

27 HsZB, Ms. P 2213/1, an J. Z.-St., I–L/1, von Augustin Keller, 14. November 1831.

28 Olsberg war ein staatlich finanziertes Töchterinstitut.

29 HsZB, Ms. P 2213/1, an J. Z.-St., I–L/1, von Augustin Keller, 16. November 1831.

30 HsZB, Ms. P 2213/1, an J. Z.-St., I–L/1, von Augustin Keller, 22. November 1831.

31 Vgl. dazu Hettling/Hoffmann 1997, S. 347 f. Mit seinem Verständnis von Gleichheit der Geschlechter knüpfte Augustin Keller – mit erheblicher Einschränkung in Bezug auf weibliche Ambitionen auf Gelehrtheit – an die Haltung des «frauenfreundlichen» Lagers der «Querelle des femmes» aus den Zeiten des Barocks und der Aufklärung an, auch wenn sich diese nur auf eine weibliche Elite bezog. Vor allem war Keller ein typischer Vertreter bürgerlicher Bildung des 19. Jahrhunderts. Zwar setzte er die Gleichheit der Geschlechter in Bezug auf ihre intellektuellen Fähigkeiten nicht in Frage, forderte aber nicht einen geschlechteregalitären Zugang zu wissenschaftlichen Bildungsinstitutionen, sondern lehnte die Gelehrsamkeit der Frauen ab. Zur «Querelle» im deutschsprachigen Raum siehe Fietze, Katharina: Frauenbildung in der «Querelle des femmes», in: Kleinau/Opitz 1996, Bd. 1, S. 237–251.

32 Reese, Dagmar: Die Kameraden. Eine partnerschaftliche Konzeption der Geschlechterbeziehungen an der Wende vom 19. zum 20. Jahrhundert, in: Reese, Dagmar/Rosenhaft, Eve/Sachse, Carola/Siegel, Tilla (Hg.): Rationale Beziehungen? Geschlechterverhältnisse im Rationalisierungsprozess, Frankfurt am Main 1993, S. 58–74. Nicht zuletzt wegen der im Begriff «Gefährtin» beziehungsweise «Gefährte» enthaltenen emotionalen Ambiguität in den Geschlechterbeziehungen, wie sie auch in den Briefen von Keller an Stadlin enthalten ist, wurde dieser Begriff nach Reese gegen Ende des 19. Jahrhunderts vom Begriff «Kameradschaft» abgelöst.

33 Zur Geschlechterblindheit im Projekt republikanischer Volkserziehung, die Männer als Staatsbürger sieht, die Frauen als allegorische Figuren oder Mütter ohne Subjektstatus, siehe Riot Sarcey, Michèle: De la représentation et de ses multiples usages, in: Riot Sarcey 1995, S. 129–143, hier S. 134–139.

34 Heller, Agnes: Ein Essay über die Schönheit der Freundschaft, in: Eickenrodt, Sabine/Rapisarda, Cettina: Freundschaft im Gespräch (Querelles. Jahrbuch für Frauenforschung, Bd. 3), Stuttgart, Weimar 1998, S. 48–62, hier S. 50.

35 Zum Beispiel gab Josephine Stadlins Schwester Pauline nur kurze Zeit nach Josephine Stadlins Verzicht auf die Stelle in Beromünster eine Lehrstelle in der Luzerner Volksschule zu Gunsten einer Anstellung im Privathaushalt auf, da sie wegen des geringen Lohnes keine Ersparnisse machen und ihre Schulden begleichen konnte; siehe Leimgruber 2006, S. 239.

36 HsZB, Ms. P 2198, Biographisches, 3 Josephine Stadlin Autobiographie.

37 Die gleiche Unsensibilität erscheint in den Schriften und Briefen der Revolutionäre aus der Zeit der Französischen Revolution. Für die radikalen Jakobiner stellt der Gleichheitsanspruch der Frauen die «Ordnung» grundsätzlich in Frage. Wie stark Augustin Keller, der durchaus jakobinische Konzepte vertrat, auch von jakobinischen Geschlechtervorstellungen geprägt war, konnte ich nicht eruieren.

38 Eine solche weitgehend unreflektierte Asymmetrie zwischen den Bildungschancen eng verwandter Männer und Frauen hatte Tradition, denken wir nur an die von Luise F. Pusch herausgegebenen ungleichen Lebensläufe berühmter Männer und ihrer Schwestern, siehe Pusch, Luise F. (Hg.): Schwestern berühmter Männer. Zwölf biographische Porträts, Frankfurt am Main 1985; vgl. insbesondere Cornelia Goethe (porträtiert von Ulrike Prokop), Ulrike von Kleist (Sigrid Weigel), Luise Büchner (Ruth Ellen Beetches Joeres) und Betsy Meyer (Jürgen Fohrmann). Markante geschlechterbedingte Unterschiede im Karriereverlauf einer Lehrerin und eines Lehrers aus Le Locle aus dem Schweizer Kanton Neuenburg waren in der zweiten Hälfte des 19. Jahrhunderts immer noch äusserst ausgeprägt, wie ein kurzer Vergleich dieser Biografien zeigt. Siehe Mazbouri, Malik/Pavillon, Monique: La dot et l'hypothèque. Etude comparative de deux cours biographiques dans leurs enjeux de classe et de genre, in: Traverse 1995/2, S. 78–96.

39 HsZB, Ms. P 2213/1, an J. Z.-St., I–L/1, von Augustin Keller, 17. Februar 1871. Keller erinnert sich in diesem Brief an eine «Vorlesung über Rhetorik» bei Zschokke vom Sommer 1826 im Lehrerverein in Aarau, der von Troxler und Zschokke geleitet wurde.

40 Siehe dazu auch Kellers «Lebensbild» in: Redaktion des Aargauer Tagblattes, 1883, S. 4–10; Küng-Aerni, S. 16–18. Küng-Aerni vergleicht in diesem Beitrag die unterschiedlichen Lebensläufe von Augustin Keller und Josephine Pfeiffer, seiner Ehefrau. Als Gast ihrer Eltern hatte er zusammen mit ihr im selben Haushalt gewohnt.

41 Die Asymmetrie markierte Augustin Keller auch in den Briefen an seine Braut Josephine Pfeiffer, die ihm von ihrer Herkunft her eigentlich bildungsmässig überlegen war. Wie ein Lehrer kommentierte und korrigierte er ihre Briefe, die sie ihm während seiner akademischen Ausbildung schrieb. Zum Beispiel ermahnte er sie, in Zukunft «nicht mehr Bresslau, sondern Breslau» zu schreiben, da sie «doch die Hauptstadt Schlesiens nicht verunstalten» werde. Zit. in Joris 1996, S. 328. Siehe auch Leimgruber, Markus: Politischer Liberalismus als Bildungserlebnis bei Augustin Keller, Bern, Frankfurt am Main 1973, S. 42 ff. und 62 ff. Die Briefe von Augustin Keller an seine Braut sind im Staatsarchiv Aarau archiviert. Nach Augustin Keller sollte seine Braut «nur nicht zu gescheut, nur nicht gelehrt» sein, sondern ihre Bildung immer nur bloss auf ihren Nutzen in Haus und Familie hin denken. Zit. in Küng-Aerni 2005, S. 19. Die lehrerhafte Haltung von Männern in den Briefen an ihre Verlobten war seit dem auslaufenden 18. Jahrhundert diskursive Norm, siehe Niemeyer, Beatrix: Der Brief als weibliches Bildungsmedium im 18. Jahrhundert, in: Kleinau/Opitz 1996, Bd. 1, S. 440–452, hier S. 448.

42 Zur Bedeutung von Gleichheit als zentrales Element von Freundschaft siehe Arni, Caroline: Emotionen in der Querelle des femmes du Second Empire oder: Freundschaft und Rivalität in der Moderne, in: Feministische Studien, 2008/1, S. 34–47, hier S. 45.

43 Zit. in Küng-Aerni 2005, S. 21; zur Verhandlung des Schulgesetzes von 1835 siehe Renold, Ursula: Erzieherinnen und ihre Ziele für die Mädchenbildung, in: FemmesTour 1998, S. 113–123, hier S. 119.

44 Brian, Sarah/Steigmeier, Andreas: «Der Lehrer sei arm, aber brav». Eine kleine Geschichte der aargauischen Lehrerschaft am Beispiel ihrer Kantonalkonferenz, Baden 2000, S. 24 ff.

45 Brian/Steigmeier 2000, S. 24 ff.

46 Kleinau/Opitz 1996, Bd. 2, Einleitung, S. 9–16, hier S. 11.

47 Augustin Kellers «Lebensbild» in: Redaktion des Aargauer Tagblattes, 1883, S. 8 f.

48 Zu den Reformbemühungen von Stapfer bis Girard siehe Crotti 2005, S. 75–87, 94–100; Rothenbühler 2010, S. 162–167.

49 Périsset Bagnoud 2003, S. 78; Leimgruber 2006, S. 97–99, 107 f., Anm. 433; Mutter, Christa/Schären, Christine/Thali, Johanna: Vom Pater noster zur Alma Mater. Auf den Spuren von Frauen in Freiburg, Fribourg 1996, S. 38–40; Grunder, Hans-Ulrich: Privat oder staatlich? Alternative Schulmodelle in der Schweiz, in: Badertscher, Hans/Grunder, Hans-Ulrich (Hg.): Geschichte der Erziehung und Schule in der Schweiz im 19. und 20. Jahrhundert, Bern, Stuttgart, Wien 1997, S. 279–318, hier S. 284–287. Zu Girards Schulkonzept siehe insbesondere Birbaum, Paul: Pater Gregor Girards Konzeption der Volksschule aus schulgeschichtlicher Perspektive, Bern 2002. Zu Girards Konzept, aber auch zur Lehrerbildungsdiskussion vor 1830, die Fragen der Lehrerinnenbildung nur am Rande berührte, und den Diskussionen in der SGG und in einzelnen Kantonen nach 1830 siehe Bloch 2007, S. 255–264; Crotti 2005, S. 94–100, 110–120; Rothenbühler 2010, insbesondere S. 162 f. Im Gegensatz zu den katholischen Internaten wurde in pietistischen Anstalten nach der «Lancaster-Methode» unterrichtet. So berief sich Marie-Anne Calame in ihrer Armen- und Waisenschule explizit auf Girard und seine Methode, siehe Gyalog, Renate: Das Leben der Marie-Anne Calame. Die «Pestalozzi» von Le Locle. Eine Biographie, Zürich, Düsseldorf 1996, S. 76–80.

50 Leimgruber 2006, S. 197–200. Schweizerische Gemeinnützige Gesellschaft (Hg.): Die Schweizerische Gemeinnützige Gesellschaft und ihre Geschichte. Eine Neuauflage der bestehenden Werke, Teil 1, 1860, S. 70; Teil 2, 1910, S. 81 und 89. Auch im Kanton Freiburg zeigte sich Girard in den 1840er Jahren als Gegner des Sonderbunds und beriet dort katholische Parteigänger der Radikalen. Siehe Python, Francis: Les tribulations d'une famille radicale à Fribourg à la veille du Sonderbund, in: Henry/Jelmini 2006, S. 339–352.

51 So auch Karl Josef Ringold (1737–1815), Mitglied der Helvetischen Gesellschaft und bis 1793 Pfarrer von Sarmenstorf, Pfarrer Anton Blattmann (1761–1835) aus Zug oder auch der Disentiser Benediktiner Placidus Spescha. Während Blattmann sich in der Helvetik für den politischen Umbau der Eidgenossenschaft einsetzte, wurde Ringold, inzwischen Pfarrer in Altdorf, zu einem dezidierten Gegner der vom revolutionären Frankreich inspirierten Politik. Siehe Jorio, Marco: «Gott mit uns». Der Bund des Sonderbundes mit Gott, in: Ernst/Tanner/Weishaupt 1998, S. 245–258, hier S. 249 f.; Jorio, Marco: Zwischen Rückzug und Integration. Demokratie und politische Elite im frühen Bundesstaat, in: Studer 1998, S. 89–108, hier S. 91–94.

52 Jorio 1998, Rückzug, S. 92; Lang, Josef: «Vernünftig und katholisch zugleich». Katholische Radikale und antiklerikale Dynamik, in: Ernst/Tanner/Weishaupt 1998, S. 259–270, hier S. 263. Vgl. die detailliertere und differenziertere Gegenüberstellung von kirchenpolitischer Programmatik der innerkatholischen Parteien der Ultramontanen und der Reformer bei Götz von Olenhusen, Irmtraud: Klerus und abweichendes Verhalten. Zur Sozialgeschichte katholischer Priester im 19. Jahrhundert. Die Erzdiözese Freiburg, Göttingen 1994, S. 280.

53 Sailer hatte unter anderem mit dem prominenten reformierten Zürcher Pfarrer Johann Kas-

par Lavater engen Austausch gepflegt. Siehe dazu und zum Geschlechterdiskurs von Sailer Betschart, Marlis: Rollenbilder in der Biographie der Katharina Schmid, in: FemmesTour 1998, S. 78–86; Betschart, Marlis: Religion tröstet und verbindet. Katharina Schmid – eine Frau im Umfeld des Luzerner Sailerkreises, in: Verein Frauenstadtrundgang Luzern (Hg.): Mit Pfeffer und Pfiff. Luzernerinnen zwischen 1798 und 1848, Luzern 1998, S. 60–71. Sailer galt lange als Aufklärer, gab aber im Rahmen des romantischen Aufbruchs wichtige Impulse für eine neue katholische Frömmigkeit, siehe Friedrich, Martin: Kirche im gesellschaftlichen Umbruch. Das 19. Jahrhundert (Zugänge zur Kirchengeschichte, Bd. 8), Göttingen 2006, S. 149–151.

54 Zu Wessenberg siehe Friedrich 2006, S. 52–64. Wessenberg ist nach Olenhusen zwar ein bedeutender Kirchen- und Schulreformer, distanzierte sich jedoch ausdrücklich von allen revolutionären und demokratischen Bestrebungen. Die Bezeichnung «Wessenbergianer» war im 19. Jahrhundert ein Denunziationsbegriff für alle kirchlichen und politischen Reformkräfte innerhalb des katholischen Klerus. Siehe Götz von Olenhusen 1994, S. 285 f.

55 Lemmenmeier, Max: Die Kirche zwischen Beharrung und Fortschritt, in: Sankt Galler Geschichte 2003, Bd. 5: Die Zeit des Kantons 1798–1861, St. Gallen 2003, insbesondere Der «Fuchsenhandel» – Stadtpfarrer Alois Fuchs und die Katholische Reform, S. 81.

56 Zu Vock siehe Küng-Aerni 2005, Anm. 16, S. 175.

57 Zit. in Bänziger, Werner: «Es ist freilich schwer, sein eignes Bild mit Treue zu malen ...» Die Autobiographien von Pestalozzi, Zschokke und Wessenberg, Aarau, Frankfurt am Main, Salzburg 1996, S. 125.

58 Zit. in Bänziger 1996, S. 126. Der Orden war im 18. Jahrhundert wegen «Unvereinbarkeit der jesuitischen Herrschsucht mit der Ordnung und dem Frieden in der Kirche und in den Staaten» für ewig verboten worden, unter anderem vom französischen König, dem Kaiser Joseph II. und vom Papst Klemens XIV.

59 Ich stütze mich hier vor allem auf die Ausführungen von Bänziger 1996, S. 129–152.

60 Zu Wessenbergs Bekannten und Freunden gehörte neben Heinrich Zschokke eine ganze Reihe von Exponenten der Schweizer Aufklärung: der Historiker Johannes von Müller, der Verleger Johann Heinrich Füssli, der helvetische Minister Albrecht Rengger, Heinrich Pestalozzi, der Journalist und Politiker Paul Usteri, aber auch der Staats- und Finanzminister des Grossherzogs von Frankfurt am Main, Carl Christian Ernst von Bentzel-Sternau, der sich nach dem Sturz Napoleons aus der deutschen Politik zurückziehen wollte und mit Heinrich Füsslis Hilfe ein Anwesen in der Zürcher Gemeinde Erlenbach erstand.

61 Zur Entwicklung des Reformkatholizismus vgl. Götz von Olenhusen 1994, Kap. 6, Scheitern des Reformkatholizismus und Anfänge der Ultramontanisierung, S. 277–308, ebenso den Fall des reformkatholischen Priesters Bonifaz Jäckle, der aus der Bodenseeregion stammte, im Bistum Freiburg als Kaplan fungierte, dann aber vom Dienst suspendiert wurde, bis er widerrief und sich der ultramontanen Richtung unterwarf, S. 314–316.

62 Friedrich 2006, S. 85–87.

63 Zit. in Lang 1998, S. 267. Der Glaube an die Vernunft, den Fortschritt und die Wissenschaft war allen Radikalen gemeinsam, siehe Tanner, Albert: Jeremias Gotthelf – Jakob Stämpfli – Eduard Blösch. Drei Männer – drei politische Haltungen zum Bundesstaat von 1848, in: Berner Zeitschrift für Geschichte und Heimatkunde, 1998/3, S. 197–218, hier S. 208. Das Thema «Kann man glauben und gleichzeitig vernünftig sein?» scheint bis heute nichts von seiner Relevanz verloren zu haben, drehte sich doch das Gespräch in der Sternstunde Philosophie vom 24. Dezember 2006 auf dem Fernsehsender der deutschen Schweiz, DRS 1, zwischen dem katholischen Philosophen Robert Spaemann und dem Publizisten und Jasper-Herausgeber Hans Saner um diese Frage, die von Spaemann bejaht und von Saner als ein Widerspruch in sich definiert wurde. Auch Jürgen Habermas thematisiert das Verhältnis von Vernunft und Glauben als eine der grossen Fragen der Gegenwart und plädiert dafür, dass der liberale Staat von seinen religiösen Bürgern nichts verlangen darf, «was mit einer authentisch ‹aus dem Glauben› geführten Existenz unvereinbar ist». Er müsse von seinen säkularen Bürgern erwarten, «dass sie in ihrer Rolle als Staatsbürger religiöse Äusserungen nicht für schlechthin irrational halten». Anderseits solle erwartet werden können, «dass sich die Theologie auf das nachmetaphysische Denken ernstlich einlässt»; siehe Habermas, Jürgen: Ein Bewusstsein von dem, was fehlt. Über Glauben und Wissen und den Defaitismus der modernen Vernunft, in: Neue Zürcher Zeitung, Nr. 34, 10./11. Februar 2007, S. 71 f.; siehe auch Habermas, Jürgen: Versöhnung durch öffentlichen Vernunftgebrauch, in: Philosophische Gesellschaft Bad Homburg/Hinsch, Wilfried (Hg.): Zur Idee des politischen Liberalismus. John Rawls in der Diskussion, Frankfurt am Main 1997, S. 169–195, insbesondere S. 185–188.

64 Augustin Kellers «Lebensbild» in: Redaktion des Aargauer Tagblattes, 1883, S. 7 f.; Lang 1998, S. 263 f.

65 HsZB, Ms. P 2208/2, von J. Z.-St., A–G/2, 29, Briefe an Marie Feierabend, 30, Briefe an Rosalie Fei-

erabend; Ms. P 2210/2, an J.Z.-St., D–F/2, Briefe von Marie und Rosalie Feierabend. Karl August Feierabend partizipierte am missglückten Freischarenzug von 1844 gegen die Berufung der Jesuiten nach Luzern und verlegte deshalb für längere Zeit seine Praxis nach Ebnat-Kappel im Kanton St. Gallen. Hier, und später auch in Luzern, praktizierte er als Homöopath.

66 Lang 1998, S. 262. Nach Lang waren Katholiken in den meisten katholischen Städten im Gegensatz zu den Katholiken auf dem Land in den 1840er Jahren mehrheitlich liberal eingestellt; die regionalen Unterschiede waren jedoch ebenfalls bedeutsam; siehe Lang, Josef: Die beiden Katholizismen und die Krux der Schweizer Demokratie, in: Schweizerisches Bundesarchiv (Hg.): Die Erfindung der Demokratie in der Schweiz, Zürich 2004, S. 45–74, hier S. 46–50. Siehe auch Bossard-Borner 2008.

67 Nach Mooser, Josef: Katholische Volksreligion, Klerus und Bürgertum in der zweiten Hälfte des 19. Jahrhunderts, in: Schieder, Wolfgang (Hg.): Religion und Gesellschaft im 19. Jahrhundert, Stuttgart 1993, S. 144–156, hier S. 153, zit. in Habermas, R., Gefühl, 2000, S. 170. Zur diesseitigen Orientierung des Bürgers am Gemeinwohl siehe Schulz 2005, S. 10 f.

68 Goetzinger, Germaine: Soziale Reform der Geschlechterverhältnisse im Vormärz. Louise Dittmars Ehekritik, in: Reese/Rosenhaft/Sachse/Siegel 1993, S. 37–57, hier S. 41 f. Zum Einfluss des Reformkatholizismus auf die Rolle der Frauen in der Erziehung vgl. Allen 1996, S. 67 f.; zum Verhältnis der religiösen Dissidentinnen und der Frauenbewegung siehe Paletschek, Sylvia: Auszug der Emanzipierten aus der Kirche? Frauen in deutschkatholischen und freien Gemeinden 1844 bis 1852, in: Götz von Olenhusen, Irmtraud (Hg.): Frauen unter dem Patriarchat der Kirchen. Katholikinnen und Protestantinnen im 19. und 20. Jahrhundert, Stuttgart, Berlin, Köln 1995, S. 48 bis 68. Nach Paletschek betrug der Frauenanteil in der liberalen religiösen Reformbewegung um die vierzig Prozent, wobei die Zahl der bürgerlichen Frauen die der bürgerlichen Männer überstieg, gerade auch im Kreis des Bildungsbürgertums, während in kleinbürgerlichen Kreisen die Zahl der Männer überwog. In den freireligiösen Frauenvereinen waren die Frauen aus dem liberal-demokratisch und sozialdemokratisch orientierten Bürgertum zahlenmässig dominierend.

69 Johannes Ronge publizierte auch in der von Louise Otto herausgegebenen «Frauen-Zeitung», siehe Wischermann, Ulla: «Das Himmelskind, die Freiheit – wir ziehen sie gross zu Haus». Frauenpublizistik im Vormärz und in der Revolution von 1848, in: Kleinau/Opitz, Bd. 2, Frankfurt am Main, New York 1996, S. 35–50, hier S. 47.

70 Goetzinger 1993, S. 41. Siehe auch Paletschek 1995, S. 61 f. Vgl. Ronge, Johannes: Die Stellung der Frauen, in: Für christkatholisches Leben, IV, 1847.

71 Siehe Leimgruber, s' Mueterli, 2006.

72 Augustin Kellers «Lebensbild», in: Redaktion des Aargauer Tagblattes, 1883, S. 8 f.

73 Zur Bedeutung von Eduard Pfyffer als Vertreter einer staatlichen Aufsicht über die Kirche, somit auch im Bereich der Lehrerbildung, und der Entwicklung im Kanton Aargau siehe Crotti 2005, S. 155 f.

74 Augustin Kellers «Lebensbild», in: Redaktion des Aargauer Tagblattes, 1883, S. 8 f.

75 Das Institut war 1786 dank einer Stiftung der Schultheissin Anna Katharina Hunziker-Zollikofer eröffnet worden, deren Gatte und Sohn wie der Gründer der Zürcher Töchterschule Leonhard Usteri Mitglieder der Helvetischen Gesellschaft waren. Usteris Gründung galt als Musterschule für die kurz darauf gegründeten Schulen in Basel, Bern und Chur und auch in Aarau half die Leiterin der Zürcher Schule, Susanne Gossweiler, Dorothea Ziegler bei der Entwicklung der Töchterschule. Diese wurde 1802 geschlossen und 1822 wieder eröffnet, 1873 staatlich subventioniert, um Lehrerinnen auszubilden, um kurz darauf vom Kanton übernommen zu werden. Siehe Renold 1998, S. 116 f.; Meyer 1996, S. 16, Anm. 1; Kubli 1988, S. 24 f.

76 StAAG, CH-000051-7 DEO1/0351, Privatlehranstalten 1808–1852, III. Töchterinstitut Aarau 1836–1840, Statuten, Neue Einrichtung des Töchter-Instituts zu Aarau, und: Der Gemeinderat der Stadt Aarau an den Bezirksschulrat, 18. März 1836. Der Lohn wurde vierteljährlich ausbezahlt. Ein weiteres Angebot vom Institut Fellenberg in Hofwil hatte sie abgelehnt; siehe HsZB, Ms. P 2214/1, an J.Z.-St., M–R/1, von Rosette Niederer, Yverdon, 1. Dezember 1834.

77 Stadlin, Josephine: Das schweizerische Seminar, in: Die Erzieherin. Eine Zeitschrift über weibliche Erziehung. Jg. 3, Zürich 1847/1, S. 67–71, hier S. 69.

78 Vgl. zum Einfluss der generationsspezifischen Sozialisationsbedingungen der Töchter der Stürmer und Dränger Goetzinger 1993, S. 40.

79 HsZB, Ms. P 2198, Biographisches, 3, Autobiographie; 4, E. Zschokke, Notizen über Beziehungen von Heinrich Zschokke zu Josephine Stadlin. «Blumenhalde» nannte Zschokke das Haus, das er sich in Aarau wenige Jahre nach seiner Heirat mit der Aargauer Pfarrerstochter Anna Nüsperli erbauen liess. Die Blumenhalde ist heute noch Sitz direkter Nachkommen des Ehepaars Zschokke-Nüsperli.

80 Meyer 1996, S. 18. Zur Entwicklung der Lehrerinnenausbildung im Kanton Aargau siehe Crotti 2005, S. 451–453.

81 Ohne Autor: Aus den Anfängen der Lehrerinnenbildung im Aargau, 1. Teil, in: Erbe und Auftrag. Beilage zum Aargauer Volksblatt, Baden, 26. Juni 1965.

82 Das Fricktal hatte bis zum Ende des 18. Jahrhunderts zum vorderösterreichischen Breisgau gehört. Das Kloster war unter Joseph II. in ein Damenstift umgewandelt und unter der französischen Besetzung aufgehoben worden. Zur Geschichte von Olsberg siehe Meier, Marietta: Standesbewusste Stiftsdamen. Stand, Familie und Geschlecht. Das adlige Damenstift Olsberg am Ende des 18. Jahrhunderts, Wien, Köln, Weimar 1999; siehe auch Meier, Marietta: Warum adlige Frauen in ein Stift oder ein Kloster eintraten. Zum Zusammenhang der Kategorien Stand, Familie und Geschlecht siehe Aegerter, Veronika/Graf, Nicole/Imboden, Natalie/Rytz, Thea/Stöckli, Rita (Hg.): Geschlecht hat Methode. Aufsätze und Perspektiven in der Frauen- und Geschlechtergeschichte, Zürich 1999, S. 107–116, hier S. 107 f. Zur Geschichte des Klosters Olsberg siehe Boner, Georg: Zisterzienserinnenkloster Olsberg, in: Helvetia Sacra, Bd. III/3, Bern 1982, S. 831–846.

83 Der rechtsrheinische Breisgau wurde von den Franzosen 1798 aus der Habsburger Herrschaft herausgelöst und als Fricktal 1803 dem neuen Kanton Aargau zugeteilt. Siehe Meier/Sauerländer/Stauffacher 1997, S. 45–47, 254–256. Zu unterscheiden ist zwischen Dorf und Kloster Olsberg: Das Dorf gehörte nur zur Hälfte zur ehemaligen habsburgischen Herrschaft. Die kleine Viola, die durch Olsberg fliesst, bildete die Grenze zwischen dem rechtsufrigen habsburgischen und daher katholischen Gebiet und dem linksufrigen unter der Herrschaft von Basel stehenden und daher reformierten Gebiet; sie trennt seit 1833 die Kantone Basel-Landschaft und Aargau. Siehe Meier, Marietta: «Die Fluten der Viola». Zur Entstehung von Nationalbewusstsein in einem Grenzgebiet der Nordostschweiz, in: Ernst/Tanner/Weishaupt 1998, S. 189–198.

84 Frank 2005, S. 65; Meier 1999, S. 269–276.

85 Leimgruber 2006, S. 37.

86 HsZB, Ms. P 2213/1, an J. Z.-St., I–L/1, von Augustin Keller, 16. November 1831. Nach Frank ist nicht klar, ob hier effektiv schon Lehrerinnen ausgebildet wurden, doch scheint mir dies auf Grund von Stadlins Übernahme von vier Lehramtskandidatinnen aus Olsberg zutreffend; siehe Frank 2005, S. 65.

87 Auch wenn der Begriff «Zögling» heute veraltet ist, verwende ich ihn, da er präzis die damalige Vorstellung von Schülerinnen und Schülern als Objekten der Erziehung spiegelt, als Personen, auf die direkt eingewirkt wird: Der Status des Zöglings definiert sich dadurch, dass er aktiv «erzogen» wird.

88 Unterschrift eines Stichs, abgebildet in o. A. 1965.

89 Meier, Marietta: Standesbewusste Stiftsdamen. Stand, Familie und Geschlecht. Das adlige Damenstift Olsberg am Ende des 18. Jahrhunderts, Wien, Köln, Weimar 1999, S. 276.

90 Zit. in o. A. 1965. Siehe auch Renold 1998, S. 12 f.

91 Meyer 1996, S. 18; Leimgruber, s' Mueterli, 2006.

92 Zit. nach Suter, Elsa: Volksschule – Arbeitsschule. Ursprung und Entfaltung des Schulwesens der mittleren und nördlichen Schweiz, insbesondere der durch Elisabeth Weissenbach wesentlich geförderten weiblichen Volksarbeitsschule, Baden 1955, S. 206, in Meyer 1996, S. 20.

93 Effektiv wurde erst 1873 dem Töchterinstitut der Stadt Aarau ein Lehrerinnenseminar angegliedert, das 1911 vom Kanton übernommen wurde; siehe Brian, Sarah/Steigmeier, Andreas: «Der Lehrer sei arm, aber brav». Eine kleine Geschichte der aargauischen Lehrerschaft am Beispiel ihrer Kantonalkonferenz, Baden 2000, S. 27. Dagegen nahm der Kanton Aargau in Sachen Arbeitsschullehrerinnen eine Pionierrolle ein, auch wenn die systematische Ausbildung erst unter Augustin Kellers Nachfolger als Seminardirektor, Johannes Kettiger, erfolgte (ab 1856) und der Ernennung der Aargauerin Elisabeth Weissenbach zur Oberlehrerin (1857). Der Unterricht in «weiblichen» Fächern war ein zentrales Anliegen der SGG und der hauswirtschaftliche Unterricht wurde gegen Ende des 19. Jahrhunderts zur eigentlichen Raison d'être des neu gegründeten Schweizerischen gemeinnützigen Frauenvereins (SGF), der kaum in einem anderen Kanton so gut verankert war wie im Kanton Aargau. Zu den einflussreichsten Gründungsmitgliedern gehörte Augustin Kellers Tochter Gertrud Villiger-Keller. Zur Arbeitsschule siehe Renold 1998, S. 119; vgl. Ohlsen, Ingrid/Littmann, Birgit (Hg.): ... durezie und abelaa. Vom Anfang und Ende eines Frauenberufs: Die Ausbildungsgeschichte der Handarbeitslehrerin im Kanton Zürich, Zürich 2001, S. 20–23, 27–29.

94 Leimgruber 2006, S. 248.

95 Ankündigung einer bürgerlichen Bildungsanstalt für Töchter, in: Weibliche Erziehungsanstalt in Sarmensdorf Kanton Aargau, Sarmensdorf 1840, S. 1 f.

96 Meyer 1996, S. 18.

97 HsZB, Ms. P 2209/1, an J. Z.-St., A–C/1, Schulrat des Kt. Aargau, Aarau, 30. April und 17. Mai 1836; Ms. P 2213/1, an J. Z.-St., I–L/1, Augustin Keller, Lenzburg, 1. Juni 1836; HsZB, Ms. P 2198, Biographisches, 3 Josephine Stadlin Autobiographie; H[einrich] S[chweizer]-S[idler]: Frau Josephine Zehnder, geb. Stadlin, in: Neue Zürcher Zeitung, 9. September 1875.

98 HsZB, Ms. P 2198, Biographisches, 3 Josephine Stadlin Autobiographie.
99 HsZB, Ms. P 2215/2, an J.Z.-St., S/2, Verena Sidler, 23. Mai 1832.
100 Es war die Zeit, als in London einige Frauen als Mathematikerinnen von sich reden machten, neben Mary Sommerville und Caroline Herschel auch Ada Lovelace (1815–1852), Tochter von Anne Isabella Noel-Byron, 11. Baroness Wentworth, und Lord Byron, die fast gleich alt war wie Elise Sidler und als Mitarbeiterin des Mathematikers Charles Babages einen mathematischen Algorithmus auf der Grundlage des binären Zahlensystems entwickelte, der als erste Programmiersprache gilt und ihren Namen – Ada – trägt. Zu Ada Lovelace siehe den historischen Roman der Zürcher Historikerin und Schriftstellerin Siegfried, Anita: Die Schatten ferner Jahre, Zürich 2007.
101 Leopold Moosbrugger (1796–1864), ursprünglich aus Konstanz, war ab 1830 Mathematiklehrer an der Kantonsschule Aarau und verfasste mehrere Werke über Mathematik. Siehe Historisch-Biographisches Lexikon der Schweiz, Bd. 5, 1929.
102 H[einrich] S[chweizer]-S[idler]: Frau Josephine Zehnder, geb. Stadlin, in: Neue Zürcher Zeitung, 9. September 1875.
103 HsZB, Ms. P 2198, Biographisches, 3 Josephine Stadlin Autobiographie.
104 Stadlin, Die Erzieherin, Jg. 3, 1847/1, S. 69.
105 Vgl. die Schreiben der Baukommission an die Regierung, StAAG, CH-000051-7 AA/8125, Verwaltung: Verkauf der Stiftsgüter 1837–1843, Baukommission an die Regierung, 203, 2b, 7. März 1839; 218, 2b, 5. Juli 1838; 2c, 23. Juli 1839; 218, 2d, 23. Juli 1839; 221, 2e, 16. August 1839; 258, 2g, 23. März 1840.
106 Crotti 2005, S. 120–138; Crotti 2003, S. 234–240; Scandalo/Rogger/Gerber 1992, S. 27, 33 f. Zur Chronologie der Lehrerinnenausbildung bis zum Ersten Weltkrieg in den verschiedenen Kantonen siehe Eidgenössische Kommission für Frauenfragen (Hg.): Frauen – Macht – Geschichte. Frauen- und gleichstellungspolitische Ereignisse in der Schweiz 1848–1998, Teil 2: Mappe, Bern 1998, Kap. 2, Berufsbildung von Frauen, S. 3–8.
107 StAAG, Akten, Kantonsschulrat, CH-000051-7 DEO1/0351, Privatlehranstalten 1808–1852, II Olsberg Pestalozzianstalt, 1833–1852, 85, Vertrag mit der Jungfer Josephine Stadlin, 13. März 1839. Der Präsident des Kantonsschulrats war zugleich Mitglied der Regierung. Schloss Lenzburg, das die Stadtberner Regierung 1415 von den Habsburgern übernommen hatte und bis 1798 als Landvogtsitz nutzte, ging wie Olsberg 1803 in den Besitz des neuen Kantons Aargau über. Dieser verpachtete es 1823 dem vorher im Fellenberg'schen Hofwil tätigen Pädagogen und Pestalozzi-Schüler Christian Lippe, der hier bis 1853 ein Institut für Söhne aus vornehmlich bürgerlichen Familien aus Basel und dem Elsass führte. 1860 wurde das Schloss veräussert. Der private Besitzer verkaufte es 1872 an den pensionierten Gynäkologen Friedrich Wilhelm Wedekind, dessen Sohn, der spätere Schriftsteller Frank Wedekind, hier aufwuchs. Siehe www.ag.ch/Lenzburg/de/pub/Geschichte/Schloss_und_Baugeschichte.php; http://de.wikipedia.org/wiki/Scholoss_Lenzburg, Zugriff 25. Februar 2007.
108 StAAG, Akten, Kantonsschulrat, CH-000051-7 DEO1/0348, Privatlehranstalten 1808–1852, II Olsberg Pestalozzianstalt, 1833–1852, 85, Vertrag mit der Jungfer Josephine Stadlin, 1. Mai 1839.
109 StAAG, Akten, Kantonsschulrat, CH-000051-7 DEO1/848, Privatlehranstalten 1808–1852, II Olsberg Pestalozzianstalt, 1833–1852, 85, Vertrag mit der Jungfer Josephine Stadlin, 1. Mai 1839, und: Auszug aus dem Protokoll des Kleinen Rates, Nr. 35, 23. Mai 1839.
110 StAAG, Akten, Kantonsschulrat, CH-000051-7 DEO1/848, Privatlehranstalten 1808–1852, II Olsberg Pestalozzianstalt 1833–1852, Olsberg, Freyplatz im Institut der Jungfer Stadlin, 178, Der Kantonsschulrat an die hohe Regierung, Aarau, 17. September 1840.
111 StAAG, Akten, Kantonsschulrat, CH-000051-7 DEO1/0351, Privatlehranstalten 1808–1852, III Töchter-Institut. Stadlin Josephine: Die Bildungsanstalt für Töchter, in Olsberg bei Rheinfelden, Kanton Aargau, Aarau 1839. Die Ankündigung ist in zwei Versionen erhalten, als kleine sechzehnseitige Broschüre und als vierseitiges Blatt mit Doppelspalten.
112 Der Erzähler, 3. Mai 1839/36, S. 166; Basellandschaftliche Zeitung, 11. Juli 1839/28, Frontseite; Allgemeines Schweizerisches Schulblatt, 1839/5, S. 156.
113 HsZB, Ms. P 2198, Biographisches, 4, E. Zschokke, Notizen.
114 Der Erzähler, 3. Mai 1839/36, S. 160.
115 StAAG, Akten, Kantonsschulrat, CH-000051-7 DEO1/0348, Privatlehranstalten 1808–1852, II Olsberg Pestalozzianstalt 1833–1852, Olsberg, Freyplatz im Institut der Jungfer Stadlin, 178, Der Kantonsschulrat an die hohe Regierung, Aarau, 17. September 1840. Im Gegensatz zu Marie Müller wurde einer «unbemittelten Bürgerstochter» aus Baden zwar eine starke, gesunde und blühende Konstitution attestiert, doch ihr «Auge verspricht nur bescheidene Leistungen». Die fünfzehnjährige Tochter des Musiklehrers von Baden wurde als zu jung erachtet: «Ihre Konstitution ist zart, etwas schwächlich und erst in der Entwicklung begriffen. Ihr Blick verrät Anlagen und Empfänglichkeit.» Man wolle sie als mögliche spätere Nutzniesserin des Freiplatzes im Auge behalten.

116 StAAG, Archivabteilung, CH-000051-7 R01.F14/0009, Bauwesen, Band H. 1833–1840, die Baukommission an die Regierung, 2c, 23. Juli 1839; 225, 2c, 16. August 1839. 218, 2d, 23. Juli 1839; 221, 2e, 16. August 1839; 258, 2g, 23. März 1840; 289, 2h, 11. August 1840.

117 HsZB, Ms. P 2213/1, an J. Z.-St., I–L/1, Augustin Keller, 31. August 1839.

118 StAAG, Archivabteilung, CH-000051-7 R01.F14/0009, Bauwesen, Band H. 1833–1840, 2 h, Schulrat an die Regierung, 14. Oktober 1840. Dass es schon früher Unklarheiten über den Umfang der Instandstellungen gab, zeigt ein Brief von Joseph Wieland an Josephine Stadlin vom 5. August 1839, in dem der «dienstbereitswilligste Dr. J. Wieland» Stadlin über die Reparaturen informiert und fragt: «Sind sie nun für einstweilen zufrieden? Ich hoffe, ja!» Um ihre Anforderungen durchzusetzen, hatte er sich Feinde gemacht. Siehe HsZB, Ms. P 2216/1, an J. Z.-St., T–Z/1, Dr. J. Wieland, 5. August 1839.

119 StAAG, Archivabteilung, CH-000051-7 R01.F14/0009, Bauwesen, Band H. 1833–1840, 2 h, Josephine Stadlin an die Baukommission, 18. Oktober 1840. Vgl. StAAG, Archivabteilung, 8124, Briefwechsel zwischen der Baukommission und Josephine Stadlin als Verwalterin von Olsberg, vom 27. Juni 1839 bis 16. Dezember 1839, Auszüge aus dem Protokoll der Finanzkommission, vom 11. Januar, 25. August 1840, 24. Mai, 23. Juni 1841; die Baukommission an den Regierungsrat, 36, 30. September, 40, 14. Dezember 1841.

120 StAAG, Archivabteilung, CH-000051-7 AA/8125, B 1–15.

121 StAAG, Archivabteilung, CH-000051-7 AA/8125, B 13, Actum Rheinfelden den 13. Oktober 1841 im Gasthaus zu Dreikönig, nachmittags 12.00.

122 StAZH, U 55 b 1, Remission, N 64.1–64 c, Acten betr. «Milde Anstalten», Nr. 6, Mädchenpension v. J. Stadlin 1841–1847, von Josephine Stadlin, 22. August 1841 an den Erziehungsrat.

123 HsZB, Ms. P 2216/1, an J. Z.-St., T–Z/1, J. Wild, Zürich, 18. September 1841.

124 Stadlin, Die Erzieherin, Jg. 3, 1847/1, S. 69 f.

125 Vgl. Schulz 2005, S. 3 f. Zu Zürich siehe Craig, Gordon A.: Geld und Geist. Zürich im Zeitalter des Liberalismus, 1830–1869, München 1988.

126 Zehnder, Ulrich: Die vierziger Jahre des 19. Jahrhunderts im Urteil des Zürcher Bürgermeisters Dr. med. Ulrich Zehnder. Mitgeteilt und erläutert von Dr. Werner Schnyder, Separatdruck aus dem Zürcher Taschenbuch auf das Jahr 1944, Nachdruck, Zürich 1848, S. 62 f.

127 HsZB, Ms. P 2216/1, an J. Z.-St., T–Z/1, J. Wild, Zürich, 18. September 1841.

128 Franz Stadlin, der Bruder von Josephine Stadlin, erwähnt rückblickend das ursprünglich vorgesehene Bodmer'sche Landhaus. Jedoch ist in der von Ida Stadlin zitierten Stelle aus einem Brief von Josephine Stadlin vom November 1841 nicht von Bodmer als Besitzer des ursprünglich vorgesehenen Hauses die Rede, sondern von einem andern Namen. Es könnte sich aber hier um eine Verwechslung handeln, vgl. HsZB, Ms. P 2198, Biographisches, 6, Brief ihrer Schwester Ida an ihre Schwester Pauline Weber-Stadlin in Beromünster, Olsberg, 9. Novembers 1841; Ms. P 2198, Biographisches, 4 Karl Stadlin: Notizen über die frühern Lebensverhältnisse meiner Schwester Josephine. Im Auftrag von Zehnder geschrieben, 1875. Das Bodmer'sche Landhaus wurde vorerst doch nicht verkauft, sondern diente später der Familie Trümpler als Sommerhaus, was Richard Wagner am 8. August 1856 bewog, seine Freundin Mathilde Wesendonck zu bitten, bei Frau Bodmer zu intervenieren, damit er das Haus übernehmen könne. Die Seidenbodmer verbrachten inzwischen die Sommermonate in der von Leonhard Zeugheer 1843–1847 erbauten «Seeburg» zwischen der heutigen Zolliker- und der Mühlebachstrasse in Zürich-Riesbach (abgebrochen). Siehe Richard Wagner an Mathilde Wesendonck. Tagebuchblätter und Briefe 1853–1871. Zürich, März 1853 bis August 1858, 8. Brief, 11. August 1856, in: Frankfurter Zeitschrift für Musikwissenschaften, 3/2000, TM 1–2.

129 Ob es sich bei dem von Franz Stadlin erwähnten Zeller um Rudolf Zeller, Vater von Josephine Stadlins Schülerinnen, oder um den Seidenfabrikanten und Alpenpanoramenzeichner Heinrich Zeller handelt, konnte ich nicht eruieren. HsZB, Ms. P 2198, Biographisches, 7, Josephine Stadlin Tagebuchnotizen, zusammengestellt von Zehnder nach ihrem Tod, 1875, 5. November 1841; Schweizer, Heinrich: Frau Josephine Zehnder, geb. Stadlin, in: Neue Zürcher Zeitung, Nr. 459, 10. September 1875, 2. Blatt; Zehnder, Ulrich: Der Abschluss der Tätigkeit von Dr. med. Ulrich Zehnder als Zürcher Regierungspräsident. Mitgeteilt und erläutert von Dr. Werner Schnyder, Separatdruck aus dem Zürcher Taschenbuch auf das Jahr 1957, Zürich 1956, S. 84–115, hier S. 86. Meines Erachtens führt Kubli in ihrer Biografie fälschlicherweise den 1838 erbauten «Zeltgarten» am Zeltweg 10 als Josephine Stadlins Institut auf, der 1840 in den Besitz von Escher übergegangen sein soll; siehe Kubli 1988, S. 56. Im Nachruf von Heinrich Schweizer-Sidler sowie in den Erinnerungen des Ehemannes Ulrich Zehnder-Stadlin und des Brudes Franz Stadlin heisst es aber klar «Escherhäuser», wie die aneinandergebauten Häuser Zeltweg Nr. 7–15 bis heute heissen. Zwar schrieb Josephine Stadlin, dass sie nach Zürich gehe, und der Zeltweg 10 gehörte zur Stadt im Gegensatz zu den gegenüberliegenden Escherhäusern. Diese standen bereits jenseits der abgerissenen Schanze auf Hottinger Boden. Die Grenze lief entlang dem Zeltweg: Die rechte

Strassenseite war Stadt-, die linke Hottinger Gebiet. Doch gibt es für den «Zeltgarten» keine Hinweise auf Josephine Stadlin als Mieterin, wohl jedoch in den Akten zu Hottingen und dem gegenüberliegenden Zeltweg 9 der Escherhäuser. Am 26. Januar 1842 erhielt laut Akten im Stadtarchiv Zürich Josephine Stadlin die Niederlassungsbewilligung in Hottingen für vier Jahre, die später dann verlängert wurde. Für das Jahr 1854 ist sie in Hottingen als niedergelassen an der Steinwiesstrasse 30 (9 nach Kubli auf Grund der Gebäudeversicherung) vermerkt. Das war nach dem 1853 getätigten Verkauf ihres Instituts im Haus «Sonnenbühl» an der Zürichbergstrasse 4. Dieses Haus hatte sie 1848 gekauft. Es steht ebenfalls nicht auf Zürcher Boden, sondern gehört zu Fluntern, liegt aber in unmittelbarer Nähe der Stadt. Auf den Briefen an Josephine Stadlin am Zeltweg wie im «Sonnenbühl» heisst es aber weder Hottingen noch Fluntern, sondern «bei Zürich». Zu ihrer Niederlassung in Hottingen siehe StadtArchivZH, VI. Ho. C. 50.: 1. Die ausführlichen Informationen verdanke ich den Recherchen von Ruth Fink und dem Stadtarchivar Robert Dünki. Richard Wagner wohnte zu Beginn der 1850er Jahre ebenfalls in den von Zeugheer erbauten Vorderen Erscherhäusern am Zeltweg, in denen zehn Jahre zuvor das Institut von Stadlin eingemietet gewesen war. Wagner wohnte jedoch in der heutigen Nr. 13, nicht wie Stadlin in der Nr. 9, und zwar im selben Haus, in dem ab Mitte der 1880er Jahre Johanna Spyri wohnen sollte. Die Escherhäuser waren im Auftrag von Alfred Eschers Vater Heinrich Escher erstellt worden. Ob der Vater Heinrich oder der Sohn Alfred, der damals bereits im Lager der radikalen Liberalen politisierte, die Häuser an Josephine Stadlin vermietete, konnte ich nicht eruieren, ist doch im autobiografischen Rückblick ihres Bruders lapidar von «Escher» die Rede.

130 Von Josephine Keller-Pfeiffer ist aus den 1840er Jahren ein Brief, von Augustin Keller sind drei Briefe in Zürich archiviert. Siehe HsZB, Ms. P 2213/1, an J. Z.-St., I–L/1, Josephine Keller und Augustin Keller.

131 Tagebuchaufzeichnung einer Schülerin von Lisette Ruepp, 21. Juni 1844, in: Reinhart, Josef: Mutterli. Ein Lebensbild, Aarau 1935, S. 237.

132 HsZB, Ms. P 2213/1, an J. Z.-St., I–L/1, Augustin Keller, 7. Juni 1844. Das Gedicht von Josephine Stadlin ist dem Brief von Augustin Keller angehängt. Augustin Keller hatte mit seinem Antrag im Grossen Rat des Kantons Aargau vom 29. Mai 1844 in der Tagsatzung verlangt, den Jesuitenorden für das gesamte Territorium der Schweiz zu verbieten. Als Vorwand diente der Vorwurf, der Orden verbreite soziale Unrast und sei daher auch verantwortlich für die Toten auf Seiten der Jungschweizer anlässlich der bürgerkriegsähnlichen Auseinandersetzungen im Wallis beim Trientbach. Dieser Antrag wurde angenommen und von Augustin Keller als Vertreter des Kantons Aargau in die Tagsatzung vom 19. August eingebracht. Dazwischen war am eidgenössischen Schützenfest in Basel vom 8. Juli die Jesuitenfrage zur nationalen Frage stilisiert worden. Die Freischarenzüge von 1844 und 1845 verschärften die seit dem ebenfalls durch Augustin Keller ausgelösten Aargauer «Klostersturm» bestehenden emotional höchst aufgeladenen Differenzen zwischen Konservativen und radikalen Liberalen. Siehe Lang 1998; Kästli, Die Schweiz 1998, S. 327–335. Kästli spricht von «dem jesuitischen Popanz»; die Jesuiten wurden von den Radikalen zum Feindbild schlechthin stilisiert. Auch Goetz von Olenhusen bezweifelt den Einfluss der Jesuiten auf den Prozess der Ultramontanisierung in Deutschland, nicht aber ihre ideologisch einflussreiche Rolle, die im Sinne einer Verschwörungstheorie ähnlich wie zwei bis drei Jahrzehnte zuvor in den Jahren des «Kulturkampfs» grandios verzerrt wurde; siehe Götz von Olenhusen 1994, S. 279.

133 Statt vom «Sonnenbühl» sprach man auch vom «Oberen Sonnenberg» oder «Oberen Sonnenbühl» im Gegensatz zu Adolf Ludwig Follens Wohnsitz zum «Unteren Sonnbühl». Follen liess 1842/43 das «Sonneck» an der Rämistrasse errichten, eine Anlaufstelle für politisch verfolgte Emigranten wie Georg Herwegh oder Ferdinand Freiligrath und Treffpunkt des «Litterarischen Comptoir». Follen war somit einige Jahre direkter Nachbar von Josephine Stadlin. Deren Haus zum «Oberen Sonnenbühl» wurde 1845 vom Zimmermeister Jakob Hottinger erstellt, der an der Kreuzung der heutigen Rämistrasse und des Zeltwegs in Zürich Hottingen eine Zimmerei mit Gastwirtschaft betrieb. Er verkaufte das «Obere Sonnenbühl» 1846 an Carl Keller, der darin mit seinem Bruder Eduard ein Knabeninstitut führte. Kurz darauf schon mietete sich Josephine Stadlin ein und 1848 wurde sie Eigentümerin des «Sonnenbühls», das sie dann 1850 an den freisinnigen Nationalrat und Textilfabrikanten Heinrich Fierz, einen engen Freund und Mitkämpfer von Alfred Escher, verkaufte. Die Informationen aus Bürgi, Markus: unveröffentlichtes Referat zu den Häusern in der Nachbarschaft der Forschungsstelle für Sozial- und Wirtschaftsgeschichte der Universität Zürich.

134 Heute Pädagogische Hochschule.

135 HsZB, Ms. P 2198/14, Stadlin, Josephine (1849): Das Institut Stadlin.

136 Die gleiche Lithografie der Gebrüder Benziger diente ab 1849 als Kopf auf Josephine Stadlins Briefpapier, siehe HsZB, Ms. P 2209/1, an J. Z.-St., A–C/1, Nicolaus Benziger, Einsiedeln, 6. Februar 1849. In diesem Brief erwähnt Nikolaus Benziger den zu «lithographierenden Briefkopf».

137 Kälin ordnet den einen Bruder, Josef Karl Benziger, als Vertreter des ländlichen Patriziats der ehemals abhängigen Landschaften jenem Teil der neuen Elite zu, der als gemässigt beziehungsweise liberal-konservativ zu definieren ist. Kälin, Urs: Magistraten, Aristokraten und Bürger. Eliten im Wandel, in: Binnenkade, Alexandra/Mattioli, Aram (Hg.): Die Innerschweiz im frühen Bundesstaat (1848–1874). Gesellschaftsgeschichtliche Annäherungen, Zürich 1999, S. 109–124, hier S. 111, 117 f.

138 HsZB, Ms. P 2209/1, Josephine Zehnder-Stadlin, an J. Z.-St., A–C/1, J. C. Benziger, 6 Briefe, 1838 bis 1844.

139 Vgl zu den Schwyzer Auseinandersetzungen in der ersten Hälfte des 19. Jahrhunderts die Dissertation von Adler, Benjamin: Die Entstehung der direkten Demokratie. Das Beispiel der Landsgemeinde Schwyz 1789–1866, Zürich 2006, S. 11–185. Einen guten Einblick ermöglicht auch die Darstellung des Staatsarchivars des Kantons im Internet, Wiget, Josef: Kurzer historischer Überblick, www.sz.ch/kanton/deutsch/geschichte.html, S. 2 f.

140 Josef Karl Benziger (1799–1873) und Nikolaus Benziger (1808–1864) waren die Söhne des Kantonsgerichtspräsidenten Placid Karl Benziger. Gemeinsam gründeten sie 1833 die Firma Gebrüder Karl und Nikolaus Benziger als Nachfolgerin der früheren Benziger'schen Sozietät ihres Onkels Franz Benziger. Dieser war Klosterdrucker gewesen, hatte den Devotionalienhandel und Büchervertrieb von seinem Vater übernommen und 1798 die selbständige Druckerei eröffnet. Während der politischen Wirren von 1833 bis 1848 stand Josef Karl Benziger, Kantonslandammann, Verlagsbuchhändler und Buchdrucker, an der Spitze der Behörden und arbeitete an der Neugestaltung des Kantons mit. Nikolaus Benziger war Statthalter und führte in der Schweizer Druckerei die Stereotypie, die Kupferstecherei und 1844 eine der ersten maschinellen Druckpressen ein. Mitte des 19. Jahrhunderts war die Firma Benziger das grösste und renommierteste Druck- und Verlagshaus der Schweiz. Franz Auf der Maur: Benziger, verfasst 11. Februar 2005, www.hls-dhs-dss.ch-Benziger.

141 Adler 2006, S. 11, 183–185. Siehe auch Kälin 1999, S. 115–121.

142 HsZB, Ms. P 2209/1, an J. Z.-St., A–C/1, Margret und Lina Benziger, 14 Briefe, 1841 bis 1842; Elise Benziger, 9. November 1851; Louise Benziger, Einsiedeln, 24. Dezember 1847; Nicolaus Benziger, 14 Briefe, 1843 bis 1853; J. C. Benziger, 6 Briefe, 1838 bis 1844; Ms. P 2206/1–25, von J. Z.-St., A–G/1, 5, Lina Benziger, 3 Briefe, 1846; 6, Luise Benziger, 1 Brief, 1848; 7, Nicolaus Benziger, 5 Briefe, 1848 bis 1850; Ms. P 2216/b, Elise Benziger, 22. Juli 1848.

143 Ms. P 2209/1, an J. Z.-St., A–C/1, J. C. Benziger, Einsiedeln, 6. Januar 1841.

144 Ms. P 2209/1, an J. Z.-St., A–C/1, J. C. Benziger, Einsiedeln, 25. März 1844.

145 Ebd.

146 Hs ZB, Zürich, Ms. P 2210/1, Briefe an Josephine Zehnder-Stadlin, D–F/1, Kanzlei Einsiedeln, 26. März 1843.

147 Hs ZB, Zürich, Ms. P Ms. P 2216/a, an J. Z.-St., Lina Baumgartner, Olsberg 1841.

148 Hs ZB, Zürich, Ms. P 2215/2, an J. Z.-St., S/2, Gertrud Steinauer, 5. Mai 1844.

149 Hs ZB, Zürich, Ms. P 2215/2, an J. Z.-St., S/2, Gertrud Steinauer, 8. September 1844.

150 Hs ZB, Zürich, Ms. P 2216/a, Briefe früherer Zöglinge, 1841–1848, Gertrud Steinauer, Einsiedeln, 16. Herbstmonat [November, E. J.] 1845.

151 Hs ZB, Zürich, Ms. P 2216/b, Briefe früherer Zöglinge, 1841–1848, Meinrada Gyr, Einsiedeln, 18. Dezember 1847.

152 Hs ZB, Zürich, Ms. P 2216/b, Briefe früherer Zöglinge, 1841–1848, Gertrud Steinauer, Einsiedeln, 7. Januar 1848.

153 Ebd.

154 Adler 2006, S. 183.

155 Zur Involiertheit von Frauen vgl. Bossard-Borner 2008, S. 132–136, 295, 330, 336–344. Zur Bedeutung der Religiosität siehe Moos 1998, S. 32–34; Mooser, Josef: Katholische Volksreligion, Klerus und Bürgertum in der zweiten Hälfte des 19. Jahrhunderts, in: Schieder, Wolfgang (Hg.): Religion und Gesellschaft im 19. Jahrhundert, Stuttgart 1993, S. 144–156. Während in Deutschland diese Phänomene im Zusammenhang mit dem Kulturkampf registriert wurden, traten sie in Frankreich bereits im Kontext der antiklerikalen Massnahmen während der Französischen Revolution auf, wenn auch intensiviert vor allem in der dritten Republik ab 1888. Siehe Corbin, Alain: Die Sprache der Glocken, Frankfurt am Main 1997.

156 Die Katholisch-Konservativen nahmen mit den politisch aufgeladenen Prozessionen, an denen auch Frauen teilnahmen, die von den Liberalen vorexerzierten Formen der politischen Kommunikation im öffentlichen Raum auf und integrierten sie in bestehende religiöse Rituale. Vgl. dazu Reiss, Matthias (Hg.): The Street as Stage. Protest Marches and Public Rallies since the Nineteenth Century (Studies of the German Historical Institute), Oxford, New York 2007. Zum Repertoire der katholischen Volksfrömmigkeit, das Frauen im 19. Jahrhundert als charakteristischer Wert zugeschrieben wurde, siehe De Giorgio 1999, S. 124–126; Götz von Olenhusen,

Irmtraud (Hg.): Wunderbare Erscheinungen. Frauen und katholische Frömmigkeit im 19. und 20. Jahrhundert, Paderborn 1995; Saurer, Edith (Hg.): Religion der Geschlechter. Historische Aspekte religiöser Mentalitäten, Wien 1995; Friedrich 2006, S. 173–178; Corbin, Alain: Préface, in: Jackson, John E./Rigoli, Juan/Sangsue, Daniel (Hg.): Être et se connaître au XIXe siècle. Littérature et sciences humaines, Genf 2006, S. 9–33, hier S. 10–13.

157 Vgl. Götz von Olenhusen 1994, S. 300.

158 Moos 1998, S. 35.

159 HsZB, Ms. P 2209/1, an J. Z.-St., A–C/1, Luise Benziger, Einsiedeln, 24. Dezember 1847.

160 HsZB, Ms. P 2209/1, an J. Z.-St., A–C/1, Lina Benziger, 18. März 46. Die Lehrerin gehört trotz des Namens nicht zur Unternehmerfamilie.

161 HsZB, Ms. P 2206/7 Von J. Z.-St., A–G/1, an Nikolaus Benziger, Januar 1848.

162 Zu dieser Entwicklung siehe De Giorgio 1999, S. 126–128. Dieser Kampf hatte in Frankreich schon während der Französischen Revolution begonnen. Der von Sophie Barat 1800 gegründete Orden Sacré Cœur eröffnete 1801 seine erste Schule in Amiens und zählte Mitte des 19. Jahrhunderts Schulen und Institute von Polen bis Holland, von Indien bis Nord- und Südamerika. Nach der Julirevolution liessen sich französische Angehörige des Ordens 1831 auf Schloss Montet im Kanton Freiburg nieder. Diese Schule wurde aber 1847 im Sog des Sonderbundskriegs von den Freiburger Radikalen geschlossen. Vgl. www.swisscastles.ch/fribourg/montetd, Zugriff 1. März 2008; www.sacre-coeur.org/sc/200Jahre, Zugriff 1. März 2008; Kilroy, Phil: Madeleine Sophie Barat. A Life, Cork 2000.

163 Crotti 2005, S. 191–194.

164 Ebd., S. 159–162, insbesondere Anm. 98–100, S. 158 f. In diesen kantonsübergreifenden Kampf um die Schule waren neben dem Kapuziner Theodosius Florentini (1808–1865) massgeblich auch Pfarrer Johann Joseph Röllin (1814–1873) von Menzingen, der zum Katholizismus konvertierte Sekretär und Kanzler der päpstlichen Nuntiatur in Luzern, der Berner Patrizier Albert von Haller (1808–1858) sowie der Theologe und Pfarrer Melchior Schlumpf (1797–1888), Mitglied des inzwischen zunehmend konservativen Erziehungsrats des Kantons Zug, involviert.

165 Crotti 2005, S. 162, Anm. 102.

166 Omlin 1999, S. 113.

167 Crotti 2003, S. 241 f.; Crotti 2005, S. 156–162.

168 So sieht auch Mesmer in Josephine Stadlin eine Protagonistin der Einbindung der Frauen in das ideologische Dualismuskonzept, das sie noch zuspitzte. Gleichzeitig verband sie damit jedoch kämpferische Angriffe auf die männliche Dominanz im Erziehungswesen. Siehe Mesmer 1988, S. 70–72; ähnlich Hardmeier, Sybille: Frühe Frauenstimmrechtsbewegung in der Schweiz (1890–1930). Argumente, Strategien, Netzwerk und Gegenbewegung, Zürich 1997, S. 31 f.

169 Zur selektiven Rezeption von Pestalozzi siehe Riedo, Chantal: Wie Gertrud zur Frau wird. Die Konstruktion von Geschlecht im Werk Johann Heinrich Pestalozzis, Zürich 2004; Leimgruber 2006, S. 16 f.; Osterwalder, Fritz: Pestalozzi – ein pädagogischer Kult. Pestalozzis Wirkungsgeschichte in der Herausbildung der modernen Pädagogik, Weinheim, Basel 1996.

170 Jacobi definiert Frauen, die wie Josephine Stadlin in Deutschland ein Mädcheninstitut führten und/oder publizistisch hervortraten, als «unternehmende Schulleiterinnen» und/oder «pädagogische Schriftstellerinnen». Siehe Jacobi, Juliane: Zwischen Erwerbsleben und Bildungsreligion. Mädchenschulen in Deutschland, in: Fraisse/Perrot 1994, S. 267–281, hier S. 272.

171 Beispielsweise die Anstalten von Pestalozzi in Yverdon und von Fellenberg in Hofwil oder die pietistisch geprägten Anstalten der Francke'schen Stiftungen in Halle oder von Graf Zinzendorf in Herrnhut. Vgl. Schmid, Pia: Pietistische Pädagogik, in: Franckesche Stiftungen (Hg.): Hoffnung besserer Zeiten. Philipp Jakob Spener (1636–1705) und die Geschichte des Pietismus, Halle 2005, S. 165–168, hier S. 167.

172 Tobler, Erich: Instituts-Erziehung. Ein Beitrag zur Geschichte der praktischen Erziehung in der deutschen Schweiz von der Zeit Pestalozzis bis zum Ende des 19. Jahrhunderts, Aarau 1944, S. 4–6. Siehe auch Gyr, Ueli: Lektion fürs Leben. Welschlandaufenthalte als traditionelle Bildungs-, Erziehungs- und Übergangsmuster, Zürich 1989, S. 158–166.

173 Oelkers, Jürgen: Diesterweg und Pestalozzi. Rezeptionsgeschichtliche Bemerkungen zu einem schwierigen Verhältnis, in: Oelkers, Jürgen/Osterwalder, Fritz: Pestalozzi. Umfeld und Rezeption. Studien zur Historisierung einer Legende, Weinheim, Basel 1995, S. 240–272, hier S. 250. Zu Pestalozzis «Methode» siehe Korte, Petra: Selbstkraft oder Pestalozzis Methode, in: Tröhler, Daniel/Zurbuchen, Simon/Oelkers, Jürgen: Der historische Kontext von Pestalozzis «Methode». Konzepte und Erwartungen im 18. Jahrhundert, Bern, Stuttgart, Wien 2002, S. 31–46.

174 Tröhler, Daniel: «Methode» um 1800. Ein Zauberwort als kulturelles Phänomen und die Rolle Pestalozzis, in: Tröhler/Zurbuchen/Oelkers 2002, S. 9–30, hier S. 12 f. Siehe auch Im Hof, Ulrich: Mythos Schweiz. Identität – Nation – Geschichte, 1291–1991, Zürich 1991, S. 138–143.

175 Siehe Hardmeier 1997, S. 31. Nach König ist Pestalozzis «Mutter» nicht ein geschlechtergebun-

denes Konzept, sondern ein geschlechterunabhängiges anthropologisches, das erst Ende des 18. Jahrhunderts aus Konvention den Frauen zugeordet wurde. Siehe König, Heidi: Die Mutter – anthropologisches Konzept oder Konvention, in: Oelkers/Osterwalder 1995, S. 123–147, hier S. 145.

176 Schnegg 1999, S. 292.

177 So hält der Erziehungswissenschaftler Osterwalder diesbezüglich prägnant fest: «Entgegen allen Annahmen der pädagogischen Geschichtsschreibung und Bildungstheorie hat sich das moderne Bildungssystem im Gegensatz zu diesem pestalozzianischen Methodenkonzept und seinen Ansprüchen konstituiert. Schulmethodik war Fachmethode, die sich mit der Entwicklung der modernen Erfahrungswissenschaften entwickelte. Ihr Bezugspunkt war nicht eingeschränkte, sondern offene gesellschaftliche Wirklichkeit, Öffentlichkeit. Die pestalozzianische Methodik hielt sich ihr gegenüber weder als theoretisches Konstrukt noch als technisches Verfahren, sondern als moralischer Anspruch.» Siehe Osterwalder, Fritz: Die Methode – Ordnung, Wahrnehmung und moralische Subjektivität, in: Oelkers/Osterwalder 1995, S. 165–206, hier S. 200. Zur Konstruktion von Pestalozzi als nationale Identifikationsfigur im 19. Jahrhundert siehe Osterwalder, Fritz: Die Pädagogik der Erinnerungskultur aus pietistischer Quelle. Zur Stilisierung Heinrich Pestalozzis, in: Gleixner, Ulrike/Hebeisen, Erika (Hg.): Gendering Tradition. Erinnerungskultur und Geschlecht im Pietismus, Korb 2007, S. 213–231.

178 Oelkers 1995.

179 Vgl. dazu den Brief von Augustin Keller an Josephine Stadlin, in dem er seine letzte Begegnung mit Pestalozzi erzählt: «Hierbei fällt mir auch eine Notiz aus dem Leben Vaters Pestalozzi selbst ein, von der ich nicht weiss, ob ich sie dir schon einmal anlässlich einer Plauderei, mitgetheilt habe. Es war nämlich eines Abends im Sommer 1826, als wir junge Studierenden im damaligen, von Hern. Prof. Dr. Troxler u. Hern. Zschokke geleiteten Lehrverein zu Aarau, bei Hern. Zschokke in einer Vorlesung über Rhetorik waren, u. der Vortragende gerade über die Gestikulationen sprach, [...] da trat, ohne Anklopfen, schwarz gekleidet in einem lang geschoosten Frack, mit weissen, dünn auf die Schultern herabhängenden Haaren, den schwarzen Seidenhut in zitternder Hand, ein kleiner, von hohen Jahren gebückter Greis in den Hörsaal, u. frug laut u. hastig: ‹Wo ist der Zschokke?› – Im gleichen Augenblick sprang Hr. Zschokke, der beim Lehrvortrage immer stand, vom Katheder herunter u. fiel dem Greise mit lautem Ausruf freudiger Überraschung innig um den Hals: ‹Vater Pestalozzi, wo kommst du her?› – ‹Vom Neuhof. Mach fertig, I will no zum Pfyffer. Du must mit mer!› Hr. Zschokke sagte es sogleich zu u. stellte uns, die wir Alle ehrfurchtsvoll u. erstaunt von unseren Bänken aufgestanden waren, als seine Schüler u. junge Schweizer vor, die er in der Redekunst unterrichte. ‹Gut, gut!› – wandte sich Vater Pestalozzi zu uns – ‹Recht reden ist gut, u. recht thun noch besser. Werdet rechte Mannen! Das Vaterland hed Manne nöthig!› – Die mir unvergessliche Vorlesung war zu Ende u. ich hatte Vater Pestalozzi zum letzten Male gesehen. Der sel.[ige] Hr. Dr. Ruepp meldete mir im Jänner 1827 seinen Tod nach Breslau, wo ich auf der Unversität war.» HsZB, Ms. P 2213/1, an J.Z.-St., I–L/1, Augustin Keller, 17. Februar 1871. Auch der Pestalozzi-Schüler Hermann Krüsi wurde als Leiter der Kantonsschule in Trogen und der Lehrerfortbildung in Gais «Vater Krüsi» genannt; siehe Privatarchiv Hermann Krüsi und Katharina Krüsi-Egger, Staatsarchiv Appenzell Ausserrhoden, PA116–08.

180 Frank 2005, S. 58 f.

181 Vgl. Mesmer 1988, S. 180–184 und 187–191. Zum Konzept der geistigen Mütterlichkeit siehe Allen 1996, unter anderem S. 22; bedeutsamen Einfluss übte dabei die Bremer Lehrerin und Kantianerin Betty Gleim aus, die Mutterschaft nicht als biologische Bestimmung, sondern als ethische Verpflichtung verstand. Siehe Gleim, Betty: Die Erziehung und Unterrichtung des weiblichen Geschlechts. Ein Buch für Eltern und Erzieher, Bremen und Leipzig 1810.

182 Das Seminar wurde eventuell bereits 1849 geschlossen, siehe StAZH, U 30 a 4, Jahresberichte der Bezirksschulpflege Zürich der Schuljahre 1841/42–1849/50, Schuljahr 1849/50, S. 42, auch im gedruckten Bericht wird die Schliessung für das Jahr 1849 vermerkt. Diese Bemerkung bezieht sich aber eventuell auf das Ende des Schuljahres 1849/50, da der Bericht erst 1850 veröffentlicht wurde, siehe Neunzehnter Rechenschaftsbericht des Regierungsrathes an den Grossen Rath des Standes Zürich. 1849, Zürich 1850, S. 166. Sowohl in Berichten des Regierungsrates wie in den Jahresberichten der Bezirksschulpflegen über die Privatinstitute der Schuljahre 1850/51 bis 1852/53 figuriert das Institut Stadlin bereits nicht mehr, obwohl es erst 1853 geschlossen wurde, siehe StAZH, U 30 a, Jahresberichte der Bezirksschulpflege Zürich der Schuljahre 1850/51 bis 1852/53; ebenso die Rechenschaftsberichte des Regierungsrates, 21–23, Zürich 1851–1853.

183 Tobler zählt die Institute mit zehn bis dreissig Zöglingen zu den kleinen, mit dreissig bis sechzig zu den mittleren und mit mehr als sechzig zu den Grossinstituten; siehe Tobler 1944, S. 243. Beim Transfer der Schule von Olsberg nach Zürich ging die Zahl zuerst leicht zurück auf neunzehn Schülerinnen im Jahr 1841/42, siehe StAZH, U 30 a, Jahresberichte der Bezirksschulpflege

Zürich der Schuljahre 1841/42–1849/50, Schuljahr 1841/42, S. 44. Sie stieg dann aber rasch an, Ende Schuljahr 1842/43 auf 39 Schülerinnen, siehe StAZH, U 30 a, Jahresberichte der Bezirksschulpflege Zürich der Schuljahre 1841/42–1849/50, Schuljahr 1842/43, S. 36. In der Schweizer-Zeitung, Nr. 1001, 1. Mai 1843, St. Gallen, wurde die Stadlin'sche Lehranstalt empfohlen und mit einer etwas höheren Schülerinnenzahl von vierzig bis fünfzig angegeben. Auf eine schriftliche Aufforderung der Bezirksschulpflege vom Herbst 1843, die Zahl der «Pensionäre und Externen» genau aufzulisten, gab Stadlin 25 Interne und 26 Externe an, siehe HsZB, Ms. P 2204/1, Bezirksschulpflege, 27. Oktober 1843. Im Jahresbericht 1844/45 der Zürcher Bezirksschulpflege werden 28 Interne und 22 Externe gezählt, siehe StAZH, U 30 a, B 3 b, Schuljahr 1844/45, S. 40. Von fünfzig Schülerinnen, davon 35 internen, spricht auch der Bericht des folgenden Jahres, siehe StAZH, U 30 a, Schuljahr 1845/46, S. 26.

184 Das Institut zählte bis Ostern 1848 33 Interne und 21 Externe, doch sank diese Zahl bei Beginn des neuen Schuljahres bereits auf 23 Interne und achtzehn Externe, siehe StAZH, U 30 a, Jahresberichte der Bezirksschulpflege Zürich der Schuljahre 1841/42–1849/50, Schuljahr 1847/48.

185 HsZB, Ms. P 2213/2, an J. Z.-St., I–L/2, P. Leod. Kretzer, Muri, 10. September 1840.

186 Allgemeine Schweizerische Schulblätter, 1839, S. 156, zit. in Tobler 1944, S. 109.

187 Heinrich Zschokke erinnerte sich in seiner Autobiografie von 1842, er habe mit Empörung auf Karl Viktor von Bonstettens Anfrage reagiert, Madame de Staël auf ihrer Reise durch Deutschland zu begleiten; dieser habe ihm im Grunde nichts anderes zugemutet, «als unter schonendem Nahmen, erster Hausdiener einer reichen, eitlen, wenn auch geistvollen Frau zu werden, welche für literarischen Flietterglanz, und Schmeicheleien schöngeisternder Salons ihr Daseyn vergeudete». Siehe Zschocke, Johann Heinrich: Eine Selbstschau. Schweizer Texte, Bd. 2, Stuttgart 1977, S. 219, zit. in Joris 1996, S. 325. Pestalozzi seinerseits wollte mit dem Mädcheninstitut in Yverdon die zukünftigen Mütter den französischen Pensionaten entziehen, wo nur französisch parliert und getändelt werde. Siehe Hager, Fritz-Peter/Tröhler, Daniel (Hg.): Anna Pestalozzis Tagebuch. Silber, Käte: Anna Pestalozzi und der Frauenkreis um Pestalozzi, Bern, Stuttgart, Wien 1993, S. 222–225. Zu den Geschlechterimplikationen der Entwicklung eines schweizerischen Nationalcharakters in Abgrenzung zur französischen Galanterie siehe Zurbuchen, Simone: Geschlecht, Nation, Religion. Zur Idee der Staatsbürgerschaft im 18. Jahrhundert, in: Die Philosophin, 1997/15, S. 86–98, hier S. 90–93. Zurbuchen zeigt anhand von Beat Ludwig von Muralts «Lettres sur les Anglais et les Français» von 1725, wie bereits im 18. Jahrhundert in der Abgrenzung zum *savoir-vivre* in der Gesellschaft die Eigenschaften *honnêteté* und *simplicité*, Ehrlichkeit und Einfachheit, der *politesse*, Höflichkeit, entgegenstellt werden.

188 Das Klischee der «oberflächlichen französischen Galanterie» wurde auch über das deutsche Conversations-Lexikon verbreitet; siehe Majer 2008, S. 130. Vgl. auch Zwick 2004, S. 40–88. Die Anprangerung von adlig-affektiertem Auftreten geht aufs 18. Jahrhundert zurück, erhielt aber im 19. Jahrhundert noch eine verstärkte frauenfeindliche und antifranzösische Untermalung zugleich. Die Nichterwerbstätigkeit als Symbol adliger Lebensweise übertrug sich dann auch auf Frauen des Bürgertums, denen vom bürgerlichen Geschlechterkonzept her eine leistungs- und karriereorientierte Erwerbstätigkeit verboten war. Siehe unter anderem Linke, Angelika: Sprachkultur und Bürgertum. Zur Mentalitätsgeschichte des 19. Jahrhunderts, Stuttgart, Weimar 1996, S. 22–27, 77–83.

189 StAZH, U 30 a 4, 1841/42–1849/50, Schuljahr 1844/45, S. 45.

190 Von der moralischen Kritik ausgenommen war die private Erziehungsanstalt Montmirail bei Neuenburg, die vor allem von Töchtern aus pietistisch beeinflussten Familien mit höheren Bildungsansprüchen frequentiert wurde, ebenso Privatinstitute, die unter Deutschschweizer Leitung standen wie das Niederer'sche Institut in Yverdon. Zu Montmirail siehe Gyr 1989, S. 195 f. Für die Jahre 1816–1866 zählt er für Montmirail 1155 Schweizerinnen und 691 Ausländerinnen als Pensionärinnen. Von den Schweizer Schülerinnen in Montmirail wäre aber sowohl aus politischen wie religiösen Gründen kaum eine ins Stadlin'sche Institut geschickt worden, da deren Familien fast ausnahmslos dem konservativen Lager angehörten.

191 So schwappte die Kritik an den Westschweizer Privatinstituten seit den 1840er Jahren auf Deutschland über. Siehe Gyr 1989, zur Kritik aus Deutschland S. 219–222, zur Kritik am Welschlandaufenthalt im Allgemeinen S. 198–226.

192 Die Erzieherin, Nr. 1, 1845, S. 116–128, hier S. 123.

193 Basellandschaftliche Zeitung, Nr. 28, 11. Juli 1839. Vgl. Gyr 1989, S. 198–226. Gyr verweist ebenfalls auf die warnenden Stimmen, von denen Jeremias Gotthelf nur eine der prominentesten war, und spricht auf S. 208 vom «antiwelschen Syndrom».

194 HsZB, Ms. P 2214/1, an J. Z.-St., M–R/1, Salomon Naef Develey, 1. April und 14. August 1839. Katharina Isler-Bruch aus Glarus war die Freundin von Emilie Paravicini-Blumer, bevor das Institut Bruch-Isler 1829 von Glarus nach Zürich transferiert wurde.

195 HsZB, Ms. P 2198/7, Tagebuch VI, 19. bis 29. Juli, o. J. (1848 oder 1849), 19. Juli.

196 Was bei Josephine Stadlin als eine zu autoritäre Haltung kritisiert wurde, erschien bei einzelnen männlichen Leitern von Grossinstituten als der Aufgabe angemessen. Vgl. dazu Dr. Bertsch, der von sich als Institutsleiter sagte: «Er darf sich nie in einer Schwäche zeigen, darf sich nie einer Inkonsequenz schuldig machen.» Zit. in Tobler 1944, S. 251.

197 HsZB, Ms. P 2216/a, Lina, Einsiedeln, 4. August 1845. Am Zeltweg in Zürich standen 1845 den 28 Internen 22 Externe gegenüber, siehe StAZH, U 30 a 4, 1841/42–1849/50, B 3 b, Schuljahr 1844/45, S. 40.

198 Der an der Universität Bern lehrende Professor für pädagogische Psychologie, Walter Herzog, bringt dieses Verständnis von Bildung auf die Kurzformel: «Der Mensch soll als Mensch gebildet werden und nicht für etwas Bestimmtes.» Siehe Herzog, Walter: Standards oder Bildungsstandards. Fragen, die sich die Gymnasien stellen sollten, in: Gymnasium Helveticum, 2008/4, S. 6–10, hier S. 7.

199 Hettling/Hoffmann 1997, S. 347.

200 In diesem Sinn entspricht ihre Interpretation von Pestalozzi den bereits erwähnten Thesen von König. Vgl. König 1995, S. 145. «Mutter» und «Mutterli» liessen sich auch andere Instituts- und Anstaltsleiterinnen von den Zöglingen wie den Erzieherinnen und Lehrerinnen nennen, so Marie-Anne Calame, die in Le Locle eine Armen- und Waisenanstalt nach pietistischem Vorbild führte. Siehe Gyalog, Renate: Das Leben der Marie-Anne Calame. Die «Pestalozzi» von Le Locle. Eine Biographie, Zürich, Düsseldorf 1996, S. 48.

201 Erich Tobler definiert in den 1940er Jahren in seiner Geschichte der Institutserziehung die Gattin «als erste Mitarbeiterin des Institutsleiters». Siehe Tobler, Aarau 1944, S. 238.

202 HsZB, Ms. P 2213/1, an J. Z.-St., I–L/1, Clara Keller, Baden, 27. August 1837.

203 HsZB, Ms. P 2216/a, Anna Kappeler, Baden 1841.

204 HsZB, Ms. P 2216/a, Anna Rhyner, 14. Herbstmonat, Baden 1845; Ms. P 2214/2, M–R/2, an J. Z.-St., Agathe Rhyner, 1846–47. Die Erzieherin Sophie aus Schönenwerd unterzeichnete ihren Brief mit «Dein Kind Sophie», ebenso die in Schwyz tätige Agathe: «Dein Kind Agathli [Zeichen Strich drei Punkte]». Siehe Sophie, St. Blaise 1843; Agathli, Schwyz, 1843.

205 HsZB, Ms. P 2216/a, Regina Flugi, St. Moritz, 1844. Christine Streiff aus Richterswil unterschrieb ihren Brief mit «dein treues Kind Christine, No. 4» und ihre Schwester Barbara Streiff grüsste abschliessend mit: «Adieu, ein warmes Grüssli von ihm Sie innigliebenden Kinde Barbara N 14.» Siehe Ms. P 2216/b, Christine Streiff, Richterswil, 26. Mai 1848; Barbara Streiff, Richterswil, 4. Oktober 1848. Auch Setti Laager verabschiedet sich, dabei ihre Mitschülerinnen als Schwestern bezeichnend, mit «Tausend Grüsse an mein l.[ieben] Mitschwestern u. unzählige an Sie von Ihrem dankbaren Kind S.[etti] Laager. N. 21» und Katharina Sidler wandte sich an sie mit «Inniggeliebte Mutter». Siehe Ms. P 2213/2, an J. Z.-St., I–L/2, Setti Laager (Frau Zwicky-Laager), Mollis, 2. November 1846; Ms. P 2216/a, Katharina Sidler, Zeltweg, 1844.

206 Beispielsweise von Netti aus Schinznach: «Mein vieltheures Mueterli!» «O, lieb Mutterli», «Mein theures Mueterli, mein Liebstes!», «Mutterli du bist mein Liebstes, u. ich Dein Kind Netti.» Siehe HsZB, Ms. P 2216/a, Netti, Schinznach, 7. Juli, 21. Oktober, 12. Dezember 1845. Ähnlich tönt die Anrede über die Jahre in fast allen Briefen von ihren Schülerinnen, so auch in denjenigen von Luise Arbenz aus Andelfingen, Margret und Lina Benziger aus Einsiedeln, von Netta Dolder aus Beromünster, Antoinette Fetzer von Rheinfelden, Rosalie Feyerabend (Feierabend) aus Hochdorf, Regina von Flugi aus St. Moritz, Marie Guyer aus Neuthal/Bauma, Bertha Haberer aus Rheinfelden, Sophie Heller aus Thun, Susanne Hotz aus Dürnten, Netti Huber aus Schinznach, Bertha und Emma Jenny aus St. Gallen, Margaretha Kundert aus Schaffhausen, Setti Laager aus Mollis, Luise Lutiger aus Luzern, Catharina Moos aus Zug, Agatha Rhyner aus Schafisheim, Katharina Schmid aus Mollis, Didi (Katharina) Schuler aus Jona, Lisa Schweizer aus Mailand, Henriette Siber (später Frau Hegner-Siber, Zürich), Christine Streiff aus Richterswil, Luise Sulzberger aus Frauenfeld, Antonie Villiger aus Bremgarten, Sophie Vogt aus Reinach, Bertha Zürrer aus Hausen. Vgl. dazu das gesamte Briefkorpus HsZB, Ms. P 2209/1, an J. Z.-St., A–C/1 bis Ms. P 2216/2, Briefe an Josephine Zehnder-Stadlin, T–Z/2.

207 HsZB, Ms. P 2216/b, Pauline Cuendet, Rotterdam 20. Juli 1848.

208 HsZB, Ms. P 2216/b, Henriette Siber, 5. August 1848, Neuthal Bauma.

209 HsZB, Ms. P 2216/a, Lina, Einsiedeln, 7. August 1845.

210 HsZB, Ms. P 2216/a, Netti, Schinznach, 10. Juli 1845.

211 HsZB, Ms. P 2206/1, von J. Z.-St., A–G/1, 18 Pauline Cuendet.

212 HsZB, Ms. P 2206/2, von J. Z.-St., A–G/2, 52 Marie Guyer, Neuthal. Gleich tönt auch die Anrede im Brief an Rosalie Feierabend: «Mein theures Kind! Meine Rosalie!», siehe Ms. P 2206/2, von J. Z.-St., A–G/2, 52, Rosalie Feyerabend. Die Liste liesse sich endlos fortsetzen; so oder ähnlich sprechen sie an Babette Helbling aus Wädenswil, Susanne Hotz aus Dürnten, Susette Geilinger aus Winterthur, Netti Huber aus Schinznach, Bertha und Emma Jenny aus St. Gallen, Henriette Kronauer aus Winterthur, Setti Laager aus Mollis, Luise Sulzberger aus Frauenfeld, Rosa Thoma

aus Todtnau, Antonie Villiger aus Bremgarten, Rosette Zangger aus Uster und Bertha Zürrer aus Hausen. Vgl. das Briefkorpus HsZB, Ms. P 2209/1, an J. Z.-St., A–C/1 bis Ms. P 2216/2, an J. Z.-St., T–Z/2.

213 HsZB, Ms. P 2208/1, von J. Z.-St., O–Z/1, 2 Cécile Pestalozzi, Zürich, 19. Oktober 1849.

214 HsZB, Ms. P 2216/b, Elise Benziger, Nyon, 22. Juli 1848.

215 HsZB, Ms. P 2216/b, Luise Sulzberger, Frauenfeld, 19. Mai 1848.

216 HsZB, Ms. P 2216/b, Fanny Hottinger, Sonnebühl, 17. Oktober 1848. Ähnlich heisst es im Brief von Gertrud Steinauer in Einsiedeln: «Es empfiehlt sich Ihrer Liebe u. Theilnahme Ihr dankbares K:[ind].» Siehe Gertrud Steinauer, Einsiedeln, 8. Dezember 1848. Deren Kollegin Luise Lutiger, Lehrerin in Luzern, dagegen sprach Josephine Stadlin fast zeitgleich als «Liebe, liebe Tante!» an, vier Jahre später aber wieder als «Mein theures zweites Mütterlein». Siehe Luise Lutiger, Luzern, 20. September 1848, Ms. P 2213/2, an J. Z.-St., I–L/1, Luise Lutiger (Frau Luise Keiser-Lutiger), 5. und 25. Mai 1850, 17. Juni 1854. Auch Lena Laager aus Mollis nannte sie ab 1850 «liebe Tante!».

217 HsZB, Ms. P 2213/1, an J. Z.-St., I–L/1, Bertha und Emma Jenny, St. Gallen, 20. Juli 1847.

218 HsZB, Ms. P 2213/1, an J. Z.-St., I–L/1, Bertha und Emma Jenny, St. Gallen, 11. Februar 1847.

219 HsZB, Ms. P 2213/1, an J. Z.-St., I–L/1, Bertha und Emma Jenny, St. Gallen, 18. März 1851.

220 HsZB, Ms. P 2207/2, Briefe von Josephine Zehnder-Stadlin, O–Z/1, 16, an J. Schlotthauser, 13. September 1850.

221 Siehe HsZB, Ms. P 2214/1, an J. Z.-St., M–R/1, 1849–1863, Carolina Maier, Winterthur; Ms. P 2214/1, M–R/2, Babette Rhyner, 1850; Ms. P 2215/2, S/2, Luise Sulzberger, 31. Dezember 1848.

222 Vgl. HsZB, Ms. P 2203, Marguerite Girsperger, Kleinkinderschule, Journal, No. I, vom 29. Mai bis 6. Juli 1849. Ab 1850, also zur Zeit der Schliessung des Seminars, häufen sich die Briefe, in denen sie ihre ehemaligen Seminaristinnen und Lehrerinnen mit dem Vornamen anspricht, beispielsweise mit «Meine liebe Margeritha!». HsZB, Ms. P 2208/2, von J. Z.-St., A–G/2, 46, Margerita (Marguerite) Girsperger.

223 So erstaunt es nicht, dass bis heute in verschiedenen Nachlässen und Archiven Reproduktionen des immer gleichen Bilds von Josephine Stadlin erhalten sind. Dieses Bild zeigt sie als Frau von ansprechendem Äusseren in einem Kleid mit enger Taille. Es kontrastiert mit den eher streng wirkenden Bildern ihrer Tante Elise Ruepp oder Rosette Niederer-Kasthofers als Erzieherinnen.

224 HsZB, Ms. P 2216/b, Elise Benziger, Nyon, 22. Juli 1848.

225 Zur Bedeutung von Haaren siehe Tiedemann, Nicole: Haar-Kunst. Zur Geschichte und Bedeutung eines menschlichen Schmuckstücks, Köln, Weimar, Wien 2007, S. 25–27.

226 Tobler 1944, S. 251.

227 StAZH, U 55 b 1, Remission, N 64.1–64 c, Acten betr. «Milde Anstalten», Mädchenpension v. J. Stadlin 1841–1847, 5, Bericht von Josephine Stadlin über das Schuljahr 1844/45, 28. Mai 1845. Den konfessionellen Unterricht erteilten dagegen der Antistes Füssli den reformierten und Pfarrer Kälin den katholischen Schülerinnen. Siehe auch StAZH, U 30 a/4, Jahresbericht der Bezirksschulpflege Zürich, 1841/42, S. 43.

228 Statuten der Grossloge Alpina, in: Freimaurerloge Luzern, www.fiat-lux.ch/alpina.asp, Zugriff 10. April 2008; Jacobi 1994, S. 272.

229 HsZB, Ms. P 2198 Josephine Zehnder-Stadlin, Biographisches, 4 Notizen des Ehemannes Dr. U. Zehnder, Arzt und alt Burgermeister, o. D. (nach dem Tod von Josephine Stadlin, 1875, verfasst).

230 So spricht Pestalozzi in einem Brief an von Muralt lange von seinem Geburtstag; siehe Stadler, Peter: Pestalozzi. Geschichtliche Biographie, Bd. 2: Von der Umwälzung zur Restauration. Ruhm und Rückschläge (1798–1827), Zürich 1993, S. 506. Auch der Pestalozzi-Schüler Hermann Krüsi liess sich als Leiter der Kantonsschule in Trogen und der Lehrerfortbildung in Gais an seinen Geburtstagen ausgiebig feiern; siehe Privatarchiv Hermann Krüsi und Katharina Krüsi-Egger, Staatsarchiv Appenzell Ausserrhoden, PA116–08, Geburtstagsfeiern, Reden. Siehe auch Tobler 1944, S. 251.

231 Wer damit gemeint ist, ist mir nicht bekannt. Es könnte sich um die Lehrerin handeln, die das lange, für heutiges Empfinden äusserst schwülstige feierliche Weihnachtsspiel in Olsberg verfasst hat. Der Schrift nach stammt es von einer erwachsenen Person, jedoch nicht von Stadlin selber. HsZB, Ms. P 2198/6, Weihnachtsfeier in Olsberg von den Töchtern des Instituts vorgeführt.

232 HsZB, Ms. P 2198/6, Briefe an Pauline (Weber-)Stadlin, o. D., März 1840 oder 1841, gefunden 24. April 1867 von Pauline Weber Stadlin-Erben, Beromünster. Marie-Anne Calame wurde als Anstaltsleiterin ähnlich stark verehrt, siehe Gyalog, Renate: Das Leben der Marie-Anne Calame. Die «Pestalozzi» von Le Locle. Eine Biographie, Zürich, Düsseldorf 1996, S. 102.

233 Tiedemann verweist in diesem Zusammenhang auf Aleida Assmann, nach der Artefakte ein Wissen transportieren, «das individuelle und kollektive Identität produziert». Dies ist nach

Tiedemann dann in starkem Masse der Fall, wenn Haarlocken als Objekte aufgefasst werden, «die das kulturelle Gedächtnis zu transportieren wagen». Siehe Tiedemann 2007, S. 26 f. Vgl. auch Assmann, Aleida: Erinnerungsräume. Formen und Wandlungen des kulturellen Gedächtnisses, München 1999. Es wäre interessant, diese Inszenierung mit einer Feier zum Namensfest Pestalozzis oder eines anderen Institutsleiters zu vergleichen. Es ist anzunehmen, dass eine solche Feier sich wenn nicht in der Ausrichtung, so doch in Bezug auf wesentliche Attribute klar von der Feier in Olsberg unterscheidet.

234 HsZB, Ms. P 2198/9, Zum Namensfest, Rosalie Feierabend, 15. März 1844.

235 Ebd.

236 HsZB, Ms. P 2204/4, Was will ich hier?, Henriette Siber, 16. März, o. J., wahrscheinlich 1844.

237 Ebd.

238 Ebd.

239 HsZB, Ms. P 2198/9, Welches ist der würdigste Dank, den ich Dir bringen kann?, Gertrud Steinauer, 1844.

240 HsZB, Ms. P 2198/9, Zum Geburtstag der Lieben, Mina Ziegler, 1844.

241 HsZB, Ms. P 2204/6, Das reiche Haus, die vier letzten von zehn Strophen.

242 Das Lied ist in allen älteren schweizerischen Liederanthologien enthalten. Zu Johann Georg Krauer (1792–1845), Naturwissenschaftler und Dichter, in: HLS, www.hls-dhs-dss.ch/Textes/d/D12054.php, Stand 11. Februar 2005.

243 Beispielsweise verstand Philipp Emanuel von Fellenberg seine Anstalten in Hofwil als «Erziehungsrepublik», wo die gegenseitige Entfremdung der Volksschichten überwunden werden sollte; siehe Hans-Ulrich Grunder, Fellenberg, Philipp Emanuel von, in: HLS, www.hls-dhs-dss.ch/index.php, Stand 11. Februar 2005.

244 Meyerhofer 1998, S. 56 f.

245 HsZB, Ms. P 2216/a, 1841; Ms. P 2214/1, an J. Z.-St., M–R/1, Catharina Moos, 4. Juli 1841.

246 HsZB, Ms. P 2216/a, 1841.

247 Ebd.

248 Ebd.

249 Ebd.

250 Ebd.

251 Ebd.

252 Ebd.

253 HsZB, Ms. P 2216/a, Sophie, St. Blaise, 1843.

254 HsZB, Ms. P 2198 4, Notizen des Ehemannes Dr. U. Zehnder, Arzt und alt Burgermeister, o. D.

255 In der Regel standen auch an der Spitze der Mädcheninstitute Männer, die sich aber dabei in entscheidendem Masse auf die Mitarbeit der weiblichen Familienangehorigen stützten. So erschien Johannes Niederer als Leiter des Mädcheninstituts, während effektiv im Alltag Rosette Niederer-Kasthofer für die Leitung zuständig war. Auch im Institut Krüsi in Gais sowie im Institut Isler und Bruch in Zürich und Lausanne arbeiteten die Schwestern der männlichen Institutsleiter mit. Siehe Tobler 1944, S. 101.

256 Vgl. die Briefe nach Gais im Kanton Appenzell Ausserrhoden, HsZB, Ms. P 2215 Brief von Paulina Stadlin-Uttinger, 23. und 25. August, 6. und 8. September 1843, nach Gais.

257 HsZB, Ms. P 2214/1, an J. Z.-St., M–R/1, Elise Maier, 17. April 1848; Ms. P 2209, an J. Z.-St., A–C/2, von Tonine Clamaron, 4. Juni 1851.

258 HsZB, Ms. P 2215/2, an J. Z.-St., S/2, von Paulina Stadlin-Uttinger, 31. Dezember 1850.

259 HsZB, Ms. P 2215/2, an J. Z.-St., S/2, Ida Stadlin an Josephine Stadlin, Zug, 6. September 1843.

260 HsZB, Ms. P 2198/6, Josephine Zehnder-Stadlin, Biographisches, 6, Brief ihrer Schwester Ida an ihre Schwester Pauline Weber-Stadlin in Beromünster, Olsberg, 9. November 1841.

261 HsZB, Ms. P 2216/a, Ida Stadlin, Beromünster, 1844.

262 HsZB, Ms. P 2215/2, an J. Z.-St., S/2, Ida Stadlin an Josephine Stadlin, Zug, 8. Dezember 1846.

263 Ebd.

264 Ebd.

265 HsZB, Ms. P 2208/27, von J. Z.-St., O–Z/2, Brief an Ida Stadlin, 8. Dezember 1846.

266 Neue Zuger Zeitung, 12. März 1870; Wirth, Max (Hg.): Allgemeine Beschreibung und Statistik der Schweiz, Bd. 3, Zürich 1875. Beide Auszüge zit. in Omlin 1999, S. 148.

267 HsZB, Ms. P 2210/1, an J. Z.-St., D–F/1, Louise Deschwanden an Josephine Stadlin, 25. April 1845; HsZB, Ms. P 2214/2, an J. Z.-St., M–R/2, Marie Pfyffer, 15. Oktober 1850.

268 HsZB, Ms. P 2216/2, an J. Z.-St., T–Z/2, Briefe von Rosette Zangger, 10. Januar 1852; Ms. P 2216/1, an J. Z.-St., T–Z/1, Briefe von Johann (John) Weber, Dubuque, an Josephine Stadlin, 9. Juli 1871 und 1872.

269 HsZB, Ms. P 2198 6, Anna Stadlin an ihre Schwester Pauline Weber-Stadlin in Beromünster, 2. Januar 1839.

270 HsZB, Ms. P 2215/2, an J.Z.-St., S/2, Anna Stadlin an Josephine Stadlin, Bremgarten, 29., ohne Monat und Jahr, nach Aarau.
271 HsZB, Ms. P 2216/a, Marg. Studer, 1843.
272 Anna Stadlin und Eduard Schweizer heirateten 1846. Elf Jahre nach dem Tod ihres Ehemanns war Anna Schweizer-Stadlin für längere Zeit in Moskau und Petersburg. HsZB, Ms. P 2215/10, Anna Schweizer-Stadlin an Josephine Stadlin, Moskau 7. September 1871.
273 Zwölfter Rechenschaftsbericht des Regierungsrathes an den Grossen Rath des Standes Zürich über das Jahr 1843, Zürich 1844, S. 148.
274 HsZB, Ms. P 2216/a, Ida Stadlin, 1844, Franz Stadlin, 1844.
275 Zur Karriere von Franz Stadlin siehe Frey, Heinz/Glättli, Ernst: Schaufeln, sprengen, karren. Arbeits- und Lebensbedingungen der Eisenbahnarbeiter in der Schweiz um die Mitte des 19. Jahrhunderts, Zürich 1987, S. 330 f.
276 HsZB, Ms. P 2216/2, an J.Z.-St., T–Z/2, Ulrich Zehnder an Josephine Stadlin, 26. September 1847 (oder 1849).
277 HsZB, Ms. P 2215/2, an J.Z.-St., S/2, G.J. Sidler an Josephine Stadlin, 12. November 1848.
278 Elise Sidler hatte sich schon im Vorjahr als erste Hörerin überhaupt an der Universität eingeschrieben. Als Gattin des Altphilologen Heinrich Schweizer wurde sie zu dessen engster Mitarbeiterin. So äusserte sich 1871 eine der ersten Studentinnen an der Philosophischen Fakultät I der Universität Zürich, Katharina Gundling, lobend über sie: «Ewig Schade, dass Frau Professor Schweitzer nicht mehr lebt! Sie verstand sich auf die lateinischen und griechischen Classiker wie der tüchtigste Professor, und die jüngeren Professoren in Zürich sind auch wirklich bei ihr in die Schule gegangen.» Dokument abgedruckt in Belser, Katharina/Einsele, Gabi/Gratzfeld, Rachel/Schnurrenberger, Regula (Hg.): Ebenso neu als kühn. 120 Jahre Frauenstudium an der Universität Zürich, hg. vom Verein Feministische Wissenschaft Schweiz, 1988, S. 174 f. Auch wenn ab 1840 Frauen als Hörerinnen zugelassen waren, liessen sich dort noch zwei Jahrzehnte lang nur vereinzelte als solche einschreiben. Erst 1867 promovierte in Zürich die Russin Nadeschda Suslowa als erste Frau, und zwar in Medizin.
279 HsZB, Ms. P 2207/2, von J.Z.-St., H–N, 27 Elise Maier Winterthur, Brief 11, um 1848; Ms. P 2216/a, Emilie, 1844; Ms. P 2207/2, Briefe von Josephine Stadlin, H–N, an Elise Maier, Datum nicht lesbar, zwischen 1846–1850.
280 HsZB, Ms. P 2216/a, Marg. Studer 1843.
281 HsZB, Ms. P 2216/b, Antwort Josephine Stadlins beiliegend, Stadlin, an Pauline Cuendet in Rotterdam, 17. Juni 1848.
282 In den Stammbäumen der Familie Stadlin heisst es Clameron, im Briefnachlass Clamaron, ebenso im gedruckten Institutsprospekt. Ich halte mich daher an die Schreibweise Clamaron, auch weil der Name in Fontaine-sur-Saône noch heute verbreitet ist, nicht aber Clameron.
283 StABS, Erziehung W 3, Lebensläufe von 33 Bewerberinnen um eine Lehrerinnenstelle an der Basler Töchterschule und Mädchenrealschule der Jahre 1843 und 1844, 2. Bewerbung, A. Clamaron, undatiert, wahrscheinlich 1845 oder 1846, da Tonine Clamaron nach dem Austritt aus dem Institut im April 1843 sechzehnjährig war und in ihrem Bewerbungsschreiben auf ihr Alter von achtzehn Jahren verweist. Transkript Marianne Meier, Basel.
284 HsZB, Ms. P 2216/a, Brief einer Schülerin aus Zofingen, 18. März 1843; StABS, Erziehung W 3, 2. Bewerbung, A. Clamaron, undatiert.
285 StABS, Erziehung W 3, 2. Bewerbung, A. Clamaron, o. D.
286 HsZB, Ms. P 2209/a, an J.Z.-St., A–C/2, Mr. Clamaron, 11 Briefe, 1842 bis 1849.
287 HsZB, Ms. P 2206/1–25, von J.Z.-St., A–G/1, an Monsieur und Madame Clamaron, Fontaine-sur-Saône, 31. August 1846.
288 HsZB, Ms. P 2209, an J.Z.-St., A–C/2, von Tonine Clamaron, 4. Juni 1851.
289 Ebd.
290 Ebd.
291 HsZB, Ms. P 2206/1–25, von J.Z.-St., A–G/1, an Monsieur und Madame Clamaron, Fontaine-sur-Saône, 31. August 1846; an Tonine Clamaron, 5 Briefe, 1844 bis 1851; Ms. P 2209, an J.Z.-St., A–C/2, Mr. Clamaron, 11 Briefe, 1842 bis 1849; Tonine Clamaron, 8 Briefe, 1842 bis 1853; Ms. P 2216/a und b, Briefe früherer Zöglinge, chronologisch geordnet, 1841–1848.
292 HsZB, Ms. P 2216/1, an J.Z.-St., T–Z/1, Rosalie Winistörfer-Keller, 30. Dezember 1846.
293 HsZB, Ms. P 2209, an J.Z.-St., A–C/2, von Tonine Clamaron, 4. Juni 1851.
294 HsZB, Ms. P 2216/b, Antwort Josephine Stadlins beiliegend, 25. Juli 1848, an Tonine Clamaron in Aarau.
295 HsZB, Ms. P 2209, an J.Z.-St., A–C/2, von Tonine Clamaron, 27. März 1853.
296 2 Stammbäume der Familie Stadlin, Kopie, Manuskript, Privatbesitz, Fotokopie aus Nachlass Nora Kubli, bei E.J.
297 HsZB, Ms. P 2215/2, an J.Z.-St., S/2, Franz Stadlin an Josephine Stadlin, 23. Mai 1875.

298 Ebrecht, Angelika: Jenseits des Spiegels. Das Verhältnis von Freundschaft, Geschlecht und Moral aus psychoanalytischer Sicht, in: Eickenrodt/Rapisarda 1998, S. 75–88, hier S. 77.
299 Crotti 2005, S. 355–366.
300 Diese konfessionell bedingten Unterschiede im Bereich der Mädchenbildung waren nicht neu, sondern manifestierten sich schon in der Frühen Neuzeit. Vgl. Rutz, Andreas: Bildung – Konfession – Geschlecht. Religiöse Frauengemeinschaften und die katholische Mädchenbildung im Rheinland (16. bis 18. Jahrhundert), Mainz 2006.

Kapitel II.3

1 Suter, Andreas: Die Revolution von 1848. Strukturen und Kontingenz, in: Ernst/Tanner/Weishaupt 1998, S. 20.
2 Kölz, Alfred: Neuere schweizerische Verfassungsgeschichte. Ihre Grundlinien vom Ende der Alten Eidgenossenschaft bis 1848, Bern 1992, S. 597. Es war der Berner Radikale Ulrich Ochsenbein, der bei den Verhandlungen in der Tagsatzungskommission vom 3. April 1848 am vehementesten für ein schweizerisches Lehrerseminar eintrat, eine Position, die auch der schweizerische Volksverein vertrat. Siehe dazu den Vorschlag der Gebrüder Snell vom 5. März 1848, die neben der Einführung einer eidgenössischen Hochschule und einer polytechnischen Schule der Gründung eines nationalen Lehrerseminars zentrale Bedeutung zuschrieben: «Unter den Anstalten, welche geeignet sind, auf die Begründung und Veredlung eines gemeinsamen Nationalcharakters hinzuwirken, verdienen besonders hervorgehoben und zur Einführung empfohlen zu werden: [...] ein eidgenössisches Lehrerseminar für Volksschullehrer, in welchem die Zöglinge der Kantonal-Lehrerseminaren die letzte Weihe für ihren grossen Beruf empfingen.» Aus: Snell, Ludwig/Snell, Wilhelm: Leitende Gesichtspunkte für eine schweizerische Bundesrevision, mitgeteilt vom Zentralkomitee des schweizerischen Volksvereins. Bern 1848, in: Kley, Andreas: Verfassungsgeschichte der Neuzeit. Ergänzende Dokumente, Zürich 2007, S. 135–146, hier S. 139.
3 Boesch/Omlin 1999, S. 208. In Deutschland erwog beispielsweise die Frankfurter Nationalversammlung 1848 ein nationales Schulsystem, in das nach Meinung einer Lehrerversammlung selbst der Kindergarten zu integrieren war. Aber auch diese liberal-radikalen Lehrer wollten keine Erzieherinnen und Lehrerinnen eingestellt sehen. Vgl. Allen 2000, S. 66–82, hier S. 26.
4 Nach Wedel bildeten Volksschule und Gymnasium auch in Deutschland lange den Dreh- und Angelpunkt des entstehenden Schulsystems, bezogen ebenso auf den gesellschaftlichen Status wie auf das Geschlecht. Vgl. Wedel, Gudrun: Lehren zwischen Arbeit und Beruf. Einblicke in das Leben von Autobiographinnen aus dem 19. Jahrhundert. L'Homme Schriften 4, Reihe zur Feministischen Geschichtswissenschaft, Wien, Köln, Weimar 2000, S. 38.
5 Während der Schweizerische Zofingerverein (Zofingia) für die politische Karriere von Alfred Escher und Jonas Furrer sowie anderen bedeutenden Radikal-Liberalen wie dem Luzerner Arzt und Politiker Robert Steiger von eminenter Bedeutung war, behagten Ulrich Zehnder die Studentenverbindungen nicht; ihm fehlte dazu auch das Geld. Zur Zofingia und der politischen Bedeutung der Studentenverbindungen siehe Jung, Joseph: Alfred Escher, 1819–1882. Der Aufbruch zur modernen Schweiz, Teil 1: Leben und Wirken, Zürich 2006, S. 101–128, 175 f.; Zehnder, Ulrich: Aus der Jugendzeit Dr. med. Ulrich Zehnders, Bürgermeisters des Kantons Zürich (1798 bis 1877), Zürcher Taschenbuch 1899, Zürich 1898, S. 34; zum männerbündischen Aspekt siehe Blattmann, Lynn: «Lasst uns den Eid des neuen Bundes schwören ...» Schweizerische Studentenverbindungen als Männerbünde 1870–1914, in: Kühne, Thomas (Hg.): Männergeschichte – Geschlechtergeschichte. Männlichkeit im Wandel der Moderne, Frankfurt am Main, New York 1996, S. 119–135, hier S. 119–122.
6 Crotti 2005, S. 15–21, 110–120. Bezüglich der Funktion der Privatinstitute glichen sich die Verhältnisse in der Schweiz und den deutschen Staaten; siehe Wedel 2000, S. 39–42.
7 Crotti 2005, S. 15–21, 110–120. Zu Zürich siehe Bloch 2007, S. 399–446.
8 Zu Scherr siehe Bloch 2007, S. 276–280, 311–316. Siehe auch Rothenbühler 2010, S. 174 f. Nach Rothenbühler waren für Scherr politische Gesichtspunkte ausschlaggebend für den Ausschluss der Frauen von der Ausbildung zu Lehrerinnen, da die Bildung primär dem Staatswesen und nicht den einzelnen Individuen zu dienen hatte.
9 Zu den theoretischen Ansätzen siehe Bloch 2007, S. 11–22.
10 Ebd., S. 371.
11 Ebd., Kap. 4: «Priester der Volksbildung» in der liberalen Ära, S. 265–446.
12 Ebd., S. 381–399.
13 Ebd., S. 400–419.
14 Ebd., S. 427–432.
15 Ebd., S. 432, 457–461.

16 Crotti 2003. Auch Bloch spricht von einem Zusammenhang zwischen Professionalisierung und Geschlecht und verknüpft die Verwerfung der Akademisierung der Lehrerbildung der Zürcher Männer an der Urne mit der kurz darauf erfolgenden Zulassung der Frauen zu dem von Scherr gegründeten Seminar in Küsnacht 1874 und dem Beschluss des Regierungsrats von 1875 bezüglich Wählbarkeit von patentierten Lehrerinnen auf Primarschulstufe. Bloch 2007, S. 515–520; siehe auch Bloch, Alexandra: «Hauptsache Sturz der Burg von Küsnacht». Gesetzesvorlagen und Diskurse um eine akademische Volksschullehrerbildung im Kanton Zürich zwischen 1865 und 1938, in: Criblez, Lucien/Hofstetter, Rita: Die Ausbildung von Primarlehrerinnen. Geschichte und aktuelle Reformen, Bern 2000, S. 239–266; Bloch 2004, S. 109–121.

17 Auch der Zürcher Kantonsrat vertagte die Umsetzung des Handarbeitsunterrichts auf der Volksschulstufe wie die Finanzierung der Ausbildung der dazu notwendigen Arbeitsschullehrerinnen immer wieder. Vgl. Ohlsen/Littmann 2001, S. 9–27.

18 Zur Mehrdeutigkeit von «öffentlich» in Bezug auf die Schule siehe die Bemerkungen zum Forschungsstand von Leimgruber 2006, S. 15 f., insbesondere Anm. 55. Grundlegend, wenn auch mit ungenügender Berücksichtigung geschlechterrelevanter Kriterien Osterwalder, Fritz: Schule denken: Schule als linear gegliederte, staatliche und öffentliche Institution, in: Badertscher, Hans/Grunder, Hans-Ulrich (Hg.): Geschichte der Erziehung und Schule in der Schweiz im 19. und 20. Jahrhundert. Leitlinien, Bern, Stuttgart, Wien 1997, S. 237–277; Osterwalder, Fritz: Die pädagogischen Vorstellungen in der Helvetischen Gesellschaft und die Französische Revolution. Über die Zusammenhänge von Nationalerziehung, Volksbildung, Staatsschule und Öffentlichkeit, in: Hermann, Ulrich/Oelkers, Jürgen (Hg.): Französische Revolution und Pädagogik der Moderne. Aufklärung, Revolution und Menschenbildung im Übergang vom Ancien Régime zur bürgerlichen Gesellschaft, Weinheim 1989, S. 255–272. Ohne Berücksichtigung der Geschlechterdimension, aber mit grundlegender Berücksichtigung des schweizerischen Kontextes von Pestalozzis «Bildung zur Menschlichkeit» Im Hof 1991, insbesondere S. 138–143.

19 Zur Netzwerktheorie im Kontext der Frauenbewegung siehe Hardmeier 1997, S. 16–18. Zur Frauenbeziehung in der historischen Forschung und der Frauenbewegungskultur siehe Gerhard, Ute/Klausmann, Christina/Wischermann, Ulla: Frauenfreundschaften – ihre Bedeutung für Politik und Kultur der alten Frauenbewegung, in: Feministische Studien, 1993/1, S. 21–37.

20 Der Exkurs gibt unter anderem Einblick in die Materialien, mit denen in Josephine Stadlins Musterschule Pestalozzis Anschauungsunterricht umgesetzt werden sollte. Zur neuen Beachtung der Materialität in den Erziehungswissenschaften vgl. unter anderem die Konferenz unter der Leitung von Priem, Karin/König, Gudrun M./Casale, Rita: Die Materialität der Erziehung. Zur Kultur- und Sozialgeschichte pädagogischer Objekte, Deutsches Literaturarchiv, Marbach, 19. bis 21. September 2009.

21 HsZB, Ms. P 2208/27, Brief an den Bruder Michael, 13. Januar 1848.

22 Crotti 2005, S. 110–120; Schweizerische Gemeinnützige Gesellschaft 2005, Teil 1, 1860, S. 70; Teil 2, 1910, S. 89; Leimgruber 2006, S. 116–121. Auch Lisette Ruepp-Uttingers Antrag an den kantonalen Schulrat, ihr Töchterinstitut Anfang 1937 zu einem aargauischen Lehrerinnenseminar auszuweiten, wurde von den Behörden abgeblockt. Siehe Leimgruber, s' Mueterli, 2006.

23 HsZB, Ms. P 2208/1, von J. Z.-St., O–Z/1, 25, an Dr. Seinecke, Hannover, 12. Juli 1848. So hatte bereits 1835 Pfarrer Johannes Pestalozzi als Mitglied der SGG auf die lediglich auf das männliche Geschlecht ausgerichtete Bildungsoffensive der Liberalen reagiert: «[...] die Mädchen müssen sich mit der Volksschule und einigen Versuchen von Sekundarschulen schon begnügen. [...] Der Menschenfreund, der dies wahrnimmt spricht: Ist denn das weibliche Geschlecht minder würdig, als das männliche?» Zit. in Rothenbühler 2010, S. 171. Jedoch sah er, wie die SGG allgemein, den Ausbau der Mädchenbildung in der Realisierung der Arbeitsschule als integrierter Teil der Volksschule, also die von Stadlin kritisierte einseitige Ausrichtung auf das Praktische, auf die innerhäusliche Funktion der Mutter und die Möglichkeiten zur gewerblichen Tätigkeit. Gleichzeitig bekämpfte er wie andere Exponenten eine «höhere Bildung» für Mädchen, da diese zu «jenen Missgestalten, die wir unter dem Namen ‹gelehrte Frauen› kennen. [...] Diese Klasse der gelehrten Zunft soll allmählich verschwinden, wenigstens an der Schule keine Stütze mehr haben, dagegen ist auf tüchtige Verständigkeiten hinzuarbeiten durch Naturlehre, Geschichte und lebende Sprachen.» Zit. in Rothenbühler 2010, S. 172. Diese Linie der SGG setzte sich letztlich auch nach 1848 durch.

24 Anhand der Biografien von Jeanne Deroin, Désirée Gay und Eugénie Niboyet zeichnet Riot-Sarcey die enttäuschten Hoffnungen dreier 1848er Aktivistinnen nach. Siehe Riot-Sarcey: La démocratie à l'épreuve des femmes. Trois figures critiques du pouvoir 1830–1848, Paris 1994. Zu Jeanne Deroin siehe Scott 1996, S. 57–89.

25 Erste öffentliche Rechnung über das schweizerische Seminar in Zürich, in: Die Erzieherin, 1848, S. 121–124. Auch in Deutschland fungierten Vereine damals als institutionelle Träger von Bildungsanstalten, so beispielsweise für die 1848 gegründete «Hochschule für das weibliche Ge-

schlecht» in Hamburg. Je nach Breite, Zusammensetzung und Verortung der Mitglieder eines solchen Trägervereins war eine Kontinuität eher gesichert. Wedel 2000, S. 230. Die «Hochschule für das weibliche Geschlecht» war Teil des von Johanna und Karl Fröbel – er war ein Neffe des Kindergartenpädagogen Friedrich Fröbel – propagierten Mädchenbildungskonzepts, das vom Kindergarten bis zur «Hochschule für das weibliche Geschlecht» alle Etappen der Mädchenbildung umfassen sollte. Solche «Hochschulen» durften aber nicht wie diejenigen der Männer organisiert sein, sondern sollten Muster des Familienlebens übernehmen. Daher sollten sie von gemeinnützigen Vereinen getragen und nicht vom Staat eingerichtet werden. Nach Elke Kleinau war die von einem Verein getragene «Hochschule für das weibliche Geschlecht» kein isoliertes Phänomen in der deutschen Bildungslandschaft, insofern war auch Josephine Stadlins Gründung eingebettet in die Reformbestrebungen der Mädchenbildung im Vormärz und während des 1848er Aufbruchs in Deutschland. Und wie diese Reformvorhaben war Stadlins Projekt für das weibliche Geschlecht Privatsache. Auch die «Hochschule» in Hamburg musste 1852 schliessen, nachdem der Spendenfluss fast zum Erliegen gekommen war. Vgl. dazu Kleinau, Elke: Ein (Hochschul-)praktischer Versuch. Die «Hochschule für das weibliche Geschlecht» in Hamburg, in: Kleinau/Opitz 1996, Bd. 2, S. 66–82, hier S. 69–81.

26 HsZB, Ms. P 2206/1–25, von J. Z.-St., A–G/1, an Frau Dolder, 14. November 1849 (ist im Archiv falsch eingereiht).

27 Der Begriff «Öffentlichkeit» wurde im Deutschen gegen Ende des 18. Jahrhunderts Teil des politischen Diskurses und im 19. Jahrhundert weiterentwickelt; er brachte während der ersten Hälfte des 19. Jahrhunderts die politisch zu erkämpfenden bürgerlichen Kommunikations-, Informations- und Partizipationsverhältnisse auf einen Nenner. Siehe Hausen, Karin: Öffentlichkeit und Privatheit. Gesellschaftspolitische Konstruktionen und die Geschichte der Geschlechterbeziehungen, in: Hausen, Karin/Wunder, Heide (Hg.): Frauengeschichte – Geschlechtergeschichte, Frankfurt am Main, New York 1992, S. 81–88, hier S. 82 f.

28 Vgl. dazu nicht nur die vehemente Kritik von Rosette Zangger in diesem Kapitel, sondern auch die Verarbeitung der Privatkorrespondenz der Familie Werdmüller in Joris/Witzig 1992, S. 78–81, 233–235; Joris, Elisabeth/Witzig, Heidi: Frauen und Männer im Kampf um Macht und Einfluss in Uster. Die Auseinandersetzung um Salomon Vögelin, in: «Vom Luxus des Geistes», Festschrift für Bruno Schmid, Zürich 1994, S. 293–309.

29 Sie entsprach zumindest teilweise den Entwicklungen, die Habermas in seinen berühmten Thesen zur Etablierung einer bürgerlichen Öffentlichkeit aufführt. Habermas, Jürgen: Strukturwandel der Öffentlichkeit. Untersuchungen zu einer Kategorie der bürgerlichen Gesellschaft, mit einem Vorwort zur Neuauflage, Frankfurt am Main 1990.

30 Siehe Othenin-Girard, Mireille/Gossenreiter, Anna/Trautweiler, Sabine (Hg.): Frauen und Öffentlichkeit. Beiträge der 6. Schweizerischen Historikerinnentagung, Zürich 1991, insbesondere die einleitenden Bemerkungen S. 7–14; ebenso die Beiträge von Joris/Witzig und Weckel in dem Band: Joris, Elisabeth/Witzig, Heidi: Konstituierung einer spezifischen Frauen-Öffentlichkeit zwischen Familie und Männer-Öffentlichkeit im 19. und beginnenden 20. Jahrhundert, S. 143–160; Weckel, Ulrike: Öffentliches Räsonnement über die gesellschaftliche Stellung der Frau. «Frauenzeitung» und «Frauenspiegel» 1838–1841, S. 161–184. Die Gründung eines Frauen vorbehaltenen Seminars unter dem Vorwand der besseren Eignung der Frauen für die Erziehung verweist auf die grundlegende Fragestellung zur Konkurrenz zwischen Frauen und Männern im Beruf, vgl. dazu den Tagungsbericht Geschlechterkonkurrenzen: Männer–Männer, Männer–Frauen, Frauen–Frauen, 2.–4. Februar 2006, Stuttgart-Hohenheim, http://hsozkult.geschichte.hu-berlin.de/tagungsberichte/id=1071, Zugriff 5. März 2006.

31 Zu Escher vgl. Jung, Joseph: Alfred Escher, 1819–1882. Der Aufbruch zur modernen Schweiz, 4 Bände, Zürich 2006.

32 Ulrich Zehnder versah ab 1845 mit Jonas Furrer das bis 1869 doppelt besetzte Bürgermeisteramt beziehungsweise Amt des Regierungspräsidenten. Nach Furrers Wahl in den Bundesrat besetzte er das Amt ab 1849 zusammen mit Alfred Escher, ab 1856 zusammen mit Jakob Dubs, nach dessen Wahl in den Bundesrat 1861 als Nachfolger von Jonas Furrer schliesslich zusammen mit Paul Karl Eduard Ziegler bis zu seinem Rücktritt 1865/66; vgl. Schmid, Stefan G.: Die Zürcher Kantonsregierung seit 1803, Zürich 2003, Bürgermeister 1803 bis 1850 und Präsidenten des Regierungsrates seit 1850, beide Listen veröffentlicht auf: www.regierungsrat, zh.ch/rr/de/ahnengalerie, 13. Mai 2008.

33 Stichwort Freimaurerei, in: HLS, www.hls-dhs-dss.ch/textes/d/D11395.php. Zur Bedeutung der Logen als sozialer Raum einer elaborierten Geselligkeit zur geistigen und sittlichen Vervollkommnung siehe Hettling/Hoffmann 2000, S. 12 f., und Hoffmann, Stefan-Ludwig: Unter Männern. Freundschaft und Logengeselligkeit im 19. Jahrhundert, in: Hettling/Hoffmann 2000, S. 193–216, hier S. 204 f.; Hoffmann, Stefan-Ludwig: Die Politik der Geselligkeit. Freimaurerlogen in der deutschen Bürgergesellschaft 1840–1918, Göttingen 2000; Hettling 2001, S. 322–325.

34 Zwar gab es 1744 unter den ersten Logen von Genf auch eine gemischte für Männer und Frauen, doch die Logen des 19. Jahrhunderts in der Schweiz waren dem männlichen Geschlecht vorbehalten.

35 Berghoff, Hartmut/Sydow, Jörg: Unternehmerische Netzwerke. Theoretische Konzepte und historische Erfahrungen, in: Berghoff, Hartmut/Sydow, Jörg (Hg.): Unternehmerische Netzwerke. Eine historische Organisationsform mit Zukunft?, Stuttgart 2007, S. 9–43, hier insbesondere S. 9–17. Wie bedeutsam informelle Netzwerke für den transnationalen Austausch zwischen Eliten im 19. Jahrhundert war, das zeigte eine Tagung im Herbst 2008, vgl. Busse, Neill: Tagungsbericht: Transnational Relations of Experts, Elites and Organisations in the Long Nineteenth Century, organisiert von Struck, Bernhard/Rodogno, Davide/Vogel, Jakob, University of St Andrews in Cooperation with University of Köln, 5./6. September 2008, St Andrews, in: http://hsozkult.geschichte.hu-berlin.de/tagungsbericht/id=2402, Zugriff 8. Dezember 2008. Dabei habe insbesondere Sandrine Kott von der Universität Genf auf die sich im 19. Jahrhundert herausbildenden trans- und internationalen Netzwerke zwischen Eliten verwiesen und die Bedeutung einer akteurs- und akteurinnenbezogenen Geschichtsschreibung hervorgehoben. Zu «Netzwerk» als Leitkonzept siehe den Bericht zur Tagung im Winter 2010, an der Einblicke in verschiedene Forschungen vermittelt wurden, unter anderem zu Wirtschafts- und Unternehmenseliten in der Schweiz (Thomas David, André Mach, Martin Lüpold, Gerhard Schnyder) und den USA (Mark Mizruchi) des 20. Jahrhunderts, zu jüdischen Wirtschaftseliten im Paris des 19. Jahrhunderts (Cyril Grange) und in Deutschland von 1900 bis 1933 (Paul Windolf) und zur politischen Kultur von 1848/49 in Esslingen (Carola Lipp). Methodisch-konzeptionell wäre bezogen auf die von mir bearbeiteten Korrespondenzen die von Martin Everett an der Tagung dargestellte Analyse bipartiter Netzwerke von Interesse gewesen, bei denen die Akteurinnen und Akteure sowie die Ereignisse in Relation zueinander gesetzt werden, was ich im Rahmen dieser bereits sehr vielschichtigen Untersuchung jedoch nicht zu leisten vermag, ebenso wenig wie eine Visualisierung von Josephine Stadlins Netz von Korrespondentinnen und Korrespondenten. Siehe Mayer, David: Tagungsbericht: Netzwerkanalyse und Geschichte. Ansätze, Instrumente, Probleme, organisiert von Guzzi-Heeb, Sandro/David, Thomas/Ginalski, Stéphanie/Rebmann, Frédéric, Université de Lausanne, 25.–27. Februar 2010, Lausanne, in: http://hsozkult.geschichte.hu-berlin.de/tagungsbereicht/id=3114, gesendet 26. Mai 2010. Zur Visualisierung von «multipolaren Netzen» auf der Grundlage von Korrespondenzen siehe Stuber, Martin/Hächler, Stefan/Krempel, Lothar/Ruisinger, Maria Marion: Exploration von Netzwerken durch Visualisierung. Die Korrespondenznetze von Banks, Haller, Heister, Linné, Rousseau, Trew und der Ökonomischen Gesellschaft Bern, in: *Dauser, Regina*/Hächler, Stefan/Kempe, Michael/Mauelshagen, Franz/Stuber, Martin (Hg.): Wissen im Netz. Botanik und Pflanzentransfer in europäischen Korrespondenznetzen des 18. Jahrhunderts, Berlin 2008, S. 347–374. Im Gegensatz zu den meisten Studien, die als «egozentrierte Netze» – wie im vorliegenden Werk zu Josephine Stadlin – nur die Briefkontakte zur jeweiligen Fokusperson oder Zentralfigur in den Blick nehmen, visualisiert dieser Beitrag auf der Basis algorithmischer Operationen die Beziehungen und Aktionen zwischen sämtlichen Akteuren innerhalb eines einzelnen Korrespondenznetzes sowie Beziehungen und Aktionen zwischen verschiedenen Korrespondenznetzen.

36 Vgl. Saurer, Edith: Frauenbewegung und soziale Netzwerke. Kommentar zur Karriere eines Begriffs, in: Weckwert, Anja/Wischermann, Ulla (Hg.): Das Jahrhundert des Feminismus. Streifzüge durch nationale und internationale Bewegungen und Theorien, Königstein im Taunus 2006, S. 77–94, hier S. 79 f. Saurer bezieht sich auf die Interpretation der feministischen Bewegung als neuer sozialer Bewegung von Castells, Manuel: Das Informationszeitalter, Bd. 1: Die Netzwerkgesellschaft, Opladen 2001; Bd. 2: Die Macht der Identität. Netzwerke der neuen sozialen Beziehungen, Opladen 2002.

37 Wie Saurer hervorhebt, hat Castells in den neuen sozialen Bewegungen eine Form der Organisation und der Intervention gesehen, «welche die ‹Vernetzungslogik der Herrschaft in der informationellen Gesellschaft› gleichsam spiegelt und ihr entgegenwirkt». Dabei hat er auch die vielen Projekte der Frauenbewegung im Auge. Die von Stadlin gegründete Zeitschrift und der von ihr initiierte Verein können als Projekte in diesem Sinne verstanden werden. Siehe Saurer 2006, S. 89.

38 Vgl. dazu die Ausführungen von Rieder, Katrin: Netzwerke des Konservatismus. Berner Burgergemeinde und Patriziat im 19. und 20. Jahrhundert, Zürich 2008, S. 29. Rieder adaptiert dabei Bourdieus Kapitalkonzept der Institutionenanalyse und verknüpft dieses mit der Frage nach der Netzwerkfunktion einer Institution. Friedrich Lenger thematisiert die Bedeutung der Netzwerkanalyse für die Biografieforschung, bleibt dabei aber ebenfalls weitgehend auf der Ebene der Beschreibung von Beziehungsstrukturen, definiert sie als asymmetrisch oder symmetrisch, stark oder schwach. Als Biograf von Werner Sombart bezieht er seine Beispiele zum grossen Teil aus der Welt der Akademie, Frauen kommen in seinem Aufsatz nicht vor und auf die Geschlech-

terproblematik geht er nicht ein. Siehe Lenger, Friedrich: Netzwerkanalyse und Biographieforschung, in: BIOS, 2005/2, S. 180–185.

39 Die Beziehungspflege scheint ein Muster für die Gewinnung von Lehrkräften für die vom Staat vernachlässigte Ausbildung von Frauen zu sein. Rund ein halbes Jahrhundert nach Josephine Stadlin gelang es der vom Schweizerischen Gemeinnützigen Frauenverein als private Stiftung gegründeten Pflegerinnenschule, über das Beziehungsnetz der ersten Ärztinnen sowie weiterer Frauen aus dem Zürcher Bildungsbürgertum Professoren der Universität und der Kantonsschule zu überzeugen, in ihrer «Freizeit» die zukünftigen Krankenpflegerinnen zu unterrichten.

40 Kubli 1988, S. 72. In Anm. 46, S. 151, korrigiert Kubli auf Grund der Honorargebühren der Studenten die Angaben von Gagliardi, Ernst/Strohl, Jean: Die Universität Zürich 1833–1933, in: Erziehungsrat des Kantons Zürich (Hg.): Die zürcherischen Schulen seit der Regeneration der 1830er Jahre, Festschrift zur Jahrhundertfeier, Zürich 1938, S. 619, Anm. 2. Bobrik war später Direktor der Handelsakademie in Danzig und wurde vor allem berühmt mit seinen Werken zur Seefahrt. Bei Orell, Füssli und Compagnie war jedoch das erste bekannte Werk des Philosophen und Freimaurers erschienen: Bobrik, Eduard: Geschichte, Grundidee und Verfassung der Freimaurerei, Zürich 1838.

41 Zwölfter Rechenschaftsbericht des Regierungsrathes an den Grossen Rath des Standes Zürich über das Jahr 1843, Zürich 1844, S. 148.

42 Zu Deschwandens Karriere an der Industrieschule vom provisorisch angestellten Lehrer bis zum Rektor im Laufe der 1840er Jahre und zu seiner Wahl zum Direktor der ETH 1855 siehe die Liste der Beschlüsse des Erziehungsrats in: Gyr, Peter: Katalog des Nachlasses von Josef Wolfgang von Deschwanden (1819–1866), Fribourg 1978, Handschriften und Autographen der ETH, Josef Wolfgang von Deschwanden, Zürich 1986, Typoskript, unter Hs 142 a. Unter Hs 141a 1049–1052 und 1168 sind darin auch vier Briefe von Josephine Stadlin an Deschwanden aus dem Zeltweg und ein Brief von 1861 aufgelistet. Deschwanden seinerseits wünschte Stadlin bestes Gelingen zu ihrem Projekt eines Seminars, siehe Ms. P 2210/1, an J. Z.-St., D–F/1, J. W. v. Deschwanden, 25. September 1847. Anlässlich des 150-Jahr-Jubiläums der ETH 2005 veröffentlichte das «Nidwaldner Wochenblatt» ein Porträt von Deschwanden: Vergessener Nidwaldner Pionier, Nidwaldner Wochenblatt, 2. Juni 2005. Mit Deschwandens Tante Louise Deschwanden war Josephine Stadlin über viele Jahre eng befreundet; sie kannten sich seit ihrer Jugend, waren beide Lehrerinnen und planten eine Zeit lang eine gemeinsame Schule. Im Vorfeld des Sonderbundskriegs entfremdeten sich die beiden zunehmend.

43 Mousson war Mathematiklehrer an der Industrieschule gewesen, bevor er sich 1833 an der Universität Zürich als Professor für Physik habilitierte. Er hatte wie Franz Stadlin das Fellenberg-Institut in Hofwil besucht, war jedoch zehn Jahre älter als Franz Stadlin. Dennoch werden sich die beiden später gekannt haben, interessierte sich doch auch Albert Mousson für die Ingenieurwissenschaften, mit denen er sich während dreier Jahre in Paris befasst hatte. Vgl. Zum 200. Geburtstag von Albert Mousson (17. 3. 1805–16. 11. 1890), 2005, www.ethblib.ethz.ch/aktuell/galeire/mousson, Zugriff 24. März 2008.

44 Im Herbst 1849 bedauerte Franz Stadlin gegenüber der als «Fräulein Schwester» angesprochenen Josephine Stadlin, dass er vorläufig keinen Unterricht mehr an ihrem Institut übernehmen könne wegen seiner Verpflichtungen an der Industrie- und an der Hochschule. Stadlin hoffte, die Stelle nach einem Semester wieder mit ihm besetzen zu können. HsZB, Ms. P 2215/1, an J. Z.-St., S/1, Eduard Schweizer an Josephine Stadlin, 10. September 1849, mit Antwort vom 20. Oktober 1849. Schweizer wurde durch die Entdeckung des so genannten Schweizer Reagens berühmt, vgl. die Zeitschrift Cellular and Molecular Life Sciences (CMLS), Hundert Jahre Schweizer-Reagens, Heft 13/4, April 1957, Basel.

45 Information des Klassisch-Philologischen Seminars der Universität Zürich, www.klphs.uzh.ch/Studium/StudienfuehrerXI.php, Zugriff 24. März 2008.

46 Zu Hottinger siehe Saxer, Daniela: Die Schärfung des Quellenblicks. Die geschichtswissenschaftliche Forschungspraxis in Wien und Zürich (1840–1914), Diss. Universität Zürich 2005, Manuskript, S. 113 f., 127 f., 139–141. Vgl. auch Stadler, Peter: Ein autobiographischer Lebensabriss des Reformationshistorikers Johann Jakob Hottinger, in: Haas, Martin/Hauswirth, René (Hg.): Festgabe Leonhard von Muralt, Zürich 1970, S. 63–76.

47 Tobler 1944, S. 111; Schmid, Stefan G.: Die Zürcher Kantonsregierung seit 1803, Zürich 2003; HLS, www.hls-dhs-dss.ch/textes/d/10617.php, Stand 26. Juli 2005.

48 HsZB, Ms. P 2216/2, an J. Z.-St., T–Z/2, Pfarrer Joh. Heinrich Wolf, Zürich, 30. August 1849.

49 Zu den Lehrern siehe den Nachruf auf Josephine Stadlin von Heinrich Schweizer-Sidler, der selber am Stadlin'schen Institut unterrichtet hatte, Schweizer, Heinrich: Frau Josephine Zehnder, geb. Stadlin, in: Neue Zürcher Zeitung, Nr. 457, 9. September 1875, 2. Blatt; Nr. 459, 10. September 1875, 2. Blatt; Nr. 164, 11. September 1875, 2. Blatt.

50 So lehrte Hermann Lüning 1845 am Zeltweg Geschichte, noch bevor er 1848 eine feste Stelle an

der Industrieschule in Zürich fand. Siehe HLS, www.hls-dhs-dss.ch/textes/d/D28102.php, Stand 23. November 2006. Auch der aus Bayreuth stammende Insektenforscher und spätere Kantonsschullehrer August Menzel unterrichtete hier am Anfang seiner Zürcher Karriere Naturkunde und Mathematik. Menzel hatte in Zürich und Erlangen Medizin studiert (Matrikelnummer 255 der Universität Zürich), war vor allem bekannt wegen seiner Publikationen zur Bienenforschung. Vgl. unter anderem Menzel, August: Die Spinnen, Neujahrsblätter der Naturforschenden Gesellschaft in Zürich, Nr. 51, Zürich 1849; Methodischer Handatlas zum gründlichen Unterricht sowie zur Selbstbelehrung in der Naturgeschichte, Zürich 1851; Das Mikroskopische Institut, Zürich 1851; Naturgeschichte der gemeinen Honig- oder Hausbiene (Apis mellifica L., abeille domestique, honey-bee) als Grundlage der rationellen Bienenzucht, Zürich 1855. Musikunterricht erteilte Franz Abt, der als Chordirektor des Aktientheaters von Leipzig nach Zürich gekommen war, wo er als grosser Förderer des Chorgesangs zum eigentlichen Nachfolger von Hans Georg Nägeli avancierte. Siehe HLS, www.hls-dhs-dss.ch/textes/d/D26959.php, Stand 11. Februar 2005.

51 Josephine Stadlins Grenzen überschreitendes Beziehungsnetz lässt sich als eine Fortsetzung der im 18. Jahrhundert intensivierten Beziehungen von deutschsprachigen Schweizern und wenigen Schweizerinnen mit Gelehrten und Literaten aus andern deutschsprachigen Staaten interpretieren. Siehe dazu den Tagungsbericht von Dotzauer, Hannah: Europa in der Schweiz – grenzüberschreitender Kulturaustausch im 18. Jahrhundert, Trogen, 10.–12. Juni 2009, http://hsozkult.geschichte.hu-berlin.de/tagungsberichte/id=2694, Zugriff 18. Juli 2009.

52 HsZB, Ms. P 2206/1–25, von J. Z.-St., A–G/1, 4, an Prof. E. Beneke, Berlin, 13 Briefe, 1845 bis 1850; Ms. P 2209/1–25, an J. Z.-St., A–C/1, von Prof. E. Beneke, Berlin, 21 Briefe, 1845 bis 1853.

53 HsZB, Ms. P 2206/1, von J. Z.-St., A–G/2, 27, an Gottl. Dressler, Bautzen, 13 Briefe, 1847 bis 1854; Ms. P 2210/1, an J. Z.-St., D–F/1, von Direktor Gottlieb Dressler, Bautzen, 24 Briefe, 1847 bis 1865; Ms. P 2210/12a, von J. Z.-St., A–G/2, 27, an Gottl. Dressler, Bautzen, 13. Mai 1849.

54 HsZB, Ms. P 2216/2, an J. Z.-St., T–Z/2, Anna Witschi, Bautzen, 26. März 1859.

55 Um eine Beurteilung ihrer Vorstellungen vom Aufbau einer «Musterschule», die vom Kindergarten bis zur Fortbildung für junge Frauen reichen sollte, bat sie 1850 Johannes Fölsing, der in Darmstadt eine der frühesten Ausbildungsstätten für Kindergärtnerinnen führte: «Ich bin Ihnen für Ihre gütige Theilnahme an meinen Bestrebungen u. für die einlässliche Beurtheilung der Musterschule sehr dankbar. […] Ihre Ansichten über die Fröbelschen Kindergärten sind auch die meinen.» Er empfahl sich seinerseits der «Hochgeehrten Berufsgenossin» als Herausgeber der «Erziehungsblätter für das Haus und die Kleinkinderschule». Siehe HsZB, Ms. P 2206/1–25, von J. Z.-St., A–G/1, 4, an Dr. J. Fölsing, Darmstadt, 21. September 1850, insgesamt 4 Briefe, 1850; Ms. P 2210/a, an J. Z.-St., D–F/2, Dr. J. Fölsing, Darmstadt, insgesamt 12 Briefe, 1850 bis 1854 und 1864. Auch mit H. H. Friedländer, Direktor der Höheren Töchterschule und des Lehrerinnenseminars in Elberfeld, korrespondierte sie über Fragen der Musterschule. Siehe HsZB, Ms. P 2206/1–25, von J. Z.-St., A–G/2, 37, Friedländer, Elberfeld, 2 Briefe, 1850. H. H. Friedländer war zusammen mit R. Schornst und M. Kabisch unter Mitwirkung von Ferdinand Seineke Herausgeber des zweibändigen Werkes: Blätter für weibliche Bildung, Elberfeld 1849–1852. Friedländers Lehrerinnenseminar diente laut Wedel als starker Antrieb für die Entscheidung junger Frauen für den Lehrerinnenberuf. Siehe Wedel 2000, S. 92 f. Dem Pädagogen E. Mende empfahl sie ihre Zeitschrift. Siehe HsZB, Ms. P 2207/2, von J. Z.-St., H–N/2, 28, E. Mende, 2 Briefe, 1845. Bei Sebastian Pfrängle, dem Herausgeber der Zeitschrift «Thusnelda», Musikpädagogen und im Jahr darauf badischen Aufständischen, bedankte sie sich für einen Beitrag. Sebastian Pfrängle war auch Herausgeber der Zeitschrift «Die Kinderpflege. Eine Zeitschrift für die Erziehung kleiner Kinder in der Familie und Kleinkinderschule». Siehe Literarisches Centralblatt für Deutschland, 29, 22. Juni 1854; HsZB, Ms. P 2208/1, von J. Z.-St., O–Z/1, 4, S. Pfrängle, 4 Briefe, 1847; Ms. P 2214/2, an J. Z.-St., M–R/2, Lehrer S. Pfrängle, 7 Briefe, 1847 bis 1852. Mit Friedrich von Reinöhl und dessen Ehefrau aus Jena und Wien diskutierte sie Fragen der Philosophie und der Bildung von Zöglingen. Friedrich von Reinöhl traf Josephine Stadlin persönlich in Zürich und sprach über sie mit dem an der Universität Zürich Philosophie lehrenden Ludwig Kym, dem Vater der Schriftstellerin und Frauenrechtlerin Hedwig Kym. Siehe HsZB, Ms. P 2208/1, von J. Z.-St., O–Z/1, 9, Dr. Reinöhl, Jena, 4 Briefe, 1850. Siehe auch Reinöhl, Friedr. von: Kleine philosophische Schriften und Einleitung in die Philosophie zu Aristoteles, 8. Auflage, Jena 1854; Ms. P 2214/2, an J. Z.-St., M–R/2, Dr. Fr. von Reinöhl, Strassburg, Wien, Jena, 12 Briefe, 1850 bis 1854.

56 HsZB, Ms. P 2208/1, von J. Z.-St., O–Z/1, 25, an Dr. Seinecke, Hannover, 14 Briefe, 1848 bis 1850; Ms. P 2215/1, an J. Z.-St., S/1, Dr. Seinecke, Hannover, 5 Briefe, 1846 bis 1850.

57 HsZB, Ms. P 2206/1–25, von J. Z.-St., A–G/1, 4, an Diesterweg, 5 Briefe, 1845 bis 1850; Ms. P 2209/a, an J. Z.-St., D–F/1, von Diesterweg, Berlin, 4 Briefe, 1845 bis 1846.

58 Allen 1996, S. 27.

59 Zit. in Osterwalder 2007, S. 220.

60 Oelkers 1995, S. 240–272.
61 Diesterweg, Adolph: Die Feier des 100sten Geburtstages Pestalozzi's in Berlin am 12. Januar 1845, Berlin 1845.
62 Als Vorlage diente ein Bild Busolt-Knorres von 1821.
63 Zu Betty Gleim vgl. Kleinau 2000, S. 321; Käthner, Martina/Kleinau, Elke: Höhere Töchterschule um 1800, in: Opitz/Kleinau/Weckel 2000, S. 393–408, hier S. 405–408. Gleim weilte 1816 in Yverdon, siehe Leimgruber 2004, S. 150.
64 Vgl. dazu Dejung, Emanuel: «Pestalozzi in Stanz»; ein Bild und seine Aussagen (1980); Dejung, Christoph: Zur deutschen Wirkungsgeschichte Pestalozzis im 19. Jahrhundert, 2007, Verein «Pestalozzi im Internet», www.heinrich-pestalozzi.de/de/dokumentation/einzelbeitraege, Zugriff 24. März 2008.
65 Stadlin, Josephine: I. [Rede], in: Diesterweg, Adolph (Hg.): Heinrich Pestalozzi. Vorträge und Reden, zur Frauen-Feier seines hundertjährigen Geburtstages am 25. Januar 1846 in Berlin, Berlin 1846, S. 1–7.
66 Allen 1996, S. 19–34, hier S. 28. Doris Lütkens gehört ins Umfeld der Frauen des Vormärz und der Aufständischen von 1848/49, zu denen in Deutschland überdurchschnittlich viele pädagogische Autorinnen und Lehrerinnen zählten, die in engem Kontakt mit Friedrich Fröbel standen. Siehe Bleiber/Schmidt/Schötz, Bde. 1 und 2, 2003.
67 HsZB, Ms. P 2207/2, von J. Z.-St., H–N/2, 22, an D. Lütkens, Hamburg, 25 Briefe, 1847 bis 1853; Ms. P 2213/2, an J. Z.-St., I–L/2, D. Lütkens, Hamburg, 36 Briefe, 1846 bis 1855. Zu Doris Lütkens vgl. Berger, Manfred: Frauen in der Geschichte des Kindergartens: Doris Lütkens, in: Textor, Martin R. (Hg.): Kindergartenpädagogik. Online-Handbuch, www.kindergartenpaedagogik.de/168.html, Stand 24. März 2008.
68 Homberg, Tinette: Gedanken über Erziehung und Unterricht, Berlin 1845; Homberg, Tinette: Mythologie der Griechen und Römer, so aufgefasst und dargestellt, wie es das Verständnis antiker Kunst und Dichtung erleichtert und den Geschmack daran befördert, Leipzig 1839. Zu Tinette Homberg siehe Frauen-Kultur-Archiv Düsseldorf (Hg.): Dem Vergessen entgegen. Frauen in der Geistesgeschichte Düsseldorfs. Lebensbilder und Chroniken. Dokumentation einer Ausstellung des Frauen-Kultur-Archivs, Neuss 1989, Information zu Hombergs Wohnort, Schützenstrasse 10. Schon Alice Salomon hob die Bedeutung von Tinette Homberg hervor, die zusammen mit Luise Büchner und Ulrike Henschke einen wichtigen Beitrag zur Ausbildung der Lehrerinnen geleistet habe. Siehe Salomon, Alice: Zur Geschichte der Frauenbildung, in: Ethische Kultur, Jg. 11, Nr. 13, 28. März 1903, S. 99 f. Warum Betty Gleim und Tinette Homberg von den Zeitgenossen rezipiert wurden, ist als Forschungsfrage noch offen und auf dem Hintergrund, dass Luise Büchner noch 1856 die erste Auflage ihres Buches über weibliche Erziehung anonym herausgab, von besonderem Interesse.
69 HsZB, Ms. P 2207/1, an J. Z.-St., H–N/1, an Tinette Homberg, Emmerich; Ms. P 2212, an J. Z.-St., Ho–Hz, von Tinette Homberg, Emmerich, 15. Juli 1846.
70 Büchner, Luise: Eine Woche in Zürich, in: Der Frauen-Anwalt, Bd. 7, Nr. 1, April 1876, S. 3–11, und Nr. 2, Mai 1876, S. 33–38. In diesem Beitrag spricht Luise Büchner (1821–1877) von «Jungfer Stadlin», der Besuch muss also vor der Heirat mit Ulrich Zehnder im Jahre 1858 stattgefunden haben. Angaben von Cordelia Scharpf, Berlin, Brief 24. Juli 2006. Scharpf beschäftigt sich in ihren Forschungen mit Luise Büchner; vgl. Hamouda, Fayçal (Hg.): Aus dem Leben. Erzählungen aus Heimat und Fremde von Luise Büchner. Einleitung von Scharpf, Cordelia, Leipzig 2007. Luise Büchners Beitrag für die Mädchenbildung wurde lange kaum registriert, ihre Bedeutung von der Frauenbewegung um Gertrud Bäumer marginalisiert. Vgl. Glaser, Edith: Was ist eine pädagogische Klassikerin? Helene Lange und die Stilisierung der «Gelben Broschüre», in: Ariadne. Forum für Frauen- und Geschlechtergeschichte, Mädchenschulgeschichte(n). Die preussische Mädchenschulreform und ihre Folgen, Heft 53–54/2008, S. 18–29, hier S. 21. Luise Büchner gilt neben Louise Otto, 1848erin und Begründerin des Allgemeinen Deutschen Frauenvereins, als die zentrale Figur der deutschen Frauenbewegung. Die von Louise Otto gegründete «Frauen-Zeitung» mit dem Motto «Dem Reich der Freiheit werb' ich Bürgerinnen» thematisierte verschiedentlich die Erziehungsvorstellungen von Pestalozzi, Diesterweg und Fröbel. Die Zeitschrift warb aktiv für den Beruf der Lehrerinnen. Siehe Wischermann 1996, S. 47–50.
71 Büchner, Luise: Die Frauen und ihr Beruf. Ein Buch der weiblichen Erziehung, Frankfurt am Main 1856. Die erste Auflage erschien noch anonym, die vier folgenden Auflagen wurden dann unter dem Namen der Autorin veröffentlicht. Siehe Glaser, Edith: Was ist eine pädagogische Klassikerin? Helene Lange und die Stilisierung der «Gelben Broschüre», in: Ariadne. Forum für Frauen- und Geschlechtergeschichte, Mädchenschulgeschichte(n). Die preussische Mädchenschulreform und ihre Folgen, Heft 53–54/2008, S. 18–29, hier S. 28, Anm. 30.
72 Der Institutsleiter und Redaktor des Volksschulboten C. Wrampelmeyer aus Siegen bezeugte ihr in einem Brief, er erachte ihren Beitrag für die Mädchenbildung als wertvoller als jenen

der beiden bekannten deutschen Pädagoginnen Doris Lütkens und Tinette Homberg. Im Vergleich mit Lütkens und Homberg schnitt seiner Meinung nach Josephine Stadlin in der Umsetzung von Pestalozzis Methode der Anschauung bedeutend besser ab. «Die Erstere deklamiert ihre Gefühle, die Zweite ihren Verstand; Sie aber – verehrteste Frau – betrachten innigst die Sache, u. die so gewonnenen Resultate wenden Sie innigst an.» Siehe HsZB, Ms. P 2216/2, an J.Z.-St., T–Z/2, C. Wrampelmeyer, Siegen, 25.Juni 1849; Ms. P 2208/1, von J.Z.-St., O–Z/2, 46, C. Wrampelmeyer, Siegen, 6 Briefe, 1850 bis 1852; Ms. P 2216/1, an J.Z.-St., T–Z/2, C. Wrampelmeyer, Siegen, 10 Briefe, 1849 bis 1852. Mit dem Schulleiter C. Berg aus Strassburg diskutierte sie die Entwicklung ihres Instituts und seine «Schriftstellerey». Siehe Ms. P 2209/1–25, an J.Z.-St., A–C/1, von C. Berg, Strassburg, 4 Briefe, 1844 bis 1846. Der kurze Kontakt von 1839/40 mit «Turnvater» Jahns Schüler Adolf Spiess, der den Turnunterricht für Mädchen und Knaben einforderte, scheint nach dessen Niederlassung in Preussen nicht mehr fortgeführt worden zu sein. Siehe Ms. P 2215/1, an J.Z.-St., S/1, an Adolf Spiess, Burgdorf, Hannover, 2 Briefe, Dezember und Januar 1839/40. Vgl. auch Gernert, Dörte: Mädchenerziehung im allgemeinen Volksschulwesen, in: Kleinau/Opitz 1996, Bd. 2, S. 85–98, hier S. 90 und Anm. 26, S. 562.

73 HsZB, Ms. P 2208/1, von J.Z.-St., O–Z/1, 17, Wilh. Sause, Guben, 15 Briefe, 1845 bis 1850; Ms. P 2215/1, an J.Z.-St., S/1, Wilhelm Sausse, Guben, 19 Briefe, 1845 bis 1864. Nach seinem Tod im Jahre 1866 informierte Amanda Sause beziehungsweise Sausse Josephine Stadlin darüber, siehe Ms. P 2215/1, an J.Z.-St., S/1, Amanda Sausse, Guben, 27. März 1866, 14. Januar 1867.

74 Vgl. unter anderem Sausse, Heinrich Wilhelm: Grundzüge der Kunst eine Schule zu leiten, Guben 1841; ders.: Die Freimaurerei und Prof. P. O. et Dr. theol. SS. Hengstenberg in Berlin: offene Antwort auf dessen Angriffe gegen den Orden, Leipzig 1855.

75 Ms. P 2211/1, an J.Z.-St., G–H/1, an Direktor Georgens, Baden, 10 Briefe, 1851 bis 1868. Georgens gilt als einer der Begründer der Heilpädagogik. Auf seine Theorien der Heilpflege und deren Umsetzung in der Erziehungsanstalt Levana wird noch heute Bezug genommen.

76 HsZB, Ms. P 2214/1, an J.Z.-St., M–R/1, von Mager, Eisenach, 19. Juni 1847 und 11. Dezember 1850 mit beigeheftetem Brief des Landrabbiners U. Hess vom Oktober 1850.

77 Julius Fröbel war seinerseits mit Kleophea Zeller aus der Seidenhändlerfamilie Zeller, die Josephine Stadlin seit ihren Anfängen in Zürich unterstützt hatte, verheiratet. Siehe Kröger, Ute: «Zürich, du mein blaues Wunder». Literarische Streifzüge durch eine europäische Kulturstadt, Zürich 2004, S. 351.

78 Arnold Ruge hatte in den 1840er Jahren mit Karl Marx zusammengearbeitet, lehnte den Kommunismus jedoch ab. In Leipzig, wohin er 1847 zurückgekehrt war, arbeitete er als Buchhändler und Verleger, neben Julius Fröbel verlegte er unter anderem auch Georg Herwegh. Als Märzrevolutionär musste er nach der Niederschlagung der 1848er Revolution fliehen und liess sich im englischen Brighton nieder. Nach dem preussischen Sieg von 1866 gegen Österreich näherte Ruge sich Otto von Bismarck an, der ihm ab 1877 einen jährlichen Ehrensold zukommen liess. Der Nachlass Ruges wird im Internationalen Institut für Sozialgeschichte in Amsterdam archiviert. Siehe unter anderem die mit Julius Fröbel herausgegebenen Juniusbriefe, Ruge, Arnold: Juniusbriefe, Leipzig 1867; in Verbindung mit Zürich stehen auch die von ihm herausgegebenen Novellen: Ruge, Arnold: Novellen aus Frankreich und der Schweiz, Leipzig 1848. Zu Ruge siehe Lambrecht, Lars (Hg.): Arnold Ruge (1802–1880). Beiträge zum 200. Geburtstag, Frankfurt am Main 2002.

79 HsZB, Ms. P 2208/1, von J.Z.-St., O–Z/1, 18, Jos. Schmid, 4 Briefe, 1849 bis 1850; Ms. P 2215/1, an J.Z.-St., S/1, 8. Dezember 1849.

80 HsZB, Ms. P 2213/2, an J.Z.-St., I–L/2, von Chr. Lippe, Lenzburg, 2. Juli 1845.

81 HsZB, Ms. P 2215/1, an J.Z.-St., S/1, M. Sandmeier, Wettingen, 19. April 1849.

82 HsZB, Ms. P 2213/2, an J.Z.-St., I–L/2, von E. Looser, Langenthal, 15. Juni und 16. Juli 1846. In dieser «Penelope» sollte ein anonymer Einsender im Herbst 1846 die Idee eines Seminars mit dem Argument, das eigentliche Lehren und Unterrichten sei mehr der Beruf des Mannes als des Weibes, bekämpfen: «Man lese z. Bs. verwarloste, arme Mädchen, die sonst im Laster untergehen würden, auf der Gasse zusammen, und gebe ihnen eine einfach-tüchtige Erziehung, dass sie ehrbare, christliche Jungfrauen, fleissige Hauswirthinnen, kurz Muster braver Schweizerfrauen werden, so ist damit wahrhaftig mehr, als durch Stiftung eines Lehrerinnen-Seminars, im Sinne Vater Pestalozzi's gehandelt!» Penelope, Dezember 1846, S. 168 f., zit. in Mesmer 1988, S. 72.

83 HsZB, Ms. P 2207/2, von J.Z.-St., H–N/2, an E. Looser, Langenthal, 21. Juni 1846.

84 Rothenbühler 2010, S. 175.

85 Thomas Scherr schloss sich nach seiner Niederlassung in Zürich 1825 dem Kreis fortschrittsorientierter Liberaler an, wurde 1831 in den Erziehungsrat gewählt und war wie Zehnder einer der einflussreichsten Schulpolitiker des Kantons. Zu seinen erklärten Gegnern gehörte unter anderen Josephine Stadlins ehemaliger Lehrer, der Pestalozzianer Johannes Niederer. Siehe Kost,

Franz: Volksschule und Disziplin. Aus der Zürcher Schulgeschichte zwischen 1830 und 1930, Zürich 1985, S. 26–57.

86 Zu Scherr und dem Seminar Küsnacht siehe Bloch 2007, S. 277–284. Zu Scherrs engstem Kreis gehörte sein ehemaliger Schüler Heinrich Grunholzer, der spätere Vorsteher des bernischen Seminars und Ehemann von Stadlins Schülerin Rosette Zangger. Vgl. das entsprechende Unterkapitel «Reziproke Erwartungen von Rosette Zangger und Josephine Stadlin» in Kap. 4.2. Wie Stadlin betonte Scherr die «Herzensbildung» und die «Menschenbildung», Bloch 2007, S. 279. Eventuell wurde die Bedeutung des Konvikts unterschiedlich gewichtet, vgl. dazu die Unterschiede zwischen Scherr und Keller in Frank 2005, S. 62–64.

87 Heinrich Grunholzer (1819–1873), Sohn eines Lehrers, Wirts und Landschreibers, besuchte 1835 das Seminar in Küsnacht. Während seines Studiums in Berlin 1842/43 war er mit Bettina von Arnim befreundet. Er schrieb die Untersuchungen zu den Wohnverhältnissen der Armen, die sie als dokumentarischen Anhang ihrem berühmten Brief «Dies Buch gehört dem König» von 1843 beifügte. Siehe Grunholzer, Heinrich: Erfahrungen eines jungen Schweizers im Vogtlande, in: Arnim, Bettine von: Werke und Briefe, Bd. 3: Politische Schriften, hg. von Bunzel, Wolfgang/Landfester, Ulrike/Schmitz, Walter/Steindorff, Sibylle von, Frankfurt am Main 1993, S. 329 bis 368. Zu Grunholzer siehe Bürgi, Markus: Heinrich Grunholzer (1819–1873), HLS (ungekürzte Fassung als Typoskript; Teilnachlass in der Paul-Kläui-Bibliothek in Uster); Koller, Traugott: Heinrich Grunholzer. Lebensbild eines Republikaners, 2 Bände, Zürich 1876; Bloch 2007, S. 304, 316–321, 407 f.

88 Privatnachlass Zangger-Grunholzer, Nr. 76, Rosette Zangger an ihren zukünftigen Verlobten Heinrich Grunholzer, 30. November 1850.

89 HsZB, Ms. P 2216/2, an J. Z.-St., T–Z/2, Rosette Zangger, Uster, 10. November 1851.

90 HsZB, Ms. P 2211/1, an J. Z.-St., G–Hi/1, von Dir. Heinrich Grunholzer, Münchenbuchsee/Uster, 2. Juni und 29. Dezember 1850; Ms. P 2206/2, von J. Z.-St., an Dir. Hch Grunholzer, Münchenbuchsee, 15. Dezember 1850.

91 Zehnder figuriert in den gedruckten Quellen immer als Ulrich Zehnder, in der Geschichte des Kantons Zürich, Bd. 3, Zürich 1994, S. 96, wird er als Hans Ulrich Zehnder aufgeführt, in der Geschichte der Schweizerischen Gemeinnützigen Gesellschaft 1810–1960, Zürich 1960, S. 155, figuriert er in der Liste der Zentralpräsidenten als Johann Ulrich Zehnder. Ich entschied mich für Ulrich Zehnder. Zu Zehnder siehe den Nachruf: Bürgermeister Dr. Ulrich Zehnder, Separatdruck aus dem Feuilleton der Neuen Zürcher-Zeitung, Zürich 1877; die um 1875 verfassten Erinnerungen von Ulrich Zehnder, die in vier Teilen veröffentlicht wurden: Zehnder 1898; Die Dreissiger Jahre des 19. Jahrhunderts im Urteil des Zürcher Bürgermeisters Dr. med. Ulrich Zehnder, mitgeteilt von Werner Schnyder, Separatdruck aus dem Zürcher Taschenbuch auf das Jahr 1942, Zürich 1941; Die vierziger Jahre des 19. Jahrhunderts im Urteil des Zürcher Bürgermeisters Dr. med. Ulrich Zehnder, mitgeteilt von Werner Schnyder, Separatdruck aus dem Zürcher Taschenbuch auf das Jahr 1944, Zürich 1943; Dr. med. Ulrich Zehnder; Der Abschluss der Tätigkeit von Dr. med. Ulrich Zehnder als Zürcher Regierungspräsident, mitgeteilt von Werner Schnyder, Separatdruck aus dem Zürcher Taschenbuch auf das Jahr 1957, Zürich 1956.

92 Seine erste Gattin, die Stadtzürcherin Magdalena Nabholz, hatte Zehnder 1818 als Patientin seines Vorgesetzten, des bekannten Stadtzürcher Arztes David Rahn, kennengelernt. Zehnder studierte pararallel am medizinischen Institut und arbeitete als «ärztlicher Gehülfe» bei Rahn, bevor er zu Schönlein an die Universität Würzburg wechselte. Siehe dazu Zehnder 1898, S. 32–43; Bürgermeister Dr. Ulrich Zehnder, Folge 2, Feuilleton der Neuen Zürcher-Zeitung, Zürich 1877, 2. August 1877/358.

93 Über seine Verehrung für Steiger und über die Begegnung mit diesem im Zürcher «Café littéraire» (heute «Hotel Storchen») nach dessen Befreiung aus dem Kesselturm in Luzern, in den Steiger nach der Niederlage des zweiten Freischarenzuges gesperrt worden war, schreibt Zehnder in: Die vierziger Jahre des 19. Jahrhunderts im Urteil des Zürcher Bürgermeisters Dr. med. Ulrich Zehnder, mitgeteilt von Werner Schnyder, Separatdruck aus dem Zürcher Taschenbuch auf das Jahr 1944, Zürich 1943, S. 92 f.

94 Das Litterarische Comptoir diente der Verbreitung zensurpflichtiger deutscher Schriften wie beispielsweise Georg Herweghs «Gedichte eines Lebendigen». Diese Schriften wurden in der Regel in der «Rheinischen Zeitung» nachgedruckt und von Karl Marx besprochen. Am Verlag waren 1843 Arnold Ruge und der Berliner Gustav Siegmund, der Bruder und Schwager von Emma und Georg Herwegh-Siegmund, beteiligt, bevor er 1845 aufgegeben wurde. Siehe Kröger, Ute: «Zürich, du mein blaues Wunder». Literarische Streifzüge durch eine europäische Kulturstadt, Zürich 2004, S. 351 f.

95 Vgl. dazu Geschichte des Kantons Zürich 1994, S. 96. Zu Zehnder und seiner Tätigkeit siehe Schnyder, Werner (Hg.): Die vierziger Jahre des 19. Jahrhunderts im Urteil des Zürcher Bürgermeisters

Dr. med. Ulrich Zehnder. Mitgeteilt und erläutert von Dr. Werner Schnyder, Separatdruck aus dem Zürcher Taschenbuch auf das Jahr 1944, Zürich 1943.

96 Der um sieben Jahre ältere Zehnder war als liberal-radikaler Politiker, Mitglied des Erziehungsrats und Arzt an Büchner als politischem Schriftsteller ebenso wie als Naturwissenschaftler, der über Neurologie dissertiert hatte, interessiert.

97 Auch Johann Caspar Bluntschli, der grosse politische Gegenspieler von Ulrich Zehnder, war Mitglied der Zürcher Loge. Siehe HLS, www.hls-dhs-dss.ch/textes/d/D11395.php, Stand 13. Februar 2008. Zur politischen Karriere in den 1840er Jahren siehe Zehnder, Ulrich: Die vierziger Jahre des 19. Jahrhunderts im Urteil des Zürcher Bürgermeisters Dr. med. Ulrich Zehnder. Mitgeteilt und erläutert von Dr. Werner Schnyder, Separatdruck aus dem Zürcher Taschenbuch auf das Jahr 1944, Zürich 1943. Josephine Stadlins Aarauer Freunde wie der Verleger Carl Sauerländer und Heinrich Zschokke waren ebenfalls Freimaurer. Zu Zehnders Laufbahn und dem Kampf zwischen Konservativen und Liberalen siehe Geschichte des Kantons Zürich 1994, S. 67 f., 131–141.

98 Eickenrodt, Sabine/Rapisarda, Cettina: Über Freundschaft und Freundinnen – ein Überblick, in: Eickenrodt/Rapisarda 1998, S. 9–40, hier S. 39. Freundschaft als Gegenstand der historischen Forschung war lange einzig als Freundschaft zwischen Männern behandelt worden. Noch die Kulturwissenschaftler des 20. Jahrhunderts dachten sich Freundschaft primär als ein Verhältnis zwischen Männern, auch wenn Georg Simmel und Siegfried Kracauer den modernen Frauen ein solches Verhältnis nicht gänzlich absprachen. Der historische Diskurs über Frauenfreundschaften wurde erst im Zug der Neuen Frauenbewegung im letzten Viertel des 20. Jahrhunderts zum Thema der Geschichte, dagegen ist das Thema Freundschaft zwischen einem Mann und einer Frau ausserhalb der Ehe für das 19. und 20. Jahrhundert noch kaum untersucht. Für die Zeit der Aufklärung vgl. den Beitrag von Brigitte Schnegg zur Freundschaft zwischen Julie Bondeli und Johann Georg Zimmermann sowie zwischen Christoph Martin Wieland und Katharina Zimmermann: Schnegg, Brigitte: Gleichgestimmte Seelen. Empfindsame Inszenierung und intellektueller Wettstreit von Männern und Frauen in der Freundschaftskultur der Aufklärung, in: WerkstattGeschichte, 28/2001, S. 23–42; Schnegg, Brigitte: «Die Freundschaft ist ein Jüngling ...» Freundschaft und Geschlechterbeziehungen in der Aufklärung, Referat, German Studies Association (GSA) Conference, 2003, Workshop: «Über die Freundschaft». Beziehungsspiele – Handlungsräume: Freunde, Kameraden, Kumpel und Partner, Manuskript.

99 Zehnder, Ulrich: Der Abschluss der Tätigkeit von Dr. med. Ulrich Zehnder als Zürcher Regierungspräsident, mitgeteilt von Werner Schnyder, Separatdruck aus dem Zürcher Taschenbuch auf das Jahr 1957, Zürich 1956, S. 86.

100 HsZB, Ms. P 2198 4, Notizen des Ehemannes Dr. U. Zehnder, Arzt und alt Burgermeister, o. D.

101 Ebd.

102 Zehnder, Ulrich: Der Abschluss der Tätigkeit von Dr. med. Ulrich Zehnder als Zürcher Regierungspräsident, mitgeteilt von Werner Schnyder, Separatdurck aus dem Zürcher Taschenbuch auf das Jahr 1957, Zürich 1956, S. 86 f.

103 HsZB, Ms. P 2216/2, an J. Z.-St., T–Z/2, Ulrich Zehnder an Josephine Stadlin, Bern 17. Mai 1848.

104 Ochsenbein war fünf Jahre jünger als Josephine Stadlin; er wohnte zu der Zeit, als sie in Yverdon im Institut Niederer arbeitete, in Nidau und studierte die Rechte in Bern. Hinweise auf eine solche Beziehung zwischen Josephine Stadlin und Ulrich Ochsenbein gibt es allerdings in der Ochsenbein-Biografie nicht. Siehe Holenstein, Rolf: Ochsenbein. Erfinder der modernen Schweiz, Basel 2009, S. 27–39.

105 Zu den Wahlen am 1. Mai 1842 siehe die Erinnerungen Zehnders: Die vierziger Jahre des 19. Jahrhunderts im Urteil des Zürcher Bürgermeisters Dr. med. Ulrich Zehnder, mitgeteilt von Werner Schnyder, Separatdruck aus dem Zürcher Taschenbuch auf das Jahr 1944, Zürich 1943, S. 69 f. In seinen rund vierzig Jahre später verfassten Erinnerungen bezichtigt Zehnder in einer Anmerkung seinen ehemaligen Mitstreiter implizit des Verrats: «Dr. Ludwig Keller ging nach der Berufung an die Universität Halle 1843 zur feudalen, hochkonservativen Politik über.» In Zürich war Keller der wichtigste Mentor von Alfred Escher gewesen und hatte diesem den Weg in die politischen Ämter geebnet. Siehe Jung 2006, Teil 1: Leben und Wirken, S. 94–99 und 177.

106 Die Historikerin Verena Müller qualifizierte im Gespräch mit mir dieses Billett als «Bombe», das heisst als Hinweis auf ein Liebesverhältnis zwischen dem verheirateten Ulrich Zehnder und der ledigen Josephine Stadlin. Ich möchte mich dieser Interpretation weder anschliessen noch diese ausschliessen, neige jedoch eher dazu, das Verhältnis zumindest für die ersten Jahre als Versuch einer zwischengeschlechtlichen Freundschaft zu sehen. Dass dieses enge Freundschaftsverhältnis mit der Zeit Anlass zu Klatsch gab, erwähnt Ulrich Zehnder in seiner Autobiografie, siehe dazu Zehnder 1956, S. 106.

107 HsZB, Ms. P 2216/2, an J. Z.-St., T–Z/2, Ulrich Zehnder an Josephine Stadlin (in Uster bei Familie Heinrich Zangger), 30. Dezember 1850.

108 HsZB, Ms. P 2216/2, an J. Z.-St., T–Z/2, Ulrich Zehnder an Josephine Stadlin (in Uster bei Familie Heinrich Zangger), 30. Dezember 1850.
109 HsZB, Ms. P 2216/2, an J. Z.-St., T–Z/2, Ulrich Zehnder, 19. September 1848.
110 Beide, Elise Sidler wie Josephine Stadlin, waren Töchter von Vätern, die geprägt waren von der Sturm-und-Drang-Zeit, ein Element, das Goetzinger bei anderen Frauen herausstreicht, Goetzinger 1993, S. 40.
111 HsZB, Ms. P 2216/2, an J. Z.-St., T–Z/2, Ulrich Zehnder an Josephine Stadlin, 26. September 1847 (oder 1849, nicht eindeutig zu entziffern).
112 11.–19. Rechenschaftsbericht des Regierungsrathes an den Grossen Rath des Standes Zürich von 1841–1849, Zürich 1842–1850, über das Jahr 1841, Zürich 1842.
113 HsZB, Ms. P 2198 4, Notizen des Ehemannes Dr. U. Zehnder, Arzt und alt Burgermeister, o. D.
114 An der Spitze der Regierung standen bis zur Verfassungsrevision von 1869 immer zwei Bürgermeister, die sich in ihrer Funktion halbjährlich ablösten. Derjenige der beiden, der die Rolle gerade ausübte, galt als erster Bürgermeister.
115 Dreissig Jahre später zeigte der als Bundesrat zurückgetretene Liberale Jakob Dubs (1822–1879) – er war in den 1840er Jahren ein radikaler Freischärler und über Jahre ein enger politischer Weggefährte von Ulrich Zehnder gewesen, später gehörte er als Liberaler zum Umfeld von Alfred Escher – in seinem Werk «Das öffentliche Recht der schweizerischen Eidgenossenschaft» Verständnis für die Forderung nach rechtlicher und politischer Gleichstellung der Frauen. Bereits 1858 hatte der liberal-radikale Solothurner Simon Kaiser (1828–1898), der als katholischer, aber radikal antiklerikaler Freisinniger im Bundesstaat weiterhin zu den radikal-demokratischen Kräften gehörte, in Bd. 1 seines Werks zum schweizerischen Staatsrecht festgestellt: «Ich gestehe es, rationale Gründe zur Ausschliessung [von der politischen Gleichstellung, E. J.] der Frauen gibt es nicht, wohl aber solche, die der Zweckmässigkeit entnommen sein mögen.» Zit. in Majer 2008, S. 319.
116 Rothenbühler 2010, S. 192 f.
117 Eventuell hiess sie Lina Rosina. Ob Emilie Paravicini-Blumer Follen bereits aus ihrer Aargauer Zeit kannte, bleibt offen. Nach seiner Emigration als politischer Flüchtling in die Schweiz arbeitete er von 1822 bis 1827 in Aarau als Lehrer, das heisst vor ihrer und Augustin Kellers Zeiten in Aarau, jedoch im gleichen von Zschokke und Sauerländer geprägten gesellschaftlichen Umfeld. Siehe de.wikipedia.org/wiki/Adolf_Ludwig_Follen, Zugriff 15. August 2008.
118 Siehe von Matt, Peter: Die tintenblauen Eidgenossen. Über die literarische und politische Schweiz, München 2004, S. 31. Zu Ulrich Zehnder habe ich keine Quellen, die seine Bekanntschaft verbürgen, aber wegen seiner literarischen Interessen sowie seiner Position als Bildungspolitiker und Gegner von Bluntschli, der für den Weggang von Herwegh verantwortlich war, kann von einer engeren Bekanntschaft zwischen Zehnder und Follen ausgegangen werden. Dazu waren Follens und Zehnders Töchter Schülerinnen von Josephine Stadlin.
119 Bürgi, Markus: unveröffentlichtes Referat zu den Häusern in der Nachbarschaft der Forschungsstelle für Sozial- und Wirtschaftsgeschichte der Universität Zürich. Das Haus «Unterer Sonnenbühl» wurde 1966 abgetragen, um Platz zu schaffen für die neue Kantonsschule Rämibühl. Zu Follen und dem intensiven, von deutschen Emigranten geprägten Leben in seinem Umfeld und damit auch von Josephine Stadlins Tätigkeit am Zeltweg und im Sonnenbühl in Hottingen siehe Kröger, Ute: «Zürich, du mein blaues Wunder». Literarische Streifzüge durch eine europäische Kulturstadt, Zürich 2004, S. 349–355.
120 HsZB, Ms. P 2210/2, an J. Z.-St., D–F/2, Nina Fierz, September 1850. Siehe auch Geschichte des Kantons Zürich 1994, S. 144.
121 HsZB, Ms. P 2209/1–25, an J. Z.-St., A–C/1, von H. v. Besele, Zürich, 1844.
122 HsZB, Ms. P 2209/a, an J. Z.-St., A–C/2, von Frau N. Cramer, Hirzel, 21. April 1845.
123 HsZB, Ms. P 2209/a, an J. Z.-St., A–C/2, von Dr. Jo. Mich. Bossard, Zug, 38 Briefe, 1839 bis 1857; Ms. P 2209/a, an J. Z.-St., A–C/2, von Sophie Bosshard, später Gächter-Bosshard, Bologna, Neapel, Freiburg, Nevers u. a., 41 Briefe, 1850–1871.
124 Zu den Gebrüdern Benziger, Drucker in Einsiedeln, siehe HsZB, Ms. P 2209/1, an J. Z.-St., A–C/1, von J. C. Benziger, 6 Briefe, 1838 bis 1844; von Nicolaus Benziger, 14 Briefe, 1843 bis 1853; Ms. P 2206/1–25, 7, an Statthalter Nic. Benziger, Einsiedeln, 5 Briefe, 1848 bis 1850.
125 HsZB, Ms. P 2198/14, Stadlin, Josephine (1849): Das Institut Stadlin. Von Nikolaus Benziger, Mitbesitzer der Druckerei in Einsiedeln, stammte die Lithografie des Instituts auf dem Prospekt. Die gleiche Lithografie der Gebrüder Benziger diente ab 1849 als Kopf auf Josephine Stadlins Briefpapier, siehe HsZB, Ms. P 2209/1, an J. Z.-St., A–C/1, Nicolaus Benziger, Einsiedeln, 6. Februar 1849. In diesem Brief erwähnt Nikolaus Benziger den zu «lithographierenden Briefkopf».
126 HsZB, Ms. P 2216/a, Briefe früherer Zöglinge, chronologisch geordnet, 1841–1848, Antwort Josephine Stadlins beiliegend, 1845, von Agathli, Schafisheim, 3. August 1845.
127 Die Unterlagen und Auskünfte zur Familie Hagnauer verdanke ich dem Staatsarchiv Aarau.

Gottlieb Hagnauer war freundschaftlich liiert mit Emilie Paravicini-Blumer. Der Vater von Elise, Friedrich Hagnauer, war «Negotiant», also Kaufmann.

128 HsZB, Ms. P 2208/1, von J. Z.-St., O–Z/1, 12, an Oberrichter Ringier, Lenzburg, o. D.

129 HsZB, Ms. P 2216/b, Briefe früherer Zöglinge, chronologisch geordnet, 1841–1848, Antwort Josephine Stadlins beiliegend, 1848, von Rosalia Winistörfer, Solothurn, 24. Dezember 1848.

130 HsZB, Ms. P 2216/a, Briefe früherer Zöglinge, chronologisch geordnet, 1841–1848, Antwort Josephine Stadlins beiliegend, 1844, Briefe von und an Regina Flugi.

131 HsZB, Ms. P 2216/b, von Hanna und Luise Sulzberger. Siehe auch Gnädinger, Beat/Spuhler, Gregor: Frauenfeld. Geschichte einer Stadt im 19. und 20. Jahrhundert, Frauenfeld 1996, S. 161.

132 HsZB, Ms. P 2216/a, Briefe früherer Zöglinge, chronologisch geordnet, 1841–1848, Antwort Josephine Stadlins beiliegend, Briefe von und an Amalie, Johanna und Marie Diezinger, Wädenswil.

133 HsZB, Ms. P 2207/1, von J. Z.-St., H–N/1, 7, von Caspar Honegger, 4. Februar 1849.

134 Privatnachlass Zangger-Grunholzer, Nr. 23, Louise Zangger an ihre Schwester Rosette Grunholzer-Zangger, 29. März 1855.

135 Vgl. dazu Hardmeier 1997, S. 334.

136 Zu Stadlins Taktik und Argumentation siehe Omlin 1999, S. 140–147.

137 Wedel 2000, S. 65.

138 Hardmeier 1997, S. 18 f., zu den theoretischen Ansätzen S. 14–20.

139 Renold, Ursula: «Wo das Männliche anfängt, da hört das Weibliche auf!» Frauenberufsbildungsdiskussionen im Spiegel der sozioökonomischen Entwicklung (1860–1930), Brunegg 1998, S. 85. Auch der 1848 gegründete Wiener demokratische Frauenverein setzte Volksbildung und höhere Bildungsanstalten für Mädchen auf die Prioritätenliste, politische Rechte werden trotz des 1848er Attributs «demokratisch» im Vereinsnamen nicht erwähnt. Siehe Majer 2008, S. 300.

140 HsZB, Ms. P 2214/2, an J. Z.-St., M–R/2, Lisette Ruepp, Sarmenstorf, 20. Februar 1844.

141 HsZB, Ms. P 2214/2, an J. Z.-St., M–R/2, Lisette Ruepp, Sarmenstorf, wahrscheinlich Frühjahr 1844, beigelegtes Zirkular vom 23. Februar 1844.

142 HsZB, Ms. P 2214/2, an J. Z.-St., M–R/2, Lisette Ruepp, Sarmenstorf, wahrscheinlich Frühjahr 1844.

143 Leimgruber 2006, S. 253; Leimgruber, s' Mueterli, 2006; Leimgruber 2007. Zwar waren sich nach Leimgruber Rosette Niederer-Kasthofer und Lisette Ruepp-Uttinger in ihrer Ablehnung des Vereins einig. Wie Leimgruber scheint auch mir die Ablehnung von Rosette Niederer-Kasthofer weit ausgeprägter.

144 HsZB, Ms. Pestal 819/4, Nachlass Rosette Niederer-Kasthofer, Kopien von Briefen an Verschiedene, 1812–1853, Brief an Karl Hunziker, o. D., wahrscheinlich Dezember 1844, S. 79 f. Leimgruber bringt diese Auseinandersetzung in Zusammenhang mit der Konkurrenz zwischen Rosette Niederer-Kasthofer, Lisette Ruepp-Uttinger und Josephine Stadlin bei der Ausbildung von Lehrerinnen. Siehe Leimgruber, s' Mueterli, 2006.

145 Leimgruber 2004, S. 149.

146 HsZB, Ms. Pestal 819/4, Nachlass Rosette Niederer-Kasthofer, Kopien von Briefen an Verschiedene, 1812–1853, Brief an Karl Hunziker, o. D., wahrscheinlich Dezember 1844, S. 80, datiert 19. April 1864.

147 HsZB, Ms. P 2207/1, von J. Z.-St., H–N/1, 16, an Josephine Keller, 31. Mai 1845.

148 HsZB, Ms. P 2213/2, an J. Z.-St., I–L/2, Gertrud Krüsi, Gais, 12. Januar 1845.

149 HsZB, Ms. P 2216/1, Briefe an Josephine Zehnder-Stadlin, T–Z/1, Babette Tobler, Trogen, 4. Oktober 1843.

150 HsZB, Ms. P 2216/1, Briefe an Josephine Zehnder-Stadlin, T–Z/1, Babette Tobler, Trogen, 22. August 1846.

151 HsZB, Ms. P 2216/1, Briefe an Josephine Zehnder-Stadlin, T–Z/1, Babette Tobler, Trogen, 6. Januar 1845.

152 Die erste von einer Frau in Eigenverantwortung herausgegebene Frauenzeitschrift in der Schweiz erschien 1793/94: Ehrmann, Marianne: Die Einsiedlerinn aus den Alpen, hg. von Zunzer, Annette, Schweizer Texte. Neue Folge, Bd. 15, Bern, Stuttgart, Wien 2002. Zur Frauenpublizistik siehe Wischermann 1996. Zu den Frauenzeitschriften im Zeitalter der Aufklärung siehe Weckel, Ulrike: Zwischen Häuslichkeit und Öffentlichkeit. Die ersten deutschen Frauenzeitschriften im späten 18. Jahrhundert und ihr Publikum, Tübingen 1998. Die von Louise Otto herausgegebene «Frauen-Zeitung» erschien 1849–1852, im Gegensatz zur «Erzieherin» jedoch wöchentlich und unter einem klaren Motto: «Dem Reich der Freiheit werb' ich Bürgerinnen», doch thematisch dominierte auch in dieser Zeitschrift die Mädchenbildung. Siehe Wischermann 1996, S. 47–50.

153 Die Erzieherin, Nr. 1, 1845, S. 1.

154 Ebd., S.3f. Zur langfristigen Kontextualisierung der Argumentation siehe Larcher, Sabina: Frauen unterrichten Kinder und Frauen – Männer unterrichten Erwachsene. Die Ordnungsmodelle Geschlecht und Generation in der Lehrerinnenbildung, in: Ordnung muss sein! Pädagogische Inszenierungen, Olympe. Feministische Arbeitshefte zur Politik, 16/2002, S.85–90.

155 Die Erzieherin, Nr.1, 1845, S.5.

156 Caroline Arni sieht im feministischen Essay als Verknüpfung von Analyse und Wissen mit Plädoyercharakter eine zentrale Form des Schreibens für die vom akademischen Diskurs ausgeschlossenen Frauen. Vgl. Arni, Caroline: Hier ist das Buch. Die Frauen im Laufgitter, die Rhetorik der Verspätung und der feministische Essay, in: Offene Worte. Zur Aktualität von Iris von Rotens «Frauen im Laufgitter», Olympe. Feministische Arbeitshefte zur Politik, 28/2009, S.41–49, hier S.46f.

157 Allen 1996, S.22.

158 Die Erzieherin, Nr.1, 1845, S.8. In den folgenden Heften des ersten Jahrgangs ergänzte Josephine Stadlin die Antwort auf die eingangs gestellte Frage «Was ist Erziehung?» mit zweitens «Eine Kunst» (S.41–53) und drittens «Eine Wissenschaft auf Seelenlehre gegründet» (S.81–98). Diese sollen hier aber nicht weiter analysiert werden.

159 Scott, Joan W.: Fantasy Echo. History and the Construction of Identity, in: Critical Inquiry, 27, 2001/2, S.284–304, hier S.297f., 300f.

160 Vgl. Scott 1996, S.3–5, 19–56. Auch die Historikerin Caroline Arni nimmt auf diesen Widerspruch in ihrem Referat zur Schweizer Feministin Iris von Roten Bezug. «Auf diese Widersprüchlichkeit müssen wir uns einlassen. In ihr kommt nichts weniger zum Ausdruck als das Paradox der politischen Moderne, die von allem Anfang an zwei Dinge gleichzeitig hervorbrachte: den Ausschluss der Frauen (und anderer Gruppen) und die feministische Kritik an diesem Ausschluss.» Arni 2009, Olympe, S.43.

161 Die Erzieherin. Eine Zeitschrift über weibliche Erziehung, Jg.1–6, Zürich 1845–1850.

162 HsZB, Ms. P 2210/1, an J.Z.-St., D–F/1, Diesterweg, Berlin, 18.Juli 1846. Wahrscheinlich bezieht er sich auf den ohne Angabe der Autorin veröffentlichten Aufsatz, der gleichzeitig auf Beiträge in den Heften des vorangehenden Jahres verweist: Die Ausgleichung psychischer Thätigkeiten und was damit zusammenhängt, in: Die Erzieherin, 1846, S.44–58.

163 Die Erzieherin, Jg.4, 1848, S.27–43.

164 Martin, Louis Aimé: De l'éducation des mères de famille, ou de la civilisation du genre humain par les femmes, 2 Bände, Paris 1834. Das Werk wurde über mehrere Hefte ausgiebig rezensiert und zusammengefasst. Die Erzieherin, Jg.4, S.6–11, 85–10, Jg.5, S.3–7, 50–55. Das Werk von Martin war in Frankreich ein eigentlicher Bestseller und erschien neben deutscher auch in englischer, schwedischer und italienischer Übersetzung. In Frankreich wurde es vom radikalen «Journal des femmes» empfohlen. Zur Rezeption von Martin siehe Bock, Gisela: Frauen in der europäischen Geschichte. Vom Mittelalter bis zur Gegenwart, München 2000, S.128f.

165 HsZB, Ms. P 2207/2, von J.Z.-St., H–N/2, 18, Anna Kunz, Winterthur, 21.Juni 1846.

166 HsZB, Ms. P 2216/a, Stadlin an Kath. Sidler, Küssnacht.

167 HsZB, Ms. P 2207/2, von J.Z.-St., H–N/2, 29, an Ida Mirus, Rendsburg, 9.August 1850.

168 HsZB, Ms. P 2215/1, an J.Z.-St., S/1, Lisa Schweizer, Mailand, 4.März 1846, 22.November 1849.

169 HsZB, Ms. P 2216/b, Tonely Villiger, Bremgarten, 6.August 1848.

170 HsZB, Ms. P 2216/1, Briefe an Josephine Zehnder-Stadlin, T–Z/1, Antonie Villiger, Bremgarten, 1.Januar 1846; Ms. P 2216/b, Briefe früherer Zöglinge, chronologisch geordnet, 1841–1848, Antwort Josephine Stadlins beiliegend, Tonely Villiger, Bremgarten, 6.August 1848.

171 HsZB, Ms. P 2216/b, Briefe früherer Zöglinge, chronologisch geordnet, 1841–1848, Antwort Josephine Stadlins beiliegend, Barbara Streiff, Richterswil, 4.Oktober 1848.

172 HsZB, Ms. P 2213/2, an J.Z.-St., I–L/2, Setti Laager, Mollis, 2.November 1846.

173 HsZB, Ms. P 2216/b, Briefe früherer Zöglinge, chronologisch geordnet, 1848, Antwort Josephine Stadlins beiliegend, Setti Laager, Mollis, 25.Dezember 1848.

174 HsZB, Ms. P 2216/b, Briefe früherer Zöglinge, chronologisch geordnet, 1848, Antwort Josephine Stadlins beiliegend, Emma und Bertha Jenny, St.Gallen, 25.August 1848.

175 HsZB, Ms. P 2216/b, Briefe früherer Zöglinge, chronologisch geordnet, 1848, Antwort Josephine Stadlins beiliegend, Christine Streiff, Richterswil, 18.Dezember 1848.

176 HsZB, Ms. P 2216/b, Briefe früherer Zöglinge, chronologisch geordnet, 1848, Antwort Josephine Stadlins beiliegend, Tonely Villiger, Bremgarten, 11.August 1848.

177 HsZB, Ms. P 2209/1, an J.Z.-St., A–C/1, Luise Arbenz und Luise Arbenz-Egg, 1.September 1848.

178 HsZB, Ms. P 2212, an J.Z.-St., Ho–Hz, Susanne Hotz, Dürnten, 11.Oktober 1846.

179 HsZB, Ms. P 2216/a, Briefe früherer Zöglinge, chronologisch geordnet, 1841–1848, Antwort Josephine Stadlins beiliegend, 1844, von Regina Flugi, St.Moritz, 28.Oktober 1844.

180 HsZB, Ms. P 2210/2, an J.Z.-St., D–F/2, Elisa von Flugi, Chur, 1849.

181 HsZB, Ms. P 2216, an J.Z.-St., T–Z/2, von Rosette Zangger, 3, Januar 1847, 9, 6.Februar und 10,

Uster, 24. Februar, Ms. P 2216/2/b, an J. Z.-St., T–Z/2, von Rosette Zangger, 5, 12. Juli 1848, Ms. P 2216/2/c, an J. Z.-St., T–Z/2/b, von Rosette Zangger, 28. September und 7. Oktober 1848.

182 Dass auch die Lehrer des Kantons Zürich sich schwertaten mit der Verordnung zum Aufsatzschreiben für die jährlichen viermaligen Lehrerkapitel, zeigt deren Opposition gegen diesen «Zwang» und die sukzessive Reduktion dieser Pflicht, da sich die Verordnung in ihrer ursprünglichen Form als nicht umsetzbar erwies. Vereinsmässig, das heisst nicht im Rahmen der gesetzlich vorgegebenen Synode, sollten sich die Zürcher Lehrer auf kantonaler Ebene erst gegen Ende des Jahrhunderts organisieren, der Schweizerische Lehrerverein aber wurde bereits 1849 in Lenzburg – unter anderem auf Initiative von Augustin Keller – gegründet und gab sich dabei vor allem eine ideelle Ausrichtung, die das Eigenbild der Zürcher Lehrer prägte. Ein eigenes, von Heinrich Grunholzer in Kooperation mit dem Badener Lehrer H. Zähringer herausgegebenes Publikationsorgan erschien erst ab 1856, also rund ein Jahrzehnt nach dem Erscheinen des ersten Heftes der «Erzieherin», unter dem Titel «Pädagogische Monatsschrift für die Schweiz». Es wurde 1862 von der «Schweizerischen Lehrerzeitung» abgelöst. Siehe Bloch 2007, S. 417 f., 427 f.

183 Die Erzieherin, Jg. 1–6, 1845–1850. Die Jahrgänge 1–5 umfassen mehrere Hefte, der Jahrgang 6 präsentiert unter dem Titel «Die Musterschule» Josephine Stadlins Vorstellung einer idealen Schule vom kleinen Mädchen zur jungen Frau.

184 Die Erzieherin, Jg. 5, Heft 4, 1850, S. 28.

185 Die Erzieherin, Jg. 6, Zürich 1850, S. 1–43, 44–67, 68–91; Stadlin, Josephine: Die Musterschule am schweizerischen weiblichen Seminar, ein Beitrag zur Begründung einer Schule der Natur und des Lebens, den Erziehungsbehörden der schweizerischen Cantone ehrfurchtsvoll gewidmet von Josephine Stadlin, Zürich 1850.

186 Leimgruber 2006, S. 145. Zur Zentenarfeier siehe Osterwalder 2007, S. 220 f.

187 HsZB, Ms. P 2206/1–25, von J. Z.-St., A–G/1, 4, an Diesterweg, Berlin, 20. September 1845.

188 HsZB, Ms. P 2210/1, an J. Z.-St., D–F/1, von Diesterweg, 16. Oktober 1845; insgesamt 4 Briefe, 1845 bis 1846.

189 Stadlin, Josephine: I. [Rede], in: Diesterweg 1846, S. 1–7; Niederer, Rosette: II. [Beitrag], S. 8–18; Homberg, Tinette: III. [Beitrag], S. 19–29.

190 Die Beiträge von Tinette Homberg, Rosette Niederer-Kasthofer und Josephine Stadlin waren eingesandt, aber an der Feier nicht vorgelesen worden. Dagegen waren die weiteren Beiträge in der Versammlung in Berlin persönlich vorgetragen worden. Seinen eigenen Beitrag verfasste Diesterweg erst für die Publikation, da er nicht an der Feier teilgenommen hatte. A. D.: Vorwort, in: Diesterweg, Adolph (Hg.): Heinrich Pestalozzi. Vorträge und Reden, zur Frauen-Feier seines hundertjährigen Geburtstages am 25. Januar 1846 in Berlin, Berlin 1846, S. III f.

191 Vgl. Allen 1996, S. 22.

192 Ebd., S. 24.

193 Stadlin, I (Rede), 1846, S. 3.

194 Ebd.

195 Zur Aufbruchstimmung unter Frauen im Vormärz siehe Gerhard 1990, S. 16–70.

196 Schnegg 1999, Fokus VI: Pestalozzis Inthronisation der Mutter, S. 293.

197 Stadlin, I (Rede), 1846, S. 3.

198 Albrecht, Nele: Tagungsbericht: Gender History in a Transnational Perspective, 5./6. Oktober 2007, Berlin, http://hsozkult.geschichte.hu-berlin.de/tagungsberichte/id=1001. Vgl. dazu die Gründung der «Hochschule für das weibliche Geschlecht» in Hamburg, zur Heranbildung von Frauen für ihre spezifische Rolle in der Reform von Familie, Gesellschaft und Staat; siehe Allen 1996, S. 28.

199 Die Gründerinnen des Schweizerischen Gemeinnützigen Frauenvereins bezogen sich bei der Rechtfertigung ihrer gesellschaftlichen Interventionen direkt auf Pestalozzi. Eine ihrer Exponentinnen war Augustin Kellers Tochter Gertrud Villiger-Keller, deren Vorname Pestalozzis Heldin aus «Lienhard und Gertrud» ebenso evoziert wie die Gertrud Stauffacher aus Schillers «Wilhelm Tell».

200 Da Pestalozzi die Mutterschaft als eine ethische und kulturelle Funktion sah, war sie nicht an die biologische Mutterschaft gebunden, sondern konnte von Erzieherinnen und Lehrerinnen ausgeübt werden, die dazu in seinen Ausbildungsstätten ausgebildet wurden. Vgl. dazu Allen 1996, S. 21. Siehe auch Allen, Ann Taylor: Feminismus und Mütterlichkeit in Deutschland 1800 bis 1914, Weinheim 2000.

201 HsZB, Ms. P 2216/a, Briefe früherer Zöglinge, chronologisch geordnet, 1848, Antwort Josephine Stadlins beiliegend, Netti aus Schinznach, 12. Dezember 1845. Auch die Familie Hünerwadel gehörte zum Kreis der einflussreichen Freisinnigen, der Arzt Hünderwadel aus Lenzburg hatte mit Ulrich Zehnder in Würzburg studiert. Siehe Zehnder 1898, S. 37.

202 HsZB, Ms. P 2198/14, Aufruf von Josephine Stadlin für die Zentenarfeier an die «Hochverehrten

Damen!», 27. Dezember 1845, Originalfassung des Zirkulars mit eingefügten Korrekturen und «saubere», sorgfältig geschriebene Kopie des Zirkulars, ergänzt durch den späteren gedruckten Aufruf von 1846: Aufruf an schweizerische gemeinnützige Frauen. Die Berufung auf die spezielle Mission der Mütter, die Mutterschaft als das alle Frauen Verbindende, wurde in den Jahren des liberalen Aufbruchs auch von radikalen Frauen als Argument zur Unterstreichung der Forderung nach Partizipation eingesetzt; so argumentierte ebenfalls der bereits erwähnte und von Stadlin verehrte Aimé Martin, ein Verfechter der Revolution von 1848. Die von der Lehrerin Eugénie Niboyet herausgegebene Zeitschrift «La voix des femmes» forderte 1848 sogar die Emanzipation der Männer, die sich zu Frauen transformieren sollten, da Frauen und nicht Männer die Erneuerung der Menschheit versprächen. Siehe Bock, Gisela: Frauen in der europäischen Geschichte. Vom Mittelalter bis zur Gegenwart, München 2000, S. 130–132.

203 Die Erzieherin, Jg. 2, 1846, S. 14.

204 Ebd., S. 18.

205 Schnegg 1999, Fokus VI: Pestalozzis Inthronisation der Mutter, S. 278–298.

206 Die Erzieherin, Jg. 2, 1846, S. 18–23.

207 Zur Ambivalenz in der Argumentation von Frauen zur Geschlechterklassifizierung im Sinne der «binären Unvergleichlichkeit» im 19. Jahrhundert siehe Labouvie, Eva: Himmelskörper – Menschenkörper – Frauenkörper. Die Ordnung des Kosmos und die Verortung der Geschlechter in den Wissenschaften des 16. bis 19. Jahrhunderts, in: Historische Anthropologie, 2010/1, S. 1–24, hier S. 19 f.

208 Die Erzieherin, Jg. 2, 1846, S. 28. Mit ihrer Favorisierung eines Konvikts zeigte sich Josephine Stadlin eins mit der Auffassung von Augustin Keller, dem Aargauer Seminardirektor; mit ihrer Relativierung des Konvikts markierte sie einerseits Offenheit gegenüber den unterschiedlichen Auffassungen im Kanton Zürich – Scherr war ein Gegner, der spätere Seminardirektor Fries ein Befürworter des Konvikts –, anderseits Realitätssinn, da in einem überkantonalen Lehrerinnenseminar ein angegliedertes Konvikt fast zwingend, zugleich die Ausrichtung auf mögliche Kandidatinnen aus dem näheren Umfeld ebenso notwendig war. Siehe Bloch 2007, S. 301 f., 476 f.

209 HsZB, Ms. P 2198/14, Aufruf an schweizerische gemeinnützige Frauen.

210 Ebd.

211 Ebd.

212 Ebd.

213 Ebd. Auch mit dieser Hervorstreichung des öffentlichen Nutzens durch die finanzielle Unterstützung der Ausbildung von jungen Frauen aus ärmeren Schichten knüpfte Josephine Stadlin an die Argumentationen zur Finanzierung kantonaler Seminarien für die männliche Jugend an. Siehe Bloch, S. 272–274, 435.

214 HsZB, Ms. P 2198/14, Statuten für Errichtung eines Schweizerischen Seminars für Erzieherinnen, 13. Oktober 1846.

215 Bloch 2007, S. 276 f.

216 HsZB, Ms. P 2206/1–25, von J. Z.-St., A–G/1, an Frau Dolder, 14. November 1849 (ist im Archiv falsch eingereiht).

217 HsZB, Ms. P 2208/1, von J. Z.-St., O–Z/1, 1, an Verena Oswald-Kundert; Ms. P 2208/1, von J. Z.-St., O–Z/1, 3, an Apotheker Pfluger Solothurn, wahrscheinlich 1846.

218 Weckel, Ulrike: Lehrerinnen des weiblichen Geschlechts. Die ersten Herausgeberinnen von Frauenzeitschriften und ihr Publikum, in: Kleinau/Opitz, Bd. 1, S. 428–439, hier S. 437.

219 HsZB, Ms. P 2208/1, von J. Z.-St., O–Z/2, 27, an Ida Stadlin, Dezember 1846.

220 HsZB, Ms. P 2208/15, von J. Z.-St., O–Z/1, an Lisette Ruepp, Sarmenstorf, 9. Dezember 1846.

221 HsZB, Ms. P 2214/2, an J. Z.-St., M–R/2, Lisette Ruepp, Sarmenstorf, 16. Dezember 1846.

222 HsZB, Ms. P 2208/1, von J. Z.-St., O–Z/2, 27, an Ida Stadlin, Dezember 1846.

223 HsZB, Ms. P 2208/1, von J. Z.-St., O–Z/2, 28, an Michael Stadlin, 13. Januar 1848.

224 HsZB, Ms. P 2207/2, von J. Z.-St., H–N/2, 23, an Agathe Lutiger, 23. August 1846.

225 HsZB, Ms. P 2209/a, an J. Z.-St., A–C/2, Octavie Bonjour, Avenches, 28. Januar 1847.

226 HsZB, Ms. P 2209/1, an J. Z.-St., A–C/1, Luise Arbenz und Luise Arbenz-Egg, 23. Februar 1845.

227 HsZB, Ms. P 2213/2, an J. Z.-St., I–L/2, Setti Laager (Frau Zwicky-Laager), Mollis, 29. November 1846. Es handelt sich dabei um den von Emilie Paravicini-Blumer mitgegründeten Frauenverein zur Gründung von Arbeitsschulen und bei Frau Major Trümpi im Oberdorf wohl um ihre enge Bekannte Elsbeth Trümpy-Oertli, deren Ehemann Heinrich Trümpy den Kanton Glarus 1848/49 im Ständerat vertreten sollte.

228 HsZB, Ms. P 2213/2, an J. Z.-St., I–L/2, Setti Laager (Frau Zwicky-Laager), Mollis, 13. Februar 1847.

229 HsZB, Ms. P 2216, an J. Z.-St., T–Z/2, 2, von Rosette Zangger, 26. Dezember 1846.

230 Ebd.

231 HsZB, Ms. P 2216/b, Briefe früherer Zöglinge, chronologisch geordnet, 1848, Antwort Josephine Stadlins beiliegend, Stadlin an Christine Streiff, Richterswil, 12. Januar 1848.

232 HsZB, Ms. P 2206/2, von J. Z.-St., A–G/2, 49, an Pauline Griot, Neuchâtel, 23. Dezember 1846.
233 HsZB, Ms. P 2208/1, von J. Z.-St., O–Z/1, 7, an Maria Reber-Sulger, Basel.
234 HsZB, Ms. P 2206/1-25, von J. Z.-St., A–G/a, 17, an Emilie Corrodi, Aarau, Datum unklar.
235 HsZB, Ms. P 2206/2, von J. Z.-St., A–G/2, 31, an M. Fischer-Reisgasser, Lenzburg, 1846.
236 HsZB, Ms. P 2209/1, an J. Z.-St., A–C/1, Sophie Bertschinger-Hagnauer, Lenzburg, Apotheke, 1846/47.
237 HsZB, Ms. P 2206/2, von J. Z.-St., A–G/2, 34, an Regina von Flugi, Datum unklar.
238 HsZB, Ms. P 2216/1, Briefe an J. Z.-St., T–Z/1, Babette Tobler, Trogen, 3. März 1845.
239 HsZB, Ms. P 2216/1, Briefe an J. Z.-St., T–Z/1, Frau F. Vögeli, Zürich, 2. Februar 1846.
240 HsZB, Ms. P 2212, an J. Z.-St., Ho–Hz, Elise Hofacher-Ernst, Winterthur, 21. Januar 1847.
241 HsZB, Ms. P 2216/1, Briefe an Josephine Zehnder-Stadlin, T–Z/1, Rosalie Winistörfer-Keller, Solothurn, 30. Dezember 1846.
242 HsZB, Ms. P 2216/b, Briefe früherer Zöglinge, chronologisch geordnet, 1848, Antwort Josephine Stadlins beiliegend, Rosalia Keller, 2. Januar 1848.
243 HsZB, Ms. P 2215/1, Briefe an Josephine Zehnder-Stadlin, S/1, Fr. Schulthess, Zürich, 1 Brief mit beigelegter Antwort von Stadlin, Februar 1846; Ms. P 2208/1, von J. Z.-St., O–Z/1, 19, an Fr. Schulthess, Zürich, 17. September, 19. November und 12. Dezember 1846.
244 HsZB, Ms. P 2206/1-25, von J. Z.-St., A–G/a, 10, an Direktor Gius. Curti, 19. November 1946. Zu Curti siehe HLS, www.hls-dhs-dss.ch/textes/d/D3546.php, Stand 15. März 2005.
245 HsZB, Ms. P 2206/2, von J. Z.-St., A–G/2, 36, an Dekan Frei, 15. Februar 1847.
246 HsZB, Ms. P 2206/2, von J. Z.-St., A–G/2, 47, an Glarner Zeitung, 19. November 1846.
247 HsZB, Ms. P 2216/1, an J. Z.-St., T–Z/1, Dr. J. Wieland, Aarau, 18. November 1846; Ms. P 2208/2, von J. Z.-St., O–Z/2, 44, an Dr. J. Wieland, Aarau, Landammann, 15. November 1846.
248 HsZB, Ms. P 2213/1, an J. Z.-St., I–L/1, Augustin Keller, 1. August 1845.
249 HsZB, Ms. P 2208/2, O–Z/2, 51, an Pfr. Emil Zschokke, Kulm, 14. Dezember 1846.
250 HsZB, Ms. P 2208/2, von J. Z.-St., O–Z/2, 41, an Friedrich Wasalli, Chur, 1846; 42, Pfr. Widmann, Liestal, 23. Dezember 1846.
251 HsZB, Ms. P 2216/1, an J. Z.-St., T–Z/1, Fried. Wassali, Chur, 18. November 19 46.
252 HsZB, Ms. P 2208/2, von J. Z.-St., O–Z/2, 50, an Caspar Zellweger, Trogen, 15. November 1845.
253 HsZB, Ms. P 2216/2, an J. Z.-St., T–Z/2, C. Zellweger, Trogen, 26. Januar 1846.
254 HsZB, Ms. P 2211/1, an J. Z.-St., G–Hi/1, Evang. Erziehungsrat des Kt. St. Gallen.
255 Die vierziger Jahre des 19. Jahrhunderts im Urteil des Zürcher Bürgermeisters Dr. med. Ulrich Zehnder. Mitgeteilt und erläutert von Dr. Werner Schnyder, Separatdruck aus dem Zürcher Taschenbuch auf das Jahr 1944, Nachdruck, Zürich 1848, S. 123. An der Ausarbeitung der Verfassung war er als Vertreter von Jonas Furrer in der Tagsatzungskommission in der Zeit vom 17. Februar bis zum 8. April 1848 zeitweise mitbeteiligt gewesen; siehe Bürgermeister Dr. Ulrich Zehnder, in: Neue Zürcher Zeitung, Nr. 364, 6. August 1877.
256 Die Erzieherin, Jg. 4, 1848.
257 Ebd., S. 6–10, hier S. 6. In den folgenden Heftnummern veröffentlichte sie die von ihr ausgewählten Kapitel aus Aimé Martins Werk, die sie frei ins Deutsche übertrug. Siehe Die Erzieherin, Heft 4, S. 85–90, Heft 5, S. 3–7 und 50–55. Orginaltitel: L. Aimé Martin: Education des mères de famille ou la civilisation du genre humain par les femmes.
258 HsZB, Ms. P 2208/2, von J. Z.-St., O–Z/2, an Dr. Zehnder, 21. Juli 1848.
259 Die Erzieherin, Jg. 4, 1848, S. 6–10, hier S. 6–8.
260 HsZB, Ms. P 2208/2, von J. Z.-St., O–Z/2, an Dr. Zehnder, 21. Juli 1848. Der Brief ist als Kopie wegen der schlechten Qualität äusserst schwierig zu lesen, die letzte Seite ist sogar nur spiegelschriftlich kopiert, eine vollständige Transkription war mir nicht möglich. Der Brief erinnert an den von Abigail Adams am 31. März 1776 – also mehr als siebzig Jahre früher – an ihren Ehemann, den späteren zweiten Präsidenten der USA John Adams, gesandten Brief. Sie mahnte Adams, der sich damals zur Beratung der Verfassung in Philadelphia aufhielt, sich «bei der neuen Gesetzgebung» auch der Frauen zu erinnern: «Wir werden uns nicht verpflichtet fühlen, Gesetzen zu gehorchen, für die wir keine Stimme gaben oder keine Vertretung besitzen. [...] Wenn wir Helden, Staatsmänner und Philosophen haben wollen, müssen wir auch gebildete Frauen haben.» Zit. in Majer 2008, S. 356; vgl. dazu Gelles, Edith B.: «Remember the Ladies». Politics in the Letters of Abigail Adams, in: Bland/Máire 2004, S. 67–75.
261 HsZB, Ms. P 2208/2, von J. Z.-St., O–Z/2, an Dr. Zehnder, 21. Juli 1848. Vgl. Joris 1998, S. 173–188; Meyer 1996, S. 39.
262 In Frankreich wurde die Frage der Geschlechtergleichheit im Frühjahr 1848 zwar debattiert und vor allem von Sozialistinnen wie Jeanne Deroin und Jenny d'Héricourt aktiv eingefordert, aber wie schon nach der Revolution von 1789 gerade von Exponenten der Linken aufs heftigste bekämpft. Siehe unter anderem Majer 2008, S. 82 f.; Arni 1998; Arni/Honegger 1998.
263 HsZB, Ms. P 2216/2, an J. Z.-St., T–Z/2, Ulrich Zehnder an Josephine Stadlin, 19. September 1848.

264 Saurer hebt die Bedeutung von Freundschaften für die Netzwerkbildung in dieser frühen Phase der Frauenbewegung hervor: «Die Freundschaften zwischen den Frauenaktivistinnen beruhten auf gemeinsamen Unrechtserfahrungen und Emanzipationswünschen. So gab es in den Jahren 1830–1860 eine proto-internationale Frauenbewegung, die über gemeinsames Engagement in unterschiedlichen Aktionsbereichen, über internationale Unterstützung und via Briefeschreiben hergestellt wurde.» Saurer 2006, S. 86.

265 HsZB, Ms. P 2207/2, von J. Z.-St., H–N/2, 27, an Elise Maier, Winterthur, 16. Januar 1846.

266 HsZB, Ms. P 2207/2, von J. Z.-St., H–N/2, 27, an Elise Maier, Winterthur, o. D., 1846.

267 Ebd.

268 HsZB, Ms. P 2207/2, von J. Z.-St., H–N/2, 28, an Elise Maier, Winterthur, 25. August 1847.

269 HsZB, Ms. P 2214/1, an J. Z.-St., M–T/1, Elise Maier, 2. Januar 1846.

270 Linke spricht von «Bildungsreligion» und analysiert die «Rolle der Frauen im gesellschaftlichen Gespräch», siehe Linke 1996, S. 54–56, 212–220.

271 So war im Revolutionsjahr 1848 das Recht auf Bildung und Erwerbstätigkeit von Prag bis Paris die zentrale Forderung der auf Emanzipation pochenden Frauen. Siehe unter anderem Majer 2008, S. 300.

272 HsZB, Ms. P 2214/1, an J. Z.-St., M–T/1, Elise Maier, 29. Oktober 1846.

273 Dieses Zurückstecken durchzieht die Geschichte der schweizerischen Frauenbewegung bis in die zweite Hälfte des 20. Jahrhunderts. Immer wieder wurde die Forderung nach Gleichstellung mit Verweis auf die Umstände nur in verhaltenem Ton vorgebracht oder auf später verschoben.

274 HsZB, Ms. P 2214/1, an J. Z.-St., M–T/1, Elise Maier, 26. Dezember 1846.

275 Ebd.

276 Vgl. dazu «Der Mensch als Mann, die Frau als Weib. Das Paradox der politischen Moderne», von Arni, Caroline: Republikanismus und Männlichkeit in der Schweiz, in: Schweizerischer Verband für Frauenrecht (Hg.): Der Kampf um gleiche Rechte. Le combat pour les droits égaux, Basel 2009, S. 20–31, hier S. 22. Arni bezieht sich auf den von Joan W. Scott – ausgehend von Olympe de Gouges' «Erklärung der Rechte der Frau und Bürgerin» von 1791 – eingeführten Begriff des Paradoxes für die Situation der Frauen in der Moderne. Den Begriff verwendet auch Wecker in Bezug auf die Entwicklung in der Schweiz; siehe Wecker, Regina: The Oldest Democracy and Women's Suffrage. The History of a Swiss Paradox, in: Charnley, Joy (Hg.): 25 Years of Emancipation. Women in Switzerland 1971–1996, Bern 1998. Bereits Abigail Adams und ihre Freundin Merca Otis Warren, beides vehemente Vertreterinnen der Unabhängigkeit der dreizehn nordamerikanischen Kolonien von Grossbritannien, plädierten für die rechtliche Gleichstellung der Geschlechter, ordneten aber gleichzeitig die Frauen der privaten Sphäre als ihrem primären Wirkungskreis zu. Siehe Majer 2008, S. 359.

277 Seit der Französischen Revolution wurden Frauen, die im öffentlichen Raum ihre Interessen formulierten, der unkontrollierten Leidenschaft bezichtigt und der Gefährdung der «Ordnung» angeklagt, ihre «Freiheit» als Anarchie verstanden. Siehe dazu unter anderem Majer, S. 180, 389–391. Auch nach Meinung von Josephine Stadlins Lehrerin Rosette Niederer-Kasthofer fiel eine Frau, die sich eine Lebensaufgabe ausserhalb des häuslichen Bereichs suchte, «von der Weiblichkeit ab; [ihr] Charakter erhält den Anstrich der Männlichkeit, und so wird [sie] eine fremdartige, stossende Erscheinung». Zit. in Leimgruber 2004, S. 149. In Anlehnung an Angelika Ebrecht und Elfi Bettinger könnte Stadlins öffentliches Auftreten als eine Grenzverletzung beziehungsweise Transgression im Sinne eines öffentlich verhandelten Tabubruchs taxiert werden, da seit dem Beginn der Neuzeit beständig darüber verhandelt wird, «was innerhalb und was ausserhalb des Akzeptierten liegt. In solchen impliziten oder auch expliziten Verständigungsprozessen werden Normen kritisiert, erneuert, verschoben oder verworfen.» Zit. in Schneider, Andreas: Feministische Transgression und mediale Grenzziehungen. Zur ambivalenten Beziehung von Neuer Frauenbewegung und Massenbewegung – das Beispiel Alice Schwarzer, in: Ariadne. Forum für Frauen- und Geschlechtergeschichte, 57/2010, S. 66–71, hier S. 66. Siehe auch Hacker, Hanna: Zum Begriff der Transgression. Historische Ansätze und Überschreitung, in: L'Homme, 2002/2, S. 224–233.

278 HsZB, Ms. P 2214/1, an J. Z.-St., M–T/1, Elise Maier, 26. Dezember 1846.

279 Ebd.

280 HsZB, Ms. P 2214/1, an J. Z.-St., M–T/1, Elise Maier, 17. April 1848.

281 HsZB, Ms. P 2214/1, an J. Z.-St., M–T/1, Elise Maier, 14. Juni 1848.

282 HsZB, Ms. P 2214/1, an J. Z.-St., M–T/1, Elise Maier, 20. September 1848.

283 HsZB, Ms. P 2214/1, an J. Z.-St., M–T/1, Elise Maier, 21. September 1848.

284 HsZB, Ms. P 2214/1, an J. Z.-St., M–T/1, Elise Maier, 25. September 1848.

285 Unter anderem schrieb sie von der Unterstützung durch die Familie Herzog in Effingen. HsZB, Ms. P 2214/1, an J. Z.-St., M–T/1, Elise Maier, 30. September 1848.

286 Ebd.
287 HsZB, Ms. P 2207/2, von J. Z.-St., H–N/2, 28, an Elise Maier, Winterthur, o. D.
288 HsZB, Ms. P 2216/1, an J. Z.-St., T–Z/2, Zeller-Füssli, Balgrist, 2. Juli 1847.
289 HsZB, Ms. P 2216/1, an J. Z.-St., T–Z/1, Frau F. Vögeli, Zürich, 5. Februar 1849.
290 HsZB, Ms. P 2212, an J. Z.-St., Ho–Hz, F. Holzhalb, Architekt, Altstetten, mit einer Antwort von Josephine Stadlin, 1849.
291 Die Faszination für solche «Somnambule» war seit dem Beginn des 19. Jahrhunderts stark verbreitet und kommt in verschiedenen privaten Korrespondenzen zwischen Frauen vor. In pietistischen Kreisen vermengte sich die Faszination mit der bangen Frage, ob das nicht Sünde sei, während in liberalen Kreisen sich eher die Frage stellte, ob Aussagen solcher Hellseherinnen, die mehrheitlich einfachen Schichten zugeordnet wurden, als vernunftwidrig grundsätzlich nicht zur Kenntnis genommen werden sollten. Trotz dieser Vorbehalte waren diese Somnambulen gerade auch für Ärzte interessante Studienobjekte. Im Bodenseeraum ging diese Faszination zum Teil zurück auf Franz Anton Mesmer, der seine letzten Lebensjahre in Konstanz und in Frauenfeld verbrachte. Von ausserordentlicher Resonanz war der romanhafte Bericht des Dichters und Arztes Justinus Kerner (1786–1862) über die Somnambule Friederike Hauffe in Oberstenfeld (Württemberg) von 1829 (1846 neu aufgelegt); Kerner, Justinus: Die Seherin von Prevorst. Eröffnungen über das innere Leben und über das Hineinragen einer Geisterwelt in die unsere, 2 Bände, Stuttgart 1829. Vgl. HsZB, Familienarchiv Nüscheler von Neuenegg, 692 & a, Briefe von Verschiedenen an Anna Cleophea Nüscheler in Zürich, von E. Breitinger, Ellikon, 1. November 1840. Die sehr fromme Pfarrfrau E. Breitinger erzählt in diesem Brief von ihrer Begegnung mit einer «Somnambülen» von Islikon bei Frauenfeld, die von Dr. Hofmann aus Frauenfeld befragt und zusammen mit Frau Reding, einer Schülerin von Mesmer, bezüglich Magnetismus getestet worden sei. Die damals Zwanzigjährige soll nach E. Breitinger mit fünfzehn Jahren an einem Nervenleiden erkrankt sein und an epileptischen Anfällen gelitten haben. Es könnte sich in diesem Brief um den gleichen Arzt und die gleiche «Somnanbüle» handeln wie im Brief von Luise Sulzberger.
292 HsZB, Ms. P 2215/2, an J. Z.-St., S/2, Luise Sulzberger (Tochter), Frauenfeld, 8. November 1847.
293 HsZB, Ms. P 2215/2, an J. Z.-St., S/2, Luise Sulzberger (Tochter), Frauenfeld, 13. November 1847.
294 HsZB, Ms. P 2215/2, an J. Z.-St., S/2, Luise Sulzberger (Mutter), Frauenfeld, 12. Mai 1847.
295 HsZB, Ms. P 2207/2, von J. Z.-St., H–N/2, 15, an Elise Maier, Winterthur, 30. Januar 1851.
296 HsZB, Ms. P 2208/1, von J. Z.-St., O–Z/1, 2, an Cécile Pestalozzi, Zürich, 19. Oktober 1849; 8, an Bertha Reinhart-Hess, Winterthur, 19. September 1848 und 7. Januar 1848 (oder 1849); Ms. P 2212, an J. Z.-St., Ho–Hz, Caspar Honegger, Rüti, 2. Februar 1849.
297 HsZB, Ms. P 2208/1, von J. Z.-St., O–Z/1, 16, an J. Schlotthauer, 1847.
298 HsZB, Ms. P 2216/b, Stadlin an Pauline Cuendet, Rotterdam, 17. Juni 1848.
299 HsZB, Ms. P 2216/b, Pauline Cuendet, Rotterdam, 20. Juli 1848.
300 HsZB, Ms. P 2216/b, Stadlin an Meinrada Gyr, Einsiedeln, 12. Januar 1848.
301 HsZB, Ms. P 2208/2, von Stadlin, O–Z/2, 29, an Gertrud Steinmann, Einsiedeln, 29. März 1848; Ms. P 2215/2, an Stadlin, S/2, Gertrud Steinmann, 10. März 1848.
302 HsZB, Ms. P 2208/2, von J. Z.-St., O–Z/2, 47, an Rosette Zangger, 20. Januar 1849; Ms. P 2212, an J. Z.-St., Ho–Hz, Netti Huber, Schinznach, 14 Briefe, 1844–1847. Die Briefe drehen sich immer wieder um Fragen der Schuldenabzahlung und der fehlenden Zahlungen an den Erzieherinnenverein.
303 HsZB, Ms. P 2208/2, von J. Z.-St., O–Z/2, 37, an Antonie Villiger, Bremgarten, 7 Briefe, 1846 bis 1849; Ms. P 2216/1, an J. Z.-St., T–Z/1, Antonie Villiger, Bremgarten, 2. Februar 1848.
304 HsZB, Ms. P 2216/b, Briefe früherer Zöglinge, chronologisch geordnet, 1841–1848, Antwort Josephine Stadlins beiliegend, Tonely Villiger, Bremgarten, 1. Mai 1848.
305 HsZB, Ms. P 2216/b, Briefe früherer Zöglinge, chronologisch geordnet, 1841–1848, Antwort Josephine Stadlins beiliegend, Stadlin an Tonely Villiger, Bremgarten, 3. Mai 1848; Ms. P 2216/b, Briefe früherer Zöglinge, chronologisch geordnet, 1841–1848, Antwort Josephine Stadlins beiliegend, Tonely Villiger, Bremgarten, 9. August 1848.
306 HsZB, Ms. P 2216/b, Briefe früherer Zöglinge, chronologisch geordnet, 1841–1848, Antwort Josephine Stadlins beiliegend, Stadlin an Tonely Villiger, Bremgarten, 9. August 1848.
307 HsZB, Ms. P 2211/2, an J. Z.-St., G–H/2, Babette Helbling, später Altherr-Helbling, Luzern, 7. Juli 1850.
308 HsZB, Ms. P 2211/2, an J. Z.-St., G–H/2, Babette Helbling, später Altherr-Helbling, Luzern, 14. Februar 1851.
309 HsZB, Nachlass Josephine Zehnder-Stadlin, Ms. P 2216/b, Briefe früherer Zöglinge, chronologisch geordnet, 1841–1848, Antwort Josephine Stadlins beiliegend, Stadlin an Tonine Clamaron, Aarau, 25. Juli 1848.
310 HsZB, Ms. P 2216/b, Briefe früherer Zöglinge, chronologisch geordnet, 1841–1848, Antwort Josephine Stadlins beiliegend, Schwestern Diezinger, Wädenswil, 22. April 1848.

311 StAZH, U 30 a/4, Jahresberichte der Bezirksschulpflege Zürich der Schuljahre 1841/42–1849/50, Schuljahr 1848/49, S. 45.
312 Wedel 2000, S. 246.
313 Privatnachlass Zangger-Grunholzer, Nr. 106, Luise (wahrscheinlich Sulzberger), an Rosette Zangger, 11. Februar 1849.
314 Privatnachlass Zangger-Grunholzer, Nr. 106, Luise (wahrscheinlich Sulzberger), an Rosette Zangger, 11. Februar 1849.
315 HsZB, Ms. P 2207/2, von J. Z.-St., H–N/2, 22. D. Lütkens, Hamburg, 30. November 1849.
316 Neunzehnter Rechenschaftsbericht des Regierungsrathes an den Grossen Rath des Standes Zürich. 1849, Zürich 1850, S. 166.
317 HsZB, Ms. P 2207/2, von J. Z.-St., H–N/2, 25, Mager, Eisenach, 17. Januar 1851. Der Brief scheint fälschlicherweise mit 1850 datiert zu sein, denn sowohl das Antwortschreiben wie die Belegung von Vorlesungen bei Ludwig im Hochschulverzeichnis über die Honorargebühren zeigen, dass es sich um 1851 handelt.
318 HsZB, Ms. P 2214/2, an J. Z.-St., M–R/2, Marie Pfyffer, 1. April 1850.
319 HsZB, Ms. P 2216/b, Briefe früherer Zöglinge, chronologisch geordnet, 1841–1848, Antwort Josephine Stadlins beiliegend, Marie Diezinger, Wädenswil, 7. November 1848.
320 HsZB, Ms. P 2209/1, an J. Z.-St., A–C/1, Luise Arbenz und Luise Arbenz-Egg, Andelfingen, 11. März 1849.
321 HsZB, Ms. P 2214/1, an J. Z.-St., M–T/1, Elise Maier, 25. Juni 1848.
322 Ms. P 2198 4, Notizen des Ehemannes Dr. U. Zehnder, Arzt und alt Burgermeister, o. D.
323 Ebd.
324 Zehnder 1956, S. 88 ff.
325 Ms. P 2198 4, Notizen des Ehemannes Dr. U. Zehnder, Arzt und alt Burgermeister, o. D.
326 Stadlin, Die Musterschule, 1850; Omlin 1999, S. 141 f.
327 Siehe Omlin 1999, S. 142.
328 Vgl. Tröhler 2002, S. 23. Zur Bedeutung des Wissens für die gesellschaftliche Identität und die liberalen Bildungsvorstellungen des 19. Jahrhunderts siehe Prodöhl, Ines: Die Aushandlung von Wissen und das Erfolgsmodell des Konversations-Lexikons, in: Eggs, Cindy/Jorio, Marco: Am Anfang ist das Wort. Lexika in der Schweiz, Baden 2008, S. 58–70, hier vor allem S. 58–62.
329 Korte 2002; Tröhler 2002.
330 Osterwalder 1995, S. 202. Eine weitere Auseinandersetzung um das Scheitern ihres Projekts wäre aus erziehungswissenschaftlicher Sicht wünschenswert.
331 Stadlin, Die Musterschule, 1850, S. 53; zit. auch in Omlin 1999, S. 143, und in Omlin 1998, S. 160.
332 Omlin 1999, S. 145.
333 Stadlin, Josephine: Pädagogische Beiträge, Leipzig 1863; Omlin 1999, S. 146.
334 Zur Gründung der Pflegerinnenschule vgl. Müller 2007, S. 277–287; Sabina, Roth: Arbeit am Pflegewissen. Ausbilden, entwickeln und forschen an der Krankenpflegeschule Zürich. Mit einem pflegepädagogischen Nachwort von Iris Ludwig, Zürich 2010, S. 26–28.
335 Fritschi, Alfred: Schwesterntum. Zur Sozialgeschichte der weiblichen Berufskrankenpflege in der Schweiz 1850–1930, Zürich 1990, S. 69–77; Mesmer 1988, S. 188–193.
336 Im Nachhinein profitierte die Schweizerische Pflegerinnenanstalt zwar von Bundessubventionen, aber nur als Entgelt für die Verstärkung des Armeesanitätsdienstes; siehe Mesmer 1988, S. 192 f. Zum gemeinnützigen Engagement von Heim-Vögtlin und anderen Stadtzürcher Bildungsbürgerinnen, siehe Witzig 2000, S. 260–264.
337 Auch die «Hochschule für das weibliche Geschlecht» in Hamburg musste 1852 schliessen. Nach Sabine Hering-Zalfen war das Finanzierungskonzept der entscheidende Schwachpunkt dieses Projekts, da vor allem Frauen für die Mitgliederbeiträge aufkamen, aber juristisch betrachtet nicht frei über Einkommen oder Vermögen verfügen konnten. Das Scheitern des politischen Aufbruchs trug zum Rückgang von Mitgliedern und Spenden ebenso bei wie die negativen Reaktionen auf zwei spektakuläre Ehescheidungsprozesse, die mit der Hochschule in Verbindung gebracht wurden. Wie bei Josephine Stadlin wurde das nicht den bürgerlichen Moralvorstellungen entsprechende Betragen von zwei der engagiertesten Lehrerinnen, von Emilie Wüstenfeld und Bertha Traun, selbst von deren Mitstreiterin Emma Isler ursächlich mit dem Scheitern in Verbindung gebracht. Vgl. dazu Kleinau 1996, S. 80 f.
338 Vgl. dazu Arni 2009, Olympe, S. 41–49. Mehr als ein Jahrhundert nach Josephine Stadlin stiess auch Iris von Roten mit ihrer radikalen Forderung nach Einlösung des liberalen Gleichheitsversprechens auf polemische Ablehnung. Arni verknüpft Iris von Rotens Dringlichkeit mit der einer ganzen Reihe feministischer Autorinnen, zu denen auch Josephine Stadlin gezählt werden könnte.
339 Wedel verweist auf die zwei gegensätzlichen Lagern angehörigen Pionierinnen der Mädchenbildung, die radikal-demokratische Adlige Malwida von Meysenbug und die streitbare Pietistin

Wilhelmine Canz, die in der «Sturm-und-Drang-Phase» der 1840er Jahre beide zwischen dreissig und vierzig Jahre alt waren und mit vergleichbarem Eifer für ihre Sache eintraten. Wedel 2000, S. 65.

340 Zur Frauenbeziehung in der historischen Forschung und der Frauenbewegungskultur siehe Gerhard Ute/Klausmann, Christina/Wischermann, Ulla: Frauenfreundschaften – ihre Bedeutung für Politik und Kultur der alten Frauenbewegung, in: Feministische Studien, 1993/1, S. 21–37, hier S. 31.

341 Nach Wedel gingen auch die «emanzipierten» Vormärzautorinnen, die in programmatischen Schriften weitreichende Forderungen nach Arbeitsmöglichkeiten für Frauen erhoben, in der Darstellung ihrer Heldinnen nicht über die akzeptierten Bilder von Weiblichkeit hinaus; siehe Wedel 2000, S. 90 f.

342 Mesmer 1988, S. 71 f., 88–101.

343 StAZH, U 55 b 1, Remission, N 64.1–64 c, Acten betr. «Milde Anstalten», N 658, Mädchenpension v. J. Stadlin 1841–1847, von Josephine Stadlin an den Erziehungsrat, 9. Juli 1847.

344 HsZB, Ms. P 2204 1, Schreiben des Erziehungsrates Zürich an Josephine Stadlin, 28. August 1847.

345 StAZH, U 30 a, Jahresberichte der Bezirksschulpflege Zürich der Schuljahre 1841/42–1849/50, Schuljahr 1847/48; Achtzehnter Rechenschaftsbericht des Regierungsrathes an den Grossen Rath des Standes Zürich. 1848, Zürich 1849, S. 184.

346 StAZH, U 30 a, Jahresberichte der Bezirksschulpflege Zürich der Schuljahre 1841/42–1849/50, Schuljahr 1848/49, S. 45.

347 HsZB, Ms. P 2198/14, Programm der Seminarschülerinnen, o. D.

348 Zit. nach Korte 2002, S. 31–46.

349 HsZB, Ms. P 2203, Fanny Hottinger, Anschauung der Hauptschule, Resultate, August 1849.

350 Ebd., S. 16 f.

351 Ebd., S. 68 f.

352 Ebd., S. 52 f.

353 Die sechs Tagebücher ohne Namen im Nachlass Josephine Stadlin sind von unterschiedlichen Personen verfasst. Es ist anzunehmen, dass alle, auch diejenigen ohne Angabe des Jahres, 1848 und 1849 verfasst wurden. HsZB, Ms. P 2198/7, Tagebuch I, 14. Dezember 1848 bis 11. Januar 1849; II, 6. September bis 16. September, o. J.; III, 13. August bis 12. September, o. J.; IV, ab 25. Februar und ab 11. März, o. J.; V, 2. bis 21. August, o. J.; VI. 19. bis 29. Juli, o. J. Drei (Tagebuch I, V, VI) sind dem Inhalt nach von Josephine Stadlin, zwei wahrscheinlich von Lehrerinnen der Musterschule, nicht aber von Fanny Hottinger oder Marguerite Girsperger, da die Schrift nicht mit der Schrift der Berichte dieser beiden Lehrerinnen identisch ist (Tagebuch II, III). Die Tagebücher von Josephine Stadlin und der Lehrerinnen behandeln unterschiedliche Aspekte des Schulalltags und der Methodik. Ein Tagebuch (Tagebuch IV) enthält die Notizen der Mutter eines Einzelkindes, das die Musterschule besucht.

354 HsZB, Ms. P 2198/7, Tagebuch II, 15. September, o. J.

355 HsZB, Ms. P 2198/7, Tagebuch VI, 21. Juli, o. J.

356 Das Gut lag im Umfeld der heutigen Zürichbergstrasse in der damaligen Gemeinde Fluntern. Die Familie Nägeli war verwandtschaftlich eng liiert mit der Familie Hürlimann, deren Landbesitz direkt an die Nägeli-Güter angrenzte. Beide begüterten Landfamilien stiegen schon im 19. Jahrhundert über Heirat ins Stadtzürcher Bürgertum auf und gehörten als einflussreichste Fluntermer und Befürworter der Schleifung der Schanzen politisch zum Kreis um Ulrich Zehnder. Siehe Joris, Elisabeth: Kinship and Gender. Property, Enterprise, and Politics, in: Mathieu, Jon/Sabean, David/Teuscher, Simon (Hg.): Kinship in Europe. Approaches to Long-Term Developments (1300–1900), New York 2006, S. 231–257, hier S. 235; Albers-Schönberg, Heinz (Hg.): Die Geschichte der Hürlimann von Fluntern, Zürich 1993.

357 HsZB, Ms. P 2203, Fanny Hottinger, Resultate, August 1849, S. 58 f.

358 HsZB, Ms. P 2198/7, Tagebuch I, 4. Januar 1849.

359 HsZB, Ms. P 2198 4, Notizen des Ehemannes Dr. U. Zehnder, o. D.

360 HsZB, Ms. P 2198/7, Tagebuch III, 23. August, o. J.

361 HsZB, Ms. P 2198/7, Tagebuch III, 28. August, o. J.

362 HsZB, Ms. P 2198/7, Tagebuch I, 18. Dezember 1848.

363 HsZB, Ms. P 2198/7, Tagebuch V, 17. August, o. J.

364 HsZB, Ms. P 2198/7, Tagebuch VI, 22. Juli, o. J.

365 HsZB, Ms. P 2198/7, Tagebuch VI, 23. Juli, o. J.

366 HsZB, Ms. P 2198/7, Tagebuch VI, 23. Juli, Abend, o. J.

367 HsZB, Ms. P 2198/7, Tagebuch VI, 26. Juli, o. J.

368 HsZB, Ms. P 2203, Marguerite Girsperger, Kleinkinderschule, Journal, No. I, vom 29. Mai bis 6. Juli 1849.

369 HsZB, Ms. P 2203, Marguerite Girsperger, Journal, No. I, vom 29. Mai bis 6. Juli 1849.

370 HsZB, Ms. P 2198/7, Tagebuch VI, S. 28. Juli (1848 oder 1849).
371 HsZB, Ms. P 2198/7, Tagebuch V, 12. August, o. J.
372 HsZB, Ms. P 2198/7, Tagebuch I, 7. Januar 1849.
373 HsZB, Ms. P 2198/7, Tagebuch II, 15. September, o. J.
374 HsZB, Ms. P 2198/7, Tagebuch I, 14. Dezember 1848.
375 HsZB, Ms. P 2198/7, Tagebuch IV, ab 25. Februar und ab 11. März, o. J.
376 HsZB, Ms. P 2198/7, Tagebuch IV.
377 HsZB, Ms. P 2198/7, Tagebuch III, 28. August, o. J.
378 HsZB, Ms. P 2198/7, Tagebuch III, 13. August, o. J.
379 HsZB, Ms. P 2198/7, Tagebuch II, 13. September, o. J.

Kapitel II.4

1 Auch Rosette Niederer-Kasthofer erfüllte diese Funktion in hohem Masse, vgl. Leimgruber 2006, S. 237–243.
2 Bourdieu, Pierre/Passeron, Jean-Claude: Grundlagen einer Theorie der symbolischen Gewalt, Frankfurt am Main 1973.
3 Frevert, Ute/Schreiterer, Ulrich: Treue – Ansichten des 19. Jahrhunderts, in: Hettling/Hoffmann 2000, S. 220 ff.
4 Der Familienname schreibt sich sowohl Feierabend als auch Feyerabend.
5 Schweizer, Heinrich: Frau Josephine Zehnder, geb. Stadlin, in: Neue Zürcher Zeitung, 9. und 10. September 1875.
6 HsZB, Ms. P 2206/2, von Stadlin, A–G/2, 29, an Marie Feyerabend, Yverdon, 2 Briefe, 1834 bis 1835.
7 Klun, V. F.: Allgemeine und Handels-Geographie, Wien 1860; Leitfaden für den geographischen Unterricht an Mittelschulen, 2., verb. Auflage, Wien 1862; Statistik von Österreich-Ungarn, Wien 1876. Klun war in späteren Jahren Staatsmann im Dienst des Kaiserreichs.
8 HsZB, Nachlass Josephine Stadlin, Ms. P 2208/2, von Stadlin, A–G/230 Rosalie Feyerabend, 12 Briefe, 1846 bis 1852, Ms. P 2210/2, an Stadlin, D–F/2, Rosalie Feyerabend, 53 Briefe, 1841 bis 1871.
9 HsZB, Nachlass Josephine Zehnder Stadlin, Ms. P 2216/b, Briefe früherer Zöglinge, chronologisch geordnet, 1841–1848. Antwort Josephine Stadlin beiliegend, von Gertrud Steinauer, Brief an Gertrud Steinauer und an Feierabend, 1848. August Feierabend hatte 1834–1837 in München, Würzburg und Zürich Medizin studiert. Nach dem Freischarenzug von 1844 floh er in den Kanton St. Gallen, wo er 1847–1859 in Ebnat-Kappel als Arzt praktizierte. Er war Mitarbeiter liberaler Zeitungen und Kalender, verfasste medizinische Schriften, darunter «Die Homöopathie und ihre Stellung zur Neuzeit» (1864), daneben landeskundliche und historische Publikationen sowie zahlreiche vaterländische Dramen. Marti-Weissenbach, Karin: August Feierabend, www.hls-dhs-dss.ch/index.php, Stand 11. Februar 2005.
10 HsZB, Nachlass Josephine Zehnder Stadlin, Ms. P 2206/2, von Stadlin, A–G/2, 29, an Marie Feyerabend, Yverdon, 14. Juli 1834 aus Küssnacht, 11. April 1835 aus Aarau; Ms. P 2210/2, an Stadlin, D–F/2, Marie Feyerabend, später Frau Dr. Klun, Bologna, 1840 bis 1873.
11 HsZB, Nachlass Josephine Stadlin, Ms. P 2210/2, an Stadlin, D–F/2, Marie Feyerabend, Bologna, 27. Februar 1840.
12 HsZB, Nachlass Josephine Stadlin, Ms. P 2210/2, an Stadlin, D–F/2, Marie Feyerabend, Trogen, 23. Februar 1843.
13 HsZB, Nachlass Josephine Stadlin, Ms. P 2210/2, an Stadlin, D–F/2, Marie Feyerabend, 15. Januar 1844.
14 HsZB, Nachlass Josephine Stadlin, Ms. P 2210/2, an Stadlin, D–F/2, Marie Feyerabend, Brig, 1. Februar, und Triest, 26. April 1844.
15 HsZB, Nachlass Josephine Stadlin, Ms. P 2210/2, an Stadlin, D–F/2, Marie Feyerabend, 21. Februar 1848.
16 HsZB, Ms. P 2210/1, Nachlass Josephine Zehnder-Stadlin, an Stadlin, D–F/1, Louise Deschwanden, Stans, 50 Briefe, 1831 bis 1850.
17 Louise Deschwanden wurde 1804 geboren und starb 1856. Sie war die Tante des ersten Direktors der ETH Zürich, der in den 1840er Jahren im Stadlin'schen Institut Mathematik unterrichtet hatte. Siehe Gyr 1986.
18 Deschwanden, in: HLS, www.hls-dhs-dss.ch/index.php, Stand 29. November 2006.
19 HsZB, Nachlass Josephine Zehnder-Stadlin, Ms. P 2210/1, an J. Z.-St., D–F/1, Louise Deschwanden, Stans, 19. Dezember 1831.
20 HsZB, Nachlass Josephine Zehnder-Stadlin, Ms. P 2210/1, an J. Z.-St., D–F/1, Louise Deschwanden, Stans, 22. Januar 1833.

21 HsZB, Nachlass Josephine Zehnder-Stadlin, Ms. P 2210/1, an J. Z.-St., D–F/1, Louise Deschwanden, Stans, 22. Oktober 1832.
22 HsZB, Nachlass Josephine Zehnder-Stadlin, Ms. P 2210/1, an J. Z.-St., D–F/1, Louise Deschwanden, Stans, 21. März 1839.
23 HsZB, Nachlass Josephine Zehnder-Stadlin, Ms. P 2210/1, an J. Z.-St., D–F/1, Louise Deschwanden, Stans, 14. Juni 1842.
24 HsZB, Nachlass Josephine Zehnder-Stadlin, Ms. P 2210/1, an J. Z.-St., D–F/1, Louise Deschwanden, Stans, 25. April 1845.
25 HsZB, Nachlass Josephine Zehnder-Stadlin, Ms. P 2210/1, an J. Z.-St., D–F/1, Louise Deschwanden, Stans, 25. April 1845.
26 HsZB, Ms. P 2210/1, an J. Z.-St., D–F/1, 10, Louise Deschwanden, Stans, 10. August 1847.
27 HsZB, Ms. P 2210/1, an J. Z.-St., D–F/1, Louise Deschwanden, Stans, 3. Juli 1851.
28 HsZB, Ms. P 2210/1, Nachlass Josephine Zehnder-Stadlin, an J. Z.-St., D–F/1, Louise Deschwanden, Stans, 3. Juli 1851.
29 HsZB, Ms. P 2214/1, an J. Z.-St., M–R/1, Elise Maier, Weihnachten 1850.
30 HsZB, Ms. P 2214/1, an J. Z.-St., M–R/1, 47 Briefe von Elise Maier; Ms. P 2207/2, von J. Z.-St., H–N/2, 85 Briefe an Elise Maier. Josephine Stadlin hatte über Jahre ebenfalls Caroline Maier, die Schwester von Elise Maier, ausgebildet und in ihrem Institut in verschiedener Funktion beschäftigt. Vgl. dazu den Nachlass von Josephine Zehnder-Stadlin, Ms. P 2214/1, Briefe von Caroline Maier, und Ms. P 2207/2, H–N/2, Briefe an Caroline Maier. Der Familienname der Schwestern wird auch als Mayer aufgeführt, selbst Elise Maiers Schreibweise war nicht einheitlich.
31 HsZB, Ms. P 2214/1, an J. Z.-St., M–R/1, Elise Maier, Aarau, 6. Januar 1839.
32 HsZB, Ms. P 2214/1, an J. Z.-St., M–R/1, Elise Maier, Winterthur, 2. Januar 1846.
33 HsZB, Ms. P 2214/1, an J. Z.-St., M–T/1, Elise Maier, Winterthur, 18. September 1848.
34 HsZB, Ms. P 2214/1, an J. Z.-St., M–T/1, Elise Maier, Winterthur, 20. September 1848.
35 Die Erzieherin, 1849, S. 104 f. Hier ein Auszug aus dem Gedicht von Elise Maier: «[...] Des Weibes Loos, warum ist es mir geworden? / Warum ist es für ein Gotteskind erdacht? / Und warum trägt der Mann den Freiheitsorden, / Der ihn zum unumschränkten Herrscher macht. / Sind Mann und Weib sich denn nicht gleichgeboren? / Sind beide für den Himmel nicht erkoren? // Sie sind's und deine Sendung lern' erkennen; / [...] Hier schon, o Weib, wirst du im Himmel sein! / Die Sendung eines Engels ist Dir worden; / So trag' denn, Weib, des Himmels Freiheitsorden! // Die droben sind, die fordern nichts vom Leben, / Das Schöne Edle legen sie hinein; / Und all ihr Thun ist Lieben, Heben, Geben, / Ihr Dasein d'rum ein ewig Glücklichsein. [...] Lass ab, o Weib, vom Nichtigen, vom Kleinen, / Dann wird des Weibes Loos dir göttlich scheinen. // Es mag der Mann sich Macht und Ruhm erringen. / In Kunst und Wissenschaft dring' tief er ein: / Das Schöne, Weib, Du musst's ins Leben bringen, / Du sollst der Lenz, Du sollst die Blume sein. / [...] Die Liebe, Weib, sie wird die Welt bezwingen, / Die Liebe, Weib, den Himmel uns erringen. // [...] Des Vaterlandes Glück, du kannst es gründen: / Gieb Söhne ihm, die für das Grosse glühn; / Zieh Töchter, die ihr Glück im Geben finden, / Die, um was schön und edel ist, sich mühn. / Pflanz Gottvertrauen tief in ihre Seelen, / Dann kann die ächte Freiheit nimmer fehlen. // Frag grosse Männer, Weib: ‹Wer lehrt' euch leben? / Wer gab der Seele diese Gotteskraft?› / Und frag den Himmel, Weib: ‹Wer hat's gegeben? / Wer ist's, der soviel Herrliches uns schafft?› / Die Mutter, die des Himmels Wort verstanden, / Die auf sich schwang von dunkeln Erdenbanden.»
36 HsZB, Ms. P 2214/1, an J. Z.-St., M–T/1, Elise Maier, Winterthur, 23. Dezember 1850.
37 HsZB, Ms. P 2214/1, an J. Z.-St., M–T/1, Elise Maier, Winterthur, Weihnachten 1850.
38 HsZB, Ms. P 2214/1, an J. Z.-St., M–T/1, Elise Maier, Winterthur, 14. April 1859.
39 Vgl. Arni 2008/1, S. 35–39.
40 HsZB, Ms. P 2210/1, an J. Z.-St., D–F/1, Nanette Egg, London 1860.
41 Hettling/Hoffmann 2000, S. 13 f.
42 Hettling/Hoffmann 1997, S. 347.
43 Rebekka Habermas spricht in diesem Zusammenhang von «Bildungsreligion». Siehe Habermas, R., Gefühl, 2000, S. 170.
44 HsZB, Ms. P 2216/a, 1845, von Stadlin an Lena in Scanf [S-chanf], 5. Dezember 1845.
45 HsZB, Ms. P 2204/1, Du sollst das Kreuz auf dich nehmen, Agathe Luchsinger, o. D.
46 HsZB, Ms. P 2204/1, Warum ist dir der Eintritt in diese Erziehungsanstalt wichtig?, 21. September, o. J.
47 HsZB, Ms. P 2204/2, an J. Z.-St., Fanny Hottinger, 31. Dezember 1849.
48 HsZB, Ms. P 2204/11, Emilia Caprez, Neujahrsnacht von 1849 auf 1850.
49 HsZB, Ms. P 2216/a, Antwort Josephine Stadlins beiliegend, 1843, von Louise B.
50 HsZB, Ms. P 2211/2, an J. Z.-St., G–Hi/2, von Louise Bertha Haberer, 8. Mai 1840.
51 HsZB, Ms. P 2204/4, Tagebuch, 9. Juli bis 4. August 1849, 10. Juli 1849.

52 HsZB, Ms. P 2204/4, Tagebuch, 9. Juli bis 4. August 1849, 16. Juli 1849.
53 HsZB, Ms. P 2204/4, Tagebuch, 9. Juli bis 4. August 1849, 4. August 1849.
54 HsZB, Ms. P, 2216/b, Antwort Josephine Stadlins beiliegend, 1848, von Emma und Bertha Jenny, St. Gallen, 25. August 1848.
55 HsZB, Ms. P, 2216/b, Antwort Josephine Stadlins beiliegend, 1848, von Johanna Ringier, 6. Dezember 1848.
56 HsZB, Ms. P, 2216/b, Antwort Josephine Stadlins beiliegend, 1848, von Rosalia Feierabend, Kappel, 6. September 1848.
57 HsZB, Ms. P, 2216/a, Antwort Josephine Stadlins beiliegend, 1844, von Regina Flugi, 28. Oktober 1844.
58 HsZb Zürich, Nachlass Josephine Zehnder-Stadlin, Ms. P 2209/1, an J. Z.-St., A–C/1, von Luise Arbenz, Andelfingen, 14. April 1845.
59 HsZB, Ms. P, 2216/a, Antwort Josephine Stadlins beiliegend, 1848, von Marie Marchand aus Zofingen, 18. März 1848.
60 HsZB, Ms. P, 2216/a, Antwort Josephine Stadlins beiliegend, 1845, von Lina Baumgartner, 4. August 1845.
61 Voller Name: Barbara Rosina Zangger.
62 HsZB, Ms. P 2208/2, von Stadlin, O–Z/2, an Rosette Zangger, Uster, 30 Briefe, davon 29 Briefe 1846 bis 1852, letzter Brief 9. Oktober 1855 (oder 1852); Ms. P 2216/2, an J. Z.-St., T–Z/2, 59 Briefe von Rosette Zangger, Uster; Ms. P 2216 b, zwei Konvolute, ein Konvolut mit vierzehn Briefen von Rosette Zangger, ein Konvolut mit acht Briefen von Rosette Zangger und zwei von Josephine Stadlin; dazu kommen vereinzelte Briefe der Schwestern von Rosette Zangger sowie die von Heidi Witzig im Rahmen unserer Untersuchung registrierten und aufgearbeiteten Briefe aus dem Privatarchiv Zangger; interessant sind dabei die Briefe zwischen den vier Schwestern während Rosette Zanggers Aufenthalt im Stadlin'schen Institut. Vgl. dazu Joris/Witzig 1992, S. 67–71.
63 HsZB, Ms. P 2208/2, von J. Z.-St., O–Z/2, an Rosette Zangger, Uster, 12. April 1852.
64 Privatnachlass Zangger-Grunholzer, Briefe der Schwestern Louise, Elise, Babette und Rosette Zangger aus Uster, Nr. 11, Louise Zangger an ihre Schwester Rosette Zangger, 11. Februar 1847.
65 Privatnachlass Zangger-Grunholzer, Nr. 94, Rosette Zangger an ihre Schwestern, o. D. (wahrscheinlich Dezember 1847).
66 Privatnachlass Zangger-Grunholzer, Nr. 55, Rosette Zangger an ihre Schwestern, 30. Januar 1847; Nr. 14, Louise Zangger an ihre Schwester Rosette Zangger, 1. Februar 1847.
67 HsZB, Ms. P 2216/2/b, an J. Z.-St., T–Z/2, von Rosette Zangger, Uster, 28. Juli 1848.
68 Zu Koëlla siehe Puskas, Regula: Koëlla, Gustave-Adolphe, HLS, www.hls-dhs-dss.ch/textes/D20692, Stand 28. Juni 2008.
69 Matrikeledition der Universität Zürich, www.matrikel.uzh.ch/pages/8.htm; Zürichsee Druckerei AG Unternehmen Porträt, www.zsd.ch/unternehmen/portraetganz.html, Zugriff 18. März 2007. Offiziell übernahm Sartori die Redaktion des Wochenblatts der Lesegesellschaft von Stäfa 1849, 1855 bis 1882 fungierte er dann als Professor der Kantonsschule Zürich und wurde 1875 in Hottingen eingebürgert. Der 1811 geborene Sartori heiratete die um zehn Jahre jüngere Elise Egg 1846.
70 Die Verlobung war nur informell, da wegen der Krankheiten von Louise Zangger eine Heirat unsicher erschien. Louise Zangger wollte die Beziehung trotz der emotionalen Verbundenheit mit Bühler immer wieder abbrechen. Sie starb dann auch 1855 infolge ihrer Unterleibsbeschwerden, an denen sie seit ihrem Aufenthalt in einem Pensionat in der Westschweiz litt. Siehe Privatnachlass Zangger-Grunholzer, Nr. 14, Louise Zangger an J. Bühler, 1847, 1854 bis 1855.
71 HsZB, Ms. P 2216/2, an J. Z.-St., T–Z/2, von Rosette Zangger, Uster, 6. Mai 1848 und 6. Januar 1849.
72 HsZB, Ms. P 2216/2, an J. Z.-St., T–Z/2, von Rosette Zangger, Uster, 26. März 1848.
73 HsZB, Ms. P 2216/2/b, an J. Z.-St., T–Z/2, von Rosette Zangger, Uster, 4. Juni 1848.
74 HsZB, Ms. P 2216/2, an J. Z.-St., T–Z/2, von Rosette Zangger, Uster, 6. Februar 1848.
75 HsZB, Ms. P 2216/2/c, an J. Z.-St., T–Z/2, von Rosette Zangger, Uster, 1. Januar 1848.
76 HsZB, Ms. P 2216/2, an J. Z.-St., T–Z/2, von Rosette Zangger, Uster, 6. Januar 1849.
77 HsZB, Ms. P 2216/2, an J. Z.-St., T–Z/2, von Rosette Zangger, Uster, 6. Februar 1848.
78 HsZB, Ms. P 2216/2, an J. Z.-St., T–Z/2, von Rosette Zangger, Uster, 26. März 1848.
79 HsZB, Ms. P 2216/2, an J. Z.-St., T–Z/2, von Rosette Zangger, Uster, 6. Januar 1849.
80 Die Pfarrfrau Magdalena Werdmüller-Esslinger und ihre Töchter exponierten sich in der Zürcher Auseinandersetzung um die Berufung des Theologen David Strauss an die Universität Zürich; die älteste Tochter Magdalena war für kurze Zeit verlobt mit einem konservativen Theologen und vehementen Exponenten der Strauss-Gegner. Später sollten sich die Differenzen noch akzentuieren, als mit Friedrich Salomon Vögeli ein Vertreter von Strauss' Auffassung als Nachfolger von Otto Anton Werdmüller in das Pfarrhaus von Uster einzog. Während die inzwischen mit Heinrich Grunholzer verheiratete Rosette Zangger engen Austausch mit Pfarrer Vö-

geli pflegte, gehörten die Werdmüller-Töchter zu den Initiantinnen der ersten Freikirche Usters und gründeten einen religiös geprägten Kindergarten und eine pietistische Sonntagsschule. Anerkennung zollte Rosette Zangger nur noch Elise Werdmüller, die in Leipzig und Dresden zur Sängerin ausgebildet worden war. Diese dirigierte nach ihrer Rückkehr nach Uster den gemischten Chor und redete selber immer wieder leicht ironisch über die Frömmigkeit ihrer drei Schwestern. Vgl. Joris/Witzig 1994, S. 293–309; Joris/Witzig 1992, S. 62–70, 77–80, 234 f., 240 f., 246 f., 250, 258, 260 f., 267, 276, 289, 308. Als Quelle diente Privatnachlass Zangger-Grunholzer, Uster, Familiennachlass Werdmüller (StAZH, B X 168.2 A und E).

81 HsZB, Ms. P 2216/2, an J. Z.-St., T–Z/2, von Rosette Zangger, Uster, 24. Februar 1848; Ms. P 2216/2, an J. Z.-St., T–Z/2/b, von Rosette Zangger, Uster, 19. November 1848.

82 HsZB, Ms. P 2216/2, an J. Z.-St., T–Z/2, von Rosette Zangger, Uster, 6. Februar 1848.

83 Allen 1996, S. 24.

84 HsZB, Ms. P 2216/2, an J. Z.-St., T–Z/2, von Rosette Zangger, Uster, 24. Februar 1848.

85 HsZB, Ms. P 2216/2/b, an J. Z.-St., T–Z/2, von Rosette Zangger, Uster, 6. Mai und 6. Oktober 1848.

86 Privatnachlass Zangger-Grunholzer, Nr. 14, Louise Zangger an ihre Schwester Rosette Zangger, 1. April 1847.

87 Privatnachlass Zangger-Grunholzer, Nr. 9, Louise Zangger an ihre Schwester Rosette Zangger, August 1846. Barbara Zangger war mit dem Arzt Jakob Rosenkranz in Uster verheiratet.

88 HsZB, Ms. P 2216/2/c, an J. Z.-St., T–Z/2, von Rosette Zangger, Uster, 7. August 1848.

89 HsZB, Ms. P 2216/2, an J. Z.-St., T–Z/2, von Rosette Zangger, Uster, 5. Februar 1851.

90 Privatnachlass Zangger-Grunholzer, Nr. 73, Rosette Zangger an ihren (zukünftigen) Verlobten Heinrich Grunholzer, 12. Juli 1850.

91 HsZB, Ms. P 2216/2, an J. Z.-St., T–Z/2, von Rosette Zangger, Uster, 8. September 1848.

92 Die schwierigen Verhältnisse spiegeln sich in den Briefen von Rosette Zangger an Heinrich Grunholzer; Privatnachlass Zangger-Grunholzer, Nr. 70–90, Rosette Zangger an ihren (zukünftigen) Verlobten Heinrich Grunholzer, 1849 bis 1851.

93 HsZB, Ms. P 2216/2, an J. Z.-St., T–Z/2, Rosette Zangger, Uster, 2. Dezember 1850.

94 HsZB, Ms. P 2216/2, an J. Z.-St., T–Z/2, von Rosette Zangger, Uster, 23. November 1850.

95 HsZB, Ms. P 2216/2, an J. Z.-St., T–Z/2, von Rosette Zangger, Uster, 13. Dezember 1850.

96 HsZB, Ms. P 2216/2, an J. Z.-St., T–Z/2, von Rosette Zangger, Uster, 11. Mai 1850. Wegen dieser spezifischen Vertrauensposition bat Rosette Zangger um das ihr seit drei Jahren versprochene Porträt Josephine Stadlins: «Ich wünschte es so sehr in diesem Abschnitt des Lebens zu haben.» Siehe HsZB, Ms. P 2216/2, an J. Z.-St., T–Z/2, von Rosette Zangger, Uster, 24. Februar 1850.

97 HsZB, Ms. P 2216/2, an J. Z.-St., T–Z/2, von Rosette Zangger, Uster, 10. Januar, 2. Februar, 10. und 15. März, 10. und 18. April 1852.

98 Obwohl sich Heinrich Grunholzer zunächst dem Wunsch Heinrich Zanggers widersetzt hatte, nach der Heirat in die Fabrikleitung einzutreten, erwies er sich wenige Jahre später im Unternehmen wie in der nationalen Politik als Nachfolger seines prominenten Schwiegervaters. Als Nationalrat gehörte er zum engen Kreis um Alfred Escher und enttäuschte, darin dem Nationalrat und Zürcher Regierungsrat Johann Jakob Treichler ähnlich, seine ehemaligen radikaldemokratischen Weggenossen wie Johann Caspar Sieber. Zu Treichler siehe Treichler, Hans Peter: Die Gründung der Gegenwart. Porträts aus der Schweiz der Jahre 1850–1880, Zürich 1985, S. 273–282. HsZB, Ms. P 2216/2, an J. Z.-St., T–Z/2, Rosette Zangger, Uster, 2. August 1852; Ms. P 2211/1, an J. Z.-St., G–Hi/1, Rosette Grunholzer, Uster, Palmhof, 4 Briefe, 1857 bis 1862, und Dir. Heinrich Grunholzer, Müchenbuchsee/Uster, 5 Briefe, 1852 bis 1871.

99 Ich orientiere mich dabei auch an der Frage des Historikers Giovanni Levi: «Comment les individus se déterminent-ils (consciemment ou non) par rapport au groupe ou se reconnaissent-ils dans une classe?» Levi, Giovanni: Les usages de la biographie, in: Annales, 6, November/Dezember 1989, S. 1325–1336, hier S. 1329. Siehe auch Harders, Levke/Lipphardt, Veronika: Kollektivbiografie in der Wissenschaftsgeschichte, in: Traverse, 2006/2, S. 81–91, hier insbesondere S. 86 f. Harders und Lipphardt heben hervor, dass im Gegensatz zu prosopografischen Studien die einzelne Person in der Kollektivbiografie mit Namen sichtbar bleibt. Bei der näheren Betrachtung der Gruppe wird ebenso die Besonderheit des Einzelnen wie seine Repräsentativität deutlich.

100 Zur Frage des Kollektivs und der kollektiven Identität vgl. Straub, Jürgen: Personale und kollektive Identität. Zur Analyse eines theoretischen Begriffs, in: Assmann, Aleida/Friese, Heidrun (Hg.): Identitäten (Erinnerung, Geschichte, Identität, Bd. 3), Frankfurt am Main 1998, S. 73–104, hier S. 96–104.

101 Wedel 2000. Josephine Stadlin kann der ersten Generation von Lehrerinnen, die Wedel in ihre Untersuchung einbezieht, zugerechnet werden.

102 HsZB, Ms. P 2212, an J. Z.-St., Ho–Hz, Fanny Hottinger, 11. September 1853. Neben den Briefen Hottingers sind zwölf Kopien von Stadlins Briefen an Hottinger aus den Jahren 1851 bis 1853 archiviert, HsZB, Ms. P 2207/1, von J. Z.-St., H–N/1, an Fanny Hottinger.

103 HsZB, Ms. P 2216/b, an Stadlin, Fanny Hottinger, 17. Oktober 1848.
104 HsZB, Ms. P 2211/1, an J. Z.-St., Meinrada Gyr, erster Brief, 1846.
105 HsZB, Ms. P 2213/2, an J. Z.-St., Anna Kunz, Juni 1846.
106 HsZB, Ms. P 2207/2, von J. Z.-St., H–N/2, an Anna Kunz, 21. Juni 1846.
107 HsZB, Ms. P 2211/2, an J. Z.-St., Elise Hagnauer, 21. September 1852.
108 HsZB, Ms. P 2215/1, an J. Z.-St., S/1, Lisa Schweizer, Mailand, 22. November 1849; Ms. P 2216/b, Lisa Schweizer, Mailand, 22. September und 25. Dezember 1848.
109 HsZB, Ms. P 2214/2, an J. Z.-St., M–R/2, Agathe Rhyner, Yverdon, 5. Juni 1846.
110 HsZB, Ms. P 2214/2, an J. Z.-St., M–R/2, Agathe Rhyner, Yverdon, 18. August 1846.
111 HsZB, Ms. P 2214/2, an J. Z.-St., M–R/2, Agathe Rhyner, 26. Januar 1847.
112 HsZB, Ms. P 2216/b, Sophie Froelich, 14. Oktober 1848.
113 Gyr 1989, S. 223.
114 HsZB, Ms. P 2207/2, von J. Z.-St., H–N/2 an Ida Locher, 16. Januar 1846. In den späteren 1840er Jahren waren die Auseinandersetzungen in der Westschweiz zwischen den Dissidenten und der anerkannten reformierten Kirche äusserst virulent. Die Dissidenten sahen sich gezwungen, ihre Versammlungen in Privathäusern abzuhalten, einige der bekanntesten Exponenten wanderten in die USA aus. So wurde Marie Werdmüller, Pfarrerstochter aus Uster, im Hause der Lausanner Familie Francillon zu einer dezidierten Anhängerin der Dissidenten und beschrieb in ihren Briefen die Verhaftung des prominenten Predigers Espérandieu. Siehe StAZH, X 168.2 A, Nachlass Werdmüller, Briefe an Pfr. Otto Anton Werdmüller, 1812–1862, Marie Werdmüller an ihre Eltern, 1847/48, aus Lausanne; vgl. Joris/Witzig 1994, S. 299.
115 HsZB, Ms. P 2207/2, von J. Z.-St., H–N/2, an Caroline Maier, 15. Mai 1851.
116 Ebd.
117 HsZB, Ms. P 2210/1, an J. Z.-St., D–F/1, Nanette Egg, London 1860.
118 HsZB, Ms. P 2216/a, Briefe früherer Zöglinge, chronologisch geordnet, 1841–1848, Antwort Josephine Stadlins beiliegend, von Netti Huber, 7. Juli 1845.
119 HsZB, Ms. P 2212, an J. Z.-St., Ho–Hz/2, Netti Huber, 8. September 1847.
120 Gegenwärtig blicken etliche ehemalige 68er Exponentinnen und Exponenten auf diese Jahre zurück und vor allem ehemalige Maoisten halten nicht mit der Verurteilung ihres unkritischen Mitläufertums zurück. Erinnert sei nur an den Historiker Götz, Aly: Unser Kampf. 1968, Frankfurt am Main 2008. Für die Schweiz aufschlussreicher ist das Buch des Historikers und Industriearchäologen Bärtschi, Hans-Peter: Der Osten war rot. Ein gescheiterter Weltverbesserer (1967–1987). Postkommunistische Reportagen (1988–2008), Zürich 2008.
121 HsZB, Ms. P 2211/1, an J. Z.-St., G–H/1, an Direktor Georgens, Baden, 4. April 1851.
122 HsZB, Ms. P 2215/1, an J. Z.-St., S/1, Antoinette Uttinger, Briefe, 1839 bis 1844. Antoinette Uttinger ist die Cousine von Josephine Stadlin, ihr Brief ist unter den Stadlin'schen Briefen klassifiziert.
123 HsZB, Ms. P 2214/2, an J. Z.-St., M–R/2, Anna Rasche, Briefe, 1854 bis 1873. Wegen ihres Interesses an den Entwicklungen in Luzern ist anzunehmen, dass Anna Rasche katholisch war. Eventuell lebte sie früher in diesem Kanton oder im angrenzenden Aargau. Auf dem Werbeprospekt zur Eröffnung ihrer Schule gab sie als Referenz unter anderen den mit seiner Ehefrau Johanna nach London emigrierten deutschen Professor und badischen Revolutionär Gottfried Kinkel an, der 1866 einen Ruf an die Universität Zürich annahm, wo er bis zu seinem Tod 1882 lebte. Die 1858 in London verstorbene Musikerin und Schriftstellerin Johanna Kinkel hat einen stark autobiografisch gefärbten Roman über das Leben im Londoner Exil geschrieben, wo sie und ihr Ehemann sich mit Unterrichten durchzubringen suchten. Ein Kapitel erzählt von den Erfahrungen von Meta Braun, einer (fiktiven) deutschen Erzieherin. Siehe Kinkel, Johanna: Hans Ibeles in London, Frankfurt am Main 1991, insbesondere Elftes Kapitel, Die deutsche Governess (Manuskript), S. 143–159. Im Hause Kinkel verkehrte in den 1850er Jahren die junge Malwida von Meysenbug, die zuvor in Hamburg an der Hochschule für Frauen mitgewirkt hatte und nun versuchte, sich in England als Erzieherin von Kindern sowohl der englischen Oberschicht als auch deutscher und russischer Emigrantinnen und Emigranten eine Existenz aufzubauen. Vgl. von Meysenbug, Malvida: Memoiren einer Idealistin, Bd. 2, Berlin 1876, bis S. 152; Klaas Meilier, Brigitta: Hochsaison in Sils-Maria. Meta von Salis und Friedrich Nietzsche. Zur Geschichte ihrer Begegnung, Basel 2005, S. 72–86.
124 HsZB, Ms. P 2211/2, an J. Z.-St., G–Hi/2, Babette Helbling, später Altherr-Helbling, 38 Briefe, 1849 bis 1866.
125 Wedel 2000, S. 48.
126 Ebd., S. 192 f.
127 Joris, Elisabeth/Witzig, Heidi: Die ewigen Töchter oder die verpasste Revolution. Überlegungen zur Entwicklung der «Töchterberufe», in: Schnegg, Brigitte/Wecker, Regina (Hg.): Frauen. Zur Geschichte weiblicher Arbeits- und Lebensbedingungen in der Schweiz, Sonderausgabe von

Schweizerische Zeitschrift für Geschichte, Vol. 34, 1984/3, Basel 1984, S. 357–362. Vgl. die 1958 erschienene, zwar nicht historische, aber äusserst scharfsinnige, in polemisierendem Stil verfasste Analyse der Publizistin von Roten, Iris: Frauen im Laufgitter. Offene Worte zur Stellung der Frau, Neuauflage mit einem Nachwort von Elisabeth Joris, Zürich 1991, S. 28–40, 69–73.

128 HsZB, Ms. P 2210/1, an J. Z.-St., D–F/1, Nanette Egg, London 1860.

129 Ebd. Die deutsche Autorin Malwida von Meysenbug, die zur ersten Generation der von Wedel berücksichtigten Lehrerinnen gehört, definiert denn auch die Stellung der Gouvernante als eine trost- und ortlose: «Sie ist eine Art Polyp, ein Übergangsgeschöpf zwischen Tier und Pflanze, d. h. zwischen Herrschaft und Dienerschaft.» Zit. in Wedel 2000, S. 85. Vgl. auch die Stellung der Gouvernante in England im 1847 erschienenen Roman «Jane Eyre» von Charlotte Brontë.

130 HsZB, Ms. P 2211/1, an J. Z.-St., G–Hi/1, Pauline Goldach, 20. November 1850.

131 HsZB, Ms. P 2211/2, an J. Z.-St., G–Hi/2, Elise Hagnauer, 27. Februar 1848. Über ähnliche Schwierigkeiten im Hause Brunner klagte die kurze Zeit später in der gleichen Stellung tätige Marie Werdmüller. StAZH, X 168.2 A, Nachlass Werdmüller, Briefe an Pfr. Otto Anton Werdmüller, 1812–1862, Marie Werdmüller an ihre Eltern, 1849–1852, aus Albisbrunn. Während ihrer Zeit in Albisbrunn besuchte Marie Werdmüller Kurse bei Josephine Stadlin, um sich auf den Beruf der Lehrerin in dem von ihr zusammen mit ihrer Mutter und ihren Schwestern zu führenden Privatpension vorzubereiten. Vgl. Joris/Witzig 1994, S. 295–301.

132 HsZB, Ms. P 2215/2, an J. Z.-St., Josephine Stadlin (Nichte) an Josephine Zehnder-Stadlin, S/2, 6. Mai 1871.

133 HsZB, Ms. P 2215/2, Josephine Stadlin (Nichte) an Josephine Zehnder-Stadlin, S/2, 20. Juli 1871.

134 Der Begriff Töchterinstitut und -pension ist fliessend. Während unter Institut in der Regel ein grösseres Haus verstanden wurde, war eine Töchterpension oft mit dem Privathaushalt identisch. So führten beispielsweise in der Westschweiz oft Pfarrfrauen in ihrer Wohnung eine Töchterpension, wo sie Deutschschweizerinnen in die Hausgeschäfte einführten und Französischunterricht erteilten. Ihnen tat es die Pfarrfrau Magdalena Werdmüller-Esslinger gleich, die zusammen mit ihren Töchtern im Pfarrhaus von Uster Schülerinnen unterrichtete, von denen einige wenige auch als Pensionärinnen – die so genannten Internen – im Hause wohnten. Nach dem Umzug der Töchter in ein neues Haus wurde dieses «Pension Werdmüller» genannt. Vgl. Joris/Witzig 1992, S. 80 und 234.

135 HsZB, Ms. P 2216/a, Briefe früherer Zöglinge, chronologisch geordnet, 1841–1848, Antwort Josephine Stadlins beiliegend, Marie Marchand, 18. März 1843.

136 HsZB, Ms. P 2210/2, Briefe an Josephine Stadlin, D–F/2, Rosalie Feyerabend, 53 Briefe, 1841 bis 1871.

137 Der Lohn der Lehrer war im Vergleich mit den Einkommen der Angehörigen bürgerlicher Professionen (Ärzte, Juristen, Pfarrer) niedrig. Siehe Bloch 2007, S. 457–461.

138 Die Volksschule in einem Dorf war als Subsistenz- und Familienökonomie organisiert, in die die Ehefrau des Lehrers einbezogen war. Ein Teil der Entlöhnung bestand in Naturalien: Wohnung, Holz und mitunter ein Stück Pflanzland zur Nahrungsmittelproduktion. Zugleich wurden vom Lehrer Nebenbeschäftigungen ganz selbstverständlich erwartet. Siehe Bloch, S. 474–492.

139 HsZB, Ms. P 2216/b, Briefe früherer Zöglinge, chronologisch geordnet, 1841–1848, Antwort Josephine Stadlins beiliegend, Gertrud Steinauer, 12. Januar 1848.

140 HsZB, Ms. P 2215/2, an J. Z.-St., S/2, Gertrud Steinauer, 13. Dezember, o. J.

141 HsZB, Ms. P 2211/1, an J. Z.-St., G–Hi/1, Meinrada Gyr, Einsiedeln, letzter Brief, 1857.

142 HsZB, Ms. P 2216/b, Briefe früherer Zöglinge, chronologisch geordnet, 1841–1848, Antwort Josephine Stadlins beiliegend, Meinrada Gyr, Einsiedeln, 15. Oktober 1848.

143 Stadlin, Josephine: Bestimmung und Bildung der Frau, in: Stadlin 1863, S. 82.

144 Ebd., S. 87.

145 Ebd., S. 86 f.

146 Ebd., S. 90.

147 Josephine Stadlin nahm damit Argumentationen voraus, die gegen Ende des 20. Jahrhunderts von Feministinnen in die politischen Budgetdebatten eingebracht wurden und im Kontext der Konjunkturprogramme zur Bewältigung der 2008 ausgebrochenen Krise neue Aktualität erlangen sollten.

148 HsZB, Ms. P 2216/b, Briefe früherer Zöglinge, chronologisch geordnet, 1841–1848, Antwort Josephine Stadlins beiliegend, Gertrud Steinauer, 13. Dezember 1848.

149 HsZB, Ms. P 2208/1, von J. Z.-St., O–Z/1, 6, Albert Picot, Genf, 27. September 1846.

150 HsZB, Ms. P 2208/1, von J. Z.-St., O–Z/1, 10, an Agathe Rhyner, 3 Briefe, 1846; Ms. P 2214/2, an J. Z.-St., M–R/2, 6 Briefe, 1846 bis 1847.

151 HsZB, Ms. P 2207/2, Briefe von Josephine Zehnder-Stadlin an Doris Lütkens, Hamburg, 18. Januar 1850.

152 HsZB, von J. Z.-St., O–Z/1, 25, an Dr. Seinecke, Hannover, 4. Juni 1850.

153 HsZB, Ms. P 2215/1, an J. Z.-St., S/1, J. Schlotthauer, 8 Briefe, 1846 bis 1850.
154 HsZB, Ms. P 2211/1, an J. Z.-St., G–Hi/2, Margrit Girsperger.
155 HsZB, Ms. P 2207/1, von J. Z.-St., H–N/1, an Fanny Hottinger; Ms. P 2212, an J. Z.-St., Ho–Hz, Fanny Hottinger.
156 HsZB, Ms. P 2211/2, an J. Z.-St., G–Hi/2, Babette Helbling, später Altherr-Helbling, 38 Briefe, 1849 bis 1866.
157 Erzieherinnen beziehungsweise Gouvernanten gehörten nach Peter Collmer neben den Käsern zu der bedeutendsten Gruppe von Schweizer Migrantinnen und Migranten im Russischen Reich zwischen 1848 und 1919. Siehe Collmer, Peter: Die Schweiz und das Russische Reich 1848–1919. Geschichte einer europäischen Verflechtung, Zürich 2004. Diesen Befund bestätigt Carsten Goehrke, der die Auswanderung nach Russland in Bezug setzt zur Modernisierung in Russland, aber auch mit den geringen beruflichen Perspektiven für das weibliche Geschlecht, siehe Goehrke, Carsten: Auswandern – einwandern – rückwandern. Schweizer in Russland und Russen in der Schweiz vom 17. Jahrhundert bis heute, in: Maeder, Eva/Niederhäuser, Peter (Hg.): Käser, Künstler, Kommunisten. Vierzig russisch-schweizerische Lebensgeschichten aus vier Jahrhunderten, Zürich 2009, S. 15–28, hier S. 16 f. Zu von Muralt siehe Leimgruber 2006, S. 33 f., 45–59, 102–105, 183, 211 f. Siehe auch Maeder, Eva: Die Privatschule des Zürcher Pastors Johannes von Muralt, in: Lüthi/Maeder/Tarkhanova 2003, S. 425–431. Von Muralt gründete in Sankt-Petersburg eine schweizerische Hilfsgesellschaft. Zeitweise bis zu zwei Drittel ihrer Mittel flossen ab den 1840er Jahren an Gouvernanten und Erzieherinnen. Zwischen 1860 und 1917 unterrichteten über siebzig Schweizerinnen in Russland mehrheitlich in Privathaushalten; die meisten von ihnen waren sehr jung und wurden extrem ausgenutzt. Bezüglich Kosten für medizinische Behandlung, Unterkunft oder Heimreise war ihre Situation oft aussichtslos. Siehe Emeliantseva, Ekaterina: Die Schweizerische Hilfsgesellschaft (1814–1918), in: Lüthi/Maeder/Tarkhanova 2003, S. 67–78, hier S. 69 f.
158 Emma Steiger verweist auf den «Etat der Bürger der Stadt Zürich», der Zürcher Erzieherinnen in Leipzig, London und Moskau auflistet, und auf den Bericht von Stapfer, Elise: Über die Verhältnisse der Erzieherinnen in England, in: Schweizerische Zeitschrift für Gemeinnützigkeit 1872, S. 75. Siehe Steiger, Emma: Geschichte der Frauenarbeit in Zürich, Zürich 1964, S. 271.
159 Maczak, Antoni: Ungleiche Freundschaft. Klientelbeziehungen von der Antike bis zur Gegenwart, Osnabrück 2005, S. 27–46, 193–216, 262–267.
160 Siehe unter anderem Sabean/Teuscher/Mathieu 2007, insbesondere Teil 2: From Early Modern to Nineteenth-Century Kinship Pattern, S. 187–313. Zur Bedeutung personalisierter Beziehungssysteme für den Fortbestand des Klientelismus in heutigen Gesellschaften siehe Giordano, Christian: Von der Familie zur Klientel. Die Aktivierung personalisierter Netzwerke in mediterranen Gesellschaften, in: Force des liens. Parenté, Travail et Genres. Starke Bande. Verwandtschaft, Arbeit und Geschlecht, Traverse 1996/3, S. 33–52. Auch wenn sich Josephine Stadlins Praktiken nicht mit denen im ländlichen Umfeld des heutigen südlichen Europas vergleichen lassen, regen die konzeptionellen Überlegungen Giordanos doch zu Fragen hinsichtlich der Bedeutung informeller Beziehungsstrukturen und Netzwerke an.

Kapitel II.5

1 In der bürgerlichen Geschlechterordnung des 19. Jahrhunderts war der Zugang zum wissenschaftlichen Diskurs Männern vorbehalten, Frauen als Expertinnen waren nicht vorgesehen. Zur Logik des Ausschlusses in den wissenschaftlichen Disziplinen siehe Foucault, Michel: L'ordre du discours, Paris 1971, S. 31–38. Zur Etablierung der Geschichte als einer spezifischen Disziplin, von der Frauen implizit ausgeschlossen waren, siehe Smith, Bonnie G.: The Gender of History. Men, Women, and Historical Practice, Cambridge 1998. Zur weiblichen Gelehrsamkeit siehe Ebrecht, Angelika/von der Lühe, Irmels/Pott, Ute/Rapisarda, Cettina/Runge, Anita (Hg.): Gelehrsamkeit und kulturelle Emanzipation (Querelles. Jahrbuch für Frauenforschung, Bd. 1), Stuttgart, Weimar 1996. Zu den diskriminierenden Stereotypen und Ausschlussmechanismen siehe Offen, Karen: «Woman Has to Set her Stamp on Science, Philosophy, Justice and Politics». A Look at Gender Politics in the «Knowledge Wars» of the European Past, in: Pfluger/Grisard/Späti 2004, S. 379–393. Zur Akzeptanz der Frauen als Vermittlerinnen wissenschaftlicher Erkenntnisse bei gleichzeitigem Ausschluss von der *scientific community* am Beispiel der Naturwissenschaften im 19. Jahrhundert siehe Schwarz, Angela: Naturkunde oder Naturwissenschaft. Frauen und ihre naturwissenschaftlichen Schriften im 19. Jahrhundert, in: Historische Anthropologie, 2008/1, S. 74–91.
2 Saxer 2005, S. 139–141.
3 Im Wintersemester 1854/55 besuchte sie dann noch die Vorlesungen von Heinrich Schweizer,

dem Ehemann von Elise Sidler, über das Nibelungenlied. Siehe Hochschulverzeichnisse der Universität Zürich, aufgeführt bei Kubli 1988, S. 70–73; Schuler 1903, S. 25.

4 HsZB, Ms. P 2202. Der Vortrag umfasste 79 handgeschriebene beziehungsweise zwanzig gedruckte Seiten.

5 HsZB, Ms. P 2210/2, an J. Z.-St., D–F/2, Nina Fierz, September 1850. Zu Johann Heinrich und Katharina Fierz-Locher siehe Geschichte des Kantons Zürich 1994, S. 144. Johann Heinrich Fierz hatte 1850 eine Baumwollhandelsfirma in Zürich-Fluntern gegründet.

6 Kubli 1988, S. 104.

7 HsZB, Ms. P 2198/12, Biographisches, Sylvester 1855.

8 Ebd.

9 HsZB, Ms. P 2215/1, an J. Z.-St., S/1, Carl Sauerländer, Aarau, Januar 1856.

10 Im Dezember 1873 dachte Josephine Stadlin an eine neue, umgearbeitete Auflage. Siehe HsZB, Ms. P 2208/1, von J. Z.-St., O–Z/2, 37, an Friedrich Vogel, Stuttgart, Brouillon, 17. Dezember 1873.

11 Stadlin, Josephine: Morgengedanken einer Frau, Zürich 1853, S. 54 f.

12 Stadlin, Josephine: Die Erziehung im Lichte der Bergpredigt, Aarau 1856, S. 240–242.

13 Stadlin, Bestimmung, 1863, S. 51.

14 Ebd., S. 52 f.

15 Ebd., S. 53.

16 Ebd.

17 Ebd., S. 79.

18 Saxer 2005, S. 101, 113, 249–254.

19 Belser/Einsele/Gratzfeld/Schnurrenberger 1988, S. 17.

20 Vgl. dazu Witzig 2000, Kap. 4, S. 196–200. Das Freundschaftskonzept lag auch der Ehe zwischen Robert und Rosa Grimm zu Grunde, selbst wenn diese Ehe später geschieden wurde. Siehe Arni, Caroline: Das kultivierte Gefühl. Liebe als Freundschaft in der Ehe um 1900, in: WerkstattGeschichte, 28/2001, S. 43–60; Arni 2004, S. 261–316.

21 Zur *grand tour* gibt es eine ausgedehnte Literatur. Vgl. beispielsweise Brilli, Attilio: Als Reisen eine Kunst war. Vom Beginn des modernen Tourismus: Die «Grand Tour», Berlin 2001. Zum Wandel der *grand tour* zur Bildungsreise des Bürgertums im 19. Jahrhundert und der anhaltenden Italienbegeisterung siehe Wolbring, Barbara: «Auch ich in Arkadien!» Die bürgerliche Kunst- und Bildungsreise im 19. Jahrhundert, in: Hein/Schulz 1996, S. 82–101, hier S. 86, 90–95. Wolbring deutete die Bildungsreise des 19. Jahrhunderts wegen der enormen Bedeutung von Kultur für das Selbstverständnis der Bürger weniger als zerstreuendes Freizeitverhalten denn als kulturelles Handeln.

22 Siehe Majer 2008, S. 127.

23 Der Name schreibt sich auch Bosshard. Diese einflussreiche Zuger Familie war sowohl mit den Sidler wie mit den Uttinger verwandt schaftlich liiert.

24 HsZB, Ms. P 2208/1, von J. Z.-St., O–Z/1, 20, an Anna Schweizer-Stadlin, Zürich, 26. Oktober 1856. 38 Briefe von Joh. Michael Bosshardt aus rund zwei Jahrzehnten dokumentieren die enge Freundschaft; Josephine Stadlin war die Patin der Tochter Sophie. Siehe HsZB, Ms. P 2209/a, an J. Z.-St., A–C/2, Dr. Joh. Michael Bosshard, 38 Briefe, 1839 bis 1857, Sophie Bosshard (später verheiratete von Gächter) 41 Briefe, 1850 bis 1871.

25 HsZB, Ms. P 2208/1, von J. Z.-St., O–Z/1, 20, an Anna Schweizer-Stadlin, Zürich, 26. Oktober 1856.

26 HsZB, Ms. P 2208/1, von J. Z.-St., O–Z/1, 20, an Anna Schweizer-Stadlin, Zürich, 11. November 1856.

27 Das Schweizerregiment wurde erst 1861 mit der Gründung des Königreichs Italien aufgehoben.

28 Er war ein Bruder ihrer ehemaligen Schülerin Marie Zelger, verheiratete Deschwanden.

29 In Rom war Josephine Stadlin unter anderem eingeladen bei Schweizerinnen und Schweizern mit Namen Imhof-Ott, Meier, Corrodi, Hotz, in Neapel bei der mit Sartori verwandten Fabrikantenfamilie Wepfer-Egg, der Familie Züblin, dem Hauptmann Gloggner sowie im Hause des Konsuls Brandeis aus Hannover, dessen Ehefrau eine Tochter des Zürcher Oberrichters Spörri war. Als besondere Freude beschrieb sie die regelmässigen Besuche bei ihrer ehemaligen Schülerin Jenny Vital, die hier als verheiratete Caflisch mit vier Kindern und dem Ehemann lebte. Die Schwestern Vital (Wital) aus Fürstenau waren zentrale Figuren im Institutsleben in Olsberg gewesen, doch war die Beziehung zwischen ihnen und Josephine Stadlin eine Zeit lang getrübt gewesen.

30 So heisst es im Brief vom 3. März 1857: «Meine liebe Anna! Dieser Brief gehört auch der lieben Ida u. allen meinen Geschwistern; wenn ich ihre Namen nicht nenne u. auch oft die unsern nächsten Verwandten u. Freunden nicht, so ist es nicht, weil ich nicht an sie denke od.[er] sie nicht meine, sondern weil ich voraussetze, es verstehe sich ja von selber, dass sie auch gemeint seien u. ich an jedes mit treuer Liebe denke.» HsZB, Ms. P 2208/1–8, von J. Z.-St., O–Z/1, 20, an

Anna Schweizer-Stadlin, Zürich, 6 Briefe aus Rom und 1 Brief aus Neapel, 1857; an Ida Stadlin, Zug, 1 Brief, Neapel, 1. Dezember 1856. Es ist auch Anna Schweizer-Stadlin, die Josephine Stadlin einen langen Brief nach Rom sandte: Ms. P 2215/1, an J. Z.-St., Anna Schweizer-Stadlin, 16. November 1856.

31 HsZB, Ms. P 2208/1, von J. Z.-St., O–Z/1, 20, an Anna Schweizer-Stadlin, Zürich, 3. März 1857. Schon in ihrem ersten Brief aus Rom hielt sie eine zufällige Begegnung fest: «[...] schon zweimal war ich auf dem Quirinal; das erste Mal kam ich gerade, als der Papst aus seinem Palast herausfuhr; mit allen Anwesenden warf ich mich auf die Knie u. empfing mit ihnen seinen Segen. Ich muss gestehen, dass es mir zu Herzen ging, als der ehrwürdige (ganz weiss gekleidete) Greis segnend seine Hand erhob.» Ms. P 2208/1, von J. Z.-St., O–Z/1, 20, an Anna Schweizer-Stadlin, Zürich, 26. Oktober 1856.

32 HsZB, Ms. P 2208/1, von J. Z.-St., O–Z/1, 20, an Anna Schweizer-Stadlin, Zürich, 3. März 1857.

33 HsZB, Ms. P 2208/1, von J. Z.-St., O–Z/1, an Ida Schweizer-Stadlin, Zug, 1. Dezember 1856.

34 HsZB, Ms. P 2208/1, von J. Z.-St., O–Z/1, 20, an Anna Schweizer-Stadlin, Zürich, 2. April 1857.

35 Zehnder 1956, S. 86.

36 Ebd., S. 88.

37 Die damals noch selbständige Gemeinde Oberstrass deckt sich teilweise mit dem heutigen Stadtzürcher Kreis 6.

38 Zehnder 1956, S. 106.

39 So bildete Josephine Stadlin die Tochter ihres Bruders Joseph bei sich zu Hause zur Erzieherin aus. Die Nichte arbeitete später in einem reichen Haushalt in Vicenza und heiratete 1875 in Zug den Mailänder Mariani. HsZB, Ms. P 2215, Kathrin Stadlin an ihre Schwägerin Josephine Stadlin, 24. April 1871. Vgl. Stammbaum der Stadlin, Manuskript, Privatbesitz, Kopie, Nr. 109.

40 HsZB, Ms. P 2215/2, Briefe an Josephine Stadlin, S/2, Clemens Stadlin, 6. Januar 1872, 4. Januar 1973, 29. und 31. Dezember 1874.

41 HsZB, Ms. P 2215/2, an J. Z.-St., S/2, Marie Stadlin, o. D., wahrscheinlich 1874.

42 HsZB, Ms. P 2208/26, von J. Z.-St., O–Z/2, Entwurf des Briefes an den Neffen Arnold Stadlin in Tiflis, Georgien/Russland, o. D., 1874; Ms. P 2215/1, Briefe an Josephine Stadlin, S/1, Arnold Stadlin, Tiflis, 15./27. Oktober 1874. Seine Schwestern Marie Stadlin und Josephine Engel-Stadlin hatten sich schon früher seines Verhaltens geschämt: Ms. P 2215/2, an J. Z.-St., S/2, Marie Stadlin, Bern, 7. Mai 1871.

43 HsZB, Ms. P 2215/2, Briefe an Josephine Stadlin, S/2, Franz Stadlin an Josephine Stadlin, Zug, 23. Mai 1875.

44 HsZB, Ms. P 2198/4, Biographisches, Notizen des Ehemannes Dr. U. Zehnder, Arzt und alt Burgermeister, o. D.

45 Siehe Reese, Dagmar/Rosenhaft, Eve/Sachse, Carola/Siegel, Tilla: Einleitung, in: Reese/Rosenhaft/Sachse/Siegel 1993, S. 7–16, hier S. 14.

46 Bürgermeister Dr. Ulrich Zehnder, in: Neue Zürcher Zeitung, Nr. 388, 8. August 1877.

47 Vgl. dazu Reese, Dagmar: Die Kameraden. Eine partnerschaftliche Konzeption der Geschlechterbeziehungen an der Wende vom 19. zum 20. Jahrhundert, in: Reese/Rosenhaft/Sachse/Siegel 1993, S. 58–74.

48 Schweizerische gemeinnützige Gesellschaft: Register der Veröffentlichungen der Schweizerischen gemeinnützigen Gesellschaft 1810–1893, Zürich 1894, S. 3.

49 Zehnder-Stadlin, Josephine: Pestalozzi. Idee und Macht der menschlichen Entwickelung. Erster Band: Zeit und Vorzeit von Pestalozzi's Entwicklung, Gotha 1875. (Auf dem gedruckten Exemplar hiess es zum Gesamtwerk: Pestalozzi. Idee und Macht der menschlichen Entwicklung. Bearbeitet von Josephine Zehnder, geb. Stadlin. Gotha, Verlag von E. F. Thienemann. 1875.)

50 Vgl. dazu Konersmann, Ralf: Die Geburt des wahren Helden. Jean-Jacques Rousseau hat vor zweieinhalb Jahrhunderten die Diskussion über Heroismus und Moderne eröffnet, in: Neue Zürcher Zeitung, 2./3. Mai 2009, Bildungsbeilage, B2.

51 Aus dem Inhalt der «6 Abschnitte» des ersten Bandes: 1. Aus dem Staatsleben, 2. Aus dem Familienleben (z. Bsp. Etwas von den Sitten in grossen Häusern), 3. Junge Leute (z. Bsp. Die Patrioten gegen den ungerechten Landvogt (Grebel)), 4. Männer. Bodmers Briefwechsel mit Dr. Zellweger, Sulzer in Berlin, Pfarr. Schinz, Pfarr. Hess, Kammerer Meister. 5. Allerlei zur Charakteristik der Zeit. Bruchstücke aus Briefen von Bodmer, Zellweger, Sulzer, Meister und Anderen. 6. Pestalozzis Kundgebung über zürcherische Zustände.

52 Zehnder-Stadlin 1875, Vorwort, S. V f.

53 Zehnder-Stadlin 1875, Einleitung, S. XII f.

54 Ebd., S. XIV f.

55 Ebd., S. XV.

56 Die Einleitung erwähnt unter anderem: «18 Druck-Bändchen mit Pestalozzis sämmtlichen

Werken, versehen mit Einleitungen und Erklärungen von H.W. Seyffarth, Rektor zu Luckenwalde.» Ebd., S.XVf.

57 Das etliche tausend Seiten umfassende Manuskript der nicht veröffentlichten Bände habe ich nicht durchgesehen, und auch den ersten Band habe ich nur quer durchgesehen, handelt es sich doch vor allem um eine – wenn auch äusserst interessante – Quellensammlung. Siehe HsZB, Ms. P 2199–2200, Materialien, Entwürfe und Druckmanuskripte zu Josephine Zehnder-Stadlins Buch: Pestalozzi. Idee und Macht der menschlichen Entwicklung.

58 Zehnder-Stadlin 1875, S.299–302.

59 Ebd., S.303.

60 Ebd., S.303 f.

61 Die Zeitschrift «Pomona» erschien 1783/84. Zu Sophie von La Roche gibt es äusserst zahlreiche Publikationen; deren Aufzählung würde den Rahmen dieses Kapitels sprengen. Vgl. Weckel 1996, S.431; Weckel 1998. Auf die exemplarische Bedeutung, die der «Pomona» als frauenbezogener Aufklärung immer noch zugemessen wird, verweist der Themenschwerpunkt in der didaktischen Zeitschrift: Praxis Geschichte. Aufklärung. Johanna Seebacher: «Die Frau ist frei und gleich an Rechten...» Die Forderung nach Frauenrechten in der Aufklärung, Heft 5/1999. Zu den von La Roche kreierten Geschlechtermodellen siehe Schutte Watt, Helga: Sophie von La Roche's Protagonists Between Desire and Destiny, in: Kanz, Christine (Hg.): Zerreissproben/ Double Bind. Familie und Geschlecht in der deutschen Literatur des 18. und 19. Jahrhunderts, Bern, Wettingen 2007, S.183–202.

62 HsZB, Ms. P 2213/1, an J.Z.-St., I–L/1, Augustin Keller, 17. Februar 1871.

63 HsZB, Nachlass Gottfried Keller, Ms. GK 79g: 202 – GB4, 149, 23. Februar 1873, Josefine Zehnder-Stadlin an Gottfried Keller, Oberstrass, 23. Februar 1873.

64 HsZB, Ms. P 2241/, an J.Z.-St., M–R/1, S. Moosbrugger-Streiff, Aarau, 29. April 1860.

65 HsZB, Ms. P 2241/1, an J.Z.-St., M–R/1, H. Morf, Winterthur, 14 Briefe, 1865 bis 1876. Der letzte Brief war an Zehnder gerichtet.

66 HsZB, Ms. P 2241/1, an J.Z.-St., M–R/1, H. Morf, Winterthur, 22. Januar 1868. Zu diesem Tagebuch siehe Hager/Tröhler/Silber 1993.

67 Der erste Band wurde 1868 neu aufgelegt, die folgenden drei Bände erschienen allerdings erst Jahre nach Josephine Stadlins Tod, Bde. 2 und 3 1885, Bd. 4 1889, siehe Morf, Heinrich: Zur Biographie Pestalozzi's. Ein Beitrag zur Geschichte der Volkserziehung, 4 Bände, Winterthur 1868 bis 1889.

68 Bei L.W. Seyffarth erschien 1869–1896 das zwanzigbändige Gesamtwerk Pestalozzis, wovon achtzehn Bände noch zu Josephine Stadlins Lebzeiten.

69 HsZB, Ms. P 2210/2, an J.Z.-St., D–F/2, Marie Feyerabend, beziehungsweise Frau Dr. Klun, Wien, 24. Januar 1871.

70 HsZB, Ms. P 2212, an J.Z.-St., Ho–Hz/2, Dr. Jakob Horner, Bibliothekar, Zürich, 6 Briefe, 1864 bis 1873.

71 HsZB, Ms. P 2216/1, an J.Z.-St., T–Z/1, Usteri-Blumer, 1 Brief. Katharina Usteri-Blumer war die Schwester von Emilie Paravicini-Blumer.

72 HsZB, Ms. P 2214/1, an J.Z.-St., M–R/1, Herr Ott-Usteri, 13. August 1868.

73 HsZB, Ms. P 2216/1, an J.Z.-St., T–Z/1, J. Wietlisbach, Aarau, 29. März 1868.

74 HsZB, Ms. P 2213/1, an J.Z.-St., I–L/1, Augustin Keller, 7. Februar 1871.

75 HsZB, Ms. P 2215/1, an J.Z.-St., S/1, Carl Sauerländer, Aarau, 9. Juni 1867.

76 HsZB, Ms. P 2216/1, an J.Z.-St., T–Z/1, Friedrich Wassali, 3 Briefe, Chur, 1867 bis 1871; Ms. P 2212, an J.Z.-St., Ho–Hz/2, Dr. Th. Hug-Götzinger, Schaffhausen, 3 Briefe, 1868; Ms. P 2214/2, an J.Z.-St., M–R/2, Pfarrer C. Pestalozzi, 1 Brief, Zürich 1867.

77 Sauerländers Empfehlung, auch bei der Bibliothek in Yverdon nachzufragen, verdankte Josephine Stadlin die Antwort von Cécile Correvon-Christin, deren Familie mit Pestalozzi bekannt gewesen war. Siehe HsZB, Ms. P 2215/1, an J.Z.-St., S/1, Carl Sauerländer, Aarau, 9. Juni 1867; Ms. P 2209/2, Briefe an Josephine Stadlin, A–C/a, Cécile Correvon-Christin, Yverdon. Cécile Correvon-Christin war die Ehefrau von Jules Correvon, der zwar für die liberale Waadtländer Regierung an einem Entwurf zur Schulgesetzgebung arbeitete, sich aber 1845 auf die Seite der Konservativen schlug. HLS, www.hls-dhs-dss.ch/index.php, Stand 11. Februar 2005.

78 HsZB, Ms. P 2210/1, an J.Z.-St., D–F/1, Jakob Dubs, Stäfa, 26. August 1874.

79 HsZB, Ms. P 2213/2, an J.Z.-St., I–L/2, S. Landolt, Zürich, 4. Oktober 1872. David Rahn stammte aus der Familie, bei der der junge Ulrich Zehnder während seiner Ausbildung gearbeitet hatte.

80 HsZB, Ms. P 2214/1, an J.Z.-St., M–R/1, Emma Neher-Moser, Schaffhausen, 25. September 1874.

81 HsZB, Ms. P 2216/2, an J.Z.-St., T–Z/2, Hanna Zaeslin, Basel, 6. Februar 1873.

82 HsZB, Ms. P 2216/1, an J.Z.-St., T–Z/1, Vögeli-Bodmer, Seefeld, 24. September 1872.

83 HsZB, Ms. P 2215/2, an J.Z.-St., S/2, Julie Stäbli-Gehretz, Brugg 10. Oktober 1872.

84 HsZB, Ms. P, 2216/1, an J. Z.-St., T–Z/1, G. Tobler, Trogen, 22. November 1874, und H. Tobler-Kürsteiner, Trogen, o. D.

85 HsZB, Ms. P 2213/2, an J. Z.-St., I–L/2, Largiader, Rorschach, 18. August 1873.

86 HsZB, Ms. P 2216/1, an J. Z.-St., T–Z/1, J. Vonmatt (und Ch. Vonmatt), 29. März 1873.

87 HsZB, Ms. P 2209/a, an J. Z.-St., A–C/2, David Bürkli, Zürich, 6. Juni 1871.

88 HsZB, Ms. P 2212, an J. Z.-St., Ho–Hz/2, Dr. Jakob Horner, Bibliothekar, Zürich, 26. Januar 1873.

89 HsZB, Ms. P 2213/1, an J. Z.-St., I–L/1, Josephine Keller, Wettingen, 11. Februar 1873. Die Liste ist in Bezug auf das freisinnige Netz und die Fülle von Bibliotheken im Kanton Aargau aufschlussreich: «Nach Wunsch erhältst du einige Adressen aus dem Aargau. Im Kt. Solothurn sind mein l.[ieber] Mann u. ich so fremd, dass wir dir nicht dienen können, sondern dich am Bert. Wietlisbach od.[er] Hrn. Fürsprech J. Amiet weisen müssen. [...] Die Stadtbibliotheken in Baden, Brugg, Lenzburg, Aarau, Rheinfelden, Zofingen, Bremgarten, Seminar Wettingen; Kantonsbibliothek Aarau; Pestalozzi-Stiftung Olsberg; Buchhandl.[ung] Sauerländer & Schriften in Aarau. Ebendaselbst Hrn. Oberst Rothpletz, G. Herzog, Pfr. Zschokke, Hunziker-Springer, Oberst Wÿrsch-Frei; Hrn. Brunner Fabr. in Niederlenz; Hrn. Ringier Notar in Lenzburg; Hrn. Rob. Hünerwadel-Tobler in Lenzburg, Hrn. Laur-Gehrat in Wildegg.»

90 HsZB, Ms. P 2213/1, an J. Z.-St., I–L/1, Augustin Keller, Wettingen, 26. Januar 1873.

91 HsZB, Ms. P 2208/1, von J. Z.-St., O–Z/1, 14, an General von Röder, Brouillon, o. D. Im Entwurf dieses Briefs ringt sie um die richtige Anrede, «Excellenz», «Hochwohlgeborener Herr» und anderes.

92 Agenor Romuald Gołuchowski Graf von Gołuchowo (1812–1875) war in Lemberg österreichischer Minister und Statthalter von Galizien. Siehe http://de.wikipedia.org/wiki/Agenor_Gołuchowski_der_Ältere, Zugriff 7. Januar 2009.

93 HsZB, Ms. P 2213/1, an J. Z.-St., I–L/1, Luzern, 17. März, 18. September und 28. Dezember 1873. Marie Feierabend starb Anfang des Winters nach längerer Krankheit. Ein Auszug aus dem Brief vom 28. Dezember 1873 vermittelt ein konkretes Bild von Kluns Vorstellungen: «Was Österreich betrifft, will ich gerne mit dem österr.[eichischen] Gesandten in Bern (Baron Ottenfels) über Ihre Angelegenheit sprechen. [...] Durch seine Vermittlung müsste das Majestätsgesuch an das k. k. Oberst-Hofmeisteramt, nur das Gesuch an den Unterrichtsminister geleitet werden; Bar:[on] Ottenfels wird ohne Zweifel beides sehr warm befürworten. Ihr Gesuch an S.[eine] Exc.[ellenz] den Unterrichtsminister müsste das Petitum klar gestellt werden: er möge die Bibliotheken aller ihm unterstehenden Lehranstalten (Universitäten, Mittelschulen, Lehrerbildungsanstalten u. Volksschulen) zur Subskription einladen und das Werk der österr.[eichischen] Lehrerwelt empfehlen. Ferner müsste in den gelesensten Blättern [...] dafür etwas gethan werden. Für ‹N.[eue] fr.[eie] Presse› [die damals führende Zeitung der Habsburgermonarchie, E. J.] schreiben in Zürich die Professoren J. Honegger u. J. Scherr; – falls diese Herren es nicht thäten, bin ich bereit, einen Aufsatz zu liefern. [...] Sollte – wie ich hoffe – meine Wiener-Reise zur Thatsache werden, so werde ich sowohl mit dem Minister, als mit dem betreffenden Hofrath darüber eingehend sprechen. Ob von Seite des Monarchen etwas und was geschieht, kann ich kaum beurtheilen; es sind ‹bei Hof› so momentan Strömungen massgebend, dass sich in dieser Richtung nichts bestimmt sagen lässt. Indessen – man versuchts, nützt es nicht, so schadet es auch nicht. Vielleicht kann ich irgend eine ‹Hof-Persönlichkeit› einmal auch für einen wissenschaftlichen Zweck gewinnen, nachdem im Dezember Jagden, Manöver u. dgl. vorbei, und die Hofbelustigungen noch nicht eröffnet sind –. Wollen sehen. Kann ich etwas thun, so geschieht es, dessen seien Sie versichert.»

94 HsZB, Ms. P 2213/1, an J. Z.-St., I–L/1, Luzern, 28. Dezember 1873.

95 HsZB, Ms. P 2211/1, an J. Z.-St., G–Hi/1, Heinrich Grunholzer, Uster, 9. August 1871.

96 HsZB, Ms. P 2214/1, an J. Z.-St., M–R/1, Orell Füssli & Co., Zürich, 29. April 1873.

97 HsZB, Ms. P 2216/2, an J. Z.-St., T–Z/2, Zürcher & Furrer, Buch- und Notendruckerei, Zürich 1873, Ms. P 2209/1, an J. Z.-St., A–C/1, C. Baumann-Zürrer, Zürich 1873.

98 HsZB, Ms. P 2210/1, an J. Z.-St., Ms. P 2214/2, an J. Z.-St., M–R/2, Hugo Richter, Verlagsbuchhandlung, Basel 1873, Ms. P 2210/1, an J. Z.-St., D–F/1, H. Georg, Buchhandlung, Basel 1873, Dalp'sche Buch- und Kunsthandlung, Bern 1873.

99 HsZB, Ms. P 2209/1, an J. Z.-St., A–C/1, Berthold Auerbach, Land Baden, 1873, Ms. P 2208/1, von J. Z.-St., O–Z/2, 40, Buchhandlung des Waisenhauses Halle, Ms. P 2216/1, Briefe Josephine Zehnder-Stadlin, T–Z/1, Weidmannsche Buchhandlung, Berlin, 24. März 1873, Ms. P 2210/1, an J. Z.-St., D–F/1, Duncker & Humblot, Leipzig 1873.

100 HsZB, Ms. P 2215/2, an J. Z.-St., S/2, Siegismund & Volkening, Buchhandlung, Leipzig, 3. April und 25. August 1873.

101 HsZB, Ms. P 2208/1, von J. Z.-St., O–Z/2, 33, an E. F. Thienemann, Gotha, 6 Briefe, 1873 bis 1874; Ms. P 2216/1, T–Z/1, E. F. Thienemann, Gotha, 19 Briefe, 1873 bis 1875. Ab dem 30. Juni 1874 liefen die Verhandlungen über Ulrich Zehnder.

102 Publikationen mit direktem Bezug zur Frauenbewegung erschienen um die Wende vom 19. zum 20. Jahrhundert dann, mit Ausnahme von Emma Steigers Geschichte zur Frauenarbeit in Zürich von 1964, erst wieder im Kontext der neuen Frauenbewegung. Siehe insbesondere Benz, Emilie: Josephine Zehnder-Stadlin, in: Schweizerische Lehrerinnen-Zeitung, 1899/6, S. 93–99, 1899/7, S. 113–119, 1899/8, S. 133–139; Graf, Emma: Die Anfänge der Frauenbewegung in der deutschen Schweiz, in: Jahrbuch der Schweizer Frauen, 1, Bern 1915, S. 108–131.

103 HsZB, Nachlass Gottfried Keller, Ms. GK 79g: 202 – GB4, 149. Josefine Zehnder-Stadlin an Keller, Oberstrasse, 23. Februar 1873. Ich verdanke die Transkription des Briefwechsels zwischen Gottfried Keller und Josephine Stadlin beziehungsweise Jakob Baechtold dem Germanisten Thomas Binder, Mitherausgeber der kritischen Gesamtausgabe von Gottfried Kellers Werken. Auszüge des Briefwechsels zwischen Josephine Stadlin und Gottfried Keller wurden bereits 1942 veröffentlicht: Jenal, Emil: Josephine Zehnder-Stadlin und Gottfried Keller, in: Gemeinnützige Gesellschaft des Kantons Zug (Hg.): Zuger Neujahrsblatt, Zug 1942, S. 4–8.

104 Es ist anzunehmen, dass Keller sich vom «braven» Mutterbild eines Pestalozzi wenig angesprochen fühlte. Zwar hatte er mehrfach der tüchtigen und umsichtigen Mutter ein Denkmal gesetzt, die Mutterfigur in der «Helvetia» als Wirtin im Gasthaus zum «Schweizerdegen» aber doppeldeutig interpretiert; zudem war er anderseits von der Figur der Medea fasziniert. Siehe von Matt, Peter: Verkommene Söhne, missratene Töchter. Familiendesaster in der Literatur, München 2007 (1. Auflage 1997), S. 247–253; von Matt 2004, S. 31 f.

105 Sie hatte im Umfeld von Zehnder seine politische Bedeutung als streitbarer Schriftsteller seit den 1840er Jahren erlebt. Siehe auch von Matt 2004, S. 31 f.

106 HsZB, Nachlass Gottfried Keller, Ms. GK 77: 50 – GB4, 150, Keller an Josefine Zehnder-Stadlin, Zürich, 4. März 1873.

107 Nach dem Tod Gottfried Kellers war Jakob Baechtold sein Biograf und Sachwalter des Nachlasses.

108 HsZB, Nachlass Gottfried Keller, Ms. GK 78: 161, Jakob Baechtold an Gottfried Keller, Solothurn, 6. Mai 1876.

109 Geschichte des Kantons Zürich, Bd. 2: Frühe Neuzeit, 16. und 18. Jahrhundert, Zürich 1996, S. 396 f. und 444–449.

110 HsZB, Nachlass Gottfried Keller, Ms. GK 78d: 1/4 – GB3.1, 274, Gottfried Keller an Jakob Baechtold, Zürich, 14. Juni 1876.

111 Jenal 1942, S. 6.

112 Zur Quellenforschung als spezifisch männlichem Expertentum siehe Smith, Bonnie G.: The Gender of History. Men, Women, and Historical Practice, Cambridge 1998; sich direkt auf Smith beziehend Studer, Brigitte: «Die Wissenschaft sei geschlechtslos und Gemeingut Aller». Frauen in der Genese und Tradition der historischen Disziplin, in: Pfluger/Grisard/Späti 2004, S. 185 bis 217. Die Archivforschung war auch in Zürich zu Zeiten von Josephine Stadlins Arbeiten an der Pestalozzi-Biografie ein spezifisch männliches Tätigkeitsfeld, Frauen fungierten als Zudienerinnen, auch wenn die von Historikern gezogene Grenze zwischen Forschung und weiblicher Handwerksarbeit nicht undurchlässig war. Siehe Saxer 2005, Die institutionalisierte Männlichkeit als Geschichtswissenschaft, S. 249–269.

113 Keller, Gottfried: Der Schmied seines Glücks, in: Keller, Gottfried: Sämtliche Werke in acht Bänden, Bd. 6, Berlin 1958–1961, S. 341–372, hier S. 366 f. Den Hinweis verdanke ich dem Zürcher Germanisten und Kunsthistoriker Kurt Zangger.

114 Zehnder-Stadlin 1875, S. VI.

115 HsZB, Ms. P 2214/1, an J. Z.-St., M–R/1, H. Morf, Winterthur, 17. Januar 1876. Ob und in welchem Ausmass sich Heinrich Morf für die Bände 2 bis 4 seiner Pestalozzi-Biografie bei Josephine Stadlin bediente, wäre noch zu untersuchen.

116 HsZB, Ms. P 2198, Biographisches.

117 H. S.-S. [Heinrich Schweizer-Sidler]: Frau Josephine Zehnder, geb. Stadlin, in: Neue Zürcher Zeitung, Nr. 457, 459, 461, 9., 10. und 11. September 1875.

118 Schweizer, Heinrich: Frau Josephine Zehnder, geb. Stadlin, in: Neue Zürcher Zeitung, 9. und 10. September 1875.

119 H. S.-S. [Heinrich Schweizer-Sidler]: Frau Josephine Zehnder, geb. Stadlin, in: Neue Zürcher Zeitung, Nr. 461, 11. September 1875.

120 Unter der Signatur Ms. P 2198–2216 & a, b; Ms. Pestal. 611, 1306, Zehnder-Stadlin, Josefine 1806 bis 1875, Schriftstellerin, Pädagogin, Briefe, Akten, Arbeiten, Lebenserinnerungen, Reden, Vorträge, Tagebücher, Vorarbeiten zu «Pestalozzi».

Kapitel III

1 Peter-Kubli, Susanne: Netstal. Ein Industriedorf im Wandel, Netstal 2000; Heer, Gret/Kern, Urs: Alltag der Glarner Tuchdruckereiarbeiter im 19. Jahrhundert, in: Schweizerisches Sozialarchiv (Hg.): Arbeitsalltag und Betriebsleben. Zur Geschichte industrieller Arbeits- und Lebensverhältnisse in der Schweiz, Zürich 1981, S. 79–116; Glarner Industrieweg. Karte, Glarus 2003; Glarner Industrieweg. Alle Objekttafeln, Glarus 1997. Zur Geschichte des Kantons Glarus vgl. das facettenreiche, mit umfassenden Literaturhinweisen versehene kulturgeschichtliche Lesebuch Brunner, Christoph H.: Glarner Geschichte in Geschichten, Glarus 2004, sowie Rohr, August: Kanton Glarus. Beiträge zur Wirtschaft, Gesellschaft und Politik im 19. Jahrhundert, in: HLS, www.hls-dhs-dss.ch, Stand 4. Juli 2007.

2 Zur Auswanderung siehe Peter-Kubli, Susanne: Die Auswanderung aus Elm nach den USA von 1845 bis 1914, in: Historischer Verein des Kantons Glarus (Hg.): Jahrbuch, Heft 84, Schwanden 2004, S. 11–148; Peter-Kubli 2000, S. 155–171.

3 Diesen Streik verarbeitete der Glarner Schriftsteller Zopfi zu einem Roman. Zopfi, Emil: Die Fabrikglocke. Vom Aufstand der Glarner Stoffdrucker gegen die Zeit, 4. Auflage, Zürich 2004.

4 Zu Fridolin Schuler und dem Arbeiterschutz in der Schweiz vgl. die Texte einer wissenschaftlichen Tagung in Mollis in Erinnerung an Fridolin Schuler in Siegenthaler, Hansjörg (Hg.): Wissenschaft und Wohlfahrt. Moderne Wissenschaft und ihre Träger in der Formation des schweizerischen Wohlfahrtsstaates während der zweiten Hälfte des 19. Jahrhunderts, Zürich 1997, insbesondere Siegenthaler, Hansjörg: Fridolin Schuler und die Anfänge des modernen Wohlfahrtsstaates, S. 9–34; Lemmenmeier, Max: Aufgaben und Einfluss eines Fabrikinspektors. Das Beispiel Fridolin Schuler, S. 155–174; Wecker, Regina: Normalarbeitstag, Gesundheitsschutz und Nachtarbeitsverbot. Zwischen Schutz und Konstruktion von Weiblichkeit und Männlichkeit, S. 217–234.

5 Head-König, Anne-Lise: Les spécialisations commerciales glaronnaises et le rôle des réseaux sociaux et familiaux (Typologie et fonctionnement des entreprises commerciales dans le monde préalpin) (XVIe–XVIIIe siècles), in: Itinera, 24/2002, S. 74–96.

6 Vgl. Marti-Weissenbach, Karin: Die Unternehmerfamilie Tschudi aus dem glarnerischen Schwanden. Ihre Geschichte seit dem 16. Jahrhundert, Glarus 2003; Laupper, Hans: Die Glarner National- und Ständeräte, in: Davatz, Jürg (Hg.): Glarus und die Schweiz. Streiflichter auf wechselseitige Beziehungen, Glarus 1991, S. 103–115; Stauffacher, Hans Rudolf: Herrschaft und Landsgemeinde. Die Machtelite in Evangelisch-Glarus vor und nach der Helvetischen Revolution, Glarus 1989; Stucki, Fritz: Die «Obrigkeiten» im alten Land Glarus, Glarus 1980.

Kapitel III.1

1 Studer, Brigitte: Familiarisierung und Individualisierung. Zur Struktur der Geschlechterordnung in der bürgerlichen Gesellschaft, in: L'Homme, 2000/1, S. 83–104, hier S. 92. Studer entwickelt ihre These in Anlehnung an Michel Foucault.

2 Zu den «Honoratiorenfamilien» zählt Stauffacher die Blumer, Heer, Marti, Paravicini, Schindler, Streiff, Tschudi, Zweifel und Zwicky, siehe Stauffacher 1989, S. 92, 249–260. Zum 19. Jahrhundert vgl. Oberhänsli, Silvia: Die Glarner Unternehmer im 19. Jahrhundert, Diss. Universität Zürich, Zürich 1982, S. 174. Zum Einblick in die standes- und bildungsspezifische Positionierung der weit verzweigten Familie Blumer siehe Ernst, Fritz: Der Chorherr Johann Jacob Blumer, Zürich 1932, und Blumer, Ernst: Aus jungen Jahren und weiter Welt, Glarus 1968. Der Vater von Othmar Blumer – Letzterer hatte die Heirat der jungen Emilie Blumer mit seinem Schwager Bartholome eingeleitet – besass im Haus «Zur Wies» in Glarus eine exquisite Bibliothek und war in seinen Jugendjahren Zögling im philanthropischen Institut in Marschlins gewesen (Eintritt 1772). Die Grosstante von Emilie Paravicini-Blumer, Ursula Blumer-Blumer, war mit Peter Blumer, einem Ratsherrn und Kaufmann mit einer Handelsniederlassung in Ancona (Handelshaus Blumer & Jenny), verheiratet.

3 Die unterschiedliche Gewichtung hat bis heute wenig von ihrer Bedeutung verloren. Ich verzichte auf Hinweise zur Literatur zu diesem Thema, da diese äusserst umfangreich ist und zum Ausgangspunkt aller geschlechtergeschichtlichen Fragestellungen gehört.

4 Blumer, Walter: Stammtafeln und Bilder zur Geschichte der Blumer, Bern 1940, S. 72 ff.; Blumer, Walter: Geschichte der Blumer, Bern 1960, S. 82 f.; Oberhänsli 1982. Stammbaum der Familie Blumer, gezeichnet Anfang der 1840er Jahre, Privatbesitz Hans Blumer, Im Thon, Schwanden.

5 Emilie Paravicini-Blumer war eigentlich die vierte Tochter, doch zwei starben bereits im ersten Lebensjahr und eine im Alter von vier bis fünf Jahren. Damals war Emilie erst dreijährig. LaGl, Glarner Genealogiewerk, Schwanden, Blumer, Nr. 163, S. 61.

6 Vgl. Habermas, Rebekka: Bürgerliche Kleinfamilie – Liebesheirat, in: van Dülmen 2001, S. 287 bis 309, hier S. 292.

7 An Graf Karl Christian Ernst von Bentzel-Sternau, 8. Oktober 1842, 1, DQ 1003.

8 So wird er im Glarner Genealogiewerk bezeichnet, siehe LaGl, Glarner Genealogiewerk, Glarus, Paravicini-Capelli, Nr. 26, S. 24. Was darunter genau zu verstehen ist, kann ich nicht präzisieren. Zum Begriff «Behinderung», der von der *new disability history* thematisiert wird, siehe Ritzmann, Iris: «Die der Welt und sich selbst zur Last sind». Behinderte Kinder und Jugendliche in der Frühen Neuzeit, in: Traverse 2006/3, S. 73–86, hier S. 75 f.

9 An Graf Karl Christian Ernst von Bentzel-Sternau, 8. Oktober 1842, 1, DQ 1003.

10 Die Briefe an Graf Karl Christian Ernst von Bentzel-Sternau und an seinen Sohn Albert sollen mit Ausnahme dieses einen Briefs alle von einem schwäbischen Mädchen im Dienste von Emilie Paravicini-Blumer verbrannt worden sein. Denn nach dem Tod Alberts von Bentzel-Sternau im Mai 1878 seien die Briefe gebündelt an Emilie Paravicini-Blumer zurückgeschickt worden, die ihrer Magd Sara befohlen haben soll, diese zu vernichten. Sara habe diese Aufgabe der jüngeren Magd übergeben. Diese sei vom Inhalt dieses Briefs so gerührt gewesen, dass sie ihn behalten und später mit sich nach Württemberg genommen habe. Kurz vor ihrem Tod habe sie ihn einer in Stuttgart verheirateten Nichte von Emilie Paravicini-Blumer, Emma Lang-Dinner, zukommen lassen, die den Brief dann an eine Verwandte in der Schweiz sandte. Heute wird das Original des Briefs im Privatnachlass de Quervain in Bern aufbewahrt, eine Fotokopie mit einer Abschrift als Teil des Nachlasses von Marguerite Loosli-Usteri im StAZH, FA Usteri 76.10/5, zusammen mit Kopien verschiedener Briefe, die den abenteuerlichen Weg dieses Dokumentes nachzeichnen, dazu Unterlagen im Privatnachlass de Quervain, 9. Ein Nachkomme einer Schwester von Emilie Paravicini-Blumer, der Historiker R. de Quervain in Burgdorf, hat den Brief 1963 im Eigenverlag mit geringen Anpassungen an die Orthographie und Interpunktion des 20. Jahrhunderts und leicht anonymisiert herausgegeben: de Quervain, R.: Emilie P.-B. Versöhnung mit dem Geschick. Ein Brief aus dem Jahre 1842, Burgdorf 1963 (2. Auflage 1964). Herr R. de Quervain hat mir die Broschüre wie Kopien weiterer Unterlagen zum Brief freundlicherweise zugeschickt. Leicht angepasst an die moderne Schreibweise und aufgeteilt auf verschiedene Kapitel ist der Brief auch abgedruckt in Helene von Lerbers biografischem Roman über Emilie Paravicini-Blumer. Dass Emilie Paravicini-Blumer ihre Korrespondenz mit Freunden verbrennen liess, geht aus dem Brief ihrer Nichte Emma Usteri an eine österreichisch-ungarische Gräfin hervor, deren Familie mit Albert von Bentzel-Sternau eng liiert gewesen war. Nach dem Tod ihrer Tante habe sie auf deren letzten Wunsch hin noch die restliche Korrespondenz verbrannt. Brief, o. D., wahrscheinlich Ende 1932, Privatnachlass de Quervain, 9. In diesem Brief ist von «Bruchstücke[n] eines Tagesbuchs» die Rede. Wo dieses sich befindet, konnten mir Nachkommen der beiden Schwestern von Emilie Paravicini-Blumer, Johanna Girard-Blumer und Katharina Usteri-Blumer, nicht mitteilen. Ebenso wenig ist klar, wo ganze Bündel von Briefen, aus denen Helene Lerber in ihrem Roman lange Auszüge zitierte, zurzeit aufbewahrt werden. Im Nachlass de Quervain, 10, ist aber die «Verordnung für den Fall meines Absterbens» von Emilie Paravicini-Blumer enthalten, nach der verschiedene Bilder, Zeichnungen und Fotografien von Angehörigen der Familie von Bentzel-Sternau nach ihrem Tod an den Grafen Franz Erich von Bentzel-Sternau, k. k. Kämmerer zu Boitham an der Traun in Oberösterreich gesandt werden sollten.

11 Trotz seiner relativen Kürze und Briefform muss der Text nach Lejeunes Kategorien als Autobiografie eingestuft werden. Die Autorin gestaltet rückblickend und strukturierend im Schreiben das eigene Leben für andere Leserinnen und Leser. Vgl. Lejeune 1975.

12 Mit vollem Namen: Marie Anne Sophie Therese Gräfin von Bentzel-Sternau, geb. von Seckendorff-Aberdar (1783–1838).

13 Siehe Müller-Funk, Wolfgang: Die Erfindung der Liebe aus dem Medium des Briefes, in: Bauer/Hämmerle/Hauch 2005, S. 89–109, hier S. 90 f. Zur expliziten Klage über Verhinderung von Bildung und dem expliziten Wunsch nach Wissen siehe Meise, Helga: Bildungslust und Bildungslast in Autobiografien von Frauen um 1800, in: Kleinau/Opitz 1996, Bd. 1, S. 453–466, hier S. 462 f.

14 Vgl. Joris 2006, S. 231–257. Die Heiratspolitik der Familie Blumer bestätigt die viel diskutierte These von David Sabean über die zunehmende Bedeutung der Ehe zwischen nahen Verwandten im 19. Jahrhundert. Vgl. Sabean, David Warren: Kinship in Neckarhausen, 1700–1870, Cambridge 1998, insbesondere S. 398–510. Zu den engen verwandtschaftlichen Verflechtungen im Kanton Glarus siehe Stauffacher 1989, S. 100–112, 260–268.

15 Vgl. dazu Sankt-Galler Geschichte, St. Gallen 2003, Bde. 3–5, unter anderem Bd. 4, S. 39; Brunner 2004, S. 495.

16 Blumer 1960, S. 81; Stauffacher 1989, S. 116, 129, 161–164, 168 f.

17 Von Lerber 1961, S. 141. Nach Helene von Lerber, die in persönlichem Kontakt stand sowohl mit Fritz de Quervain als auch mit Greth Loosli-Usteri, Nachkommen der Schwestern Johanna Girard-Blumer und Katharina Usteri-Blumer, soll Johann Jakob Blumer wegen eines nicht stan-

desgemässen Auftritts in Reitstiefeln von Barbara Zwicky abgelehnt worden sein. Ob einzig dieser Umstand zur Auflösung der Verlobung führte, darf bezweifelt werden, doch auf Grund der mehrfachen Verschwägerung der Familien Blumer und Zwicky scheint mir eine Verlobung zwischen Barbara Zwicky und Johann Jakob Blumer plausibel. Anderseits gab es enge Verbindungen zwischen der Familie Blumer und den führenden Ämterfamilien aus Werdenberg und Azmoos/Wartau, zu denen nach Auskunft von Heinz Gabathuler, der den Verbindungen der führenden Familien im Wartau nachgeht, die Familie von Anna Müller zu zählen ist.

18 Die Heirat fand am 14. Juni 1804 statt, das erste Kind kam am 1. Oktober 1804 zur Welt. LaGl, Glarner Genealogiewerk, Schwanden, Blumer, Nr. 163, S. 61. Nach Susanne Peter-Kubli führten die Pfarrer im 19. Jahrhundert darüber Buch, ob zwischen Hochzeit und Geburt des ersten Kindes neun Monate verstrichen waren. Waren es weniger, musste der Vater des Kindes eine Busse zahlen; siehe Peter-Kubli 2000, S. 120.

19 Der Wartau gehörte zur gemeinen Herrschaft Sargans, Schlossammann und Schlossweibel wurden jedoch in Glarus bestimmt, damit stand die Burg Wartau wie die Vogtei Werdenberg unter Glarner Herrschaft. Vgl. Graber, Martin: Die Burg Wartau. Baubeschreibung, Geschichte, Rechte und Besitzungen, Urkundensammlung, Buchs 2003, S. 117–127. Helene von Lerber konstruierte eine scharfe Grenze zwischen der «vornehmen» Barbara Zwicky und der Bauerntochter Anna Müller, was aber so nicht haltbar ist.

20 Drei der früh verstorbenen Kinder waren älter als Emilie, der ein Jahr nach ihr geborene Peter (12. Februar 1809–19. März 1809) starb nach nur fünf Wochen. Der 1816 geborene zweite Sohn erhielt dann wieder den Namen Peter. Siehe LaGl, Glarner Genealogiewerk, Schwanden, Blumer, Nr. 163, S. 61.

21 Blumer, Johann Jakob: Kurze geographisch-statistische Darstellung des Kantons Glarus, in: Helvetischer Almanach für das Jahr 1809, Zürich 1809.

22 Blumer, Johann Jakob: Was lehren Zeit und Notwendigkeit? Vorzüglich den Bewohnern der östlichen Schweiz gewidmet, in: Gemeinnütziger Ratgeber für Erziehung, Armenwesen und Landwirtschaft. Blumer erteilt Ratschläge zum Einsatz von ungelöschtem Kalk, hofft auf Hanf und Flachsanbau, damit sich daraus «mehrere Beschäftigungen und mehr Verdienst für das weibliche Geschlecht und die Bekleidung aus eigenen Produkten ergeben». Zit. in von Lerber 1961, S. 22.

23 Schuler, Johann Melchior: Die Thaten und Sitten der alten Eidgenossen, Zürich 1809, und: Schuler, Johann Melchior: Geschichte des Landes Glarus, Zürich 1836.

24 Brunner 2004, S. 436. Zu den Anhängern der Helvetik und Melchior Kubli siehe Stauffacher, H. R., 1989, S. 176; zur Zeit der Helvetik im Kanton Glarus und zu Melchior Kubli siehe Peter-Kubli 2000, S. 12–22. Zu Kublis Rolle bei der Bekanntgabe der Hinrichtung von Anna Göldi siehe Hauser, Walter: Der Justizmord an Anna Göldi. Neue Recherchen zum letzten Hexenprozess in Europa, Zürich 2007, S. 27, 37–43, 89 und 171.

25 Der Kanal führte von Mollis zum Walensee. Blumer 1960, S. 83; Speich, Daniel: Helvetische Meliorationen. Die Neuordnung der gesellschaftlichen Naturverhältnisse an der Linth (1783–1823), Zürich 2003.

26 Winteler, Jakob: Geschichte des Landes Glarus, Bd. 2: Von 1638 bis zur Gegenwart, Glarus 1954, S. 400 f. Zentrum des europäischen Philhellenismus war Genf. Der Philhellenismus speiste sich vor allem aus der idealisierenden Rezeption der Antike von Winckelmann, aber auch von Goethe und Schiller. Der Genfer Handelsmann und Financier Jean-Gabriel Eynard, einer von drei Genfer Vertretern am Wiener Kongress von 1814 und später einer der Pioniere der Fotografie, steckte einen grossen Teil seines Vermögens in die philhellenische Bewegung. Auf lokaler Ebene wurden Unterstützungsvereine gegründet wie der «Zürcher Hilfsverein für die Griechen». Die Begeisterung schlug sich selbst im Schweizer Volkstheater nieder. Vgl. dazu Dünki, Robert: Aspekte des Philhellenismus in der Schweiz, 1821–1830, Bern 1984.

27 Nur rund zwei Drittel der schulpflichtigen Jugend besuchten vor der Einführung der liberalen Verfassung von 1836 den Unterricht, und das oft nur unregelmässig. Brunner 2004, S. 381, Anm. 8.

28 Die 1792 geborene Katharina Hemmann, genannt Caton, war die Tochter von Daniel Hemmann (1760–1814), Wundarzt, und Katharina Bäurlin (1772–1834), beide von Brugg. Zurück in Brugg, arbeitete Katharina Hemmann als Lehrerin an der Mädchenschule in Brugg. Bei der Volkszählung 1850 wohnte sie allein in ihrem eigenen, heute noch stehenden Haus am Spitalrain 18. Sie starb am 20. Oktober 1854. Die Information verdanke ich dem Historiker Max Baumann.

29 Habermas, R., Bürgertum, 2000, S. 236 f.

30 Zur Bedeutung der innerfamilialen Stellung der Geschwister vgl. Sulloway, Frank J.: Born to Rebel: Birth Order, Family Dynamics, and Creative Lives, New York 1996.

31 In LaGl, Glarner Genealogiewerk, Schwanden, Blumer, Nr. 163, S. 61, heisst es von Johann Jakob Blumer, er sei «erblindet, doch praktizierend».

32 Siehe Koselleck 2006, S. 139–147.
33 Brief, 1843, zit. in von Lerber 1961, S. 13. Ob das Zitat aus einem Brief stammt, der im Privatarchiv der Familie Usteri im Homberg oder im privaten Nachlass der Familie de Quervain liegt, konnte ich nicht verifizieren.
34 Notizen von Emma Paur für ein Lebensbild der Tante Emilie, ca. 1943, Manuskript, Privatarchiv Usteri, Homberg, 23c, U715. Die 1877 geborene Emma Paur war die Tochter von Pauline Paur-Usteri, Tochter von Emilie Paravicini-Blumers jüngster Schwester Katharina Usteri-Blumer im Seidenhof in Zürich.
35 An Graf Karl Christian Ernst von Bentzel-Sternau, 8. Oktober 1842, 1, DQ 1003.
36 Tschudi-Streiff, Anna Henriette: Auszug aus Grossmutter Anna Henriette Tschudi-Streiff's sorgsam zusammengetragenen und mit Maschine niedergeschriebenen Glarner Familiengeschichten, Manuskript, Bund 2, S. 14, Privatbesitz, vermittelt über Catherine Silberschmidt, Zürich; Peter-Kubli, Susanne: Das Kochbuch Othmar Blumer-Paravicinis, in: Historischer Verein des Kantons Glarus (Hg.): Jahrbuch, Heft 85, Schwanden 2005, S. 91–158, hier S. 9 f.
37 Wegweiser durch den Hauptflecken im Kanton Glarus, 1831, S. 30; LaGl, Glarner Genealogiewerk, Glarus, Paravicini-Capelli, Nr. 12, S. 23. Zur Familie Paravicini siehe Stauffacher, H. R., 1989, S. 115, 124 f., 129.
38 An Graf Karl Christian Ernst von Bentzel-Sternau, 8. Oktober 1842, 1, DQ 1003.
39 Zur Bedeutung des Bruchs in der Lebensgeschichte vgl. Sieder, Reinhard: Gesellschaft und Person: Geschichte und Biografie. Nachschrift, in: Sieder 1999, S. 234–264, hier S. 254–257.
40 Die Beschreibung ihrer Ehe gleicht darin den narrativen Ehebeschreibungen in Scheidungsprotokollen, die nachträglich der Verbindung Sinn verleihen, aber daran auch das Scheitern messen. Vgl. Arni 2004, S. 16. Nach Dausiens handlungstheoretischem Ansatz bezieht sich die Lebensgeschichte auf ein gelebtes und erlebtes Leben und ist in der konkreten biografischen und sozialen Situation, in der diese konstruiert wird, in hohem Masse handlungsorientierend; vgl. Dausien 1994, S. 145.
41 Brief an Hortensia Margaretha Koller-Steinbrüchel, wahrscheinlich 1830, zit. in von Lerber 1961, S. 62 f. Der «Chant d'amour» ist Teil von Alphonse de Lamartines 1820 erschienenen «Méditations poétiques».
42 Seit dem späten 18. Jahrhundert wurde über die Frage nachgedacht, was ein Mensch vom Leben erwarten konnte, wurde über die Spannung zwischen Erwartungen und Sicherheit geschrieben. Nach Kessel galt Glück zu Beginn der Moderne den meisten als gelungene Beziehung zwischen Individuum und Gesellschaft. Siehe Kessel 1999, S. 258–261. Vgl. auch Ronsin, Francis: Le contrat sentimental. Débats sur le mariage, l'amour, le divorce, de l'Ancien Régime à la Restauration, Paris 1990; Hull, Isabel: Sexuality, State, and Civil Society in Germany, 1700–1815, Ithaca (NY) 1996; Hausen, Karin: «... eine Ulme für das schwankende Efeu». Ehepaare im Bildungsbürgertum. Ideal und Wirklichkeiten im späten 18. und 19. Jahrhundert, in: Frevert, Ute (Hg.): Bürgerinnen und Bürger. Geschlechterverhältnisse im 19. Jahrhundert, Göttingen 1988, S. 85–117; Schmid-Bortenschlager 2005.
43 Jahrzehnte später wurde Bartholome Paravicini von den Grossnichten und -neffen Emilie Paravicini-Blumers als gutmütiger Mann geschildert, der vor allem den «Knecht machte». Greth Loosli-Usteri an Helene von Lerber, 28. April 1956, Privatnachlass de Quervain; Brief mit Lebensbild von Emma Paur an Greth Loosli-Usteri, 18. Februar 1842, Privatarchiv Usteri, Homberg.
44 Privatarchiv Usteri, Homberg, 23c, U715.
45 Oberhänsli 1982, S. 174 f. Vgl. Tanner, A., 1995, insbesondere im Kapitel «Familie und Verwandtschaft» die vielfältigen Beispiele unter dem Titel «Die Heirat: Elterliche Arrangements und Kalkül, Vernunft und Liebe», S. 170 ff.
46 Joris 2006, S. 231–257. Während David Sabean für Europa eine Dominanz der Hypergamie feststellte, das heisst des Aufstiegs einer Familie und der Konsolidierung ihrer sozialen Position über die Einheiratung der Frauen in eine höhere Schicht, kann dies für die Schweiz als generelle Tendenz auf Grund der bis heute veröffentlichten historischen Analysen so nicht bestätigt werden. Sabean, David Warren: Kinship in Neckarhausen, 1700–1870, Cambridge 1998, S. 12, 427, 466.
47 Selbst ein Bürger und liebevoller Vater wie Denis Diderot sah rund ein halbes Jahrhundert zuvor darin keinen Widerspruch, zum einen grossen Wert auf die Erziehung und Bildung seiner ihm auch intellektuell eng verbundenen Tochter – sein einziges Kind – zu legen und zum anderen die gleiche Angélique aus rein pekuniären und persönlichen Interessen, das heisst als Kompensationsgeschäft rund um den Verlust einer Geliebten, bereits in ihren Jugendjahren hintereinander seinen beiden alten Freunden Grimm und Vialet als Braut anzubieten. Vgl. dazu Roberts, Ursula Yvonne: Parenthood and Gender Roles as Seen in Diderot's Correspondence, in: Bland/Cross 2004, S. 29–41, hier S. 32.
48 Diese Zahlung ist nicht belegt, da mir der Heiratsvertrag nicht zur Verfügung stand, doch wird

er von Nachkommen verschiedener Schwestern erwähnt und die Formulierung von Emilie Paravicini-Blumer über die Sicherung der Zukunft ihrer Geschwister weist ebenfalls in diese Richtung. Zwei der Brüder von Bartholome Paravicini stiegen in die fabrikmässige Textilproduktion ein; der jüngste Bruder, Johann Jakob Paravicini, folgte später als Teilhaber. LaGl, Glarner Genealogiewerk, Glarus, Paravicini-Capelli, S. 24; Wegweiser, 1831, S. 8.

49 Die Heirat als Kontrakt wurde seit der Helvetik (1798–1803) nach französischem Vorbild auch in der Schweiz diskutiert, eine einheitliche Gesetzgebung gab es jedoch bis 1912 nicht, die Ehegesetzgebung blieb Sache der Kantone. Die diesbezüglichen Debatten waren jedoch eingebunden in die europäische Diskussion. So war das vom liberal-konservativen Politiker und Staatsrechtler Johann Jakob Bluntschli verfasste zweibändige «Privatrechtliche Gesetzbuch für den Kanton Zürich» wegweisend für die schweizerische Zivilgesetzgebung und wurde in verschiedenen Ländern des deutschsprachigen Europa rezipiert, da Bluntschli in der zweiten Hälfte des 19. Jahrhunderts als einer der prominentesten Staatsrechtler an verschiedenen Universitäten Deutschlands Karriere machte. Vgl. Pateman, Carole: The Sexual Contract, Stanford, California 1988; Arnaud-Duc, Nicole: Die Widersprüche des Gesetzes, in: Fraisse/Perrot 1994, S. 97–132; zu Europa Gerhard 1997; Gerhard, Ute: Die Ehe als Geschlechter- und Gesellschaftsvertrag. Zum Bedeutungswandel der Ehe im 19. und 20. Jahrhundert, in: Bauer/Hämmerle/Hauch 2005, S. 449–468; Joris 1996, S. 306–311; Head, Anne-Lise: Mariages et citoyenneté des femmes. L'influence de l'Helvétie et de la Révolution sur la conception et les effets du mariage en Suisse, in: Simon, Christian: Dossier Helvetik 2, Sozioökonomische Strukturen, Frauengeschichte/Geschlechtergeschichte, Basel, Frankfurt am Main 1997, 151–166; Head-König, Anne-Lise: Les femmes et la Justice matrimoniale dans les cantons suisses, XVIIe–XIXe siècles. Crédibilité et protection de la femme lors de contentieux matrimoniaux, in: Jaun, Rudolf/Studer, Brigitte (Hg.): Weiblich – männlich. Geschlechterverhältnisse in der Schweiz. Rechtsprechung, Diskurs, Praktiken, 59–70. Ausgezeichnet als Überblick wie als Analyse Arni 2004, S. 23–78.

50 Nach Bourdieu waren Frauen beziehungsweise Töchter und Schwestern Tauschobjekte, deren Verheiratung der Produktion und Mehrung von symbolischem (Ehre und Ansehen) und sozialem (Verwandtschaftsbeziehungen) Kapital diente, aber ebenso der Akkumulation von ökonomischem Kapital; vgl. Bourdieu in Dölling/Krais 1997, S. 205–212.

51 Schmid-Bortenschlager 2005, S. 86. Schmid-Bortenschlager verweist auf den guten Vater, der seine abtrünnige Tochter nicht verstösst, sondern ihr in Liebe verzeiht. Bei Emilie Paravicini-Blumer ist es die umgekehrte Konstellation, sie verzeiht ihrem Vater.

52 Vgl. zum Verhältnis von Ambivalenz und Rehabilitierung als Folge der Aufklärung auch Hunt 1992. Die US-amerikanische Historikerin interpretiert die Entwicklung der Französischen Revolution diskurs- und geschlechtertheoretisch als Sturz der Väter durch die Söhne und Reinszenierung ebendieser Väter in ihrer privilegierten Stellung. Sie verweist damit auf Paradoxien in dem von der Revolution vertretenen Konzept von Freiheit, Gleichheit und Brüderlichkeit, da die Aufrechterhaltung der dominanten Position der Männer schliesslich auch zur Wiederherstellung der väterlichen Dominanz führte.

53 An Graf Karl Christian Ernst von Bentzel-Sternau, 8. Oktober 1842, 1, DQ 1003.

54 Vgl. dazu die Empörung der nicht viel älteren Adele Schopenhauer (1797–1849) darüber, dass Frauen ihr Leben nicht selber aktiv in die Hand nehmen konnten, was zu einer «inneren Gleichgültigkeit» führen könne, aus der sich aufzuraffen schwierig sei; siehe Kessel 2000, S. 168.

55 «Abschied vom Vaterhaus». «[...] / Schicksal, was kannst du für Ersatz mir geben? / Du nahmst mir alles; ach nimm mir auch das Leben. / [...] / So lebe denn wohl, mein Vater lieb, / Dem tiefe Nacht das Aug umhüllt, / Doch hehr, von göttlichem Licht umstrahlt / Wird stets meines Lebens Sonne sein.» Abgedruckt bei von Lerber 1961, S. 35. Bei dem von Helene von Lerber erwähnten Heft handelt es sich eventuell um das von Emilie Paravicini-Blumers Nichte Emma Usteri in einem Brief erwähnte Tagebuch in Bruchstücken. Vgl. Anm. 3, Brief, o. D., wahrscheinlich Ende 1932, Nachlass de Quervain, 9.

56 Auf die enge Beziehung zum erblindeten Vater nimmt auch das weniger als zwei Jahre nach ihrer Heirat dem Vater zugedachte Gedicht «Meinem Vater auf das Neujahr 1827» Bezug, trotz des vom Vater mit verursachten «herbe[n] Missgeschick[s]»: «Früh schon senktest du mit Vaterliebe / Edle Keime in die junge Brust. / Pflegtest sorglich jede zarte Blüte. / [...] Diese Seelengrösse, Geistesklarheit, / Dieses Herz, so himmlisch gut, so weich; / Diese Glut für alles Edle, Schöne – / [...] Warst mir teurer Vater, Lehrer Freund, / Vorbild mir zu jeder hohen Tugend. / Alles fand ich ja in Dir vereint. / Einst dem edlen Vater gleich zu werden, / Ist das schwere, aber hehre Ziel, / Das ich einzig zu erringen strebe. [...] Im Verborgnen glüht die eine Flamme, / Hoch und herrlich, zart und wunderbar. / Deine Liebe, o mein teurer Vater, / Ist mein einz'ger Stolz, mein höchstes Gut; / Diese kann allein mich stark erheben / Über jedes herbe Missgeschick. / [...] Und die Bitte, die zu Gott ich sende, / [...] Ach, ein Strahl, ein schwacher nur, du Höchster, / In des Auges ewige Dunkelheit. / Möge spät er einst dem Engel senden, / Der Dir liebend in die

Heimat winkt, / Der den Schleier dann Dir herrlich lüftet / Und Dir Deine Siegespalme bringt.» Zit. in von Lerber 1961, S. 158 f. Emilie Paravicini-Blumer blieb bis zum Tod des Vaters im Jahre 1842 seine engste Vertraute und soll, laut einem Brief von Jeremias Gotthelf vom 11. Februar 1842 an den Berner Juristen Carl Bitzius, ihm den Roman «Uli der Knecht» noch in seinen letzten Tagen vorgelesen haben: «[...] der alte blinde Doktor Joh. Jakob Blumer [...] habe sich den ‹Uli› vorlesen lassen durch seine Tochter.» Zit. in von Lerber 1961, S. 157.

57 LaGl, Glarner Genealogiewerk, Glarus, Paravicini-Capelli, Nr. 12, S. 23. Zum Begriff «blödsinnig» vgl. Ritzmann 2006, S. 82 f. Was unter «blödsinnig» genau zu subsumieren ist, bleibt offen, da beispielsweise die Bedeutung von «Blödigkeit» nach Tenorth sich erst im Laufe des 19. Jahrhunderts zu «abweichendem und deviantem Status des Menschen» verschiebt. Vgl. Tenorth 2004, S. 63.

58 An Graf Karl Christian Ernst von Bentzel-Sternau, 8. Oktober 1842, 1, DQ 1003. Mit dieser Funktion bestätigt sie die von Ritzmann definierte «geistige Behinderung» als Hilflosigkeit, die Unselbständigkeit und damit auch Unterstützung und Hilfe der anderen impliziert. Siehe Ritzmann 2006, S. 75 f.

59 Die «unglückliche Heirat» als Thema ist vor allem von Frauen in die Literatur eingeführt worden und prägte die Anfänge des Romans entscheidend. Vgl. dazu DeJean, Joan: Tender Geographies. Women and the Origins of the Novel in France, New York 1991, S. 144–199. Sie verweist dabei auf die Anfänge des französischen Romans, wo Autorinnen für einen eigenen Lebensentwurf plädieren, beispielsweise die Comtesse de Lafayette in ihrem Roman «Princesse de Clèves» oder Madame de Staël, die die Versorgungsehe ablehnte zu Gunsten des «mariage d'inclination», vgl. S. 155.

60 So wechselte im Tagebuch einer Zürcher Oberländer Fabrikantentochter der Ton, der vor der Heirat ein sehr heiterer gewesen war, drastisch: «Im Jahr 1846 wurde ich Braut. Die glücklichsten Jahre liegen hinter mir.» Zit. in Joris/Witzig 1992, S. 71. Es erinnert an den Brief von Emilie Paravicini-Blumer an Hortensia Margaretha Koller-Steinbrüchel vom 11. Oktober 1831: «Heute [...] ist es sechs Jahre, seit ich meiner Freiheit am Altare entsagte und damit zugleich auf ewig meinem Glücke.» Zit. in von Lerber 1961, S. 67. Tiefe Ent-Täuschung klingt auch aus den Zeilen des geheimen Tagebuchs von Babette Meyer-Ochsner, Ehegattin eines freisinnigen Politikers: «Nie hätte ich geglaubt, dass ich so rath und trostlos sein könnte, wenn ich mich einem Manne anvertraut hätte.» Zit. in Joris/Witzig 1992, S. 71.

61 Während dies für die in der vorangehenden Fussnote erwähnte Babette Meyer-Ochsner nach den ersten schwierigen Jahren der Mutterschaft zutraf, änderte sich die Stimmung der Fabrikantentochter trotz Mutterschaft nie. Sie starb nach Jahren unbestimmten Leidens.

62 Vgl. Joris/Witzig 1992, insbesondere «Von der Brüchigkeit weiblicher Identität», S. 67–74.

63 Von Lerber 1961, S. 81 f.; das in Blumers Genealogie angegebene Todesjahr 1869 ist unkorrekt, was sich in den Briefen eindeutig nachweisen lässt. Vgl. Blumer, Walter: Stammtafeln und Bilder zur Geschichte der Blumer, Bern 1940, S. 78.

64 Diese Deutung kommt in den bei Helene von Lerber zitierten Auszügen zum Ausdruck. Die Fragwürdigkeit des methodischen Vorgehens ist mir bewusst, da es sich bei von Lerber nur um Teile der Korrespondenz handelt, deren Auswahl bestimmt war durch das Romankonzept des «tapferen Lebens». Und diese Auswahl wird von meiner Auswahl noch überlagert. Die von mir berücksichtigten bei von Lerber zitierten Briefauszüge sind jedoch sehr lang, sodass ihnen der Quellencharakter in Bezug auf die Deutung des Erlebten durch Emilie Paravicini-Blumer nicht abzusprechen ist. Kurz vor Abschluss des Manuskripts erhielt ich eine ganze Reihe von Briefen aus dem Briefwechsel der beiden Frauen aus ebendiesen Jahren zur Einsicht, so dass ich meine Deutung des Verhältnisses der beiden Frauen zueinander überprüfen und die notwendigen Ergänzungen anbringen konnte. 21 Briefe von E. Paravicini-Blumer und Frau M. Koller-Steinbrüchel, 1830 bis 1837, Privatsammlung handschriftlicher Briefe Mathias Jenny, Schwanden. Die mir zur Einsicht überlassenen 22 Briefe sind identisch mit den Briefen, aus denen Helene Lerber zitiert. Hortensia Margaretha Koller-Steinbrüchel wird in den Briefen in der Regel von Emilie Paravicini-Blumer «Hortense» genannt, manchmal aber auch «Gritli», die Koseform von Margaretha. Vereinzelt nannte Hortensia Margaretha Koller-Steinbrüchel die Freundin «Milly», so soll sie manchmal auch von ihrem Bruder Peter Blumer gerufen worden sein. Privatsammlung Jenny, Hortensia Margaretha Koller-Steinbrüchel an E. P.-B., Zürich, 20. Oktober 1831.

65 Zit. in von Lerber 1961, S. 67.

66 An Hortensia Margaretha Koller-Steinbrüchel, 5. Dezember 1830, zit. in von Lerber, S. 38 f.

67 Ebd.

68 An Hortensia Margaretha Koller-Steinbrüchel, Juni 1833, zit. in von Lerber 1961, S. 78.

69 Privatsammlung Jenny, an Hortensia Margaretha Koller-Steinbrüchel, Glarus, 1. März 1836.

70 Auch das ist ein zentrales Thema der historischen Geschlechterforschung der letzten Jahrzehnte.

71 Holthöfer, Ernst: Die Geschlechtsvormundschaft. Ein Überblick von der Antike bis ins 19. Jahrhundert, in: Gerhard 1997, S. 390–451, hier S. 444.

72 An Hortensia Margaretha Koller-Steinbrüchel, Juni 1833, zit. in von Lerber 1961, S. 77.

73 Vgl. dazu die zitierten Briefauszüge an Hortensia Margaretha Koller-Steinbrüchel in von Lerber 1961, S. 80.

74 An Hortensia Margaretha Koller-Steinbrüchel, Frühjahr 1836, zit. in von Lerber 1961, S. 115.

75 Sie hatte das Haus für Hortensia Margaretha Koller-Steinbrüchel gekauft und sich um den Umbau gekümmert, doch konnte diese dann nicht mehr ins Haus einziehen, da sich ihr gesundheitlicher Zustand drastisch verschlechtert hatte; bald darauf starb die Freundin. Siehe Privatsammlung Jenny, an Hortensia Margaretha Koller-Steinbrüchel, Glarus, 4. März 1836.

76 Privatsammlung Jenny, Hortensia Margaretha Koller-Steinbrüchel an E. P.-B., Zürich, 20. Oktober 1831.

77 Privatsammlung Jenny, Hortensia Margaretha Koller-Steinbrüchel an E. P.-B., Zürich, 16. Juli 1835, 2. März 1836 und 19. Dezember 1834. Letzterem Brief ist ein Brief an Peter Blumer beigelegt, in dem Hortensia Margaretha Koller-Steinbrüchel ihn eindringlich bittet, sein Herz zu öffnen.

78 Meyer, Franziska: «Nur nicht eine Minute Schwärmerey». Caroline Schlegel-Schellings Freundschaft mit Luise Stieler-Gotter, in: Eickenrodt/Rapisarda 1998, S. 137–151, hier S. 140.

79 An Hortensia Margaretha Koller-Steinbrüchel, 1831, zit. in von Lerber 1961, S. 72.

80 Privatsammlung Jenny, an Hortensia Margaretha Koller-Steinbrüchel, Glarus, 9. Januar 1836 (fälschlicherweise mit 1835 datiert).

81 An Hortensia Margaretha Koller-Steinbrüchel, 1834, zit. in von Lerber 1961, S. 92.

82 Ich beziehe mich hier auf den Verweis von Barbara Duden auf Rabinbach, Anson: The Human Motor. Energy, Fatigue, and the Origins of Modernity, New York 1990, erwähnt bei Duden 1991, S. 108.

83 Vgl. Kessel 2000, S. 159. Zur Vergeschlechtlichung als permanenter Formierungs- und Bildungsarbeit, als Inkorporierung geschlechtlicher Verhaltensweisen, als *illusio*, die für die Konstituierung der Männlichkeit zwingend ist, siehe Bourdieu 1997, S. 167, 196–202.

84 Auf dem familieneigenen Stammbaum ist Peter Blumer zu Beginn der 1840er Jahre als Pfarrer aufgeführt, aber ob er ein solches Amt tatsächlich besetzte, ist unklar. Vgl. Stammbaum der Familie Blumer, gezeichnet Anfang der 1840er Jahre, Privatbesitz Hans Blumer, Im Thon, Schwanden. 1850 hatte ihn beispielsweise sein Schwager François Girard für kurze Zeit bei einem Gärtner untergebracht, er hielt sich aber immer wieder abwechselnd im Haushalt seiner Schwestern auf. 1856 wird er von den Schwestern und Schwagern in die Anstalt St. Pirminsberg eingeliefert. Vgl. von Lerber S. 222. In der Genealogie von Walter Blumer ist fälschlicherweise angegeben, Peter habe in St. Pirminsberg als Pfarrer amtiert. Vgl. Blumer 1940, S. 78. Zu St. Pirminsberg vgl. Sankt-Galler Geschichte, Bd. 5, 2003, S. 53. Das ehemalige Kloster wurde 1845 in eine psychiatrische Anstalt umgewandelt.

85 An Hortensia Margaretha Koller-Steinbrüchel, 1833, zit. in von Lerber 1961, S. 81. Nach der Heirat im Jahre 1834 lebte das Paar anfänglich in Mailand, wo Jacques Paravicini an einem Handelshaus beteiligt war. Wegen schlechten Geschäftsgangs kehrte er mit der Familie 1836 nach Glarus zurück und liess sich dann als an der Textilfabrik Paravicini Beteiligter in Ennenda nieder. Zur «unglücklichen Lage» in Mailand vgl. Privatsammlung Jenny, an Hortensia Margaretha Koller-Steinbrüchel, Glarus, 1. März. 1836.

86 Zu Dinner markierte Emilie Paravicini-Blumer vielleicht seines Alters und seiner Stellung wegen insofern Distanz, als sie trotz ihrer Nähe zu ihrer Schwester Margarethe von ihm in den Briefen an ihre Verwandten bis zu seinem Tod als «Herrn Dinner» sprach. Vgl. Brief an die Schwester Katharina Usteri-Blumer, Oktober 1857, zit. in von Lerber 1961, S. 228. Zur Familie von Fridolin Dinner (1800–1859) siehe Peter-Kubli 2000, S. 83 f. Das Handelshaus Dinner & Tschudi war seit den 1820er Jahren in Ancona niedergelassen.

87 Privatsammlung Jenny, an Hortensia Margaretha Koller-Steinbrüchel, Glarus, 9. Januar 1836 (fälschlicherweise mit 1835 datiert). Emilie Paravicini-Blumer wurde über die sich entwickelnde Beziehung zwischen Girard und ihrer Schwester von ihrer Freundin Katharina Isler unterrichtet. Glücklich über die sich anbahnende Beziehung waren dann auch die Eltern. Im Institut Niederer, das Johanna Blumer zuvor besucht hatte, war unter anderem Josephine Stadlin Johanna Blumers Lehrerin gewesen. Über die einflussreiche Familie Caspar und Susanne Margaretha Schindler-Lindheimer, die ihre Tochter Nanette bei Rosette Niederer-Kasthofer in Yverdon ausbilden liessen, hatte das Niederer'sche Institut eine starke Promotorin in Mollis und im Kanton Glarus generell. Vgl. Leimgruber 2006, S. 232–237. François Girard war Lehrer im Institut Isler-Blumer, bevor er in Basel an der pädagogischen Hochschule und dann an der Universität die Nachfolge des bekannten Repräsentanten der Westschweizer Erweckungsbewegung Alexandre Vinet als Literaturprofessor antrat.

88 Jakob Usteri an E. P.-B., 28. November 1843, Privatarchiv Usteri, Homberg, 7c, U706.

89 Jakob Usteri an E. P.-B., 15. Oktober 1843, Privatarchiv Usteri, Homberg, 7c, U702.
90 Ebd.
91 E. Usteri-Usteri an E. P.-B., 29. Oktober 1843, Privatarchiv Usteri, Homberg, 7c, U703.
92 Paul Usteri an E. P.-B., 4. Dezember 1843, Privatarchiv Usteri, Homberg, 7c, U707.
93 Katharina Blumer an E. P.-B., 5. und 7. November 1843, Privatarchiv Usteri, Homberg, 7c, U744 und U745.
94 L. Tobler an E. P.-B., 27. Oktober 1843, U703; François Girard an E. P.-B., 16. November 1843, Privatarchiv Usteri, Homberg, 7c, U 708.
95 Vgl. Käppeli, Anne-Marie: Sublime croisade. Ethique et politique du féminisme protestant, 1875–1928, Genf 1990; Käppeli, Anne-Marie: Religiosität und tätiges Leben. Protestantische Pädagoginnen der französisch-sprachigen Schweiz Ende des 19. und Anfang des 20. Jahrhunderts, in: Kraul, Margret/Lüth, Christoph (Hg.): Erziehung der Menschen-Geschlechter. Studien zur Religion, Sozialisation und Bildung in Europa seit der Aufklärung, Weinheim 1996, S. 121–137, hier S. 122–127. Auch ein Vorfahre von Helene von Lerber, der Autorin der Lebensgeschichte von Emilie Paravicini-Blumer, leitete seinen Verfassungsvorschlag und die darin vorgesehene weitgehende Rechtsgleichheit von Frauen und Männern aus der Bibel ab. Siehe Gruner, Erich: Das bernische Patriziat und die Regeneration, Bern 1944 (Archiv des Historischen Vereins des Kantons Bern, 37), hier S. 57–60, ein Verweis aus Stuber, Christine: «Que ce réveil est beau!» Zur Erweckungsbewegung in Bern von 1818 bis 1831, in: Berner Zeitschrift für Geschichte und Heimatkunde, 1/2002, S. 1–44, hier S. 9.
96 François Girard an E. P.-B., 16. November 1843, Privatarchiv Usteri, Homberg, 7c, U 708.
97 Bovenschen, Silvia: Die Bewegung der Freundschaft, in: Neue Rundschau, 1986/4, S. 89–111, hier S. 98.
98 Nach Bloch ist Freundschaft ein «Pendant und keine abstrakte Alternative zur Einsamkeit»; siehe Bloch, Ernst: Das Prinzip Hoffnung, Bd. 3, Frankfurt am Main 1959, S. 1129, zit. in Bovenschen 1986, S. 102.
99 Zu den Frauenpaaren um die Wende zum 20. Jahrhundert siehe Schnurrenberger, Regula: Freundinnen und Gefährtinnen. Annäherungen an das Phänomen «Frauenpaare um 1900», in: «Das Höchste und Beste des Lebens»? Paar(re)konstruktionen im 19. und 20. Jahrhundert, Ariadne. Forum für Frauen- und Geschlechtergeschichte, 48/2005, S. 50–57.
100 Handnotizen zur Genealogie von Emilie Paravicini-Blumer, StAZH, FA Usteri 76.10/5, Nachlass Marguerite Loosli-Usteri, U801.
101 An Hortensia Margaretha Koller-Steinbrüchel, Juni 1833, zit. in von Lerber 1961, S. 40, ergänzend erläutert in Anm. 6, S. 315.
102 Zit. in von Lerber 1961, S. 40.
103 Privatsammlung Jenny, an Hortensia Margaretha Koller-Steinbrüchel, Glarus, 13. Mai 1833.
104 Privatsammlung Jenny, Hortensia Margaretha Koller-Steinbrüchel an E. P.-B., Zürich, 19. August 1830.
105 Ebd.
106 Das «Isler und Bruch'sche Institut» für Knaben in Zürich und Glarus hatte einen guten Namen. Es verstand sich als Privatinstitut im Gefolge von Pestalozzi und Niederer. Es wurde als Familienbetrieb geführt, in dem die Töchter, Schwestern und Ehefrauen der verschwägerten Gebrüder Bruch und Isler mitarbeiteten. Das 1818 in Glarus eröffnete Institut ging 1835 an einen Verein über und wurde 1867 von der Gemeinde als Sekundarschule übernommen. Wegen des Ausbaus der öffentlichen Schulen in Schwierigkeiten geraten, verlegte das Institut bereits 1829 seine Tätigkeit nach Lausanne, wo es unter dem Namen «Institut Isler» nicht nur Knaben, sondern auch Mädchen aufnahm. Der Mitbegründer des Instituts, Johann Bruch von Wädenswil, wurde 1840 unter der konservativen Regierungsmehrheit im Kanton zum Nachfolger von Thomas Scherr als Direktor des Lehrerseminars in Küsnacht gewählt. Vgl. dazu Bloch 2007, S. 317; Tobler 1944, S. 101, 224, 238–240; Davatz, Jürg: Glarner Heimatbuch, Glarus 1980, S. 249. Die Institutsleitung pflegte nach dem Wegzug nach Lausanne weiterhin enge Beziehungen zu den Familien der bedeutenden Exponenten des Kantons Glarus. So hielt sich Anna Trümpy, Tochter von Jakob Trümpy und Anna Maria Jenny von der Textildruckfirma Bartholome Jenny & Cie., im Isler'schen Institut in Lausanne auf, nachdem sie das Institut von Elise Ruepp-Uttinger in Sarmenstorf verlassen hatte, angeblich weil sie das dort angebotene Essen nicht vertrug. Vgl. Tschudi-Streiff, Bund 4, S. J 44. Auch Johanna Blumer, eine jüngere Schwester von Emilie Paravicini-Blumer, hielt sich nach ihrem Austritt aus dem Niederer'schen Institut in Yverdon für einige Zeit im Isler'schen Institut in Lausanne auf.
107 Privatsammlung Jenny, an Hortensia Margaretha Koller-Steinbrüchel, Glarus, 19. Juli 1836. Anna Katharina Isler-Blumer vom Institut Isler war die Schwester von Margarethe Bruch-Blumer, Mutter von Albertine Bruch und Ehefrau des Pfarrers von Wädenswil. Ihre Mutter war eine

Blumer-Streiff aus Glarus, die Grossmutter Anna Streiff-Schiesser, Urgrossmutter von Albertine Bruch. Vgl. von Lerber 1961, S. 119.

108 Zum plötzlichen Abbruch vgl. Bovenschen, Silvia: Ach wie schön. Ein Kapitel über Freundschaft und idiosynkratische Befremdungen mit einem Exkurs über ein Stück von Nathalie Sarraute, in: Eickenrodt/Rapisarda 1998, S. 33–47, hier S. 36.

109 Nach van Dülmen konnte nur Vertrauensbruch eine Freundschaft beenden. Siehe van Dülmen 2001, S. 284.

110 Zur Frage der Rivalität als Element der Freundschaft, siehe Arni 2008, S. 35–39.

111 Im Sinne von Bourdieus Begriff der *distinction* unterschied sich Emilie Paravicini-Blumer durch ihre breite Bildung von vielen anderen Glarner Bürgern und erfuhr sich selbst als einer anderen Klasse zugehörig; vgl. Bourdieu, Pierre: La distinction. Critique sociale du jugement, Paris 1979, dt.: Die feinen Unterschiede. Kritik der gesellschaftlichen Urteilskraft, Frankfurt am Main 1982.

112 Zit. in von Lerber 1961, S. 59.

113 Von Lerber identifiziert den Major klar als Heinrich Trümpy-Oertli (1798–1866) im Oberdorf, Appellationsrichter. In den mir zugänglichen Originalbriefen spricht Emilie Paravicini-Blumer nur von Frau und Herrn Major, im Genealogiewerk wird Heinrich Trümpy-Oertli als Oberst definiert, was nicht ausschliesst, dass er in den 1830er Jahren Major war. Siehe von Lerber 1961, S. 316, Anm. 33; von Lerber schreibt «Trümpi», ich halte mich an die Schreibweise des Glarner Genealogiebuchs. LaGl, Glarner Genealogiebuch, Glarus, Trümpy-Oertli, 254-223-162-114-20-4-IX, Gen. 8. Ab 1843 war Heinrich Trümpy-Oertli Mitglied der Schweizerischen Gemeinnützigen Gesellschaft, siehe Schweizerische Gemeinnützige Gesellschaft 2005, Teil 1, 1860, S. 195: «Trümpi, Appellationsrichter».

114 Drei der von Mathias Jenny mir zur Verfügung gestellten Briefe von Emilie Paravicini-Blumer aus den 1850er bis 1870er Jahren sind an die fast gleichaltrige Barbara Trümpy-Weber (1807 bis 1882) im Herrenweg als einer engen Freundin adressiert; siehe Privatsammlung Jenny, von E. P.-B. an Barbara Trümpy-Weber, 19. August 1858, 28. Dezember 1860, 28. Juli 1873. Deren Ehemann Egidius Trümpy war Fabrikant, die Familie sehr wohlhabend. Siehe LaGl, Glarner Genealogiebuch, 261-218-197-159-95-56-29-11-III, Gen. 9.

115 Privatsammlung Jenny, von E. P.-B. an Hortensia Margaretha Koller-Steinbrüchel, von 1831 bis 1838. Frau und Herr «Major» werden immer wieder erwähnt.

116 Vgl. Bovenschen 1998, S. 36.

117 Nach Caprez und Nay sind für diese Zeit Liebesbeziehungen zwischen meist verheirateten Frauen aus der Aristokratie und dem Bürgertum nicht unüblich. Diese Beziehungen wurden unter anderem als «die Liebe von Seelengefährtinnen» bezeichnet. Eine solche Beziehung zwischen Frauen konkurrenzierte die Beziehung zum Ehemann nicht, da sie – im Zeitalter der arrangierten Ehen – grundsätzlich als anders erachtet wurde: «Eine solche Nähe des Denkens und Fühlens wurde in dieser Zeit zwischen einem Mann und einer Frau als unmöglich erachtet, da die Geschlechter als grundsätzlich verschieden angesehen wurden und die Handlungsbereiche in der Aristokratie und im Bürgertum stark geschlechtergetrennt waren.» Caprez, Christina/Nay, Eveline: Frauenfreundschaften und lesbische Beziehungen. Zur Geschichte frauenliebender Frauen in Graubünden, in: Redolfi, Silke/Hofmann, Silvia/Jecklin, Ursula (Hg.): fremdeFrau. Beiträge zur Frauen- und Geschlechtergeschichte Graubündens im 19. und 20. Jahrhundert, Bd. 4, Zürich 2008, S. 229–316, hier S. 237. Als Einstieg ihres Beitrags zitieren die Autorinnen auf S. 232 aus einem Brief von Theo Schücking (1850–1903) von 1880 an ihre Freundin Meta von Salis, eine Aussage, die, auch wenn sie fast ein halbes Jahrhundert nach dem ersten Briefwechsel zwischen Hortensia Margarethe Koller-Steinbrüchel und Emilie Paravicini-Blumer verfasst wurde, eine Vorstellung von einer solchen Beziehung vermittelt: «Liebe – dies seltsame Wort, das dem Einen dies, dem Andern das bedeutet, ich möchte es nicht immer so streng unterschieden von Freundschaft haben, mir scheint, eine grosse Freundschaft zwischen zwei Frauen ist Liebe.»

118 An Hortensia Margaretha Koller-Steinbrüchel, Sommer 1843, zit. in von Lerber 1961, S. 46.

119 Privatsammlung Jenny, Hortensia Margaretha Koller-Steinbrüchel an E. P.-B., Zürich, 19. August 1830.

120 Ebd.

121 Wie intensiv der Briefwechsel war, zeigt sich in den wenigen mir zur Verfügung stehenden Originalbriefen aus der Privatsammlung von Mathias Jenny. Auf dem Umschlag der ihr von Emilie Paravicini-Blumer zugeschickten Briefe erwähnt Hortensia Margaretha Koller-Steinbrüchel in der Regel auch das Datum ihrer Antwort: Meistens erfolgte sie am selben oder am folgenden Tag. Im Gegensatz zu den zwischen den Verwandten ausgetauschten Briefen sind sie nicht immer von derselben Länge, sondern bestimmt durch den Inhalt und die Dringlichkeit der Mitteilung.

122 Bovenschen 1986, S. 94–96.
123 Caroll Smith-Rosenberg zeigte nach Ursula Nötzold-Linden schon 1975 in ihrer Studie, «dass gleichgeschlechtliche Freundschaften ein selbstverständlicher Teil der weiblichen Welt des 18. und 19. Jahrhunderts waren und dass sie sich – da homosoziale und heterosoziale Lebensmodi integrierbar waren – auf die Akzeptanz der Gesellschaft berufen konnten.» Siehe Nötzold-Linden, Ursula: Freundschaftsmuster. Studien zur Soziologie weiblicher Solidarität, in: Eickenrodt/Rapisarda 1998, S. 105–120, hier S. 106 f. Der Beitrag von Smith-Rosenberg ist auf Deutsch erschienen, siehe Smith-Rosenberg, Carroll: «Meine innig geliebte Freundin!» Beziehungen zwischen Frauen im 19. Jahrhundert, in: Honegger, Claudia/Heintz, Bettina: Listen der Ohnmacht. Zur Sozialgeschichte weiblicher Widerstandsformen, Frankfurt am Main 1981, S. 357–392. Aufschlussreich bezüglich der schon oft analysierten Freundschaft zwischen Karoline von Günderrode und Bettina von Arnim ist Hoock-Demarle, Marie-Claire: Zwischen Wirklichkeit und Fiktion. Karoline von Günderrode und Bettina von Arnim – eine weibliche Freundschaft um 1800 und ihre literarische Verarbeitung, in: Eickenrodt/Rapisarda 1998, S. 169–183. Zu Frauenfreundschaften in der Schweiz im 19. Jahrhundert gibt es kaum Untersuchungen, siehe dazu Caprez/Nay 2008, S. 237. Am intensivsten hat Regula Schnurrenberger zu diesem Thema geforscht, der ich eine Fülle von Informationen verdanke, unter anderem eine ganze Reihe von Beiträgen zum Thema Frauenfreundschaften. Siehe Schnurrenberger 2005. Vgl. auch die 1980 in den USA veröffentlichte Untersuchung von Lilian Faderman, deutsch: Faderman, Lilian: Köstlicher als die Liebe der Männer. Romantische Freundschaft und Liebe zwischen Frauen von der Renaissance bis heute, Zürich 1990.
124 In ihren Briefen schreibt Emilie Paravicini-Blumer immer wieder von ihrer gegenwärtigen Lektüre, die eine breite Palette von europäischen Neuerscheinungen umfasste.
125 An Hortensia Margaretha Koller-Steinbrüchel, Sommer 1843, zit. in von Lerber 1961, S. 47.
126 Siehe Streim, Gregor: «Ich fliehe die Gesellschaft». Der Briefwechsel zwischen Rahel Varnhagen und Pauline Wiesel. Daseinsmelancholie zweier Aussenseiterinnen, in: Literaturspiegel, http://archiv.tagesspiegel.de/archi/12. Dezember 1997/varnha.html, S. 4 von 4, Zugriff 13. Mai 2006.
127 Frevert 2000, S. 183.
128 Bovenschen 1986, S. 89–111, hier S. 90.
129 Siehe Faderman 1990, S. 205 ff.
130 Meyer 1998, S. 140.
131 An Hortensia Margaretha Koller-Steinbrüchel, März 1831, zit. in von Lerber 1961, S. 68 f.
132 Privatsammlung Jenny, Hortensia Margaretha Koller-Steinbrüchel an E. P.-B., Zürich, 19. August 1830.
133 Ebd.
134 Von Lerber definiert Hans Kaspar Koller als Metzger. Er ist aber vor allem bekannt als Liederkomponist. Genealogiehinweise Steinbrüchel und Koller (Sohn Maler, Ehemann Koller-Steinbrüchel ev. Musiker).
135 Privatsammlung Jenny, Hortensia Margaretha Koller-Steinbrüchel an E. P.-B., Zürich, 19. August 1830.
136 Siehe Ebrecht 1998, S. 77.
137 Ob diese Männer von ihr Kenntnis hatten, sie erwiderten oder ob sich diese Liebe vorwiegend im Brief an die Freundin zeigt, kann ich auf Grund der Quellen nicht beurteilen. Die Interpretation der Beziehung zu anderen Männern als verborgene Liebe basiert auf der von Lerber zugänglichen Korrespondenz, die sie zu einem Roman verarbeitet hat. Ein Roman mit einer Titelheldin, deren Leben nach dem bürgerlichem Vorbild als eine Entwicklung angelegt ist, verlangt als Konzept eine gewisse Spannung, die gerade durch die emotionale Aufladung der Beziehungen zum anderen Geschlecht und dem persönlich schmerzhaften Verzicht mit erzeugt wird.
138 Von Lerber 1961, S. 135 f.
139 Wir könnten in Anlehnung an Bruno Fritzsche von einem «halböffentlichen» oder «semiöffentlichen» Raum sprechen. Vgl. Fritzsche, Bruno: Stadt – Raum – Geschlecht. Entwurf einer Fragestellung, in: Imboden, Monika/Meister, Franziska/Kurz, Daniel (Hg.): Stadt – Raum – Geschlecht. Beiträge zur Erforschung urbaner Lebensräume im 19. und 20. Jahrhundert, S. 19–28, hier S. 24–26. Grundlegend dazu Bourdieu, Pierre: Sozialer Raum und Klassen, Frankfurt am Main 1985. Zum Kurbad im 19. Jahrhundert vgl. Schumacher, Beatrice: Ferien. Interpretationen und Popularisierung eines Bedürfnisses. Schweiz 1890–1950, Wien 2002; Blackbourn, David: «Taking the Waters». Meeting Places of the Fashionable World, in: Geyer, Martin H./Paulmann, Johannes (Hg.): The Mechanics of Internationalism. Culture, Society, and Politics from the 1840s to the First World War, Oxford 2001; Hembry, Phyllis: British Spas from 1815 to the Present. A Social History, Madison 1997; Krizek, Vladimir: Kulturgeschichte des Heilbades, Leipzig 1990.
140 Eine diesbezügliche Auswertung von Gästelisten einzelner Bäder wäre noch zu leisten.

141 Eine geschlechtertheoretisch fundierte Analyse des Kurbades ist bis heute Forschungsdesiderat.

142 Vgl. Sabean 1998, insbesondere S. 398–510; für die Schweiz Joris 2006, S. 231–257.

143 Jütte, Geschichte, 1996, S. 115–129. Zur Rezeption in der Schweiz vgl. Roth 2005, S. 13–15; Roth, Sabina: Im Streit um Heilwissen. Zürcher Naturheilvereine anfangs des 20. Jahrhunderts, in: Jost, Hans-Ulrich/Tanner, Albert (Hg.): Geselligkeit, Sozietäten und Vereine, Zürich 1991, S. 11 bis 137, hier S. 114–119; Domján, Lajos: Connections between the renewal of diet and emerging bath culture in the 19th century, Referat an der Tagung der Robert Bosch Stiftung vom 25. bis 27. April 2002, Stuttgart; Csoma, Borbála: Hydrotherapie und Diät in der Wasserheilanstalt von Gräfenberg 1831–1851, Referat an der Tagung der Robert Bosch Stiftung vom 25. bis 27. April 2002, Stuttgart. Siehe Internetseite der Robert Bosch Stiftung (Veranstaltungen, Rückblick) www.igm-bosch.de/f6rb.htm. Vgl. Csomas Diskussionsbeitrag zur unterschiedlichen Akzeptanz von Priessnitz in Deutschland und Frankreich an der Tagung «Irrtümer und Glücksfälle der Medizin» der Robert Bosch Stiftung vom 27. bis 30. April 2005, Stuttgart, Tagungsbericht von Balz, Viola (TU Braunschweig), http://hsozkult.geschichte.hu-berlin.de/id=770, 5. Mai 2005.

144 Vgl. Peter, Douglas: Leisure Settings. Bourgeois Culture, Medicine, and the Spas in Modern France, Chicago 1998; Lachmayer, Herbert/Mattl-Wurm, Sylvia/Gagerle, Christian (Hg.): Das Bad. Eine Geschichte der Badekultur im 19. und 20. Jahrhundert, Wien 1991; Brockmeyer 2009, S. 67 f.; Treichler, Hans-Peter: Wonnige Badefahrt, Zürich 1980; Gartmann, Johannes: Bäder und Höhenkurorte in Graubünden, in: Nössing, Josef (Hg.): Die Alpen als Heilungs- und Erholungsraum (Schriftenreihe der Arbeitsgemeinschaft Alpenländer. Neue Folge, Bd. 7), Bozen 1994, S. 213–226; Wyder, Margrit: Kräuter, Kröpfe, Höhenkuren. Die Alpen in der Medizin – die Medizin in den Alpen, Zürich 2003; Mai, Andreas: Die Ordnung des Sommerfrischens als Ordnung bürgerlichen Lebens. Ärzte und Hygieniker als Ferienmacher im 19. Jahrhundert, in: Gilomen, Hans-Jörg/Schumacher, Beatrice/Tissot, Laurent (Hg.): Freizeit und Vergnügen vom 14. bis zum 20. Jahrhundert, Zürich 2005, S. 273–287. Über die Kurorte um die Mitte des 19. Jahrhunderts siehe Meyer-Ahrens, Conrad: Die Heilquellen und Kurorte der Schweiz, in historischer, topographischer, chemischer und therapeutischer Beziehung geschildert, Zürich 1860.

145 Rigi-Kaltbad wurde in der Mitte des 19. Jahrhunderts unter den Luzerner Hoteliers Josef und Plazidus von Segesser zum Kurbad.

146 Die Gebrüder Flugi, Inhaber eines Gasthauses, bauten die seit der Antike bekannte Heilquelle im 19. Jahrhundert zum Bad aus.

147 Gründer war Otto Werdmüller, Arzt in Uster. Meyer, W.: Zur Erinnerung an Otto Werdmüller, Bezirksarzt in Uster. Ein Lebensbild gezeichnet von seinem Freunde W. Meyer, Zürich 1886, S. 17.

148 In Albisbrunn machte beispielsweise 1851 Richard Wagner eine Kaltwasserkur, siehe Hanke, Eva Martina: Richard Wagner und Zürich. Ein Individuum und seine Lebenswelt, Diss. Universität Zürich 2006, S. 187.

149 Bad Stachelberg wurde 1830 vom Glarner Ratsherrn Georg Legler in Linthal eröffnet, die Quelle war aber schon vorher bekannt. 1860 und 1873 wurde es beträchtlich erweitert. Vgl. Winteler 1954, S. 401 und 526; zu den Kurbädern im Kanton Glarus siehe Peter-Kubli 2000, S. 104–106. Hier kurte unter anderen der Textilfabrikant aus Uster Heinrich Zangger, Vater der Stadlin-Schülerin Rosette Zangger, im Dezember 1847. Privatnachlass Zangger-Grunholzer, Rosette Zangger an ihren Vater Heinrich Zangger, Nr. 56, Institut Stadlin, 12. Dezember 1847. Zu den Kurgästen gehörte auch Alfred Escher mit seiner Frau und später mit seiner Tochter Lydia; siehe dazu Jung 2006, Teil 1. Leben und Wirken, S. 278.

150 Kramarczyk, Andrea: Ernährung und Medizin. 21. Stuttgarter Fortbildungsseminar des Instituts für Geschichte der Medizin der Robert Bosch Stiftung, 25. bis 27. April 2002, Besprechung auf der Internetseite der Robert Bosch Stiftung (Veranstaltungen, Rückblick) www.igm-bosch.de/f6rb.htm.

151 Vgl. dazu Brändli, Sebastian: «Die Retter der leidenden Menschheit». Sozialgeschichte der Chirurgen und Ärzte auf der Zürcher Landschaft (1700–1850), Zürich 1990. Zum politischen und wissenschaftlichen Kontext siehe Mesmer, Beatrix: Umwelthygiene als Gegenstand öffentlicher Gesundheitspflege. Genese und Begründung einer Programmatik, in: Siegenthaler, Wissenschaft, 1997, S. 35–58; für das letzte Drittel des 19. Jahrhunderts vgl. Mai 2005, S. 273–286.

152 Vgl. dazu unter anderem Krizek 1990, S. 169, 177–179.

153 1883 hatte Emil Paravicini, der Sohn von Emilie Paravicini-Blumers Schwester Nanny, Albisbrunn erworben und hielt sich deshalb 1884 einige Monate in Wien auf, «um dort Studien über Kaltwasseranwendungen zu machen». An ihre Nichte Emma Usteri, 27. Dezember 1883, 3, DQ 370. Einen Einblick in den Alltag in Albisbrunn und die Beziehungen zwischen den Gästen in den 1840er Jahren geben die Briefe von Marie Werdmüller, Tochter des Pfarrers von Uster, an ihre Eltern. Sie war von Dr. Brunner und seiner Frau als Erzieherin der Kinder angestellt worden.

Unter anderem erwähnt sie mehrmals den aus Dresden geflüchteten François Wille, der mit seinem breiten Wissen und einem neuen Stethoskop auf reges Interesse bei der jungen Frau und den Kurgästen stiess; Familiennachlass Werdmüller, StAZH, X 168.2 A, Briefe an Pfr. Otto Anton Werdmüller, Marie Werdmüller an ihre Eltern und Schwestern, o.D., 1837–1862, 1878, Briefe vom 7. Januar 1850 bis 16. Dezember 1852. Ein eindrückliches Bild vom Alltag in kleineren Kuranstalten vermitteln die Briefe der um eine Generation jüngeren, an Tuberkulose erkrankten Marie Elisabeth Jäger aus Brugg, die sie während ihres Aufenthaltes beim Baselbieter Arzt Rippmann in Rothenfluh, in den Anstalten Weissenburg, Engelberg und Richisau an ihre Familienangehörigen schrieb; vgl. Belart, Peter: «Meines guten Willens dürfen Sie versichert sein». Marie Elisabeth Belart-Jäger (1840–1877). Eine Frau zwischen Tradition und Moderne, Bern, Wettingen 2004.

154 Privatsammlung Jenny, Hortensia Margaretha Koller-Steinbrüchel an E.P.-B., Zürich, 3. Juni 1831.

155 Von Lerber 1961, S. 92.

156 Privatsammlung Jenny, an Hortensia Margaretha Koller-Steinbrüchel, San Bernardino, 19. Juli 1836.

157 Von Lerber 1961, S. 189.

158 Briefe von Katharina Blumer an ihre Familienangehörigen, Privatarchiv Usteri, Homberg, 7c, U721, 26. Juni 1849, U728 4. Juli 1858, U733–U735, Juli 1859; an Katharina Usteri-Blumer, Juni 1860, zit. in von Lerber 1961, S. 237 f.

159 Von Lerber 1961, S. 300. Die «Schottenkuranstalt» Richisau im hintern Klöntal wurde vor allem seit 1857 von namhaften Künstlern besucht und war der bevorzugte Kurort der ersten Schweizer Ärztin Marie Heim-Vögtlin. Winteler 1954, S. 525; Belart, Peter, 2004, S. 158.

160 Privatsammlung Jenny, an Hortensia Margaretha Koller-Steinbrüchel, Glarus, 19. Juli 1836.

161 Zit. in von Lerber 1961, S. 209. Das 1720 gegründete Bad Seewen erlebte seinen Höhepunkt um 1850, als ein halbes Dutzend Bäderhotels einige hundert Kurgäste beherbergen konnten. Vgl. www.seewen-schwyz.ch, Zugriff 20. August 2006.

162 HsZB, CFM 385.2, E.B. (Mollis) an B. Meyer-Ulrich, 7 Stück, 1855/56, Mollis, 10. April 1856.

163 An ihre Nichte Betsy Usteri, 24. August 1876, 5, DQ 532.

164 Zur Bedeutung der Abwechslung, des Amüsements im Bürgertum vgl. Linke 1996, S. 270–290.

165 An ihre Nichte Betsy Usteri, 24. August 1876, 5, DQ 532; an ihre Nichte Betsy Usteri, 20. Juni 1870, 5, DQ 597; an ihre Nichte Betsy Usteri, 19. Juni 1864, 5, DQ 5110; Privatarchiv Usteri, Homberg, II 24c U721, Briefe von Didi an Paul Usteri und Familie, Pfäfers, 26. Juni 1849; U722, Briefe von Didi an Paul Usteri und Familie, Pfäfers, 28. Juni 1849; U732, Briefe von Didi an Paul Usteri und Familie, Mollis, 4. Juli 1858; U733, Briefe von Didi an Paul Usteri und Familie, Pfäfers, Juli 1859; U734, Briefe von Didi an Paul Usteri und Familie, Glarus/Mollis, 8. Juli 1859; U735: Briefe von Didi an Paul Usteri und Familie, Pfäfers, 28. Juni 1861; U736: Briefe von Didi an Paul Usteri und Familie, Samstag (Datum unklar), Pfäfers.

166 Diese Erwartungen waren entscheidend für die Wahl der Kuranstalt. So wählten beispielsweise die frommen Schwestern Werdmüller von Uster als Pietistinnen bewusst Bad Boll, das vom charismatischen Pfarrer Johann Christoph Blumhardt geleitet wurde. Sie hofften, dass hier das chronische Ohrenleiden der jüngsten Schwester Auguste geheilt würde. Sie zählten dabei gleichermassen auf Blumhardts Therapie des Handauflegens, auf die gemeinsamen Andachten sowie auf die Wirkung des Wassers.

167 An ihre Nichte Emma Usteri, 5. Juni 1875, 3, DQ 301; vgl. auch Brief an ihre Nichte Emma Usteri, 3. Oktober 1875, DQ 404, an ihre Nichte Betsy Usteri, 1./2. Januar 1871, DQ 595. Alvaneu ist ein altes, schon im 18. Jahrhundert stark frequentiertes Schwefelbad, das im 19. Jahrhundert stark ausgebaut wurde.

168 Zum Kurbad als weiblichem Ort der Begegnung vgl. Joris/Witzig 1992, S. 270.

169 Obwohl «Bildungsbürgertum» ein spezifisch deutscher Begriff ist, übertrage ich ihn hier auf die Westschweiz. Vgl. Koselleck, Reinhart, in Zusammenarbeit mit Spree, Ulrike/Steinmetz, Willibald: Drei bürgerliche Welten? Zur vergleichenden Semantik der bürgerlichen Gesellschaft in Deutschland, England und Frankreich, in: Koselleck 2006, S. 416.

Kapitel III.2

1 Rosenwein, Barbara, im Beitrag von McLemee, Scott: Getting Emotional, in: The Chronicle of Higher Education, February 21, 2003, S. A14–A16; Rosenwein 2002; siehe auch Rosenwein 2008. Zur politischen und geschlechterbezogenen Bedeutung von Emotionen siehe Goodwin/Jasper/Polletta 2001.

2 Die Frage, ob es diskursunabhängige oder vordiskursive Emotionen gibt, ist eine umstrittene

Frage. Dies bezieht sich vor allem auf Gefühle wie Angst, Aggression/Zorn, Schmerz. Vgl. dazu unter anderem Lutz 1986, insbesondere S. 295–298.

3 Zur dynamisierenden Wirkung von «Freiheit» vgl. Safranski, Rüdiger: Friedrich Schiller oder Die Erfindung des Deutschen Idealismus, München, Wien 2004, insbesondere S. 52 f., 66, 73–75, 93 f., 155 f. Erst über die dynamisierende Wirkung der Emotionen können Gemeinschaften imaginiert werden. Vgl. dazu Andersons Konzept der Nation als «imagined political community» in Anderson, Benedict: Imagined Communities, erweiterte Auflage, London 1991 (1. Auflage 1983), S. 5–7; dt.: Die Erfindung der Nation. Zur Karriere eines folgenreichen Konzepts, mit einem Nachwort von Thomas Mergel zur Neuauflage 2005, Frankfurt am Main 2005 (1. Auflage 1996), S. 14–17, 209–213; so ist nach Anderson der Nationalismus im anthropologischen Sinne als eine Form des In-der-Welt-Seins zu sehen. Weichlein spricht im Zusammenhang mit der Identitätsbildung von dem «liberalen, emanzipatorischen Risorgimento-Nationalismus», einem Nationalismus der Eliten, der sich erst nach der Gründung von Nationalstaaten zum massenmobilisierenden Nationalismus wandeln sollte, siehe Weichlein, Siegfried: Nationalbewegungen und Nationalismus in Europa, Darmstadt 2006, S. 40. Zur Begriffsgeschichte, insbesondere in Bezug auf die Anerkennung des Individuums als Mensch und Bürger, auf Herrschaftsfreiheit und Gleichberechtigung zugleich, siehe Koselleck, Reinhart: Grenzverschiebungen der Emanzipation. Eine begriffsgeschichtliche Skizze, in: Koselleck 2006 (Erstveröffentlichung 1988), S. 182–202, hier S. 190–192. In Bezug auf das Geschlechterverhältnis siehe Knapp, Gudrun-Axeli: Liebe, Widerstand und Erkenntnisproduktion im feministischen Diskurs, in: Bauer/Hämmerle/Hauch 2005, S. 39–49, hier S. 45. Magnus verweist ihrerseits auf die der Denkrichtung des Liberalismus verpflichteten Philosophinnen wie Martha Nussbaum, die Freiheit definieren «als die Fähigkeit des Selbst, sich zu entwickeln, seine Bedürfnisse zu befriedigen und sein Leben selbst zu bestimmen», eine Definition, die sich mit dem Impetus von Emilie Paravicini-Blumer deckt. Siehe Magnus, Kathleen Dow: Beiträge zu einem feministischen Freiheitsbegriff, in: Weckwert, Anja/Wischermann, Ulla (Hg.): Das Jahrhundert des Feminismus. Streifzüge durch nationale und internationale Bewegungen und Theorien, Königstein im Taunus 2006, S. 227–234, hier S. 231.

4 Vgl. dazu den Beitrag zu Flora Tristans politischer Korrespondenz von Cross, Máire: The Correspondence of a «Sister in Humanity», in: Bland/Cross 2004, S. 93–111. Die religiöse Symbolik des Blutopfers in den Gründungsmythen der schweizerischen Eidgenossenschaft ist nach Lynn Blattmann emotional höchst aufgeladen, schliesst jedoch durch die kriegerische Metaphorik Frauen aus. Vgl. Blattmann, Lynn: «Heil dir Helvetia, hast noch der Söhne ja ...» Nationalisierung als Geschlechterkonzept, in: Altermatt/Bosshardt-Pfluger/Tanner 1998, S. 121–129.

5 Vgl. Kessel 2000, S. 169.

6 François Girard an E. P.-B., 16. November 1843, Privatarchiv Usteri, Homberg, 7c, U 708.

7 An Hortensia Margaretha Koller-Steinbrüchel, März 1831, zit. in von Lerber 1961, S. 68 f.

8 Es war Campe, der das Eiche-und-Efeu-Bild prägte: «Er [ist] die Eiche, sie der Efeu, der einen Teil seiner Lebenskraft aus den Lebenskräften der Eiche saugt, der mit ihr in die Lüfte wächst, mit ihr steht und fällt – ohne sie ein niedriges Gesträuch, das von jedem Vorübergehenden zertreten wird.» Siehe Campe, Joachim Heinrich: Väterlicher Rath für meine Tochter Ein Gegenstück zum Theophron, Braunschweig 1796; Bleckwenn, Ruth (Hg.): Quellen und Schriften zur Geschichte der Frauenbildung, Bd. 3, Paderborn 1988, S. 23. Vgl. dazu Hausen 1988. Brockmeyer zitiert ihrerseits weitere Verweise auf die berühmte Metapher Campes in autobiografischen Quellen von Bildungsbürgerinnen und -bürgern im frühen 19. Jahrhundert, und sie verbindet damit die Vorstellung von intellektueller Gleichheit der Geschlechter trotz unterschiedlicher Rollenzuweisung; siehe Brockmeyer S. 140 f. Zur imaginierten Weiblichkeit und der Bedeutung weiblicher «Herzensbildung», die auf den Mann einwirken kann, wie der «Seelenverwandtschaft» siehe Schmid-Bortenschlager 2005; ebenso, wenn auch schwergewichtig bezogen auf die Frühe Neuzeit und das ausgehende 18. Jahrhundert, Bovenschen, Silvia: Die imaginierte Weiblichkeit. Exemplarische Untersuchungen zu literaturgeschichtlichen und literarischen Präsentationsformen des Weiblichen, Frankfurt am Main 1979.

9 Privatsammlung handschriftlicher Briefe Mathias Jenny, Schwanden, Hortensia Margaretha Koller-Steinbrüchel an E. P.-B., Zürich, 3. Juni 1831.

10 Stahnisch, Frank: Über die neuronale Natur des Weiblichen – Szientismus und Geschlechterdifferenzen in der anatomischen Hirnforschung (1760–1850), in: Stahnisch, Frank/Steger, Florian (Hg.): Medizin, Geschichte und Geschlecht. Körperhistorische Rekonstruktionen von Identitäten und Differenzen, Stuttgart 2005, S. 197–224, hier insbesondere S. 216.

11 Vgl. dazu Arni 2008; Arni 2004, S. 7 f. Scott verweist ihrerseits auf die Vorstellungen der utopischen Sozialisten der 1830er und 1840er Jahre, die ihre Träume von einer harmonischen Zukunft in Begriffen der Ergänzung von Frau und Mann verpackten. Siehe Scott, Joan Wallach: Gender. A Useful Category of Historical Analysis, in: Scott, Joan Wallach: Feminism and History,

Oxford, New York 1996, S. 152–180, hier S. 172 f. Zur Bedeutung der Empfindsamkeit und Wahrnehmung der inneren Gefühlswelt für die Konstruktion des Individuums und der Gefühle als Ausdruck der individuellen Besonderheit siehe Tiedemann 2007, S. 193, Anm. 685, S. 195 und 252.

12 Die Basler Wirren mündeten 1833 in die totale Abtrennung von Basel-Stadt und die Gründung eines eigenständigen Halbkantons Basel-Landschaft. Vgl. Geschichte des Kantons Basel-Landschaft. Nah dran, weit weg, Bd. 5: Armut und Reichtum. 19. und 20. Jahrhundert, Liestal 2001, S. 171–177; Haus der Geschichte Baden-Württemberg (Stuttgart), Dichtermuseum/Herwegh-Archiv (Liestal), Musée Historique de Mulhouse, Museum am Burghof (Lörrach) (Hg.): Revolution 1848/49. Nationalität trennt, Freiheit verbindet. Séparés par la nationalité, unis par la Liberté. Ein trinationales Ausstellungsprojekt. Ausstellungskatalog, Stuttgart 1998.

13 An Hortensia Margaretha Koller-Steinbrüchel, 31. August 1831, zit. in von Lerber 1961, S. 70.

14 An Hortensia Margaretha Koller-Steinbrüchel, 9. Oktober 1831, zit. in von Lerber 1961, S. 151.

15 Brief, wahrscheinlich an Hortensia Margaretha Koller-Steinbrüchel, 1831 oder 1832, zit. in von Lerber 1961, S. 70. Ohne Angaben von Quellen sind diese nicht immer genau zu verorten. Meine Vermutung basiert darauf, dass von Lerber offensichtlich über Briefe aus dem Nachlass von Emilie Paravicini-Blumer wie von Hortensia Margaretha Koller-Steinbrüchel verfügte, jedoch ohne näher darauf zu verweisen. Hemmann, nicht in direktem Bezug auf Hagnauer, sondern betreffend «örtliche Frauenvereine», wird von Hortensia Margaretha Koller-Steinbrüchel im Brief vom Oktober 1831 erwähnt. Siehe Privatsammlung handschriftlicher Briefe Mathias Jenny, Schwanden, Hortensia Margaretha Koller-Steinbrüchel an E. P.-B., Zürich, 30. Oktober 1831.

16 So sah Malwida von Meysenbug keine Unschicklichkeit darin, sich nicht nur an Johanna Kinkel, sondern auch an deren Ehemann Gottfried Kinkel zu wenden, da sie ja alle drei als Individuen ein «Höheres Drittes» kennen, sie wendet sich an Johanna wie an Gottfried Kinkel als an «Gleichgesinnte». Siehe Hoock-Demarle, Marie-Claire: Briefvernetzungen in und um Europa. Frauen- und Männerbriefe im deutschsprachigen Raum (19. Jahrhundert), in: Hämmerle/Saurer 2003, S. 187–201, hier S. 193–197. Gehmacher, Johanna: Die Nation lieben. Zur Darstellung und Herstellung eines Gefühls, in: Bauer/Hämmerle/Hauch 2005, S. 125–143, hier S. 142.

17 So schloss nach De Giorgio der Italiener Niccolò Tommaseo in seinem «Wörterbuch der Synonyme der italienischen Sprache» von 1830 die «unschuldige Freundschaft zwischen Mann und Frau» nicht grundsätzlich aus, auch wenn ihr Anteil an der Sphäre der Freundschaft ein beschränkter sei. Siehe De Giorgio, Michela: Hortus clausus. Zur Geschichte der sozialen Kontrolle von Mädchen- und Frauenfreundschaften in Italien, in: Eickenrodt/Rapisarda 1998, S. 89–104, hier S. 89. Auch Tiedemann sieht das wechselseitige Vertrauen als Basis der «romantischen» Freundschaft, die über die individuelle Beziehung hinaus politische Relevanz erhält: «Freundschaften und gesellige Kreise werden zu Formen eines lockeren Zusammenlebens, in das jeder seine Individualität einbringen kann, ohne an moralische Grenzen zu stossen.» Siehe Tiedemann 2007, S. 252.

18 Bovenschen 1986, S. 96.

19 Vgl. Arni 2004, S. 207; Frevert 1995, S. 166–222.

20 Gehmacher 2005, S. 143.

21 Ignaz Paul Vital Troxler (1780–1866), Philosoph und radikaler Politiker, «Vater» der Schweizer Verfassung von 1848. Eine Karikatur von 1831 stellte ihn als «accoucheur», als Geburtshelfer mit Zange, des neuen Kantons Basel-Landschaft dar. Vgl. Geschichte des Kantons Basel-Landschaft, Bd. 5, 2001, S. 171. Zu Troxlers Konzeptionen der Schweiz vgl. Kästli, Die Schweiz, 1998, S. 292 bis 304; Kästli, Tobias: Freiheitsbegriffe – Freiheitsvorstellungen. Auf dem Weg zum schweizerischen Nationalstaat, in: Ernst/Tanner/Weishaupt 1998, S. 35–47, hier vor allem S. 42 f.; Netzle, Simon: Die USA als Vorbild für einen schweizerischen Bundesstaat, in: Ernst/Tanner/Weishaupt 1998, S. 49–60, hier S. 55–57.

22 An Hortensia Margaretha Koller-Steinbrüchel, Dezember 1834, zit. in von Lerber 1961, S. 96.

23 Carl Theodor von Dalberg war nicht nur Staatsmann, sondern auch Fürstbischof.

24 Vgl. Corrodi, Paul: Das Landgut Mariahalden bei Erlenbach und seine früheren Bewohner, Separatdruck Jahrbuch des Verbandes zum Schutze des Landschaftsbildes am Zürichsee 1958/59, Stäfa 1959; Kuprecht, Karl/Imhof, Walter: Erlenbach. Geschichte einer Zürichseegemeinde, Erlenbach 1981, S. 225 ff. Die «Hintere Schipf» wurde vom Grafen Bentzel-Sternau zu Ehren seiner Ehefrau Maria Freiin von Seckendorff-Aberdar in «Mariahalden» umbenannt. Es war ursprünglich ein Landsitz der Zürcher Familie Werdmüller, der um 1770 vom Zürcher Seidenhändler Hans Heinrich Kilchsperger als neuem Eigentümer abgetragen und als Herrschaftshaus in klassizistischem Stil neu aufgebaut wurde. 1805 verkauften ihn dessen Erben an den Domänenrat August Ludwig Heinrich Harmes von Mecklenberg aus Frankfurt am Main; Friederike Dorothea Emilie Harmes, geborene von Oppel, geschiedene von Berlepsch, gehörte zum engsten Freundeskreis von Goethe und Jean Paul, war eine Vertraute des Gelehrten und helvetischen Direktors Philipp

Albert Stapfer; sie veröffentlichte beim Zürcher Verleger Orell, Gessner, Füssli und Compagnie zwei ihrer Bücher. Vom Ehepaar Harmes erwarb 1817 Christian Ernst von Bentzel-Sternau den Landsitz. Seitdem hielt er sich zusammen mit seiner Frau und den Kindern Albert, Erich und Leopoldine abwechselnd in Erlenbach und in seinem Gut Emmerichshofen bei Hanau auf.

25 Vgl. HsZB, Ms. M 1 434a, Obmann H. H. Füssli, 17 Briefe von H. H. Füssli an Graf von Bentzel-Sternau, 1817–1819. Im Briefwechsel diskutieren die beiden unter anderem über den Genfer Schriftsteller und Politiker Benjamin Constant, Freund von Madame de Staël. Bentzel-Sternau stand ausserdem im Briefwechsel mit dem Konstanzer Bistumsverweser und Jesuitengegner Ignaz Heinrich von Wessenberg. Der pflegte seinerseits einen Briefwechsel mit Heinrich Zschokke, der eine Anfrage von Germaine de Staël, ihm als Reiseführer in Deutschland zu dienen, abgelehnt hatte. Mit Wessenberg, der wie er im Dienst von Carl Theodor von Dalberg, dem Generalvikar des Fürstbischofs und Grossherzog von Frankfurt (1744–1817), stand, diskutierte er kirchen- und erziehungspolitische Sachfragen. Vgl. Bänziger 1996, S. 129. Von Bentzel-Sternau war nach einem Jurastudium kurmainzischer Regierungsrat, zwischen 1806 und 1811 stand er in badischen Diensten, 1811 ernannte ihn der Grossherzog Dalberg zum Staats- und Finanzminister von Frankfurt, darüber hinaus war er verantwortlich für die Emanzipation und Gleichstellung der Juden. 1813 trat er in den Ruhestand, war aber 1825 bis 1828 noch Abgeordneter der bayrischen Ständekammer. 1827 trat er mit einer öffentlichen Erklärung vom Katholizismus zum Protestantismus über.

26 Die Linde steht heute noch und gilt als ein Wahrzeichen der Gemeinde.

27 Von Bentzel-Sternau, Karl Christian Ernst: Anti-Israel. Eine projüdische Satire aus dem Jahre 1818. Nebst den antijüdischen Traktaten Friedrich Rühs' aus Jakob Friedrich Fries' (1816), hg. von Johann Anselm Steiger, Heidelberg 2004. Vgl. Kronauer, Ulrich: Die Akademie zum grünen Esel. Eine Satire gegen antisemitische Vorurteile aus dem Jahr 1818, in: Neue Zürcher Zeitung, 31. Juli/1. August 2004, Nr. 176, S. 60. Die Originalausgabe, neben einer ganzen Anzahl weiterer Schriften, in der Zentralbibiothek Zürich: [von Bentzel-Sternau, Christian Ernst Graf]: Anti-Israel. Eine Vorlesung in der geheimen Akademie zum Grünen Esel als Eintrittsrede gehalten von Horatius Codes (Pseudonym von C. E. von Bentzel-Sternau), 1818. Seine bekannteste Schrift, der er den kurzfristigen Ruf als ein Jean Paul ebenbürtiger Schriftsteller verdankte: Das goldene Kalb. Eine Biographie, 4 Bände, Gotha 1802–1804. Die projüdische Satire «Anti-Israel-Rede» machte ihn besonders bei nationalistischen Kräften verhasst; seine Werke wurden während des Wartburgfests symbolisch mit anderen Büchern verbrannt.

28 An Katharina Usteri-Blumer, Sommer 1845, zit. in von Lerber 1961, S. 166.

29 An Katharina Usteri-Blumer, wahrscheinlich Sommer/Herbst 1845, zit. in von Lerber 1961, S. 166.

30 Agatha Blumer scheint etwas beeinträchtigt beziehungsweise «behindert» gewesen zu sein. Welcher Natur diese Beeinträchtigung oder Behinderung war, geht aus den Quellen nicht hervor, da der Begriff im heutigen, die Grenze zwischen normal und nicht normal markierenden Sinn so nicht verwendet wurde. Sie war auch im Erwachsenenalter nicht selbständig; ihre Betreuung, die in unzähligen Briefen thematisiert wird, ist ein klarer Hinweis auf eine nicht primär körperlich bedingte Beeinträchtigung. Aus den wenigen mir zugänglichen Briefen lässt sich kein klareres Bild konstruieren. So erwähnt Agatha als Lektüre «Göthe's Briefwechsel mit Marianne v. Willemer (Suleika)». Briefe an Betsy Usteri, 14. November 1878, 5, DQ 530. Auch spielte Emilie Paravicini immer mit ihr «Trick-Track», ein recht anspruchsvolles Brettspiel (heute Backgammon). Anderseits definiert die Urgrossnichte Emma Paur in ihren «Notizen für Lebensbild Tante Emilie» Agatha als «nicht normal». DQ 1001.

31 Betsy Meyer an Adolf Frey, Biograf ihres Bruders Conrad Ferdinand Meyer, zit. in Corrodi 1959, S. 128.

32 Von Lerber 1961, S. 172.

33 Von Lerber 1961, S. 184. Das Tagebuch wird in von Lerber ausführlich zitiert; wo es zu finden ist, konnte ich nicht herausfinden. Nach Eliza Wille-Sloman gehörte zu dieser Zeit Ludwig Ettmüller (1802–1877) zur Sonntagsnachmittagsgesellschaft des Grafen. Ettmüller war der erste Germanist in Zürich und seit 1833 eine zentrale Figur des akademisch-gesellschaftlichen Lebens im Zürich des 19. Jahrhunderts. Informationen aus der Ausstellung zu Ludwig Ettmüller in der Zentralbibliothek Zürich vom 10. April bis Juni 2006.

34 Bildung geriet für Emilie Paravicini-Blumer zum Zeichen der Unterscheidung, über diese positionierte sie sich nicht nur in der Gesellschaft, sondern unterschied sich von den Vertreterinnen und Vertretern des Glarner Bürgertums. Siehe Bourdieu 1979/82.

35 Imhof, Walter: Das Haus zum Pflugstein in Erlenbach, Erlenbacher Hausgeschichten, Heft 15, Typoskript, Zentralbibliothek Zürich, S. 20 f. Erich und Regula Bentzel-Aeberli wanderten nach Wisconsin aus, kehrten nach einem scheinbar gescheiterten Experiment als Grossfarmer zurück nach Erlenbach. Das kinderlose Ehepaar vermachte sein Gut neben der kleinen Kirche im

Weiler Wetzwil unter dem Namen «Bentzelheim» der Öffentlichkeit als Kinderheim. Heute dient es als Familienheimstätte für sozial benachteiligte Kinder, Jugendliche und junge Erwachsene.

36 Vgl. Deutsche Biographie. In der Handschriftenabteilung der Zentralbibliothek Zürich befindet sich von Albert von Bentzel-Sternau eine gebundene Handschrift mit verschiedenen Schauspielen, Beschreibungen, Geschichtlichem und Liedern: HsZB, Msc. P 2061, Ms., Versuche für Freunde von Albert von Benzel-Sternau; im Magazin der Bibliothek eine seiner Broschüren zur Botanik der Flechten: Bentzel-Sternau, Albert: Über die neueren Fortschritte der Lichenologie, Pressburg 1859.

37 An Katharina Usteri-Blumer, 1847, zit. in von Lerber 1961, S. 181.

38 Gedicht vom 27. Januar 1848, zit. in von Lerber S. 181 f.

39 Von Lerber 1961, S. 182 und S. 319, Anm. 37.

40 Zur Historizität des Konzeptes von Männlichkeit, wie es im 19. Jahrhundert verbreitet wurde, siehe Dinges, Martin: Veränderungen der Männergesundheit als Krisenindikation? Deutschland 1850–2006, in: Opitz-Belakhal, Claudia/Hämmerle, Christa (Hg.): Krise(n) der Männlichkeit?, L'Homme. Zeitschrift für feministische Geschichtswissenschaft, 2/2008, S. 107–123; Dinges, Martin: «Hegemoniale Männlichkeit» – ein Konzept auf dem Prüfstand, in: Dinges, Martin (Hg.): Männer – Macht – Körper. Hegemoniale Männlichkeiten vom Mittelalter bis heute, Frankfurt am Main 2005, S. 7–33.

41 An Katharina Usteri-Blumer, 1847, zit. in von Lerber 1961, S. 198.

42 Diese Deutung muss insofern hinterfragt werden, als das Verbrennen der Korrespondenz unter Frauen eventuell recht stark verbreitet war, vielleicht als Reaktion auf die Intimisierung der Frau-Mann-Beziehung und aus grundsätzlicher Angst vor späteren Missdeutungen. Johanna Spyri verbrannte den grössten Teil der ihr zugesandten Briefe. Ebenso verweist die US-amerikanische Historikerin Tamara Zwick darauf, dass Frauen aus dem Bürgertum oft die von ihnen verfassten wie an sie adressierten Briefe «out of concerns for modesty» verbrennen liessen. Siehe Zwick 2004, S. 43, Anm. 6.

43 Briefe an Katharina Usteri-Blumer, zit. in von Lerber 1961, S. 198 f., 208.

44 An Katharina Usteri-Blumer, 10. Februar 1856, zit. in von Lerber 1961, S. 218. In Anlehnung an Arni kann die Nervenschwäche «hypochondrischer» Männer als Pathologisierung der Männlichkeit gelesen werden, siehe Arni, 2004, S. 120. Zu «Hypochondrie» als vielseitigem Begriff für körperliche und seelische Leiden im ausgehenden 18. Jahrhundert siehe Meier, Monika: Tödliche Krankheiten und «eingebildete» Leiden. «Hypochondrie» und «Schwindsucht» im Briefwechsel zwischen Jean Paul und Johann Bernhard Herrmann. Mit Ausblicken auf Literatur und Ästhetik Jean Pauls, in: Dinges/Barras 2007, S. 167–183.

45 Benthien/Fleig/Kasten 2000, S. 10 f.; Kessel 2000, S. 156–177, hier S. 161. Nach Frevert sagen die Veränderungen des kulturellen Codes nichts aus über die Intensität der Emotionen selbst; siehe Frevert 2000, S. 181 f.

46 An Katharina Usteri-Blumer, zit. in von Lerber 1961, S. 199.

47 An Katharina Usteri-Blumer, 1863, zit. in von Lerber 1961, S. 256.

48 Vgl. von Lerber 1961, S. 208, 263.

49 An Katharina Usteri-Blumer, 10. Februar 1856, zit. in von Lerber 1961, S. 218. Albert von Bentzel-Sternau trat in Österreich-Ungarn wieder zum Katholizismus über, von dem sich sein Vater aus politischen Gründen während der Restauration losgesagt hatte.

50 Vgl. dazu Bland/Cross 2004, insbesondere Rendall, Jane: «Friends of Liberty & Virtue». Women Radicals and Transatlantic Correspondence, 1789–1848, S. 77–92, und Gelles, Edith B.: «Remember the Ladies». Politics in the Letters of Abigail Adams, S. 67–75. So gelten die Briefe von Abigail Adams, der Frau des zweiten US-Präsidenten, als einzigartige Zeugnisse der Amerikanischen Revolution aus der Perspektive einer Frau. Zum deutschsprachigen Raum vgl. Joris, Elisabeth/Witzig, Heidi: Frauen und Männer im Kampf um Macht und Einfluss in Uster, in: Mörgeli, Christoph (Hg.): Vom Luxus des Geistes. Festgabe zum 60. Geburtstag von Bruno Schmid, Zürich 1994, S. 293–309; Hoock-Demarle 2003. Dass sich Frauen in den Zeiten des Umbruchs von 1848 auch im deutschen Sprachraum öffentlich einmischten, zeigt die Untersuchung von Marion Freund zum politischen Journalismus von Schriftstellerinnen; siehe Freund, Marion: «Mag der Thron in Flammen glühn!» Schriftstellerinnen und die Revolution von 1848/49, Königstein im Taunus 2004.

51 Marchal, Guy P./Mattioli, Aram (Hg.): Erfundene Schweiz. Konstruktion nationaler Identität, Zürich 1992; Sarasin, Philipp/Ernst, Andreas/Kübler, Christof/Lang, Paul: ImagiNation. Eine Einleitung, in: Schweizerisches Landesmuseum (Hg.): Die Erfindung der Schweiz 1848–1948. Bildentwürfe einer Nation. Sonderausstellung im Schweizerischen Landesmuseum in Zürich, Zürich 1998, S. 18–31.

52 Hettling/Hoffmann 2000.

53 Bei der Verteidigung des Stadthauses von Paris waren drei Glarner im Sold des französischen Königs Karl X. gefallen, trotzdem waren die liberalen Befürworter des Umsturzes im Kanton stark vertreten. So begrüsste Johann Jakob Streiff von Glarus als Pfarrer im Kanton Appenzell den Umsturz: «Die Nacht ist um! Der Tag bricht an! / Die Freiheit lüftet ihre Schwingen. / Die Throne zittern! Der Tyrann / Kann nun sein Schwanenliedchen singen.» Zit. in Winteler 1954, S. 404.

54 An Hortensia Margaretha Koller-Steinbrüchel 1830, zit. in von Lerber 1961, S. 64. Zur Rezeption der französischen Ereignisse in der Schweiz vgl. Kölz, Alfred: Der Weg der Schweiz zum modernen Bundesstaat: 1789–1798–1848–1998. Historische Abhandlungen, Chur, Zürich 1998, S. 25–29.

55 Zu Vital Troxlers Freiheitsverständnis vgl. Kästli, Freiheitsbegriffe, 1998, S. 42–44; Kästli, Die Schweiz, 1998, S. 292–304. Zum Freiheitsdiskurs der Schriftstellerinnen siehe Freund 2004.

56 Vgl. dazu Cross 2004, S. 106 f.

57 An Hortensia Margaretha Koller-Steinbrüchel 1830, zit. in von Lerber 1961, S. 65.

58 Zur Semantik des Begriffs «Volk» in der Schweiz seit der Helvetik vgl. Guggenbühl, Christoph: Biedermeier und Musterbürger im «Mutterland der Weltfreyheit». Konzept der Nation in der helvetischen Republik, in: Altermatt/Bosshart-Pfluger/Tanner 1998, S. 33–48. Zur Verführung des Volkes durch die Herren siehe Weishaupt, Matthias: Bruderliebe und Heldentod. Geschichtsbilder und Geschichtskultur in Festreden am schweizerischen Schützenfest in Glarus 1847, in: Ernst/Tanner/Weishaupt 1998, S. 61–78, hier S. 72.

59 Zur Diskrepanz von liberalen Eliten und Volksversammlungen siehe Schaffner, Martin: «Direkte» oder «indirekte» Demokratie? Konflikte und Auseinandersetzungen, 1830–1848, in: Ernst/Tanner/Weishaupt 1998, S. 271–278. Auf den gleichen Kontext von liberaler Reform und Modernisierungsängsten verweisen der von Handwebern ausgelöste «Brand von Uster» von 1832 und der konservative «Züriputsch» von 1839. Vgl. Geschichte des Kantons Zürich 1994, S. 128–141.

60 An Hortensia Margaretha Koller-Steinbrüchel, 8. Dezember 1830, zit. in von Lerber 1961, S. 65. Auf die Bedeutung von Naturereignissen als häufig verwendete visuelle Metaphern für kollektive Bewegungen hat Peter Burke in seinem Referat «3 Terms in Study of Metaphors», Helferei, Zürich, 13. April 2004, hingewiesen.

61 Die in diesem Text vorgenommene Dramatisierung erinnert an die Landschaftsmalerei eines Alexandre Calame um 1830 und der vom Züricher Schriftsteller, Kunstkritiker und Zeichner David Hess 1822 in seiner Novelle «Kunstgespräche in der Alphütte» verlangten heroischen Gestaltung von Gewittern und Wasserfällen in der Bildproduktion. Vgl. dazu Omlin, Sibylle: Kunst aus der Schweiz. Kunstschaffen und Kunstsystem im 19. und 20. Jahrhundert, Zürich 2002.

62 In der Schweiz war Ignaz Paul Vital Troxler einer der bekanntesten Vertreter der Naturphilosophie von Schelling, bei dem er Anfang des Jahrhunderts studiert hatte. Vgl. Kästli, Die Schweiz, 1998, S. 297–299.

63 An Hortensia Margaretha Koller-Steinbrüchel, 9. Dezember 1830, zit. in von Lerber 1961, S. 65 f.; siehe auch Gehmacher 2005, S. 127. Das Gegensatzpaar «Sklavin» und «Bürgerin» war auch für die Frauen ein Topos des revolutionären Freiheitsdiskurses. Siehe Schmidt-Linsenhoff 1988.

64 Sarasin/Ernst/Kübler/Lang 1998, S. 20 f. Zur Ikonografie vgl. die objektbezogenen Teile dieses Ausstellungskatalogs; Klemm, Christian (Hg.): Von Anker bis Zünd. Die Kunst im jungen Bundesstaat 1848–1900, Ausstellungskatalog Kunsthaus Zürich, Zürich 1998.

65 Weishaupt 1998, S. 111. Zur Kollektivsymbolik vgl. Gerhard, Ute/Link, Jürgen: Zum Anteil der Kollektivsymbolik an den Nationalstereotypen, in: Link, Jürgen/Wülfing, Wulf (Hg.): Nationale Mythen und Symbole in der zweiten Hälfte des 19. Jahrhunderts. Strukturen und Funktionen von Konzepten nationaler Identität, Stuttgart 1991, S. 16–52; Link, Jürgen: Die Revolution im System der Kollektivsymbolik. Elemente einer Grammatik interdiskursiver Ereignisse, in: Eibl, Karl (Hg.): Französische Revolution und deutsche Literatur, Hamburg 1986, S. 5–24. Link verweist dabei unter anderem auf das Phänomen des revolutionären Enthusiasmus und analysiert den Zusammenhang zwischen Revolution, Kollektivsymbolik, Enthusiasmus und interdiskursiven Ereignissen. Auch wenn Gerhard und Link in ihrem Beitrag die schweizerischen Nationalstereotype nicht berücksichtigen, ist ihr Vergleich zwischen den deutschen Stereotypen zur eigenen Nation zum einen und zu anderen europäischen Nationen wie England, Frankreich und Russland, aber auch zu den Juden aufschlussreich. Die herausgearbeiteten Regeln der generativen Konstitutionsmechanismen der Stereotype, beispielsweise die Regel der Symbolisierung eines historischen Habitus und der Symbolisierung historischer Ereignisse und deren distinktive Funktion sowie der dadurch ausgelöste Effekt der Identifikation sind methodisch für die Analyse der schweizerischen Nationalstereotype anregend. Zur Pluralisierung von «Vaterlandsliebe» und «Patriotismus» und der Bereitschaft, «für das Vaterland zu sterben», siehe

Koselleck, Reinhart: Patriotismus. Gründe und Grenzen eines neuzeitlichen Begriffs, in: Koselleck 2006 (Erstveröffentlichung 2005), S. 218–239, hier S. 226–231.

66 Vgl. Dahrendorf, Ralf: Freiheit ist tätige Freiheit. Einige Überlegungen zur Anatomie eines unentbehrlichen Begriffs, und Wenzel, Uwe Justus: Wahre Liberalität. Eine kleine Charakterkunde, beide Beiträge in Neue Zürcher Zeitung, 19./20. März 2005, Nr. 66, S. 65. Zur Vieldeutigkeit des Begriffs Liberalismus im Europa des 19. Jahrhunderts vgl. Leonhard, Jörn: Liberalismus. Zur historischen Semantik eines europäischen Deutungsmusters, München 2001, hier insbesondere S. 361–388. Zur Aneignung des Begriffs in der Schweiz seit der Helvetik vgl. Kästli, Freiheitsbegriffe, 1998, S. 39 f.

67 Im Freiheitsdiskurs der Schriftstellerinnen um 1848 verknüpften sich dann direkt die Forderungen nach Befreiung der Völker mit der Forderung nach der Emanzipation der Frauen; siehe Freund 2004. Emilie Paravicini-Blumer dagegen sah die Analogien zwischen ihrer persönlichen Situation und der Situation politisch unterjochter Völker, aber sie verallgemeinerte ihre Position nicht als eine für das gesamte weibliche Geschlecht gültige. Wie ihre Freundin Hortensia Margaretha Koller-Steinbrüchel die politische Situation kommentierte beziehungsweise auf Emilie Paravicini-Blumers Verknüpfungen von Politik und privatem Los reagierte, lässt sich leider aus den mir zur Verfügung stehenden Quellen nicht erschliessen. Allgemein ist jedoch festzuhalten, dass die Verbindung von Eherecht und «Sklaverei» im Zusammenhang mit der Kodifizierung des Zivilrechts, aber auch die Verknüpfung von Privatem und Öffentlichem seit dem Ende des 18. Jahrhunderts gemacht wurden, erinnert sei nur an Olympe de Gouges, vgl. Gerhard 2005, S. 454. Vgl. auch Majer 2008, S. 15–73. So findet sich das Bild der Befreiung der Sklaven und der Erhebung gegen Tyrannei, das in der Jakobinermütze seinen symbolischen Ausdruck erhielt, immer wieder in Texten von Bildungsbürgerinnen des 19. Jahrhunderts. Auch Lavater hatte in seinem «Lied eines Schweizers über die Französische Revolution» vom Zerbrechen des «Sklavenjochs» gesprochen. Siehe dazu Majer 2008, S. 121, 300, 310, 365, 367; Schmidt-Linsenhoff 1988.

68 Meyerhofer 1998, S. 52; Guzzi-Heeb, Sandro: Helvetischer Staat und Nationalisierung der Gesellschaft, in: Altermatt/Bosshart-Pfluger/Tanner 1998, S. 131–147, insbesondere S. 145 f.

69 Im Hof 1991, S. 106–112.

70 Vaterlandsliebe und Patriotismus waren nach Stauffacher schon in den 1830er Jahren die Grundthemen der Liberalen des Kantons Glarus, siehe Stauffacher, H. R., 1989, S. 218.

71 Marchal, Guy P.: Das «Schweizeralpenland». Eine imagologische Bastelei, in: Marchal/Mattioli 1992, S. 37–49, hier S. 41. Vgl. Siegenthaler, Hansjörg: Hirtenfolklore in der Industriegesellschaft. Nationale Identität als Gegenstand von Mentalitäts- und Sozialgeschichte, in: Marchal/Mattioli 1992, S. 23–35; Im Hof 1991, S. 101–111, 122–126. Zum Konzept der Bastelei, des *bricolage*, vgl. Crettaz, Bernard: Nouveau bricolage d'altitude. Fin, recommencement et épuisement des Alpes, in: Marchal/Mattioli 1992, S. 51–62, hier insbesondere S. 59–61; Sarasin/Ernst/Kübler/Lang 1998, S. 24. Allgemein zu den Alpen als Projektionsfläche siehe Bozonnet, Jean-Paul: Des monts et des mythes. L'imaginaire social de la montagne, Grenoble 1992, S. 98–100.

72 An Hortensia Margaretha Koller-Steinbrüchel, März 1831, zit. in von Lerber 1961, S. 66.

73 Als Leitfiguren der Frauen des Bildungsbürgertums galten am ehesten zwei fiktive Gestalten gleichen Namens: Die «Gertrud» aus Schillers «Wilhelm Tell» hat im Stück ihre Funktion erfüllt, nachdem sie den zögerlichen Werner Stauffacher erfolgreich zur Tat ermuntert hat, die «Gertrud» aus Pestalozzis «Gertrud und Lienhard» ihrerseits erzieht im Hause ihre Söhne zu Patrioten. Vgl. dazu Joris, Elisabeth: Wilhelm Tell und Gertrud Stauffacher. Die ungleiche Karriere eines fiktiven Paares. Inputreferat zum Symposium «Mythos Tell – Held oder Phantom. Bedeutung und Funktion nationaler Mythen und Helden» des Schweizerischen Landesmuseum im Rahmen des 200-Jahr-Jubiläums von Schillers «Wilhelm Tell» im Forum der Schweizer Geschichte Schwyz, 24. September 2004, Manuskript; Schweizerisches Landesmuseum 1998, S. 18–31, hier S. 23; vgl. die Abbildung des Ölgemäldes «Die Stauffacherin» (1856) von Ernst Stückelberger in Schweizerisches Landesmuseum 1998, S. 185, auf dem die Stauffacherin als entscheidungsstarke Figur erscheint.

74 Zu dieser Funktion der Frauen vgl. die Analyse des Emilie Paravicini-Blumer möglicherweise bekannten Romans von Caroline de la Motte Fouqué «Edmund's Wege und Irrwege» von Baumgartner, Karin: «Die Männer sind nicht zum Frieden geboren». Krieg und Männlichkeit in den Texten von Helmina von Chézy, Caroline de la Motte Fouqué und Karoline Pichler, in: «Kriegsfrauen» und «Friedensmänner». Geschlechterrollen im Krieg, Ariadne. Forum für Frauen- und Geschlechtergeschichte, 2005/47, S. 20–25. Vgl. Hagemann, Karen: «Männlicher Muth und Teutsche Ehre». Nation, Militär und Geschlecht zur Zeit der antinapoleonischen Kriege Preussens, Paderborn 2002, S. 61.

75 Die Gründung der «Bürkli-Zeitung» geht auf das 18. Jahrhundert zurück. Unter David Bürkli, dem Enkel des Gründers, kam sie unter dem Namen «Zürcher-Kalender» heraus und erschien dann

ununterbrochen während Jahrzehnten. Die liberale «Appenzeller Zeitung» wurde seit 1828 vom Arzt Johannes Meyer herausgegeben, der mehrfach die Landsgemeinde Glarus kommentierte. Der «Schweizer-Bote» wurde von Heinrich Zschokke in Aarau herausgegeben und erschien ursprünglich unter dem Titel «Der aufrichtige und wohlerfahrene Schweizer-Bote, welcher nach seiner Art einfältig erzählt, was sich im lieben Vaterlande zugetragen und was ausserdem die klugen Leute und die Narren in der Welt tun», dann verkürzt als «Der aufrichtige und wohlerfahrene Schweizer-Bote». Er erschien zuerst 1798 bis 1800, dann wieder ab 1804. Vgl. dazu Bönig, Holger: Heinrich Zschokke und sein «Aufrichtiger und wohlerfahrener Schweizerbote». Die Volksaufklärung in der Schweiz, Bern, Frankfurt am Main, New York 1983; Müller, Thomas Christian: Vom Umgang mit dem publizistischen Meinungspluralismus. Pressepolitische Lernprozesse in der Schweiz zwischen 1830 und 1848, in: Ernst/Tanner/Weishaupt 1998, S. 233–244; Guggenbühl, Christoph: Pressefreiheit als «Quelle der Wahrheit». Zur Entstehung politisch-publizistischer Öffentlichkeit in der Schweiz, 1798–1848, in: Ernst/Tanner/Weishaupt 1998, S. 219–232.

76 Brunner 2004, S. 394. Noch 1834 besuchten lediglich zwei Drittel der schulfähigen Jugend zwischen sechs und fünfzehn Jahren nach dem Bericht des evangelischen Schulrates den Unterricht. Erst die neue Verfassung von 1836 verlangte den obligatorischen Schulbesuch, und das Gemeindegesetz von 1837 schrieb die Schulpflicht bis zum zwölften Altersjahr vor. Doch wegen der weitverbreiteten Fabrikarbeit setzte sich die Ordnung nur sehr langsam durch. Vgl. Brunner 2004, S. 380 f., Anm. 8.

77 Von Heinrich Zschokke an Ignaz Heinrich von Wessenberg, 6. September 1831, zit. in Meier/Sauerländer/Stauffacher 1997, S. 301.

78 Stauffacher, H. R., 1989, S. 200–202, 217–244.

79 Glarner Liberale forderten zusammen mit anderen Ostschweizern 1836 auf der Flawiler Volksversammlung vom 7. August 1836 die Umwandlung der Schweiz in einen Nationalstaat, was der 1803 geborene Herisauer Maler Johannes Werner als bedeutendes historisches Ereignis in einer Lithographie festhielt. Abbildung in Schweizerisches Landesmuseum 1998, S. 92. Zur ambivalenten Haltung prominenter Glarner siehe Peter-Kubli 2000, S. 28–32.

80 Jakob Usteri-Usteri an E. P.-B., 28. November 1843, Privatarchiv Usteri, Homberg, 7c, U 706. Indirekt gibt es hier eine Verbindung von Schleiermacher zu der von Jakob Usteri angesprochenen Situation. Schleiermacher war vom Theologen David Friedrich Strauss wegen seiner Interpretation des Lebens Jesu kritisiert worden. Vgl. Strauss, David Friedrich: Der Christus des Glaubens und der Jesus der Geschichte: eine Kritik des Schleiermacher'schen Lebens Jesu, 1865, Nachdruck, neu hg. und eingeleitet von Dörfler-Dierken, Angelika/Dierken, Jörg, Waltrop 2000. Die Schrift kam zwar erst 1865 heraus, doch die Position von Strauss war in Zürich bekannt und äusserst umstritten. In «Das Leben Jesu» historisierte Strauss die Evangelien und stellte damit deren Offenbarungscharakter und die Göttlichkeit Jesu in Frage. Deshalb führte seine Berufung als Professor der Theologie an die neue Zürcher Universität 1839 zum Sturz der liberalen Regierung, die aber bereits 1843 wieder die Mehrheit in Parlament und Regierung besass. Der wichtigste Exponent der Liberalen war Ulrich Zehnder, Zürcher Bürgermeister, Arzt und Erziehungspolitiker, Freund und späterer Ehemann von Josephine Stadlin. Auf ihn und seine Gesinnungsgenossen bezieht sich die in diesem Brief geäusserte Kritik von Usteri, dem Vertreter eines alten Stadtzürcher Geschlechts, während Zehnder als Sohn eines Tischlers aus der Landschaft zu den Aufsteigern, wohl also zu den Vertretern der «Halbkultur», gehört.

81 Vgl. dazu die Thematisierung der Stellung von Flora Tristan in Cross 2004.

82 An Katharina Usteri-Blumer, 20. Dezember 1844, zit. in von Lerber 1961, S. 164. Zur Konfessionalisierung des Sonderbunds vgl. in Hildbrand, Thomas/Tanner, Albert (Hg.): Im Zeichen der Revolution. Der Weg zum schweizerischen Bundesstaat 1798–1848, Zürich 1997, die Beiträge von Tanner, Albert: Das Recht auf Revolution. Radikalismus – Antijesuitismus – Nationalismus, S. 113–137; Jorio, Marco: «Wider den Pakt mit dem Teufel». Die Gegenwehr der Konservativen, im selben Band, S. 139–160; Moos, Carlo: «Im Hochland fiel der erste Schuss». Bemerkungen zu Sonderbund und Sonderbundskrieg, S. 161–177; ausserdem Mesmer, Beatrix: Die Modernisierung der Eidgenossenschaft – Sattelzeit oder bürgerliche Revolution?, S. 11–28, hier S. 23–27.

83 An Katharina Usteri-Blumer, 1845, zit. in von Lerber 1961, S. 164 f.

84 Winteler 1954, S. 472–479; Winteler-Marty, Jakob: Glarus und der Sonderbund, Glarus 1948, S. 10 f.

85 Winteler-Marty 1948, S. 11.

86 Winteler 1954, S. 473.

87 An Katharina Usteri-Blumer, April 1845, zit. in von Lerber 1961, S. 165.

88 An Katharina Usteri-Blumer, 17. April 1845, zit. in von Lerber 1961, S. 165.

89 An Katharina Usteri-Blumer, Sommer 1847, zit. in von Lerber 1961, S. 177.

90 Vgl. Blattmann 1998. Blattmann setzt sich vor allem mit den kriegerischen Metaphern in patriotischen Texten, auch Liedern, auseinander. Sie hebt dabei die Blutsymbolik hervor, wie sie im

Blutopfer der mythischen Heldengestalten gefeiert wird, auf die auch Emilie Paravicini-Blumer verweist.

91 Hettling, Manfred: Die Schweiz als Erlebnis, in: Altermatt/Bosshart-Pfluger/Tanner 1998, S. 25–27; Weishaupt 1998, S. 64. Weishaupt zitiert die ablehnende Haltung des jungen Jacob Burckhardt, der das Schützenfest in Basel von 1844 als Ausdruck des «Brüllradicalismus» charakterisierte.

92 So unterschieden nach Weishaupt die Redner am Schützenfest in Glarus vom Sommer 1847 klar zwischen den «Herren» als «Verführern» und dem Volk; siehe Weishaupt 1998, S. 72; Guggenbühl, Christoph: Von Untertanen zu Staatsbürgern. Voraussetzungen der Bundesstaatsgründung aus längerfristiger Perspektive, in: Schweizerisches Landesmuseum 1998, S. 18–31, hier S. 39–41.

93 Zum militärischen Diskurs dieser Jahre vgl. Jaun, Rudolf: Armee und Nation. Schweizerische Militärdiskurse des 19. Jahrhunderts im Widerstreit, in: Altermatt/Bosshart-Pfluger/Tanner 1998, S. 152–159.

94 Briefe an Katharina Usteri-Blumer, November 1847, zit. in von Lerber 1961, S. 178. Freiburg hatte schon am 14. November, wenige Tage nach Kriegsbeginn, kapituliert. Als Entscheidungsschlacht galt dann die Schlacht bei Gisikon vom 23. November, die den Tagsatzungstruppen den Durchmarsch nach Luzern ermöglichte und damit zur endgültigen Kapitulation der Sonderbundstruppen führte. Diese Schlacht wurde ikonografisch mehrfach dargestellt, unter anderem vom Glarner Maler Heinrich Jenny in einer Lithografie der kämpfenden Glarner Truppen. Abbildung in Schweizerisches Landesmuseum 1998, S. 97. Zur Bedeutung des Sonderbundskriegs und von General Dufour vgl. Ernst/Tanner/Weishaupt 1998, insbesondere Jorio, Marco: «Gott mit uns». Der Bund des Sonderbundes mit Gott, S. 245–258; Schaffner 1998, S. 274; Moos 1998; Jorio, Marco: Zwischen Rückzug und Integration. Die Katholisch-Konservativen und der junge Bundesstaat, im selben Band, S. 89–107; Jaun, Rudolf: Armee, Nation, Staat und Krieg im Widerstreit der Militärdiskurse des 19. Jahrhunderts, im selben Band, S. 109–125, hier S. 114 f.; Moos 1997, S. 167 f.

95 Sarasin/Ernst/Kübler/Lang 1998, S. 25, 27 f.

96 Zit. in von Lerber 1961, S. 187.

97 Vgl. dazu Ceschi, Raffaello: Geschichte des Kantons Tessin, Frauenfeld 2003, insbesondere S. 179 bis 225.

98 Brunner, Christian: Glarner Geschichte in Geschichten, Glarus 2004, S. 420.

99 Sie knüpfte damit an die seit der Helvetik entwickelten Vorstellungen von Volk und Nation an. Vgl. Guggenbühl, Biedermeier, 1998; Meyerhofer 1998, S. 49–59.

100 Zit. in von Lerber, S. 187 f.

101 Von «fremden Drängern» sprach Ratsherr Jenni in seiner Festrede am Schützenfest von 1847 in Glarus. Vgl. Weishaupt 1998, S. 67.

102 Suter 1998, S. 24–27.

103 Koselleck, Reinhart: Der grosse Ereigniszusammenhang. Wie europäisch war die Revolution von 1848/49?, in: Neue Zürcher Zeitung, 31. Dezember 1998, S. 61 f.; vgl. Langewiesche, Dieter: Nation, nationale Bewegung, Nationalstaat. Demokratische Hoffnung und Kriegsgefahr, in: Schweizerisches Landesmuseum 1998, S. 47–57, hier S. 47 f.

104 An Katharina Usteri-Blumer, 29. Dezember 1856, zit. in von Lerber 1961, S. 225.

105 Ebd. Zu ihrer bedingungslosen Bereitschaft zur patriotischen Tat, an der sie nur ihr Frausein hinderte, siehe Gehmacher 2005, S. 125–128. Vgl. Anderson 1991, S. 7: "The nation is imagined as limited because even the largest of them, [...] has finite, if elastic boundaries [...]. It is imagined as sovereign because the concept was born in an age in which Enlightenment and Revolution were destroying the legitimacy of the divinely-ordained, hierarchical dynastic realm. [...] nations dream of being free, and, if unter God, directly so. The gage and emblem of this freedom is the sovereign state. Finally, it is imagined as a community, because, regardless of the actual inequality and exploitation that may prevail in each, the nation is always conceived as a deep, horizontal comradeship. Ultimately it is fraternity that makes it possible, [...] not so much to kill, as willingly to die for such limited imaginings."

106 An Katharina Usteri-Blumer, 13. November 1870, zit. in von Lerber 1961, S. 274.

107 An Katharina Usteri-Blumer, Dezember 1870, zit. in von Lerber 1961, S. 274 f.

108 Diese geschlechterspezifische Differenzierung bezog sich anfänglich vor allem auf die Debatte rund um die Gelehrtheit der Frauen. Vgl. Schmid-Kohberg, Karin: Repräsentationen gelehrter Frauenzimmerlexika des 17. und 18. Jahrhunderts, und: Messerli, Alfred: Gebildetes versus gelehrtes Frauenzimmer: Scheingefecht oder eigentliche Kontroverse des 17. und des 18. Jahrhunderts, Referate gehalten an der Tagung «Die lesende Frau: Traditionen, Projektionen, Metaphern im fächer- und epochenübergreifenden Vergleich», Wolfenbüttel, 22.–24. Februar 2006, Herzog August Bibliothek Wolfenbüttel, Tagungsbericht, http://hsozkult.geschichte.hu-berlin.

de, Zugriff 29. Juni 2006; siehe auch Meise 1996, S. 464 f. Nach Meise war das Lesen eins der wichtigsten Elemente der Selbstinszenierung als «gebildete Frau».

109 An Hortensia Margaretha Koller-Steinbrüchel, Dezember 1831, zit. in von Lerber 1961, S. 63. Zur geringen Einbindung der Frauen in den Staat vgl. Joris, Elisabeth: Geschlechtshierarchische Arbeitsteilung und Integration der Frauen, in: Studer, Brigitte (Hg.): Etappen des Bundesstaates. Staats- und Nationsbildung der Schweiz, 1848–1998, S. 187–201; Joris, Elisabeth: Mündigkeit und Geschlecht. Die Liberalen und das «Recht der Weiber», in: Hildbrand/Tanner 1997, S. 75–90.

110 Anna Barbara Hess-Wegmann war die weitgehend alleinerziehende Mutter des Zürcher Bürgermeisters Johann Jakob Hess und gilt als erste Historikerin des Aufstands der Zürcher Revolution, des so genannten Stäfner Handels, über dessen Verlauf sie über ihre engen Verbindungen zu wichtigen Exponenten aus erster Hand orientiert war. Hess-Wegmann, Anna Barbara: Inländische Unruhen 1794 und 1795, in: Allgemeine Geschichtsforschende Gesellschaft der Schweiz (Hg.): Quellen zur Schweizer Geschichte, Bd. 17: Zeitgenössische Darstellungen der Unruhen in der Landschaft Zürich 1974–1798, hg. von O. Hunziker, Basel 1897. Anna Barbara Hess-Wegmann war die Frau des Landschaftsmalers Ludwig Hess und enge Bekannte des NZZ-Journalisten und Bürgermeisters von Zürich, Paul Usteri, der zwei Wochen nach der Amtsübernahme 1831 starb. Als dessen Nachfolger wurde 1831 Johann Jakob Hess gewählt, der Sohn von Anna Barbara Hess-Wegmann, die, früh verwitwet, ihren Sohn gezielt auf die kaufmännische und politische Karriere hin erzogen hatte. Auszüge des Tagebuchs in Bodmer-Gessner, Verena: Die Zürcherinnen. Kleine Kulturgeschichte der Zürcher Frauen, 3. Auflage, Zürich 1966, S. 119–142. Dieses Tagebuch befindet sich wahrscheinlich in Privatbesitz; es konnte trotz Nachforschungen nicht gefunden werden. Vgl. dazu Joris 1996. Vgl. auch Epple, Angelika: Empfindsame Geschichtsschreibung. Eine Geschlechtergeschichte der Historiographie zwischen Aufklärung und Historismus (Beiträge zur Geschichtskultur, Bd. 16), Köln, Weimar, Wien 2003. Hess-Wegmann ist in dieser Historiographie nicht berücksichtigt, gehört aber bezogen auf das spezifische Schreiben der Frauen zu den aufgeführten Beispielen.

111 Rebekka Habermas spricht von einer «Neukonzeption von Geselligkeit als Raum der Bildung von Männern wie Frauen» vor dem Hintergrund der an der Wende vom 18. zum 19. Jahrhundert einsetzenden neuen Beschäftigung mit Fragen der Bildung. Siehe Habermas, R., Bürgertum, 2000, S. 233; siehe auch Linke 1996, S. 55.

112 François Guizot war seit 1847 Ministerpräsident unter Louis-Philippe von Orléans, als Historiker und Reformer der Schulbildung in den ersten Jahren nach der Julirevolution von 1830 zuerst ein Hoffnungsträger, später aber berüchtigt, da er mit dem Aufruf «Enrichissez-vous!» die Bourgeoisie zu uneingeschränkter Bereicherung ermuntert haben soll. Auch seine Autobiografie hat Emilie Paravicini-Blumer gelesen. Es ist unklar, ob es sich dabei um die zwischen 1858 und 1867 herausgekommenen, acht Bände umfassenden «Mémoires pour servir à l'histoire de mon temps» handelt.

113 George Sand hatte 1822 den Baron Casimir Dudevant geheiratet, von dem sie jedoch bereits 1836 wieder geschieden war. Ob die Bewunderung von Emilie Paravicini-Blumer für George Sand auch mit deren Verbindung mit dem polnischen Emigranten Chopin zusammenhängt, wäre zwar möglich, kommt aber so in den Briefen nicht zum Ausdruck.

114 An Emma Usteri, 28. Juli 1881, 4, DQ 473. Insgesamt sind von George Sand bis heute rund 20 000 Briefe veröffentlicht, welche Auswahl Emilie Paravicini-Blumer davon gelesen hat, bleibt offen, ebenso warum ihr die Romane nicht zusagten, ob wegen der Intrige, des Stils oder des feministischen Ansatzes. Siehe Ludwig, Johanna/Schötz, Susanne/Rothenburg, Hannelore (Hg.): George Sand und Louise Otto. Wegbereiterinnen der Frauenemanzipation. Reden und Vorträge zur Tagung am 23./24. April 2004 anlässlich des 200. Geburtstags von George Sand, Vorwort, S. 9–12. Zur Korrespondenz von George Sand, ihrem Freundschaftskult und ihrem Anspruch, für sich männlichen Eigenschaften in Anspruch zu nehmen, siehe Vincent-Buffault, Anne: Magnetische Anziehungskraft. Die Freundschaften von George Sand und Flora Tristan, in: Eickenrodt/Rapisarda 1998, S. 217–227, hier S. 218.

115 An Katharina Usteri-Blumer, 28. Januar 1859, zit. in von Lerber 1961, S. 232.

116 Siehe Meyer 1998, S. 138.

117 Siehe Pott, Hans-Georg: Die Sehnsucht nach der Stimme. Das Problem der Oralität in der Literatur um 1800 (Hölderlin, Goethe, Schleiermacher), in: Messerli, Alfred/Chartier, Roger (Hg.): Lesen und Schreiben in Europa 1500–1900. Vergleichende Perspektiven, Basel 2000, S. 517–532, hier S. 529–531. Der Aufsatz ist in leicht veränderter Form schon unter dem Titel erschienen: Die Wiederkehr der Stimme. Elektronische Medien und Schriftkultur, in: Orbis Linguarum, 1/1994, S. 121–134, und in: Berger, Albert/Moser, Gerda Elisabeth (Hg.): Jenseits des Diskurses. Literatur und Sprache in der Postmoderne, Wien 1994, S. 179–202. Siehe auch Friedrich 2006, S. 143–146.

118 Schleiermacher, Friedrich: Vorlesungen über die Lehre vom Staat, Kritische Gesamtausgabe,

Abt. II, Bd. 8, hg. von Jaeschke, Walter, Berlin, New York 1998. Vgl. dazu die Rezension von Arndt, Andreas: Reetz, Dankfried: Schleiermacher im Horizont preussischer Politik. Studien und Dokumente zu Schleiermachers Berufung nach Halle, zu seiner Vorlesung über Politik 1817 und zu den Hintergründen der Demagogenverfolgung, Waltrop 2002, in: http://hsozkult.geschichte.hu-berlin.de, 10. September 2003.

119 Safranski 2004, S. 426–429. Den romantisch-reaktionären Patriotismus lehnte wie Bentzel-Sternau ebenso Goethe – auch er ein Bonapartist – ab. Siehe dazu Seibt, Gustav: Goethe und Napoleon. Eine historische Begegnung, München 2008. Boyle verweist, allerdings ohne Bezug auf Schleiermacher, auf den Übergang vom kosmopolitischen Idealismus zur bestimmenden Rolle des Nationalstaats als Reaktion auf Napoleon. Im Deutschland der Restauration wurden die napoleonischen Gesetze zur jüdischen Emanzipation, für die sich Bentzel eingesetzt hatte, ausser Kraft gesetzt. Boyle 2009, S. 115, 129 ff. Aufschlussreich Hörisch, Jochen: Die Wut des Verstehens. Zur Kritik der Hermeneutik, erweiterte Neuauflage, Frankfurt am Main 1998, insbesondere S. 36–60. Hörisch sieht den als «Gründungsfigur der romantischen Hermeneutik» definierten Schleiermacher als «Schleier-Macher», als einen, der den Primärtext mit seinen universalistischen Deutungen verdeckt oder eben buchstäblich «inter-pretiert». Siehe S. 59 f. Hörisch karikiert Schleiermachers «Verstehen» unter anderem mit einer Figur von Jean Paul, S. 73.

120 Schleiermacher, Friedrich Daniel Ernst: Versuch einer Theorie des geselligen Betragens, 1799, in: Kritische Gesamtausgabe, hg. von Birkner, Hans-Joachim et al., Erste Abteilung, Bd. 1: Schriften aus der Berliner Zeit 1796–1799, hg. von Meckenstock, Günter, Berlin, New York 1984, S. 163–184. Vgl. van Dülmen 2001, S. 278; Hettling 1997, S. 348–352.

121 Schleiermacher 1984, S. 163–184; Oberdorfer, Bernd: Geselligkeit und Realisierung von Sittlichkeit. Die Theorieentwicklung Friedrich Schleiermachers bis 1799, Berlin, New York 1995, insbesondere S. 377 zum Verhältnis von Bildung und Geselligkeit, S. 492–509 zur Geselligkeit: Individualität und Öffentlichkeit. Zu Schleiermachers Geselligkeit und zum Berliner Salon siehe Becker-Cantarino, Barbara: Schriftstellerinnen der Romantik. Epoche – Werke – Wirkung, München 2000, S. 183–198. Sie verweist darauf, dass Schleiermachers Text zur Theorie des geselligen Betragens 1799 anonym erschienen war und seine Autorschaft erst 1909, also nach dem Tod von Emilie Paravicini-Blumer, bekannt wurde, S. 188 f. Siehe auch Brockmeyer 2009, S. 136–139, 170 f.

122 Zum Begriff «Salon» und dem Salon von Henriette Herz und Rahel (Levin-)Varnhagen siehe Becker-Cantarino 2000, S. 191–198. Zum Berliner Salon siehe vor allem das als Handbuch konzipierte umfangreiche Werk von Wilhelmy, Petra: Der Berliner Salon im 19. Jahrhundert (1780 bis 1914) (Veröffentlichungen der Historischen Kommission zu Berlin, Bd. 73), Berlin, New York 1989, insbesondere S. 63–198. Zur Kultur privater Geselligkeit siehe Schnegg, Brigitte: Soireen, Salons, Sozietäten. Geschlechtsspezifische Aspekte des Wandels städtischer Öffentlichkeit im Ancien Régime am Beispiel Berns, in: Head-König, Anne-Lise/Tanner, Albert (Hg.): Frauen in der Stadt, Zürich 1993, S. 163–183; Tolkemitt, Brigitte: Knotenpunkte im Beziehungsnetz der Gebildeten. Die gemischte Geselligkeit in den offenen Häusern der Hamburger Familien Reimarus und Sieveking, in: Weckel, Ulrike/Opitz, Claudia/Tolkemitt, Brigitte/Hochstrasser, Olivia (Hg.): Ordnung, Politik und Geselligkeit der Geschlechter im 18. Jahrhundert, Göttingen 1998, S. 175–194.

123 Inwiefern die Vorstellung von Rahel Varnhagen eher den Projektionen von Emilie Paravicini-Blumer als den Berliner Realitäten entsprach, spielt in diesem Kontext keine Rolle. Siehe Hahn, Barbara: Der Mythos vom Salon. Rahels Dachstube als historische Fiktion, in: Schulz, Hartwig (Hg.): Salons der Romantik. Beiträge eines Wiepersdorfer Kolloquiums zu Theorie und Geschichte des Salons, Berlin 1997, S. 313–234.

124 Baldinger, Friderika: Lebensbeschreibung von Friderika Baldinger von ihr selbst verfasst. Herausgegeben und mit einer Vorrede begleitet von Sophie, Wittwe von la Roche, Offenbach 1791; Meise 1996, S. 465; Habermas, Rebekka: Friderika Baldinger und ihr Männerlob. Geschlechterdebatten der Aufklärung, in: Wunder, Heide/Engel, Gisela (Hg.): Geschlechterperspektiven. Forschungen zur Frühen Neuzeit, Frankfurt am Main 1998, S. 242–254.

125 Schopenhauer, Johanna: Im Wechsel der Zeiten, im Gedränge der Welt. Jugenderinnerungen, Tagebücher, Briefe, hg. von Weber, Rolf, München 1986; Meise 1996, S. 463 f.

126 Kippenberg, August: Betty Gleim. Ein Lebens- und Charakterbild, Bremen 1882; Gleim, Betty: Über die Bildung der Frauen und die Behauptung ihrer Würde in den wichtigsten Lagen ihres Lebens, Bremen 1814; Käthner 1996, S. 405–408. Vgl. auch Leimgruber 2006, S. 296–298.

127 Leimgruber 2006, S. 269. Diese Zweiteilung in Bildung und Gelehrtheit ist nach Alfred Messerli ein Scheingefecht aus dem 17. und 18. Jahrhundert und geht auf Christian Fürchtegott Gellert zurück. Vgl. das Referat von Messerli, Alfred: «Gebildetetes versus gelehrtes Frauenzimmer: Scheingefecht oder eigentliche Kontroverse des 17. und des 18. Jahrhunderts, gehalten an der Tagung «Die lesende Frau: Traditionen, Projektionen, Metaphern im fächer- und epochenüber-

greifenden Vergleich», 22.–24. Februar 2006, Herzog August Bibliothek Wolfenbüttel, Tagungsbericht, http://hsozkult.geschichte.hu-berlin.de, 29. Juni 2006. Zur weiblichen Rezeption von Schleiermacher und den Neuhumanisten vgl. Habermas, R., Bürgertum, 2000, S. 233–238; zu den geschlechterspezifischen Bildungskonzeptionen Schleiermachers vgl. Schmid, Pia: Weib oder Mensch, Wesen oder Wissen? Bürgerliche Theorien zur weiblichen Bildung um 1800, in: Kleinau/Opitz 1996, Bd. 1, S. 327–345, hier S. 335 f. Die Auseinandersetzung um Gemüts- und Geistesbildung wurde in den 1820er Jahren auch in der Schweizerischen Gemeinnützigen Gesellschaft (SGG) geführt. In Frage stand, ob eine moralisch-religiöse Erziehung oder die «Verstandesbildung» im Sinne der Vermittlung von Wissen als Basis der Volksschul- und der Lehrerbildung zu betrachten sei. Siehe Rothenbühler 2010, S. 163.

128 Meise 1996, S. 464 f. Das entspricht der Ansicht von Majer; nach ihr waren Frauen im kulturellen Leben «Teilnehmerinnen», aber nicht «Beteiligte», das heisst, sie bestimmten nicht, da rechtlich unmündig. Majer 2008, S. 93. Zum Zusammenhang von Glückserwartung und Geschlecht als Thema der Literatur um 1800 siehe Kessel 1999, S. 266–276.

129 Zur Frage, wie Frauen auf die geschlechterspezifischen Deutungsangebote der Gelehrten reagierten, vgl. Frevert, Ute: Die Innenwelt der Aussenwelt. Modernitätserfahrungen von Frauen zwischen Gleichheit und Differenz, in: Volkov, Shulamit (Hg.): Deutsche Juden und die Moderne, München 1994, S. 75–94.

130 Zit. in von Lerber 1961, S. 187.

131 «Das Volk ist ein Kind […]. Wer es emporheben will, muss sich vorher zu ihm niederbeugen. […] Darum muss man durchaus mit ihm bildlich sprechen: aber nicht gesucht, sondern einfach, wie die Bibel in Luthers Uebersetzung, wie Tschudi's, oder Anderer Chroniken. Das ist ächter Volkston!», zit. in Bänziger 1996, S. 113 f. Siehe zum Thema «Volksbildung ist Volksbefreiung» Eine Rede gehalten in der Versammlung des schweizerischen Volksbildungsvereins zu Laufen den 10. April 1836, in: Scandalo/Rogger/Gerber 1992, S. 24, Anm. 79.

132 Bänziger 1996, S. 115.

133 Vgl. dazu Safranski 2004, S. 86 f.; Honegger 1991, S. 38–45. Zu den Implikationen von «Menschenbildung» in der ersten Hälfte des 19. Jahrhunderts siehe die begriffsgeschichtlichen Erläuterungen in Brunner, Otto/Conze, Werner/Koselleck, Reinhart: Geschichtliche Grundbegriffe, Bd. 3, «Menschheit»/«Herder» S. 1091–1093, «Erziehung zu Humanität», S. 1098–1100, «Die lexikalische Ebene im frühen 19. Jahrhundert» S. 1108 f., «Humanismus» S. 1121–1124.

134 Zit. in von Lerber 1961, S. 187.

135 An Betsy Usteri, 6. Januar 1867, 5, DQ 5106.

136 Koselleck 1998, S. 61 f.

137 Von Bentzel-Sternau hat sich wenn nicht im direkten, so zumindest im weiteren Umfeld der Geselligkeit Berlins und von Rahel Varnhagen bewegt. Das von ihm erstandene Gut in Erlenbach hatte zuvor Emilie von Berlepsch, verheiratete Harmes, der früheren Lebensgefährtin von Jean Paul, gehört. Auch Rahel Varnhagens Freundin Pauline Wiesel, wie Varnhagen eine Adeptin der geschlechtergemischten Geselligkeit, hatte sich einige Jahre in der Schweiz aufgehalten. Siehe Varnhagen-Levin, Rahel: Briefwechsel mit Pauline Wiesel, hg. von Hahn, Barbara, unter Mitarbeit von Bosold, Birgit, München 1997. Zur Berliner «Salon»-Geselligkeit, der Rolle der Frauen im Allgemeinen und Rahel Varnhagen im Besonderen siehe van Dülmen 2001, S. 274–281.

138 Ebrecht, Angelika/Nörtemann, Regina/Schwarz, Herta (Hg.): Brieftheorie des 18. Jahrhunderts. Texte, Kommentare, Essays, Stuttgart 1990, S. 209 f. Es wird sich um die Zeitschrift «Schweizerisches Museum» handeln, die Troxler zusammen mit Remigius Sauerländer seit 1816 herausgab. Zu Troxler und Varnhagen Kästli, Die Schweiz, 1998, S. 295.

139 An Katharina Usteri-Blumer, 1860, zit. in von Lerber 1961, S. 237. Der Ton erinnert an zwei Zeilen aus einem der letzten Gedichte von Annette von Droste-Hülshoff (1797–1848), einer der von Emilie Paravicini-Blumer bevorzugten Autorinnen: «Ach, soll ich denn die Rose sein, / Die zernagte, um andre zu heilen.» Zit. in Boylen 2009, S. 139.

140 Frevert 1994, S. 81.

141 An Katharina Usteri-Blumer, 1860, zit. in von Lerber 1961, S. 237.

142 An Katharina Usteri-Blumer, 1857, zit. in von Lerber 1961, S. 228. Zur vitalistischen Deutung von Motiven bei von Droste-Hülshoff siehe Rapisarda, Cettina: «Wandernde Zeichen». Freundschaft und Liebe in Gedichten Annette von Droste-Hülshoffs, in: Eickenrodt/Rapisarda 1998, S. 227–247, hier S. 232 f. Siehe auch Peter von Matts Interpretation von Annette von Droste-Hülshoffs Dichtung, die in polarer Ausrichtung auf die elterliche Erwartungen und Pflichten erfüllende Tochter zum einen, auf die behinderte Entfaltung der eigenen Möglichkeiten, auf das Ungelebte, zum andern verweist. Von Matt 2007, S. 177–234, bezogen auf die «Geistlichen Lieder» S. 231 f. Mit den «Geistlichen Liedern» begonnen hat von Droste-Hülshoff im Jahr 1820, das mit der gescheiterten Heirat den Bruch in ihrem Leben markiert; sie wurden erst rund zwei Jahrzehnte später fortgesetzt und 1851 posthum veröffentlicht, also nur wenige Jahre vor Emilie

Paravicini-Blumers Brief an ihre Nichte. Von Interesse ist im Zusammenhang mit Emilie Paravicini-Blumer zudem, dass von Droste-Hülshoff Patientin des bedeutenden Laienhomöopathen und Freundes von Hahnemann, Freiherr Clemens von Bönninghausen, war; siehe Jütte, Robert: Nachträge und Ergänzungen zur Neuausgabe von R. Tischners «Werden der Homöopathie», in: Tischner, Rudolf: Das Werden der Homöopathie. Geschichte der Homöopathie vom Altertum bis zur neuesten Zeit, Neuauflage der Ausgabe von 1950, Stuttgart 2001, S. 225–253, hier S. 237. Meta Heusser-Schweizer, Tochter eines Zürcher Pfarrers und Mutter von Johanna Spyri, machte sich Mitte des 19. Jahrhunderts als Lyrikerin vor allem in pietistischen Zirkeln einen Namen. Als vehemente Gegnerin der Freisinnigen in Politik und Religion mischte sie sich auf lokaler Ebene über ihren Ehemann aktiv in die Auseinandersetzungen zwischen Konservativen und Liberalen zwischen 1830 und 1848 ein. Während Emilie Paravicini-Blumer den Sieg der Tagsatzungstruppen bei Gislikon begrüsste, betrauerte die Protestantin Meta Heusser-Schweizer die Niederlage der Sonderbundskantone, die sie vom Hirzel nach Süden blickend verfolgte. Vgl. dazu Heusser, Meta: Hauschronik, hg. von Fehr, Karl, Kilchberg 1980, S. 119–121. Siehe auch Schindler, Regine (Hg.): Die Memorabilien der Meta Heusser-Schweizer, Zürich 2007 (mit beigelegter CD). Ihre Gedichte erschienen zuerst anonym, später in einer erweiterten Sammlung unter ihrem Namen: Lieder einer Verborgenen, in: Knapp, Albert (Hg.): Christorpe, Christliches Taschenbuch, Stuttgart 1833–1857 (ohne Namen der Verfasserin); Knapp, Albert: Lieder einer Verborgenen (ohne Namen der Verfasserin), Leipzig 1858; Gedichte von Meta Heusser-Schweizer: Der «Lieder einer Verborgenen» zweite, vermehrte Auflage, Leipzig 1863.

143 An Betsy Usteri, 12. Januar 1877, 5, DQ 508.

144 Vgl. Weckel 2001, S. 3 f. Noch die Kulturwissenschaftler des 20. Jahrhunderts dachten sich Freundschaft primär als ein Verhältnis zwischen Männern, auch wenn Georg Simmel und Siegfried Kracauer den modernen Frauen ein solches Verhältnis nicht gänzlich absprachen; der historische Diskurs über Frauenfreundschaften wurde erst im Zuge der Neuen Frauenbewegung im letzten Viertel des 20. Jahrhunderts zu einem Thema der Geschichte. Siehe Nötzoldt-Linden, Ursula: Freundschaftsmuster. Studien zur Soziologie weiblicher Solidarität, in: Eickenrodt/Rapisarda 1998, S. 105–120, hier S. 106 und 112. Diese von Eickenrodt und Rapisarda herausgegebene Nummer von «Querelles» versammelt eine ganze Anzahl gewichtiger Beiträge zu den Geschlechterimplikationen von Freundschaft und zu den von Emilie Paravicini-Blumer bevorzugten Autorinnen und ihrer Zeit. Zu den Autorinnen und zur Lektüre der Frauen im frühen 19. Jahrhundert siehe Becker-Cantarino 2000.

145 An Katharina Usteri-Blumer, 28. Januar 1859, zit. in von Lerber 1961, S. 232.

146 Siehe dazu Schwarz 2008, S. 90. Schwarz verweist auf das Urteil eines englischen Rezensenten einer Geschichte der Astronomie, wonach ein literarischer Stil in naturwissenschaftlichen Büchern als «feminin» gelte, ein Text dagegen, der von Tabellen und mathematischen Formeln dominiert sei und detailreich eine These erörtere, als «männlich».

147 Von Katharina Usteri-Blumer an E. P.-B., 1. März 1853, 1, DQ 1008.

148 Friedrich 2006, S. 168–170. Zu Rothe siehe Johannes Ehmann in Mack, Christian: Tagesbericht: Liberale Frömmigkeit. Zur Geschichte der süddeutschen Protestantenvereine im 19. Jahrhundert, 11./12. Januar 2008, Bad Herrenalb, http://hsozkult.geschichte.hu-berlin.de/tagungsberichte/id-2120.

149 Von Lerber 1961, S. 218. Der Pietist Christian Gottlob Barth war 1824–1838 Pfarrer in der württembergischen Pfarrei Möttlingen und publizierte viel, unter anderem die bis Ende des 20. Jahrhunderts in vierzig Sprachen aufgelegte «Christliche Kirchengeschichte» von 1835. Sein Nachfolger Blumhardt hatte seine ersten Heilerfolge in Möttlingen, zu grosser Berühmtheit gelangte er dann als Leiter von Bad Boll. Vgl. dazu den Exkurs zu Dorothea Trudel.

150 Zit. in Becker, Bernhard: Ein Wort über die Fabrikindustrie. Mit besonderer Hinsicht auf den Canton Glarus, Basel 1858, neu aufgelegt vom Institut für Sozialethik des Schweizerischen Evangelischen Kirchenbundes (SEK), Bern und Lausanne, Einführung von Hans-Ulrich Schiedt, Adliswil 1990, S. xvii und xix f.; siehe auch Peter-Kubli 2000, S. 42–45. Nach Friedhelm Borggrefe führte Rothes Einfluss beim Grossbürgertum beispielsweise zur Gründung von Betriebskrankenkassen und Arbeitersiedlungen, siehe Mack, Christian: Tagesbericht: Liberale Frömmigkeit. Zur Geschichte der süddeutschen Protestantenvereine im 19. Jahrhundert, 11./12. Januar 2008, Bad Herrenalb, http://hsozkult.geschichte.hu-berlin.de/tagungsberichte/id-2120.

151 An Betsy Usteri, 18. Januar 1874, 5, DQ 567.

152 An Emma Usteri, 14. März 1881, 3, DQ 356.

153 Handley, Rima: Eine homöopathische Liebesgeschichte. Samuel und Mélanie Hahnemann, Nördlingen 1993 (Berkeley, California 1990), S. 114–116; Jütte 2005, S. 208–209, 222–224.

154 An Betsy Usteri, 24. Dezember 1868, 5, DQ 5104. Es handelt sich um Werner Munzinger, Sohn von Bundesrat Martin Josef Munzinger, der 1852 nach Ostafrika (über Kairo ans Rote Meer und ins heutige Eritrea) auswanderte, um die Sklaverei abzuschaffen, und dort als «Munzinger Pa-

scha» zu Reichtum und politischem Einfluss gelangte. Vgl. Capus, Alex: Munzinger Pascha. Roman, Zürich 1997.

155 HsZB, Nachlass Heinrich Zollinger 1, Korrespondenz 1.37, Frau E. Paravicini an Heinrich Zollinger, 4 Briefe, Mollis und Zürich, 1855–1857.

156 An Betsy Usteri, 27. Dezember 1877, 5, DQ 531.

157 An Emma Usteri, 22. November 1873, 3, DQ 374.

158 An Emma Usteri, 16./17. Januar 1884, 21./23. Dezember 1883, 3, DQ 368, DQ 370.

159 An Emma Usteri, 30. Mai 1884, 4, DQ 496. Es könnte sich um die 1868 herausgegebene Ausgabe handeln: Blätter aus dem Tagebuch der Königin Victoria, nach dem englischen Original bearbeitet, Parchim 1868.

160 An Betsy Usteri, 22. März 1881, 2, DQ 212.

161 Lerber, S. 303 und DQ 431a, undatiertes Brieffragment, aber wahrscheinlich in diese Periode gehörend.

162 An Betsy Usteri, 30. März 1873, 5, DQ 579.

163 Auch in der Schweiz stammten etliche Pioniere der Homöopathie aus zugleich frommem wie aufgeschlossenem Umfeld der Städte Genf, Lausanne und Basel. Erlach 2004, III. 1; Biographisches Lexikon, S. 167–372. Vgl. auch Stolberg 1999, S. 132 f.; Wolff 1992, S. 207.

164 Die Furcht vor Mystizismus und religiöser Schwärmerei war unter dem Eindruck des Erfolgs der pietistisch geprägten Erweckungsbewegung im 19. Jahrhundert stark verbreitet, aber ebenso die kirchlich ungebundene Religiosität und Gottgläubigkeit, wie sie die Anhängerinnen und Anhänger Herders vertraten und wie sie auch eine Emilie Paravicini-Blumer lebte. Siehe Brockmeyer 2009, S. 232–234.

165 Zit. in von Lerber 1961, S. 210.

166 Privatsammlung Jenny, an Hortensia Margaretha Koller-Steinbrüchel, Glarus, 6. August 1836. Fast zur gleichen Zeit wie mit Schneider hatte sie sich auf intensive Gespräche mit einem Franziskanermönch eingelassen. Beide wusste sie, folgt man ihren Briefen, so zu beeinflussen, dass sie ihre religiösen Auffassungen respektierten. Siehe Privatsammlung Jenny, an Hortensia Margaretha Koller-Steinbrüchel, San Bernardino, 19. Juli 1836.

167 An Katharina Usteri-Blumer, 1857, zit. in von Lerber 1961, S. 228.

168 Meyer-Ulrich, Betsy: «... das ganze Herz deiner Mutter». Briefe an Betsy und Conrad Ferdinand Meyer, hg. von Schifferli, Dagmar/Klaas Meilier, Brigitta, Zürich, München 1998, S. 136, 184, 191.

169 Mallet war bereits von Betsy Meyer-Ulrichs Vater als Pflegekind aufgenommen worden. Von Lerber 1961, S. 218.

170 Von Betsy Meyer-Ulrich an ihre Tochter Betsy, 21. Juli 1849, in: Schifferli/Klaas Meilier 1998, S. 88.

171 HsZB, CFM 385.2, Nachlass Conrad Ferdinand Meyer, E. B. (Mollis) an B. Meyer-Ulrich, 7 Stück, 1855/56, 28. Juli und 10. August 1855. Das Bild ist abgebildet in Brunner 2004, S. 323. Das Original befindet sich im Privatbesitz der Nachkommen der Familie Usteri-Blumer.

172 Briefe an Katharina Usteri-Blumer, 11. März, 16. Mai, 26. Juni, 29. August 1856; siehe von Lerber 1961, S. 219.

173 HsZB, CFM 394.6, Emilie Paravicini-Blumer an Betsy Meyer Tochter, 2 Briefe, August 1858.

174 An Katharina Usteri-Blumer, 11. März, 16. Mai, 26. Juni, 29. August 1856.

175 Diese europäische Solidarisierung mit dem Freiheitskampf aller unterdrückten Völker erhielt in der Unterstützung der Polen ihren stärksten Ausdruck. So wurde die Freiheit der Polen ebenso in Zürich, in Paris wie am Hambacher Fest von 1832 in Deutschland beschworen. Siehe auch das Polengedicht «Deutsches Mailied» des pfälzischen Winzers Johannes Fitz in Majer 2008, S. 160, Anm. 185.

176 Dünki 1984; zu Glarus siehe Winteler 1954, S. 400 f.

177 Kolbe, Christian: Asylanten als Agitatoren in der Schweiz. Die Aktivitäten polnischer Flüchtlinge anlässlich der Aufstände von 1830/31 und 1863/64 und der Aufenthalt des italienischen Revolutionärs Giuseppe Mazzini in der Schweiz, in: Goehrke, Carsten/Zimmermann, Werner G.: Der Umgang mit Asylproblemen im 19. und 20. Jahrhundert, Zürich 1994, S. 17–38, hier S. 22 f.

178 Inwiefern der Einsatz des Grafen und der Gräfin bedingt war durch die politische Orientierung an Napoleon und dessen Einsatz für die Gründung eines unabhängigen Polen, weiss ich nicht, doch kann eine solche Verbindung zumindest vermutet werden.

179 Vgl. Langewiesche 1998, S. 47–57, hier S. 47 f., 50, 52. Die Mobilisierung der Polen ist selber von Emotionen durchtränkt – «le désespoir, notre intérêt commun, nos cœurs, nos sentiments et notre mission», heisst es in einem Aufruf; Kolbe spricht vom polnischen Messianismus, siehe Kolbe 1994, S. 21.

180 An Hortensia Margaretha Koller-Steinbrüchel, 28. September 1833, zit. in von Lerber 1961, S. 83.

181 Ebd.

182 Briefe an Hortensia Margaretha Koller-Steinbrüchel, Dezember 1833, zit. in von Lerber 1961, S. 84 f.

183 Haumann, Heiko/Held, Thomas/Schott, Catherine: «Noch ist Polen nicht verloren ...» Tadeusz Kosciusko und die Bedeutung des Aufstandes von 1794, in: Haumann, Heiko (Hg.): Tadeusz Kosciusko. «Der letzte Ritter und erste Bürger im Osten Europas» (Studia Polono-Helvetica, Bd. 3), S. 3–24. Zur Problematik und Vieldeutigkeit des Begriffs «Freiheit» im polnischen Kontext siehe Thomsen, Martina: Freiheit – Libertät – Liberalität. Universalisierung und Nationalisierung eines politischen Grundbegriffes im östlichen Europa. Veranstalter: Claudia Kraft (Erfurt); Verband der Historiker und Historikerinnen Deutschlands (VHD), 19.–22. September 2006, Konstanz, http://hsozkult.geschichte.hu-berlin.de/tagungsberichte/id=1180, 9. November 2006.

184 Vgl. dazu Konopka, Jan A.: Lettres de Soleure de Tadeusz Kosciusko, 1815–1817, Genf 2000. Kosciusko war wie viele Schweizer und auch Solothurner Liberale Freimaurer.

185 Winziarz, Adam: Kosciuszko and Pestalozzi, in: Haumann 1996, S. 275–281; Brief an Pestalozzi vom 10. Januar 1816, in: Konopka 2000, S. 10.

186 Testament de T. Kosciuski du 10 octobre 1817, in: Konopka 2000, S. 84. Zur Familie Zeltner, der Tochter Emilie und deren Ehemann Graf Morosoni vgl. Kopp, Peter F.: Zwei treue Freunde und ein Verräter, in: Haumann 1996, S. 286–299. Morosoni beraubte Emilie Zeltner des Vermögens und liess die politischen Papiere, darunter einen Brief des Zaren Alexander mit dem Versprechen der polnischen Unabhängigkeit, Metternich zukommen.

187 Haumann/Held/Schott 1996, S. 23.

188 Vgl. Florkowska-Francic, Halina: Kosciusko-Feierlichkeiten in der Schweiz zwischen 1817 und 1917, in: Haumann 1996, S. 319–330. Die enge Beziehung wurde in der Zwischenkriegszeit offiziell weiterzelebriert. Nach Information von Janina Kasprzak stellte die Eidgenossenschaft 1927 für die Transferierung der Museumsgüter nach Warschau Eisenbahnwagons zur Verfügung. Der Zug wurde bis an die Grenze von Militär und Politikern begleitet und selbst in kleineren Ortschaften immer wieder von der Bevölkerung bejubelt.

189 1927 wurde das Herz Kosciuskos zusammen mit den Museumsgütern und den Archivalien nach Warschau transferiert. Die Archivalien sind nach Aussagen der gegenwärtigen Leiterin des Museums in Rapperswil, Frau Buchmann, bei der Zerstörung Warschaus während des Zweiten Weltkriegs allesamt verbrannt.

190 Vgl. dazu die Exponate im Polenmuseum auf Schloss Rapperswil, Vitrine 2. Raum.

191 Von Lerber 1961, S. 88–90, S. 94 f.

192 Meine Suche nach Dokumenten zu Lewickis und Sobanskis Tätigkeit in der Schweiz blieben – mit Ausnahme des mir zugetragenen Briefs von Paul Lewicki an Emilie Paravicini-Blumer – trotz der Unterstützung des Polenmuseums in Rapperswil wegen der Zerstörung von Warschau 1944 erfolglos. Zu Graf Sobanski, einem der Befehlshaber der aufständischen Truppen von 1830/31, vgl. die biografischen Angaben in Polski Slownik Biograficzny, Tom XXXIX/3, Wroclaw, Warzszawa, Krakow 1999. Die mündliche Übersetzung verdanke ich Frau Janina Kasprzak, die für mich in der Polenbibliothek in Rapperswil die Recherchen übernommen hat. Nach dem Tod von Sobanski (1861) verkaufte seine Witwe das Schloss an den Winterthurer Oberstleutnant Pfau. Das Ehepaar Sobanski ist in der Burgkapelle beigesetzt. Vgl. dazu die Internetseite zum Schloss Kyburg sowie die Angaben bei von Lerber 1961, S. 317, Anm. 43. Sobanski hat Beziehungen zu Genf gepflegt. Im Reisebericht der Sängerin Elise Werdmüller, Tochter des Pfarrers von Uster, die am 22. September 1850 mit einem polnischen Grafen aus Lemberg, in dessen Diensten sie stand, in Genf zum Tee in die Villa Bartoloni (bei Werdmüller fälschlicherweise «Bartolini») eingeladen war, heisst es: «Madame Sobanska von Kyburg war da, mit einer jungen deutschen Dame.» Zitat aus Orient-Reise von Fräulein Elise Werdmüller in Uster, 21. August bis 9. November 1850, Transkription, S. 13, in Privatbesitz Nachkommen Kläui-Werdmüller. Der Sohn des Grafen Sobanski, Isidor-Alexander, besuchte bis 1850 das Gymnasium in Genf, bevor er sich im Wintersemester 1850 an der philosophischen Fakultät der Universität Zürich immatrikulierte. Vgl. www.matrikel.unizh.ch/pages/714.htm, Matrikelnummer 1551, philos., Wintersemester 1850. Unter den bei Kolbe zitierten polnischen Emigranten figurieren weder Sobanski noch Lewinski; Kolbe 1994. Den einzigen mir zur Verfügung stehenden Brief von Paul Lewicki an Emilie Paravicini-Blumer schrieb dieser am 25. Mai 1838 morgens um acht Uhr auf der Kyburg. Er wartete auf das Erwachen von Graf Sobanski, der zusammen mit ihm zum Begräbnis der Gräfin Bentzel von Sternau auf dem Landsitz Mariahalden in Erlenbach fahren wollte. Privatsammlung handschriftlicher Briefe Mathias Jenny, Schwanden.

193 An Hortensia Margaretha Koller-Steinbrüchel, zit. in von Lerber 1961, S. 103.

194 Brief von Paul Lewicki an E. P.-B., 11. Februar 1836, zit. in von Lerber 1961, S. 104.

195 Brief von Paul Lewicki an E. P.-B., 22. November 1836, zit. in von Lerber 1961, S. 125 f.

196 Vgl. dazu Joris 1996, S. 324 f.; Westhoff-Krummacher, Hildegard: Als die Frauen noch sanft und

engelsgleich waren. Die Sicht der Frau in der Zeit der Aufklärung und des Biedermeier, Ausstellungskatalog zur gleichnamigen Ausstellung, Münster 1996.

197 An Hortensia Margaretha Koller-Steinbrüchel, zit. in von Lerber 1961, S. 126. Zu den Projektionen siehe den Bericht über den Beitrag von Hans-Jürgen Bömelburg zu den Stereotypen über das nördliche Ostmitteleuropa sowie über den Beitrag von Maciej Janowski zur Entstehung und zum Wandel des polnischen Freiheitskonzepte in Thomsen, Martina: Freiheit – Libertät – Liberalität. Universalisierung und Nationalisierung eines politischen Grundbegriffes im östlichen Europa. Veranstalter: Claudia Kraft (Erfurt); Verband der Historiker und Historikerinnen Deutschlands (VHD), 19.–22. September 2006, Konstanz, http://hsozkult.geschichte.hu-berlin.de/tagungsberichte/id=1180, 9. November 2006.

198 Noch um 1800 gehörte Polen in Europas mentaler Geografie zum Norden, dem Osten wurde das Osmanische Reich zugeteilt, das als Teil des Orients wahrgenommen wurde. Erst zwischen 1830 und 1848 wurde im Gefolge des Novemberaufstandes der Polen gegen Russland das nun als barbarisch und despotisch bezeichnete Zarenreich dem Osten zugeordnet und zugleich die Kategorie des Ostens auf Polen übertragen. Siehe Struck, Bernhard: Vom historisch-klimatischen Raum zum politischen Raum. Europas mentale Geografien um 1800, in: Themenportal Europäische Geschichte (2007), http://www.europa.clio-online.de/2007/Article=186, Zugriff 31. August 2009.

199 Weickert, Eva: Zur Entwicklung der polnischen Frauenbewegung in der ersten Hälfte des 19. Jahrhunderts, in: Dalhoff, Jutta/Frey, Uschi/Scholl, Ingrid (Hg.): Frauenmacht in der Geschichte. Beiträge des Historikerinnentreffens 1985 zur Frauengeschichtsforschung, Düsseldorf 1986, S. 338–346, hier S. 343 f.

200 Koestler, Nora: Intelligenzschicht und höhere Bildung im geteilten Polen, in: Conze/Kocka 1985, S. 186–206, hier S. 189–192, 202–205; Ludwig, Marianne: Der polnische Unabhängigkeitskampf von 1863 und die Schweiz, Basel 1968; Collmer 2004, S. 339–349; Kolbe 1994, S. 28–31; auch Krajewski wird von Kolbe nicht erwähnt.

201 Seit dem Dekabristenaufstand von 1825 gegen den Zaren prägten im 19. Jahrhundert die aus politischen Gründen nach Sibirien Verbannten, darunter viele Polen, die Kultur von Irkutsk massgeblich mit.

202 Vgl. Polski Slownik Biograficzny, Tom X, Wroclaw/Warzszawa/Krakow 1970, mündliche Übersetzung Janina Kasprzak. In diesen biografischen Angaben wird Krajewski beim Aufstand von 1848 als Vertreter der Handwerker und Arbeiter gerühmt, doch ist diese Verortung vielleicht vor allem die Folge der zur Zeit der Herausgabe dominierenden marxistischen Interpretation. Sein in den Briefen in die Schweiz dokumentierten Einsatz für die Gründung gemeinnütziger Stiftungen und Kassen legt eine Verankerung im liberalen und demokratischen Lager nahe. Über Anna Lewicka und ihren Vater gibt es keine separaten Angaben im polnischen biographischen Lexikon. Die Angaben in von Lerber, aber auch im Privatnachlass de Quervain und Usteri enthalten Fehler.

203 An Emma Usteri, 17. Juni 1880, 5. Januar 1880, 8. Januar 1880, 3, DQ 346, DQ 352, DQ 363; an Emma Usteri, 3. Januar 1877, 5. Juli 1879, 4, DQ 412, DQ 488; an Betsy Usteri, 16. Mai 1882, 5. Juli 1880, 2, DQ 234, DQ 248; an Betsy Usteri, 2. Januar 1878, 29. April 1876, 5, DQ 528, DQ 537. Da ich den Familiennamen der Mägde von Emilie Paravicini-Blumer nicht eruieren konnte, gebe ich nur den Vornamen an, auch wenn das meinen wissenschaftlichen Ansprüchen auf Distanz widerspricht.

204 An Betsy Usteri, 19. Juni 1864, 5, DQ 5110,

205 An Betsy Usteri, 12. Juli 1873, 5, DQ 580,

206 Von Anna Krajewskaja an Emma und Betsy Usteri, Warschau, 25. Mai 1877, 6, DQ 1004.

207 Diverse Briefe, unter anderem von Anna und Henri Krajewski, 6.

208 Briefe von Henri und Anna Krajewski an Paul Usteri, 18. April und 24. Mai 1876, Privatarchiv Usteri, Homberg, 23c, U713, U714.

209 Er unterzeichnete seine auf Französisch geschriebenen Briefe in der Regel mit Henri.

210 An Emma Usteri, 30. August 1880, 3, DQ 312; an Emma Usteri, 4. September 1883, 17. September 1883, 4, DQ 450, DQ 451.

211 An Emma Usteri, 9. Oktober 1883, 4, DQ 447; an Emma Usteri, 7. November 1882, 4, DQ 4103; an Betsy Usteri, 27. Juni 1883, 2, DQ 210; an Betsy Usteri, 19. Juli 1883, 2, DQ 212. Die erwähnten Fotografien gehören heute zu den gehüteten Schätzen des Privatnachlasses der Familie Usteri, Privatarchiv Usteri, Homberg.

212 Telegramm von Henri Krajewski an die Familie Usteri, Sihlstrasse 3, 6.

213 Von Henrik Krajewski an Emma Usteri, Teplitz-Schönau, 22. Dezember 1886, 6, DQ 1007.

214 Von Henri Krajewski an Emma und Betsy Usteri, 29. Dezember 1887, 6.

215 Von Henri Krajewski an Emma Usteri, Teplitz-Schönau, 24. September 1887, 6, DQ 1005.

216 Von Henrik Krajewski an Emma Usteri, Teplitz-Schönau, 22. Dezember 1886, 6, DQ 1007.

217 Adeodata, so hiess auch die bereits 1862 verstorbene Tochter des Ehepaars Krajewski-Lewicka. Narcyza Zmichowska war die Gründerin des Vereins der Enthusiastinnen. Siehe Pol, Krzysstof: Adwokat Henryk Krajewski, in: Palestra 1–2/2003, www.palestra.pl/index.php?go=artykul&id=880.

218 Vischer, Eduard: Politische Beredsamkeit im demokratischen Kleinstaat, in: Vischer, Eduard: Heimat und Welt. Studien zur Geschichte einer schweizerischen Landsgemeinde-Demokratie, Bern 1983, S. 96–131, hier S. 99.

219 Mesmer 1988.

220 Pupikofer, Johann Adam: Geschichte der Schweizerischen Gemeinnützigen Gesellschaft, Denkschrift auf die Feier ihres fünfzigjährigen Jubiläums, Zürich 1860, S. 66; Hunziker, Otto/Wachter, Rudolf: Geschichte der Schweizerischen Gemeinnützigen Gesellschaft 1810–1860, Zürich 1910, S. 88 f., beide neu ediert in Die Schweizerische Gemeinnützige Gesellschaft, Zürich 2005. Vgl. Reynold 1998, Kap. II, 3.3; Geschichte des Kantons Zürich 1994, S. 16, 128–136; Crotti 2003, S. 231–233; Ohlsen/Littmann 2001, S. 11–17; Joris 1990; Blosser, Ursula/Joris, Elisabeth: Zwei Fliegen auf einen Streich. Bildung für Haus- und Erwerbsarbeit in den ersten Frauenarbeitsschulen der Schweiz, in: Barben, Marie-Luise/Ryter, Elisabeth (Hg.): Verflixt und zugenäht! Frauenberufsbildung – Frauenerwerbsarbeit 1888–1988, Zürich 1988, S. 65–77.

221 Von Lerber 1961, S. 47.

222 Ihr Vorschlag, einen Frauenverein zur Verbesserung der Mädchenbildung zu gründen, kam im Vergleich zur Entwicklung der Frauenvereine zu einem äusserst frühen Zeitpunkt. Vgl. dazu Mesmer 1988, S. 67–75.

223 Ebd., S. 52–55.

224 An Hortensia Margaretha Koller-Steinbrüchel, 9. Oktober 1831, zit. in von Lerber 1961, S. 151.

225 Von Hortensia Margaretha Koller-Steinbrüchel, 1. Dezember 1831, zit. in von Lerber 1961, S. 151 f.

226 Vgl. dazu unter anderem Brunner 2004, S. 380–399; Bernet, Rahel: Pestalozzis «Gemeinde» in Glarus 1803–1846, Glarus 1996; Stauffacher, H. R., 1989.

227 Paragraph 1 des zwölf Paragraphen umfassenden Plans zur Gründung von Arbeitsschulen, zit. in Stauffacher, Babette: 100 Jahre Glarnerische Arbeitsschulen, Jubiläumsschrift, Matt, Typoskript, Landesbibliothek Glarus, S. 10.

228 Paragraph 5, Plan zur Gründung von Arbeitsschulen, zit. in Stauffacher, Babette, S. 10. Darin waren sich eigentlich fast alle Promotoren von Arbeitsschulen weitgehend einig: Kosten tief halten durch die Finanzierung und Kontrolle der Schule durch gemeinnützige Frauenvereine. Der in Fragen der Partizipation von Frauen fortschrittliche liberal-radikale Zürcher Bürgermeister Conrad Melchior Hirzel zeigte sich zwar als Befürworter von Seminarien für Lehrerinnen, wollte aber die Verantwortung dafür Frauenvereinen überlassen. Siehe Rothenbühler 2010, S. 175.

229 An Emma Usteri, 13. Februar 1874, 3, DQ 312.

230 Aus dem Rapport von Emilie Paravicini-Blumer, vom 5. August 1845, LaGl, Collectanea von Paul Thürer, N 3081, Bd. 6.

231 Zit. in Stauffacher, B., S. 11.

232 An Katharina Usteri-Blumer, 1844, zit. in von Lerber 1961, S. 153.

233 HsZB, Ms. M. 21. 221, Paravicini, Frau, Zürich 1846, Brief vom 14. Januar 1846.

234 Von Lerber 1961, S. 218. Setti Laager, eine ehemalige Schülerin von Josephine Stadlin, schreibt von der Gründung eines Frauenvereins zur Unterstützung dieser neu gegründeten Anstalt. Nach ihr waren die Mitglieder alles «ältere Frauenzimmer», wahrscheinlich wie Emilie Paravicini-Blumer Frauen um die vierzig und mehr. Es ging vor allem darum, die Anstalt mit den nötigen Kleidern zu versehen und sie danach regelmässig mit Stoff zum Nähen zu beliefern. HsZB, Ms. P 2213/2, an J. Z.-St., I–L/2, Setti Laager an Josphine Stadlin, 29. November und 1. Dezember 1846.

235 HsZB, CFM 385.2, E. B. (Mollis) an B. Meyer-Ulrich, 7 Stück, 1855/56, Mollis, 27./29. April 1856.

236 Der Streit führte im Rahmen der neuen Verfassung zur Aufhebung der konfessionellen Landesteilung. Die Spannungen zwischen Reformierten und Katholischen dauerten bis weit in die 1850er Jahre hinein an. Siehe dazu den Beitrag von August Rohr im Artikel Glarus (Kanton), 5.4 Kultur und Bildung, Kirchen und religiöses Leben, www.hls-dhs-dss.ch, Stand 4. Juli 2007.

237 Zur Schlacht bei Näfels von 1388 siehe Brunner 2004, S. 401–403. Die Fahrtbriefe und das Glarnerlied, zentrale Elemente des Rituals, sind späteren Datums als die Schlacht, die in den drei bei Brunner zitierten zeitgenössischen Texten erzählt wird.

238 Schreiben vom 26. Oktober 1841 des Landammanns und Rates des Kantons Glarus an Frau Emilie Paravicini geb. Blumer in Mollis, zit. in von Lerber 1961, S. 155; im Glarner Genealogiewerk, Glarus, Paravicini-Capelli, Nr. 26, S. 24 heisst es: «Die Frau hat das Schlachtpanner von Näfels

1841 ausge[bessert].» Die Fahne befindet sich im Freulerpalast in Näfels, dem Landesmuseum des Kantons Glarus.

239 Zit. in von Lerber 1961, S. 154.

240 Majer 2008, S. 160; Citovics, Tamara: Bräute der Revolution und ihre Helden. Zur politischen Funktion des Fahnenstickens, in: Lipp 1998, S. 339–352.

241 Winteler 1954, S. 404, 528. Zu den Anfängen der Organisation gemeinnütziger Katastrophenhilfe im 19. Jahrhundert in der Schweiz, gekennzeichnet durch das Ineinandergreifen von privatem und staatlichem Handeln und der parastaatlichen Koordination der Hilfe, vgl. Nienhaus, Agnes: Gemeinnützige Katastrophenhilfe als Anstoss für staatliches Handeln in der Schweiz der ersten Hälfte des 19. Jahrhunderts, in: Traverse. Zeitschrift für Geschichte, 2006/1, S. 62–76, hier vor allem S. 71–73.

242 Er reiste zusammen mit dem gleichzeitig amtierenden Bürgermeister Ziegler. Siehe Zehnder 1956, S. 106–109.

243 Vgl. Mitteilungen aus der Geschichte der Familie Usteri, Zürich o. J. (um 1890), hg. von E(mil), U(steri)-F(äsi), S. 26, und Genealogische Tabelle; Das Geschlecht der Usteri in Zürich nach ältern und neuern, zum Theil urkundlichen Quellen im Umriss dargestellt von einem Familiengliede, Separatdruck aus der 2. Auflage des «Neuen histor. Wappenbuches der Stadt Zürich», 4. Auflage, Zürich 1869, S. 5.

244 Von Lerber 1961, S. 247 f.

245 Tschudi, Niklaus: Glarus vor, während und nach dem Brande des 10./11. Mai 1861. Geschichtliche Darstellungen aus der Gemeinde Glarus, wie sie in einer pergamentenen Urkunde in den Eckstein der neuen Kirche in Glarus am 1. Mai 1861 niedergelegt wurden, Glarus 1864, Nachdruck St. Gallen 1986, S. 41 und 44. Auch Ulrich Zehnder übergeht in seinen Erinnerungen die Frauen, die höchstens implizit vorkommen: «Für gehörige Sichtung und Aufbewahrung der Kleider, Grätheschaften legte das Comite ein Magazin an und bestellte einen Verwalter, der dasselbe unentgeltlich besorgte und die Verhandlungen nach den Weisungen der Commission vollzog.» Siehe Zehnder 1956.

246 An Katharina Usteri-Blumer, 1861, zit. in von Lerber, S. 243.

247 Mesmer 1988, S. 84 f. Mesmer verweist hier für denselben Zeitraum auf den ironischen Ton in Petitionen lokaler Frauengruppen, die damit auf die Angst der Männer vor dem Verlust ihrer Vorrechte reagierten. Vgl. auch Mesmer, Beatrix: Pflichten erfüllen heisst Rechte begründen. Die frühe Frauenbewegung und der Staat, in: Allgemeine Geschichtsforschende Gesellschaft der Schweiz: Schweizerische Zeitschrift für Geschichte, Thema: Geschlecht und Staat, Vol. 46, 1996/3, S. 332–355, hier S. 333 f.; Joris, Geschlechtshierarchische Arbeitsteilung, 1998.

248 Von Lerber 1961, S. 246.

249 An Katharina Usteri-Blumer, 23. Juni 1861, zit. in von Lerber 1961, S. 246.

250 An Betsy Usteri, 30. März 1873, 5, DQ 579.

251 Johann Jakob Blumer war der Neffe des Arztes Othmar Blumer, der die Heirat von Emilie Blumer mit Bartholome Paravicini eingeleitet hatte und über seine Frau Katharina Paravicini dann mit Emilie direkt verschwägert war. Schon Othmar Blumers Brüder und Onkel von Johann Jakob Blumer, Adam (1789–1859) und Cosmus Blumer (1792–1861), waren prominente Politiker des Kantons gewesen.

252 Vgl. Nötzoldt-Linden 1998, S. 114 f. Zum Netzwerk über Frauenfreundschaften siehe Saurer 2006, S. 85 f.

Kapitel III.3

1 Interessant wäre ein Vergleich mit der von Gleixner thematisierten «unablässigen Kommunikation» zwischen Pietisten, siehe Gleixner, Ulrike: Pietismus und Bürgertum. Eine historische Anthropologie der Frömmigkeit, Württemberg 17.–19. Jahrhundert (Bürgertum. Neue Folge. Studien zur Zivilgesellschaft, hg. von Manfred Hettling und Paul Nolte, Bd. 2), Göttingen 2005, Kap. B.

2 Es ist wohl kaum ein Zufall, dass Benthien, Fleig und Kasten als Titelbild ihrer Geschichte der Gefühle einen Ausschnitt aus einer Darstellung der Mater dolorosa (Dirk Bouts, 14. Jahrhundert) wählten; Benthien/Fleig/Kasten 2000.

3 Corbin hebt die Bedeutung von Fühlen im Kontext der Wechselhaftigkeit des Wetters für das 19. Jahrhundert hervor. Er bezieht sich dabei auf die Untersuchung von Anouchka Vasak. Siehe Corbin 2006, S. 24 f.; Vasak, Anouchka: Discours sur le ciel et le climat des Lumières au Romantisme, Paris 2000.

4 Benthien/Fleig/Kasten 2000, Einleitung, S. 10 f. Vgl. die ausführliche Thematisierung und Ver-

knüpfung mit der Entwicklung der Psychiatrie und der Homöopathie sowie die forschungsbezogenen Hinweise in Brockmeyer 2009, S. 209–227.

5 Ich verzichte mit Ausnahme des Werks von Sarasin, auf das ich mich mehrfach stütze, hier auf Hinweise, da diese sehr umfangreich wären. Ich verweise jedoch in den folgenden Kapiteln an der jeweils spezifischen Stelle ausführlich auf die Literatur; Sarasin 2001.

6 Corbin 2006. Flaubert hat die körperliche Selbstbeobachtung unter dem Einfluss der Vulgarisierung physiologischer Erkenntnisse in den Experimenten von Bouvard und Pécuchet ins Absurde getrieben; siehe dazu Rigoli, Juan: Digérer sans le savoir, in: Jackson/Rigoli 2006, S. 35–83.

7 Ausgehend von den Korrespondenzen zwischen Hahnemann und seinen Patienten und Patientinnen stellte Brockmeyer für die erste Hälfte des 19. Jahrhunderts fest, dass im bildungsbürgerlichen Milieu auch Männer noch in die Pflege der Krankheit involviert waren, verweist aber auf die unterschiedliche Art des Sprechens, Männer argumentierten eher mit Wissen, Frauen mit Erfahrung. Vgl. Brockmeyer 2009, S. 167–169. Für die zweite Hälfte des 19. Jahrhunderts gehe ich davon aus, dass die praktische Pflege vorwiegend von Frauen geleistet wurde.

8 Vgl. Frevert 2000, S. 182 f.

9 Vgl. Hämmerle/Saurer 2003, Einleitung, S. 9 f.; Planté, Christine (Hg.): L'Epistolaire est-il un genre féminin?, Paris 1998: Brockmeyer 2009, S. 93.

10 Vgl. unter anderem Joris, Elisabeth: «... der Himmel hat uns dagegen mit Gütern entschädigt ...» Geschlechter- und Familienkonzeptionen in der Korrespondenz einer Schweizer Pfarrfamilie (1. Hälfte des 19. Jahrhunderts), in: Hämmerle/Saurer 2003, S. 89–112, hier S. 89 f.; Joris/Witzig 1992, S. 241–244; Dauphin/Pézerat/Poublan 1995; Habermas, R., Bürgertum, 2000.

11 Auch Chartier betont in der Einleitung zu Dauphin et al., dass in der Forschung nicht dem Inhalt der Briefe zentrale Bedeutung zukommen soll, sondern den im Schreiben in Kraft tretenden Normen, Konventionen und Praktiken. Vgl. Chartier, Einleitung, Dauphin/Pézerat/Poublan, S. 12 f. Zur Reglementierung des Briefeschreibens siehe Dauphin, Cécile: Des manuels épistolaires, pour quoi faire?, in: Messerli, Alfred/Chartier, Roger (Hg.): Lesen und Schreiben in Europa 1500–1900. Vergleichende Perspektiven, Basel 2000, 437–450. Siehe auch den Sammelband von Henry und Jelmini zur familialen Korrespondenz in der Westschweiz, der auf Chartier verweist, Henry/Jelmini 2006.

12 Vgl. Papilloud, Christian: Le don de relation. Georg Simmel – Marcel Mauss, Paris 2002, Kap. 4 und 5.

13 Briefe an Betsy Usteri, o. D., 2, DQ 250.

14 Beispielhaft Gerhalter, Li: Freundinnenschaft als geschriebener Ort. Briefliche Selbst-Inszenierungen von Frauenfreundschaften der jungen Lehrerin Tilde Mell, Wien, 1903 bis 1912, in: «Das Höchste und Beste des Lebens»? Paar(re)konstruktionen im 19. und 20. Jahrhundert, Ariadne. Forum für Frauen- und Geschlechtergeschichte, 2005/48, S. 62–69, hier S. 67.

15 Nach Daniel sind vermittelte Erfahrungen in der Regel überwiegend narrativ strukturiert, siehe Daniel 2004, S. 63.

16 Die Analyse einer Familienkorrespondenz von Dauphin/Pézerat/Poublan 1995 ist diesbezüglich aufschlussreich.

17 Inwiefern Leiden auch im Gespräch ein Dauerthema war, kann ich nicht rekonstruieren, ebenso wenig, inwiefern das Thema gegen Ende des 19. Jahrhunderts seinen Stellenwert verlor. Nach Linke waren Leiden und Krankheit die Themen, die in der bürgerlichen Gesprächskultur «verboten» waren. Siehe Linke 1996, S. 203.

18 Vgl. die Analyse der Philosophin Nussbaum, Martha C.: Upheavals of Thought. The Intelligence of Emotions, Cambridge 2001, S. 13, 41–48 und 304–327. Die Zürcher Germanistin Angelika Linke exemplifiziert die Kodifizierung bürgerlichen Lebensgefühls im 19. Jahrhundert im Gegensatz zu dem hier abgehandelten «Leiden» an der häufigen Redewendung vom «Sich-amüsiert-Haben» in Briefen und Tagebüchern. Die Aneignung und Verwendung durch die Schreiberinnen markiert nach Linke weniger konkrete Erfahrung als Zugang zu einem sozialen Umfeld, ist damit Ausdruck der sozialen Zugehörigkeit. Linke 1996, S. 270–290.

19 Vgl. Papilloud 2002, S. 114 f. Nach ihm ist nach der Beziehung zwischen der Verwundbarkeit des menschlichen Körpers und der Verwundbarkeit der sozialen und damit auch der menschlichen Beziehungen («vulnérabilité de la relation humaine») zu fragen.

20 Tanner, Jakob: Heilendes Ritual und medizinische Wissenschaft. Fridolin Schuler und die «therapeutische Revolution» in der Schweiz, in: Siegenthaler, Wissenschaft, 1997, S. 95–115, hier S. 101.

21 Briefe an Emma Usteri, 29. Oktober 1875, 4, DQ 406.

22 Zur Sprache des Leidens und der Schmerzerfahrung vgl. Piller 1999, S. 212 f. Stolberg verweist auf die zunehmende soziale Kluft in der Schmerzempfindung unter dem Einfluss der Empfindsamkeit seit dem Ende des 18. Jahrhunderts, siehe Stolberg 2003, S. 42–49, hier S. 48. Porter, Roy: Pain and Suffering, in: Bynum, W. F./Porter, Roy (Hg.): Companion Encyclopedia of the History

of Medicine, Bd. 2, Routledge 1993, S. 1574–1591; seinem einleitenden Satz, S. 1575, zur Kritik am naturwissenschaftlichen Konzept des Leidens kann ich nur zustimmen: "Pain poses problems to the historians." Siehe auch Scarry 1985; Tanner, J., 1994; grundlegend Duden 1987. Vgl. auch Das, Veena: Language and Body. Transactions in the Construction of Pain, in: Kleinman, Arthur/Das, Veena/Lock, Margaret: Social Suffering, Berkeley, Los Angeles, London 1997, S. 67–93. Bezug nehmend auf Wittgenstein betont Das auf S. 70 den kommunikativen Aspekt von Leiden: "Pain, in this rendering, is not that inexpressible something that destroys communication or marks an exit from one's existence in language. Instead, it makes a claim asking for acknowledgement, which may be given or denied. In either case, it is not a referential statement that is simply pointing to an inner object." Cavell, Stanley: Comments on Veena Das's Essay «Language and Body: Transactions in the Construction of Pain», in: Kleinman/Das/Lock 1997, S. 93–98. Immer noch höchst anregend ist der Beitrag von Peter, Jean-Pierre/Revel, Jacques: Le corps: l'homme malade et son histoire, in: Le Goff, Jacques/Nora, Pierre: Faire de l'histoire, Bd. 3: Nouveaux objets, Paris 1994, S. 169–191. Zur Krankheitserfahrung auf Grund der von Hahnemann verlangten Selbstinspektion siehe Stolberg, Michael: Krankheitserfahrung und Arzt-Patienten-Beziehung, in: Medizin, Gesellschaft und Geschichte, 18/1999, Stuttgart 2000, S. 169–188; Brockmeyer 2009, zur geschlechtsspezifischen Dimension von Krankheitserfahrung insbesondere S. 133–171. Zum Geschlechtsspezifischen von Krankheit als allgemeiner Verfassung in der Literatur des 19. Jahrhunderts vgl. Scharf, Susanne: «I need all the illnesses that come». Krankheit und *gender* in Elizabeth Stoddards *The Morgesons*, in: Camus/Hornung/Imlinger/Kolbe/Noll/Stauffer 2008, S. 62–77, hier S. 63 und 73. Nach Scharf ist Krankheit im 19. Jahrhundert etwas, das eine Frau ganz für sich alleine haben kann, damit sei Krankheit auch eine Art Rückzugsraum, eine These, die, wenn auch nur zeitweise, für Emilie Paravicini-Blumer Gültigkeit haben könnte.

23 Briefe an Emma Usteri, 23. Juni 1876, 4, DQ 407.

24 Vgl. dazu Joris, Elisabeth: Gemeinschaft der Gefühle. Praktiken sozialer Einbindung in den Briefen einer liberalen Bildungsbürgerin, in: Meier, Marietta/Saxer, Daniel (Hg.): Pragmatik der Emotionen im 19. und 20. Jahrhundert, Traverse. Zeitschrift für Geschichte, 2007/2, S. 47–64. Auch Guzzi-Heeb betont, sich auf Goody beziehend, die Bedeutung der Korrespondenz für die Konstituierung gefühlsbasierter Zirkel, die über die Familie hinausreichen. Siehe Guzzi-Heeb, Sandro: L'amour en lettres. Ecriture, émotions et parenté dans l'élite valaisanne (1750–1830), in: Henry/Jelmini 2006, S. 55–73, hier S. 62 f.

25 Von Katharina Usteri-Blumer an E. P.-B., 1. März 1853, 8, DQ 1008.

26 Sabean 2002; Johnson, Christopher H.: Das «Geschwister Archipel». Bruder-Schwester-Liebe und Klassenformation im Frankreich des 19. Jahrhunderts, in: L'Homme, 1/2002, S. 50–67.

27 Henry betont die Funktion des familialen Briefwechsels für die Definition, wer zur Gruppe gehört oder eben nicht. Siehe Henry, Philippe: «Une correspondance qu'il m'est si doux d'entretenir ...» Bourgeoisie et épistolarité familiale: Ferdinand Du Pasquier et sa mère (1818–1833), in: Henry/Jelmini, S. 289–316, hier S. 305.

28 Vgl. von Lerber 1961, S. 204 f., 222. Dass die psychischen Leiden von Peter Blumer für seine Umgebung schon während der 1830er Jahre deutlich wurden, zeigen die Briefe von Hortensia Margaretha Koller-Steinbrüchel, in deren Haus in Zürich er sich längere Zeit aufhielt. Siehe Privatsammlung handschriftlicher Briefe Mathias Jenny, Schwanden, Hortensia Margaretha Koller-Steinbrüchel an Emilie Paravicini-Blumer.

29 Briefe an Betsy Usteri, 9. November 1868, 5, DQ 5103.

30 Von Katharina Usteri-Blumer an E. P.-B., 1. März 1853, 8, DQ 1008.

31 Vgl. Kuhn, Thomas: Diakonie im Schatten des Chiliasmus. Christian Heinrich Zeller (1779–1860), in: Kuhn, Thomas/Sallmann, Martin (Hg.): Das «Fromme Basel». Religion in einer Stadt des 19. Jahrhunderts, Basel 2002, S. 93–110.

32 HsZB, an Betsy Meyer, 8. September 1864. CFM 394.6, an Betsy Meyer Tochter, 2 Briefe.

33 An Betsy Usteri, 15. April 1873, 5, DQ 582.

34 Ebd.

35 Von Lerber 1961, 279.

36 An Betsy Usteri, 24. September 1877, 5, DQ 519; von Lerber 1961, S. 311.

37 Nach Susanne Scharf war die Beschreibung der eigenen Kränklichkeit unter Frauen des 19. Jahrhunderts verbreitet. Krankheit als in der Natur der Frau liegend gesehen war in der Literatur ein Topos, produzierte den Diskurs entscheidend mit und bildete nicht selten das konstitutive Element fiktiver Frauenfiguren. Siehe Scharf 2008, S. 62 f. Von der obsessiven Selbstbeobachtung zeugen auch die von Brockmeyer analysierten Briefe von Patientinnen und Patienten an Hahnemann; auch wenn die Beschreibung der körperlichen Vorgänge und Empfindungen dem Genre des Patientenbriefes inhärent ist, zeigen sich darin doch Praktiken, die über dieses spezifische Verhältnis hinausreichen; vgl. Brockmeyer 2009, S. 106–115.

38 Vgl. Morris, David B.: The Culture of Pain, Berkeley, Los Angeles, Oxford 1991. Nach Morris im-

pliziert «pain» im doppelten Sinne der deutschen Begriffe «Schmerz» und «Leiden» immer physisches und mentales Leiden, «It emerges only at the intersections of bodies, minds, and culture», S. 3. Siehe auch Lachmund/Stollberg 1992, S. 9–19. Lachmund und Stollberg unterscheiden dabei zwischen «illness» als «biology which somebody experienced» und «disease» als «biology which happened to somebody». Siehe vor allem Jütte, Robert: The Social Construction of Illness in the Early Modern Period, in: Lachmund/Stollberg 1992, S. 23–38; Duden 1992. Siehe auch Duden 1991, S. 106, 109, 119. Zur Unterscheidung von Leib im Sinne der Erfahrung, des Erlebens und Empfindens von Körperlichkeit im Gegensatz zum Körper als Objekt vgl. Lorenz, Maren: Leibhaftige Vergangenheit. Einführung in die Körpergeschichte, Tübingen 2000, Kap. 2. Zur Auseinandersetzung um «Erfahrung» im Kontext von «Körper» und «Leib» siehe Sarasin, Philipp: Mapping the body. Körpergeschichte zwischen Konstruktivismus, Politik und «Erfahrung», in: Historische Anthropologie, 3/1999, S. 437–451, hier S. 439 f. Sarasin nimmt darin kritisch Stellung zu der dem Englischen und Französischen fremden Trennung von «Leib» und «Körper», ausgehend vom breit rezipierten Aufsatz von Bynum, Caroline: Warum das ganze Theater mit dem Körper? Die Sicht einer Mediävistin, in: Historische Anthropologie, 4/1996, S. 1–33, mit dem sie auf die je nach Kontext unterschiedliche Wahrnehmung und das unterschiedliche Verständnis von Körper verweist und darauf besteht, dass der Körper nicht nur Instrument und Ausdruck des Selbst, sondern «in gewissem Sinn das Selbst selbst ist», S. 31. Zur Einführung siehe Sarasin, Philipp/Tanner, Jakob (Hg.): Physiologie und industrielle Gesellschaft, Frankfurt am Main 1998, S. 12–43, hier insbesondere S. 15 f.

39 An Emma Usteri, 29. Oktober 1875, 4, DQ 406.

40 An Hortensia Margaretha Koller-Steinbrüchel, zit. in von Lerber 1961, 126.

41 Privatsammlung Jenny, an Hortensia Margaretha Koller-Steinbrüchel, San Bernardino, 9. September 1836.

42 An Emma Usteri, 29. Oktober 1875, 4, DQ 406.

43 An Betsy Meyer-Ulrich, 21. Februar 1856, HsZB, CFM 385.2, E. B. (Mollis) an B. Meyer-Ulrich, 7 Stück, 1855/56.

44 An Katharina Usteri-Blumer, 11. März 1856, zit. in von Lerber 1961, S. 223.

45 An Katharina Usteri-Blumer, 30. Dezember 1850, zit. in von Lerber 1961, S. 206. Zum Verhältnis von Nerven und Zivilisationskritik siehe Stolberg 2003, S. 239–241.

46 An Emma Usteri, 3. Oktober 1875, 4, DQ 404.

47 Bei Emilie Paravicini-Blumer sind in den mir bekannten Briefen bezüglich der Bedeutung der Nerven keine ausdrücklichen Geschlechterunterschiede auszumachen, doch implizit verweist die zitierte Textstelle zu Albert Bentzel von Sternau auf einen Mangel an Männlichkeit. Vgl. Stahnisch 2005, insbesondere S. 201–204, 216–218.

48 Sarasin 2001.

49 Vgl. Caplan, Arthur L.: The Concepts of Health, Illness, and Disease, in: Bynum/Porter 1993, Bd. 1, S. 233–248, hier S. 243–248.

50 Sarasin 2001, S. 20.

51 Ebd., S. 36, 177–182.

52 So blieb auf Wunsch der Patientinnen und Patienten der Aderlass im 18. Jahrhundert noch stark verbreitet und wurde erst im 19. Jahrhundert nur noch selten praktiziert. Vgl. Ruisinger, Marion Maria: Blutkreislauf und Aderlass. Ein Beitrag zum Verhältnis von medizinischer Theorie und ärztlicher Praxis im frühen 18. Jahrhundert, Referat, Tagung: Medizinische Theorie und therapeutische Praxis im sozialen und religiösen Kontext des 18. Jahrhunderts, 7. bis 8. Oktober 2005, Franckesche Stiftungen zu Halle, organisiert von: Institut für Geschichte und Ethik der Medizin, Martin-Luther-Universität Halle-Wittenberg, Bloomberg School of Public Health, John Hopkins University, Baltimore, veröffentlicht in Helm, Jürgen/Wilson, Renate (Hg.): Medical Theory and Therapeutic Practice in the Eighteenth Century. A Transatlantic Perspective, Stuttgart 2008. Zur Rezeption von Harveys Lehre von der «Bewegung des Herzens und des Blutes» im Zeichen des Übergangs vom Analogiedenken zur kausalanalytischen Rationalität vgl. Fischer-Homberger, Esther: Hunger – Herz – Schmerz – Geschlecht. Brüche und Fugen im Bild von Leib und Seele, Bern 1997, S. 177: Das Herz wurde nun im Sinne von Descartes «vor allem in seinem mechanischen Aspekt als Pumpe, hydraulische Maschine oder Uhrwerk rezipiert.»

53 Sarasin 2001, S. 346.

54 Vgl. Stolberg, Michael: Emotions and the Body in Early Modern Medicine, in: Conference at the German Historical Institute, Washington D.C., November 7–10, 2002, S. 3–44, hier S. 39; Stolberg, Orakel, 1996, S. 394–399; Rosenberg, Charles E.: Body and mind in nineteenth-century medicine: Some clinical origins of the neurosis construct, in: Rosenberg, Charles E.: Explaining Epidemics and Other Studies in the History of Medicine, Cambridge 1992, S. 32–56.

55 Vgl. Stolberg, M., 2002, S. 3–44, hier S. 36; Stolberg 2003, S. 232, 236–239, 241–248; Baum, Angelica/Schnegg, Brigitte: «Cette faiblesse originelle de nos nerfs». Intellektualität und weibliche

Konstitution – Julie Bondelis Krankheitsberichte, in: Holzhey, Helmut/Boschung, Urs (Hg.): Gesundheit und Krankheit im 18. Jahrhundert, Amsterdam, Atlanta 1995, S. 5–18.

56 Fischer-Homberger 1997, S. 107 ff. Zur Ausdehnung und Umdeutung des von Descartes begründeten Verständnisses des Körpers als Maschine im 18. Jahrhundert vgl. Jakob Tanners Exkurs zu «M. Machine» Julien Offray de La Mettrie, in: Tanner, J., 2004, S. 40–43; Jauch, Ursula Pia: Jenseits der Maschine. Philosophie, Ironie und Ästhetik bei Julien Offray de La Mettrie (1709 bis 1751), München 1998; zur Rezeption und zum Verständnis der Funktion des «Nervensystems» im 19. Jahrhundert siehe Sarasin 2001, S. 345–353. Zum Verhältnis von Seele und Körper vgl. Richard, Toellner: Die Geburt einer sanften Medizin – Begegnungen von Pietismus und Medizin in den Franckeschen Stiftungen, in: Toellner, Richard: Die Geburt einer sanften Medizin. Die Franckeschen Stiftungen zu Halle als Begegnungsstätte von Medizin und Pietismus im frühen 18. Jahrhundert, Tagungsband zum Internationalen Symposion der Franckeschen Stiftungen vom 16. bis 19. April 1998, Halle 2004, S. 9–24, hier S. 18. Zur Überwindung des kartesianischen Dualismus von Körper und Seele sowie der Verwissenschaftlichung der Lehre vom Menschen, der Bedeutung des Vitalismus und der Konzeption des Nervensystems siehe Honegger 1991, S. 117–120, 132–181.

57 Sarasin 2001, S. 74, 347–353.

58 Nicht zu unterschätzen ist in dieser Hinsicht der Einfluss des bekannten Arztes der Francke'schen Stiftungen und Professor der Medizin in Halle Georg Ernst Stahl (1660–1731). Im Gefolge von Stahl avancierte die Universität Halle zur wichtigsten deutschen Ausbildungsstätte der akademisch gebildeten Ärzte und stand im Austausch mit der unter Ärzten berühmten französischen Universität Montpellier. Vgl. Toellner 2004, S. 20. Vgl. auch Helm, Jürgen: Pietismus und Medizin, in: Franckesche Stiftungen (Hg.): Hoffnung besserer Zeiten. Philipp Jakob Spener und die Geschichte des Pietismus, Halle 2005, S. 204–216. Zum Verhältnis von Seele und Körper vgl. Rosenberg, Body and Mind, 1992; zur Bedeutung des Dualismus von Körper und Seele beziehungsweise Körper und Gemüt im ausgehenden 18. Jahrhundert und zu dessen Stellenwert für die Homöopathie siehe Brockmeyer 2009, S. 208–227. Zu Descartes und den Ursprüngen der humoralpathologischen Konzepte vgl. Strathern, Andrew J.: Body Thoughts, Ann Arbor 1996, S. 41–62.

59 Sarasin 2001, S. 40, 51–71. Vgl. Konert, Jürgen: Hoffmann oder Stahl? Medizinische Fakultät und Franckesche Stiftungen in der Gründungsära, in: Toellner, S. 51–72, hier S. 51–54, 67 f.

60 Jütte 2001, S. 225–253, hier S. 236. Siehe auch Jütte 2005, unter anderem S. 82; Brockmeyer 2009, S. 60, 76–80.

61 Crellin, John K.: Commercial medicines, physicians' prescriptions, and chemistry. Three medical worlds of the eighteenth century, or one?, in: Toellner 2004, S. 51–72, hier S. 110–123.

62 Stukenbrock, Karin: Zum Verhältnis von medizinischer Theorie und diätetischer Praxis, Referat, Tagung: Medizinische Theorie und therapeutische Praxis im sozialen und religiösen Kontext des 18. Jahrhunderts, 7. bis 8. Oktober 2005, Franckesche Stiftungen zu Halle, organisiert von: Institut für Geschichte und Ethik der Medizin, Martin-Luther-Universität Halle-Wittenberg, Bloomberg School of Public Health, John Hopkins University, Baltimore; Lachmund/Stollberg 1995, S. 30–32. Nach Brockmeyer ermöglichte es die zeitgenössische homöopathische Diät, «Körperwahrnehmungen in ein Verhaltensreglement einzuordnenBaltimore»; siehe Brockmeyer 2009, S. 117–132, hier S. 129.

63 Sander, Sabine: Frauen in der Populärmedizin des 18. Jahrhunderts, in: Schnalke Thomas/Wiesemann, Claudia: Die Grenzen des Anderen. Medizingeschichte aus postmoderner Perspektive, Köln, Weimar, Wien 1998, S. 75–120, hier S. 80.

64 Jütte, Geschichte, 1996, S. 144–150; Regin, Cornelia: Selbsthilfe und Gesundheitspolitik. Die Naturheilbewegung im Kaiserreich (1889–1914), Stuttgart 1995; Roth, Schroths Methode, 2004. Zu Virchow vgl. Heinz, David: Rudolf Virchow und die Medizin des 20. Jahrhunderts, hg. von Werner Selberg und Hans Hamm (Hamburger Beiträge zur Geschichte der Medizin), München 1993.

65 Sarasin 2001, S. 244; vgl. Thoms, Ulrike: Die Kur aus der Küche. Krankenkost im 19. Jahrhundert, WerkstattGeschichte, 31/2002, S. 26–49.

66 Stolberg, Michael: Therapeutischer Pluralismus aus der Patientensicht, Referat, Tagung: Medizinische Theorie und therapeutische Praxis im sozialen und religiösen Kontext des 18. Jahrhunderts, 7. bis 8. Oktober 2005, Franckesche Stiftungen zu Halle, organisiert von: Institut für Geschichte und Ethik der Medizin, Martin-Luther-Universität Halle-Wittenberg, Bloomberg School of Public Health, John Hopkins University, Baltimore. Vgl. Jütte 2005, S. 9–20.

67 So verweisen auch Lachmund und Stollberg auf den «medizinischen Pluralismus», siehe Lachmund/Stollberg 1995, S. 67 f. Die erwähnte Stärkung der Position des Arztes im Gefolge des Aufstiegs der Naturwissenschaften wird gegenwärtig wieder etwas mehr angefochten.

68 Maehle, Andreas Holger: Erfahrung, Experiment und Theorie. Zur Legitimierung und Kritik

pharmakotherapeutischer Praktiken im 17. und 18. Jahrhundert, Referat, Tagung: Medizinische Theorie und therapeutische Praxis im sozialen und religiösen Kontext des 18. Jahrhunderts, 7. bis 8. Oktober 2005, Franckesche Stiftungen zu Halle, organisiert von: Institut für Geschichte und Ethik der Medizin, Martin-Luther-Universität Halle-Wittenberg, Bloomberg School of Public Health, John Hopkins University, Baltimore; Crellin, John K.: Extemporaneous Prescriptions and Eighteenth-Century Medicine. How Much Theory, Empiricism and Art in Evaluating Clinical Effectiveness? Referat, Tagung: Medizinische Theorie und therapeutische Praxis im sozialen und religiösen Kontext des 18. Jahrhunderts, 7. bis 8. Oktober 2005, Franckesche Stiftungen zu Halle, organisiert von: Institut für Geschichte und Ethik der Medizin, Martin-Luther-Universität Halle-Wittenberg, Bloomberg School of Public Health, John Hopkins University, Baltimore.

69 Lachmund/Stollberg 1995, S. 118–123; Sander 1998.

70 Tissot, Samuel André: Avis au peuple sur sa santé, Lausanne 1761; deutsche Übersetzung von Hirzel, Hans Caspar: Anleitung für das Landvolk in Absicht auf seine Gesundheit Oder: Gemeinnütziges und sehr bewährtes Haus-Arzney-Buch, Augsburg und Innsbruck 1766.

71 Hauser 2007, S. 80 f.

72 Vgl. Handley 1993, S. 95–101; auf die Menge an Deutungsangeboten im 19. Jahrhundert verweist auch Brockmeyer 2009, S. 70 f.

73 Auf die Schwierigkeiten der Abgrenzung beziehungsweise die «definitorische Verwirrung», was unter den Begriffen «Affekte», «Gefühle», «Emotionen», «Stimmungen», «Gemütsbewegungen», die bald verschieden, bald als synonyme Ausdrücke verwendet wurden, genau zu verstehen war, bezieht sich Ciompi in seiner Affektlogik, siehe Ciompi 1997, S. 62 f. Auch Frevert verweist im Zusammenhang mit epistemologischen und methodischen Problemen auf die Schwierigkeiten der Definition von «Gefühl» oder «Emotion» und ihrer Abgrenzung von Begriffen wie «Sentiment», «Affekt» oder «Trieb», siehe Frevert, Angst, 2000, hier S. 98.

74 An Emma Usteri, 29. Oktober 1875, 4, DQ 406.

75 An Betsy Usteri, 14. November 1878, 5, DQ 530

76 An Emma Usteri, 25. November 1874, 3, DQ 322.

77 An Emma Usteri, 19. Oktober 1877, 4, DQ 430.

78 An Betsy Usteri, 9. November 1868, 5, DQ 5103.

79 Zur Bedeutung des Wetters in der Humoralpathologie vgl. Wilson, Leonard G.: Fevers, in: Bynum/Porter 1993, Bd. 1, S. 382–411, hier S. 388–391.

80 Vgl. Schumann, Ute: Vom «lärmenden Herzen» und anderen volksmedizinischen Ansichten in der indischen Homöopathie, in: Dinges 1996, S. 68–85, hier S. 77.

81 An Betsy Usteri, 25. Mai 1872, 5, DQ 592.

82 An Betsy Usteri, 12. Januar 1877, 5, DQ 508.

83 Siehe Lachmund/Stollberg 1995, S. 40; Labisch, Alfons: The Social Construction of Health, in: Lachmund/Stollberg 1992, S. 85–101. Siehe vor allem Jütte 1992; Duden 1992; Brockmeyer 2009, S. 119.

84 Sarasin 2001, S. 19–24, 38.

85 So setzte sich auch Bettina von Arnim mit Homöopathie und Naturheilkunde auseinander. Kranke Kinder behandelte sie mit Homöopathie und während der Choleraepidemie im Sommer 1831 verabreichte sie vor ihrem Haus in Berlin vorbeugend homöopathische Mittel. Siehe Bürger, Christa: Die Grenzgängerin. Bettina von Arnims Schaffen hebt die Trennung zwischen Leben und Werk auf, in: Neue Zürcher Zeitung, 14./15. Februar 2007, Nr. 37, S. B4. Ebenso eignete sich die französische Frühsozialistin und Frauenrechtlerin Jenny d'Héricourt, die ursprünglich Lehrerin gewesen war, im Selbststudium Kenntnisse der Homöopathie an. Brockmeyer verweist auf weitere Frauen, die offen die Homöopathie an sich und anderen anwandten; Brockmeyer 2009, S. 60.

86 Zur Selbsthilfe vgl. Roth, Sabina: «Zu Versuchen angespornt». Wie Frauen und Männer in den 1860er Jahren zu Erfahrungen mit Schroths Naturheilverfahren kamen, in: Bos/Vinzenz/Wirz 2004, S. 307–320, hier S. 308 f.; Roth, Sabina: Heinrich Trachsler empfiehlt seine «Schroth'sche Kuranstalt Frohberg bei Winterthur», in: Traverse 2002/2, S. 143–152, hier S. 146; Roth 2005, S. 13–15; Roth, Schroths Methode, 2004. Zur Naturheilbewegung, der Bedeutung der Laien allgemein und der Frauen siehe Regin, Cornelia: Naturheilkundige und Naturheilbewegung im Deutschen Kaiserreiche, in: Medizin, Gesellschaft und Geschichte, 11/1992, Stuttgart 1993, S. 177–202; Regin, Cornelia: Zwischen Angriff und Abwehr. Die Naturheilbewegung als medizinkritische Öffentlichkeit im Deutschen Kaiserreich, in: Dinges, Martin (Hg.): Medizinkritische Bewegungen im Deutschen Reich (ca. 1870–ca. 1933) (Medizin, Gesellschaft und Geschichte, Beiheft 9), Stuttgart 1996, S. 39–58; Regin 1995. Wegen der Zuständigkeit der Frauen multiplizierte sich seit dem letzten Drittel des 18. Jahrhunderts die diesbezügliche Anweisungsliteratur, in der medizinische von moralischen Anweisungen überlagert wurden, siehe Sander 1998; siehe auch Fritz, Kathrin: Gesundheit als Lebens-Aufgabe. Sozialisation und Disziplinierung

der bürgerlichen Frau durch populärmedizinische Ratgeber des 19. Jahrhunderts, in: Schweizerisches Archiv für Volkskunde, 89, 1993/1, S. 15–68. Fritz bestätigt die These, dass die Funktionen der Frauen im Rahmen der Selbstmedikation und Selbsthilfe mit dem Aufstieg der Ärzte als Experten beschnitten wurden.

87 Zum Brief als medizinhistorische Quelle vgl. Schnalke, Thomas: Medizin im Brief. Der städtische Arzt des 18. Jahrhunderts im Spiegel seiner Korrespondenz, Stuttgart 1997. Schnalzes Quellen unterscheiden sich von den hier untersuchten Briefen grundsätzlich, da lediglich die Korrespondenz des Nürnberger Arztes Christoph Jacob Trew mit anderen medizinischen Briefpartern in die Untersuchung einbezogen wurden; siehe auch Schnalke, Thomas: Zwischen den Zeilen. Medizinische Briefwechsel im 18. Jahrhundert, in: Schnalke/Wiesemann 1998, S. 143–165.

88 Nach Lachmund und Stollberg ist es für die nicht naturwissenschaftlich geprägten Konzepte von Krankheit charakteristisch, dass es keine strengen Zuordnungen zwischen spezifischen Ursachen und/oder entsprechenden Krankheit gibt, vielmehr wird auf mehrere Ursachen Bezug genommen beziehungsweise einer Ursache mehrere Krankheiten zugeordnet. Siehe Lachmund/Stollberg 1995, S. 35.

89 An Betsy Usteri, 1. März 1870, 5, DQ 598.

90 Die Witwenschaft eröffnete zwar gut situierten Frauen neue Handlungsspielräume, doch Emilie Paravicini-Blumer war schon vor dem Tod ihres Ehemanns nicht von diesem abhängig.

91 Wolff folgend, gebrauche ich den Begriff «Schuldmedizin» vor allem als relationellen Begriff, der sich auf den Idealtypus bezieht, das heisst auf die Ausübung der medizinischen Profession durch Ärzte mit einer naturwissenschaftlichen Ausbildung, akademischem Abschluss und vom Wissenschaftsverständnis des 19. Jahrhunderts geprägtem Krankheitsverständnis, das von der generalisierenden, das heisst auf alle Menschen übertragbaren Erkenntnis von Krankheitsursache und Therapie ausgeht. Die Problematik zeigt sich insbesondere bei der Homöopathie, die von den Schulmedizinern als «Kurpfuscherei» bekämpft wurde und noch wird, sich selber als naturwissenschaftlich fundiert versteht und auch von akademisch gebildeten Ärzten angewendet wird. Vgl. Wolff, Volksmedizin, 1998, S. 256, aber auch S. 253 f.; siehe auch Stolberg, Michael: Probleme und Perspektiven einer Geschichte der «Volksmedizin», in: Schnalke/Wiesemann 1998, S. 49–73.

92 Im medizinischen Diskurs des ausgehenden 18. und des 19. Jahrhunderts wurden «Miasmen» als über die Luft übertragene Krankheitsursache häufig thematisiert. Für Hahnemann waren «Miasmen» die Ursache für fast alle chronisch auftretenden Krankheiten. Handley 1993, S. 92 bis 102. Eine äusserst kenntnisreiche Würdigung von Hahnemanns Beobachtungen chronischer Leiden leistet Jütte 2005, S. 168–177.

93 Sarasin 2001, S. 147–172; Fritz 1993. Nach Fritz wandelte sich die Ratgeberliteratur ab 1860: nicht mehr Selbstmedikation war das Ziel, sondern die Unterstützung des Arztes durch die weibliche Pflegetätigkeit. Siehe auch Wolff, Eberhard: Gesundheitsverein und Medikalisierungsprozess. Der Homöopathische Verein Heidenheim/Brenz zwischen 1886 und 1945, Tübingen 1989, S. 102–112; Roth 2003, S. 97 f.

94 Vgl. dazu Faure, Olivier: Les Français et leur médecine au XIXe siècle, Paris 1993. Nach Faure holten in Frankreich Reiche wie Arme zunehmend ärztlichen Rat und wandten sich ebenso selbstverständlich an nicht approbierte Heilpraktiker und an Scharlatane. Nach Brockmeyer wandten sich zahlreiche Patientinnen und Patienten erst an Hahnemann, nachdem sie erfolglos verschiedene Kuren ausprobiert hatten. Siehe Brockmeyer 2009, S. 64 f.

95 Dies war nach Michael Stolberg schon in früheren Jahrhunderten unter reicheren Patienten üblich. Vgl. Stolberg, Michael: Therapeutischer Pluralismus aus der Patientensicht, Referat, Tagung: Medizinische Theorie und therapeutische Praxis im sozialen und religiösen Kontext des 18. Jahrhunderts, 7. bis 8. Oktober 2005, Franckesche Stiftungen zu Halle, organisiert von: Institut für Geschichte und Ethik der Medizin, Martin-Luther-Universität Halle-Wittenberg, Bloomberg School of Public Health, John Hopkins University, Baltimore.

96 An Katharina Usteri-Blumer, 5. Januar 1870, zit. in von Lerber 1961, S. 272.

97 An Katharina Usteri-Blumer, Sommer 1870, zit. in von Lerber 1961, S. 272.

98 Privatarchiv Usteri, Homberg, Briefe Katharinas an ihren Mann und ihre Familie, Sonntag morgen, o. D., um 1870, U737.

99 Erlach 2004, S. 381 (Statistik) und 46.

100 Von Hahnemanns 180 Typhuspatienten nach der Völkerschlacht von 1813 sollen nur zwei gestorben sein. Vgl. Handley 1993, S. 85 f. Seine Erfolge sind nach Jütte in der 1992 veröffentlichten Studie von Scheible, Karl-Friedrich: Hahnemann und die Cholera, Heidelberg 1994, kritisch gewürdigt worden. Siehe dazu Jüttes Überblick über die neuere historische Forschung zu Hahnemann und der Homöopathie, Jütte 2001, S. 235. Siehe auch Jütte 2005, S. 178–184.

101 Erlach 2004, S. 35–39.

102 Das lassen zumindest der familiäre Hintergrund wie der Ort ihres Praktizierens vermuten, zum

Beispiel war in der Westschweiz die Nähe zu den alten liberalen protestantischen Familien und dem «Réveil», der pietistischen Erweckungsbewegung, gegeben. Vgl. dazu die biografischen Angaben in Erlach 2004.

103 Ebd., S. 160 f.

104 Vgl. Bettin, Hartmut/Meyer, Ulrich/Friedrich, Christoph: «Diese Bitte war ich der Menschheit schuldig». Das Wirken des homöopathischen Laienheilers Arthur Lutze (1813–1870) in Preussen, in: Medizin, Gesellschaft und Geschichte, 19/2000, Stuttgart 2001, S. 199–227, hier S. 208, 222–225. Zur Frage von Homöopathie und Professionalisierung und der Bedeutung der Laienvereine siehe Dinges, Martin: The Role of Medical Societies in the Professionalisation of Homeopathic Physicians in Germany and the USA, in: Jütte/Risse/Woodward 1998, S. 173–198. Bezüglich Bayern verweist Stolberg auf praktizierende Laien, zugleich aber auf das Fehlen einer laienhomöopathischen Vereinsbewegung, und weist damit gewisse Ähnlichkeiten mit der Schweiz auf; siehe dazu Stolberg, Bayern, 1996, S. 177 f., 189. Zum Vergleich mit der Entwicklung in Baden-Württemberg siehe Wolff 1989; Wolff, Eberhard: «... Nichts weiter eben als einen unmittelbaren persönlichen Nutzen ...» Zur Entstehung und Ausbreitung der homöopathischen Laienbewegung, in: Medizin, Gesellschaft und Geschichte, 4/1985, Stuttgart 1986, S. 61–97.

105 Genauere Zahlen über den Anteil praktizierender Laien gibt es nicht und noch viel spärlicher sind die Angaben zu den praktizierenden Frauen. Nicht bezogen auf die Homöopathie, aber auf alternative Heilverfahren geht Peter Witschi für den Kanton Appenzell davon aus, dass es immer auch Heilpraktikerinnen gab, wenn auch in geringerer Zahl als Heilpraktiker, siehe Witschi, Peter: Appenzell Ausserrhoden. Entwicklung und Strukturen einer Heillandschaft, in: Schweizerisches Archiv für Volkskunde, 89, 1993/1, S. 3–22, hier S. 12–14.

106 Hahnemann, Samuel: Reine Arzneimittellehre. Zweiter Teil. Nebst einer Abhandlung: Geist der homöopathischen Heil-Lehre, Dresden 1816, S. 9, zit. in Jütte, Geschichte, 1996, S. 25; siehe auch Jütte, Robert: 200 Jahre Simile-Prinzip. Magie – Medizin – Metapher, in: Allgemeine Homöopathische Zeitung, 242/1997, S. 3–16; Jütte 2005, S. 80–98. Vgl. auch Jakob Tanner im Interview mit dem Journalisten Hänggi, Marcel: Interview mit Jakob Tanner: «Diese merkwürdig verkorkste Debatte». Medizin im Streit, in: Die Wochenzeitung, 24, 16. Juni 2005, S. 27.

107 Jütte, Geschichte, 1996, S. 26, 35.

108 Samuel Hahnemanns Hauptwerk heisst denn auch «Organon der rationellen Heilkunde». Fünf Auflagen erschienen in jeweils verbesserten Form während seiner Lebenszeit, die sechste, zum Teil selbst unter Homöopathen umstrittene Auflage veröffentlichte Lutze nach seinem Tod. Zu den Auseinandersetzungen, die sich in der zweiten Hälfte des 19. Jahrhunderts in der Schweiz vor allem um die Hochpotenzen drehten, vgl. Tischner, Rudolf: Geschichte der Homöopathie, Wien, New York 1998 (Neuauflage der Originalausgabe 1932–1939), S. 395, 656, 723 f.; Jacobi, Ursula Isabell: Der Hochpotenzstreit. Von Hahnemann bis heute, Stuttgart 1995. Zum wissenschaftlichen Selbstverständnis von Hahnemann, der dagegen kämpfte, dass sich seine Patienten und Patientinnen als Selbstheilerinnen betätigten, und sich von den Laienhomöopathen abgrenzte, siehe Brockmeyer 2009, S. 59 f.

109 Der Mesmerismus oder Lebensmagnetismus war die einzige Therapieform, die Hahnemann neben der Homöopathie anerkannte. Er wurde von einem der ersten Homöopathen in der Schweiz, dem Zürcher Arzt Johannes Hirzel, in den 1840er Jahren ebenfalls angewandt. Erlach 2004, S. 32 f. Zum Einfluss von Virchow für die wachsende Bedeutung der Naturwissenschaften und der anatomisch-klinischen Methode in der Medizin vgl. Huerkamp 1985, S. 90 f. Virchows Angriff auf die Homöopathie von 1845 fiel in die Zeit, als der pietistische Pfarrer Johann Christoph Blumhardt in der kleinen württembergischen Gemeinde Möttlingen von immer mehr Kranken aufgesucht wurde, nachdem er 1843 eine Frau durch Beten von unterschiedlichsten Leiden, die sich in Aufsehen erregenden Attacken äusserten, erlöst hatte. Für Virchow und die liberalen Kreise war dies Ausdruck des tiefsten Obskurantismus.

110 Jütte, Geschichte, 1996, S. 188 f. Zur Neuordnung von 1825 in Deutschland und den Folgen für die Vereinheitlichung des Ärztestandes vgl. Huerkamp 1985, S. 45–59.

111 Erlach 2004, S. 35. Die Homöopathie in der französisch- und der deutschsprachigen Schweiz orientierte sich an der Entwicklung in Frankreich beziehungsweise Deutschland. Vgl. Reichenbach, Karl-Rudolf/Friedrich, Christoph: Charles-Gaspard Peschier (1782–1853). Ein Wegbereiter der Homöopathie im französischen Sprachraum, in: Medizin, Gesellschaft und Geschichte, 21/2002, Stuttgart 2003, S. 143–172.

112 Braun, Rudolf: Zur Professionalisierung des Ärztestandes in der Schweiz, in: Conze, Werner/ Kocka, Jürgen: Bildungsbürgertum im 19. Jahrhundert, Bd. 1, Stuttgart 1985, S. 332–357, hier S. 343–346.

113 Curti, Ferd. Eug.: Die Homoeopathie, deren Darstellung und Beurtheilung nebst einer geschichtlichen Einleitung. Diss. Universität Bern, Rapperswil 1858, S. 43.

114 Mende, P. J.: Die Homöopathie, ihr Wesen und ihre Vorzüge fasslich dargestellt aus den Werken

allopathischer und homöopathischer Schriftsteller sowie aus Erfahrungen im Leben von Med. Dr. P. J. Mende in Winterthur, Schaffhausen 1866, S. 91. Im medizinhistorischen Institut der Universität Zürich sind rund ein Dutzend Briefe des homöopathischen Arztes Paul Julius Mende an seinen «Sohn und Collegen» Theophil archiviert. Theophil Mende hielt sich 1876 in Leipzig auf. Ob in diesen Briefen auf die Kontroversen Bezug genommen wird, habe ich nicht untersucht. Siehe Medizinhistorisches Institut der Universität Zürich, PN 210 2: 1, Mende, Theophil, Korrespondenzen Kae–Z, 7, Mende, Paul Julius, Vater, an Mende, Theophil. Die Briefe sind Teil des vorzüglich aufgearbeiteten umfangreichen Privatnachlasses des Homöopathen Theophil Mende.

115 Feierabend war der Bruder einer der engsten Freundinnen und Mitstreiterinnen um die Anerkennung des weiblichen Lehrberufs von Josephine Stadlin, der späteren Ehefrau von Ulrich Zehnder, und hatte diese selber ideell und beratend unterstützt.

116 Zit. in Mesmer, Beatrix: Gesundheit ist das höchste Gut, in: Mesmer, Beatrix (Hg.): Die Verwissenschaftlichung des Alltags. Anweisungen zum richtigen Umgang mit dem Körper in der schweizerischen Populärpresse 1850–1900, Zürich 1997, S. 87–132, hier S. 128.

117 Munk, Prof. Dr. [Philipp]: Ueber das Wesen der Homöopathie. Populärer Vortrag, gehalten im Berner Grossrathssaale am 22. Mai 1868 von Prof. Dr. Munk, Bern 1868, S. 18 f. Im selben Jahr erschien dessen Streitschrift «Die Homöopathie und die Homöopathen. Ein Beitrag zur Kultur derselben».

118 Vgl. Handley 1993, S. 71–73.

119 Schädler, Emil: Die Homöopathie vernichtet durch Herrn Professor Dr. Munk. Offenes Sendschreiben an denselben von Dr. Emil Schädler, homöopathischem Arzte in Bern, Bern 1868, S. 20. Zur Auseinandersetzung zwischen Munk und Schädler vgl. Fäh, Lukas: Späte Einheit in einem mehrsprachigen Land: Schweiz, in: Dinges 1996, S. 102–117, hier S. 103.

120 Erlach 2004, S. 45.

121 Auch Loetz verneint in ihrer Untersuchung zur Medikalisierung in Baden (Deutschland) eine «prinzipielle Kluft» zwischen ärztlichem und laienmedizinischem Wissen, sie betont in ihrem Strukturvergleich zwischen Laienmedizin und akademischer Heilkunde vielmehr die fliessenden Übergänge und spricht andernorts von punktueller Kooperation, siehe Loetz 1993, S. 112–123, 186, 188–190, 306–316. Siehe auch Loetz, Francisca: Theorie und Empirie in der Geschichtsschreibung. Eine notwendige Wechselbeziehung, in: Paul, Norbert/Schlich Thomas (Hg.): Medizingeschichte. Aufgaben, Probleme, Perspektiven, Frankfurt am Main, New York 1998, S. 22–44; Roelcke, Volker: Medikale Kultur, Möglichkeiten und Grenzen der Anwendung eines kulturwissenschaftlichen Konzepts in der Medizingeschichte, in: Paul/Schlich 1998, S. 45–68, hier S. 57–63. Zur Problematik der Grenzziehung zwischen Laien und professionellen Ärzten, zwischen Volks- und Schulmedizin und dem diffamierenden Begriff «Kurpfuscherei» vgl. Wolff, Eberhard: «Volksmedizin» – Abschied auf Raten. Vom definitorischen zum heuristischen Begriffsverständnis, in: Zeitschrift für Volkskunde. Halbjahresschrift der Deutschen Gesellschaft für Volkskunde, 94, 1998/1, S. 233–257. Es ist Wolff zuzustimmen, dass die Begriffe heuristisch im Sinne idealtypischer Eigenschaften zu verwenden sind, um nicht Vorstellungen von falschen Gegensätzen Vorschub zu leisten, siehe dazu S. 256. Emilie Paravicini-Blumer sah sich selber als «Laien» beziehungsweise «Dilettantin» in Abgrenzung zu den universitär ausgebildeten Ärzten und/oder professionell tätigen Männern wie Heyer, den sie als Arzt und nicht als Laien definierte. Das heisst, sie zieht die Grenze vor allem auf Grund medizinischen Wissens und grösserer Erfahrung und Kompetenzen und nicht auf Grund der akademischen Ausbildung. Sarasin verweist auf die Bedeutung der Grenzziehung im Zusammenhang mit der über Zeitschriften und Bücher erfolgten Popularisierung von medizinischem Wissen; diese Ratgeber betonten implizit, dass das popularisierte Wissen nur eine Paraphrase des universitären Wissens sei, nicht dieses Wissen selbst. Siehe Sarasin 2001, S. 138.

122 Stucky, Paul: Medizin gestern und heute, in: Medizinischer Verein vom Linthgebiet (Hg.): Medizin im Linthgebiet. 100 Jahre Medizinischer Verein vom Linthgebiet, Uznach 1998, S. 45–63, hier S. 50.

123 Munk, 1868, S. 18 f.

124 Vgl. Schnegg 1993; Schnegg 1999; Hunt 1992.

125 Sarasin analysiert dies anhand der Hygieneratgeber, siehe Sarasin 2001, S. 125–129, 138, 164 f. Exemplarisch steht, wenn auch unter dem positiven Vorzeichen der Aufwertung der Funktion der gebildeten Hausfrau und «Frau Professor» für das allgemeine Volkswohl, für diese Vermittlung wissenschaftlicher Erkenntnisse die von der Präsidentin des Schweizerischen Gemeinnützigen Frauenvereins in der Zeitschrift «Schweizer Frauenheim» in Form einer Fortsetzungsgeschichte herausgegebene «Anleitung zur Führung eines bürgerlichen Haushalts», die kurz darauf in Buchform erschien. Gritli kommt als Hausangestellte vom Land in einen städtischen Professorenhaushalt, führt dort brav aus, was ihr die Professorengattin bezüglich Kochen und Putzen angereichert mit naturwissenschaftlichen Erklärungen über die Zusammensetzung von Mahl-

zeiten und den Gefahren unhygienischer Verhältnisse vermittelt, während der Professor selber als Wissenschaftler sich in akademischen Kreisen bewegt. Siehe Coradi-Stahl, Emma: Wie Gritli haushalten lernt, 1. Teil, Zürich 1902, Gritli in der Küche, 2. Teil, Zürich 1903; Joris 1990.

126 Rogers, Naomi: Ärzte, Patienten und Homöopathen in den USA, in: Dinges 1996, S. 269–300, hier S. 274; Rogers, Naomi: Women and Sectarian Medicine, in: Apple, Rima D. (Hg.): Women, Health, and Medicine in America. A Historical Handbook, New York, London 1990, S. 280–310; Kirschmann, Anne Taylor: A Vital Force. Women in American Homeopathy, New Brunswick (NJ) 2003; Warner, John Harley: Orthodoxy and Otherness. Homoeopathy and Regular Medicine in Nineteenth-Century America, in: Jütte/Risse/Woodward 1998, S. 5–29.

127 Roth 2002, S. 146–148.

128 Siehe Sarasin 2001, S. 129.

129 Nach Witschi orientierten sich die Vertreter der alternativen Medizin an der alten, patriarchalen Berufsordnung, die den Frauen den Zugang zu den traditionellen Berufen versperrte. So wehrten sich die Naturheilärzte im Kanton Appenzell Ausserrhoden zwar nicht dagegen, dass Frauen als Kräuterfrauen tätig waren, wohl aber mit Unterstützung des Gerichts erfolgreich dagegen, dass sie als Naturheilärztinnen praktizierten. Nach der gänzlichen Freigabe des medizinischen Berufes 1871 war dieses Verbot obsolet. Witschi 1993, S. 3–22, hier S. 12–14; zur Funktion der Frauen in der Betreuung der Kranken seit 1860 siehe Fritz 1993.

130 Zu von Heyer vgl. Erlach 2004, S. 227.

131 Sarasin 2001, S. 127.

132 Von Lerber 1961, S. 271 f.

133 An Katharina Usteri-Blumer, 1872, zit. in von Lerber 1961, S. 278. Es ist anzunehmen, dass Bentzel-von Sternau von der «Wiener Homöopathenschule» Kenntnis hatte, die versuchte die naturwissenschaftliche Medizin und die Homöopathie zu verbinden. Seit den Erfolgen der Homöopathie bei der Bekämpfung der grossen Choleraepidemie in Wien 1831/32 hatte sie sich in Österreich fest etablieren können. Vgl. Drexler, Leopold/Bayr, Georg: Die wiedergewonnene Ausstrahlung des früheren Vielvölkerstaates: Österreich, in: Dinges 1996, S. 74–101, hier S. 82 f.; Jütte, Geschichte, 1996, S. 217 f.

134 Auflage 1861 und 1866. Erlach 2004, S. 40, 251–254. Zur Aufnahme der Homöopathie in Polen vgl. Brzezinski, Tadeusz: Vom ungleichzeitigen Beginn im dreigeteilten Polen zur späten Vereinheitlichung, in: Dinges, Martin (Hg.): Weltgeschichte der Homöopathie. Länder – Schulen – Heilkundige, München 1996, S. 118–131.

135 Es wird sich dabei wahrscheinlich um dessen 1860 veröffentlichtes Werk «Lehrbuch der Homöopathie» handeln. Streuber, Ingeborg: Ein Macher. Arthur Lutze (1813–1870). «Der Mensch kann, was er will, doch muss er glauben und vertrauen», in: Dinges 1996, S. 160–184, hier S. 178.

136 An Katharina Usteri-Blumer, Sommer 1870, zit. in von Lerber 1961, S. 272. Dass sich Frauen im 19. Jahrhundert in die Schriften Hahnemanns und weitere medizinische Fachliteratur vertieften, darauf verwies Bettina Brockmeyer (Göttingen) in ihrem Referat «Wissen und Wissenschaft in Briefen von Patientinnen und Patienten an Samuel Hahnemann (1831–1835)» an der Tagung des Arbeitskreises Geschlechtergeschichte der Frühen Neuzeit vom 6. bis 8. November 2003 in Stuttgart-Hohenheim. Siehe den Tagesbericht von Andrea Geier (Tübingen), 28. November 2003, http://hsozkult.geschichte.hu-berlin.de, 2. Dezember 2003.

137 Vgl. Eppenich, Heinz: Geschichte der deutschen homöopathischen Krankenhäuser (Quellen und Studien zur Homöopathiegeschichte, Bd. 1), Heidelberg 1995, S. 121–147; Bettin/Meyer/Friedrich 2001; Streuber 1996. Tischner beurteilte in seiner in den 1930er Jahren herausgegebenen Geschichte der Homöopathie Lutzes Lehrbuch als ein Werk, das die «schlimmste Symptomdeckerei befördert», siehe Tischner 1998, S. 500. Tischner verstand sich als Vermittler der «richtigen» Lehre Hahnemanns und hielt sich mit polemischen Urteilen nicht zurück. Im «kleinen Tischner» bezichtigte er Lutze des widerrechtlichen Abdrucks des «Organons» sowie dessen Verfälschung durch die Einfügung eines Paragraphen, womit er, Lutze, die von ihm praktizierte Verabreichung von Doppelmitteln zu legitimieren suche, siehe Tischner 2001, S. 175.

138 Vgl. Jütte, Geschichte, 1996, S. 180 f.; Tischner 1998, S. 624–625. Zur sechsten Auflage des «Organons» siehe Kunkle, Luise: Samuel Hahnemanns «mysteriöse» Q-Potenzen, in: Medizin, Gesellschaft und Geschichte, 20/2001, Stuttgart 2002, S. 213–220.

139 Tischner 1998, S. 500, 629.

140 Fliegende Blätter für Stadt und Land über Homoeopathie, Köthen 1858–1870.

141 Fliegende Blätter, 12/1870.

142 Das Intermezzo wurde wahrscheinlich kaum wahrgenommen, wird es doch in den ansonsten sehr genauen Ausführungen von Eppenich nicht einmal erwähnt, siehe Eppenich 1995, S. 140.

143 Von Lerber 1961, S. 322, Anm. 49.

144 Bettin/Meyer/Friedrich 2001, S. 208–213.

145 Er ist denn auch einer der wenigen Laienhomöopathen, die Alexander Erlach ins Lexikon der Biografien der homöopathische Ärzte aufgenommen hat.
146 Zit. in Erlach 2004, S.227, siehe auch S.160; Schädler, Emil: Kurzer Abriss einer Geschichte der Homöopathie in der Schweiz, in: Allgemeine Homöopathische Zeitung 117/1888, Nr.13, S.97 bis 99; Nr.14, S.105–107; Nr.15, S.113 f.; Nr.16, S.121 f.
147 Nach Erlach ist anzunehmen, dass es in der Schweiz nicht wie in Deutschland eine ausgedehnte Entwicklung homöopathischer Laienvereine gab, sondern diese eher zeitlich und geographisch beschränkte Phänomene waren. Erlach 2004, S.14 f., 160–163. Vgl. Staudt, Dörte: «[...] den Blick der Laien auf das Ganze gerichtet [...].» Homöopathische Laienorganisationen am Ende des 19. und zu Beginn des 20.Jahrhunderts: in: Dinges 1996, S.160–184; Staudt, Dörte: The Role of Laymen in the History of German Homeopathy, in: Jütte/Risse/Woodward 1998, S.199–216; Wolff 1989, S.599 f.
148 Die drei Schriften sind alle 1867/68 in Aarau veröffentlicht worden; Heyer von Rosenfeld, Ferdinand Ruggero: Meine Erlebnisse im Kt. Solothurn. Ein Beitrag zur Aufklärung der Thatsachen gegenüber der unwahren und entstellenden Darstellungsweise, welcher die solothurnische Regierung sich in ihrem Bericht an den Bundesrath bedient, um sich in das Sonnenlicht und mich in den Schatten zu stellen, Aarau 1868; Heyer von Rosenfeld, Ferdinand Ruggero: Zur Steuer der Wahrheit veröffentlicht von Heyer von Rosenfeld. Die Homöopathie und ihre Widersacher, Aarau 1868; Heyer von Rosenfeld, Ferdinand Ruggero: Wie ich praktischer Homöopath wurde, Aarau 1868.
149 Darauf scheinen verschiedene Briefe Emilie Paravicini-Blumer hinzuweisen, unter anderem explizit im Brief an Betsy Usteri, 5.Oktober 1874, an Betsy Usteri, 5, DQ 559. Nach Schädler soll er in Zürich «keine ausgedehntere ärztliche Thätigkeit mehr» entfaltet haben. Erlach 2004, S.227.
150 Nach von Lerber ist die Bekanntschaft über «Frau Major» zu Stande gekommen, doch aus einem Brief an die Nichte Betsy Usteri geht klar hervor, dass «Frau Tr.[ümpy] im Herrenweg» die Hilfe von Heyer beanspruchte. An Betsy Usteri, 22. Oktober (oder Dezember) 1873, 5, DQ574.
151 An Betsy Usteri, 19.Juni 1871, 5, DQ 593.
152 An Betsy Usteri, 4.Dezember 1875, 5, DQ 546; an Emma Usteri, 15.Juli 1876, 6.November 1811, 4, DQ 421.
153 An Emma Usteri, Montag, wahrscheinlich 1874, 3, DQ 323.
154 An Betsy Usteri, 29.Januar 1875, 5, DQ 555.
155 An Betsy Usteri, Donnerstag, o.D., wahrscheinlich Sommer/Herbst 1879, 2, DQ 220.
156 Eppenich 1995, S.132 f.; Historische Grundlagen der ISO-Komplex-Heilweise, ISO-Arzneimittel GmbH & Co. KG, Ettlingen; ISO-Komplex-Heilweise, Historische Grundlagen, www.cocura.de, S.1 f., Zugriff 10.August 2006. Mattei gab Zimpel den Anstoss zum so genannten spagyrischen Heilverfahren, vgl. Jütte, Geschichte, 1996, S.229–235; Tischner 1998, S.663–665; Helmstädter, Axel: Spagyrische Arzneimittel. Pharmazie und Alchemie der Neuzeit, Stuttgart 1990, ursprünglich: Cesare Mattei (1801–1879) und Carl-Friedrich Zimpel (1801–1879). Diss. rer. nat., Heidelberg 1988.
157 Erlach 2004, S.26, 164 f.
158 In der «Allgemeinen Homöopathischen Zeitung» von 1879 wurde die Methode lächerlich gemacht. Jütte, Geschichte, 1996, S.231–234.
159 Zu Schwabe vgl. Jütte, Geschichte, 1996, S.211 f.; Willfahrt, Joachim: Wie der homöopathische Apotheker und Verleger Willmar Schwabe (1839–1917) und seine Wegbereiter im Laufe des 19.Jahrhunderts der Homöopathie ein Millionenpublikum verschafften, in: Dinges 1996, S.270–295; Eppenich 1995, S.128, 133.
160 Vielfach waren die weiblichen Mitglieder eines Arzthaushalts für die (Arzt-)Apotheke zuständig. Nach Erlach ist die Frage der Selbstherstellung oder des Bezugs über den Versand für die homöopathischen Ärzte des 19.Jahrhunderts ebenso unklar. Erlach 2004, S.154 f.
161 Crellin 2004, S.123.
162 An Betsy Usteri, 1.Januar 1871, 5, DQ 595.
163 Zum Beispiel im Brief an Emma Usteri, 7.November 1876, 4, DQ 409.
164 An Betsy Usteri, 1.März 1870, 5, DQ 598.
165 An Emma Usteri, 8.März 1874, 3, DQ 308.
166 Fast alle Briefe an die beiden Nichten Emma und Betsy Usteri seit 1872 enthalten diesbezügliche Informationen, mit Schwergewicht in den Jahren 1874, 1876, 1877, 1879 und 1880, dem Todesjahr.
167 Vgl. zur Wahrnehmung und Deutung der Hautausschläge Stolberg 2003, S.144–150; Stolberg, Orakel, 1996, S.393.
168 An Emma Usteri, 8.September 1879, 4, DQ 441.
169 Duden: Deutsches Universal Wörterbuch, A–Z, Mannheim, Leipzig, Wien, Zürich 1996; Etymologisches Wörterbuch des Deutschen, München 1995.

170 An Emma Usteri, 16. November 1879, 4, DQ 443.
171 An Betsy Usteri, Palmsonntag 1880, 2, DQ 249.
172 Handschriftlicher Stammbaum der Familie Blumer, Privatarchiv Usteri, StAZH, FA Usteri 76.10/5, U802; Blumer, Walter (Hg.): Stammtafeln und Bilder zur Geschichte der Blumer, Bern 1940, Stammtafel 78/38.
173 An Emma Usteri, 12. Juni 1880, 3, DQ 344.
174 An Betsy Usteri, 26. Januar 1872, 5, DQ 589.
175 An Betsy Usteri, 19. Juni 1871, 5, DQ 593. Später diagnostizierte Emilie Paravicini-Blumer ein Brustleiden, siehe Privatsammlung Jenny, an B. Trümpy-Weber, 28. Juli 1873. Mitte 1874 nahmen die Entzündungen an diversen Körperteilen, beispielsweise an Augenlidern, Hals und Ohren, oft begleitet von Abszessen, zu. Siehe Brief an Betsy Usteri, 18 Juni 1873, 5, DQ 575.
176 An Emma Usteri, 27. Juni 1876, 4, DQ 407; an Betsy Usteri, 2. April 1878, 5, DQ 526; an Emma Usteri, 25. August 1878, 4, DQ 423; Privatsammlung Jenny, an B. Trümpy-Weber, 28. Juli 1873.
177 An Emma Usteri, 6. April 1879, 4, DQ 487.
178 An Emma und Betsy Usteri, 22. März 1873, 3, DQ 304; an Betsy Usteri, 18. Juni 1873, 5, DQ 575.
179 An Betsy Usteri, 4. März 1873, 5, DQ 584.
180 Ebd.
181 An Betsy Usteri, 28. März 1873, 8, 7 Briefe an Betsy Usteri, DQ 1010.
182 Sarasin setzt den Begriff «Hygiene», dieses «Zauberwort der Moderne», in Zusammenhang mit der seit der Aufklärung propagierten Sorge um sich selbst, siehe Sarasin 2001, S. 17, 264–267. Zum sprunghaften Anstieg populärmedizinischer Anleitungen siehe Sarasin 2001, S. 153; bezogen auf die Schweiz Mathieu, Jon/Messerli, Jakob: Populäre Medizin, in: Mesmer 1997, S. 19 bis 35, hier S. 33; Mathieu, Jon: Sanierung der Volkskultur. Massenmedien, Medizin und Hygiene 1850–1900, in: Medizin, Gesellschaft und Geschichte, 12/1993, Stuttgart 1994, S. 101–146. Zur Hygienebewegung im Kontext der Prostitution in Zürich siehe Puenzieux, Dominique/Ruckstuhl, Brigitte: Medizin, Moral und Sexualität. Die Bekämpfung der Geschlechtskrankheiten Syphilis und Gonorrhöe in Zürich 1870–1920, Zürich 1994, S. 33–38. Zur Hygienebewegung vgl. Labisch, Alphons: Hygiene ist Moral – Moral ist Hygiene. Soziale Disziplinierung durch Ärzte und Medizin, in: Sachsse, Christoph/Tennstedt, Florian (Hg.): Soziale Sicherheit und soziale Disziplinierung. Beiträge zu einer historischen Theorie der Sozialpolitik, Frankfurt am Main 1986, S. 265–285; Frevert, Ute: «Fürsorgliche Belagerung». Hygienebewegung und Arbeiterfrauen im 19. und frühen 20. Jahrhundert, in: Geschichte und Gesellschaft 21, 1985, S. 420–446; zu den verschiedenen Ebenen des Hygienediskurses Sarasin, Philipp: Subjekte, Diskurse, Körper, in: Hardtwig, Wolfgang/Wehler, Hans-Ulrich (Hg.): Kulturgeschichte heute, Göttingen 1996, S. 135–164, hier S. 148–152; Sarasin 2001, insbesondere Kap. 2 und 3; Labisch 1992, S. 85–101.
183 Zum Verhältnis von Vorstellung und Handeln vgl. Wiesemann, Claudia: Vorbemerkungen zu einer Medizingeschichte aus postmoderner Perspektive, in: Schnalke/Wiesemann 1998, S. 9–24, hier S. 14–16.
184 An Emma und Betsy Usteri, 22. März 1873, 3, DQ 304.
185 An Betsy Usteri, 31. März 1873, 5, DQ 586.
186 An Betsy Usteri, 12. April 1873, 5, DQ 583.
187 Lachmund/Stollberg 1995, S. 26; Sabina Roth spricht im Zusammenhang mit der «Krise» als Höhepunkt eines Krankheitsverlaufs in Anlehnung an Cheryl Mattingly, Byron Good und Barbara Clow von «Drehbuch» oder «plot», das dem Narrativ zu Grunde liegt. Roth 2005, S. 17; Roth, Schroths Methode, S. 100; Clow, Barbara: «Swapping Grief». The Role of the Laity in Alternative Medical Encounters, in: Journal of History of Medicine and Allied Sciences, 52/1997, S. 175–201, hier S. 185–187; Good, Byron: Medicine, Rationality, and Experience. An Anthropological Perspective, Cambridge 1994, S. 144 ff.; Mattingly, Cheryl: The Concept of Therapeutic «Emplotment», in: Social Science and Medicine, 38/1994, S. 811–822, hier S. 811–814. Zur Bedeutung des Fiebers in hippokratischer Tradition vgl. Wilson in Bynum/Porter 1993, Bd. 1, S. 382–411.
188 Jütte, Geschichte, 1996, S. 115–117.
189 An Betsy Usteri, 16. April 1873, 5, DQ 582.
190 Roth, Schroths Methode, 2004, S. 110.
191 Siehe Jütte 1992.
192 An Emma Usteri, 10. August 1882, 4, DQ 460.
193 An Betsy Usteri, 27. September 1882, 2, DQ 204.
194 Zum häuslichen Krankenbett als Schauplatz siehe Lachmund/Stollberg 1995, S. 52–54; Lachmund, Jens/Gunnar Stolberg: The Doctor, his Audience, and the Meaning of Illness, in: Lachmund/Stollberg 1992, S. 53–66.
195 An Emma Usteri, 7. August 1875, 4, DQ 401.
196 Handley 1993, S. 81; Wettemann, Marion: Die Bedeutung der Fragmenta de viribus medicamen-

torum in Hahnemanns früher Praxis anhand einer Patientengeschichte aus den Krankenjournalen, in: Medizin, Gesellschaft und Geschichte, 20/2001, Stuttgart 2002, S. 221–230.

197 An Betsy Usteri, 24. September 1881, 2, DQ 227.

198 An Betsy Usteri, 24. August 1876, 5, DQ 532

199 An Betsy Usteri, 7. September 1876, 5, DQ 533.

200 An Emma Usteri, 10. Juli 1877, 4, DQ 421a.

201 Erlach 2004, S. 28. So verhielt sich ja auch die Familie Usteri-Blumer in den 1870er Jahren.

202 An Betsy Usteri, 23. Juni 1877, 5, DQ 513.

203 An Emma Usteri, 7. September 1884, 3, DQ 366.

204 An Emma Usteri, 29. Januar 1877, 4, DQ 404.

205 Viele dieser Krankheitssymptome, aber auch deren Deutungen kommen in den von Stolberg analysierten Briefen von Patientinnen und Patienten aus dem 17. und 18. Jahrhundert vor, siehe Stolberg 2003, S. 121–206; Katarrhe, Rheumatismus, Entzündungskrankheiten gehören auch nach Loetz zu den am weitesten verbreiteten Volkskrankheiten, vgl. Loetz 1993, S. 127.

206 Vgl. dazu Piller 1999, vor allem S. 216–218.

207 Nach Jütte ist die Art, wie Menschen mit ihrem Körper und dem anderer Menschen umgehen, «das Ergebnis eines dynamischen Prozesses, in dem lebensweltliche Erfahrung, Handlungsspielräume, symbolische Wirklichkeitsdeutung, Kommunikationsformen und Machtverhältnisse gleichermassen eine Rolle spielen». Siehe Jütte, Robert: Die Frau, die Kröte und der Spitalmeister. Zur Bedeutung der ethnographischen Methode für eine Sozial- und Kulturgeschichte der Medizin, in: Historische Anthropologie, 1996/2, S. 193–215, hier S. 196. Vgl. auch Roth, Zu Versuchen angespornt, 2004, S. 315 f.

208 Zur Assimilation neuer medizinischer Diskurse in Patientenbriefen siehe Stolberg, Michael: Patientenbriefe und vormoderne Medikalkultur, in: Dinges/Barras 2007, S. 23–33, hier S. 31. Die Durchmischung naturwissenschaftlicher Konzepte mit alten, tradierten Lehren wie der Humoralpathologie oder mit Naturheilverfahren hat sich bis in unsere Tage erhalten, nicht nur bei Laien wie Emilie Paravicini-Blumer, sondern auch bei Ärzten. Vgl. dazu beispielsweise Spörri, Myriam: Giftiges Blut. Menstruation und Menotoxin in den 1920er Jahren, in: Gadebusch Bondio, Mariacarla (Hg.): Blood in History and Blood Histories, Florenz 2005, S. 311–326. Zur kulturellen Bedingtheit der Wahrnehmung von Symptomen vgl. die Untersuchung des Psychiaters und Ethnologen Kleinman, Arthur: Patients and Healers in the Context of Culture. An Exploration of the Borderland between Anthropology, Medicine, and Psychiatry, Berkeley/Los Angeles/London 1980.

209 Lachmund/Stollberg 1995, S. 140.

210 An Emma Usteri, 3. Oktober 1875, 4, DQ 404.

211 Ising, Dieter: Johann Christoph Blumhardt, Leben und Werk, Göttingen 2002, S. 190 f. Der als Heiler in Möttlingen tätige Pfarrer Johann Christoph Blumhardt warnte um 1850 vor «abgöttischem Vertrauen» auf Medizin und Mediziner. Dass aber im Gegensatz zu Blumhardt, der Ärzte ablehnte, viele pietistische Theologen, die Krankheit als gottgegeben deuteten, schon im 18. Jahrhundert auf die Hilfe von Medikamenten und ärztliche Hilfe zählten, zeigt die Untersuchung von Ernst, Katharina: Krankheit und Heilung. Die medikale Kultur der württembergischen Pietisten im 18. Jahrhundert, Stuttgart 2003.

212 Lachmund/Stollberg 1995, S. 88, 109.

213 Ebd., S. 201–204; Jütte, Die Kröte, 1996, S. 214; Sarasin/Tanner 1998, S. 15 f.

214 21. Juni und 11. September 1874, 3, DQ 326 und 321.

215 An Emma Usteri, 4. September 1877, 4, DQ 430.

216 An Emma Usteri, 8. September 1879, 4, DQ 441. Eventuell war an der Universität Bern die Abgrenzung gegen die Homöopathie weniger ausgeprägt als an anderen Universitäten, da der aus einer Berner Patrizierfamilie stammende Homöopath Jakob Emanuel Niehans von 1866 bis 1871 dem Lehrkörper der medizinischen Fakultät angehörte. Vgl. Erlach 2004, S. 277.

217 An Emma Usteri, o. D., wahrscheinlich Frühjahr 1880, 3, DQ 348. Es handelt sich mit hoher Wahrscheinlichkeit um den ursprünglich aus Preussen stammenden Arzt Gerhard Krüger, der in Zürich als Arzt wirkte.

218 Erlach 2004, S. 193.

219 Privatsammlung Jenny, an Hortensia Margaretha Koller-Steinbrüchel, Glarus, 9. Januar 1836 (fälschlicherweise mit 1835 datiert); an Emma Usteri, 16. November 1879, 4, DQ 443.

220 An Betsy Usteri, Palmsonntag 1880, 2, DQ 249.

221 Unter anderem im Brief an Katharina Usteri-Blumer, Sommer 1870, zit. in von Lerber S. 272; an Betsy Usteri, 1. März 1870, 5, DQ 598; an Emma Usteri, 4, 8. September 1879, DQ 404, 3. Oktober 1875, DQ 441, 19. April 1884, DQ 497; an Emma Usteri, o. D., 3, DQ 348, 12. Juni 1884, DQ 338, 11. September 1894, DQ 321.

222 An Emma Usteri, 12. Juni 1884, 3, DQ 337; Tännler, Andreas: Die Ärztegesellschaft des Kantons

Glarus, in: Medizin und Ärzte im Glarnerland. 150 Jahre Ärztegesellschaft des Kantons Glarus, 1834–1984, Glarus 1984, S. 21–63, S. 22 ff.

223 Der Begriff Meteor wird im 19. Jahrhundert auch von Frauen als Topos im Zusammenhang mit hervorragenden Personen verwendet, manchmal mit einem leicht ironisierenden Unterton, wie hier im Brief von Emilie Paravicini-Blumer. Die Schweizer Pädagogin Rosette Niederer-Kasthofer verknüpfte den Begriff des Meteors zum einen mit den Wirkungen des Genies, zum andern mit einer Kritik an den gelehrten Frauen, «die über ihr Geschlecht und ihre Bestimmung sich erhaben glaubenden Meteore, die ihre weibliche Lebensbahn verlassen um sich eine männliche zu erkünsteln». Niederer, Rosette geb. Kasthofer: Blicke in das Wesen der weiblichen Erziehung. Für gebildete Mütter und Töchter, Berlin 1828, S. 415 f.

224 An Emma Usteri, 29. Januar 1877, 4, DQ 414.

225 Warner 1998, S. 11 f., 15 f.; Dinges, Martin: Professionalisierung homöopathischer Ärzte: Deutschland und Vereinigte Staaten von Amerika im Vergleich, in: Jütte, Robert: Medizin, Gesellschaft und Geschichte, 14/1996, Stuttgart 1997, S. 143–172, hier S. 154 f., 159–161.

226 Dinges, Martin: The role of Medical Societies in the Professionalisation of Homeopathic Physicians in Germany and the USA, in: Jütte/Risse/Woodward 1998, S. 173–197. Warner 1998. Alfred Girard kämpfte auf der Seite der Nordstaaten, und unter den Gegnerinnen und Gegnern der Sklaverei und der fortschrittlichsten Republikaner gab es eine breite Akzeptanz der Homöopathie, siehe dazu Rogers 1998, S. 38 f.

227 Albisbrunn war 1839 vom Arzt Wilhelm Brunner als erste Kuranstalt nach der Kaltwassermethode von Vinzenz Priessnitz errichtet worden. Mit der Verbindung von Schulmedizin und Kaltwasserkuren oder gar mit der Verabreichung homöopathischer Mittel antworteten Ärzte wie Brunner auf eine Nachfrage des Publikums. Vgl. Roth 1991, S. 114–119.

228 Tännler 1984, S. 36, Anm. 37. Er klagt vor allem über das schwache Vereinsleben als Folge des vorangegangenen Bruchs.

229 An Katharina Usteri-Blumer, 5. Januar 1870, zit. in von Lerber 1961, S. 272. Vgl. zur Verbindung von Homöopathie und Kaltwassertherapie als alternativer Therapieformen Lachmund/Stollberg 1995, S. 142 f.

230 Zur Biografie von Samuel Zopfi (oder auch Zopfy) vgl. Erlach 2004, S. 369–372.

231 Die Spezifiker versuchten nach Erlach, die Homöopathie und das Beste aus der damaligen Schulmedizin zusammenzuführen. Erlach 2004, S. 370.

232 Emil Schädler, zit. in Erlach 2004, S. 227. Ob Heyer effektiv zu den «reinen Hahnemannianern» zu zählen ist, muss auf Grund seiner Verbindung mit Lutze hinterfragt werden.

233 Möglicherweise ist implizit von Zopfi die Rede, wenn Emilie Paravicini-Blumer im Kontext von Krankheiten «Schwanden» erwähnt.

234 An Katharina Usteri-Blumer, zit. in von Lerber 1961, S. 271.

235 Schuler, Fridolin: Erinnerungen eines Siebenzigjährigen, Frauenfeld 1903, S. 48. Vgl. Tanner, J., 1997, S. 100 f.; Rosenberg, Charles E.: The therapeutic revolution: Medicine, meaning, and social change in nineteenth-century America, in: Rosenberg, Charles E.: Explaining Epidemics and Other Studies in the History of Medicine, Cambridge 1992, S. 9–31. Nach Rosenberg hing die Verabreichung vieler Mittel damit zusammen, dass die Praxis weit weniger verändert wurde als die Rhetorik.

236 Vgl. dazu Lachmund/Stollberg 1995, S. 207.

237 An Katharina Usteri-Blumer, 13. Mai 1871, zit. in von Lerber 1961, S. 277.

238 An Katharina Usteri-Blumer, 5. April 1871, zit. in von Lerber 1961, S. 276.

239 An Betsy Usteri, 2. April 1878, 5, DQ 526.

240 Roth, Schroths Methode, 2004, S. 107.

241 An Katharina Usteri-Blumer, zit. in von Lerber 1961, S. 277.

242 Ebd., S. 277 f.

243 Ritzmann, Iris: Die jüngsten Patienten Hahnemanns – eine analytische Studie zur Kinderpraxis in den Anfängen der Homöopathie, in: Medizin, Gesellschaft und Geschichte, 18/1999, Stuttgart 2000, S. 189–208. Auch Arthur Lutze hatte mehrere Schriften zur Heilung von Zahnschmerzen durch Homöopathie publiziert, vgl. Streuber 1996, S. 178; Jütte, Robert: Samuel Hahnemanns Patientenschaft, in: Dinges 1996, S. 23–44, hier S. 30 ff.; Konert 2004, S. 62.

244 An Katharina Usteri-Blumer, zit. in von Lerber 1961, S. 278.

245 Zu den ersten Jahren der Tätigkeit Emilie Paravicini-Blumers als Homöopathin vgl. von Lerber 1961, S. 276–279. Zum Einzug von «Gott» in die Briefe über Heilungsprozesse beziehungsweise zur Kooperation von Arzt und Gott siehe Brockmeyer 2009, S. 172–185; sie hebt heraus, dass es sich nicht um einen konfessionellen Gott, vielleicht nicht einmal um einen christlichen Gott handelte.

246 An Emma Usteri, 7. Juli 1874, 3, DQ 323.

247 Jütte, Hahnemanns Patientenschaft, 1996, S. 38; Jütte 2005, S. 225–236; Jütte, Robert: Samuel

Hahnemann und die Honorarfrage, in: Medizin, Gesellschaft und Geschichte, 18/1999, Stuttgart 2000, S. 149–167, hier S. 163–165; Brockmeyer 2009, S. 57; Faure, Olivier: Behandlungsverläufe. Die französischen Patienten von Samuel und Mélanie Hahnemann (1834–1868), in: Dinges/Barras 2007, S. 197–210. Vgl. auch Handley 1993, S. 129 ff.; Erlach 2004, S. 160–162. Es gab in den 1860er Jahren vor allem unter den Laienpraktikern auch Männer, die unentgeltlich arbeiteten, wie der als Fabrikant zurückgetretene August Zoeppritz (1833–1926) in Württemberg, siehe Wolff 1986, S. 76. Wolff verweist an derselben Stelle auf die Witwe eines Maurers und Werkmeisters, die aus einer Heidenheimer Honoratiorenfamilie stammte und in den 1870er Jahren entscheidend zur Verbreiterung und Anerkennung der homöopathischen Methode beitrug.

248 Regin 1995, S. 98 f.; Roth, Zu Versuchen angespornt, 2004, S. 315–317.

249 An Betsy Usteri, 13. Juni 1872, 5, DQ 591.

250 An Betsy Usteri, 20. Juni 1872, 5, DQ 587.

251 An Emma Usteri, 22. März 1873, 4, DQ 403.

252 An Betsy Usteri, 22. Oktober (oder Dezember) 1873, 5, DQ 574.

253 An Emma Usteri, 21. Juni 1878, 4, DQ 426.

254 Lachmund und Stollberg sprechen von «Patronagesystem», weil das Verhältnis durch den höheren Status des Patienten geprägt war. Siehe Lachmund/Stollberg 1995, S. 124.

255 Mesmer 1988, S. 58–61.

256 An Betsy Usteri, 19. Juni, 1871, 5, DQ 593.

257 Zur Entwicklung in den USA vgl. Rogers 1996, S. 273 f.

258 An Katharina Usteri-Blumer, 16. Februar 1872, zit. in von Lerber 1961, S. 279.

259 An Betsy Usteri, 19. Juni, 181, 5, DQ 593. Ähnlich verstand die erste Schweizer Schulmedizinerin, Marie Heim-Vögtlin, ihre Tätigkeit.

260 Vgl. Sebastian Brändli: Die Retter der leidenden Menschheit. Sozialgeschichte der Chirurgen und Ärzte auf der Zürcher Landschaft (1700–1850), Zürich 1990.

261 An Katharina Usteri-Blumer, zit. in von Lerber 1961, S. 277.

262 Dilettantismus und Selbststudium war für Schulz Ausdruck bürgerlicher Wertschätzung von Wissenschaft, doch waren durch die geschlechterdifferenten Ausbildungsmöglichkeiten für Frauen und Männer die Bedingungen je anders, was Schulz in diesem Zusammenhang nicht thematisiert. Siehe Schulz 2005, S. 20 f.

263 Rychner, Marianne: Profession und Werbung. Sequenzanalytische Interpretation der Selbstdarstellung eines «Gesundheitszentrums», in: Honegger/Liebig/Wecker 2003, S. 65–85, hier S. 69–71. Zum Gegensatz zwischen dem Verständnis des generalisierbaren beziehungsweise radikal individuellen Körpers siehe Sarasin 2001, S. 82; zur Unterscheidung von Gesundheit und Krankheit siehe Paul 2006, S. 131–142.

264 Wetterer 1993, S. 22–27; Bloch 2007, S. 20. Vgl. Wetter 2002, S. 295–336, insbesondere S. 295–298, 301–305, 314–317.

265 Hahnemann hatte sich gegen die selbstermächtigte Tätigkeit von Laien abgegrenzt, aber er stand selber noch in der Tradition des Mediziners als Universalgelehrter, dessen Wissen nicht von einer Institution approbiert wurde. Vgl. Brockmeyer 2009, S. 55–60.

266 Dies wäre ein Forschungsdesiderat, dessen Behebung die Erschliessung privater Quellen implizierte.

267 Vgl. Voirol 2003.

268 Lange-Mehnert, Christa: Marie Heim-Vögtlin und Franziska Tiburtius. Erste Ärztinnen im Zeitalter der naturwissenschaftlichen Medizin. Motive, Hintergründe und Folgen ihrer Berufswahl, Diss. med. Universität Münster 1989; Belser/Einsele/Gratzfeld/Schnurrenberger 1988, S. 147–152; Müller 2007; als Roman veröffentlicht wurde die Biografie der zweiten Ärztin und Allgemeinpraktikerin, siehe Keller, Rosemarie: Ich bereue nicht einen meiner Schritte. Leben und Prozess der Ärztin Caroline Farner, Zürich 2001.

269 Vgl. dazu Neumann, Daniela: Studentinnen aus dem Russischen Reich in der Schweiz (1867 bis 1914), Zürich 1987, S. 97–116; Rogger, Franziska: Der Doktorhut im Besenschrank. Das abenteuerliche Leben der ersten Studentinnen – am Beispiel der Universität Bern, Bern 1999, S. 14–18, 23–57. Das Schreiben des Berner Prorektors und Dekans der medizinischen Fakultät der Berner Universität, Christoph Theodor Aeby, vom 25. Juli 1868 an den Erziehungsdirektor Johann Jakob Kummer spricht diesbezüglich für sich: «Es hat in diesen Tagen eine Dame aus Deutschland sich zur Immatrikulation an der Hochschule gemeldet. Dieselbe gedenkt in die mediz. Facultät einzutreten. Ich bitte Sie deshalb um Anweisung, ob einem derartigen Gesuche auf Grundlage des Hochschulgesetzes zu entsprechen sei oder nicht. Im übrigen erlaube ich mir, darauf hinzuweisen, dass in Zürich seit einer Reihe von Jahren Damen zu den academischen Vorlesungen zugelassen werden u. dass vor kurzem eine Dame dort selbst ihr Doctorexamen bestanden hat.» Zit. in Rogger 1999, S. 14 f.

270 Auf die Bedeutung der Inkohärenz von Normensystemen und Institutionen für die Öffnung

von Handlungsspielräumen verweist die Mikrogeschichte. Vgl. dazu Tanner, J., 2004, S. 76. Zu den Gründen, die zur frühen Öffnung der Schweizer Universitäten für Frauen führten, siehe Neumann 1987, S. 109 f.

271 Neumann 1987, S. 11; Lange-Mehnert 1989, S. 19–25; Bankowski-Züllig, Monika: Nadezda Prokof'evna Suslowa (1843–1918) – die Wegebereiterin, in: Belser/Einsele/Gratzfeld/Schnurrenberger 1988, S. 119–125; *Rogger, Franziska*/Bankowski Monika: «Ganz Europa blickt auf uns!» Das schweizerische Frauenstudium und seine russischen Pionierinnen, Baden 2010.

272 Fritz Erismann folgte Nadeschda Suslowa nach Russland, lebte als praktizierender Arzt und Professor an der Universität in Petersburg, kehrte nach seiner politisch begründeten Entlassung später nach Zürich zurück und machte hier als einer der führenden Hygieniker Europas und als sozialdemokratischer Stadtrat Karriere. An diese Verknüpfung von politischem und medizinischem Wirken erinnert bis heute der Name der städtischen Blocksiedlung «Erismannhof» im ehemaligen Arbeiterquartier von Zürich.

273 Bloch 2007, S. 47.

274 Vgl. Lange-Mehnert 1989, S. 132–196; Bachmann, Barbara/Bradenahl Elke: Medizinstudium von Frauen in Bern 1871–1914, Diss. med. Bern 1990.

275 Dilettant und Experte sind beide Figuren des Wissens: Während der Experte ein Wissender ist, der von der *scientific community* als Mitglied akzeptiert ist, ist der Dilettant ein Wissender, der seinen persönlichen Neigungen folgt. Siehe Azzouni, Safia/Wirth, Uwe (Hg.): Dilettantismus als Beruf, Berlin 2010.

276 Diese geschlechterspezifische Differenzierung bezog sich anfänglich vor allem auf die Debatte rund um die Gelehrtheit der Frauen. Vgl. Messerli, Alfred: Gebildetes versus gelehrtes Frauenzimmer: Scheingefecht oder eigentliche Kontroverse des 17. und des 18. Jahrhunderts, Referat an der Tagung «Die lesende Frau. Traditionen, Projektionen, Metaphern im fächer- und epochenübergreifenden Vergleich», Wolfenbüttel, 22.–24. Februar 2006. Mit «Dilettantismus» in Verbindung gebracht wurden in der zweiten Hälfte des 19. Jahrhunderts allgemein Bücher lesende Frauen aus dem Bildungsbürgertum, die keinem Erwerb nachgingen und ihre Familie finanziell belasteten: «Hier leben erwachsene Töchter, dilettantisch beschäftigt mit Büchern und Noten, eine nie ruhende Sorge bejahrter Eltern», Zitat von A. Kühne aus dem Jahre 1859, zit. in Bussemer, Herrad Ulrike: Bürgerliche Frauenbewegung und männliches Bildungsbürgertum 1860–1880, in: Frevert 1988, S. 190–205, hier S. 196.

277 Vgl. dazu Roth, Sabina: «Ein Gran Thorheit». Grenzlinien der Berufskrankenpflege zu Selbsthilfe und Naturheilmethoden in der zweiten Hälfte des 19. Jahrhunderts, in: Braunschweig, Sabine (Hg.): Pflege – Räume, Macht und Alltag, Zürich 2006, S. 39–48, hier S. 44 f. Das Originalzitat aus Nightingale, Florence: Notes on Nursing. What it is, and what it is not, Edinburgh 1980, S. 109.

278 Sonderegger, Jakob Laurenz: Freiheit, Patent und Schwindel im Medizinalwesen. Versuch zur Besprechung einer sozialen Frage, St. Gallen 1871, S. 22.

279 An Katharina Usteri-Blumer, zit. in von Lerber 1961, S. 277.

280 An Katharina Usteri-Blumer, 13. Mai 1871, zit. in von Lerber 1961, S. 276 f.

281 Vgl. Sarasin 2001, S. 192–196; Brockmeyer 2009, S. 67; Labouvie 2010, S. 19 f.

282 In den USA ging mit der steigenden Zahl homöopathischer Ärztinnen die Beschwörung der Gefahr der «Verweiblichung» der Homöopathie einher, der im Gegensatz zur Schulmedizin als passive Bekämpfung der Krankheit der Verlust der heroischen Rolle der Medizin drohte. Rogers 1996, S. 274.

283 Vgl. dazu die Positionierung der ersten Ärztinnen der USA, die ihrerseits ihr Wirken als Heilen verstanden und vielfach die «sektiererische» Richtung in der Medizin wie die Homöopathie vertraten. Zur Zeit von Emilie Paravicini-Blumer wurde dieser Konkurrenzkampf in den USA registriert, wurde aber noch von politischen Auseinandersetzungen überlagert, waren doch viele Anhänger und vor allem auch Anhängerinnen der Homöopathie dem liberalen, progressiven Lager zuzuordnen, verstanden sich als Elite und engagierten sich in der abolitionistischen Bewegung, beispielsweise die Frauenrechtlerin und Autorin von «Onkel Toms Hütte», Harriet Beecher Stowe; siehe Rogers 1998, S. 35–39.

284 Zur Frage der Konstruktion von Klasse und Geschlecht siehe Burke, Peter: Was ist Kulturgeschichte?, Frankfurt am Main 2005, S. 120–122.

Kapitel III.4

1 Zu den Merkmalen der Professionalisierung siehe die Stellung der Lehrer in der Einleitung zum Kap. «Netzwerke zur Konsolidierung des Lehrerinnenseminars als öffentliche Institution und privates Unternehmen»; siehe auch Bloch 2007, S. 11–22.

2 Zur Begrifflichkeit vgl. insbesondere Wetterer 1993, S. 22–27. Nach dem systemtheoretischen Ansatz von Rudolf Stichweh, auf den sich Bloch in ihrer Einführung zur Professionalisierung der Zürcher Volksschullehrer bezieht, führte die funktionale Spezialisierung im 19. Jahrhundert zu einer Destratifikation der vormodernen Professionen. Statt einer Mehrzahl von Statusgruppen im medizinischen Bereich wie Arzt, Chirurg, Apotheker, «Quacksalber» setzte eine Homogenisierung der Professionen ein, die über die universitäre Ausbildung lief. Siehe Bloch 2007, S. 17.

3 Über die Definition, was ein «Arzt» sei beziehungsweise nicht sei, wurde schon gestritten, als die akademische Ausbildung des Arztes nur den Bereich der inneren Medizin umfasste; siehe Loetz 1998, S. 26–30.

4 Wetterer 1993, S. 22–27, bezogen auf die Frauen S. 52–59, auf deren Ausgrenzung aus der medizinischen Profession S. 59–63. Zu professionssoziologischen Konzepten und der sozialen Konstruktion der Professionen siehe Wetter 2002, S. 234–247. Zur Kritik des funktionalistischen Ansatzes in Bezug auf die Ärzte vgl. die ältere und äusserst scharfe Analyse von Huerkamp, auf die sich auch Wetterer bezieht: Huerkamp 1985, S. 14–21; Rychner 2003, S. 69–71. Zum medizinischen Deutungs- und Behandlungsmonopol der akademisch gebildeten Ärzte siehe Stolberg, Michael: Professionalisierung und Medikalisierung, in: Paul/Schlich 1998, S. 69–86. Auf die Ressourcenfrage als eine der Ursachen in der Auseinandersetzung um Professionalisierung verweist Faure, Olivier: Der Arzt, in: Frevert, Ute/Haupt, Heinz-Gerhard (Hg.): Der Mensch des 19. Jahrhunderts, Frankfurt am Main, New York 1999, S. 86–119, hier S. 86–90.

5 Ausgehend von der brillanten Analyse des Germanisten Peter von Matt lassen sich die Einflussnahme Emilie Paravicini-Blumers wie die von ihr geschilderte Verhaltensweise Schulers als Intrige deuten, auch wenn in der Folge dem Ablauf der Ereignisse nicht einfach von Matts Intrigenstruktur unterlegt werden kann. Dennoch impliziert Emilie Paravicini-Blumers planmässiges Vorgehen die Absicht, sich als Individuum zwar nicht wie bei von Matt von den göttlichen Gesetzen, aber von dem durch die traditionellen patriarchalen Machtträger definierten Gesetz zu emanzipieren und sich als autonomes Subjekt zu konstituieren. Vgl. von Matt, Peter: Die Intrige. Theorie und Praxis der Hinterlist, München, Wien 2006, S. 33 f., 118–121. In diesem Sinne strukturiert die in Gang gesetzte Intrige den «Plot», der im Sinne von Hayden Whites *metahistory* die narrative Struktur meiner Darstellung dieses Kapitels weitgehend bestimmt; siehe White, Hayden: Metahistory. The Historical Imagination in Nineteenth-Century Europe, Baltimore 1973. Ich bin mir bewusst, dass dabei zentrale Aspekte in Bezug auf Fridolin Schuler vernachlässigt werden und nur diejenigen mit einbezogen sind, die für die hier erzählte Geschichte als relevant erscheinen.

6 Tschudi-Familienarchiv in der «Wiese», Glarus. Der Brief wurde von der Historikerin Susanne Peter-Kubli im Haus Wiese 5 gesichtet und vom Historiker Christoph H. Brunner transkribiert. Den Hinweis verdanke ich der Aufmerksamkeit der Zürcher Historikerin Verena Müller, die im Frühjahr 2003 im Medizinhistorischen Institut der Universität Zürich davon erfuhr und den Kontakt zwischen mir und Brunner vermittelte.

7 An Susanne Blumer-Heer, 10. November 1873, Tschudi-Familienarchiv in der «Wiese», Glarus.

8 Ebd.

9 Diese Problematik stellte sich schon bei Hahnemann selbst seit dessen Aufsehen erregenden Behandlung des Fürsten Schwarzenberg; siehe Jütte, Robert: Nachträge und Ergänzungen zur Neuausgabe von R. Tischners «Werden der Homöopathie», in: Tischner 2001, S. 225–253, hier S. 233; siehe auch Jütte 2005, S. 152–159. Zur Zeit von Emilie Paravicini-Blumer wurde dieser Konkurrenzkampf auch im Königtum Bayern registriert, wenn auch nach 1870 die Homöopathen rasch an Bedeutung verloren, siehe dazu Stolberg, Bayern, 1996, S. 175–178. Zu den USA siehe Rogers 1998, S. 33–37. Aus vergleichender Sicht siehe Faure 1999, S. 90–94.

10 Vgl. Tanner, J., 2004, S. 151. Tanner verweist auf Ciompi 1997.

11 Schuler 1903, S. 74 f.

12 An Susanne Blumer-Heer, 10. November 1873, Tschudi-Familienarchiv in der «Wiese», Glarus.

13 Ebd.

14 Zur Frage des hier implizit angesprochenen Bedürfnisses der Patientinnen und Patienten nach Hilfe durch einen Arzt beziehungsweise durch Laienheilende siehe Wolff, Eberhard: Perspektiven der Patientengeschichtsschreibung, in: Paul/Schlich 1998, S. 311–334, hier S. 324–328.

15 An Susanne Blumer-Heer, 10. November 1873, Tschudi-Familienarchiv in der «Wiese», Glarus.

16 Buchberger, J.: Fridolin Schuler, 1. April 1832–8. Mai 1903. Arzt und Fabrikinspektor, in: Rehli, P. (Hg.): Medizin und Ärzte im Glarnerland. 150 Jahre Ärztegesellschaft des Kantons Glarus 1834–1984, Glarus 1984, S. 103–113; zum Beziehungsnetz von Schuler siehe Peter-Kubli 2000, S. 45–49.

17 Schuler 1903, S. 25.

18 Wecker 1998, S. 218.

19 Über die Körperkonzepte in der Physiologie siehe Tanner, Jakob: Fabrikmahlzeit. Ernährungs-

wissenschaft, Industriearbeit und Volksernährung in der Schweiz 1890–1950, Zürich 1999, S. 53–88, hier S. 65–71.

20 Lachmund und Stollberg sprechen von einem «eng integrierten sozialen Zusammenhang», siehe Lachmund/Stollberg 1995, S. 122.

21 Vgl. Tanner, J. 1998, 95–114. Tanner bezieht sich vor allem auf Rosenbergs «The Therapeutic Revolution». Rosenberg spricht von «shared faith». Der Prozess der Veränderung im Bereich der Erfahrung und Wahrnehmung von Krankheit wird unter dem Begriff der Medikalisierung thematisiert. Loetz betont jedoch in Abgrenzung zu Foucault, Goubert oder Frevert in ihrer Analyse zu Baden (Deutschland), dieser Prozess sei nicht nur als ein Austausch von «oben» nach «unten» zu verstehen, sondern als gesellschaftliche Wechselbeziehung. Siehe Loetz 1993, S. 260, 275–277, 280 f., 320. Vgl auch Lachmund/Stollberg 1995, S. 217–219.

22 Vgl. Sarasin/Tanner 1998, S. 23–29; Mesmer, Beatrix: Umwelthygiene als Gegenstand öffentlicher Gesundheitspflege. Genese und Begründung einer Programmatik, in: Siegenthaler, Wissenschaft, 1997, S. 35–58, hier S. 36 f.; Wolfensberger, Rolf: Vom Labor in den Haushalt, in: Mesmer (Hg.) 1997, S. 63–85, hier S. 68 f.

23 Schuler 1903, S. 25 f.

24 Mesmer, Umwelthygiene, 1997, S. 40.

25 Der Suppenwürfel wie die Erbsensuppe sollten es den Arbeiterinnen ermöglichen, ihrer Familie rasch und billig die vom Körper benötigten Proteine zuzuführen. In Zusammenarbeit mit der mächtigen philanthropischen SGG beauftragte Schuler den Fabrikanten Julius Maggi mit der Produktion. Als Produzent von Werbesprüchen für das neue Produkt engagierte Maggi unter anderen den damals in der Schweiz wohnhaften Schriftsteller Wedekind. Vgl. Tanner 1999, S. 71–73, 95; Wolfensberger, Rolf: Hülsenfrüchte, Physiologie und Sozialpolitik. Zur Rolle der Schweizer Ärzte bei der Popularisierung der experimentellen Physiologie, in: Siegenthaler, Wissenschaft, 1997, 59–75. Zur Verbreitung und medialen Aufbereitung naturwissenschaftlicher Erkenntnisse und deren Popularisierung vgl. Mesmer, Umwelthygiene, 1997, S. 36–48.

26 Vgl. Mesmer, Umwelthygiene, 1997, S. 42 ff.; Ackerknecht, Erwin H.: Rudolf Virchow. Arzt, Politiker, Anthropologe, Stuttgart 1957. Virchow war nach 1848 ins bayrische Würzburg strafversetzt, aber bereits 1856 wieder nach Berlin, ans neu gegründete pathologische Institut der Charité, berufen worden, dem er bis zu seinem Tod als Leiter vorstand. Männer wie Virchow und Ludwig verstanden sich als Begründer der naturwissenschaftlichen Medizin, da sie nach Sachse «mit der Abwendung von der spekulativen Betrachtung und der Hinwendung zur experimentellen Physiologie die kopernikanische Wende in der Medizin vollzogen hätten»; siehe Sachse, Carola: Von Männern, Frauen und Hunden. Der Streit um die Vivisektion im Deutschland des 19. Jahrhunderts, in: Naturwissenschaft und Geschlecht, historische Perspektiven, Feministische Studien, 1/2006, Stuttgart 2006, S. 9–28, hier S. 11.

27 Schuler 1903, S. 40–49. Der Frage, wie weit die Anerkennung dieses vom Kanton verliehenen Doktortitels, der eher als Berufsbezeichnung zu verstehen ist, reichte, bin ich nicht nachgegangen, doch scheint der Titel auch in späteren Jahren, während Schulers international anerkannter Tätigkeit als Pionier sozialmedizinischer Massnahmen, anerkannt worden zu sein.

28 Tännler 1984, S. 35–38. Auch in Deutschland bildete nach Stolberg die Ärzteschaft nicht einen monolithischen Block, was sich, ähnlich wie im Kanton Glarus, auf die Auseinandersetzung um die Kurierfreiheit auswirkte. Siehe Stolberg, Professionalisierung, 1998, S. 76–78.

29 Zur Standesorganisation der Schweizer Ärzte siehe Braun 1985, S. 340–343, 346–350.

30 Tännler 1984, S. 35–37.

31 Nachruf Bürgermeister Dr. Ulrich Zehnder, in: Neue Zürcher Zeitung, Feuilleton, 6. August 1877, Nr. 364.

32 Schuler 1903, S. 73.

33 Ebd., S. 62. Ulrich Zehnder war der Initiant des Zürcher Medizinalgesetzes von 1856 und übte seinen Einfluss auf die gesetzliche Regelung des Medizinalwesens auf eidgenössischer Ebene gleichermassen als Politiker, Mitglied der Standesorganisation der Ärzte wie als Präsident der SGG aus. Siehe Rickenbach, Walter: Geschichte der Schweizerischen Gemeinnützigen Gesellschaft 1810–1960, Zürich 1960, in: Schweizerische Gemeinnützige Gesellschaft 2005, S. 40 f., 88, 155, 185. Zu den Vertretern staaatlicher Interventionen gehörte auch der führende Hygieniker, der St. Galler Arzt Lorenz Sonderegger. Siehe Sarasin 2001, S. 143–146.

34 Dieser gleichstellungspolitische Ansatz wurde in der eidgenössischen Gesetzgebung von 1877 gelockert, das absolute Nachtarbeitsverbot galt nun nur noch für Frauen. Nach der Verankerung der Gleichstellung der Geschlechter in der Bundesverfassung 1981 hob im Namen der Gleichheit das Arbeitsgesetz von 1998 das strikte Nachtarbeitsverbot für Frauen in der Industrie auf. Vgl. Wecker, Regina: «Frauen dürfen unter keinen Umständen zur Nachtarbeit verwendet werden …», in: Rosa. Die Zeitschrift für Geschlechterforschung, 34/2007, Zürich 2007, S. 4–6.

35 Zu den Geschlechterimplikationen des Gesetzes im Vergleich zu dem ebenfalls von Schuler ge-

prägten schweizerischen Fabrikgesetz von 1877 vgl. Wecker, Regina: Equality for Men. Factory Laws, Protective Labour Legislation for Women in Switzerland and the Swiss Effort in International Protection, in: Wikander, Ulla/Kessler-Harris, Alice/Lewis, Jane (Hg.): Protecting Women. Labor Legislation in Europe, the United States and Australia, 1880–1920, Chigago 1995; Wecker, Regina: Zwischen Ökonomie und Ideologie. Arbeit im Lebenszusammenhang von Frauen in Basel-Stadt 1870–1910, Zürich 1997, insbesondere S. 115 ff.; Wecker, Regina/Studer, Brigitte/Sutter, Gaby: Die «schutzbedürftige Frau». Zur Konstruktion von Geschlecht durch Mutterschaftsversicherung, Nachtarbeitsverbot und Sonderschutzgesetzgebung, Zürich 2001, S. 35–44 und 53–72. Schulers Innovationsschub zeigte sich im Kanton Glarus auch in der Gründung des naturwissenschaftlichen Prinzipien der Schulmedizin verpflichteten neuen Kantonsspitals. Zur zunehmenden Hospitalisierung von Kranken im Kontext des Ausbaus des Spitalwesens und neuer therapeutischer Techniken siehe Lachmund/Stollberg 1995, S. 162–167.

36 Vgl. Tenfelde, Klaus: Schweizerische Sozialgeschichte in der Perspektive vergleichender Sozialgeschichte: ein Kommentar, in: Siegenthaler, Wissenschaft, 1997, S. 239–245, hier S. 243; Heer, Gottfried: Landammann und Bundespräsident Dr. J. Heer. Lebensbild eines republikanischen Staatsmannes, Zürich 1885; Vischer, Eduard: Dr. iur. Joachim Heer, Landammann und Bundesrat, 1825–1879, in: Stucki, Fritz/Thürer, Hans: Grosse Glarner, Glarus 1986, S. 227–238, hier S. 232; Baumgartner-Marti, Martin: Johann Jakob Blumer, Ständerat und Bundesrichter (1819–1875), in: Stucki/Thürer 1986, S. 201–210.

37 Da sich alle Historikerinnen und Historiker auf seine Autobiografie stützten, ist bis heute nicht bekannt, dass Schuler zum Teil selber die Sache ins Rollen gebracht hatte. Denn er erwähnt rückblickend nur die Anträge auf Freigabe. Widersprüche zwischen seinen «Erinnerungen» und seinen Aussagen aus früheren Jahren wurden schon von Iris Ritzmann in ihrer Analyse von Schulers Untersuchung zu den Todesursachen im Kanton Glarus von 1872–1874 bemerkt. Diese Untersuchung ist laut der Medizinhistorikerin Ritzmann in ihrer berufs- und geschlechtsspezifischen Genauigkeit einmalig. In seiner Autobiografie negiert er die ein Vierteljahrhundert früher festgestellten Aussagen über die hohe Gefährdung der Fabrikbevölkerung durch die Tuberkulose. Er lieferte damit den Gegnern einer Reduzierung der Arbeitszeit ein wichtiges Argument. Vgl. Ritzmann, Iris: Tod im Kanton Glarus. Die Auswertung der Glarner Totenscheine der Jahre 1872–1874 durch Fridolin Schuler, in: Siegenthaler, Wissenschaft, 1997, S. 203–217, hier S. 213.

38 Noch Benjamin Adler bezieht sich in seiner Dissertation von 2006 zur Landsgemeinde in Schwyz mehrfach auf Johann Jakob Blumers zweibändiges Werk aus den Jahren 1850–1859. Vgl. Adler 2006, unter anderem S. 9–28; Blumer, Johann Jakob: Staats- und Rechtsgeschichte der schweizerischen Demokratie oder der Kantone Uri, Schwyz, Unterwalden, Zug und Appenzell, 2 Teile, St. Gallen 1850 und 1858.

39 Joachim Heer und Johann Jakob Blumer waren überdies Cousins. In den verschiedenen Behörden mit exekutiven Funktionen durften zwei eng verwandte beziehungsweise verschwägerte Männer nicht gleichzeitig Einsitz nehmen, Landammann und Ständerat waren jedoch je anderen politischen Gewalten zugeordnet, der Glarner Exekutive zum einen, der eidgenössischen Legislative zum andern, und das später von Johann Jakob Blumer besetzte Amt des Präsidenten des Bundesgerichts der eidgenössischen Jurisdiktion. Stauffacher, H. R., 1989, S. 241.

40 Buchberger 1984, S. 107 f. Wie Fridolin Schuler hatte Joachim Heer in Berlin studiert, jedoch nicht bei den fortschrittsorientierten Naturwissenschaftlern, sondern bei den konservativ orientierten und staatstreuen Exponenten Franz Leopold von Ranke, Friedrich Karl von Savigny und Friedrich Julius Stahl. Zu Landammann Joachim Heer und seiner Beziehung zu Fridolin Schuler siehe Vischer 1983, S. 117–126; zu Joachim Heer und seinen Schwestern Katharina und Susanna vgl. Brunner 2004, S. 379, 497. Neben Heer, Blumer und Schuler waren auch der Arzt und Politiker Niklaus Tschudi sowie Pfarrer Bernhard Becker aus Linthal an der Ausarbeitung beteiligt. Letzterer hatte 1858 die Lebensbedingungen in der Textilindustrie in einer Schrift dargestellt und die Fabrikanten zur Verantwortung ermahnt. Siehe Becker 1858/1990, insbesondere die Einführung von Schiedt S. xx–xxvi.

41 Jung 2006, S. 96 f.

42 Von Matt 2006, S. 33.

43 LaGl, Protokoll des Polizei-Gerichts, XIV/2, 23. März 1866–19. August 1876, S. 358, § 1.

44 Vgl. Hacker, Hanna: Zum Begriff der Transgression. Historische Ansätze und Überschreitung, in: L'Homme, 2002/2, S. 224–233. Hacker nutzt den Begriff der Transgression für ihre Forschung im viel radikaleren Kontext von Gewalt. Der Begriff scheint mir dennoch auch in diesem Falle anwendbar. Siehe Hacker, Hanna: Gewalt ist: keine Frau oder eine Geschichte der Transgressionen, Königstein im Taunus 1998. Inspirierend, wenn auch nicht direkt übertragbar war für mich dabei Hackers Verweis auf die Bedeutung der Grenze in Foucault, Michel: Préface à la transgression, in: Critique 195–196, août–septembre 1963, S. 751–769, aber auch auf Hooks, Bell: Teaching

to transgress, education as the practice of freedom, New York 1994, in: L'Homme, 2002/2, S. 226 f., 232. Der Begriff «Transgression» gewann vor allem in Anlehnung an Foucault und im Gefolge von Judith Butler in den feministischen Theoriedebatten der letzten zwei Jahrzehnte in Bezug auf die Konstruktion von Geschlecht und der Transsexualität, aber auch im Gefolge der Rezeption von Luce Irigaray und Julia Kristeva in Bezug auf das Sprechen und Schreiben an Bedeutung, Debatten, auf die ich hier nicht eingehe.

45 Briefe an Emma Usteri, 28. März 1874, 3, DQ 331.

46 Briefe an Betsy Usteri, 5. April 1874, 5, DQ 565.

47 Briefe an Emma Usteri, 28. März 1874, 3, DQ 331.

48 Briefe an Betsy Usteri, 5. April 1874, 5, DQ 565.

49 Ebd.

50 Ebd. Von Lerber verbindet das Haus Herrenweg fälschlicherweise mit dem Haus von «Frau Major», der Witwe von Heinrich Trümpy-Oertli. Siehe von Lerber 1961, S. 288.

51 Stauffacher, H. R., 1989, S. 63, 87, 140, 143 f., 147. Zur Glarner Landsgemeinde allgemein vgl. Stauffacher, Werner: Die Versammlungs-Demokratie im Kanton Glarus. Ein Beitrag zur Kenntnis der glarnerischen Landsgemeinde und Gemeindeversammlungen, Glarus 1964. Zur Kultur der Landsgemeinde im 19. Jahrhundert vgl. Adler 2006.

52 Stauffacher, H. R., 1989, S. 58, 62, 240 f.; Vischer, Eduard: Glarus und seine Landsgemeinde, in: Vischer 1983, S. 45–68, hier S. 61.

53 Stauffacher, H. R., 1989, S. 242.

54 Vgl. Winteler 1954, S. 385 ff.; Davatz 1980, S. 166 ff.

55 Briefe an Betsy Usteri 5, 18. Dezember 1873.

56 Neue Glarner-Zeitung, 12. Februar 1874.

57 Ebd.

58 Neue Glarner-Zeitung, 17. Februar 1874.

59 Ebd.

60 Neue Glarner-Zeitung, 28. Februar 1874.

61 Ebd.

62 Ebd.

63 Witschi 1993, S. 15.

64 Neue Glarner-Zeitung, 28. Februar 1874.

65 Nach Vischer war Heer der «letzte Vertreter» der von ihm nach Max Weber «Honoratiorendemokratie» genannten Dominanz der alten Elite; siehe Vischer, Heer, 1986.

66 Tännler 1984, S. 28–31.

67 LaGl, Landraths-Protokoll vom 19. Januar 1870 bis 10. Dezember 1876, XI 5, 11. März 1874, Freigebung der medicinischen Praxis, S. 342–348, § 227, hier S. 345.

68 Ebd.

69 Neue Glarner-Zeitung, 21. März 1874.

70 Ebd.

71 Ebd. Die gleichen Argumentationsstränge für und wider die Anerkennung alternativer Heilmethoden zeigen sich noch in den gegenwärtigen Auseinandersetzungen.

72 Neue Glarner-Zeitung, Einsender, 28. Februar 1874.

73 Zu den Anfängen der ärztlichen Berufsorganisation in Deutschland, deren gesundheitspolitischen Ansprüchen, der Einführung der «Kurierfreiheit» von 1869 im Norddeutschen Bund und 1871 im Deutschen Reich sowie der Grenzziehung zwischen akademisch gebildeten Ärzten und Laienheilern nach der Reichsgründung vgl. Huerkamp 1985, S. 241–264; Schweickardt, Christoph: Zur Geschichte des Gesundheitswesens im 19. und 20. Jahrhundert, in: Schulz, Stefan/Steigleder, Klaus/Fangerau, Heiner/Paul, Norbert W. (Hg.): Geschichte, Theorie und Ethik der Medizin. Eine Einführung, Frankfurt am Main 2006, S. 155–164, hier S. 158. Zu den Strukturmerkmalen in Deutschland vor der Reichsgründung siehe Huerkampf, Claudia: Die preussisch-deutsche Ärzteschaft als Teil des Bildungsbürgertums. Wandel in Lage und Selbstverständnis vom ausgehenden 18. Jahrhundert bis zum Kaiserreich, in: Conze/Kocka 1985, S. 358–387, hier S. 376–379. Zum Kampf der Ärzte gegen die Kurpfuscher siehe Regin 1996, S. 50–58; Jütte, Robert: The Paradox of Professionalisation. Homeopathy and Hydropathy as Unorthodoxa in Germany in the 19th and early 20th Century, in: Jütte/Risse/Woodward 1998, S. 65–88, hier S. 78–80. Zum Zugang der Frauen zum ärztlichen Beruf in Deutschland, der Einführung der «Kurierfreiheit» von 1871 sowie der Bedeutung der Universitäten Zürich und Bern siehe Bleker 2000, S. 12–34. Mit dem Ausschluss der Frauen vom Arztberuf sollte dem möglichen Prestigeverlust dieser Profession entgegengewirkt werden, nachdem die Ärzte 1871 gegen ihren Willen den Gewerbetreibenden gleichgestellt worden waren.

74 Huerkamp 1985, S. 256 f.

75 LaGl, Landraths-Protokoll vom 19. Januar 1870 bis 10. Dezember 1875, XI 5, 11. März 1874, Freigebung der medicinischen Praxis, S. 342–348, § 227, hier S. 347.
76 Neue Glarner-Zeitung, 28. Februar, 10., 14, 17., 21. März 1874.
77 Neue Glarner-Zeitung, 17. März 1874.
78 Ebd.
79 Neue Glarner-Zeitung, 10. März 1874.
80 Ebd.
81 Ebd.
82 Briefe an Betsy Usteri 5, 16. März 1874, 5, DQ 566.
83 Ebd.
84 Neue Glarner-Zeitung, 5. Mai 1874.
85 Ebd.
86 Neue Glarner-Zeitung, 7. Mai 1874. Im Protokoll der Landsgemeinde werden wohl die Anträge und deren Begründung sowie die Beschlüsse protokolliert, nicht aber die Diskussion, siehe LaGl, Landsgemeinde-Protokoll von 1873 bis 1888, IX 4, 20, Freigebung des ärztlichen Berufes, S. 125 ff.
87 Neue Glarner-Zeitung, 17. Februar, 7. Mai 1874.
88 Dass es an der Glarner Landsgemeinde zu überraschender Dynamik kommen kann, zeigte sich auch am ersten Sonntag im Mai 2006, als gegen den von den Behörden eingebrachten Vorschlag einer Verkleinerung der Zahl der zahlreichen Gemeinden auf zehn der Ad-hoc-Antrag eines Teilnehmers auf Zusammenschluss zu nur drei Gemeinden sich knapp durchsetzte.
89 Schuler 1903, S. 55 ff. Er war intensiv an der Ausarbeitung des eidgenössischen Fabrikgesetzes von 1877 beteiligt. Er übergab seine Praxis einem Neffen und übernahm das Amt des ersten schweizerischen Fabrikinspektors. Er wurde zu einem international respektierten Experten für Arbeiterschutz und Bevölkerungswohlfahrt. Vgl. Lemmenmeier, Max: Aufgaben und Einfluss eines Fabrikinspektors. Das Beispiel Fridolin Schulers, in: Siegenthaler, Wissenschaft, 1997, S. 155–174. Schuler war zudem 1877 Initiant des bereits erwähnten neuen Kantonsspitals. Die Landsgemeinde nahm ihren Entschluss zur Freigabe in den 1920er Jahren zurück.
90 Ähnlich präsentierte sich die Situation nicht einmal zehn Jahre später im Kanton Baselland, wo der von den Schulmedizinern geprägte Sanitätsrat die «Kurpfuscherei» per Gesetz verbieten wollte, was eine Bewegung zur «Freigebung der Medizin» auslöste, die gegen den Willen der Behörden und der Ärzte 1886 von den Stimmbürgern an der Urne gutgeheissen wurde. Die Befürworter der Freigabe rekrutierten sich 1880 aus dem Umfeld des Laienhomöopathen Peter Rickenbacher aus Zeglingen und der Naturheilkundigen Margaretha Bühler aus Liestal und 1886 aus dem Umfeld des Grütli-Vereins. Die Argumentationen der Befürworter und Gegner der Freigabe waren die gleichen wie im Kanton Glarus. Vgl. Epple-Gass, Ruedi: «Sanitätsgesetze sind nicht die starke Seite des Volkes!» oder: Zugriff und Widerstand, in: Gesund und krank (Baselbieter Heimatbuch, Bd. 19), Liestal 1993, S. 121–144, hier S. 122–125 und 128–135.
91 LaGl, Glarner Genealogiewerk, Glarus, Paravicini-Capelli, Nr. 26, S. 24.
92 Brief vom Mai 1874 an Emma Usteri in Zürich, zit. in von Lerber 1961, S. 288.
93 Es ist unklar, wie häufig Arme überhaupt ärztliche Hilfe in Anspruch nahmen, ebenso unklar ist das Ausmass der Inanspruchnahme der Hilfe von Laien und Personen, die von den Ärzten der «Kurpfuscherei» und «Quacksalberei» bezichtigt wurden, sowie die Höhe der dafür verlangten Entschädigung; siehe Loetz 1998, S. 31–33; Stolberg, Probleme, 1998, S. 51 f.
94 Schuler 1903, S. 49. Nach Freverts Untersuchung begann diese Opposition bereits im 18. Jahrhundert, vgl. Frevert, Ute: Frauen und Ärzte im späten 18. und frühen 19. Jahrhundert – zur Sozialgeschichte eines Gewaltverhältnisses, in: Kuhn, Annette/Rüsen, Jörn (Hg.): Fachwissenschaftliche und fachdidaktische Beiträge zur Sozialgeschichte der Frauen vom frühen Mittelalter bis zur Gegenwart (Geschichtsdidaktik, Bd. 8; Frauen in der Geschichte, Bd. 2), Düsseldorf 1982, S. 177–210, hier S. 191–197. Loetz sieht in ihrer gut zehn Jahre jüngeren Untersuchung zu Baden (Deutschland) das Verhältnis zwischen Ärzten und Hebammen nicht als unversöhnlich, sondern als ambivalent, siehe Loetz 1993, S. 184–187, 259–262, 293 f.
95 Neue Zürcher Zeitung: Dorothea Trudel von Männedorf vor dem Zürcher Obergerichte (Bewilligte Separatausgabe des Feuilletons der N.Z.-Ztg), o. J.; Aus der Obergerichts-Verhandlung im Prozess der Jungfrau Dor. Trudel in Männedorf den 13. November 1861, Im Auftrage derselben stenographiert v. J. K. Däniker, Lehrer der Kurzschrift, Autographie von J. J. Hofer, Lithograph in Zürich, Eigenthum von J. K. Däniker, 12. Dezember 1861, Fotokopie der handgeschriebenen Transkription in der Zentralbibliothek Zürich. Die Gerichtsakten selber habe ich nicht berücksichtigt. Samuel Zeller, der Nachfolger und erste Biograph von Dorothea Trudel, berief sich sehr selektiv auf die in Männedorf archivierten Materialien. Diese hat Jürgen Seidel in seinen Beiträgen zu Dorothea Trudel ausgewertet. Vgl. Zeller, Samuel (Hg.): Aus dem Leben und Heimgang der Jungfrau Dorothea Trudel von Männedorf, Stuttgart 1862; Seidel, J. Jürgen: Dorothea Trudel

(1813–1862) von Männedorf und die Erweckungsbewegung im Zürcher Oberland, in: Zürcher Taschenbuch auf das Jahr 2005, Zürich 2004, S. 175–200; Seidel, J. Jürgen, Dorothea Trudel (1813 bis 1862), Leiterin der «Gebets-Heilanstalt» von Männedorf, in: Zimmerling, Peter (Hg.): Evangelische Seelsorgerinnen. Biografische Skizzen, Texte und Programme, Göttingen 2005, S. 175–194.

96 Unter Zehnders Ägide wurde der bekannte Kliniker Johann Lukas Schönlein als Professor an die Universität Zürich geholt. Zehnder war entscheidend an der Standesorganisation der Ärzte auf kantonaler und eidgenössischer Ebene beteiligt, von 1841 bis 1851 fungierte er als Präsident der Medizinisch-chirurgischen Gesellschaft des Kantons Zürich. Siehe dazu Nachruf Bürgermeister Dr. Ulrich Zehnder, in: Neue Zürcher Zeitung, Feuilleton, 6. August 1877, Nr. 364; Geschichte des Kantons Zürich 1994, S. 96.

97 Vgl. Geschichte des Kantons Zürich 1994, S. 145–152.

98 Zit. nach Neue Zürcher Zeitung, Separatausgabe, o. J., S. 1.

99 Ebd., S. 2 f.

100 Zeller, Konrad: Dorothea Trudel von Männedorf, Lahr-Didlingen 1971, S. 41–46, 54, 56–61, 65 f.

101 Ising, Dieter: Johann Christoph Blumhardt. Leben und Werk, Göttingen 2002, S. 228 f.; Ising, Dieter: Der politische Blumhardt. Von der 1848er Revolution bis zum Deutsch-Französischen Krieg 1870/71, Referat gehalten am Symposion des Vereins für württembergische Kirchengeschichte und der Evangelischen Akademie Bad Boll: Johann Christoph Blumhardt (1805–1880), Leben – Werk – Wirkungen, 7. bis 9. Oktober 2005, Manuskript, S. 2–9. Zur Aufklärung im Sinne des «Willens zum Wissen» im 19. Jahrhundert siehe Sarasin 2001, S. 121.

102 Blumhardt deutet die Heilung als Sieg Jesu über den Dämon/Satan. Robert Jütte ordnet denn auch Blumhardts Möttlinger Erfolg dem Bereich «Exorzismus» zu. Jütte, Geschichte, 1996, S. 82 und 88 f.; Blumhardt, Christoph Johann: Die Krankheitsgeschichte der Gottliebin Dittus, 6. Auflage, Hamburg 1950; Blumhardt, Christoph Johann: Gesammelte Werke, Reihe I, Bd. 1: Der Kampf in Möttlingen, Texte, unter Mitarbeit von Paul Ernst hg. von Gerhard Schäfer, Göttingen 1979, S. 32–88, 93–118. Vgl. Ising 2002, S. 148–170; Ising, Dieter: Heilung der Gottliebin Dittus, in: Weib und Seele. Frömmigkeit und Spiritualität evangelischer Frauen in Württemberg. Katalog zur Ausstellung im Landeskirchlichen Museum Ludwigsburg vom 16. Mai 1998 bis 8. November 1998, Ludwigsburg 1998, S. 97–102.

103 Mattmüller, Markus: Zur Wirkungsgeschichte der beiden Blumhardt in der Schweiz, in: Günther, Walther/Schäfer, Gerhard (Hg.): Johann Christoph Blumhardt. Leuchtende Liebe zu den Menschen. Beiträge zu Leben und Werk, Stuttgart 1981, S. 99–107.

104 Hebeisen 2005, S. 62.

105 Ising 2005, S. 7. Es ist hier anzumerken, dass sich sein Sohn Johann Christoph Blumhardt (der Jüngere, 1842–1919), ohne sich vom Wirken seines Vaters zu distanzieren, der Sozialdemokratie zuwandte und zu den Begründern des religiösen Sozialismus zählt. Er hat den Schweizer Theologen und Pazifisten Leonhard Ragaz und den Arbeiterpfarrer Howard Eugster-Züst entscheidend geprägt. Vgl. Mattmüller, Markus: Leonhard Ragaz und der religiöse Sozialismus: eine Biographie, 2 Bände, Zollikon 1957–1968; Buess, Eduard/Mattmüller, Markus: Prophetischer Sozialismus. Blumhardt – Ragaz – Barth, Freiburg im Uechtland 1986.

106 StAZH, Nachlass Werdmüller, X 168.2 A, Briefe an Pfr. Otto Anton Werdmüller, 1812–1862, Marie Werdmüller an ihre Eltern und Schwestern, 20. Juli 1859, 27. Juli 1860, 2. Oktober 1862, 21. Juli 1878. StAZH, Nachlass Werdmüller, X 168.3 F, Briefe an Magdalena Werdmüller, 1826–1863, Tagebuch über einen Aufenthalt in Bad Boll, Juli 1860, von Magdalena und Auguste Werdmüller. Zu den Werdmüller-Schwestern vgl. Joris/Witzig 1994, S. 300.

107 Vgl. Joris, Elisabeth: Ein Prozess als Angelpunkt. Zur Biografisierung der pietistischen Heilerin Dorothea Trudel, in: Gleixner/Hebeisen 2007, S. 233–252. Veröffentlicht beziehungsweise überschrieben oder in ihr Werk eingearbeitet wurde ihr erzähltes Leben in Trudel, Dorothea: Eine Mutter. Eine wahre Geschichte, Stuttgart o. J.; Neue Zürcher Zeitung, Separatausgabe, o. J.; Zeller, Samuel (Hg.): Aus dem Leben und Heimgang der Jungfrau Dorothea Trudel von Männedorf, Stuttgart 1862; Vinet, Mme: Dorothée Trudel, Lausanne 1890; Secrétan, Charles: Dorothée Trudel de Maennedorf, art. paru dans le Chrétien Evangélique de la Suisse Romande, Nachdruck bei Bridel, o. J.; Rayroux, Edouard: Dorothée Trudel 1813–1862. Les Méthodes de quelques guérisseurs par la foi. Thèse présentée à la faculté de théologie protestante de Montauban en juillet 1902, Cahors 1902; Locher, Lydia: Dorothea Trudel 1813–1862, Zürich, Leipzig, Stuttgart, Wien 1930, Sonderdruck aus: Schweizer Frauen der Tat, Bd. 1, Zürich, Leipzig, Stuttgart 1929, S. 229 bis 249; Zeller, Konrad: Dorothea Trudel von Männedorf, Lahr-Didlingen 1971. Auch der Zürcher Dozent Jürgen Seidel beruft sich in seinen Porträts von Dorothea Trudel verschiedentlich auf Trudel zugeschriebene Selbstzeugnisse, verarbeitete aber auch zahlreiche Akten aus den Gerichtsverfahren, die im Bibel- und Erholungsheim in Männedorf archiviert sind. Siehe Seidel 2004; Seidel 2005.

108 Zur Bedeutung der individuellen Heilsgeschichte für das pietistische Subjekt vgl. Gleixner, Ul-

rike: Pietismus und Bürgertum. Eine historische Anthropologie der Frömmigkeit, Württemberg 17.–19. Jahrhundert (Bürgertum. Neue Folge. Studien zur Zivilgesellschaft, hg. von Manfred Hettling und Paul Nolte, Bd. 2), Göttingen 2005.

109 Däniker 1861, S. 10.

110 Die Darbysten oder Plymouth-Brüder waren eine Bewegung, die 1827 vom Engländer John Nelson Darby (1800–1882) als freikirchliche Gemeinschaft ohne Ämter mit chiliastischen Zügen gegründet wurde und sich über Lyon und die Dissidenten der Westschweizer Erweckungsbewegung («Réveil») auch in der Schweiz und in Deutschland ausbreitete. Vgl. Seidel 2004, S. 184 f. Radikale Kritik an Darby, seiner Körper- und Sexualfeindlichkeit sowie an seinem Einfluss auf die heutige evangelikale (Pfingst-)Bewegung in den USA übt die Publizistin Barbara Victor. Vgl. Victor, Barbara: Beten im Oval Office. Christlicher Fundamentalismus in den USA und die internationale Politik, München, Zürich 2005.

111 Je nach Lebensbericht heisst es einmal vier, ein anderes Mal fünf.

112 Zur Gebetsheilung vgl. Zimmerling, Peter: Die charismatischen Bewegungen. Theologie – Spiritualität – Anstösse zum Gespräch, Göttingen 2000, S. 151–157.

113 Auf diese Lebensberichte beziehen sich 1862 ihr Nachfolger als Leiter der Anstalt in Männedorf, Samuel Zeller, und 1971 dessen Grossneffe Konrad Zeller. Siehe Zeller, S., 1862, S. 11–15; Zeller, K., 1971, S. 34–38. Auch die im Feuilleton der «Neuen Zürcher Zeitung» erschienene Berichterstattung zitiert ausgiebig aus dem Schreiben der Trudel, ebenso aus dem bezirksgerichtlichen Verhör, vgl. Neue Zürcher Zeitung, Separatausgabe, o. J., S. 5–8.

114 Jak. 5, 14 f. und Mark. 16, 18; Zeller, S., 1862, S. 12; Zeller, K., 1971, S. 35. Bei Blumhardt heisst es: «Namentlich dürfen sie beten, dürfen auch für sich beten lassen, was daraus hervorgeht, dass der Heiland bei Seinem Abschied sagt: ‹Auf die Kranken werden sie die Hände legen, und es wird ihnen besser gehen.› [Markus-Evangelium, E. J.] Demgemäss sagt auch Jakobus: ‹Ist jemand krank, so lasse er die Ältesten über sich beten.›» Zit. in Blumhardt, Christoph Johann: Seelsorge. Glaubensfragen, Briefe, Gebete, Lieder, ausgewählt von Otto Bruder, neu hg. von Wolfgang J. Bettner, 2. Auflage, Zürich 1991, S. 125, und in: Evangelisches Kirchenblatt, zunächst für Württemberg, 1845, Möttlingen, Mitteilung von Pfarrer Blumhardt, in: Blumhardt, Christoph Johann: Gesammelte Werke, Reihe I, Bd. 1: Der Kampf in Möttlingen, Texte, unter Mitarbeit von Paul Ernst hg. von Gerhard Schäfer, Göttingen 1979, S. 32–88, 93–118, hier S. 109. Bei Jütte wird die Stelle aus Jak. 5, 14–16 etwas anders zitiert: «Ist jemand krank, der rufe um sich die Ältesten der Gemeinde und lasse sie über sich beten und salben im Namen des Herrn. Und das Gebet des Glaubens wird dem Kranken helfen, und der Herr wird ihn aufrichten.» Zit. in Jütte, Geschichte, 1996, S. 91.

115 In der Familie Dändliker von Hombrechtikon gab es neben weltlich ausgerichteten Männern wie dem hier erwähnten Neffen von Dorothea Trudel auch äusserst fromme Vertreter. Ob dieser wenig fromme Neffe aber mit Friedrich Dändliker, dem Hausvater des ersten Schweizer Diakonissenhauses, verwandt war, habe ich nicht verifiziert. Friedrich Dändliker war der Ehemann von Sophie von Wurstemberger, der Gründerin des Diakonissenhauses in Bern. Er war Sohn eines wohlhabenden Guts- und Rebbesitzers aus Hombrechtikon und soll erst nach einem Erweckungserlebnis in einer Herrnhuter Gemeinde zu Gott gefunden haben. In der Folge war er ein sehr aktives Mitglied der evangelischen Bewegung in der Schweiz. Eine Verwandtschaftsbeziehung zur Schwester von Dorothea Trudel wäre möglich, gehörte doch Friedrich Dändliker wie ihr Schwager und ihr Neffe zu den Wohlhabenden von Hombrechtikon.

116 Zit. in Zeller 1862, S. 12.

117 Jahre nach ihrem Tod kaufte Betsy Meyer (Tochter) ein weiteres Haus in der Umgebung dazu, das inzwischen dem Ausbau der Strasse zum Opfer gefallen ist. Siehe von Orelli, Bertha: Betsy Meyer, in: Schweizer Frauen der Tat, Bd. 2, Zürich, Leipzig, Stuttgart 1929, S. 1–47, hier S. 31–35. Die drei noch von Dorothea Trudel erstandenen Häuser fungieren heute noch als Bibel- und Erholungsheim.

118 Zeller, K., 1971, S. 39–47.

119 Schaffhauser Kantonsgeschichte des 19. und 20. Jahrhunderts, Bd. 3, Schaffhausen 2002, S. 1607.

120 Zeller, K., 1971, S. 47–55.

121 Vgl. Kuhn 2002. In Beuggen oberhalb Badisch-Rheinfelden gründete Christian Heinrich Zeller, der Vater von Samuel Zeller, 1817 im Auftrag der Basler Christentumsgesellschaft die «Freywillige Armenschullehrer- und Armenkinderanstalt», die auch als «Rettungshaus für verwahrloste arme Kinder» bekannt war.

122 Vinet, 1890, S. 45.

123 Seidel 2004, hier S. 194.

124 Griesinger, Wilhelm: Die Pathologie und Therapie der psychischen Krankheiten, Stuttgart 1845.

125 Griesinger, Wilhelm: Infectionskrankheiten, in: Virchow, Rudolf (Hg.): Virchow's Handbuch der speciellen Pathologie und Therapie, Erlangen 1857.
126 Bei der Eröffnung der Klinik «Burghölzli» war jedoch Griesinger bereits nicht mehr in Zürich, da er 1864 als Professor an die Charité in Berlin berufen worden war. Vgl. de.wikipedia.org/wiki/Wilhelm_Griesinger, Zugriff 19. Juni 2007.
127 Neue Zürcher Zeitung, Feuilleton, 7. August 1877, Nr. 366.
128 Seidel 2004, S. 194.
129 Zit. in Zeller, S., 1862, S. 14.
130 Zeller, S., 1862, S. 14 f.
131 Meines Wissens gehört er nicht zur engeren Verwandtschaft von Dorothea Trudel.
132 Seidel 2004, S. 195.
133 Neue Zürcher Zeitung, Separatausgabe, o. J., S. 8–10.
134 Ebd., S. 2.
135 Ebd., S. 3.
136 In der Verteidigungsrede verweist Spöndlin explizit auf seine Bekanntschaft mit Blumhardt. Vgl. Däniker 1861, S. 7. Zu persönlichen Begegnungen kam es auch später, besuchte doch Blumhardt Spöndlin in Zürich, vgl. Blumhardt, Christoph Johann: Gesammelte Werke, Reihe III, Bd. 5: Bad Boller Briefe 1852–1880, Texte, hg. von Dieter Ising, Göttingen 1999, Brief 2936, Blumhardt an seine Frau Doris, Zürich 14. Februar 1865, S. 407 f. Zu Spöndlin vgl. Hadorn, Wilhelm: Geschichte des Pietismus in der Schweizerischen Reformierten Kirche, Konstanz, Emmishofen 1901, S. 481.
137 Zehnder 1948, S. 75–82; Geschichte des Kantons Zürich 1994, S. 67–69; Brändli 1990, S. 379 ff.; Mörgeli, Christoph: Ärzte als Vorkämpfer des politischen Liberalismus. Zum Anteil der Mediziner an der modernen Schweiz, in: Neue Zürcher Zeitung, 28. Februar/1. März 1987, S. 69. Auch Blumhardt hatte die bibelkritische Auslegung von Jesus als historischer Person bekämpft und wurde wegen seiner Tätigkeit als Heiler in der liberalen Presse heftig attackiert. Vgl. dazu Ising 2002, S. 228–230.
138 Däniker 1861, S. 3.
139 Ebd.
140 «[...] mit ihm hält im Kirchenregiment der Pietismus seinen Einzug», zit. in Staehelin, Ernst (Hg.): Die Christentumsgesellschaft in der Zeit von der Erweckung bis zur Gegenwart. Texte aus Briefen, Protokollen und Publikationen, Basel 1974, S. 84 f.; Ising 2002, S. 241 und 400; Ising 2005, S. 2–9. Die Erziehungsanstalt Hofwil für Söhne höherer Stände war vom Berner Patrizier und Reformpädagogen Philipp Emanuel von Fellenberg als Gegenstück zu Pestalozzis Anstalt in Yverdon gegründet worden.
141 Neue Zürcher Zeitung, Separatausgabe, o. J., S. 11. Darauf Bezug nehmend Locher 1930, S. 21. Kapff selber ist ein entschiedener Befürworter der christlich-religiös verankerten konstitutionellen Monarchie. Ising 2002, S. 344.
142 Charles Secrétan, der Trudel in Männedorf besuchte, ist neben Alexandre Vinet einer der profilierten Vertreter der Westschweizer Erweckungsbewegung. Er studierte bei Friedrich Wilhelm Schelling in Württemberg und war in den 1830er Jahren Assistent von Vinet in Basel. Ab 1866 lehrte er Naturrecht an der Universität Lausanne und war befreundet mit Louis Bridel, Rechtsprofessor an der Universität Genf, aus der Familie Georges Bridel in Lausanne, in deren Druckerei Secrétans Schrift zur Trudel gedruckt wurde. Vgl. Secrétan, o. J. Blumhardt seinerseits bewunderte den Westschweizer «Réveil», dessen Ausstrahlung er auf seinen Reisen kennengelernt hatte. Ising 2002, S. 344.
143 August Tholuck gilt als Vordenker der Erweckungsbewegung in Deutschland, vgl. Jung, Martin H.: Erweckungsbewegungen des 19. Jahrhunderts, in: Franckesche Stiftungen (Hg.): Hoffnung besserer Zeiten. Philipp Jakob Spener (1636–1705) und die Geschichte des Pietismus, Halle 2005, S. 103–112, hier S. 105, 107–110; Friedrich 2006, S. 160 f.
144 Däniker 1861, S. 10.
145 Ebd., S. 11.
146 Ebd., S. 7.
147 Geschichte des Kantons Zürich 1994, S. 131 f., 140–142. Das «Allgemeine Staatsrecht» von Bluntschli erschien erstmals 1852 und wurde in der Folge immer wieder aufgelegt. Bluntschli selber ist eher dem liberal-konservativen Flügel zuzurechnen. Seine dominante Position wurde daher von konservativen evangelischen Kreisen rückblickend als «Unglück für die Bewegung» gewertet, da er nicht der geeignete Mann gewesen sei, «um den stürmischen Eifer seiner Anhänger in einen tiefergehenden heilsamen Anstoss umzuwandeln». Vgl. Hadorn 1901, S. 478–481. Für die Rechtshistorikerin Majer gilt Bluntschli, «der berühmte Heidelberger Jurist», als «engagierter Liberaler» und Verbündeter der Frauen und der Frauenvereine. Siehe Majer 2008, S. 138.

148 Zehnder 1943, S. 75–82. Anlass zum Septemberputsch gab der Entscheid der liberalen Zürcher Regierung, David Strauss als Professor der Theologie an die Universität Zürich zu berufen, dessen bibelkritische Interpretation des «Leben Jesu» den pietistischen Erlösungsgedanken in seinen Grundfesten in Frage stellte. Vgl. Weinmann, Barbara: Eine andere Bürgergesellschaft. Klassischer Republikanismus und Kommunalismus im Kanton Zürich im späten 18. und 19. Jahrhundert, Göttingen 2002, S. 271–282, insbesondere S. 278. Zehnder war als Mitglied des Erziehungsrats ein entscheidender Befürworter der Berufung von Strauss, siehe dazu Neue Zürcher Zeitung, Feuilleton, 3. August 1877, Nr. 360.
149 Däniker 1861, S. 12 f.
150 Ebd., S. 10.
151 Ebd., S. 11.
152 Ebd., S. 14.
153 Ebd.
154 Ebd., S. 15 f.
155 Ebd., S. 16.
156 Zeller, K., 1971, S. 47 und 61. Namentlich erwähnt wird bei Zeller lediglich Anna Weber. Die Liste der Kranken konnte ich nicht einsehen, ob sie erhalten ist, wäre nachzuprüfen.
157 Zit. in Zeller, K., 1971, S. 37.
158 Gleixner 2005.

Kapitel III.5

1 Glarner Nachrichten, 3., 4. März, 2. Mai 1885; Glarner Volksblatt, 17., 20. Dezember 1904.
2 Tännler 1984, S. 51 f. Zu heftigen Auseinandersetzungen und verschiedenen, allerdings erfolglosen Anläufen, die ärztliche Praxis gesetzlich freizugeben, kam es ab 1880 in Baselland. Erst 1947 wurde die Ausübung der Naturarztpraxis nach einer fachlichen Ausbildung und Ablegung einer Prüfung gestattet. Siehe Leuenberger, Martin: Gesundheit und Praxis, in: Geschichte des Kantons Basel-Landschaft, Bd. 5, 2001, S. 128–142, hier S. 135 f.
3 Brunner 2004, S. 234 f., 523; Peter-Kubli 2000, S. 103 f.
4 An Emma Usteri, 12. Juni 1874, 3, DQ 325.
5 Brief vom 24. August 1875 an die Nichten Usteri in Zürich, zit. in von Lerber 1961, S. 289.
6 An Betsy Usteri, 5. März 1876, 5, DQ 538.
7 An Betsy Usteri, 12. November 1875, 5, DQ 547.
8 Briefauszug an die Nichten Usteri, zit. in von Lerber 1961, S. 297.
9 Ebd., S. 298.
10 LaGl, Glarner Genealogiewerk, Glarus, Paravicini-Capelli, Nr. 26, S. 24. Nach Stolberg war in Bayern die Anziehungskraft der Homöopathie auf die ländliche Bevölkerungsmehrheit im Vergleich zu den höheren Schichten eher gering; siehe Stolberg, Bayern, 1996, S. 186.
11 An die Nichten Usteri, 28. Juli 1876, zit. in von Lerber S. 290.
12 An Emma Usteri, 24. Januar 1880, 3, DQ 351.
13 An Betsy Usteri, 24. Juni 1878, 2, DQ 240.
14 An Emma Usteri, 11. November 1883, 3, DQ 306.
15 An Betsy Usteri, 17. August 1882, 2, DQ 252.
16 Der Bruder des Leiters der Anstalt in Mollis fungierte im «Friedheim», einer von fünf Rettungsanstalten für verwahrloste Jugendliche der Evangelischen Gesellschaft des Kantons Zürich, als «Anstaltsvater». An Emma Usteri, 16. November 1883, 4, DQ 454.
17 An Emma Usteri, 1879, zit. in von Lerber 1961, S. 297.
18 An Betsy Usteri, 16. September 1880, 2, DQ 246.
19 An Emma Usteri, 16. November 1883, 4, DQ 454.
20 Der Biografin der Heilerin Dorothea Trudel.
21 An Betsy Usteri, 21. Juli 1880, 2, DQ 247.
22 Die Homöopathie war insbesondere unter Pietisten in Amerika stark verbreitet. Zur Verbindung von Heilen und Heilslehre siehe Stolberg 1999; Lachmund/Stollberg 1995, S. 119; Brockmeyer 2009, S. 185–198. Ihre Anziehungskraft erstreckte sich nach Michael Stolberg auch auf die katholische und protestantische Geistlichkeit, war unter Pietisten jedoch signifikant stark; zur Zeit, als Theodor Girard nach Obstalden kam, war sie schon stark im Schwinden begriffen. Siehe auch Wolff 1992; vgl. ebenso die Publikationen von Renate Wilson, der vor kurzem verstorbenen Professorin an der Johns Hopkins University, auch wenn deren Untersuchungen auf das 18. Jahrhundert und fast ausschliesslich auf Siedlungen von aus Deutschland migrierten Protestanten fokussieren; siehe unter anderem Wilson, Renate: Pietism and Medical Care in Colonial Georgia, in: Medizin, Gesellschaft und Geschichte, 9/1990, Stuttgart 1991, S. 99–126;

Wilson, Renate: Pious Traders in Medicine. A German Pharmaceutical Network in Eighteenth-Century North America, University Park (PA) 2000. Auf die Verknüpfung von Homöopathie und religiösen Reformen im US-amerikanischen Nordosten und mittleren Westen des 19. Jahrhunderts siehe Rogers 1996, S. 270–273; Schüppel, Reinhart: Constantin Hering (1800–1880). Ein Akademiker gründet Institutionen, in: Dinges 1996, S. 296–317; Wolff, Eberhard: «Eine gesunde Concurrenz sei für das Publicum stets von Vortheil». Der homöopathische Arzneimittelmarkt zwischen Apotheken und Laienvereinen, in: Dinges 1996, S. 102–128, hier S. 108; Fuller, Robert C.: Alternative Medicine and American Religious Life, New York, Oxford 1989, S. 3–11, 12–37.

23 Stolberg 1999, S. 138–144.
24 Ebd., S. 172; Eppenich 1995, S. 121, 126 f., 131, auch Anm. 37, zu Kap. 4.5, S. 338. Eppenich zitiert hier Lutze, der Hahnemann einen «Heiland der Körperwelten» nennt.
25 Von Lerber 1961, S. 322, Anm. 49.
26 Lachmund/Stollberg 1995, S. 193.
27 An Emma Usteri, 12. Mai 1881, 3, DQ 333.
28 An Emma Usteri, o. D., um Weihnachten 1880, 3, DQ 358.
29 An Emma Usteri, 12. Mai 1881, 4, DQ 471.
30 An Betsy Usteri, 25. Februar 1881, 2, DQ 243.
31 An Emma Usteri, 24. Juni 1881, 4, DQ 476, 27. Juni 1881, DQ 475.
32 An Betsy Usteri, 23. August 1884, 2, DQ 216.
33 An Emma Usteri, 5. September 1884, 4, DQ 494.
34 An Emma Usteri, 58. Oktober 1884, 4, DQ 495.
35 An Emma Usteri, 16. November 1879, 4, DQ 443.
36 An Emma Usteri, 5. November 1881, 4, DQ 466.
37 An Emma Usteri, 19. November 1882, 4, DQ 455.
38 An Emma Usteri, 23. September 1881, 4, DQ 471.
39 An Emma Usteri, 4. April 1884, 4, DQ 498.
40 An Emma Usteri, 24. Oktober 1884, 4, DQ 484.
41 An Emma Usteri, 23. Mai 1884, 3, DQ 369.
42 An Emma Usteri, 19. April 1884, 4, DQ 497.
43 An Emma Usteri, 12. Juni 1884, 3, DQ 338.
44 An Emma Usteri, 8. Oktober 1884, 4, DQ 495.
45 An Emma Usteri, 24. Oktober 1884, 4, DQ 493.
46 An Emma Usteri, 19. April 1884, 4, DQ 497.
47 Ebd.
48 Von Lerber 1961, S. 312.
49 Postkarte an Betsy Usteri, 2. Januar 1885, 2, DQ 253.
50 An Emma Usteri, 8. Juni 1882, 4, DQ 461.
51 An Graf Karl Christian Ernst von Bentzel-Sternau, 8. Oktober 1842, 1, DQ 1003.
52 Die resignative Haltung im Vergleich zur liberalen Aufbruchserwartung war in dieser Zeit im deutschen Bürgertum stark verbreitet, nicht aber im männlichen Bürgertum der Schweiz. Doch die Frauen hatten in der Schweiz ebenso wenig wie im deutschen Sprachraum von den liberalen Errungenschaften von 1848 profitiert. Zur resignativen Erwartungshaltung von Frauen siehe Kessel 1999, S. 266–268, zur resignativen Haltung im deutschen Kaiserreich Boyle 2009, S. 166.
53 Mesmer 1988, S. 150–220; Joris, Geschlechtshierarchische Arbeitsteilung, 1998, S. 192–194.

Kapitel IV

1 Vgl. unter anderem Rucht, Dieter: Die Ereignisse von 1968 als soziale Bewegung, in: Gilcher-Holtey, Ingrid (Hg.): 1968. Vom Ereignis zum Gegenstand der Geschichtswissenschaft, Göttingen 1998, S. 116–130, und della Porta, Donatella: «1968» – zwischennationale Diffusion und transnationale Strukturen. Eine Forschungsagenda, in: Gilcher-Holtey 1968, S. 131–150.
2 Siehe Rucht, Dieter: Modernisierung und neue soziale Bewegungen, Frankfurt am Main, New York 1994, S. 76–98, 112; Tilly, Charles/Wood, Lesley J.: Social Movements, 1768–2008, neue ergänzte Ausgabe, Boulder (CO) 2009, S. 38–64; Schönberger, Klaus/Sutter, Ovens: Kommt runter, reiht euch ein … Eine kleine Geschichte der Protestformen sozialer Bewegungen, Berlin, Hamburg 2009, insbesondere Schönberger, Klaus/Sutter, Ovens: Kommt runter, reiht euch ein … Zur Form des Protesthandelns sozialer Bewegungen, S. 7–29, hier S. 17–25; Denk, Larissa/Waibel, Fabian: Vom Krawall zum Karneval. Zur Geschichte der Strassendemonstration und der Aneignung des öffentlichen Raums, S. 46–81, hier S. 48–51.
3 Auch wenn laut Tilly in der Schweiz Freiheit und Brüderlichkeit stark, die Egalität dagegen eher weniger betont wird. Tilly/Wood 2004, S. 59 f.

4 Schönberger/Sutter 2004, S. 22.
5 Siehe Scott, Joan W.: Phantasie und Erfahrung, in: Feministische Studien, 2/2001, S. 74–88; Scott, Joan W.: Fantasy Echo. History and the Construction of Identity, in: Critical Inquiry, 27, 2001/2, S. 284–304.
6 Meyerhofer 1998, S. 54.
7 Dieser Prozess wird auch unter dem Begriff *post-1848 backlash* definiert. Er gilt allgemein für das vorläufige Ende der Emanzipationsbewegung nach 1848, wird aber auch spezifisch für die Einfrierung weiblicher Ansprüche gebraucht. Er ist insofern problematisch, als unter *backlash* eine Aufhebung von bereits Errungenem verstanden wird, also eine Rückwärtsbewegung, was nach 1848 so nicht stattgefunden hat, sondern es handelt sich vielmehr um eine fortschreitende Geschlechterdifferenzierung durch Institutionalisierung einerseits, Marginalisierung andererseits. Siehe unter anderem De Bellaigue, Christina: Educating Women. Schooling and Identity in England and France 1800–1867, Oxford 2007, S. 129; Riot-Sarcey 1994, S. 263–282; Lipp, Carola: Das Private im Öffentlichen. Geschlechterbeziehung im symbolischen Diskurs der Revolution 1848/49, in: Hausen, Karin/Wunder, Heide (Hg.): Frauengeschichte – Geschlechtergeschichte, Frankfurt am Main, New York 1992, S. 99–116, 113 f. Auch Majer belegt den emanzipatorischen Stillstand nach 1848 mehrfach, so für Frankreich im zweiten Kaiserreich, Majer 2008, S. 81; siehe auch Arni/Honegger 1998. Boyle sieht den Grund für die Marginalisierung der Frauen im Antiklerikalismus der radikalen Freisinnigen. Nach ihm gehörten Frauen mit dem politischen Erfolg der Bürger nicht mehr zu einer politisch eigenständigen Schicht, da der materialistisch geprägte Liberalismus keine Tür offen gelassen habe für eine idealistisch ausgeprägte Ausrichtung, da hätten der Katholizismus und das religiös gefärbte Engagement mehr Alternativen geboten. Boyle 2009, S. 140. Die These des frauendiskriminierenden Stillstands im Bildungsbereich im Gefolge von Institutionalisierung wird im wissenschaftlichen Bereich auch für die letzten Jahrzehnte bezeugt. Nach Vendrell Ferran haben «Frauen gerade in den wissenschaftlichen (Teil-)Disziplinen und Schulen, die sich als Gegenbewegung zur etablierten Wissenschaft verstehen, Chancen zur ernsthaften Beteiligung in der ersten Phase ihres Entstehens», doch scheinen die eingangs beteiligten Wissenschaftlerinnen nach der Institutionalisierung der Schulenbildung abkömmlich zu sein. Siehe Vendrell Ferran, Ingrid: Emotionen und Sozialität in der frühen Phänomenologie. Über die Möglichkeiten von Frauen in der ersten Phase wissenschaftlicher Schulenbildung, in: Feministische Studien, 2008/1, S. 48–64, hier S. 62.
8 Mesmer 1988, vor allem S. 150–156, 169–179.
9 Hagemann, Karen: «Heran, heran, zu Sieg oder Tod!» Entwürfe patriotisch-wehrhafter Männlichkeit in der Zeit der Befreiungskriege, in: Kühne 1996, S. 51–68.
10 Siehe Arni 2008, S. 44.
11 Mayer, Christine: Zur Kategorie «Beruf» in der Bildungsgeschichte von Frauen im 18. und 19. Jahrhundert, in: Kleinau, Elke: Bildung und Geschlecht. Eine Sozialgeschichte des höheren Mädchenschulwesens in Deutschland vom Vormärz bis zum Dritten Reich, Weinheim 1997, S. 14–38, hier S. 15 f.
12 Bloch 2007.
13 Zu den Professionalisierungsansätzen vgl. ebd., S. 11–22.
14 Brachmann, Jens: Der pädagogische Diskurs der Sattelzeit. Eine Kommunikationsgeschichte (Beiträge zur Theorie und Geschichte der Erziehungswissenschaft, Bd. 30), Bad Heilbrunn 2008.
15 Lelke, Ina: Die Berliner Akademie der Wissenschaften und die «arbeitende Geselligkeit», in: Wobbe, Theresa (Hg.): Frauen in Akademie und Wissenschaft. Arbeitsorte und Forschungspraktiken 1700–2000, Berlin 2002, S. 65–91.

Bibliografie

1 Quellenmaterial

1.1 Ungedruckte Quellen

Handschriftenabteilung der Zentralbibliothek Zürich (HsZB)
Nachlass Josephine Zehnder-Stadlin

Ms. P 2198	Biographisches und Autobiographisches betreffend Josephine Zehnder-Stadlin, ihre Eltern und ihren Gatten Dr. med. U. Zehnder.
Ms. P 2199–2200	Materialien, Entwürfe und Druckmanuskripte zu Josephine Zehnder-Stadlins Buch: Pestalozzi. Idee und Macht der menschlichen Entwickelung.
Ms. P 2201	Aufzeichnungen Josephine Zehnder-Stadlins über Psychologie, weibliche Bildung, weibliche Krankenpflege.
Ms. P 2202	Präparationen für den Religionsunterricht, Rede am Bertoldstag 1848, Aufsätze über verschiedene Themen.
Ms. P 2203	Rapporte der Lehrerinnen des Instituts Stadlin.
Ms. P 2204	Arbeiten von Zöglingen des Instituts Stadlin, pädagogische Aufsätze.
Ms. P 2205	Tagebücher und Ferienaufsätze von Zöglingen.
Ms. P 2206–2008	Briefe von Josephine Zehnder-Stadlin, alphabetisch nach Empfänger geordnet.
Ms. P 2209–2216	Briefe an Josephine Zehnder-Stadlin, alphabetisch nach Absendern geordnet.
Ms. P 2216/a & b	Briefe früherer Zöglinge, chronologisch geordnet, 1841–1848, mit Antworten von Josephine Stadlin.

Andere Archivalien

Msc. P 2061	Versuche für Freunde von Albert von Benzel Sternau.
Ms. M 21.221	Obmann H. H. Füssli, 17 Briefe von H. H. Füssli an Graf Bentzel-Sternau, 1817–1819.
Ms. M 1 434a	Brief von Emilie Paravicini-Blumer.
CFM 394.6	Nachlass Conrad Ferdinand Meyer, Emilie Paravicini-Blumer an Betsy Meyer, Tochter, 2 Briefe.
CFM 386.15	Nachlass Conrad Ferdinand Meyer, C. Usteri-Blumer an Betsy Meyer-Ulrich, 1 Brief.
CFM 385.2	Nachlass Conrad Ferdinand Meyer, E. B. (Mollis) an B. Meyer-Ulrich, 7 Briefe, 1855/56.
Korrespondenz 1.37	Nachlass Heinrich Zollinger 1, Frau E. Paravicini an Heinrich Zollinger, 4 Briefe, Mollis und Zürich, 1855–1857.

Ms. Pestal 819/4	Nachlass Rosette Niederer-Kasthofer, Kopien von Briefen an Verschiedene, 1812–1853, Brief an Karl Hunziker, o. D., wahrscheinlich Dezember 1844, S. 79 f.
FA Nüscheler, 692 & a	Familienarchiv Nüscheler von Neuenegg, Briefe von Verschiedenen an Anna Cleophea Nüscheler in Zürich.
Ms. GK 78: 161	Nachlass Gottfried Keller.
Ms. GK 78d1/4 – GB3, 1274	Nachlass Gottfried Keller.
Ms. GK 79g: 202 – GB4, 149	Nachlass Gottfried Keller.
Ms. GK 77: 50 – GB4, 150	Nachlass Gottfried Keller.

Staatsarchiv Zürich (StAZH)

N 64.1–64c	Akten betreffend «Milde Anstalten». Nr. 6: Mädchenpension von J. Stadlin 1841–1847.
U 14	Akten der Bezirksschulpflege 1831–1860.
U 30a 4/5	Jahresberichte (auch unter dem Titel «Generalbericht») der Bezirksschulpflege Zürich der Schuljahre 1841/42–1852/53.
FA Usteri 76.10/5	Familien-Archiv Usteri. Aus dem Nachlass von Margarete Loosli-Usteri (U 801–802, Nummerierung E. J.).
U 55 b 1	Remission, N 64.1–64 c, Acten betr. «Milde Anstalten», Nr. 6, Mädchenpension v. J. Stadlin 1841–1847.
X 168.2 A	Nachlass Werdmüller, Briefe an Pfr. Otto Anton Werdmüller, 1812–1862.
X 168.3 F	Nachlass Werdmüller, Briefe an Magdalena Werdmüller, 1826–1863, Tagebuch über einen Aufenthalt in Bad Boll, Juli 1860, von Magdalena und Auguste Werdmüller.

Stadtarchiv Zürich (StadtArchivZH)

VI. Ho. C. 50.: 1.	Hottingen, Gebäude – Liegenschaften.

Staatsarchiv Aargau (StAAG)

DE01/0348, 0351	Kantonsschulrat Akten, Privatlehranstalten 1808–1852, II. Olsberg Pestalozzianstalt 1833–1852; III. Töchterinstitut Aarau 1836–1847.
RRB/1838/01-1840/01	Protokolle des Kleinen Rates 1838–1840.
0095/002	Nachlass Augustin Keller, Briefe seiner Frau.
AA/8125	Verwaltung: Verkauf der Stiftsgüter 1837–1843.
R01.F14/0009	Bauwesen, Band H. 1833–1840.
AA/8124	Briefwechsel zwischen der Baukommission und Josephine Stadlin als Verwalterin von Olsberg, vom 27. Juni 1839 bis 16. Dezember 1839, Auszüge aus den Protokollen der Finanzkommission vom 11. Januar, 25. August 1840, 24. Mai, 23. Juni 1841; die Baukommission an den Regierungsrat, 36, 30. September, 40, 14. Dezember 1841.

Staatsarchiv Basel Stadt (StABS)

W3	Lebensläufe von 33 Bewerberinnen um eine Lehrerinnenstelle an der Basler Töchterschule und Mädchenrealschule der Jahre 1843 und 1844.

Staatsarchiv Appenzell Ausserrhoden

PA 116-08	Privatarchiv Hermann Krüsi und Katharina Krüsi-Egger, Geburtstagsfeiern, Reden.

Landesarchiv Glarus (LaGl)

Nr. 163	Glarner Genealogiewerk, Schwanden, Blumer.
Nr. 26	Glarner Genealogiewerk, Glarus, Paravicini-Capelli.
Nr. 254	Glarner Genealogiebuch, Glarus, Trümpy.
N 3081	Collectanea von Paul Thürer, Bd. 6.
XIV/2	Protokoll des Polizei-Gerichts, 23. März 1866–19. August 1876.
XI 5	Landraths-Protokoll vom 19. Januar 1870 bis 10. Dezember 1876, 11. März 1874, Freigebung der medicinischen Praxis.
IX 4, 20	Landsgemeinde-Protokoll von 1873 bis 1888, Freigebung des ärztlichen Berufes.

Andere Archivalien

Brief von Emilie Paravicini-Blumer an Susanne Blumer-Heer, 10. November 1873, Tschudi Familienarchiv in der «Wiese».

Nachlässe in Privatbesitz

Privatnachlass de Quervain in zehn Briefumschlägen

1, DQ 1001–1003	Brief von Emilie Paravicini-Blumer an Graf Karl Christian Ernst von Bentzel-Sternau, 29. Oktober 1842, Original und Fotokopie; Briefumschlag an Alice Lachenal mit Notiz von Marguerite Loosli-Usteri, zur Herkunft des Briefes.
2, DQ 201–253	53 Briefe von Emilie Paravicini-Blumer an Betsy Usteri.
3, DQ 301–376	76 Briefe von Emilie Paravicini-Blumer an Emma Usteri.
4, DQ 401–4103	103 Briefe von Emilie Paravicini-Blumer an Emma Usteri.
5, DQ 501–5117	122 Briefe von Emilie Paravicini-Blumer an Betsy Usteri.
6, DQ 1004–1009	Diverse Korrespondenzen, an die und von der Verwandtschaft von Emilie Paravicini-Blumer, unter anderem von Anna Krajewski-Lewicki aus Warschau.
7, DQ 1001–1003	Verschiedene Korrespondenzen rund um den Nachlass von Emilie Paravicini-Blumer, unter anderem Briefe von Helene von Lerber.
8, DQ 1010	7 Briefe von Emilie Paravicini-Blumer an Betsy Usteri, 1 Brief von Hanna Girard an Frau Usteri-Usteri, 4 Karten von Anna Krajewski-Lewicki aus Warschau.
9, DQ 1011	Materialien zu einem Lebensbild von Emilie Paravicini-Blumer von Emma Paur, Fotografie Graf Albert von Bentzel- Sternau, 1 Brief von Ständerat Paul Usteri 1908, 1 Brief von Emilie Paravicini-Blumer, Briefwechsel Emma Usteri/Gräfin Hugg, geb. Lützow.
10, DQ 1012	2 Briefe von Margareth Dinner-Blumer an Betsy Usteri, 1 Brieffragment und 1 Verordnung im Falle des Absterbens von Emilie Paravicini-Blumer.

Andere private Archivalien zu Emilie Paravicini-Blumer

Privatarchiv Usteri, Homberg: 4c, 7c, 18c, 23c, 24c II, nummeriert von E. J. U700–U755.

Privatsammlung handschriftlicher Briefe Mathias Jenny, Schwanden: 21 Briefe von Emilie Paravicini-Blumer/Margarethe Koller-Steinbrüchel, 1 Brief an Unbekannt, 1 Brief von Paul Lewicki an Emilie Paravicini-Blumer, 3 Briefe von Emilie Paravicini-Blumer an B. Trümpy-Weber.

Stammbaum der Familie Blumer, gezeichnet Anfang der 1840er Jahre, Privatbesitz Hans Blumer, Im Thon, Schwanden.

Tschudi-Streiff, Anna Henriette: Auszug aus Grossmutter Anna Henriette Tschudi-Streiff's sorgsam zusammengetragenen und mit Maschine niedergeschriebenen Glarner Familiengeschichten, Manuskript, 4 Bände.

Orient-Reise von Fräulein Elise Werdmüller in Uster, 21. August bis 9. November 1850, Transkription, in Privatbesitz Nachkommen Kläui-Werdmüller.

Private Archivalien zu Josephine Stadlin

2 Stammbäume der Familie Stadlin, Kopie, Manuskript, Privatbesitz, Fotokopie aus Nachlass Nora Kubli, bei E. J.

Privatnachlass Zangger-Grunholzer, Korrespondenzen Josephine Stadlin betreffend.

Archivalien zu Dorothea Trudel

Neue Zürcher Zeitung: Dorothea Trudel von Männedorf vor dem Zürcher Obergerichte (Bewilligte Separatausgabe des Feuilletons der N.Z.-Ztg [Neuen Zürcher Zeitung]), o.J.; Aus der Obergerichts-Verhandlung im Prozess der Jungfrau Dor. Trudel in Männedorf den 13. November 1861, Im Auftrage derselben stenographiert v. J. K. Däniker, Lehrer der Kurzschrift, Autographie von J. J. Hofer, Lithograph in Zürich, Eigenthum von J. K. Däniker, 12. Dezember 1861, Fotokopie der handgeschriebenen Transkription in der Zentralbibliothek Zürich.

1.2 Gedruckte Quellen

Allgemeine Schweizerische Schulblätter 1839/5, S. 156.

Baldinger, Friderika: Lebensbeschreibung von Friderika Baldinger von ihr selbst verfasst, Herausgegeben und mit einer Vorrede begleitet von Sophie, Wittwe von la Roche, Offenbach 1791

Basellandschaftliche Zeitung, 11. Juli 1839 (HsZB, Nachlass J. Z.-St., Ms. P 2198/11).

Becker, Bernhard: Ein Wort über die Fabrikindustrie. Mit besonderer Hinsicht auf den Canton Glarus, Basel 1858, neu aufgelegt vom Institut für Sozialethik des Schweizerischen Evangelischen Kirchenbundes (SEK), Bern und Lausanne, Einführung von Hans-Ulrich Schiedt, Adliswil 1990.

Bentzel-Sternau, Albert: Über die neueren Fortschritte der Lichenologie, Pressburg 1859.

Bentzel-Sternau, Karl Christian Ernst von: Anti-Israel. Eine projüdische Satire aus dem Jahre 1818. Originalausgabe in der HsZB: [von Bentzel-Sternau, Christian Ernst Graf]: Anti-Israel. Eine Vorlesung in der geheimen Akademie zum Grünen Esel als Eintrittsrede gehalten von Horatius Codes (Pseudonym von C. E. von Bentzel-Sternau), 1818.

Bentzel-Sternau, Karl Christian Ernst von: Das goldene Kalb. Eine Biographie, 4 Bände, Gotha 1802–1804.

Berner Verfassungs-Freund, 28. Juli 1848, S. 823 (HsZB, Nachlass J. Z.-St., Ms. P 2198/13).

Blätter für Kunst und Literatur. Beilage zur Neuen Zürcher Zeitung, 4. Oktober 1856, S. 1276 (HsZB, Nachlass J. Z.-St., Ms. P 2198/13).

Blumer, Johann Jakob: Kurze geographisch-statistische Darstellung des Kantons Glarus, in: Helvetischer Almanach für das Jahr 1809, Zürich 1809.

Blumhardt, Christoph Johann: Gesammelte Werke, Reihe III, Bd. 5: Bad Boller Briefe 1852–1880, Texte, hg. von Dieter Ising, Göttingen 1999.

Blumhardt, Christoph Johann: Seelsorge. Glaubensfragen, Briefe, Gebete, Lieder, ausgewählt von Otto Bruder, neu hg. von Wolfgang J. Bettner, 2. Auflage, Zürich 1991.

Blumhardt, Christoph Johann: Gesammelte Werke, Reihe I, Bd. 1: Der Kampf in Möttlingen, Texte, unter Mitarbeit von Paul Ernst hg. von Gerhard Schäfer, Göttingen 1979.

Blumhardt, Christoph Johann: Die Krankheitsgeschichte der Gottliebin Dittus, 6. Auflage, Hamburg 1950.

Bobrik, Eduard: Geschichte, Grundidee und Verfassung der Freimaurerei, Zürich 1838.

Büchner, Luise: Eine Woche in Zürich, in: Der Frauen-Anwalt, Bd. 7, Nr. 1, April 1876, S. 3–11, und Nr. 2, Mai 1876, S. 33–38.
Büchner, Luise: Die Frauen und ihr Beruf. Ein Buch der weiblichen Erziehung, Frankfurt am Main 1856.
Campe, Joachim Heinrich: Väterlicher Rath für meine Tochter. Ein Gegenstück zum Theophron, Braunschweig 1796, in: Bleckwenn, Ruth (Hg.): Quellen und Schriften zur Geschichte der Frauenbildung, Bd. 3, Paderborn 1988, S. 23.
Coradi-Stahl, Emma: Wie Gritli haushalten lernt, 1. Teil, Zürich 1902; Gritli in der Küche, 2. Teil, Zürich 1903.
Curti, Ferd. Eug.: Die Homoeopathie, deren Darstellung und Beurtheilung nebst einer geschichtlichen Einleitung. Diss. Universität Bern, Rapperswil 1858.
Der Erzähler, 3. Mai 1839, S. 165 f. (HsZB, Nachlass J. Z.-St., Ms. P 2198/11).
Die Bildungsanstalt für Töchter in Olsberg bei Rheinfeld, Kanton Aargau, Aarau 1839.
Die Erzieherin. Eine Zeitschrift über weibliche Erziehung, 1–6, 1845–1850.
Diesterweg, Adolph (Hg.): Heinrich Pestalozzi. Vorträge und Reden, zur Frauen-Feier seines hundertjährigen Geburtstages am 25. Januar 1846 in Berlin, Berlin 1846.
Diesterweg, Adolph: Die Feier des 100sten Geburtstages Pestalozzi's in Berlin am 12. Januar 1845, Berlin 1845.
Ehrmann, Marianne: Die Einsiedlerinn aus den Alpen, hg. von Zunzer, Annette, in der Reihe Schweizer Texte. Neue Folge, Bd. 15, Bern, Stuttgart, Wien 2002.
Fliegende Blätter für Stadt und Land über Homoeopathie, Köthen 1858–1870.
Fricktaler Zeitung, 13. August 1982.
Genealogische Tabelle: Das Geschlecht der Usteri in Zürich nach ältern und neuern, zum Theil urkundlichen Quellen im Umriss dargestellt von einem Familiengliede, Separatdruck aus der 2. Auflage des «Neuen histor. Wappenbuches der Stadt Zürich», 4. Auflage, 1869.
Glarner Nachrichten, 3., 4. März, 2. Mai 1885.
Glarner Volksblatt, 17., 20. Dezember 1904.
Gleim, Betty: Die Erziehung und Unterrichtung des weiblichen Geschlechts. Ein Buch für Eltern und Erzieher, Bremen und Leipzig 1810.
Griesinger, Wilhelm: Die Pathologie und Therapie der psychischen Krankheiten, Stuttgart 1845.
Griesinger, Wilhelm: Infectionskrankheiten, in: Virchow, Rudolf (Hg.): Virchow's Handbuch der speciellen Pathologie und Therapie, Erlangen 1857.
Grunholzer, Heinrich: Erfahrungen eines jungen Schweizers im Vogtlande, in: Arnim, Bettine von: Werke und Briefe, Bd. 3: Politische Schriften, hg. von Bunzel, Wolfgang/Landfester, Ulrike/Schmitz, Walter/Steindorff, Sibylle von, Frankfurt am Main 1993, S. 329–368.
Hanke, Eva Martina: Richard Wagner und Zürich. Ein Individuum und seine Lebenswelt, Diss. Universität Zürich 2006.
Heer, Gottfried: Landammann und Bundespräsident Dr. J. Heer. Lebensbild eines republikanischen Staatsmannes, Zürich 1885.
Heusser, Meta: Hauschronik, hg. von Fehr, Karl, Kilchberg 1980.
Heyer von Rosenfeld, Ferdinand Ruggero: Meine Erlebnisse im Kt. Solothurn. Ein Beitrag zur Aufklärung der Thatsachen gegenüber der unwahren und entstellenden Darstellungsweise, welcher die solothurnische Regierung sich in ihrem Bericht an den Bundesrath bedient, um sich in das Sonnenlicht und mich in den Schatten zu stellen, Aarau 1868.
Heyer von Rosenfeld, Ferdinand Ruggero: Wie ich praktischer Homöopath wurde, Aarau 1868.

Heyer von Rosenfeld, Ferdinand Ruggero: Zur Steuer der Wahrheit veröffentlicht von Heyer von Rosenfeld. Die Homöopathie und ihre Widersacher, Aarau 1868.
Homberg, Tinette: Gedanken über Erziehung und Unterricht, Berlin 1845.
Homberg, Tinette: Mythologie der Griechen und Römer, so aufgefasst und dargestellt, wie es das Verständnis antiker Kunst und Dichtung erleichtert und den Geschmack daran befördert, Leipzig 1839.
Hunziker, Jakob: Augustin Keller. Ein Lebensbild dem aargauischen Volke gewidmet, Aarau 1883.
Jahresberichte des Erziehungsrates Zürich 1841–1853, in: Rechenschaftsberichte des Regierungsrates an den Grossen Rat des Standes Zürich 1841–1853.
Keller, Gottfried: Der Schmied seines Glücks, in: Keller, Gottfried: Sämtliche Werke in acht Bänden, Bd. 6, Berlin 1958–1961, S. 341–372.
Kinkel, Johanna: Hans Ibeles in London, Frankfurt am Main 1991.
Koller, Traugott: Heinrich Grunholzer. Lebensbild eines Republikaners, 2 Bände, Zürich 1876.
Lisette Ruepp: Weibliche Erziehungsanstalt in Sarmenstorf, Kanton Aargau, Werbeprospekt vom 21. Juni 1838, Sarmenstorf 1840.
Mende, P. J.: Die Homöopathie, ihr Wesen und ihre Vorzüge fasslich dargestellt aus den Werken allopathischer und homöopathischer Schriftsteller sowie aus Erfahrungen im Leben von Med. Dr. P. J. Mende in Winterthur, Schaffhausen 1866.
Merz, H.: Repertorium des Aargauischen Staatsarchivs, Aarau 1935, 2. F., 8124: Verwaltung: Kleine und Flickbauten, Kassenwesen 1807–1848; 8125: Verwaltung: Verkauf der Stiftsgüter 1837–1843.
Meyer, W.: Zur Erinnerung an Otto Werdmüller, Bezirksarzt in Uster. Ein Lebensbild gezeichnet von seinem Freunde W. Meyer, Zürich 1886.
Meyer-Ahrens, Conrad: Die Heilquellen und Kurorte der Schweiz, in historischer, topographischer, chemischer und therapeutischer Beziehung geschildert, Zürich 1860.
Meyer-Ulrich, Betsy: «... das ganze Herz deiner Mutter». Briefe an Betsy und Conrad Ferdinand Meyer, 1846–1856, hg. von Schifferli, Dagmar/Klaas Meilier, Brigitta, Zürich, München 1998.
Mitteilungen aus der Geschichte der Familie Usteri, hg. von E(mil), U(steri)-F(äsi), Zürich o. J. (um 1890).
Munk, Prof. Dr. [Philipp]: Ueber das Wesen der Homöopathie. Populärer Vortrag, gehalten im Berner Grossrathssaale am 22. Mai 1868 von Prof. Dr. Munk, Bern 1868.
Neue Glarner-Zeitung, 12., 17., 28. Februar, 10., 14., 17., 21. März, 5., 7. Mai 1874.
Niederer, Rosette geb. Kasthofer: Blicke in das Wesen der weiblichen Erziehung. Für gebildete Mütter und Töchter, Berlin 1828.
Neue Zürcher Zeitung, Nr. 40, 4. April 1842, S. 159.
Neue Zürcher Zeitung, Nr. 299, 26. Oktober 1854, S. 1276 (HsZB, Nachlass J. Z.-St., Ms. P 2198/13).
Neue Zürcher Zeitung: Bürgermeister Dr. Ulrich Zehnder, Separatdruck aus dem Feuilleton der Neuen Zürcher-Zeitung, Zürich 1877.
Neue Zürcher Zeitung: Nachruf Bürgermeister Dr. Ulrich Zehnder, Feuilleton, 2., 3., 6., 7. August 1877, Nr. 358, 360, 364, 366.
Neue Zürcher Zeitung: Dorothea Trudel von Männedorf vor dem Zürcher Obergerichte (Bewilligte Separatausgabe des Feuilletons der N. Z.-Ztg [Neuen Zürcher Zeitung]), o. J.
P.[aravicini]-B.[lumer]: Versöhnung mit dem Geschick. Ein Brief aus dem Jahre 1842, hg. von de Quervain, R., Burgdorf 1963.
Pädagogische Revue. Zentralorgan für Wissenschaft, Geschichte und Kunst der Haus-, Schul- und Gesellschaftserziehung, 1847/1, S. 264.
Rayroux, Edouard: Dorothée Trudel 1813–1862. Les Méthodes de quelques guérisseurs

par la foi. Thèse présentée à la faculté de théologie protestante de Montauban en juillet 1902, Cahors 1902.

Redaktion des Aargauer Tagblattes (Hg.): Dr. Augustin Keller, Landammann des Kantons Aargau. Zur Erinnerung an dessen Leben und Wirken seinen Angehörigen gewidmet von der Redaktion des «Aargauer Tagblattes», Aarau 1883.

Richard Wagner an Mathilde Wesendonck. Tagebuchblätter und Briefe 1853–1871. Zürich, März 1853 bis August 1858, 8. Brief, 11. August 1856, in: Frankfurter Zeitschrift für Musikwissenschaften, 3/2000, TM 1–2.

Ronge, Johannes: Die Stellung der Frauen, in: Für christkatholisches Leben, IV. 1847.

Ruepp-Uttinger, Lisette: Ankündigung einer bürgerlichen Bildungsanstalt für Töchter, in: Weibliche Erziehungsanstalt in Sarmensdorf Kanton Aargau, Sarmensdorf 1840, S. 1 f.

Salomon, Alice: Zur Geschichte der Frauenbildung, in: Ethische Kultur, Jg. 11, Nr. 13, 28. März 1903, S. 99 f.

Schädler, Emil: Die Homöopathie vernichtet durch Herrn Professor Dr. Munk. Offenes Sendschreiben an denselben von Dr. Emil Schädler, homöopathischem Arzte in Bern, Bern 1868.

Schädler, Emil: Kurzer Abriss einer Geschichte der Homöopathie in der Schweiz, in: Allgemeine Homöopathische Zeitung, 117/1888, Nr. 13, S. 97–99; Nr. 14, S. 105–107; Nr. 15, S. 113 f.; Nr. 16, S. 121 f.

Schleiermacher, Friedrich Daniel Ernst: Kritische Gesamtausgabe, hg. von Birkner, Hans-Joachim et al., Abt. 2: Vorlesungen, Bd. 8: Vorlesungen über die Lehre vom Staat, hg. von Jaeschke, Walter, Berlin, New York 1998.

Schleiermacher, Friedrich Daniel Ernst: Versuch einer Theorie des geselligen Betragens, 1799, in: Kritische Gesamtausgabe, hg. von Birkner, Hans-Joachim et al., Abt. 1: Schriften und Entwürfe, Bd. 2: Schriften aus der Berliner Zeit, 1796–1799, hg. von Meckenstock, Günter, Berlin, New York 1984, S. 163–184.

Schopenhauer, Johanna: Im Wechsel der Zeiten, im Gedränge der Welt. Jugenderinnerungen, Tagebücher, Briefe, hg. von Rolf Weber, München 1986.

Schuler, Fridolin: Erinnerungen eines Siebenzigjährigen, Frauenfeld 1903.

Schuler, Johann Melchior: Die Thaten und Sitten der alten Eidgenossen, Zürich 1809.

Schuler, Johann Melchior: Geschichte des Landes Glarus, Zürich 1836.

Schweizer, Heinrich: Frau Josephine Zehnder, geb. Stadlin, in: Neue Zürcher Zeitung, Nr. 457, 459, 461, 9., 10. und 11. September 1975, je 2. Blatt, Feuilleton (HsZB, Nachlass J. Z.-St., Ms. P 2198/5).

Schweizerische Gemeinnützige Gesellschaft (Hg.): Die Schweizerische Gemeinnützige Gesellschaft und ihre Geschichte. Eine Neuauflage der vier Werke: Dekan Dr. Johann Adam Pupikofer: 1810–1860, Prof. Dr. Otto Hunziker/Pfr. Rudolf Wachter: 1810–1910, Pfr. Albert Wild: 1911–1930, Dr. oec. publ. Walter Rickenbach: 1810–1960, Zürich 2005.

Schweizer-Zeitung, St. Gallen, Nr. 1001, 1. Mai 1843, S. 403 f. (HsZB, Nachlass J. Z.-St., Ms. P 2198/11).

Secrétan, Charles: Dorothée Trudel de Maennedorf, art. paru dans le Chrétien Evangélique de la Suisse Romande, Nachdruck bei Bridel, o. J.

Snell, Ludwig/Snell, Wilhelm: Leitende Gesichtspunkte für eine schweizerische Bundesrevision, mitgeteilt vom Zentralkomitee des schweizerischen Volksvereins, Bern 1848, in: Kley, Andreas: Verfassungsgeschichte der Neuzeit. Ergänzende Dokumente, Zürich 2007, S. 135–146.

Sonderegger, Jakob Laurenz: Freiheit, Patent und Schwindel im Medizinalwesen. Versuch zur Besprechung einer sozialen Frage, St. Gallen 1871.

Stadlin Josephine: Die Bildungsanstalt für Töchter, in Olsberg bei Rheinfelden, Kanton Aargau, Aarau 1839.

Stadlin Josephine: Aufruf an schweizerische gemeinnützige Frauen, 1846 (HsZB, Nachlass J. Z.-St., Ms. P 2198/14).
Stadlin, Josephine: I. [Rede], in: Diesterweg 1846, S. 1–7.
Stadlin, Josephine: Das Institut Stadlin (Werbeprospekt), Zürich 1849 (HsZB, Nachlass J. Z.-St., Ms. P 2198/14).
Stadlin, Josephine: Das schweizerische Seminar, in: Die Erzieherin. Eine Zeitschrift über weibliche Erziehung, 3/1847/1, S. 67–71.
Stadlin, Josephine: Statuten für Errichtung eines Schweizerischen Seminars für Erzieherinnen, Zürich 1846 (HsZB, Nachlass J. Z.-St., Ms. P 2198/14).
Stadlin, Josephine: Die Musterschule am schweizerischen weiblichen Seminar, ein Beitrag zur Begründung einer Schule der Natur und des Lebens, den Erziehungsbehörden der schweizerischen Cantone ehrfurchtsvoll gewidmet von Josephine Stadlin, Zürich 1850.
Stadlin, Josephine: Morgengedanken einer Frau, Zürich 1853.
Stadlin, Josephine: Die Erziehung im Lichte der Bergpredigt, Aarau 1856.
[Zehnder-]Stadlin, Josephine: Pädagogische Beiträge, Leipzig 1863.
[Zehnder-]Stadlin, Josephine: Bestimmung und Bildung der Frau, in: Stadlin 1863, S. 50–90.
[Zehnder-]Stadlin, Josephine: Pestalozzi. Idee und Macht der menschlichen Entwickelung. Erster Band: Zeit und Vorzeit von Pestalozzi's Entwicklung, Gotha 1875.
Strauss, David Friedrich: Der Christus des Glaubens und der Jesus der Geschichte: eine Kritik des Schleiermacher'schen Lebens Jesu, 1865, Nachdruck, neu hg. und eingeleitet von Dörfler-Dierken, Angelika/Dierken, Jörg, Waltrop 2000.
Tagblatt der Stadt Zürich, 28. März 1842.
Trudel, Dorothea: Eine Mutter. Eine wahre Geschichte, Stuttgart o. J.; Neue Zürcher Zeitung, Separatausgabe, o. J.
Tschudi, Niklaus: Glarus vor, während und nach dem Brande des 10./11. Mai 1861. Geschichtliche Darstellungen aus der Gemeinde Glarus, wie sie in einer pergamentenen Urkunde in den Eckstein der neuen Kirche in Glarus am 1. Mai 1861 niedergelegt wurden, Glarus 1864, Nachdruck St. Gallen 1986.
Varnhagen-Levin, Rahel: Briefwechsel mit Pauline Wiesel, hg. von Hahn, Barbara, unter Mitarbeit von Bosold, Birgit, München 1997.
Vinet, Mme: Dorothée Trudel, Lausanne 1890.
Wegweiser durch den Hauptflecken im Kanton Glarus, 1831.
Zehnder, Ulrich: Aus der Jugendzeit Dr. med. Ulrich Zehnders, Bürgermeisters des Kantons Zürich. (1798–1877), Zürcher Taschenbuch auf das Jahr 1899, Zürich 1898.
Zehnder, Ulrich: Die Dreissiger Jahre des 19. Jahrhunderts im Urteil des Zürcher Bürgermeisters Dr. med. Ulrich Zehnder, mitgeteilt von Werner Schnyder, Separatdruck aus dem Zürcher Taschenbuch auf das Jahr 1942, Zürich 1941.
Zehnder, Ulrich: Die vierziger Jahre des 19. Jahrhunderts im Urteil des Zürcher Bürgermeisters Dr. med. Ulrich Zehnder, mitgeteilt und erläutert von Dr. Werner Schnyder, Separatdruck aus dem Zürcher Taschenbuch auf das Jahr 1944, Nachdruck, Zürich 1943.
Zehnder, Ulrich: Der Abschluss der Tätigkeit von Dr. med. Ulrich Zehnder als Zürcher Regierungspräsident, mitgeteilt und erläutert von Dr. Werner Schnyder, Separatdruck aus dem Zürcher Taschenbuch auf das Jahr 1957, Zürich 1956.
Zeller, Samuel (Hg.): Aus dem Leben und Heimgang der Jungfrau Dorothea Trudel von Männedorf, Stuttgart 1862.
Zimmermann, P.: Die junge Haushälterin. Ein Buch für Mütter und Töchter, Luzern 1807.
Zürcherische Schulzeitung, 1841/53, S. 53; 1842/15, S. 59; 1842/17, S. 67.

2 Literatur

Ackerknecht, Erwin H.: Rudolf Virchow. Arzt, Politiker, Anthropologe, Stuttgart 1957.
Adler, Benjamin: Die Entstehung der direkten Demokratie. Das Beispiel der Landsgemeinde Schwyz 1789–1866, Zürich 2006.
Aegerter, Veronika/Graf, Nicole/Imboden, Natalie/Rytz, Thea/Stöckli, Rita (Hg.): Geschlecht hat Methode. Aufsätze und Perspektiven in der Frauen- und Geschlechtergeschichte, Zürich 1999.
Albers-Schönberg, Heinz (Hg.): Die Geschichte der Hürlimann von Fluntern, Zürich 1993.
Alexandra Binnenkade, Aram Mattioli (Hg.): Die Innerschweiz im frühen Bundesstaat (1848–1874). Gesellschaftsgeschichtliche Annäherungen, Zürich 1999.
Allen, Ann Taylor: Feminismus und Mütterlichkeit in Deutschland 1800–1914, Weinheim 2000.
Allen, Ann Taylor: «Geistige Mütterlichkeit» als Bildungsprinzip. Die Kindergartenbewegung 1840–1870, in: Kleinau/Opitz 1996, Bd. 2, S. 18–34.
Altermatt, Urs/Bosshart-Pfluger, Catherine/Tanner, Albert (Hg.): Die Konstruktion einer Nation. Nation und Nationalisierung in der Schweiz, 18.–20. Jahrhundert (Die Schweiz 1798–1998. Staat – Gesellschaft – Politik, hg. von der Allgemeinen Geschichtsforschenden Gesellschaft der Schweiz, Bd. 4), Zürich 1998.
Anderson, Benedict: Imagined Communities, erweiterte Auflage, London 1991 (1. Auflage 1983), dt.: Die Erfindung der Nation. Zur Karriere eines folgenreichen Konzepts, mit einem Nachwort von Thomas Mergel zur Neuauflage 2005, Frankfurt am Main 2005 (1. Auflage 1996).
Apple, Rima D. (Hg.): Women, Health, and Medicine in America. A Historical Handbook, New York, London 1990.
Arnaud-Duc, Nicole: Die Widersprüche des Gesetzes, in: Fraisse/Perrot 1994, S. 97–132.
Arni, Caroline/Honegger, Claudia: Jenny d'Héricourt (1809–1875). Weibliche Modernität und die Prinzipien von 1789, in: Honegger, Claudia/Wobbe, Theresa (Hg.): Frauen in der Soziologie. Neun Porträts, München 1998, S. 60–98.
Arni, Caroline: Hier ist das Buch. Die Frauen im Laufgitter, die Rhetorik der Verspätung und der feministische Essay, in: Offene Worte. Zur Aktualität von Iris von Rotens «Frauen im Laufgitter», Olympe. Feministische Arbeitshefte zur Politik, 28/2009, S. 41–49.
Arni, Caroline: Republikanismus und Männlichkeit in der Schweiz, in: Schweizerischer Verband für Frauenrecht (Hg.): Der Kampf um gleiche Rechte. Le combat pour les droits égaux, Basel 2009, S. 20–31.
Arni, Caroline: Emotionen in der Querelle des femmes du Second Empire oder: Freundschaft und Rivalität in der Moderne, in: Feministische Studien, 2008/1, S. 34–47.
Arni, Caroline: Entzweiungen. Die Krise der Ehe um 1900, Köln, Weimar, Wien 2004.
Arni, Caroline: Das kultivierte Gefühl. Liebe als Freundschaft in der Ehe um 1900, in: WerkstattGeschichte, 28/2001, S. 43–60.
Arni, Caroline: femme sociologue – femme diable. Jenny P. d'Héricourt, eine frühsoziologische Denkerin im Frankreich des 19. Jahrhunderts, Bern 1998.
Assmann, Aleida: Erinnerungsräume. Formen und Wandlungen des kulturellen Gedächtnisses, München 1999.
Bachmann, Barbara/Bradenahl Elke: Medizinstudium von Frauen in Bern 1871–1914, Diss. med. Universität Bern 1990.
Bachmann-Medick, Doris: «Diebin in der Nacht» – Gender diesseits oder jenseits kulturwissenschaftlicher turns? Fragen und Antworten in einer kontroversen Debatte, in: L'Homme, 2008/1, S. 131–142.

Badertscher, Hans/Grunder, Hans-Ulrich (Hg.): Geschichte der Erziehung und Schule in der Schweiz im 19. und 20. Jahrhundert, Bern, Stuttgart, Wien 1997.

Bank, Michaela: Übersetzung als Spiel. Migrantinnen als Übersetzerinnen der amerikanischen Frauenrechtsbewegung im 19. Jahrhundert, in: Camus/Hornung/Imlinger/Kolbe/Noll/Stauffer 2008, S. 80–95.

Bankowski-Züllig, Monika: Nadezda Prokof'evna Suslowa (1843–1918) – die Wegbereiterin, in: Belser/Einsele/Gratzfeld/Schnurrenberger 1988, S. 119–125.

Bänziger, Werner: «Es ist freilich schwer, sein eignes Bild mit Treue zu malen ...» Die Autobiographien von Pestalozzi, Zschokke und Wessenberg, Aarau, Frankfurt am Main, Salzburg 1996.

Barry, Kathleen: The New Historical Syntheses. Women's Biography, in: Journal of Women's History, 1/1990, S. 75–105.

Bauer, Ingrid/Hämmerle, Christa/Hauch, Gabrielle (Hg.): Liebe und Widerstand. Ambivalenzen historischer Geschlechterbeziehungen (L'Homme. Schriften, Bd. 10), Wien, Köln, Weimar 2005.

Baum, Angelica/Schnegg, Brigitte: «Cette faiblesse originelle de nos nerfs». Intellektualität und weibliche Konstitution – Julie Bondelis Krankheitsberichte, in: Holzhey, Helmut/Boschung, Urs (Hg.): Gesundheit und Krankheit im 18. Jahrhundert, Amsterdam, Atlanta 1995, S. 5–18.

Baumann, Max: Kleine Leute, Zürich 1990.

Baumgartner, Karin: «Die Männer sind nicht zum Frieden geboren». Krieg und Männlichkeit in den Texten von Helmina von Chézy, Caroline de la Motte Fouqué und Karoline Pichler, in: «Kriegsfrauen» und «Friedensmänner». Geschlechterrollen im Krieg, Ariadne. Forum für Frauen- und Geschlechtergeschichte, 2005/47, S. 20–25.

Baumgartner-Marti, Martin: Johann Jakob Blumer, Ständerat und Bundesrichter (1819–1875), in: Stucki/Thürer 1986, S. 201–210.

Becker-Cantarino, Barbara: Schriftstellerinnen der Romantik. Epoche – Werke – Wirkung, München 2000.

Belart, Peter: «Meines guten Willens dürfen Sie versichert sein.» Marie Elisabeth Belart-Jäger (1840–1877). Eine Frau zwischen Tradition und Moderne, Bern, Wettingen 2004.

Belser, Katharina/Einsele, Gabi/Gratzfeld, Rachel/Schnurrenberger, Regula (Hg.): Ebenso neu als kühn. 120 Jahre Frauenstudium an der Universität Zürich, hg. vom Verein Feministische Wissenschaft, Zürich 1988.

Benthien, Claudia/Fleig, Anne/Kasten, Ingrid (Hg.): Emotionalität. Zur Geschichte der Gefühle, Köln, Weimar, Wien 2000.

Benz, Emilie: Josephine Zehnder-Stadlin, in: Schweizerische Lehrerinnen-Zeitung, 1899/6, S. 93–99; 1899/7, S. 113–119; 1899/8, S. 133–139.

Berghoff, Hartmut/Sydow, Jörg: Unternehmerische Netzwerke. Theoretische Konzepte und historische Erfahrungen, in: Berghoff, Hartmut/Sydow, Jörg (Hg.): Unternehmerische Netzwerke. Eine historische Organisationsform mit Zukunft?, Stuttgart 2007, S. 9–43.

Bernet, Rahel: Pestalozzis «Gemeinde» in Glarus 1803–1846, Glarus 1996.

Betschart, Marlis: Religion tröstet und verbindet. Katharina Schmid – eine Frau im Umfeld des Luzerner Sailerkreises, in: Verein Frauenstadtrundgang Luzern 1998, S. 60–71.

Betschart, Marlis: Rollenbilder in der Biographie der Katharina Schmid, in: FemmesTour 1998, S. 78–86.

Bettin, Hartmut/Meyer, Ulrich/Friedrich, Christoph: «Diese Bitte war ich der Menschheit schuldig». Das Wirken des homöopathischen Laienheilers Arthur Lutze (1813–1870) in Preussen, in: Medizin, Gesellschaft und Geschichte, 19/2000, Stuttgart 2001, S. 199–227.

Bhabha, Homi K.: The Location of Culture, London 1994.
Binotto, Thomas: Durch alle Stürme. Bernarda Heimgartner – Ordensgründerin und Kämpferin für die Bildung der Frauen, Luzern 2003.
Birbaum, Paul: Pater Gregor Girards Konzeption der Volksschule aus schulgeschichtlicher Perspektive, Bern 2002.
Blackbourn, David: «Taking the Waters». Meeting Places of the Fashionable World, in: Geyer, Martin H./Paulmann, Johannes (Hg.): The Mechanics of Internationalism. Culture, Society, and Politics from the 1840s to the First World War, Oxford 2001.
Bland, Caroline/Cross, Máire (Hg.): Gender and Politics in the Age of Letter-Writing, 1750–2000, Hampshire (GB), Burlington (USA) 2004.
Blattmann, Lynn/Meier Irène (Hg.): Männerbund und Bundesstaat. Über die politische Kultur der Schweiz, Zürich 1998.
Blattmann, Lynn: «Heil dir Helvetia, hast noch der Söhne ja ...» Nationalisierung als Geschlechterkonzept, in: Altermatt/Bosshardt-Pfluger/Tanner 1998, S. 121–129.
Blattmann, Lynn: «Lasst uns den Eid des neuen Bundes schwören ...» Schweizerische Studentenverbindungen als Männerbünde 1870–1914, in: Kühne 1996, S. 119–135.
Bleiber, Helmut/Schmidt, Walter/Schötz, Susanne (Hg.): Akteure eines Umbruchs. Männer und Frauen der Revolution von 1848/49, Bde. 1 und 2, Berlin 2003.
Bleker, Johanna/Schleiermacher, Sabine: Ärztinnen aus dem Kaiserreich. Lebensläufe einer Generation, Weinheim 2000.
Bloch, Alexandra: Priester der Volksbildung. Der Professionalisierungsprozess der Zürcher Volksschullehrkräfte zwischen 1770 und 1914, Zürich 2007.
Bloch, Alexandra: Feminisierung des Volksschullehrerberufs auf Grund gescheiterter Professionalisierung? Das Beispiel des Kantons Zürich, in: Bosshart-Pfluger/Grisard/Späti 2004, S. 109–121.
Bloch, Alexandra: «Hauptsache Sturz der Burg von Küsnacht». Gesetzesvorlagen und Diskurse um eine akademische Volksschullehrerbildung im Kanton Zürich zwischen 1865 und 1938, in: Criblez, Lucien/Hofstetter, Rita: Die Ausbildung von Primarlehrerinnen. Geschichte und aktuelle Reformen, Bern 2000, S. 239–266.
Blosser, Ursula/Joris, Elisabeth: Zwei Fliegen auf einen Streich. Bildung für Haus- und Erwerbsarbeit in den ersten Frauenarbeitsschulen der Schweiz, in: Barben, Marie-Luise/Ryter, Elisabeth (Hg.): Verflixt und zugenäht! Frauenberufsbildung – Frauenerwerbsarbeit 1888–1988, Zürich 1988, S. 65–77.
Blumer, Ernst: Aus jungen Jahren und weiter Welt, Glarus 1968.
Blumer, Walter: Geschichte der Blumer, Bern 1960.
Blumer, Walter (Hg.): Stammtafeln und Bilder zur Geschichte der Blumer, Bern 1940.
Bock, Gisela: Frauen in der europäischen Geschichte. Vom Mittelalter bis zur Gegenwart, München 2000.
Boesch, Evelyn/Omlin, Sybille: «... kann aber der Mann das Weib so ganz bestreiten?» Geschlechterrollen und weibliche Alltagsrealität aus der Innerschweiz der 1840er Jahre, in: Binnenkade, Alexandra/Mattioli, Aram (Hg.): Die Innerschweiz im frühen Bundesstaat (1848–1874). Gesellschaftsgeschichtliche Annäherungen, Zürich 1999, S. 185–221.
Boesch, Evelyn: «Das angenehmste ist, an unsere Republik zu denken». Anna Maria Rüttimann zum Verhältnis von Staat und Geschlecht in der Helvetik, in: Ernst/Tanner/Weishaupt 1998, S. 161–173.
Boesch, Ina: Biografie und soziale Bewegung. Die Lebensgeschichte Margarethe Hardeggers (1882–1963) im Kontext von Sozialismus, Lebensreform und Pazifismus, Diss. Universität Zürich 2003.
Böning, Holger: Heinrich Zschokke und sein «Aufrichtiger und wohlerfahrener Schwei-

zerbote». Die Volksaufklärung in der Schweiz, Bern, Frankfurt am Main, New York 1983.
Bos, Marguérite/Vincenz, Bettina/Wirz, Tanja (Hg.): Erfahrung: Alles nur Diskurs? Zur Verwendung des Erfahrungsbegriffes in der Geschlechtergeschichte. Beiträge zur 11. Schweizerischen Historikerinnentagung 2002, Zürich 2004.
Bossard-Borner, Heidi: Im Bann der Revolution. Der Kanton Luzern 1798–1831/50 (Luzerner Historische Veröffentlichungen, Bd. 34), Luzern 1998.
Bossard-Borner, Heidi: Im Spannungsfeld von Politik und Religion. Der Kanton Luzern 1831 bis 1875, Teilband 1 (Luzerner Historische Veröffentlichungen, Bd. 42/1), Basel 2008.
Bosshart-Pfluger, Catherine/Grisard, Dominique/Späti, Christina (Hg.): Geschlecht und Wissen – Genre et Savoir – Gender and Knowledge. Beiträge der 10. Schweizerischen Historikerinnentagung 2002, Zürich 2004.
Bosshart-Pfluger, Catherine/Castellani Zahir, Elisabeth/Praz, Anne-Françoise: Religiöses Engagement von Freiburgerinnen 1848–1900, in: FemmesTour 1998, S. 88–100.
Bourdieu, Pierre: Die Regeln der Kunst. Genese und Struktur des literarischen Feldes, Frankfurt am Main 1999.
Bourdieu, Pierre: Die männliche Herrschaft, in: Dölling/Krais 1997, S. 153–217.
Bourdieu, Pierre: Eine sanfte Gewalt. Pierre Bourdieu im Gespräch mit Irene Dölling und Margareta Steinrücke, in: Dölling/Krais 1997, S. 218–230.
Bourdieu, Pierre: Sozialer Raum und «Klassen». Leçon sur la leçon. Zwei Vorlesungen, Frankfurt am Main 1985.
Bourdieu, Pierre: Die feinen Unterschiede. Kritik der gesellschaftlichen Urteilskraft, Frankfurt am Main 1982.
Bourdieu, Pierre/Passeron, Jean-Claude: Grundlagen einer Theorie der symbolischen Gewalt, Frankfurt am Main 1973.
Bourke, Joan: Fear and Anxiety. Writing about Emotion in Modern History, in: History Workshop Journal, 2003/55, S. 111–131.
Bovenschen, Silvia: Ach wie schön. Ein Kapitel über Freundschaft und idiosynkratische Befremdungen mit einem Exkurs über ein Stück von Nathalie Sarraute, in: Eickenrodt/Rapisarda 1998, S. 33–47.
Bovenschen, Silvia: Die Bewegung der Freundschaft, in: Neue Rundschau, 1986/4, S. 89–111.
Bovenschen, Silvia: Die imaginierte Weiblichkeit. Exemplarische Untersuchungen zu literaturgeschichtlichen und literarischen Präsentationsformen des Weiblichen, Frankfurt am Main 1979.
Boyle, Nicholas: Kleine deutsche Literaturgeschichte, München 2009.
Bozonnet, Jean-Paul: Des monts et des mythes. L'imaginaire social de la montagne, Grenoble 1992.
Brachmann, Jens: Der pädagogische Diskurs der Sattelzeit. Eine Kommunikationsgeschichte (Beiträge zur Theorie und Geschichte der Erziehungswissenschaft, Bd. 30), Bad Heilbrunn 2008.
Braidotti, Rosi: Nomadic Subjects. Embodiment and Sexual Difference in Contemporary Feminist Theory, New York 1994.
Brändli, Sebastian: «Die Retter der leidenden Menschheit». Sozialgeschichte der Chirurgen und Ärzte auf der Zürcher Landschaft (1700–1850), Zürich 1990.
Brändli-Traffelet, Sebastian: Vom scheinbaren Zwiespalt des Realismus und Humanismus. Zur Modernisierung der höheren Bildung in der Schweiz, in: Traverse. Zeitschrift für Geschichte, 2002/3, S. 15–28.
Braun, Oliver: Ein biographisches Projekt als methodischer Hürdenlauf. Person und politisches Weltbild des CSU-Politikers Alois Hundhammer (1900–1974) in: Obermair,

Hannes/Rome, Carlo (Hg.): Biographien. Vite di provincia. Geschichte und Region. Storia e regione, 2002/1, Innsbruck, Wien, München, Bozen 2002, S. 11–36.

Braun, Rudolf: Zur Professionalisierung des Ärztestandes in der Schweiz, in: Conze, Werner/Kocka, Jürgen: Bildungsbürgertum im 19. Jahrhundert, Bd. 1, Stuttgart 1989, S. 332–357.

Brian, Sarah/Steigmeier, Andreas: «Der Lehrer sei arm, aber brav». Eine kleine Geschichte der aargauischen Lehrerschaft am Beispiel ihrer Kantonalkonferenz, Baden 2000.

Brilli, Attilio: Als Reisen eine Kunst war. Vom Beginn des modernen Tourismus: Die «Grand Tour», Berlin 2001.

Brockmeyer, Bettina: Selbstverständnisse. Dialoge über Körper und Gemüt im frühen 19. Jahrhundert, Göttingen 2009.

Brockmeyer, Bettina: Krankheitsdarstellungen in Briefen von Samuel Hahnemann. Eine Lektüre aus geschlechtergeschichtlicher Perspektive, in: Dinges/Barras 2007, S. 211–221.

Brunner, Christoph H.: Glarner Geschichte in Geschichten, Glarus 2004.

Brzezinski, Tadeusz: Vom ungleichzeitigen Beginn im dreigeteilten Polen zur späten Vereinheitlichung, in: Dinges, Martin (Hg.): Weltgeschichte der Homöopathie. Länder – Schulen – Heilkundige, München 1996, S. 118–131.

Buchberger, J.: Fridolin Schuler, 1. April 1832–8. Mai 1903. Arzt und Fabrikinspektor, in: Rehli, P. (Hg.): Medizin und Ärzte im Glarnerland. 150 Jahre Ärztegesellschaft des Kantons Glarus 1834–1984, Glarus 1984, S. 103–113.

Bürger, Christa: Die Grenzgängerin. Bettina von Arnims Schaffen hebt die Trennung zwischen Leben und Werk auf, in: Neue Zürcher Zeitung, 14./15. Februar 2007, Nr. 37, S. B4.

Bürgi, Markus: Heinrich Grunholzer (1819–1873), in: Historisches Lexikon der Schweiz (ungekürzte Fassung als Typoskript, Teilnachlass in der Paul-Kläui-Bibliothek in Uster).

Burke, Peter: Was ist Kulturgeschichte?, Frankfurt am Main 2005.

Bussemer, Herrad Ulrike: Bürgerliche Frauenbewegung und männliches Bildungsbürgertum 1860–1880, in: Frevert 1988, S. 190–205.

Bynum, Caroline: Warum das ganze Theater mit dem Körper? Die Sicht einer Mediävistin, in: Historische Anthropologie, 4/1996, S. 1–33.

Bynum, W. F./Porter, Roy (Hg.): Companion Encyclopedia of the History of Medicine, 2 Bände, London 1993.

Camus, Celine/Hornung, Annabelle/Imlinger, Fabienne/Kolbe, Angela/Noll, Milena/Stauffer, Isabelle (Hg.): Im Zeichen des Geschlechts. Repräsentationen, Konstruktionen, Interventionen, Königstein im Taunus 2008.

Canning, Kathleen: Der Körper der Staatsbürgerin als theoretisches und historisches Problem, in: Bowald, Béatrice/Binnenkade, Alexandra/Büchel-Thalmaier, Sandra/Jakobs, Monika (Hg.): KörperSinne. Körper im Spannungsfeld von Diskurs und Erfahrung, Wettingen 2002, S. 109–131.

Canning, Kathleen: Problematische Dichotomien. Erfahrung zwischen Narrativität und Materialität, in: Bos/Vincenz/Wirz 2004, S. 37–58 (Historische Anthropologie, 2002/2, S. 163–182).

Caplan, Arthur L.: The Concepts of Health, Illness, and Disease, in: Bynum/Porter 1993, Bd. 1, S. 233–248.

Caprez, Christina/Nay, Eveline: Frauenfreundschaften und lesbische Beziehungen. Zur Geschichte frauenliebender Frauen in Graubünden, in: Redolfi, Silke/Hofmann, Silvia/Jecklin, Ursula (Hg.): fremdeFrau (Fraubünden. Beiträge zur Frauen- und

Geschlechtergeschichte Graubündens im 19. und 20. Jahrhundert, Bd. 4), Zürich 2008, S. 229–316.
Castells, Manuel: Das Informationszeitalter, Bd. 1: Die Netzwerkgesellschaft, Opladen 2001; Bd. 2: Die Macht der Identität. Netzwerke der neuen sozialen Beziehungen, Opladen 2002.
Cavell, Stanley: Comments on Veena Das's Essay «Language and Body: Transactions in the Construction of Pain», in: Kleinman/Das/Lock 1997, S. 93–98.
Certeau, Michel de: Kunst des Handelns, Berlin 1988.
Ceschi, Raffaello: Geschichte des Kantons Tessin, Frauenfeld 2003.
Chartier, Roger: New Cultural History, in: Eibach, Joachim/Lottes, Günther (Hg.): Kompass der Geschichtswissenschaft, Göttingen 2002, S. 193–205.
Christalder, Marieluise (Hg.): Freiheit, Gleichheit, Weiblichkeit. Aufklärung, Revolution und die Frauen in Europa, Opladen 1990.
Ciompi, Luc: Die emotionalen Grundlagen des Denkens. Entwurf einer fraktalen Affektlogik, Göttingen 1997.
Clow, Barbara: «Swapping Grief». The Role of the Laity in Alternative Medical Encounters, in: Journal of History of Medicine and Allied Sciences, 52/1997, S. 175–201.
Collmer, Peter: Die Schweiz und das Russische Reich 1848–1919. Geschichte einer europäischen Verflechtung, Zürich 2004.
Conze, Werner/Kocka, Jürgen (Hg.): Bildungsbürgertum im 19. Jahrhundert, Teil 1: Bildungssystem und Professionalisierung im internationalen Vergleich, Stuttgart 1985.
Corbin, Alain: Die Sprache der Glocken, Frankfurt am Main 1997.
Corbin, Alain: Préface, in: Jackson/Rigoli/Sangsue 2006, S. 9–33.
Corrodi, Paul: Das Landgut Mariahalden bei Erlenbach und seine früheren Bewohner, Separatdruck Jahrbuch des Verbandes zum Schutze des Landschaftsbildes am Zürichsee 1958/59, Stäfa 1959.
Crellin, John K.: Commercial medicines, physicians' prescriptions, and chemistry. Three medical worlds of the eighteenth century, or one?, in: Toellner 2004, S. 51–72.
Crenshaw, Kimberle: Intersectionality and Identity Politics. Learning from Violence Against Women of Colour, in: Stanford Law Review, 43, 1991/6, S. 1241–1299.
Crettaz, Bernard: Nouveaux bricolage d'altitude. Fin, recommencement et épuisement des Alpes, Marchal/Mattioli 1992, S. 51–62.
Criblez, Lucien/Hofstetter, Rita: Erziehung zur Nation. Nationale Gesinnungsbildung in der Schule des 19. Jahrhunderts, in: Altermatt/Bosshart-Pfluger/Tanner 1998, S. 167–187.
Cross, Máire: The Correspondence of a «Sister in Humanity», in: Bland/Cross 2004, S. 93–111.
Crotti, Claudia: Lehrerinnen – frühe Professionalisierung. Professionsgeschichte der Volksschullehrerinnen in der Schweiz im 19. Jahrhundert, Bern 2005.
Crotti, Claudia: Die Professionalisierung der Weiblichkeit für das öffentliche Bildungssystem. Lehrerinnenbildung in der Schweiz in der Mitte des 19. Jahrhunderts, in: Honegger/Liebig/Wecker 2003, S. 229–248.
Dahrendorf, Ralf: Freiheit ist tätige Freiheit. Einige Überlegungen zur Anatomie eines unentbehrlichen Begriffs, in: Neue Zürcher Zeitung, Nr. 66, 19./20. März 2005, S. 65.
Daniel, Ute: Kompendium Kulturgeschichte. Theorien, Praxis, Schlüsselwörter, Frankfurt am Main 2001, S. 430–443.
Daniel, Ute: Die Erfahrungen der Geschlechtergeschichte, in: Bos/Vincenz/Wirz 2004, S. 59–69.
Das, Veena: Language and Body. Transactions in the Construction of Pain, in: Kleinman/Das/Lock 1997, S. 67–93.
Dauphin, Cécile/Lebrun-Pézerat, Pierrette/Poublan, Danièle: Ces bonnes lettres. Une cor-

respondance familiale au XIXe siècle. Préface de Roger Chartier. Ouvrage publié avec le concours du Centre national des Lettres, Paris 1995.
Dauphin, Cécile: Des manuels épistolaires, pour quoi faire?, in: Messerli, Alfred/Chartier, Roger (Hg.): Lesen und Schreiben in Europa 1500–1900. Vergleichende Perspektiven, Basel 2000, 437–450.
Dausien, Bettina: Biografieforschung. Theoretische Perspektiven und methodologische Konzepte für ein re-konstruktive Geschlechterforschung, in: Becker, Ruth/Kortendiek, Beate/Budrich, Barbara (Hg.): Handbuch Frauen- und Geschlechterforschung. Theorie, Methoden, Empirie, Wiesbaden 2004, S. 314–325.
Dausien, Bettina: Geschlecht und Biographie, in: Miethe, Ingrid/Kajatin, Claudia/Pohl, Jana (Hg.): Geschlechterkonstruktionen in Ost und West. Biografische Perspektiven (Soziologie, Bd. 8), Münster 2004, S. 19–44.
Dausien, Bettina: Erzähltes Leben – erzähltes Geschlecht? Aspekte der narrativen Konstruktion von Geschlecht im Kontext der Biographieforschung, in: Feministische Studien, 2001/2, S. 57–73.
Dausien, Bettina: «Biographie» als rekonstruktiver Zugang zu «Geschlecht». Perspektiven der Biographieforschung, in: Lemmermöhle, Doris/Fischer, Dietlind/Klika, Dorle/Schlüter, Anne (Hg.): Lesarten des Geschlechts. Zur De-Konstruktionsdebatte in der erziehungswissenschaftlichen Geschlechterforschung, Opladen 2000, S. 96–115.
Dausien, Bettina: Geschlechterkonstruktionen und Körpergeschichten. Überlegungen zur Rekonstruktion leiblicher Aspekte des «doing gender» in biographischen Erzählungen, in: Alheit, Peter/Dausien, Bettina/Fischer-Rosenthal, Wolfram/Hanses, Andreas/Keil, Annelie (Hg.): Biographie und Leib, Giessen 1999, S. 177–200.
Dausien, Bettina: Die biographische Konstruktion von Geschlecht, in: Schneider, Notker/Mall, Ram Adhar/Lhemar, Dietmar (Hg.): Einheit und Vielfalt. Das Verstehen der Kulturen, Amsterdam, Atlanta 1998, S. 257–277.
Dausien, Bettina: Biographie und Geschlecht. Zur biographischen Konstruktion sozialer Wirklichkeiten in Frauenlebensgeschichten, Bremen 1996.
Dausien, Bettina: Biographieforschung als «Königinnenweg»? Überlegungen zur Relevanz biographischer Ansätze in der Frauenforschung, in: Diezinger, Angelika/Kitzer, Hedwig/Anker, Ingrid/Bingel, Irma/Haas, Erika/Odierna, Simone (Hg.): Erfahrung mit Methode. Wege sozialwissenschaftlicher Frauenforschung, Freiburg im Breisgau 1994, S. 129–153.
Davatz, Jürg: Glarner Heimatbuch, Glarus 1980.
Davis, Natalie Zemon: Women on the Margins. Three Seventeenth-Century Lives, Cambridge (MA), London 1995; dt.: Drei Frauenleben. Glikl, Marie de l'Incarnation, Maria Sibylla Merian, Berlin 1996.
Davidoff, Leonore: «Eins sein zu zweit». Geschwisterinzest in der englischen Mittelschicht des späten 18. und frühen 19. Jahrhunderts, in: L'Homme, 2002/1, S. 29–49.
Davidoff, Leonore/Hall, Catherine: Family Fortunes. Men and Women of the English Middle Class 1780–1850, London 1987.
De Bellaigue, Christina: Educating Women. Schooling and Identity in England and France 1800–1867, Oxford 2007.
De Giorgio, Michela: Die Gläubige, in: Frevert/Haupt 1999, S. 120–147.
De Giorgio, Michela: Hortus clausus. Zur Geschichte der sozialen Kontrolle von Mädchen- und Frauenfreundschaften in Italien, in: Eickenrodt/Rapisarda 1998, S. 89–104.
DeJean, Joan: Tender Geographies. Women and the Origins of the Novel in France, New York 1991.
Denk, Larissa/Waibel, Fabian: Vom Krawall zum Karneval. Zur Geschichte der Strassendemonstration und der Aneignung des öffentlichen Raums, in: Schönberger/Sutter 2009, S. 46–81.

Dinges, Martin: Veränderungen der Männergesundheit als Krisenindikation? Deutschland 1850–2006, in: Opitz-Belakhal, Claudia/Hämmerle, Christa (Hg.): Krise(n) der Männlichkeit?, L'Homme, 2/2008, S. 107–123.
Dinges, Martin: «Hegemoniale Männlichkeit» – ein Konzept auf dem Prüfstand, in: Dinges, Martin (Hg.): Männer – Macht – Körper. Hegemoniale Männlichkeiten vom Mittelalter bis heute, Frankfurt am Main 2005, S. 7–33.
Dinges, Martin: The Role of Medical Societies in the Professionalisation of Homeopathic Physicians in Germany and the USA, in: Jütte/Risse/Woodward 1998, S. 173–198.
Dinges, Martin (Hg.): Homöopathie. Patienten, Heilkundige, Institutionen. Von den Anfängen bis heute, Heidelberg 1996.
Dinges, Martin/Barras, Vincent (Hg.): Krankheit in Briefen im deutschen und französischen Sprachraum. 17.–20. Jahrhundert, Stuttgart 2007.
Dölling, Irene: «Geschlechterwissen» – ein nützlicher Begriff für die «verstehende» Analyse von Vergeschlechtlichungsprozessen?, in: Zeitschrift für Frauenforschung und Geschlechterstudien 23, 2005/1–2, S. 44–62.
Dölling, Irene/Krais, Beate (Hg.): Ein alltägliches Spiel. Geschlechterkonstruktion in der sozialen Praxis (Gender Studies), Frankfurt am Main 1997.
Douglas, Peter: Leisure Settings. Bourgeois Culture, Medicine, and the Spas in Modern France, Chicago 1998.
Drexler, Leopold/Bayr, Georg: Die wiedergewonnene Ausstrahlung des früheren Vielvölkerstaates: Österreich, in: Dinges 1996, S. 74–101.
Duden, Barbara: Medicine and the History of the Body. The Lady of the Court, in: Lachmund/Stollberg 1992, S. 39–51.
Duden, Barbara: Geschlecht, Biologie, Körpergeschichte. Bemerkungen zu neuer Literatur in der Körpergeschichte, in: Kulturelle und sexuelle Differenzen, Feministische Studien, 1991/2, S. 105–122.
Duden, Barbara: Geschichte unter der Haut. Ein Eisenacher Arzt und seine Patientinnen um 1730, Stuttgart 1987.
Dülmen, Richard van: Freundschaftskult und Kultivierung der Individualität um 1800, in: van Dülmen, Richard (Hg.): Entdeckung des Ich. Die Geschichte der Individualisierung vom Mittelalter bis zur Gegenwart, Köln, Weimar, Wien 2001, S. 267–286.
Dünki, Robert: Aspekte des Philhellenismus in der Schweiz 1821–1830, Bern 1984.
Ebrecht, Angelika/von der Lühe, Irmels/Pott, Ute/Rapisarda, Cettina/Runge, Anita (Hg.): Gelehrsamkeit und kulturelle Emanzipation (Querelles. Jahrbuch für Frauenforschung, Bd. 1), Stuttgart, Weimar 1996.
Ebrecht, Angelika/Nörtemann, Regina/Schwarz, Herta (Hg.): Brieftheorie des 18. Jahrhunderts. Texte, Kommentare, Essays, Stuttgart 1990.
Ebrecht, Angelika: Jenseits des Spiegels. Das Verhältnis von Freundschaft, Geschlecht und Moral aus psychoanalytischer Sicht, in: Eickenrodt/Rapisarda 1998, S. 75–88.
Eickenrodt, Sabine/Rapisarda, Cettina: Freundschaft im Gespräch (Querelles. Jahrbuch für Frauenforschung, Bd. 3), Stuttgart, Weimar 1998.
Eidgenössische Kommission für Frauenfragen (Hg.): Frauen – Macht – Geschichte. Frauen- und gleichstellungspolitische Ereignisse in der Schweiz 1848–1998, Teil 2: Mappe, Bern 1998.
Emeliantseva, Ekaterina: Die Schweizerische Hilfsgesellschaft (1814–1918), in: Lüthi/Maeder/Tarkhanova 2003, S. 67–78.
Eppenich, Heinz: Geschichte der deutschen homöopathischen Krankenhäuser (Quellen und Studien zur Homöopathiegeschichte, Bd. 1), Heidelberg 1995, S. 121–147.
Epple, Angelika: Empfindsame Geschichtsschreibung. Eine Geschlechtergeschichte der Historiographie zwischen Aufklärung und Historismus (Beiträge zur Geschichtskultur, Bd. 16), Köln, Weimar, Wien 2003.

Epple-Gass, Ruedi: «Sanitätsgesetze sind nicht die starke Seite des Volkes!» oder: Zugriff und Widerstand, in: Gesund und krank (Baselbieter Heimatbuch, Bd. 19), Liestal 1993, S. 121–144.
Erlach, Alexander: Die Geschichte der Homöopathie in der Schweiz 1827–1971, Zürich 2004; veröffentlicht Bern 2009.
Ernst, Andreas/Tanner, Albert/Weishaupt, Matthias (Hg.): Revolution und Innovation. Die konfliktreiche Entstehung des schweizerischen Bundesstaates von 1848 (Die Schweiz 1798–1998. Staat – Gesellschaft – Politik, hg. von der Allgemeinen Geschichtsforschenden Gesellschaft der Schweiz, Bd. 1), Zürich 1998.
Ernst, Fritz: Der Chorherr Johann Jacob Blumer, Zürich 1932.
Ernst, Katharina: Krankheit und Heilung. Die medikale Kultur der württembergischen Pietisten im 18. Jahrhundert, Stuttgart 2003.
ETHistory 1855–2005. Zeitreise durch 150 Jahre Hochschulgeschichte. Eine Web-Ausstellung des Instituts für Geschichte der ETH Zürich, www.ethistory.ethz.ch.
Faderman, Lilian: Köstlicher als die Liebe der Männer. Romantische Freundschaft und Liebe zwischen Frauen von der Renaissance bis heute, Zürich 1990.
Fäh, Lukas: Späte Einheit in einem mehrsprachigen Land: Schweiz, in: Dinges 1996, S. 102–117.
Faure, Olivier: Behandlungsverläufe. Die französischen Patienten von Samuel und Mélanie Hahnemann (1834–1868), in: Dinges/Barras 2007, S. 197–210.
Faure, Olivier: Der Arzt, in: Frevert, Ute/Haupt, Heinz-Gerhard (Hg.): Der Mensch des 19. Jahrhunderts, Frankfurt am Main, New York 1999, S. 86–119.
Faure, Olivier (Hg.): Praticiens, patients et militants de l'homéopathie aux XIXe et XXe siècles (1800–1940), Lyon 1992.
FemmesTour (Hg.): Mit Geld, Geist und Geduld. Frauen und ihre Geschichte zwischen Helvetik und Bundesstaat, Bern 1998.
Fietze, Katharina: Frauenbildung in der «Querelle des femmes», in: Kleinau/Opitz 1996, Bd. 1, S. 237–251.
Fischer-Homberger, Esther: Hunger – Herz – Schmerz – Geschlecht. Brüche und Fugen im Bild von Leib und Seele, Bern 1997.
Florkowska-Francic, Halina: Kosciusko-Feierlichkeiten in der Schweiz zwischen 1817 und 1917, in: Haumann 1996, S. 319–330.
Föllmer, Moritz (Hg.): Sehnsucht nach Nähe. Interpersonale Kommunikation in Deutschland seit dem 19. Jahrhundert, Stuttgart 2004.
Foucault, Michel: L'ordre du discours, Paris 1971.
Fraisse, Geneviève/Perrot, Michelle (Hg.): 19. Jahrhundert (Geschichte der Frauen, hg. von Duby, Georges/Perrot, Michelle, Bd. 4), Frankfurt am Main, New York 1994.
Fraisse, Geneviève: Von der sozialen Bestimmung zum individuellen Schicksal. Von der Philosophiegeschichte zur Geschlechterdifferenz, in: Fraisse/Perrot 1994, S. 63–95.
Frank, Hansjörg: Augustin Keller – Pädagoge und Landwirt, in: Leimgruber/Frank/Fuchs/Küng 2005, S. 57–70.
Freund, Marion: «Mag der Thron in Flammen glühn!» Schriftstellerinnen und die Revolution von 1848/49, Königstein im Taunus 2004.
Frevert, Ute: Vertrauen als Gefühlshaltung, in: Benthien/Fleig/Kasten 2000, S. 178–197.
Frevert, Ute: Angst vor Gefühlen? Die Geschichtsmächtigkeit von Emotionen im 20. Jahrhundert, in: Nolte, Paul/Hettling, Manfred/Kuhlemann, Frank-Michael/Schmuhl, Hans-Walter (Hg.): Perspektiven der Gesellschaftsgeschichte, München 2000, S. 95–111.
Frevert, Ute: «Mann und Weib, und Weib und Mann». Geschlechter-Differenzen in der Moderne, München 1995.

Frevert, Ute: Modernitätserfahrungen von Frauen zwischen Gleichheit und Differenz, in: Volkov, Shulamit (Hg.): Deutsche Juden und die Moderne, München 1994, S. 75–94.
Frevert, Ute (Hg.): Bürgerinnen und Bürger. Geschlechterverhältnisse im 19. Jahrhundert, Göttingen 1988.
Frevert, Ute: Frauen und Ärzte im späten 18. und frühen 19. Jahrhundert – zur Sozialgeschichte eines Gewaltverhältnisses, in: Kuhn, Annette/Rüsen, Jörn (Hg.): Fachwissenschaftliche und fachdidaktische Beiträge zur Sozialgeschichte der Frauen vom frühen Mittelalter bis zur Gegenwart (Geschichtsdidaktik, Bd. 8; Frauen in der Geschichte, Bd. 2), Düsseldorf 1982, S. 177–210.
Frevert, Ute/Schreiterer, Ulrich: Treue – Ansichten des 19. Jahrhunderts, in: Hettling/Hoffmann 2000, S. 217–256.
Frevert, Ute/Haupt, Heinz-Gerhard (Hg.): Der Mensch des 19. Jahrhunderts, Frankfurt am Main, New York 1999.
Frey, Heinz/Glättli, Ernst: Schaufeln, sprengen, karren. Arbeits- und Lebensbedingungen der Eisenbahnarbeiter in der Schweiz um die Mitte des 19. Jahrhunderts, Zürich 1987.
Friedrich, Martin: Kirche im gesellschaftlichen Umbruch. Das 19. Jahrhundert (Zugänge zur Kirchengeschichte, Bd. 8), Göttingen 2006.
Fritschi, Alfred: Schwesterntum. Zur Sozialgeschichte der weiblichen Berufskrankenpflege in der Schweiz 1850–1930, Zürich 1990.
Fritz, Kathrin: Gesundheit als Lebens-Aufgabe. Sozialisation und Disziplinierung der bürgerlichen Frau durch populärmedizinische Ratgeber des 19. Jahrhunderts, in: Schweizerisches Archiv für Volkskunde, 89, 1993/1, S. 15–68.
Fritzsche, Bruno/Lemmenmeier, Max: Die revolutionäre Umgestaltung von Wirtschaft, Gesellschaft und Staat, 1780–1870, in: Geschichte des Kantons Zürich 1994, S. 137–141.
Fritzsche, Bruno: Stadt – Raum – Geschlecht. Entwurf einer Fragestellung, in: Imboden, Monika/Meister, Franziska/Kurz, Daniel (Hg.): Stadt – Raum – Geschlecht. Beiträge zur Erforschung urbaner Lebensräume im 19. und 20. Jahrhundert, S. 19–28.
Fuller, Robert C.: Alternative Medicine and American Religious Life, New York, Oxford 1989.
Gall, Lothar (Hg.): Bürgertum und bürgerlich-liberale Bewegung im Mitteleuropa seit dem 18. Jahrhundert (Historische Zeitschrift. Sonderhefte, Bd. 17), München 1997.
Gall, Lothar/Langewiesche, Dieter (Hg.): Liberalismus und Region. Zur Geschichte des deutschen Liberalismus im 19. Jahrhundert (Historische Zeitschrift. Beihefte. Neue Folge, Bd. 19), München 1995.
Gall, Lothar: Bürgertum in Deutschland, Berlin 1989.
Gartmann, Johannes: Bäder und Höhenkurorte in Graubünden, in: Nössing, Josef (Hg.): Die Alpen als Heilungs- und Erholungsraum (Schriftenreihe der Arbeitsgemeinschaft Alpenländer. Neue Folge, Bd. 7), Bozen 1994, S. 213–226.
Gehmacher, Johanna: Die Nation lieben. Zur Darstellung und Herstellung eines Gefühls, in: Bauer/Hämmerle/Hauch 2005, S. 125–143.
Gelles, Edith B.: «Remember the Ladies». Politics in the Letters of Abigail Adams, in: Bland/Máire 2004, S. 67–75.
Gerhalter, Li: Freundinnenschaft als geschriebener Ort. Briefliche Selbst-Inszenierungen von Frauenfreundschaften der jungen Lehrerin Tilde Mell, Wien, 1903 bis 1912, in: «Das Höchste und Beste des Lebens»? Paar(re)konstruktionen im 19. und 20. Jahrhundert, Ariadne. Forum für Frauen- und Geschlechtergeschichte, 2005/48, S. 62–69.
Gerhard, Ute: Die Ehe als Geschlechter- und Gesellschaftsvertrag. Zum Bedeutungswandel der Ehe im 19. und 20. Jahrhundert, in: Bauer/Hämmerle/Hauch 2005, S. 449–468.
Gerhard, Ute (Hg.): Frauen in der Geschichte des Rechts. Von der Frühen Neuzeit bis zur Gegenwart, München 1997.
Gerhard, Ute/Link, Jürgen: Zum Anteil der Kollektivsymbolik an den Nationalstereo-

typen, in: Link, Jürgen/Wülfing, Wulf (Hg.): Nationale Mythen und Symbole in der zweiten Hälfte des 19. Jahrhunderts. Strukturen und Funktionen von Konzepten nationaler Identität, Stuttgart 1991, S. 16–52.

Gerhard, Ute: Unerhört. Die Geschichte der deutschen Frauenbewegung, Reinbek bei Hamburg 1990.

Gerhard Ute/Klausmann, Christina/Wischermann, Ulla: Frauenfreundschaften – ihre Bedeutung für Politik und Kultur der alten Frauenbewegung, in: Feministische Studien, 1993/1, S. 21–37.

Gernert, Dörte: Mädchenerziehung im allgemeinen Volksschulwesen, in: Kleinau/Opitz 1996, Bd. 2, S. 85–98.

Geschichte des Kantons Basel-Landschaft. Nah dran, weit weg, Bd. 5: Armut und Reichtum. 19. und 20. Jahrhundert, Liestal 2001.

Geschichte des Kantons Zürich, Bd. 3: 19. und 20. Jahrhundert, Zürich 1994.

Geschichte des Kantons Zürich, Bd. 2: Frühe Neuzeit, 16. und 18. Jahrhundert, Zürich 1996.

Gilbert, Anne-Françoise: Kampf um die Welt, Sorge um sich selbst. Lebensentwürfe und kulturelle Räume lediger Frauen in der Moderne, Königstein im Taunus 2001.

Glarner Industrieweg. Karte, Glarus 2003.

Glarner Industrieweg. Alle Objekttafeln, Glarus 1997.

Glaser, Edith: Was ist eine pädagogische Klassikerin? Helene Lange und die Stilisierung der «Gelben Broschüre», in: Mädchenschulgeschichte(n). Die preussische Mädchenschulreform und ihre Folgen, Ariadne. Forum für Frauen- und Geschlechtergeschichte, 53–54/2008, S. 18–29.

Gleixner, Ulrike/Hebeisen, Erika (Hg.): Gendering Tradition. Erinnerungskultur und Geschlecht im Pietismus, Korb 2007.

Gleixner, Ulrike: Pietismus und Bürgertum. Eine historische Anthropologie der Frömmigkeit, Württemberg 17.–19. Jahrhundert (Bürgertum. Neue Folge. Studien zur Zivilgesellschaft, hg. von Manfred Hettling und Paul Nolte, Bd. 2), Göttingen 2005.

Gnädinger, Beat/Spuhler, Gregor: Frauenfeld. Geschichte einer Stadt im 19. und 20. Jahrhundert, Frauenfeld 1996.

Goerke, Carsten: Auswandern – einwandern – rückwandern. Schweizer in Russland und Russen in der Schweiz vom 17. Jahrhundert bis heute, in: Maeder, Eva/Niederhäuser, Peter (Hg.): Käser, Künstler, Kommunisten. Vierzig russisch-schweizerische Lebensgeschichten aus vier Jahrhunderten, Zürich 2009, S. 15–28.

Goetzinger, Germaine: Soziale Reform der Geschlechterverhältnisse im Vormärz. Louise Dittmars Ehekritik, in: Reese/Rosenhaft/Sachse/Siegel 1993, S. 37–57.

Goffman, Erving: Interaktion und Geschlecht, hg. und eingeleitet von Hubert A. Knoblauch. Mit einem Nachwort von Helga Kotthoff, Frankfurt am Main, New York 1994.

Good, Byron: Medicine, Rationality, and Experience. An Anthropological Perspective, Cambridge 1994.

Goodwin, Jeff/Jasper, James M./Polletta, Francesca (Hg.): Passionate Politics. Emotions and Social Movements, Chicago 2001.

Götz von Olenhusen, Irmtraud (Hg.): Frauen unter dem Patriarchat der Kirchen. Katholikinnen und Protestantinnen im 19. und 20. Jahrhundert, Stuttgart, Berlin, Köln 1995.

Götz von Olenhusen, Irmtraud (Hg.): Wunderbare Erscheinungen. Frauen und katholische Frömmigkeit im 19. und 20. Jahrhundert, Paderborn 1995.

Götz von Olenhusen, Irmtraud: Klerus und abweichendes Verhalten. Zur Sozialgeschichte katholischer Priester im 19. Jahrhundert. Die Erzdiözese Freiburg, Göttingen 1994.

Graber, Martin: Die Burg Wartau. Baubeschreibung, Geschichte, Rechte und Besitzungen, Urkundensammlung, Buchs 2003.

Graf, Emma: Die Anfänge der Frauenbewegung in der deutschen Schweiz, in: Jahrbuch der Schweizer Frauen, 1, Bern 1915, S. 108–131.
Grunder, Hans-Ulrich: Privat oder staatlich? Alternative Schulmodelle in der Schweiz, in: Badertscher/Grunder 1997, S. 279–318.
Grunder, Hans-Ulrich: «Wir fordern alles». Weibliche Bildung im 19. Jahrhundert. Die Konzepte einiger anarchistischer und bürgerlicher Pädagoginnen, Grafenau 1988.
Gugerli, David/Kupper, Patrick/Speich, Daniel: Die Zukunftsmaschine. Konjunkturen der ETH Zürich 1855–2005, Zürich 2005.
Guggenbühl, Christoph: Biedermeier und Musterbürger im «Mutterland der Weltfreyheit». Konzept der Nation in der helvetischen Republik, in: Altermatt/Bosshart-Pfluger/Tanner 1998, S. 33–48.
Guggenbühl, Christoph: Pressefreiheit als «Quelle der Wahrheit». Zur Entstehung politisch-publizistischer Öffentlichkeit in der Schweiz, 1798–1848, in: Ernst/Tanner/Weishaupt 1998, S. 219–232.
Guggenbühl, Christoph: Von Untertanen zu Staatsbürgern. Voraussetzungen der Bundesstaatsgründung aus längerfristiger Perspektive, in: Sarasin/Ernst/Kübler 1998, S. 18–31.
Guzzi-Heeb, Sandro: L'amour en lettres. Ecriture, émotions et parenté dans l'élite valaisanne (1750–1830), in: Henry/Jelmini 2006, S. 55–73.
Guzzi-Heeb, Sandro: Helvetischer Staat und Nationalisierung der Gesellschaft, in: Altermatt/Bosshart-Pfluger/Tanner 1998, S. 131–147.
Gyalog, Renate: Das Leben der Marie-Anne Calame. Die «Pestalozzi» von Le Locle. Eine Biographie, Zürich, Düsseldorf 1996.
Gyr, Peter: Katalog des Nachlasses von Josef Wolfgang von Deschwanden (1819–1866), Fribourg 1978, Handschriften und Autographen der ETH, Josef Wolfgang von Deschwanden, Typoskript, Zürich 1986.
Gyr, Ueli: Lektion fürs Leben. Welschlandaufenthalte als traditionelle Bildungs-, Erziehungs- und Übergangsmuster, Zürich 1989.
Habermas, Jürgen: Ein Bewusstsein von dem, was fehlt. Über Glauben und Wissen und den Defaitismus der modernen Vernunft, in: Neue Zürcher Zeitung, Nr. 34, 10./11. Februar 2007, S. 71–72.
Habermas, Jürgen: Versöhnung durch öffentlichen Vernunftgebrauch, in: Philosophische Gesellschaft Bad Homburg/Hinsch, Wilfried (Hg.): Zur Idee des politischen Liberalismus. John Rawls in der Diskussion, Frankfurt am Main 1997, S. 169–195.
Habermas, Jürgen: Strukturwandel der Öffentlichkeit. Untersuchungen zu einer Kategorie der bürgerlichen Gesellschaft, mit einem Vorwort zur Neuauflage, Frankfurt am Main 1990.
Habermas, Rebekka: Selbstreflexion zwischen Erfahrung und Inszenierung. Schreiben im Bürgertum um 1800, in: Häder, Sonja/Tenorth, Heinz-Elmar (Hg.): Der Bildungsgang des Subjekts. Bildungstheoretische Analysen (Zeitschrift für Pädagogik. Beiheft, Bd. 48), Weinheim 2004, S. 30–47.
Habermas, Rebekka: Bürgerliche Kleinfamilie – Liebesheirat, in: van Dülmen, Richard: Entdeckung des Ich. Die Geschichte der Individualisierung vom Mittelalter bis zur Gegenwart, Köln, Weimar, Wien 2001, S. 287–309.
Habermas, Rebekka: Frauen und Männer des Bürgertums. Eine Familiengeschichte (1750–1850), Göttingen 2000.
Habermas, Rebekka: Rituale des Gefühls. Die Frömmigkeit des protestantischen Bürgertums, in: Hettling/Hoffmann 2000, S. 169–191.
Habermas, Rebekka: Friderika Baldinger und ihr Männerlob. Geschlechterdebatten der Aufklärung, in: Wunder, Heide/Engel, Gisela (Hg.): Geschlechterperspektiven. Forschungen zur Frühen Neuzeit, Frankfurt am Main 1998, S. 242–254.

Hacker, Hanna: Zum Begriff der Transgression. Historische Ansätze und Überschreitung, in: L'Homme, 2002/2, S. 224–233.

Hacker, Hanna: Gewalt ist: keine Frau oder eine Geschichte der Transgressionen, Königstein im Taunus 1998.

Häfliger, Bruno: Dr. Franz Karl Stadlin. 1777–1829. Arzt, Naturwissenschaftler, Geschichtsschreiber, Zug 1972.

Hagemann, Karen: «Heran, heran, zu Sieg oder Tod!» Entwürfe patriotisch-wehrhafter Männlichkeit in der Zeit der Befreiungskriege, in: Kühne 1996, S. 51–68.

Hagemann, Karen: «Männlicher Muth und Teutsche Ehre». Nation, Militär und Geschlecht zur Zeit der antinapoleonischen Kriege Preussens, Paderborn 2002.

Hager, Fritz-Peter/Tröhler, Daniel (Hg.): Anna Pestalozzis Tagebuch; Silber, Käte: Anna Pestalozzi und der Frauenkreis um Pestalozzi, Bern, Stuttgart, Wien 1993.

Hagmann, Jürg: Keller und der Katholizismus – eine Hassliebe, in: Leimgruber/Frank/Fuchs/Küng 2005, S. 108–122.

Hämmerle, Christa/Saurer, Edith (Hg.): Briefkulturen und ihr Geschlecht. Zur Geschichte der privaten Korrespondenz vom 16. Jahrhundert bis heute (L'Homme. Schriften, Bd. 7), Wien 2003.

Hamouda, Fayçal (Hg.): Aus dem Leben. Erzählungen aus Heimat und Fremde von Luise Büchner, Einleitung von Scharpf, Cordelia, Leipzig 2007.

Handley, Rima: Eine homöopathische Liebesgeschichte. Samuel und Mélanie Hahnemann, Nördlingen 1993 (Berkeley, California 1990).

Hardmeier Sibylle: Frühe Frauenstimmrechtsbewegung in der Schweiz (1890–1930). Argumente, Strategien, Netzwerk und Gegenbewegung, Zürich 1997.

Hardmeier, Sibylle/Vinz, Dagmar: Diversity und Intersektionalität. Eine kritische Würdigung der Originalität und Leistungsfähigkeit der zwei Ansätze für die Politikwissenschaft, in: Frauen – Gender – Diversity. Perspektiven theoretischer Konzepte und ihrer politischen Umsetzung, Femina politica, 2007/1, S. 15–25.

Hardmeier, Sybille: Frühe Frauenstimmrechtsbewegung in der Schweiz (1890–1930). Argumente, Strategien, Netzwerk und Gegenbewegung, Zürich 1997.

Hardtwig, Wolfgang: Hochkultur des bürgerlichen Zeitalters (Kritische Studien zur Geschichtswissenschaft, Bd. 169), Göttingen 2005.

Haumann, Heiko (Hg.): Tadeusz Kosciusko. «Der letzte Ritter und erste Bürger im Osten Europas» (Studia Polono-Helvetica, Bd. 3), Basel 1996.

Haumann, Heiko/Held, Thomas/Schott, Catherine: «Noch ist Polen nicht verloren ...» Tadeusz Kosciusko und die Bedeutung des Aufstandes von 1794, in: Haumann 1996, S. 3–24.

Haus der Geschichte Baden-Württemberg (Stuttgart), Dichtermuseum/Herwegh-Archiv (Liestal), Musée Historique de Mulhouse, Museum am Burghof (Lörrach) (Hg.): Revolution 1848/49. Nationalität trennt, Freiheit verbindet. Séparés par la nationalité, unis par la liberté. Ein trinationales Ausstellungsprojekt, Ausstellungskatalog, Stuttgart 1998.

Hausen, Karin: Überlegungen zum geschlechtsspezifischen Strukturwandel der Öffentlichkeit, in: Gerhard, Ute (Hg.): Differenz und Gleichheit. Menschenrechte haben (k)ein Geschlecht, Frankfurt am Main 1990, S. 268–282.

Hausen, Karin: «... eine Ulme für das schwankende Efeu». Ehepaare im deutschen Bildungsbürgertum. Ideale und Wirklichkeit im späten 18. und 19. Jahrhundert, in: Frevert 1988, S. 85–117.

Hauser, Walter: Der Justizmord an Anna Göldi. Neue Recherchen zum letzten Hexenprozess in Europa, Zürich 2007.

Head-König, Anne-Lise: Les spécialisations commerciales glaronnaises et le rôle des ré-

seaux sociaux et familiaux (Typologie et fonctionnement des entreprises commerciales dans le monde préalpin) (XVIe–XVIIIe siècles), in: Itinera, 24/2002, S. 74–96.
Head, Anne-Lise: Mariages et citoyenneté des femmes. L'influence de l'Helvétie et de la Révolution sur la conception et les effets du mariage en Suisse, in: Simon, Christian (Hg.): Dossier Helvetik, Bd. 2: Sozioökonomische Strukturen. Frauengeschichte/Geschlechtergeschichte, Basel, Frankfurt am Main 1997, S. 151–166.
Head-König, Anne-Lise: Les femmes et la Justice matrimoniale dans les cantons suisses, XVIIe–XIXe siècles. Crédibilité et protection de la femme lors de contentieux matrimoniaux, in: Jaun, Rudolf/Studer, Brigitte (Hg.): Weiblich – männlich. Geschlechterverhältnisse in der Schweiz. Rechtsprechung, Diskurs, Praktiken, Zürich 1995, S. 59–70.
Hebeisen, Erika: «Leidenschaftlich fromm». Die pietistische Bewegung in Basel, 1750–1830, Köln 2005.
Hebeisen, Erika: Streit um die neue Ordnung. Vom Widerstand zum Bürgerkrieg, in: Meier/Sauerländer/Stauffacher/Steigmeier 1997, S. 206–245.
Heer, Gret/Kern, Urs: Alltag der Glarner Tuchdruckereiarbeiter im 19. Jahrhundert, in: Schweizerisches Sozialarchiv (Hg.): Arbeitsalltag und Betriebsleben. Zur Geschichte industrieller Arbeits- und Lebensverhältnisse in der Schweiz, Zürich 1981, S. 79–116.
Hein, Dieter/Schulz, Andreas (Hg.): Bürgerkultur im 19. Jahrhundert. Bildung, Kunst und Lebenswelt, München 1996.
Heinz, David: Rudolf Virchow und die Medizin des 20. Jahrhunderts, hg. von Werner Selberg und Hans Hamm (Hamburger Beiträge zur Geschichte der Medizin), München 1993.
Heller, Agnes: Ein Essay über die Schönheit der Freundschaft, in: Eickenrodt/Rapisarda 1998, S. 48–62.
Helm, Jürgen/Wilson, Renate (Hg.): Medical Theory and Therapeutic Practice in the Eighteenth Century. A Transatlantic Perspective, Stuttgart 2008.
Helm, Jürgen: Pietismus und Medizin, in: Franckesche Stiftungen (Hg.): Hoffnung besserer Zeiten. Philipp Jakob Spener (1636–1705) und die Geschichte des Pietismus, Halle 2005, S. 204–216.
Helmstädter, Axel: Spagyrische Arzneimittel. Pharmazie und Alchemie der Neuzeit, Stuttgart 1990; ursprünglich: Cesare Mattei (1801–1879) und Carl-Friedrich Zimpel (1801–1879). Diss. rer. nat. Uniersität Heidelberg 1988.
Hembry, Phyllis: British Spas from 1815 to the Present. A Social History, Madison 1997.
Henry, Philippe/Jelmini, Jean-Pierre (Hg.): La correspondance familiale en Suisse romande aux XVIIIe et XIXe siècles. Affectivité, sociabilité, réseaux. Actes du Colloque de Neuchâtel, 27–28 mai 2005, Neuchâtel 2006.
Henry, Philippe: «Une correspondance qu'il m'est si doux d'entretenir …» Bourgeoisie et épistolarité familiale: Ferdinand Du Pasquier et sa mère (1818–1833), in: Henry/Jelmini 2006, S. 289–316.
Hettling, Manfred/Hoffmann, Stefan-Ludwig (Hg.): Der bürgerliche Wertehimmel. Innenansichten des 19. Jahrhunderts, Göttingen 2000.
Hettling, Manfred/Hoffmann, Stefan-Ludwig: Zur Historisierung bürgerlicher Werte. Einleitung, in: Hettling, Manfred/Hoffmann, Stefan-Ludwig (Hg.): Der bürgerliche Wertehimmel. Innenansichten des 19. Jahrhunderts, Göttingen 2000, S. 7–21.
Hettling, Manfred/Hoffmann, Stefan-Ludwig: Der bürgerliche Wertehimmel. Zum Problem individueller Lebensführung im 19. Jahrhundert, in: Geschichte und Gesellschaft, 1997/3, S. 333–359.
Hettling, Manfred/König, Mario/Schaffner, Martin/Suter, Andreas/Tanner, Jakob: Eine kleine Geschichte der Schweiz. Der Bundesstaat und seine Traditionen, Frankfurt am Main 1998.
Hettling, Manfred: Bürgerliche Selbstbehauptung – politischer Individualismus, in: van

Dülmen, Richard: Entdeckung des Ich. Die Geschichte der Individualisierung vom Mittelalter bis zur Gegenwart, Köln, Weimar, Wien 2001, S. 311–329.
Hettling, Manfred: Die Schweiz als Erlebnis, in: Altermatt/Bosshart-Pfluger/Tanner 1998, S. 19–31.
Hettling, Manfred: Politische Bürgerlichkeit. Der Bürger zwischen Individualität und Vergesellschaftung in Deutschland und der Schweiz 1860–1918, Bielefeld 1997.
Hildbrand, Thomas/Tanner, Albert (Hg.): Im Zeichen der Revolution. Der Weg zum schweizerischen Bundesstaat 1798–1848, Zürich 1997.
Hoffmann, Stefan-Ludwig: Die Politik der Geselligkeit. Freimaurerlogen in der deutschen Bürgergesellschaft 1840–1918, Göttingen 2000.
Hoffmann, Stefan-Ludwig: Unter Männern. Freundschaft und Logengeselligkeit im 19. Jahrhundert, in: Hettling/Hoffmann 2000, S. 193–216.
Hofstetter, Rita/Käppeli, Anne-Marie: Von der Bildung zur Ausbildung. Familienpensionate, höhere Töchterschulen und die Anfänge der privaten und öffentlichen Lehrerinnenausbildung in der Schweiz des 19. Jahrhunderts, in: Metis. Zeitschrift für historische Frauenforschung und feministische Praxis, 1996/9, S. 36–46.
Hofstetter, Rita/Magnin, Charles/Criblez, Lucien/Jenzer, Carlo: Une école pour la démocratie. Naissance et développement de l'école d'Etat démocratique en Suisse, 19e siècle, Berne 1999.
Holenstein, Rolf: Ochsenbein. Erfinder der modernen Schweiz, Basel 2009.
Holstein, August Guido: Der Geist weht, wo er will. Mutter Bernarda Heimgartner und Pater Theodosius Florentini, in: Badener Neujahrsblätter 2008, Baden 2008, S. 84–91.
Holthöfer, Ernst: Die Geschlechtsvormundschaft. Ein Überblick von der Antike bis ins 19. Jahrhundert, in: Gerhard 1997, S. 390–451.
Honegger, Claudia/Liebig, Brigitte/Wecker, Regina (Hg.): Wissen, Gender, Professionalisierung. Historisch-soziologische Studien, Zürich 2003.
Honegger, Claudia: Die Ordnung der Geschlechter. Die Wissenschaft vom Menschen und das Weib, 1750–1850, Frankfurt am Main 1991.
Hoock-Demarle, Marie-Claire: Briefvernetzungen in und um Europa. Frauen- und Männerbriefe im deutschsprachigen Raum (19. Jahrhundert), in: Hämmerle/Saurer 2003, S. 187–201.
Hoock-Demarle, Marie-Claire: Zwischen Wirklichkeit und Fiktion. Karoline von Günderrode und Bettina von Arnim – eine weibliche Freundschaft um 1800 und ihre literarische Verarbeitung, in: Eickenrodt/Rapisarda 1998, S. 169–183.
Hörisch, Jochen: Die Wut des Verstehens. Zur Kritik der Hermeneutik, erweiterte Neuauflage, Frankfurt am Main 1998.
Hörsch, Waltraud: Strohflechten. Heimarbeit zwischen Luzerner Sozialpolitik und weltweitem Modemarkt, in: Verein Frauenstadtrundgang Luzern 1998, S. 94–107.
Huerkamp, Claudia: Der Aufstieg der Ärzte im 19. Jahrhundert. Vom gelehrten Stand zum professionellen Experten. Das Beispiel Preussens, Göttingen 1985.
Huerkampf, Claudia: Die preussisch-deutsche Ärzteschaft als Teil des Bildungsbürgertums. Wandel in Lage und Selbstverständnis vom ausgehenden 18. Jahrhundert bis zum Kaiserreich, in: Conze/Kocka 1985, S. 358–387.
Hull, Isabel: Sexuality, State, and Civil Society in Germany, 1700–1815, Ithaca (NY) 1996.
Hunt, Lynn: Kulturgeschichte ohne Paradigmen?, in: Historische Anthropologie, 2008/3, S. 323–340.
Hunt, Lynn: The Family Romance of the French Revolution, Berkeley, Los Angeles 1992.
Im Hof, Ulrich: Mythos Schweiz. Identität – Nation – Geschichte, 1291–1991, Zürich 1991.
Imhof, Walter: Das Haus zum Pflugstein in Erlenbach (Erlenbacher Hausgeschichten, Heft 15), Typoskript, Zentralbibliothek Zürich.
Ising, Dieter: Der politische Blumhardt. Von der 1848er Revolution bis zum Deutsch-

Französischen Krieg 1870/71. Referat gehalten am Symposion des Vereins für württembergische Kirchengeschichte und der Evangelischen Akademie Bad Boll: Johann Christoph Blumhardt (1805–1880), Leben – Werk – Wirkungen, 7. bis 9. Oktober 2005, Manuskript.
Ising, Dieter: Johann Christoph Blumhardt, Leben und Werk, Göttingen 2002.
Ising, Dieter: Heilung der Gottliebin Dittus, in: Weib und Seele. Frömmigkeit und Spiritualität evangelischer Frauen in Württemberg. Katalog zur Ausstellung im Landeskirchlichen Museum Ludwigsburg vom 16. Mai 1998 bis 8. November 1998, Ludwigsburg 1998, S. 97–102.
Jackson, John E./Rigoli, Juan/Sangsue, Daniel (Hg.): Être et se connaître au XIXe siècle. Littérature et sciences humaines, Genf 2006.
Jacobi, Juliane: Zwischen Erwerbsleben und Bildungsreligion. Mädchenschulen in Deutschland, in: Fraisse/Perrot 1994, S. 267–281.
Jacobi, Ursula Isabell: Der Hochpotenzstreit. Von Hahnemann bis heute, Stuttgart 1995.
Jauch, Ursula Pia: Beat Fidel Zurlauben. Söldnergeneral & Büchernarr, 1720–1799, Zürich 1999.
Jauch, Ursula Pia: Jenseits der Maschine. Philosophie, Ironie und Ästhetik bei Julien Offray de La Mettrie (1709–1751), München 1998.
Jaun, Rudolf: Armee und Nation. Schweizerische Militärdiskurse des 19. Jahrhunderts im Widerstreit, in: Altermatt/Bosshart-Pfluger/Tanner 1998, S. 152–159.
Jenal, Emil: Josephine Zehnder-Stadlin und Gottfried Keller, in: Gemeinnützige Gesellschaft des Kantons Zug (Hg.): Zuger Neujahrsblatt, Zug 1942, S. 4–8.
Johnson, Christopher H.: Das «Geschwister Archipel». Bruder-Schwester-Liebe und Klassenformation im Frankreich des 19. Jahrhunderts, in: L'Homme, 1/2002, S. 50–67.
Jorio, Marco: «Gott mit uns». Der Bund des Sonderbundes mit Gott, in: Ernst/Tanner/Weishaupt 1998, S. 245–258.
Jorio, Marco: Zwischen Rückzug und Integration. Demokratie und politische Elite im frühen Bundesstaat, in: Studer 1998, S. 89–108.
Jorio, Marco: «Wider den Pakt mit dem Teufel». Die Gegenwehr der Konservativen, in: Hildbrand/Tanner 1997, S. 139–160.
Joris, Elisabeth/Witzig, Heidi: Frauen und Männer im Kampf um Macht und Einfluss in Uster. Die Auseinandersetzung um Salomon Vögelin, in: «Vom Luxus des Geistes», Festschrift für Bruno Schmid, Zürich 1994, S. 293–309.
Joris, Elisabeth/Witzig, Heidi: Brave Frauen – aufmüpfige Weiber. Wie sich die Industrialisierung auf Alltag und Lebenszusammenhänge von Frauen auswirkte (1820–1940), Zürich 1992.
Joris, Elisabeth/Witzig, Heidi: Konstituierung einer spezifischen Frauen-Öffentlichkeit zwischen Familie und Männer-Öffentlichkeit im 19. und beginnenden 20. Jahrhundert, in: Othenin-Girard/Gossenreiter/Trautweiler 1991, S. 143–160.
Joris, Elisabeth/Witzig, Heidi: Die ewigen Töchter oder die verpasste Revolution. Überlegungen zur Entwicklung der «Töchterberufe», in: Schnegg, Brigitte/Wecker, Regina (Hg.): Frauen. Zur Geschichte weiblicher Arbeits- und Lebensbedingungen in der Schweiz, Schweizerische Zeitschrift für Geschichte, Vol. 34, 1984/3, Sonderausgabe, Basel 1984, S. 357–362.
Joris, Elisabeth: Ein Prozess als Angelpunkt. Zur Biografisierung der pietistischen Heilerin Dorothea Trudel, in: Gleixner/Hebeisen 2007, S. 233–252.
Joris, Elisabeth: Gemeinschaft der Gefühle. Praktiken sozialer Einbindung in den Briefen einer liberalen Bildungsbürgerin, in: Traverse. Zeitschrift für Geschichte, 2007/2, S. 47–64.
Joris, Elisabeth: Kinship and Gender. Property, Enterprise, and Politics, in: Mathieu/Sabean/Teuscher 2006, S. 231–257.

Joris, Elisabeth: «... brüderlich gegrüsst von Deinem Augustin». Die Freundschaft zwischen Josephine Stadlin und Augustin Keller im Umfeld der politischen Umwälzungen des 19. Jahrhunderts, in: Leimgruber/Frank/Fuchs/Küng 2005, S. 30–41.
Joris, Elisabeth: Wilhelm Tell und Gertrud Stauffacher. Die ungleiche Karriere eines fiktiven Paares. Input-Referat zum Symposium «MythosTell – Held oder Phantom. Bedeutung und Funktion nationaler Mythen und Helden» des Schweizerischen Landesmuseums im Rahmen des 200-Jahr-Jubiläums von Schillers «Wilhelm Tell» im Forum der Schweizer Geschichte Schwyz, 24. September 2004, Manuskript.
Joris, Elisabeth: «... der Himmel hat uns dagegen mit Gütern entschädigt ...» Geschlechter- und Familienkonzeptionen in der Korrespondenz einer Schweizer Pfarrfamilie (1. Hälfte des 19. Jahrhunderts), in: Hämmerle/Saurer 2003, S. 89–112.
Joris, Elisabeth: «Im Vertrauen reden Staatsmänner auch etwa vom Weibe?» Partizipation oder Dissidenz – zur Konstituierung eines weiblichen Handlungsraumes, in: Ernst/Tanner/Weishaupt 1998, S. 173–188.
Joris, Elisabeth: Geschlechtshierarchische Arbeitsteilung und Integration der Frauen, in: Studer 1998, S. 187–202.
Joris, Elisabeth: Mündigkeit und Geschlecht. Die Liberalen und das «Recht der Weiber», in: Hildbrand/Tanner 1997, S. 75–90.
Joris, Elisabeth: Die geteilte Moderne: Individuelle Rechtsansprüche für Männer, ständische Abhängigkeit für Frauen, in: Thema: Geschlecht und Staat, Schweizerische Zeitschrift für Geschichte, Vol. 46, 1996/3, S. 306–331.
Joris, Elisabeth: Die Schweizer Hausfrau. Genese eines Mythos, in: Brändli, Sebastian/Gugerli, David/Jaun, Rudolf/Pfister, Ulrich (Hg.): Schweiz im Wandel. Studien zur neueren Gesellschaftsgeschichte, Festschrift für Rudolf Braun, Basel 1990, S. 99–116.
Jung, Joseph: Alfred Escher, 1819–1882. Der Aufbruch zur modernen Schweiz, 4 Bände, Zürich 2006.
Jung, Martin H.: Erweckungsbewegungen des 19. Jahrhunderts, in: Franckesche Stiftungen (Hg.): Hoffnung besserer Zeiten. Philipp Jakob Spener (1636–1705) und die Geschichte des Pietismus, Halle 2005, S. 103–112.
Junk, Anne: «Ihr werdet für ewige Zeiten Euch ein ruhmvolles Denkmal setzen». Wie die Frauen 1848/49 die Revolution unterstützten (Werkstattbericht aus dem Archiv & Museum, Bd. 4), Offenburg 1994.
Jütte, Robert: Samuel Hahnemann. Begründer der Homöopathie, München 2005.
Jütte, Robert: Nachträge und Ergänzungen zur Neuausgabe von R. Tischners «Werden der Homöopathie», in: Tischner 2001, S. 225–253.
Jütte, Robert: Samuel Hahnemann und die Honorarfrage, in: Medizin, Gesellschaft und Geschichte, 18/1999, Stuttgart 2000, S. 149–167.
Jütte, Robert: The Paradox of Professionalisation. Homeopathy and Hydropathy as Unorthodoxa in Germany in the 19th and early 20th Century, in: Jütte/Risse/Woodward 1998, S. 65–88.
Jütte, Robert: 200 Jahre Simile-Prinzip. Magie – Medizin – Metapher, in: Allgemeine Homöopathische Zeitung, 242/1997, S. 3–16.
Jütte, Robert: Die Frau, die Kröte und der Spitalmeister. Zur Bedeutung der ethnographischen Methode für eine Sozial- und Kulturgeschichte der Medizin, in: Historische Anthropologie, 1996/2, S. 193–215.
Jütte, Robert: Geschichte der Alternativen Medizin. Von der Volksmedizin zu den unkonventionellen Therapien von heute, München 1996.
Jütte, Robert: Samuel Hahnemanns Patientenschaft, in: Dinges 1996, S. 23–44.
Jütte, Robert: Sozialgeschichte der Medizin. Inhalte – Methoden – Ziele, in: Medizin, Gesellschaft und Geschichte, 9/1990, Stuttgart 1991, S. 149–164.
Jütte, Robert/Risse, Guenter B./Woodward, John (Hg.): Culture, Knowledge and Healing.

Historical Perspective of Homeopathic Medicine in Europe and North America, Sheffield 1998.
Kälin, Urs: Magistraten, Aristokraten und Bürger. Eliten im Wandel, in: Binnenkade/Mattioli 1999, S. 109–124.
Kälin, Urs: Die Urner Magistratenfamilien. Herrschaft, ökonomische Lage und Lebensstil einer ländlichen Oberschicht, 1700–1850, Zürich 1991.
Käppeli, Anne-Marie: Religiosität und tätiges Leben. Protestantische Pädagoginnen der französisch-sprachigen Schweiz Ende des 19. und Anfang des 20. Jahrhunderts, in: Kraul, Margret/Lüth, Christoph (Hg.): Erziehung der Menschen-Geschlechter. Studien zur Religion, Sozialisation und Bildung in Europa seit der Aufklärung, Weinheim 1996, S. 121–137.
Käppeli, Anne-Marie: Sublime croisade. Ethique et politique du féminisme protestant, 1875–1928, Genf 1990.
Kästli, Tobias: Die Schweiz – eine Republik in Europa. Geschichte des Nationalstaats seit 1798, Zürich 1998.
Kästli, Tobias: Freiheitsbegriffe – Freiheitsvorstellungen. Auf dem Weg zum schweizerischen Nationalstaat, in: Ernst/Tanner/Weishaupt 1998, S. 35–47.
Käthner, Martina/Kleinau, Elke: Höhere Töchterschule um 1800, in: Opitz/Weckel/Kleinau 2000, S. 393–408.
Kessel, Martina: Gefühle und Geschichtswissenschaft, in: Schützeichel, Rainer (Hg.): Emotionen und Sozialtheorie. Disziplinäre Ansätze, Frankfurt am Main 2006, S. 29–47.
Kessel, Martina: Langeweile. Zum Umgang mit Zeit und Gefühlen in Deutschland vom späten 18. bis zum frühen 19. Jahrhundert, Göttingen 2000.
Kessel, Martina: Das Trauma der Affektkontrolle. Zur Sehnsucht nach Gefühlen im 19. Jahrhundert, in: Benthien/Fleig/Kasten 2000, S. 156–177.
Kessel, Martina: Unter Utopieverdacht? Zum Nachdenken über Glück im späten 18. und frühen 19. Jahrhundert, in: L'Homme, 1999/2, S. 257–276.
Kessel, Martina: Balance der Gefühle. Langeweile im 19. Jahrhundert, in: Historische Anthropologie, 1996/4, S. 234–255.
Kirschmann, Anne Taylor: A Vital Force. Women in American Homeopathy, New Brunswick (NJ) 2003.
Klaas Meilier, Brigitta: Hochsaison in Sils-Maria. Meta von Salis und Friedrich Nietzsche. Zur Geschichte ihrer Begegnung, Basel 2005.
Klein, Ansgar/Nullmeier, Frank (Hg.): Masse – Macht – Emotionen. Zu einer politischen Soziologie der Emotionen, Opladen, Wiesbaden 1999.
Klein, Christian: (Hg.): Grundlagen der Biographik. Theorie und Praxis des biographischen Schreibens, Stuttgart, Weimar 2002.
Kleinau, Elke/Opitz, Claudia (Hg.): Geschichte der Mädchen- und Frauenbildung, 2 Bände, Bd. 1: Vom Mittelalter bis zur Aufklärung; Bd. 2: Vom Vormärz bis zur Gegenwart, Frankfurt am Main, New York 1996.
Kleinau, Elke: Pädagoginnen der Aufklärung und ihre Bildungstheorien, in: Opitz/Weckel/Kleinau 2000, S. 309–338.
Kleinau, Elke: Ein (Hochschul-)praktischer Versuch. Die «Hochschule für das weibliche Geschlecht» in Hamburg, in: Kleinau/Opitz 1996, Bd. 2, S. 66–82.
Kleinman, Arthur/Das, Veena/Lock, Margaret: Social Suffering, Berkeley, Los Angeles, London 1997.
Kleinman, Arthur: Patients and Healers in the Context of Culture. An Exploration of the Borderland between Anthropology, Medicine, and Psychiatry, Berkeley, Los Angeles, London 1980.

Klemm, Christian (Hg.): Von Anker bis Zünd. Die Kunst im jungen Bundesstaat 1848–1900, Ausstellungskatalog Kunsthaus Zürich, Zürich 1998.

Kley, Andreas: Verfassungsgeschichte der Neuzeit. Ergänzende Dokumente, Zürich 2007.

Klinger, Cornelia/Knapp, Gudrun/Sauer, Birgit (Hg.): Achsen der Ungleichheit. Zum Verhältnis von Klasse, Geschlecht und Ethnizität, Frankfurt 2007.

Knapp, Gudrun-Axeli: Intersectionality – ein neues Paradigma feministischer Theorie? Zur transatlantischen Reise von «Race, Class, Gender», in: Feministische Studien, 2005/1, S. 68–81.

Knapp, Gudrun-Axeli: Liebe, Widerstand und Erkenntnisproduktion im feministischen Diskurs, in: Bauer/Hämmerle/Hauch 2005, S. 39–49.

Knapp, Gudrun-Axeli/Wetterer, Angelika (Hg.): Achsen der Differenz. Gesellschaftstheorie und feministische Kritik II (Forum Frauenforschung, Bd. 16), Münster 2003.

Koch, Hans: Zuger Köpfe. Fünfzig Lebensbilder aus dem Zugerland, Zug 1943, S. 121–123.

Kocka, Jürgen (Hg.): Bürgertum im 19. Jahrhundert. Deutschland im europäischen Vergleich, 3 Bände, München 1988.

Kocka, Jürgen (Hg.): Bürger und Bürgerlichkeit im 19. Jahrhundert, Göttingen 1987.

Koestler, Nora: Intelligenzschicht und höhere Bildung im geteilten Polen, in: Conze/Kocka 1985, S. 186–206.

Kolbe, Christian: Asylanten als Agitatoren in der Schweiz. Die Aktivitäten polnischer Flüchtlinge anlässlich der Aufstände von 1830/31 und 1863/64 und der Aufenthalt des italienischen Revolutionärs Giuseppe Mazzini in der Schweiz, in: Goehrke, Carsten/Zimmermann, Werner G.: Der Umgang mit Asylproblemen im 19. und 20. Jahrhundert, Zürich 1994, S. 17–38.

Koleva, Daniela: Telling Women's Lives. Ideology and Practice, in: L'Homme, 2007/2, S. 77–90.

Kölz, Alfred: Der Weg der Schweiz zum modernen Bundesstaat: 1789–1798–1848–1998. Historische Abhandlungen, Chur, Zürich 1998, S. 25–29.

Kölz, Alfred: Neuere schweizerische Verfassungsgeschichte. Ihre Grundlinien vom Ende der Alten Eidgenossenschaft bis 1848, Bern 1992.

Konersmann, Ralf: Die Geburt des wahren Helden. Jean-Jacques Rousseau hat vor zweieinhalb Jahrhunderten die Diskussion über Heroismus und Moderne eröffnet, in: Neue Zürcher Zeitung, 2./3. Mai 2009, Bildungsbeilage, S. B2.

Konert, Jürgen: Hoffmann oder Stahl? Medizinische Fakultät und Franckesche Stiftungen in der Gründungsära, in: Toellner 2004, S. 51–72.

König, Heidi: Die Mutter – anthropologisches Konzept oder Konvention, in: Oelkers/Osterwalder 1995, S. 123–147.

Konopka, Jan A.: Lettres de Soleure de Tadeusz Kosciusko, 1815–1817, Genf 2000.

Kopp, Peter F.: Zwei treue Freunde und ein Verräter, in: Haumann 1996, S. 286–299.

Korte, Petra: Selbstkraft oder Pestalozzis Methode, in: Tröhler/Zurbuchen/Oelkers 2002, S. 31–46.

Koselleck, Reinhart, in Zusammenarbeit mit Spree, Ulrike/Steinmetz, Willibald: Drei bürgerliche Welten? Zur vergleichenden Semantik der bürgerlichen Gesellschaft in Deutschland, England und Frankreich, in: Koselleck 2006, S. 402–461.

Koselleck, Reinhart: Grenzverschiebungen der Emanzipation. Eine begriffsgeschichtliche Skizze, in: Koselleck 2006 (Erstveröffentlichung 1988), S. 182–202.

Koselleck, Reinhart: Patriotismus. Gründe und Grenzen eines neuzeitlichen Begriffs, in: Koselleck 2006 (Erstveröffentlichung 2005), S. 218–239.

Koselleck, Reinhart: Zur anthropologischen und semantischen Struktur der Bildung, in: Koselleck, Reinhart: Begriffsgeschichten. Studien zur Semantik und Pragmatik der politischen und sozialen Sprache, Frankfurt am Main 2006, S. 105–154.

Koselleck, Reinhart: Der grosse Ereigniszusammenhang. Wie europäisch war die Revolution von 1848/49?, in: Neue Zürcher Zeitung, 31. Dezember 1998, S. 61 f.

Kraus, Hans-Christof: Kultur, Bildung und Wissenschaft im 19. Jahrhundert, Oldenbourg 2008.

Krizek, Vladimir: Kulturgeschichte des Heilbades, Leipzig 1990.

Kronauer, Ulrich: Die Akademie zum grünen Esel. Eine Satire gegen antisemitische Vorurteile aus dem Jahr 1818, in: Neue Zürcher Zeitung, 31. Juli/1. August 2004, Nr. 176, S. 60.

Kubli, Nora: Josephine (Zehnder-)Stadlin (1806–1875). Leben und Werk einer Pionierin der Frauenbildung, Lizentiatsarbeit, Sozialpädagogik, Prof. Dr. H. Tuggener, Universität Zürich, Manuskript, Zürich 1988.

Kuhn, Dieter/Wohler, Anton/Hohl, Marcela/Littmann, Birgit: Strohzeiten. Geschichte und Geschichten der aargauischen Strohindustrie, Aarau 1991.

Kuhn, Thomas: Diakonie im Schatten des Chiliasmus. Christian Heinrich Zeller (1779–1860), in: Kuhn, Thomas/Sallmann, Martin (Hg.): Das «Fromme Basel». Religion in einer Stadt des 19. Jahrhunderts, Basel 2002, S. 93–110.

Kühne, Thomas (Hg.): Männergeschichte – Geschlechtergeschichte. Männlichkeit im Wandel der Moderne, Frankfurt am Main, New York 1996.

Kühne, Thomas: Staatspolitik, Frauenpolitik, Männerpolitik. Politikgeschichte als Geschlechtergeschichte, in: Medick, Hans/Trepp, Anne-Charlotte (Hg.): Geschlechtergeschichte und Allgemeine Geschichte. Herausforderungen und Perspektiven, Göttingen 1998, S. 171–231.

Küng-Aerni, Beatrice: «Offener Weltschauplatz» – «Häuslicher Wirkungskreis». Die Familie Keller und ihre Bildungs- und Berufsbiografien, in: Leimgruber/Frank/Fuchs/Küng 2005, S. 13–29.

Kunkle, Luise: Samuel Hahnemanns «mysteriöse» Q-Potenzen, in: Medizin, Gesellschaft und Geschichte, 20/2001, Stuttgart 2002, S. 213–220.

Kuprecht, Karl/Imhof, Walter: Erlenbach. Geschichte einer Zürichseegemeinde, Erlenbach 1981.

Labisch, Alfons: The Social Construction of Health, in: Lachmund/Stollberg 1992, S. 85–101.

Labouvie, Eva: Himmelskörper – Menschenkörper – Frauenkörper. Die Ordnung des Kosmos und die Verortung der Geschlechter in den Wissenschaften des 16. bis 19. Jahrhunderts, in: Historische Anthropologie, 2010/1, S. 1–24.

Lachmayer, Herbert/Mattl-Wurm, Sylvia/Gagerle, Christian (Hg.): Das Bad. Eine Geschichte der Badekultur im 19. und 20. Jahrhundert, Wien 1991.

Lachmund, Jens/Stollberg, Gunnar: Patientenwelten. Krankheit und Medizin vom späten 18. bis zum frühen 20. Jahrhundert im Spiegel von Autobiographien, Opladen 1995.

Lachmund, Jens/Stollberg, Gunnar: The Doctor, his Audience, and the Meaning of Illness, in: Lachmund/Stollberg 1992, S. 53–66.

Lachmund, Jens/Stollberg, Gunnar (Hg.): The Social Construction of Illness, Institut für Geschichte der Medizin der Robert Bosch Stiftung (Medizin, Gesellschaft und Geschichte, Beiheft 1), Stuttgart 1992.

Lang, Josef (Hg.): Sakrales und Profanes aus dem Zugerland. Beiträge zur Religions- und Kulturgeschichte, Zug 2007.

Lang, Josef: Bundesprophet im eigenen Zugerland. Georg Joseph Sidler (1782–1861), in: Lang 2007, S. 77–104.

Lang, Josef: Die beiden Katholizismen und die Krux der Schweizer Demokratie, in: Schweizerisches Bundesarchiv (Hg.): Die Erfindung der Demokratie in der Schweiz, Zürich 2004, S. 45–74.

Lang, Josef: «Vernünftig und katholisch zugleich». Katholische Radikale und antiklerikale Dynamik, in: Ernst/Tanner/Weishaupt 1998, S. 259–270.

Lange-Mehnert, Christa: Marie Heim-Vögtlin und Franziska Tiburtius. Erste Ärztinnen im Zeitalter der naturwissenschaftlichen Medizin. Motive, Hintergründe und Folgen ihrer Berufswahl, Diss. med. Universität Münster 1989.

Langewiesche, Dieter: Nation, nationale Bewegung, Nationalstaat. Demokratische Hoffnung und Kriegsgefahr, in: Schweizerisches Landesmuseum 1998, S. 47–57.

Langewiesche, Dieter: Frühliberalismus und Bürgertum 1815–1849, in: Gall 1997, S. 63–130.

Langewiesche, Dieter: Liberalismus in Deutschland, Frankfurt am Main 1988.

Larcher, Sabina: Frauen unterrichten Kinder und Frauen – Männer unterrichten Erwachsene. Die Ordnungsmodelle Geschlecht und Generation in der Lehrerinnenbildung, in: Ordnung muss sein! Pädagogische Inszenierungen, Olympe. Feministische Arbeitshefte zur Politik, 16/2002, S. 85–90.

Laupper, Hans: Die Glarner National- und Ständeräte, in: Davatz, Jürg (Hg.): Glarus und die Schweiz. Streiflichter auf wechselseitige Beziehungen, Glarus 1991, S. 103–115.

Leimgruber, Markus: Politischer Liberalismus als Bildungserlebnis bei Augustin Keller, Bern, Frankfurt am Main 1973.

Leimgruber, Yvonne: Der pädagogische Einfluss der Pestalozzianerin Rosette Niederer-Kasthofer auf die aargauische Mädchen- und Lehrerinnenbildung, in: Argovia. Jahresschrift der Historischen Gesellschaft des Kantons Aargau, 119/2007, S. 58–59.

Leimgruber, Yvonne: In Mission für das weibliche Geschlecht und das Vaterland. Das Wirken der Pädagogin Rosette Niederer-Kasthofer (1779–1857) für ein «frauengerechtes» Leben in Familie und Gesellschaft. Studien zur historisch-systematischen Erziehungswissenschaft, Bad Heilbrunn 2006.

Leimgruber, Yvonne: Vom «Mutterli» zur Bildungspionierin. Lisette Ruepp-Uttingers pädagogisches Wirken für den Aargau, in: Leimgruber, Yvonne/Villiger-Keller, Gertrud/Reinhart, Josef/Storz, Claudia: Das Grösste aber ist die Liebe – Lisette Ruepp 1790–1873. s' Mueterli, Baden 2006, S. 365–414.

Leimgruber, Yvonne: «Sie werden die Methode Ihrem Geschlecht geben». Rosette Niederer-Kasthofer (1779–1857), Vermittlerin von Pestalozzis Pädagogik, in: Feminisierung des Volksschullehrerberufs auf Grund gescheiterter Professionalisierung? Das Beispiel des Kantons Zürich, in: Bosshart-Pfluger, Catherine/Grisard, Dominique/Späti, Christina (Hg.): Geschlecht und Wissen – Genre et Savoir – Gender and Knowledge. Beiträge der 10. Schweizerischen Historikerinnentagung 2002, Zürich 2004, S. 143–154.

Leimgruber, Yvonne/Frank, Hansjörg/Fuchs, Mathias/Küng, Beatrice (Hg.): Augustin Keller (1805–1883) und seine Zeit. Pädagoge – Politiker – Kirchenreformer, Baden 2005.

Lejeune, Philippe: Le pacte autobiographique, Paris 1975 (deutsch: Der autobiographische Pakt, Frankfurt am Main 1994).

Lelke, Ina: Die Berliner Akademie der Wissenschaften und die «arbeitende Geselligkeit», in: Wobbe, Theresa (Hg.): Frauen in Akademie und Wissenschaft. Arbeitsorte und Forschungspraktiken 1700–2000, Berlin 2002, S. 65–91.

Lemmenmeier, Max: Die Kirche zwischen Beharrung und Fortschritt, in: Sankt Galler Geschichte 2003, Bd. 5: Die Zeit des Kantons 1798–1861, St. Gallen 2003.

Lemmenmeier, Max: Aufgaben und Einfluss eines Fabrikinspektors. Das Beispiel Fridolin Schuler, in: Siegenthaler, Wissenschaft, 1997, S. 155–174.

Lenger, Friedrich: Netzwerkanalyse und Biographieforschung, in: BIOS, 2005/2, S. 180–185.

Leonhard, Jörn: Liberalismus. Zur historischen Semantik eines europäischen Deutungsmusters, München 2001.
Lerber, Helene von: Oben bleiben! Die Lebensgeschichte der tapferen Glarnerin Emilie Paravicini-Blumer, 1808–1885, Glarus 1961.
Leuenberger, Martin: Gesundheit und Praxis, in: Geschichte des Kantons Basel-Landschaft, Bd. 5, 2001, S. 128–142.
Levi, Giovanni: Les usages de la biographie, in: Annales, 6, Novembre–Décembre, 1989, S. 1325–1336.
Link, Jürgen: Die Revolution im System der Kollektivsymbolik. Elemente einer Grammatik interdiskursiver Ereignisse, in: Eibl, Karl (Hg.): Französische Revolution und deutsche Literatur, Hamburg 1986, S. 5–24.
Linke, Angelika: Sprachkultur und Bürgertum. Zur Mentalitätsgeschichte des 19. Jahrhunderts, Stuttgart, Weimar 1996.
Lipp, Carola (Hg.): Schimpfende Weiber und patriotische Jungfrauen. Frauen im Vormärz und in der Revolution von 1848/49, Baden-Baden 1998.
Lipp, Carola: Das Private im Öffentlichen. Geschlechterbeziehung im symbolischen Diskurs der Revolution 1848/49, in: Hausen, Karin/Wunder, Heide (Hg.): Frauengeschichte – Geschlechtergeschichte, Frankfurt am Main, New York 1992, S. 99–116.
Lipp, Carola: Kinship networks, local government and elections in a town in south west Germany, 1800–1805, in: Journal of Family History, 30/4/2005, S. 1–19.
Locher, Lydia: Dorothea Trudel 1813–1862, Zürich, Leipzig, Stuttgart, Wien 1930, Sonderdruck aus: Schweizer Frauen der Tat, Bd. 1, Zürich, Leipzig, Stuttgart 1929, S. 229–249.
Loetz, Francisca: Faktoren ärztlicher Inanspruchnahme, in: Schnalke/Wiesemann 1998, S. 25–48.
Loetz, Francisca: Theorie und Empirie in der Geschichtsschreibung. Eine notwendige Wechselbeziehung, in: Paul/Schlich 1998, S. 22–44.
Loetz, Francisca: Vom Kranken zum Patienten. «Medikalisierung» und medizinische Vergesellschaftung am Beispiel Badens 1750–1850, Stuttgart 1993.
Lorenz, Maren: Leibhaftige Vergangenheit. Einführung in die Körpergeschichte, Tübingen 2000.
Lüdtke, Alf: Alltagsgeschichte, Mikro-Historie, historische Anthropologie, in: Goertz, Hans-Jürgen (Hg.): Geschichte. Ein Grundkurs, Reinbek bei Hamburg 1998, S. 557–578.
Ludwig, Johanna/Schötz, Susanne/Rothenburg, Hannelore (Hg.): George Sand und Louise Otto. Wegbereiterinnen der Frauenemanzipation. Reden und Vorträge zur Tagung am 23./24. April 2004 anlässlich des 200. Geburtstags von George Sand, Vorwort, S. 9–12.
Ludwig, Marianne: Der polnische Unabhängigkeitskampf von 1863 und die Schweiz, Basel 1968.
Lüthi, Madeleine Isabelle/Maeder, Eva/Tarkhanova, Eléna M. (Hg.): Schweizer in Sankt-Petersburg. Zum 300-jährigen Jubiläum der Stadt Sankt-Petersburg, Sankt-Petersburg 2003.
Lutz, Catherine: Engendered emotion: gender, power, and the rhetoric of emotional control in American discourse, in: Lutz, Catherine/Abu-Lughod, Lila (Hg.): Language and the Politics of Emotion, Cambridge, Paris 1990, S. 69–91.
Lutz, Catherine: Emotion, Thought, and Estrangement. Emotion as a Cultural Category, in: Cultural Anthropology, 1/3/1986, S. 287–309.
Lutz, Helma/Davis, Kathy: Geschlechterforschung und Biographieforschung. Intersektionalität als biographische Ressource am Beispiel einer aussergewöhnlichen Frau, in: Völter, Bettina/Dausien, Bettina/Lutz, Helma/Rosenthal, Gabriele (Hg.): Biographieforschung im Diskurs, Wiesbaden 2005, S. 228–247.

Maczak, Antoni: Ungleiche Freundschaft. Klientelbeziehungen von der Antike bis zur Gegenwart, Osnabrück 2005.
Maeder, Eva: Die Privatschule des Zürcher Pastors Johannes von Muralt, in: Lüthi/Maeder/Tarkhanova 2003, S. 425–431.
Magnus, Kathleen Dow: Beiträge zu einem feministischen Freiheitsbegriff, in: Weckwert, Anja/Wischermann, Ulla (Hg.): Das Jahrhundert des Feminismus. Streifzüge durch nationale und internationale Bewegungen und Theorien, Königstein im Taunus 2006, S. 227–234.
Mai, Andreas: Die Ordnung des Sommerfrischens als Ordnung bürgerlichen Lebens. Ärzte und Hygieniker als Ferienmacher im 19. Jahrhundert, in: Gilomen, Hans-Jörg/Schumacher, Beatrice/Tissot, Laurent (Hg.): Freizeit und Vergnügen vom 14. bis zum 20. Jahrhundert, Zürich 2005, S. 273–286.
Majer, Diemut: Frauen – Revolution – Recht. Die grossen Europäischen Revolutionen in Frankreich, Deutschland und Österreich 1789 bis 1918 und die Rechtsstellung der Frauen. Unter Einbezug von England, Russland, der USA und der Schweiz, Zürich, St. Gallen 2008.
Mantovani Vögeli, Linda: Fremdbestimmt zur Eigenständigkeit. Mädchenbildung gestern und heute, Chur, Zürich 1994.
Marchal, Guy P./Mattioli, Aram (Hg.): Erfundene Schweiz. Konstruktion nationaler Identität, Zürich 1992.
Marchal, Guy P.: Das «Schweizeralpenland». Eine imagologische Bastelei, in: Marchal/Mattioli 1992, S. 37–49.
Marti-Weissenbach, Karin: Die Unternehmerfamilie Tschudi aus dem glarnerischen Schwanden. Ihre Geschichte seit dem 16. Jahrhundert, Glarus 2003.
Mathieu, Jon/Messerli, Jakob: Populäre Medizin, in: Mesmer 1997, S. 19–35.
Mathieu, Jon/Sabean, David/Teuscher, Simon (Hg.): Kinship in Europe. Approaches to Long-Term Developments (1300–1900), New York 2006.
Mathieu, Jon: Sanierung der Volkskultur. Massenmedien, Medizin und Hygiene 1850–1900, in: Medizin, Gesellschaft und Geschichte, 12/1993, Stuttgart 1994, S. 101–146.
Matt, Peter von: Die Intrige. Theorie und Praxis der Hinterlist, München, Wien 2006.
Matt, Peter von: Die tintenblauen Eidgenossen. Über die literarische und politische Schweiz, München 2004.
Matt, Peter von: Verkommene Söhne, missratene Töchter. Familiendesaster in der Literatur, München 2007 (1. Auflage 1997).
Mattingly, Cheryl: The Concept of Therapeutic «Emplotment», in: Social Science and Medicine, 38/1994, S. 811–822.
Mattmüller, Markus: Zur Wirkungsgeschichte der beiden Blumhardt in der Schweiz, in: Günther, Walther/Schäfer, Gerhard (Hg.): Johann Christoph Blumhardt. Leuchtende Liebe zu den Menschen. Beiträge zu Leben und Werk, Stuttgart 1981, S. 99–107.
Mayer, Christine: Zur Kategorie «Beruf» in der Bildungsgeschichte von Frauen im 18. und 19. Jahrhundert, in: Kleinau, Elke (Hg.): Bildung und Geschlecht. Eine Sozialgeschichte des höheren Mädchenschulwesens in Deutschland vom Vormärz bis zum Dritten Reich, Weinheim 1997, S. 14–38.
Mazbouri, Malik/Pavillon, Monique: La dot et l'hypothèque. Etude comparative de deux cours biographiques dans leurs enjeux de classe et de genre, in: Traverse. Zeitschrift für Geschichte, 1995/2, S. 78–96.
McLemee, Scott: Getting Emotional, in: The Chronicle of Higher Education, February 21, 2003, S. A14–A16.
Meier, Bruno/Sauerländer, Dominik/Stauffacher, Hans Rudolf/Steigmeier, Andreas (Hg.): Revolution im Aargau. Umsturz – Aufbruch – Widerstand 1798–1803, Aarau 1997.

Meier, Marietta/Saxer, Daniel (Hg.): Pragmatik der Emotionen im 19. und 20. Jahrhundert, Traverse. Zeitschrift für Geschichte, 2007/2.
Meier, Marietta: Warum adlige Frauen in ein Stift oder ein Kloster eintraten. Zum Zusammenhang der Kategorien Stand, Familie und Geschlecht, in: Aegerter/Graf/Imboden/Rytz/Stöckli 1999, S. 107–116.
Meier, Marietta: Standesbewusste Stiftsdamen. Stand, Familie und Geschlecht. Das adlige Damenstift Olsberg am Ende des 18. Jahrhunderts, Wien, Köln, Weimar 1999.
Meier, Marietta: «Die Fluten der Viola». Zur Entstehung von Nationalbewusstsein in einem Grenzgebiet der Nordostschweiz, in: Ernst/Tanner/Weishaupt 1998, S. 189–198.
Meier, Monika: Tödliche Krankheiten und «eingebildete» Leiden. «Hypochondrie» und «Schwindsucht» im Briefwechsel zwischen Jean Paul und Johann Bernhard Herrmann. Mit Ausblicken auf Literatur und Ästhetik Jean Pauls, in: Dinges/Barras 2007, S. 167–183.
Meise, Helga: Bildungslust und Bildungslast in Autobiografien von Frauen um 1800, in: Kleinau/Opitz 1996, Bd. 1, S. 453–466.
Mesmer, Beatrix: Die Modernisierung der Eidgenossenschaft – Sattelzeit oder bürgerliche Revolution?, in: Hildbrand/Tanner 1997, S. 11–28.
Mesmer, Beatrix: Umwelthygiene als Gegenstand öffentlicher Gesundheitspflege. Genese und Begründung einer Programmatik, in: Siegenthaler, Wissenschaft, 1997, S. 35–58.
Mesmer, Beatrix: Gesundheit ist das höchste Gut, in: Mesmer, Beatrix (Hg.): Die Verwissenschaftlichung des Alltags. Anweisungen zum richtigen Umgang mit dem Körper in der schweizerischen Populärpresse 1850–1900, Zürich 1997, S. 87–132.
Mesmer, Beatrix: Pflichten erfüllen heisst Rechte begründen. Die frühe Frauenbewegung und der Staat, in: Thema: Geschlecht und Staat, Schweizerische Zeitschrift für Geschichte, Vol. 46, 1996/3, S. 332–355.
Mesmer, Beatrix: Ausgeklammert – Eingeklammert. Frauen und Frauenorganisationen in der Schweiz des 19. Jahrhunderts, Basel 1988.
Meyer, Franziska: «Nur nicht eine Minute Schwärmerey». Caroline Schlegel-Schellings Freundschaft mit Luise Stieler-Gotter, in: Eickenrodt/Rapisarda 1998, S. 137–151.
Meyerhofer, Ursula: Wir sind die Nation. Der radikale Nationsbegriff des «Schweizerischen Republikaners», 1830–1846, in: Altermatt/Bosshart-Pfluger/Tanner 1998, S. 49–59.
Moos, Carlo: Dimensionen eines Bürgerkriegs. Für eine Neubewertung des Geschehens um den Sonderbund, in: Studer 1998, S. 21–44.
Moos, Carlo: «Im Hochland fiel der erste Schuss». Bemerkungen zu Sonderbund und Sonderbundskrieg, in: Hildbrand/Tanner 1997, S. 161–177.
Mooser, Josef: Eine neue Ordnung für die Schweiz: die Bundesverfassung von 1848, in: Studer 1998, S. 45–61.
Mooser, Josef: Katholische Volksreligion, Klerus und Bürgertum in der zweiten Hälfte des 19. Jahrhunderts, in: Schieder, Wolfgang (Hg.): Religion und Gesellschaft im 19. Jahrhundert. Stuttgart 1993.
Mörgeli, Christoph: Ärzte als Vorkämpfer des politischen Liberalismus. Zum Anteil der Mediziner an der modernen Schweiz, in: Neue Zürcher Zeitung, 28. Februar/1. März 1987.
Morosoli, Renato: Eine Zuger Schul- und Bildungsgeschichte, in: Direktion für Bildung und Kultur des Kantons Zug (Hg.): Zug. Ein Heimatbuch, Zug 1999, S. 258–281.
Morris, David B.: The Culture of Pain, Berkeley, Los Angeles, Oxford 1991.
Müller, Thomas Christian: Vom Umgang mit dem publizistischen Meinungspluralismus. Pressepolitische Lernprozesse in der Schweiz zwischen 1830 und 1848, in: Ernst/Tanner/Weishaupt 1998, S. 233–244.

Müller, Verena E.: Marie Heim-Vögtlin – die erste Schweizer Ärztin (1845–1916). Ein Leben zwischen Tradition und Aufbruch, Baden 2007.
Müller-Funk, Wolfgang: Die Erfindung der Liebe aus dem Medium des Briefes, in: Bauer/Hämmerle/Hauch 2005, S. 89–109.
Mutter, Christa/Schären, Christine/Thali, Johanna: Vom Pater noster zur Alma Mater. Auf den Spuren von Frauen in Freibung, Fribourg 1996.
Netzle, Simon: Die USA als Vorbild für einen schweizerischen Bundesstaat, in: Ernst/Tanner/Weishaupt 1998, S. 49–60.
Neumann, Daniela: Studentinnen aus dem Russischen Reich in der Schweiz (1867–1914), Zürich 1987.
Newmark, Catherine: Weibliches Leiden – männliche Leidenschaften. Zum Geschlecht in älteren Affektenlehren, in: Feministische Studien, 2008/1, S. 7–18.
Niemeyer, Beatrix: Der Brief als weibliches Bildungsmedium im 18. Jahrhundert, in: Kleinau/Opitz 1996, Bd. 1, S. 440–452.
Nienhaus, Agnes: Gemeinnützige Katastrophenhilfe als Anstoss für staatliches Handeln in der Schweiz der ersten Hälfte des 19. Jahrhunderts, in: Traverse. Zeitschrift für Geschichte, 2006/1, S. 62–76.
Nieswandt, Martina: Lehrerinnenseminare: Sonderweg zum Abitur oder Bestandteil höherer Mädchenbildung, in: Kleinau/Opitz 1996, Bd. 2, S. 174–188.
Nötzold-Linden, Ursula: Freundschaftsmuster. Studien zur Soziologie weiblicher Solidarität, in: Eickenrodt/Rapisarda 1998, S. 105–120.
Nussbaum, Martha C.: Upheavals of Thought. The Intelligence of Emotions, Cambridge 2001.
o. A.: Aus den Anfängen der Lehrerinnenbildung im Aargau, 1. Teil, in: Erbe und Auftrag. Beilage zum Aargauer Volksblatt, Baden, 26. Juni 1965.
Oberdorfer, Bernd: Geselligkeit und Realisierung von Sittlichkeit. Die Theorieentwicklung Friedrich Schleiermachers bis 1799, Berlin, New York 1995.
Oberhänsli, Silvia: Die Glarner Unternehmer im 19. Jahrhundert, Diss. Universität Zürich, Zürich 1982.
Oelkers, Jürgen/Osterwalder, Fritz: Pestalozzi. Umfeld und Rezeption. Studien zur Historisierung einer Legende, Weinheim, Basel 1995.
Oelkers, Jürgen: Diesterweg und Pestalozzi. Rezeptionsgeschichtliche Bemerkungen zu einem schwierigen Verhältnis, in: Oelkers/Osterwalder 1995, S. 240–272.
Offen, Karen: «Woman Has to Set her Stamp on Science, Philosophy, Justice and Politics». A Look at Gender Politics in the «Knowledge Wars» of the European Past, in: Bosshart-Pfluger/Grisard/Späti 2004, S. 379–393.
Ohlsen, Ingrid/Littmann, Birgit: ... durezie und abelaa. Vom Anfang und Ende eines Frauenberufs. Die Ausbildungsgeschichte der Handarbeitslehrerinnen im Kanton Zürich, Zürich 2001.
Omlin, Sibylle: Kunst aus der Schweiz. Kunstschaffen und Kunstsystem im 19. und 20. Jahrhundert, Zürich 2002.
Omlin, Sibylle: «... da eine Lehrerin in Zug etwas noch nie dagewesenes war». Josephine Stadlin und Clara Wey – zwei Wege zum Beruf der Lehrerin, in: Verein Frauenstadtrundgang Zug (Hg.): Beiträge zur Zuger Frauen- und Geschlechtergeschichte 1800–1930, Zug 2001, S. 58–73.
Omlin, Sibylle: Der geschlechterspezifische Diskurs von Bürgerinnen. Bürgerrecht und Bildung im Kanton Zug in der zweiten Hälfte des 19. Jahrhunderts, Lizentiatsarbeit, PD Dr. R. Jaun, Historisches Seminar der Universität Zürich, Manuskript, Zürich 1999.
Omlin, Sybille: «Wohlan denn, meine Schwestern!» Frauenrollen und Mädchenbildung. Josephine Zehnder-Stadlin (1806–1875), in: Regierungsrat des Kantons Zug (Hg.):

23 Lebensgeschichten. Alltag und Politik in einer bewegten Zeit. Der Kanton Zug zwischen 1798 und 1850, Zug 1998, S. 150–163.
Opitz, Claudia/Weckel, Ulrike/Kleinau, Elke (Hg.): Tugend, Vernunft und Gefühl. Geschlechterdiskurs der Aufklärung und weibliche Lebenswelten, Münster, New York, München, Berlin 2000.
Orelli, Bertha von: Betsy Meyer, in: Schweizer Frauen der Tat, Bd. 2, Zürich, Leipzig, Stuttgart 1929, S. 1–47.
Osterwalder, Fritz: Die Methode – Ordnung, Wahrnehmung und moralische Subjektivität, in: Oelkers/Osterwalder 1995, S. 165–206.
Osterwalder, Fritz: Die Pädagogik der Erinnerungskultur aus pietistischer Quelle. Zur Stilisierung Heinrich Pestalozzis, in: Gleixner, Ulrike/Hebeisen, Erika (Hg.): Gendering Tradition. Erinnerungskultur und Geschlecht im Pietismus, Korb 2007.
Osterwalder, Fritz: Schule denken: Schule als linear gegliederte, staatliche und öffentliche Institution, in: Badertscher, Hans/Grunder, Hans-Ulrich (Hg.): Geschichte der Erziehung und Schule in der Schweiz im 19. und 20. Jahrhundert. Leitlinien, Bern, Stuttgart, Wien 1997.
Osterwalder, Fritz: Pestalozzi – ein pädagogischer Kult. Pestalozzis Wirkungsgeschichte in der Herausbildung der modernen Pädagogik, Weinheim, Basel 1996.
Osterwalder, Fritz: Die pädagogischen Vorstellungen in der Helvetischen Gesellschaft und die Französische Revolution. Über die Zusammenhänge von Nationalerziehung, Volksbildung, Staatsschule und Öffentlichkeit, in: Hermann, Ulrich/Oelkers, Jürgen (Hg.): Französische Revolution und Pädagogik der Moderne. Aufklärung, Revolution und Menschenbildung im Übergang vom Ancien Régime zur bürgerlichen Gesellschaft, Weinheim 1989, S. 255–272.
Othenin-Girard, Mireille/Gossenreiter, Anna/Trautweiler, Sabine (Hg.): Frauen und Öffentlichkeit. Beiträge der 6. Schweizerischen Historikerinnentagung, Zürich 1991.
Paletschek, Sylvia: Auszug der Emanzipierten aus der Kirche? Frauen in deutschkatholischen und freien Gemeinden 1844–1852, in: Götz von Olenhusen 1995, S. 48–68.
Papilloud, Christian: Le don de relation. Georg Simmel – Marcel Mauss, Paris 2002.
Pateman, Carole: The Sexual Contract, Stanford, California 1988.
Paul, Norbert W.: Gesundheit und Krankheit, in: Schulz, Stefan/Steigleder, Klaus/Fangerau, Heiner/Paul, Norbert W. (Hg.): Geschichte, Theorie und Ethik der Medizin. Eine Einführung, Frankfurt am Main 2006, S. 131–142.
Paul, Norbert/Schlich Thomas (Hg.): Medizingeschichte. Aufgaben, Probleme, Perspektiven, Frankfurt am Main, New York 1998.
Périsset Bagnoud, Danièle: Vocation: régent, institutrice. Jeux et enjeux autour des Ecoles normales du Valais romand (1846–1994), Sion 2003.
Peter, Jean-Pierre/Revel, Jacques: Le corps. L'homme malade et son histoire, in: Le Goff, Jacques/Nora, Pierre: Faire de l'histoire, Bd. 3: Nouveaux objets, Paris 1994, S. 169–191.
Peter-Kubli, Susanne: Das Kochbuch Othmar Blumer-Paravicinis, in: Historischer Verein des Kantons Glarus (Hg.): Jahrbuch, Heft 85, Schwanden 2005.
Peter-Kubli, Susanne: Die Auswanderung aus Elm nach den USA von 1845 bis 1914, in: Historischer Verein des Kantons Glarus (Hg.): Jahrbuch, Heft 84, Schwanden 2004, S. 11–148.
Peter-Kubli, Susanne: Netstal. Ein Industriedorf im Wandel, Netstal 2000, S. 155–171.
Piller, Gudrun: Krankheit schreiben. Körper und Sprache im Selbstzeugnis von Margarethe E. Milow-Huthwalcker (1748–1794), in: Historische Anthropologie, 1999/2, S. 212–235.
Planté, Christine (Hg.): L'épistolaire, un genre féminin?, Paris 1998.
Polski Slownik Biograficzny, Tom X, Wroclaw, Warzszawa, Krakow 1970.
Porta, Donatella della: «1968» – zwischennationale Diffusion und transnationale Struk-

turen. Eine Forschungsagenda, in: Gilcher-Holtey, Ingrid (Hg.): 1968. Vom Ereignis zum Gegenstand der Geschichtswissenschaft, Göttingen 1998, S. 131–150.
Porter, Roy: Pain and Suffering, in: Bynum/Porter 1993, Bd. 2, S. 1574–1591.
Porter, Roy: The Patient's View. Doing Medical History from Below, in: Theory and Society. Renewal and Critique in Social Theory, 1985/4, S. 175–198.
Pott, Hans-Georg: Die Sehnsucht nach der Stimme. Das Problem der Oralität in der Literatur um 1800 (Hölderlin, Goethe, Schleiermacher), in: Messerli, Alfred/Chartier, Roger (Hg.): Lesen und Schreiben in Europa 1500–1900. Vergleichende Perspektiven, Basel 2000, S. 517–532.
Prodöhl, Ines: Die Aushandlung von Wissen und das Erfolgsmodell des Konversations-Lexikons, in: Eggs, Cindy/Jorio, Marco: Am Anfang ist das Wort. Lexika in der Schweiz, Baden 2008, S. 58–70.
Przyrembel, Alexandra: Sehnsucht nach Gefühlen. Zur Konjunktur der Emotionen in der Geschichtswissenschaft, in: Whiteness, L'Homme, 2005/2, S. 116–124.
Pusch, Luise F. (Hg.): Schwestern berühmter Männer. Zwölf biographische Porträts, Frankfurt am Main 1985.
Python, Francis: Les tribulations d'une famille radicale à Fribourg à la vielle du Sonderbund, in: Henry/Jelmini 2006, S. 339–352.
Raab, Heike: Foucault und der feministische Poststrukturalismus, Dortmund 1998.
Rapisarda, Cettina: «Wandernde Zeichen». Freundschaft und Liebe in Gedichten Annette von Droste-Hülshoffs, in: in: Eickenrodt/Rapisarda 1998, 227–247.
Reddy, William M.: The Navigation of Feeling. A Framework for the History of Emotions, Cambridge 2001.
Reddy, William M.: Sentimentalism and Its Erasure. The Role of Emotions in the Era of the French Revolution, in: Journal of Modern History, 72/2000.
Reddy, William M.: Emotional Liberty. History and Politics in the Anthropology of Emotions, in: Cultural Anthropology, 14/1999, S. 256–288.
Reddy, William M.: Against Constructionism. The Historical Ethnography of Emotions, in: Current Anthropology, 8/1997, S. 327–340.
Reese, Dagmar/Rosenhaft, Eve/Sachse, Carola/Siegel, Tilla (Hg.): Rationale Beziehungen? Geschlechterverhältnisse im Rationalisierungsprozess, Frankfurt am Main 1993.
Reese, Dagmar: Die Kameraden. Eine partnerschaftliche Konzeption der Geschlechterbeziehungen an der Wende vom 19. zum 20. Jahrhundert, in: Reese/Rosenhaft/Sachse/Siegel 1993, S. 58–74.
Regin, Cornelia: Zwischen Angriff und Abwehr. Die Naturheilbewegung als medizinkritische Öffentlichkeit im Deutschen Kaiserreich, in: Dinges, Martin (Hg.): Medizinkritische Bewegungen im Deutschen Reich (ca. 1870–ca. 1933) (Medizin, Gesellschaft und Geschichte, Beiheft 9), Stuttgart 1996, S. 39–58.
Regin, Cornelia: Selbsthilfe und Gesundheitspolitik. Die Naturheilbewegung im Kaiserreich (1889–1914), Stuttgart 1995.
Reichenbach, Karl-Rudolf/Friedrich, Christoph: Charles-Gaspard Peschier (1782–1853). Ein Wegbereiter der Homöopathie im französischen Sprachraum, in: Medizin, Gesellschaft und Geschichte, 21/2002, Stuttgart 2003, S. 143–172.
Reinhart, Josef: Mutterli. Ein Lebensbild, Aarau 1935.
Reiss, Matthias (Hg.): The Street as Stage. Protest Marches and Public Rallies since the Nineteenth Century (Studies of the German Historical Institute), Oxford, New York 2007.
Rendall, Jane: «Friends of Liberty & Virtue». Women Radicals and Transatlantic Correspondence, 1789–1848, in: Bland/Cross 2004, S. 77–92.
Renold, Ursula: «Wo das Männliche anfängt, da hört das Weibliche auf!» Frauenberufs-

bildungsdiskussionen im Spiegel der sozioökonomischen Entwicklung (1860–1930), Diss. Universität Bern, Brunegg 1998.
Renold, Ursula: Erzieherinnen und ihre Ziele für die Mädchenbildung, in: FemmesTour 1998, S. 113–123.
Rettenmund, Barbara/Voirol, Jeannette: Emma Herwegh. Die grösste und beste Heldin der Liebe, Zürich 2000.
Richard, Toellner: Die Geburt einer sanften Medizin – Begegnungen von Pietismus und Medizin in den Franckeschen Stiftungen, in: Toellner 2004, S. 9–24.
Rieder, Katrin: Netzwerke des Konservatismus. Berner Burgergemeinde und Patriziat im 19. und 20. Jahrhundert, Zürich 2008.
Riedo, Chantal: Wie Gertrud zur Frau wird. Die Konstruktion von Geschlecht im Werk Johann Heinrich Pestalozzis, Zürich 2004.
Riot Sarcey, Michèle (Hg.): Démocratie et représentation, Paris 1995.
Riot Sarcey, Michèle: De la représentation et de ses multiples usages, in: Riot Sarcey 1995, S. 129–143.
Riot-Sarcey, Michèle: La démocratie à l'épreuve des femmes. Trois figures critiques du pouvoir 1830–1848, Paris 1994.
Ritzmann, Iris: «Die der Welt und sich selbst zur Last sind». Behinderte Kinder und Jugendliche in der Frühen Neuzeit, in: Traverse. Zeitschrift für Geschichte, 2006/3, S. 73–86.
Ritzmann, Iris: Die jüngsten Patienten Hahnemanns – eine analytische Studie zur Kinderpraxis in den Anfängen der Homöopathie, in: Medizin, Gesellschaft und Geschichte, 18/1999, Stuttgart 2000, S. 189–208.
Ritzmann, Iris: Tod im Kanton Glarus. Die Auswertung der Glarner Totenscheine der Jahre 1872–1874 durch Fridolin Schuler, in: Siegenthaler, Wissenschaft, 1997, S. 203–217.
Roberts, Ursula Yvonne: Parenthood and Gender Roles as Seen in Diderot's Correspondence, in: Bland/Cross 2004, S. 29–41.
Röckelein, Hedwig (Hg.): Biographie als Geschichte, Tübingen 1993.
Roelcke, Volker: Medikale Kultur, Möglichkeiten und Grenzen der Anwendung eines kulturwissenschaftlichen Konzepts in der Medizingeschichte, in: Paul/Schlich 1998, S. 45–68.
Rogers, Naomi: American Homeopathy Confronts Scientific Medicine, in: Jütte/Risse/Woodward 1998, S. 31–64.
Rogers, Naomi: Ärzte, Patienten und Homöopathen in den USA, in: Dinges 1996, S. 269–300.
Rogers, Naomi: Women and Sectarian Medicine, in: Apple, Rima D. (Hg.): Women, Health, and Medicine in America. A Historical Handbook, New York, London 1990, S. 280–310.
Rogger, Franziska: Der Doktorhut im Besenschrank. Das abenteuerliche Leben der ersten Studentinnen – am Beispiel der Universität Bern, Bern 1999.
Rogger, *Franziska*/Bankowski Monika: «Ganz Europa blickt auf uns!» Das schweizerische Frauenstudium und seine russischen Pionierinnen, Baden 2010.
Ronsin, Francis: Le contrat sentimental. Débats sur le mariage, l'amour, le divorce, de l'Ancien Régime à la Restauration, Paris 1990.
Rosenberg, Charles E.: Body and mind in nineteenth-century medicine. Some clinical origins of the neurosis construct, in: Rosenberg, Charles E.: Explaining Epidemics and Other Studies in the History of Medicine, Cambridge 1992, S. 32–56.
Rosenberg, Charles E.: The therapeutic revolution: Medicine, meaning, and social change in nineteenth-century America, in: Rosenberg, Charles E.: Explaining Epidemics and Other Studies in the History of Medicine, Cambridge 1992, S. 9–31.

Rosenwein, Barbara H.: Gender als Analysekategorie in der Emotionsforschung, in: Feministische Studien, 17/2008, S. 92–106.
Rosenwein, Barbara: Worrying about emotions in history, in: American Historical Review, 107, 3/2002, S. 821–845.
Roten, Iris von: Frauen im Laufgitter. Offene Worte zur Stellung der Frau, Neuauflage mit einem Nachwort von Elisabeth Joris, Zürich 1991.
Roth, Sabina: Dunst und Schweiss. Zum Gebrauch des kalten Wassers in Schroths Naturheilverfahren um 1870, Sonderdruck aus: Hähner-Rombach, Sylvelyn (Hg.): «Ohne Wasser ist kein Heil». Medizinische und kulturelle Aspekte der Nutzung von Wasser, Stuttgart 2005, S. 13–32.
Roth, Sabina: Mit Schroths Methode «scharmant hergestellt»? Die Wirksamkeit eines Naturheilverfahrens im Erleben der Selbsthilfe um 1870, in: Alsheimer, Rainer/Simon, Michael (Hg.): Körperlichkeit und Kultur 2003. Körperbilder. Dokumentation des 6. Arbeitstreffens des Netzwerk Gesundheit und Kultur in der volkskundlichen Forschung, Bremen 2004, 95–116.
Roth, Sabina: «Zu Versuchen angespornt». Wie Frauen und Männer in den 1860er-Jahren zu Erfahrungen mit Schroths Naturheilverfahren kamen, in: Bos/Vinzenz/Wirz 2004, S. 307–320.
Roth, Sabina: Heinrich Trachsler empfiehlt seine «Schroth'sche Kuranstalt Frohberg bei Winterthur», in: Traverse. Zeitschrift für Geschichte, 2002/2, S. 143–152.
Roth, Sabina: Im Streit um Heilwissen. Zürcher Naturheilvereine anfangs des 20. Jahrhunderts, in: Jost, Hans-Ulrich/Tanner, Albert (Hg.): Geselligkeit, Sozietäten und Vereine, Zürich 1991, S. 11–137.
Rothenbühler, Verena: Eine neue Schule – ein neuer Staat? Diskussionen um die Volksschule, 1820–1850, in: Schumacher 2010, S. 157–181.
Rucht, Dieter: Die Ereignisse von 1968 als soziale Bewegung, in: Gilcher-Holtey, Ingrid (Hg.): 1968. Vom Ereignis zum Gegenstand der Geschichtswissenschaft, Göttingen 1998, S. 116–130.
Rucht, Dieter: Modernisierung und neue soziale Bewegungen, Frankfurt am Main, New York 1994.
Rutz, Andreas: Bildung – Konfession – Geschlecht. Religiöse Frauengemeinschaften und die katholische Mädchenbildung im Rheinland (16. bis 18. Jahrhundert), Mainz 2006.
Rychner, Marianne: Profession und Werbung. Sequenzanalytische Interpretation der Selbstdarstellung eines «Gesundheitszentrums», in: Honegger/Liebig/Wecker 2003, S. 65–85.
Sabean, David W./Medick, Hans (Hg.): Emotionen und materielle Interessen. Sozialanthropologische und historische Beiträge zur Familienforschung, Göttingen 1984.
Sabean, David Warren: Inzestdiskurse vom Barock bis zur Romantik, in: Die Liebe der Geschwister, L'Homme, 2002/1, S. 7–28.
Sabean, David Warren: Kinship in Neckarhausen, 1700–1870, Cambridge 1998.
Sachse, Carola: Von Männern, Frauen und Hunden. Der Streit um die Vivisektion im Deutschland des 19. Jahrhunderts, in: Naturwissenschaft und Geschlecht, historische Perspektiven, Feministische Studien, 1/2006, Stuttgart 2006, S. 9–28.
Safranski, Rüdiger: Friedrich Schiller oder Die Erfindung des Deutschen Idealismus, München, Wien 2004.
Sander, Sabine: Frauen in der Populärmedizin des 18. Jahrhunderts, in: Schnalke, Thomas/Wiesemann, Claudia: Die Grenzen des Anderen. Medizingeschichte aus postmoderner Perspektive, Köln, Weimar, Wien 1998, S. 75–120.
Sankt-Galler Geschichte 2003, St. Gallen 2003, Bde. 3–5.
Sarasin, Philipp/Ernst, Andreas/Kübler, Christof/Lang, Paul: ImagiNation. Eine Einleitung, in: Schweizerisches Landesmuseum 1998, S. 18–31.

Sarasin, Philipp/Tanner, Jakob (Hg.): Physiologie und industrielle Gesellschaft, Frankfurt am Main 1998.
Sarasin, Philipp: Reizbare Maschinen. Eine Geschichte des Körpers 1765–1914, Frankfurt am Main 2001.
Sarasin, Philipp: Mapping the body. Körpergeschichte zwischen Konstruktivismus, Politik und «Erfahrung», in: Historische Anthropologie, 3/1999, S. 437–451.
Sarasin, Philipp: Stadt der Bürger. Bürgerliche Macht und städtische Gesellschaft: Basel 1846–1914, Göttingen 1997.
Sarasin, Philipp: Subjekte, Diskurse, Körper, in: Hardtwig, Wolfgang/Wehler, Hans-Ulrich (Hg.): Kulturgeschichte heute, Göttingen 1996, S. 135–164.
Saurer, Edith: Frauenbewegung und soziale Netzwerke. Kommentar zur Karriere eines Begriffs, in: Weckwert, Anja/Wischermann, Ulla (Hg.): Das Jahrhundert des Feminismus. Streifzüge durch nationale und internationale Bewegungen und Theorien, Königstein im Taunus 2006, S. 77–94.
Saurer, Edith (Hg.): Religion der Geschlechter. Historische Aspekte religiöser Mentalitäten, Wien 1995.
Saxer, Daniela: Mit Gefühl handeln. Ansätze der Emotionsgeschichte, in: Die Pragmatik der Emotionen im 19. und 20. Jahrhundert, Traverse. Zeitschrift für Geschichte, 2007/2, S. 15–28.
Saxer, Daniela: Die Schärfung des Quellenblicks. Die geschichtswissenschaftliche Forschungspraxis in Wien und Zürich (1840–1914), Diss. Universität Zürich 2005, Manuskript; erscheint gedruckt unter dem Titel: Die Schärfung des Quellenblicks. Forschungspraktiken in der Geschichtswissenschaft, 1840–1914, München 2011.
Scandalo, Pietro/Rogger, Franziska/Gerber, Jürg: Lehrerinnen und Lehrer zwischen Schule, Stand und Staat. Die Geschichte des Bernischen Lehrerinnen- und Lehrervereins (BLV). Jubiläumsband 100 Jahre BLV, Münsingen 1992.
Scarry, Elaine: The Body in Pain, Oxford 1985.
Schaffhauser Kantonsgeschichte, Bd. 3: 19. und 20. Jahrhundert, Schaffhausen 2002.
Schaffner, Martin: «Direkte» oder «indirekte» Demokratie? Konflikte und Auseinandersetzungen, 1830–1848, in: Ernst/Tanner/Weishaupt 1998, S. 271–278.
Scharf, Susanne: «I need all the illnesses that come.» Krankheit und *gender* in Elizabeth Stoddards *The Morgensons*, in: Camus/Hornung/Imlinger/Kolbe/Noll/Stauffer 2008, S. 62–77.
Schaser, Angelika: Bedeutende Männer und wahre Frauen. Biographien in der Geschichtswisseschaft, in: von der Lühe, Irmela/Runge, Anita: Biographisches Erzählen, Stuttgart, Weimar 2001, S. 137–152.
Scheible, Karl-Friedrich: Hahnemann und die Cholera, Heidelberg 1994.
Schmid, Pia: Pietistische Pädagogik, in: Franckesche Stiftungen (Hg.): Hoffnung besserer Zeiten. Philipp Jakob Spener (1636–1705) und die Geschichte des Pietismus, Halle 2005, S. 165–168.
Schmid, Pia: Weib oder Mensch, Wesen oder Wissen? Bürgerliche Theorien zur weiblichen Bildung um 1800, in: Kleinau/Opitz 1996, Bd. 1, S. 327–345.
Schmid-Bortenschlager, Sigrid: Liebe, Sexualität und Ehe, Vernunft und Leidenschaft im Roman des 18. Jahrhunderts, in: Bauer/Hämmerle/Hauch 2005, S. 79–88.
Schmidt-Linsenhoff, Viktoria (Hg.): Sklavin oder Bürgerin. Französische Revolution und Neue Weiblichkeit 1760–1830, Marburg 1988.
Schnalke, Thomas/Wiesemann, Claudia: Die Grenzen des Anderen. Medizingeschichte aus postmoderner Perspektive, Köln, Weimar, Wien 1998.
Schnalke, Thomas: Zwischen den Zeilen. Medizinische Briefwechsel im 18. Jahrhundert, in: Schnalke/Wiesemann 1998, S. 143–165.

Schnalke, Thomas: Medizin im Brief. Der städtische Arzt des 18. Jahrhunderts im Spiegel seiner Korrespondenz, Stuttgart 1997.
Schnegg, Brigitte: «Die Freundschaft ist ein Jüngling ...» Freundschaft und Geschlechterbeziehungen in der Aufklärung, Referat, German Studies Association Conference, 2003, Workshop: «Über die Freundschaft». Beziehungsspiele – Handlungsräume: Freunde, Kameraden, Kumpel und Partner, Manuskript.
Schnegg, Brigitte: Gleichgestimmte Seelen. Empfindsame Inszenierung und intellektueller Wettstreit von Männern und Frauen in der Freundschaftskultur der Aufklärung, in: WerkstattGeschichte, 28/2001, S. 23–42.
Schnegg, Brigitte: «Die zweyte Seite auf dem Blatte der Menschheit». Geschlechterdiskurse und Geschlechterverhältnisse in der Schweizer Aufklärung, unveröffentlichte Diss. Universität Bern 1999.
Schnegg, Brigitte: Soireen, Salons, Sozietäten. Geschlechtsspezifische Aspekte des Wandels städtischer Öffentlichkeit im Ancien régime am Beispiel Berns, in: Head-König, Anne-Lise/Tanner, Albert (Hg.): Frauen in der Stadt, Zürich 1993, S. 163–184.
Schnurrenberger, Regula: Freundinnen und Gefährtinnen. Annäherungen an das Phänomen «Frauenpaare um 1900», in: «Das Höchste und Beste des Lebens»? Paar(re)konstruktionen im 19. und 20. Jahrhundert, Ariadne. Forum für Frauen- und Geschlechtergeschichte, 48/2005, S. 50–57.
Schnyder, Arlette: Geschwistergeschichten. Alltagsgeschichte des Geschwisternetzwerks einer Schweizer Pfarrfamilie, Baden 2008.
Schönberger, Klaus/Sutter, Ovens: Kommt runter, reiht euch ein ... Eine kleine Geschichte der Protestformen sozialer Bewegungen, Berlin, Hamburg 2009.
Schönberger, Klaus/Sutter, Ovens: Kommt runter, reiht euch ein ... Zur Form des Protesthandelns sozialer Bewegungen, in: Schönberger/Sutter 2009, S. 7–29.
Schulz, Andreas: Lebenswelt und Kultur des Bürgertums im 19. und 20. Jahrhundert (Enzyklopädie deutscher Geschichte, Bd. 75), München 2005.
Schumacher, Beatrice (Hg.): Freiwillig verpflichtet. Gemeinnütziges Denken und Handeln in der Schweiz seit 1800, Zürich 2010.
Schumacher, Beatrice: Das Volk bilden. Debatten um Frauen- und Männerbildung, 1860–1890, in: Schuhmacher 2010, S. 183–211.
Schumacher, Beatrice: Ferien. Interpretationen und Popularisierung eines Bedürfnisses. Schweiz 1890–1950, Wien 2002.
Schumann, Ute: Vom «lärmenden Herzen» und anderen volksmedizinischen Ansichten in der indischen Homöopathie, in: Dinges 1996, S. 68–85.
Schüppel, Reinhart: Constantin Hering (1800–1880). Ein Akademiker gründet Institutionen, in: Dinges 1996, S. 296–317.
Schutte Watt, Helga: Sophie von La Roche's Protagonists Between Desire and Destiny, in: Kanz, Christine (Hg.): Zerreissproben/Double Bind. Familie und Geschlecht in der deutschen Literatur des 18. und 19. Jahrhunderts, Bern, Wettingen 2007, S. 183–202.
Schwarz, Angela: Naturkunde oder Naturwissenschaft. Frauen und ihre naturwissenschaftlichen Schriften im 19. Jahrhundert, in: Historische Anthropologie, 2008/1, S. 74–91.
Schweickardt, Christoph: Zur Geschichte des Gesundheitswesens im 19. und 20. Jahrhundert, in: Schulz, Stefan/Steigleder, Klaus/Fangerau, Heiner/Paul, Norbert W. (Hg.): Geschichte, Theorie und Ethik der Medizin. Eine Einführung, Frankfurt am Main 2006, S. 155–164.
Schweizerisches Landesmuseum (Hg.): Die Erfindung der Schweiz 1848–1948. Bildentwürfe einer Nation. Sonderausstellung im Schweizerischen Landesmuseum in Zürich, Zürich 1998.
Scott, Joan W.: Phantasie und Erfahrung, in: Feministische Studien, 2/2001, S. 74–88.

Scott, Joan W.: Fantasy Echo. History and the Construction of Identity, in: Critical Inquiry, 27, 2001/2, S. 284–304.
Scott, Joan W.: Gender. A Useful Category of Historical Analysis, in: Scott, Joan W. (Hg.): Feminism and History, Oxford, New York 1996.
Scott, Joan W.: Geschichte der Feministinnen, in: L'Homme, 2003/2, S. 317–336.
Scott, Joan Wallach: Only Paradoxes to Offer. French Feminists and the Rights of Man, Cambridge (MA), London 1996.
Sebastian Brändli: Die Retter der leidenden Menschheit. Sozialgeschichte der Chirurgen und Ärzte auf der Zürcher Landschaft (1700–1850), Zürich 1990.
Seidel, J. Jürgen: Dorothea Trudel (1813–1862), Leiterin der «Gebets-Heilanstalt» von Männedorf, in: Zimmerling, Peter (Hg.): Evangelische Seelsorgerinnen. Biografische Skizzen, Texte und Programme, Göttingen 2005, S. 175–194.
Seidel, J. Jürgen: Dorothea Trudel (1813–1862) von Männedorf und die Erweckungsbewegung im Zürcher Oberland, in: Zürcher Taschenbuch auf das Jahr 2005, Zürich 2004, S. 175–200.
Seier, Hellmut: Liberalismus und Bürgertum in Mitteleuropa 1850–1880. Forschung und Literatur seit 1970, in: Gall 1997, S. 131–230.
Sieder, Reinhard (Hg.): Brüchiges Leben. Biografien in sozialen Systemen, Wien 1999.
Sieder, Reinhard: Gesellschaft und Person: Geschichte und Biografie. Nachschrift, in: Sieder 1999, S. 234–264.
Siegenthaler, Hansjörg (Hg.): Wissenschaft und Wohlfahrt. Moderne Wissenschaft und ihre Träger in der Formation des schweizerischen Wohlfahrtsstaates während der zweiten Hälfte des 19. Jahrhunderts, Zürich 1997.
Siegenthaler, Hansjörg: Fridolin Schuler und die Anfänge des modernen Wohlfahrtsstaates, in: Siegenthaler, Wissenschaft, 1997, S. 9–34.
Siegenthaler, Hansjörg: Hirtenfolklore in der Industriegesellschaft. Nationale Identität als Gegenstand von Mentalitäts- und Sozialgeschichte, in: Marchal/Mattioli 1992, S. 23–35.
Siegrist, Hannes (Hg.): Bürgerliche Berufe. Zur Sozialgeschichte der freien und akademischen Berufe im internationalen Vergleich, Göttingen 1988.
Siegrist, Hannes: Bürgerliche Berufe. Die Professionen und das Bürgertum, in: Siegrist, Hannes (Hg.): Bürgerliche Berufe. Zur Sozialgeschichte der freien und akademischen Berufe im internationalen Vergleich, Göttingen 1988, S. 11–48.
Smith, Bonnie G.: The Gender of History. Men, Women, and Historical Practice, Cambridge 1998.
Smith-Rosenberg, Carroll: «Meine innig geliebte Freundin!» Beziehungen zwischen Frauen im 19. Jahrhundert, in: Honegger, Claudia/Heintz, Bettina: Listen der Ohnmacht. Zur Sozialgeschichte weiblicher Widerstandsformen, Frankfurt am Main 1981, S. 357–392.
Soiland, Tove: Die Verhältnisse gingen und die Kategorien kamen. Intersectionality oder Vom Unbehagen an der amerikanischen Theorie, www.querelles-net.de/index.php/qn/article/viewArticle/694/702.
Späni, Martina: Säkularisierung und Schule im 19. Jahrhundert, in: Leimgruber/Frank/Fuchs/Küng 2005.
Speich, Daniel: Helvetische Meliorationen. Die Neuordnung der gesellschaftlichen Naturverhältnisse an der Linth (1783–1823), Zürich 2003.
Stadler, Peter: Pestalozzi. Geschichtliche Biographie, Bd. 2: Von der Umwälzung zur Restauration. Ruhm und Rückschläge (1798–1827), Zürich 1993.
Stadler, Peter: Ein autobiographischer Lebensabriss des Reformationshistorikers Johann Jakob Hottinger, in: Haas, Martin/Hauswirth, René (Hg.): Festgabe Leonhard von Muralt, Zürich 1970, S. 63–76.

Staehelin, Ernst (Hg.): Die Christentumsgesellschaft in der Zeit von der Erweckung bis zur Gegenwart. Texte aus Briefen, Protokollen und Publikationen, Basel 1974.

Stahnisch, Frank: Über die neuronale Natur des Weiblichen – Szientismus und Geschlechterdifferenzen in der anatomischen Hirnforschung (1760–1850), in: Stahnisch, Frank/Steger, Florian (Hg.): Medizin, Geschichte und Geschlecht. Körperhistorische Rekonstruktionen von Identitäten und Differenzen, Stuttgart 2005, S. 197–224.

Staudt, Dörte: The Role of Laymen in the History of German Homeopathy, in: Jütte/Risse/Woodward 1998, S. 199–216.

Staudt, Dörte: «[...] den Blick der Laien auf das Ganze gerichtet [...].» Homöopathische Laienorganisationen am Ende des 19. und zu Beginn des 20. Jahrhunderts: in: Dinges 1996, S. 160–184.

Stauffacher, Babette: 100 Jahre Glarnerische Arbeitsschulen, Jubiläumsschrift, Matt, Typoskript, Landesbibliothek Glarus, S. 10.

Stauffacher, Hans Rudolf: Herrschaft und Landsgemeinde. Die Machtelite in Evangelisch-Glarus vor und nach der Helvetischen Revolution, Glarus 1989.

Stauffacher, Werner: Die Versammlungs-Demokratie im Kanton Glarus. Ein Beitrag zur Kenntnis der glarnerischen Landsgemeinde und Gemeindeversammlungen, Glarus 1964.

Steiger, Emma: Geschichte der Frauenarbeit in Zürich, Zürich 1964.

Stolberg, Michael: Patientenbriefe und vormoderne Medikalkultur, in: Dinges/Barras 2007, S. 23–33.

Stolberg, Michael: Homo patiens. Krankheits- und Körpererfahrung in der Frühen Neuzeit, Köln, Weimar, Wien 2003.

Stolberg, Michael: Krankheitserfahrung und Arzt-Patienten-Beziehung, in: Medizin, Gesellschaft und Geschichte, 18/1999, Stuttgart 2000, S. 169–188.

Stolberg, Michael: Homöopathie und Klerus. Zur Geschichte einer besonderen Beziehung, in: Medizin, Gesellschaft und Geschichte, 17/1998, Stuttgart 1999, S. 131–148.

Stolberg, Michael: Probleme und Perspektiven einer Geschichte der «Volksmedizin», in: Schnalke/Wiesemann 1998, S. 49–73.

Stolberg, Michael: Heilkundige: Professionalisierung und Medikalisierung, in: Paul/Schlich 1998, S. 69–86.

Stolberg, Michael: «Mein äskulapisches Orakel!» Patientenbriefe als Quelle einer Kulturgeschichte der Krankheitserfahrung im 18. Jahrhundert, in: Kulturen der Krankheit, Österreichische Zeitschrift für Geschichtswissenschaften, 1996/3, S. 385–404.

Stolberg, Michael: Die Homöopathie im Königreich Bayern, in: Medizin, Gesellschaft und Geschichte, 14/1995, Stuttgart 1996.

Strassberg, Daniel: Das poietische Subjekt. Giambattista Vicos Wissenschaft vom Singulären, München 2007, S. 7–12.

Strathern, Andrew J.: Body Thoughts, Ann Arbor 1996.

Straub, Jürgen: Personale und kollektive Identität. Zur Analyse eines theoretischen Begriffs, in: Assmann, Aleida/Friese, Heidrun (Hg.): Identitäten (Erinnerung, Geschichte, Identität, Bd. 3), Frankfurt am Main 1998, S. 73–104.

Streuber, Ingeborg: Ein Macher. Arthur Lutze (1813–1870). «Der Mensch kann, was er will, doch muss er glauben und vertrauen», in: Dinges 1996, S. 160–184.

Stuber, Christine: «Que ce réveil est beau!» Zur Erweckungsbewegung in Bern von 1818 bis 1831, in: Berner Zeitschrift für Geschichte und Heimatkunde, 1/2002, S. 1–44.

Stucki, Fritz/Thürer, Hans: Grosse Glarner, Glarus 1986.

Stucki, Fritz: Die «Obrigkeiten» im alten Land Glarus, Glarus 1980.

Stucky, Paul: Medizin gestern und heute, in: Medizinischer Verein vom Linthgebiet

(Hg.): Medizin im Linthgebiet. 100 Jahre Medizinischer Verein vom Linthgebiet, Uznach 1998, S. 45–63.
Studer, Brigitte: Familiarisierung und Individualisierung. Zur Struktur der Geschlechterordnung in der bürgerlichen Gesellschaft, in: L'Homme, 2000/1, S. 83–104.
Studer, Brigitte (Hg.): Etappen des Bundesstaates. Staats- und Nationsbildung der Schweiz, 1848–1998, Zürich 1998.
Sulloway, Frank J.: Born to Rebel: Birth Order, Family Dynamics, and Creative Lives, New York 1996.
Suter, Andreas: Die Revolution von 1848. Strukturen und Kontingenz, in: Ernst/Tanner/Weishaupt 1998, S. 19–34.
Tanner, Albert: Ein Staat nur für die Hablichen? Demokratie und politische Elite im frühen Bundesstaat, in: Studer 1998, S. 63–88.
Tanner, Albert: Jeremias Gotthelf – Jakob Stämpfli – Eduard Blösch. Drei Männer – drei politische Haltungen zum Bundesstaat von 1848, in: Berner Zeitschrift für Geschichte und Heimatkunde, 1998/3, S. 197–218.
Tanner, Albert: Das Recht auf Revolution. Radikalismus – Antijesuitismus – Nationalismus, in: Hildbrand/Tanner 1997, S. 113–137.
Tanner, Albert: Arbeitsame Patrioten – Wohlanständige Damen. Bürgertum und Bürgerlichkeit in der Schweiz 1830–1914, Zürich 1995.
Tanner, Jakob: Vom bewegten Leben der Lebensgeschichten, Vorwort zu Lafranchi, Corina (Hg.): Mein Leben und ich. Schweizer Lebensgeschichten seit 1800, Zürich 2005.
Tanner, Jakob: Historische Anthropologie zur Einführung, Hamburg 2004.
Tanner, Jakob: Fabrikmahlzeit. Ernährungswissenschaft, Industriearbeit und Volksernährung in der Schweiz 1890–1950, Zürich 1999.
Tanner, Jakob: Heilendes Ritual und medizinische Wissenschaft. Fridolin Schuler und die «therapeutische Revolution» in der Schweiz, in: Siegenthaler, Wissenschaft, 1997, S. 95–115.
Tanner, Jakob: Körpererfahrung, Schmerz und die Konstruktion des Kulturellen, in: Historische Anthropologie, 1994/2, S. 489–502.
Tännler, Andreas: Die Ärztegesellschaft des Kantons Glarus 1834–1984, in: Rehli, P. (Hg.): Medizin und Ärzte im Glarnerland. 150 Jahre Ärztegesellschaft des Kantons Glarus 1834–1984, Glarus 1984, S. 21–63.
Tenfelde, Klaus: Schweizerische Sozialgeschichte in der Perspektive vergleichender Sozialgeschichte: ein Kommentar, in: Siegenthaler, Wissenschaft, 1997, S. 239–245.
Tenorth, Heinz-Elmar: Kommentar zu Teil 1: Lebensläufe als Identitätskonstruktionen, in: Häder, Sonja/Tenorth, Heinz-Elmar (Hg.): Der Bildungsgang des Subjekts. Bildungstheoretische Analysen (Zeitschrift für Pädagogik. Beiheft, Bd. 48), Weinheim 2004, S. 58–65.
Thoms, Ulrike: Die Kur aus der Küche. Krankenkost im 19. Jahrhundert, in: WerkstattGeschichte, 31/2002, S. 26–49.
Tiedemann, Nicole: Haar-Kunst. Zur Geschichte und Bedeutung eines menschlichen Schmuckstücks, Köln, Weimar, Wien 2007.
Tilly, Charles/Wood, Lesley J.: Social Movements, 1768–2008, neue, ergänzte Ausgabe, Boulder (CO) 2009.
Tischner, Rudolf: Das Werden der Homöopathie. Geschichte der Homöopathie vom Altertum bis zur neuesten Zeit, Neuauflage der Ausgabe von 1950, Stuttgart 2001.
Tischner, Rudolf: Geschichte der Homöopathie, Wien, New York 1998 (Neuauflage der Originalausgabe von 1932–1939).
Tobler, Erich: Instituts-Erziehung. Ein Beitrag zur Geschichte der praktischen Erziehung in der deutschen Schweiz von der Zeit Pestalozzis bis zum Ende des 19. Jahrhunderts, Aarau 1944.

Toellner, Richard: Die Geburt einer sanften Medizin. Die Franckeschen Stiftungen zu Halle als Begegnungsstätte von Medizin und Pietismus im frühen 18. Jahrhundert, Tagungsband zum Internationalen Symposion der Franckeschen Stiftungen vom 16. bis 19. April 1998, Halle 2004.
Traverse. Zeitschrift für Geschichte, Themenschwerpunkt Biographie, Zürich 1995/2.
Treichler, Hans-Peter: Wonnige Badefahrt, Zürich 1980.
Trepp, Anne-Charlotte: Code contra Gefühl? Emotionen in der Geschichte, in: Sozialwissenschaftliche Informationen, 2001/3, S. 44–52.
Trepp, Anne-Charlotte: Liebe – erlebte Emotion und gesellschaftliche Wertsetzung, in: Sozialwissenschaftliche Informationen, 3/2001, S. 14–21.
Trepp, Anne-Charlotte: Sanfte Männlichkeit und selbständige Weiblichkeit. Frauen und Männer im Hamburger Bürgertum zwischen 1770 und 1840, Göttingen 1996.
Tröhler, Daniel/Zurbuchen, Simon/Oelkers, Jürgen: Der historische Kontext von Pestalozzis «Methode». Konzepte und Erwartungen im 18. Jahrhundert, Bern, Stuttgart, Wien 2002.
Tröhler, Daniel: «Methode» um 1800. Ein Zauberwort als kulturelles Phänomen und die Rolle Pestalozzis, in: Tröhler/Zurbuchen/Oelkers 2002, S. 9–30.
Vanja, Christina: Arm und krank. Patientenbiographien im Spiegel frühneuzeitlicher Bittschriften, in: BIOS, 2006/1, S. 26–35.
Vasak, Anouchka: Discours sur le ciel et le climat des Lumières au Romantisme, Paris 2000.
Vendrell Ferran, Ingrid: Emotionen und Sozialität in der frühen Phänomenologie. Über die Möglichkeiten von Frauen in der ersten Phase wissenschaftlicher Schulenbildung, in: Feministische Studien, 2008/1, S. 48–64.
Verein Frauenstadtrundgang Luzern (Hg.): Mit Pfeffer und Pfiff. Luzernerinnen zwischen 1798 und 1848, Luzern, Stuttgart 1998.
Victor, Barbara: Beten im Oval Office. Christlicher Fundamentalismus in den USA und die internationale Politik, München, Zürich 2005.
Villiger-Keller, Gertrud: s'Mutterli. Elise Rupp, in: Villiger-Keller, Gertrud (Hg.): Die Schweizer Frau. Ein Familienbuch, Neuenburg o. J. (um 1900), S. 338–400.
Vincent-Buffault, Anne: Magnetische Anziehungskraft. Die Freundschaften von George Sand und Flora Tristan, in: Eickenrodt/Rapisarda 1998, S. 217–227.
Vischer, Eduard: Dr. iur. Joachim Heer, Landammann und Bundesrat, 1825–1879, in: Stucki/Thürer 1986, S. 227–238.
Vischer, Eduard: Glarus und seine Landsgemeinde, in: Vischer 1983, S. 45–68.
Vischer, Eduard: Heimat und Welt. Studien zur Geschichte einer schweizerischen Landsgemeinde-Demokratie, Bern 1983.
Vischer, Eduard: Politische Beredsamkeit im demokratischen Kleinstaat, in: Vischer 1983, S. 96–131.
Voirol, Jeannette: Die ersten Schweizer Ärztinnen und ihr Stand in der Profession, in: Honegger/Liebig/Wecker 2003, S. 41–64.
Voirol, Jeannette: Neuer Staat – neue Männer. Zur helvetischen Führungsschicht im Aargau, in: Meier/Sauerländer/Stauffacher/Steigmeier 1997, S. 128–163.
Völter, Bettina/Dausien, Bettina/Lutz, Helma/Rosenthal, Gabriele (Hg.): Biographieforschung im Diskurs, Wiesbaden 2005.
Walgenbach, Katharina: Gender als interdependente Kategorie, in: Walgenbach, Katharina/Dietze, Gabriele/Hornscheidt, Antje/Palm, Kerstin: Gender als interdependente Kategorie. Neue Perspektiven auf Intersektionalität, Diversität und Heterogenität, Opladen 2007, S. 23–65.
Warner, John Harley: Orthodoxy and Otherness. Homoeopathy and Regular Medicine in Nineteenth-Century America, in: Jütte/Risse/Woodward 1998, S. 5–29.

Weckel, Ulrike (Hg.): Freundschaft, WerkstattGeschichte, 28/2001.
Weckel, Ulrike: Zwischen Häuslichkeit und Öffentlichkeit. Die ersten deutschen Frauenzeitschriften im späten 18. Jahrhundert und ihr Publikum, Tübingen 1998.
Weckel, Ulrike: Lehrerinnen des weiblichen Geschlechts. Die ersten Herausgeberinnen von Frauenzeitschriften und ihr Publikum, in: Kleinau, Elke/Opitz, Claudia (Hg.): Geschichte der Mädchenbildung, in: Kleinau/Opitz 1996, Bd. 1, S. 428–439.
Weckel, Ulrike: Öffentliches Räsonnement über die gesellschaftliche Stellung der Frau. «Frauenzeitung» und «Frauenspiegel» 1838–1841, in: Othenin-Girard/Gossenreiter/Trautweiler 1991, S. 161–184.
Wecker, Regina: «Frauen dürfen unter keinen Umständen zur Nachtarbeit verwendet werden ...», in: Rosa. Die Zeitschrift für Geschlechterforschung, 34/2007, Zürich 2007, S. 4–6.
Wecker, Regina/Studer, Brigitte/Sutter, Gaby: Die «schutzbedürftige Frau». Zur Konstruktion von Geschlecht durch Mutterschaftsversicherung, Nachtarbeitsverbot und Sonderschutzgesetzgebung, Zürich 2001.
Wecker, Regina: The Oldest Democracy and Women's Suffrage. The History of a Swiss Paradox, in: Charnley, Joy (Hg.): 25 Years of Emancipation. Women in Switzerland 1971–1996, Bern 1998.
Wecker, Regina: Zwischen Ökonomie und Ideologie. Arbeit im Lebenszusammenhang von Frauen in Basel-Stadt 1870–1910, Zürich 1997.
Wecker, Regina: Normalarbeitstag, Gesundheitsschutz und Nachtarbeitsverbot. Zwischen Schutz und Konstruktion von Weiblichkeit und Männlichkeit, in: Siegenthaler, Wissenschaft, 1997, S. 217–234.
Wecker, Regina: Equality for Men. Factory Laws, Protective Labour Legislation for Women in Switzerland and the Swiss Effort in International Protection, in: Wikander, Ulla/Kessler-Harris, Alice/Lewis, Jane (Hg.): Protecting Women. Labor Legislation in Europe, the United States and Australia, 1880–1920, Chigago 1995.
Wedel, Gudrun: Lehren zwischen Arbeit und Beruf. Einblicke in das Leben von Autobiographinnen aus dem 19. Jahrhundert (L'Homme. Schriften, Bd. 4), Wien, Köln, Weimar 2000.
Weichlein, Siegfried: Nationalbewegungen und Nationalismus in Europa, Darmstadt 2006.
Weickert, Eva: Zur Entwicklung der polnischen Frauenbewegung in der ersten Hälfte des 19. Jahrhunderts, in: Dalhoff, Jutta/Frey, Uschi/Scholl, Ingrid (Hg.): Frauenmacht in der Geschichte. Beiträge des Historikerinnentreffens 1985 zur Frauengeschichtsforschung, Düsseldorf 1986, S. 338–346.
Weigel, Sigrid: Korrespondenzen und Konstellationen. Zum postalischen Prinzip biographischer Darstellungen, in: Klein 2002, S. 41–54.
Weinmann, Barbara: Eine andere Bürgergesellschaft. Klassischer Republikanismus und Kommunalismus im Kanton Zürich im späten 18. und 19. Jahrhundert, Göttingen 2002.
Weishaupt, Matthias: Bruderliebe und Heldentod. Geschichtsbilder und Geschichtskultur in Festreden am schweizerischen Schützenfest in Glarus 1847, in: Ernst/Tanner/Weishaupt 1998, S. 61–78.
Welti, August: Der Zuger Landammann Georg Joseph Sidler, 1782–1861. Ein Eidgenössischer Sämann, Erlenbach-Zürich 1940.
Wenzel, Uwe Justus: Wahre Liberalität. Eine kleine Charakterkunde, in: Neue Zürcher Zeitung, Nr. 66, 19./20. März 2005, S. 65.
Westhoff-Krummacher, Hildegard: Als die Frauen noch sanft und engelsgleich waren. Die Sicht der Frau in der Zeit der Aufklärung und des Biedermeier, Ausstellungskatalog zur gleichnamigen Ausstellung, Münster 1996.

Wettemann, Marion: Die Bedeutung der Fragmenta de viribus medicamentorum in Hahnemanns früher Praxis anhand einer Patientengeschichte aus den Krankenjournalen, in: Medizin, Gesellschaft und Geschichte, 20/2001, Stuttgart 2002, S.221–230.
Wetterer, Angelika (Hg.): Geschlechterwissen und soziale Praxis. Theoretische Zugänge – empirische Erträge, Königstein im Taunus 2008.
Wetterer, Angelika: Arbeitsteilung und Geschlechterkonstruktion. «Gender at Work» in theoretischer und historischer Perspektive, Konstanz 2002.
Wetterer, Angelika: Professionalisierung und Geschlechterhierarchie. Vom kollektiven Frauenausschluss zur Integration mit beschränkten Möglichkeiten, Kassel 1993.
Wetterer, Angelika (Hg.): Die soziale Konstruktion von Geschlecht in Professionalisierungsprozessen, Frankfurt am Main, New York 1995.
White Hayden: Metahistory. Die historische Einbildungskraft im 19. Jahrhundert in Europa, Frankfurt am Main 1991.
White, Hayden: Dier historische Text als literarisches Kunstwerkt, in: White, Hayden: Auch Klio dichtet oder die Fikton des Faktischen. Studien zur Tropologie des historischen Diskurses, Stuttgart 1986, S.101–122.
White, Hayden: Metahistory. The Historical Imagination in Nineteenth-Century Europe, Baltimore 1973.
Wiesemann, Claudia: Vorbemerkungen zu einer Medizingeschichte aus postmoderner Perspektive, in: Schnalke/Wiesemann 1998, S.9–24.
Wilhelmy, Petra: Der Berliner Salon im 19. Jahrhundert (1780–1914) (Veröffentlichungen der Historischen Kommission zu Berlin, Bd.73), Berlin, New York 1989.
Willfahrt, Joachim: Wie der homöopathische Apotheker und Verleger Willmar Schwabe (1839–1917) und seine Wegbereiter im Laufe des 19. Jahrhunderts der Homöopathie ein Millionenpublikum verschafften, in: Dinges 1996, S.270–295.
Wilson, Leonard G.: Fevers, in: Bynum/Porter 1993, Bd.1, S.382–411.
Wilson, Renate: Pious Traders in Medicine. A German Pharmaceutical Network in Eighteenth-Century North America, University Park (PA) 2000.
Wilson, Renate: Pietism and Medical Care in Colonial Georgia, in: Medizin, Gesellschaft und Geschichte, 9/1990, Stuttgart 1991, S.99–126.
Winteler, Jakob: Geschichte des Landes Glarus, Bd.2: Von 1638 bis zur Gegenwart, Glarus 1954.
Winteler-Marty, Jakob: Glarus und der Sonderbund, Glarus 1948,
Winziarz, Adam: Kosciuszko and Pestalozzi, in: Haumann 1996, S.275–281.
Wischermann, Ulla: «Das Himmelskind, die Freiheit – wir ziehen sie gross zu Haus». Frauenpublizistik im Vormärz und in der Revolution von 1848, in: Kleinau/Opitz, Bd.2, Frankfurt am Main, New York 1996, S.35–50.
Witschi, Peter: Appenzell Ausserrhoden. Entwicklung und Strukturen einer Heillandschaft, in: Schweizerisches Archiv für Volkskunde, 89, 1993/1, S.3–22.
Witzig, Heidi: Polenta und Paradeplatz. Regionales Alltagsleben auf dem Weg zur modernen Schweiz, 1880–1914, Zürich 2000.
Wolbring, Barbara: «Auch ich in Arkadien!» Die bürgerliche Kunst- und Bildungsreise im 19. Jahrhundert, in: Hein/Schulz 1996, S.82–101.
Wolff, Eberhard: «Volksmedizin» – Abschied auf Raten. Vom definitorischen zum heuristischen Begriffsverständnis, in: Zeitschrift für Volkskunde. Halbjahresschrift der Deutschen Gesellschaft für Volkskunde, 94, 1998/1, S.233–257.
Wolff, Eberhard: Perspektiven der Patientengeschichtsschreibung, in: Paul/Schlich 1998, S.311–334.
Wolff, Eberhard: «Eine gesunde Concurrenz sei für das Publicum stets von Vortheil». Der homöopathische Arzneimittelmarkt zwischen Apotheken und Laienvereinen, in: Dinges 1996, S.102–128.

Wolff, Eberhard: Le rôle du mouvement des non-médecins dans le développement de l'homéopathie en Allemagne, in: Faure, Olivier (Hg.): Praticiens, patients et militants de l'homéopathie aux XIXe et XXe siècles (1800–1940), Lyon 1992, S. 197–230.
Wolff, Eberhard: Gesundheitsvereine und Medikalisierungsprozess. Der Homöopathische Verein Heidenheim/Brenz zwischen 1886 und 1945, Tübingen 1989.
Wolff, Eberhard: «... Nichts weiter eben als einen unmittelbaren persönlichen Nutzen ...» Zur Entstehung und Ausbreitung der homöopathischen Laienbewegung, in: Medizin, Gesellschaft und Geschichte, 4/1985, Stuttgart 1986, S. 61–97.
Wyder, Margrit: Kräuter, Kröpfe, Höhenkuren. Die Alpen in der Medizin – Die Medizin in den Alpen, Zürich 2003.
Zeller, Konrad: Dorothea Trudel von Männedorf, Lahr-Didlingen 1971.
Zimmerling, Peter: Die charismatischen Bewegungen. Theologie – Spiritualität – Anstösse zum Gespräch, Göttingen 2000.
Zopfi, Emil: Die Fabrikglocke. Vom Aufstand der Glarner Stoffdrucker gegen die Zeit, 4. Auflage, Zürich 2004.
Zwick, Tamara Michelle: The Correspondence between Public and Private. Women, Kinship, and Buergertum in Early Nineteenth-Century Hamburg, UMI Dissertation Services 2004.

Bildnachweis

Zentralbibliothek Zürich, Graphische Sammlung, 000010650, 000006539 _ 1, Handschriftenabteilung, Ms. P 2198/14, Alte Drucke, Hauptbibliothek:	34, 96, 130, 136, 139, 144, 147, 149, 169, 203, 207, 232, 241, 350 l./r., 354, 355, 409
Villiger-Keller, Gertrud (Hg.): Die Schweizer Frau. Ein Familienbuch, Neuenburg o. D. (um 1900), S. 346, 371, 365:	41, 57, 65 r.
Stammbaum der Familie Stadlin, Kopie, Manuskript, Privatbesitz, Fotokopie aus Nachlass Nora Kubli, bei E. Joris:	44
Kantonale Denkmalpflege Zug:	45 , 62
FemmesTour (Hg.): Mit Geld, Geist und Geduld. Frauen und ihre Geschichte zwischen Helvetik und Bundesstaat, Bern 1998, S. 120:	51 r.
Museum Burg Zug:	51 l.
Reinhart, Josef: Mutterli, Ein Lebensbild, Aarau 1935:	54
Staatsarchiv des Kantons Aargau, CH-000051-7 DE01/0351, Ankündigung einer Bildungsanstalt für Mädchen 1838; CH-000051-7 GP/K-0002 Augustin Keller, Lithografie um 1840; CH-000051-7 DE01/0316 Abschlussprüfung am Institut Olsberg, 12. Mai 1840; CH-000051-7 DE01/0388 Beschwerdebrief von Josephine Stadlin vom 12. Dezember 1840; CH-000051-7 ZwA 1981.0002/0096, Protokoll der Finanzkommission vom 10. Mai 1841, S. 284, Artikel 1530; CH-000051-7 GS/1798-2 Ansicht des Klosters Olsberg, ca. 1830:	55, 65 l., 78, 79, 80, 102
Schweizerische Gemeinnützige Gesellschaft (Hg.): Die Schweizerische Gemeinnützige Gesellschaft und ihre Geschichte. Eine Neuauflage der vier Werke, Zürich 2005, Teil II, 1810–1910, S. 49, 81, 161:	70 l./r., 89
Leimgruber, Yvonne/Frank, Hansjörg/Fuchs, Mathias/Küng, Beatrice (Hg.): Augustin Keller (1805–1883) und seine Zeit. Pädagoge – Politiker – Kirchenreformer, Baden 2005, S. 153:	90
Kantonsbibliothek Aargau:	103
Elisabeth Joris, privat:	106
Ausschnitt aus dem Neujahrsblatt der Hülfsgesellschaft Zürich auf das Jahr 2005:	121
Schweizerisches Sozialarchiv Zürich:	190, 225, 227
Schuler, Fridolin: Erinnerungen eines Siebenzigjährigen, Frauenfeld 1903, S. 25, Titelblatt:	223, 385
Brunner, Christoph H.: Glarner Geschichte in Geschichten, Glarus 2004, S. 323 (Malerin Betsy Meyer) 382, 143, 246:	246, 322, 327, 421

Hans Blumer, Schwanden	253
Privatnachlass Emilie Paravicini-Blumer, Daniel de Quervain, Bern:	255, 291 l./r., 318, 334, 400, 429, 430
Corrodi, Paul: Das Landgut Mariahalden bei Erlenbach und seine früheren Bewohner, Stäfa 1958/59, S. 123, 109.	256, 289
Landesarchiv Glarus:	263, 277, 393, 402, 404
Mathias Jenny, Schwanden:	280
Privatnachlass Usteri im Homberg, Robert Karrer, Zürich:	269, 317 l./r., 337
Julie Bondeli, Gemälde, Privatbesitz:	307
Sand, George: Correspondance (juillet 1858 – juin 1860), Tome XV, 1981, S. VIII:	307
Kemp, Friedhelm (Hg.): Rahel Varnhagen im Umgang mit ihren Freunden (Briefe 1793–1833), München 1967, Titelseite:	307
Annette von Droste-Hülshoff, Gemälde von Johann Joseph Sprick (1838):	307
Konopka, Jan A.: Lettres de Soleure de Tadeusz Kosciusko, 1815–1817. Listy z Solury Tadeusza Kosciuski, 1815–1817, Genf 2000, S. 8:	313
Davatz, Jürg: Glarner Heimatbuch, Glarus 1980, Titelseite:	325
Tschudi, Niklaus: Glarus vor, während und nach dem Brande des 10./11. Mai 1861, Umschlag:	327 l.
Lutze, Arthur: Lehrbuch der Homoeopathie, Coethen 1878, Titelseite, Anhang, ETH-Bibliothek, Spezialsammlung:	353, 357
Müller, Verena E.: Marie Heim-Vögtlin – die erste Schweizer Ärztin (1845–1916). Ein Leben zwischen Tradition und Aufbruch, Baden 2007, S. 149:	376
Geschichte des Kantons Zürich. 19. und 20. Jahrhundert, Bd. 3, Zürich 1994, S. 67:	413

Personenregister

(ausgenommen sind Josephine Stadlin und Emilie Paravicini-Blumer)